BIODEC

GRAN ENCICLOPEDIA DE SALUD EMOCIONAL

Sergio Morillas / Gema Cano

BIODEC

GRAN ENCICLOPEDIA DE SALUD EMOCIONAL

Primera edición, enero 2017

© Sergio Morillas y Gema Cano, 2017
© Esdrújula Ediciones, 2017

DIALÉCTICA EDICIONES
es un sello de
ESDRÚJULA EDICIONES
Calle Martín Bohórquez 23. Local 5, 18005 Granada
www.esdrujula.es
info@esdrujula.es

Edición a cargo de
Víctor Miguel Gallardo Barragán y Mariana Lozano Ortiz

Diseño de cubierta: Alfonso PerroRaro

Impresión: Ulzama

«Reservados todos los derechos. De conformidad con lo dispuesto en el Código Penal vigente del Estado Español, podrán ser castigados con penas de multa y privación de libertad quienes reprodujeren o plagiaren, en todo o en parte, una obra literaria, artística, o científica, fijada en cualquier tipo de soporte sin la preceptiva autorización.»

Depósito legal: GR 1600-2016
ISBN: 978-84-946370-2-5

Impreso en España · Printed in Spain

INTRODUCCIÓN

La Descodificación Biológica Original, es un enfoque terapéutico y de salud basado en el significado o sentido biológico de los síntomas de enfermedad. Es un camino hacia la comprensión de la enfermedad y de los mecanismos que permiten sanar la conciencia y de esa manera sanar el cuerpo. Esta forma de acompañamiento permite conocer el mecanismo de codificación de enfermedades, ya sean físicas, funcionales, orgánicas, psicológicas o de comportamiento.

La Biodescodificación busca los códigos de la naturaleza para estudiarlos y poder actuar sobre ellos. Entiende que la enfermedad tiene un sentido biológico. En todas las enfermedades hay un factor psíquico. En algunas es grande y en otras no tanto. Todo es psicosomático. Hay que encontrar la emoción oculta que se encuentra detrás de un síntoma físico, es una emoción, que es totalmente irracional. Nadie decide tener una emoción, es involuntario es visceral. La enfermedad es reversible, el cuerpo no tiene ninguna iniciativa, hace lo que le pedimos que haga. La enfermedad es el esfuerzo que hace la Naturaleza para curar al hombre. Carl G. Jung.

La Biodescodificación es una terapia complementaria y de ninguna forma excluyente, de cualquier tratamiento médico o psicoterapéutico.

Algunas preguntas que debo hacerme siempre ante un síntoma o enfermedad deben ser:
- ¿Para qué el inconsciente se adapta con este síntoma o enfermedad?
- ¿Qué emociones hay detrás?
- ¿Qué creencias o actitudes debo cambiar para solucionar la enfermedad?

CONCEPTOS BÁSICOS SOBRE BIODESCODIFICACIÓN

Nuestra vida emocional procede de tres vertientes distintas:
- Desde el nacimiento hasta el día de hoy.
- Proyecto/Sentido de nuestra vida. Vida dentro del útero materno.
- Transgeneracional.

TRATAR LAS EMOCIONES

El Resentir Primario.
Es aquella emoción que se siente en el momento del bio-shock. Es espontanea, frente al ambiente reacciono. Cuando se expresa todo cambia. La persona se siente aliviada. Es la no aceptada socialmente. La sentimos en todo nuestro Ser.

Resentir Secundario.
Es aquella emoción que cuando se expresa no cambia nada. La aceptada socialmente. Tabúes, creencias. Enmascara a la primaria, intenta esconder un sufrimiento. La persona no pasa o no quiere pasar a la acción. Cuando se expresa continúa aumentando. El famoso "Si pero .."Ej. Mujer muy piadosa que vive un drama. Expresar tristeza cuando en realidad tiene cólera; Un hombre expresa tristeza, pero los hombres no lloran, expresa cólera. Un hombre expresa exasperación, pero tiene miedo (su creencia es: los hombres deben de ser valientes).

Resentir Transgeneracional.
No pertenece a la persona. Hay discordancia entre lo que la persona dice y lo que expresa. Estamos ligados a un ancestro. Ej.: sentimos tristeza y angustia y sabemos que nuestra bisabuela las sentía continuamente.

Resentir del Ser.
Cuando nos liberamos sentimos una emoción especial, una sensación física de liberación y de descarga. Se dice, normalmente, me siento aliviado, estoy eufórico.

CARACTERÍSTICAS DEL INCONSCIENTE

Para el inconsciente funcionan las mismas leyes tanto para curarse como para enfermarse, son las siguientes:
- El Otro no existe:

En mi realidad biológica el otro no existe, todo es yo. Esto abre las puertas a los conflictos por identificación y de proyección. Podemos identificarnos con otro que no tiene el mismo resentir.

- El Tiempo no existe:

Todo es en el momento. No existe el pasado solo el presente.

- **La Ilusión no existe:**

Todo es real. El inconsciente biológico no conoce la ilusión. Cuando recibimos un regalo, no recibimos solo el objeto sino la emoción, nuestra realidad. Podemos llorar en una película, y es una ilusión.

- **Es Inocente:**

El bien y el mal depende de cada uno. Tú decides cambiar tus creencias o vivir en otras. Lo que para una cultura está bien, para otra está mal.

CRITERIOS DEL BIOSHOCK

Para que un suceso o conflicto pueda programar o activar una enfermedad debe reunir las siguientes características, en tal caso lo denominamos bioshock.

- Imprevisto, inesperado. Es un momento preciso. Cuando no se busca un momento concreto se está haciendo psicología.
- Vivido aisladamente. Lo que sentimos en el interior (el resentir).
- Sin solución. No puedo cambiar el mundo exterior
- Más o menos dramático. Dará síntomas diferentes según la intensidad del drama.

EL CONFLICTO PROGRAMANTE

Se trata de la primera experiencia en un dominio dado. Es solo un programa. La persona está en contacto con una nueva experiencia, un nuevo resentir posible. Este conflicto fragiliza a la persona, la vuelve más sensible a cierto tipo de resentir. No se desencadena nada, solamente programamos.

EL CONFLICTO DESENCADENANTE

Es el que desencadena la enfermedad, la reacción biológica de supervivencia. Abre el programa creado por el programante.

Desarrollo de la enfermedad: cualquier elemento en el contexto del conflicto programante puede desencadenar la enfermedad. Puede ser un olor, una emoción, un lugar ... Puede ser incluso por identificación.

ABASIA

Aunque mis músculos y todo mi mecanismo del andar no me causen ningún malestar, sólo puedo andar parcialmente o soy incapaz de ello. Es mi sistema de mando, situado en el cerebelo, que puede estar afectado, bien por una lesión, un trastorno vascular o un tumor. Esto procede a veces de un gran miedo relacionado con mis pensamientos, que tuvo por efecto el dejarme petrificado *in situ*. Este miedo o culpabilidad está en conexión con el hecho de progresar en la vida.

Sugerencias y Recomendaciones

Sería bueno que encuentre la causa de esta inseguridad o de esta culpabilidad y que desarrolle más confianza en mí. Puedo empezar a visualizarme andando cada vez más fácilmente, al mismo tiempo que amplío el sentimiento de fe en mí. También tomo consciencia de que la vida me aporta los instrumentos necesarios "a mi progreso".

ABDOMEN (ver vientre)

ABORTO

El aborto es la expulsión del feto antes de que finalice el sexto mes, es decir, antes de que el niño esté en condiciones de sobrevivir y desarrollarse. Después de este límite no se considera aborto, sino parto prematuro. El aborto se puede presentar en diferentes formas:

- Aborto espontáneo, es una especie de parto, sucede por sí solo y culmina con la expulsión del feto, con frecuencia muerto, y de la placenta. Es lo que se conoce como parto falso.

- Aborto provocado voluntariamente. Cuando se realiza en una institución hospitalaria antes del segundo mes de embarazo, la frecuencia de las complicaciones es mínima en comparación con las consecuencias resultantes de los abortos clandestinos.

- Aborto terapéutico provocado, se lleva a cabo en condiciones de atención médica en una mujer embarazada cuyo estado de salud impide, a riesgo de accidentes graves, llevar a término la gestación.

La mayor parte del tiempo, el aborto espontáneo o parto falso es ocasionado por una elección inconsciente entre la madre y el alma del bebé que alberga, ya sea que ésta haya cambiado de idea o que la madre no se sienta preparada para tener un hijo en ese momento. Durante el tiempo que una madre lleva a un bebé dentro de sí, existe una comunicación entre los dos, de alma a alma. También es posible que esta misma alma regrese a esta madre cuando vuelva a estar embarazada. Es sólo un partido aplazado.

Cuando la madre decide voluntariamente practicarse un aborto es porque experimenta muchos temores. Si sobrevienen complicaciones durante el aborto se sentirá muy culpable. Es importante que esta madre le explique al alma de ese feto los temores que siente, y que se conceda el derecho de tener límites. De lo contrario, su sentimiento de culpa puede ocasionarles otras muchas complicaciones si no vuelve a quedarse embarazada y se dedica a pensar en ese pequeño ser al que se negó a llevar a término.

Después de un aborto terapéutico provocado, la madre siente lo mismo que después sola y prefiere que la decisión provenga del personal médico. Quizá se sentiría demasiado culpable si no fuera así.

Un aborto o un parto falso suele coincidir con un proyecto que abortó, es decir, que no tuvo éxito, que fracasó. Esta mujer no puede o no quiere llevar a término su creación.

En los abortos, inconscientemente, no se desea tener el bebé.

CAUSA PROBABLE: Miedo. Miedo al futuro. Programación inoportuna.

Sugerencias y Recomendaciones

He podido observar varias veces a mujeres jóvenes que, después de haberse provocado un aborto, presentaban constantemente problemas en los órganos genitales. Se sentían muy culpables por haber interrumpido la vida de alguien y debían castigarse. Algunas siguen llevando un bebé psicológico, es decir, tienen el vientre inflamado como si estuvieran embarazadas. Otras incluso se crean un fibroma en el útero, señal de que todavía no aceptan la elección que hicieron. Si estás entre aquéllas que han sufrido un aborto, es importante que pienses que, en ese momento, considerar la idea de tener un hijo estaba más allá de tus límites. En cambio, si estás considerando la idea de abortar, te recomiendo que reflexiones seriamente sobre ello. En mi opinión, cuando una mujer queda embarazada es porque eso forma parte de una experiencia que tiene que vivir, y si no deja que sus temores la invadan y se pone en manos de la Divinidad, todo se arreglará del mejor modo. Muchas personas creen haber llegado a su límite cuando en realidad tienen mucha más fuerza de la que creían.

También es importante que no te dejes influir por nadie. Dedica tiempo a comunicarte con el alma de ese pequeño ser que llevas en ti y toma tu propia decisión. Si te decides a abortar, debes saber que el rechazo que haces sentir a ese ser volverá un día a ti, según la intención que te motivó. Si estás en paz contigo misma te será fácil aceptar las consecuencias de tu decisión.

En lugar de ver el mal que pueda haber en una acción determinada, la persona sensata admite que todos sus actos y decisiones tienen consecuencias. Entonces, aceptarás mental y emocionalmente que, un día u otro, deberás vivir una forma de rechazo. Además, concédete el derecho de no tener éxito en todo lo que emprendas, y de llegar hasta el final de las cosas. Reconoce tus límites en todo.

NUEVO MODELO MENTAL: Siempre obra en mí la recta acción divina. Me amo y me apruebo. Todo está bien.

ABSCESO

Un absceso es una infección e inflamación del tejido del organismo caracterizado por la hinchazón y acumulación de pus. Puede ser externo y visible, sobre la piel, o bien interno. Cuando se encuentra supurado se llama apostema.

Un absceso es una acumulación de pus en un lugar determinado. En el absceso caliente, la acumulación purulenta aumenta con rapidez, acompañada de los cuatro signos de la inflamación: tumor, enrojecimiento, calor y dolor. El absceso frío se caracteriza por la acumulación de líquido que se forma lentamente sin que aparezcan signos de inflamación.

Un absceso es una señal de ira reprimida durante mucho tiempo, la cual genera sentimientos de desesperación, de impotencia y de fracaso. La tristeza y la ira hacen que se pierda la alegría de vivir. Este malestar resulta tan doloroso como el sentimiento de culpabilidad que se experimenta a causa de dicha ira. Para averiguar en qué área de la vida se ubica esta ira, deberás ver el lugar donde se encuentra el absceso. Por ejemplo, si está en una pierna, la ira la vives con respecto a la dirección que sigue tu vida o tu porvenir, o bien en relación a un lugar al cual tienes proyectado ir.

Un absceso es un tipo de infección caracterizada por la formación y la acumulación de pus a consta de tejidos normalmente constituidos. Suele producir un saliente (un bulto) y lo encuentro solamente sobre el tejido corporal o sobre un órgano. El absceso indica que manifiesto una respuesta a la cólera o a una herida emocional, a un sentimiento de irritación, de confrontación, de venganza, de incapacidad o de fracaso (el pus está conectado con los fluidos de mi cuerpo y a mis emociones). Frecuentemente, es un exceso de irritación o de disgusto que no consigo expresar con relación a mí, a una persona o una situación. Pensamientos malsanos, que pueden ir hasta la venganza y que producirán infección y pus. Esta frustración contenida puede presentarse para finalizar con una situación, es decir reventar el absceso. Puede producir en mí una revolución mental, causando el vacío y el agotamiento.

Este tipo de infección (absceso) es únicamente una manifestación (o una creación) de lo mental, de mis pensamientos. Ya es tiempo que pase a otra cosa, que cambie de actitud si quiero mejorar mi suerte... y mi cuerpo, antes de que se manifieste una infección más generalizada. Además, el absceso corresponde a un pesar profundo, incluso a una desesperanza interior que causarán un sentimiento profundo de impotencia o de fracaso. Pueden seguir el vacío y el agotamiento. Se manifiesta en el origen de la pena, es decir, que la emoción vivida está asociada a la función y a la parte del cuerpo en donde se manifiesta el absceso. Por ejemplo, si se sitúa en mi pierna, está conectado con las resistencias y los conflictos, lo cual me indica que debo orientar mi vida en ciertas direcciones. Si se sitúa al nivel de mis ojos, se trata de una dificultad en ver quién soy, lo que soy, a donde voy y lo que adviene para mí. Al nivel de los pies, tengo dificultades, planteamientos o miedos conectados con el porvenir o con su concepción. En mis orejas, es algo que oigo. En mis caderas, tengo dificultad en lanzarme en la vida, etc. Todo esto está conectado con la destreza en aguantarme de pie, a expresar mi independencia y mi libertad. Acepto al nivel del corazón dejar finalizar mis miedos, mis inseguridades, mis temores y mi absceso finalizará también él.

El absceso superficial que está accesible a la vista y al tacto corresponde a una rabia referente a situaciones de mi vida que pueden estar "fácilmente identificables". Posee también una correspondencia con la parte del cuerpo afectada tal como el cuello, la espalda, los dedos, etc.

El absceso profundo puede encontrarse en el interior de mi cuerpo y corresponde a una decepción con relación a sentimientos más profundos de mí ser. Según su posición, un absceso puede tener consecuencias graves. Por ejemplo, si se sitúa en el nivel del cerebro, está conectado con mi individualidad y la idea que me hago de mí mismo; en el nivel de los pulmones, está conectado a la vida; en el nivel de los riñones, con los miedos; en el nivel del hígado, con la crítica. Puedo encontrar por qué esta cólera puntual llega en mi vida yendo a ver el significado correspondiente a la parte relacionada. Así puedo poner más amor y comprensión con relación a la situación que me llevó a vivir este enfado.

El absceso como un botón de camisa designa uno o varios abscesos superficiales que están conectados con otro absceso profundo o a tejidos más profundos. Es pues invisible a ojo desnudo. Así, mi cuerpo me dice que mi cólera ahora está afectando mi vida exterior e interior. Es como si "dicha irritación me perforase el cuerpo" y me expresara la necesidad apremiante de curar estas heridas mediante el amor. El absceso caliente suele conllevar una reacción inflamatoria y puede formarse rápidamente. El hecho que frecuentemente el absceso esté rodeado de una membrana indica perfectamente que esto procede de un pensamiento no benéfico que provoca ira. El absceso frío no presenta reacción inflamatoria y su progresión más bien es lenta. Puede deberse a hongos o al bacilo de Koch. Este tipo de absceso indica que mi cólera se manifiesta bajo forma de decepción o de resignación frente a una situación.

CONFLICTO: Dificultad para expresar algo (relacionado con la parte del cuerpo donde aparece). Ira, rabia acumulada.

Absceso, Frecuentemente relacionado con una dificultad en expresar algo que me irrita o me preocupa. Esta dificultad se manifestará entonces bajo forma de absceso.

CAUSA PROBABLE: Amargura por heridas y agravios. Pensamientos de venganza.

Sugerencias y Recomendaciones

Si no haces limpieza de tus pensamientos, la suciedad y la infección se instalan en ellos como en cualquier otro lugar. Es un buen momento para asearlos. Es posible que tengas pensamientos malsanos hacia tí mismo o hacia otra persona. Cuando te enojas, ¿sientes deseos de perjudicar a alguien? ¿O los has reprimido hasta tal punto que ya no puedes contenerlos? Quizás haya también un sentimiento de vergüenza relacionado con un temor oculto en ti.

Acepto los nuevos pensamientos de amor y me mantengo abierto, a nivel corazón, a mi entorno, en vez de fijar mi atención sobre mis antiguas heridas, en mi pasado o en ciertas formas de venganza. Tomando consciencia de este proceso de aceptación, el absceso entonces está listo para desaparecer para siempre.

NUEVO MODELO MENTAL: Dejo libres mis pensamientos para que se marchen. Lo pasado es pasado. Estoy en paz.

ABURRIMIENTO

Tan pronto como digo me aburro (me hago burro), es que no uso mi fuerza o mi potencial. ¿Por qué siempre necesito la compañía de los demás como estímulo? El aburrimiento es melancolía, y a largo término, puede llevarme a la depresión nerviosa si no reacciono. La melancolía está vinculada a una carencia, a un vacío que siento en mi vida.

CONFLICTO: No saber ocuparse de uno mismo.

Sugerencias y Recomendaciones

Tomo consciencia de este estado. Debo dejarme guiar por mi yo superior ya que todos los recursos están en mí. Acepto estar a la escucha de mi voz interior. La meditación y tratamientos energéticos pueden ayudarme. Me pertenece dirigir mi vida porque soy entero y autónomo en mi universo.

Ver Suprarrenales.

ACCIDENTE

Un accidente es un suceso no previsto, por lo que es frecuente que se considere producto del azar. Con mucha frecuencia se dice que el azar no existe. Lo importante de un accidente es observar qué parte del cuerpo resulta herida, así como la gravedad de la lesión. Si el accidente produce una fractura, consulta dicha palabra, además de la presente.

El accidente se produce para que la persona se dé cuenta de que se siente culpable, que se acusa de algo en el nivel del YO. Por ejemplo, una madre está realizando sus quehaceres y su hijo la llama desde otra habitación de la casa. Ella finge no haber oído porque le parece que puede esperar y, al seguir haciendo sus labores, se cae y se lastima una pierna. Si se hiciera la pregunta: "¿En qué estaba pensando?", se daría cuenta de que se estaba sintiendo como una madre sin corazón. Por ello se lastimó la parte del cuerpo que contribuyó a que fuera una madre así. Tener un accidente es una de las formas que los seres humanos utilizan para neutralizar su culpabilidad. Creen que así pagan su culpa. Desafortunadamente, todo esto sucede de un modo inconsciente.

Cuando los efectos de un accidente son lo bastante graves para impedir que la persona trabaje o haga alguna cosa en especial, estamos ante una forma inconsciente de concedernos un descanso. Esta persona se sentiría demasiado culpable si decidiera conscientemente darse un respiro.

El accidente suele ser sinónimo de culpabilidad. Está conectado con mis culpabilidades, con mi modo de pensar y con mi funcionamiento en la sociedad. También denota cierta reacción hacia la autoridad, incluso varios aspectos de la violencia. Puede suceder que tenga dificultad en afirmarme frente a esta autoridad, a hablar de mis necesidades, mis puntos de vista, etc. Entonces "me hago violencia" a mí mismo. El accidente indica una necesidad directa e inmediata de pasar a la acción. La necesidad inconsciente de cambio es tan grande que el pensamiento usa de una situación extrema, incluso dramática para que tome consciencia que debo probablemente cambiar la dirección que actualmente estoy tomando. Es una forma de autocastigo consciente o inconsciente. La parte del cuerpo herida durante el accidente habitualmente ya está enferma o debilitada, bien por una enfermedad, una dolencia, un corte, una quemadura o cualquier predisposición a los accidentes. El accidente me permite observar esta debilidad haciéndola subir a la superficie. El accidente también es mi incapacidad a verme y a aceptarme tal como soy. Ya que soy responsable al 100% de mis actos y de mi vida entera, puedo explicarme más por qué me he atraído tal forma de accidente. ¿Atraído, dice Ud.? Sí, porque todo esto viene de mis pensamientos más profundos, de mis "patrones" (esquema de pensamiento que hace que se repitan acontecimientos en mi vida) o esquemas de pensamiento de infancia. Es muy posible que me atraiga castigos si, hoy, tengo la sensación de hacer algo y de no estar correcto. Exactamente como en mi infancia; me castigaban cuando no estaba correcto. Está esto grabado en mi mente y es tiempo de cambiar mi actitud. El lado "moral" del ser humano lo lleva a castigarse si se siente culpable, de aquí el dolor, las afliciones y los accidentes. Es capital saber que puedo sentirme culpable en una situación cualquiera si y sólo sé que hago daño a otra persona. En todas las demás situaciones, soy responsable pero no culpable. Debo recordarme que soy mi propia autoridad (en el sentido de individuo). Necesito tomar mi lugar en el universo. Debo cesar de hacerme violencia. Como ya dijimos, el accidente está vinculado a la culpabilidad y ésta, al miedo con relación a una situación. El miedo a no estar correcto se percibe frecuentemente bajo el aspecto de la culpabilidad en vez del de la responsabilidad. Frecuentemente el accidente me obliga a cesar o frenar mis actividades. Sigue algún período de planteamiento. Manteniéndome abierto y objetivo con relación a mí mismo, descubriré rápidamente la o las razones de dicho accidente. ¿Perdí el control de la situación? ¿Es para mí el momento de cambiar de orientación? ¿Tengo dificultad en escuchar los signos interiores o mi intuición, de tal modo que me atraigo un signo radical en el plano físico? ¿Observé cómo se produjo el accidente? ¿Cuál era mi estado antes y después? Es muy importante volver a ver las condiciones que rodean el accidente; analizo las palabras usadas y tomo consciencia que ponen en evidencia lo que vivo en el momento del accidente. Observo todos los signos y símbolos de esta situación (accidente) y escucho mi voz interior para encontrar una solución que me evitará probablemente empeorar todo esto. La predisposición a los accidentes es un estado que se produce durante una relación conflictual con la realidad, la incapacidad de estar plenamente presente y consciente del universo tal y como se me presenta. Es como si quisiera estar en otro lugar. Estoy desconectado de lo que sucede alrededor mío, quizás porque encuentro mi realidad inaceptable o difícil de vivir.

Incapacidad de hacerse valer, rebelión contra la autoridad. Problemas no resueltos. Son aprendizajes forzosos. Los accidentes a pesar de venir de fuera, están íntimamente ligados con nuestro interior. Por la ley de resonancia no podemos entrar en contacto con algo con lo que no tengamos nada que ver. La propensión al accidente existe para un determinado tipo de personas. Es una parada en nuestra vida, que debemos investigar. De esta nueva situación deberá surgir algo nuevo, una nueva orientación. Heridas, enfado con uno mismo.

CONFLICTO MENTAL: Culpabilidad.

No son accidentales. Como todo lo demás que hay en nuestra vida, nosotros los creamos. No se trata de que nos digamos que queremos tener un accidente, sino de que nuestros modelos mentales pueden atraer hacia nosotros un accidente. Perece que algunas personas fueran «propensas a los accidentes», en tanto que otras andan por la vida sin hacerse jamás un rasguño. Los accidentes son expresiones de cólera, que indican una acumulación de frustraciones en alguien que no se siente libre para expresarse o para hacerse valer. Indican también rebelión contra la autoridad. Nos enfurecemos tanto que queremos golpear a alguien, en cambio, los golpeados somos nosotros. Cuando nos enojamos con nosotros mismos, cuando nos sentimos culpables, cuando tenemos la necesidad de castigarnos, un accidente es una forma estupenda de conseguirlo. Puede que nos resulte difícil creerlo, pero los accidentes los provocamos nosotros; no somos víctimas desvalidas de un capricho del destino. Un accidente nos permite recurrir a otros para que se compadezcan y nos ayuden al mismo tiempo que curan y atienden nuestras heridas. Con frecuencia también tenemos que hacer reposo en cama, a veces durante largo tiempo, y soportar el dolor.

Todo ocurre por una razón, ¡hasta los accidentes! A veces, ocurren para hacernos reflexionar sobre el curso que está tomando nuestra vida. Si tienes un accidente, intenta reflexionar la razón por lo que lo tuviste, aunque parezca raro que un evento que parece pura "mala suerte" tenga un significado más profundo.

Expresa una necesidad imperiosa de replantearse el camino que seguimos hasta ahora. Según la zona afectada del cuerpo significa una cosa u otra.

Sugerencias y Recomendaciones

Debes revisar tu percepción mental de la culpabilidad. De acuerdo con nuestro sistema legal, una persona es declarada culpable cuando se comprueba, sin lugar a dudas, que quiso hacer daño intencionalmente. Te sugiero que te preguntes, cada vez que te acuses, si de veras tuviste la intención de causar daño. Si no fue así, deja de acusarte, pues no hay razón para el castigo.

En el ejemplo antes citado, ¿crees que la madre quería hacerle daño a su hijo? Por otro lado, cuando una persona es culpable, la ley de causa y efecto se ocupa de ella, porque todo nos regresa según nuestra intención. Una persona prudente y responsable se reconoce culpable cuando es el caso, pide perdón a la persona perjudicada y acepta la idea de que un día aquello le será devuelto. Al ser consciente, lo vivirá de una forma armoniosa, en la aceptación, y sabrá que todo está en orden, de acuerdo con la justicia divina.

Si tu accidente fue provocado de manera inconsciente para poder descansar, es importante que te des cuenta de que podías haberte permitido ese descanso sin causarte daño, utilizando un medio más sencillo: plantear abiertamente tus necesidades.

Si tu accidente es importante y te produce un gran dolor, como en el caso de una fractura, ello indica que tienes pensamientos de violencia hacia alguien; poco importa que seas consciente de ellos o no. Como no te puedes permitir este tipo de actitud y esta violencia ya no puede ser contenida, se vuelve contra ti. Debes liberarte y expresar lo que sientes hacia la persona involucrada, sin olvidar perdonarte por estos pensamientos. Necesitas estar mejor conectado sobre tí mismo para descubrir tu seguridad y tu confianza interior.

NUEVO MODELO MENTAL: Libero la pauta que creaba esto. Estoy en paz. Soy digno y valioso. Ahora libero el enfado de maneras positivas. Me amo y me apruebo.

SOLUCIÓN POSIBLE: Cambiar de dirección y enfoque de lo que estamos haciendo.

ACCIDENTE CEREBRO VASCULAR
(ver cerebro - accidente cerebro vascular)

ACHAQUES

Molestia pequeña pero frecuente provocada por una enfermedad o por la edad. En los achaques debemos observar que parte del cuerpo presenta los achaques y darle el significado, sumándole una connotación de falta de contacto.

CAUSA PROBABLE: Ansia de amor. Deseos de ser abrazado/a.

Sugerencias y Recomendaciones

NUEVO MODELO MENTAL: Me amo y me apruebo. Soy capaz de amar y soy digna de ser amada o amado.

ACIDEZ DE ESTÓMAGO

Una porción del tejido del estómago que sobresale en el tórax y al llegar los alimentos la válvula (esfínter del cardias) no se cierra y todos los ácidos suben y me queman. ¿Para qué dejo abierto el paso? Para dejar entrar más alimento. Alimento emocional = Amor.

CONFLICTO: (Algo reciente). Un nudo en el estómago. Contrariedad familiar.

RESENTIR: "Estoy en un sentimiento de falta muy fuerte y dejo la puerta abierta para poder recibir más". "Quiero más amor, más alimentos buenos". "Estoy en un callejón sin salida y quiero salir".

CAUSA PROBABLE: Miedo, miedo, miedo. Temor atenazante.

Sugerencias y Recomendaciones

NUEVO MODELO MENTAL: Respiro profunda y libremente. Estoy a salvo. Confío en el proceso de la vida.

Ver estómago, úlcera péptica, úlceras.

ACIDOSIS

El ácido suele conectarse con lo que roe el metal y con lo que es amargo ("acidez psíquica"). Así, la acidosis indica que rehusé asimilar una situación que se acumula ahora en un nivel inconsciente, conllevando en el plano corporal un gran porcentaje de acidez en la sangre o en el líquido en el cual bañan las células. Asimilar significa resolver, tratar, arreglar cualquier problema, situación, o conflicto que me molesta, que rechazo, ¡que envenena mi existencia! Por ejemplo, puedo preguntarme cuál es la situación (frecuentemente de naturaleza emocional) que me roe interiormente y que me vuelve tan amargo frente a la vida. Es posible que viva ahora en una situación que hace aflorar en mí insatisfacción referente a las relaciones que tenía con mi madre. Incluso puedo vivir una insatisfacción similar con mis hijos, amigos o empleados para los cuales me siento "como una madre". La acidosis metabólica que se refiere a mi cuerpo en general reflejará mi lado amargo hacía la vida en general. La acidosis respiratoria o acidosis gaseosa proviene del hecho que no elimino suficientemente el gas carbónico durante mi respiración. Así mi lado amargo en la vida más bien tiene relación con mis relaciones y la gente que me rodea. En el caso de la acidosis láctica, hallamos una cantidad excesiva de ácido láctico en la sangre. Ya que la sangre transporta normalmente la alegría, resulta que el lado amargo en la vida y todo lo que sucede en ella me afectan enormemente. Por esto, puedo encontrar este estado si soy diabético (lo cual corresponde a tristeza profunda), si vivo insuficiencia renal (que corresponde a grandes miedos frente a la vida), si tengo leucemia, una forma de cáncer de la sangre (que corresponde al hecho que siempre tengo la sensación de tener que luchar en la vida). En el caso extremo, el reuma es la consecuencia directa y a veces inevitable de un exceso de acidez que es la acidosis. Acepto ver y tratar al nivel del corazón las situaciones de mi vida, incluso si me irritan y me molestan.

Ver gota, reuma.

Sugerencias y Recomendaciones

Poniendo la atención sobre un proceso consciente de apertura y aceptación, puedo evitar soportar físicamente esta enfermedad dolorosa (¡tanto como su tratamiento!). Resuelvo las situaciones para vivir más la alegría, la liberación y la paz interior.

ACNÉ

CONFLICTO: Conflicto de identidad (Cambio de nombre del DNI o recibir un insulto por mi cara). Conflicto estético y desvalorización estética, conflicto del espejo. Conflicto de suciedad (a veces vivido por el padre).

RESENTIR: En la cara "rechazo de uno mismo." Acné en la parte alta de la espalda y los hombros: Falta de apoyo, ahí es donde tocamos a alguien cuando queremos apoyarles. El adolescente resiente que si me hago mayor tendré más responsabilidad, por eso quiero seguir siendo niño este conflicto lleva acné. En el fondo siempre hay un conflicto de miedo a la sexualidad (basado en la estética). Resentir sexual: "Muestro mis hormonas, muestro que puedo tener relaciones sexuales".

Acné Frecuentemente relacionado con una carencia de autoestima, el deseo de mantener a la gente apartada de sí, el miedo a estar herido.

CAUSA PROBABLE: No aceptación de uno mismo. No gustarse.

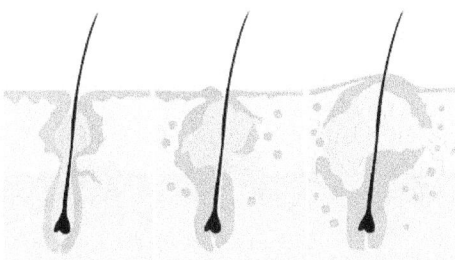

Acné juvenil, es la atracción y el miedo al instinto recién despertado de la sexualidad. No aceptación de uno mismo.

Acné rosetón: "Debo eliminar de mi rostro (de mi imagen, rostro) aquello que es peligroso para mí (por ejemplo la feminidad).

Pityriasis versicolor: Enfermedad infecciosa, no contagiosa, crónica y muy común causada por un hongo. La infección es cutánea, superficial, se caracteriza por manchas en la piel (máculas hipo o hiperpigmentadas) y suele ser asintomático. Conflicto de atentado a la integridad (hiperpigmentación) + conflicto de separación, en fase de reparación. Si se hace un tratamiento y mejora, en la fase de reparación hay una inflamación. Se está curando, pero se ve peor, entonces entramos en un bucle. Esto es un conflicto reprogramante.

Sugerencias y Recomendaciones

NUEVO MODELO MENTAL: Soy una expresión divina de la vida. Me amo y me acepto tal como soy ahora.

Ver granos, piel-acné.

ACONDROTROFIA

Acondrotrofia derecha e izquierda, discondrosis, necrosis de cartílago, condonecrosis.

CONFLICTO: Ligero conflicto de desvalorización de sí mismo.

Sugerencias y Recomendaciones

La localización corresponde a la ubicación del tipo de conflicto.

ACROMEGALIA

Hormona TSH. Crecimiento exagerado de los huesos de las extremidades.

RESENTIR: "tengo necesidad de armas para defenderme", "quiero ser más fuerte", "quiero impresionar". Perfeccionismo, sin darse derecho al error en el terreno familiar, social, etcétera.

Los puntos de vista de "me siento pequeño" y "necesito impresionar" son distintos aunque nos lleven a algo parecido, la persona lo vive de forma distinta.

CONFLICTO: No conseguir la presa (objetivo) por ser inalcanzable ya que el individuo es demasiado pequeño. No poder alimentar al niño o a la familia.

Sugerencias y Recomendaciones

NUEVO MODELO MENTAL: Todo está bien en mi mundo, las cosas son como deben ser. Yo soy perfecto y mi mundo es perfecto.

ACROQUERATOSIS
(ver piel-acroqueratosis)

ACÚFENOS

CONFLICTO: Conflicto de separación. No recibir suficientes o buenas palabras, explicaciones o silencio. Demasiado silencio. Conflicto de agresión (demasiado ruido) = hipoacusia. Conflicto de no querer escuchar. (Este conflicto de audición ectodérmico es un conflicto de territorio. No podemos soportar haber perdido el territorio u oír cómo el rival penetra en el territorio).

RESENTIR: "El silencio es insoportable" (y me creo sonidos en la cabeza). "Estoy separado del sonido de alguien". "Aparto el ruido exterior para escuchar los ruidos interiores". Calidad: Lo que llega a mis oídos no es lo que me gustaría escuchar. No soporto escuchar más cosas desagradables. Oigo palabras o ruidos que sobrepasan mis capacidades de raciocinio.

Acúfeno, frecuentemente relacionado con la necesidad de estar a la escucha de sus necesidades interiores, sus valores.

CAUSA PROBABLE: Negativa a escuchar. No oír la voz interior. Tozudez.

Sugerencias y Recomendaciones

NUEVO MODELO MENTAL: Confío en mi Yo Superior. Con amor escucho mi voz interior. Dejo marchar todo lo que no esté inspirado por el amor.

CROMOTERAPIA: Color curativo amarillo.

Los zumbidos suponen la existencia de continuos ruidos y silbidos en los oídos, que producen trastornos en todo el organismo e indican un deterioro del oído medio.

TRATAMIENTO: Debemos empezar por masajear las yemas de los dedos, especialmente el tercero y el cuarto, que se relacionan con los oídos, hasta eliminar todas las partes adoloridas para pasar después a todo el sistema glandular. Este método puede aplicarse con toda eficacia tanto para los niños como para las personas mayores, así como en los casos de los trastornos emocionales que causan las relaciones afectivas de la vida cotidiana.

ADDISON

Esta enfermedad proviene de trastornos relacionados con una deficiente secreción de las hormonas suprarrenales, las cuales afectan a la pigmentación de la piel. Por lo tanto, se recomienda consultar glándulas suprarrenales y problemas de piel. Como en esta enfermedad suele haber una tendencia a presentar hipoglucemia, se sugiere consultar también este término.

Deficiencia hormonal causada por daño en la glándula adrenal lo que ocasiona una hipofunción o insuficiencia corticosuprarrenal primaria. La definición original por Addison de esta enfermedad es: languidez y debilidad general, actividad hipocinética del corazón, irritabilidad gástrica y un cambio peculiar de coloración de la piel.

La enfermedad de Addison se caracteriza por una insuficiencia de las glándulas suprarrenales. Es una forma de decepción con relación a mí mismo. Es un estado extremo de desnutrición emocional y espiritual. Tener esta enfermedad puede significar que viví mucho sometido a uno u otro de mis padres en mi infancia. Puede que me haya sentido agredido psíquicamente, que viva un traumatismo o una irritación intensa en la cual podía sentir que mi vida estaba en peligro. Este estado me llevó a vivir una gran inseguridad frente al porvenir y a dudar mucho de mis capacidades. Esta enfermedad se distingue por una actitud sumamente derrotista, una carencia de objetivo o de interés por mí o por lo que me rodea. Vivo mucho de ansiedad y antipatía.

CAUSA PROBABLE: Grave desnutrición emocional. Cólera contra uno mismo.

Sugerencias y Recomendaciones

Es tiempo que tome mi lugar, que vaya hacia delante y que manifieste la energía para elaborar ciertos objetivos personales sin esperar la aprobación y el acuerdo de mi entorno, poco importa la importancia de mi gestión (mi objetivo). Intento encontrar un método que me ayudará a conectar más con mi yo interior que posee recursos ilimitados y una alta estima de sí.

NUEVO MODELO MENTAL: Con amor cuido mi cuerpo, mi mente y mis emociones.

Ver también glándulas suprarrenales y glándulas corticosuprarrenales.

ADENITIS

Cuando tengo una inflamación de un ganglio del sistema linfático, es porque vivo inseguridad vinculada al miedo en el plano afectivo. La parte del cuerpo que está afectada me da una indicación del aspecto de mi vida referido.

Sugerencias y Recomendaciones

Intento conocer la fuente de mi pena para ayudarme a tomar consciencia del miedo que me habita y desarrollar mi confianza para superar esta emoción.

Ver también linfático (problemas en el sistema linfático- inflamación).

ADENOCARCINOMA BRONQUIOALVEOLAR

Tipo de cáncer de pulmón, frecuente entre no fumadores, mujeres y asiáticos.

Conflicto por faltar la bocanada de aire, es decir, miedo a asfixiarse.

CAUSA PROBABLE: Temor. Desconfianza en el proceso de la vida. Estancamiento en la infancia.

Sugerencias y Recomendaciones

NUEVO MODELO MENTAL: El mundo es seguro. Confío en la vida. Estoy a salvo creciendo.

Ver hiperventilación.

ADENOHIPÓFISIS

Recordar que presenta un origen endodérmico al venir de la bolsa de Rathke que se encontraba en el techo del paladar. Trasladándose posteriormente a un nivel más profundo lo que provocará que no sólo sea difícil acceder a ella sino también realizar un estudio de la misma. Se encuentra formada por cordones epiteliales anastomosados rodeados de una red de sinuosidades. Segrega seis tipos de hormonas cuya hiposecreción origina el enanismo por atrofia de las gónadas y demás glándulas que regula. La hipersecreción de una de sus hormonas, la STH (hormona del crecimiento), es responsable del gigantismo en los niños y de la acromegalia en los adultos.

CONFLICTO: No conseguir la presa (el objetivo) por ser inalcanzable ya que el individuo es demasiado pequeño No poder alimentar al niño o a la familia.

Sugerencias y Recomendaciones

NUEVO MODELO MENTAL: El mundo es seguro. Confío en la vida. Estoy a salvo creciendo. Soy vital. Dios me guía en la dirección correcta. Me apruebo y me amo tal y como soy.

ADENOIDES

Las adenoides, también llamadas amígdalas faríngeas o vegetaciones, son dos masas de tejido linfoide situadas cerca del orificio interno de las fosas nasales, en el techo de la nasofaringe, justo donde la nariz se une con la boca. Forman parte de las amígdalas.

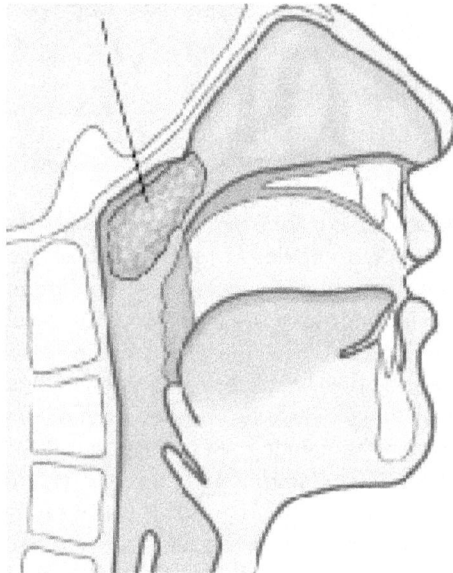

Esta enfermedad afecta principalmente a los niños. Se trata de vegetaciones que se hipertrofian, se inflaman y causan una obstrucción nasal que obliga al niño a respirar por la boca.

Por lo general, el niño que la padece tiene una sensibilidad que le permite sentir intensamente los acontecimientos antes de que ocurran. Muy a menudo, de una manera consciente o no, siente esos sucesos antes que las personas interesadas o involucradas.

Por ejemplo, puede sentir mucho antes que sus padres que algo no marcha bien entre ellos. Su reacción es bloquear su percepción para no sufrir. También se abstiene de hablar de ello, por lo que vive sus temores en el aislamiento. La obstrucción nasal representa las ideas o las emociones que el niño se guarda por miedo a no ser comprendido.

De un modo general, un adenoma es un tumor benigno que se encuentra en una glándula. Como cualquier tumor, esto procede de un golpe emocional que se ha solidificado en la parte del cuerpo que está conectada con el golpe emocional, trátese del páncreas, el hígado, un pecho, un riñón, la próstata e incluso las glándulas endocrinas.

CONFLICTO: No poder atrapar la presa, el objetivo, la tajada (no poder poseer, adueñársele o conseguir algo).

CAUSA PROBABLE: Conflictos y discusiones familiares. Niño que se siente un estorbo.

Sugerencias y Recomendaciones

Este niño cree que está de más, o que no es bienvenido. Incluso puede pensar que es la causa de los problemas que percibe a su alrededor. Le beneficiaría preguntar a quienes lo rodean si lo que piensa de sí mismo es exacto. También debe expresarse más, aceptando que el hecho de que los demás no lo comprendan no quiere decir que no lo quieran.

Acepto los sucesos pasados, para permitirme ir hacia delante, con plena confianza.

NUEVO MODELO MENTAL: Este niño es amado, deseado y bien acogido.

ACDENOPATÍA

Se caracteriza por un aumento del volumen de los ganglios linfáticos y puede proceder de una inflamación, una infección o incluso un tumor. Ya que los ganglios del sistema linfático actúan como pequeños riñones del sistema linfático, esto significa que vivo un estrés o un golpe emocional vinculado a miedos en el plano afectivo. Así es que me siento bloqueado, cogido en ese plano.

Ver también ganglios linfáticos, infecciones, inflamación, tumor.

Sugerencias y Recomendaciones

La región afectada me indica con más precisión el aspecto de mi vida que está tocado, trátese del tórax, el abdomen, el cuello, la axila, la ingle. ¡Tengo ventaja en desarrollar mi autonomía y mi confianza para tomar mi vida en mano!

ADHERENCIA

Las adherencias son la consecuencia de una inflamación a la que recurre el organismo para resistir una agresión. Esto crea una formación que une órganos que normalmente están separados. Pueden formarse entre varios órganos. Se producen a partir de tejidos fibrosos que se acumulan y se endurecen adhiriéndose a algunos órganos. El lugar donde se forman las adherencias da una indicación más precisa de la causa del mal.

Esta enfermedad la sufre con frecuencia una persona que se endureció, que se apega fuertemente a sus ideas para enfrentar mejor alguna agresión. Las ideas a las que se aferra ocupan demasiado lugar y le impiden sentir.

Para haber podido crear tejidos innecesarios en su cuerpo, las creencias a las que te aferras de esta manera están ahí desde hace mucho tiempo, ya que toda excrecencia que el cuerpo fabrica es una indicación de que estás agarrado a ella desde hace mucho.

Si "adhiero" de un modo excesivo, o si "quedo apegado" a ideas negativas, malsanas o inadecuadas, a rencor, a odio, a cólera frente a alguien, a culpabilidad, a sueños ilusorios, a una vida demasiado centrada sobre el medio familiar o sobre el hogar (por ejemplo, la madre incubadora o protectora), corro el riesgo de manifestar adherencias al nivel de las vísceras (término general para designar cada uno de los órganos contenidos en el interior del cráneo, de la caja torácica o del abdomen). Algunas son patológicas, es decir que se producen después de una inflamación vinculada a rabia o a un tumor cualquiera que procede de emociones inhibidas. Dichas adherencias se caracterizan por una forma de soldadura de dos órganos del cuerpo por un tejido conjuntivo.

Sugerencias y Recomendaciones

Puedes permitirte soltar estas viejas creencias que te perjudican. No tienes ninguna necesidad de creer que debes endurecerte para que te acepten y te quieran.

NUEVO MODELO MENTAL: Decido soltar el pasado, las viejas ideas y los pensamientos negativos que frenan mi felicidad. Vivo en el momento presente y saboreo cada instante de mi vida.

ADICCIONES

Las adicciones son "mamá".

Conflicto de necesidad de la compañía de mamá para afrontar un reto. Como cuando de niños corremos a sus brazos o piernas llorando porque nos han pegado, robado, etc.

RESENTIR: "No soy capaz de afrontar una situación".

Adicciones, esconden algo. Toda adicción evita el contacto con la emoción. Puede ser un sentimiento de vacío existencial, falta de amor, sentirse solo, desconexión con nuestro ser superior. Nuestra realidad nos hace sufrir y la adicción enmascara nuestro sufrimiento de forma temporal para luego recrudecerlo.

Alcoholismo: frecuentemente relacionado con el deseo de huir sus responsabilidades físicas o afectivas por miedo a estar herido otra vez.

CAUSA PROBABLE: Huida de uno mismo. Miedo. No saber amarse.

Sugerencias y Recomendaciones

NUEVO MODELO MENTAL: Ahora descubro lo maravilloso que soy. Decido amarme y disfrutar de mí mismo.

ADORMECIMIENTO-TORPOR

El adormecimiento se caracteriza por un miembro que es insensible, pesado, con hormigueo y generalmente no puede moverse. El adormecimiento físico es el reflejo de mi adormecimiento mental. Padezco, estoy herido. Me duele tanto que decidí dejar de sentir. Adormezco mis sentimientos. Me "retiro" porque una parte de mí fue herida y ya no la quiero sentir. Por lo tanto, me hago menos sensible. Se trata de una "muerte" parcial para evitarme el sufrimiento. Estas heridas existen frecuentemente desde la infancia, se agravan con el paso de los años y las llevo como un peso. No aprendí a amarme y me cerré al amor en vez de compartir este amor y mi compasión. Es una forma de huída. Esto puede representar para mí una frialdad interior, un deseo de retener el amor, una falta de dinamismo. La parte de mi cuerpo afectada, así como el lado (izquierdo o derecho), me permiten identificar el nivel en que sitúo mi herida.

Sugerencias y Recomendaciones

Mi cuerpo me dice que es tiempo de recobrar mi espontaneidad frente a la vida, que debo despertar en mí más amor, dinamismo y entusiasmo sobre el aspecto de mi vida en cuestión. Así aumentaré mi calidad de vida en este mundo, lo a lo cual tengo derecho.

Acepto, aquí y ahora, aprender a amarme más y abrirme realmente al amor, en vez de detener este amor y mi compasión.

Levanto la barrera que había instalado desde tanto tiempo. Cuanto más aprendo a amar, más comprendo que hay un retorno: recibo amor y amistad. Esta serenidad que buscaba desde siempre en el exterior ahora brota de mí y la comunico a los demás.

ADRENOCORTICOTROPA

Hormona adrenocorticotropa (ACTH) estimula dos de las tres zonas de la corteza suprarrenal: la zona fascicular, donde se secretan los glucocorticoides (cortisol y corticosterona) y la zona reticular, la cual produce andrógenos como la dehidroepiandrosterona y la androstenediona. La ACTH, adrenocorticotropa, es permisiva, aunque no necesaria, sobre la síntesis y secreción de mineralcorticoides.

CONFLICTO: Conflicto del cordero.

RESENTIR: "Me siento incapaz de tener dinamismo para avanzar en la buena dirección".

Sugerencias y Recomendaciones

NUEVO MODELO MENTAL: El mundo es seguro. Confío en la vida. Estoy a salvo creciendo. Soy vital. Dios me guía en la dirección correcta. Me apruebo y me amo tal y como soy. Me siento amado y protegido. Sé comunicar y fluir por la vida con facilidad.

ADULTO MAYOR

¿Por qué la mayoría de las enfermedades acaecen a una edad determinada, cuando se dice que provienen de una creencia que nos influye desde nuestra infancia?

La enfermedad se manifiesta cuando la persona llega a su límite físico. Cada persona tiene un límite de energía física, emocional y mental diferente. Nacemos con estos límites distintos.

Según el número de veces que la persona haya vivido el mismo dolor (interior) y según su reserva de energía, se determinará el momento en el que llegará a sus límites. Cuanto mayor sea su reserva de energía, más tiempo tardará en llegar a su límite físico, que se alcanza antes de llegar a los límites emocional y mental.

Tomemos como ejemplo al niño que vive una experiencia de injusticia. Cada nueva experiencia injusta revivirá y se sumará al dolor vivido antes. La enfermedad aparecerá el día en el que ese niño, convertido en adulto, viva otra experiencia similar y no pueda ya soportarla.

AEROFAGIA

Este malestar es provocado por la deglución voluntaria o involuntaria de demasiado aire. Como consecuencia, se producen eructos repetidos en un intento por eliminar el exceso de aire del organismo. Entre los diversos trastornos resultantes sobresalen la dilatación del esófago y el estómago, así como vómitos.

La persona que padece este malestar a menudo sufre de angustia. Se esfuerza demasiado en aspirar la vida. Quiere ir más allá de sus límites. No es ella misma.

La aerofagia es un exceso de gases, especialmente en el estómago o los intestinos, que causa distensión abdominal y espasmos

Angustia, indigestión, esforzarse en aspirar la vida. Miedo visceral, terror, angustia. Quejarse por todo.

CAUSA PROBABLE: Miedo visceral, terror y angustia. Quejas y gruñidos.

Sugerencias y Recomendaciones

Como el aire es el símbolo de la vida, es muy posible que creas que debes darles vida a los demás. ¿Qué medio utilizas tú para darles vida a los demás? Tu cuerpo te dice que ha llegado el momento de que te decidas a aspirar la cantidad de aire suficiente para ti, lo cual te permitirá aspirar la vida de una manera más natural.

NUEVO MODELO MENTAL: Digiero todas las nuevas experiencias en paz y con alegría..

Ver flatulencia.

AFASIA

La afasia es el resultado de una lesión cerebral. El sujeto afectado pierde la capacidad de utilizar el lenguaje como medio de comunicación; no se puede expresar de manera inteligible, ni oralmente ni por escrito.

La persona afásica suele ser del tipo que expresa bien lo que piensa, pero no lo que siente. Le gusta dirigir y ocuparse de quienes le rodean, pero difícilmente expresa sus sentimientos de gratitud y de ira a la persona involucrada. Se odia por no ser capaz de expresarse, pues piensa que, si lo hiciera, sería más amada. La afasia viene con frecuencia acompañada de sordera, pues el enfermo tiene miedo de no saber manejar los sentimientos que expresen los demás. Así, prefiere encerrarse y no oír nada.

Sugerencias y Recomendaciones

Esta enfermedad se presenta porque ya has llegado a tu límite. Tu cuerpo te dice que dejes de creer que debes forzosamente expresar lo que sientes para que los demás sepan lo que te sucede y lo que sientes por ellos. Lo saben por otros medios. Concédete el derecho de expresarte cómo eres y no según tus creencias del pasado o según lo que piensas que los demás esperan de ti.

NUEVO MODELO MENTAL: El mundo es seguro. Confío en la vida. Estoy a salvo creciendo. Soy vital. Dios me guía en la dirección correcta. Me apruebo y me amo tal y como soy. Me siento amado y protegido. Sé comunicar y fluir por la vida con facilidad. Me siento profundamente agradecido por todas las cosas buenas que hay en mi vida.

AFONÍA

Una persona con afonía ha perdido la voz o suena muy apagada.

Este problema se presenta después de un choque afectivo que sacude la sensibilidad de la persona, quien luego se fuerza demasiado para hablar, aun cuando no exprese todo lo que su corazón desearía decir. Este excesivo esfuerzo crea angustia y deja un vacío. Como consecuencia, los sonidos acaban por extinguirse.

La voz es la expresión de sí, la creatividad. Una emoción demasiado grande (inquietud, desamparo) puede llevarme a ya no saber qué decir ni qué dirección tomar, ni cómo interpretar esta dirección con relación a la emoción vivida. Puede que esta fuerte emoción haya sido vivida en el plano sexual y se repercute más directamente en la garganta o en las cuerdas vocales porque, en cierto modo, mi segundo centro de energía (sexual) está vinculado más directamente a la garganta, mi quinto centro de energía.

De todos modos, mi sensibilidad (hiperemotividad) está herida y ya no consigo decir ínada. Tengo el aliento cortado. Si disperso demasiado mis energías, en particular después de un golpe emocional, un "vacío" interior se creará debido a mi desasosiego interior y los sonidos estarán "engullidos" por este vacío.

Ver Garganta.

Sugerencias y Recomendaciones

Más que creer que debes apagarte y dejar de hablar, sería sensato que revisaras lo que tu corazón quiere decir realmente y permitirte no hablar más que para decir palabras verdaderas, expresadas con amor. No es necesario que te fuerces a hablar para verte bien o para ser aceptado y querido.

Es muy importante para mí que vuelva a conectar con el soplo de mi comunicación interior. Aún es posible que esta experiencia me proteja porque estoy en un estado en que ya no debo hablar, ya no puedo decir secretos. ¿Uso de un modo sano mi voz y mis cuerdas vocales? ¿He de quedarme silencioso durante algún tiempo? A veces se dice: la palabra es de plata y el silencio es de oro... Aprendo a expresar mis emociones, mi creatividad y mis ideas del modo en que mejor me siento, en el respeto de mis capacidades.

NUEVO MODELO MENTAL: El mundo es seguro. Confío en la vida. Estoy a salvo creciendo. Soy vital. Dios me guía en la dirección correcta. Me apruebo y me amo tal y como soy. Me siento amado y protegido. Sé comunicar y fluir por la vida con facilidad. Me siento profundamente agradecido por todas las cosas buenas que hay en mi vida.

AFTAS

Úlcera abierta en la boca, también en la tesitura de no poder atrapar o soltar el pedazo. Separación del pecho de mamá.

CONFLICTO:

-En el niño: No poder atrapar el pecho de mamá. O no poder expulsar el bocado (es obligado a consumir un alimento, ya se real o simbólico).

-En el adulto: No puedo atrapar algo, y también es un conflicto entre la verdad que quiero decir y la imagen que quiero conservar. Secreto familiar. No querer hablar de los problemas.

El conflicto es distinto según en la zona bucal en la que se encuentren las aftas. Mejilla izquierda: conflicto relacionado con la familia. Mejilla derecha: conflicto relacionado con la profesión. Ambas mejillas: verdad que no puedo decir. Lengua: verdad que no quiero decir (me muerdo la lengua).

CAUSA PROBABLE: Enfado por tomar decisiones equivocadas. Palabras enconadas retenidas por los labios. Tendencia a culpar.

Sugerencias y Recomendaciones

NUEVO MODELO MENTAL: Con amor acepto mis decisiones, sabiendo que soy libre para cambiar. Estoy a salvo. En mi mundo de amor sólo creo experiencias dichosas.

Esta afección produce estado intenso de debilidad y su mejoría debe comenzar al eliminar los productos lácteos.

CROMOTERAPIA: verde.

TRATAMIENTO: Iniciaremos en el sistema urinario, la vejiga, los riñones, el ano y la vagina, hasta descartar todas las partes sensibles al dolor. Debemos aplicar un masaje en ovarios, estómago, colon sigmoides, suprarrenales, páncreas y tiroides.

Ver boca-afta, boca, candidiasis y hongos.

AGITACIÓN

La agitación es un estado que me alcanzará si soy una persona muy nerviosa pero que consigue sin embargo canalizar sus energías lo mejor que puede. Está próxima a un estado de emergencia, un proceso de exteriorización de las emociones, generalmente un grito de alarma para revelar a los demás cómo me siento interiormente: cogido, desconfiado, miedoso en ciertas situaciones, emprendedor pero generalmente poco hábil y sobre todo muy molesto para la gente que me rodea.

Sugerencias y Recomendaciones

Si estoy agitado físicamente e interiormente, puedo vivir una forma de desequilibrio ya que tengo dificultad en mantenerme "centrado" (estable y anclado) sobre mí mismo; utilizo este estado inconscientemente porque necesito aumentar mi confianza en mí, probar que puedo tener éxito, atrayendo la atención: "¡Mírenme, vean!"

NUEVO MODELO MENTAL: Mantengo la calma, comunico verbalmente mis sentimientos y mis necesidades, de esta manera, todo irá por lo mejor.

Ver hiperactividad.

AGORAFOBIA

Esta fobia es un temor enfermizo a los espacios abiertos y a los lugares públicos. La persona que padece agorafobia sufre de ansiedad y de angustia hasta el extremo de sentir pánico. Esta situación angustiosa le produce reacciones fisiológicas que pueden producirle pánico; reacciones cognitivas y reacciones conductuales.

El miedo y las sensaciones que experimenta la persona con agorafobia son tan fuertes que llegan a hacerle evitar las situaciones de las cuales no puede huir. Por este motivo necesita encontrar a alguien que se convierta en la persona segura con la cual pueda salir y también necesita un lugar seguro donde poder refugiarse. Incluso hay quienes no salen en absoluto. Siempre encuentran una buena razón para ello, aun cuando las catástrofes que anticipan no se produzcan jamás. La mayor parte de estos enfermos fueron muy dependientes de su madre durante su infancia, y se sentían responsables de su felicidad o de ayudarla en su rol de madre. Una forma de ayudarlos es resolver su situación materna a nivel emocional.

Los dos grandes temores de quien sufre agorafobia son el miedo a morir y el miedo a la locura. Estos temores surgieron en la infancia y el enfermo los vivió en una situación de aislamiento. Una situación propicia para desarrollar la agorafobia es la muerte o locura de algún familiar. También es posible que quien la padece haya estado a punto de morir siendo niño, o que en su ambiente familiar se transmitiera el miedo a la locura o a la muerte.

Este miedo a morir lo vive el enfermo en todos los niveles, aun cuando no se dé cuenta de ello. No se cree capaz de enfrentarse a un cambio en el terreno que sea, porque ello representaría una muerte simbólica. Es por esto que cualquier cambio le hace vivir momentos de gran angustia que acentúan su estado. Estos cambios pueden ser el paso de la infancia a la adolescencia, de la adolescencia a la edad adulta, de la soltería al matrimonio, una mudanza, un cambio de trabajo, un embarazo, un accidente, una separación, la muerte o el nacimiento de alguien, etcétera.

Estas angustias y temores pueden ser inconscientes y permanecer ocultos durante muchos años hasta que, un día, el enfermo llega a su límite mental y emocional, y, no pudiendo ya controlarlos, se vuelven conscientes y se manifiestan externamente.

La persona con agorafobia también tiene una imaginación desbordada y sin control. Se imagina situaciones fuera de la realidad y se cree incapaz de hacer frente a esos cambios. Esta enorme actividad mental le hace temer la locura y no se atreve a hablar de ello con los demás.

Sugerencias y Recomendaciones

Es urgente que se dé cuenta que no se trata de locura, sino de una sensibilidad demasiado grande y mal administrada. Si tienes los síntomas mencionados, debes saber que lo que sientes no es locura y que no te va a ocasionar la muerte. Sencillamente, fuiste un niño demasiado abierto a las emociones de los demás, creyendo además que eras responsable de su felicidad o su desdicha. Como consecuencia, te volviste muy sensible a fin de poder estar al acecho y prevenir las desgracias de los que te rodeaban. Por eso, cuando estás en un lugar público, captas las emociones y los temores de los otros. Lo más importante es que aprendas en qué consiste la verdadera responsabilidad. Lo que hasta ahora has creído que era tu responsabilidad, no lo es, y además es algo muy nocivo para ti.

Debo cambiar mi actitud ahora mismo. Acepto mis miedos uno por uno, tales como son, ¡porque sé que envenenan mi vida, pero pueden también hacerme progresar! Aprendo a amarme y a aceptarme, a amar mi lado materno y protector (madre), a construirme un universo físico e interior lleno de felicidad, sin crítica ni dependencia. Tengo también la ventaja de expresarme en mi comunicación verbal y mi creatividad.

¡Debo superar el temor a "perder mi lugar" además de estar en armonía conmigo mismo! Sigo responsable de mi felicidad, incluso si tengo tendencia a creer que determino tanto la felicidad como la desgracia de los demás. Acepto coger los riesgos y anticiparme a mis temores que frenan mi poder creativo. Esto me ayudará a controlar mejor mi vida y mis impulsos interiores. Una sexualidad equilibrada y activa tendrá la ventaja de hacerme soltar esta fijación emocional ligada al plano mental.

NUEVO MODELO MENTAL: El mundo es seguro. Confío en la vida. Estoy a salvo creciendo. Soy vital. Dios me guía en la dirección correcta. Me apruebo y me amo tal y como soy. Me siento amado y protegido. Se comunicar y fluir por la vida con facilidad. Me siento profundamente agradecido por todas las cosas buenas que hay en mi vida.

AGOTAMIENTO

El agotamiento es una expresión que se utiliza comúnmente en el medio médico y terapéutico para describir al cansancio profesional. Se considera al agotamiento un problema de adaptación que inhibe el deseo de trabajar. A menudo se suele presentar asociado a problemas de angustia y depresión. Entre sus síntomas puede citarse una gran fatiga, la pérdida del gusto por la vida y la pérdida de deseos. La persona que lo padece tiene la impresión de luchar contra una máquina, contra un sistema, contra una cosa demasiado grande para ella. Esta enfermedad se presenta principalmente en los ejecutivos, enfermeras, profesores... en fin, en todos los profesionales cuyo trabajo depende de un sistema enorme. El agotamiento se confunde a veces con la depresión. Revisa la descripción de la depresión para establecer la diferencia.

De acuerdo con mis observaciones, este cansancio se produce en las personas que tienen cosas que arreglar con su progenitor del mismo género. De niños quisieron impresionar a ese padre o a esa madre haciendo todo por complacerlo, pero no obtuvieron el reconocimiento anhelado. Se sintieron controlados e impotentes. Al no creer en su valor, adquirieron el hábito de "hacer" para demostrar que "son". Confunden el "HACER" y el "SER".

Tienen fama de ser personas trabajadoras, pero suelen sentirse prisioneras de sus logros. Tienen muchas cosas pendientes y, cuando nadie reconoce todo lo que hacen, se sienten muy solos. Finalmente acaban por desanimarse y se dicen "¿De qué sirve todo lo que hago?". Entonces se sienten impotentes, abandonan la partida y caen rápidamente. No pueden hacer nada y ni siquiera tienen el deseo de hacerlo.

La persona que sufre de agotamiento no está cansada por falta de energía; al contrario, le falta energía porque su capacidad de amar está agotada.

Sugerencias y Recomendaciones

Si te reconoces en la descripción anterior, es importante que comiences a reconocer lo más rápido posible lo que eres. Acepta el hecho de que tú decidiste, siendo niño, que si hacías mucho tu progenitor del mismo género te querría más. Sólo tú puedes cambiar esta decisión. Nadie en el mundo tiene derecho a exigirte nada más allá de tus límites, ni siquiera tú mismo. Amarse es reconocer los talentos, los límites y las debilidades propias, con todo lo que ello implica. Si tenías la impresión de que tu padre te exigía mucho, esa no era la realidad. Él o ella estaban ahí para mostrarte lo que tú te exigías. Luego, hiciste la transferencia: tu trabajo se convirtió en ese padre y sigues queriendo ser amado por tus actos.

Es necesario que, a partir de ahora, realices tu trabajo poniendo en juego lo mejor de tus conocimientos y verifiques bien lo que tus superiores quieren de ti antes de suponer que debes impresionarlos. Además, tienes derecho a decir "no" cuando creas que es demasiado para ti. Si respetas tus límites, serás menos dado a criticar a los demás y sentirás más felicidad. Recuerda que una persona alegre renueva sin cesar su energía.

Ver cansancio.

AGRESIVIDAD

La agresividad es una cantidad de energía inhibida que deriva, la mayoría de veces, de una frustración vivida en una experiencia o una situación. Frecuentemente, es inconsciente y esta frustración puede envenenar tanto mi vida y mi existencia que cojo la agresividad como medio de expresión (la agresividad es un medio de expresión), como válvula de toda esta presión existente dentro de mí. Es un medio de defenderme porque me siento atacado, no respetado, abusado, me siento en tensión, incomprendido. ¡Quiero que me comprendan! Puede serme difícil quedarme abierto y dejar fluir la energía. Es evidente que una persona en estado de agresividad se corta temporalmente, y más particularmente, de la energía espiritual y de la apertura de corazón. Es un estado innato, instantáneo e irreflexivo de defensa y protección. Si soy agresivo, suelo tener el sentimiento de ser el más fuerte porque decido atacar el primero. Me pongo en estado de dominación-sumisión y estoy desgarrado frente a mí mismo. La persona frente a mí actúa como un espejo. Proyecto una parte de mí que aún no he aceptado y esto pulsa mi mando (expresión que significa que se puede activar un elemento que dispara una reacción o una emoción). ¿Consecuencia? ¡Se amplifica la excitación, sube la tensión y ahora es la manifestación de la contracción muscular!

¡Estoy rígido y tenso, en guardia, listo para saltar contra los ataques! Estoy a la defensiva y lucho contra mis angustias.

Ver también angustia, ansiedad, nervios-crisis nerviosa, sangre-hipoglicemia.

Sugerencias y Recomendaciones

¿Qué hacer? Quedarse abierto, trabajar consigo mismo en primer lugar, escuchar mi intuición y mi voz interior que me protegen y guían mis pasos.

AGUJETAS

La agujeta es una sensación de estar dolorido, de tener los músculos cansados después de un esfuerzo inacostumbrado o en la fase inicial de ciertas infecciones virales (gripe, hepatitis, etc.). La agujeta se manifiesta por un bloqueo de energía al nivel de los músculos. Está conectada con el dolor sentido cuando una necesidad (afectiva o emocional) no fue satisfecha. La energía almacenada al nivel de mis músculos se expresa generalmente por un movimiento o un gesto pero bloqueo inconscientemente esta energía al nivel del músculo. Estoy en reacción interior (dolor mental) y lo expreso físicamente por estas agujetas.

Sugerencias y Recomendaciones

Necesito cambiar mi comportamiento, moverme en la buena dirección sin estar en reacción. La agujeta se sitúa a diferentes niveles y los dolores óseos indican un dolor interno muy profundo. Estoy afectado hasta lo más hondo de mi ser, de mi espacio. Acepto ser lo que soy y vivir el instante presente, sabiendo que la vida colma interiormente mis necesidades fundamentales.

AHOGOS

Ahogo, sofoco frecuentemente relacionado con el hecho de sentirme anormalmente criticado, cogido por la garganta, con una falta de espacio vital y de tener dificultad en vivir lo que quiero vivir.

Sugerencias y Recomendaciones

NUEVO MODELO MENTAL: El mundo es seguro. Confío en la vida. Estoy a salvo creciendo. Soy vital. Dios me guía en la dirección correcta. Me apruebo y me amo tal y como soy. Me siento amado y protegido. Sé comunicar y fluir por la vida con facilidad. Me siento profundamente agradecido por todas las cosas buenas que hay en mi vida.

ALBINO

CONFLICTO: Los albinos es un conflicto trans-generacional; la madre se siente "guarra" y quiere demostrar que es limpia.

EJEMPLO: la historia de una mujer judía que se casa con un católico.

ALCOHOLISMO

El abuso de bebidas alcohólicas causa un conjunto de trastornos: físicamente, el cuerpo cambia y se crispa, las capacidades y el funcionamiento del cerebro disminuyen, los sistemas nerviosos y musculares se vuelven tensos o excesivamente tensos. Similar a todas las demás formas de dependencia, el alcoholismo se manifiesta principalmente en el momento en que necesito colmar un vacío afectivo o interior profundo, un aspecto de mí mismo que "envenena" realmente mi existencia. Puedo beber abusivamente por diversos motivos: huir de mi realidad, cualquier sea la situación (conflicto u otra) porque esto no me conviene; resistir a mis miedos, a la autoridad (sobre todo paterna) y a la gente a quien amo porque justamente tengo miedo de revelarme tal como soy, a la luz del día; darme valor para seguir adelante, hablar, afrontar a la gente (noten que, si estoy algo ebrio/a, suelo estar más abierto porque estoy menos fijado sobre mis inhibiciones... [Fenómeno de parón, bloqueo de un proceso psicológico]). Darme un sentimiento de potencia y fuerza; darme poder en una relación afectiva porque mi estado seguramente molestará al otro. Ya no veo las situaciones que pueden ser peligrosas para mí. Vivo cierta soledad, aislamiento, culpabilidad, angustia interior, incomprensión y alguna forma de abandono (familiar u otro) y tengo el sentimiento de ser una persona inútil, sin valor, inepta, inferior e incapaz de ser y actuar para mí y para los demás. Entonces, tengo necesidad "de un pequeño tónico". Frecuentemente, quiero huir una situación conflictual o que me hace daño "ahogando mi pena" o cualquier otra emoción con la cual tengo dificultad de enfrentarlo. El alcoholismo puede estar vinculado a una o varias situaciones que me crean una tensión. Cuando tomo un vaso de alcohol, esta tensión disminuye en un primer tiempo y grabo entonces la relación que parece ser: tensión - alcohol - bienestar. Lo cual quiere decir que cuando vivo una tensión, la información inscrita en mi cerebro es la de tomar una copa de alcohol para sentirme mejor. Luego, es posible que desarrolle un automatismo y que, cada vez que viva una tensión, la información inscrita en mi cerebro sea la de tomar una copa de alcohol para sentirme mejor. Uno de los orígenes del alcoholismo es la dificultad que conocí, siendo niño, de tratar con una familia en donde uno de sus miembros (frecuentemente el padre o la madre) es alcohólico. Generalmente hay más discordia, a veces violencia física y psicológica o abuso de todo tipo. Incluso puedo querer intentar disociarme de la familia en la cual estoy y que no me conviene. Entonces, baja mi sentido moral: los espectáculos de discordia frecuentes provocan en mí una desvalorización de las imágenes parentales y la no integración de las estructuras éticas. En ciertas familias también, la costumbre del alcohol está favorecida por la educación, los adultos habiendo acostumbrado al niño que era a beber por juego o haciendo la absorción habitual y regular de bebida como cosa normal. Los trastornos neuróticos y las alteraciones de la personalidad que derivan son factores poderosos de alcoholismo en mí que me he vuelto adulto. Incluso carencias nutricionales pueden llevar a la búsqueda de una complementariedad alimentaria aportada por el alcohol. El alcoholismo puede proceder también de mi estado que es hipoglicémico, sobre todo que las moléculas de alcohol pueden transformarse rápidamente en azúcar sanguíneo (temporalmente). Es lo que explica que si soy alcohólico pero que dejo de consumir, puedo encontrarme bebiendo una impresionante cantidad de café, fuente de estimulante por la cafeína, y de azúcar, pasteles o postres (fuente de azúcar). A veces me pondré a fumar considerablemente porque el cigarrillo me da la fuente de estimulante (aceleración del ritmo cardíaco que necesito para sentirme en forma. Es importante para mí descubrir lo que causa esta tristeza vinculada a la hipoglicemia en mi vida, ya que no he resuelto la causa. Otra causa del alcoholismo puede ser las alergias. Así puedo ser alcohólico de coñac solamente, de ginebra, de whisky de centeno o escocés. Parece que sólo este tipo de bebida pueda satisfacerme. Entonces es probable que esté alérgico a uno u otro de los ingredientes que sirvieron a fabricar esta bebida particular, que sea en un caso el trigo, la cebada, el centeno, etc. ¿Puedo entonces preguntarme a qué o a quién soy alérgico? El alcoholismo puede también proceder de una persona o situación que no acepté cuando era joven. Si fui víctima de contactos sexuales indeseables, o de los cuales me siento culpable, viniendo de una persona alcohólica cuando era joven, puede que pensando en esta situación, esto me lleve a beber. Si no acepté la cólera de mi padre alcohólico, puede muy bien que, por un fenómeno de asociación, tenga enfados como mi padre y que me vuelva alcohólico. Es así como puedo beber para olvidar mis preocupaciones, mi pasado y el porvenir pero sobre todo el presente. Huyo sin cesar y me creo un universo ilusorio y de fantasía, una forma de exaltación artificial para huir del mundo físico y así disociar una realidad frecuentemente difícil de un sueño continuamente insatisfecho. Pierdo entonces el contacto, para algún tiempo, con mis sentimientos de soledad, incomprensión, impotencia, de no ser como los demás, de rechazo de mí. Puedo abandonar mis responsabilidades. Y estoy "liberado" durante un tiempo. Solo va empeorando esta situación a medida que manifiesto una dependencia del alcohol (o de las drogas) porque estoy cada vez más insatisfecho de mi existencia. Quiero separarme de la realidad yéndome en un mundo de ilusión, pero cuando "estoy sereno", la realidad me aparece aún más difícil de vivir y entonces se produce la depresión. No tengo toda mi claridad mental, sobre todo cuando me vuelvo dependiente, del mismo tipo de dependencia afectiva que quizás me hubiese gustado tener y que tengo la sensación que mi padre o mi madre nunca me dieron.

Alcoholismo, frecuentemente relacionado con el deseo de huir sus responsabilidades físicas o afectivas por miedo a estar herido "otra vez".

CAUSA PROBABLE: « ¿De qué me sirve?» Sensación de futilidad, culpa e incapacidad. Rechazo de uno mismo.

Sugerencias y Recomendaciones

Ser amado incondicionalmente.

Es tiempo de fijarme en mis bellas cualidades físicas y espirituales, incluso si el pasado fue doloroso para mí y que, en cierta manera, mi botella fue mi mejor amigo. A partir de ahora, acepto ordenar mi vida, empezar a amar mis cualidades y lo que soy. Estoy ahora en la vía del éxito. Estaré en condiciones de respetarme más y hallar más fácilmente la solución a mis problemas (experiencias) en vez de estar en un estado temporal permanente de huida y desesperación.

NUEVO MODELO MENTAL: Vivo en el presente. Cada momento es nuevo. Elijo ver mi propio valor. Me amo y me apruebo.

El alcohol daña gravemente el hígado, los riñones, el sistema nervioso y las células del cerebro. Tendremos que aumentar la disciplina personal y la fuerza de voluntad que nos proporcione el convencimiento de que somos capaces de construirnos una vida nueva en la que no haya nunca más espacio para el alcohol.

CROMOTERAPIA: Color curativo azul añil.

TRATAMIENTO: Los órganos y glándulas más importantes para trabajar en este caso son el hígado, riñones, vesícula, bazo, timo, tiroides, suprarrenales y pituitaria.

ALERGIAS

La alergia se define como un aumento de la capacidad del organismo para reaccionar ante una sustancia extraña, generalmente después de un contacto anterior con dicha sustancia, que produce la aparición de manifestaciones más o menos violentas distintas a la reacción generada durante el primer contacto. Hipersensibilidad en la que intervienen fenómenos inmunológicos.

En general, la persona alérgica siente aversión hacia alguien y no puede tolerarlo. Le cuesta trabajo adaptarse a alguien o a una situación. Es una persona que se deja impresionar demasiado por los demás, sobre todo por aquellos a quienes quiere impresionar. A menudo es también susceptible. No quiere desagradar.

La persona alérgica vive una contradicción interna. Una parte de ella quiere algo y otra parte se lo prohíbe. Y lo mismo le sucede con las personas. Quiere mucho a alguien y depende de él; una parte de sí desea la presencia de ese alguien, y otra parte le dice que debería arreglárselas sin él, rechazando esta dependencia. De este modo, termina por encontrar defectos en la persona amada. A menudo las personas alérgicas tienen padres cuyas ideas son, en muchos aspectos, opuestas. Otro elemento de la alergia es que se convierte en un medio para llamar la atención; sobre todo si su manifestación es del tipo en el que la persona se ahoga y necesita la intervención de los demás.

El sentido biológico de la alergia es de ponerte a salvo del "agresor". Siempre es un conflicto de gran estrés donde se supera el LST (Límite Superior Tolerable) debido a un bio o psico shock. El cuerpo registra el entorno y lo etiqueta de "malo" al volver a encontrarse con la misma situación reacciona contra el "agresor" anteriormente identificado como "malo".

Hay que ver el simbolismo del alérgeno. Pocas veces es transgeneracional.

El 90% de las alergias son Coyunturales: Existe un punto de conflicto donde se genera la hipersensibilidad (conflicto programante) y un desencadenante evidente. El 10% son Estructurales: estas alergias son desde siempre y se recorre al Proyecto Sentido (P.S.) o Transgeneracional.

Fase silenciosa: consiste en identificar la situación, momento o circunstancias que me hacen sensible.

Fase ruidosa: fase de síntoma, intenta evitar una segunda agresión.

Alergias, frecuentemente relacionadas con la ira o frustración frente a una persona o un suceso asociado al producto alérgeno. ¿A quién o a qué estuve alérgico cuando se presentó esta situación?

CAUSA PROBABLE: ¿Alérgico a quién? Negación del propio poder.

Sugerencias y Recomendaciones

Si sufres de alguna alergia, encuentra la situación o la persona hacia la cual sientes hostilidad y cuya aprobación buscas al mismo tiempo; generalmente es una persona cercana. Crees que si actúas según las expectativas de esa persona serás verdaderamente querido. Reconoce que te has vuelto dependiente de su aprobación o de su reconocimiento. No creas que tienes que ser sumiso para ser querido.

Es interesante subrayar que la persona se vuelve con frecuencia alérgica a algo que le gusta. Por ejemplo, te encantan los productos lácteos y eres alérgico a ellos. Si eres alérgico a un alimento, tal vez te resulte difícil concederte el derecho de experimentar placer con las cosas buenas de la vida.

Sería mucho más fácil y agradable para ti darte cuenta de que para llamar la atención de tus seres queridos no es necesario ponerte enfermo. El hecho de que en el pasado lograras atención enfermándote, no significa que sea la única forma de conseguir la atención de los que te rodean.

Si eres alérgico al polvo o a un animal, puede ser que te sientas agredido por los demás. ¿Por qué crees que quieren hacerlo? Te sugiero que revises tus propios pensamientos de agresividad. En general, los temores que sentimos ante los demás son reflejo de lo que ocurre en nuestro interior.

En lugar de creer que tu alergia procede de algún factor externo, te sugiero que revises lo que sucedió en las veinticuatro horas anteriores a que apareciera la reacción alérgica. Trata de observar qué persona te resulta intolerable o insoportable. Como no puedes cambiar a los demás, no te queda más remedio que aprender a ver con los ojos del corazón.

PROTOCOLO PARA LA ALERGIA:

1.- Tomar consciencia de cuándo fue la primera vez. Vivirlo en el tiempo y el espacio..

2.- Tomar consciencia de cuál es la reacción alérgica y que zona u órgano afecta.

3.- ¿Cuál es el alérgeno?

4.- Buscar la vez precedente (fase silenciosa) en la que estábamos frente al alérgeno.

5- Encontrar el rail/ancla, o sea la emoción asociada al evento.

6- Buscar el o los recursos para hacer el cambio emocional.

NUEVO MODELO MENTAL: El mundo es un lugar seguro y acogedor. Estoy a salvo. Estoy en paz con la vida.

Alergia
aceite o mantequilla de cacahuete

Cuando tomo aceite de cacahuete o mantequilla de cacahuete, esto activa en mí la memoria de un acontecimiento en el cual, de joven, me lo hicieron "pasar muy mal". Puede que tuviera la sensación entonces de que me mandaban hacer unos trabajos sin estar lo suficientemente remunerados (en dinero, en afecto, etc.). Estaba interiormente furioso de trabajar por unos pocos centavos.

Sugerencias y Recomendaciones

Intentando encontrar el suceso o las situaciones en que pude vivir tal sentimiento, podré modificar mi memoria emotiva y regularizar la situación. Tomo consciencia de todos los aspectos de mi vida en que me siento ayudado y en que la vida es para mí relativamente fácil, y amplío este sentimiento de bienestar para ayudarme a equilibrar los sentimientos de dificultad que pude grabar en mi infancia.

Ver ALERGIAS "Protocolo para la alergia".

Alergia
agua

CONFLICTO: El agua significa "El líquido amniótico" o referentes. Piel = Separación. "¿Qué conflicto pasó mientras estábamos en contacto con el agua?"

Sugerencias y Recomendaciones

Ver ALERGIAS "Protocolo para la alergia".

Alergia
alcohol

RESENTIR: "Quiero amor, mucho amor, pero el amor que me han dado no me gusta". "Quiero un amor que sea probado en el tiempo, un amor transformado". "Quiero un amor muy distinto al que me han dado con anterioridad".

Sugerencias y Recomendaciones

Ver ALERGIAS "Protocolo para la alergia".

Alergia
animales

Los animales poseen un instinto y una sexualidad innatos y cada animal representa una faceta del amor. Por lo tanto, una alergia a un animal, en general, corresponde a cierta resistencia con relación al aspecto instintivo o sexual que el animal representa para mí.

CONFLICTO:

a) Buscar un momento en que hubo una desestabilización (bioshock) relacionada con el animal. Por ejemplo: "vi a mi gatito atropellado al volver a casa" o "un día casi me muerde un perro". O también: Una separación con el padre, en una discusión fuerte con él, estaba acariciando el gato, o simplemente viendo una foto del gato.

b) Cada animal tiene un símbolo a tener en cuenta:

Abeja: la industria, lo social, la riqueza, el alma, la diligencia y la elocuencia.

Águila: el aire, la vista aguda, la libertad, la majestad y el poderío.

Araña: es símbolo de la energía femenina, agresiva, del miedo a la castración y representa a una mujer dominante, peligrosa, traicionera y feroz; son un miedo a la entrega.

Asno: relacionado con la simpleza del goce espontáneo y quizás sensual. También se encuentra relacionado con el comer, con el sexo y el dormir.

Caballo: la tierra, la madre, la libertad, el viento, la nobleza y la intuición, inteligencia, la tenacidad, la amistad y la vitalidad.

Cangrejo: el agua y el inconsciente.

Ciervo: la terernura, feminidad, rapidez.

Cisne: (ave acuática). El sol y la luna.

Colibrí: amor, alegría, felicidad, paciencia.

Conejo: el sexo, afrontar el miedo.

Escarabajo: signo de algo sucio y repulsivo.

Gato: independencia.

Huevo: inmortalidad y resurrección.

Langosta de mar: símbolo de lo inconsciente.

Mariposa: alegría conyugal, felicidad y libertad; representa además la metamorfosis o la transformación.

Perro: fidelidad, compañerismo, lealtad, fraternidad, amor incondicional, guardián.

Pez: símbolo de cristo, símbolo erótico.

Rana: las madres y los recién nacidos; la fidelidad de las parejas y prosperidad.

Roedores: el miedo y el alimento físico.

Toro: masculinidad o súper-masculinidad.

Tortuga: la vista. La protección, el apego.

Sugerencias y Recomendaciones

Acepto todos los aspectos de la sexualidad. Acepto también mis deseos, tanto conscientes como inconscientes, porque forman parte integrante de mi ser.

Ver ALERGIAS "Protocolo para la alergia".

Alergia antibióticos

El antibiótico (anti=contra / bio=vida) es un cuerpo (de origen bacteriano u otro) especializado en la lucha contra los microbios. Pero los microbios representan ellos también la vida. Hay contradicción. El antibiótico tiene el papel de "matar" cierta forma de vida en mí, ¿por qué soy alérgico a los antibióticos? Probablemente porque rechazo ciertas formas de vida, ciertas situaciones vivas de mi existencia (experiencias diversas y más o menos agradables).

Sugerencias y Recomendaciones

Tengo una toma de consciencia por hacer la cual es aceptar dichas experiencias porque, aunque puedan resultar difíciles para mí, tengo una lección por sacar de éstas. Tengo fe en mi potencial creativo.

Ver ALERGIAS "Protocolo para la alergia".

Alergia caballos

El caballo está asociado al aspecto instintivo de la sexualidad. Como este instinto está más vinculado al primer chakra (el primer chakra es uno de los siete principales centros de energía en el cuerpo y está situado al nivel del coxis, en la base de la columna vertebral.), el miedo puede traducirse por el de "tener instintos sexuales bajos" y manifestarse por una alergia a este animal fuerte y fogoso. Puede que encuentre que la sexualidad no es bastante espiritual para mí, si siento en el fondo de mí el deseo de vivir estas experiencias para ayudarme a traer mejor la espiritualidad en la materia.

Sugerencias y Recomendaciones

Me abro pues a nuevas experiencias que van me ayudarán a conocerme mejor y a desarrollarme en todos los aspectos.

Ver ALERGIAS "Protocolo para la alergia".

Alergia
fiebre del heno (resfriado-rinitis alérgica)

Este catarro periódico, cuya causa irritante exterior es el polen de las plantas, se manifiesta a mediados del mes de mayo y cesa al cabo de siete u ocho semanas.

Este catarro, que se presenta en la misma época cada año, indica generalmente el avivamiento de una vieja herida sufrida en el año en el que se manifestó la primera vez. En ese momento ocurrió un incidente difícil que la persona no quiso asumir. Aunque lo haya reprimido en lo más profundo de sí, cada año, cuando las plantas sueltan su polen, se vuelve a reavivar esta vieja herida.

Esta alergia está fundamentalmente en la base de una reacción al polen, grano vegetal formando el elemento masculino de la flor. Este elemento masculino transporta el símbolo de la reproducción y de la fertilización. Esta alergia afecta habitualmente los ojos, la nariz, y los senos. La alergia está en la base de una resistencia a una situación en mi vida, de un recuerdo pasado. Es posible que resista frecuentemente e inconscientemente a una forma de la sexualidad o a ciertos aspectos de ésta, sobre todo si lo que siento con relación a la sexualidad no "huele bien". Es cierto que puedo atraerme una alergia por varias razones pero una cosa es segura: me ahogo o me siento ahogado por una situación. Me rebelo, algo no me conviene en absoluto pero lo hago a pesar mío para complacer, y me ahogo. Cambio de idea bajo la influencia de alguien, estoy listo para cualquier cosa, y me ahogo. Pudo sentirme ahogado en las cosas por decir o por hacer, sobre todo si tengo dificultad en tomar mi lugar y a decir no. Tengo tendencia a vivir también mucha culpabilidad. Manipulo para tener lo que quiero… ¿Ve Vd. la programación? Puede ser tanto mental (manera de llorar) como "de las estaciones" porque el período estival es ideal para la manifestación de esta alergia, sobre todo si tengo necesidad de una excusa para trabajar cada vez menos durante este bello período del año. Ciertas personas tienen la fiebre del heno (resfriado - rinitis alérgica) durante períodos alcanzando hasta siete años. Es tiempo de cambiar esto inmediatamente o por lo menos que tome consciencia de ello. Tomo consciencia de que el resfriado del heno (rinitis alérgica) puede volverse un medio que me permite evitar ciertas situaciones, porque sería incapaz de todos modos de rehusar hacer una tarea o ir a un lugar en particular. Por lo tanto, ahora, tengo una buena razón. Tomando mi espacio vital, mi "burbuja" de luz (puedo imaginarme y visualizarme en una burbuja de luz, lo cual aumenta mi protección frente a mi entorno y me da más confianza), estoy en medida de abrirme a los demás bajo mi verdadero aspecto, sin artífices.

La primera manifestación del resfriado del heno puede haber sido inconscientemente conectada con un suceso señalado y en el cual viví probablemente fuertes emociones. Cuando vuelve el mismo período del año, me acuerdo o más bien, mi cuerpo se acuerda, y aparece el resfriado del heno. Es pues importante que tome consciencia de este suceso para que pueda romper el "patrón" de la enfermedad (esquema de pensamiento que hace que se repitan acontecimientos en mi vida): en el futuro, ya no la necesitaré porque he hecho la toma de consciencia que debía hacer. El resfriado del heno sólo era una señal para ayudarme a parar y a hallar la profunda causa de mi malestar.

Sugerencias y Recomendaciones

Tu cuerpo te dice que es momento de que realices un procedimiento de perdón. El hecho de que presentes los mismos síntomas físicos año tras año indica que continúas alimentando un rencor hacia la persona que crees responsable de tu sufrimiento. Date cuenta de que tu reacción a lo que sucedió es la responsable de tu dolor, y no esa otra persona. Sólo el perdón puede lograr transformar lo que sientes.

Voy a sentirme más libre, más dueño de mi vida. Acepto lo que es bueno para mí, aunque esto implique cierta forma de sexualidad nueva y desconocida. Sé que todo es posible, en el amor y la armonía.

Ver ALERGIAS "Protocolo para la alergia".

Alergia
fresones

La alergia a los fresones está asociada a una frustración que pone en contradicción el sentimiento de amor y de placer, éste siendo una necesidad fundamental para mí, al mismo título que el alimento o el sueño. Esta alergia puede proceder de un acontecimiento que viví o bien que precisamente no viví con relación a una persona o a una situación. Un sentimiento de odio y de frustración aliado a culpabilidad puede hacer nacer en mí esta alergia. El placer forma parte de mi vida, como ser humano, a tal punto que las fuertes crisis de alergia a los fresones pueden provocar una incapa-cidad a respirar pudiendo conducir a la muerte. Los pulmones representan la vida y pongo así en evidencia, con mi crisis, una necesidad fundamental en mi vida que no ha sido colmada.

Sugerencias y Recomendaciones

Es importante que tome consciencia de mis necesidades fundamentales, sabiendo que, cuando tomo un alimento, tengo amor hacía mí. Cuando disfruto, también tengo amor hacía mí. La alergia a los fresones puede proceder también de un sentimiento que pude sentir para una persona o que una persona sintió hacía mí. Por ejemplo, pude decirme para mis adentros: "¡no me gusta su fresa!" queriendo significar con esta expresión que "su rostro no me es simpático", que no me gusta esta persona. Debo aceptar que cada uno de nosotros tiene su individualidad con sus cualidades y sus miedos y que en cada ser, hay una estrella que brilla.

Ver ALERGIAS "Protocolo para la alergia".

Alergia
gatos

El gato es un animal mucho más sensible a lo que es invisible que la mayoría de las personas. Puede que una alergia a los gatos esté más en relación con el aspecto de mi personalidad que puede "sentir" cosas (lado o aspecto femenino), sin que, por esto, tenga pruebas concretas de ello. Por lo tanto puedo vivir cierta intolerancia porque no tengo prueba (en el plano racional).

Esta sensibilidad felina se explica por el hecho que la morfología del gato posee un sistema nervioso situado sobre todo en periferia del cuerpo, contrariamente al ser humano cuyo sistema nervioso está más dentro del cuerpo. Esta morfología particular hace que el gato sea más sensible a las vibraciones o a las energías particulares de las personas y de los lugares o, si se quiere, de lo que emana una persona o un lugar.

Sugerencias y Recomendaciones

El gato simboliza el lado sexual femenino y todas las cualidades femeninas tales como la dulzura, el encanto y la ternura. Debo pues aceptar uno de dichos aspectos, los cuales probablemente rehuso, o bien recibir o bien manifestar.

Ver principio femenino).

Ver ALERGIAS "Protocolo para la alergia".

Alergia
gluten

Pan = Familia (ambiente familiar)

Conflicto de cohesión familiar.

RESENTIR: "Me han echado de mi familia" "El bebé necesita crecer en el seno familiar".

Sugerencias y Recomendaciones

Ver ALERGIAS "Protocolo para la alergia".

Alergia
látex

CONFLICTO: El látex es la piel, el contacto. Conflicto de separación.

Le tendremos que sumar el significado de la parte del cuerpo donde se dé la alergia. Pie=madre, mano=padre...

Sugerencias y Recomendaciones

Ver ALERGIAS "Protocolo para la alergia".

Alergia
leche

La leche representa el contacto con la madre ya en los primeros instantes de mi llegada al mundo. Es un alimento completo que me permite tener todos los nutrientes que necesito para mi crecimiento durante las primeras semanas de mi vida. Ya que originalmente, obtengo esta leche mediante el contacto con mi madre, este alimento es además significativo del amor que recibo de mi madre. Entonces, si dentro de mi entorno, hay una persona que identifiqué, sea mi madre u otra persona, "que juega el papel de madre" y que siento frustración con relación a ella en el papel que le presté, esto puede explicar por qué tengo una alergia a la leche. Vivo frustración referente a la forma de atención e incluso de crítica de esta persona, lo cual hace desagradable el "contacto" que pueda tener con ella.

Si esta alergia se desarrolla al nacimiento, debo comprobar cuáles son los miedos o las frustraciones que podía vivir mi madre mientras me llevaba, haciendo míos sus miedos o frustraciones que me llevaron a vivir esta alergia.

Esta atención que me prestan podría hacerme decir: "¿Por quién se toma? ¿Se cree que es mi madre?".

CONFLICTO: la leche es "madre". Separación + Función materna. Madre tóxica.

RESENTIR:

En el bebé: si se está caliente, "quiero estar en fusión con mi madre". Si está frío, "quiero a mi mamá, pero la quiero lejos". En el queso: "me hubiera gustado que mi madre fuera diferente". "Necesito a mi madre, pero no a esta madre".

1) Pudo haber un problema (de mamá) en el momento de dar leche al bebé. Puede ser simbólico: la función materna que no puede alimentar por un conflicto.

2) Madre con depresión o en tratamiento, es una madre ausente. El bebé cuando nace no prueba la leche por si le gusta o no. Si no la toma es que esta es tóxica. La alergia a los lácteos nos permite no entrar en contacto con mamá tóxica.

Sugerencias y Recomendaciones

Es importante para mí poner amor en la situación y armonizar mis sentimientos con relación a este nexo privilegiado y fundamental para la supervivencia de la especie y que está grabado en mí, el del nexo de una madre con su hijo.

SOLUCIÓN PRÁCTICA:

Desnuden al bebé, se desnuda también la madre, lo tocamos con la piel porque vamos a hablar a su cerebro arcaico. Lo pegamos a nuestra piel porque cuando se le toca el bebé se siente seguro, le damos mucho amor con todo nuestro corazón, y le contamos la historia como si fuera un adulto.

Ver ALERGIAS "Protocolo para la alergia".

Alergia
metales

CONFLICTO:
Metales no preciosos = Transgeneracional de muerte con arma blanca.

Sugerencias y Recomendaciones

Ver ALERGIAS "Protocolo para la alergia".

Alergia
peces o frutos secos

Conozco la expresión "ser pez", la cual significa que soy una persona a quien fácilmente "se engaña". Así, mi alergia traduce perfectamente mi sentimiento de frustración frente a una o varias situaciones en que me encontré ingenuo o novato.

Sugerencias y Recomendaciones

Debo tomar mi lugar y tomar consciencia que la vida es una secuencia de experiencias para aprender. Cuanto más aumente mi confianza en mí y mi sentido de las responsabilidades, más se ira desvaneciendo este sentimiento e irá desapareciendo la alergia.

Ver ALERGIAS "Protocolo para la alergia".

Alergia
perros

Se dice que el perro es el "mejor amigo del hombre", entonces puedo preguntarme, cuando vivo este tipo de alergia: ¿cuál es la persona o la situación, con relación a la amistad, que hace nacer cólera dentro de mí? Si soy alérgica a los perros, incluso puedo vivir agresividad e incluso violencia con relación a la sexualidad que vinculo con la amistad. Puede que viva un malestar, sin saber muy bien definir para mí el lugar que toman la sexualidad, la amistad y el amor. Este malestar hace subir en mí el sentimiento de cólera que se manifiesta bajo forma de alergia.

Sugerencias y Recomendaciones

Delimito los parámetros de la amistad, la defino para aclarar ciertas situaciones de mi vida que se hallan de momento en una zona gris. Respeto mis necesidades y elecciones.

Ver ALERGIAS "Protocolo para la alergia".

Alergia
picaduras de avispas y abejas

Seguramente, tengo la sensación de estar constantemente "pinchado" o criticado por mi entorno inmediato. Y esto actúa sobre mí como si "me picasen constantemente". Cuando realmente algo me pica físicamente, esto activa el odio que he ido acumulando en mí en todas estas situaciones en que me sentía atacado.

Sugerencias y Recomendaciones

Aprendo a ocupar el lugar que me corresponde y examino las medidas que hay que tomar para que la crítica disminuya en mi entorno y para que pueda desprenderme más de lo que los demás puedan pensar de mí.

Ver ALERGIAS "Protocolo para la alergia".

Alergia
piel

Conflicto de separación.

Cuando una reacción alérgica se da en la piel debemos encontrar la relación entre una separación concreta y el contacto con la sustancia que nos produce la alergia.

Ejemplo: Una persona alérgica a un medicamento, resulta que cuando era pequeño, su madre tuvo que marcharse un tiempo y lo dejó con su tía. En ese momento el niño estaba tomando el medicamento en cuestión.

Sugerencias y Recomendaciones

Ver ALERGIAS "Protocolo para la alergia".

Alergia
plumas

¿Me he vuelto alérgico a una situación o a una persona que me da la sensación de estar clavado al suelo y de no poder volar para sentirme más libre y feliz? Entonces, es muy probable que viva ira vinculada al hecho de que interiormente tengo el sentimiento de estar cogido entre una situación cualquiera y la libertad que busco para ser más feliz.

Sugerencias y Recomendaciones

Ver ALERGIAS "Protocolo para la alergia".

Alergia
polen

El polen simboliza: los amores, la reproducción, el amor, el polen es la parte masculina de las plantas. A menudo encontraremos historias de separaciones amorosas, desencuentros afectivos, etc.

En las alergias en niños, menores de 7 años, a menudo encontramos historias de desamores, la problemática es con los padres, se pelean, se van a separar, ya no se quieren, se han peleado y ya no hay amor, entonces el niño hace la enfermedad para salvar a sus padres.

¿Qué pasa a nivel biológico? Todo va a ser aumentado en función de mi sensibilidad (L.S.T): los ojos van a registrar todo. Los ojos son la banda video. A nivel de oído vamos a registrar todo y será la banda audio. A nivel de la piel lo vamos a registrar todo en este mismo momento: la temperatura, el frío, el calor, si alguien me toca, la ropa que llevo, si es fino, etc. El gusto, para todo lo que es gustativo: si estoy comiendo algo en este momento, todas las características de lo que es registrado van a ser guardadas. Lo último es el olor, es la banda olfativa. Y el sexto sentido es el pensamiento. Importante tenerlo en cuenta.

Para padecer la alergia hay que sufrir un biochoque, si no hay biochoque no hay alergia en Biodescodificación.

Sugerencias y Recomendaciones

Hablar y expresarse en el momento del biochoque o psicochoque anula la impresión, pues todo aquello que no es hablado, contado o llorado, el cuerpo nos lo contará, hablará y llorará con dolor, pues nuestro cuerpo tarde o temprano nos devolverá la memoria del drama, del dolor o conflicto vivido, porque ha habido una emoción secuestrada y no liberada.

Resolver conflicto según el tipo de alergia.

Trabajar las asociaciones del subconsciente, desechando las creencias relacionadas con el tipo de alergia e incorporando nuevas creencias de seguridad en presencia del alérgeno que nos la provoque.

Ver ALERGIAS "Protocolo para la alergia".

Alergia
polvo

El polvo está conectado con la suciedad y la impureza, si estoy alérgico al polvo, vivo inseguridad frente a aspectos de mi vida que puedo calificar de "sucios e impuros", y es muy probable que este miedo se manifieste en mi sexualidad. Si soy alérgico al polvo, puede que tenga que trabajar mucho con mi propia estima. La expresión usada en la religión "Eres polvo y en polvo te convertirás" traduce bien el sentimiento de inutilidad que pueda vivir o sentir en algunas situaciones. La expresión "todo se va en polvo" permite también traducir el sentimiento de inutilidad que puedo albergar frente a lo que he emprendido o a lo que emprendo, bien en el plano psicológico, afectivo (emocional) o material. Por más que no tenga síntoma físico vinculado a una alergia al polvo, puede que sea una persona "maníaca de la limpieza". Aquí, quiero decir de modo excesivo. Entonces puedo buscar qué parte de mí puede opinar que mi sexualidad es sucia o preguntarme si me temo que esto sea sucio.

Sugerencias y Recomendaciones

Aprendo a valorarme y valorar lo que hago.

Ver ALERGIAS "Protocolo para la alergia".

Alergia
sol

Conflicto de separación con el padre. El sol es padre. La piel = separación.

Sugerencias y Recomendaciones

Ver ALERGIAS "Protocolo para la alergia".

ALEXIA CONGÉNITA
ceguera de las palabras
(ver ojos-alexia congénita)

ALGODISTROFIA

Descalcificación después de una fractura.

CONFLICTO: Fase de reparación: alternancia de desvalorización - revalorización sin cesar. Re-desvalorización (doble conflicto). Hay que hallar los dos, por ejemplo: 1. "No me siento capaz" 2. "No soy capaz, porque lo está demostrado").

RESENTIR: "No soy capaz de..."

Ejemplo: "No me siento capaz de esquiar. Pruebo y me rompo el tobillo. No soy capaz de volverlo a probar, suma de conflictos".

Sugerencias y Recomendaciones

SOLUCIÓN: Encontrar un objetivo en la vida.Ej: ayudas en ONGs. Sentirse útil.

Algodistrofia
tobillo

La Distrofia Simpático-Refleja (DSR) o algoradistrofia, es una enfermedad compleja cuyas causas se desconocen y que puede tener consecuencias graves. Es habitual que el diagnóstico sea tardío. Normalmente se produce tras un traumatismo, ya sea grande (fracturas) o pequeño (incluso un esguince) y produce una sensación de "quemazón importante" con trastornos tróficos de la piel y un fenómeno de demasiada sensibilidad y dolor al mínimo roce o estímulo. Al parecer, el sistema simpático queda anormalmente activado y perpetúa el dolor al tiempo que se producen trastornos vasomotores permanentes.

CONFLICTO: hay dos tiempos:

1. Conflicto de vesícula biliar, vejiga, páncreas y bazo, comentado en ligamento lateral externo.

2. Conflicto que se añade al anterior, con dos posibilidades: a) el conflicto sigue activo. Ha habido esguince pero el conflicto sigue activo, es como el retraso de la consolidación; b) una vez producido el esguince, este tobillo me impide hacer ciertas cosas y se convierte en un segundo conflicto, a causa de mi tobillo.

Sugerencias y Recomendaciones

SOLUCIÓN: Encontrar un objetivo en la vida. Ej: ayudas en ONGs. Sentirse útil.

ALIENTO
(mal aliento)

Normalmente, el aliento es casi inodoro. Si el mal aliento proviene de una afección física como un problema de la digestión, caries dental, etcétera véase el problema concerniente. La descripción que sigue se refiere principalmente a la persona cuyo mal aliento no proviene de una situación patológica.

Este tipo de mal aliento parece provenir de las profundidades de la persona afectada. Indica que esta persona siente un gran dolor interior y que tiene pensamientos de odio, de venganza o de mucha ira hacia la persona o personas que la hirieron. Estos pensamientos, de los que se avergüenza a menudo hasta el extremo de no querer ser consciente de ellos, le hacen morir lentamente por dentro. En consecuencia, este mal olor contribuye a alejar a sus allegados, cuando en realidad lo que más desea en el mundo es su presencia.

El mal aliento es la consecuencia directa de mi dificultad en tratar interiormente y exteriormente las situaciones que vivo. Esta dificultad puede proceder del hecho que me quedo en mis posiciones con relación a ciertas ideas que no expreso y que pudren "in situ". La dificultad puede proceder también del hecho que no consigo superar las dificultades en período de gran cambio en mi vida y que las ideas antiguas se estancan demasiado tiempo con relación a la velocidad del cambio que vivo. Compruebo hasta qué punto puedo "coger" las situaciones de mi vida. Es importante que comunique con las personas relacionadas para participarlas mis emociones y mis pensamientos a fin de "quitarme" este mal aliento. Éste está vinculado frecuentemente a pensamientos de críticas, odio, venganza que tengo contra mí mismo o contra otra persona, y de las cuales tengo vergüenza. El aire que inspiro y que nutre mis células está cargado de todos mis pensamientos, tanto positivos como negativos. ¿Cuáles son los pensamientos que albergo en mi interior y que infestan mi aliento? Dichos pensamientos pueden ser inconscientes.

Sugerencias y Recomendaciones

Si tienes dudas con respecto a tu aliento, te sugiero que pidas a algunas de las personas que te conocen que te digan la verdad sobre este asunto. Después, es importante que verifiques si éste proviene de un estado patológico. Si no es así, este mensaje es muy importante porque puede ayudarte a resolver una actitud interior malsana. No hay herida lo suficientemente grande que no pueda ser sanada por el perdón verdadero. No tienes que vivir sentimientos de impotencia y puedes dejar salir la vergüenza que reprimes en ti. Acepta el hecho de que eres una persona amable y redescubre ese gran corazón que hay en tu interior.

Cuando una persona vive esta situación constantemente, sería bueno decírselo para que tome consciencia de ello y que ponga remedio a dicho problema que puede existir ya desde hace largo tiempo. Sabiéndolo, tendrá ocasión de experimentar el perdón. Bien sea el perdón hacía ella misma por haber mantenido pensamientos malsanos, o el perdón hacía otra persona por haber tenido rencor hacia ella durante tanto tiempo. Es bueno que me recuerde que cuando el amor y la honradez son ingredientes de base de mis pensamientos, mi aliento se volverá fresco. Me libero de los pensamientos malsanos del pasado. Ahora, respiro el frescor de mis nuevos pensamientos positivos de amor, hacía mí mismo y hacía los demás.

ALIMENTACIÓN Y FASES

FASE ACTIVA:

• Un individuo que come adecuadamente es menos susceptible de sufrir conflictos biológicos que otro que no lo hace.

• Prevenir el cáncer o cualquier otra enfermedad solo a través de una dieta es imposible porque aunque ésta sea saludable, no puede evitar que ocurran los conflictos.

• Durante la actividad de conflicto, el sistema digestivo funciona al mínimo para que el apetito sea usualmente bajo, (un ciervo no puede recuperar su territorio con la barriga llena).

• Durante la fase de estrés los suplementos dietéticos pueden ser muy útiles, ya que aumentan la energía y la fuerza necesarias para enfrentar un conflicto y resolverlo.

• La vitamina C y el café son estimulantes y pueden aumentar los síntomas. El café está relacionado con la retención de líquidos y sobrepeso (producido por conflictos de abandono o existenciales).

Sugerencias y Recomendaciones

FASE DE REPARACIÓN:

• Al principio de la fase de curación, el apetito regresa. Es entonces cuando la comida se vuelve medicina de verdad.

• Los órganos que se están reparando necesitan muchos nutrientes que apoyen el proceso de restablecimiento y que hagan más fácil la fase de curación.

• Tomar comidas ricas en proteínas cuando los tumores son controlados desde el cerebro antiguo:

- Cáncer de pulmón, de hígado, de colon, de páncreas o de glándula mamaria.

- En la descomposición del cáncer, el cuerpo elimina también grandes cantidades de proteína.

- No son convenientes dietas de jugos o de comida cruda.

- La vitamina C, en fase curativa, disminuye los síntomas de curación pero también prolonga la fase de reparación, (a veces conveniente).

- El café alivia los dolores de cabeza y ayuda a eliminar la retención de líquidos.

ALOPECIA

La alopecia es una pérdida de cabello que deja placas redondeadas de cuero cabelludo blanco y liso. Alrededor de estas placas el cabello es abundante y normal. También puede darse una alopecia total.

Como los cabellos y el pelo son una protección adicional de la piel, el hecho de perderlo es una indicación de que la persona se deshace de su protección. Después de un incidente o de tomar una decisión, esta persona no se siente protegida y tiene muchos miedos, entre ellos el de no ser capaz de arreglárselas sola. Además, le resulta difícil pedir la protección de los demás. También es posible que intente proteger a los que le rodean para ocultar su miedo a no estar protegida.

Cabellos: imagen de sí mismo (no puedo ser yo mismo)

CONFLICTO: Conflicto de conjunción: Conflicto de separación + Desvalorización + Pérdida de protección. Separación que aparece en el lugar donde alguien fue acariciado por otra persona y ya no lo es más.

Ejemplo: "la abuela acaricia a su nieto: ésta muere y se le produce una alopecia areata". Otra posibilidad: a un perro se le acaricia la cabeza. El perro muere y sus amos asocian la separación con su propia cabeza o con no poder acariciar más, produciéndose alopecia areata en la cabeza.

Calvicie: se le suma una noción de mancha, de desecho.

Pérdida de cabellos: conflicto de separación (separación del clan) + injusticia y desvalorización vivida intelectualmente.

Alopecia areata: el pelo se cae mechón a mechón, dejando áreas sin pelo del tamaño de una moneda de veinticinco centavos. Muchas personas con esta enfermedad sólo tienen unas cuantas áreas de calvicie. Sin embargo, algunas personas pueden perder más pelo. Y aunque es poco común, la enfermedad puede causar la pérdida total del pelo o de todo el vello de la cara y el cuerpo.

CONFLICTO: no sentirse reconocido por el padre (real o simbólico).

RESENTIR: "estoy preocupado, me como el coco, pienso mucho..."

Los cabellos: mi fuerza.

El cuero cabelludo: mi fe y mi lado divino.

CAUSA PROBABLE: Miedo y tensión. Intento de controlarlo todo. Desconfianza en el proceso de la vida.

Sugerencias y Recomendaciones

Si sufres de alopecia, su mensaje es que vuelvas a establecer contacto con tu ser, con tu YO SOY, y que sepas que tienes siempre la protección de tu DIOS interior. Además, antes de creer que nadie te quiere proteger o que debes proteger a los demás, te recomiendo que compruebes si los que te rodean necesitan realmente tu protección y que hagas tus demandas cuando necesites hacerlo. Atrévete a permitírtelo y a reconocer que tienes miedo.

NUEVO MODELO MENTAL: Estoy a salvo. Me amo y me apruebo. Confío en la vida.

DESCRIPCIÓN: Existen "remedios" y "fórmulas", pero, éstos, desgraciadamente, la mayoría no sirven para nada o son contraproducentes. Debido a que el pelo crece desde adentro, la dieta y el tratamiento del cuerpo son de vital importancia. El pelo está hecho del mismo material que los dientes y las uñas, y su caída nos indica que esa sustancia no llega adecuadamente a las raíces capilares.

CROMOTERAPIA: Color curativo amarillo.

TRATAMIENTO: La pérdida del cabello indica que todo el organismo actúa por debajo de sus posibilidades. Procure un masaje a las glándulas pituitaria y tiroides, el sistema nervioso, el timo, las glándulas suprarrenales, el hígado y los riñones, hasta eliminar la sensibilidad dolorosa de la zona. Si desea tener un pelo sano, coma muchas uvas pasas y notará enseguida que aumenta su brillo. Tome también mucha vitamina B en todas sus formas.

ALUCINACIONES

Cuando estoy desgastado físicamente o moralmente, puedo hacerme una montaña de ideas negras, frecuentemente falsas. Así, puedo perder pie con lo real sin tener consciencia de ello, puedo despegarme de lo real. Confrontado con una realidad que no quiero ver, me invento una aunque pueda ser falsa. Entonces puedo darme razón y probar mi propia interpretación de esta realidad que no puedo aceptar. Estas interpretaciones, estos mundos imaginarios, creados de todas partes por mí mismo, pueden también hacer recalcar mis propios miedos. Puedo tener alucinaciones cuando vivo un nivel de estrés muy elevado. Si, por ejemplo, estoy buscando un documento que necesito absolutamente y cuya pérdida representaría millones de dólares, mi cerebro podrá crear una imagen de este documento (holograma) que me parecerá muy real y que durante unos momentos, hará bajar mi nivel de estrés. Después dándome cuenta de que aluciné, puedo ahora pensar más claramente y podré o bien pedir que se me ayude a buscarlo o bien explorar otros lugares en donde se hallará probablemente el documento. Sin esta alucinación, hubiese seguido estando "preso" de mi estado de estrés.

En lo que a drogas se refiere, provocan un estado de consciencia en expansión. Así, la persona puede experimentar dimensiones a las cuales no tiene acceso ordinariamente. ¿Por qué tomo drogas? ¿Es una huida de mis sufrimientos interiores que no consigo, por falta de ayuda, afrontar? Puedo volverme dependiente de drogas, las que sean. Pueden darme un estado de bienestar temporal. Pero una vez "*straight*", o sea de vuelta a lo normal, ya no es el mismo refrán.

Entonces, ¿dónde buscar? En uno mismo. Solo se entra ahí con el amor y también por su propio camino personal y espiritual. Una espiritualidad que me libera de las cadenas del pasado y que me da mi libertad y mi autonomía. Puede también que, después de un accidente, un estrés intenso o simplemente de mi desarrollo personal y espiritual, mi tercer ojo se abra cada vez más, lo cual me permite ver colores alrededor de las personas, corrientes de energía en el espacio o presencias traslúcidas (no materiales) en mi entorno. Así puedo tener la sensación de que alucino sobre todo porque mi sensibilidad suele ser mayor cuando tengo este tipo de percepción. Entonces, hago confianza y me siento rodeado de luz blanca y dorada, sabiendo que estoy constantemente guiado y protegido.

CONFLICTO: Amenazas de pérdida de territorio y grandes miedos. Las amenazas de pérdida de territorio y los grandes miedos pueden manifestar estos cuadros clínicos, así como las levitaciones (sueños de contenido espiritual).

La acción de sustancias endógenas combinadas con sustancias exógenas como el alcohol, anfetaminas, cocaína, cannabis, cortisona y otras de efecto alucinatorio, pueden desencadenar cuadros psicóticos.

Ver también alcocholismo, dependencia, droga, toxicomanía, locura.

Sugerencias y Recomendaciones

Cada vez me gusta más descubrir y experimentar la verdadera realidad, el "Yo Soy".

SENTIDO BIOLÓGICO: Trascender la situación conflictiva.

ALVEOLOS PULMONARES

CONFLICTO: Miedo a la muerte, frecuentemente por el impacto debido a un diagnostico o pronóstico. Ejemplo: "Usted tiene cáncer, no llegará a Navidad"

RESENTIRr: "Me veo morir a mí mismo" (o por identificación) o "El que está cerca de mí, muere".

CAUSA PROBABLE: capacidad de inspirar la vida. Miedo o resistencia a aceptar la vida plenamente. Sensación de no tener derecho a ocupar espacio o a existir. Temor de inspirar la vida plenamente.

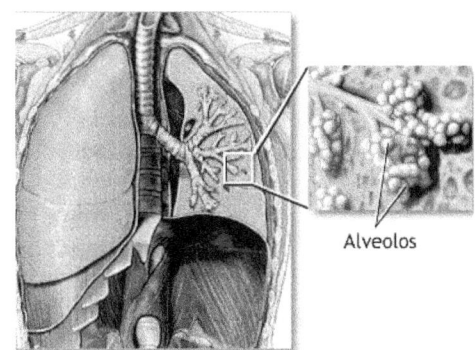

Alveolos

Pulmones jóvenes

Sugerencias y Recomendaciones

NUEVO MODELO MENTAL: Amo la vida. Vivo confiado/a. Tengo derecho a vivir libre y plenamente. Soy digno de amor. Elijo vivir la vida en toda su plenitud. Estoy a salvo. Amo mi vida.

ALZHÉIMER

Esta enfermedad se manifiesta generalmente en las personas mayores y se caracteriza por una pérdida gradual de la memoria. Las personas que padecen la enfermedad de Alzheimer recuerdan con facilidad hechos acontecidos en el pasado remoto, pero les resulta dificultoso recordar los sucesos recientes. Es lo que se llama amnesia de fijación. En ella el enfermo olvida los acontecimientos a medida que se producen, es incapaz de retenerlos.

Esta enfermedad es una forma de huir de la realidad presente. Con frecuencia la persona que la padece fue del tipo de las que se ocupan de todo. Poseía una memoria excelente, a la que a veces no daba buen uso. Tenía respuesta para todo. recordaba detalles inexistentes o poco importantes para los demás. Se jactaba de su buena memoria; estaba orgullosa de ella. Sin embargo, como se creía obligada hacia los demás, sentía que no le dedicaban la suficiente atención, al menos no en la forma en que le hubiera gustado. Ahora, la enfermedad de Alzheimer le permite no tener ya responsabilidades y controlar a los demás, sobre todo a la persona que tiene el deber de cuidarla.

Esta enfermedad conlleva una degeneración de las células del cerebro que se traduce en una pérdida progresiva de las facultades intelectuales que llevan a un estado demencial (la locura). Esta enfermedad de los tiempos modernos, caracterizada principalmente por el deseo inconsciente de acabar con su vida, de acabar de una vez por todas, de dejar este mundo o de huir de mi realidad, se debe a la incapacidad crónica de aceptar, de enfrentarme o de enfrentarlo con esta misma realidad, con las situaciones de la vida porque tengo miedo y me duele. Así me vuelvo insensible a mi entorno y a mis emociones interiores. "Me aletargo", "me abstraigo" y así la vida me parece más fácil. El Alzheimer se refiere a esta forma de demencia. Esta manifestación conlleva principalmente la degradación de la memoria, la confusión mental y la incapacidad de expresarme con claridad, la violencia, ciertas formas de inconsciencia del entorno, incluso un comportamiento de inocencia próximo al del niño. La desesperación, la irritabilidad, el mal de vivir me lleva a replegarme sobre mí y a vivir "dentro de mi burbuja". Me dejo "morir poco a poco". Esta enfermedad me indica que tengo el mal de vivir, que huyo de una situación que me da miedo, me irrita o me hiere. Es una situación grave a primera vista, de la cual puedo quedarme inconsciente mucho tiempo. Se me ve como una persona "normal" y equilibrada pero se observa que me repliego sobre mí por desesperación, cólera o frustración, lo cual me hace insensible al mundo que me rodea. Me niego a sentir lo que sucede alrededor mío y dentro de mí; prefiero dejarme ir. ¡Puedo tener mucha dificultad en soltar mis viejas ideas ya que es una cantidad muy grande en mi memoria! Mi atención está mucho más centrada sobre el pasado que sobre el instante presente, la memoria a corto plazo se vuelve totalmente deficiente y se atrofia, sin aportar nada nuevo ni creativo. Consecuencia: la memoria se desgasta con viejas cosas en vez de generar ideas nuevas y frescas.

Desde el punto de vista médico, los factores emocionales y mentales, así como sus correspondencias corporales (líquidos, sangre, tejido y huesos) están implicados en la manifestación de la enfermedad. Cuando la sangre está suprimida de ciertas áreas del cerebro, ocurre una especie de traumatismo mental. Son reacciones muy violentas al nivel cerebral. Es como si el flujo sanguíneo se retirase de dichas áreas. Puede haber un miedo extremo de todas las facetas de la vejez o del alba de la muerte, lo que conlleva un regreso inconsciente hacia un comportamiento infantil y la ocultación del presente, pasado y porvenir para ignorarlos. Mi cuerpo, atacado por la degeneración de las células del cerebro (el hecho de borrar de su memoria consciente o de su sensibilidad), me prepara inconscientemente para este período en que deberé "marchar" (empleado aquí preferentemente al término "morir"). Esto se traduce por un comportamiento infantil en el cual me permito vivir y "realizar" todos mis fantasmas y todas mis fantasías. El amor y el apoyo son necesarios en tal experiencia.

CONFLICTO: Exigirse hacer algo que no se quiere hacer. Intervienen los conflictos de separación y agresión.

RESENTIR: "Quiero que estén conmigo pero yo no quiero estar con ellos". "Ya no pueden vivir solos". Esta es la solución mejor para su conflicto y se desconectan de la realidad.

Enfermedad frecuentemente relacionada con el deseo de huir de las realidades de este mundo y ya no querer tomar responsabilidades.

CAUSA PROBABLE: Negarse a enfrentar la vida. Desesperanza y desamparo. Cólera.

SENILIDAD: regreso a la supuesta seguridad de la infancia. Exigencia de cuidados y atención. Forma de controlar a quienes nos rodean. Escapismo.

Sugerencias y Recomendaciones

Por desgracia, es común que quien padece esta enfermedad no tenga interés en sanar. Son más bien las personas que la rodean quienes se preocupan porque se alivie. La persona enferma cree que es el único medio de que dispone para vengarse. Sufrió en silencio una situación y ahora tiene una buena excusa para conseguir sus propósitos.

Si tienes esta enfermedad y estás leyendo este libro, es importante que sepas que puedes lograr que alguien se ocupe de ti sin recurrir a este medio. Acepta la idea de que puedes ser una persona importante y querida aun cuando ya no quieras hacerte cargo de todo ni acordarte de todo. Habla de tus vivencias actuales y de las pasadas. Mira los años tan hermosos que tienes por delante si estás decidido a vivir.

Si lees esta descripción pensando en otra persona, hazle leer este texto.

PREVENCIÓN: Atención a las amnesias.

NUEVO MODELO MENTAL: Siempre tengo una forma nueva y mejor de vivir la vida. Perdono y libero el pasado. Avanzo hacia la alegría.

¡Vivo el momento presente y acepto soltar el pasado empezando a cuidarme de mí!

SENILIDAD: Protección Divina. Seguridad. Paz. La Inteligencia del Universo opera en todos los aspectos de la vida.

La afección inicia con una pérdida gradual de la memoria. Una terapia adecuada aplicada en un principio puede frenar el desarrollo de esta enfermedad porque aumenta la circulación sanguínea del cerebro, aun cuando no puede reparar las células dañadas.

CROMOTERAPIA: Color Curativo morado.

TRATAMIENTO: los órganos y glándulas principales del tratamiento son; el cerebro, la glándula pineal y la pituitaria. Es muy importante elevar el tono de todo el organismo. Podría ser recomendable ejercer el tratamiento en los puntos de las manos.

AMBIOPLIA

Disminución, pérdida, de agudeza visual sin lesiones apreciables del ocular.

RESENTIR: "Yo quiero reunir todo lo que veo separado"

Sugerencias y Recomendaciones

NUEVO MODELO MENTAL: Confío en la vida, todo está bien como esta, todo está en el lugar correcto, amo las cosas como son.

AMEBIASIS
ver intestitnos-diarrea

AMENORREA

Irregularidad en la menstruación.

CONFLICTO: conflictos con los dos ovarios. Sexual o afectivo. Problemas en la hipófisis y el hipotálamo.

CAUSA PROBABLE: Deseos de no ser mujer.

Sugerencias y Recomendaciones

NUEVO MODELO MENTAL: Disfruto de ser quién soy. Soy una hermosa expresión de la vida que se expresa a la perfección en todo momento.

Ver menstruación, mujer.

AMIBIASIS

Es una infección causada por la amiba o Entoamoeba histolytica, un protista parásito que se localiza en el intestino grueso, principalmente en el colon. La amibiasis produce malestar estomacal y diarrea que se alterna con estreñimiento, acompañada de moco y a veces con sangre, así como sensación de pujo (la persona se queda con ganas de evacuar). La infección por amibiasis puede llegar al torrente sanguíneo e invadir el hígado.

Sugerencias y Recomendaciones

Medidas preventivas de las enfermedades del aparato digestivo. Entre las principales maneras de prevenir el contagio de las enfermedades digestivas están las siguientes:

- Lavarse las manos después de ir al baño y antes de comer.
- Beber agua potable hervida.
- Lavar fruta con agua y jabón y desinfectar las verduras que se consuman crudas.
- Disponer de excusados o letrinas para desechar las materias fecales.
- Evitar consumir alimentos en la calle.

AMIGDALAS

La amígdala es un órgano de defensa para el organismo y una barrera antimicrobiana, que está situada como centinela en la entrada de las vías aerodigestivas. La amigdalitis se manifiesta cuando las amígdalas se convierten en un foco de infección, creando problemas, especialmente al tragar los alimentos.

Esta enfermedad manifiesta la ira causada por algo que no puedes tragar. ¿Qué situación o qué persona no "tragas" en ese momento? ¿Qué píldora te parece demasiado grande para tragarla?

Función de defensa, retienen las bacterias y virus nocivos. Es la primera puerta de control del organismo (como los escáneres de los aeropuertos). Son los escáneres que detectan si el pedazo es bueno o no.

CONFLICTO: No poder tragar la presa (objetivo). En el último momento nos es arrebatado algo que parecía nuestro: casa, coche, etc. Miedo a no conseguir la totalidad de algo.

Amígdala derecha: Palabras que queremos decir y no podemos. (Palabras que nos tragamos). Querer atrapar algo.

Amígdala izquierda: Palabras que hemos dicho y pero no queríamos decir. (Palabras que deberíamos haber tragado). Querer escupir algo.

RESENTIR: "Ya lo tenía y a última hora me lo han quitado" "No consigo tragar un trozo" o "me he tragado un trozo que no me conviene".

Amigdalitis, miedo, rabia, emociones y creatividad reprimidas, la persona no puede ser ella misma.

Para los niños: Atrapar el cariño (abrazo) de los papas. Tener buenas notas o buena imagen, hace que los padres estén contentos y voy a conseguir cariño y abrazos.

Para los adolescentes: "Estoy enamorado de María pero no la puedo atrapar".

CAUSA PROBABLE: Miedo; emociones reprimidas. Creatividad sofocada.

Sugerencias y Recomendaciones

Si hay algo que no puedes tragar en este momento, es porque una parte de ti está demasiado involucrada en el juicio (una parte de tu ego). Alimentas pensamientos de rebelión que pueden estar dirigidos hacia ti o hacia alguien más. Estás seguro de tener la razón. Te beneficiaría vivir esta situación con más amor y aceptación.

NUEVO MODELO MENTAL: Mi bien fluye libremente. A través de mí se expresan las ideas divinas. Estoy en paz.

Ver anginas, garganta.

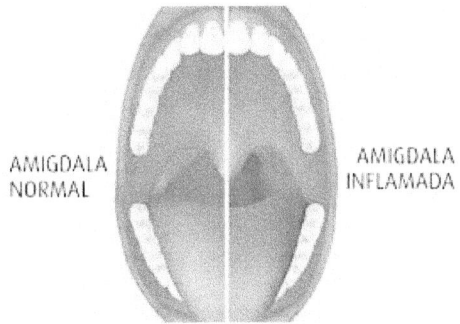

AMIGDALA NORMAL — AMIGDALA INFLAMADA

AMIGDALITIS

Las amígdalas, que significan "almendras", forman parte del sistema inmunitario y de la linfa (líquido que limpia el cuerpo humano), y son definidas como filtros que controlan todo lo que circula al nivel de la garganta (lo cual corresponde a la creatividad, a la comunicación). Cuando están inflamadas, tengo dificultad en tragar y corro el riesgo de ahogarme. Inhibo mis emociones y "ahogo" mi creatividad. Hay una situación que me ahoga a través la cual inhibo mis sentimientos de cólera y de frustración. Una amigdalitis (itis=cólera) se manifiesta generalmente cuando mi realidad que trago me trae una intensa irritación a tal punto que mis filtros (las amígdalas) no pueden cogerlo todo y se vuelven rojas de cólera por no poder alcanzar un objetivo interior que estoy viviendo. Puede ser el miedo de no poder alcanzar un objetivo en perspectiva o de no ser capaz de realizar algo importante para mí, por falta de tiempo o de oportunidad. Tengo la sensación que estoy a punto de lograr algo que me es caro (un trabajo, un cónyuge, un coche, etc.) pero temo que se me escape y que deba hacer sin ello, o que sólo pueda disfrutar de ello en parte o no totalmente, lo cual para mí "es duro de tragar". Un conflicto interior muy intenso está "ahogado" y no expresado. Es un bloqueo, el cierre de esta vía de comunicación. ¿Tengo yo la sensación de que hay una situación que "trago equivocadamente"? Vivo en rebelión con una persona cercana a mí (familia, escuela, trabajo) incluso en revuelta. Si soy un niño, frecuentemente tengo amigdalitis porque aún no estoy bastante consciente de lo que sucede y no tengo control sobre los acontecimientos. Vivo frustración vinculada a lo que debo "tragar" en la vida.

Ver amígdalas

Sugerencias y Recomendaciones

Si quiero resolver la amigdalitis, acepto las cosas tales como son alrededor mío, tomo el tiempo de aceptar las situaciones que trastornan mi vida, con calma y serenidad. Es posible y fácil enseñar esta actitud a los niños que están preparados para ello. Observemos que la ablación de las amígdalas significa la aceptación de tragar la realidad sin que esté filtrada o censurada (protegida) previamente. Es una carencia de protección. Debo tratar esta situación de un modo diferente que sería más armoniosa para mí.

AMILOIDOSIS

La amilodosis es la falta alta de asimilación de proteínas en el intestino delgado.

Esta enfermedad define la identidad de cada ser vivo, estructura del código genético.

RESENTIR: "Me siento inútil".

Sugerencias y Recomendaciones

SOLUCIÓN POSIBLE: Encontrar un objetivo en la vida, ayudas en ONGs. Sentirse útil.

AMNESIA

La amnesia es una pérdida completa o parcial de la memoria. La persona que sufre de amnesia es incapaz de recordar hechos que su memoria había retenido.

La amnesia es una especie de coartada que permite rechazar uno o varios recuerdos demasiado dolorosos para la persona.

CAUSA PROBABLE: Miedo. Huida de la vida. Incapacidad de defenderse.

La amnesia es la pérdida de mi memoria, parcial o total, tanto de las informaciones ya adquiridas en el pasado como de las presentes. La amnesia es comparable a la enfermedad de Alzheimer bajo diversos aspectos. La persona amnésica padece terriblemente del momento presente en su vida actual. Mi deseo de huir y de "marchar" es tan grande (poco importa la situación vivida) que me repliego sobre mí por dolor, cólera, incapacidad o desesperación y me encierro volviéndome insensible a casi todo. Me escapo, me aletargo o me hago insensible a una persona o a una situación. Rehúso vivir las situaciones y las experiencias de todos los días, poco importa su intensidad. El dolor interior es proporcional a la gravedad de la amnesia, sea ésta parcial (ocultación mental parcial de imágenes muy dolorosas de la infancia) o total (tentativa inconsciente de tener una nueva vida y un nuevo deseo de vivir porque ya no puedo vivir con esta primera vida). Vergüenza y culpabilidad pueden manifestarse, cualquier sea la razón. Intento ignorar varias cosas, entre las cuales mi familia y varias situaciones difíciles. Estoy más o menos separado de la realidad presente.

Sugerencias y Recomendaciones

Si te encuentras en este estado, date cuenta de que recuperando el contacto con la Divinidad que mora en ti, puedes conseguir sobrepasar tus límites anteriores. Es tu cuerpo mental el que llegó a su límite y te hizo elegir esta opción. Es posible que en el pasado no hayas podido hacer frente a algunos recuerdos, pero es muy probable que la persona que eres ahora sí lo logre. Empieza dedicando un tiempo a programar tu mente para que puedas lograrlo, después, busca los medios adecuados. Si te permites pedir ayuda, te será más fácil encontrarlos.

NUEVO MODELO MENTAL: Siempre me acompañan mi inteligencia, valentía y propio valer. Vivo confiada.

El proceso de aceptación y de integración es muy importante porque el fenómeno de ocultación de ciertas experiencias por el mental puede jugarme pasadas en experiencias futuras. Es posible que viva algunas sin saber ni comprender por qué me suceden. Es una toma de consciencia diaria con relación a lo que soy y a lo que me queda por arreglar en mi vida para volver a tomar contacto con mi verdadero yo superior.

AMPOLLAS
(ver piel-ampollas)

AMPUTACIÓN

La amputación total o parcial de un miembro, que esté practicada por razones accidentales o médicas (gangrena, tumor) es generalmente vinculada a una gran culpabilidad frente a un aspecto de mi vida. Si se amputa mi pie izquierdo, es como si mi miedo o mi culpabilidad fueran tales que prefiero "morir" para la dirección que he de tomar o para la que tomé en mi vida afectiva; la pierna derecha se refiere a mi miedo o culpabilidad frente a mis responsabilidades, etcétera.

Amputación frecuentemente relacionada a una gran culpabilidad.

Sugerencias y Recomendaciones

Si vivo una amputación, es importante que recuerde que mi cuerpo, energéticamente, no está amputado. Así, si he tenido la pierna derecha amputada, puedo poner el amor, la comprensión y la integración para la toma de consciencia que debo hacer para ir más rápidamente hacia delante en mis responsabilidades como si siguiese teniendo mi pierna. Hago desaparecer toda culpabilidad, sabiendo que siempre actúo para lo mejor.

Es importante sentirse en paz en todos los aspectos para evitar la necesidad de castigo que puede provocar más accidentes, heridas, incluso nuevas amputaciones.

Ver también automutilación.

ANDROPAUSIA

Es un fenómeno natural consistente en la disminución de la función sexual que puede presentarse en los hombres alrededor de los sesenta años. La andropausia, propia del hombre, corresponde a la menopausia en la mujer, a pesar de que esto no corresponde a un cambio hormonal equivalente. Todas las inseguridades vinculadas a la vejez, a las capacidades sexuales, a los sentimientos de inutilidad y de debilidad se manifiestan interiormente y físicamente por dolores en los órganos genitales (en particular la próstata) y a uno o diversos aspectos del concepto masculino.

Sugerencias y Recomendaciones

Como hombre, debo tomar mi lugar en el universo en armonía con cada aspecto de mi persona, tanto el lado femenino como el lado masculino.

Ver también próstata-dolores, menopausia.

ANEMIA

Concentración baja de hemoglobina. La anemia suele definirse como una disminución del número de glóbulos rojos de la sangre. Sus síntomas son: palidez de la piel y de las mucosas, aceleración de la respiración y del ritmo cardíaco, y una fatiga muy marcada. Se pueden presentar dolores de cabeza, mareos y zumbidos en los oídos.

En metafísica, la sangre representa la alegría de vivir: esto es lo que ha perdido la persona anémica. Incluso puede resultarle difícil aceptar esta encarnación hasta el extremo de no desear seguir viviendo. Se deja invadir a menudo por el desánimo y ya no establece contacto con sus deseos ni con sus necesidades. Se siente débil.

CONFLICTO: Desvalorización de aquello que nos hace vivir, que transporta la vida.

RESENTIR: "No quiero molestar a mi familia", "tengo que vivir lo menos posible porque molesto" y "me ahogo en esta familia."

La anemia está relacionada con una falta de alegría ante el proceso de la vida misma y con un sentimiento de no valer.

Anemia por falta de hierro en vez de hemoglobina. Calcio (función paterna) + Magnesio (función materna).

RESENTIR: "Necesito que me ayuden en mi función materna", "Me ahogo en mi familia", Alguien cercano a ti se está muriendo y quieres darle el oxígeno para vivir", "Atmósfera tóxica, no respiro bien".

CAUSA PROBABLE: Actitud de «sí, pero». Falta de alegría. Miedo a la vida. Sentimiento de no valer lo suficiente.

Sugerencias y Recomendaciones

Si tienes anemia en este momento, debes volver a contactar con tu capacidad de crear tu vida sin depender de los demás. Toma más consciencia de los pensamientos negativos que te impiden encontrar la alegría en tu vida. Deja salir al niño que hay en ti, ese que quiere jugar y tomarse la vida menos en serio.

NUEVO MODELO MENTAL: Confiadamente puedo experimentar alegría en todos los ámbitos de mi vida. Amo la vida.

La anemia suele producirse por una falta de hierro en la sangre y en el almacenamiento en el bazo. Si se diagnostica una anemia muy fuerte, deberá consultar inmediatamente a su médico. Cuando esta anemia no se corrige en sus primeros síntomas, normalmente da lugar a trastornos más graves como la anemia perniciosa. Las mujeres sufren mayores trastornos de este tipo porque debido a su naturaleza pierden más hierro. El hígado y las lentejas por ejemplo, son alimentos ricos en hierro. Es aconsejable tomar una dosis diaria de vitamina C para su mejor asimilación.

CROMOTERAPIA: Color curativo rojo.

TRATAMIENTO: Debemos iniciar con el bazo, con un tratamiento girando el dedo pulgar. El bazo tiene un efecto especial e intenso en el intestino, así que presionaremos también las zonas del colon ascendente y descendente, el hígado y las glándulas: tiroides, pituitaria y suprarrenales.

ANEMIA FALCIMORME

La anemia de células falciformes, drepanocitosis "falcemia" o anemia depreanocítica, es una hemoglobinopatía (hemoglobina = proteína que forma parte de los glóbulos rojos y se encarga del transporte de oxígeno). De origen genético y se da por sustitución de un aminoácido (ácido glutámático) por valina en la sexta posición de la cadena Beta globina; esto provoca que a menor presión de oxígeno, el eritrocito se deforma y adquiere apariencia de una hoz; la nueva forma provoca dificultad para la circulación de los glóbulos rojos, por ello se obstruyen los vasos sanguíneos y causan síntomas como dolor en las extremidades. Los glóbulos rojos también padecen de una vida más corta provocando anemia por no ser reemplazados a tiempo.

CAUSA PROBABALE: La idea de no valer lo suficiente destruye la alegría de vivir.

Sugerencias y Recomendaciones

NUEVO MODELO MENTAL: Este niño vive y respira el júbilo de vivir; se nutre de amor. Dios hace milagros todos los días. Con facilidad me libero de todo lo que ya no necesito en la vida.

ANEURISMA

Un aneurisma es una dilatación localizada en un vaso sanguíneo (arteria) ocasionada por una degeneración o debilitamiento de la pared vascular. Los aneurismas más frecuentes son los arteriales. Su localización más habitual radica en la base del cerebro (el polígono de Willis) y en la aorta, arteria que sale del corazón (Aneurisma de aorta).

CONFLICTO: Conflicto intelectual. Impotencia y culpabilidad en la familia.

Un aneurisma es una dilatación de un vaso sanguíneo directamente comunicado con una arteria; dicha dilatación permanece llena de sangre, rodeada por una membrana en forma de saco. Existe un gran riesgo de que el vaso sanguíneo se rompa. Se le suele detectar por la presencia de dolores torácicos, tos y dificultad para tragar. Si es abdominal, viene acompañado de dolores y trastornos digestivos, con frecuencia palpables. Se considera que un aneurisma cerebral es consecuencia de malformaciones congénitas que se revelan tardíamente.

Este problema puede surgir después de un gran dolor, casi siempre relacionado con la familia, dolor que bloquea la alegría de mantener las relaciones como antes. La persona que presenta un aneurisma vive o desea vivir un rompimiento, aun cuando éste le destroce el corazón. De manera inconsciente, también se siente culpable de su decisión. Ha acumulado demasiado y ha llegado al límite. Su decisión de romper la tomó cuando ya no podía más, en lugar de actuar, reacciona demasiado.

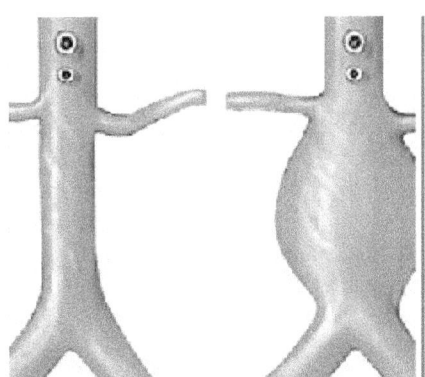

Sugerencias y Recomendaciones

El hecho de sufrir un aneurisma es un mensaje urgente para que dejes de acumular penas internas y tomes la decisión de expresar tus sentimientos a las personas involucradas en lugar de guardarlos en tu interior. No quieres mostrar tu enorme sensibilidad, pero no tienes otra opción: o la expresas o te causará la muerte. También te sugiero que trabajes con tu terquedad, que te lleva a tomar decisiones radicales de rompimiento, que no te benefician. Tu corazón desea lo contrario. No te dejes invadir por tus pensamientos negativos: provienen de tu dolor. Si lo expresas, volverás a encontrar la alegría de vivir con tus seres queridos.

ANFETAMINA (consumo de)
(ver droga)

ANGINA DE PECHO

Este problema se manifiesta cuando hay un insuficiente aporte de oxígeno al miocardio, el músculo que constituye la mayor parte del corazón. Esto ocasiona sufrimiento al músculo cardíaco, lo cual provoca el dolor. La persona que sufre de angina de pecho se queja de pesadez, opresión o sofocación. Si el dolor es intenso, puede irradiarse hacia la espalda, el brazo izquierdo, la mandíbula, incluso al cuello y las muñecas. Véase problemas cardiacos, considerando que la persona tiene miedo de vivir otra aflicción y frena sus impulsos. Desea verse libre de las preocupaciones de la vida en las cuales tiene la impresión de ahogarse sin poder escapar.

Mi cuerpo me advierte seriamente de que algo va mal (este aviso se reconoce mejor en el plano metafísico - psíquico que físico). Inconscientemente puedo desear dejar la "vida terrestre" porque tengo la sensación de estar ahogado por ciertas preocupaciones y que no sé cómo salirme, ¡pero el tiempo no necesariamente ha llegado! ¿Qué temo, en el fondo? La vida es un intercambio continuo. Doy tanto como recibo, como la contracción y la dilatación de los vasos sanguíneos, si no, viviría un desequilibrio y mi atención debe volver a este equilibrio necesario a una vida sana. Es un proceso fundamental en la existencia humana porque soy un ser divino que debe expresarse en este equilibrio. Mi toma de consciencia es ésta: Dejo de tomar la vida en serio y me mantengo abierto. Es fácil porque no tengo ganas de morir sino que tengo ganas de vivir, de abrirme al amor y dejar cualquier lucha de poder. Pongo mi atención sobre los aspectos hermosos de la vida. Aprendo a amarme tal como soy: mi energía vital podrá así volver a la vida. Son los primeros pasos hacia un restablecimiento serio de esta enfermedad. Un último punto que recalcar: vigilar todas las expresiones vinculadas con el corazón: "un corazón de piedra, un corazón duro, no tiene corazón, es un sin corazón", etc. Cada expresión es la indicación de que sucede algo que merece mi atención.

La angina de pecho, también conocida como "angor" o "angor pectoris", es un dolor, generalmente de carácter opresivo, localizado en el área retroesternal, ocasionado por insuficiente aporte de sangre (oxígeno) a las células del músculo del corazón.

CONFLICTO: pérdida de territorio.

Igual que un enfisema pulmonar. Es un Pat femenino (cerebro izquierdo) en masculino sería un infarto.

No nos olvidemos de que el corazón es casa.

Buscar siempre el lado afectivo y el lado profesional.

CON ÚLCERAS CORONARIAS:

En hombre diestro: conflicto de territorio. Conflicto biológico de pérdida de territorio o del contenido del territorio (la compañera abandona el territorio).

En mujer zurda: conflicto sexual. No copular o de no haber sido apareada, casi siempre acompañado de depresión sin desbalance hormonal.

En mujer diestra consumidora de píldora: conflicto de territorio en la mujer viril.

En mujer menopáusica que reacciona de forma masculina: conflicto de territorio en la mujer viril.

En hombre zurdo y mujer diestra con presencia de constelación esquizofrénica. (Las arterias coronarias son derivados de los arcos branquiales y su inervación está regida por el córtex cerebral).

Sugerencias y Recomendaciones

Antes que otra cosa, debemos reducir el miedo a un ataque cardiaco, descongestionando las zonas que afectan al corazón y calmando el sistema nervioso. Es necesario consultar con un cardiólogo.

CROMOTERAPIA: Color curativo verde.

TRATAMIENTO: En estos casos, el masaje puede darse en las manos. Se deben masajear las áreas del corazón, pulmones, sistema nervioso, glándulas suprarrenales, timo, tiroides y pituitaria.

Mi cuerpo me advierte seriamente de que algo va mal (este aviso se reconoce mejor en el plano metafísico - psíquico que físico). Inconscientemente puedo desear dejar la "vida terrestre" porque tengo la sensación de estar ahogado por ciertas preocupaciones y que no sé cómo salirme, ¡pero el tiempo no necesariamente ha llegado! ¿Qué temo, en el fondo? La vida es un intercambio continuo. Doy tanto como recibo, como la contracción y la dilatación de los vasos sanguíneos, si no, viviría un desequilibrio y mi atención debe volver a este equilibrio necesario a una vida sana. Es un proceso fundamental en la existencia humana porque soy un ser divino que debe expresarse en este equilibrio. Mi toma de consciencia es ésta: dejo de tomar la vida en serio y me mantengo abierto. Es fácil porque no tengo ganas de morir sino que tengo ganas de vivir, de abrirme al amor y dejar cualquier lucha de poder. Pongo mi atención sobre los aspectos hermosos de la vida. Aprendo a amarme tal como soy: mi energía vital podrá así volver a la vida. Son los primeros pasos hacia un restablecimiento serio de esta enfermedad. Un último punto que recalcar: vigilar todas las expresiones vinculadas con el corazón: "un corazón de piedra, un corazón duro, no tiene corazón, es un sin corazón", etc. Cada expresión es la indicación de que sucede algo que merece mi atención.

ANGINAS

CONFLICTO: Perder el bocado.

RESENTIR: "no puedo atrapar, me han quitado el pedazo." Ejemplos: "estoy enamorado de M pero se va con P"; "Tener un ascenso asegurado en el trabajo y se lo dan u otro"; "El amor de mis padres que intento atrapar y que no lo tengo"; "tengo el amor de mi madre y nace un hermanito, por lo tanto, pierdo el bocado".

CAUSA PROBABLE: Fuerte creencia en la propia incapacidad de hacerse valer y de pedir lo que se necesita.

Las anginas es también la búsqueda del bocado afectivo.

Sugerencias y Recomendaciones

NUEVO MODELO MENTAL: Es mi derecho satisfacer mis necesidades. Con facilidad y amor pido lo que necesito.

Mi cuerpo me advierte seriamente que algo va mal (este aviso se reconoce mejor en el plano metafísico - psíquico que físico). Inconscientemente puedo desear dejar la "vida terrestre" porque tengo la sensación de estar ahogado por ciertas preocupaciones y que no sé cómo salirme, ¡pero el tiempo no necesariamente ha llegado! ¿Qué temo, en el fondo? La vida es un intercambio continuo. Doy tanto como recibo, como la contracción y la dilatación de los vasos sanguíneos, sino vivo un desequilibrio y mi atención debe volver a este equilibrio necesario a una vida sana. Es un proceso fundamental en la existencia humana porque soy un ser divino que debe expresarse en este equilibrio. Mi toma de consciencia es ésta: dejo de tomar la vida en serio y me mantengo abierto. Es fácil porque no tengo ganas de morir sino que tengo ganas de vivir, de abrirme al amor y dejar cualquier lucha de poder. Pongo mi atención sobre los aspectos hermosos de la vida. Aprendo a amarme tal como soy: mi energía vital podrá así volver a la vida. Son los primeros pasos hacia un restablecimiento serio de esta enfermedad. Un último punto que recalcar: vigilar todas las expresiones vinculadas con el corazón: "un corazón de piedra, un corazón duro, no tiene corazón, es un sin corazón", etc. Cada expresión es la indicación de que sucede algo que merece mi atención.

Ver amígdalas, amigdalitis, garganta.

ANGIOMA

Pequeña malformación formada por ovillos de capilares sanguíneos. Puede ser plano (el vulgar antojo o mancha de vino) o hacer relieve en la piel (tiene el aspecto de una pequeña fresa).

Conflicto: angustia de la madre por una parte del cuerpo.

Sugerencias y Recomendaciones

Entiendo que los miedos de mis padres no son míos, los comprendo.

NUEVO MODELO MENTAL: Estoy a salvo, me siento seguro y protegido. Todo está bien en mi mundo.

ANGIOMA PLANO
(ver manchas en la piel)

ANGUSTIA

La angustia es un miedo sin motivo aparente o, en caso de que exista un factor desencadenante, el estímulo que la produce no provocaría ninguna reacción en un sujeto normal. Suele darse en la persona que retrocede ante un obstáculo, que no lucha por falta de confianza en sus capacidades.

Después de varios años he podido constatar que la gran mayoría de los pacientes que se quejaban de angustia, en realidad sufrían de agorafobia en diferentes grados. Por lo tanto, sugiero que consultes la descripción de agorafobia.

La angustia está caracterizada por un estado de desorientación psíquica en la cual tengo el sentimiento de estar limitado y restringido en mi espacio y sobre todo ahogado en mis deseos. Siento mi espacio limitado por fronteras que, en realidad, no existen. "Estoy cogido" o "Me siento cogido en una trampa". Estoy de acuerdo con el hecho que la gente invade mi espacio psíquico y esto se manifiesta en mí por una especie de aprieto interior. Dejo entonces de lado mis necesidades personales para complacer primero a los demás para atraer el amor que necesito (aunque haya otros modos de hacerlo). El aprieto me lleva generalmente a ampliar mis emociones y mi emotividad general en detrimento de un equilibrio adecuado. Ya que vivo en la niebla, la confianza en mí se tambalea, la desesperación y la gana de ya no luchar más se instalan. ¿Cuál puede ser la situación en que me sentí apretado cuando era joven de tal modo que reproduzco aun fielmente este esquema de pensamiento que hace que se repitan acontecimientos en mi vida hoy? (observemos que angustia y claustrofobia son sinónimos por la palabra aprieto.). Es natural por mi cuerpo para colmar mis necesidades psíquicas fundamentales: la necesidad de aire para vivir y respirar, el espacio entre mí y las demás personas, la libertad de decidir y discernir lo que es bueno para mí. Si, a partir de ahora, contesto a mis esperas frente a la vida en primer lugar, hay muchas probabilidades para que deje las de los demás en su sitio: así, estoy más seguro de estar de acuerdo con ellos. Y sin violar su espacio porque debo recordar que si me siento ahogado, es porque ahogo conscientemente o no a la gente alrededor mío (significa aquí dejar a los demás la libertad de pensamiento o de acción y respetarlos). Se manifiesta la angustia también como una espera inquieta y opresiva, aprensión de "algo" que podría ocurrir, con una tensión difusa, espantosa y generalmente sin nombre. Puede estar vinculada a una amenaza concreta angustiosa (tal como la muerte, catástrofe personal, sanción) Se trata más de un miedo, generalmente vinculado a nada que sea inmediatamente perceptible o se pueda expresar. Por esto las fuentes profundas de la angustia se encuentran frecuentemente en el niño que fui. Se vinculan generalmente con el miedo al abandono, a perder el amor de un ser querido y al sufrimiento. Cuando me encuentro en una situación similar, la angustia vuelve a aflorar. Cada vez que uno de estos miedos reaparece o que se vive una situación imaginaria o realista, esto está captado por mi inconsciente como una señal de alarma: hay peligro, la angustia reaparece aún más fuerte. Cuando soy niño, la angustia se manifiesta frecuentemente por el miedo a la oscuridad y una tendencia a vivir una vida solitaria.

Sugerencias y Recomendaciones

A partir de ahora, uso de discernimiento, valor y confianza en la vida para respetarme y dejar ir a los demás a su espacio sin pesar, y borro de mi vida cualquier remordimiento. Así veré "más claro" y adelantaré en la vida con mucha más lucidez.

Ver ansiedad, claustrofobia, agorafobia.

ANO

El ano puede ser el asiento de lesiones benignas o malignas, de hemorragias, abscesos, dolores o comezón, fisuras, fístulas, hemorroides y cáncer.

Como el ano es la terminación de algo, también en el plano metafísico representa la culminación de una idea, de una relación o el fin de un proceso cualquiera. Si sientes dolor en esta zona, éste representa tu sentimiento de culpa por querer terminar algo, de modo que te sientas en él y no le haces caso. Lo mismo ocurre si el dolor te impide sentarte cómodamente. La comezón representa deseos insatisfechos de querer terminar o llevar a buen término un acontecimiento. Una hemorragia en el ano tiene un significado similar al del absceso, pero conlleva una pérdida de la alegría de vivir, ligada a sentimientos de cólera y frustración.

El ano es el orificio del recto, el lugar donde suelto lo que ya no necesito. Los problemas aquí están conectados con el hecho de "retener y soltar"; por esto si soy un niño que va estreñido o si ensucio mis pañales frecuentemente es para vengarme de padres que considero como autoritarios, manipuladores o abusivos. Es lugar de descarga de las principales toxinas del cuerpo humano. El ano se sitúa al nivel de la pelvis, cercano al coxis y al primer chakra o centro de energía, el asiento entre el "yo" y el universo que me rodea. Está vinculado a la base energética del cuerpo. Ciertos miedos internos, el estrés y las emociones se evacuan por este orificio.

CONFLICTO: Conflicto de identidad. Palabra clave: "Mi sitio, donde yo me siento".

RESENTIR: "No sé qué identidad tengo (donde pongo el culo)", "¿Dónde está mi lugar?", "Tengo el culo entre dos sillas", "Me siento apartado". Hombre que lo vive en femenino: "He perdido mi lugar" = Marcaje de territorio / "No encuentro mi sitio en el territorio"

Cáncer: pérdida de la identidad, ser reconocido. Separación de mi caca, de mi identidad, de mi ser.

Sugerencias y Recomendaciones

Es esencial que retengas menos el pasado, que te permitas terminar algo para poder pasar a otra cosa nueva, pero siempre con alegría, amor y armonía. Es necesario que te des cuenta de que no necesitas depender de los demás para tomar decisiones. Dedica tiempo a hablar con la vocecita que existe en el interior de tu cabeza y que te hace dudar de ti. Dile que ya puedes hacerte cargo de ti mismo y decidir, porque estás listo para asumir las consecuencias.

Puedo comprobar las situaciones siguientes: "¿Qué es lo que intento ignorar hasta el punto de retenerlo? ¿Hasta dónde puedo yo dejarme ir? ¿Soy capaz de relajar y dejar que me guíe la vida? ¿Estoy listo para vivir nuevas sensaciones frente a la vida?" ¡Aprendo a tener confianza en mí, mientras suelto lo que ya no necesito y sustituyéndolo por nuevas ideas, actitudes positivas y nuevos proyectos!

ano
abceso anal

El absceso es un montón de pus, frustraciones e irritabilidad vinculado a una situación que no quiero soltar o dejar ir (ano). Frecuentemente, incluso si me aguanto, se me escapa a pesar mío. Este absceso saldrá o se manifestará de todos modos. Es posible que esté enfadado contra mí mismo porque no quiero "evacuar", ceder frente a ciertas fijaciones mentales que dañan mi vida presente. Incluso puedo que esté lleno de venganza referente a una situación pasada o a alguien a quien rehúso perdonar.

Sugerencias y Recomendaciones

Este malestar me dice que debo tener más confianza en la vida y en lo que es hermoso alrededor mío. Confío en alguien o en algo y, sobre todo, perdono a la gente que me rodea. Me abandono y tengo confianza en la vida.

Ver abceso.

ano
comezón anal

Las comezones se relacionan con los remordimientos y la culpabilidad con relación a mi pasado. Algo me "come" o me pica y me siento culpable en lo que debo retener o soltar.

Sugerencias y Recomendaciones

Tengo interés en escuchar mi cuerpo y alcanzar la satisfacción en todo porque la culpabilidad sólo frena mi evolución, sin verdaderos beneficios.

Ver piel.

ano
dolores anales

Los dolores anales se relacionan con la culpabilidad. Me hago daño porque no me creo bastante eficaz para realizar mis deseos. Es una forma de auto - castigo, una irritación, la gana de condenarme de un modo que manifiesta una herida interna, mi sensibilidad desgarrada después de un acontecimiento pasado que aún no acepté. Vivo una pena profunda que puede llegar a la pérdida sanguínea e incluso, en ciertos casos, la hemorragia.

Sugerencias y Recomendaciones

Puedo aceptar hacerme más responsable de mis deseos, dejar de desvalorizarme en lo que soy y dejar de negarme vivir y dejar de castigarme inútilmente. Podría dejar de estar incómodo con el "trasero en fuego" y empezar otra vez de nuevo aceptando mucho más mis experiencias pasadas, presentes y por venir y así correr más en la vida.

Ver recto-colitis.

ano
hemorroides

Las hemorroides son várices ano-réctales.

Las hemorroides son una indicación de presión creada por estados emocionales y por temores que no se quieren mostrar ni de los cuales se quiere hablar. Esta represión llega a convertirse en una carga. Se manifiestan en la persona que se obliga, que se crea una presión, sobre todo en el aspecto material. Por ejemplo, puede ser una persona que se obliga a hacer un negocio que realmente no le gusta. Como las hemorroides se sitúan en el recto, que es la parte terminal del intestino grueso, la persona que las padece puede ser del tipo que se obliga a terminar algo. Se exige demasiado. La tensión se crea principalmente por querer "tener" algo o a alguien, a causa de una inseguridad material y una dificultad para tomar decisiones.

CONFLICTO: conflicto de identidad. ¿Dónde pongo el culo? "No sé qué identidad tengo". "Me dan por el culo".

Hemorroides, rabia por el pasado, temor a soltarse, sensación de carga. Miedo de los plazos establecidos. Rabia por el pasado. Temor a aflojarse. Sensación de carga.

Sugerencias y Recomendaciones

Cuanto más fuerte sea tu actitud interior de inseguridad, más sufrirás de hemorroides. Para aliviar esta inseguridad, te obligas a "hacer" para "tener". Lo principal es que adquieras confianza en el Universo, que confíes más en nuestra madre, el planeta Tierra, que existe para proveer de todo a sus hijos. Te ayudaría mucho aprender a "soltarte", a tener más confianza en ti mismo y a expresar lo que sientes, date derecho a tener miedos en el aspecto material.

NUEVO MODELO MENTAL: Libero todo lo que no sea amor. Hay tiempo y espacio para todo lo que deseo hacer.

CROMOTERAPIA: color curativo amarillo.

TRATAMIENTO: debemos masajear la zona superior del talón, esta zona se corresponde con el recto, presionaremos firmemente hasta que desaparezcan los dolores. La fase curativa tendrá lugar cuando se encuentre el sitio.

ano
fístulas anales

Una fístula anal encuentra su origen en una situación que vivo y en la cual experimento cólera con relación a lo que quiero retener y que no consigo guardar dentro de mí. Es como si quisiera conservar viejos residuos del pasado (viejas formas - pensamientos, emociones, deseos), pero no lo consigo. Incluso puedo mantener sentimientos de venganza con relación a alguien o a algo. La manifestación es la fístula, especie de canal comunicando anormalmente entre una víscera y la piel. No consigo decidirme entre lo físico y lo espiritual, entre los deseos y el desapego (en el sentido amplio).

Sugerencias y Recomendaciones

Me quedo abierto al nivel del corazón y acepto con voluntad de vaciar completamente estas "basuras" de ideas negras, malsanas y vengativas aquí y ahora.

ano
fisuras anales

Son ligeras hendiduras que llegan a sangrar al nivel del ano, lo cual significa cierta pérdida de alegría de vivir vinculada a una situación que debo cambiar.

Sugerencias y Recomendaciones

Si vivo una tristeza que puede "hendirme el culo", compruebo lo que provoca esta tristeza y acepto los cambios en mi vida. Sobre todo he de dejar de esperar a los demás para cambiar. Elimino toda mi frustración y/o mi cólera frente a una persona o frente a un suceso "que me hiende el trasero" o frente al cual puedo sentirme como "sentado entre dos sillas".

ANOREXIA

La anorexia es una disminución del apetito que produce, según su grado y su causa, un adelgazamiento con repercusión en el estado general de salud.

El anoréxico rechaza a su madre, rechazando el alimento que es el símbolo de nuestra madre Tierra. Al rechazar a su madre, que es su modelo del principio femenino, esta persona rechaza su parte femenina. La mujer anoréxica tiene una gran necesidad de volver a aprender a vivir y de darse el derecho de ser una mujer, en lugar de evadirse. De hecho, la persona anoréxica se va fácilmente a su mundo imaginario, ya que preferiría vivir en el más allá en lugar de realizar lo que vino a hacer a este planeta. Ya no le gusta comer porque ha cerrado la puerta a su deseo de vivir y actuar.

La relación que se tiene con el alimento: mamá. Mamá tóxica, mamá fría, separación con mamá. Si los niños (particularmente las niñas) toman leche tóxica pueden tener de mayores estas patologías. Leche tóxica son las emociones de la madre, que influyen en la lactancia, de manera que si la madre tiene emociones tóxicas, puede dar "comida tóxica" al niño. La leche se agria de verdad si el conflicto de la madre es muy grande.

Trastorno alimentario que implica limitar la cantidad de alimento que se come. Ocasiona inanición, incapacidad de permanecer en el peso ideal mínimo normal para la edad y la estatura. Hay un miedo enorme a aumentar de peso, autoagresión importante.

CONFLICTO: relación tóxica con la madre.

RESENTIR: "Mi mamá me da comida tóxica", "Mi mamá controla mi vida, mi espacio, mi identidad".

Anorexia nerviosa, mujeres que no quieren ser mujer, repudio a la feminidad y a la sexualidad. Miedo al sexo, a la proximidad y al calor. Egocentrismo encubierto, ansían atención y la consiguen por medio de la enfermedad. Tienen que hacer consciente su deseo de amor, sexo y egocentrismo.

Frecuentemente relacionada con una estima de sí muy baja y al deseo inconsciente de querer "desaparecer".

CAUSA PROBABLE: negación de la propia vida. Mucho miedo. Rechazo y odio hacia uno mismo.

La anorexia está caracterizada por un rechazo completo de la vida. Es la desgana total por todo lo que vivo en mí y que puede entrar en mi cuerpo feo para alimentarlo. Este sentimiento puede incluso transformarse en odio. Existen varios símbolos de vida: el agua, el alimento, el aspecto materno (madre), el amor, el lado femenino. Es el deseo ardiente e inconsciente de escapar a la vida, de odiarse y de rechazarse porque vivo el miedo extremo de abrirme a la maravillosa vida alrededor mío. Vivo desanimo a tal punto que me pregunto lo que podría ayudarme. Tengo el deseo inconsciente de "desaparecer" para molestar lo menos posible a mi entorno. Me rechazo pues permanentemente. La anorexia y la obesidad vienen de un sentimiento profundo insatisfecho de amor y de afecto, aunque las dos enfermedades toman físicamente caminos divergentes. Varios trastornos de la alimentación descansan sobre la relación madre - hijo en la cual existe o existió un conflicto. Además, se trata muy a menudo de una contrariedad en cuanto a mi territorio que tengo la sensación de no tener, de perder o bien de que no me lo respetan. Este territorio puede estar constituido tanto por mis posesiones físicas (vestidos, juguetes, coche, casa, etc.) como de mis posesiones no físicas (mis derechos, mis adquiridos, mis necesidades, etc.) o de las personas que me rodean (mi padre, mi madre, mis amigos, mi marido, etc.) Vivo una contrariedad que es reciente con relación a alguien o a algo que no puedo evitar y que no digiero.

Aunque la anorexia se halle más frecuentemente en la adolescencia, ésta existe también en el bebé y en el niño joven. Si me pongo en el lugar del bebé, si me doy cuenta que el rechazo de la comida puede derivar de un contacto perturbado entre mi madre y yo: puede ser la privación del pecho materno y del cálido ambiente físico que deberían acompañar la toma de la leche, el modo artificial de alimentación, dosificada y demasiado rígida en su aplicación, la sobre-alimentación o sub-alimentación impuesta por respeto a una curva de peso ideal con desprecio de ciertos ritmos alimentarios individuales cambiantes. Puedo reaccionar a esto por un rechazo progresivo de alimentarme, vómitos, pérdida de peso, trastornos del sueño, caprichos alimentarios, etc. Es importante que yo, como madre, respete los gustos, los ritmos propios del niño y que deje de querer ser la madre perfecta y súper protectora. Si soy un niño un poco más mayor y que manifiesto anorexia, suele ser más atenuada y se caracteriza por un "pequeño apetito", siendo un pequeño comedor que detesta la tarea de las comidas, con caprichos alimentarios, con rehúso obstinado de ciertos alimentos, acabando rara vez mi plato, vomitando frecuentemente y masticando sin fin el mismo bocado. A esta edad, la mesa y sus imperativos sociales juegan un papel importante, porque las comidas son una reunión familiar bajo la autoridad de los padres en la cual pueden brotar reacciones y conflictos.

La anorexia es fundamentalmente mi necesidad de colmar un vacío interior de alimento afectivo. Necesito amor y aceptación incondicional de mi madre interior. La anorexia, contrariamente a la obesidad, es el intento de hacer morir de hambre mi vacío interior para hacerlo tan pequeño que desaparecerá y que ya no pedirá nada en absoluto. Es uno de los motivos por los cuales sigo viéndome gordo (fijación mental sobre la gordura) incluso si soy delgado y esbelto. Dicho de otro modo, sigo viendo mis necesidades afectivas y emocionales muy grandes y me siento vencido por ellas. La anorexia puede también aproximarse a un sentimiento de estar reñido por la vida como por mi madre, símbolo materno que me empuja a pesar de todo hacia el deseo de independencia y de individualidad. Es la razón por la cual rechazo el alimento al mismo tiempo que a mi madre, porque siempre tuve la sensación de sentir únicamente su poderoso control materno en mi juventud. Vivo pues el sentimiento de estar fuera de mi propio control con relación a los acontecimientos e intento de un modo exagerado recuperar el control. "No me gusta el modo en que mi madre me ama y la detesto por esto". "Quiero seguir siendo una muchacha o un muchacho porque quiero acercarme lo más posible de una forma de "pureza" física e interior". (Es durante la pubertad que suele manifestarse la anorexia). Es una búsqueda absoluta de juventud. Como muchacha o muchacho, rechazo las fases sexuales correspondientes a mi edad, así que cualquier intento de intimidad sexual, descubrimiento y abandono hacia una eventual pareja (ausencia de madurez) son casi inútiles. Si vivo todo esto de un modo profundo, frecuentemente esto está vinculado a un profundo traumatismo sexual pasado, a un abuso o a una inseguridad afectiva. Esta experiencia favoreció el hecho que se instale en mi cuerpo físico la desesperación y "cerré la puerta" a mis deseos físicos, espirituales y emocionales.

Sugerencias y Recomendaciones

Si padeces anorexia debes cambiar cuanto antes la percepción que tienes de tu madre. Ella ha hecho siempre lo mejor que ha podido y tiene derecho a tener sus miedos y sus limitaciones, como cualquier ser humano. Es posible que te haya decepcionado en un momento dado, cuando eras pequeña, pero lo que te hace sufrir es tu percepción de los acontecimientos y no los acontecimientos mismos. Puedes cambiar esta percepción. Si aceptas a tu madre y su manera de nutrirte afectivamente, aprenderás a aceptar a la mujer que hay en ti y recuperarás el gusto por la vida y por los alimentos.

NUEVO MODELO MENTAL: estoy a salvo siendo yo mismo. Soy una persona maravillosa tal como soy. Escojo vivir. Opto por la alegría. Me acepto.

SOLUCIÓN POSIBLE: amar y aceptar a los demás sin esperar nada a cambio.

Aceptar gradualmente mi feminidad o mi lado intuitivo y emotivo en el muchacho es esencialmente la primera cosa por hacer para resolver mi estado anoréxico. Uso la manera que quiero, pero debo hacerla. Acepto cierta intimidad sexual, femenina e incluso materna (¡porque debo aprender a amar a mi madre!). ¡Aprendo a amar a mi cuerpo y a amar a los demás! Voy lentamente porque es una situación delicada en la cual debo abrirme al amor y a la belleza del universo. Pido ayuda, si es necesario. Y sobre todo me mantengo abierto a lo que me depara la vida. Aceptación y amor incondicionales serán altamente apreciados. Hago actividades (deportivas u otras), si posible. He aquí un paréntesis interesante. Como persona anoréxica, puedo tener la impresión de encontrarme interiormente como cogida dentro de unos "anillos = pequeños años" (ano - réxico) como si estuviera en el interior de varios "aros tipo 'hula-hup'" que me aíslan del resto del mundo mientras se va intensificando mi sentimiento de limitación frente a la vida. Me mantengo abierto a cualquier otro signo de este tipo. Me visualizo liberándome de estos aros diciéndoles "gracias" por la toma de consciencia que me ayudaron a hacer pero sabiendo que, ahora, ya no son necesarios. Visualizo también esta imagen: con cada inspiración, más luz está entrando en mí para llenar mi sentimiento de vacío interior.

ANORGASMIA
Ver orgasmo-ausencia de

ANQUILOSIS

Estado de adormecimiento caracterizado por la desaparición generalmente temporal de los movimientos de una o varias de mis articulaciones. El anquilosamiento es parcial pero puede ser total si decido de volverme completamente inactivo; es el primer paso hacia la parálisis, tanto físicamente como en pensamiento. Debo tomar consciencia de la responsabilidad que he de asumir si me quedo aquí sin hacer nada, sin querer sentir ni moverme. ¿Qué temo? ¿Es lo desconocido, lo que me está esperando, algo nuevo para mí lo que me molesta? Puedo ir a consultar la parte del cuerpo implicada para darme informaciones suplementarias sobre la fuente de mi anquilosis. Por ejemplo, si está en el brazo, ¿estoy yo en un estado en que rehúso las nuevas experiencias de la vida? ¿Tengo el sentimiento de estar mutilado? Si se trata de un hombro, ¿me parece la vida pesada, o que una persona o situación es "todo un peso"? ¿La soledad o la necesidad de enfrentarme a lo desconocido congestionan mis pensamientos? Si se trata de un pie, ¿cuál es la dirección que no quiero tomar y frente a la cual me "aletargo"? Si es todo mi cuerpo, me adormezco frente a algo o a alguien: se trata de una forma de huida.

Sugerencias y Recomendaciones

Soy consciente de que acumulo energía en esta parte del cuerpo y que inconscientemente, me angustio. Es tiempo para mí de ir hacia delante. A partir de ahora, soy consciente de mis errores (o más bien de mis responsabilidades) y de mis experiencias de vida y las reconozco. Acepto volver a hacer el movimiento que dejé temporalmente y movilizo de nuevo mis pensamientos manteniéndome abierto. Manifiesto una mente más creativa.

Ver articulaciones, parálisis.

ANSIEDAD

La ansiedad es un temor sin motivo. La persona que la padece vive en la dolorosa espera de un peligro impreciso e imprevisible.

La ansiedad tiene como efecto en la persona que la sufre el bloqueo de la capacidad de vivir el momento presente. Se preocupa sin cesar. Habla mucho de su pasado, de lo que aprendió, vivió, o de lo que le sucedió a otro. Esta persona tiene una imaginación fértil y pasa mucho tiempo imaginando cosas que ni siquiera es probable que ocurran. Se mantiene al acecho de señales que prueben que tiene razón para preocuparse.

Ansiedad, la otra cara de la depresión. Depresión y ansiedad, distintas manifestaciones de la misma enfermedad. Son pensamientos y creencias negativas. Se tiende a proyectar la mente en el futuro, lo que no nos permite vivir el presente. La preocupación y el sufrimiento psicológico, es un camino directo a la enfermedad. La fiebre de la prisa, aumenta la ansiedad.

La ansiedad es cierto miedo a lo desconocido que puede acercarse del estado de angustia. Se manifiesta por ciertos síntomas: dolores de cabeza, calores, palpitaciones nerviosas, grandes transpiraciones, tensiones, aumento del caudal de la voz, llantos e incluso insomnios. Si soy ansioso, puedo vivir el "estremecimiento de la angustia": este estremecimiento procede del frío y me recuerda que tengo miedo. Es una enfermedad que me aprieta la garganta, que me hacer perder el dominio de mí mismo y el control de los acontecimientos de mi vida, impidiéndome usar el sentido común y el discernimiento. También puedo sentir o bien un desequilibrio, o bien una desconexión entre el mundo físico en el cual puedo tener cierto control y mis percepciones con relación al mundo inmaterial para las cuales no siempre tengo explicaciones o comprensión racional. Ya no tengo el control: ¡el "cielo me puede caer encima" en cualquier momento! Puedo estar ansioso en cualquier situación: estoy volviéndome sobre lo cual llevo mi atención.

Frecuentemente vinculada al sentimiento de creerme limitado, restringido con una sensación de ahogar en una situación.

CAUSA PROBABLE: falta de confianza en el proceso de la vida que fluye.

Sugerencias y Recomendaciones

Tan pronto como sientas que entras en una crisis de ansiedad, toma consciencia de que es tu imaginación la que toma el poder, la que te impide disfrutar el momento presente. Decídete a no tener que demostrar nada. Sé tú mismo, con tus errores y cualidades, como todo el mundo. Déjate ir ante lo desconocido, confinado en que tu intuición sabrá guiarte si le das la oportunidad. También puede resultarte benéfico confiar más en las personas que te rodean. Permíteles ayudarte a su manera.

Si mi atención está constantemente centrada en el miedo de esto o de lo otro, es cierto que viviré ansiedad que puede estar relacionada, de cerca o de lejos, con lo que se acerca al miedo a la muerte o a lo que podría recordármela. La muerte, las cosas que ignoro o que no veo, pero que pueden existir, hacen subir en mí este miedo. Entonces, incluso si temo lo desconocido y si niego inconscientemente la vida y su proceso, coloco ahora mi atención sobre esto: tengo fe en que me está sucediendo lo mejor, para mí, en el instante presente y en el porvenir. Los síntomas irán desapareciendo, así como el miedo a morir.

NUEVO MODELO MENTAL: me amo y me apruebo; confío en el proceso de la vida. Estoy a salvo.

ANTEBRAZO

Esta parte del cuerpo tiene que ver con mi dominio de acción, "radio de acción".

Sugerencias y Recomendaciones

Si tenemos molestias en el antebrazo debemos buscar/resolver conflictos en el trabajo o en nuestras tareas diarias.

ANTRAX
Ver piel-ántrax.

APARATO GENITO-URINARIO

Ano, vejiga, vagina, pene, próstata, etc.

Los problemas anales y de vejiga, las vaginitis y las afecciones del pene y de la próstata pertenecen todos a la misma dimensión, y provienen de falsas creencias referentes al cuerpo y a la «corrección» y la «propiedad» de sus funciones.

Cada uno de nuestros órganos es una magnífica expresión de la vida. Si no se nos ocurre pensar que los ojos o el hígado sean sucios o pecaminosos, ¿por qué hemos de pensarlo de nuestros genitales?

El ano es tan hermoso como el oído. Sin é no tendríamos manera de deshacernos de lo que el cuerpo ya no necesita, y muy pronto nos moriríamos. Cada parte y cada función de nuestro cuerpo es perfecta y normal, natural y hermosa.

Negar esto es crear sufrimiento y castigo. La sexualidad no sólo está bien; es algo glorioso, maravilloso. Es normal que usemos nuestros órganos sexuales, como lo es que respiremos o que comamos.

Por un momento, intente visualizar la vastedad del Universo. Es algo que excede nuestra comprensión. Ni siquiera los científicos más importantes, con los equipos más avanzados, pueden llegar a medir su tamaño. Dentro de este Universo hay muchísimas galaxias.

En una parte de las galaxias más pequeñas, en un rincón apartado, hay un sol muy de segundo orden, alrededor del cual giran unos cuantos granos de arena. Uno de ellos es el planeta Tierra.

A mí se me hace difícil creer que la vasta, increíble Inteligencia que creó la totalidad de este Universo no sea más que un anciano sentado sobre una nube, por encima de la Tierra, y que esté... ¡vigilando mis órganos sexuales! Y, sin embargo, cuando éramos niños, a muchos nos enseñaron este concepto.

Es vital que nos liberemos de esas ideas tontas y pasadas de moda, que no nos sirven de apoyo ni nos alimentan. Yo siento con todas mis fuerzas la necesidad de creer que Dios está con nosotros, y no contra nosotros. Son tantas las religiones que hay para elegir, que si usted ahora tiene una que le dice que es un pecador y un gusano abominable, puede buscarse otra.

No estoy exhortando a la gente a que ande por ahí a todas horas buscando contactos sexuales sin freno alguno. Lo que digo es que algunas de nuestras normas no tienen sentido, y por eso tanta gente las viola y vive según sus propias normas.

Cuando liberamos a alguien de la culpa sexual y le enseñamos a que se ame y se respete, automáticamente tenderá a tratarse, y a tratar a los demás, de la manera que le resulta más gratificante y que más gozo le proporcione. La razón de que muchas personas tengan tantos problemas con su sexualidad es que sienten rechazo y repugnancia hacia ellas mismas, y por eso se tratan mal... y tratan mal a los demás.

No basta con que en la escuela se enseñe a los niños la parte mecánica de la sexualidad. Es necesario que, en un nivel muy profundo, se les convenza de que su cuerpo, sus genitales y su sexualidad son algo de lo que hay que regocijarse. Yo creo realmente que las personas que se aman y, por lo tanto, aman su cuerpo son incapaces de abusar de sí mismas ni de nadie más.

Considero que la mayoría de los problemas de vejiga provienen de que uno se siente irritado, generalmente, por su pareja. Estamos enfadados por algo que tiene que ver con nuestra condición de mujeres o de hombres. Las mujeres tienen más problemas de vejiga que los hombres porque son más propensas a ocultar sus agravios. También la vaginitis significa generalmente que una mujer ha sido afectivamente herida por su pareja.

Sugerencias y Recomendaciones

A mis clientes con problemas sexuales les digo que empiecen a relacionarse con órganos como el recto, el pene o la vagina con un sentimiento de amor, apreciando sus funciones y su belleza. Y si usted comienza a ponerse tenso o a encolerizarse al leer esto, pregúntese por qué. ¿Quién le dijo que negase una parte cualquiera de su cuerpo? ¡Dios no! Nuestros órganos sexuales fueron creados no sólo para reproducirnos, sino también para darnos placer.

APATÍA

La apatía es una forma de insensibilidad o de indolencia. Abandono frente a la vida, me vuelvo indiferente y no tengo ninguna motivación para cambiar lo que sea. La apatía puede suceder después de un golpe, un traumatismo o cualquier otra situación negativa que me quita toda mi alegría de vivir o mi razón de ser en este mundo. Puedo querer salir de una situación huyéndola por falta de motivación o de alegría o por miedo a estar decepcionado. Resisto y rechazo ver o sentir lo que está sucediendo dentro de mí y alrededor mío, lo cual me lleva a cierto grado de insensibilidad para protegerme. La apatía puede también estar vinculada a la vergüenza profunda y a la culpabilidad. Intento así hacerme insensible a mí ser interior.

CAUSA PROBABLE: Resistencia a sentir. Freno a la sensibilidad. Miedo.

Sugerencias y Recomendaciones

Acepto abrirme a la vida y a nuevas experiencias agradables que mantengo, con el fin de encontrar un nuevo objetivo a mi vida. Pongo la actitud necesaria.

NUEVO MODELO MENTAL: Me abro a la vida y estoy dispuesto a experimentarla, a sentir con toda confianza.

APÉNDICE

Es la inflamación del apéndice, que provoca un dolor que se irradia por todo el abdomen, acompañado por trastornos digestivos, náuseas y vómitos, detención del tránsito intestinal, ausencia de evacuaciones e intolerancia alimentaria.

Como en todas las enfermedades que terminan en "itis", la apendicitis se manifiesta cuando la persona siente una ira reprimida, por ser demasiado insegura y dependiente de los demás como para expresarla. También tiene mucho miedo a la autoridad de alguien que la hizo enojar y no se atreve a expresarlo, a dejarlo salir. Tiene la impresión de "no tener salida". Este temor se relaciona con una situación sucedida justo antes de la crisis de apendicitis.

CONFLICTOS:

1) Es un reservorio (despensa, reserva... es un bolsillo, por lo tanto, reserva de dinero. Podemos encontrar incluso la palabra "reconocimiento"). En un niño tiene que ver con el dinero de bolsillo (uso diario) (Ejemplos: caramelos, azúcar, dinero, paga semanal...). Ejemplo: un niño tiene un ataque de apendicitis, tres días antes, estaban hablando en casa que tenían que pagar una excursión del niño y que venía grande hacerlo, no tenían dinero y hablaban de tocar el ahorro. El niño resintió.

2) Conflicto de "suciedad" indigesto. Ej: un niño que presencia una terrible escena de violencia entre sus padres. O algo que no podemos vaciar. Callejón sin salida, jugarreta, (tenérsela jurada a alguien).

Apendicitis relacionada a la ira, porque me siento en un "callejón sin salida".

CAUSA PROBABLE: Miedo. Miedo a la vida. El flujo del bien está bloqueado.

La apendicitis se define como la inflamación del *caecum* (del latín: "ciego" situado en la base del intestino grueso. Esta enfermedad procede de una cólera vinculada a una tensión o a una situación aguda que no consigo arreglar y que me hace "hervir" interiormente. Lo más frecuentemente, se trata de una situación en el plano afectivo que viene a desequilibrar mi sensibilidad y mis emociones. Mi miedo puede haber suscitado este acontecimiento porque entretenía pensamientos negros y me preocupaba, lo cual hizo que se manifestara. Me siento como en un "callejón sin salida" (es la forma del apéndice) porque tengo el sentimiento de estar oprimido, lo cual activa en mí miedo, inseguridad, cansancio, abandono. Lo más frecuentemente, esta contrariedad está relacionada con el dinero y particularmente el dinero de bolsillo. Puede ser también algo o alguien que yo quería que "se añadiera" o "se incorporara" a mi vida pero una circunstancia se lo impide. Por ejemplo, quizás quiero que mi cónyuge venga a vivir en mi casa, pero él o ella no quiere o no tengo bastante sitio para albergarlo, etc. Hay una "obstrucción" al flujo de la vida e inhibo multitud de emociones. Esto puede ir incluso hasta el miedo a vivir. No consigo filtrar eficazmente las nuevas realidades para protegerme de ello. No veo otra salida a mi vida. Necesito hablar de lo que vivo, necesito "vaciar mi bolsa" porque tengo dificultad en digerir lo que sucede, encuentro que esto es feo y decepcionante. Los síntomas habituales son el calor, el ardor vinculado a la inflamación, y el dolor vinculado a la tensión. Siento un sufrimiento intenso cuando la apendicitis se transforma en peritonitis (reventón del apéndice).

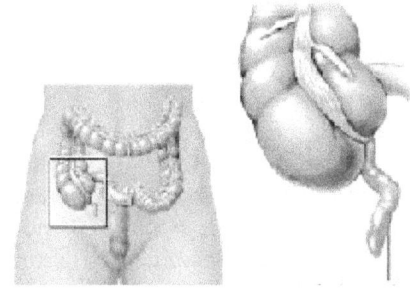

Sugerencias y Recomendaciones

El mensaje que tu cuerpo te envía es que no esperes más para expresar lo que sientes. Ya hace demasiado tiempo que te contienes, si sigues aguantándote, puedes estallar (peritonitis). Tu cuerpo no te dice que huyas de la situación que provoca esta cólera y este miedo, sino que las vivas en el amor, tomando en consideración tus límites y los límites de los demás.

Dejo fluir la vida y acepto las situaciones de mi existencia como lo que es mejor para mí. Me mantengo abierto al nivel del corazón y dejo caer mis protecciones (barreras) suavemente y armoniosamente.

NUEVO MODELO MENTAL: estoy a salvo. Me relajo, dejo que la vida fluya jubilosamente.

APETITO

FALTA DE APETITO: como el alimento está conectado con la vida, una pérdida de apetito puede atribuirse a culpabilidad (no me merezco vivir, tengo miedo, me protejo) o bien a una pérdida de alegría o motivación frente a una persona o a una situación. Rehúso ir hacia delante, tener impresiones nuevas y experiencias excitantes que me hacen aún más alegre. Rehúso absorber, digerir, comer lo nuevo que se me ofrece en la vida porque esto no me conviene.

CAUSA PROBABLE: miedo. Protección del yo. Desconfianza en la vida.

EXCESO DE APETITO: el alimento representa la vida y está también vinculado al placer, a cierta alegría de vivir. El alimento colma pues mis necesidades físicas y emocionales y un exceso puede significar lo que quiero compensar para tener más vida en mí, teniendo necesidad de colmar un vacío interior. Es una insatisfacción interior profunda frente al amor y un hambre de amor (igual como la "sed de amor"), una necesidad de disminuir una tensión o simplemente de entretenerme para no tener necesidad de pensar en mí. Evito mirar en mi interior y hallo en el alimento este sentimiento de libertad y satisfacción para colmar todos mis deseos, sea la que sea la cantidad absorbida. Quizás sea el caso cuando estoy en estado de hipoglicemia que está vinculado a una carencia de alegría en mi vida, o a un deseo excesivo de lo dulce (vinculado al amor) que revela una necesidad evidente de ternura y afecto.

Alimento físico = Alimento emocional.

CAUSA PROBABLE: miedo. Necesidad de protección. Juzgar las emociones.

Sugerencias y Recomendaciones

FALTA DE APETITO: manteniéndome abierto al nivel corazón a la aventura y a la vida, aumento mi propia estima de mí y puedo aceptar las "nuevas sensaciones" (nuevos gustos) y hacer un paso más. El equilibrio del apetito volverá. Igual como el apetito viene comiendo, ¡la vida viene con la vida!

NUEVO MODELO MENTAL: La vida es segura y alegre.

EXCESO DE APETITO: en los niños, es fácil reconocer sus necesidades afectivas carentes (que faltan): manifiestan fácilmente el gusto por todo lo que es dulce. Sea un adulto o un niño, siempre es mi corazón de niño el que está herido y debo dar más amor a mis hijos o recibir más para colmar mis necesidades. Debo mantenerme abierto a esta bella energía de amor para hallar un equilibrio, una verdadera comunicación, un reconocimiento del yo, un intercambio entre lo que soy y lo que necesito. El apetito se equilibra en seguida cuando estoy mejor colmado emocionalmente.

NUEVO MODELO MENTAL: estoy a salvo. Mis sentimientos son normales y aceptables. Puedo sentir sin temor.

Ver bulimia, sangre-hipoglicemia.

APNEA DEL SUEÑO

Es una detención involuntaria de la respiración. No se puede prolongar más de un cierto tiempo, pues derivaría en asfixia por falta de suministro de oxígeno y retención de gas carbónico.

La apnea muy frecuente produce angustia, porque la persona que la padece llega a temer que la siguiente sea demasiado larga y muera. Es importante verificar en qué momento se produce. Como generalmente se presenta en estado de reposo, indica que esta persona bloquea la circulación de la vida (oxígeno) y se abstiene demasiado (gas carbónico) de descansar.

CONFLICTO: conflicto de última protección, conflicto de la foca. Solución de supervivencia extrema.

RESENTIR: "Me hago el muerto para que el depredador no me coma", "Estoy en peligro extremo y ya no me muevo" (conflicto de la foca).

Sugerencias y Recomendaciones

Si padeces apnea al descansar o al dormir, te sugiero que revises tu actitud con respecto a tu descanso. Es posible que creas que cuando descansas no vives. ¿Te resulta difícil descansar, quedarte quieto? Si la apnea se presenta cuando estás trabajando, hazte las mismas preguntas con respecto a tu actitud hacia tu trabajo.

APLOPEJÍA
Ver cerebro-apoplejía

APRENSIÓN

La aprensión está relacionada con una duda, un temor referente a una situación o a una persona frente a la cual siento "peligro". Interiormente vivo incomprensión en relación a lo que me sucede. Mi mente empieza a crear fantasmas con todo tipo de ideas y corro el riesgo de estar descentrado.

Sugerencias y Recomendaciones

Sitúo mi atención sobre mi ser interno y acepto al nivel del corazón las experiencias de la vida mientras me protejo.

ARDORES DE ESTÓMAGO

Lo que se conoce como ardor de estómago o gastritis es una inflamación o irritación del estómago.

Sugerencias y Recomendaciones

Véase problemas del estómago, agregando que la persona puede arder de envidia por alguna cosa (desearla), pero no se permite poseerla todavía; o que alguien o algo la está "quemando" en el momento presente y por ello siente ira.

ARRITMIA CARDÍACA

Esta enfermedad es una irregularidad del ritmo cardíaco. La actitud de esta persona es irregular, es decir, que la alegría circula en su vida de una manera irregular. Tan pronto está arriba como abajo.

Sugerencias y Recomendaciones

Esta persona debe revisar qué le impide vivir constantemente alegre. Además, debe comenzar por concederse el derecho de ser lo que ahora es.

Ver corazón-arritmia cardíaca.

ARRUGAS

Las arrugas son grietas cutáneas. Pueden ser de expresión o de vejez. Hay ruptura de las fibras elásticas de la dermis y está afectado el resto del tejido conjuntivo. Aparecen las arrugas cuando vivo un golpe emocional, un trastorno interior. También puedo vivir una ruptura o un acontecimiento en que debo desapegarme de una persona, de una situación o de un bien material. Esto me lleva a vivir pena, desesperación, incomprensión y dolor interno.

CONFLICTO: de protección y separación.

CAUSA PROBABLE: pensamientos depresivos. Resentimiento con la vida.

Sugerencias y Recomendaciones

Aprendo a aceptar que cualquier acontecimiento en mi vida está aquí para ayudarme a crecer y que mediante el desapego manifiesto el amor incondicional, entonces mis arrugas ya no necesitarán existir y podrán desaparecer. La sabiduría aporta la auténtica juventud del corazón.

NUEVO MODELO MENTAL: Expreso la alegría de vivir y disfruto plenamente de cada momento del día. Rejuvenezco.

Ver piel dermis y piel rugosa.

ARTERIAS

Las arterias son vasos sanguíneos que conduce la sangre que sale del corazón hacia los diferentes tejidos del organismo. Las arterias presentan problemas cuando algún factor impide su buen funcionamiento.

Las arterias son las vías que transportan la fuerza de la vida, tanto desde el punto de vista físico como simbólico. La persona con problemas en las arterias suele ser del tipo que no deja que la alegría circule suficientemente en su vida. Le falta circulación, comunicación en uno o varios aspectos de su vida. ¿Es la circulación social? ¿Es la circulación de pensamientos cargados de alegría? A esta persona le cuesta trabajo dejar hablar a su corazón y no se atreve a generar situaciones que le produzcan alegría y contento.

Las arterias son los "vasos que conducen la sangre del corazón a los órganos". Estos mismos vasos sanguíneos (así como todos los demás conductos sanguíneos, venas, capilares, etc.) son el medio para el amor de manifestar las cualidades divinas. Se ubican por todas partes en el cuerpo y comunican con cada parte de éste. Las arterias están también vinculadas a todo lo que se llama la "vida". Hacen correr la alegría de vivir y me permiten comunicar, expresar mis emociones, guardar el contacto con el universo. Si la tensión nerviosa sube más, provoca un desequilibrio emocional que puede resultar de un conflicto interior entre mi "mundo físico" y "mi mundo espiritual". Cuando tengo dificultad o cuando dejo de expresar mis emociones, me cierro (bloqueo) y a consecuencia de ello, pueden ocurrir diferentes enfermedades vinculadas con el corazón tales como la arteriosclerosis, la trombosis, la angina de pecho, las varices. La alegría de vivir deja de circular en mí. Puedo desvalorizarme frente a las acciones que cumplo. La función de las arterias es llevar alimento a casa.

RESENTIR: en la HTA es "tengo la energía y no paso a la acción. Estar cerrado al amor." Sentido biológico: las arterias se ahuecan y así llega más sangre al cerebro.

Carótidas: "he perdido mi territorio intelectual", "debo defender mis ideas". Ejemplo: "Me han robado mis derechos de autor, mi patente".

Aterias próximas a la tiroides: conflicto de pérdida de territorio ampliado, debo solucionarlo urgentemente. Ejemplo: Una mujer tiene miedo a que otra le quite al hombre que desea y se apresura a casarse para no perderlo.

Arterias pulmonares, aorta: pérdida del territorio alejado, periférico y distal. Terreno dispersado.

Necrosis:
CONFLICTO: desvalorización. Limitación específica según la localización orgánica.

CAUSA PROBABLE: Portadoras del júbilo de vivir.

Circulación-sanguínea:
CAUSA PROBABLE: representa la capacidad de sentir y expresar las emociones de formas positivas.

Sugerencias y Recomendaciones

Ha llegado el momento de que dejes de preocuparte por todo y dediques un tiempo a preguntarte qué te complacería. No siempre tienes que oscilar entre los placeres físicos y los del espíritu, es decir, entre tus deseos y tus valores espirituales. Concédete todos esos placeres, aunque al principio sean mínimos. Debes aprender a dejar circular en ti toda forma de alegría de manera frecuente y no sólo en breves momentos. La vida es demasiado importante para tomársela tan en serio.

Para que la energía fluya más regularmente e impida el desarrollo de ciertas esclerosis, representando bloqueos energéticos, debo hacer prueba de una apertura más constante a la alegría y a la circulación de esta alegría quedando abierto al nivel del corazón, aceptando cambiar de actitud y abrirme al amor, para que este amor se encamine por todo mi cuerpo.

Necrosis:
NUEVO MODELO MENTAL: estoy rebosante de alegría. La alegría emana de mí con cada latido de mi corazón.

Circulación-sanguínea:
NUEVO MODELO MENTAL: soy libre de hacer circular el amor y la alegría por todas partes en mi mundo. Amo la vida.

ARTERIOESCLEROSIS

Esta enfermedad es una afección de la pared de las arterias grandes y medianas. En ella intervienen un depósito de colesterol y una alteración de las estructuras conjuntivas elásticas de la arteria, lo cual produce un endurecimiento. La arteriosclerosis es responsable de la angina de pecho, que puede llegar a producir un infarto. Afecta cinco veces más a los hombres que a las mujeres. También es la causa principal de los aneurismas arteriales. Véase problemas arteriales, así como problemas cardíacos, agregando que esta enfermedad es causada por una acumulación demasiado grande de penas, críticas y falta de alegría de vivir, lo que ocasiona un endurecimiento interior.

La arteriosclerosis es una enfermedad degenerativa que procede de la formación de depósitos lipídicos (especie de grasa) en las paredes de las arterias. La arteriosclerosis es también una enfermedad degenerativa que procede de la destrucción de las fibras musculares y elásticas que la forman. Una u otra de estas enfermedades se manifiesta por un endurecimiento de las arterias y arteriolas, implicando sobre todo un agotamiento y una pérdida de elasticidad al nivel de la pared de éstas, una capacidad cada vez más débil de dilatación y circulación de la sangre, un aumento de depósitos grasos, por lo tanto menos amor expresado al nivel del corazón. Este estado progresivo se manifiesta si estoy endurecido, si estoy o me vuelvo inflexible o tenso en lo que se refiere a la comunicación y a mis pensamientos. Es la manifestación de una resistencia muy fuerte y de una estrechez mental física e interior. La expresión y la recepción de amor se vuelven limitadas y restringidas. Tengo ideas fijas y despiadadas, suelo ser intransigente, rígido y sin compasión; también tengo tendencia a ver únicamente el lado sombrío o negativo de la vida. Puedo inhibir inconscientemente mis emociones y decir no al amor porque temo expresarme. ¿Dónde y cuándo ya viví una experiencia traumatizante que me hizo detestar una parte de mí mismo al punto de renegar de ella, y en la cual me sentí rechazado? Esta enfermedad está probablemente conectada con una herida amorosa o al no reconocimiento de este amor en mi vida. ¿Para qué ver lo que es bueno para mí? ¿Para qué expresar mis sentimientos?

La arteriosclerosis es un término que se refiere a un endurecimiento de arterias de mediano y gran calibre. La arteriosclerosis por lo general causa estrechamiento de las arterias que puede progresar hasta la oclusión del vaso impidiendo el flujo de la sangre por la arteria así afectada.

CONFLICTO: no hacer la función de hombre

RESENTIR: "no llevo el alimento a mi casa"

Falta de expresión de amor por algún rechazo anterior. Tener un carácter crítico que no ve el amor en los demás Rigidez mental y obstinación.

CAUSA PROBABLE: resistencia, tensión. Endurecimiento y estrechez de la mente. Negarse a ver lo bueno.

Colesterol, arterioesclerosis:

CAUSA PROBABLE: obstrucción de los canales del júbilo. Miedo a aceptar la alegría.

Sugerencias y Recomendaciones

Mi cuerpo me indica que debo hacer un cambio con relación a mi comportamiento frente a la vida. Aceptando tener una actitud más abierta, tolerante y dulce con relación a mí mismo y a las experiencias que vivo, se manifiesta mejor todo el proceso de unión con el yo interior y el universo. Manifiesto alegría, serenidad y flexibilidad hacia los y las que me rodean y me abandono a la verdadera expresión del amor. La gente de mi entorno sentirá este cambio. También debo desarrollar más creatividad (arteria = arte-tierra) en el plano físico y con la materia. La vida cuida de mí.

NUEVO MODELO MENTAL: Me abro completamente a la vida y a la alegría. Elijo ver con amor.

Colesterol, arterioesclerosis:

NUEVO MODELO MENTAL: elijo amar la vida. Mis canales de la alegría están abiertos. Estoy a salvo recibiendo.

SOLUCIÓN POSIBLE: Espesar el afecto. Ser tolerantes y comprensivo. Comprender que no se tiene la verdad absoluta y no juzgar.

ARTICULACIONES

Las articulaciones están compuestas por el conjunto de elementos que permiten que los huesos se mantengan unidos entre sí. Los problemas en las articulaciones se manifiestan con dolor o con dificultad para doblarlas. Consulta el término artritis, que tiene el mismo significado metafísico. Agrega a ello que los problemas de articulaciones también indican que la persona tiene problemas para expresar lo que piensa o para tomar decisiones en la vida. Está cansada y no tiene ganas de actuar. Bloquea sus articulaciones y cada vez se mueve menos.

Una articulación es una parte del cuerpo en la cual se reúnen dos o varios huesos permitiendo un movimiento adaptado (los huesos del cráneo juntados entre sí, se consideran generalmente como articulaciones inmóviles) a la anatomía del cuerpo humano (sinónimo: junta, unión, juntura).

La articulación representa la facilidad, la movilidad, la adaptabilidad y la flexibilidad, dando al movimiento gracia y fluidez. Todas estas cualidades simples son posibles con una articulación en perfecto estado. Sin embargo, ella también tiene sus límites. Ya que el hueso representa la forma de energía más "densa", la más fundamental de mi existencia, los problemas articulares están implicados en todas las componentes fisiológicas del cuerpo humano (tejido, sangre, etc.). Así es que un trastorno articular indica una resistencia, cierta rigidez en mis pensamientos, en mis acciones o en la expresión de mis emociones frecuentemente inhibidas. Una inflamación se produce si tengo miedo de ir hacia delante: me vuelvo incapaz de moverme, tengo dificultad en cambiar de dirección, juego el juego del desapego emocional, no actúo con espontaneidad, dudo o rehúso abandonarme a la vida y hacer confianza. Cuando tengo dolor o dificultad en moverme, mi cuerpo expresa que no quiero comprender (o aceptar comprender) algo que me limita en la expresión del Yo. Con relación a mi rigidez para comprender, mirando la parte del cuerpo afectada, puedo activar el proceso que consiste a aceptar que tengo algo que comprender. Por ejemplo, las muñecas, los codos, los hombros o las manos dolorosos indican que debo cesar alguna acción o algún trabajo. Quiero replegarme sobre mí mismo (codos) porque estoy cansado o harto de hacer lo que estoy haciendo o de ser lo que soy: ya no quiero ser responsable (hombros). Las caderas, las rodillas y los pies (miembros inferiores) indican que ya no deseo seguir la vida con las dificultades que comporta. Debo recordarme que la atención sobre un solo y mismo lugar (es decir, fijar inconscientemente la energía o la emoción en una sola articulación) puede hacer cristalizar esta energía e inmovilizar la articulación. En este caso, el proceso de aceptación al nivel del corazón es esencial para integrar la toma de consciencia con relación a esta enfermedad y así liberarse de ella. Una juntura es un lugar en el cual dos huesos se encuentran.

Problemas en las articulaciones, representan cambios en la orientación de la vida, y la dificultad con que se llevan a cabo. Resistencia al cambio. Los cambios producen miedo.

Frecuentemente están relacionadas con una carencia de flexibilidad frente a las situaciones de la vida.

Sugerencias y Recomendaciones

Una dolencia o una enfermedad referente a ésta revela una inflexibilidad con relación a mí mismo o hacia una persona o una situación. Puedo encontrar el aspecto de mi vida hacia el cual necesito mostrarme más flexible mirando cuál parte de mi cuerpo está afectada.

Ver artritis, artrosis.

articulaciones
torcedura

Las torceduras se encuentran al nivel de una u otra de mis articulaciones y se deben a una lesión de los ligamentos de una de éstas. Las articulaciones representan la flexibilidad y mi capacidad a doblarme a las diferentes situaciones de mi vida. La muñeca y el tobillo son la expresión de la energía, justo antes de que se manifieste en lo físico. La torcedura me indica que aplico los frenos. Resisto o vivo inseguridad frente a la dirección que tomo (tobillo) o en lo que hago (muñeca) actualmente o lo que podría hacer en una nueva situación. Vivo culpabilidad y quiero castigarme porque resisto. Vivo una tensión mental que ya no puede tolerarse. Dependiendo de mi grado de resistencia, ira, culpabilidad o tensión mental, tendré una torcedura benigna llamada esguince, en la cual los ligamentos simplemente están distendidos, o una torcedura grave, en la cual los ligamentos están rotos o arrancados.

Sugerencias y Recomendaciones

Tomo consciencia de lo que hacía y sentía en el momento en que sucedió. Puedo preguntarme: ¿Estoy a punto de hacer algo a lo cual sería mejor renunciar? ¿Me causa tensión o una real angustia el modo en que trato la situación? ¿Estoy sentado en una base inestable y molesta mentalmente? Acepto tomar el tiempo de volver a orientarme o de hacer los cambios necesarios para que pueda estar bien en mi piel e ir hacia delante libremente. Acepto la presencia de esta torcedura para llevarme a hacer cambios. Si la aceptación está hecha, la curación será rápida y total. Pero si, a causa de que ahora no puedo andar o lo puedo hacer muy poco, me desvalorizo y me siento inútil y "bueno para nada", la curación será mucha más larga. Por esto tengo ventaja en ver esta situación (la torcedura y lo que ésta implica) de un modo positivo y constructivo.

ARTRITIS

Es una enfermedad reumática en las articulaciones, de naturaleza inflamatoria, que viene acompañada de todos los signos característicos de la inflamación, en una o varias articulaciones. El dolor se siente independientemente de los movimientos que se hagan, y hace sufrir al enfermo tanto durante el día como en la noche.

La gravedad del problema nos indicará la gravedad del bloqueo emocional, mental y espiritual existente. En general, la artritis se manifiesta en personas que son duras consigo mismas, que no se conceden el derecho a detenerse o a hacer lo que les gusta, y además les resulta difícil pedir lo que necesitan. Prefieren que los demás las conozcan lo suficiente para ofrecerles lo que precisan. Cuando los demás no responden a sus expectativas, se decepcionan y sienten amargura y rencor. Incluso pueden abrigar deseos de venganza, aun cuando se sientan impotentes. Esto les hace experimentar una ira que reprimen muy bien. Poseen un sentido crítico bien fuerte. El lugar en el que se presenta la artritis indicará qué área de su vida es afectada. Por ejemplo, si es en las manos, le beneficiaría adoptar una actitud diferente al trabajar con ellas. Si necesita ayuda debería pedirla y no esperar que los demás adivinen que desea que lo ayuden. Las personas que padecen artritis tienen un aspecto de docilidad, pero en realidad viven con una gran ira interna y rechazan profundamente este sentimiento. Al igual que la artritis, también las emociones nos paralizan, por lo que estas personas se beneficiarían si dejaran de acumularlas.

Se define la artritis como la inflamación de una articulación. Puede afectar cada una de las partes del sistema locomotor humano: los huesos, los ligamentos, los tendones o los músculos. Se caracteriza por inflamación, rigidez muscular y dolor que corresponden, en el plano metafísico, a un cierre, crítica, pena, tristeza o ira. Simbólicamente hablando, la gracia y la libertad de movimiento son las principales cualidades, vinculadas a la articulación. Cuando se vuelve ésta inflexible, o cuando se endurece, la artritis está asociada a cierta forma de rigidez de mis pensamientos (pensamientos cristalizados), de mis actitudes o de mis comportamientos, de tal forma que todas las emociones profundas que debería expresar normalmente, lo son por la manifestación física de esta enfermedad. Así, la artritis se produce si soy demasiado inflexible, demasiado exigente, testarudo, intolerante, muy moralista, criticón, restringido o demasiado orgulloso con relación a mí mismo, a los demás o a las situaciones de mi existencia. Un sentimiento de impotencia acompaña habitualmente el sufrimiento que me frena. Vivo el sentimiento particular de estar mal amado, de no estar amado y apreciado a mi justo valor, lo cual me trae mucha decepción y amargura frente a la vida y mal humor. Manifiesto entonces un espíritu excesivamente racional. Critico con frecuencia porque tengo miedo a la vida y siento frecuentemente una forma de inseguridad crónica. Me siento explotado: hago acciones y pongo gestos más para complacer a los demás que por real voluntad e interés, de tal modo que digo "sí" por deber cuando, en verdad, es "no". Quizás haya vivido un traumatismo de infancia y me inhibo ahora mis emociones, sin admitir lo que sucedió (ocultación) porque "sufrí mucho en tal experiencia y me permito inconscientemente censurar y quejarme para que los demás puedan comprender hasta qué punto padecí". Esta manifestación se relaciona con el sacrificio de sí. La artritis también puede proceder del modo en que me trato o trato a los demás con relación a la crítica.

La artritis también provoca una especie de acción retrógrada; tengo la sensación de volver atrás en el plano energético, como si se me indicara hacer algo más en una dirección diferente, en vez de ir hacia delante. Ya que mi miedo, mi débil valoración propia y mi rigidez hacen que se creen profundas emociones referentes al porqué, el cómo o a la dirección de mis movimientos en la vida, puedo tener el sentimiento de estar obligado, restringido, inmovilizado o encerrado. Entonces, sentiré una incapacidad a doblar (mi actitud), a ser mentalmente flexible o capaz de abdicar. La articulación artrítica me indica lo que vivo y me da más informaciones. Al nivel de las manos (dedos), la pregunta es: "¿estoy realmente haciendo lo que deseo y lo que quiero hacer? ¿Mis propios asuntos están bien entre mis manos? ¿Hay gente a quienes ya no tengo el gusto de "dar la mano"? Mi libertad y mi espontaneidad en "manejar" lo que sucede en mi universo están limitadas por mi rigidez y mi dureza. A nivel de los codos: ¿soy inflexible a los cambios de direcciones por tomar en mi vida? ¿Permito a los demás ser libres y expresar su pleno potencial? En las rodillas: ¿frente a quién o qué tengo la sensación de tener que arrodillarme y delante de quién o qué no quiero doblar?

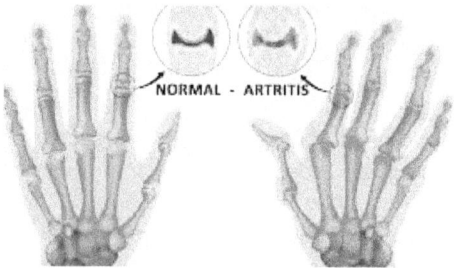

Las personas con enfermedades artríticas suelen ser muy críticas con ellas mismas y con los demás, tienen una tendencia obsesiva a fijarse en lo negativo de la vida y de las personas. Y eso no hace sino que empeorar su mal. No se sienten amadas.

Frecuentemente relacionada con la crítica hacia sí o los demás.

CAUSA PROBABLE: Representan cambios en la orientación de la vida y la facilidad o dificultad con que se realizan. Codos. Hombros. Rodillas

Sentirse incapacitado para adaptarse y ser flexible mentalmente. Sentir falta de confianza y una actitud intransigente ante la vida. Rigidez, ira, amargura por sentirse atado y reprimido.

Sugerencias y Recomendaciones

Si padeces artritis, revisa por qué te resulta tan difícil pedir lo que necesitas. Si es porque crees que haciendo lo que te gusta vas a exagerar y a volverte egoísta, te sugiero que revises si esto es cierto. También te ayudaría consultar la definición de la palabra "egoísta". Acepta la idea de que te puedes permitir decir "no" cuando no quieras realizar algunas tareas y, si te decides a llevarlas a cabo, debes hacerlas con placer y sin criticarte internamente. Si te impones muchos deberes porque buscas reconocimiento, confiésalo y reconoce que lo haces por ti y no porque alguien te obligue. Concédete el derecho de buscar reconocimiento haciendo cosas para los demás. Si realizas tus tareas con alegría en lugar de criticarte mentalmente, la vida te parecerá más agradable y te volverás más flexible y ágil.

A partir de ahora, compruebo mis verdaderas intenciones con relación al amor. Debo cambiar mi modo de pensar y adoptar una nueva actitud frente a las situaciones de mi vida. Quedándome abierto al amor que está omnipresente (por todas partes) y expresándolo de modo más honesto, libre y espontáneo, mi corazón será radiante y respetaré a los demás tanto como a mí mismo. Amistad, comprensión y perdón son ahora disponibles para mí.

NUEVO MODELO MENTAL: Cambio con soltura y tranquilidad. La sabiduría divina guía mi vida y avanzo siempre en la mejor dirección posible.

SOLUCIÓN POSIBLE: Apertura mental. Transmutar la ira por el auto conocimiento y comprensión. Tener confianza en sí mismo y darnos cuenta de nuestra actitud.

La artritis se ocasiona por un exceso de acidez en el cuerpo, que puede provocar también una fuerte congestión en los riñones.

El primer paso para conseguir el restablecimiento de la salud es cambiar la dieta, eliminando los alimentos muy ácidos, como por ejemplo: ácido úrico (carnes rojas), los lácteos (leche) y los cítricos. Tendremos que hacer todo el ejercicio físico posible, sobre todo el que ayude a mover intensamente las articulaciones.

CROMOTERAPIA: color curativo naranja.

TRATAMIENTO: las áreas de tratamiento en este caso serán los riñones y la glándula tiroides. Por medio de los riñones eliminaremos la acidez, y por medio de la estimulación de la tiroides ayudaremos a controlar el sistema nervioso y tranquilizar las tensiones que provoca esta afección. Las áreas del hígado, vesícula, las glándulas suprarrenales, el bazo, la zona de la espalda, los hombros y las caderas, también ayudarán a mejorar.

artritis
dedos

CAUSA PROBABLE: sensación de no ser amado. Actitud de crítica. Resentimiento

CAUSA PROBABLE: deseo de castigar. Acusación. Sentirse víctima.

Sugerencias y Recomendaciones

NUEVO MODELO MENTAL: soy amor. Ahora elijo amarme y aprobarme. Contemplo a los demás con amor. Veo con los ojos del amor y la comprensión. Pongo todas mis experiencias a la luz del amor.

artritis
poliartritis

La poliartritis es una inflamación llevada simultáneamente sobre varias articulaciones. Esta enfermedad viene a indicarme una dificultad en realizar los gestos que era capaz de ejecutar antaño con destreza.

Ahora, tengo la sensación de ser más torpe o poco hábil. Por lo tanto, me desvalorizo con relación a esta actividad en la cual era excelente y tengo la sensación de perder destreza, fuerza o precisión. Esta enfermedad se encuentra en la modista por ejemplo, quien, después de algunos años, tiene la sensación de ser más lenta, menos hábil. Los deportistas frecuentemente están afectados de poliartritis, a causa principalmente del sentimiento de desvalorización que puedan vivir porque no son óptimos en un 100% o que sus realizaciones óptimas han disminuido.

Sugerencias y Recomendaciones

Aprendo a aceptarme con mis fuerzas y mis debilidades. Incluso si tengo la sensación de ser menos bueno o menos eficaz, miro toda la experiencia que adquirí a lo largo de los años. Reconozco que fue un don precioso que hace de mí una persona excepcional. La poliartritis puede producirse si soy compulsivo, muy obstinado o moralizador. Tengo tendencia a sacrificarme por los demás, lo cual resulta frecuentemente de una agresión inhibida; pero ¿hasta qué punto actúo con amor, respetándome? La rigidez tanto física como interior se agrava a causa de esta profunda obstinación a no querer cambiar.

artritis
artritis reumatoidea

CAUSA PROBABLE: Fuerte crítica de la autoridad. Sensación de ser explotado.

La artritis reumática se considera actualmente como la afección articular más grave. Suele estar generalizada al conjunto del cuerpo en vez de una sola articulación. El sistema inmunitario está tan enfermo que empieza a auto-destruirse, atacándose al tejido conjuntivo de las articulaciones (colágeno), de tal modo que se puede temer el riesgo de una lisiadura generalizada con dolor e hinchazón articular. Es un achaque de mi propio yo, porque las fuertes emociones de rencor y dolor no consiguen expresarse. La artritis reumatoide está vinculada a un profundo desprecio de sí, a un odio o a una rabia inhibida desde hace tiempo, a una crítica de sí tan intensa que esto afecta la energía más fundamental de mi existencia. Viví experiencias en las cuales me sentí avergonzado o culpable. Es la manifestación de una crítica mucho más importante frente a la autoridad o a todo lo que representa la autoridad para mí: individuo, gobierno, etc. Rehúso doblarme a esta autoridad, poco importan las consecuencias. Es como si estuviese "rumiando" constantemente la autoridad, criticándola. Mi movilidad se vuelve limitada y no consigo expresarme libremente (en particular en el caso de ciertas direcciones por tomar y que debo comunicar con mi entorno de un modo fluido y gracioso) porque mis articulaciones son demasiado dolorosas. Mi cuerpo se vuelve rígido, igual como mis actitudes. No consigo expresar mis fuertes emociones y tengo la sensación de estar constantemente oprimido y subyugado. Entonces adopto comportamientos de recogimiento, auto-sacrificio, y rumio mis emociones sin poder expresarlas. "Sirvo de víctima propiciatoria sacrificándome a una causa cualquiera"; siempre están encima mío".

Sugerencias y Recomendaciones

La apertura a nivel corazón es esencial si quiero liberar todas las emociones que envenenan mi existencia. A partir de ahora, recobro mi pleno poder sobre mi vida, empezando por amarme y por aceptarme tal como soy. ¡Tomo el lugar que me corresponde!

NUEVO MODELO MENTAL: Yo soy mi propia autoridad. Me amo y apruebo. La vida es estupenda.

Ver reuma.

ARTROSIS

Esta enfermedad afecta a las articulaciones de una manera crónica, pero se diferencia de la artritis en que no presenta signos inflamatorios. Las personas que la padecen sufren sobre todo al despertar en las mañanas y les lleva un cierto tiempo poder mover la articulación enferma. La articulación artrosada suele estar limitada para realizar algunos movimientos, y se puede romper.

Existe una similitud muy grande entre la artritis y la artrosis, salvo que en esta última la persona que la padece siente mucha ira y rencor hacia otra persona y no hacia sí mismo, como ocurre en el caso de la artritis. No se hace cargo de su responsabilidad y prefiere culpar a otros de sus desgracias. Alimenta un sentimiento de injusticia. Le beneficiaría tener más compasión hacia los demás y cultivar el entusiasmo.

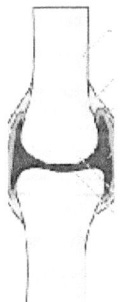 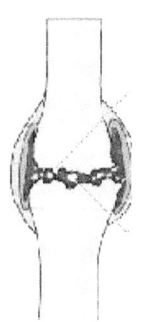

La artrosis es la manifestación intensificada de la artritis. Es una enfermedad de desgaste articular de los huesos, de origen mecánico y no inflamatorio como la artritis, una agravación profunda de la estructura ósea, localizada o habitualmente generalizada al conjunto del cuerpo. Sin embargo, las articulaciones sometidas a importantes esfuerzos mecánicos son las que más están afectadas, como las de la columna vertebral (vértebras cervicales [del cuello], vértebras lumbares [parte inferior de la espalda]), de las caderas, de la mano, de las rodillas, de los tobillos. El dolor que provoca es de origen "mecánico" y no inflamatorio y aparece habitualmente después de un esfuerzo sostenido y desaparece estando en reposo (esta enfermedad también lleva el nombre de reuma de desgaste). Cuando padezco de artrosis, es como si aumentara más mis actitudes, mis esquemas de pensamiento que hace que se repitan acontecimientos en mi vida y mis pensamientos rígidos. Esta enfermedad está vinculada a un endurecimiento mental, a una ausencia de "calor" en mis pensamientos (el frío y la humedad aceleran la aparición de la artrosis), frecuentemente con relación a la autoridad. Es la motivación exagerada por cumplir una acción sin buscar el reposo o el equilibrio (me doy hasta el fin de mis límites, sin pararme para saber si me exijo demasiado), una impresión de soportar una persona o una situación que ahora se ha vuelto intolerable, o una fuerte reacción inhibida con relación a una forma cualquiera de autoridad.

Sugerencias y Recomendaciones

Si padeces artrosis, revisa por qué te resulta tan difícil pedir lo que necesitas. Si es porque crees que haciendo lo que te gusta vas a exagerar y a volverte egoísta, te sugiero que revises si esto es cierto. También te ayudaría consultar la definición de la palabra "egoísta". Acepta la idea de que te puedes permitir decir "no" cuando no quieras realizar algunas tareas y, si te decides a llevarlas a cabo, debes hacerlas con placer y sin criticarte internamente. Si te impones muchos deberes porque buscas reconocimiento, confiésalo y reconoce que lo haces por ti y no porque alguien te obligue. Concédete el derecho de buscar reconocimiento haciendo cosas para los demás. Si realizas tus tareas con alegría en lugar de criticarte mentalmente, la vida te parecerá más agradable y te volverás más flexible y ágil.

Soy muy intransigente y rígido hacia mí mismo. ¡Mi cuerpo me habla y tengo interés ahora en escucharle! Puedo integrar esta enfermedad empezando a aceptar conscientemente que vivo una ira y que mis pensamientos son demasiado rígidos. La energía que fluye a través mío es fluida, armoniosa, en movimiento. ¡Quedándome abierto de corazón a esta energía y reconociendo que tengo que cambiar algo, puede invertir el proceso y mejorar mi salud! Me vuelvo más flexible y acepto a los demás como son, sin querer cambiarles. La flexibilidad al nivel de mi cuerpo físico entonces reaparecerá.

artrosis
cervical

Al girar la cabeza amplio mi campo visual. Para una adecuada interpretación hay que aplicar el sentido de cada vértebra.

CONFLICTO: hay discordancia entre lo que se piensa y lo que se hace.

RESENTIR: "pienso una cosa, sin embargo, con mis manos hago otra". "Hago algo que mi psicología me reprime".

Sugerencias y Recomendaciones

NUEVO MODELO MENTAL: me amo y me apruebo, no estoy solo, la vida entera me apoya y me sostiene. Soy libre y capaz de cualquier cosa que me proponga. Doy y recibo amor por donde quiera que vaya. Fluyo fácilmente por todas las situaciones que me plantea la vida, me expreso y amo con facilidad. Todo es perfecto en mi mundo.

artrosis
rodilla
Ver derrame sinovial.

ASCITIS

Para Hamer es fase de sanación, para la Bio es conflicto activo.

Líquido en el abdomen. Hacer líquido es una solución para protegerme de la agresión.

RESENTIR: "Quiero proteger mi vientre".

Sugerencias y Recomendaciones

NUEVO MODELO MENTAL: estoy a salvo, me siento seguro y protegido. Todo está bien en mi mundo.

ASFIXIA

La asfixia es un problema respiratorio grave que, en pocos minutos, puede poner en peligro la vida de la persona.

Una experiencia de asfixia la vive la persona que experimenta un temor paralizante reprimido durante mucho tiempo. Es posible que haya logrado controlar ese temor hasta este momento, pero algún acontecimiento lo estimula y no logra ya controlarlo.

La asfixia es un trastorno respiratorio manifestado por el paro de la respiración o la obstrucción (consciente o no) de las vías que traen oxígeno a los pulmones y que permiten la respiración. Este estado muy espontáneo está vinculado a una desconfianza frente a la vida, a su desarrollo y frente a ciertos miedos profundos manifestados durante la infancia. Este estado puede proceder de la inseguridad en quedarse arrinconado o "fijado" como si me sintiera "fijo-fixo" (as-fix-ia) en una situación en que me ahogo como si fuera incapaz de moverme. Incluso es posible que la asfixia esté vinculada a una "fijación mental" con relación a la sexualidad, porque en estado de asfixia, frecuentemente es la garganta la que manifiesta el bloqueo; está vinculada a la expresión de sí, a la creatividad y a la sexualidad.

CAUSA PROBABLE: temor. Desconfianza en el proceso de la vida. Estancamiento en la etapa de la infancia.

Sugerencias y Recomendaciones

Es importante volver a contactar con tu enorme fuerza interior sabiendo que tú eres el único artífice de tu vida. Conviértete en el amo de tus pensamientos y enfréntate a esa parte de ti que cree que algo puede asustarte tanto como para morir de miedo.

Ahora estoy preparado para ver otra cosa, para moverme, para dejar de estar fijado y tener confianza en la vida. Debo tomar mis responsabilidades y cesar de poner una atención fija en las frustraciones de la infancia. Son presentes y hago lo necesario para integrarlas.

NUEVO MODELO MENTAL: el mundo es seguro. Confío en la vida y en lo que ésta me depara. Estoy a salvo creciendo

Ver hiperventilación, respiratoria-molestia.

ASMA

También conocida como "grito silencioso". El asma es una enfermedad intermitente. Se manifiesta en forma de un acceso de sofocación, que se presenta al expirar haciéndolo difícil y doloroso, mientras que la inspiración es fácil y rápida; esta sofocación se acompaña de silbidos que se perciben tanto por el oído como mediante el estetoscopio. Entre las crisis, la respiración es normal y el tórax permanece silencioso. Como esta enfermedad es una forma de alergia crónica.

El asma es una afección respiratoria caracterizada por la dificultad de respirar, pudiendo ir incluso hasta la sofocación. Durante una crisis de asma, la reacción del sistema inmunitario frente a las sustancias causando alergias (alérgenos) es tan fuerte que puede conllevar un bloqueo de la respiración corporal, silbidos respiratorios y a veces incluso la muerte.

Necesito tomar la vida en mí (inspiración) y no consigo dar (expiración) a tal punto que empiezo a ser preso de pánico (inspiro con facilidad pero expiro con dificultad) de tal modo que la respiración (es decir mi habilidad en respirar, se vuelve insuficiente y muy limitada porque libero un mínimo de aire. ¿Me engancho a ciertas personas o a ciertas cosas que rehúso soltar? ¿Me ahogo con la rabia o la agresividad que rehúso ver, al punto que esto me "coge a la garganta"? ¿Tengo miedo de carecer de algo, sobre todo de amor? Así, el asma está fundamentalmente ligada a la acción de "ahogo". Me siento cogido a la garganta, sofoco, me ahogo con relación a un ser amado o una situación. Me siento limitado en mi espacio. Incluso puedo vivir una querella que me lleva a la confrontación, al enfrentamiento y que envenena mi vida.

Uso el asma para atraer el amor, la atención o una forma de dependencia afectiva. El asma siendo similar a la asfixia y a la alergia, puedo tener el sentimiento de estar limitado y de dejarme invadir por los demás en mi espacio vital, de estar fácilmente impresionado por el poder de los demás en detrimento del mío, de querer complacer, de cumplir acciones que no me convienen, yendo incluso hasta ahogarme para significar una rebelión interior vinculada a una situación. Es un medio excelente de sentirme fuerte, de conseguir todo lo que quiero manipulando a los demás. Como nadie, si no quiero ver mis limitaciones, la confianza en mí se sustituirá repentinamente por inquietud y angustia. No sabré como "lidiar" con mis emociones y sentiré una gran soledad. Tendré que aprender con la vida y permitirme gozar de ésta. Los demás lo harán todo por salvarme. Tengo la imagen de una persona débil que exige mucho amor sin estar lista para el don de amor, como un niño que grita para sus necesidades sin tener la madurez de compartir y abrirse lo bastante al don divino. La vida es un intercambio mutuo, equilibrado y constante entre dar y recibir. Todo esto, evidentemente, está relacionado con el pasado, una especie de amor agobiante que interpreté como tal (generalmente materno), a una tristeza inhibida de la primera infancia. Es también un miedo recordando la primera respiración, en mi nacimiento, en que me sentí ahogado o asustado por mi madre (inconscientemente) o por una situación similar.

Así, la respiración simboliza la independencia de la vida, la individualidad, la capacidad de respirar yo mismo. No consigo manifestar un sentimiento de independencia, vivir mi propia vida, me siento rechazado por la llegada de alguien más. Siento dificultades en tomarme en mano y a soltarme de mis ataduras con mis padres (una dependencia represiva, sobre todo frente a mi madre o al cónyuge). ¡No concibo separarme de esta maravillosa imagen (mi madre) dulce y confortante, casarme o ver cómo se divorcian mis padres sin tener ninguna reacción! Estoy furioso de rabia y sigue la crisis de asma.

CONFLICTO: conflicto de mucha gente viviendo en la misma casa. Amenaza en el territorio, disputas, peleas en la familia. Conflictos de abrigo amoroso por parte de la familia, buscar transgeneracional. Peleas con uno mismo. Miedo a la muerte, a la falta de aire. En crisis: Miedo a que no llegue el aire. El máximo de la crisis tiene lugar durante la crisis épica.

RESENTIR: "Me ahogo" (simbólicamente), "Hay una atmósfera tóxica" (esta forma genera anemias), "No respiro suficientemente bien". "Soy un cretino, debería haber hecho otra cosa". "Prefiero mi aire al de los otros". "Deseo lo que no es, rechazo lo que es".

Problemas de contacto, roce y relación. Sentimientos de miedo.

Decimos que es un «amor que sofoca». La persona tiene la sensación de no tener derecho a respirar por su cuenta. Los niños asmáticos suelen tener una «conciencia sobredesarrollada»; asumen las culpas de todo lo que anda mal en su medio, se sienten «indignos», no valiosos y, por consiguiente, culpables y merecedores de castigo. A veces, el cambio de clima cura a los asmáticos, especialmente si no los acompaña la familia. En general, al crecer, los niños asmáticos «dejan atrás» su enfermedad, lo que en realidad significa que se van a estudiar a otra ciudad o a otro país, se casan o por algún otro motivo se van de casa, y la enfermedad se disuelve. Con frecuencia, más adelante pasan por alguna experiencia que vuelve a accionar aquel antiguo interruptor que llevan dentro, y entonces tienen otro ataque. Cuando eso sucede, en realidad no es una respuesta a las circunstancias del momento, sino más bien a lo que solía sucederles en su infancia.

Sugerencias y Recomendaciones

Compruebo si la dolencia se presenta periódicamente y cambio mi programación mental. Ahora, tomo mi vida en mano, doy generosamente y tranquilamente sin forzar. Reconozco humildemente lo que soy capaz de realizar incluso si esto parece poco y, sobre todo, acepto abrirme al nivel del corazón y trabajar con el proceso de integración que corresponde a lo que realmente necesito. Todo se arreglará para lo mejor, estaré satisfecho, colmado de amor, ternura y dotado de una respiración normal y equilibrada. Aprendo a amarme y a amar la vida. Un mal funcionamiento de las glándulas suprarrenales y del sistema nervioso puede ocasionar esta complicación y también los catarros, los problemas nasales, bronquiales, la fiebre del heno y las alergias aparecen asociados a problemas de mala respiración. Siempre es aconsejable visitar a un buen especialista (otorrinolaringólogo).

CROMOTERAPIA: color curativo naranja.

TRATAMIENTO: las áreas de las suprarrenales, la pituitaria y la tiroides, así como el sistema nervioso serán las primeras partes a tratar. Los bronquios, los senos nasales y los pulmones a continuación. Como un dato interesante, el presionar firmemente el paladar con el pulgar durante tres minutos, para descansar uno y repetir la operación, será de gran ayuda.

Ver alergias, pulmones-dolor, respiración.

asma
bebé

El asma del bebé es aún más pronunciada que el asma común. El recién nacido tiene tanto miedo a la vida y a vivir, que ya manifiesta en esta fase el rechazo de estar aquí.

Sugerencias y Recomendaciones

Es bueno que yo le hable en pensamiento o en palabras con un corazón abierto para decirle cuánto es amado, apreciado y cuánto estoy atento a sus necesidades.

asma
bronquial

Constelación esquizofrénica cuando hay un segundo conflicto activo en el hemisferio izquierdo. Si afecta al músculo: impotencia. Si afecta a la mucosa: separación.

CONFLICTO: miedo de invasión territorial. El adversario todavía no ha irrumpido en el territorio, pero el peligro es inminente. Miedo en el territorio. Pat en masculino (cerebro derecho) en femenino es laringe (disnea laríngea). El asma hay que estudiarlo como una constelación. "La vida en el presente es demasiado dura". Considerar siempre peleas en el territorio, intercambios aéreos. Padres que se pelean continuamente, el padre grita y la madre se calla. El niño puede entrar en constelación.

RESENTIR: "Quiero y no quiero apropiarme del espacio que me rodea".

Sugerencias y Recomendaciones

NUEVO MODELO MENTAL: me amo y me apruebo, no estoy solo, la vida entera me apoya y me sostiene. Soy libre y capaz de cualquier cosa que me proponga. Doy y recibo amor por donde quiera que vaya. Fluyo fácilmente por todas las situaciones que me plantea la vida, me expreso y amo con facilidad. Todo es perfecto en mi mundo.

asma
disnea respiratoria

El aire como mínimo tiene que poder entrar en los bronquios.

CAUSA PROBABLE: Sofocamiento del amor. Incapacidad de respirar solo. Sensación de ahogo. Llanto reprimido.

Sugerencias y Recomendaciones

NUEVO MODELO MENTAL: con confianza puedo responsabilizarme de mi propia vida. Escojo ser libre.

asma
laríngeo

Constelación esquizofrénica cuando hay simultáneamente un conflicto en corteza del hemisferio cerebral derecho.

CONFLICTO: pánico (susto, miedo).

Sugerencias y Recomendaciones

NUEVO MODELO MENTAL: me amo y me apruebo, no estoy solo, la vida entera me apoya y me sostiene. Soy libre y capaz de cualquier cosa que me proponga. Doy y recibo amor por donde quiera que vaya. Fluyo fácilmente por todas las situaciones que me plantea la vida, me expreso y amo con facilidad. Todo es perfecto en mi mundo.

asma
niños

CAUSA PROBABLE: temor a la vida. Deseo de no estar aquí.

Sugerencias y Recomendaciones

NUEVO MODELO MENTAL: Este niño es recibido con amor y alegría. Se encuentra seguro, a salvo, y está rodeado de amor.

ASTENIA NERVIOSA

La astenia nerviosa es similar al "burnout", es una forma de agotamiento energético y nervioso. Sin embargo, es diferente del cansancio, que es un fenómeno natural, ya que no proviene del trabajo o del esfuerzo y que no desaparece necesariamente con el descanso. La manifestación se instala a diferentes niveles (físico e interior), diversos estados o sentimientos fundamentales vuelven en superficie: miedo, tristeza profunda, emotividad amplificada, remordimientos e incluso amargura.

Sugerencias y Recomendaciones

Aun cuando la astenia, sea ésta somática, psíquica o reaccionaria, puede derivar de diversas causas, compruebo lo que me lleva a manifestar este estado. Puedo cambiar ésto a condición de hallar la causa profunda que me llevó a "perder" mi hermosa determinación a ser, hacer y tener una actitud pasiva y de huida delante del esfuerzo.

Ver Burnout.

ASTIGMATISMO

El antigmatismo es un estado ocular que generalmente proviene de un problema en la curvatura de la córnea, lo que impide el enfoque claro de los objetos cercanos.

CONFLICTO: ira, rabia más miedo en la juventud. Miedo a mirarme de frente tal y como soy. Gran curiosidad. Necesidad insaciable de verlo todo.

RESENTIR: "busco respuestas en el exterior y no en el interior". "Una parte de la realidad la quiero transformar". "Quiero reconocer mi belleza, lo magnífico que soy". "Quiero liberarme de la influencia de mis padres o de cualquier otra persona que considere ofensiva". "Rechazo a acomodarme". "Acepté la realidad, pero quiero que sea diferente". "Quiero esconder algo". "Estoy decepcionado con los otros y solo puedo contar conmigo". "No acepto lo que tengo delante (la vejez, la muerte, enfermedad, etcétera). "Rechazo ver la realidad tal y como es, quiero deformarla". "Mi imagen ideal está lejos de la realidad. Más vale no ver los detalles. Hay algo confuso". Ejemplo: La imagen de mi padre está idealizada y no quiero parecerme a él. "Quiero a mi padre y lo detesto". Todo eso lleva a un sentimiento de autosuficiencia: "Solo quiero contar conmigo mismo".

CAUSA PROBABLE: Problemas con el «yo». Temor a verse realmente.

El astigmatismo revela problemas entre la vida interior y la vida social. Este problema lo experimenta la persona que no ve las cosas de la misma manera para ella que para los demás. Tiene dificultad para ver las cosas de manera objetiva. El hecho de que su manera de pensar no esté de acuerdo con el entorno le ocasiona conflictos interiores. Le cuesta más trabajo aceptar un cambio proveniente de otro que uno surgido de sí mismo. Le resulta difícil ver que un cambio es adecuado y positivo si éste le ha sido impuesto por otra persona. Sin embargo, si este cambio es idea suya, se adaptará sin problemas. Personas que se sienten heridas con mucha facilidad.

Sugerencias y Recomendaciones

¿De qué tienes miedo? ¿Qué puede ocurrir si te permites ver las cosas de frente, de una manera más objetiva, con los ojos de los demás? Es posible que de niño decidieras no dejarte influir por los demás y te dijeras que en el futuro verías la vida siempre a tu modo. Esta decisión pudo haber sido benéfica para ti en ese momento de tu vida, pero en la actualidad no lo es, al menos, no siempre. Concede a los demás el derecho de estar en desacuerdo contigo, sin que por ello pierdan valor ante tus propios ojos. Esto eliminará una gran cantidad de conflictos con quienes te rodean, lo cual mantendrá tu paz interior.

NUEVO MODELO MENTAL: acepto y amo las cosas tal y como son. Estoy dispuesto a ver mi propia belleza y magnificencia.

Ver ojos.

ATAXIA DE FRIEDREICH

La no coordinación de los movimientos.

La ataxia de Friedreich es una enfermedad del sistema nervioso caracterizada por degeneraciones tocando la médula espinal y el cerebelo (está situado en la base del cráneo, es responsable de la coordinación de los músculos necesarios al equilibrio y al movimiento). Suele originarse debido a un esquema de pensamiento en mí, como madre. Este esquema es tan poderoso que el feto que engendré, (niño en gestación) lo capta y responde a éste incondicionalmente (igual como el amor de una madre por su hijo). Estoy esperando tanto que mi hijo responda a mi o mis sueños que acabara por sentirse totalmente impotente para colmarme. Siendo este niño, tengo miedo de no poder cumplir todo lo que mi madre me pide y de no estar a la altura del motivo para el cual estoy programado. Tengo miedo de no tener el vehículo físico (a-"taxi"-a) apropiado en el momento oportuno. Entonces, se manifiesta un bloqueo en lo que se refiere a mi desarrollo.

Sugerencias y Recomendaciones

Sea cual sea la edad del niño, debo, como madre, explicarle que tengo quizás ideales para él, pero que es porque le amo y que quiero lo mejor para él. Cualesquiera sean las dificultades de mi hijo, le amo tal como es y no ha de volverse un "superman". Si el niño está en la fase de gestación, puedo hablarle interiormente porque, incluso a esta edad, comprende todo lo que le digo. Si es algo más mayor, tomo el tiempo de hablarle: entonces sentirá todo el amor que ciento por él y el proceso de curación podrá entonces activarse. Nada supera el amor y el perdón para restablecer la armonía entre dos seres.

ATURDIMIENTO

Un aturdimiento es un trastorno caracterizado por una sensación de vahído o embotamiento que puede hacer perder un poco el conocimiento, afectando a la vista y al oído.

Una persona sufre de aturdimiento cuando quiere huir de algo o de alguien porque esa situación le hace revivir una antigua herida no sanada. También es posible que la persona se considere aturdida, es decir, que actúe sin reflexionar, que sea distraída o no se organice bien.

Sugerencias y Recomendaciones

Si sufres de aturdimientos frecuentes, observa atentamente lo que se acaba de decir, lo que acaba de suceder o lo que crees que podría suceder en el instante siguiente. Los aturdimientos se deben a una imaginación muy fértil y a que te exiges demasiado. Es posible que tiendas a exagerar lo que sucede por un gran miedo o sufrimiento vivido cuando eras niño y que aún no has resuelto. El Universo te hace vivir situaciones nuevas para recordar ese pasado y darte la ocasión de resolverlo de una vez por todas con la técnica del perdón (perdonar a los demás y a ti mismo).

AUDICIÓN

Pérdida de audición.

CONFLICTO: no querer oír. No querer perder el pedazo auditivo

RESENTIR: "¿Estoy oyendo bien?, No doy crédito a mis oídos".

Pérdida de audición en diestros:

-Oído derecho: Quiero atrapar el pedazo auditivo. "Oigo algo que no quiero oír".

-Oído izquierdo: algo que no quiero perder. También "Quiero oír algo y no lo oigo".

Pérdida de audicón en zurdos:

-Oído derecho: Algo que no quiero perder. También "Quiero oír algo y no lo oigo".

-Oído izquierdo: Quiero atrapar el pedazo auditivo. También significa: "oigo algo que no quiero oír".

Oído Externo: Endodérmica: Atrapar la información necesaria.

Ectodérmica: Separación del sonido. "No oigo la voz de una persona amada"

Sugerencias y Recomendaciones

NUEVO MODELO MENTAL: el sonido es bello, comprendo y amo lo que escucho, yo soy la persona que más amo. Recibo con amor toda la información de los sonidos que me rodean. Todo está bien en mi mundo.

AUTISMO

El autismo es una conducta de separación de la realidad que consiste en un repliegue del enfermo sobre sí mismo, vuelto totalmente hacia su mundo interior. Entre otros numerosos síntomas, se puede observar: mutismo, retraimiento afectivo, rechazo a los alimentos, ausencia del YO en las frases, y dificultad para mirar a alguien a los ojos.

De acuerdo con las investigaciones realizadas a este respecto, se dice que la causa del autismo se remonta a algún momento antes de los ocho meses de edad. En mi opinión, el niño autista tiene un vínculo kármico muy fuerte, principalmente con su madre. El niño "elige" el autismo (de manera inconsciente) para escapar de su realidad. Es probable que en una vida anterior este niño haya vivido experiencias muy difíciles con su madre actual y que ésta sea su manera de vengarse, rechazando alimento y afecto que provenga de ella. También es un rechazo de su encarnación. Si tú eres la madre de un niño autista y lees esto, te sugiero que leas esta parte a tu hijo; no importa su edad, el alma del niño puede comprender.

El autismo es el rechazo último de enfrentarse a la realidad física del mundo exterior, lo cual trae una forma de repliegue sobre mi mundo exterior en el cual reinan lo imaginario y los fantasmas. Huyo de una situación o de mi entorno porque me duele demasiado, o porque veo mi sensibilidad maltratada. Mi pena, mi tristeza o mi desesperación son tan grandes que me "corto" de lo físico mientras sigo teniendo este mismo cuerpo físico. El mundo exterior me aparece como hostil y amenazador. El hecho que yo, como persona autista, me haya "encerrado" voluntariamente en mi "burbuja" hermética implica que reciba miles de informaciones al día que están "almacenadas" y "guardadas" en mi mundo interior en vez de intercambiar éstas con otras personas. Me hallo en un agujero negro, una carretera que me parece sin salida. Tengo la sensación de que los criterios que debo alcanzar son tan altos que es más fácil retractarme dentro de un mutismo en vez de tener que superarme constantemente y tener que "rendir cuentas" a otros (padres, profesores, autoridad, jefe, etcétera).

Miedo (Vías biliares) + Cólera (Laringe)

CONFLICTO: en muchos casos es resultado de incestos genealógicos. Secreto familiar + Culpa. Todo hay que buscarlo en su campo visual.

RESENTIR: "Los criterios que debo alcanzar son tan altos que es más fácil retractarme dentro de un mutismo en vez de tener que "rendir cuentas" a otros (padres, profesores, autoridad). Huyo de una situación dolorosa de mi entorno". "Rechazo último de enfrentarse a la realidad física del mundo exterior porque veo mi sensibilidad maltratada".

Frecuentemente se relacionada a la huida porque tengo dificultad en transigir con el mundo que me rodea.

Sugerencias y Recomendaciones

Es posible tratar este tipo de caso, pero las curaciones serán mucho más interiores que exteriores, suponiendo que existan. De cualquier forma, mi entorno debe ser capaz de comunicar a partir del interior (o del mundo interior) conmigo para llevarme a conectarme de nuevo o más con el mundo físico. Así, proyectándome en mi mundo interior, se puede tomar contacto mejor conmigo y reconocer mejor mis necesidades y mis miedos para que pueda luego manifestar la confianza y la apertura necesarias para volver a conectar con el mundo físico.

El niño autista debe aceptar que si eligió volver a este planeta, seguramente tiene experiencias que vivir. Le beneficiaría creer que tiene todo lo necesario para hacer frente a esta vida y que la única manera de superarse y evolucionar es viviendo las experiencias que le depare. Los padres de un niño autista no deben sentirse culpables sino aceptar que esta enfermedad es la elección del niño, pues forma parte de las experiencias que debe vivir. Sólo él puede decidir salir un día de ella. El decidirá si quiere vivir la experiencia de la fuga toda su vida o aprovechar esta nueva encarnación para vivir muchas otras experiencias. Los padres pueden tener una participación importante queriendo a este niño incondicionalmente y dándole el derecho de decir lo que quiere, incluyendo si quiere salir o no de su autismo. También es importante que los familiares de este niño compartan con él sus experiencias vitales, sus dificultades, sin hacerlo sentir culpable. Todas y cada una de las personas afectadas por el niño autista tienen algo que aprender de esta experiencia. Para descubrirlo es necesario observar lo que le resulta difícil a cada uno.

El adulto que le lea estas líneas a un niño autista, puede incluir su nombre en el texto. El niño captará las vibraciones.

AUTOMUTILACIÓN

La automutilación es un comportamiento que me lleva a infligirme heridas o lesiones. Puede que esta actitud pueda proceder de un estado mental ya perturbado como en los sicóticos, los esquizofrénicos, los niños deficientes. Sin embargo, esto puede proceder del hecho que yo viva una gran culpabilidad en mi vida que puede estar asociada a una gran irritabilidad vuelta contra mí ya que no me siento digno de ser lo que soy.

Sugerencias y Recomendaciones

Puedo también servirme de estas heridas que me inflijo para atraerme la atención, que identifico con el amor. Es como si quisiera manifestar físicamente mi sufrimiento interior para poder liberarme y poner al día mi necesidad de ser amado. Es cierto que, en tales situaciones, necesito ayuda exterior. Empiezo pues a pedir ayuda interior y miro en mi entorno quién podría ayudarme directamente o indirectamente a recuperar la estima de mí, la alegría de vivir que, yo también, tengo derecho a saborear.

Ver amputación.

AUTORITARISMO

La persona que manifiesta autoritarismo está fuertemente en reacción, conscientemente o no, frente a la autoridad, bajo la forma que sea. Creo firmemente que es el único medio de hacerme comprender y de hacer captar a los demás el "cómo funciona": "¡Es así como funciona en este universo!" Por desgracia, sobre todo para la gente usando este poder sobre una masa de individuos), manifiesto un carácter egocéntrico a ultranza. La cólera se encuentra en tela de fondo, sobre todo cuando siento una resistencia frente a lo que pido. También hago el "oídos sordos" a lo que se me pueda decir. Como persona autoritaria, podré también rechinar los dientes o tener problemas de rodillas. "No es cuestión que me doblegue frente a quien sea". Nada me para, ni situación, ni circunstancia salvo quizás las que alcanzan directamente y profundamente mi corazón herido. La necesidad de amor es grande en mí como individuo y sólo existe la apertura de corazón para permitir a la luz que alumbre mi triste vida. El peor suplicio que pueda sufrir como persona autoritaria es ponerme de rodillas delante de alguien más grande que yo; habitualmente es a este nivel que se manifiestan las dolencias de orden físico.

Sugerencias y Recomendaciones

Si no se abre el corazón, se encargará la vida. La necesidad de amor es grande. Cuando más consciente esté, más seré capaz de buscar los medios de colmar este amor y curar mi corazón herido.

BACTERIAS

Cada uno de nosotros llevamos cien mil millones de bacterias en el intestino y mil millones en la piel. Intervienen en la fase de reparación para superar nuevas etapas de la vida. Las bacterias no son enemigos, colaboran con nosotros en casi todos los aspectos de la vida.

Si se produce un conflicto o enfermedad debido a una bacteria nuestro cuerpo quiere decirnos que hay algo debemos aprender.

Sugerencias y Recomendaciones

NUEVO MODELO MENTAL: acepto los cambios de la vida con alegría e ilusión, me adapto a las nuevas circunstancias, colaboro con mi entorno y agradezco la ayuda que recibo a todos los niveles.

BARRIGA

Dolor de barriga.

La barriga o abdomen es la parte anterior que contiene al intestino. La definición que sigue se refiere al dolor de barriga sin causa aparente, sin relación con otro malestar o con alguna otra enfermedad.

Cuando duele la parte alta del abdomen, es decir, la región del plexo solar, el cuerpo envía el mensaje de que esta persona se preocupa demasiado por los demás y siente miedo por ellos. Cuando duele la parte baja del abdomen (debajo del ombligo), el cuerpo envía el mensaje de que esta persona se preocupa demasiado por lo que sucede en el momento y siente miedo por sí misma. Puede tener la impresión de que alguien quiere destruirla para lograr sus fines.

Sugerencias y Recomendaciones

En el primer caso, tu cuerpo te dice que dejes de creer que has venido a la Tierra para preocuparte constantemente por la felicidad de todos tus seres queridos. Puedes sentir compasión por ellos, pero nadie te pide que enfermes por su causa. Debes aprender a dejarlos vivir sus experiencias y a ayudarlos sólo cuando te lo pidan, respetando siempre tus límites. Con respecto a la parte baja del abdomen, tu cuerpo te dice que crees que preocupándote mucho tendrás más oportunidades de encontrar la solución adecuada, porque así permanecerás centrado. Cuando te preocupas pierdes tu centro y tus decisiones se basan en el miedo y no en tus verdaderas necesidades.

Ver intestino grueso, colon, colitis, estomago.

BÁSCULA HORMONAL

Se puede producir a causa de: 1) Aporte externo de hormonas = Sobre lo masculino. 2) Tratamiento de hormonas. 3)Traumatismo craneal. 4) Intoxicación, adicción al alcohol o drogas.

Sugerencias y Recomendaciones

Ver adicciones.

BASEDOW

Enfermedad de Basedow.

Esta enfermedad es ocasionada por una excesiva actividad de la glándula tiroides o hipertiroidismo, a la cual se suman el bocio y la exoftalmía (en la que se conjugan la proyección hacia fuera de los globos oculares y la retracción del párpado superior).

Sugerencias y Recomendaciones

Ver bocio e hipertiroidismo

BAZO

El bazo tiene una función importante en la lucha contra la infección. Participa también en la depuración de la sangre y constituye un depósito sanguíneo importante que, en caso de necesidad, puede liberar rápidamente glóbulos rojos a la circulación general y así suplir, en parte, una eventual pérdida. Los problemas del bazo pueden ser contusiones, rupturas, esplenomegalia (bazo engrosado), tumor o cáncer.

Todo problema en el bazo es una indicación de que la persona se crea demasiadas preocupaciones y siente inquietud hasta el punto de volverse obsesiva, lo cual bloquea mucha alegría en su vida. Se impide desear algo que le proporcione placer. Ha perdido la fuerza para luchar y se deja llevar por el desánimo. Se siente vacía y no tiene reservas para hacer frente a los obstáculos de la vida. Resulta paradójico que esta misma persona pueda reírse externamente. Se ríe hacia fuera, pero llora por dentro.

El bazo es un órgano que ayuda a la producción y al mantenimiento de las células inmunes de la sangre. Está vinculado directamente al hipotálamo y al timo, así como al páncreas, para la producción de la insulina (hormona secretada por el páncreas y que ayuda a regularizarlo disminuyendo el porcentaje de azúcar sanguíneo [glucosa]). Si mi bazo no funciona bien, puede que yo también tenga dificultad en funcionar bien, la razón mayor siendo que me quede fijado en ideas negras y negativas. Esto disminuye mi nivel de energía y ya no tengo el gusto de hacer nada. Esta negatividad frecuentemente está vinculada a mi modo de verme: feo, "no correcto", no bueno, etc. Más bien tengo el gusto de dormir y de ser pasivo. Me alimento de ira y no hay nada muy alegre en mi vida. Alguien o algo "me cae en el bazo". Las dificultades al nivel del bazo me dan una indicación sobre los miedos que pueda vivir frente a la sangre, como por ejemplo la de carecer de sangre, de perder demasiada sangre (como en el momento de las menstruaciones). Puedo pensar que mi sangre no es buena o tan escasa que dudo que se pudiera salvarme la vida en caso de accidente mayor en que tendría necesidad de una transfusión sanguínea. El miedo de la muerte frecuentemente está presente en el trasfondo. El bazo vigila la calidad de los glóbulos blancos y su mal funcionamiento puede indicarme una gran herida interior que queda por curar. Es como una llaga que sangra. La sangre significa la alegría de vivir, puedo tener la sensación de que la vida es una lucha tan dura que debería quizás bajar la bandera y retirarme.

El bazo aumenta de tamaño (esplenomegalia) con tal de convertirse en una reserva de sangre. "Hay riesgo de que me falte sangre, por lo tanto hago una reserva".

CONFLICTO: Humillación.

SENTIDO BIOLÓGICO: el bazo aumenta de tamaño (esplenomegalia) con tal de convertirse en una reserva de sangre. "Hay riesgo de que me falte sangre, por lo tanto hago una reserva".

RESENTIR: "Mi familia se deshace". "Soy un cagado incapaz de pelearme". "No tengo suficiente sangre". "No tengo buena sangre". "Miedo a la falta de sangre".

CAUSA PROBABLE: Obsesiones. Tendencia a obsesionarse.

Sugerencias y Recomendaciones

Por medio de este problema, tu cuerpo busca ayudarte a restablecer el contacto con tu fuerza interior y tu capacidad para hacerle frente a la vida con alegría. Para ello debes dejar de creer que la vida es un drama. Tu bazo tiene la misión de conservar la integridad de tu sangre y combatir las infecciones. Al enfermarse, te dice que tienes la misión de velar por la integridad de tu vida y de combatir las influencias externas. Debes permitirte tener deseos. Tienes todo lo necesario para lograrlo. Tienes que decidirte a hacerlo y dejar de creer que no eres lo suficientemente fuerte.

En vez de siempre estar obsesionado por ideas negativas que tengo tendencia a exagerar, debería más bien cambiarme las ideas encontrando medios para "dilatarme el bazo". Desdramatizo mi vida y aprendo a reír de mí y de algunas situaciones. Aprendo a comunicar mis emociones a medida para guardar mi equilibrio y la armonía en todo mi cuerpo.

NUEVO MODELO MENTAL: me amo y me apruebo. Confío en el proceso de la vida. Estoy a salvo. Todo está bien.

BEBEDORES DE LECHE

Síndrome de los bebedores de leche.

Cuando mi sangre es demasiado alcalina (lo contrario de ácida) y cuando tengo insuficiencia renal, tengo lo que se llama el Síndrome de los Bebedores de Leche o Síndrome de Burnett. Normalmente, viene del hecho de tomar leche en cantidad excesiva y durante un largo período de tiempo o bien por el consumo de medicamentos antiácidos. Intento colmar un vacío interior procedente del amor materno del cual no me sentí colmado. El estado de cansancio y apatía me recuerda hasta qué punto esta necesidad era importante para mí. Esto no quiere decir que haya tenido una madre que no me quería, sino que yo, quizás tenía una necesidad mayor. Puede también que lo que hallo amargo en mi vida, intento colmarlo por lo que más me recuerda la dulzura en mi vida como en mi infancia y lo que me recuerda el amor de mi madre.

Sugerencias y Recomendaciones

Debo empezar ya ahora a tener cuidado de mí, como lo haría una madre. Acepto las dulzuras de la vida sabiendo que soy una persona excepcional que merece lo que mejor haya.

Ver acidosis, apatía.

BEBER POCO

La gente que bebe poco no quiere coger otras referencias.

Sugerencias y Recomendaciones

La vida es un flujo constante, todo está en movimiento. Ábrete al cambio, no te aferres a viejas creencias.

BEBÉ AZUL
Ver niño azul.

BECHTEREWS

Enfermedad de Bechterews o Espondilitis Anquilosante es el resultado de una rigidez y de una carencia de flexibilidad en mi modo de pensar. Pongo mi ego de lado, tomando éste demasiado sitio.

Sugerencias y Recomendaciones

Debo aceptar, en cuanto al amor, ser más flexible (conmigo mismo), hacer confianza en las situaciones de la vida.

BELL

Enfermedad de Bell o parálisis de Bell. Se trata de una parálisis facial que afecta a un solo lado de la cara, y que es ocasionada por una lesión en el nervio facial. Cuando la persona que padece este trastorno intenta cerrar los ojos, el párpado del lado paralizado permanece abierto.

Sugerencias y Recomendaciones

Te sugiero que revises la definición de parálisis, agregando que esta enfermedad surge cuando algo salta a la cara de la persona afectada y ésta no quiere hacerle frente.

BILIAR

Vesícula biliar/red biliar.

CONFLICTO: rencor, cólera, injusticia, rabia. Vivo, resentimiento tenaz (en relación a alguien cercano, por una injusticia), alimentado por los celos, la envidia. Por ejemplo, celos profesionales, traición.

RESENTIR: "¡Es indignante!"

Vías biliares intra-hepáticas: cólera más carencia (dinero, comida).

Vías biliares extra-hepáticas: cólera.

Vías pancreáticas: Carencia más injusticia. (El dinero va allí donde no tendría que ir). Las sustancias que estimulan la evacuación de la bilis se llaman coleréticas (cola herética o cólera y ética).

Sugerencias y Recomendaciones

NUEVO MODELO MENTAL: Perdono el pasado, libero y elimino las creencias limitante que me impiden ver las cosas con amor. Veo con compasión el pasado y soy consciente de que no tiene poder sobre mí en el presente.

BIOCHOQUE – PSICOCHOQUE

1°.- Acontecimiento de la vida cotidiana que llega de improviso, brusco, inesperado: nos coge a contra pie, nos desestabiliza, no lo vemos venir, y a menudo tiene día y hora.

2°.- Vivido de una manera aislada y no compartida con nadie: vivido en soledad, que solo nosotros sentimos y lo vivimos por dentro, y nadie sabe lo que siento, incluso lo cuento y no me siento respaldado.

3°.- Sin solución satisfactoria para mí: puede haber para los otros, pero no buena y tranquilizadora para mí, el sufrimiento nos muestra la no adaptación a la realidad. Frente al biochoque que dura un instante, estamos desarmados y surge entonces la reacción animal, arcaica biológica que es la enfermedad, el cual es un conflicto no resuelto y el síntoma (alergia), que es la solución no consciente al conflicto.

4°.- De intensidad dramática real, o vivido o sentido como tal: el inconsciente no sabe distinguir entre real o simbólico, virtual o imaginario. De intensidad extrema, supera nuestro L.S.T. (Límite Superior Tolerable) nuestros propios límites defensivos. Aquí segregamos cantidad de adrenalina.

BLOQUEO EMOCIONAL

CONFLICTO: combinación de dos conflictos relacionados con los sistemas de protección del cuerpo, incluido el territorio arcaico o nido.

La inhibición conduce a un estado defensivo en el que el individuo se protege de cualquier estímulo/agresión. Este comportamiento se observa en el autismo clásico, cuyos contenidos conflictivos se han de situar en el desarrollo prenatal o primeros años de vida. En adultos son frecuentes los conflictos relacionados con el rol de madre y esposa.

Ejemplo: "Soy una mala madre, no sé cuidar a mis hijos" y "soy una mala esposa", "no me siento protegida, cuidada por mi marido", cuya representación orgánica sería un problema de las glándulas mamarias.

SENTIDO BIOLÓGICO: todos estos conflictos relacionados con esta etapa tienen un sentido biológico de buscar seguridad, evitar la agresión.

Sugerencias y Recomendaciones

NUEVO MODELO MENTAL: estoy divinamente protegido, confío en la vida, que me apoya y sostiene. Todo está bien en mi mundo.

BOCA

La definición que sigue se refiere a todo malestar localizado en la boca. La boca es la cavidad del rostro que comunica con el aparato digestivo y con las vías respiratorias. La definición que sigue se refiere a todo malestar localizado en la boca (úlceras, dolores, etcétera).

Por ser la parte superior del sistema digestivo, todo problema en la boca indica un rechazo a una idea nueva, a digerirla y utilizarla. Esta nueva idea puede provenir de uno mismo o de otra persona. El rechazo es originado por una reacción demasiado rápida en la que no nos damos tiempo para analizar todos los aspectos de la situación. Sería bueno tomarlo con más calma, con un criterio más amplio, ya que esta idea nueva puede ser útil.

La persona que se muerde el interior de la boca se está refrenando para no decir algunas cosas que quiere ocultar y que la angustian.

La boca representa la apertura a la vida. Es un órgano sensorial sensible y selectivo. Es la puerta de entrada del alimento, del aire y del agua. Es gracias a ella que puedo hablar comunicar y hacer salir mis emociones y mis pensamientos. Es una especie de puente entre mi ser interior y el universo alrededor de mí (la realidad). La boca es pues la manifestación de mi personalidad, de mis apetitos, de mis deseos, de mis esperanzas y de mis rasgos de carácter. Me permite abrirme a todo lo que es nuevo: sensaciones, ideas e impresiones. Así, es una vía (voz) [en Francés, vía y voz se dicen "voie y voix", palabras que tienen el mismo sonido] de doble sentido y las dificultades que vivo tienen un doble aspecto, interior y exterior.

CONFLICTO: Desvalorización en relación a la palabra, a la expresión. Desvalorización porque no nos sentimos escuchados, y expresarse es importante. No nos permitimos expresar nuestra agresividad. "Atrapar el pedazo" o "Quitar el pan de la boca".

RESENTIR: 1)"No puedo atrapar un bocado". Por ejemplo cuando no podemos alimentarnos. 2)"No puedo expresar un bocado". Las palabras no dichas, los secretos no contados ulceran la boca. O no responder a una maldad vivida de un modo indigesto. Pequeños conflictos de guarrada.

CAUSA PROBABLE: Representa la incorporación de nuevas ideas y sustento.

Llagas bucales:

CAUSA PROBABLE: Palabras enconadas retenidas por los labios. Tendencia a culpar.

Cuando te suceda esto, date cuenta de que te domina uno de tus temores, que reaccionaste demasiado rápido y que no te sucederá nada malo si te permites retractarte de tu decisión, generalmente tomada demasiado aprisa. Por el contrario, te beneficiará y seguramente agradará a la otra persona. Cree más en la utilidad de las ideas nuevas. Las enfermedades de la boca también se originan por pensamientos nocivos que se acumulan antes de ser expresados. Toma conciencia de ellos pero no los retengas demasiado tiempo. Permítete decir lo que tienes que decir, sin pensar que los demás van a condenarte.

NUEVO MODELO MENTAL: me nutro de amor.

Llagas bucales:

NUEVO MODELO MENTAL: en mi mundo de amor sólo creo experiencias dichosas.

boca
afta

El afta es una lesión superficial en la mucosa bucal (boca), caracterizada por una pequeña protuberancia blanca. Aparece porque reacciono fácilmente (sensibilidad) a mi entorno, a las "vibraciones", al ambiente de una situación. Sufro silenciosamente con la boca cerrada. Es también el signo de que tengo dificultades en coger raíz y que no consigo expresarme, decir lo que pienso o incluso en reaccionar porque no creo tener el poder de hacerlo. Puedo, cuando era joven, haberme encontrado en una situación en que me hallé incómodo frente a una situación que llegó a mi conocimiento en la cual estuve incapaz de reaccionar o de afirmarme. Si vuelvo a vivir una situación similar hoy que me recuerdo, incluso inconscientemente, esta experiencia, aparecen aftas. Mis palabras son inútiles e incompletas porque soy demasiado nervioso. Me quedo mudo, sin siquiera pensar en rebelarme. Si vivo una injusticia, asco o insatisfacción ocultada (en la boca) si tengo ganas de "vaciar mi corazón", puedo hacerlo manteniéndome abierto y en armonía conmigo mismo. Sin embargo, estas protuberancias blancas son muy dolorosas, tan pronto como abro la boca para expresarme, las siento y esto me duele.

Sugerencias y Recomendaciones

Si quiero evitar verlas venir de un modo más grave, empiezo a expresarme abiertamente y calmadamente desde ahora.

boca
dolor de boca

La boca es la puerta del aparato digestivo y de las vías respiratorias en donde acepto tomar todo lo que es necesario a mi existencia física (agua, alimento, aire,) emocional y sensorial (excitación, deseos, gustos, apetitos, necesidades, etc.). Así las dolencias de la boca son indicación de que hago muestra de cierta estrechez mental, que tengo ideas y opiniones rígidas y que tengo dificultad en tomar y tragar lo que es nuevo (pensamientos, ideas, sentimientos, emociones). Hay una situación que no puedo "tragar": generalmente son palabras oídas que me molestaron o hirieron o palabras que me hubiese gustado oír y que no fueron dichas. Por lo tanto quiero replicar o responder y no lo hago porque me siento incómodo en la situación o sencillamente porque la ocasión no se presenta. Me quedo por lo tanto, "cogido" con lo que tengo que decir. Mi cuerpo me manda el mensaje que quizás manifiesto ideas malsanas por mediación de mi boca, que debo cambiar de actitud con relación a mí mismo y a los demás. El ejemplo tipo es el cancro o úlcera bucal (herpes) que se manifiesta habitualmente después de un estrés o de un traumatismo durante o después de un período nervioso intenso o de una enfermedad. Me revela el modo más triste e irritable en que me tomo la realidad cotidiana. Es posible que me sienta "cogido", que me sienta "encerrado" en una situación, que rumie una situación desagradable desde mucho tiempo o que tenga verdaderamente necesidad de recuperar mi total libertad diciendo lo que he de decir, incluso si esto corre el riesgo de disgustarme. También puedo "tener hambre" de amor, afecto, conocimiento, espiritualidad, libertad, etc. Si tengo la sensación que lo que necesito no es accesible o es poco realista, mi boca hambrienta reaccionará a la sensación de carencia que siento.

Sugerencias y Recomendaciones

Tomo mi lugar quedándome abierto y flexible a lo que empieza para mí, a lo que es nuevo, mientras sea en armonía.

boca
mal aliento
ver aliento, encía-gingivitis, nariz-dolores, garganta-dolores.

boca
paladar

El paladar es el techo óseo de la cavidad bucal. Éste estará afectado cuando me pensaba haber recibido o adquirido algo (por ejemplo un nuevo empleo) pero luego me lo quitaron. Viviré pues una gran frustración y decepción porque pensaba que esta cosa ya me pertenecía pero de hecho luego se me fue quitada.

Sugerencias y Recomendaciones

Debo preguntarme por qué se ha producido esta situación. ¿Esperaba yo demasiado? ¿Debo invertir esfuerzos para recuperar lo que perdí o quizás es mejor así? Puedo hacerme para que se restablezca la armonía y que se cure mi paladar.

BOCHORNO

Un bochorno es una sensación de calor, un acceso congestivo facial que puede ir acompañado de sudor abundante y de una sensación de ahogo. Se produce y desaparece rápidamente. Puede ser el indicio de un trastorno digestivo con sensación de pesadez gástrica. También se presenta en la mujer durante la menopausia.

Sugerencias y Recomendaciones

También se puede sentir un calor repentino cuando hay un desbloqueo de energía (al resolver un conflicto).

Ver digestión o menopausia, según el caso.

BOCIO

El bocio es una afección de la glándula tiroides caracterizada por un aumento en el volumen de la garganta. Véase problemas de la glándula tiroides, tomando en cuenta que el mensaje tiene una relación con la vida afectiva.

Nódulos en la tiroides:

CONFLICTO: miedo al estrangulamiento. Conflicto con ciertas cosas cotidianas. Habrá tantos como conflictos haya tenido.

RESENTIR: "Quiero moverme pero no puedo". "Hay que actuar rápido ante la situación peligrosa". "Debí actuar rápido y no hice nada".

CAUSA PROBABLE: odio por haber sido agraviado. Víctima. Sentimiento de frustración y/o de insatisfacción.

Sugerencias y Recomendaciones

NUEVO MODELO MENTAL: soy el poder y la autoridad en mi vida. Soy libre de ser yo. Perdono el pasado, libero y elimino las creencias limitantes que me impiden ver las cosas con amor. Veo con compasión el pasado y soy consciente de que no tiene poder sobre mí en el presente.

Ver tiroides.

BOSTEZO

El bostezo es una "enfermedad de imitación natural" más o menos aceptada en sociedad y en razón de sus convenciones (digo natural porque hasta la fecha, no hay tratamiento médico para curarla y digo de imitación porque se manifiesta impulsivamente e inconscientemente en una persona que ve a otra hacer esta acción). Es el signo de ir a la cama o de descansar cuando estoy cansado, agotado y que necesito rehacer mis fuerzas. Es signo de insatisfacción alimentaria porque me sucede bostezar cuando no he comido suficiente. Me aburro al punto de expresarlo de manera inconsciente, ¡cuando estoy sólo mirando la televisión o en compañía de una persona que no me conviene! "¡Quiero que se me deje tranquilo!"

Sugerencias y Recomendaciones

Bostezar forma parte de la vida y lo acepto con amor y apertura. ¡Es importante dejar ir esta expresión corporal contestada por los principios de educación antaño!

BRADICARDIA

La bradicardia es una condición en la que el corazón late demasiado despacio, aproximadamente a menos de 60 latidos por minuto. Como resultado, el cuerpo no recibe suficiente oxígeno y nutrientes para funcionar correctamente.

RESENTIR: "Quiero guardar el muerto dentro de mí".

Sugerencias y Recomendaciones

NUEVO MODELO MENTAL: Vivo cada día con ilusión, acepto la vida con alegría. Todo es como debe de ser para mi desarrollo y lo quiero vivir con alegría, Todo está bien en mi mundo, me amo, me perdono y me acepto.

BRAZOS

En general, necesitamos los brazos para realizar cualquier tipo de acción. Un dolor de brazo afectará entonces una o varias de esas funciones.

Este problema es frecuente en la persona que no se siente útil en su trabajo y que duda de sus capacidades. Se siente apenada y triste, lo cual la lleva a replegarse sobre sí misma sintiendo lástima de su sufrimiento. También puede padecerlo la persona que tiene dificultar para abrazar a los que ama y se siente culpable por ello. Le ayudaría mucho revisar y averiguar qué es lo que le impide estrechar a alguien. Un dolor en el brazo puede también indicar que la persona se siente incapaz de mostrar su fuerza para ayudar a otro. El brazo derecho se relaciona con el acto de dar y el brazo izquierdo con el de recibir. Este dolor se suele presentar también en la persona que tiene todo lo necesario para elegir una situación nueva pero en cambio deja que sus pensamientos o los de los demás influyan demasiado en ella, lo que le impide pasar a la acción. Por ser la extensión de la región del corazón, debemos utilizar los brazos para expresar nuestro amor y no para sentir el peso de alguien o de algo, es decir, no debemos creernos forzosamente obligados a hacernos cargo de los demás o a protegerlos. No es por azar que los brazos estén colocados en ese lugar del cuerpo. Debemos abrazar a una persona o una situación con amor y trabajar con amor. Esto es lo que nuestro corazón desea.

Los brazos representan mi capacidad para acoger las nuevas experiencias de la vida. Los uso para tocar y apretar, para expresar mi creatividad, mi potencial de acción y mi amor. Puedo entrar en contacto con la gente, acercarme a ellos y acogerlos en mi universo. Les enseño también que los quiero con alegría y armonía. A causa de ellos, paso a la acción, hago mi trabajo o cumplo con mis obligaciones. Mis brazos comunican y expresan mis actitudes y mis sentimientos interiores. Los brazos están situados muy cercanos al corazón y están vinculados a éstos. Así, la gente siente que el amor y la energía emanan de mi corazón cuando estoy abierto. Cada mano encierra un centro de energía, situado en la palma, que representa uno de los ventiún centros de energía menores (o chakras). Los dos centros de energía de las manos están directamente conectados con el corazón; así que mis brazos permiten extender mi corazón e ir a llevar amor físicamente y energéticamente. En cambio, si cruzo los brazos instintivamente, me protejo o me cierro a ciertas emociones que no me convienen.

Mi capacidad para tomar a las personas o las situaciones de la vida. Son la prolongación del corazón. Sirven para ejecutar las órdenes. Están vinculados a lo que hago en mi vida, por ejemplo mi trabajo.

Los brazos representan nuestra habilidad y nuestra aptitud para abrazar las experiencias y vivencias de la vida. El brazo tiene que ver con las aptitudes, y el antebrazo con las habilidades. En las articulaciones almacenamos las viejas emociones, y los codos representan nuestra flexibilidad para cambiar de dirección. ¿Es usted flexible para cambiar de dirección en la vida, o las viejas emociones lo mantienen atascado en un mismo punto?

Los dolores de los brazos están vinculados con la dificultad de manifestar el amor en lo que hago, en mi trabajo o en mis acciones de cada día. Es un bloqueo de energía, una inhibición de hacer algo para mí mismo o para los demás. Puedo entonces sentir rigidez muscular, dolor o inflamación. Mis brazos se vuelven menos móviles y más tensos, mis articulaciones (hombros, codos) más dolorosos. Sé que el papel de mis brazos está en su capacidad de coger las nuevas situaciones y las nuevas experiencias de mi vida. Quizás esté en reacción frente a una nueva situación; ya no encuentro que mi trabajo sea motivador; estoy frustrado o irritado porque no consigo expresarme convenientemente, o porque tengo dificultad en realizar un proyecto. Una situación que califico de "fracaso" podrá exteriorizarse por un dolor en los brazos. Generalmente son los huesos de mis brazos que estarán afectados cuando no soy capaz de hacer tan bien como antes una actividad profesional o deportiva en la cual era excelente. No consigo coger la gente a quien amo en mis brazos; rechazo reconocer que estoy harto de una situación que era nefasta para mí (tener los brazos cansados). En general, tener dolor en los brazos significa "cojo demasiado". O bien es algo que no cojo o que me niego a coger. Ya no tengo ganas de comunicar con los demás en el nivel del corazón, dudo de todas mis capacidades en realizar algo. Ir hacía delante en la vida me parece difícil. Los dolores son pues un modo inconsciente de enseñar que padezco. Quizás, deba "soltar", "dejar ir", una situación o una persona que quiero "retener" a toda costa. Una dificultad con la autoridad puede manifestarse en el brazo derecho, mientras que será mi brazo izquierdo el que estará afectado si vivo un conflicto para expresar mi amor y mi bondad. Los hombres tienen una tendencia natural a querer híper-desarrollar los músculos de sus brazos que son un símbolo de fuerza y poder, lo cual denota su dificultad y su resistencia en expresar la energía del corazón y el lado dulzura. Inversamente, los brazos más delgados y débiles me indican una timidez en la expresión de mis emociones y una resistencia en dejar correr la energía. Me freno para hundirme en la vida y aprovecharme al máximo. Mis brazos corresponden más a mi expresión interior. Mis antebrazos, en cambio, están conectados con la expresión exterior, el "hacer". "Me arremango y paso a la acción". La dulzura representa el lado interno de mis antebrazos, manifiesta mi sensibilidad y puedo tener dudas antes de expresar físicamente cosas en el Universo.

Simbolizan la función paternal.

Sugerencias y Recomendaciones

Si eres de los que dudan de sí mismo, de tus capacidades y de tu utilidad, es porque dejas que te moleste una vocecita en tu cabeza que intenta convencerte de que no tienes la capacidad necesaria para emprender lo que deseas. También es posible que pienses que no tienes los conocimientos necesarios para hacerlo. Cualesquiera que sean los mensajes de tu ego, debes decidir pasar a la acción con confianza y debes creer que posees lo necesario para lograrlo. Tus dudas son las únicas que pueden detenerte y hacerte perder tu objetivo. Si no actuar fuera bueno para ti, no te dolerían los brazos. El dolor que sientes se ha hecho presente para hacerte comprender que tu manera de pensar te hace daño. Si observaras a alguien como tú en acción, ¿qué cualidades le encontrarías? El hecho de admirarte a ti mismo te dará mucha energía, cosa que no ocurre cuando dudas de ti mismo. Si tu dolor tiene que ver con tu dificultad para demostrar tu afecto y tu amor a los demás abrazándolos, el mensaje quiere ayudarte a vivir una nueva experiencia atreviéndote a hacerlo. Esto no quiere decir que debas hacerlo siempre, sino que te concedas el derecho de cambiar tu actitud con respecto a tu manera de demostrar el afecto. No sigas creyendo que eres una persona fría.

Quizás deba cambiar mis costumbres, o mi modo de hacer y esto me es tan difícil, en razón de mi rigidez, que mis antebrazos también se pondrán rígidos. Una irritación cutánea a nivel de brazo está conectada a una frustración o a una irritación en lo que hago o no hago, en el modo de expresarme y en lo que puede sucederme después de la intervención de los demás. Debo manifestar más amor en lo que hago, abrirme con confianza a los demás, apretar en mis brazos con amor y cariño a la gente que amo (la imagen del padre que aprieta a su hijo en testimonio de amor). Recuerdo que la acción de apretar a alguien frecuentemente es terapéutico. Estimo mis bellas cualidades de comunicación, ternura y apertura. Coloco mi atención en las actividades interesantes. Me esfuerzo en ver el lado bueno de cualquier situación. Lo hago realizando que es maravilloso, que estoy mejor de lo que pensaba. Me cambio las ideas porque lo necesito.

NUEVO MODELO MENTAL: Con amor, naturalidad y alegría acojo y abrazo mis nuevas experiencias.

BRIGHT

La enfermedad de Bright es una insuficiencia renal progresiva que se acompaña de hipertensión, además de un aumento regular de la concentración de urea en la sangre. También es conocida como nefritis crónica.

En realidad se trata de una dolencia, no de una enfermedad, inflamatoria grave de los riñones (porque curiosamente es una consecuencia de afecciones que alcanzan ciertas partes de los riñones), acompañada de edema (hinchazón, retención anormalmente elevada de los tejidos del organismo) y de una insuficiencia en la eliminación de las orinas. Habitualmente, los riñones degeneran o mueren bastante rápidamente. Es más profunda que las enfermedades de riñón en general (esclerosis). Padezco y vivo una frustración o una decepción tan intensa frente a la situación en que tengo un sentimiento de pérdida, que llego a considerar mi vida o mi propia persona como un fracaso total (los riñones son la sede del miedo). Tengo miedo de no estar bastante correcto, bastante bien, bastante bright (inteligente).

Sugerencias y Recomendaciones

Una apertura del corazón es necesaria si quiero manifestar un cambio de actitud para curar este estado.

Ver también riñones-problemas renales, hipertensión y nefritis.

BRONCONEUMONÍA

La bronconeumonía es una inflamación respiratoria que alcanza los bronquiolos y los alvéolos pulmonares. Está directamente relacionada con la vida, con el hecho que me siento disminuido y limitado por la propia vida. La ciento injusta hacía mí y esto me irrita. Estoy enfadado contra la vida. Es una infección más grave que la simple bronquitis o la neumonía porque el dolor interior es más hondo.

Sugerencias y Recomendaciones

Debo respirar la vida de una manera nueva y con un enfoque lleno de amor y de alegría.

Ver pulmones-dolencias, broquitis, neumonía.

BRONQUIOS

Los bronquios son los conductos por los cuales entra el aire en mis pulmones. Representan la vida. Una dolencia o un dolor en el nivel de mis bronquios significan habitualmente que tengo el mal de vivir, que tengo menos interés y alegría en mi vida. Los bronquios representan mi espacio vital, mis delimitaciones, el territorio más particularmente vinculado a mi pareja, mi familia y mi entorno profesional. Si tengo la sensación de que voy a perder mi territorio o a alguien que está vinculado a él, mi inseguridad activará una enfermedad en los bronquios.

CONFLICTO: conflicto de amenaza de territorio, Disputas en el territorio, discusiones en la atmósfera familiar. Peleas, guerra.

Ectodermo más respiratorio = defensa de su espacio de libertad frente a la sociedad.

RESENTIR:

Zona frontal-motora (muscular): "yo quiero abrir los bronquios pero quiero espacio, libertad de confort".

Zona Parietal (Mucosa = Bronquitis): "El espacio que yo quiero no lo tengo". "El espacio que tengo no lo quiero y me encierro en el espacio que me imponen"

Bronquio izquierdo: domina el miedo.
Bronquio derecho: domina el afecto.

Mucosas: conflicto de separación: Es el que hace posible el contacto con el exterior: "Me amenazan en el territorio y tengo miedo de..." Tonalidad de peligro: "Mi identidad se ve amenazada".

Bronquios, cáncer: izquierda "Amenaza de la unidad de la pareja".

Bronquios hemorragia: Mira el sentido de fumar para tener más libertad. Si se añade el "miedo a morir ahogado" habrá levas para eliminar el polvo, el sentido biológico es que no te ahogues. "Tengo miedo a morir ahogado".

Bronquitis: ambiente familiar conflictivo, peleas, gritos. Falta de comunicación, silencio.

Respiración: representa la capacidad de inspirar la vida. Miedo o resistencia a aceptar la vida plenamente. Sensación de no tener derecho a ocupar espacio o a existir. Temor de inspirar la vida plenamente.

Sugerencias y Recomendaciones

Esto me indica que debo tener confianza: aunque haya delimitado mi territorio y lo haga respetar tanto como hago respetar mis derechos, nadie podrá "invadirme" porque el espacio de cada cual estará bien delimitado y cada cual podrá vivir en el respeto y la armonía. Compruebo quienl es la persona o la situación asociada a este dolor y lo que debo hacer para cambiar esto. Tengo necesidad de crear situaciones que son propicios a la risa y a la relajación.

NUEVO MODELO MENTAL: amo la vida. Vivo confiada. Tengo derecho a vivir libre y plenamente. Soy digno de amor. Elijo vivir la vida en toda su plenitud. Estoy a salvo. Amo mi vida.

BRONQUITIS AGUDA
Ver respiración-traqueítis.

BRONQUITIS CRÓNICA

La función de los bronquios grandes es conducir el aire hacia los pulmones. La de los pequeños, o bronquiolos, es más variada: cuando se contraen o se relajan, ventilan o dejan fuera de servicio una determinada zona de los pulmones. La bronquitis es una inflamación de la mucosa de los bronquios.

En metafísica, los bronquios se relacionan con la familia. La persona puede presentar una bronquitis como reacción a dificultades familiares (disputas o querellas). Siente mucha ira y se siente amenazada en su territorio y en sus límites. Incluso puede desear cortar sus lazos con uno o varios miembros de la familia, pero no se atreve a hacerlo por un sentimiento de culpa. Esta persona no se decide a moverse, es decir, a manifestar su oposición. Siente cansancio y desánimo. No tiene lo que desea, pero no lo dice. Es una persona a la que le ayudaría ocupar su lugar en la familia y no esperar a que se lo den.

La bronquitis (itis = ira) se caracteriza por la inflamación de la mucosa de los bronquios, conductos que llevan el aire de la tráquea hasta los pulmones. Es una enfermedad esencialmente ligada a la respiración y a la acción de tomar la vida y el aire con deseo y gusto (inspiración) para luego echarlos temporalmente con desapego (expiración). La inflamación significa que vivo ira, frustración o rabia en relación a ciertas emociones inhibidas, palabras que necesito expresar y dejar salir, una situación agobiante en la cual me siento oprimido, un conflicto teñido de agresividad y crítica (trastornos en el medio familiar, peleas, etc.). Si esta situación conflictual implica peleas y enfrentamientos muy intensos, incluso podría llegar a desarrollar un cáncer de los bronquios. Existe un trastorno interior, una perturbación que me impide manifestar mi ser auténtico, hacer respetar convenientemente mis derechos. Intento comunicar con mis seres cercanos pero no consigo paz interior. La situación familiar es demasiado difícil. Siento entonces cierto desánimo frente a la vida y dejo de luchar para continuar mi camino. Tengo poca alegría de vivir y tengo un profundo cansancio interior. La tos indica que quiero liberarme expulsando algo o a alguien que me molesta y me hace enfadar.

Fase de curación de un conflicto de territorio. La tos quiere expulsar al enemigo que invade el territorio. Un niño con bronquitis repetitivas, le tengo que decir a la madre que deje de discutir con su marido.

CONFLICTO: en niños, conflicto de intercambios (padres). En adultos, cólera, ira no expresada. Peleas, disputas en el territorio.

RESENTIR: "Me siento invadida"

CAUSA PROBABLE: ambiente familiar conflictivo. Peleas y gritos. A veces, silencio o falta de comunicación.

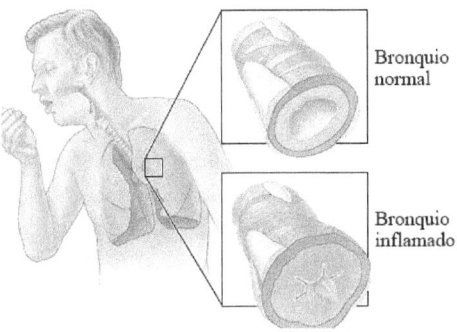

Sugerencias y Recomendaciones

Si padeces esta enfermedad, es tiempo de que tomes la vida con más alegría y sencillez en lugar de tomar demasiado en serio lo que sucede en tu familia. Es necesario que te des cuenta de que no existen familias en las que todos estén de acuerdo todo el tiempo. Los demás miembros no pueden tener necesariamente las mismas convicciones que tú. En lugar de desanimarte por ello, vive tu vida como te plazca, sin dejarte influenciar por los deseos y las creencias de los demás. En lugar de creer en la inmovilidad, date permiso para actuar, es decir, para reaccionar sin sentirte culpable a fin de que te reafirmes en eso que representa tu lugar, tu territorio. Los demás también pueden vivir su vida a su manera.

Si no deseo una bronquitis crónica, debo cambiar mi modo de ver la vida, mi actitud. Nací en una familia en la cual cada uno de los miembros vive experiencias similares a las mías. Mis padres, mis hermanos y mis hermanas aprenden como pueden, ellos también. Debo empezar a ver la alegría y el amor en cada experiencia de mi vida. Acepto que mi felicidad personal sea mi responsabilidad y dejo de creer que los demás me harán felices. ¡Tomar mis decisiones y respirar por mis propios medios, es el primer paso hacia mi independencia!

NUEVO MODELO MENTAL: declaro la paz y la armonía en mi interior y en mi entorno. Todo está bien.

La bronquitis deberá ser tratada por medio de una terapia directamente en el área afectada para eliminar la congestión bronquial y pulmonar además de tomar inhalaciones con plantas medicinales bajo una toalla. Debe consultar con su médico o naturópata para llevar una vigilancia constante y evitar problemas mayores.

CROMOTERAPIA: color curativo azul añil.

TRATAMIENTO: definitivamente trataremos las áreas de los bronquios y el tórax y buscaremos recuperar la salud en general masajeando todo el sistema glandular, el hígado, los riñones, el bazo y el páncreas.

BRUXISMO

Apretar o rechinar los dientes al dormir. Agresividad no manifestada, muchas veces inconsciente. Agresividad impotente, en estado latente.

CONFLICTO: yaciente

RESENTIR: "Me niego al placer", ya sea éste real o simbólico.

Sugerencias y Recomendaciones

NUEVO MODELO MENTAL: Perdono el pasado, libero y elimino las creencias limitantes que me impiden ver las cosas con amor. Veo con compasión el pasado y soy consciente de que no tiene poder sobre mí en el presente. Me amo, me perdono y me acepto, a mí y a cuantas personas y situaciones me rodean.

Ver dientes-crujir.

BUERGER

La enfermedad de Buerger es una enfermedad que implica una obstrucción más o menos acusada de la circulación en los brazos y piernas, causada por una inflamación de las paredes de los vasos sanguíneos. Esta enfermedad se relaciona principalmente con los fumadores y frecuentemente son agentes irritantes de la sangre procedentes del cigarrillo que son causa de esta inflamación.

Sugerencias y Recomendaciones

Mi cuerpo me indica por el adormecimiento de brazos y piernas, que intento hacerme insensible a las situaciones de la vida, lo cual está vinculado con los brazos, y a lo que pasará para mí en el porvenir, lo cual está conectado con las piernas. Es tiempo de tener en cuenta este mensaje que me da mi cuerpo y de aceptar "de ver más claro" en mi vida. Dejando de fumar, mi salud mejorará.

Ver también cigarrillo, adormecimiento, inflamación, sangre-circulación saguínea.

BULBO DUODENAL

Región del intestino que corresponde a la primera porción del duodeno, es decir, a la sección situada a partir del esfínter pilórico.

Contrariedad por el territorio. Lucha por los límites del territorio con los "jefes del territorio aledaño". También afecta al contenido del territorio (ejemplo, pareja infiel "se va con otro/a" o con cambio de actitud).

Sugerencias y Recomendaciones

NUEVO MODELO MENTAL: la vida me ama, me nutre y me apoya. Todo está en su lugar y es como debe de ser. Estoy a salvo viviendo.

BULIMIA

La persona que sufre bulimia siente permanentemente un apetito incontrolable que la lleva a alimentarse de manera precipitada y excesiva.

Este problema es de tipo afectivo, igual que la anorexia, con la salvedad de que quien la padece quiere comerse a su madre. La anorexia se relaciona con el miedo al rechazo, mientras que la bulimia tiene que ver con el miedo a ser abandonado. De hecho, se presenta en la persona que quiso separarse de su madre, y al no poder hacerlo en un momento dado, cae en el otro extremo (es decir, necesita su presencia). También es frecuente que esta persona haya sentido que su madre quería acapararlo todo hasta el extremo de impedirle querer a su padre.

La bulimia es una pérdida del control, por lo tanto, es lógico suponer que la persona afectada se reprimió demasiado de querer y aceptar a su madre, y sobre todo de aceptar a la mujer que hay en su madre. Esto crea, tanto en el hombre como en la mujer que la sufren, una gran dificultad para aceptar su principio femenino. Se suele presentar en personas rígidas que no están en contacto con sus necesidades y no se permiten realizar sus deseos.

Tanto la anorexia como la bulimia expresan una negación de la propia vida, y son una forma extrema de odio hacia uno mismo. La comida es alimento en el nivel más básico. ¿Por qué habría usted de negarse el alimento? ¿Por qué quiere morir? ¿Qué pasa en su vida, que sea tan terrible como para que quiera abandonarla? Cuando se odia a sí mismo, en realidad odia una idea que tiene de sí mismo. Y las ideas se pueden cambiar. ¿Qué hay en usted que sea tan terrible? ¿Se crió en una familia que criticaba continuamente su comportamiento? ¿O eran sus maestros quienes lo criticaban? En sus primeros contactos con la religión, ¿le dijeron que así, tal como usted era, «no servía»? Con demasiada frecuencia procuramos hallar razones «comprensibles» que nos digan por qué no nos quieren ni nos aceptan tal como somos. «Gracias» a la obsesión de la industria de la moda con la esbeltez, muchas mujeres que se repiten continuamente a sí mismas: «¿Qué sentido tiene, si con este cuerpo no sirvo para...?». Concentran el odio en su propio cuerpo. En un nivel están diciendo que si fueran más delgadas, entonces las amarían, pero eso no funciona. Nada funciona desde afuera. La clave es la aprobación y la aceptación de uno mismo.

CONFLICTO: madre tóxica.

RESENTIR: "Quiero seguridad de mamá y lo que me da es angustia e inseguridad." "Lo que me da mamá es lo que no quiero" (por eso lo vuelvo a sacar).

La relación que se tiene con el alimento: mamá. Mamá tóxica, mamá fría, separación con mamá... Si los niños (particularmente las niñas) toman leche tóxica pueden tener de mayores estas patologías. Leche tóxica son las emociones de la madre, que influyen en la lactancia, de manera que si la madre tiene emociones tóxicas, puede dar "comida tóxica" al niño. La leche se agria de verdad si el conflicto de la madre es muy grande.

Se come en exceso y luego se entra en vómitos. También hay una relación difícil con la madre, aquí la separación es más importante. Búsqueda de buen alimento afectivo, que puede que se haya tenido por algún tiempo y luego se haya perdido (como un destete brutal, o que se muera alguien muy cercano a la mamá, esta entre en duelo y desteta al niño.

Cuando se da el pecho a un niño y la madre queda de nuevo embarazada de nuevo, desteta al niño, pero es el segundo el que va a tener bulimia, porqué la mamá no lo alimenta de buena gana, pues siente que ha tenido que abandonar al primero para alimentar al segundo y le está dando a este lo que tantas ganas tenia de dar al primero. El niño siente que la madre no le está dando alimento cálido.

La bulimia es una enfermedad compulsiva, necesidad incontrolable de absorber alimento en gran cantidad, desequilibrio nervioso porque estoy en total reacción frente a la vida. La bulimia presenta las mismas causas interiores que la obesidad y la anorexia. Como en exceso para satisfacerme completamente o para recobrar una forma de amor y afecto (el alimento simboliza la vida, el amor y las emociones). Intento colmar emocionalmente un profundo vacío interior en mí, un odio en mí tan grande (asco, desprecio) que quiero llenar este vacío a toda costa, prefiriendo dejarme dominar por el alimento (la vida) en vez de abrirme a la vida. Niego una parte mía, una situación y vivo pena o ira porque me siento aislado, separado o rechazado. Rechazo totalmente mi cuerpo; rehúso vivir en esta tierra. Tengo miedo de perder lo que tengo y siento inseguridad porque estoy quizás diferente a los demás. Ya no me siento más capaz de "morder en la vida". No tengo todo lo que quiero o no domino suficientemente mis deseos y mis emociones. Busco constantemente la necesidad viva de sentirme más fuerte que el alimento, que mis sentimientos y emociones. Prefiero pues hacerme vomitar en vez de estar en buena salud porque me desprecio profundamente. Generalmente vivo una profunda depresión, una desesperación, una angustia que intento calmar, una frustración que intento compensar, tengo una imagen de mí que quiero revalorizar. La bulimia está muy vinculada a la madre (fuente de vida), al lado maternal y a la creación. ¿Estoy en reacción frente a mi madre? ¿Tengo el sentimiento de haber sido controlado y oprimido cuando era joven, de modo que comiendo así, quiero huir de mi madre, neutralizarla (en el sentido metafísico) o dejar este planeta? ¿Tengo alegría comportándome de este modo? ¿Podría ser que de niño, haya vivido la etapa de destete como un abandono? ¿Como si "se me arrancase" a mi madre? Si éste es el caso, tengo la sensación que voy a "morirme de hambre", de aquí la necesidad de comer grandes cantidades de alimento, para colmar el vacío y hacer disminuir mi estrés.

Un niño pequeño que no quiere comer siempre es un conflicto con mamá (mamá tóxica). Preguntar a mamá: "Qué es lo que no quieres, digerir…" El niño hace el síntoma de la mamá.

Frecuentemente relacionada con la necesidad de querer colmar un vacío interior afectivo.

CAUSA PROBABLE: terror desesperado. Frenético atiborramiento y purga de odio a uno mismo.

Sugerencias y Recomendaciones

Si tienes bulimia, es muy posible que de niño creyeras que tu madre lo acaparaba todo o que ocupabas demasiado lugar en su vida. Una parte de ti no la quiere y otra parte tiene miedo de ser abandonada, por lo cual la necesitas. Cuando presentas una crisis de bulimia, esta última parte de ti quiere corregirse por todo el tiempo que quisiste ignorar a tu madre.

También es muy probable que te avergüences de algo ante ella. Es importante que verifiques si tu reacción está bien fundada y que te manifiestes todo lo posible. Comprobarás que ella tuvo el mismo problema que tú con su progenitor del mismo género, y que te quiere más de lo que podrías haber imaginado. Lo que originó el problema no es lo que sucedió con tu madre, sino tu percepción de lo acontecido.

Como persona bulímica, debo mantenerme abierta al amor. La necesidad de aceptar que tengo algo que comprender de este estado depresivo me lleva al amor y aprendo a amarme y a aceptarme más como canal de la energía divina. Estoy en esta tierra para cumplir una misión para mí, con mi madre y con la gente que quiero. ¿Por qué no apreciar la belleza del universo? Acepto mi cuerpo tal como es, el ego y sus límites, el alimento como don de vida. Acepto el amor para mí mismo y para los demás y descubro las alegrías de estar en este mundo. Es todo.

NUEVO MODELO MENTAL: la vida me ama, me nutre y me apoya. Estoy a salvo viviendo.

BURNOUT

Es un padecimiento que consiste en la presencia de una respuesta prolongada de estrés en el organismo ante los factores estresantes emocionales e impersonales que se presentan en el trabajo que incluye fatiga crónica, ineficacia y negación de lo ocurrido.

Frecuentemente relacionado con la huida de una emoción intensa vivida en el trabajo o en ocupaciones diversas.

Sugerencias y Recomendaciones

NUEVO MODELO MENTAL: perdono el pasado, libero y elimino las creencias limitantes que me impiden ver las cosas con amor. Veo con compasión el pasado y soy consciente de que no tiene poder sobre mí en el presente. Me amo, me perdono y me acepto, a mí y a cuantas personas y situaciones me rodean. Me siento realizado con mi trabajo y recibo el justo pago por él.

BURSITIS

Esta enfermedad es una inflamación de las bolsas membranosas de las articulaciones. A menudo se localiza en los codos o en la espalda. Se manifiesta por una tumefacción bien delimitada de consistencia elástica bastante dolorosa, cubierta por una piel roja y caliente.

Esta enfermedad la padece generalmente la persona que desea golpear a alguien, pero reprime su ira. Con mucha frecuencia afecta al perfeccionista que no se concede el derecho a enojarse. La ira se acumula entonces en la articulación afectada. Si esta persona quiere golpear a alguien hacia quien se siente demasiado responsable, la bursitis se localizará principalmente en la espalda. Si en cambio tiene que ver más con algo como un deporte, se localizará en el codo. Es la persona que experimenta ira cuando golpea una pelota, ya sea de golf, tenis, etcétera. Además, se siente resentido por algo y le cuesta trabajo aceptarse tal y como es.

Inflamación de la bursa (estructura en forma de bolsa que se sitúa entre huesos, tendones y músculos, con una función facilitadora del movimiento de estas estructuras entre sí. Añadir el significado de la articulación en que se encuentra.

La bursitis es la inflamación o la hinchazón de la bolsa a nivel de la articulación del hombro, codo, rótula, o del tendón de Aquiles. Esta bolsa, parecida a un pequeño saco, contiene un líquido que reduce la fricción en el nivel de las articulaciones. La bolsa aporta pues un movimiento fluido, fácil y con gracia. La bursitis indica una frustración o una irritación intensa, ira contenida frente a una situación o a alguien a quien verdaderamente tengo ganas de "pegar" en el caso de que se trate de los brazos (hombros o codo), o de dar "una patada" en el caso de que se trate de las piernas (rótula o tendón de Aquiles), ¡tan furioso estoy! ¡Mis pensamientos son rígidos y algo no me conviene en absoluto! Estoy harto y, en vez de expresar lo que vivo, inhibo mis emociones. Es posible hallar la causa del deseo de pegar mirando lo que puedo hacer o no hacer con este brazo doloroso. Si me duele el lado izquierdo, hay una conexión con el lado afectivo. El lado derecho, son las responsabilidades y lo racional (p.ej: el trabajo). Tengo dolor aun cuando me reprimo de pegar a alguien.

CAUSA PROBABLE: cólera reprimida. Deseos de golpear a alguien.

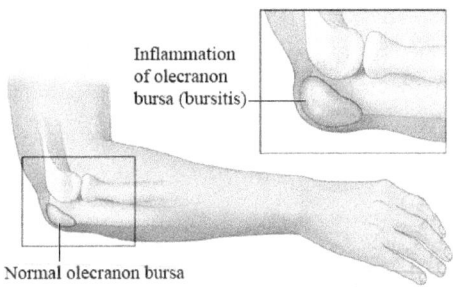

Sugerencias y Recomendaciones

Cuando tu cuerpo sufre bursitis, ha llegado el momento de darse cuenta de que no es necesario que soportes una situación hasta el extremo de hacerte sufrir así. Esto no quiere decir que golpees a alguien, sino que te afirmes y expreses lo que deseas. En todo caso, todo lo que tienes que hacer es expresar tus demandas. ¿Quién sabe? Quizás ello hasta complazca a los demás.

Debo hallar el modo más adecuado de expresar lo que siento. Encuentro la causa de mi dolor, quedo abierto y cambio de actitud aceptando mejor mis sentimientos y mis emociones. Podré transformarlos en amor y en armonía para mi beneficio y el bienestar de los demás. La bursitis generalmente está vinculada a lo que vivo con relación a mi trabajo. Mi cuerpo sólo me dice de adoptar una actitud más positiva para adaptarme a las nuevas situaciones que se presentan.

NUEVO MODELO MENTAL: el amor relaja y libera todo lo que no se le parece.

CABELLO

Se considera un problema capilar todo estado anormal del cabello como canas, cabello graso o caspa.

Existe un problema de pérdida de cabello cuando éste se cae repentinamente y en mayor cantidad que lo usual.

Una persona pierde su cabello cuando vive una pérdida o tiene miedo de perder algo o a alguien. Se identifica demasiado con aquello que corre el riesgo de perder o con lo que perdió, y experimenta un sentimiento de impotencia; o bien se siente tan desesperada como para arrancarse los cabellos. También es posible que se acuse de perder algo o de hacer que alguien perdiera algo por una decisión suya. En general, es una persona que se preocupa demasiado por el aspecto material de su vida y tiene miedo de la opinión de los demás, del "qué dirán".

Entre los factores que pueden contribuir a debilitar el cabello, podemos encontrar: un gran choque, una reacción demasiado grande de impotencia y desesperación o una sobreexcitación causada por demasiadas preocupaciones e inquietudes en el mundo físico. Los cabellos son antenas que unen nuestra cabeza (nuestro "yo soy" desde el punto de vista simbólico) con la energía cósmica (lo "divino"). Por lo tanto, un problema capilar a menudo indica que no se tiene mucha confianza en la energía divina que nos ayuda a restablecer contacto con nuestra capacidad para hacer nuestra vida. Esta falta de confianza nos resta energía vital.

Nuestro cabello es una protección adicional para la piel. Está ahí para recordarnos que debemos sentirnos protegidos por nuestro Dios interior.

Protegiendo la parte cutánea de la cabeza, los cabellos simbolizan la fuerza, la libertad, la belleza y la potencia (pensemos a Sansón en la Biblia). Están directamente vinculados a la dignidad del ser, a la esencia del poder. Me ponen en contacto con la energía espiritual, cósmica y supra-cósmica. Mis cabellos crecen cerca del séptimo chakra o centro de energía, el chakra corona. El estado de los cabellos es también la representación del poder sexual, genital y reproductor. Varios mitos existen referente a los cabellos (los rubios, los morenos, los calvos...).

Cabellos = Imagen de sí mismo (no puedo ser yo mismo).

Los cabellos: Mi fuerza.

El cuero cabelludo: Mi fe y mi lado divino

Libertad, poder, padre.

Calvicie: Se le suma una noción de mancha, de desecho.

Pérdida de cabellos: Conflicto de separación (del clan) + injusticia y desvalorización vivida intelectualmente.

Alopecia areata: el pelo se cae a mechones, dejando áreas sin pelo del tamaño de una moneda de veinticinco centavos. Muchas personas con esta enfermedad sólo tienen unas cuantas áreas de calvicie. Sin embargo, algunas personas pueden perder más pelo. Y aunque es poco común, la enfermedad puede causar la pérdida total del pelo o de todo el vello de la cara y el cuerpo.

CONFLICTO: no sentirse reconocido por el padre (real o simbólico).

RESENTIR: "Estoy preocupado, me como el coco, pienso mucho..."

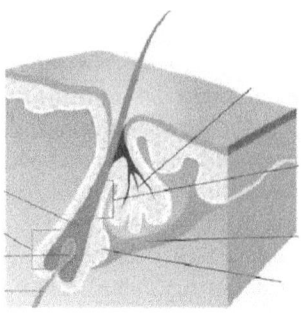

Sugerencias y Recomendaciones

Si este es tu caso, observa lo que acabas de perder o temes perder y verás que crees ser alguien gracias a ello. Esta creencia es la que te perjudica. Te identificas demasiado con lo que TIENES y HACES, más que con lo que ERES. Crees que si TIENES ese objeto o a esa persona, los demás creerán que ERES una mejor persona. Dile a tu Yo interno que si el Universo decidiera que algo o alguien debe desaparecer de tu vida, seguramente habría una buena razón para ello. Es necesario que aprendas a no depender de lo que perdiste o de lo que temes perder. Así aprenderás el desapego. Acepta también que cuando tomas decisiones lo haces con lo mejor de tus conocimientos, y que las consecuencias son experiencias que siempre te enseñan algo.

Tus problemas capilares te recuerdan que seas tú mismo, que confíes en que el Universo va a ayudarte. El aspecto material puede ser importante en tu vida, pero no debe dominar a tu parte espiritual, es decir, lo que tú eres. Abre tus antenas a la Divinidad que hay en ti y verás que las soluciones llegarán más fácilmente, sin que tengas que preocuparte.

Es importante saber que mis cabellos son la imagen del poder que tengo para dirigir mi propia vida. ¿Qué es lo que quiero realmente en la vida? ¿Tengo yo la sensación que los demás dirigen mi vida? La fuerza y el valor de coger las riendas de mi vida aumentarán mi sentimiento de libertad y el vigor de mis cabellos. Los cabellos reflejan la alegría de vivir de una persona y la limpieza de éstos indica el interés que tiene en estar cuidada, en estar aquí. Observo los diferentes estados de mis cabellos que corresponden a ciertos estados interiores (cabellos quebrados, sin brillo, finos o que se rompen, espesos, etc.) ¡Me mantengo abierto a este maravilloso poder del cielo que son mis cabellos!

cabello
calvicie

Ausencia total o parcial de cabello.

La calvicie es un signo de autoritarismo o de la persona que abusa de su autoridad, alguien que quiere hacerse obedecer sólo porque le obedezcan, que impone sus puntos de vista sin respetar los de los demás. La persona autoritaria armónica es aquella que, teniendo poder o autoridad en un área, no siente la necesidad de imponerse. Su autoridad es respetada de manera espontánea. De esta forma, la persona a la que se puede llamar autoritaria es aquella que impone sus conocimientos y no acepta su "yo soy" tal como es. Se priva de relaciones hermosas y experimenta muchas emociones.

La calvicie es la pérdida definitiva (parcial o total) de los cabellos. Frecuentemente, si pierdo mis cabellos, vivo una o varias situaciones en que la tensión es tan grande que me "arranco los pelos". Varias experiencias estresantes o traumatizantes pueden acelerar el proceso de la calvicie. Un parto que es fuente de miedo o de inquietud (la mujer puede perder sus cabellos), un golpe emocional grave, una separación, mucha tensión en el trabajo o en el hogar, el gusto de superarse en el plano material o una desvalorización en el plano intelectual. Cuando vivo una multitud de inquietudes y grandes miedos, pierdo el contacto con mi poder interior divino.

Sugerencias y Recomendaciones

A la luz de esta descripción, tu cuerpo te manda el mensaje de que reconozcas lo que eres; no tienes que imponer tus puntos de vista o tus conocimientos a los demás. Acepta la idea de que eres una persona autoritaria en lugar de creer que no lo eres y aprenderás a vivir esa autoridad de una manera armoniosa. Además te abrirás a la novedad y volverás a contactar con lo que eres en lugar de querer ser como crees que los demás quieren que seas.

Acepto confiar en la vida con la actitud que todo será para lo mejor.

cabello
canas

Cabellos = Imagen de sí mismo (creencia de no poder ser uno mismo).

Los cabellos grises simbolizan la sabiduría. Sin embargo, la aparición repentina de cabellos grises se vincula con el estrés, una situación en que viví un golpe emocional intenso. Cuando sucede esto a los veinte años, esto representa grandes inquietudes (tensión o estrés), conscientes o inconscientes con relación al hecho de dejarse guiar espiritualmente. ¿Pienso que necesito vivir bajo presión y que las presiones en mi vida son necesarias para mi bien? Es probablemente un esquema de pensamiento que hace que se repitan acontecimientos en mi vida, en esta vida, vinculado con el querer obtener siempre el mejor resultado. Habitualmente, el cabello gris aparece con la edad y esto significa una baja del vigor y fuerza vital.

CONFLICTO: conflicto de estrés + Padre + Imagen de mí mismo.

CAUSA PROBABLE: estrés. Sumisión a la presión y esfuerzo excesivo.

Sugerencias y Recomendaciones

Reviso mis actitudes generales y acepto que la vida sigue tal como es, ni más ni menos y me libero del peso de ser competitivo.

NUEVO MODELO MENTAL: Estoy en paz y me siento cómodo en todos los aspectos de mi vida. Soy fuerte y capaz.

cabello
peladera (alopecia)

La peladera (alopecia) es una enfermedad de la piel caracterizada por la pérdida de cabellos en placas redondas. Esto puede proceder de un golpe emocional, de la ira y de una renuncia a mi parte espiritual o a lo que me conecta con mis valores más elevados.

Sugerencias y Recomendaciones

Tengo ventaja en hacer la paz conmigo mismo y contemplar soluciones que me permitirán vivir mejor en armonía con mis objetivos más elevados.

cabello
pérdida

Existe un problema de pérdida de cabello cuando éste se cae repentinamente y en mayor cantidad que lo usual. Cuando el cabello se cae de una manera natural y continua, otros cabellos nacen yendo a ocupar el lugar de los cabellos muertos. Si la pérdida del cabello es permanente, véase calvicie.

Una persona pierde su cabello cuando vive una pérdida o tiene miedo de perder algo o a alguien. Se identifica demasiado con aquello que corre el riesgo de perder o con lo que perdió, y experimenta un sentimiento de impotencia; o bien se siente tan desesperada como para arrancarse los cabellos. También es posible que se acuse de perder algo o de hacer que alguien perdiera algo por una decisión suya. En general, es una persona que se preocupa demasiado por el aspecto material de su vida y tiene miedo de la opinión de los demás, del "qué dirán".

Los cabellos son el espejo de cierta fuerza interior. Pienso en Sansón (en las escrituras del Antiguo Testamento) que perdía su fuerza con los cabellos cortados. Los cabellos representan el nexo entre lo físico y lo espiritual, lo cual me vincula al cosmos y a la energía espiritual. Se comparan frecuentemente a una forma de antena con el más allá. Se dice que la herencia es el factor principal de la calvicie, más frecuente en el sexo masculino. Sin embargo, entre los diferentes tipos de calvicie, se encuentra el tipo calvo con barba, el cual está asociado al individuo que usa más sus facultades intelectuales que sus facultades emocionales. La pérdida de cabellos significa que me he apartado de lo divino en mí. Soy una persona más enfocada sobre el plano material que sobre el espiritual. Puede que tenga mucha intuición pero prefiero usar más los aspectos más materiales, más racionales. Intento lo mejor que puedo controlarlo todo porque tengo miedo de abrirme y perder el control. Rehuso el funcionamiento de base de la vida, con el pretexto que puedo hacer mejor que ella. Todo temor interior conlleva la incapacidad de actuar, la desesperación y tensiones que me cogen de improviso. Es una ilusión de creer hacer mejor que la misma vida.

Sugerencias y Recomendaciones

Si este es tu caso, observa lo que acabas de perder o temes perder y verás que crees SER alguien gracias a ello. Esta creencia es la que te perjudica. Te identificas demasiado con lo que TIENES y HACES, más que con lo que ERES. Crees que si TIENES ese objeto o a esa persona, los demás creerán que ERES una mejor persona. Dile a tu Yo interno que si el universo decidiera que algo o alguien debe desaparecer de tu vida, seguramente habría una buena razón para ello.

Es necesario que aprendas a no depender de lo que perdiste o de lo que temes perder. Así aprenderás el desapego. Acepta también que cuando tomas decisiones lo haces con lo mejor de tus conocimientos, y que las consecuencias son experiencias que siempre te enseñan algo.

No he de luchar contra la vida porque siempre está conmigo para apoyarme y me ayudará si la escucho y si me mantengo abierto. Sólo he de pedir con total quietud y la vida me dará lo que merezco. Es el inicio; debo confiar en la vida y en mi ser interior y ver las soluciones por todas partes porque existen. El mundo está aquí para ayudarme. ¿Qué más necesito?

Ver cabellos-calvicie.

cabello
problemas

Diversas causas pueden traer la aparición de enfermedades de los cabellos. Un gran impacto emocional, una reacción excesiva de impotencia frente a una situación, un conflicto latente o varios sentimientos inhibidos tales como la desesperación, las inquietudes, el aburrimiento. Se instala la nerviosidad, crece la inestabilidad emocional, se agotan las fuerzas y los recursos interiores. Vivo un desorden interior. Esta inseguridad puede proceder de mi miedo a la muerte o del hecho que nada es permanente, que todo puede cambiar repentinamente y sin aviso. Me cierro a las energías vitales y mis cabellos cambian de aspecto. Caen, se vuelven grasos o secos, se vuelven blancas (canas), pierden su brillo. Aparece la caspa, resultado de un conflicto interior relacionado conmigo y mi papel social. Necesito oxígeno. Es la primera cosa que se ha de hacer para restablecer la fuerza y vitalidad de los cabellos.

Sugerencias y Recomendaciones

Tomo consciencia que necesito cambiar mis pensamientos y mi actitud frente a las situaciones de la vida. Acepto mantenerme abierto y observo lo que sucede en este momento, sobre todo el modo que adopto para afrontar las diferentes situaciones de mi vida y dejo de ¡arrancarme el pelo!

Tus problemas capilares te recuerdan que seas tú mismo, que confíes en que el Universo va a ayudarte. El aspecto material puede ser importante en tu vida, pero no debe dominar a tu parte espiritual, es decir, lo que tú eres. Abre tus antenas a la Divinidad que hay en ti y verás que las soluciones llegarán más fácilmente, sin que tengas que preocuparte.

cabello
sarnas

Las sarnas son hongos o parásitos que afectan la superficie de mi piel, mis pelos, mi cuero cabelludo y mis uñas. Me dejo atacar, molestar por los demás, porque tengo poca confianza en mí. Me siento feo y sucio. Puedo tener la sensación que pierdo el control de ciertas situaciones. Así, mi sombrero de jefe (mis cabellos) estará afectado. Puedo sentirme muy molesto por los propósitos de otros y estar afectado por la idea que tienen que ¡si el sombrero te hace, póntelo! Dejo que los demás decidan por mí.

Sugerencias y Recomendaciones

Mi cuerpo me dice de tomar mi lugar, hacerme confianza. Soy el único que tengo poder sobre mi vida.

Ver cabello-pérdida-calvicie-alopecia.

CABEZA

La cabeza es mi centro de comunicación, está vinculada a mi individualidad. Frecuentemente se le llama el "centro de mando". Por ella pasan todas mis emociones y todas mis comunicaciones, por vía de mis cinco sentidos. Si vivo dificultades o enfermedades de la cabeza, debo preguntarme si vivo un conflicto referente a mis pensamientos y mi vida espiritual o mi crecimiento personal. Esto se explica por el hecho que la cabeza está constituida por huesos que están hechos de un tejido duro y que simbolizan mi energía espiritual, y que estos huesos rodean el tejido blando y los fluidos, que simbolizan mis energías mentales y emocionales. Si ambos aspectos están en armonía, habrá fusión de mi cuerpo y de mi mente. Sin embargo, si la sangre que está en mi cabeza, no circula bien o si ejerce una presión, esto me indica que tengo dificultad en expresar o recibir el amor y todo sentimiento que me habita (porque la sangre transporta mis sentimientos en todo mi cuerpo).

La cabeza simboliza mi individualidad

Nos representa. Es lo que mostramos al mundo, la parte de nuestro cuerpo por la cual generalmente nos reconocen. Cuando algo anda mal en la región de la cabeza, suele significar que sentimos que algo anda mal en nosotros.

CONFLICTO: invalidación de uno mismo. Autocrítica. Miedo.

Sugerencias y Recomendaciones

Mi cabeza recibe y expresa los diferentes aspectos de mi comunicación, lo mismo que las sensaciones e impresiones del cuerpo que las manifiesta exteriormente, aprendo a mantenerme abierto frente a mi entorno, a aceptar los mensajes que llegan a mis sentidos y a través de todo mi cuerpo para aprender las lecciones de la vida que me traerán un despertar espiritual mayor.

NUEVO MODELO MENTAL: me amo y me apruebo. Con los ojos del amor me veo a mí mismo y todo lo que hago. Estoy a salvo.

Ver migrañas.

cabeza
dolores

Provienen del hecho de desautorizarnos a nosotros mismos. La próxima vez que le duela la cabeza, deténgase a pensar cómo y cuándo ha sido injusto con usted mismo. Perdónese, no piense más en el asunto, y el color de cabeza volverá a disolverse en la nada de donde salió. Las migrañas o jaquecas se las crean las personas que quieren ser perfectas y que se imponen a sí mismas una presión excesiva. En ellas está en juego una intensa cólera reprimida. Es interesante señalar que casi siempre una migraña se puede aliviar masturbándose, si uno lo hace tan pronto como el dolor se inicia. La descarga sexual disuelve la tensión y, por lo tanto, el dolor. Tal vez a usted no le apetezca masturbarse en ese momento, pero vale la pena probarlo. No se pierde nada.

La interpretación siguiente se aplica a un dolor de cabeza normal. Para los problemas más serios relacionados con la misma, como por ejemplo la "migraña", véase la descripción correspondiente.

La cabeza tiene una relación directa con el YO SOY. Tener un dolor de cabeza (sobre todo en la parte superior de la misma) significa que la persona se la golpea con "yos" desvalorizantes. Se acusa de no ser esto o aquello y, sobre todo, de no ser suficientemente inteligente; se exige demasiado. Dice o piensa a menudo cosas como "Me rompo la cabeza", "Estoy hasta la coronilla", "No sé dónde tengo la cabeza", "Soy cabeza dura" o "He perdido la cabeza". Se desprecia en lugar de apreciarse. Para quien tiene la impresión de que la cabeza va a estallarle, el mensaje es que deje de acumular tantas cosas en ella por miedo al juicio de los demás con respecto a lo que es o no es. Es posible que sea una persona que no se acepta, que se acusa de ser demasiado irreflexiva. También puede ser una persona que tiene miedo de "ir a la cabeza", es decir, estar al frente, ser la primera, o mostrar la dirección. Tener un dolor de cabeza, sobre todo en la frente, le indica a esta persona que se esfuerza demasiado por comprender todo.

Hay varias causas a los dolores de cabeza. Por ejemplo, el estrés y la tensión cuando me esfuerzo tanto como pueda "para estar" de cierto modo o de "para hacer" tal cosa. El dolor de cabeza aparece frecuentemente cuando intento fuertemente realizar algo o cuando estoy obsesionado por esto que viene e inquieto por lo que me espera en el futuro. Vivo en este momento mucha ansiedad y preocupación. Así puedo reaccionar a fuertes presiones ejercidas por situaciones o acontecimientos que me rodean. Puedo vivir un sentimiento intenso de fracaso, duda, odio de sí que da vida a la crítica y, sobre todo la auto-crítica. Estoy cogido, "encajonado" en mi cabeza, no me gusta lo que veo, y me juzgo con severidad, dándome a mí mismo "golpes de cabeza". El dolor de cabeza puede provenir también de la negación y de la supresión de mis pensamientos y de mis sentimientos que creo inaceptable o desaprobado. Puede ser que no tenga el valor de expresarlos, o sencillamente no los escucho, porque racionalizo, intelectualizo todo lo que vivo. "¡Esto está bien, esto está mal!". Quiero quizás comprender demasiado, ir demasiado de prisa, querer saber o tener respuesta a mis preguntas en seguida. Pero el tiempo quizás no ha llegado aún y debo desarrollar mi paciencia y mi confianza en que todo sucede en el momento justo. El dolor de cabeza expresa también emociones negativas que están "cogidas en la trampa", en mi cabeza, tales como la inseguridad, el tormento, las ambiciones excesivas, la obsesión de ser perfecto, que causan una dilatación sanguínea. Finalmente, si tengo miedo de hacer frente a cierta realidad, podré encontrarme otro lugar en donde llevar mi atención y huir, esto siendo el dolor de cabeza. Un dolor de cabeza al nivel de la frente se referirá más a una situación en mi trabajo o vinculada a mi papel social pero si se sitúa lateralmente (cerca de las sienes), más bien es mi lado emocional (familia, pareja) el que está implicado.

Sugerencias y Recomendaciones

Tu cabeza te indica que relajes tu mente, que dejes de querer comprender todo mentalmente y que te permitas ser más tú mismo. Si utilizas una o algunas de las expresiones antes citadas, date cuenta de que el miedo oculto detrás de ellas no es bueno para ti.

Por ser la sede de cuatro de los cinco sentidos, la cabeza es una parte del cuerpo muy importante. Cuando te duele, ello te impide ver, oír y oler bien, y decir lo que responde a tus verdaderas necesidades, lo cual te aleja de lo que quieres ser. Debes establecer el contacto con tu YO SOY verdadero, es decir, lo que eres en ese momento. Es inútil que te fuerces a SER lo que crees que los demás quieren que seas. Nadie en el mundo puede lograr esa hazaña, es decir, lograr ser exactamente lo que todos los que le rodean esperan de él. Si eres del tipo de los que da "cabezazos" a los demás, también te impides ser tú mismo.

Debe darle tiempo al intelecto para que acumule suficientes datos en su memoria y que su inteligencia pueda hacer una síntesis y comprender.

Cualquier sea la causa, el dolor de cabeza está directamente vinculado a mi individualidad y debo aprender a ser más paciente y más flexible hacía mí y los demás. "Mis ideas son cada vez más claras", y aprendo a dar el lugar que corresponde tanto a mi intelecto como a mis emociones, para alcanzar el equilibrio. Entonces estaré más en armonía conmigo mismo, me sentiré la cabeza más liberada y ligera.

DESCRIPCIÓN: aun cuando acostumbramos tratarnos los dolores de cabeza con un solo medicamento como la aspirina, esta afección indica la existencia de algún otro trastorno en el organismo o una tensión emocional que pueden estar asociados algunos de los órganos principales del cuerpo. Así que la recomendación acostumbrada será, si persisten las molestias, que veas a tu médico o naturópata de confianza.

CROMOTERAPIA: color curativo azul añil.

TRATAMIENTO: debemos presionar las yemas de los dedos, que se refieren al área de los ojos y los oídos, continuando por la parte exterior del pulgar, en dirección al tobillo, que se relaciona con el área de la columna vertebral. También trataremos las áreas de la pituitaria, el tiroides, el sistema nervioso, las suprarrenales, el hígado y los riñones, toda la zona del cuello y prestando atención a los puntos dolorosos. Si le duele la parte izquierda de la cabeza, presione la parte izquierda del pie. Si el dolor aparece en mitad de la cabeza, presione el centro, etcétera.

cabeza
migrañas

La migraña común se caracteriza por la aparición violenta de dolores intensos en un lado de la cabeza, a menudo acompañados de náuseas y vómitos, que pueden durar algunas horas a varios días. Puede presentarse precedida de trastornos visuales. Existe también la migraña acompañada, que es mucho más grave, ya que puede afectar además el campo visual y a la elocución.

Esta enfermedad tiene una relación directa con el YO SOY de la persona afectada. En general se manifiesta en la persona que no se concede el derecho de ser lo que quiere, incluso antes de que la migraña aparezca. Por ejemplo: una adolescente quería SER artista, se dejó convencer por sus padres para estudiar otra carrera. Padecía migrañas en la medida en que no se había concedido el derecho a seguir la dirección deseada.

Las migrañas se producen en la persona que se siente culpable por atreverse a cuestionar a aquéllos que tienen mucha influencia sobre ella. Incluso puede no ser consciente de lo que realmente quiere. Con frecuencia vive en el "no puedo", hasta el extremo de vivir a la sombra de alguien. Además, las personas que sufren de migrañas suelen tener dificultades en su vida sexual porque no están en contacto con su poder creativo, simbolizado por la región de los órganos genitales.

Las migrañas frecuentemente están asociadas a trastornos de la visión y la digestión. Ya no quiero ver y no quiero digerir lo que sucede en mi vida. Son angustias, frustración frente a una situación en la cual soy incapaz de tomar una decisión. Puedo tener el sentimiento de algo que debe estar hecho o realizado o que me está pedido. La migraña expone mi resistencia vinculada a mi incapacidad de cumplir lo que me es pedido. Mi cabeza "sobre calienta" y me hace daño sólo con la idea del objetivo por alcanzar que me parece inaccesible. Mi cabeza se parece a una olla de presión, la presión siendo tan fuerte que aún no sé cuál solución o cuál actitud adoptar. Hay conflicto entre mis pensamientos, mi intelecto que está sobre cargado, mis necesidades y deseos personales. ¿Me siento a la altura o tengo la sensación de ser incompetente, sobre todo en el plano intelectual? Debo tomar consciencia de que estoy huyendo de lo que me molesta o que siento incomprensión y una carencia de amor por parte de alguien. Las migrañas pueden también estar vinculadas a problemas sexuales tales como la represión desde la infancia, y que vuelven a la superficie. Es como una lucha adentro mío, que se desenvuelve entre mis pensamientos y mi sexualidad, esto me sube a la cabeza. Puedo tener la sensación que es como si mi cabeza fuera a explotar.

Sugerencias y Recomendaciones

Si padeces de migrañas, sólo te queda plantearte la pregunta siguiente: "¿Si todas las circunstancias hubieran sido o fueran perfectas a mi alrededor, qué es lo que hubiera querido SER o qué es lo que quiero SER?". A continuación, observa lo que te ha impedido manifestarlo hasta este momento y descubrirás la forma de pensar que te perjudica, que te impide ser tú mismo/a. Ya no necesitas creer que dependiendo de los demás vas a ser más querido. Por el contrario, concédete el derecho de tener esos temores y de tomarte el tiempo necesario para llegar a tu meta.

Debo comprender que, cuando tengo una migraña, tengo una toma de consciencia por hacer. Debo cambiar cosas y debo ser capaz de cambiarlas, es decir de pasar a la acción. Al darme un tiempo de pausa la migraña, puede ser también un modo de lograr más amor y atención. Dejo los acontecimientos fluir libremente en mi vida y recibo a cambio alegría, paz, armonía.

CADERA

La cadera es la articulación fundamental para mantenerse en pie y para caminar.

Llevan mi cuerpo en perfecto equilibrio y están ubicadas entre la pelvis y el fémur. Mis caderas permiten a mis piernas moverse para hacer adelantar mi cuerpo hacía delante. Ellas determinan si voy hacía delante o no. Representan mis creencias de base frente a lo que son o a lo que deberían ser mis relaciones con el mundo. La pelvis y las caderas forman un conjunto, y representan así el hecho de lanzarme en la vida. Por lo tanto, las caderas representarán también mi nivel de determinación a progresar en la vida.

La persona a quien le duele la cadera tiene dificultades para decidirse a pasar a la acción, para ir hacia lo que desea. Su actitud es la siguiente: "Qué más da, no va a salir bien", o: "Nada saldrá bien si actúo de esa manera". Duda en comprometerse con algo o alguien que tenga que ver con su futuro porque tiene miedo de que no dé resultado. También puede pensar o decir: "Este trabajo no me da nada bueno", "No progreso en la vida". Si la cadera duele más estando en pie, la persona desea mantenerse firme en sus decisiones, pero se detiene por sus temores. Si por el contrario, la cadera duele más en posición sentada o acostada, ello indica que esta persona se impide descansar o cuando lo necesita.

Cada una de las dos regiones comprendidas entre el muslo y la cresta ilíaca. Está formada por la cabeza del fémur, la articulación de la cadera, que a su vez está compuesta por el acetábulo, cavidad situada en la unión de los huesos ilíaco, isquion y pubis, así como la cápsula y los ligamentos que los unen. También se denomina coxa, coxis. Cada una de las dos partes salientes formadas por los huesos superiores de la pelvis.

CONFLICTO ARCAICO: "Mantenerse en su posición".

En persona joven: "quiero luchar y no puedo, pero soy activo en la lucha".

En persona mayor: "no puedo luchar y soporto la lucha pasivamente"

Cuatro CONFLICTOS importantes:

1) de oposición.

2) de Vesícula biliar, energético.

3) de incesto simbólico.

4) patología de secreto (Familiar).

RESENTIR:

1. Conflicto de oposición.

Real: "Me opongo a alguien". Simbólica: "no tengo las mismas ideas políticas".

La oposición activa: "Estoy aquí y lucho". La oposición pasiva: "No quiero ir allí, pero no puedo oponerme y no puedo hacer otra cosa"…"No puedo luchar".

2. Vesícula biliar, energético

Cólera, Ira reprimida, Rencor e injusticia, en un contexto de oposición.

3. Incesto simbólico

Sexualidad real (la historia real del individuo, sexual transgeneracional).

Sexualidad simbólica (el sexual, es como si fuese mi hermana, mi padre/madre, etc.

4. El Secreto (Familiar)

Algo que no se ha dicho, que nunca se ha contado... "Secreto familiar".

CAUSA PROBABLE: Transportan el cuerpo en perfecto equilibrio. Principal empuje para avanzar. Cada día avanzo con júbilo. Soy un ser equilibrado y libre. Miedo de tomar decisiones importantes. No hay hacia donde avanzar.

Sugerencias y Recomendaciones

La intensidad de tu dolor es una indicación del grado de tu actitud derrotista. Confía en ti, confía en los demás y ve, lánzate, avanza en tus decisiones. A medida que avances sabrás si tu decisión te conviene y qué hacer si cambias de idea. Debes vivir una experiencia nueva para verificar si lo que quieres en ese momento es benéfico para ti o no. Si piensas: "No va a salir bien", nunca sabrás si eso es lo que debes hacer. En lugar de creer que no avanzas, sé más consciente de tus progresos. Si no lo crees, comprueba si los demás opinan lo mismo. Sé más flexible, es decir, acepta cambiar con confianza tu forma de pensar; ello te aligerará mucho. Recuerda, en la vida no hay errores, sólo experiencias.

Acepto avanzar con alegría y confianza en la vida, sabiendo que todo es experiencia para ayudarme a descubrir mis riquezas interiores.

NUEVO MODELO MENTAL: Estoy en perfecto equilibrio. A toda edad avanzo por la vida con alegría y soltura.

CALAMBRES

Un calambre es una contracción involuntaria, brusca y dolorosa de uno o varios músculos. Se manifiesta principalmente en los miembros inferiores (pies y piernas). También surgen en el estómago, en el intestino y, a veces, en las manos.

Un calambre se produce a menudo en la persona que siente miedo y tensión y que quiere aferrarse a alguna cosa o a una persona.

CONFLICTO: ser híper-competente.

CAUSA PROBABLE: tensión y miedo. Aferramiento a cosas y/o personas, sujeción.

Sugerencias y Recomendaciones

Cuando sufras un calambre, observa en qué parte del cuerpo se presenta y para qué sirve esa parte. Por ejemplo, un calambre en una pierna puede indicar que tienes miedo de avanzar en un proyecto o de ir a tu trabajo. ¿A qué/quién te quieres aferrar? El miedo o la tensión interior que vives en ese momento hacen que te pongas rígido en lugar de ceder y hacer lo que tienes que hacer con alegría. Te sugiero que compruebes los demás significados de acuerdo con el lugar donde sientas el calambre.

CALCIO

Falta de calcio.

RESENTIR: "A mi lado hay alguien que es débil y mi calcio se lo doy a él".

Sugerencias y Recomendaciones

Cada persona está en el sitio correcto y de la forma correcta, ya que la mayoría de las ocasiones no podemos entender esto, no nos parece justo o simplemente no estamos de acuerdo. Intentemos en la medida de lo posible no juzgar nada ni a nadie, aceptar las cosas, que no son buenas ni malas, son lo que son.

Seamos también conscientes de que para dar hay que tener, y si lo que doy me sirve a mí de sustento dejaré de estar bien para producir más sustento para otros. Así que es importante, en este sentido no dar más de lo que podemos en cada momento, aunque parezca egoísta seremos de más ayuda siempre estando fuertes y con una actitud positiva.

Ver Fisiología del calcio.

CÁLCULOS

Se denomina cálculo a una pequeña piedra que se origina por una acumulación de sales minerales o sustancias orgánicas y que se forma en ciertas situaciones anormales. Se pueden formar en los riñones, la vesícula biliar, la próstata, etcétera.

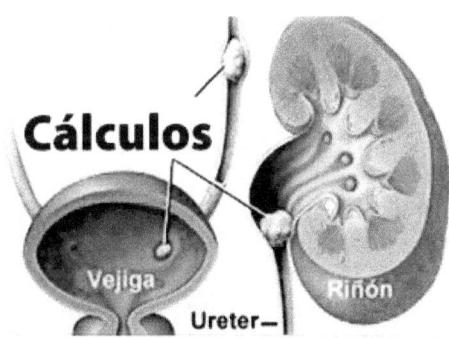

Según el lugar del cuerpo donde se formen los cálculos, su significado metafísico varía. En general, para que se acumulen suficientes depósitos para formar una o más piedras, la persona debe alimentar durante mucho tiempo fuertes pensamientos de agresividad o descontento, de envidia o celos. Estos pensamientos se conservan secretos, sin expresarlos en absoluto. La persona rígida que reprime sus sentimientos es más susceptible de formarlos.

El cálculo es una concreción pétrea que se forma por precipitación de ciertos componentes (calcio, colesterol) de la bilis o de la orina. El cálculo es la acumulación (o si se quiere la "adición") de ideas falsas, conceptos erróneos de la realidad que puede ilustrarse con la expresión "hacer un error de cálculo", emociones y sentimientos inhibidos; una concentración de pensamientos como una masa de energía que se solidifica y se cristaliza al punto de formar piedras muy duras en el órgano en el cual la causa de la enfermedad se manifiesta.

Ver riñón, cálculos-biliares.

Sugerencias y Recomendaciones

Los cálculos biliares a menudo se deben a un "error de cálculo". Esto quiere decir que la persona piensa de una manera y actúa de otra. Por ejemplo, quiere avanzar y se deja detener por otros, o quiere avanzar y no actúa. Esto provoca pensamientos de descontento y agresividad que se acumulan y se endurecen en su interior. A esta persona le beneficiaría dejar de calcular tanto y actuar según sus deseos.

Debo confiar en la vida y saber que puedo "contar" con mi poder divino que me permitirá ver los acontecimientos con una apertura más grande y en total seguridad.

cálculos
biliares

El cálculo biliar es generalmente uno o varios depósitos de colesterol o de cal. En el lenguaje popular, se dice a veces "tener piedras en el hígado". Viene de la bilis. Este líquido secretado por el hígado sirve a la digestión de los alimentos. La bilis pasa por la vesícula biliar y el cálculo formado se vuelve a encontrar en esta misma vesícula (un solo cálculo gordo o varios pequeños). La bilis es ligeramente amarga y viscosa y manifiesta la amargura interior, la pena, la agresividad, la insensibilidad, el rencor, la frustración o el disgusto que tengo y ciento hacía mí mismo o hacia una o varias personas. Los cálculos representan un dolor más profundo que los meros síntomas en el nivel del bazo, del hígado o de la vesícula biliar. Es energía cristalizada, sentimientos y pensamientos muy duros, amargura, envidia e incluso celos solidificados bajo forma de guijarros, que estuvieron mantenidos y acumulados a lo largo de los años. Los cálculos pueden estar "ocultos" desde hace tiempo, pero una repentina emoción y violenta puede hacerlos brotar "conscientemente", con dolores intensos. Frecuentemente, estoy decidido a ir hacia delante, a precipitarme con fuerza, a abrir puertas pero me para algo que me limita, me ahoga y mis acciones se realizan frecuentemente por miedo. Entonces, estoy frustrado de la vida, manifiesto actitudes "amargas" e irritantes con respecto a la gente, no consigo decidirme porque carezco de valor y mis fuerzas interiores están mal canalizadas. No tengo dominio de mí mismo. Es el motivo por el cual tengo cálculos biliares.

RESENTIR: "No quiero que el otro tenga rabia hacia mí".

Amargura, juicios condenatorios, agresividad reprimida y petrificada.

CAUSA PROBABLE: Amargura. Pensamientos rígidos. Juicios condenatorios. Orgullo.

Sugerencias y Recomendaciones

¿Qué es lo que influencia mi vida? ¿Soy demasiado orgulloso? Por más que los cálculos son la expresión de una vida endurecida, debo aceptar liberarme del pasado y tener una actitud y pensamientos más suaves, una apertura diferente hacía la vida soltando el pasado, los sentimientos lejanos y las viejas emociones amargas, permitiéndome así el amor verdadero. El proceso de adaptación al nivel del corazón me ayudará a ver más claro en mi vida y a mejor descubrir el camino que mejorará mi situación.

NUEVO MODELO MENTAL: Hay una alegre liberación del pasado. La vida es amable, yo también.

cálculos
renales o litiasis urinaria

Los cálculos renales, también llamados piedras en el riñón, están vinculados con el riñón, sede del miedo. Es la formación de las piedras o cristales procedentes de cantidades abundantes de sal de ácido úrico, residuo hormonal del riñón. El ácido úrico representa viejas emociones por expulsar. El cálculo puede formarse en las diferentes partes del sistema urinario. Es una masa de energía solidificada, creada a partir de pensamientos, miedos, emociones y sentimientos agresivos sentidos hacía alguien o una situación. Aunque se formen los cálculos en los riñones, no se engendran en ellos. El riñón es un filtro de emociones de los residuos del cuerpo. La abundancia de sales de ácido úrico indica la abundancia de sentimientos agresivos solidificados porque estuvieron largo tiempo retenidos. "Vivo frustraciones y sentimientos agresivos en mis relaciones desde tanto tiempo que mi atención está únicamente fijada en ello. Una persona equilibrada tiene los "riñones sólidos", pero diferentes rasgos de carácter pueden causar los cálculos: soy muy autoritario, incluso extremadamente, duro para conmigo mismo y los demás, decido y hago mis elecciones en "reacción", me quedo seriamente enganchado al pasado, carezco de voluntad y confianza. Los cálculos renales implican a menudo un estiramiento interior entre mi voluntad y mis decisiones que llevan a un exceso de autoritarismo: sabiendo que soy débil y que tengo miedo, "movilizo" todas las fuerzas disponibles en un mismo lugar para cumplir ciertas tareas, y cuando el período de estrés ha pasado, esta concentración se endurece para formar los cálculos renales.

Sugerencias y Recomendaciones

Debo empezar por volver a encontrar cierta paz interior si quiero dejar de tener cálculos. Debería pensar menos en situaciones conflictivas y en ciertos problemas porque, siguiendo así, me impido ir hacia delante. Debo resolverlos definitivamente y ver el futuro con calma y flexibilidad. Es una cuestión de consciencia y actitud.

Ver riñones.

CALLOS

El callo aparece generalmente en los pies (plantas o dedos) y en las manos. Esta formación córnea aparece sobre todo en las zonas sometidas a presión o a frotamientos continuos o repetidos. Se trata de un engrosamiento considerable de la capa epidérmica.

Las personas que padecen de callos en los pies sienten mucha aprehensión con respecto a su forma de hacer frente al futuro. Frenan sus impulsos naturales y bloquean así los deseos relacionados con el mismo. Si el callo se encuentra en la mano, el significado es idéntico, excepto que la aprehensión se relaciona con el momento presente.

Sugerencias y Recomendaciones

El hecho de sufrir por un callo en el pie o en la mano te dice que dejes de creer que no puedes hacer lo que realmente quieres. Descubre el temor que disminuye tus impulsos naturales. ¿Tienes miedo de disgustar a alguien que amas? ¿Temes no tener éxito porque eres demasiado exigente contigo mismo? Tu pie o tú mano te dice que utilices todas tus capacidades, que dejes de constreñirlas.

CALOR

Los golpes de calor (deshidratación) pueden producirse después de una exposición prolongada al sol, bien sea en la playa o durante otros deportes exteriores. Después de una excesiva calefacción en invierno o cuando me encuentro en una habitación muy pequeña y mal ventilada, puede ser que me encuentre con una debilidad muscular general, la piel hirviente y seca, el rostro grisáceo y tener ojeras. En el plano metafísico, el calor puede asociarse bien al amor cuando se trata de curación porque hay más energía en circulación, bien a la ira cuando hay fiebre y quemadura. Aquí, el golpe de calor representa culpabilidad frente al amor, vinculada a un sentimiento de falta de estima de sí. Necesito amar y ser amada y no consigo encontrar el modo de hacerlo, colmar este vacío interior que está en mí y neutralizar esta insatisfacción.

Sugerencias y Recomendaciones

Todo mi cuerpo me indica la necesidad urgente de colmar este amor. Busco cómo aumentar esta estima de sí, o cómo integrar una situación que me afectó en la infancia y que aflora ahora en superficie. Amo la vida y la vida me lo devuelve multiplicado por cien.

Ver fiebre-bochornos.

CALOTA

Bóveda craneal.

CONFLICTO: desvalorización intelectual (injusticia, falta de libertad, falta de paz...). Muchos niños que se ponen el listón muy alto en los resultados académicos.

RESENTIR: "No soy bueno en nada, no soy bueno para mi trabajo, no sirvo". "Creía que era bueno y me despiden".

Sugerencias y Recomendaciones

NUEVO MODELO MENTAL: Me amo y me apruebo. Con los ojos del amor me veo a mí mismo y todo lo que hago. Estoy a salvo.

CALVICIE
Ver cabello-calvicie.

CANAL CARPIANO

CONFLICTO: puede haber varios conflictos a la vez. La cabeza piensa y la mano actúa. Negación de lo que tengo en mente, negación de mis conflictos. Control del orden en el trabajo. Desvalorización, indecisión en la acción. "Enfermedad de los intermediarios".

RESENTIR: "pienso algo y la mano no quiere hacerlo". "Tengo un conflicto particular y, sobretodo, no puedo o no quiero actuar para solucionarlo". "No quiero soltar rienda".

Precisión de los movimientos. La cabeza reflexiona, la mano actúa. Hablamos de la negación de los conflictos:

-"Negación de lo que yo tengo en mente"
-"Negación de mis conflictos".
-"Lo que pienso, no lo realizo".
-"Tengo un conflicto particular, y sobre todo no lo quiero ver".
-"¿Hay algo que te niegas a ver en tu familia?"

Sin olvidarnos de que la muñeca es trabajo.

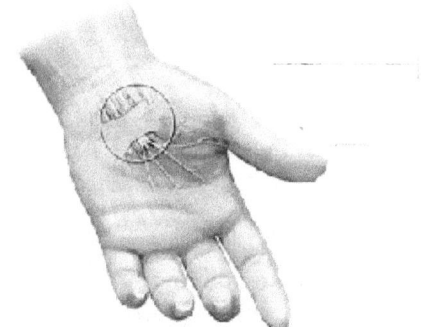

OTRA TEORÍA: la mano es padre, y este ligamento, forma más parte de la mano que de la muñeca, por lo tanto, tendremos en cuenta, (Ligamento; "Los proyectos del futuro" en un contexto de padre, o como padre, o algo relacionado a nivel simbólico.

CAUSA PROBABLE: Miedo. Sensación de estar atrapado, de esclavitud.

Sugerencias y Recomendaciones

NUEVO MODELO MENTAL: elijo crearme una vida plena, dichosa y próspera. Estoy sereno y en paz.

CÁNCER

El cáncer representa al mismo tiempo una alteración en la célula y una desviación considerable del mecanismo de reproducción de todo un grupo celular.

Esta enfermedad se manifiesta en una persona que sufrió una herida grave en su infancia (de uno de los padres o de los dos) y tuvo que vivirla en aislamiento. Las heridas emocionales importantes que pueden causar enfermedades graves son: el rechazo, el abandono, la humillación, la traición o la injusticia. Algunas personas pueden haber sufrido varias de estas heridas durante su infancia. En general, la persona que padece de cáncer es del tipo que desea vivir en el amor, amor que rechazó por completo al albergar durante mucho tiempo ira, resentimiento u odio hacia uno de sus padres. Muchos rechazan incluso a Dios por lo que vivieron o viven. Esos sentimientos no reconocidos se acumulan y aumentan cada vez que algún incidente revive esa vieja herida. Un día, cuando la persona llega a su límite emocional, todo estalla en su interior y entonces aparece el cáncer. Se puede manifestar después de que la persona haya resuelto el conflicto o bien durante el bloqueo.

Todos los cánceres tienen un conflicto de identidad. ¿Qué es lo que no quiere ver morir? (vejez, trabajo...)"No soy quien quiero ser".

En el cáncer existen varios conflictos programantes y un desencadenante.

Los enfermos de cáncer suelen ser personas que mantienen algún tipo de resentimiento de larga duración, o problemas emocionales pendientes con el pasado, que los hacen sentirse profundamente heridos.

Los craneales tienen que ver con las preocupaciones excesivas.

Frecuentemente relacionado con un gran miedo o una gran culpabilidad, al punto de ya no poder vivir, incluso inconscientemente.

Herida profunda. Rencor que se mantiene mucho tiempo. Secreto o aflicción profunda que carcome. Carga de odios. Creer que todo es inútil.

Es una enfermedad causada por un profundo resentimiento contenido durante muchísimo tiempo, hasta que literalmente va carcomiendo el cuerpo. En la infancia sucede algo que destruye nuestro sentimiento de confianza. Esta es una experiencia que jamás se olvida, y el individuo vive compadeciéndose de sí mismo y se le hace difícil cultivar y mantener durante mucho tiempo relaciones significativas. Con un sistema de creencias así, la vida se muestra como una serie de decepciones. Un sentimiento de desesperanza, desvalimiento y pérdida se adueña de nuestro pensamiento, y nada nos cuesta culpar a otros de todos nuestros problemas. La gente que tiene cáncer es muy autocrítica.

Rabia que te consume, un deseo de autodestrucción. La energía vital no nutre el chakra base al ser bloqueada por sentimientos de remordimientos, miedo y rabia interna proveniente de temas arraigados relacionados con el ego que no han sido perdonados.

Cuando el perdón sea total, ocurrirá la sanación de esta enfermedad.

El cáncer es una de las principales enfermedades del siglo veinte. Se desarrollan células anormales cancerosas y, al no reaccionar el sistema inmunitario frente a estas células, proliferan rápidamente. Los seres humanos frecuentemente tienen células pre-cancerosas en el organismo pero el sistema inmunitario, es decir el sistema de defensa natural de nuestro cuerpo, se encarga de ellas antes de que se vuelvan cancerosas. Es porque dichas células anormales se desarrollan de modo incontrolado e incesante que pueden dañar el funcionamiento de un órgano o de un tejido, pudiendo así afectar partes vitales del organismo (Según los trabajos de Ryke Geerd Hamer, el cáncer es el desarrollo de células especializadas y organizadas procedentes de un programa especial emitido por el cerebro en respuesta a un exceso de estrés psicológico). Cuando estas células invaden ciertas partes del cuerpo, se habla de cáncer generalizado (en el caso de cáncer generalizado, frecuentemente es cuestión de metástasis, es decir de células cancerosas que procederían de otras células cancerosas de otra parte del cuerpo y que hubiesen sido transportadas por la sangre o la linfa. Parecería que exista poco o ninguna evidencia de esta hipótesis de células cancerosas transportándose de un lugar a otro. Más bien podría tratarse del hecho que el primer cáncer que procedía de un conflicto haya llevado a la manifestación y a la puesta en evidencia de otro conflicto que, él, provoca otro cáncer y así sucesivamente). El cáncer está principalmente ligado a emociones inhibidas, profundo resentimiento y a veces muy viejo, con relación a algo o una situación que me perturba aún hoy y frente a la cual nunca me atreví a expresar mis sentimientos profundos. Aun cuando el cáncer puede declararse rápidamente después de un divorcio difícil, una pérdida de empleo la pérdida de un ser querido, etc., habitualmente es el resultado de varios años de conflicto interior, culpabilidad, heridas, penas, rencores, odio, confusión y tensión. Vivo desesperación, rechazo de mí mismo. Lo que sucede al exterior de mí sólo es el reflejo de lo que sucede en el interior, el ser humano siendo representado por la célula y el medio de vida o la sociedad, por los tejidos. Con mucha frecuencia, si estoy afectada de cáncer, soy una persona que ama, servicial, muy atenta y bondadosa para mi entorno, sumamente sensible, sembrando amor y felicidad alrededor mío. Durante este tiempo, mis emociones personales están inhibidas en lo más hondo de mí. Me conforto y me engaño encontrando satisfacción en el exterior en vez del interior de mí mismo ya que tengo una débil estima sobre mí. Entonces, me cuido de todo el mundo, dejo de lado mis necesidades personales. Ya que parece que la vida ya no me trae nada, capitulo y carezco de las ganas de vivir. ¡De qué sirve luchar! Si vivo muchas emociones fuertes, de odio, culpabilidad, rechazo, estaré en muy fuerte reacción (igual como la célula); incluso me sentiré responsable de los problemas y/o sufrimientos de los demás y querré auto-destruirme. "Estoy resentida para con la vida", "es demasiado injusta". Juego a la "Víctima" de la Vida y me vuelvo pronto "Víctima" del cáncer. Suele ser el "odio" hacía alguien o una situación que me "roerá el interior" y que hará que se auto-destruyan las células. Este odio está profundamente hundido en el interior de mi ser y frecuentemente no tengo consciencia de que existe. Está hundido detrás de mi máscara de "buena persona". Mi cuerpo se desintegra lentamente porque mi alma se desintegra también: necesito colmar mis deseos no satisfechos en vez de únicamente complacer a los demás. Debo concederme alegrías. Acumulé resentimiento, conflictos interiores, culpabilidad, auto-rechazo hacia mí porque siempre actué en función de los demás y no en función de lo que quiero. La paciencia ejemplar y presente en mí se acompaña frecuentemente de una débil estima de sí. Evito darme amor y aprecio porque creo que no lo merezco. Mi voluntad de vivir se vuelve casi nula. Me siento inútil. "¿De qué sirve vivir?" Es mi modo de acabar con la vida. Me auto-destruyo y es aquí un suicidio disfrazado. Tengo la sensación de haber "fallado" mi vida y veo ésta como un fracaso. La parte del cuerpo afectada me da explicaciones sobre la naturaleza de mi(s) problema(s): esto indica cuales son los esquemas mentales o actitudes que debo yo adoptar para hacer que desaparezca la enfermedad.

ACTITUD NEGATIVA COMÚN: yo he tenido resentimientos y odios acumulados por mucho tiempo. Orgullo falso sobre mi propia valía.

Sugerencias y Recomendaciones

Si tienes cáncer es importante que reconozcas que de niño sufriste y que te permitas ser humano, es decir, darte el derecho de rechazar a uno de tus progenitores o a los dos. El hecho de sufrir heridas en soledad es lo que crea la mayoría de los problemas. Es posible que creas que si te liberas de ellos serás más libre. Por el contrario, la necesidad más grande de tu alma y de tu corazón es acercarte al amor verdadero y el medio por excelencia para ello es el perdón. No olvides que perdonar no sólo quiere decir no rechazar a los demás. La dificultad más grande de la persona con cáncer es perdonarse a sí misma por haber albergado esos pensamientos de odio o esas ideas de venganza aun cuando fueran inconscientes. Perdona al niño que vive en ti, que vivió en silencio y sintió rabia y rencor sin tener quien lo apoyara, quien lo entendiera. Deja de pensar que el hecho de rechazar a otra persona significa ser "malo". No es maldad, es ser humano.

NUEVO MODELO MENTAL: con amor perdono y libero todo el pasado. Elijo llenar mi mundo de alegría. Me amo y me apruebo.

ACTITUD POSITIVA A ADOPTAR: yo soy aquí y ahora el perdón y el amor, mi pasado se fue ya. Me amo como soy.

Para mí, la clave de la curación del cáncer está en amarse y aceptarse.

Debo volver a tomar contacto con mi "yo" interior y aceptarme tal como soy, con mis cualidades, mis defectos, mis fuerzas y mis debilidades. Acepto dejar caer las viejas actitudes y costumbres morales. La aceptación de mi enfermedad es esencial para que pueda luego "luchar". ¿Si yo rehúso aceptar mi enfermedad, cómo puedo curar? Abro mi corazón y tomo consciencia de todo lo que la vida puede traerle y de en qué medida formo parte de ella. Recibiendo un tratamiento en curación natural, masaje o cualquier otra técnica con la cual me siento a gusto, tendrá el efecto de una armonización que me permitirá abrir mi consciencia a todas las maravillas de la vida y la belleza que me rodean, y fortalecerá así mi sistema inmunitario.

Lo que aquí se recomiende será complementario a cualquier tratamiento que le estén aplicando. Sin embargo y sin interrumpir su tratamiento, puede estimular sus órganos y glándulas en general, para resistir mejor la radioterapia y la quimioterapia. Recordemos que estos tratamientos destruyen las células, y que las estimulaciones orgánicas y glandulares favorecen la creación rápida de células nuevas.

PRECAUCIONES: en tratamientos cromáticos, es necesario que medite a diario, imaginando el color verde pero únicamente por un lapso de 10 minutos al día en una sesión o dividido en varias, ya que el verde restaura la estabilidad de las células que crecen fuera de control, pero cuando se abusa de este color, puede provocar un efecto aletargado sobre las células sanas.

CROMOTERAPIA: color curativo verde.

TRATAMIENTO: debemos trabajar todas las áreas de los pies y especialmente los correspondientes a los pulmones, el tórax, las glándulas tiroides y pituitaria, el hígado, el páncreas, los riñones y las glándulas suprarrenales, durante por lo menos diez minutos en cada pie, o sea, veinte minutos de tratamiento en total.

cáncer
boca

El cáncer de la boca puede situarse al nivel del suelo de la boca, de los labios, de la lengua, de las encías o del paladar. Al ser la piel la línea de demarcación entre el exterior y mi interior, la boca, en sí, es la puerta de entrada, el vestíbulo entre lo que entra (aire, alimento, líquido) y lo que sale de ella (aire, palabras transportando las emociones). Puede que sea una persona de quien se dice que "se come a su prójimo). Puedo alimentar sentimientos de destrucción hacía una o varias personas, lo cual me hace decir: ¡a él, me lo comería! Queriendo decir que le deseo mal o su muerte en cierto sentido.

Sugerencias y Recomendaciones

Tengo gran necesidad de dejar entrar en mí sentimientos de amor, y expresar los hacía la gente que me rodea y hacía mí, diciéndome palabras de amor.

cáncer
bronqios
ver bronquios-bronquitis

cáncer
colon

El colon es una parte del intestino grueso en la cual digiero los alimentos. Es uno de los tipos de cáncer más frecuentes en América del Norte a causa del consumo excesivo de carne y cereales refinados, azúcar, etcétera. Estos alimentos son difíciles de digerir y de asimilar. Sin embargo, existen también otras razones: la búsqueda continua de satisfacciones, placeres y deseos materiales, sumados a los diferentes estados físicos, emocionales y mentales que puedo vivir cada día (alcance de la excelencia, ansiedad, angustia, etc.) son las causas principales de un desorden alimentario o digestivo. Tengo poca alegría interior, estoy más o menos satisfecho de mi vida tal y como es. Me siento manchado en cuanto a un aspecto de mí mismo. Me pongo a comer e inhibo mis emociones: es más fácil y mis necesidades se colman mucho más rápidamente. Elijo una forma de recompensa que me es accesible muy fácilmente. Busco cierta satisfacción que me encanta volver a hallar en la alimentación grasa y pesada. El estrés, el modo de vida y la herencia son probablemente también factores que predisponen a este tipo de enfermedad. El cáncer del colon puede derivar de causas similares a las del estreñimiento pero con un factor emocional más importante y profundo. En el caso del estreñimiento, son las energías o las emociones más superficiales las que intervienen; en cambio, en el caso del cáncer de colon, hay que buscar la causa en las energías y emociones situadas más en profundidad. Por esto, mis intestinos pueden funcionar normalmente o regularmente y puedo sin embargo desarrollar un cáncer del colon. Mis intestinos hacen pues lo que pueden para conservarme en buena salud y debo respetarles preservando su buen estado el máximo de tiempo posible.

Son temas de supervivencia, algo que tiene que ver con "digerir" y "una guarrada". El colon recupera el agua contenida en las materias. "Quiero recuperar todo el amor de mi madre", así que reabsorbo el agua. Siempre son expresiones de mierda. Grandes guarradas. "Me llega la mierda al cuello".

LOCALIZACIÓN:

Colon ascendente: guarrerías hechas por un ascendente.

Colon transversal: guarrerías hechas por personas colaterales.

Colon descendente: guarrerías hechas por descendientes (hijos).

Si está en un ángulo, puede afectar a las dos cosas. Y siempre real o simbólico.

En el colon: conflicto provocado por una acción vil, baja, innoble, infame, desagradable, una jugarreta. También la persona puede haber vivido muchas guarradas repetitivas (no una desencadenante) y se vaya llenando el vaso.

Colon inferior: conflicto femenino de identidad: "No me siento reconocida en mi familia". No saber dónde está su sitio. Conflicto de situación en el territorio, mal vivido "Estar entre dos aguas". "No sé quién soy dentro de esta familia, nido, casa, clan".

Zurdos: conflicto de rencor dentro del territorio.

Se puede preguntar a usted mismo: "¿Puede ser que haya sentido algo muy gordo a nivel digestivo hecho por un (ascendente, colateral, descendente) de 6 meses a un año antes del diagnóstico?"

Los intestinos: (sobre todo el grueso, el colon): mi capacidad para soltar, dejar fluir lo que me es inútil y dejar fluir los acontecimientos de mi vida.

Mucosidades, colon: inseguridad. Representa la facilidad para dejar marchar lo que está superado.

Sugerencias y Recomendaciones

Me abro más a las alegrías de la vida y expreso las emociones que forman parte de mi vida. Empiezo a practicar diferentes formas de relajación física e interior que me ayudarán a tomar el tiempo de vivir una existencia más equilibrada.

NUEVO MODELO MENTAL: formo parte del ritmo y del flujo perfecto de la vida. Todo está dentro del recto Orden Divino.

Ver instestino-dolencias, estreñimiento.

cáncer
cuello del útero

El cuello del útero (igual que el útero) representa la feminidad, la matriz original y el hogar materno. Inhibo probablemente ciertas emociones referentes a mi hogar, mi familia o cualquier situación vinculada a ambos aspectos. Puedo sentirme culpable, rencoroso u odioso, pero no lo comento. El hogar suele representar un ideal por alcanzar, bien sea respecto a mi pareja o a mi familia. Puedo vivir grandes miedos, inseguridad o culpabilidad con la idea que este hogar no se formará como lo quisiera, o bien que corre el riesgo de disolverse, lo cual representaría para mí un fracaso. Seguirá una desvalorización con relación a quien soy y lo que soy capaz de realizar. ¿Tengo yo miedo de volver a vivir en mi hogar el enjuiciamiento de un fracaso que puede que tuve en el hogar en el cual crecí? Este tipo de cáncer está profundamente ligado a los principios del hogar nutricio, a mis actitudes y mis comportamientos con relación a éste.

Sugerencias y Recomendaciones

Acepto mirar de otro modo este hogar que es el mío.

Ver útero.

cáncer
estómago

Si tengo el cáncer en el estómago, debo tomar consciencia del "trozo" o de la situación que no soy capaz de digerir. Esta situación "que no pasa", la vivo de un modo muy intenso y muy fuerte. "Es abominable todo lo que me hicieron, todo lo que me hicieron sufrir. Además, ¡no vi nada llegar!" Esto puede expresar lo que vivo.

Sugerencias y Recomendaciones

Es importante que tome consciencia del porqué de esta situación y qué lección he de sacar para "dejar pasar la tormenta". Sólo puedo ganar si suelto mi ira y mi rencor y que los sustituyo por la aceptación y el perdón.

Ver estómago-dolencias.

cáncer
ganglios del sistema linfático

El sistema linfático se encuentra en mi cuerpo en paralelo con mi sistema sanguíneo. Transporta un líquido transparente y blanquinoso llamado la linfa que sirve a alimentar las células. La linfa contiene proteínas y linfocitos (glóbulos blancos) y juega un papel importante en el proceso de inmunidad y de defensa del organismo. El sistema linfático está vinculado más directamente a mis emociones, a mi lado afectivo. Los ganglios son como pequeños riñones del sistema linfático y sirven para filtrar la linfa de sus impurezas, un poco como los riñones para el sistema sanguíneo. Entonces, un cáncer de los ganglios me indica grandes miedos, culpabilidad y desesperación frente a mis emociones en los planos amoroso y sexual. Incluso si vivo actualmente una vida amorosa armoniosa, puede que profundas decepciones vuelvan a la superficie bajo esta forma de cáncer.

Sugerencias y Recomendaciones

Debo aceptar que todo puede ordenarse en mi interior con armonía y amor, trabajando sobre mi niño interior herido.

Ver adenitis, adenopatía, ganglio linfático.

cáncer
huesos

Graves faltas de respeto hacia uno mismo.

"Soy completamente nulo".

Los dolores se presentan también en fase de reparación, de recalcificación, debido al edema periostio. Louise L. Hay: representan la estructura del Universo. Tensión y presión mentales. Músculos que no se pueden estirar. Pérdida de movilidad mental.

Sugerencias y Recomendaciones

NUEVO MODELO MENTAL: estoy bien equilibrado y estructurado. Inspiro plenamente la vida. Me relajo y confío en el flujo y proceso de la vida.

Ver huesos.

cáncer
intestino delgado

Cuando desarrollo esta enfermedad, debo hacerme la pregunta: ¿Qué es lo que no puedo digerir y que pasa "de través"? Puede ser una palabra que me ha sido dicha y que me parece mala o puede ser también una acción que hallo injusta y no aceptable. El trozo es tan gordo de tragar que no sé si voy a conseguir digerirlo. Temo morirme de hambre por falta de víveres.

Sugerencias y Recomendaciones

Sea la que sea la situación, desarrollo una actitud más positiva, sabiendo que la vida quiere lo mejor para mí y que acepto vivir en la abundancia. Aprendo también a perdonar a las personas que pueden haberme dicho o hecho algo que me parece difícil de digerir. Tomo el tiempo de expresar a esta persona el cómo me siento para traer la armonía en esta situación. Elimino el rencor en mi vida y lo sustituyo por la comprensión y la apertura de la mente.

Ver cáncer de colon, intestinos-dolencias.

cáncer
laringe

Cuando un tumor maligno se instala en las paredes de la laringe, esto significa que siento una gran necesidad de expresar mi pena interior. Tendría necesidad de chillar toda mi pena y tengo miedo de expresar mi perturbación. ¿Hay alguna persona o situación que me impida expresarme así? Puede que me diga: "¡Más vale callar porque sería inútil que hable!". Tengo la sensación de que se me cae encima y quisiera enfadarme pero no me atrevo. No me siento respetado por lo que soy.

Sugerencias y Recomendaciones

Tengo que aprender a tomar mi lugar y expresar lo que es para mí la verdad. Esto me ayudará a comprender mejor el lugar que ocupo en mi entorno y en el Universo. Ver también cigarrillo, garganta.

cáncer
lengua

Aunque se admita que el cáncer de lengua pueda ser favorecido por el tabaquismo o el alcoholismo, procede de un profundo sentimiento de desesperación significando que ya no tengo el gusto de vivir. Además, puede que no exprese este mal de vivir o que inhiba así dichas emociones adentro mío. El alcoholismo y el tabaquismo no son más que las ampliaciones de los sentimientos que vivo: por el alcoholismo, huyo de mis emociones, por el tabaquismo, hago pantalla a estas emociones que no quiero ver. Es con la lengua que busco el alimento para poder mascarlo con mis dientes; por lo tanto si tengo un cáncer de la lengua, debo preguntarme si, en sentido figurado, tengo la sensación de ser capaz de coger el "trozo de alimento". Veo lo que quiero alcanzar como algo vital para mí. Esto puede ser un trabajo, alimento, una nueva relación, etcétera.

Sugerencias y Recomendaciones

Busco recobrar el gusto de la vida, aumentar mi estima de mí y aprendo a expresar mis emociones. Descubriré así todo lo que la vida tiene de hermoso por ofrecerme. ¡Paso a la acción y voy a buscar lo que necesito porque me lo merezco!

Ver también alcoholismo, cigarrillo.

cáncer
mama (pecho)

Los pechos representan la feminidad y la maternidad. Este tipo de cáncer suele indicar ciertas actitudes y pensamientos profundamente arraigados desde la tierna infancia. Desde los años 60, en ciertos lugares del mundo, la mujer se afirma más, toma su lugar en la sociedad y quiere ir hacia delante. Entonces puedo tener dificultad en expresar mis verdaderos sentimientos, en encontrar un equilibrio entre mi papel de madre y de mujer cumplida. Estos conflictos interiores profundos me atormentan como mujer que busca el justo equilibrio. Se ha descubierto que este tipo de cáncer generalmente viene de un fuerte sentimiento de culpabilidad interior hacia uno mismo o hacia uno o varios de sus hijos: "¿Por qué ha nacido? ¿Qué hice para tenerlo? ¿Soy bastante buena madre o mujer para cuidarme de él? Todas estas preguntas aumentan mi nivel de culpabilidad, llevándome a rechazarme y aumentando mi temor a que me rechacen los demás. Debo recordarme que "el amor por mi hijo siempre es presente pero que mis pensamientos son muy poderosos y que debo vigilarlos". Si me juzgo con demasiada severidad, toda mi ira y mi rechazo se amplificarán, y mis emociones estarán "expulsadas" al nivel de mis pechos, que se vuelven el símbolo de mi "fracaso". Un cáncer del pecho quiere ayudarme a tomar consciencia de que vivo una situación de conflicto, tanto de cara a mí mismo como a alguien más, que está vinculada a un elemento que forma parte de mi espacio vital, de mi "nido". Frecuentemente se tratará de mis hijos, mis "pajarillos", o de alguien a quien considero como tal (por ejemplo, una madre enferma, que siento desprotegida, como "un niño pequeño"). Puedo tener miedo que mi "nido" (hogar) se derrumbe. También puedo tener un gran miedo o un gran estrés en relación a la supervivencia de uno de mis hijos o de todos ellos. En un sentido más amplio, el "nido" puede agrupar mi cónyuge, mi hogar, mis hermanos y hermanas, particularmente si viven bajo el mismo techo. Es pues frente a la familia, lo que históricamente podría llamarse el clan, que tengo la sensación o el temor de que haya derrumbamiento, estallido. Los hombres como las mujeres pueden desarrollar este tipo de cáncer, que es frecuentemente el conflicto interior masculino en aceptar su propia naturaleza femenina. Sucede que algunos hombres manifiestan su lado femenino y materno casi tanto como las mujeres. Como hombre, nunca seré una mujer pero, energéticamente, puedo ser tanto o más femenino que ésta. Por esto el cáncer de pecho, en mí que soy un hombre, está asociado a la estima de mí mismo y a mi capacidad de expresar naturalmente mi lado femenino innato. Puede estar vinculado al hecho incluso de ser un hombre y al deseo inconsciente de ser una mujer. Es un aspecto que deberé equilibrar en mi vida. El lado izquierdo corresponde al campo afectivo y el derecho, al campo racional. El cáncer en el pecho izquierdo designa pues todas las dificultades afectivas y las emociones inhibidas en mí como mujer y más me vale aceptar la mujer y la madre en mí, y los sentimientos interiores que vivo con relación a cada uno de ambos papeles. En el seno derecho, el cáncer indica la mujer responsable y lo que se espera de mí (lo que pretendo hacer con esta mujer "exterior"). Observen que esto se aplica también a los hombres, aunque el cáncer del pecho en los hombres sea más escaso. Para mí, como mujer en el universo físico, el volumen y la forma de mis pechos pueden tener cierta importancia según las circunstancias. Se observa que si mi lado masculino es dominante (yang [es el nombre que se da en medicina China a la energía racional o masculina. La energía afectiva o femenina se llama Yin]), puedo tener senos más pequeños y puedo considerarles frecuentemente como inútiles o sin valor. El cuerpo habla y mis senos también; soy yo la que he de decidir la importancia concedida a este símbolo femenino y sexual.

Sugerencias y Recomendaciones

La búsqueda de un equilibrio es importante y el cuerpo se ajustará energéticamente en consecuencia de las decisiones tomadas por la mujer (o el hombre) en el porvenir.

Todo está en la actitud, el amor y la aceptación de uno mismo.

Ver pechos-dolencias.

cáncer
páncreas

Es el órgano que fabrica las enzimas más fuertes de todo el organismo (para digerir las moléculas más grandes). El páncreas tiene dos funciones:

1. Endocrina: segregar insulina (4ª etapa).
2. Exocrina: segrega jugos pancreáticos (van al duodeno para ayudar a la digestión). (1ª etapa).

El 95% son exocrinos, (1ª etapa).

CONFLICTO: ignominia (la putada más grande que pueda uno recibir).

RESENTIR: "me he tragado un pedazo enorme, que se me ha quedado en el duodeno y no lo puedo digerir".

Diestro o zurda: "no he podido replicar, no estoy autorizado a romperle la cara".

Diestra o zurdo: "sufro la información, introspección, culpabilidad".

Sugerencias y Recomendaciones

El hecho de perdonar y asimilar siempre es un hecho sanador.

cáncer
pulmón

Al estar los pulmones directamente vinculados a mi capacidad de vivir, el cáncer de los pulmones me indica mi miedo a morir. En efecto, hay una situación en mi vida que me roe por dentro y me da la sensación de que me muero. Quizás es después de una separación o de un divorcio, de la muerte de un ser querido, de la pérdida de un empleo que es muy importante para mí. De hecho, toda situación que para mí representa, consciente o inconscientemente, mi razón de vivir. Cuando desaparece mi razón de vivir o si tengo miedo de que desaparezca, esto pone en evidencia que la otra posibilidad que a mí se me presenta es, en cierto modo, la muerte. Entonces, ¿qué hay de la relación que se hace entre los fumadores y el cáncer de los pulmones? Puedo preguntarme si es el humo de cigarrillo que me trae el cáncer de los pulmones o si es el miedo a morir el que me hace fumar cigarrillos y, en consecuencia, me hace desarrollar el cáncer de pulmón. Cuando fumo, pongo un velo sobre emociones que me molestan y que me impiden vivir. Al no resolver el conflicto, éste puede crecer en mí al punto de hacerme desarrollar un cáncer de los pulmones.

CONFLICTO: pulmón = atrapar el pedazo de aire, sin él muero. Miedo a morir + Amenaza en el territorio + Tristeza.

RESENTIR:

-Persona con cáncer y tiene una metástasis pulmonar y piensa: "Ya está, voy a morir". Miedo a la muerte.

- Simbólico: "En mi casa me ahogo". Miedo a morir por asfixia.

- Intercambio afectivo. Mujer que deja de hablar con su primo. Lo hacían cada semana y para ella era un alimento vital. Se sentía muy sola. Las palabras de su primo eran como el oxígeno. Los Intercambios tiene que ver con patologías alveolares.

Asfixia: Temor. Desconfianza en el proceso de la vida. Estancamiento en la infancia.

Sugerencias y Recomendaciones

Debo aceptar la vida y pensar que con cada inspiración y expiración, es la vida que circula en mí mediante el aire que respiro. Decido que quiero vivir más allá de mis miedos y que la vida merece ser vivida, que merezco vivir.

Los alvéolos corresponden a la 1° etapa: Miedo a morir. Los bronquios a la 4ª etapa: amenaza en el territorio. En caso de cáncer hay que trabajar ambos. Hay que considerar también la tristeza.

Atención a las programaciones como una vuelta de cordón umbilical.

NUEVO MODELO MENTAL: el mundo es seguro. Confío en la vida. Estoy a salvo creciendo en este mundo.

Ver hiperventilación, vías respiratorias-molestias, cigarrillo, pulmones-dolencias.

cáncer
testículos

En los testículos se hace la producción de los espermatozoides esenciales en la reproducción. Si desarrollo un cáncer de los testículos, debo comprobar si vivo un sentimiento intenso debido a la pérdida de un hijo, o algo en mi vida que era para mí tan importante o tan valioso como un hijo. Puedo haber vivido el fallecimiento de uno de mis hijos, tanto por enfermedad como en un accidente o después de un aborto. Puede ser también, por ejemplo, uno de mis hijos que se ha marchado (de un portazo" y que nunca volví a ver. Al haber salido bruscamente de mi vida, puedo vivir esta situación como la pérdida de un ser querido, como si hubiera muerto. Otro ejemplo puede estar vinculado también a mí como hombre de negocios que, a causa de malas inversiones financieras, perdí la empresa "que había creado" y que consideraba como "mi bebé".

Sugerencias y Recomendaciones

Sea la que sea la situación vivida, tomo consciencia de los sentimientos que me habitan; los acepto para ayudarme a curar mis heridas, volver a aprender a reír y mirar ahora hacía delante en vez de rumiar el pasado.

cáncer
vejiga

Conflicto de marcaje de territorio: "No tengo suficiente líquido para marcar".

Ejemplos:

a) Mujer que trae a su hermano a casa, porque se ha separado y le da mucha pena. El hermano al poco de estar parece como "Pedro por su casa", a los pocos meses, el marido de dicha mujer hace un cáncer de vejiga de la orina.

b) Mujer que siempre tiene desorganizada su cocina, porque la debe de tenerla abierta, por los nietos, las hijas y el marido a todas horas y no puede ver la telenovela. Hace un cáncer de vejiga de la orina.

Sugerencias y Recomendaciones

NUEVO MODELO MENTAL: me amo y me apruebo, no estoy solo, la vida entera me apoya y me sostiene. Soy libre y capaz de cualquier cosa que me proponga. Doy y recibo amor por donde quiera que vaya. Fluyo fácilmente por todas las situaciones que me plantea la vida, me expreso y amo con facilidad. Todo es perfecto en mi mundo.

CANCRO

(en general)

El cancro se encuentra en un lugar aislado de la piel o de las mucosas bajo forma de úlcera. Es la señal de una enfermedad contagiosa en sus principios y que suele ser de origen venérea. Vivo ira que se refiere a mis relaciones sexuales. El lugar donde el cancro aparece me indica más precisamente lo que estoy viviendo en esta situación. Así, el cancro puede hallarse en las partes genitales, en el ano, en el rostro, en las mucosas de la boca. Cuando un cancro bajo forma de úlcera conteniendo pus, se encuentra en la boca, es que me impide decir ciertas cosas. Estoy disgustado, desapruebo ciertas situaciones en mi vida y no me atrevo a hablar de ello. Guardo ciertas palabras y por lo tanto, éstas fermentan y producen pus.

Sugerencias y Recomendaciones

Acepto hablar y expresarme por mucho que esté en desacuerdo con la vida y los demás. Debo hacerlo si quiero mantenerme abierto a la energía activa de la palabra y de la expresión de sí. Me acepto en mi sexualidad y me doy el derecho de descubrir el amor que me ayudará a desarrollarme.

Ver úlcera.

CÁNDIDA

Hay varios tipos de cándida. La forma más frecuente en el ser humano es el cándida *albicans*. Aunque pueda encontrarse en el hombre o en la mujer, suele ser más frecuente en la mujer. "Cándida" es una palabra latina que significa blanca. Es una infección vaginal procedente de la proliferación de hongos bajo forma de levadura. Se parece a levadura blanca y con costra que se manifiesta después de un desorden de la flora vaginal. Las bacterias de la vagina controlan normalmente el cándida pero esta vez, cambia la situación. Esta infección está naturalmente vinculada a mi compromiso frente a mí misma o a mi pareja en relación a mi sexualidad, a situaciones, expresiones y emociones no expresadas después de ciertos conflictos personales anteriores. Vuelvo a plantear mi actividad sexual y mi sexualidad, mi apertura a compartir con mi pareja aspectos más íntimos de mí misma. La infección corre el riesgo de producirse si, por ejemplo, tengo una nueva pareja y que mi relación con ella es muy íntima. Hay probabilidades de que me abra más al amor, al compartir y a la entrega. Es nuevo para mí y necesito un poco de tiempo para tratar esta reciente situación aunque se manifiesta el cándida. Puede también proceder del sentimiento de haber sido rebajado o de ser o sentirse sexualmente abusado por alguien. Es una especie de protección física y sexual porque la irritación me impide hacer el amor.

Sugerencias y Recomendaciones

¿Qué es lo que tanto me irrita? Compruebo cual es el aspecto interior de mi sexualidad que está molestado y encuentro la verdadera causa de la irritación física e interior. Debo coger mi sitio en la vida respetándome. Debo ser ahora el candidato que será victorioso y que tomará la primera plaza. Tomo el tiempo de ver y valorar lo que sucede y acepto el amor, la apertura y la paciencia interiores tanto como los de mi pareja.

Ver también infecciones.

CANDIDIASIS

Las candidiasis son infecciones ocasionadas por un tipo especial de microorganismos: las levaduras del género Gandida. Las más frecuentes son bucales y genitales. La levadura más común es *Gandida albicans*. La CANDIDIASIS BUCAL se manifiesta como pequeñas manchas blancas en la lengua, en la cara interna de las mejillas y en las amígdalas. La CANDIDIASIS GENITAL (sobre todo en las mujeres) se manifiesta por comezón bulbar o vaginal y puede producir dolor durante la relación sexual.

CONFLICTO: Historias de frustración sexual. Ejemplos: 1. Demasiado contacto sexual. 2. Contacto + o - necesario con el hombre que quiero. 3. En duelo de una relación. 4. Relación sexual que no es como se desea.

Candidiasis: sensación de estar muy disperso. Mucha frustración y rabia. Exigencia y desconfianza en las relaciones.

Sugerencias y Recomendaciones

Si se trata de candidiasis bucal, véase problemas en la boca, y si es del tipo genital, véase problemas genitales, agregando que esta persona echa de menos su candor y quisiera que los demás creyeran en su inocencia actual. Por otro lado, al tratarse de una infección, se debe incluir un sentimiento de ira.

NUEVO MODELO MENTAL: me doy permiso para ser todo lo que puedo ser; merezco lo mejor de la vida. Me amo. Amo y aprecio a los demás.

CANSANCIO

Se considera al agotamiento un problema de adaptación que inhibe el deseo de trabajar. A menudo se presenta asociado a problemas de angustia y depresión. Entre sus síntomas puede citarse una gran fatiga, la pérdida del gusto por la vida y la pérdida de deseos. La persona que lo padece tiene la impresión de luchar contra una máquina, contra un sistema, contra una cosa demasiado grande para ella.

Este cansancio se produce en las personas que tienen cosas que arreglar con su progenitor del mismo género. De niños quisieron impresionar a ese padre o a esa madre haciendo todo por complacerlo, pero no obtuvieron el reconocimiento anhelado. Se sintieron controlados e impotentes. Al no creer en su valor, adquirieron el hábito de "hacer" para demostrar que "son". Confunden el "hacer" y el "ser". Tienen fama de ser personas trabajadoras, pero suelen sentirse prisioneras de sus logros. Tienen muchas cosas pendientes y, cuando nadie reconoce todo lo que hacen, se sienten muy solos. Finalmente acaban por desanimarse y se dicen "¿De qué sirve todo lo que hago?". Entonces se sienten impotentes, abandonan la partida y caen rápidamente. No pueden hacer nada y ni siquiera tienen el deseo de hacerlo.

El cansancio me da la sensación de estar sin pilas. Interiormente, estoy vacío. ¿A dónde se fue mi motivación? Mis inquietudes, mis miedos, mis penas y mis heridas interiores me llevan a luchar y a resistir. En vez de centrar mi energía para encontrar el punto común de mis dificultades, la esparzo en demasiadas direcciones a la vez. Desespero incluso de encontrar una solución. Vivo cierto cansancio frente a la vida, un cansancio interior porque debo debatirme para seguir adelantando. La depresión incluso es posible. Siento un sentimiento de incompetencia, de carencia y ausencia de interés. Esto indica una pérdida de dirección y de intención, una necesidad de reanudar con la alegría interior y el amor de la vida.

Frecuentemente relacionado con el hecho que disperso mis energías y que me dejo fácilmente controlar por mis miedos, mis inseguridades y por mis inquietudes.

Resistencia, aburrimiento. Falta de amor por lo que uno hace.

Posiblemente causado por un bloqueo en el chakra garganta. Sientes una falta total de motivación y una seguridad que todo irá mal.

Sugerencias y Recomendaciones

Si te reconoces en la descripción anterior, es importante que comiences a reconocer lo más rápido posible lo que ERES. Acepta el hecho de que tú decidiste, siendo niño, que si hacías mucho tu progenitor del mismo género te querría más. Sólo tú puedes cambiar esta decisión. Nadie en el mundo tiene derecho a exigirte nada más allá de tus límites, ni siquiera tú mismo. Amarse es reconocer los talentos, los límites y las debilidades propias, con todo lo que ello implica. Si tenías la impresión de que tu padre te exigía mucho, esa no era la realidad. Él o ella estaban ahí para mostrarte lo que tú te exigías. Luego, hiciste la transferencia: tu trabajo se convirtió en ese padre y sigues queriendo ser amado por tus actos. Es necesario que, a partir de ahora, realices tu trabajo poniendo en juego lo mejor de tus conocimientos y verifiques bien lo que tus superiores quieren de ti antes de suponer que debes impresionarlos. Además, tienes derecho a decir "no" cuando creas que es demasiado para ti. Si respetas tus límites, serás menos dado a criticar a los demás y sentirás más felicidad. Recuerda que una persona alegre renueva sin cesar su energía. La persona que sufre de agotamiento no está cansada por falta de energía; al contrario, le falta energía porque su capacidad de amar está agotada.

Necesito un tiempo de pausa, de descanso para hacer el balance y recuperar mi energía. Dejo de engancharme al pasado y acepto vivir el instante presente porque cada instante me trae la energía que necesito.

NUEVO MODELO MENTAL: me estimula la vida. Estoy pleno de energía y entusiasmo.

Necesitas estimularte y ponerte metas, sin quedarte anclado en pensamientos angustiosos sobre el presente o el pasado.

cansancio
crónico

Encefalomielitis fibromialgia.

El síndrome del cansancio crónico o encefalomielitis fibromialgia puede suceder después de un achaque viral y puede durar varios años. También puede que esto se produzca porque mi sistema de defensa natural del cuerpo, mi sistema inmunológico, esté debilitado. También puede que mi psiquismo esté afectado, debido a una depresión, estrés, falta de motivación, agotamiento por cansancio excesivo, etcétera. Mentalmente, estoy agotado y esto se refleja en mi inestabilidad emotiva. Físicamente, padezco dolores de cabeza y mi fuerza muscular disminuye poco a poco. El menor esfuerzo me causa un cansancio intenso. Perdí el gusto de vivir. ¿Dónde están mis sueños y mis ambiciones? También tengo miedo de la vida y de las responsabilidades. Me siento incapaz de responder a lo que se espera de mí. De hecho, la enfermedad me permite retirarme, es mi excusa para no actuar y quizás, un medio de recibir más atención. Así me siento más en seguridad en mi enfermedad que en mi "enfrentamiento" con la vida.

Sugerencias y Recomendaciones

¿Qué es lo que estaba viviendo en el momento del achaque viral? ¿Había decidido dejar mi hogar? ¿Acababa de vivir un deceso, una ruptura, un rechazo? Tomo consciencia de que todo esto está vinculado con el amor, o sea el amor que tengo hacia mí. Acepto aprender a amarme más.

Soy la persona más importante en mi vida. Aprendiendo a amarme, hago las cosas para mí y disfruto con cada instante. Formo parte del universo en donde la reciprocidad es ley. Me amo y así atraigo el amor de los demás y los amo también. Hago confianza al universo que me ayuda cada día a adelantar.

Ver enfermedad crónica.

CAPILARES

(de las piernas)

CONFLICTO: poner algo limpio y quitar algo sucio en la familia.

Sugerencias y Recomendaciones

NUEVO MODELO MENTAL: perdono el pasado, libero y elimino las creencias limitantes que me impiden ver las cosas con amor. Veo con compasión el pasado y soy consciente de que no tiene poder sobre mí en el presente. Me amo, me perdono y me acepto, a mí y a cuantas personas y situaciones me rodean. Tengo la mejor familia que puedo tener para mi desarrollo.

CÁPSULA ARTICULAR

Membrana fibrosa que engloba una articulación

La sinovial tapiza la superficie interior. Segrega líquido sinovial, que reduce la fricción, lubrica y acolcha durante el movimiento

CONFLICTO: desvalorización + no protección.

Sugerencias y Recomendaciones

NUEVO MODELO MENTAL: me amo y me apruebo. Con los ojos del amor me veo a mí mismo y todo lo que hago. Estoy a salvo.

CARA

Los problemas en el rostro son numerosos, y van desde simples espinillas hasta la desfiguración total por una enfermedad o por un accidente.

Por lo general, los problemas faciales se relacionan con una de las expresiones siguientes: "tener buena cara", "mostrar una buena cara a alguien", "escupir en la cara", "perder la cara", "salvar la cara", "darle la cara a alguien". La persona más susceptible de tener problemas en el rostro es aquella que se avergüenza fácilmente, que se siente humillada por el menor motivo. Las personas que se sienten culpables fácilmente y que se esfuerzan por ser lo que los demás esperan de ellas, también tienen miedo de perder la cara. Se esfuerzan por mostrar "una buena cara".

Representa lo que mostramos al mundo.

Parálisis facial de la mitad de la cara: CONFLICTO: "Perder la cara". Perdida de dignidad, ser objeto de burla.

Representa lo que mostramos al mundo.

Parálisis facial o de Beil: control excesivo de la ira. Resistencia a expresar sentimientos.

Sugerencias y Recomendaciones

Este problema que afecta a tu rostro se manifiesta para ayudarte a tomar conciencia de que te preocupa mucho lo que los demás piensan de ti y lo que ven de ti. Esto te impide ser tú mismo. Recibes el mensaje de que todas las creencias que tienes con respecto a ti mismo no te benefician.

Parálisis facial de la mitad de la cara: NUEVO MODELO MENTAL: estoy a salvo siendo quien soy. Expreso lo que soy.

Parálisis facial o de Beil:

NUEVO MODELO MENTAL: es bueno expresar los sentimientos. Me perdono. Estoy a salvo.

Es momento de recuperes "tu verdadero rostro", es decir, que seas tú mismo.

Ver rostro.

CARDENAL

Llamado también equimosis o hematoma, es una acumulación de sangre en un tejido generada a raíz de una lesión vascular.

Sugerencias y Recomendaciones

Véase accidente y problemas circulatorios.

CARIES

Esta es la enfermedad más importante que afecta a los dientes. La caries comienza por los ácidos (en especial los producidos por el azúcar) que atacan la superficie del esmalte de los dientes. Poco a poco este ataque invade al marfil o dentina, lo que crea un punto de caries. En este momento se hacen patentes la sensibilidad y los dolores, sobre todo al ingerir alimentos fríos, dulces o ácidos. Cuando la caries llega a la pulpa se produce una congestión y una inflamación que estimula a las fibras nerviosas. Los dolores son intensos y es lo que se conoce como dolor de muelas.

Como los dientes son necesarios para masticar, es decir, para preparar los alimentos que se van a digerir, una caries indica que la persona ni siquiera considera la posibilidad de aceptar a alguien o a algo porque está demasiado enojada. De este modo se bloquea, sin actuar ni manifestar sus deseos. La caries dental también indica que la persona se impide a sí misma reír. Toma la vida demasiado en serio. Se sugiere la consulta del término problemas en los dientes para obtener más detalles y tener una mejor idea del área en la que estos deseos no se manifiestan.

El esmalte es el marfil derivado del endurecimiento de la mucosa bucal del epitelio plano.

No poder/deber morder (protección femenina).

Sugerencias y Recomendaciones

Tú caries se ha manifestado para señalar que tu terquedad no te beneficia; te ocasiona tanto dolor interno como el que te producen tus dientes. En lugar de enojarte internamente, te sería más provechoso revisar tu manera de percibir lo que sucede a tu alrededor y aceptar que los demás no pueden pensar como tú. Aprende a reírte de ti mismo, a ver el lado divertido de las personas y de las situaciones. De este modo no tendrás que comer más azúcar de la necesaria creyendo que es la única forma de endulzar tu vida.

NUEVO MODELO MENTAL: estoy divinamente protegido/a, nada me puede hacer daño, nada real puede ser destruido. Me amo, me acepto y me apruebo.

CARRASPERA
Ver garganta-carraspera.

CARTÍLAGOS

Cartílagos es fluidez de gestos.

"Tengo que ser diferente de lo que he sido".

Cartílagos articulares: 1.Amortiguar la sobrecarga de presión de las superficies articulares. 2.Permitir el desplazamiento de las superficies óseas sin que se produzca fricción entre ellas.

Es avascular, se nutre por difusión pasiva del líquido sinovial.

No tiene inervación, la percepción del dolor se realiza por la membrana sinovial.

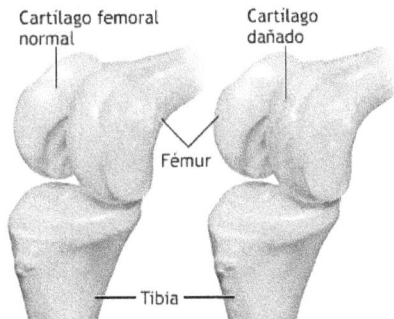

Sugerencias y Recomendaciones

NUEVO MODELO MENTAL: acepto la vida como es, con amor y alegría. Me dejo fluir.

CARTUCHERAS

CONFLICTO: querer proteger su feminidad como mamá.

Buscar abortos. 2 kilos y medio: a los dos meses y medio.

Sugerencias y Recomendaciones

NUEVO MODELO MENTAL: estoy divinamente protegida, nada me puede hacer daño, nada real puede ser destruido. Me amo, me acepto y me apruebo.

CASPA

La caspa es una escama que se forma sobre el cuero cabelludo (una lámina de piel que se desprende). Puede tratarse de escamas finas como polvo o de escamas grasosas y bastas.

Falta de reconocimiento del padre.

Si hay pérdida de cabello = Conflicto de separación + injusticia. (Se vive a nivel intelectual).

La persona se siente separada de sus raíces.

Sugerencias y Recomendaciones

Debido básicamente a la contaminación que sufrimos hoy en día, hay que lavar el pelo con regularidad y cepillar enérgicamente todos los días para limpiarlo de polvo e impurezas. La aplicación de un buen masaje por las noches con aceite y glicerina es ideal, además de que es necesario comer mucha verdura y fruta fresca, y tomar regularmente ocho vasos de agua pura al día.

CROMOTERAPIA: color curativo morado.

TRATAMIENTO: en este caso no es necesario el uso de la reflexología, aun cuando siempre será bienvenido un relajador masaje. Para estimular el cuero cabelludo, hay que cepillarlo con energía durante unos quince minutos diarios, por toda la cabeza, con el fin de excitar las terminaciones nerviosas.

Véase problemas en la piel y problemas del cabello.

CATARATAS

Esta afección ocular se manifiesta por una opacidad en el cristalino del ojo. Los primeros signos son un ligero oscurecimiento de la vista, la visión de puntos o manchitas negras y la percepción doble o múltiple de los objetos.

Las cataratas generan la impresión de que hay un velo que cubre al ojo. La persona afectada tiene una percepción velada de lo que pasa a su alrededor. Prefiere no ver antes que ver un fracaso o un final. Si la catarata es interna, prefiere tener una percepción velada de lo que pasa en su interior antes que ver su propio fracaso. De este modo ve la vida sin luz, sombría, y por ello vive en la tristeza y en la melancolía.

Conflicto de miedo por la espalda. No acomodarme con lo que veo.

"No quiero ver lo que hay delante de mí." "Rechazo ver lo que pasa ante mis ojos pero lo veo de todas formas". "Veo lo que no quiero ver". "No quiero ver lo que me sucede". "No quiero enfocar, localizar".

Lo que se ve, no produce alegría y no gusta, por tanto se cubre con una tenue cortina para mitigarlo.

Incapacidad de mirar hacia adelante con alegría. Futuro sombrío.

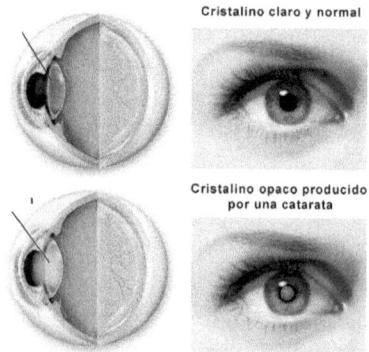

Sugerencias y Recomendaciones

El mensaje que te envía tu cuerpo por medio de la catarata es que no les pidas a los demás tanto como te exiges a ti mismo. Tu enorme miedo a perder, a que algo termine, al fracaso o a una quiebra, te impide ver el lado bueno de la vida. Levanta tu velo y mira todo lo que has creado hasta ahora. Es mucho mejor de lo que piensas.

NUEVO MODELO MENTAL: la vida es eterna y está llena de alegrías. Espero cada momento con ilusión.

EL desarrollo de una catarata no puede detenerse una vez que ha comenzado, pero se pueden reforzar otras partes del ojo, mediante la estimulación de los músculos y del nervio óptico. Estos ejercicios ayudaran a tener una recuperación más fácil y cómoda tras la cirugía. Debe eliminar los productos lácteos de su dieta.

CROMOTERAPIA: color curativo azul añil.

TRATAMIENTO: tratando todas las articulaciones de los dedos estimulará todas las zonas del cuerpo. Tendremos que presionar los riñones en la base de los dedos y después al hígado, las glándulas suprarrenales, el timo, sistema nervioso, pituitaria y tiroides.

Ver ojos.

CATARRO

El catarro es una inflamación de la mucosa nasal, que se manifiesta por obstrucción nasal y estornudos.

El catarro se produce con frecuencia cuando hay un exceso de actividad en el plano mental y la persona no sabe ni dónde tiene la cabeza. Tiene la impresión de que alguien o una situación se precipitan sobre ella. Esta persona suele preocuparse demasiado por detalles que no son importantes. Le cuesta trabajo saber por dónde empezar. Esto le hace sentir enojo porque quisiera que todo estuviera hecho ya antes de comenzar. Su confusión mental le impide sentir sus necesidades y gozar del momento presente.

Noción de inquietud, vivida con intrusión.

"Algo huele mal". "Hay amenazas en el aire". "Algo me disgusta mucho o estoy frío con alguien". "Quiero separarme del olor, para estar más en contacto conmigo".

Cuando padecemos algún tipo de gripe, catarro, resfriado, suele ocurrir que alguna situación de nuestra vida, nos ha hinchado las narices (metafóricamente) y nos está produciendo enfado (conflicto mental) y esa rabia se acaba manifestando en nuestro cuerpo. El conflicto mental al igual que un disgusto provoca el debilitamiento del sistema inmunológico y por tanto mayores posibilidades de enfermar.

Sugerencias y Recomendaciones

El mayor bloqueo mental con respecto al catarro es la creencia popular según la cual tan pronto como ocurra un enfriamiento se manifiesta un catarro. Cuanto más difundida esté una creencia o más popular sea, mayor es su influencia en la sociedad. Aun cuando la persona no sea consciente de ella, de todos modos le afecta. La creencia popular también dice que se puede agarrar el catarro de otra persona. Esto se manifiesta sólo en quienes así lo creen. Por lo tanto, es importante que no te dejes influir por todas esas creencias populares. De este modo, la fuerza de su influencia disminuirá en todo el planeta. Sin embargo, como toda enfermedad tiene su utilidad, el hecho de que te dejes influir por una creencia popular demuestra que eres fácilmente influenciable en tu vida. El verdadero mensaje del catarro es que te sueltes, que no te preocupes tanto por todo. No es necesario bloquear tu olfato para lograr hacer todo lo que tienes que hacer. Además, culpar a una situación o a una persona por lo que te pasa tampoco es la solución.

Lo primero que debemos hacer es consultar al médico o naturópata para descartar las obstrucciones nasales. Para prevenir el catarro, hay que limpiar todo el organismo y cuidar la dieta. Evitar al máximo los lácteos (tomar leche descremada si fuera necesario), evitar el chocolate, los dulces y las galletas.

Tomar todas las ensaladas frescas, frutas y verduras que desee. Es importante beber grandes cantidades de agua durante el día.

CROMOTERAPIA: color curativo naranja.

TRATAMIENTO: las áreas a tratar serán principalmente las que corresponden a los senos nasales, para poder eliminar toxinas y limpiar todo el organismo, asimismo trabajaremos la pituitaria, la tiroides, el timo y el páncreas para después, continuar con el hígado, riñones, vejiga, vesícula y colon.

CEFALEAS

Dejar los problemas de lado. Se vive el problema, pero el mecanismo es la negación.

"Tengo problemas, pero no es para tanto". "Al fin y al cabo no es tan grave, no vale la pena preocuparse".

Sugerencias y Recomendaciones

Aun cuando acostumbramos tratarnos los dolores de cabeza con un solo medicamento como la aspirina, esta afección indica la existencia de algún otro trastorno en el organismo o una tensión emocional que pueden estar asociados algunos de los órganos principales del cuerpo. Así que la recomendación acostumbrada será, si persisten las molestias, que veas a tu médico o naturópata de confianza.

CROMOTERAPIA: color curativo azul añil.

TRATAMIENTO: debemos presionar las yemas de los dedos que se refiere al área de los ojos y los oídos, continuando por la parte exterior del pulgar, en dirección al tobillo, que se relaciona con el área de la columna vertebral. También trataremos las áreas de la pituitaria, el tiroides, el sistema nervioso, las suprarrenales, el hígado y los riñones, toda la zona del cuello y prestando atención a los puntos dolorosos. Si le duele la parte izquierda de la cabeza, presione la parte izquierda del pie. Si el dolor aparece en mitad de la cabeza, presione el centro, etcétera.

CEGUERA

Conflicto de avestruz.

"Debería haberme escondido en el vientre de mamá".

Sugerencias y Recomendaciones

NUEVO MODELO MENTAL: estoy divinamente protegido/a, nada me puede hacer daño, nada real puede ser destruido. Me amo, me acepto y me apruebo. Acepto la vida con alegría y fluidez.

Ver ojos.

CELÍACOS

Destete prematuro. Conflicto de abstinencia (des-adicción) Al suspender una adicción de forma brusca, como cuando mamá deja de fumar de golpe y forzada durante el embarazo.

Pan = Padre (familia)

Sugerencias y Recomendaciones

Lo adecuado es trabajar transgeneracional con un terapeuta cualificado.

CELOS

El diccionario define los celos como "un sentimiento de frustración mezclado de envidia" vinculado al hecho que otra persona logra o posee lo que me hubiese gustado obtener o poseer. Es el resultado de una inseguridad interior y de una débil estima de sí y de una débil confianza en mí que me lleva a dudar de mi capacidad de crear cosas en mi vida o a tener miedo de perder lo que tengo (en particular a mi cónyuge) Vengo a desarrollar agresividad y frustración.

Sugerencias y Recomendaciones

Tomo consciencia de que mis temores me llevan a ejercer control sobre una persona o una situación. De hecho, son mis angustias las que ejercen un control sobre mi vida. Aprendo a tener confianza en la vida y tomo los medios para curar estas heridas interiores por la psicoterapia individual o de grupo o por un enfoque energético que me llevara a conectar más con mi propio poder interior. Entonces me sentiré más libre, más confiado y podré trasponer esta libertad y esta confianza hacía los demás para vivir mejor en armonía conmigo mismo y con la gente que me rodea.

CELULITIS

Este es un problema predominante femenino. Se reconoce porque parece cáscara de naranja, ya que presenta caracteres e hinchazones. Este problema afecta al cuello, el tronco, las nalgas y los muslos, y representa un problema de orden estético. Corresponde a una inflamación del tejido celular que puede manifestarse como un endurecimiento doloroso de la zona afectada.

Esta afección tiene que ver con un bloqueo en la creatividad de la persona. Debe observar la región en la que se presenta para saber en qué área está bloqueada su creatividad y buscar rápidamente el significado de la misma. Afecta a la persona que se contiene demasiado y que no confía mucho en sí misma. Además, como este trastorno altera el aspecto estético, indica que la persona que lo padece se preocupa demasiado por lo que los demás piensan de ella. Es fácilmente influenciable y deja que le impidan actuar para expresar su creatividad. Tiene miedo de mostrarse como es, de mostrar su gran poder creador. La celulitis también puede indicar que la persona experimenta muchos sentimientos porque quisiera controlar a quienes la rodean pero se reprime y guarda sus emociones en su interior para que los demás no se percaten de ello. Se endurece frente a las situaciones de la vida, engañándose y creyendo que éstas no la alteran.

A veces, la celulitis está caracterizada por la inflamación del tejido celular cutáneo o subcutáneo. La celulitis suele ser de naturaleza femenina (aunque es posible en los hombres) y se manifiesta por la retención de agua y un aumento de la distribución irregular de las toxinas y de las grasas en las nalgas, piernas, abdomen, nuca, espalda, etc. La celulitis se vincula con las ansiedades, aspectos de mímismo que retengo, emociones reprimidas, pesares y resentimientos que guardo. Está vinculada al compromiso de cara a mí mismo u otra persona. Temo comprometerme plenamente con la persona que amo y rehúso ir hacia delante. Este miedo puede tener su origen en un acontecimiento en el cual viví un abandono. Me niego a contemplar cierta parte de mi juventud, porque con frecuencia, fui herido y marcado por ciertas experiencias traumatizantes que me agreden aún hoy y que frenan mi creatividad y mi corazón de niño. La celulitis se vuelve a hallar más en las mujeres que en los hombres porque yo, como mujer, empiezo muy joven a preocuparme de mi aspecto, con mi silueta que quiero perfecta según las normas de la sociedad. El aspecto estético es excesivamente importante.

Frecuentemente relacionada con el miedo a comprometerme y a mi tendencia a guardar emociones del pasado.

Cólera acumulada y autocastigo.

Sugerencias y Recomendaciones

La pregunta que debes plantearte es: "¿Por qué temo hacer valer mi creatividad? ¿De qué tengo miedo si llamo la atención con todos mis talentos, si muestro todo lo que puedo hacer? ¿Me asusta no estar a la altura de la situación? ¿Creo que soy una persona sin carácter?". Lo que no es bueno es el hecho de que, al contenerte, también quieres contener a los demás. Esto sucede a menudo de una manera inconsciente. Debes procurar soltar el pasado que te impide vivir plenamente tu momento actual. Puedes permitirte mostrar tu fuerza, aceptar recibir elogios y hacerte admirar por lo que eres, con todos tus talentos.

Compruebo cuáles son los sentimientos que me impiden ir hacia delante y acepto integrarlos despacio en mi vida diaria.

NUEVO MODELO MENTAL: perdono a los demás y me perdono. Soy libre para amar y disfrutar de la vida.

Normalmente la celulitis se produce porque el organismo no elimina adecuadamente los residuos y la falta de ejercicio. Se requiere de un proceso de desintoxicación con una buena dieta y tomar grandes cantidades de agua. Comer fruta, verdura y el ejercicio serán de ayuda, especialmente si se ejercita con las piernas y los muslos.

CROMOTERAPIA: color curativo amarillo.

TRATAMIENTO: para librar al organismo de todas las sustancias toxicas hay que presionar las áreas del hígado, riñones, bazo, vejiga, vesícula y sistema linfático. Con esta recomendación y lo anterior deberá notar resultados casi de inmediato.

CEREBRO

(en general)

Los problemas cerebrales más comunes son el dolor de cabeza y la migraña. Consulta lo referente a estos dos trastornos. Entre los problemas más graves se encuentran el traumatismo cerebral, que frecuentemente es consecuencia de un traumatismo craneal producido en un accidente; la trombosis cerebral y los accidentes vasculares cerebrales, provocados por la obstrucción o la ruptura de una arteria; y los tumores cerebrales, que son formaciones benignas o malignas desarrolladas a expensas del tejido cerebral.

Todo problema en el cerebro es una indicación de un problema en el nivel del YO SOY. La persona afectada a nivel cerebral está recibiendo un mensaje muy importante, puesto que el cerebro es el órgano más importante del cuerpo humano, el mejor protegido, con una cubierta ósea que lo resguarda de daños directos. Todos debemos hacer lo mismo con nuestro YO SOY, es decir, protegerlo también de cualquier daño. La persona que no lo hace olvida su individualidad y se deja convencer tratando de convertirse en lo que los demás esperan de ella. Entonces se siente infeliz porque no sabe quién es verdaderamente.

Es la central energética, la unidad central del tratamiento de todas las informaciones de la maravillosa máquina humana. El cerebro está vinculado con el séptimo chakra (chakra de la corona) o centro de energía y con la glándula pineal también llamada epífisis del cerebro. Posee dos hemisferios distintos. El hemisferio derecho, el Yin de los Chinos, representa el lado femenino (introvertido), la creatividad, la globalidad, la intuición, las percepciones y el arte; es el hemisferio receptor. El izquierdo, el Yang, es el que da, que "domina", que es extrovertido, agresivo, racional, lógico y que lo analiza todo. Cada hemisferio controla la mitad opuesta del cuerpo (el hemisferio derecho controla la mitad izquierda y viceversa). El cruce de los nervios cervicales hacía el lado opuesto se hace al nivel de los ojos, sede del chakra o centro de energía del tercer ojo situado en la raíz de la nariz, entre las cejas. El cerebro es el órgano que representa el centro del universo, la identificación con toda forma de divinidad.

Sugerencias y Recomendaciones

Es evidente que si recibes un mensaje tan importante de tu cuerpo es que hay una urgencia de que tomes más consciencia de que tu manera de pensar con respecto a ti mismo no concuerda con lo que eres y con lo que quisieras ser. Si tu cerebro es el órgano que dirige al resto de tu cuerpo, tu YO SOY debe dominar tu vida. Ha llegado el momento de que vuelvas a contactar con lo que verdaderamente eres y que construyas tu vida en consecuencia. Quizá hubo un tiempo en el que no sufrías mucho por no ser tú mismo, pero ahora tu cuerpo te dice que esto no es bueno para ti.

cerebro
accidente cerebro vascular

Este tipo de dolencia está vinculado con la circulación sanguínea y los vasos sanguíneos. Puede manifestarse en varias situaciones que todas están vinculadas con el amor. Este tipo de accidente es una reacción muy fuerte, un "no" categórico a una situación que me niego a vivir. Vivo una resistencia o una amargura interior relacionada con el amor, el proceso de la vida, los cambios y los acontecimientos (incapacidad, vejez, muerte). La primera manifestación de este tipo de dolencia es la alta presión causada por el encogimiento o el estrechamiento de mis arterias que expresan el amor. La presión sube porque intento conservar las cosas como son. La arteria afectada se sitúa al nivel del cerebro, sede de los principios fundamentales de mi existencia. Esta arteria puede encoger, hacer rupturas y lastimar gravemente el tejido cerebral y la actividad general del cerebro. Un achaque grave (o un coagulo sanguíneo) puede causar la muerte o la parálisis. Me duele tanto interiormente que deseo dejar este universo. Mis dolores interiores y las emociones disimuladas y reprimidas me impiden expresar todo mi potencial de amor. Todos mis miedos se amplían (la pérdida de un ser querido, la entrada en una residencia de jubilados, la soledad y la ausencia de sostén afectivo, lejos de la gente a quien amo, menos atención y de cuidados, etc.) y mi vida ya no vale la pena ser vivida. Ya no consigo adaptarme a los cambios futuros porque es demasiado duro para mí. El amor es el principio fundamental de toda vida. Compruebo los síntomas posibles de un tal accidente y estoy a la escucha de mi voz interior. Si necesito amor y atención, lo pido porque es importante para mí. Acepto esta situación accidental o el achaque cardíaco potencial porque me indica que debo mantenerme abierto al amor divino y que este amor divino cuidará de colmar mis necesidades. Bajo el efecto de un cuerpo extraño o de un coágulo en una arteria, o a causa de una pared interna más espesa de una arteria, ésta puede obstruirse, impidiendo que la sangre nutra una parte del cerebro. Esto se llama un accidente cerebro - vascular isquémico o infarto cerebral. Un miedo a perder mi autonomía asociado a un golpe emocional puede hacerme vivir esta situación. La parte del cerebro afectada así como las funciones que se vinculan a ella (palabra, locomoción, equilibrio, etc.) me indican bajo cual aspecto se manifiesta este miedo a mi vida. Puedo tener la sensación de coger los medios en lo que quiera vivir. En el caso de accidentes cerebro - vasculares hemorrágicos, es una arteria que estalla, lo cual produce una pérdida de sangre en una parte del cerebro. Puede que viva una tensión tan grande en mi medio familiar o de trabajo que la tensión acumulada se libera por este estallido de alegría de vivir (la sangre) que simboliza toda la pena que vivo en esta situación.

Sugerencias y Recomendaciones

Según si el accidente se vive en la parte derecha del cerebro (lado intuitivo) o del lado izquierdo (lado racional), podré identificar más el mensaje que me da mi cuerpo, hacer la paz conmigo mismo y restablecerme más rápidamente. Visualizo mi cerebro inmerso en un líquido hecho de luz blanca y dorada para permitir a todas mis células nerviosas regenerarse o repartir el trabajo de un nuevo modo para que pueda recobrar la salud más rápidamente.

Ver infarto, sangre, arterias, circulación sanguínea, tensión arterial-hipertensión.

cerebro
abceso del cerebro

Cuando el absceso alcanza mi cerebro porque procede de una infección de mis senos o de mi oreja media, o de cualquier otra parte del cuerpo, esto indica mi ira frente al asumir mi vida y el miedo que siento de perder el control de mi autonomía.

Sugerencias y Recomendaciones

Entonces debo hacer confianza en el poder divino que me habita y que me guía hacía soluciones que me ayudan a descubrir mi pleno potencial.

cerebro
apoplejía

La apoplejía se produce seguidamente a la disminución de oxígeno en el cerebro y trae una pérdida del conocimiento de corta duración, completa y brutal. Resulta muy frecuentemente de una hemorragia cerebral. La crisis de apoplejía es la manifestación de la necesidad extrema de resistir a la vida y a los cambios, del rechazo y de la negación de varios aspectos de mi vida y de mi ser. El vehículo de mi alegría de vivir, la sangre, ya no consigue irrigar convenientemente una parte del cerebro. Esta parte deja de funcionar y sigue la parálisis. Si resisto a la vida, estoy de acuerdo con abandonar y mantenerme cerrado. Prefiero morir: es más fácil y la destrucción es mi única salvación. ¡Es el fracaso! Esta parálisis me impide expresar plenamente mi energía vital y mi potencial creativo. Mis actividades están ahora limitadas.

Sugerencias y Recomendaciones

Si quiero hallar la alegría que alimenta mi vida, rápidamente debo abrirme a la intuición y al amor y expresar más lo que siento. Empiezo sobre todo a tener más confianza en la vida.

Ver desmayo, sangre-hemorragia.

cerebro
conmoción cerebral

Resulta de una sacudida en la masa del cerebro a consecuencia de un traumatismo craneal. En general, la conmoción proviene de un accidente o golpe en la cabeza. Véase accidente y problemas en el cerebro, agregando que la persona sintió una emoción violenta, un choque o una turbación.

La conmoción cerebral es la sacudida del conjunto del cerebro durante un traumatismo de cráneo, conduciendo a un coma provisional. La conmoción es una forma de huida, un medio brusco y directo de pararme y observar francamente lo que está sucediendo en mi vida. La conmoción cerebral viene a hacerme comprender que inconscientemente, me agarro tanto a mis viejas ideas o actitudes que chocan con las nuevas que quieren tomar lugar. Indirectamente estoy llevado a pararme, a hacer un examen de mi vida y ver en qué dirección quiero ahora dirigirme. Vuelvo a mis prioridades. También, quizás tenga la cabeza "demasiado llena de ideas", me disperso demasiado, necesito volver sobre la tierra. Hay bullicio y sigue el impacto. La conmoción sucede después de una herida en la cabeza o de un accidente que "golpea" la cabeza, el cerebro y lo mental. Mi cuerpo está temporalmente "ido" e inconsciente. ¿A dónde he llegado en mi vida? ¿Cuál orientación voy a tomar? ¿Va mi mental en todas direcciones al mismo tiempo, sin verdadera orientación?

Sugerencias y Recomendaciones

Probablemente necesito volver a la tierra, a la realidad, para resolver "en la realidad" y de un modo más apropiado las situaciones que vivo actualmente. Es posible evitar la conmoción aceptando mantenerme muy abierto a lo que sucede en mi vida.

cerebro
desmayo

Un desmayo se diagnóstica por la pérdida de consciencia total, reversible, pero breve. La pérdida de consciencia procede de una carencia de oxigenación del cerebro. Puede ser la consecuencia de un paro cardíaco pero no necesariamente. Esto puede proceder de una forma de asfixia o estar vinculado a vasos sanguíneos que se dilatan brutalmente después de un golpe emocional, dejando poca sangre en el cerebro, por lo tanto poco oxígeno. Es la mente que deja mi cuerpo durante un corto instante. Es como si eligiera replegarme sobre mí y cortarme del mundo físico; estoy en rebelión, sin saber cómo enfrentarme con cierta situación. Este estado no puede compararse al de un yogui (se dice de una persona que ha alcanzado cierto estadio en su evolución espiritual. Por la práctica de la meditación, puede dejar su cuerpo conscientemente por un tiempo variable. Ciertas personas incluso pueden frenar o prácticamente parar los latidos de su corazón para activarlos luego otra vez) ya que éste está en pleno dominio de una disciplina que quiere liberar su mente de todas las coacciones del cuerpo en la armonización del movimiento, ritmo y aliento.

Sugerencias y Recomendaciones

Tomo consciencia de lo que me ha llevado a huir así mi cuerpo físico, cuál es la angustia, el sentimiento de pánico interior que produjo tal situación. Sé que en todas circunstancias, estoy guiado y protegido y acepto mantenerme plenamente consciente de la vida que está en mí.

Ver cerebro-epilepcia.

cerebro
dolencias del cerebro

Los problemas de mi cerebro me indican que tengo tendencia a querer comprender con mi cabeza y mi lado racional todas las situaciones que vivo. Dejo de lado mis emociones con las cuales temo entrar en contacto intentando convencerme que no sirven de nada o que pueden ser más nocivas que útiles. ¡Adquirí una gran rigidez en cuanto a mi modo de pensar y quiero absolutamente tener razón! Es pues difícil para mí cambiar de opinión y admitir que puedo haberme equivocado.

Sugerencias y Recomendaciones

Por lo tanto tengo ventaja en poner de lado mi aspecto demasiado "adulto", serio y racional y a recobrar mi lado "niño" que ama reír, disfrutar y que irradia por su ingenuidad y su deseo de aprender.

cerebro
encefalitis

El encéfalo está constituido por el cerebro, el cerebelo y el tronco cerebral. El encéfalo es pues la parte superior de mi sistema nervioso que controla todo mi organismo. El encéfalo representa pues mi individualidad en su más alto nivel. Si bien, en general, la cabeza representa también mi individualidad, el encéfalo representa mi individualidad interior. Cuando hay una infección inflamatoria del encéfalo, llamada encefalitis, esto corresponde a un sentimiento de ira para con quien soy yo. Digo no a la vida para los cambios que me brinda. Temo perder mi individualidad, mis adquiridos dentro de lo que soy. Tengo miedo de perder el control de mí mismo y de lo que me pueda suceder. Me siento limitado en la expresión de mí mismo.

Sugerencias y Recomendaciones

Debo abrirme a nuevas facetas de mí mismo, tener confianza en la vida. Sustituyo la rigidez por la flexibilidad, el enmarcado estricto de ciertas partes de mí mismo por la apertura para descubrir nuevas facetas. Me doy amor y la comprensión que necesito y dejo que la paz interior se instale en mí.

cerebro
epilepsia

La epilepsia es una afección nerviosa crónica caracterizada por la repetición más o menos frecuente de crisis convulsivas, generales o localizadas, de desarrollo estereotipado. Su aparición es imprevisible y generalmente de corta duración.

La persona que sufre esta enfermedad es del tipo que no se perdona un paso en falso, un lapsus. Trata de ocultar sus errores por todos los medios. Se acusa mucho y le falta amor hacia ella misma. Para compensarlo, intenta que los demás llenen ese vacío. Tiene deseos internos de violencia, que se revierten contra sí misma. Una crisis de epilepsia es una forma de autoagresión.

Por otro lado, con frecuencia sucede que las primeras crisis, durante la infancia, le permitieron recibir atención y afecto, o desviar la atención de los demás de un paso en falso dado previamente. También es posible que esta enfermedad haya servido para ocultar los pasos en falso de los padres, ya que el tiempo que dedicaban a ocuparse de ella permitía que se acercaran.

La epilepsia está causada por una mala comunicación entre las células del cerebro. El influjo nervioso acumulado que resulta crea una sobrecarga y la formación de ondas de choque que atacan las demás partes de mi cerebro. Las crisis de epilepsia pueden ser de diferentes intensidades. Así, puedo formar parte de las personas que simplemente están "en la luna" durante algunos instantes o formar parte de los que pierden consciencia completamente y sufren convulsiones bastante fuertes durante cinco a diez minutos. Para vivir tal situación, seguramente me parece que la vida sólo me aporta rechazo, violencia, ira y desesperación. Tengo la sensación de siempre tener que luchar. Me siento perseguido. Me siento culpable de la agresividad que sube en mí y la rechazo. Estoy harto, esto me exige demasiados esfuerzos. Rechazo esta vida que se esfuerza en hacerme sufrir. Quiero volverme insensible replegándome sobre mí mismo. Frecuentemente es la desesperación o la ira las que me incitan a ello. Al mismo tiempo, voy a sentirme apaleado por la vida, dejando que ésta traiga cierta violencia hacía mí. Es extremo el rechazo de mí mismo y resulta un conflicto de individualidad. Durante la crisis de epilepsia, mi cuerpo se pone rígido para protestar contra estas heridas y las convulsiones irrumpen, tales muy fuertes olas que me permiten dejar salir mi cólera, mi amargura y mi agresividad largo tiempo reprimidas. No tengo otra alternativa que la de dejarme ir a los sentimientos intensos que me habitan. Huyo en lo inconsciente estas situaciones que me hacen tanto sufrir, bien porque tengo miedo, que estoy molesto o que padezco. El mental no tiene, en ese momento, ningún control. La epilepsia avisa así mi entorno de mi gran necesidad de amor y atención. La causa profunda de la epilepsia remonta frecuentemente al principio de la infancia y puede incluso remontar al tiempo del embarazo: siendo niño, culpabilicé mucho: esto me sigue a lo largo de mi vida y veo ésta como un combate de todos los días. También se puede tratar de un abuso, sexual u otro, o percibido como tal, o de un rechazo anterior o vivido en la tierna infancia, tal como una separación. El hecho de sentirme separado de alguien implica una pérdida de contacto en el plano físico con éste. La crisis de epilepsia puede proceder por lo tanto de un modo de obtener o ganarse más atención como de reforzar mi sentimiento de superioridad. Al indicar la epilepsia una sobrecarga del circuito nervioso, esto demuestra que lo que he de tratar en mi vida de cada día es excesivo; se produce una situación en la que debo elegir. Este sentimiento de estar sobrecargado puede ser el resultado de sucesos que aumento (exagero) en mi mente. Esta exageración puede llevar a la arrogancia llevándome a pensar que sé más que nadie. También puede existir una tendencia a una abstracción demasiado grande o incluso, una adhesión demasiado grande a los reinos psíquicos. Así evito tratar con la realidad objetiva. La epilepsia también puede ser la consecuencia de un miedo atroz que tengo (por la muerte, la enfermedad, el miedo de perder a alguien, etcétera); Una coloración de motricidad, como para impedirme adelantar, se suma a mi miedo (por ejemplo; si debo ir a un entierro (muerte) y que no quiero ir).

Sugerencias y Recomendaciones

Si sufres de epilepsia, tu cuerpo te dice que es momento de darte cuenta de que lo único que tienes que hacer para recibir afecto o sentir que conmueves a los demás es sembrar ese afecto y cosecharlo. No tienes que hacerte sufrir para recibirlo. Ya tienes mucho más de lo que te imaginas, pero tú no lo ves.

Te ayudaría confirmar con quienes amas qué representas para ellos. Puedes concederte el derecho de cometer errores y dar pasos en falso sin culparte y sin creer que los demás van a dejar de quererte. Esto evitará que sigas sintiendo ira y sentimientos violentos en tu interior, y así podrás expresar todo el dolor que te invade.

Tomo consciencia de lo que sucede en mí y acepto concentrar mis esfuerzos ya no exclusivamente sobre lo negativo y darme cuenta de cuanto amor y salud me brinda también el universo.

Ver también convulsiones.

cerebro
estado vegetativo crónico

Cuando estoy en este estado, no tengo actividad consciente detectable. Vivo en un estado comúnmente llamado "vegetativo". Mi cerebro está afectado después de un paro circulatorio prolongado o a causa de un traumatismo craneal. Mi cerebro corresponde a mi individualismo, vivo grandes miedos o culpabilidades, hasta querer inconscientemente huir la vida.

Sugerencias y Recomendaciones

El hecho de que aún esté vivo permite a mis parientes cercanos amansar progresivamente mi salida de este mundo y expresarme su amor mientras que yo, puedo empezar a prepararme en la calma para dejar este mundo por realidades y planos de consciencia superiores.

Ver enfermedad crónica.

cerebro
hemiplejía

La hemiplejía es una parálisis de una mitad del cuerpo (izquierda o derecha) causada por una lesión del cerebro. Puede darse después de un gran golpe, tanto físico como emocional, como por ejemplo el fallecimiento de un ser querido, lo cual conllevara frecuentemente un estado muy profundo de desesperación y una sensibilidad altamente afectada. Una explosión de rabia puede también ser su causa.

Sugerencias y Recomendaciones

Mi cuerpo me dice que una parte de mí ya no puede actuar. ¿Es un sentimiento de impotencia frente a una situación preocupante? El lado afectado indica si el lado afectivo (lado izquierdo) o mi lado racional (lado derecho) están implicados. Me doy tiempo para curar mis heridas, sabiendo que toda experiencia, por difícil que sea, me permite hacerme más fuerte.

Ver también cerebro-abceso del cerebro, accidente cerebro vascular.

cerebro
meningitis

La meningitis es una inflamación de las meninges, es decir, de las membranas que rodean y protegen al encéfalo y la médula espinal. En general, el principio de una meningitis es violento, con malestar repentino, escalofríos, vómitos y altas temperaturas. Además, la nuca puede ponerse rígida y presentar dolor.

Esta enfermedad puede ocasionar la muerte si no se le atiende a tiempo, por lo cual el mensaje que comunica se relaciona con la vida y la muerte. Se manifiesta en alguien que vive de pronto algo muy difícil de aceptar, y por lo que siente mucha ira. Para dicha persona, ese acontecimiento inesperado y violento es una gran desgracia. Vive en estado de choque emotivo. También hace demasiados esfuerzos intelectuales para comprender.

La meningitis es una infección del líquido cerebral resultando de la inflamación de la membrana que recubre el cerebro y la médula espinal. Indica una debilidad del sistema inmunitario y una incapacidad en auto-protegerse. La meningitis me señala una debilidad y una incapacidad en luchar contra presiones exteriores muy fuertes, sobre todo en el plano intelectual. Es frecuentemente porque tengo dificultad en protegerme. Siendo hipersensible, vivo todo más intensamente y estoy afectado más profundamente incluso por cosas que parecen comunes a los demás. Esta enfermedad me da el mensaje de preservarme de los golpes que vienen del exterior y de no sentirme culpable de las actuaciones de los demás, responsabilizándome. O sea, es la rebelión que ruge, estoy contrariado y el miedo se apodera de mí. El cerebro rige todo el cuerpo y la meningitis implica pues una profunda debilidad interior que me ataca en lo más hondo de mi ser.

Sugerencias y Recomendaciones

El mensaje que recibes con esta enfermedad es muy importante. Se presenta para que te des cuenta de que crees en algo que es nefasto para ti en este momento. Este gran enojo, y quizás el sentimiento de culpa que experimentas porque te impides vivir con alegría y felicidad, están a punto de causarte la muerte. Tu cuerpo te dice que es momento de permitirte vivir porque reencarnaste en este planeta con una meta precisa, y mientras no la consigas, te faltará algo para conocer la felicidad verdadera. Tienes derecho a vivir como todo lo que vive en este planeta.

La meningitis pone en peligro la central de mando de mi cuerpo, el cerebro, debo imperativamente decidir vivir y asumirme, conservar la "cabeza alta" y hacer brotar en mí esta fuerza interior que me permitirá seguir una vida enriquecedora y llena de experiencias maravillosas.

Ver enfermedades inflamatorias, inflamación, sistema inmunitario, cabeza.

cerebro
parálisis cerebral

La parálisis cerebral se produce frecuentemente ya en el momento de nacer y se manifiesta por una anomalía al nivel del cerebro. El músculo cerebral está paralizado parcialmente o totalmente, según la naturaleza del traumatismo. Me pregunto frecuentemente por qué yo, como niño, ya en el nacimiento, padezco ya de esta parálisis. Puedo suponer una trama kármica anterior (causa vinculada a una vida anterior), o una experiencia "antes del nacimiento" tan violento, un traumatismo mental tan intenso que conlleva un cierre total, un paro de cualquier movimiento hacia delante, impidiendo el progreso. Es aún un estado irreversible (digo aún porque no se puede predecir la medicina del futuro) y no puedo liberarme de esto a pesar del amor incondicional y de la atención de la gente que me rodea.

Sugerencias y Recomendaciones

La curación será más bien sobre el plano espiritual si se manifiesta.

cerebro
parkinson

Los síntomas característicos de la enfermedad de Parkinson esta enfermedad se asocian en proporciones variables: temblor, rigidez y trastornos complejos de la motricidad voluntaria e involuntaria; el rostro está fijo, la cabeza permanece inclinada hacia delante, el habla se modifica, el timbre de voz se vuelve sordo y cada vez más débil; se altera la escritura y la vida común se realiza con lentitud. Los hombres son los más frecuentemente afectados.

En general, esta enfermedad se manifiesta en la persona que tiene miedo de no poder retener a alguien o a algo; por esta razón, comienza en las manos. El enfermo es una persona rígida que desde mucho tiempo atrás se ha reprimido para ocultar su sensibilidad, su vulnerabilidad, su ansiedad y sus temores, sobre todo en sus momentos de indecisión. Su mayor deseo era controlarlo todo y ahora su enfermedad le dice que ha llegado a su límite y que no puede hacerlo, ni para sí misma ni para los demás. Su sistema nervioso se ha cansado de mantener toda esa tensión interior que él creó para ocultar todo lo que sentía.

La enfermedad de Parkinson es la deterioración de los centros nerviosos del cerebro, especialmente en las regiones controlando los movimientos. Aparecen temblores que suelen afectar las manos y la cabeza. Cuando tiemblo, es porque siento o veo un peligro que me amenaza o amenaza a una persona a quien quiero; bien el temor a perder el control (¡el cual voy perdiendo cada vez más!), la inseguridad o la impotencia de progresar en la vida. También puedo haber vivido un traumatismo: un abuso o dificultades que dejaron huellas y frente a las cuales vivo los sentimientos siguientes: pena, frustración, culpabilidad, rabia, depresión que me llevan al agotamiento, al desánimo y que quiero huir en vez de enfrentarme a ellos y resolverlos. Me auto destruyo lentamente, produciendo la deterioración de la función nerviosa actual. Una impotencia al nivel de la motricidad de mis miembros superiores (en particular mis brazos y mis manos) tiene su origen muy frecuentemente en una situación que vivo en la cual quería rechazar a una persona, una cosa o un acontecimiento o, al contrario, la quería retener y me sentí incapaz de ello (bien físicamente o moralmente). Si están afectados los miembros inferiores (mis piernas y mis pies), es con ellos que me hubiese gustado rechazar o volver a traer a mí la persona, cosa o acontecimiento de referencia. Tengo el placer de huir esta situación en la cual me siento desbordado y que percibo sin salida.

Sugerencias y Recomendaciones

Por ser una enfermedad que evoluciona lentamente, la persona afectada tiene la oportunidad de revertir el proceso. Si este es tu caso, aprende a confiar más en el Universo y en la gente. Revisa tus ideas con respecto a ceder ante los resultados que obtienes y los de los demás. Tu parte interna, aquella que cree que tú y los demás debéis conteneros para que todo sea perfecto, está exhausta. Date el derecho de no ser perfecto, de estar indeciso e incluso de equivocarte. De este modo te será más fácil darles ese derecho a los demás. De la misma manera, acepta la idea de que es muy humano tener miedo y de que no puedes ser el hombre o la mujer perfecta que creíste debías ser.

Debo reasumirme y aprender a controlar MI vida y no la de los demás, haciendo confianza en la vida y decirme que merezco vivir.

Ver temblores.

cerebro
pérdida de equilibrio o aturdimientos

En el plano físico, el equilibrio se conserva gracias a la repartición de mi peso sobre mi cuerpo, lo cual me permite moverme sin inclinarle de un lado o de otro. Las órdenes del movimiento, en cuanto a ellas, vienen de mi cerebro: bien de mi sistema visual, de mi sistema propioceptivo (hecho de receptores microscópicos informándome sobre mis articulaciones, del tono muscular y de la posición de mis articulaciones), bien de mi sistema vestibular de mi oído interno. Cuando mi cerebro se siente desbordado por las situaciones o los acontecimientos. Está estirado en todas direcciones al mismo tiempo y pierde su equilibrio. La pérdida de equilibrio o aturdimiento se asocian frecuentemente con la hipoglicemia (falta de azúcar): carezco de dulzura en mi vida. Esta huida puede ser vinculada a una situación o a un individuo que me da la sensación de tener una evolución demasiado rápida para mí. Estos vértigos se producen cuando mi realidad se hace agotadora, porque entretuve ideas erróneas que han aflorado como consecuencia de mis esperanzas las cuales no necesariamente estuvieron satisfechas. Entonces pierdo mi sentimiento de equilibrio y de armonía. Aunque el aturdimiento pueda proceder de diferentes causas de orden físico como la hipoglicemia (falta de azúcar en la sangre), la hipotensión (presión sanguínea baja), una disminución del ritmo cardíaco, este malestar se vincula a la huida. En efecto, cuando me siento estirado, conscientemente o no, busco "aturdirme" para olvidar lo que vivo.

Sugerencias y Recomendaciones

Tomo consciencia de que voy en excesivas direcciones a la vez y me concedo el tiempo necesario para recuperar mi equilibrio. Acepto concederme tiempo y dulzura. Tomo el tiempo de saborear lo que es bello y bueno en mi vida.

cerebro
tics

Un tic es un movimiento anormal, brusco, involuntario e intermitente, generado por la contracción de uno o varios músculos, que reproducen un gesto de manera imperfecta. Estos tics se presentan con mucha más frecuencia en los músculos de la cara que en los restantes músculos del cuerpo.

La persona con un tic nervioso se ha controlado tanto durante años que ahora ha llegado a su límite. Su tic nervioso demuestra su pérdida de control. Desea mostrar sus angustias, su tristeza, sus miedos, sus inquietudes y sus límites, pero no se lo permite. Sobre todo tiene miedo de lo que los demás piensan de ella. Por eso el tic está en el rostro. Es lo primero que vemos de la persona. Si ataca a otros músculos, observa qué utilidad tiene la parte del cuerpo afectada para saber en qué área se da el control.

Los tics, definidos como siendo la ejecución repentina de movimientos repetitivos e involuntarios, demuestran un desorden de la tensión nerviosa y un desequilibrio al nivel del cerebro. Si tengo un tic o tics, hay muchas probabilidades de que sea un ser muy emotivo, que reprimo mucha agresividad y que, de joven, haya percibido la educación recibida como muy severa y perfeccionista.

Así es como exteriorizo mi inquietud y la amargura que siento muy adentro mío. Si soy un chico, puede que haya sido afectado por acciones que alguien que representaba la autoridad para mí me pidió hacer. Esto explicaría por qué hay 4 veces más chicos que chicas que padecen tics. Las muchachas, en general, suelen ser más receptivas frente a la autoridad y por lo tanto, menos afectadas, de un modo general, por este aspecto. Puedo haberme sentido contrariado de cara a ciertos movimientos que me impidieron hacer siendo más joven (por ejemplo, si se me prohibía moverme en la iglesia) y ahora mi cuerpo se mueve, muy a pesar mío, como por reacción, rebelión contra lo que se me prohibió hacer. Incluso puedo haber tenido la sensación de "ser cobarde" delante de alguien.

Sugerencias y Recomendaciones

Tu cuerpo te dice que controlarte pudo haberte servido durante un tiempo, pero ahora ya no puedes hacerlo. No necesitas dar una buena imagen como lo aprendiste de niño. Debes permitirte dejar que salgan tus emociones, miedos, deseos y aspiraciones delante de los demás, sabiendo que es posible que no estén de acuerdo o que te juzguen. Dales ese derecho incluso antes de expresarte. Hazlo por amor a ti mismo.

Tengo interés en tomar consciencia de este estado y expresar claramente mis necesidades.

cerebro
tumor en el cerebro

El tumor es una proliferación excesiva de las células anormales en el cerebro. El tumor está conectado con emociones reprimidas, pesares profundos, sufrimientos del pasado. En el cerebro, el tumor primitivo que se desarrolla a partir de células del cerebro significa que mi central del tratamiento de las informaciones registra aún ciertas ideas, creencias o esquemas mentales que ¡ya no tienen su razón de ser! El tumor resulta de un golpe emocional y violento vinculado a una situación o una persona a quien amé mucho o a algo que me hizo sufrir mucho o frente a la cual mantengo aún hoy odio, rencor, miedos, cólera y frustraciones. Si mi tumor se sitúa en la parte superior del cerebro, en medio o en la hipófisis, es frecuentemente debido a un impacto emocional o bien porque tengo miedo por mi espiritualidad, mi intuición, etc. Soy testarudo y rechazo cambiar mi modo de ver aquí y ahora, aceptar mi vida y todo lo que la acompaña. Soy rígido y fijado en mis pensamientos, interiormente estoy confuso. Transporto energía mental que ya no corresponde a mis necesidades más profundas y que es lo opuesto de mis deseos divinos. Mi cuerpo reacciona fuertemente y brota entonces una producción fuera de control de ciertas células del cerebro.

Sugerencias y Recomendaciones

Es un estado crítico y peligroso y debo transformar mi actitud cerrada en una apertura de corazón si quiero parar este tumor. A partir de ahora, acepto ver la vida de un modo más abierto y flexible. Está en constante transformación y evoluciona siempre hacia lo mejor. Mi confianza personal me permitirá alcanzar este objetivo.

CESÁREA

Nacimiento por cesárea (consecuencias):

En la cesárea programada, el niño pone en marcha una acción, que es la de nacer, y lo sacamos porque no hay otra posibilidad. Esto dará personas que ponen en marcha una acción en sus vidas y al cabo de un tiempo, se paran. Es como si siempre tuviésemos que ir en busca de ellos, al vientre de su mamá.

CONFLICTO: dificultades en la vida, en el trabajo, en la escuela... Viven el trabajo como un sufrimiento. "Me siento impotente ante la vida". "Me siento incapaz de llevar mis cosas y tomar mis propias decisiones".

Parto (madre):

Ambiente familiar conflictivo con respecto al macho. No quiero parir. "No quiero traer a mi hijo a este mundo". "Salir es peligroso" (niño).

CHALAZIÓN

Es un pequeño tumor inflamatorio (nódulo rojo, blando) situado habitualmente en el borde interior del párpado. Al estar generalmente vinculado un tumor a un impacto emocional, se produce cuando vivo una emoción intensa delante de lo que veo o vi.

Sugerencias y Recomendaciones

Puedo comprobar de qué párpado o qué ojo está afectado: el ojo izquierdo corresponde al campo afectivo y el ojo derecho representa lo racional y las responsabilidades. Me mantengo abierto a lo que veo y estoy mucho más centrado sobre mí mismo.

Ver también párpados.

CHUPARSE EL PULGAR

Al chuparme el pulgar, deseo así volver a crear la sensación de bienestar que sentía cuando estaba en el vientre de mi madre. También ocurre que el pulgar esté sustituido por el dedo medio o corazón, el cual representa la sensibilidad. El calor y la humedad de mi boca me procuran la seguridad, la sensación de estar al albergue del mundo exterior.

Sugerencias y Recomendaciones

Debo reforzar mi sentimiento de seguridad interior, cuidando de mí y dándome placer.

CICATRIZACIÓN

Hay problemas de cicatrización cuando una úlcera, una quemadura o cualquier herida en el cuerpo no sana.

La persona afectada por este problema no quiere utilizar su enfermedad/accidente para aprender o mejorar personalmente. Sigue conservando su antiguo problema. Incluso puede utilizar su herida como un medio de chantaje para seguir llamando la atención de los demás.

Sugerencias y Recomendaciones

Te sugiero encarecidamente que revises cuál es el malestar, la enfermedad o el accidente que ocasionó tu herida para que puedas comprender el mensaje que tu cuerpo te envía. El hecho de conservar viejos asuntos te perjudica únicamente a ti. Obstaculizas tu camino hacia adelante y te impides vivir el momento presente. Vives todavía aferrado al pasado. Tu cuerpo te dice que utilices tu energía para crear planes diferentes para el futuro en lugar de gastarla en mantener viva una vieja herida.

CIÁTICA

La ciática es una afección del nervio ciático, el más largo del cuerpo humano. El comienzo de la ciática suele ser violento, marcado por un dolor intenso en una parte del nervio.

En general, la persona que sufre de neuralgia en el nervio ciático, se siente insegura ante su porvenir o vive un miedo inconsciente a carecer de dinero y de bienes materiales. Dije inconsciente porque he podido observar que este problema le ocurre generalmente a personas con posesiones a las que, además, les resultaría muy difícil perder lo que tienen. Este problema se sitúa sobre todo en el nivel del "tener". La persona es inconsciente porque no se cree apegada a los bienes materiales. Se sentiría culpable porque aprendió que no está bien o no es espiritual amar los bienes terrestres. Esta culpabilidad le impide avanzar, le impide enfrentarse a la vida y arriesgarse más, con lo que ésta se vuelve demasiado monótona. Un dolor en el nervio ciático indica también rencor, agresividad reprimida y un rechazo a someterse a una idea o a una persona, siempre en el terreno material.

El nervio ciático empieza en la parte lumbar (parte inferior de la espalda) de la columna vertebral; atraviesa la nalga, el muslo y la pierna y baja hasta el pie. El dolor sentido me paraliza. Puede que el dolor se manifieste más en una pierna que en otra. Entonces estoy preocupado financieramente. Si mi pierna derecha está afectada, quizás es porque tengo miedo de carecer de dinero y de no poder hacer frente a mis responsabilidades en lo que a mí respecta. Si el dolor se sitúa en mi pierna izquierda, mi falta de dinero puede intensificar mi sentimiento de no poder darlo todo, en el plano material, a la gente a quien amo. Temo que su amor para mí esté afectado. Me hago ilusiones, me creo muy espiritual y desapegado de los bienes materiales (una especie de hipocresía). Sin embargo, el miedo a carecer de dinero me persigue y me vuelve muy ansioso. Trabajo mucho, tengo grandes responsabilidades y, a pesar de todos mis esfuerzos, siento a pesar de todo ciertas dificultades financieras. Mi cuerpo se pone rígido: me siento pillado.

Me vuelvo constantemente a cuestionar. ¿Qué es lo que no hago? ¿Poseo los conocimientos y el talento necesarios para hacer frente a una nueva situación? Mi inseguridad me lleva a rebelarme. Estoy rencoroso contra la vida. Llego a desarrollar un sentimiento de inferioridad. Puedo rehusar "doblarme" delante de alguna persona o situación. Insidiosamente, la agresividad se instala y mi comunicación con los demás se resiente. Tengo interés en calmar mis nervios porque, en este momento, tengo la sensación de tener un "nudo en los nervios". Tomo consciencia de mi confusión interior y de mi dolor (tanto interiores como exteriores) frente a la o las direcciones de mi vida, aquí y ahora. Este dolor resulta frecuentemente de mi obstinación a querer agarrarme a viejas ideas en vez de abrirme al cambio y a la novedad. Esta situación es frecuente en la mujer embarazada que vive una confusión interior y un dolor referente a la dirección ahora tomada en su vida: dudas, temores e inquietudes pueden aflorar.

Relacionado con:

L5 S1 = colaterales + lo sagrado (los 6 instantes sagrados: concepción, nacimiento, edad adulta, paternidad, ser abuelos y muerte.)

L4 + L5 = las normas/reglas + colaterales

Miedo a ir hacia adelante en la nueva dirección que me trae la vida. Doblarme delante de una persona o situación.

Pierna derecha: "Tengo miedo a carecer de dinero, a no poder hacer frente a mis necesidades financieras". (Mis necesidades) y acción contrariada.

Pierna izquierda: "No puedo darlo todo a las personas que amo". (Las necesidades de los que quiero) y deseo contrariado.

Temor al futuro y a carecer de bienes materiales, inseguridad ante el porvenir. Rencor, agresividad reprimida, rechazo a algo o a alguna persona.

El nervio ciático está frecuentemente relacionado con una gran inseguridad en cuanto a mis necesidades de base: vivienda, alimento, dinero.

Hipocresía. Temor al dinero y al futuro.

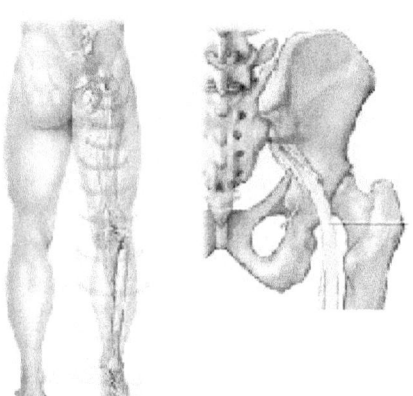

Sugerencias y Recomendaciones

Tu cuerpo te está mandando un mensaje importante, porque el dolor que sientes con esta ciática es una indicación del mal que te haces con tu forma de pensar. ¿Por qué quieres castigarte? La intensidad de tu dolor indica el grado de castigo que crees merecer. Para empezar, debes darte cuenta de que estás apegado a los bienes materiales; después debes darte el derecho de SER. Atrévete a admitir que tienes miedo de perderlos. Si el arriesgarte más está verdaderamente más allá de tus límites porque tienes demasiado miedo de perder tus bienes, acéptalos por el momento y decide actuar tan pronto como puedas.

También es importante que dejes de creer que es malo desear los bienes terrenales: ello es algo totalmente humano. El día que tengas la confianza suficiente en tu capacidad de crear lo que necesites, no tendrás miedo de perder tus bienes y podrás permitirte continuar queriéndolos, pero sin estar apegado a ellos. En lo que concierne al rencor, te sugiero que realices las etapas del perdón ya mencionadas. El perdón te dará más flexibilidad y suavidad con respecto a las ideas de los demás y a sus formas de ser. Te liberarás de la impresión de que tienes que someterte a los demás.

No debo juzgarme, sino aceptarme tal como soy. Acepto que la fuente de mi verdadera seguridad está en mí y no en los bienes que poseo. Suelto y hago confianza en el universo, porque es abundancia para todos en todos los planos: físico, mental y espiritual. Haciendo confianza al universo, hago confianza a la vida. Elijo aceptar la flexibilidad, descubro la verdadera riqueza, la que tengo en mi interior. El verdadero valor de un ser se mide a su nobleza de alma. Acepto mis límites, tomo consciencia de mis temores, los integro. Decido adelantar en la vida, me dejo guiar en toda seguridad por mi bien más grande.

NUEVO MODELO MENTAL: avanzo hacia mi mayor bien. Mi bien está en todas partes; estoy seguro y a salvo.

Esta afección dolorosa comienza en la cadera y se extiende por la pierna, llegando en algunas ocasiones al tobillo. Es producida por la comprensión e inflamación del nervio ciático. Lo más recomendable es el calor, el descanso y la cromoterapia.

CROMOTERAPIA: color curativo azul añil.

TRATAMIENTO: en este caso trataremos el punto del hueso del talón, que corresponde al nervio ciático, y continuaremos por todo el borde del pie, o sea, la columna vertebral, hasta eliminar todas las áreas dolorosas. En todas esas zonas estará presionando las terminales nerviosas de la afección.

CIEGO DEL INTESTINO

CONFLICTO: "suciedad" indigesto. Algo demasiado repugnante para ser digerido. Asunto "feo" que no podemos digerir.

Gran contrariedad, a menudo relacionada con la familia, debido a una acción malintencionada imposible de digerir.

Ejemplo: Niño que presencia una terrible escena de violencia entre sus padres.

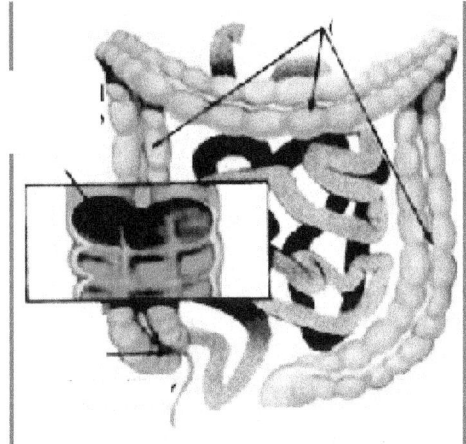

Sugerencias y Recomendaciones

NUEVO MODELO MENTAL: estoy divinamente protegido/a, nada me puede hacer daño, nada real puede ser destruido. Me amo, me acepto y me apruebo. Me perdono a mí mismo, perdono a mi familia y a cuantos me han hecho daño, pido perdón por el daño que yo he podido ocasionar y vivo en paz.

CIFOSIS

Esta enfermedad, caracterizada por una exageración de la curvatura normal de la columna vertebral, afecta principalmente a los niños y a los adolescentes, sobre todo a los muchachos. Su efecto es una espalda redondeada.

El adolescente que presenta esta enfermedad tiene la impresión de llevar todo el mundo sobre su espalda. Con frecuencia vive en una familia que tiene grandes aspiraciones para él. El hecho de tener que prepararse un porvenir digno de un hombre le pesa y le asusta.

Joroba: es la curvatura fisiológica de la columna vertebral en la región dorsal.

Prohibido avanzar sin obstáculos.

"No puedo ser feliz" (porque mi madre está enferma, por ejemplo).

Incapacidad para fluir con la vida. Temor y aferramiento a viejas ideas. Desconfianza en la vida. Falta de integridad. Falta de valentía en las convicciones.

Espalda inclinada: transporta las cargas de la vida. Desvalimiento y desesperanza.

Sugerencias y Recomendaciones

Si eres un adolescente que sufre esta enfermedad, es el momento oportuno para que tomes conciencia de lo que quieres realmente para tu futuro, respetando tus límites. Además, debes darte cuenta de que tus padres (o quienes te rodean), que parecen tener muchas expectativas con respecto a ti, sólo quieren tu bien. En lugar de desear que se quiten de tu espalda, sería bueno que recordaras que todo lo que proviene del exterior no es más que una expresión de lo que sucede dentro de ti. Cuando tengas claro que puedes llegar por ti mismo, sin tener que llevar nada a cuestas, dejarán gustosos que seas tú quien se ocupe de tu porvenir.

NUEVO MODELO MENTAL: libero todos los miedos. Confío en el proceso de la vida. Sé que la vida está a mi favor. Con amor me yergo en toda mi estatura.

Espalda inclinada:

NUEVO MODELO MENTAL: me yergo libre y en toda mi estatura. Me amo y me apruebo. Mi vida mejora cada día.

Ver columna vertebral, espalda-dolores.

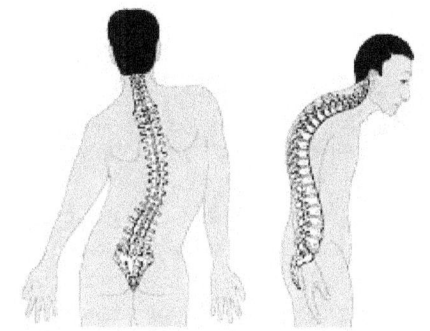

CIGARRILLO

El cigarrillo está vinculado a los pulmones, símbolo de vida, libertad y autonomía, comunicación entre yo y el universo. Está considerado como una forma de protección, un "velo" que me permite ocultar ciertas angustias profundas. Creo protegerme por esta pantalla de humo que me rodea y que me impide ver la verdad. Inconscientemente, el cigarrillo colma también necesidades pendientes de la infancia, primeras tomas de pecho, calor, amor, afecto de la madre. Enciendo un cigarrillo sin pensar en ello, es una costumbre, un gesto automático, una manía que se ha hecho muy importante para mí. Necesito equilibrar en más o en menos mi nerviosidad, mi excitabilidad nerviosa. Quiero encontrar "la paz de mi madre", la seguridad de ésta. Si fumo, es porque huyo una situación demasiado desagradable, mi familia, mi vida. Este humo hace que mis decisiones estén aún más nebulosas. El cigarrillo aumenta el ritmo cardíaco y actúa a título de estimulante. ¿Cuáles son las decisiones que no consigo tomar y que me hacen la vida sosa? Identifico mis necesidades auténticas.

Sugerencias y Recomendaciones

Acepto comunicar más y de un modo más fácil. Si quiero dejar de fumar, sería bueno que hallara la causa emocional a la cual está vinculada esta costumbre, lo cual facilitará mucho el cese. Entonces veré más claramente lo que realmente quiero en la vida y mis necesidades estarán colmadas en armonía con mí ser auténtico.

Ver enfermedad de Buerger, cáncer de lengua, dependencia, pulmones.

CINEPATÍA
ver mal de los transportes

CINETOSIS
ver mal de los transportes

CIRCULACIÓN SANGUÍNEA
ver sangre-circulación sanguínea

CIRROSIS
ver hígado-cirrosis

CIRUGÍA

Le corresponde su lugar. Es buena para curar huesos rotos y remediar accidentes y para estados que ya no se pueden solucionar de otro modo. En estas condiciones, puede ser más fácil operarse y concentrar todo el trabajo curativo en conseguir que la afección no vuelva a repetirse.

Abundan cada día más los profesionales médicos que están verdaderamente consagrados a ayudar a la humanidad. Cada vez más médicos se vuelven hacia las orientaciones holísticas, que buscan curar a la persona como totalidad. Y sin embargo, la mayoría de ellos no trabajan con la causa de ninguna enfermedad; se limitan a tratar los síntomas, los efectos.

Y esto lo hacen de dos maneras: envenenando o mutilando. Si acude usted a un cirujano, generalmente le recomendará que se opere. Sin embargo, si la decisión quirúrgica ya está tomada, prepárese para la experiencia de tal manera que transcurra con las menores complicaciones posibles, y que usted se cure tan rápidamente como sea posible.

Pídales al cirujano y a su equipo que colaboren con usted en este aspecto. Con frecuencia, en el quirófano, los cirujanos y sus ayudantes no se dan cuenta de que, aunque el paciente esté inconsciente, en un nivel subconsciente sigue oyendo y entendiendo todo lo que se dice.

Se de una mujer, miembro del movimiento de la Nueva Era, que necesitó una operación de emergencia y antes de someterse a ella habló con el cirujano y el anestesista para pedirles que por favor pusieran música suave durante la operación y que continuamente le hablaran y se expresaran entre ellos con afirmaciones positivas. Lo mismo le pidió a la enfermera de recuperación. La operación transcurrió sin dificultades, y la recuperación fue rápida y agradable.

Sugerencias y Recomendaciones

A mis clientes siempre les sugiero que se formulen afirmaciones como: «Cada mano que me toca en el hospital es una mano dotada del poder de curar y que no expresa otra cosa que amor» y «La operación se realiza fácil y rápidamente, con un resultado perfecto». También se puede decir: «Me siento perfectamente cómodo durante todo el tiempo».

Después de la operación, procure escuchar a menudo música suave y agradable, y dígase: «Estoy curándome rápida, fácil y perfectamente, y cada día me siento mejor».

Si puede, grábese un audio con una serie de afirmaciones positivas, y escuche una y otra vez la grabación mientras descansa y se recupera. Atienda a las sensaciones, no al dolor. Imagínese que el amor fluye de su corazón, desciende por los brazos y llega a las manos. Póngase las manos en la parte que está curándose, y dígale que la ama y que está ayudándole a que se ponga bien.

CISTITIS

Esta enfermedad es una infección urinaria, con o sin fiebre, con ardor al emitir orina.

La persona que padece una infección urinaria siente mucha frustración ante sus emociones. De ahí el ardor que siente y que los demás no se dan cuenta que le producen. Asimila mal los acontecimientos externos y manifiesta su voluntad de forma desordenada. Espera demasiado de los demás. Su ira interna también le arde.

La cistitis es la inflamación aguda o crónica de la vejiga urinaria, con infección o sin ella.

En hombre: "No puedo marcar el territorio".
En mujer: "No puedo organizar mi territorio".

Sugerencias y Recomendaciones

Esta infección te dice que es hora de hacerte responsable de lo que sientes. Nadie en el mundo tiene la misión de hacerte feliz y ocuparse de tus emociones. Si esperas que los demás te hagan feliz, puedes esperar muchos años. Si esperas que los demás te hagan feliz, puedes esperar muchos años. Recuerda que si sientes esa molesta emoción es porque has acusado a alguien. Si aprendes a amar sin expectativas, te evitarás muchas emociones negativas.

La cistitis, por ser una afección del sistema urinario, se recomienda beber toda el agua caliente que pueda durante el día.

CROMOTERAPIA: color curativo amarillo.

TRATAMIENTO: trabajaremos las áreas correspondientes a la vejiga, los riñones, la región de los ovarios, el hígado, las suprarrenales, el timo y el sistema nervioso. Repita este tratamiento dos veces al día durante quince minutos en cada ocasión.

Infecciones urinarias:

Al malestar y al dolor que produce esta enfermedad se añade la incomodidad de tener que orinar continuamente. Conviene visitar al médico porque las infecciones continuas pueden dañar los riñones.

CROMOTERAPIA: color curativo azul añil.

TRATAMIENTO: debemos aplicar un masaje a las áreas que corresponden a la vejiga y los riñones en el pie izquierdo, luego a presionar los puntos del colon ascendente, descendente y sigmoides, el hígado y los riñones, además de un masaje al bazo, el páncreas, las suprarrenales, el timo, el sistema nervioso y las glándulas tiroides y pituitaria.

NUEVO MODELO MENTAL: libero las pautas de mi conciencia que me han creado este problema. Estoy dispuesto a cambiar. Me amo y me apruebo.

Ver vejiga-cistitis.

CLAUDICACIÓN

La claudicación se caracteriza por una irregularidad en el andar. La causa puede ser muscular, neurológica, vinculada a la parálisis o a la rigidez de un pie, de una rodilla o de una cadera. Es verdad que en mi vida, todo no "funciona" tal y como quisiera. Quiero adelantar pero miedos me impiden adelantar de modo armonioso.

Sugerencias y Recomendaciones

Identificando estos miedos, podré poner más armonía en mi vida, lo cual me ayudará a recobrar más regularidad en mi andar.

Ver sistema locomotor.

CLAUSTROFOBIA

Claustrofobia viene de la palabra latina "claustro" que significa "encerrado". Es pues el miedo irracional de estar ahogado o cogido en una situación o en un lugar cerrado (ascensor, avión, cueva y túnel) en donde no tengo ningún control sobre lo que acontece. Por este motivo, sufro de claustrofobia, la angustia de vivir en lugares "cerrados", solo o con otras personas. Esto puede proceder del momento de mi nacimiento, cuando debía pasar por el "túnel" del cuello uterino. Pude captar el miedo de mi madre en ese momento. Así, el miedo puede proceder del momento en que me hallaba en ese lugar cerrado y seguro que era el útero de mi madre y que las contracciones me obligaron a dejar, lo cual hizo nacer en mí un gran miedo a lo desconocido, a lo que puede suceder. Así, encontrarme en un lugar cerrado puede recordarme este gran miedo que grabé en mí. Tengo la sensación de estar preso y cerrado en una situación en la cual estoy totalmente in poder. ¿Qué debo hacer? Comprobar primero si este miedo no vendría de un cualquier pensamiento, una fijación períodos de mi vida. La mayoría del tiempo, esta fobia procede de un "temor sexual" que se habría dado ya en la infancia. Esto no necesariamente significa que tuvieron lugar contactos o abusos sexuales sino más bien que el temor fue grabado en la memoria emocional y que me sentí cogido o que tuve miedo de sentirme cogido en esta situación de carácter sexual.

Sugerencias y Recomendaciones

Acepto pasar a la acción y liberarme de esta claustrofobia por el medio que mejor me convenga. Frecuentemente, una psicoterapia podrá ser oportuna para cambiar la memoria emocional y llevarme a vivir con más libertad interior.

Ver angustia.

CLAVÍCULA

La clavícula es un hueso largo que se extiende de manera oblicua desde el esternón al omóplato. Las fracturas, al igual que los esguinces, son frecuentes en este hueso. Algunas personas sienten un dolor repentino en ella sin causa aparente.

Como todos los problemas relacionados con huesos tienen que ver con la autoridad, la persona que siente dolores repentinos en la clavícula vive un problema de autoridad con quien le da órdenes y ante quien le resulta difícil afirmarse. El problema está relacionado con lo que esta persona quiere hacer, en contraste con lo que se le impone.

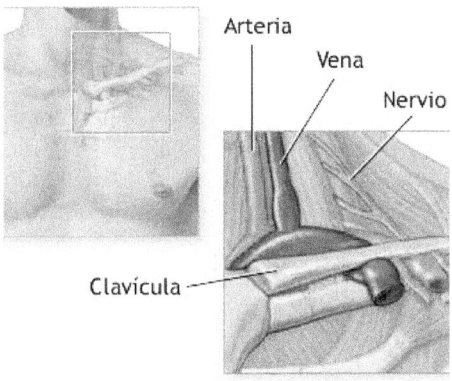

La clavícula es un hueso largo en forma de "S" alargado que encuentro al nivel del hombro y vinculado al esternón, arriba y en el centro de la caja torácica. Al estar directamente unida al hombro la clavícula, un dolor en la clavícula significa mi ira contra las responsabilidades que me dan y frente a las cuales puedo vivir un sentimiento de sumisión y obligación. Frecuentemente, una fractura en la clavícula sucede después de una caída en el hombro e indica que vivo una fuerte presión por mis responsabilidades. La emoción engendrada puede llevarme a pensar que voy a "romperme" bajo el peso de mis responsabilidades.

Conflicto de Hércules : conflicto con lo que creemos (Divino). "Yo puedo con todo". "No he podido apoyarme sobre mi padre". "Necesito apoyarme sobre mi padre para poder crecer".

Articulación Esterno-clavicular: "Noción de realización". Articulación Acromio-articular: "Noción de separación".

Sugerencias y Recomendaciones

Es importante que te des cuenta de que tienes derecho a opinar y que mientras dejes que tus temores dirijan tu vida, seguirás dejando que otros te ordenen. Además, como todo dolor indica que la persona quiere castigarse por algo, es muy probable que te sientas culpable por tener pensamientos de rebeldía y que te acuses de no tener el valor de hacer lo que quieres. Aun cuando en tu niñez hayas permitido que te ordenaran porque tenías miedo a tus padres, esto no quiere decir que debas seguir así toda la vida. Si expresas lo que sientes y haces tus demandas, verás que tus temores dejarán de tener fundamento y afirmarte será más fácil de lo que pensabas.

Miro las situaciones con objetividad y empiezo a comprender que la vida no puede darme más responsabilidades de las que puedo tomar. Hago confianza y me esfuerzo en hallar las soluciones u otro punto de vista que me ayudará a mejor tomar la vida.

Ver hombros, huesos-fractura.

CLAVOS
Ver piel-furúnculos

CLEPTOMANÍA

Si, de modo compulsivo, estoy llevado a cometer robos sin razones utilitarias, entonces padezco cleptomanía. Vivo una tensión que procede de un vacío interior aliado a un sentimiento de culpabilidad. Entonces, para mí, el fin justifica los medios y es como si me presentase el reto de poder apropiarme de lo prohibido. Esto me alivia, aun cuando el remordimiento pueda manifestarse en mí más tarde. Es posible que inconscientemente, espere que se me vaya a pillar "la mano en el bolso" porque es para mí un modo de atraer la atención. El hecho de hacer un gesto prohibido puede ser para mí un modo de demostrar mi revuelta frente a la autoridad y de "escupir" ésta. La autoridad que no acepté de joven era o bien la de mi padre, o la de mi madre o de la persona que se encargaba de mi educación.

Sugerencias y Recomendaciones

Puedo recurrir a la psicoterapia para poder identificar este vacío interior o esta rebelión frente a la autoridad y poder volver a poner amor en la situación. Viviré así una paz interior más grande y "los demás también se sentirán mejor".

Ver dependencia, neurosis.

COAGULACIÓN SANGUÍNEA

Obstrucción de la alegría de vivir.

Sugerencias y Recomendaciones

NUEVO MODELO MENTAL: despierto a una nueva vida interior. Me abro y fluyo libre.

COCAÍNA
Ver drogas

CODOS

El codo es una de las partes flexibles del brazo, por lo que te sugiero que veas el significado de dolor de brazo. Además, la expresión tener libres los codos tiene que ver con la libertad para actuar; la palabra codo es también una medida antigua de longitud. El dolor en el codo significa que la persona no dispone de espacio suficiente para actuar con libertad. Se contiene, se pone rígido por temor a ser acorralado. Debe ceder y ocupar su espacio. Si es una fractura, véase también este término.

Los codos representan la libertad de movimiento, la flexibilidad, la facilidad para cambiar de dirección en las nuevas situaciones o las experiencias de vida. Es la articulación adaptable y flexible del brazo que permite la creatividad y la expresión graciosa de mis gestos cotidianos. Un dolor o rigidez en el codo significa una carencia de flexibilidad, el miedo a sentirme "cogido" o arrinconado en una situación desagradable. Los codos siendo vinculados a la acción, puedo ser rígido y juzgar a la gente que tienen un modo de hacer diferente del mío y que pueden volver a plantear mis propias costumbres. Resisto a una nueva dirección por tomar, bloqueando inconscientemente la energía del corazón que va hasta esta articulación. Dos codos en buena salud permiten apretar alguien entre los brazos.

Representan los cambios de dirección y la aceptación de experiencias nuevas. Mi flexibilidad en los cambios de direcciones en mi vida.

Relacionados con la identidad y el trabajo, actividad profesional. "Desvalorización del trabajo funcional". "Me abro espacio".

Eczema o psoriasis: "Me siento separado del trabajo".

Interior del codo: tiene que ver con el afecto, abrazar a alguien. Mirar transgeneracional, duelos.

Ejemplo: Un joven de 18 años se fractura el codo, el vínculo está en que el padre es mecánico y propietario de un taller, quiere que el hijo trabaje con él, y el hijo no quiere. Él quiere ser DJ, está en conflicto porque no lo puede manifestar, es una Conversión Repetitiva a Mínimos, ya que tiene duración de varios meses. Se fractura el codo para no ir a trabajar.

Sugerencias y Recomendaciones

Puedo poner más energía a hacer todo lo que quiero. Entonces encuentro fácil aceptar la vida y sus numerosos cambios. Me abandono más fácilmente y tomo cuidado de mí como lo merezco. Aun cuando tengo a veces miedo de soltarme o siento que alguien me "da con el codo", debo "apretar los codos" para protegerme. Quedo abierto al amor, esto me ayuda a vivir más fácilmente las experiencias cotidianas sin agresividad, con flexibilidad y apertura mental.

NUEVO MODELO MENTAL: fluyo fácilmente con las nuevas experiencias, las nuevas direcciones y los nuevos cambios.

Ver tendinitis.

codos
epicondilitis

Más conocida bajo el nombre de "codo de tenista" en medicina deportiva, la epicondilitis es una inflamación al nivel de la articulación del codo. Mis codos me dan la flexibilidad necesaria en los cambios de dirección. En el caso de una inflamación, debo tomar consciencia del porqué o a qué opongo resistencia. Puede que esté desarrollando frustración después de acontecimientos repetitivos que se presentan en mi vida y tenga la sensación que debo constantemente amortiguar los golpes.

Sugerencias y Recomendaciones

Acepto luego soltar mis viejas ideas y mis viejos esquema de pensamiento para tomar la mejor dirección para mi evolución. Acepto también dejar circular el amor en los sucesos que se me presentan.

CÓLERA

El cólera es una enfermedad infecciosa común en países donde la población no tiene acceso al agua potable para beber y no cuenta con sanitarios/letrinas, lo que ocasiona la contaminación del agua y por tanto también de los alimentos.

El cólera es producido por la bacteria *Vibrio cholerae*, que al llegar al intestino produce una toxina sumamente dañina para su mucosa. Enfermedad relacionada con la invasión de una bacteria en el intestino delgado. Genera una diarrea cuya intensidad provoca deshidratación y problemas de equilibrio iónico.

Sus síntomas son falta de apetito, molestia en el abdomen y diarrea líquida sin pujo, las evacuaciones son de color gris pálido con la presencia de moco. A menudo se presentan vómitos y deshidratación.

Sugerencias y Recomendaciones

Medidas preventivas de las enfermedades del aparato digestivo. Entre las principales maneras de prevenir el contagio de las enfermedades digestivas están las siguientes:

- Lavarse las manos después de ir al baño y antes de comer.

- Beber agua potable hervida.

- Lavar con agua corriente y jabón las frutas. Desinfectar las verduras que se vayan a consumir crudas.

- Disponer de excusados o letrinas para desechar las materias fecales.

- Evitar consumir alimentos en la calle.

La persona debe dejar de considerarse un individuo malo y nocivo.

Ver intestinos-diarrea.

CÓLICO

Un cólico es un dolor abdominal que provoca un fondo doloroso permanente. Este dolor puede extenderse a todo el abdomen o localizarse en un punto (no confundirlo con la colitis, que es una inflamación del colon.) El cólico se acompaña generalmente de ganas de ir al baño. Cuando es más intenso, se vuelve francamente doloroso y va acompañado de diarrea.

Piedras en el riñón. Ver riñón.

Obstrucción de los canales del júbilo. Miedo de aceptar la alegría.

El cólico nefrítico o cólico renal agudo es un dolor repentino de gran intensidad que se produce generalmente por la presencia de cálculo en el conducto que va desde los riñones hasta el tracto urinario cercano a la uretra.

CONFLICTO: líquidos + poner un obstáculo, una pared

Ejemplo: un cálculo obstruye la salida de la orina. Ejemplo: Hice una puerta para el parking y cuando vinieron los operarios me di cuenta de que subiría tres veces más que el presupuesto y no podría pagarlo (por el tiempo que tardarían y el precio/hora), me planteé si paraba la obra o no, a la semana siguiente, hice una piedra en el riñón.

En la vejiga hay una parte que corresponde a esta 1ª etapa: el Trígono. Es la zona donde evocan los dos uréteres y la salida de la uretra. En esta zona, el resentir es: "No podré eliminar algo que está sucio en un contexto de marcaje de territorio (4º nivel)." Tocamos el territorio por la función de 4ª etapa del resto del órgano. También: "No puedo marcar el territorio porqué hay algo sucio que me lo impide."

En la menopausia la mujer puede tener Edemas y Retenciones de líquido porque suelen preguntarse "¿Sigo siendo válida?" (Miedo a no ser válida). Hay que hablarle de los valores buenos de la menopausia. Deberá integrarlos y deshacerse de los prejuicios sociales que la hacen desvalorizar.

Sugerencias y Recomendaciones

NUEVO MODELO MENTAL: elijo amar la vida. Mis canales de la alegría están abiertos. Estoy a salvo recibiendo.

Los cólicos se deben a las impurezas que ingerimos a través de la comida y el agua. Coma verduras, ensaladas y frutas suaves, tan frescas como sea posible. El estado del colon y la dieta son vitales. Se debe eliminar la comida chatarra por completo. Beber mucha agua durante todos los días y preferentemente caliente, será de gran ayuda.

CROMOTERAPIA: color curativo azul.

TRATAMIENTO: trabajaremos las áreas del colon y los órganos de la digestión, el hígado, los riñones, el bazo, el páncreas y, en general, todas las glándulas. Trátelo en las palmas de las manos y en todas las zonas del pie, salvo en los dedos.

Ver diarrea y problemas de los intestino, intestinos-cólicos.

COLESTEROL

El colesterol es un lípido (grasa) necesario para el organismo humano. Una de sus funciones es proteger las paredes de los vasos sanguíneos del desgaste ocasionado por la sangre que circula sin cesar por ellos. Usualmente el hígado sintetiza el colesterol que el organismo necesita. El exceso de este lípido obtenido a partir de los alimentos va a la vesícula biliar, la cual lo devuelve a los intestinos para su eliminación. Cuando esta función natural se bloquea se produce una excesiva concentración de colesterol en la sangre, conocida como hipercolesterolemia. A raíz de esto pueden formarse depósitos en la piel y los tendones, alrededor de la córnea y los párpados y, sobre todo, en las paredes arteriales, donde ocasiona más daños, pues afecta la buena circulación sanguínea.

Gente a la que le cuesta construirse. "Me construyo yo solo a mí mismo". "Solo puedo contar conmigo mismo". "No recibo el apoyo de mi familia".

Triglicéridos: "Lo recibo y yo no aporto nada".

Los dos colesteroles: "El clan apoya a la una (unidos)".

Frecuentemente vinculado con mi alegría de vivir que circula difícilmente.

Obstrucción de los canales del júbilo. Miedo de aceptar la alegría.

Sugerencias y Recomendaciones

NUEVO MODELO MENTAL: elijo amar la vida. Mis canales de la alegría están abiertos. Estoy a salvo recibiendo.

La dieta es el factor más importante para mantener adecuadamente la dosis de colesterol en la sangre, que afecta principalmente al corazón y la circulación. Las principales fuentes de colesterol son los alimentos que contienen grasas, como la mantequilla, el chocolate, la carne y las grasas, mismos que deberá eliminar de su dieta, tratando de comer pescado (a la plancha-sin grasa) y una cantidad siempre más abundante de verduras y frutas, acompañado todo esto de mucho agua durante el día. Es importante consultar con su médico o naturópata de confianza para consultar el resultado de sus análisis regularmente.

CROMOTERAPIA: color curativo amarillo.

TRATAMIENTO: trataremos las áreas correspondientes al tórax y el corazón, así como las glándulas tiroides y pituitaria para estimular todo el organismo. En este caso es muy importante tratar: el hígado, los riñones, bazo, el páncreas y la vesícula.

Ver sagre-colesterol, problemas circulatorios y problemas en las arterias, arteriosclerosis.

COLITIS

La colitis es una inflamación del colon, la porción más larga y más importante del intestino grueso. Provoca intensos dolores abdominales, diarrea alternada con estreñimiento, una gran fatiga general y a veces fiebre intermitente. Todos los dolores de barriga son en el intestino grueso, pues el delgado no tiene terminaciones nerviosas. Estaríamos en lo mismo.

Enorme sentimiento de cólera.

Inseguridad. Representa la facilidad para dejar marchar lo que está superado.

CONFLICTO: Cosas indigestas que reparamos y repetimos.

En el recto: porquerías del clan, en la familia.

Sugerencias y Recomendaciones

NUEVO MODELO MENTAL: formo parte del ritmo y del flujo perfecto de la vida. Todo está dentro del recto Orden Divino.

De igual forma que en la afección anterior, el órgano a tratar es todo el colon. Para ayudar en el tratamiento, debe tomar grandes cantidades de agua durante todo el día, todos los días.

CROMOTERAPIA: color curativo azul.

TRATAMIENTO: se tratarán las tres áreas del colon, sigmoides, ascendente y descendente, y las áreas correspondientes al hígado, los riñones y la vejiga.

Ver diarrea, estreñimiento, intestinos-colitis, enfermedades inflamatorias.

colitis hemorrágica

Diarrea con sangre en heces. Se trata de curación de un conflicto de contrariedad indigesta y de jugarreta.

CONFLICTO:

1. Noción de traición y No lo puedo sacar.

2. Guarrería vivida en lazos de sangre + líquidos (mirar alcohol y agua). Solución: Eliminar el pedazo y el agua.

RESENTIR: "Me han traicionado y no me lo puedo sacar de encima".

Miedo visceral = Diarrea.

Miedo en los niños = Agua.

Inseguridad. Representa la facilidad para dejar marchar lo que está superado.

Sugerencias y Recomendaciones

NUEVO MODELO MENTAL: formo parte del ritmo y del flujo perfecto de la vida. Todo está dentro del recto Orden Divino.

colitis
ulcerosa

Intestino grueso. Todos los dolores de barriga son en el intestino grueso, pues el delgado no tiene terminaciones nerviosas. Estaríamos en lo mismo.

CONFLICTO: jugarreta en la familia.

CAUSA PROBABLE: inseguridad. Representa la facilidad para dejar marchar lo que está superado.

Sugerencias y Recomendaciones

NUEVO MODELO MENTAL: formo parte del ritmo y del flujo perfecto de la vida. Todo está dentro del recto Orden Divino.

COLON

El colon o intestino grueso es una parte del aparato digestivo situada entre el intestino delgado y el recto. Es un depósito donde se acumulan los residuos de la alimentación digerida; como tiene la capacidad de reabsorber agua a través de su mucosa, en él se produce la solidificación de las heces para que se facilite su paso por el recto.

Representa nuestra capacidad de soltar y liberar aquello que ya no necesitamos. Para adaptarse al ritmo perfecto del fluir de la vida, el cuerpo necesita un equilibrio entre ingesta, asimilación y eliminación. Y lo único que bloquea la eliminación de lo viejo son nuestros miedos. Aunque las personas estreñidas no sean realmente mezquinas, generalmente no confían en que siempre vaya a haber lo suficiente. Se aferran a relaciones antiguas que las hacen sufrir, no animan a deshacerse de prendas que guardan desde hace años en el armario por temor a necesitarlas algún día, permanecen en un trabajo que las limita o no se permiten jamás ningún placer porque tienen que ahorrar para cuando vengan días malos.

Sugerencias y Recomendaciones

¿Acaso revolvemos la basura de anoche para encontrar la comida de hoy? Aprendamos a confiar en que el proceso de la vida nos traerá siempre lo que necesitemos.

Ver problemas de los intestinos.

colon
irritable

El colon recupera el agua contenida en las materias. "Quiero recuperar todo el amor de mi madre", así que reabsorbo el agua.

CONFLICTO: Son porquerías regulares una detrás de otra.

Es un cajón de sastre, cuando se han hecho todas las pruebas posibles y se ha descartado todo, se mete al paciente en esta categoría.

Las personas con colon irritable, suelen tener miedo a relajarse, y sienten inseguridad.

Los intestinos:

(Sobre todo el grueso, el colon): mi capacidad para soltar, dejar fluir lo que me es inútil y dejar fluir los acontecimientos de mi vida.

CAUSA PROBABLE: temor a relajarse. Inseguridad en la vida.

Colon, mucosidades:

CAUSA PROBABLE: inseguridad. Representa la facilidad para dejar marchar lo que está superado.

Sugerencias y Recomendaciones

Los intestinos:

NUEVO MODELO MENTAL: estoy a salvo viviendo. La vida siempre me sustenta. Todo está bien.

Colon, mucosidades:

NUEVO MODELO MENTAL: formo parte del ritmo y del flujo perfecto de la vida. Todo está dentro del recto Orden Divino.

Ver intestinos-problemas, colitis.

colon
pólipos

El colon recupera el agua contenida en las materias. "Quiero recuperar todo el amor de mi madre", así que reabsorbo el agua.

CONFLICTO: pequeñas guarradas.

Hay que descodificarlas pólipo por pólipo. Una a una.

Los intestinos:

(Sobre todo el grueso, el colon): mi capacidad para soltar, dejar fluir lo que me es inútil y dejar fluir los acontecimientos de mi vida.

Colon, mucosidades:

CAUSA PROBABLE: inseguridad. Representa la facilidad para dejar marchar lo que está superado.

Sugerencias y Recomendaciones

NUEVO MODELO MENTAL: formo parte del ritmo y del flujo perfecto de la vida. Todo está dentro del recto Orden Divino.

COLOSTOMÍA

La colostomía es la creación de un ano artificial por anastomosis de una porción del colon a la piel de la pared abdominal. Este ano artificial se crea generalmente después de un cáncer de intestino.

Sugerencias y Recomendaciones

Véase problemas en el ano, problemas de los intestinos y cáncer.

COLUMNA VERTEBRAL

Según la clasificación hecha en Occidente, se cuentan 33 vértebras empezando por arriba, o sea:

7 cervicales (nuca), más bien delgadas, 12 dorsales (espalda), más bien gruesas, 5 lumbares (riñón), más fuertes, 5 sagradas (sacro), soldadas, formando un triángulo hacia abajo, 4 coxígeas, soldadas y atrofiadas.

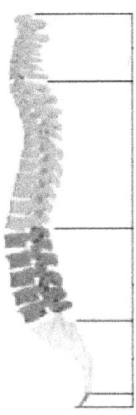

La columna vertebral, tal el pilar de una construcción, representa el apoyo, la protección y la resistencia. Por lo tanto, la columna vertebral me sostiene y me protege en todas las situaciones de mi vida. Es mi pilar físico e interior. Sin ella, me derrumbo. La columna vertebral simboliza también mi energía más fundamental y más espiritual. Representa mi flexibilidad y mi resistencia frente a los diferentes sucesos de mi vida. Las desviaciones de la columna vertebral (escoliosis, lordosis, etc.) están vinculadas a la parte profunda de todo mi sistema energético. Durante un bloqueo, dolores físicos aparecen. Sentimientos de impotencia, un peso demasiado pesado que llevar, una necesidad afectiva o emocional insatisfecha, etc., hacen que me sienta atacado en mi solidez y en mi resistencia. Tengo la sensación que soy el pilar en el seno de mi familia, de mi trabajo y con relación a cualquier situación u organización en la cual estoy implicada. ¿Qué sucedería a los demás si no estuviera aquí? ¿Se derrumbaría todo? La columna vertebral está vinculada a todos los diferentes aspectos de mí ser por el esqueleto, a través del sistema nervioso central y por la distribución sanguínea central.

Cuando hablamos de dolor de espalda nos referimos principalmente a la columna vertebral.

La persona a la que le duele la parte BAJA de la espalda, es decir, la región del sacro, es aquella para quien la libertad es sagrada, y teme perder su libertad de movimientos cuando los demás necesitan su ayuda. Con frecuencia es una persona que teme por su supervivencia. Sentir dolor de la quinta lumbar a la undécima dorsal (de la parte baja de la espalda hasta la cintura) está relacionado con el miedo a la escasez y con la inseguridad material. De hecho, como la espalda es el sostén del cuerpo humano, cualquier dolor en ella se relaciona con no sentirse bien sostenido. La parte baja se asocia con el área del "tener". Por ejemplo: tener bienes materiales, dinero, un cónyuge, una casa, hijos, un buen oficio, títulos, etc. El dolor en este lugar significa que la persona necesita tener para sentirse apoyada, pero no se atreve a reconocerlo o admitirlo ante los demás. Lo lleva todo sobre su espalda, porque quiere hacerlo todo ella misma. Es muy activa en el terreno físico, puesto que su miedo a la escasez se manifiesta sobre todo en el nivel material, que para ella representa un buen apoyo. Por otro lado, tiene problemas para pedir ayuda a los demás, y cuando por fin se decide a pedirla y no la recibe, se siente todavía más inmovilizada y su dolor de espalda empeora.

La persona con dolor en la parte ALTA de la espalda, es decir, de la décima dorsal hasta las cervicales (de la cintura hasta el cuello), sufre de inseguridad afectiva. Es una persona para quien el "hacer" es muy importante, porque eso es lo que le da seguridad. Cuando alguien hace algo por ella se siente querida. Por otra parte, manifiesta su amor por los demás haciendo cosas para ellos. Del mismo modo, la espalda puede dolerle lo suficiente como para proporcionarle una excusa por no hacerlo todo, porque teme que si hace demasiado, ya no la ayudarán. Espera mucho de los demás, y cuando sus expectativas no se cumplen, tiene la impresión de soportar una gran carga. Como le cuesta trabajo "hacer" sus demandas, cuando lo logra se siente inmovilizada si el otro no responde a ellas. Entonces el dolor empeora. Este dolor puede también presentarse en una persona que se siente demasiado vigilada en lo que hace.

La columna vertebral es la continuación de mis fundamentos. Es la materialización de mis fundamentos puesto que la columna a nivel arquitectónico son las paredes maestras de la casa. Tendrá referencia con mi vida, lo que pienso, lo que hago, como me relaciono, la comunicación que tengo con los demás, etc. Es nuestra estructura.

Es la estructura personal, ideas, pensamientos.

CONFLICTO: desvalorización central de la personalidad. Estrés respecto a lo que quiero hacer.

RESENTIR: "¿Quién soy? ¿Qué voy a hacer con mi vida? ¿Qué va a ser de mi vida?"

Problemas de espalda, se suele sentir una falta de apoyo en la vida. Suelen ser personas que se sobrecargan de trabajo y presión, más de la que pueden aguantar. Y sienten este exceso de tensión en forma de dolor de espalda. Cargar demasiada responsabilidad sobre nuestras espaldas revela un afán oculto de grandeza o quizás un complejo de inferioridad.

- La palabra clave para lumbares son "las relaciones con los demás".

- La palabra para las dorsales es "el pilar de mi familia, o el pilar de mi clan".

- A nivel de cervicales "hace referencia a la comunicación verbal".

CAUSA PROBABLE: Apoyo flexible de la vida. Transporta las cargas de la vida. Desvalimiento y desesperanza.

Sugerencias y Recomendaciones

La espalda es una de las zonas más vulnerables porque el organismo tiene 214 huesos conectados de manera que sus achaques afectan al sistema vago simpático, los músculos, órganos, glándulas y, naturalmente al sistema nervioso central. Debido a que las toxinas se acumulan en las terminales nerviosas y bloquean las fuerzas electromagnéticas que nos aportan vitalidad, se requiere de un tratamiento intenso y prolongado.

Cada pensamiento, sentimiento, situación, respuesta y sensación está grabado en la columna vertebral como en las partes pertinentes implicadas correspondientes del cuerpo. Miro la región afectada e identifico la causa del bloqueo. Poco importa la razón, acepto mantenerme abierto a la causa y la integración es más armoniosa. Vuelvo a edificar la nueva persona que quiero ser.

NUEVO MODELO MENTAL: la vida me apoya. Me yergo libre y en toda mi estatura. Me amo y me apruebo. Mi vida mejora cada día.

CROMOTERAPIA: color curativo azul.

TRATAMIENTO: iniciemos por los puntos hinchados en la base de la columna vertebral, que se extiende por el borde del pie. Debemos trabajar toda el área, de abajo arriba, hasta el dedo pulgar. Masajear toda el área que se encuentra alrededor del pulgar y que se corresponde con la totalidad de la columna, hasta eliminar la hinchazón. Para el cuello y los hombros, masajearemos la zona alrededor de los dedos, donde se unen al pie, sin olvidar el pulgar. Recordemos que los dedos pequeños corresponden a los hombros. La zona del cuello se encuentra en la unión del pulgar con el pie. Si tenemos dolores en el cuello, debemos presionar con determinación toda esa área. La zona delantera del tobillo corresponde a la articulación de las caderas.

Si te duele la parte BAJA de la espalda, la región del sacro, en lugar de creer que vas a perder tu libertad ayudando a alguien, toma más conciencia de tus límites; exprésalos a la persona adecuada y actúa en consecuencia. Recuerda que si quieres cosechar ayuda debes haberla sembrado antes. Es posible que en el pasado hayas vivido la experiencia de sentir que se aprovechaban de ti, pero este miedo a revivir esa misma experiencia te impide dar, lo cual te ayudaría a recibir más. Si temes por tu supervivencia, date cuenta de que es sólo tu parte afectiva dependiente la que cree que no puedes sobrevivir solo. Tienes todo lo necesario para lograrlo. En lo que respecta al dolor en la parte baja de la espalda y la cintura, tiene que ver con aceptar que tienes derecho a querer "tener" bienes materiales o a alguien para sentirte seguro y apoyado. Así podrás disfrutarlo más. Aun cuando en lo más profundo de ti creas que no está bien querer demasiado lo material, deberás comenzar por darte el derecho de tenerlo para que después puedas ser capaz de sentirte sostenido sin todos esos "haberes". En lugar de creer que nadie se ocupa de ti, te sugiero que comiences a hacer más demandas. No obstante, ten en cuenta que no porque pidas algo los demás deben dártelo. Es posible que algunas personas con menor necesidad de "tener" no comprendan tus necesidades. Si te concedes el derecho de tener esas necesidades, te será más fácil explicarlas.

Para el dolor de la parte ALTA de la espalda, de la cintura al cuello, necesitas dejar de creer que debes hacer todo para asegurar el bienestar de los que te rodean. Siempre serás del tipo de persona a quien le gusta hacer cosas para los demás, pero debes cambiar tu motivación. Cuando quieras hacer algo por alguien a quien quieres, hazlo con amor, por el placer de agradar. No tienes obligación de ser el sostén afectivo de todo el mundo. Además, acepta la idea de que los demás no piensen como tú, ni que deban hacer todo para hacerte feliz. Pueden quererte aunque no hagan cosas para ti o no respondan a tus expectativas. Por lo tanto, deberás aprender a pedir, diciéndoles qué necesitas que hagan para sentirte querido y un día, cuando tú te quieras lo suficiente, ya no tendrás más necesidad de ello.

Ver columna vertebral-desviación.

columna vertebral desviación

Una desviación de la columna vertebral simboliza principalmente una resistencia a vivir plenamente mi vida. El modo en que me porto en la vida, mi dificultad en dejar la vida sostenerme y dejar ir las viejas ideas se manifestarán por una desviación de la columna vertebral que se inclinará de lado, hacía delante, o hacía atrás.

Sugerencias y Recomendaciones

Decido asumirme y mantenerme "derecho" frente a la vida, con confianza y determinación.

columna vertebral
disco desplazado

Vinculado a la columna vertebral (el soporte de mi cuerpo), el disco desplazado revela que no me siento apoyado. No me siento a la altura, carezco de confianza en mí mismo.

Sugerencias y Recomendaciones

Tomo consciencia de que cada vez que busqué una respuesta o un apoyo, encontré la confirmación de lo que sabía o sentía ya. Acepto escuchar mi voz interior que siempre está aquí para apoyarme y guiarme. Aprendo a hacerme confianza y descubro toda la fuerza que está en mí y la felicidad que esto me aporta de tenerme en pie, libre, sin temores. Estoy soportado en todo lo que emprendo.

Ver espalda-dolores, luxación.

columna vertebral
escoliosis

La escoliosis es una desviación lateral de la columna vertebral. Cuando ésta me afecta, tengo la sensación de llevar en mis hombros una carga muy pesada. Como que esto sobrepasa cualquier esperanza de realización, vivo impotencia y desesperación. Mis responsabilidades me dan miedo, estoy indeciso en mi orientación. La energía se bloquea y la escoliosis es su manifestación física. Esto se presenta frecuentemente en la adolescencia: como estoy a la búsqueda de una identidad, demasiado viejo para ser un niño y demasiado joven para ser un adulto, la vida y las responsabilidades parecen enormes. Tendré tendencia a compararme a mis hermanos, hermanas, primos/as. Ya que tengo frecuentemente la impresión que son mejores que yo, me desvalorizaré y esto se expresará por una escoliosis. La escoliosis está pues vinculada a un deseo de huir una situación o alguien. Compruebo lo que sucede en mi vida que me impide sentirme bien.

Sugerencias y Recomendaciones

Acepto vivir en presente, es decir un día a la vez. Tomo consciencia de estar en la escuela de la vida y de vivir en armonía con lo que me rodea. ¡Encuentro la alegría y, cada día, comprendo que tengo la fuerza y la capacidad de responder al reto!

columna vertebral
jorobado
Ver hombros enconvados

columna vertebral
lordosis

La lordosis es lo opuesto a la escoliosis: una curvatura de la columna que forma un hueco en la espalda, en la región lumbar.

Al observar la postura de una persona que sufre de lordosis, se puede constatar que empuja la cadera hacia adelante y la parte alta de la espalda hacia atrás. Da la impresión de echar hacia atrás la parte superior del cuerpo, lo que indica que tiene dificultad para recibir. Quiere hacerlo todo por ella misma y tiene dificultad para dejarse apoyar. Es una persona que, en la infancia, debió sentirse empujada.

La lordosis es una curvatura fisiológica de la columna vertebral que se ahueca hacia delante. Tengo dificultad en sujetarme de pie porque tengo vergüenza de lo que soy, no me quiero. Frecuentemente vivo la sumisión frente a mi padre o a lo que representa la autoridad para mí, porque me infravaloro frente a él, me siento inferior a él. Me siento aplastado por los demás, tengo muy poca confianza en mí mismo y soy incapaz de expresar mis ideas y mis opiniones. Estoy hirviendo interiormente y esta ira me corroe.

Sugerencias y Recomendaciones

En lugar de creer que no puedes dejarte ayudar porque deberás pagar con la misma moneda o porque no lo mereces, deberías aprender a recibir con agradecimiento y sintiendo el placer que los demás experimentan al hacerlo. Esta nueva actitud te ayudará a ir más lejos, a afirmarte más y a mantenerte derecho en la vida. Ver también la definición de dolor de espalda.

Debo aprender a amarme. Acepto tomar mi lugar porque cada cual tiene un papel por jugar en el universo. Aprendo a expresar mis ideas y mis opiniones libremente y me siento mejor conmigo mismo.

COMA

Un coma es un trastorno prolongado de la consciencia y de la vida de relación, con perturbaciones vegetativas y metabólicas más o menos importantes. La persona que lo sufre parece dormir, pero es incapaz de responder de manera adecuada a los diversos estímulos externos o a las necesidades internas.

La persona que se encuentra en estado de coma tiene miedo de hacer frente a la vida y a la muerte, por lo que prefiere refugiarse en un estado intermedio entre ambas. Le cuesta trabajo tomar una decisión importante. Su problema se origina en el miedo a lo desconocido ante la muerte o en la dificultad para dejar a las personas que ama o los bienes que acumuló.

El coma en la mayoría de casos se produce después de un accidente. Sucede muy a menudo que, justo antes de encontrarme en el coma, haya visto la muerte llegar, como si "me hubiese llegado mi última hora". En vez de estar consciente al 100% de este momento, el coma se produce justo antes. La "consciencia" se desconecta. Frecuentemente, cuando me despierto después de un coma, mi memoria borró los momentos de traumatismos intensos que se vivieron. Lo que produce un accidente es una culpabilidad vinculada a la huida de cara a una persona o una situación. Si tengo dificultad en "lidiar" con esta culpabilidad, me refugio en un coma. El coma viene del griego "kôma" que significa "sueño profundo". Este estado está vinculado al deseo intenso de huir de una persona o una situación. Me duele tanto interiormente que me repliego sobre mí, porque vivo mucha desesperación, soledad o frustración. Quiero hacerme insensible a las dificultades de la vida. Me protejo por este sueño profundo. Me hace insensible a lo que sucede alrededor mío. Prefiero vivir este estado de inconsciencia total, hasta que mi vida pueda ser más agradable. Tengo una decisión por tomar: vivir o marcharme. Es la misma decisión por tomar que en un coma diabético que está causado por un exceso de glucosa (azúcar sanguíneo) en la sangre y más particularmente en el cerebro. Mi tristeza es tan grande que tengo ganas de huir de este mundo en el cual vivo.

Miedo. Intento de escapar de alguien/algo.

Sugerencias y Recomendaciones

Esta persona necesita darse cuenta de que sólo ella puede tomar las decisiones que le conciernen. Si conoces a una persona que esté en esta situación puedes leerle estos párrafos, porque aun cuando esté en estado de coma, escucha todo lo que pasa o se vive a su alrededor. Tiene siempre el poder de elegir; dile que es humano tener miedo, sobre todo cuando debemos hacer frente a lo desconocido. Tiene la opción: puede decidir seguir viviendo o dejar este planeta, sabiendo que regresará para terminar lo inacabado.

Aunque el coma pueda durar largos períodos (semanas y años), es muy importante para mis familiares que me demuestren amor, afecto y que me digan que la decisión de marcharme o quedarme me pertenece. Cuando estoy en el coma, mi cerebro puede estar activo a tal punto que puedo oír a la gente que habla o sentir su presencia y las sensaciones que emanan de ella aunque yo, actualmente, no puedo moverme ni expresarme. Sucede que el miedo de la muerte me retenga aquí en la inconsciencia. Es pues necesario que me den confianza y me digan que puedo marchar en total seguridad si tal es mi deseo. Si puedo ver las energías de una persona en el coma, puedo observar que hay un corte importante de los lazos energéticos, según la profundidad del coma. Sería pues adecuado que se me haga tratamientos energéticos para regularizar la situación.

COMEDONES

Funículo, es la eflorescencia primaria del acné. Surge cuando el canal del folículo de la glándula sebácea se obstruye debido a una excesiva queratosis. Láminas corneas se compactan en un tapón, el resultado es el canal del folículo completamente bloqueado. Por el depósito de melanina en contacto con el oxígeno del aire, el tapón se puede oscurecer (oxidación). No se deben reventar.

CAUSA PROBABLE: pequeños estallidos de ira.

Sugerencias y Recomendaciones

NUEVO MODELO MENTAL: calmo mis pensamientos y estoy sereno.

COMERSE LAS UÑAS
Ver uñas-comerse las uñas

COMEZÓN
Ver piel-comezón

COMEZONES VAGINALES

Las comezones vaginales están vinculadas a la sexualidad y al principio femenino. Si tengo picor, algo me preocupa en lo que a mis relaciones sexuales se refiere, mi pareja me hace perder la paciencia.

Sugerencias y Recomendaciones

Igual como lo haría para el caso de irritaciones ordinarias, me pregunto lo que me irrita, me pica y me molesta. Cuando aparecen los picores, encuentro la causa y aprendo a comunicar, a dialogar con el corazón abierto para expresar lo que siento.

Ver vagina.

COMPULSIÓN NERVIOSA

La compulsión es un trastorno del comportamiento caracterizado por una gana irresistible de cumplir ciertos actos, a la cual el sujeto no puede resistir sin angustia. Esta compulsión puede hallarse en la sexualidad, alimento, bebida, las compras, el exceso de limpieza, etc. La compulsión nerviosa se refiere a un aspecto de mi personalidad que considero negativo, que me disgusta al punto que rechazo verlo. Lo inhibo en lo más hondo de mí. Tanto y mientras me rehúse en verlo y aceptarlo, la vida me lleva a vivir cuantas más situaciones en las que debo afrontar este aspecto de mi personalidad.

Sugerencias y Recomendaciones

Cuando vivo compulsión nerviosa, miro lo que me molestó, acepto enfrentarme con ello en vez de huir. Acepto ser un humano con fuerzas, debilidades, cualidades y defectos. Tomo consciencia que soy mi juez más severo, me perdono y aprendo a amarme. El hecho de aceptar tal como soy me permitirá desarrollarme armoniosamente y ya no tendré más que desahogarme a través de la compulsión.

CONDROMALACIA ROTULIANA

También conocida como condromalacia patelar o condritis rotuliana es una enfermedad caracterizada por la degeneración de la superficie articular cartílago que constituye la cápsula posterior de la rodilla. Produce malestar o dolor sordo alrededor o detrás de la rótula, y es un padecimiento bastante común entre adultos jóvenes, especialmente jugadores de baloncesto, voley, fútbol, ciclistas, karatecas, tenistas, remeros, bailarines de ballet y corredores. Los jugadores de rugby son también propensos a esta enfermedad, especialmente quienes juegan en posiciones en las que las rodillas realizan esfuerzos importantes. Asimismo, los alpinistas también son propensos a padecerla, al soportar un gran peso por sus mochilas y sobre todo en nieve.

Todos en algún momento hemos padecido algún dolor en las rodillas, unos con más intensidad que otros. Alguna vez has pensado que este síntoma, dolor, es causado por un "Conflicto emocional dentro de nosotros mismos" Comprendo que es difícil entenderlo de esta manera, sin embargo te invito a que averigüemos que hay detrás de cada padecimiento de rodillas, te puedo asegurar que te quedarás con la boca abierta.

Sentido Biológico "Movimiento": Doblegarse, arrodillarse, someterse.

CONFLICTO: desvalorización

¿Qué es un conflicto emocional vivo?

Si presento cualquier síntoma en mis rodillas, estoy viviendo un conflicto emocional de desvalorización relacionado con la acción de arrodillarse, de doblegarse a los demás, de someterse a alguien o a algo (siempre que ésta acción no implique un honor).

Son conflictos de obediencia, conflictos de sumisión a la autoridad real o simbólica. Situaciones de imposibilidad de actuar según los propios deseos, resistencia a someterse a la ley del padre.

"Me obligo a hacer" o "me obligan a hacer". Es una muestra de mi "sometimiento". De lo que me "pesa" hacer. Siento que debo entregar resultados obligadamente, y que si dejo de hacer algo le fallo a los demás y me fallo a mí mismo. Me quejo y puedo contestar, reclamar, incluso puedo decir o gritar que ya no haré más tal cosa, pero la sigo haciendo. Las rodillas en sí mismas representan mi flexibilidad, mi amor propio, mi orgullo, y mi testarudez, por lo que cualquier síntoma en ellas, significa que no puedo ser flexible, me lastiman mi amor propio, me hieren en mi orgullo. Indica problemas en la adolescencia, relacionados sobre todo con la sumisión al padre, la obligada obediencia y el deseo de no ceder.

¿Cuál es la emoción biológica?

Si hay inflamación: La situación se vive con rabia; si además aumenta el líquido sinovial, tendremos en cuenta los referentes de la persona; una distensión de ligamentos alude a una desvalorización que debilita en el futuro.

Cualquier síntoma que perjudique la función de mis rodillas, es una señal de que no soy flexible a la hora de planear mi futuro. Si a mí me duelen las rodillas quiere decir que soy una persona necia, testaruda y que prefiero el dolor a doblegarme ante ideas o consejos de los demás. Este dolor me dice que debo ser más flexible y me impide doblegarme/arrodillarme ante quien no deseo hacerlo, me ayuda a estar en coherencia (Sentir, pensar y hacer lo mismo).

No debo tener miedo de perder el control si acepto ideas nuevas de los demás y si me permito enfocar mi futuro. Debo dejar de pensar que doblegarme ante nuevas ideas, significa arrodillarme ante nada o nadie o bien aparecer como persona sumisa.

Siempre iremos a buscar la historia que hay detrás de la historia de cada cliente, de cada caso. Mi dolor en las rodillas puede ser:

Mi miedo a ser como mis padres.

Mi negativa a cuidar a mi madre o padre.

Mi negativa a abandonar el hogar.

Mi falsa idea de que no puedo hacer mi vida por cuidar a mis padres.

Puede ser por obligarme a cuidar mis hijos aunque ellos ya tengan 30 años.

Puede ser por obligarme a cuidar a mis nietos cuando no son mi responsabilidad.

¿Qué conflicto emocional estoy viviendo?

Sumisión. Problemas ligados a la adolescencia (donde se concentra la autoridad), "Estoy en sumisión y no quiero ceder, ¡no! y ¡no!". Están los cuatro puntos de desvalorización: 1) Evaluación, 2) Resultado obligatorio, 3) Falta de respeto, 4) La dirección. Hay que buscar gestos habituales de las personas, como por ejemplo, subir escaleras, saltar vallas.

RESENTIR: "No puedo hacer lo que quiero". "No quiero someterme a la ley del padre (real o simbólico)". "Me gustaría tener un poco más de dulzura en mi sumisión". "Estoy de acuerdo en someterme, pero dulcemente".

CONFLICTOS:

1. La desvalorización, que es el resultado que quiero.

2. La sumisión.

3. La adolescencia.

4. La dirección: Conflictos de elección (profesional, sentimental, sexual, pero a nivel de emociones).

Sugerencias y Recomendaciones

¿Cómo libero esa emoción?

Dejar de ser obstinado y orgulloso, comprendiendo que me estoy haciendo daño por no cambiar mis creencias. Primero hago las cosas por gusto, luego me obligo a hacerlas, luego me obligan a hacerlas y mientras tanto, yo me hago más daño cada día.

Debo ser flexible pero muy determinante, para dejar en claro que cuando yo hago una cosa por gusto lo disfrutaré, pero que dejaré de hacer eso que me pidan o yo decida, cuando ya no sea algo que disfrute.

CONDRONECROSIS

La condronecrosis es una complicación rara que a menudo comienza por la ulceración de los tejidos blandos que cubren el cartílago.

Ligero conflicto de desvalorización de sí mismo. La localización corresponde a la ubicación del tipo de conflicto.

Sugerencias y Recomendaciones

NUEVO MODELO MENTAL: me amo y me apruebo, no estoy solo, la vida entera me apoya. Soy capaz de hacer realidad cualquier cosa que realmente deseo.

CONDUCTO BILIAR INTRAHEPÁTICO Y EXTRAHEPÁTICO

El conducto biliar común o colédoco es un conducto de la vía biliar originado de la fusión del conducto hepático común con el conducto cístico y que desemboca en la segunda porción del duodeno. Se llama así porque conduce (-doco) la bilis (cole-) al intestino.

Contrariedad territorial. Los límites del territorio no están definidos, de manera que el "jefe del territorio vecino" puede invadir fácilmente el territorio. A menudo disputa por dinero (también rencor o celos).

Sugerencias y Recomendaciones

NUEVO MODELO MENTAL: me amo y me apruebo, no estoy solo, la vida entera me apoya. Soy capaz de hacer realidad cualquier cosa que realmente deseo. Estoy seguro y protegido en todos los aspectos de mi vida.

CONDUCTOS INTRAPANCREÁTICOS

Contrariedad territorial procovada en el ser humano, en la civilización a menudo a causa de dinero.

Sugerencias y Recomendaciones

NUEVO MODELO MENTAL: me amo y me apruebo, no estoy solo, la vida entera me apoya. Soy capaz de hacer realidad cualquier cosa que realmente deseo. Estoy seguro y protegido en todos los aspectos de mi vida. Nada me falta cuando lo necesito.

CONGÉNITA

El origen de una enfermedad congénita se sitúa durante la vida intrauterina.

Sugerencias y Recomendaciones

Véase enfermedad congénita.

CONGESTIÓN

Congestión del cerebro, del hígado, de la nariz, de los pulmones.

La congestión es el sistema de defensa del cuerpo instalado para responder a agresiones repetidas contra cierta parte de mi cuerpo. Diferentes partes pueden estar congestionadas. El hígado: representa la crítica inhibida, la irritación interior que acumulo porque no consigo expresarla verbalmente. Puedo vivir disgusto, amargura o decepción. La nariz (senos): ¿cuál es la situación o la persona que no puedo sentir y que me provoca ira? Los pulmones: me siento ahogado por mis relaciones familiares, bien sean mis padres, mi cónyuge, mis hijos, etc. ¿Son mis intercambios familiares tan armoniosos como lo deseo? ¿Me preocupo demasiado? El cerebro: me siento superado, ya no sé cómo actuar frente a ciertas personas o situaciones. Mi cerebro ya no funciona con tanta claridad y rapidez como antes. Se aconseja apartarse de la bebida o de las drogas. Poco importa el lugar del cuerpo afectado, resulta una frustración, irritación y rabia frente a los demás y a mí mismo.

Sugerencias y Recomendaciones

Tomo el tiempo de comprobar lo que me molesta actualmente en mi vida y asumo la responsabilidad. Acepto tomar el lugar que me corresponde, mi lugar. Realizo la importancia de expresar lo que siento y lo hago sin atacar a los demás. Ya que expreso mis sentimientos, no acumulo ni frustración, ni odio. Cuando estoy abierto y receptivo, los demás lo son. Me siento otra vez en armonía conmigo mismo y con los que me rodean.

CONJUNTIVITIS

Conjuntivitis es la inflamación de la capa conjuntiva, membrana mucosa que recubre el interior de los párpados y que se extiende a la parte anterior del globo ocular.

CONFLICTO: separación visual grave. Perder a alguien de vista

RESENTIR: "Nadie me protege de lo que estoy viendo".

La conjuntivitis está muy relacionada con actitudes de enfado y frustración con lo que se ve en la vida.

Sugerencias y Recomendaciones

NUEVO MODELO MENTAL: veo con los ojos del amor. Hay una solución armoniosa y la acepto.

Debemos bañar los ojos con agua limpia y fría. En el lavabo o el lugar que desee, sumerja la cara en esta agua durante unos segundos y sin cerrar los ojos, muévalos alrededor en ambas direcciones. Descanse la vista, y no vea televisión ni vaya al cine hasta que se haya curado. La mejoría será inmediata.

CROMOTERAPIA: color curativo azul añil.

TRATAMIENTO: los puntos situados debajo de los dedos y la zona correspondiente a los riñones, que se encuentra estrechamente asociada a los ojos, será la indicada en este caso. Si logra mantener la presión durante un minuto, le hará muy bien.

Ver ojos-conjuntivitis.

CONMOCIÓN CEREBRAL
ver cerebro-conmoción cerebral

CONMOCIÓN DE LA RETINA
Ver ojos-conmoción de la retina

CONN

Síndrome de Conn, corresponde a la hipersecreción de una hormona de las glándulas suprarrenales.

Sugerencias y Recomendaciones

Ver problemas de glándulas suprarrenales.

CONSTERNACIÓN

Es un estado de abatimiento, se presenta como conflicto de base.

Doble conflicto de asimilación y eliminación de los nutrientes.

La asimilación, no poder tragar la presa y la conducta se puede expresar como acumulación de alimentos u objetos (delirio del pordiosero).

La dificultad de eliminación, como en las situaciones de "malas jugadas" o "guarradas" se observan en conductas de despilfarro o de eliminación de objetos, además de conductas extravagantes.

El individuo puede padecer una sociopatía.

SENTIDO BIOLÓGICO: Reserva, asegurar la subsistencia.

Sugerencias y Recomendaciones

NUEVO MODELO MENTAL: me amo y me apruebo, no estoy solo, la vida entera me apoya. Soy capaz de hacer realidad cualquier cosa que realmente deseo. Estoy seguro y protegido en todos los aspectos de mi vida. Me adapto a las circunstancias, amo a las personas como son y acepto los errores tanto propios como ajenos entendiéndolos como parte necesaria del aprendizaje.

CONTUSIÓN

La contusión es una lesión causada por la presión o el choque de un cuerpo redondo, no punzante, que no rasga la piel. Ver accidente y problemas de la piel, agregando que las contusiones sobrevienen en los momentos de mucha fatiga y debilidad y cuando uno se siente herido por la vida. Es una señal física de una magulladura interior.

Ir en una dirección incorrecta o equivocada. No prestamos atención a lo que hacemos o a donde vamos en la vida. Si nos ocurre con frecuencia es que pensamos que somos víctimas y que debemos soportar todo aquello que nos ocurra.

Sugerencias y Recomendaciones

SOLUCIÓN POSIBLE: Asumir el control de nuestra vida, tomar las riendas y seguir las decisiones propias.

CONVERSIÓN REPETITIVA ÍNIMA (C.R.M.)

La persona va teniendo pequeños conflictos de forma repetitiva durante muchos años y se va a manifestar poco a poco. Al cabo de muchos años aparece el cáncer o la enfermedad.

Sugerencias y Recomendaciones

Tienes que intentar aprender de todas tus experiencias, cuando aprendes lo necesario de una situación deja de repetirse.

CONVULSIONES

Se dice que una persona padece convulsiones cuando la afectan movimientos involuntarios y bruscos acompañados generalmente de una pérdida de la conciencia. La persona en este estado de convulsión agrede a su cuerpo.

Cualquier persona que agrede a su cuerpo de esta forma también se agrede en los planos emocional y mental. Siente mucha agitación interior. Generalmente se ha reprimido mucho ante otro y esta violencia que no se permite expresar se vuelve contra ella. Si estas convulsiones se manifiestan en un niño pequeño, no se debe considerar inverosímil que tenga esta violencia reprimida dentro de sí. Recuerda que ese niño es un alma que llega con muchos recuerdos impresos en sus cuerpos emocional y mental.

Deseo de huir de la familia, de uno mismo, o de la vida.

Sugerencias y Recomendaciones

Si padeces convulsiones tu cuerpo te dice que no puedes seguir reteniendo esa violencia interior. Debes saber que es normal que un ser humano experimente cierta violencia interna, pero debemos aprender a canalizarla en forma positiva y a equilibrarla. Los estudios psicológicos nos dicen que la violencia forma parte de nuestra voluntad de vivir y de sobrevivir. No tienes obligación de mostrar permanentemente una imagen de dulzura para responder a las expectativas de los demás, para complacer a alguien o para que te quieran más. Debes respetar tus límites y no acumular, porque de este modo te haces daño. Ámate a ti mismo y los demás te amarán. Si es un bebé o un niño quien sufre de convulsiones, te sugiero que le leas lentamente esta definición, explicándole que toda enfermedad o malestar viene del interior de sí mismo. Los niños no comprenden estas cosas mentalmente, pero lo hacen a nivel del sentimiento y a nivel energético. Así lo integran muy rápidamente. En general, los procesos interiores se realizan más fácilmente en los niños que en los adultos.

CORAZÓN

Representa el amor, y la sangre el júbilo. El corazón es la bomba que, con amor, hace que el júbilo circule por nuestras venas. Cuando nos privamos del amor y el júbilo, el corazón se encoge y se enfría, y como resultado, la circulación se hace perezosa y vamos camino de la anemia, la angina de pecho y los ataques cardíacos. Pero el corazón no nos «ataca». Somos nosotros los que nos enredamos hasta tal punto en los dramas que nos creamos que con frecuencia dejamos de prestar atención a las pequeñas alegrías que nos rodean. Nos pasamos años expulsando del corazón todo el júbilo, hasta que, literalmente, el dolor lo destroza. La gente que sufre ataques cardíacos nunca es gente alegre. Si no se toma el tiempo de apreciar los placeres de la vida, lo que hace es prepararse un «ataque al corazón». Corazón de oro, corazón de piedra, corazón abierto, sin corazón, todo corazón... ¿cuál de estas expresiones es la que cree que se ajusta más a usted?

Las enfermedades cardíacas ocupan actualmente el primer lugar en las causas de mortalidad.

Cuando hablamos de una persona "centrada", hablamos de aquella que deja que su corazón decida, es decir, que vive en armonía, alegría y amor. Cualquier problema del corazón señala una actitud contraria, o sea, que esta persona se toma la vida demasiado a pecho. Se esfuerza más allá de sus límites emocionales, lo cual la incita a hacer demasiado físicamente. El mensaje más importante de los problemas cardíacos es: ¡ÁMATE A TI MISMO! La persona con problemas de corazón olvida sus propias necesidades y quiere hacer demasiado para sentirse amada por los demás. Como no se ama lo suficiente, busca que los demás la quieran por lo que hace.

Frecuentemente, todas las enfermedades vinculadas con el corazón se relacionan con una falta de amor de mí, de mis familiares o de mi entorno.

Representa el centro del amor y la seguridad.

Capacidad afectiva, emotividad, casa.

CONFLICTO: desvalorización por no poder defender mi territorio (real o simbólico).

Miocardio: Conflicto de desvalorización de uno mismo que concierne a la eficacia del corazón (deportistas).

Pericardio:

1. Ataque directo al corazón (una operación)

2. Conflicto de miedo por el propio corazón o el de los demás. (Miedo a un ataque o problema cardiovascular).

RESENTIR: "Mi ex mujer se queda con la casa". "Quiero volver a la casa de mi madre". "Dejo la puerta abierta para que mi madre pueda volver".

Válvula mitral: "Nunca está el macho cuando se le necesita".

Endocardio: "Eso me arranca el corazón".

Miocardio: "No lo consigo, mi corazón no es lo suficientemente fuerte".

Las personas con enfermedades cardiacas suelen ser personas que algo las ha obligado a cerrarse a la intimidad y al amor. Han endurecido su corazón. Y sólo se rompe un corazón duro. Estas personas que no escuchan a su corazón, que sólo se dejan llevar por la razón y la mente, acaban padeciendo alguna enfermedad del corazón. Finalmente el corazón toma el mando, y acaban a la fuerza prestando atención a su corazón.

Amores:

Sístole auricular:
Recibe la sangre - Es Femenina.

Sístole ventricular:
Lanza la sangre - Es Masculina.

Problemas cardíacos: indican una falta de compasión o el hacer cosas sin mucha convicción. Un exceso de emociones y una necesidad de luchar por la supervivencia también son indicaciones de este tipo de dolencia. Pregúntate si tu corazón y tu cabeza o en otras palabras tus emociones y tu intelecto están en equilibrio. ¿Vives en contacto con tu corazón? ¿O necesitas ponerte enfermo antes de poder realmente estar en contacto con él? Conecta con tus sentimientos de amor y no tendrás problemas de corazón.

Ataques al corazón: advertencia de que hemos perdido el sentido de la vida y prestamos demasiada importancia a la parte material. Advertencia que nos dirigimos hacia el dinero, el éxito y el poder material. Actitudes hostiles y creerse rechazado por los demás, cuando el rechazo es a uno mismo. Perdida de los ritmos naturales de la vida. Odio reprimido, emociones fuertes, pues provocan una presión sanguínea elevada. Desconexión de los sentimientos del corazón.

ACTITUD NEGATIVA COMÚN: Yo he estado sintiéndome solo, cansado y con rechazo a la vida, he hecho grabaciones erróneas de esfuerzo y presión.

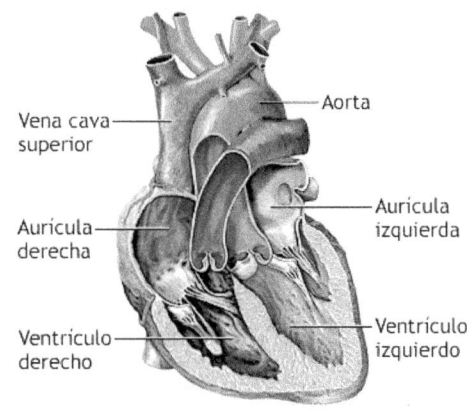

Sugerencias y Recomendaciones

Este tipo de problema te indica la urgencia de cambiar la percepción que tienes de ti mismo. En lugar de creer que el amor sólo puede venir de los demás, sería más sensato que te lo dieras a ti mismo. De este modo, ese amor estará siempre presente en ti; no tendrás que recomenzar continuamente para recuperarlo. Cuando alguien depende de los demás para cualquier cosa, siempre hay que rehacer. Cuando sepas cuán especial eres como persona y tengas más autoestima, estará siempre presente en ti. Te sugiero que te dediques al menos diez elogios al día para ayudarte a restablecer el contacto con tu corazón. Cuando lo hayas hecho internamente, tu corazón físico se dejará guiar. Un corazón en buen estado sabe soportar las decepciones amorosas y afectivas; no tiene miedo de no ser amado. Esto no quiere decir que no hagas nada por los demás; al contrario, sigue haciéndolo, pero con una motivación diferente. Lo harás por el placer de hacerlo y no para comprar el amor de los demás ni para probar que eres digno de ser amado.

El corazón está vinculado al cuarto chakra o centro de energía. Representa el amor (mis emociones, mi capacidad de amar), la alegría, vitalidad y la seguridad. La energía del corazón irradia en todo el cuerpo, sobre todo entre el cuello y el plexo solar. El corazón es un tipo de bomba energética que hace circular la vida (la sangre) a través del cuerpo entero. Esta circulación sanguínea distribuye la energía vital necesaria a la felicidad, al equilibrio, a la alegría de vivir y a la paz interior. Es pues esencial que manifieste el amor dirigiendo la energía del corazón hacía las más bellas energías espirituales disponibles. Cuanta más atención presto al amor, la compasión y el perdón, más mi corazón trabajará en la alegría, la paz y la alegría. Mi corazón será afectivamente estable y protegido de cualquier decepción. Un corazón de ritmo suave y armonioso indica una persona interiormente calmada. Mi ritmo cardíaco varía cuando estoy desequilibrado, perturbado en amor o sensible a mis emociones. Acepto abrirme al amor, entrego cualquier reproche al cuidado del universo, dejo de criticarme al punto de ponerme enfermo y sobre todo acepto perdonarme. Es perdonándome cómo puedo aceptar mejor el amor de los demás.

NUEVO MODELO MENTAL: mi corazón late al ritmo del amor.

SOLUCIÓN POSIBLE: aplicar el discernimiento. Tener auto aceptación. Llevar una dieta equilibrada acorde a los ritmos de la naturaleza. Escuchar a ti interior, en el silencio y meditación.

ACTITUD POSITIVA A ADOPTAR: yo soy amado por todos, mi trabajo es productivo y está lleno de creatividad. La vida me proporciona gozo y soy feliz

DESCRIPCIÓN: cualquiera que sea el trastorno, lo más importante es estimular la circulación sanguínea. Deberá aplicarse un masaje en las piernas con un cepillo metálico suave, siempre de abajo hacia arriba, a partir de los tobillos, con golpecitos suaves por toda la superficie.

Cromoterapia: color curativo verde.

TRATAMIENTO: estimularemos las zonas correspondientes a las principales glándulas y órganos de la parte alta del cuerpo, el timo, las glándulas suprarrenales, páncreas, el hígado y los riñones. Aplique un masaje a la zona del corazón con el pulgar y el resto de los dedos. Hágalo diariamente.

corazón
arrítmia cardíaca

El corazón representa el amor y problemas de palpitaciones son para mí como una señal de alarma, una llamada de socorro en lo que al amor se refiere. Un miedo profundo a perder o no tener el amor que necesito tanto hace que mis problemas de palpitaciones sean como un grito de socorro con relación al amor. En el caso de que los ventrículos del corazón se contraigan de modo anárquico e ineficaz, se trata entonces de fibrilación ventricular. Este estado puede proceder de un trastorno cardíaco, de una electrocución, de un momento de pánico en el caso del feto (al nacer). Si este estado no está solucionado rápidamente, es la muerte repentina. Esto denota una decisión importante que debo tomar en mi vida con relación al amor y que es vital. Empiezo a darme todo el amor que necesito para sustituir mis inquietudes por más seguridad interior y hago confianza a la vida. La taquicardia se caracteriza por la contracción rítmica irregular del corazón. Sus latidos se aceleran a más de 90 pulsaciones por minuto, y este estado es debido frecuentemente a emociones fuertes. Una situación angustiosa, un esfuerzo físico o mental y el miedo provocan un desequilibrio afectando momentáneamente mi corazón que me lanza un S.O.S. En cuanto a la bradicardia, es una disminución del ritmo de los latidos cardíacos. La acumulación de penas profundas podrá traerme esta dolencia, como si mi corazón ya no pudiera sufrir más y decidiera dejar de latir.

Sugerencias y Recomendaciones

En una u otra de estas situaciones, tomo consciencia que el amor está en juego. Respiro calmamente y profundamente, estoy a la escucha de mi corazón.

corazón
infarto

Infarto de miocardio.

Cuando oigo hablar de alguien que tuvo un infarto, en el lenguaje popular, esto significa habitualmente que la persona tuvo un infarto del miocardio. También esto se llama "crisis cardíaca" o "achaque cardíaco". El órgano más frecuentemente afectado por un infarto es el corazón, el centro del amor en el interior de mí, el núcleo de mis emociones. El achaque cardíaco es para el cuerpo un modo desesperado de enseñarme que voy demasiado lejos, que presto demasiada atención a los aspectos materiales, externos y anodinos de mi vida, mi estatuto social, en vez de volver a lo esencial de mi vida que es la alegría de vivir del corazón en familia, de expresar el amor, de amarse a sí mismo, de saborear cada momento con intensidad. Estoy tan atado a todo lo que forma parte de mi "territorio" (mi mujer, mi trabajo, amigos, mi casa, etc.) que si tengo la sensación de haber perdido o que estoy a punto de perder algo o a alguien en el interior de mi territorio, puedo resistir a lo que sucede y haré una crisis cardíaca. Quisiera "con todo mi corazón" seguir siendo el jefe, el dueño a bordo. Los achaques cardíacos también están vinculados a mis propios sentimientos y a lo que vivo con relación a éstos. ¿Hasta dónde soy yo capaz de sentir el amor y de expresarlo a los demás? ¿Hasta qué punto soy yo capaz de amarme y aceptarme tal como soy? ¿Me obligo yo a ser "alguna otra persona" y hacer demasiado para probar a los demás lo que soy y lo que valgo? Es mi ira, mi frustración, mi agresividad que, demasiado tiempo contenidas, ya no pueden más y explotan. El descubrimiento de los aspectos más importantes y significativos de la vida no se reduce a la cantidad de dinero ganado o al éxito que tengo. El corazón puede estar asociado a la compasión y al amor pero también puede asociarse a su opuesto que es la hostilidad, el odio y el rechazo. El achaque cardíaco se produce generalmente en un período de la vida en que, bien es demasiado fuerte la competición, bien viva una presión financiera aliada a la falta de cariño creciente de la familia y de mis seres queridos cercanos. Es la separación entre mis sentimientos, mi implicación, mis relaciones y el Universo así como sus ritmos naturales que atrofian mi corazón. Pienso rechazar a los demás pero en el fondo, me rechazo a mí mismo.

Sugerencias y Recomendaciones

Necesito ir con la corriente y tomar el tiempo de aceptar todo lo que la vida debe darme y comprender, para volver a hallar la paz interior y sentir en todo mi cuerpo la ternura, la dulzura, el amor que me habitan y que sólo piden nutrir mi corazón y conservarlo en buena salud. Ver infarto.

corazón
pericarditis

La pericarditis es una infección del pericardio, membrana que rodea el corazón. Sirviendo a proteger el corazón, habrá pericarditis si siento que mi corazón va a estar atacado, tanto en sentido literal como figurado.

Sugerencias y Recomendaciones

En vez de manifestar ira, conservo la calma y pido estar protegido en todo momento, sabiendo que todo lo que sucede es para mejor.

corazón
problemas cardíacos

El corazón es el motor de la circulación sanguínea, que funciona como una bomba aspirante y compresora. Las enfermedades cardiacas ocupan actualmente el primer lugar en las causas de mortalidad. También es interesante señalar que este órgano vital por excelencia está situado en pleno centro del cuerpo humano.

Cuando hablamos de una persona "centrada", hablamos de aquella que deja que su corazón decida, es decir, que vive en armonía, alegría y amor. Cualquier problema del corazón señala una actitud contraria, o sea, que esta persona se toma la vida demasiado a pecho. Se esfuerza más allá de sus límites emocionales, lo cual la incita a hacer demasiado físicamente. El mensaje más importante de los problemas cardíacos es: ¡ÁMATE A TI MISMO! La persona con problemas de corazón olvida sus propias necesidades y quiere hacer demasiado para sentirse amada por los demás. Como no se ama lo suficiente, busca que los demás la quieran por lo que hace.

Cuando lo hayas hecho internamente, tu corazón físico se dejará guiar. Un corazón en buen estado sabe soportar las decepciones amorosas y afectivas; no tiene miedo de no ser amado. Esto no quiere decir que no hagas nada por los demás; al contrario, sigue haciéndolo, pero con una motivación diferente. Lo harás por el placer de hacerlo y no para comprar el amor de los demás ni para probar que eres digno de ser amado.

El corazón simboliza el amor, la paz y la alegría de vivir; por lo tanto, los problemas cardíacos proceden frecuentemente de una carencia de amor, de una tristeza, emociones inhibidas que volverán en superficie incluso después de varios años. Mi corazón está endurecido por las heridas anteriores. Creo sinceramente que la vida es difícil, estresante y que es una lucha de todos los instantes. Me siento frecuentemente en posición de supervivencia, en un estado en que pienso que sólo mi esfuerzo aportará algunos dividendos. Estoy inquieto, sobreexcitado, angustiado o demasiado frágil para conservar mi equilibrio emocional. Ahogo inconsciente mi niño interior y le impido expresar toda esta maravillosa alegría de vivir. El corazón está asociado a la glándula del timo; ésta que es responsable de la producción de las células -T del sistema inmunitario se debilita y resiste cada vez menos a las invasiones si vivo mucha ira, odio, frustración o rechazo de mí mismo.

Sugerencias y Recomendaciones

Este tipo de problema te indica la urgencia de cambiar la percepción que tienes de ti mismo. En lugar de creer que el amor sólo puede venir de los demás, sería más sensato que te lo dieras a ti mismo. De este modo, ese amor estará siempre presente en ti; no tendrás que recomenzar continuamente para recuperarlo. Cuando alguien depende de los demás para cualquier cosa, siempre hay que rehacer. Cuando sepas cuán especial eres como persona y tengas más autoestima, estará siempre presente en ti. Te sugiero que te dediques al menos diez elogios al día para ayudarte a restablecer el contacto con tu corazón.

El corazón necesita amor y paz. La vida está hecha para ser tomada con la actitud de un niño: apertura, alegría, curiosidad y entusiasmo. Incluso si tengo necesidades afectivas por colmar, intento quedar en un equilibrio armonioso, con una apertura del corazón suficiente como para apreciar cada gesto de mi existencia. Acepto amarme más, quedarme abierto al amor por mí y los demás. Me divierto, me relajo, tomo el tiempo de ser. Dejo de "tomarme en serio". Me siento libre de amar sin obligación, sabiendo que soy feliz a pesar de todo. Existen varias expresiones para describir el corazón y sus diferentes estados: ser "sin corazón", "tener corazón", "escuchar su corazón". Si alguien me hace la observación del tipo "no tienes corazón", compruebo este mensaje que la vida me envía. Quizás es el signo de que tendría que cambiar algo. ¿Vivo un desequilibrio? ¿Tengo palpitaciones? ¿Estoy perturbado en el plano emocional? Poco importa la respuesta, no espero a estar enfermo para comprender y aceptar los cambios en mi vida. Me mantengo despierto, abro mi corazón a todo lo que es bueno para mí.

corazón
taquicardia
ver corazón arrítmia

corazón
trombosis coronaria

Una trombosis coronaria es la formación de un coágulo en una arteria coronaria (al nivel del corazón). Este bloqueo de la circulación de la sangre puede llevar a un infarto del miocardio. Este coágulo afecta el órgano principal que representa el amor, o sea el corazón. Debo comprobar lo que en mi vida me impide amar libremente. Esto puede ser un enfado, un resentimiento violento que pude tener frente a alguien a quien amo. ¿En qué me siento yo atacado en mi amor propio? ¿Recibí una noticia que parecía quitarme mi razón de vivir, lo que me permitía manifestar mi amor?

Sugerencias y Recomendaciones

Hago la paz conmigo mismo y con los demás. Para arreglar esta situación, tomo consciencia de las fuerzas de amor que me habitan, me abandono y descubro que el Universo me aporta el sostén que necesito.

CORION CUTÁNEO

CONFLICTO: mancha, ataque a la propia integridad. Sentirse o estar desfigurado.

RESENTIR: "Eres un cerdo". "Eres una mierda".

Sugerencias y Recomendaciones

NUEVO MODELO MENTAL: me amo y me apruebo, no estoy solo, la vida entera me apoya. Soy capaz de hacer realidad cualquier cosa que realmente deseo. Estoy seguro y protegido en todos los aspectos de mi vida. Soy hermoso/a y singular.

Ver rosácea uni o bilateral.

CÓRNEA

Véase ojos (en general), agregando que la realidad, tal como la ve esta persona, le resulta demasiado ofensiva. Ve la vida de una manera demasiado sombría.

CONFLICTO: separación visual grave. Perder a alguien de vista.

RESENTIR: "He perdido el contacto con la persona querida" o "He perdido de vista la persona querida".

Querato conjuntivitis hepática: "Lo que veo me ensucia".

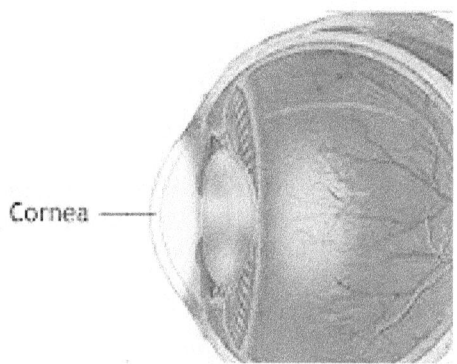
Cornea

Sugerencias y Recomendaciones

NUEVO MODELO MENTAL: me amo y me apruebo, no estoy solo, la vida entera me apoya. Soy capaz de hacer realidad cualquier cosa que realmente deseo. Estoy seguro y protegido en todos los aspectos de mi vida. Amo cuanto me rodea tal y como es, me gusta lo que veo. Todo es perfecto en mi mundo.

CORONARIA
Ver corazón-trombosis coronaria.

CORTE

Ver accidente, así como problemas de las arterias, agregando que la persona siente o cree que alguien o alguna cosa la corta y se acusa de ello.

El corte indica un desorden emocional, un profundo dolor mental que se manifiesta en lo físico. Me hace tomar consciencia de una llaga interior. Es un aviso, un signo de que debo volver a evaluar la dirección en la cual voy. Quiero ir demasiado de prisa y hacer demasiado rápidamente. Es el signo de un conflicto interior profundo. Empujo mis límites demasiado lejos. Miro el lugar en el cual me corto y la actividad que estaba haciendo en ese momento; esto me permite identificar el aspecto que debo integrar. Por ejemplo, un corte en las manos indica quizás que me siento culpable de expresar mi creatividad en las situaciones diarias, o bien que estoy irritado porque hago una cosa que no me gusta; me doy prisa y me hago culpable.

Sugerencias y Recomendaciones

Acepto lo que debo comprender, asumo mis elecciones y hago el cambio que se impone.

CORTES

Advertencia que estamos yendo demasiado lejos en un asunto. Vamos demasiado rápido en una dirección equivocada.

Conflicto interior (depende del lado y zona del cuerpo afectada).

Sugerencias y Recomendaciones

SOLUCIÓN POSIBLE: Reflexionar sobre la dirección en que vamos. Tomar distancia respecto a un asunto.

CÓRTEX CEREBRAL

(Post Sensorial).

Conflicto de contacto impuesto.

Toca a diferentes órganos: nervios sensitivos: frío, calor, contacto, dolor.

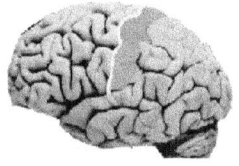

Sugerencias y Recomendaciones

NUEVO MODELO MENTAL: me amo y me apruebo, no estoy solo, la vida entera me apoya. Soy capaz de hacer realidad cualquier cosa que realmente deseo. Estoy seguro y protegido en todos los aspectos de mi vida. Soy capaz de perdonar.

CÓRTEX SOMATO-SESITIVO

CONFLICTO: separación, pérdida de contacto. (Esta zona cuida de la epidermis).

Sugerencias y Recomendaciones

NUEVO MODELO MENTAL: me amo y me apruebo, no estoy solo, la vida entera me apoya. Soy capaz de hacer realidad cualquier cosa que realmente deseo. Estoy seguro y protegido en todos los aspectos de mi vida. Todo es perfecto en mi mundo.

COSTILLAS

Véase dolor o fractura de huesos, agregando que la persona tiene la impresión de que le van a quitar su armadura, de que no puede defenderse ni protegerse.

Las costillas forman parte de la caja torácica. Protegen el corazón y los pulmones (órganos vitales) contra los daños, heridas externas y agresiones. Una costilla rota o quebrada indica pues que mi protección está disminuida y que soy vulnerable a las presiones exteriores frente al amor a mi autonomía y a mi necesidad de espacio. Me siento arrinconado entre yo mismo (mis "costados" espiritual y emocional) y el mundo físico en el cual vivo. Me siento frágil y abierto a todas formas de ataques. Puedo tener la sensación que no tengo control ninguno sobre mi vida, que estoy sin recursos y expuesto al peligro. Frecuentemente, si me rompo o quiebro una costilla, vivo una situación particular frente a un miembro de mi familia. Tendré una indicación de la persona en referencia según el lugar de la costilla afectada. Si son las costillas inferiores, hay probablemente un conflicto con un hijo o un nieto. Una costilla lateral representa más bien una situación conflictual frente a un hermano o hermana o un /a primo/a y las costillas altas representan un padre o un abuelo. Identifico la o las situaciones que me crean tanta presión.

CONFLICTO: protección. Desvalorización afectiva de los hijos por no sentirse amado, querido. Tristeza del fracaso. Andar al lado "Costilla con costilla".

Derecha: afectivo. Madre, familia.

Izquierda: representa el peligro, trabajo exterior, familia política.

Costado: presente. Delante: Futuro, autoridad, realización.

Espalda: pasado, sentimiento.

Costillas flotantes: representa híper-rigidez de los ascendentes.

Las costillas también representan el árbol genealógico, veamos:

T1-2-3-4 = Son los ascendentes (padres, abuelos y bisabuelos).

T5-6-7-8 = Son los colaterales (hermanos, primos, etcétera).

T9-10-11-12 = Son los descendientes (hijos, nietos).

Sugerencias y Recomendaciones

Acepto mirar el acontecimiento con simplicidad, expresar francamente lo que siento mientras me quedo a la escucha de los demás. Sé ahora que la comunicación es un instrumento que me permite respetarme a la vez que respetar a los demás.

NUEVO MODELO MENTAL: me amo y me apruebo, no estoy solo, la vida entera me apoya. Soy capaz de hacer realidad cualquier cosa que realmente deseo. Estoy seguro y protegido en todos los aspectos de mi vida. Todo es perfecto en mi mundo.

COXIS

El coxis es la parte terminal de la columna vertebral. Este hueso se forma al unirse las cinco primeras vértebras coxígeas, tiene una sensibilidad extrema. El problema más frecuente es un dolor que se siente al permanecer sentado. En general, las fracturas de coxis se consolidan muy bien.

Por ser la base de la columna, el coxis representa nuestras necesidades básicas. La persona que padece de dolores en el coxis se preocupa por sus necesidades básicas y no tiene confianza en la ayuda del Universo. Quisiera que alguien se hiciera cargo de ella, pero no quiere reconocer que es dependiente. Si el coxis sólo le molesta cuando se sienta, es que se siente culpable de sentarse a sus anchas y querer que otro se ocupe de ella. Entonces quiere mostrarse muy activa frente a los demás para no mostrar su dependencia.

También es posible que se sienta culpable por estar sentada mientras otro trabaja, o que se sienta culpable por sentarse en algún lugar para divertirse, como ir sola al cine, tomar un curso, etc. Como es una persona dependiente, está convencida de que los demás también dependen de ella.

Está relacionado con el ano porque su movimiento permite abrir el esfínter anal.

CONFLICTO: identidad sexual, sexo cambiado: Lugar en la familia y en el clan. Exclusión, dejado de lado.

"Reemplazo un chico o Querían que fuera chica". "Donde me siento, donde pongo el culo" (dentro de la familia).

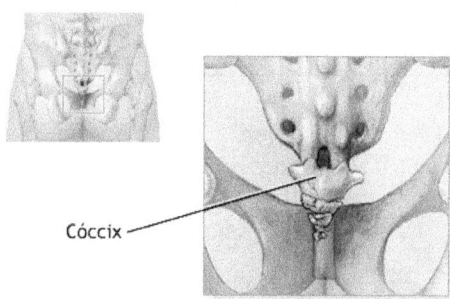

Cóccix

Sugerencias y Recomendaciones

La primera etapa consiste en que te vuelvas más consciente de tus pensamientos y reconozcas que quieres que alguien se ocupe de ti porque no tienes suficiente confianza en ti ni en el Universo. ¿Qué tiene de malo reconocer que, por el momento, quieres que se ocupen de ti? Esto no quiere decir que permanecerás así toda la vida. Cuanto más niegues que eres una persona dependiente, más lo serás. Atrévete a concederte el derecho de serlo diciendo que es una situación temporal porque, como todo cambia en la vida, también cambiará esta actitud interna tuya. Esto es amor a sí mismo.

Además, antes de decidir que los demás dependen de ti y que no puedes divertirte sin la presencia o la anuencia de aquéllos a quienes amas, es importante que verifiques si esto es cierto. Sea positiva o negativa la respuesta, este paso permitirá que cada uno exprese sus necesidades personales.

Ver espalda-dolores, espalda-parte inferior de la espalda, fracturas.

CRESTA ILÍACA

Tumor: "Hacer el sexo es peligroso".

Cresta ilíaca y lumbares:

RESENTIR: "Yo no estoy bien al lado de mi marido". "Mi marido es un saco de mierda".

Sugerencias y Recomendaciones

Recupera tu poder, eres una persona completa y capaz.

Disfruta de la vida, de las relaciones y de cada persona que pase por tu vida, si por el contrario no es así quizá sea el momento de dejarlas marchar.

CRIPTORQUIDIA

Testículos en ascensor.

CONFLICTO: Sexo cambiado o no deseado.

Sugerencias y Recomendaciones

NUEVO MODELO MENTAL: me amo y me apruebo tal y como soy, amo mi sexualidad, no estoy solo, la vida entera me apoya. Soy capaz de hacer realidad cualquier cosa que realmente deseo. Estoy seguro y protegido en todos los aspectos de mi vida. Todo es perfecto en mi mundo.

Ver testículos.

CRISIS EPILÉPTICA

La epilepsia representa la "muerte aparente", la palidez, mi malestar. Es un síntoma que se presenta cuando emocionalmente queremos huir de una situación que nos da miedo y que a la vez nos hace sentirnos separados de algo o alguien.

¿Qué conflicto emocional estoy viviendo?

Si yo presento epilepsia, estoy viendo un conflicto grave de: Separación + Miedo.

RESENTIR: "Tengo miedo de ir al colegio, ahí no me consentirán tanto como en mi casa con mi mami". "Tengo miedo de crecer, me gusta cómo me trata mi padre". "Tengo terror de que mis padres se divorcien, ya no me querrán igual".

En la mayoría de los casos de epilepsia, la madre del epiléptico es sumamente sobreprotectora, de tal forma que el hijo o hija se siente indefensos ante toda situación o circunstancia en la que la madre no pueda estar presente acompañándolos.

¿Cuál es la emoción biológica oculta?: se tiene la sensación de estar siendo perseguido, porque al ser personas "sobreprotegidas", todo lo demás en la vida resulta una agresión, reto, un terror increíble.

Son personas que viven en la disyuntiva de ser ellos, de salir del cascarón o seguir siendo los consentidos de mamá.

Existe un rechazo a la vida porque nadie nos ha enseñado a disfrutarla o vivirla plenamente, por lo tanto, yo como epiléptico, busco la violencia en mí mismo, como castigo y como forma de seguir llamando la atención, como forma de castigarme por haber permitido que en mi casa me limitaran tanto.

¿Cómo libero esa emoción biológica?: mi vida es eterna, es feliz y así decido disfrutarla. Me siento en paz siendo yo mismo y confío en lo que hago y me rodea. Toda mi vida es maravillosa porque soy fuerte para afrontarlo todo.

¿Cuál es el síntoma físico?: la epilepsia es una afección nerviosa crónica caracterizada por la repetición más o menos frecuente de crisis convulsivas, generales o localizadas, de desarrollo estereotipado.

¿Qué conflicto emocional estoy viviendo?: la persona que sufre esta enfermedad es del tipo que no se perdona un paso en falso, un lapsus. Trata de ocultar sus errores por todos los medios. Se acusa mucho y le falta amor hacia ella misma. Para compensarlo, intenta que los demás llenen ese vacío. Tiene deseos internos de violencia, que se revierten contra sí misma. Una crisis de epilepsia es una forma de autoagresión. Por otro lado, con frecuencia sucede que las primeras crisis, durante la infancia, le permitieron recibir atención y afecto, o desviar la atención de los demás de un paso en falso dado previamente. También es posible que esta enfermedad haya servido para ocultar los pasos en falso de los padres, ya que el tiempo que dedicaban a ocuparse de ella permitía que se acercaran.

Sugerencias y Recomendaciones

Si sufres de epilepsia, tu cuerpo te dice que es momento de darte cuenta de que lo único que tienes que hacer para recibir afecto o sentir que lo único que tienes que hacer para recibir afecto o sentir que conmueves a los demás es sembrar ese afecto y cosecharlo. No tienes que hacerte sufrir para recibirlo. Ya tienes mucho más de lo que te imaginas, pero tú no lo ves. Te ayudaría a confirmar con quienes amas qué representas para ellos. Puedes concederte el derecho de cometer errores y dar pasos en falso sin culparte y sin creer que los demás van a dejar de quererte. Esto evitará que sigas sintiendo ira y sentimientos violentos en tu interior, y así podrás expresar todo el dolor que te invade.

CRISIS NERVIOSA

Egocentrismo. Bloqueo de los canales de la comunicación.

Nerviosismo: miedo, angustia, esfuerzo, precipitación. Desconfianza del proceso de la vida.

Falta de contacto con el propio Ser interior. Egocentrismo, lo vemos todo desde un punto de vista subjetivo. Vivir inseguros con miedo a ser atacado. Incapacidad para deshacerse de las actitudes egoístas. Falta de confianza y fe en sí mismo.

Sugerencias y Recomendaciones

NUEVO MODELO MENTAL: abro mi corazón y creo una comunicación amorosa. Estoy a salvo. Todo está bien.

Nerviosismo:

NUEVO MODELO MENTAL: voy en un viaje interminable por la eternidad y me sobra el tiempo. Me comunico con el corazón. Todo está bien.

SOLUCIÓN POSIBLE: relajación profunda. Tener confianza en sí mismo. Conexión con lo espiritual.

Trastornos nerviosos: presentan una gran variación e incluyen las fobias.

CROMOTERAPIA: color curativo amarillo.

TRATAMIENTO: los trastornos nerviosos mejoran aplicando presión en las áreas correspondientes a las glándulas tiroides y pituitaria, el sistema nervioso, las suprarrenales, el timo, el páncreas, la próstata o los ovarios, hasta eliminar todas las partes sensibles al dolor.

CRISTALINO

Úlcera del cristalino: separación visual muy fuerte. Miedo que viene por detrás. "Qué es lo que me puede caer encima" (ligado a una noción de peligro). "El peligro viene por detrás".

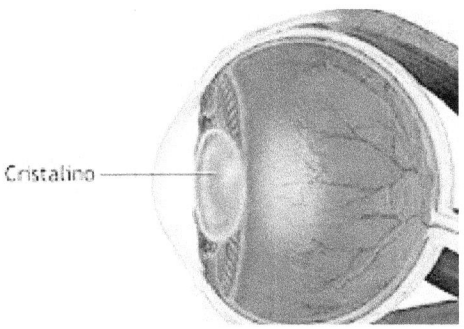

Sugerencias y Recomendaciones

Acepto que la vida es como es y negándome a verlo no ganaré nada. Vivo en coherencia con alegría. Amo todo lo que me ocurre, sea bueno o malo (ya que en realidad no sabemos qué será mejor para nosotros). Acepto que de mí depende sanar mis ojos.

CRÍTICA

Es producto del ego. Como tal, un conjunto de juicios basados en creencias personales.

Las cosas no son ni buenas ni malas, son lo que son. El resto de etiquetas las pone el ego.

Si te entregas a ella durante un tiempo suficiente, suele conducir a enfermedades como la artritis.

Sugerencias y Recomendaciones

Cuando comprendemos que somos los únicos responsables de todo lo que sucede en nuestra vida dejamos de buscar culpables, y cuando entendemos que toda nuestra vida, y en la de todos, es un proceso de aprendizaje en el que hay que equivocarse dejamos de juzgar.

Entendiendo estos dos aspectos profundamente nunca más criticaremos.

CROHN

La enfermedad de Crohn es una enfermedad en la cual el sistema inmunitario del individuo ataca su propio intestino produciendo inflamación. Frecuentemente, la parte afectada es el íleon o tramo final del intestino delgado, aunque la enfermedad puede aparecer en cualquier lugar del tracto digestivo.

Este mal se engloba dentro del grupo de las enfermedades inflamatorias intestinales del cual también forma parte la colitis ulcerosa.

Si presento este síntoma, necesariamente estoy viviendo un conflicto emocional en el cual tengo un gran miedo a perder mi identidad. Para que este síntoma aparezca, deberá ser siempre a consecuencia de situaciones muy sucias, muy bajas, muy desagradables, muy cochinas y despreciables vividas desde hace ya algún tiempo dentro de mi familia. Este tipo de síntoma crónico, es muy común en casos de constante "bullying" escolar y/o laboral. Igualmente lo presentan personas que han sido traicionadas.

Enfermedad inflamatoria del tracto intestinal (crónica) que afecta a los intestinos (última parte del intestino delgado).

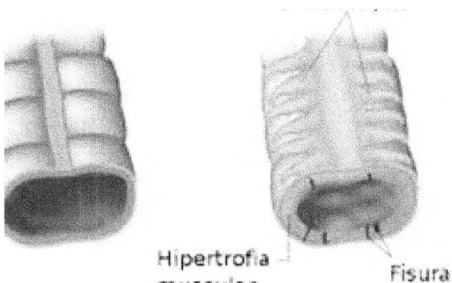

Miedo a perder la identidad. Tonalidad de mierda, guarradas coyunturales o vividas hace algún tiempo. Porquerías en el Clan o en la familia. Estas enfermedades crónicas, salen mucho en casos de "mobbing".

"No me siento". "No sirvo para nada". "Me desprecio". "Esto me ha sido usurpando de un modo despreciable" (carencia material o afectiva).

No poder digerir la presa. "Contrariedad indigesta" generalmente combinada con conflicto de "miedo a morir de hambre" en el sentido más amplio de la expresión.

Ejemplo: una peluquera se ve obligada a cerrar varias veces su almacén de manera temporal y luego de forma definitiva por pasarse sus mejores ayudantes a la competencia a pesar de sus manifestaciones contrarias, teniendo una pérdida económica.

Sugerencias y Recomendaciones

NUEVO MODELO MENTAL: me amo y me apruebo tal y como soy, nada me falta, no estoy solo, la vida entera me apoya. Soy capaz de hacer realidad cualquier cosa que realmente deseo. Estoy seguro y protegido en todos los aspectos de mi vida. Todo es perfecto en mi mundo.

CRÓNICA

La palabra crónica viene de "chronos" que significa "tiempo. La enfermedad crónica puede tardar meses o años en instalarse. Para una enfermedad, el término crónico sugiere algo permanente, irreversible y que en el límite, sólo puede corregirse. Desarrollo una enfermedad crónica cuando rehúso evolucionar por temor a lo que me reserva el porvenir. Cualquier sea la enfermedad crónica que me atraje, puedo preguntarme lo que me daba la sensación de no poder cambiarse. ¿En qué aspecto de mi vida tengo la sensación de decirme: "De todos modos, no se puede hacer nada, o no se puede cambiar nada"? ¿Cuáles son los regalos que me aporta la enfermedad bajo forma de atención por parte de mi entorno, de la confirmación de mi resignación a cambiar mi punto de vista sobre la vida, etc.? La solución fácil para mí es sin duda no hacer nada porque parece que lo único que quede por hacer es bajar los brazos.

Sugerencias y Recomendaciones

El reto que tengo que resolver es asumirme, abrir mi consciencia a la idea de que todo es posible. Puedo documentarme sobre resultados obtenidos por personas que tenían enfermedades crónicas y se han curado. ¿Qué tipo de enfoque utilizaron? A veces, cuando los medios convencionales no dieron resultados, puedo investigar terapias alternativas, energéticas u otras, con discernimiento, por saber cuál podría ayudarme. Saliendo con la idea de que todo es posible, podré mejor hallar soluciones que, si bien no me curan totalmente de mi enfermedad, me ayudarán a mejorar mi salud física, mental y emocional.

CROUP
Ver garganta-laringitis

CRURALGIAS

(Lumbares)

Dolor en el muslo.
Hay que buscar conflictos sexuales.

"No quiero ir". "Quiero ir pero algo me lo impide (noción de obtener algo)". "¿Que hago aquí?".

Sugerencias y Recomendaciones

NUEVO MODELO MENTAL: me amo y me apruebo tal y como soy, estoy en el sitio correcto y en la dirección adecuada, no estoy solo, la vida entera me apoya. Soy capaz de hacer realidad cualquier cosa que realmente deseo. Estoy seguro y protegido en todos los aspectos de mi vida. Todo es perfecto en mi mundo.

CÚBITO

Desvalorización relacionada con mi perímetro de seguridad + material. Compartir algo con nuestro radio de acción.

RESENTIR: "No quiero compartir la educación de mis hijos con mi madre"

Sugerencias y Recomendaciones

NUEVO MODELO MENTAL: me abro a dar y recibir, a compartir mi sabiduría con los demás y recibir la suya, todo el mundo al relacionarse enseña y aprende.

CUELLO

El cuello es una parte muy importante del cuerpo que une la cabeza al resto del organismo y, en el sentido metafísico, el cuerpo espiritual con el material. El dolor de cuello se manifiesta cuando la persona mueve la cabeza en cierta dirección. Si la rigidez es intensa, véase torticolis.

Como el cuello es una de las partes flexibles del cuerpo, todo problema en él denota inflexibilidad en la persona que lo padece. Esta persona no quiere hacer frente a una situación porque no la puede controlar como quisiera. Tiene miedo de ver o de escuchar lo que pasa a su espalda, del mismo modo en que la rigidez en su cuello le impide girar la cabeza hacia atrás. Hace como que la situación no le molesta, pero en realidad siente muchas emociones.

Es la prolongación de la cabeza. Tenemos los cinco sentidos en la cabeza y los movimientos del cuello aumentan el perímetro de percepción de los sentidos. Zona de comunicación entre el cuerpo y la cabeza.

Artrosis cervical: es un desacuerdo, entre lo que pienso y lo que hago. "Pienso una cosa, pero con mis manos hago otra".

Es mucho lo que pasa en esa zona. El cuello representa la capacidad de ser flexibles en nuestra manera de pensar, de ver los diversos aspectos de una cuestión y de aceptar que otras personas tengan puntos de vista diferentes. Cuando hay problemas con el cuello, generalmente significan que nos hemos «atrincherado» en nuestro concepto de una situación. Cada vez que veo a alguien que lleva uno de esos «cuellos» ortopédicos, sé que es una persona muy presuntuosa, que se obstina en no ver el otro lado de las cosas. Virginia Satir, una brillante terapeuta estadounidense, dice que tras algunas investigaciones «caseras» descubrió que hay más de 250 maneras diferentes de fregar platos, que dependen de quién los friegue y de lo que use. Si nos empeñamos en creer que no hay más que «una manera» o «un solo punto de vista», estamos cerrando una puerta que deja fuera la mayor parte de la vida.

El cuello es la parte del cuerpo que soporta la cabeza. Este nexo entre el cuerpo y la mente es también el puente que permite a la vida manifestarse, es la expresión viva, el que autoriza el movimiento más fundamental. Representa flexibilidad, adaptabilidad y la dirección anticipada. Es multidireccional y amplia mi visión exterior del universo. Lo puedo ver todo alrededor mío y, gracias a la flexibilidad de mi cuello, puedo mirar una situación bajo todos los ángulos (delante, atrás...). Mi punto de vista se vuelve más objetivo. Un cuello en buena salud me permite tomar las mejores decisiones. Todo lo que da la vida pasa por el cuello: el aire, el agua, los alimentos, las circulaciones sanguínea y nerviosa. Une la cabeza con el cuerpo y permite la libre expresión de sí, la palabra viva (voz) y el amor. El cuello separa pues lo abstracto de lo concreto, lo material de lo espiritual. Es importante mantener mi cuello en buena salud porque me permite ver lo que me rodea con una menta abierta, dejando de lado cualquier forma de obstinación y estrechez mental (cuello rígido). Ya que la garganta se sitúa en el nivel del cuello, si tengo dificultad en tragar mis emociones, si las "reprimo", esto puede crear una tensión en el nivel de mi cuello en donde se halla el centro de energía de la comunicación. Al corresponder el cuello a la concepción, también representa mi sentimiento de pertenencia, mi derecho de estar en esta tierra, dándome así un sentimiento de seguridad y de plenitud.

Mi flexibilidad, mi capacidad para ver varios lados de las situaciones de la vida.

Sugerencias y Recomendaciones

La presencia de este padecimiento te indica que la razón por la cual no quieres hacer frente a la situación no es buena para ti. Esta actitud mental te lleva a ponerte rígido y no te ayuda a encontrar una solución. Si tienes miedo de lo que pueda pasar a tus espaldas, date cuenta de que este temor es producto de tu imaginación y no de la realidad. Te sugiero que hables con la persona o personas involucradas y las expreses al mismo tiempo lo que crees y lo que temes. Para más datos, observa si la rigidez de tu cuello te impide mover la cabeza para decir sí o no. Si te es difícil moverla para decir sí, la razón por la cual te impides decírselo a alguien o a una situación dada no es válida. Descubre el temor que te impide decir sí. Te sugiero que después verifiques con la persona relacionada si tu temor está justificado realmente. En resumen, si el dolor te impide decir sí, tu cuerpo te dice que lo mejor para ti es decir sí. Te dice que tu terquedad, tu inflexibilidad, te perjudica mucho más de lo que te ayuda en la situación que vives. Si lo que se te dificulta es decir no, sigue el mismo procedimiento.

cuello
tortícolis

La tortícolis es un síndrome, agudo o crónico, caracterizado por una inclinación de la cabeza sobre el cuello, que ocasiona una postura defectuosa, involuntaria, permanente o intermitente y, por lo general, dolorosa. Véase dolor en el cuello, agregando que es interesante señalar que en la descripción médica se dice que la tortícolis ocasiona una postura viciosa (esta palabra aquí significa tener una mala inclinación). Es posible que la persona que sufre de tortícolis se sienta prisionera en un círculo vicioso, es decir, en una situación en la cual se siente encerrada. Le resulta difícil vivir su momento presente.

La tortícolis demuestra, entre otras cosas, que vivo inseguridad. Tengo resistencias en ver todas las facetas de situaciones que estoy viviendo. Mis músculos del cuello se contraen, mi cuello se pone rígido y no consigo girar la cabeza. Mi inflexibilidad me impide apreciar la ayuda que desean traerme y que ayudaría a hacer evolucionar las cosas que me parecen difíciles. Prefiero mantener la cabeza derecha y asociar mi mal a un "enfriamiento". Tengo interés en tomar consciencia de que esta frialdad más bien afectó mi corazón, provocando así un bloqueo de energía. Puedo también intentar huir de una situación incómoda que me pide afirmarme y tomar posición.

Sugerencias y Recomendaciones

Si el dolor le impide decir "no" con la cabeza, ello significa que esta persona desea profundamente decirle "no" a alguien o a algo, pero no se lo permite. Si el dolor le impide decir "sí", quisiera decirle "sí" a una persona o a una situación. La persona que padece tortícolis adoptó una mala inclinación y debe rectificar, generalmente, corrigiendo.

También es importante que me pare para constatar en qué dirección rechazo mirar o cuál es la cosa que me obstino en mirar, decir o hacer y que me "beneficia"... Si aceptase abrirme a un nuevo modo de ver las cosas o a nuevas ideas, mi vida sería quizás muy mejorada y mi tortícolis desaparecería. ¿Quizás haya una persona, una cosa o una situación que quisiera y que, al mismo tiempo, no quisiera mirar a causa de mi timidez, mi vergüenza o mi sentido moral que es muy fuerte? Si la rigidez impide que mi cabeza gire de izquierda a derecha, puedo preguntarme si sé a quién o a qué me niego a decir "no". Si al contrario, tengo dificultad para decir sí con mi cabeza, es quizás porque rechazo de entrada nuevas ideas. Mi cuerpo me dice de aceptar ver y apreciar el instante presente y reconocer todas las nuevas cosas que forman parte de mi vida.

Ver columna vertebral-parte superior de la espalda, nuca-rígida.

CUELLO DEL ÚTERO

Úlcera:

CONFLICTO: frustración sexual, vivida como sucia. (Según la intensidad del conflicto) Marido, amante. También puede ser simbólico. Noción de pérdida de territorio.

"No estoy en contacto con mi pareja o el ser querido". "No puedo tener contacto porque lo he perdido". "No pertenezco a nadie". "Deseo ser poseída".

En mujer diestra (o mujer zurda sólo posible en los siguientes casos: constelación esquizofrénica, menopausia o amenorrea): Conflicto sexual de verse privado de la copulación (hombres afeminados) y conflicto de territorio (mujer zurda postmenopáusica). Conflicto de no poder, no deber llegar a la consumación del acto sexual. Conflicto de pérdida de territorio. Siempre des de un lado afectivo.

Vagina: conflicto sexual de no ser poseída, de no pertenecer a nadie, de no poder alcanzar la unión carnal.

Cuello uterino: conflicto sexual de frustración asociado a un conflicto de territorio con desamparo.

RESENTIR: "No he sido la elegida, soy la segunda", hay historias de separación.

Ejemplo: Batalla en bandas de monos. Muchos monos muertos conlleva muchos cánceres de cuello de útero en las monas. Las zurdas no generan cáncer de cuello de útero. Relacionado con las venas coronarias (Sentirse entre dos machos). Ver branquicardia, taquicardia.

Cuello + Vagina + Vesícula: conflicto de territorio que se acompaña de un conflicto sexual generado por miedo a no ser poseída, no pertenecer a nadie.

Unión cuello-cuerpo uterino: conflicto de gestación familiar: patología del cuerpo. Conflicto de frustración sexual: patología del cuello. Si buscamos desesperadamente alguien con quien formar una familia se afectan cuello y cuerpo. Ver dolores menstruales.

Los fibromas, miomas o cáncer de útero muchas veces se tienen cuando la mujer ha perdido el feto. También cuando ha terminado una relación sexual y quería tener un bebé con el macho y éste la ha dejado.

Existen cánceres de útero después de una menopausia y de próstata más tarde. En la evolución somos abuelos: "Mis hijos no tienen niños".

El útero es la Casa.

Sugerencias y Recomendaciones

Siempre se le tendría que hacer la misma pregunta a nuestro paciente que tenga problemas en el útero o en la próstata: ¿Qué es lo que siempre estás pensando, desde que te levantas hasta que te acuestas?

CUERDAS VOCALES

Expresión y comunicación.

No poder expresarse. Miedo por no hablar o no atreverse a hacerlo. No poder explicarse. Mutismo. Conflicto de dos órdenes contrarias: "Hablar" y "No poder o querer hablar". "Vivir la realidad es distinto de vivir según mis deseos".

Ley del silencio = "No hay o no se puede contar un secreto".

Sugerencias y Recomendaciones

NUEVO MODELO MENTAL: me amo y me apruebo, no estoy solo, la vida entera me apoya. Soy un ser comunicativo y tengo la libertad, la voluntad y la fuerza para hacerlo cuando lo desee. Estoy seguro y protegido en todos los aspectos de mi vida. Todo es perfecto en mi mundo.

CULPABILIDAD

Es un sentimiento muy nocivo, vivir con culpa no solo causa enfermedades, también provoca accidentes y múltiples formas de auto-lesión.

La culpa siempre busca castigo y conduce al dolor. Es mucho más fácil liberar estas pautas de pensamiento negativo cuando estamos sanos que tratar de erradicarlas bajo la influencia del miedo y ante la amenaza del bisturí.

Sugerencias y Recomendaciones

Entendamos que todos estamos aquí para aprender, que la vida es un proceso de aprendizaje y que en ese proceso tenemos el derecho de equivocarnos.

Es fundamental perdonar, a los demás y sobre todo a nosotros mismos.

Ver accidente.

CUSHING

Enfermedad de Cushing. Hipercortisolismo. Enfermedad provocada por el aumento de la hormona cortisol. Puede provocar obesidad central, hipertensión arterial, acné, hirsutismo (exceso de bello), impotencia, amenorrea, sed, aumento de la micción, debilidad muscular, irritabilidad, baja autoestima, desvalorización de uno mismo, depresión, ansiedad y psicosis.

Consecuencia de una sobreproducción de una hormona de las glándula suprarrenales, el síndrome de Cushing se manifiesta por un desorden mental y físico, un desequilibrio que trae el sentimiento de estar invadido por los demás, por el hecho que he perdido progresivamente todo contacto con mi propio poder. Se vive un sentimiento de impotencia. Así, por reacción tengo tendencia a querer aplastar conscientemente o no a la gente alrededor mío. Cuando estas glándulas funcionan de modo anormal, veo aparecer una serie de síntomas conocidos bajo la denominación de síndrome de Cushing. Me doy cuenta que ciertas partes del cuerpo se van transformando: el rostro, el cuello, el tronco y constato también que los miembros inferiores adelgazan. Vivo un desequilibrio físico y mental.

Desequilibrio mental. Superproducción de ideas agobiadoras. Sensación de estar abrumado, agobiado.

Sugerencias y Recomendaciones

Me siento impotente, ya no tengo consciencia del poder que me habita. Estoy en estado de supervivencia y es importante para mí que vuelva a tomar contacto con la realidad haciendo gestos que me ayudarán. Uso este poder para mejorar mi calidad de vida. Aprendo a hacerme confianza, acepto tomar mi lugar y vivir en función de lo que siento y de lo que soy.

NUEVO MODELO MENTAL:con amor equilibro mi mente y mi cuerpo. Elijo pensar lo que me hace sentir bien.

Ver suprarrenales, hipófisis.

CUTÍCULAS

La cutícula es una piel muy delgada que recubre la base y el contorno de la uña. Cuando la cutícula se vuelve irritante, afecta principalmente a la punta de los dedos.

Ver dedos-problemas en los dedos, cutículas.

DALTONISMO

No poder o querer ver un color determinado por el estrés que representa.

Rojo = Terror, horror, sangre.

Ejemplo: una mujer expulsada de la Rusia comunista por los "rojos". Un marido alcohólico adicto al vino. Mujer que quiere quedarse embarazada y no quiere ver sus reglas.

Sugerencias y Recomendaciones

NUEVO MODELO MENTAL: los colores son alegría, amo y me gusta tener una vida llena de color. Los colores me transmiten cosas positivas.

Ver ojos-daltonismo.

DEBILIDAD

La debilidad es una falta de fuerza, de vigor físico. La persona que manifiesta debilidad general encuentra todo tipo de razones para no mostrar su fuerza y darle una buena mordida a la vida. Es interesante señalar que esta persona suele presentar al mismo tiempo problemas dentales. Se compara con los demás y de este modo deja pasar ocasiones maravillosas. Si la debilidad afecta sólo a una parte del cuerpo, observa qué utilidad tiene esta parte para saber en qué área de la vida se ubica el problema.

Necesidad de descanso mental.

Sugerencias y Recomendaciones

Es importante que descubras por qué no crees en tus fuerzas y por qué te impides vivir plenamente. Tu cuerpo te dice: "¡Auxilio! ¡Deja de creer que eres débil! ¡Tu fuerza interior va a estallar como una bomba si no la utilizas!". Ese estallido puede manifestarse como una enfermedad, pues la energía no utilizada debe salir de algún modo.

NUEVO MODELO MENTAL: doy a mi mente unas gozosas vacaciones.

DEDOS ARTRÍTICOS

La artritis simboliza la crítica, el auto-castigo, la reprobación, una carencia profunda de amor. Así pues, los dedos (es decir los detalles de la vida cotidiana) artríticos indican el sentimiento de estar mal amado y de ser víctima de acontecimientos en mi vida de cada día. Doy el poder a los demás.

Sugerencias y Recomendaciones

Acepto amarme y perdonarme porque, si no me quiero, ¿cómo van a amarme los demás?

DEDOS DE LA MANO

Se consideran problemas de los dedos cualquier dolor, rigidez o fractura que pueda impedir o afectar su empleo.

Como los dedos nos ayudan a ser precisos, cuando una persona tiene un problema en uno o varios dedos, el mensaje es que su búsqueda de precisión no está motivada por el buen juicio. Esto no quiere decir que no te ocupes de los detalles, sino que lo hagas de una manera diferente. Puede presentarse cuando dicha persona se muerde los puños (de ansiedad) o tiene la impresión de golpearse en los nudillos (hacerse reprender), o incluso cuando se acusa de no mover ni un dedo (ser perezoso, indolente). Cada dedo tiene su propio significado metafísico.

Tienen cada uno su significado. Los problemas en los dedos nos dicen dónde hay necesidad de relajarse y desentenderse.

Los dedos son la prolongación de mis manos y el instrumento sirviendo a la manifestación de mis acciones en mi vida de cada día. Representan la acción en el momento presente, los detalles de la vida diaria. Por el tacto, puedo amar, acariciar, reñir, construir y crear. Mis dedos son la manifestación concreta de mis pensamientos, mis sentimientos. Una herida en el dedo me indica que intento hacer demasiado, que voy demasiado lejos o demasiado de prisa. Llevo mi atención en demasiadas cosas al mismo tiempo y mis energías están dispersas. Me preocupo demasiado de las cosas por hacer. Poco importa la naturaleza de la herida (corte, rasguño, verruga, etc.) me preocupo con mis acciones presentes. Habitualmente, el nivel de la herida y el tipo de tejido implicado (la piel o los huesos) son importantes. Por ejemplo, un corte hasta el hueso implica una herida más profunda que un simple rasguño.

Sugerencias y Recomendaciones

En general, todos los problemas en los dedos tienen como mensaje que dejes los detalles que no son esenciales en este momento. Tu perfeccionismo es con frecuencia mal utilizado. Está bien que seas una persona que se fija en los detalles, pero debes aprender a buscar esta perfección solamente en el nivel de lo que eres, es decir, que elijas hacer o tener lo que te ayude a estar en armonía. Además, te recomiendo que dejes de ocuparte de los detalles que conciernen a los demás.

Compruebo el dedo o dedos implicados para que la respuesta a mis preguntas esté más clara. A partir de ahora, me tomo el tiemponecesario de hacer una cosa a la vez porque acepto mi dimensión humana y corto mi impaciencia que me incita a adelantar demasiado rápidamente.

NUEVO MODELO MENTAL: estoy en paz con los detalles de la vida.

dedos de la mano anular

Anular, de la palabra "anillo", es el símbolo de la unión y representa mis lazos afectivos. Cualquier herida a este dedo procede de una pena o de una dificultad en mis relaciones afectivas; puede ser frente a mi marido, mi mujer, mis hijos y, en ciertos casos, incluso frente a mis padres. Esta herida es la manifestación externa de una herida interior de la cual no he hablado probablemente con nadie. Me es difícil hacer la unión conmigo mismo, vivir con esta pena interior que me pesa. Quizás tengo tendencia a exagerar la situación.

Es un dedo que actúa poco sin el consentimiento de los demás dedos. Representa el ideal soñado en una relación de pareja y la dependencia de otra persona para lograr ese ideal. Los problemas en este dedo indican que se siente pesar por la vida íntima. La persona así afectada olvida adoptar una visión global de las cosas. Su hábito de ver sólo algunos detalles no es nada beneficioso.

Representa, a la vez, tanto las uniones como el sufrimiento.

Sugerencias y Recomendaciones

¿Qué es lo que me molesta? Acepto desprenderme para ver mejor la situación. ¿Qué es lo que me impide expresarme?

¿Quizás me imagino la reacción del otro? Aprendo a comprobar y comprendo que entre imaginar y saber, hay una gran diferencia. El hecho de comprobar me permite tener relaciones mucho más armoniosas y me enseña también a dialogar.

dedos de la mano artríticos

La artritis simboliza la crítica, el autocastigo, la reprobación, una carencia profunda de amor. Así pues, los dedos (es decir los detalles de la vida cotidiana) artríticos indican el sentimiento de estar mal amado y de ser víctima de acontecimientos en mi vida de cada día. Doy el poder a los demás.

Sugerencias y Recomendaciones

Acepto amarme y perdonarme porque, si no me quiero, ¿cómo van a amarme los demás?

dedos de la mano auricular o meñique

El auricular está directamente vinculado con el corazón. Representa la familia así como todos los aspectos familiares de mi vida, en particular el amor y la armonía familiar. Cuando me hago una herida en este dedo, esto indica que vivo emociones frente a mi familia que debería exteriorizar, una falta de armonía en el interior de mi pareja o una simple carencia de amor de sí. Cualquier daño al dedo pequeño (rasguño, quemadura...) denota seguramente una emotividad demasiado grande. Tengo seguramente la desgraciada costumbre de preocuparme por pequeñeces (el dedo más pequeño) y mi emotividad predomina. Me vuelvo pretencioso y esto me desequilibra y me impide comprender a la gente y los acontecimientos de mi vida.

Refleja la agilidad mental y la facilidad de comunicación. La soltura con la que se desliga de los otros dedos muestra su necesidad de independencia y su curiosidad natural. También representa a la intuición. La persona con problemas en este dedo deja que le moleste lo que los demás piensan de ella. No se atreve a afirmar su independencia ni a utilizar su intuición porque ansía distinguirse.

Tiene que ver con la familia, y la falsedad.

Sugerencias y Recomendaciones

Acepto mirar los acontecimientos y las situaciones con la simplicidad de un niño. Desdramatizando y revelando apertura mental, aprendo a afirmarme y a comunicar. Voy hacia delante más alegremente. Necesito mucho más calma interior. En vez de jugar un papel y vivir en un mundo en que las apariencias importan más que el "ser", tengo ventaja en volver a las cosas simples y a ser yo mismo.

dedos de la mano corazón o mayor

El dedo mayor, el dedo más largo de la mano, representa la creatividad, la sexualidad y la ira. En suma, simboliza muchas cosas y debo prestarle una atención particular. Una herida a este dedo significa que mi vida sexual no va como lo deseo o que me inclino demasiado fácilmente frente al destino. Vivo una pena o una tensión vinculada con la insatisfacción, y la ira se instala paulatinamente. Esta reacción me impide realizar mis deseos concretos. Mi lado creativo está restringido por una falta de confianza.

Este dedo está relacionado con la restricción y la vida interior. También tiene lazos con la sexualidad. La persona que tiene problemas en este dedo busca demasiado la protección en este terreno y se siente rechazada fácilmente en su intimidad.

Tiene que ver con el sexo y con la cólera. Cuando esté enojado, cójase el dedo del medio y verá cómo se disuelve el enojo. Coja el de la mano derecha si el enojo es con un hombre, y el de la mano izquierda si es con una mujer.

Sugerencias y Recomendaciones

De ahora en adelante, identifico el aspecto de mi sexualidad o de mi creatividad que está en causa. Acepto expresar mis necesidades en lugar de dejar subir la ira. Comprendo que únicamente mis miedos (el orgullo) me impiden expresarme.

dedos de la mano
cutículas

La cutícula es una capa muy fina de piel, una especie de película que se forma en la base de la uña. Cuanto más gruesa es la cutícula y más rápidamente crece, más tendencia tengo a ser duro hacía mí. Me critico constantemente por futilidades porque soy perfeccionista.

Sugerencias y Recomendaciones

Acepto ver que soy un ser humano en evolución y que siempre hago mi posible. Dejo de juzgarme tan severamente y me acepto tal como soy para poder seguir adelantando armoniosamente.

dedos de la mano
índice

El índice representa el ego bajo todos estos aspectos: autoridad, orgullo, suficiencia... En mis comportamientos no verbales, cuando activo mi índice apuntándolo con frecuencia, esto indica un rechazo de autoridad, bien sea de los padres u otra. Intento expresar la autoridad de modo "reactivo" es decir en reacción con las diferentes formas de autoridad presentes. Mi miedo de la autoridad puede incluso causarme trastornos en la digestión. Tengo miedo de estar cogido en la trampa, de no estar reconocido en mi justo valor. Tengo miedo de la autoridad y no acepto que sea presente en mi vida. ¡Quiero hacer valer mi criterio a toda costa! Cuando uso mi índice para imponer mis ideas de un modo bastante autoritario, es mi modo de afirmar mi "poder personal".

Este dedo es el que marca la fuerza del carácter y el poder de decisión. Es el que se utiliza para señalar, dar órdenes, amenazar o intentar hacer comprender algo a alguien. Es el dedo que representa a la autoridad. También puede ser que esta persona se sienta demasiado señalada por quienes representan la autoridad.

Si se hace un corte en el índice, es probable que haya en usted algún temor relacionado con su yo en alguna situación presente. El índice es el yo, y el miedo.

Sugerencias y Recomendaciones

Tomo consciencia que a menudo, son mis llantos los que me hacen actuar de esta manera. Tengo una gran sensibilidad emocional y necesito sentirme en seguridad en la vida. Comprendo que tener razón por un todo o una nada, no es lo que cuenta. Conservo mis energías para cosas importantes. ¿Es realmente la autoridad que me molesta? Quizás se trate de un sentimiento de impotencia o de inseguridad que remonta a mi infancia frente a la autoridad de los padres. A partir de ahora acepto las formas de autoridad que me molestan sabiendo que existen para hacerme evolucionar positivamente.

dedos de la mano
pulgar

El pulgar está vinculado a la presión, ¡la que me coloco en los hombros tanto como la que exijo de los demás! Es un dedo poderoso que simboliza la fuerza, mi necesidad de poder y que sirve a empujar, juzgar, apresurar así como apreciar las acciones de los demás (pulgar arriba o abajo) tanto como mis propias intervenciones. Cuando enseño el pulgar hacia arriba teniendo la mano cerrada, doy mi aprobación; el pulgar hacia abajo, mi desacuerdo o mi rechazo. El pulgar está vinculado a mi intelecto, a mis intercambios interpersonales y a mi sensibilidad. El pulgar determina pues el tipo de contactos que tengo con los demás y yo mismo. Un niño se chupa el pulgar en las situaciones en que se siente inseguro, por lo tanto el pulgar representa la seguridad y la protección. Todas las heridas en el pulgar se vinculan a un exceso de esfuerzo mental, un cúmulo excesivo de ideas y de preocupaciones y una tendencia a ser pesimista. ¿Son sanos mis intercambios con los demás? ¿Empujo demasiado a los demás o me siento empujado por una vida acelerada? El pulgar simboliza también la vida y la supervivencia, la gana de vivir su vida y no de morir (si conservo mi pulgar en el interior de una mano cerrada, soy una persona introvertida que quizás tiene ganas de morir o que siente la necesidad de replegarse sobre sí para protegerse del mundo exterior).

A este dedo también se le llama el dedo maestro, porque dirige a los demás. Representa además nuestra parte voluntaria y responsable. Es el dedo que más nos ayuda a "empujar". Un malestar en el pulgar indica que la persona se empeña en darle un empujón a alguien y que se preocupa demasiado por ciertos detalles. También puede sentirse empujada, incluso por ella misma. Quiere controlar demasiado.

El pulgar es el dedo mental y representa nuestras preocupaciones.

Sugerencias y Recomendaciones

A partir de ahora, lo hago todo para estar en paz conmigo mismo. Observo los signos vinculados con mi pulgar y me mantengo vigilante cuando algo me sucede. Dejo subir la tristeza que me habita. ¡Acepto la vida y las situaciones sin hacer demasiado drama porque sé que el universo cuida de mí!

DEDOS DE LOS PIES

Los problemas más conocidos son deformación, fractura, calambres, callosidad, herida y uña encarnada.

Como los pies representan nuestra forma de avanzar en la vida, los dedos representan nuestra percepción de los detalles de ese avance. La mayoría de los problemas en los dedos de los pies nos impiden caminar libremente y con soltura, por lo que indican a quien los sufre que se crea miedos inútiles con respecto a su manera de avanzar o de percibir el futuro. Se preocupa sobre todo por detalles que le impiden ver la totalidad de una situación dada. Mira demasiado el árbol y no ve el bosque. Termina por perder contacto con sus deseos y sus avances son cada vez más lentos. Por lo general, el dedo más afectado es el dedo gordo; la uña encarnada es un ejemplo. Como este dedo marca la dirección a los demás, todo problema en él representa culpabilidad o arrepentimiento con respecto a la dirección tomada, o incluso culpabilidad ante la dirección que la persona quiere seguir. Este sentimiento influirá en su porvenir.

Los dedos de los pies representan los detalles del porvenir. Si vivo inseguridad frente a esto, tengo rampas y si vivo culpabilidad, puedo darme golpes al dedo, cortarme (si hay pérdida de alegría) o herirme más severamente (dedo roto, quebrado). Si tengo un juanete, que es una deformación del dedo gordo, hay un conflicto a un nivel muy profundo. Esta parte del pie corresponde al período de algunas semanas después de la concepción e indica una debilidad en el compromiso de estar realmente aquí (en vida). El juanete aparece generalmente en el momento de vivir una relación con una pareja o uno de los padres que encuentro muy dominante. Al dejar al otro que tome las decisiones, huyo mi responsabilidad frente a mis propias decisiones. La expresión "cuídate de tus asuntos" expresa bien el hecho que encuentro que personas de mi entorno se cuidan de mis cosas y que esto no les incumbe, a menos de que sea yo quien me cuide de los asuntos de los demás. El juanete puede desaparecer si me asumo, asumo mis responsabilidades, permitiéndome así vivir plenamente mi vida. Los dedos de los pies son la parte de mi cuerpo que va primero hacía delante, dedos hacía abajo pueden indicar una inseguridad en ir hacia delante, un deseo de "agarrarse al suelo" para evitar adelantar. Tengo pues tendencia a quedarme en el mismo lugar. Me impido "entrar en la vida". Los dedos hacía arriba indican el intento de escaparme de la vida, de elevarme hacía las realidades más abstractas que terrestres. Los dedos como ganchos indican una gran confusión en la dirección por tomar y una ausencia de libertad y de claridad interiores, lo cual me lleva a querer huir. El dedo en martillo me indica un estrés y una repugnancia a ir hacia delante. También esto puede ser el miedo de un modo de ser abstracto y poco estructurado. Para conocer el significado metafísico de cada uno de mis dedos, puedo referirme al significado de cada uno de mis dedos, empezando por el pulgar para el dedo gordo, para acabar con el dedo pequeño, el auricular, para el dedo pequeño del pie. Basta con transponer el significado de los dedos de la mano, que son los detalles de la vida cotidiana al de los dedos de los pies que son los detalles del porvenir.

Representan los detalles del futuro.

La gente que tiene problemas con los dedos (y en particular con el dedo gordo) son las que han dado un impulso, y existe culpabilidad por no haber estado allí, por haber estado lejos.

Dedo gordo: "La obligación a la madre": "Mi madre me obliga a..."

Dedo II: "A los colaterales"; hermanos, cuñados, esposo, compañeros de trabajo.

Dedo III: "Problemas de comunicación", de circulación de la comunicación (también con los colaterales).

Dedo IV: Problemas de vesícula biliar, "Cólera reprimida, rencor e injusticia, en relación a la madre" (y/o colaterales).

Dedo V: "Territorio" (colaterales).

Heridas, enfado con uno mismo, conflicto mental. Culpabilidad.

Sugerencias y Recomendaciones

Tu problema en el dedo del pie te envía el mensaje de que vuelvas a establecer contacto con lo que quieres verdaderamente para tu futuro y que no te detengas en los detalles. Acepta la idea de que es muy humano tener miedo ante lo desconocido y que sólo con la acción podrás comprobar lo que es bueno para ti y lo que no lo es. Cuando te dejas detener por los detalles, alimentas tus temores y bloqueas lo que quieres. Además, date cuenta de que, cualquiera que sea tu decisión con respecto a tu porvenir, pesar solo puede dar lugar a nuevos temores. No hay errores, sólo experiencias que te servirán en el futuro.

NUEVO MODELO MENTAL: todos los detalles se resuelven solos.

DELGADEZ

La delgadez no es un malestar ni una enfermedad. Sin embargo, muchas personas se quejan de ella, sobre todo desde el punto de vista estético. Lo que lleva a la persona a constituirse un cuerpo demasiado delgado (así como un cuerpo demasiado gordo) es un bloqueo emocional y mental.

La persona muy delgada en general se rechaza, se siente pequeña en comparación con los demás y tiene miedo de ser rechazada. A menudo quiere desparecer. Es del tipo apagado y delicado con los demás. Este temor al rechazo a menudo le hace actuar de manera contaría a sus necesidades e incluso le impide pasar a la acción. También es posible que dependa de los demás para sentirse alguien y que tenga la impresión de no recibir suficiente atención o cuidados. Está en una situación de carencia.

Una infra-alimentación o un consumo excesivo puede conllevar la delgadez o transformarse en obesidad. La nerviosidad, la ansiedad, el consumo de medicamentos, los grandes miedos o muy grandes alegrías son factores que hacen que un individuo se engorde o que otro adelgace.

La persona delgada generalmente es emotiva, con una gran sensibilidad y no siempre sabe cómo expresar sus sentimientos porque habiendo sido herida ya, quiere protegerse para no tener que sufrir más. Esta misma sensibilidad se encuentra en una persona con un exceso de peso, creándose ésta una protección y una barrera por su físico más imponente. La gente anoréxica rechaza vivir, prefiere morir que aceptar el amor.

Sugerencias y Recomendaciones

Si sufres de delgadez desde tu infancia, ello indica que te desarrollaste desde muy pequeño una creencia al rechazo o al abandono. Es posible que esta creencia haya surgido antes de tu nacimiento porque uno de tus progenitores no quería tener un hijo o no quería un hijo de tu sexo. Es importante que compruebes si tus padres realmente te rechazaron o si lo que rechazaban era la situación que vivían en el momento de tu nacimiento. Aun cuando hayas sido rechazado realmente, o no se hayan ocupado lo suficiente de ti, debes saber que una persona que rechaza a otra está expresando sus límites. Actúa así porque los rebasaría si lo hiciera de otra forma. En ese momento no ve otra solución. Debes comenzar a creer que tienes todo lo necesario para hacer tu vida por ti mismo y que la ausencia o el rechazo de los demás es una experiencia que viviste. A ti te toca decidir si quieres seguir viviendo esta experiencia en la aceptación o no. Tu elección, así como sus consecuencias, son responsabilidad tuya.

DELIRIO
Ver locura

DEMASIADO DEPORTE

Búsqueda de valoración. Lo que quieren es ganar. Compensación de alguna carencia.

Sugerencias y Recomendaciones

Es bueno hacer deporte, de forma consciente y equilibrada.

Según algunos tratados ayurvedas la forma óptima de hacerlo y como más beneficio obtenemos es haciéndolo cada día hasta el 50% de nuestra capacidad. Esto quiere decir que si puedo andar o correr una hora, lo hago solo treinta minutos. Este 50% cada vez será mayor. Y de esta forma el deporte nos carga de vitalidad, no nos cansa, el cuerpo se desarrolla de igual manera y no creamos reticencias hacia el ejercicio físico.

NUEVO MODELO MENTAL: me amo y me apruebo tal y como soy, no estoy solo, la vida entera me apoya. Soy capaz de hacer realidad cualquier cosa que realmente deseo. Estoy seguro y protegido en todos los aspectos de mi vida. Todo es perfecto en mi mundo.

DEMENCIA
Ver locura

DEMENCIA SENIL

Conflictos en el tronco cerebral. Son shocks relacionados con la supervivencia arcaica.

Negativa a enfrentar al mundo tal como es. Desesperanza y rabia.

Senilidad: regreso a la supuesta seguridad de la infancia. Exigencia de cuidados y atención. Forma de controlar a quienes nos rodean. Escapismo.

Es un debilitamiento progresivo de la actividad física y psíquica que se observa en el transcurso de la vejez, pero también en caso de una actividad demasiado intensa o prolongada.

Este estado se presenta en la persona ya mayor, que quiere que la colmen de atenciones, que se ocupen de ella porque no acepta la falta de atención que sufrió en su infancia. Es una persona que careció, y todavía carece, de afecto.

NUEVO MODELO MENTAL: me encuentro en el lugar perfecto y me siento a salvo en todo momento.

Senilidad:

NUEVO MODELO MENTAL: protección divina, seguridad, paz. La Inteligencia del Universo opera en todos los aspectos de la vida.

Si tienes que cuidar a una persona senil, debes hacerlo con amor y aceptación. De otro modo, la situación puede volverse tan desagradable que todos saldréis perdiendo. Por otro lado, puedes explicarle que no tiene que enfermarse tanto para recibir atención. Podría encontrar otros medios menos dolorosos para lograrlo. Puedes ofrecerle ayuda para que encuentre esos medios. Si tiene la seguridad de seguir recibiendo mimos sin comportarse senilmente, la persona tiene muchas posibilidades de mejorar. También le ayudaría perdonar a sus padres por la falta de cuidados o de afecto que sufrió durante su niñez, aceptando que ellos mismos recibieron muy poco y que difícilmente nadie puede dar lo que no tiene.

Después, perdonarse por haber sentido rencor hacia ellos y darse el derecho de buscar mimos en este momento.

Ver Alzheimer.

DENTINA

La dentina es agresividad.

No poder morder. Desvalorización por no ser capaz de morder.

Ejemplo: un perro llamado "Whisper" tiene que dejarse morder siempre por el pastor alemán del vecino; o un niño delicado y débil tiene siempre que dejarse pegar y humillar por el más fuerte.

El esmalte. "Quiero ser agresivo pero no tengo derecho".

Sugerencias y Recomendaciones

La agresividad es la respuesta de una persona que se siente atacada e insegura, es un mecanismo de defensa para momentos muy puntuales de supervivencia.

En este punto ayudará tomar una perspectiva más humilde y menos egoica, también aprender a confiar más en el proceso de la vida y en los demás. Como resultado nos sentiremos seguros y no nacerá en nosotros la agresividad.

No obstante, si ya se tiene esa emoción lo más saludable es expresarla, eso sí, en privado y sin molestar a nadie.

DEPENDENCIA

Una dependencia está vinculada a un profundo vacío interior, a una tentativa exterior de querer colmar principalmente una carencia de amor de sí o una carencia afectiva vinculada a uno de mis padres. Mediante la dependencia (alcohol, droga, alimento, cigarrillo, deporte, sexo), quiero colmar este vacío, esta desesperación y esta tristeza. Mi vida está privada de sentido, no satisface mis deseos más profundos. Me siento en rebeldía contra el mundo exterior y tengo dificultad en preservar mi ego. No consigo amarme tal como soy y esta incapacidad temporal se manifiesta por ira y rencor frente al universo. La dependencia es pues un tipo de sustituto que me ayuda a vivir temporalmente en un mundo sin problema. El alcohol me trae cierta éxtasis y un letargo frente a lo que vivo, las drogas "no prescritas" (cocaína, hachís, heroína, LSD, PCP, marihuana, etc.) me dirigen hacia nuevas sensaciones con el deseo de alcanzar cumbres desconocidas de la consciencia. Cualquier dependencia conlleva pues reacciones del cuerpo humano más o menos conocidas. Estas formas de abuso son fundamentalmente negativas y diversos tipos de miedos incontrolados (neurosis) pueden surgir si la dependencia es fuerte (ejemplo: drogas). Finalmente, una dependencia puede manifestarse a través de cierta tendencia (por ejemplo: sexual) que es difícilmente controlable.

Sugerencias y Recomendaciones

El primer paso importante por hacer es tomar consciencia de mi situación. Esto requiere mucho amor y valor para afrontar o romper esta esclavitud que desordena mi vida. Acepto estar abierto a lo desconocido, a la vía que me llevara a mis objetivos de Realización de sí. El amor incondicional es el principio de mi curación. Pregunto a los demás, busco, compruebo, hago los primeros pasos. Busco qué método de curación natural puede ayudarme a centrarme, a armonizarme y a aumentar mis fuerzas interiores afín de permitirme integrar con amor las diferentes carencias vividas durante mi juventud. Las responsabilidades ya no me asustan y vuelvo a tomar contacto con el ser divino que soy.

Ver alcoholismo, cigarrillo, droga.

DEPRESIÓN

La siguiente descripción se dirige principalmente a las personas que sufren **depresión psicótica** y no a quienes viven momentos depresivos pasajeros o como reacción a un acontecimiento difícil de aceptar. Para estos últimos, la descripción de la agorafobia, la angustia o la ansiedad es más adecuada.

Los principales síntomas de la depresión son la pérdida de interés y de placer en las actividades habituales, un sentimiento de desesperación o de abatimiento asociado a la fatiga o a una disminución de energía, menor capacidad de concentración, indiferencia, desinterés, desánimo, repliegue sobre sí mismo y rumiación mental. Por lo general, el individuo que la padece no quiere pedir ayuda; prefiere que los demás sean quienes cambien. Duerme mal, incluso con la ayuda de somníferos. Habla poco y tiene tendencia a huir del mundo. Incluso puede tener ideas suicidas. Con frecuencia se confunde la depresión con el agotamiento. Lee la descripción de agotamiento para establecer bien la diferencia.

La depresión es el medio que una persona utiliza para no sentir presión, sobre todo afectiva. No puede más; ha llegado a su límite. La persona con tendencias depresivas tiene conflictos pendientes de resolver con su progenitor del género contrario. Esto explica que muy a menudo ataque a su cónyuge, en quien establece la transferencia. Lo que esta persona hace sentir a su pareja es lo que hubiera querido hacerle a su padre o a su madre, pero se contuvo. Al rechazar ayuda, la persona depresiva continúa alimentando su rencor o su ira hacia ese padre o esa madre, y se hunde en su dolor. La gravedad del estado depresivo refleja la intensidad con la que se vivió la herida siendo niño. Las heridas pueden ser las siguientes: rechazo, abandono, humillación, traición o injusticia. Para ocasionar un desequilibrio mental tan grande como la depresión y la psicosis maniacodepresiva, el dolor tuvo que ser vivido en aislamiento. Esta persona no tuvo con quien hablar en su infancia, alguien que escuchara sus preguntas y sus angustias. Tampoco aprendió a confiar en los demás, bloqueó sus deseos y se replegó finalmente sobre sí misma, mientras aumentaba su sentimiento de rencor o de ira.

La depresión implica una profunda tristeza interior, una acumulación de emociones inhibidas provocando un conflicto entre el cuerpo y la mente. Esta enfermedad está conectada con un suceso señalado de mi vida. La depresión se traduce por desvalorización y culpabilidad que me corroen por dentro. Si soy depresivo, me siento miserable, menos que nada. Vivo en el pasado constantemente y tengo dificultad en salir de él. El presente y el porvenir no existen. Es importante efectuar un cambio ahora en mi modo de ver las cosas porque ya no es como antes. La depresión frecuentemente es una etapa decisiva en mi vida (por ejemplo: la adolescencia) porque me obliga a volver a cuestionarme. Quiero a toda costa tener una vida diferente. Estoy trastornado entre mis ideales (mis sueños) y lo real (lo que sucede), entre lo que soy y lo que quiero ser. Es un desequilibrio interior (quizás químico y hormonal) y mi individualidad es irreconocible. Me siento limitado en mi espacio y voy perdiendo despacio el sabor de vivir, la esencia de mi existencia. Me siento inútil. En otras palabras, la depresión tiene en su origen una situación que vivo frente a mi territorio, es decir lo que pertenece a mi espacio vital, sean personas (mis padres, mis hijos, mis amigos, etc.) animales (mi perro, mis peces, etc.) o cosas (mi trabajo, mi casa, mis muebles, etcétera). El conflicto que vivo puede estar vinculado a un elemento de mi territorio que tengo miedo de perder: a una pelea que tiene lugar en mi territorio y que me molesta (por ejemplo: las peleas entre hermanos y hermanas). He aquí expresiones que revelan cómo me puedo sentir: "¡Me ahogas!", "¡Me chupas el aire!"; "¡Aire!". A veces también, siento dificultades en delimitar o marcar mi espacio, mi territorio: ¿Qué es lo que me pertenece en exclusividad y qué es lo que pertenece a los demás? Las personas depresivas frecuentemente son permeables a su entorno. Siento todo lo que sucede a mi alrededor y esto incrementa mi sensibilidad, de aquí un sentimiento de limitación y la impresión de estar invadido por mi entorno. Así, abandono porque encuentro la carga demasiado pesada, ya no tengo el gusto de vivir y me siento culpable de ser lo que soy. Incluso puedo tener tendencia a la autodestrucción. También puedo tener "necesidad de atención" para ayudarme a valorarme; la depresión se vuelve en este momento, un medio inconsciente para "manipular" mi entorno. La risa ya no forma parte de mi vida. Poco importa la razón, compruebo ya ahora la causa o las causas subyacentes a mi estado depresivo. ¿Viví yo una presión de joven? ¿Cuáles son los acontecimientos señalados vividos en mi infancia que hacen que mi vida parezca tan insignificante? ¿Es la pérdida de un ser amado, mi razón de vivir o la dirección de mi vida que ya no consigo ver? Huir la realidad y mis responsabilidades no sirve de nada (por ejemplo: suicidio) por más que esto parezca ser el camino más fácil.

Sentimiento de desesperanza. La agresividad no expresada o canalizada, se redirige hacia dentro, temor tanto a la vida como a la muerte. La agresividad hacia uno mismo, alcanza su máximo en el suicidio. Sentimiento de culpabilidad, baja autoestima, ideas/pensamientos negativos recurrentes.

Frecuentemente relacionada con el hecho de querer quitarme presión en mi vida. Entonces, hago una "de-presión".

Enfado que uno no se cree con derecho a sentir. Desesperanza.

Conflicto entre lo ideal y lo real.

Conflicto entre quienes realmente somos y quien queremos ser.

Conflicto entre lo que tenemos y lo que queremos tener.

Conflicto de identidad.

Sugerencias y Recomendaciones

En general, la persona depresiva no quiere ayudarse ni pedir ayuda, por lo que quienes la rodean son los que intentan resolver su problema. Si eres uno de ellos, te sugiero que seas muy firme con ella y le digas que nadie en el mundo puede sacarla delante de manera definitiva, excepto ella misma. Lo más importante es que acepte que su estado depresivo le ocasionó el gran dolor que sufrió su SER en la infancia. Rechaza lo que ES. La herida más común es el rechazo o el miedo a ser rechazada. Esta persona debe admitir que aun cuando haya sido rechazada en la niñez, ello no quiere decir necesariamente que su padre o su madre no la quisieran. El padre que rechaza a su hijo seguramente fue rechazado cuando era niño y todavía se rechaza a sí mismo. Sentir compasión por ese padre y perdonarlo es el inicio del camino hacia la cura. Después, la etapa más importante es perdonarse a sí mismo por haber querido tanto a ese padre. A continuación, lo único que resta es expresarle a ese padre lo que sintió sin ninguna acusación de por medio. Es muy humano albergar rencor o ira cuando se es niño y se sufre intensamente el aislamiento. Por otro lado, sugiero que esta persona tome la decisión de reconocer su propio valor. Si le resulta difícil, puede pedir a quienes le conocen bien que le digan lo que ven en ella. Por otro lado, si la persona depresiva tiene ideas suicidas, sucede que alguna cosa en ella quiere morir para poder dejar lugar a lo nuevo. Confunde la parte de ella que quiere morir con ella misma.

Es importante constatar las responsabilidades de mi vida porque necesitaré otra cosa que antidepresivos para hacer desaparecer la depresión: debo ir a la causa. A partir de ahora, comprendo que soy un ser único. Tengo valores interiores excepcionales. Puedo retomar el control de mí mismo y de mi vida. Tengo elección de "soltar" o "luchar". Tengo todo lo necesario para cambiar mi destino. Responsabilizándole, adquiero más libertad y mis esfuerzos están recompensados.

NUEVO MODELO MENTAL: ahora paso más allá de los temores y limitaciones de los demás. Creo mi propia vida.

SOLUCIÓN POSIBLE: relajación profunda. Reconciliación con nuestro objetivo en la vida. No entrar en esos pensamientos. Luchar por lo que quieres o deseas.

Antes que cualquier tratamiento de cualquier tipo debemos descubrir lo que nos deprime y enfrentarlo y tratar de cambiarlo de la mejor forma posible. Esta afección debe ser manejada por el naturópata o medico de su confianza en el caso de que no se sienta capaz de salir adelante por usted mismo, ya que su participación durante la terapia es vital.

CROMOTERAPIA: color curativo amarillo.

TRATAMIENTO: el tratamiento en este caso es básicamente sobre todo el sistema glandular. Las áreas de la pituitaria, la tiroides, suprarrenales, sistema nervioso, páncreas, bazo, hígado, los riñones y el timo.

DEPÓSITOS DE CALCIO

El calcio es un mineral correspondiente a la energía más "rígida" del cuerpo humano, es decir el hueso. El calcio está pues conectado a la energía mental, a la estructura mental de mi ser. El depósito se forma cuando la energía se fija y se "cristaliza" (parecida a las piedras del hígado) en un lugar dado conllevando dolor e inflamación. ¿Por qué es así? Porque los depósitos de calcio proceden generalmente de pensamientos inmutables, de la carencia de flexibilidad con relación a la autoridad que rehúso aceptar. Considero

que doblarme a esta exigencia suplementaria en mi vida me impide ser totalmente libre.

Sugerencias y Recomendaciones

Un modo de cambiar estos depósitos de calcio en amor es practicar la apertura mental y poner el acento en la comunicación. Acepto que, estando abierto a los demás, sufro menos autoridad y vivo mucho más el compartir. ¡Así, me vuelvo autónomo, libre y adquiero la sabiduría!

DERMATITIS
Ver piel-dermatitis

DERRAME SINOVIAL

Líquido lubricante de las articulaciones de la rodilla. Problemas en las articulaciones, representan cambios en la orientación de la vida, y la dificultad con que se llevan a cabo. Resistencia al cambio. Los cambios producen miedo.

CONFLICTO: fabrico más lubricante (aceite, agua, referentes...). Añadimos conflicto de falta de protección.

"Quiero ser más aceptable". "Me gustaría tener un poco más de dulzura en mi sumisión, por favor". "Estoy de acuerdo en someterme, pero dulcemente".

Sugerencias y Recomendaciones

NUEVO MODELO MENTAL: me amo y me apruebo, no estoy solo, la vida entera me apoya. Soy un ser completo y tengo la libertad, la voluntad y la fuerza para hacer lo que desee. Estoy seguro y protegido en todos los aspectos de mi vida. Todo es perfecto en mi mundo.

DESCALCIFICACIÓN ÓSEA

Osteolisis. Desvalorización. Conflicto específico en función de parte de esqueleto donde se da la osteolisis.

En la senectud: pérdida del propósito de vivir. Coincide con periodos de grandes cambios.

Sugerencias y Recomendaciones

SOLUCIÓN POSIBLE: encontrar objetivo en la vida: ayudas en ONGs. Sentirse útil.

DESHIDRATACIÓN

Tiene lugar cuando un individuo pierde más agua de la que recibe. Los signos de deshidratación son los siguientes: la piel pierde su elasticidad normal; los ojos, hundidos, están rodeados de grandes ojeras; el pulso es rápido y la tensión arterial baja.

Como el agua tiene una relación directa con el cuerpo emocional, la persona que sufre deshidratación suele ser la que evita sus sentimientos y en especial los sentimientos agradables hacia ella misma. Deja que la vacíe lo que sucede a su alrededor y dentro de ella por medio de ideas obsesiva. No se recupera lo suficiente.

Sugerencias y Recomendaciones

Sufrir una deshidratación es un mensaje importante que tu cuerpo te envía porque el agua es la segunda necesidad esencial del cuerpo humano después del aire. Además de aprender a beber más agua diariamente, deberás aprender a sentirte bien contigo mismo y a tener buenos sentimientos de amor hacia ti mismo.

DESMAYO

Un desmayo es la pérdida del conocimiento, que suele ser de aparición brusca y de corta duración.

El desmayo es una forma de huida para la persona que no quiere enfrentar una situación determinada. Cuando dicha situación dura un cierto tiempo hasta el punto de desanimar y angustiar a la persona que se siente impotente para cambiarla, el desmayo se convierte en una forma de huida.

Desvanecimiento, desmayo, coma: frecuentemente relacionados a un deseo de huir una situación o una persona cuando tengo la sensación de que esto evoluciona demasiado rápido.

Miedo. Incapacidad para afrontar una situación. Apagón de la conciencia.

Sugerencias y Recomendaciones

El mensaje que te manda tu cuerpo es que quieres seguir involucrado en esa situación, aun cuando sea necesario que adoptes una percepción diferente de la misma. En lugar de alimentar tus temores, te ayudaría hablar de lo que sientes y buscar ayuda para ver la situación de otro modo. Tu forma de pensar es la que dice "no puedo hacerle frente" y te incita a huir. Esta situación se presenta para ayudarte a evolucionar. Debes tomar más consciencia de lo que puede enseñarte en lugar de hacer lo contrario, es decir, volverte más inconsciente desmayándote. Ha llegado el momento de que vuelvas a contactar con tu fuerza interior.

NUEVO MODELO MENTAL: tengo el poder, la fuerza y el conocimiento para afrontarlo todo en mi vida.

DESORDEN AFECTIVO INVERNAL

Esta enfermedad se manifiesta mediante fatiga, somnolencia y un estado depresivo durante las temporadas en las que disminuyen las horas de sol.

Es interesante observar que la persona que padece este síndrome recupera su vitalidad en cuanto hay un día soleado. Entonces todo se normaliza y se siente mucho mejor. En base al hecho de que le afecta el grado de luminosidad exterior, el mensaje que esta persona recibe es que no está en contacto con su propia luz interior. Se siente deprimida porque en lugar de ver su belleza interior, se ve como una persona desagradable, mala o indecente.

Sugerencias y Recomendaciones

El mensaje que recibes es muy claro. Después de un incidente previo al inicio de esta enfermedad, en el cual te sentiste culpable, decidiste creer que no eres una buena persona. Esta falsa culpabilidad te apagó. Tu cuerpo te dice que te concedas el derecho de tener límites y que reconozcas más la hermosura y la luminosidad de tu persona.

DESORIENTACIÓN ESPACIO-TEMPORAL

Es un doble conflicto relacionado con la salida del ser vivo de su medio habitual. Desarraigo o problemas existenciales.

Al intentar volver al medio y no lograrlo la desorientación produce la inmovilización, lo cual va a posibilitar recuperar el medio en el momento en que las condiciones se restablezcan. Se clasifican en trastornos de demencia o pseudodemencia.

El sentido biológico es: La preservación. Recuperar el medio (esperar tiempos mejores).

Sugerencias y Recomendaciones

NUEVO MODELO MENTAL: doy gracias por el tiempo pasado, por todas las vivencias, buenas y malas y las dejo marchar con amor. Sé que la vida es un cambio constante, me permito fluir con amor y disfrutarlo. Todo está donde debe estar, todo está bien en mi mundo.

DESVALORIZACIÓN

El conflicto de base arcaico, es "el resultado", "la comparación" y "la impotencia"

Comentamos, que la palabra clave, desvalorización, implica: evaluación, resultados obligatorios, impotencia y falta de respeto.

Para nosotros los seres humanos, la falta de respeto significa que no se respeta nuestra personalidad, no se respeta lo que pensamos, lo que somos nosotros, por lo tanto va a tocar nuestra estructura. Y esto es mucho más activo e inconsciente.

Sugerencias y Recomendaciones

Tienes que entender que todos tenemos un papel distinto en este mundo, por eso las comparaciones son absurdas. Cada uno de nosotros tiene un propósito en la vida, y lo llevará a cabo mejor que cualquier otra persona, a veces incluso sin ser consciente de ello.

Así que no pierdas el tiempo comparándote con otros que aparentemente o socialmente tienen más éxito. Mira dentro de ti y haz aquello que amas hacer, sea lo que sea.

Toma conciencia de que todo en este mundo salvo tu ser es efímero, es lo más valioso de ti. Quiérete, ámate.

DESVANECIMIENTO
Ver desmayo.

DESVIACIONES Y PERVERSIONES SEXUALES

Si, como individuo, estoy preso de una desviación sexual, es que deseo rechazar y reprimir una gran parte de mi ser, vivo constantemente una lucha interior. Por este hecho, mi cuerpo me dice que acepte cada aspecto de mí que asocio a un defecto.

Sugerencias y Recomendaciones

Cada ser posee un lado masculino y un lado femenino. Cuando soy un hombre, acepto mi feminidad, o mi masculinidad cuando soy una mujer. Me vuelvo humilde, decido afirmarme. Elijo unificar todo mi ser porque cada faceta mía pide expresarse.

DIABETES

La diabetes es una enfermedad del páncreas, consecuencia de una deficiencia en la función endocrina del páncreas, que se manifiesta como un déficit de insulina.

El páncreas es la glándula que está ligada al centro energético del plexo solar. Todo problema en esta glándula indica que existe un trastorno en el nivel emocional. De hecho, este centro de energía administra las emociones, los deseos y la mente. La persona que padece diabetes es emotiva y a menudo tiene muchos deseos. Es del tipo de persona que desea algo para sí misma y también para todos sus seres queridos. Quiere que todos reciban una rebanada del pastel. Sin embargo, puede ponerse celosa cuando alguien tiene más que ella. En general, es una persona muy servicial, pero con muchas expectativas. Actúa con todos como madre y se culpa fácilmente si lo que desea para los demás no se realiza. Existe en ella una gran actividad mental debida a una búsqueda intensiva de los medios necesarios para dar respuesta a sus expectativas. El hecho de cultivar tantos deseos oculta una tristeza interior que proviene generalmente de un gran deseo de ternura y amor que nunca ha sido satisfecho. La diabetes se manifiesta en el niño cuando éste no se siente suficientemente reconocido. Su tristeza le ocasiona un vacío interior que busca una compensación. De este modo intenta llamar la atención.

La insulina es la llave que abre la célula para que penetre el azúcar. Éste es el símbolo de la dulzura. La ternura (dulzura) es un peligro para mí. Ejemplo: un hombre de cuarenta años, recuerda que hasta los tres años fue cuidado por sus tíos. Él se negó a los afectos de sus padres. Sintió que éstos no le querían.

Mala alimentación afectiva. Separación afectiva guarra.

"Todo lo que me dan a nivel afectivo, no me gusta".

Es una Constelación:

Masculino = Resistencia (Tipo I: La gente que resiste, tiene que aislarse).

Femenino = Asco (Evitar la penetración, Intolerancia. Ej.: no tolera a los inmigrantes).

Las personas con diabetes (híper-glucemia) tienen un afán no reconocido de realización amorosa y no son capaces de aceptar y abrirse al amor. El amor y lo dulce tienen una estrecha relación. El niño disfruta con el dulce, está en un periodo de su vida, en que necesita mucho amor. Y un adulto con carencias afectivas tenderá a darse un gusto con un dulce o con la comida en general, intentando compensar esa carencia.

Frecuentemente relacionada con tristeza profunda que se produce después de un acontecimiento en el cual sentí rencor contra la vida.

Nostalgia de lo que pudo haber sido. Gran necesidad de controlar. Tristeza profunda. Ni restos de dulzura.

Indica un deseo de ser amado, combinado con una inhabilidad para dejarse amar. El resultado es "hiperacidez" o sea, los que no aman, se vuelven ácidos. Te falta el dulzor de la vida y añoras el amor que no puedes dar.

Sugerencias y Recomendaciones

Tu diabetes se presenta para advertirte que te sueltes y te des tiempo para dejar que las cosas sucedan en lugar de querer controlarlo todo. Deja de creer que tu misión es disponer la felicidad de todos los que te rodean. Eres el tipo de persona que logra lo que quiere, pero los demás no necesariamente desean las mismas cosas ni en la misma medida que tú. Date tiempo para disfrutar las dulzuras de tu vida en su momento, en lugar de distraerte con lo que vas a querer mañana. Hasta ahora has preferido creer que lo que deseas es siempre para los demás. Acepta la idea de que esos deseos son, antes que nada, los tuyos, y luego reconoce todo lo que has obtenido hasta este momento. Acepta también que, aun cuando un gran deseo no se haya realizado en el pasado, ello no te impide apreciar los deseos pequeños que se hacen patentes ahora. Si eres un niño diabético, ha llegado el momento de que dejes de creer que eres el hijo perdido de la familia. Eres tú quien debe encontrar tu lugar.

No esperes esa pareja ideal imaginaria, deja que el amor te llegue de todas partes. Suelta el pasado y reconoce que el amor, el disfrute y el afecto son elementos fundamentales de la vida.

NUEVO MODELO MENTAL: este momento es toda alegría. Elijo saborear la dulzura de hoy.

La diabetes ocurre generalmente por un mal funcionamiento del páncreas en la producción de insulina. Puede manifestarse en cualquier edad, aun antes de los treinta años. El tratamiento consiste en seguir una dieta y/o inyectarse insulina. Algunos de los síntomas principales son: sed, mala visión, cansancio, irritación en la zona genital y pérdida de peso. La cromoterapia junto con la reflexología, pueden ayudar a los diabéticos siempre y cuando lleven un tratamiento médico.

CROMOTERAPIA: color curativo amarillo.

TRATAMEITNO: obviamente el área principal a tratar es el páncreas, pero debe hacerlo con mucha suavidad y mucho cuidado. Se trabajará también la pituitaria, la tiroides, los riñones, las suprarrenales y las zonas de los ojos y los oídos. Presionando toda la zona alta de los dedos, y con el pulgar y el índice aplicará un masaje en ambos oídos, buscando las zonas sensibles al dolor.

Ver sangre-diabetes.

DIAFRAGMA

El diafragma es la gran pared muscular que separa la parte superior (pulmones, corazón) de la parte inferior (hígado, estómago, intestinos...) de mi ser. Representa la respiración, la capacidad de abandonarme totalmente respirando profundamente. Necesito estar "relajado" para poder respirar bien la vida. El diafragma es eficaz cuando me abandono a la vida. Si aparecen algunas tensiones, es porque me reprimo, me inhibo o bloqueo energías liberadoras que son benéficas para mí. Puedo vivir algunas situaciones que me impiden expresar libremente mis sentimientos y mis pensamientos más profundos. Quizás mi modo de vida me impide ser realmente lo que soy, lo cual me lleva a respirar de un modo superficial y limitado. El diafragma está vinculado al período de los primeros movimientos del feto, donde descubro que algo más existe además de mí. Por lo tanto, una vez adulto, esta área se bloquea cuando los intercambios entre mi mundo interior y mi mundo exterior me provocan conflictos, por ejemplo si hago muchas cosas que son vacías o superficiales, sin profundidad.

Sugerencias y Recomendaciones

Debo tomar consciencia de que la vida me trae mucho bien. A partir de ahora, no necesito reprimirme inútilmente. El diafragma es un músculo de gran importancia que, cuando respiro plenamente, me permite entrar en contacto con mi yo interior y volver a conectar con la energía del universo. Ya ahora, veo mi vida de un modo muy diferente. Expreso libremente, aquí y ahora, mis pensamientos, mis sentimientos, mis emociones profundas.

DIARREA

La diarrea es un síntoma de perturbación del tránsito intestinal.

En el plano físico, representa el rechazo del alimento antes de que el organismo haya podido asimilar lo que necesitaba, por lo tanto, la persona afectada hace lo mismo, pero en los planos emocional y mental. Este problema se manifiesta en la persona que rechaza demasiado rápido lo que puede ser bueno para ella. Le parece que lo que le sucede es difícil de asimilar. No ve su utilidad. De este modo se priva de disfrutar la vida plenamente, lo cual le genera ingratitud. Siente más rechazo y culpabilidad que gratitud. El rechazo que siente esta persona está más ligado al mundo de tener y hacer que al de ser. Tiene miedo de no tener algo o de no hacer lo suficiente, de hacerlo mal o hacer demasiado. Su sensibilidad emotiva está trastornada. Por ello, tiende a rechazar rápidamente una situación que la confronta con sus miedos, en lugar de experimentarlos.

Conflicto de pequeña guarrada que encajamos (y hay que eliminar). Conflicto de miedo visceral. Conflicto de mínimos, carencia de amabilidad.

"Me he tragado una guarrada que no puedo/quiero asimilar."

Conflicto de Tiroides + digestivo: heces blandas. La persona debe tenerlo todo acabado antes de empezar.

Diarreas, colopatías funcionales: "No puedo digerir algo en un clima de impotencia". En los bebés: "El alimento es tóxico".

Cuando hay diarrea líquida, viene de este punto, sirve para eliminar rápidamente lo que no hemos podido asimilar porque es tóxico, o porque no se puede (también va asociado a alguna guarrada que te han hecho y no puedes asimilar). La diarrea antes de los exámenes significa : "No he asimilado todos los conocimientos que necesitaba para este examen".

La diarrea siempre es fase de curación.

Frecuentemente relacionada con el hecho de querer rechazar las soluciones o las situaciones que se ofrecen a mí para progresar en la vida.

Causa probable: Temor. Rechazo. Huida.

Sugerencias y Recomendaciones

Sufrir diarrea te ayuda a darte cuenta de que no te estimas lo suficiente y que crees no merecer lo que es bueno para ti. Si no te puedes nutrir de buenos pensamientos hacia ti mismo, es difícil esperar que otros lo hagan. Tal vez tengas que esperar mucho tiempo. Además, recuerda que lo que proviene de los demás es temporal.

NUEVO MODELO MENTAL: mi ingestión, asimilación y eliminación están en orden. Estoy en paz con la vida.

La diarrea generalmente es un síntoma de un mal funcionamiento del aparato digestivo. Recuerda consultar con tu médico o naturópata de confianza.

CROMOTERAPIA: color curativo azul añil.

TRATAMIENTO: iniciaremos el tratamiento presionando con energía la zona sacro lumbar (situada al final de la espalda) durante aprox. treinta segundos, descansaremos unos segundos y debemos repetirlo durante varias veces al día. También trabajaremos el colon, ascendente, descendente y sigmoides, para finalizar con los riñones y la vejiga, los ovarios o la próstata, el hígado y la vesícula.

Ver intestinos-diarrea.

DIENTES

Se considera un problema dental al dolor ocasionado por una caries, la rotura de un diente o la pérdida del esmalte.

Como los dientes sirven para moler los alimentos, se les relaciona con la trituración de las ideas o con las circunstancias nuevas que deben ser asimiladas. La persona a la que le duelen los dientes suele tener dificultad para decidirse, ya que no analiza bien las situaciones. Los dientes también sirven para morder. Un problema en ellos puede indicar que la persona se siente impotente e incapaz de defenderse en la vida. Los ocho dientes del lado superior derecho tienen relación con el deseo de manifestar lo que la persona quiere hacia fuera; todo problema en uno de estos dientes expresa una dificultad para encontrar nuestro lugar en el exterior. Los ocho dientes del lado superior izquierdo tienen relación con el deseo de manifestar lo que la persona lleva en sí misma; todo problema en uno de estos dientes expresa una dificultad para realizar su deseo de ser. Los ocho dientes del lado inferior derecho se relacionan con la concretización de algo, como por ejemplo el trabajo; todo problema en uno de estos dientes expresa una dificultad para concretar nuestra vida. Los ocho dientes del lado inferior izquierdo tienen una relación con la concretización de la sensibilidad de la persona, de todo lo que lleva en ella; cualquier problema en uno de estos dientes expresa una falta de reconocimiento afectivo del medio familiar.

Los dientes simbolizan las decisiones, la puerta sólida de entrada que me permite morder con "todos mis dientes" en la vida. Realidad interior y exterior pasan por mis dientes que son uno de los medios para expresarme enteramente en este universo. El diente es uno de los órganos anexos muy duros que representa la energía fundamental de mi ser. La capacidad interior de acoger las nuevas ideas, el amor y el alimento interior se manifiesta por los dientes sanos y duros. Los dientes son, en parte, el espejo del ser. Cuando el alimento pasa a través de mi boca, ésta transmite también sentimientos que pueden afectar mis dientes a más o menos largo término. Así, dientes alterados (por ejemplo: con carie) indican una débil afirmación de sí, una realidad inaceptable para mí y el miedo a coger mi lugar en el universo con las responsabilidades que esto implica. Aunque tenga dificultad en tomar ciertas decisiones benéficas para mí, debo quedarme abierto a los medios disponibles que me permiten superar las situaciones más delicadas. Los dientes representan también mi voluntad de ir hacia delante, de hacer bien las cosas, mi capacidad en dar vida a mis pensamientos y a mis emociones. Un conflicto profundo, culpabilidad conectada con una situación emocional transportada con las palabras, o cualquier desarreglo interior pueden manifestarse por una reacción en los dientes e incluso en las encías. Puedo pues "apretar los dientes" para defenderme de una agresión exterior en una situación que me hace fuertemente reaccionar. Cierro la puerta, resistiendo a lo que quiere entrar en mí o, al contrario, a lo que necesita salir de mí. Los incisivos (los dientes de delante) se relacionan con el hecho de no hacer tal acción, etc. Los caninos se vinculan más con el hecho de poder ejercer cierta autoridad sobre las decisiones que he de tomar. Pueden estar afectados cuando me siento "estirado" frente a una decisión que he de tomar. Las premuelas me indican mi grado de acuerdo con mis decisiones. En cuanto a las muelas, representan mi grado de felicidad frente a las decisiones que se tomaron o que debo aún tomar. El esmalte del diente estará afectado cuando tengo la sensación de que no tengo el derecho de "morder" en una situación y la dentina estará afectada cuando pienso no poder ser capaz de "morder" en una situación, dudando de mí mismo, de mis capacidades.

Mis decisiones, vinculadas al lado femenino arriba, al lado masculino, abajo.

Agresividad, vitalidad, morder. Realidad inaceptable. Conflicto profundo. Culpabilidad respecto a lo que decimos. Represión de lo que queremos decir.

CONFLICTO: atrapar el pedazo.

RESENTIR: "No consigo decir lo que tengo en la cabeza"; "no me puedo afirmar".

Esmalte: "Me desvalorizo porque no consigo morder". "Tengo prohibido morder por educación o razones morales". "Podría morder pero no se me permite, no tengo derecho, estoy demasiado bien educado". "Moralmente no me doy el derecho de morder".

Dentina, marfil: conflicto de desvalorización al no poder, no ser capaz, de morder por sentirse demasiado débil".

Incisivos: cortar.

Caninos, colmillos: sexual, destruir.

Molares: moler.

Pulpa de los dientes: "Prohibido alimentar mi agresividad".

CAUSA PROBABLE: incapacidad de morder nada. Creencias arraigadas que se destruyen.

Dolores en los dientes: "Querer atrapar el pedazo". Ejemplo: Le duelen los dientes desde que comenzó un régimen, se lo comería todo pero no puede.

Opiniones rígidas. Mentalidad cerrada. Incapacidad de aceptar ideas nuevas. Indecisión mantenida mucho tiempo. Incapacidad de analizar las ideas para decidir

Muela del Juicio: negarse el espacio mental para crearse una base firme.

ACTITUD NEGATIVA COMÚN: yo he sido incapaz de analizar bien situaciones, y no he tomado a tiempo las decisiones oportunas.

Sugerencias y Recomendaciones

Como el lado derecho del cuerpo tiene una correspondencia directa con nuestro padre, los problemas en los dientes del lado derecho te indican que todavía hay conflictos pendientes de resolver con él, es decir, que sería bueno que tuvieras una reacción diferente hacia él, que lo aceptaras más. Si es del lado izquierdo, sucede lo mismo, pero con la madre. Además, los cuatro incisivos superiores representan el lugar que quieres ocupar junto a tus padres, y los cuatro incisivos inferiores el lugar que éstos ocupan. El mensaje implícito en todo problema dental es principalmente que actúes, que concretes tus deseos. Aprende a ver las situaciones como son. Si es necesario, acepta pedir ayuda para que puedas discernir mejor. Ocúpate de tu YO QUIERO. Vuelve a contactar con tu poder interior y concédete permiso para defenderte. Si sufres un problema de desgaste en los dientes y el esmalte está desapareciendo gradualmente, es muy posible que te estés dejando utilizar por quienes te rodean. En general, la persona que se deja manejar por los demás critica mucho internamente, pero no se afirma exteriormente. Quisiera que los demás cambiaran. Tu mejor protección para que no dejes que te utilicen es el amor verdadero hacia tus seres queridos. El rechinar los dientes, que se manifiesta sobre todo en la noche, es signo de que la persona durante el día reprime la ira y la tensión. El cuerpo, inteligentemente, utiliza con frecuencia la noche, los momentos de sueño, para ayudarnos a liberar las tensiones vividas durante la vigilia. Sin embargo, esta liberación es temporal. Debes ocuparte de esta ira contenida antes de que te ocasione muchos más problemas que el rechinar de los dientes.

Acepto quedar abierto al amor, sin tener miedo de perder la gratitud de los demás. Me amo tal como soy, con todas mis cualidades. Debo cuidar de mis dientes, "visten" mi personalidad. Los dientes no tienen máscara. Me mantengo yo mismo, sin juzgarme y quedando abierto a las críticas exteriores. Transformo mis pensamientos en amor auténtico y mis dientes se mantienen en buena salud.

Pulpa de los dientes:

NUEVO MODELO MENTAL: creo cimientos firmes para mí y para mi vida. Elijo creencias que me apoyen con alegría.

Dolores en los dientes:

NUEVO MODELO MENTAL: tomo mis decisiones basándome en los principios de la verdad y descanso tranquilo sabiendo que en mi vida sólo obra la Recta Acción. Acojo de buen grado las ideas nuevas y las preparo para digerirlas y asimilarlas.

Muela del Juicio:

NUEVO MODELO MENTAL: abro mi conciencia a la expansión de la vida. Cuento con un enorme espacio para crecer y cambiar.

SOLUCIÓN POSIBLE: comprender y aceptar lo que ocurre. Manifestar lo que sentimos sin miedos.

ACTITUD POSITIVA A ADOPTAR: "Yo soy seguro. Analizó, desmenuzo, clasifico y decido en casa ocasión lo que discierno como oportuno".

dientes
abceso

Este abscesso se halla en los tejidos que cubren la raíz dental; esto demuestra mi ira frente a una decisión que he de tomar. La infección está situada en la cavidad central del diente, esto indica la contrariedad que vivo en relación con una decisión que me roe por dentro.

Sugerencias y Recomendaciones

Entonces es tiempo de que tome la decisión con todo el amor y la armonía posible teniendo en cuenta valores más elevados que gobiernan mi vida, en el respeto de mí mismo y de los demás.

dientes
caries dental

La caries dental es la manifestación de un dolor interior extremo. Algo me roe hasta lo más hondo de mi ser. No consigo expresar este mal que me corroe y la inflamación hace su aparición. El diente empieza a ablandarse y generalmente es doloroso, debido a la sensibilidad nerviosa presente en el nivel del diente. La estructura del diente es la más rígida del cuerpo humano. La carie dental se refiere al aspecto "mental". ¿Es odio o rencor frente a alguien? Puede ser que "enseñe los dientes" cuando me siento atacado. ¿Cuál es la verdadera causa de mi dolor? La razón primera aumentará mis probabilidades de invertir este proceso de destrucción. También puedo haber vivido una situación en que tenía el gusto de "morder" a alguien en situación de autodefensa y que no lo hice porque "un niño bien educado no hace este tipo de cosas". Frecuentemente tenía caries de niño, porque tengo un "diente" contra una persona. También es posible que viva un conflicto familiar o que asuma difícilmente lo que recibo de mi entorno y que deba filtrar este conflicto con mis dientes por el proceso de masticación. Porque mis dientes me permiten filtrar y discriminar lo que entra en el interior de mi cuerpo y por el mismo hecho, en mi Universo en general.

Sugerencias y Recomendaciones

Dejo de buscar la causa física (alimentación, azúcar, etc.) Mejor dejo que mis pensamientos evolucionen y cambio mi manera de ver las situaciones de mi vida. Tomo la vida con "un grano de sal" y permitiré así a mis "dientes del juicio" desarrollarse y fortalecerse. ¡Será mucho más provechoso para mí!

dientes
chirrido

Los dientes representan las decisiones y cierta forma de agresividad. El chirrido de dientes es pues una ira inconsciente que aflora en la superficie, una rabia reprimida que se expresa frecuentemente de noche. Estoy muy nervioso interiormente, me retengo y no digo o no hago ciertas cosas. Como que no consigo tomar decisiones claras y precisas, el chirrido de dientes es la expresión física de mi tristeza y de mi agresividad reprimida. Como una puerta mal engrasada, el chirrido de dientes me indica mi miedo a abrirme para tomar decisiones y el ruido expresa una forma de gemido interior.

Sugerencias y Recomendaciones

Acepto tomar consciencia de este estado sin inhibirlo y expresarlo como lo vivo actualmente. Acepto mi sensibilidad y las emociones que afloran y comprendo que mis incertidumbres me llevan a vivir mucha más tensión interior que el hecho de tomar las iniciativas que se imponen. Cuando tomo una decisión, me libero y me siento más desarrollado.

Ver autoritarismo, mandíbulas-dolores.

dientes
diente del juicio

El juicio, es una gran cualidad. Tengo la alegría de manifestarlo en esta vida. Me permite abrirme al universo y me procura bases sólidas en todo lo que emprendo. Así, un diente del juicio que no quiere salir, "coger su sitio", significa en el plano mental que rechazo aún tomar todo el espacio que me pertenece.

Sugerencias y Recomendaciones

Debo hacerlo conscientemente para desarrollar las cualidades divinas esenciales a mi evolución. ¡Acepto dejar la naturaleza seguir su curso y abrir mi consciencia para crecer y ver los cambios en mí! ¡Me darán beneficios!

dientes
dolor de dientes o muelas

Se considera un problema dental al dolor ocasionado por una caries, la rotura de un diente o la pérdida de esmalte. Sucede frecuentemente que las personas con dientes mal alineados dicen tener problemas, cuando en realidad esto es sólo una anormalidad estética. También se considera un problema el rechinar de los dientes.

Como los dientes sirven para moler los alimentos, se les relaciona con la trituración de las ideas o con las circunstancias nuevas que deben ser asimiladas. La persona a la que le duelen los dientes suele tener dificultad para decidirse, ya que no analiza bien las situaciones. Los dientes también sirven para morder. Un problema en ellos puede indicar que la persona se siente impotente e incapaz de defenderse en la vida.

Con respecto a este tema, a continuación presento los resultados de muchos años de investigación realizados por la señora Michele Caffín, cirujana dentista:

Los ocho dientes del lado superior derecho tienen relación con el deseo de manifestar lo que la persona quiere hacia fuera; todo problema en uno de estos dientes expresa una dificultad para encontrar nuestro lugar en el exterior.

Los ocho dientes del lado superior izquierdo tienen relación con el deseo de manifestar lo que la persona lleva en sí misma; todo problema en uno de estos dientes expresa una dificultad para realizar su deseo de ser.

Los ocho dientes del lado inferior derecho se relacionan con la concretización de algo, como por ejemplo el trabajo; todo problema en uno de estos dientes expresa una dificultad para concretar nuestra vida.

Los ocho dientes del lado inferior izquierdo tienen una relación con la concretización de la sensibilidad de la persona, de todo lo que lleva en ella; cualquier problema en uno de estos dientes expresa una falta de reconocimiento afectivo del medio familiar.

Los dientes mal alineados también tienen cierta relación con los mensajes citados.

Los problemas dentales están vinculados a las decisiones, especialmente cuando me duelen los dientes. Aplazo la toma de decisiones, porque las consecuencias de estas elecciones me asustan, me hacen perder seguridad. Se asocia a la responsabilidad personal, a mi capacidad de tomar decisiones, sin tener miedo de lo que sucederá después. Si tengo un dolor de muelas, puede ser que me sienta dolido porque me culpo de no conseguir comunicar lo que quiero. Tengo el gusto de "enseñar los dientes" para coger mi sitio y mostrar que existo. Quiero que me escuchen, que me respeten. Tomo consciencia que comunicando mis necesidades y mis deseos, los dolores de muelas ya no tendrán razón de existir. Cuando se trata de sarro en los dientes, es una forma de agresión interior, una reacción que no ha sido resuelta y vuelve a aflorar. Esto me puede llevar a endurecerme en mis posiciones frente a las decisiones que he de tomar o que tomé. Mis comportamientos pueden cambiar. Sabiendo que no es beneficioso para mí estar a disposición de mi imaginación, desarrollo más bien el lado creativo de las circunstancias. Intento encontrar un medio de estructurar mejor mi pensamiento y mis ideas; así, me será más fácil tomar iniciativas juiciosas vinculadas a lo que vivo actualmente.

Sugerencias y Recomendaciones

Como el lado derecho del cuerpo tiene una correspondencia directa con nuestro padre, los problemas en los dientes del lado derecho te indican que todavía hay conflictos pendientes de resolver con él, es decir, que sería bueno que tuvieras una reacción diferente hacia él, que lo aceptaras.

Si es del lado izquierdo, sucede lo mismo, pero con la madre. Además, los cuatro incisivos superiores representan el lugar que quieres ocupar junto a tus padres, y los cuatro incisivos inferiores el lugar que éstos ocupan. El mensaje implícito en todo problema dental es principalmente que actúes, que concretes tus deseos. Aprende a ver las situaciones como son. Si es necesario, acepta pedir ayuda para que puedas discernir mejor. Ocúpate de tu YO QUIERO. Vuelve a contactar con tu poder interior y concédete permiso para defenderte.

Si sufres un problema de desgaste en los dientes y el esmalte está desapareciendo gradualmente, es muy posible que te estés dejando utilizar por quienes te rodean. En general, la persona que se deja manejar por los demás critica mucho internamente, pero no se afirma exteriormente. Quisiera que los demás cambiaran. Tu mejor protección para que no dejes que te utilicen es el amor verdadero hacia tus seres queridos.

El rechinar los dientes, que se manifiesta sobre todo en la noche, es signo de que la persona durante el día reprime la ira y la tensión. El cuerpo, inteligentemente, utiliza con frecuencia la noche, los momentos de sueño, para ayudarnos a liberar las tensiones vividas durante la vigilia. Sin embargo, esta liberación es temporal. Debes ocuparte de esta ira contenida antes de que te ocasione muchos más problemas que el tratado aquí. Para lograrlo, te aconsejo que pongas en práctica las etapas del perdón.

Acepto ser consciente de lo que sucede en mi vida, comprender la esencia de la determinación que rige mi universo. Compruebo el lado afectado por los problemas dentales y aporto la solución que conviene. Si está arriba, pienso en la intuición y en el instinto; y si está abajo, se trata de una decisión del campo racional y lógico, algo querido físicamente.

dientes
prótesis dentales o postizos

La prótesis dental me da la ilusión de una fuerte vitalidad. En efecto, similar a los dientes verdaderos, da la sensación de ser verdadera, de ser sincera como dientes de verdad. Es totalmente falso. Ya que deseo una respuesta clara, voy al fondo de las cosas.

Sugerencias y Recomendaciones

¿Soy yo capaz de vivir mis experiencias con valor y sinceridad, igual como con mis verdaderos dientes? ¿Estoy decidido a ser lo que soy realmente, a afirmarme, a "morder" en la vida? Dejo de vivir en función de los demás. Acepto ser yo mismo y, afirmándome, encuentro la satisfacción y la felicidad.

DIFTERIA

La difteria es una enfermedad contagiosa caracterizada por la presencia de falsas membranas blanquecinas sobre las mucosas de la garganta y la laringe. Las anginas diftéricas son la manifestación más frecuente de esta enfermedad. Ver garganta y laringitis.

La difteria se caracteriza por la formación de membranas en la laringe y la faringe (garganta) provocando hinchazón. Tengo dificultad en tragar. Ya que la garganta me permite hablar, comunicar e intercambiar, esto me indica que me reprimo cuando hay intercambios con los demás. No consigo expresar lo que siento, inhibo mis emociones y mis necesidades. Tengo miedo al rechazo e imagino la reacción de los demás.

Sugerencias y Recomendaciones

Comprendo que es esencial que haga conocer mis necesidades y mis sentimientos en vez de ahogarles. Debo cambiar. Debo aceptarme tal como soy y aprender a amarme. Si me amo y si me respeto, los demás me amarán y me respetarán a su vez.

Ver garganta, laringe.

DIGESTIÓN

Problemas de digestión.

La digestión es el conjunto de transformaciones que sufren los alimentos en el conducto digestivo. Como el estómago es el primer órgano que recibe el bolo alimenticio.

Sugerencias y Recomendaciones

Sugiero a las personas que padecen problemas de digestión que consulten el término "estómago". Si la descripción no corresponde a su caso, les sugiero que revisen también "hígado, páncreas e intestinos", órganos que forman parte del aparato digestivo.

DISCO INTERVERTEBRAL

Conflicto de desvalorización (más ligero que el del hueso). Trabajo y amortiguador. Conflicto del cojín.

"No estoy a la altura en el trabajo". "No puedo descansar sobre mí mismo". "Debo actuar de amortiguador entre dos seres queridos que se pelean".

Sugerencias y Recomendaciones

¿Por qué necesitas actuar de esta manera?

Aunque pienses que los demás necesitan de tu mediación, créeme que eres tú quién necesita mediar, ellos pueden vivir perfectamente sin eso.

Si no es así, más que hacerles un favor les haces todo lo contrario, ya es hora de que tomen conciencia de que son responsables de sus actos y de lo que sucede en su vida.

"La existencia no admite representantes"

DISCONDROSIS

Necrosis del cartílago. Ligero conflicto de desvalorización de sí mismo. La localización corresponde a la ubicación del conflicto.

Sugerencias y Recomendaciones

NUEVO MODELO MENTAL: me amo y me apruebo, no estoy solo, la vida entera me apoya. Soy un ser completo y tengo la libertad, la voluntad y la fuerza para hacer lo que desee. Estoy seguro y protegido en todos los aspectos de mi vida. Todo es perfecto en mi mundo.

DISENTERÍA

Inflamación del intestino (colon) con diarrea grave que contiene moco y sangre en las heces.

CAUSA PROBABLE: temor y rabia intensa.

Sugerencias y Recomendaciones

NUEVO MODELO MENTAL: creo paz en mi mente, y mi cuerpo la refleja.

Ver intestinos-diarrea.

DISGUSTO

No estoy satisfecho de lo que sucede en mi vida. Sin embargo podría estarlo, pero siempre hay un "pero...". Quizás soy demasiado perfeccionista. Reprimo presión, tengo un deseo de venganza no expresado verbalmente. El disgusto frecuentemente se ve en la expresión del rostro.

Sugerencias y Recomendaciones

Debo buscar la causa de este disgusto para así permitirme aportar cambios positivos tomando los medios apropiados para llegar a ello. Entonces seré el primero en gozar de más alegría en mi vida, lo cual se reflejará en mi entorno.

DISLEXIA

La dislexia es un trastorno que afecta al aprendizaje de la lectura. El niño o el adulto disléxico tienen problemas con la organización del espacio, los errores que cometen al leer persisten o se agravan.

Este trastorno se produce generalmente en niños que se sienten presionados o forzados a sobresalir intelectualmente. Les cuesta trabajo utilizar de manera simultánea los dos hemisferios del cerebro. En el plano metafísico, esto significa que este niño tiene problemas para armonizar sus principios femenino y masculino. Su alma está indecisa, confundida ante el género que eligió en esta vida. Este problema es profundo e inconsciente. Su cerebro tiene dificultades para armonizar las interacciones que se dan entre sus dos hemisferios cerebrales.

Puede haber algo de lateralidad contrariada. Hay mucho de transgeneracional.

Rotura de relaciones con los padres de los padres: "Quiero estar separado de mis padres". "Los padres tienen mal rollo con sus padres".

Sugerencias y Recomendaciones

Si sufres dislexia, lo primero que te aconsejo es que consultes a un kinesiólogo educativo, el cual te hará practicar algunos ejercicios que pueden ayudarte a restablecer el equilibrio entre la parte izquierda y derecha de tu cerebro. Después, es importante que decidas de una vez por todas, el género que elegiste y con el cual aceptas avanzar en esta vida. Es una decisión que debes tomar con firmeza, en lo más profundo de ti. Por otro lado, no tienes que crearte este problema físico para tener una excusa por no ser perfecto intelectualmente. Esto no te impide ser una persona inteligente y con muchos talentos.

DISLOCACIÓN
Ver hueso-dislocación.

DISNEA

La disnea es un problema de la respiración.

Sugerencias y Recomendaciones

Véase problemas respiratorios.

DISPEPSIA

La dispepsia es un término que designa todas las formas de digestión difícil entre las cuales se distinguen dos grandes tipos: la dispepsia gástrica

Sugerencias y Recomendaciones

Ver problemas del estómago. Para la dispepsia intestinal, ver problemas en los intestinos.

DISPERSIÓN MENTAL

CONFLICTO: estar vigilante. Queremos controlar muchos frentes a la vez.

Sugerencias y Recomendaciones

Nuevo modelo mental: Me amo y me apruebo, no estoy solo, la vida entera me apoya. Soy un ser completo y tengo la libertad, la voluntad y la fuerza para hacer lo que desee. Estoy seguro y protegido en todos los aspectos de mi vida. Todo es perfecto en mi mundo.

Aprende a estar presente, aquí y ahora.

DISTENSIÓN

Desvalorización que fragiliza. Te sientes frágil ante una situación o alguien.

Sugerencias y Recomendaciones

Comprende que estás justo donde debes estar. Todo lo que te rodea es justo lo que necesitas para tu evolución en este momento.

Confía en ti mismo, no hay nada en tu vida que no puedas lograr o superar, de ser así no estaría en tu vida.

NUEVO MODELO MENTAL: me amo y me apruebo, no estoy solo, la vida entera me apoya. Soy un ser completo y tengo la libertad, la voluntad y la fuerza para hacer lo que desee. Estoy seguro y protegido en todos los aspectos de mi vida. Todo es perfecto en mi mundo.

DISTROFIA MUSCULAR

La palabra distrofia designa a un trastorno en la nutrición de un órgano o de toda un área anatómica, cuyas modificaciones producen a menudo una atrofia o hipertrofia.

Debido a que en esta enfermedad hay una pérdida de control muscular, ello indica que la persona que la padece está tan controlada por su pasado que ha llegado al límite. Es una persona con ideas autodestructivas inconscientes y a menudo interpreta el papel de víctima para llamar la atención. Sin embargo, ha procurado controlar y esconder este aspecto de sí misma. Se desvaloriza fácilmente y le resulta difícil alimentarse de pensamientos hermosos de amor hacia sí misma. Es por ello que, para su bienestar, se vuelve cada vez más dependiente de los demás.

Conflicto de desvalorización e impotencia. Incapacidad de avanzar, de crecer.

CAUSA PROBABLE: no vale la pena crecer.

ACTITUD NEGATIVA COMUN: "Yo he opuesto resistencia a los cambios y evitado las experiencias nuevas".

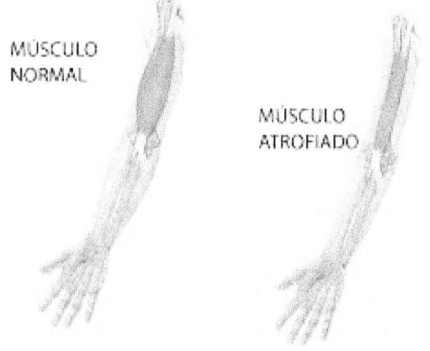

MÚSCULO NORMAL

MÚSCULO ATROFIADO

Sugerencias y Recomendaciones

Si sufres distrofia el mensaje que recibes es tan importante como urgente: "Ha llegado el momento de que aprendas a amarte y dejes de esperar que los demás lo hagan". Hasta ahora has creído que enfermándote o teniendo problemas lograrás más atención y amor. Pero creer que un problema más grave te dará amor, no es la solución ideal para ti. ¿Estás listo para pagar el precio de convertirte en totalmente dependiente de los demás y del sistema para lograr más atención? Sería más sensato que tomaras conciencia de todas tus capacidades y de tus talentos, que los hicieras valer y buscaras llamar la atención de esta manera en lugar de recurrir a una enfermedad.

NUEVO MODELO MENTAL: me elevo por encima de las limitaciones de mis padres. Soy libre de ser lo mejor que pueda.

Ver músculos-distrofia muscular.

DIVERTÍCULO

Es un saco o bolsa anormal que sale de la pared de un órgano hueco como por ejemplo el colon.

La suciedad ha de quedarse en casa. Traición, vivida de forma fuerte.

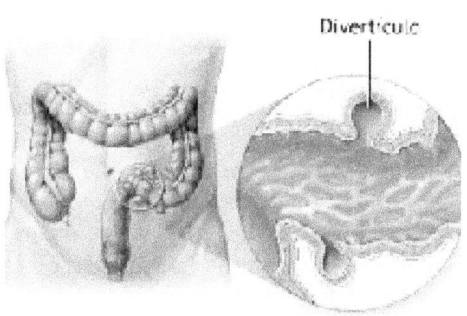

Sugerencias y Recomendaciones

Busca la armonía familiar, a veces es tan fácil como aprender a amar los defectos de la gente que queremos y ver los errores como parte necesaria del aprendizaje.

NUEVO MODELO MENTAL: me amo y me apruebo, vivo en armonía con todas las personas y situaciones que me rodean. Estoy seguro y protegido en todos los aspectos de mi vida. Todo es perfecto en mi mundo.

NUEVO MODELO MENTAL: la armonía, la paz, el amor y la alegría me rodean y moran dentro de mí. Estoy a salvo y seguro.

Ver intestinos-divertículos, colon.

DIVISIESO
Ver furúnculos.

DOLENCIA

Una dolencia no es una enfermedad sino más bien una incomodidad que siento y cuya intensidad puede variar. El modo de descifrar la dolencia es el mismo que para una enfermedad. Sin embargo, los síntomas clínicos son más difusos y pueden ir desde la indisposición hasta el desmayo. Igual como para la enfermedad, la dolencia procede de un conflicto o de un traumatismo consciente o inconsciente.

Sugerencias y Recomendaciones

La dolencia puede ser pasajera pero puede indicar un conflicto interior por resolver antes de que el mensaje sea mandado más fuertemente bajo forma de enfermedad.

DOLOR

Un dolor repentino es un dolor inexplicable que puede surgir de pronto en cualquier lugar del cuerpo.

Al igual que el sistema penal decreta que cuando una persona es culpable debe pagar una multa o ser encarcelada, el ser humano insiste en castigarse cuando se declara culpable. Sin embargo, esto ocurre a nivel inconsciente. El dolor repentino es una de las maneras que los humanos utilizan para castigarse: se hacen daño. Este elemento ha sido utilizado desde hace mucho como medio de castigo. Indica que la persona que lo sufre se ha declarado culpable de algo que hizo o no hizo, quiere o no quiere hacer, incluso sin comprobar si su culpa es real. Observando para qué sirve la parte del cuerpo afectada, la persona sabrá en qué área siente esa culpa.

Para mí, cualquier clase de dolor es una indicación de culpa. La culpa siempre busca el castigo, y el castigo crea dolor. El dolor crónico proviene de una culpa crónica, con frecuencia tan profundamente sepultada que ya ni siquiera tenemos la menor conciencia de ella. El sentimiento de culpa es una emoción totalmente inútil, que jamás hace que nadie se sienta mejor ni modifica para nada una situación. Su «sentencia» ya se ha cumplido, de manera que déjese salir de prisión. Perdonar no es más que soltar, dejar partir.

Cualquier sea el dolor, está vinculado a un desequilibrio de orden emocional o mental, a un sentimiento profundo de culpabilidad o de pena. Es una forma de angustia interna y, al sentirme culpable de haber hecho algo, de haber hablado o incluso de haber tenido pensamientos "malsanos" o "negativos", me castigo manifestando inconscientemente un dolor de intensidad variable. La pregunta por plantear es: ¿Soy realmente culpable? ¿Y de qué? El dolor vivido actualmente sólo disimula la causa verdadera: la culpabilidad. Mis pensamientos son muy poderosos y debo mantenerme abierto para identificar bien estas culpabilidades. No debo evitarlas, sino afrontarlas, porque son miedos que deberé integrar pronto o tarde. El dolor en los huesos indica que la situación me afecta en lo más hondo de mi ser, mientras que en los músculos, es más un dolor de nivel mental. El dolor me "conecta" instantáneamente y me obliga a sentir lo que sucede en mi cuerpo. En un sentido, es positivo porque me permite "conectarme" conmigo mismo, como alma y de volverme consciente. Cuando el dolor es crónico, esto significa simplemente que, desde la aparición del dolor, no me he encarado con la verdadera causa de este dolor. Cuanto más tardo en tomar consciencia de él, más vuelve regularmente el dolor hasta hacerse "crónico".

Angustia mental o emocional. Desarrollar la sensibilidad, (depende de la parte afectada).

Sugerencias y Recomendaciones

Si eres del tipo de persona que se acusa fácilmente y se declara culpable, sin duda creerás que castigándote neutralizarás tu sentimiento de culpabilidad. Por desgracia esto no soluciona nada, porque cada vez que te sientes culpable tienes que volver a empezar. Es muy probable que los dolores que sientes tiendan a desaparecer si te detienes a comprobar tu culpabilidad. La gran mayoría de los individuos que se acusan fácilmente rara vez son culpables. Esto significa que hiciste daño o quisiste dañar intencionalmente a otro o a ti mismo. Sentirte culpable cuando no lo eres significa que necesitas revisar tu sistema de valores y tus creencias. Una vocecita en tu cabeza te dice que eres culpable, pero no tu corazón, tu DIOS interior. Esa vocecita es el eco de la voz de otra persona (a menudo uno de los progenitores) que registraste y al que decidiste creer. Si cambias tu concepto de culpabilidad, evitarás este sentimiento inútil.

Es importante que acepte comprobar el origen de mi dolor y que me mantenga abierto para resolver la verdadera causa de mi dolor. El lugar donde está ubicado el dolor me da indicaciones sobre la auténtica causa de éste.

SOLUCIÓN POSIBLE: desarrollo de la sensibilidad, conectar con la realidad.

dolor
de cabeza
Ver cabeza-dolores

dolor
de espalda
Ver espalda

dolor
de garganta
Ver garganta-faringitis.

dolor
dolores femeninos

Los dolores femeninos me indican que siento dificultades en aceptar ser mujer. Ni siquiera sé cómo expresar mi feminidad. Tengo miedo de someterme. Sin embargo, crecí en el entorno de mujeres que debían ser "fuertes", tomar decisiones, etcétera. De hecho, llevaban los pantalones (se dice la persona que dirige o posee la autoridad, por ejemplo en el hogar. Así, cuando es la mujer la que lleva los pantalones en el hogar significa que es ella la que dirige y toma las principales decisiones en el hogar.

Sugerencias y Recomendaciones

¿Viví en un entorno en que las mujeres estaban sometidas y habían abdicado su propia personalidad? Tomo consciencia que debido a la educación que recibí, desarrollé mucho más mi lado masculino o bien me comprometí a ser lo contrario de la sumisión y ser yo misma asumiendo mi lado masculino en detrimento de mi feminidad. Acepto ser mujer porque como mujer, soy entera y expreso mis sentimientos. Puedo ser fuerte y saber dar dulzura, amor, comprensión, etc. Cada mujer tiene su modo bien propio de expresar su feminidad, debo yo elegir la mía. Comprenderé a qué punto soy feliz de ser mujer.

dolor
dolores menstruales

Asociado al acné (producción de andrógenos).

La mujer desea que su bebé sea niño y gestiona mal las hormonas masculinas. Hemos sido muy deseados como hijos.

Problemas menstruación, rechazo de la feminidad, culpa, temor. Relacionar genitales con sucio y pecaminoso.

Dismenorrea:

Enfado consigo misma. Odio al cuerpo o a las mujeres.

Sugerencias y Recomendaciones

NUEVO MODELO MENTAL: amo mi cuerpo. Me amo. Amo todos mis ciclos. Todo está bien.

Debe comenzar el tratamiento unos cinco días antes del período y continuarlo hasta que termine.

CROMOTERAPIA: color curativo azul añil.

TRATAMIENTO: trataremos las glándulas tiroides y pituitaria, el sistema nervioso, el timo, páncreas, suprarrenales y los ovarios.

dolor
muelas
ver dientes-dolores

dolor
repentino

Un dolor repentino es un dolor inexplicable que puede surgir de pronto en cualquier lugar del cuerpo.

Al igual que el sistema penal decreta que cuando una persona es culpable debe pagar una multa o ser encarcelada, el ser humano insiste en castigarse cuando se declara culpable. Sin embargo, esto ocurre a nivel inconsciente. El dolor repentino es una de las maneras que los humanos utilizan para castigarse: se hacen daño. Este elemento ha sido utilizado desde hace mucho como medio de castigo.

Indica que la persona que lo sufre se ha declarado culpable de algo que hizo o no hizo, quiere o no quiere hacer, incluso sin comprobar si su culpa es real. Observando para qué sirve la parte del cuerpo afectada, la persona sabrá en qué área siente esa culpa.

Sugerencias y Recomendaciones

Si eres del tipo de persona que se acusa fácilmente y se declara culpable, sin duda creerás que castigándote neutralizarás tu sentimiento de culpabilidad. Por desgracia esto no soluciona nada, porque cada vez que te sientes culpable tienes que volver a empezar. Es muy probable que los dolores que sientes tiendan a desaparecer si te detienes a comprobar tu culpabilidad.

La gran mayoría de los individuos que se acusan fácilmente rara vez son culpables. Esto significa que hiciste daño o quisiste dañar intencionalmente a otro o a ti mismo. Sentirte culpable cuando no lo eres significa que necesitas revisar tu sistema de valores y tus creencias. Una vocecita en tu cabeza te dice que eres culpable, pero no tu corazón, tu DIOS interior. Esa vocecita es el eco de la voz de otra persona (a menudo uno de los progenitores) que registraste y al que decidiste creer. Si cambias tu concepto de culpabilidad, evitarás este sentimiento inútil.

dolor
vientre

Para el niño como para el adulto, el mal de vientre demuestra un sentimiento de abandono, de soledad. Es el rehúso de comunicar, el temor a no estar escuchado.

Sugerencias y Recomendaciones

Puedo arreglarmelas para hablarme de modo que me proporcione más seguridad y coger más confianza en mí. Acepto comunicar con mi entorno dejando circular el amor hacia los demás.

Ver intestinos, vientre.

DORSO PLANO

Deformidad de columna que consiste en la desaparición de la cifosis dorsal fisiológica

Rigidez. Si eres rígido psíquico eres rígido físico. Personas muy orgullosas.

Sugerencias y Recomendaciones

Aprende a estar presente, aquí y ahora sin juzgar todo lo que pasa, las cosas son como son, ni buenas ni malas, el resto son etiquetas que nosotros colocamos y en base a estas sufrimos más o menos.

NUEVO MODELO MENTAL: la armonía, la paz, amor y alegría me rodean y moran dentro de mí. Estoy a salvo y seguro.

DROGA

Verdadera plaga de la humanidad, las drogas constituyen una de las peores huidas del ser humano para su supervivencia. Extraídas de plantas o de sustancias fabricadas sintéticamente. Drogas llamadas "blandas" (marihuana, hachís, etc.) o "duras" (PCP, cocaína, heroína, etc.) frecuentemente están utilizadas por uno o varios de los motivos siguientes: desesperación, vergüenza, huída, miedo a lo desconocido y de las responsabilidades. La droga es mi refugio, me protejo contra mi mismo. Si rehuso vivir y ser responsable, mis debilidades interiores corren el riesgo de llevarme hacia las drogas. Tengo miedo de enfrentarme a la realidad y de deber hacer esfuerzos. Mi voluntad se adormece y tengo cada vez menos tendencia a tomar decisiones. Me dejo vivir... Diversas drogas conllevan frecuentemente grandes dependencias que sólo reflejan mis "propias dependencias" interiores: delincuencia, padre(s) ausente(s), introversión, neurosis, compulsividad emocional o sexual que intento inhibir dopando mi mental. La sensación de estar separado, "arrancado" o bien de un ser querido (padre, hermano, hermana, animal, etc.) o de un lugar o de una situación que me daba mucha felicidad puede llevarme a vivir un vacío interior que quiero huir por la droga. Estas drogas que son estimulantes me permiten "flotar", alcanzar ciertas cumbres y vivir una experiencia que me da la ilusión de estar por fin "feliz" escapándome. Ya no puedo prescindir de ellas y mi dependencia se acentúa y se agrava con el tiempo.

Hachís - Marihuana: a la búsqueda de un mundo sin problemas, huída.

Anfetamina, cocaína: estimula la productividad: búsqueda del éxito, del amor, del reconocimiento.

LSD, mezcalina, setas, heroína: búsqueda de sensaciones y expansión de la consciencia.

Opio: trae gozo, pereza y da una falsa apariencia de paz interior.

Sugerencias y Recomendaciones

El primer paso es la toma de consciencia, franca y sin máscara: ¿por qué recurro a estas sustancias? Me vuelvo consciente de que siempre existe una razón. Poco importa la naturaleza de ésta, acepto descubrir la auténtica razón. Me acepto tal como soy y aprendo a expresar mis necesidades. Dejar de consumir me pide mucho valor, pero la búsqueda de la paz interior es mi motivación. Llegar a ser yo mismo en cualquier circunstancia me permite alcanzar y vivir la verdadera paz interior y sentirme en mi lugar en este gran universo.

Ver dependencia.

DUDA

La duda está directamente relacionada con lo mental. Es un estado obsesivo que me impide "conectarme" claramente en lo físico. La duda puede resultar de planteamientos del tipo: ¿lo he hecho o no? Me hago preguntas muy pragmáticas o al contrario bajo forma metafísica, llevando sobre el valor de la vida, de la religión, del deber, de la verdad, etc.... Cuestiono constantemente mis decisiones, me pregunto si hice la buena elección frente a las situaciones de mi vida. La duda puede perturbar y envenenar mi existencia.

Sugerencias y Recomendaciones

El mejor remedio es empezar a escuchar mi voz interior y hacer más confianza a la vida. Dando seguridad a mi yo interior, acepto quedar libre de las ataduras mentales que frenan mi evolución espiritual.

Cuando se trata de mis relaciones con las personas de mi entorno, en vez de envenenarme la existencia con la duda, aprendo a comprobar mis necesidades, mis impresiones, mis intuiciones cerca de dichas personas.

DUODENO

La úlcera duodenal es una pérdida del revestimiento mucoso en la primera parte del duodeno, que todavía está en contacto con el jugo gástrico ácido. El duodeno es el primer segmento del intestino delgado. En su parte media desembocan los conductos provenientes del hígado y páncreas. Es un órgano importante del sistema digestivo. Esta úlcera es cuatro veces más frecuente que la úlcera estomacal, y el factor que usualmente la ocasiona es la hipersecreción de jugo gástrico.

En el sistema digestivo, el duodeno es la parte del intestino delgado que conecta el estómago con el yeyuno.

Trago algo pero no acaba de pasar lo que quería que pasase. No poder digerir la presa. Contrariedad con uno de los miembros de la familia, compañeros de trabajo, amigos o dinero (falta).

Conflicto de injusticia (noción de falta). Falta + Injusticia. "Esto no es como lo esperaba" (negativo). "No puedo aceptarlo, es injusto (en un medio amargo)". No puedo soportarlos, tragarlos".

Jugos pancreáticos + Jugos biliares (Todos los pedazos están digeridos).

Sugerencias y Recomendaciones

Ver problemas del estómago, agregando que la persona que la padece rumia en su interior hasta tal punto que se carcome, se come por dentro. Algo se le quedó en el estómago y no pasa. Se irrita con facilidad y experimenta sentimientos de impotencia y rebeldía. Le ayudaría mucho expresar lo que siente, admitiendo su dificultad para aceptar lo que hay.

Ver estómago-dolores.

duodeno
duodenitis

La duodenitis es una afección inflamatoria del duodeno. A menudo se le confunde con la gastritis o la enteritis.

Sugerencias y Recomendaciones

Ver úlcera duodenal, agregando cólera reprimida. Ver también la explicación sobre las enfermedades inflamatorias.

DUPUYTREN

La enfermedad de Dupuytren (también llamada contractura de Dupuytren) consiste en la retracción de la palma de la mano con la consiguiente flexión fija de algunos dedos; normalmente, empieza con un engrosamiento de la piel de la palma de la mano, el cual se puede convertir en un bulto duro o banda gruesa.

Crispación en mis actitudes, dejando traslucir cierto cierre frente a mi cónyuge o mis hijos. "Tengo pena o dificultades en mis relaciones afectivas".

Representa el amor y la armonía familiar.

Sugerencias y Recomendaciones

Es importante buscar la armonía familiar. Y sobre todo poner mucho amor y perdón en cada situación conflictiva.

Ver manos-desviación de Dupuytren.

ÉBOLA

El ébola es una enfermedad contagiosa, producida por un virus. También es conocida como Fiebre Hemorrágica del Ébola, que es de presentación aguda y grave, y puede resultar letal entre un 50% y un 90% de los casos. Es una infección causada por el virus de la familia Filoviridae, género Ebolavirus. Se detectó por primera vez en una aldea de la República Democrática del Congo próxima al río Ébola en 1976. El origen del actual brote no se conoce, algo que ya ha ocurrido en todos los casos anteriores, pero se sospecha que el virus procede de un solo humano que entró en contacto con un animal infectado. Además, se sospecha que tres especies de murciélagos de la fruta son huéspedes naturales de este virus.

La infección provoca síntomas que pueden aparecer entre los dos y ventiún días siguientes al contagio. La infección se suele caracterizar por:

- Aparición súbita de fiebre.

- Debilidad intensa.

- Dolores musculares y de cabeza intensos.

- Diarrea y vómitos.

- Erupciones cutáneas.

- Disfunción renal y hepática.

- Hemorragias internas y externas.

Sugerencias y Recomendaciones

En caso de tener que desplazarse a los países afectados, las medidas preventivas que la OMS y otros organismos recomiendan son las siguientes:

-Preste atención a los síntomas.

-Evite el contacto con afectados y fluidos corporales de otras personas

-Evitar relaciones sexuales con desconocidos o personal de riesgo. Por esta vía se transmite hasta 3 meses después de la curación de la enfermedad.

-No tocar animales y evitar ingerir carne de procedencia desconocida.

-Lavarse las manos con frecuencia con desinfectantes.

-Desinfectar alimentos que se vayan a ingerir en crudo.

-Tomar agua embotellada o hervida.

-Evitar el uso de centros sanitarios locales

-Minimizar el uso de aseos públicos.

-Informar previamente a las autoridades sanitarias de su país de origen.

-Informar al consulado a su llegada al país.

-A la vuelta del viaje, si cree tener los síntomas de la enfermedad, acuda de forma inmediata a su centro de salud, informando de la zona visitada

Se aconseja no viajar, si no es necesario, a Liberia, Sierra Leona, Guinea y Nigeria. Son países con un alto nivel de inseguridad, a lo que hay que añadir la situación sanitaria actual con la epidemia de ébola.

TRATAMIENTO: los casos graves requieren cuidados intensivos. Los enfermos suelen estar deshidratados por lo que precisan rehidratación por vía intravenosa u oral con soluciones que contengan electrólitos. También se vigila que mantengan el nivel de oxígeno y de presión arterial en los niveles adecuados y se tratan otras infecciones que puedan producirse.

Tampoco hay ningún tratamiento específico, aunque se están evaluando nuevos tratamientos farmacológicos experimentales.

ECLAMPSIA
Ver embarazo-eclampsia.

ECCEMA

El eccema es una afección de la piel extremadamente frecuente que evoluciona por accesos, con una fase aguda e inflamada y una fase crónica caracterizada porque la piel se engruesa y se agrieta. El eccema puede provenir de causas internas o externas. En los niños o los bebés se acompaña de asma u otras alergias.

Ver problemas de la piel, agregando que la persona que lo padece siente angustia y miedo. Por falta de confianza en si misma, se siente angustiada ante su porvenir, incluso desesperada, al no saber hacia dónde se dirige su vida. Le ayudaría mucho expresarse más.

Si hay comezón, ver este término. Si el eccema es causado por el uso de productos externos (productos químicos, de limpieza, etc.), agréguese que esta persona se deja influenciar excesivamente por lo que pasa a su alrededor.

Frecuentemente relacionado con el hecho de ya no tener contacto con un ser amado.

CAUSA PROBABLE: antagonismo intenso. Erupciones mentales.

NUEVO MODELO MENTAL: la armonía, la paz, el amor y la alegría me rodean y moran dentro de mí. Estoy a salvo y seguro.

Ver piel-eccema.

eczema en el codo

Separación con relación al trabajo. "Me siento separado del trabajo".

Ejemplo: un chico joven con eccema en el codo. En el instituto, además de las asignaturas, había un club de fotografía, pero como no estudiaba, los padres le quitaron del club, y el eccema tenía relación con este tema.

Frecuentemente relacionado con el hecho de ya no tener contacto con un ser amado.

CAUSA PROBABLE: antagonismo intenso. Erupciones mentales.

Sugerencias y Recomendaciones

NUEVO MODELO MENTAL: la armonía, la paz, el amor y la alegría me rodean y moran dentro de mi. Estoy a salvo y seguro.

eczema en la piel

La piel es falta de contacto. El ser humano debe de sentir el contacto para estructurarse correctamente. La epidermis. El eccema siempre es un conflicto de separación y no se cura porque no entendemos el proceso. Se confunde muchas veces con una alergia.

CONFLICTO: de separación (de una persona, animal u objeto). Miedo a quedarse solo. "Estoy separado del contacto". "Tengo granos, nadie quiere acercarse a mí". "Quiero sentir el contacto" (Sentido Biológico).

Espinillas: deseo de ocultar la fealdad.

Sugerencias y Recomendaciones

NUEVO MODELO MENTAL: la armonía, la paz, el amor y la alegría me rodean y moran dentro de mí. Estoy a salvo y seguro.

Espinillas:

NUEVO MODELO MENTAL: me acepto como a una persona hermosa y amada.

Ver granos.

EDEMAS

(Hinchazón)

El edema es una hinchazón causado por una retención de agua. Causa un abotargamiento y es muy frecuente en los tobillos y los pies. Puede encontrarse también en otras articulaciones o tejidos conjuntivos. Los líquidos en el cuerpo representan mis emociones, puede que retenga o reprima mis sentimientos interiores. También puedo negar mis impulsos o sentir limitaciones y barreras para con cosas que deseo, que me traen desánimo y disgusto. También puede que quiera retener a alguien o a algo, o bien de mi pasado o del presente y me agarro a él o ello como a un salvavidas. Si no, me voy a ahogar en mi pena, en mi decepción, en mi amargura frente a los acontecimientos. La función de la parte del cuerpo afectada por el edema añade otras informaciones. Al nivel de piernas y pies, puedo vivir un muy gran deseo de ir en una dirección diferente, pero me siento emocionalmente cogido en la dirección en la cual voy y me siento incapaz de afirmarme y de liberarme de ella. Cuando se forma el edema después de un golpe, una herida o que una parte de mi cuerpo intenta reconstituirse, esto se llama el edema de curación. En ciertos casos, mi cuerpo trae entonces este líquido como para disminuir la fricción y ayudar al entorno inmediato de la parte afectada a reconstituirse.

El edema o inflamación es una acumulación de líquido en los espacios intercelulares. Se le reconoce por la hinchazón y por la huella que queda al presionar con el dedo.

Toda retención de agua o de líquido es señal de una retención emocional. La persona se hincha para protegerse. El edema se produce también cuando surge la resolución de un conflicto. La persona vive entonces una disputa entre su ego y su corazón (mantener el conflicto o resolverlo). La zona afectada por el edema y la utilidad de esta parte del cuerpo nos indicarán en qué área tuvo lugar la retención. Por ejemplo, una pierna hinchada indicará que la persona afectada se contiene de avanzar hacia una meta cualquiera después de haber hallado una solución.

Las retenciones de líquido (en las piernas, o sobrepeso por líquido) se pueden relacionar con el riñón en una tonalidad de supervivencia porque no va eliminando las sobras de líquido (aguas estancadas, no filtra).

Si nosotros estamos en el desierto y no tenemos agua, nuestra biología cerrará los canales colectores para poder sobrevivir más tiempo, al recuperar agua, se abrirán y volveremos a sacar orina (líquido). Los canales se cierran cuando estamos viviendo una situación de supervivencia continuada. Además los líquidos son "los referentes" por cuando en la evolución salimos del agua (el referente que nos envuelve) y en el parto, también salimos del agua. Los edemas pueden ser de diferente tamaño según la importancia del conflicto.

Aquí sigue siendo importante la pregunta cuándo: "¿Cuándo empezó a acumular líquido?" y luego "¿Qué pasó poco antes de empezar a acumular líquido?" También aplicaremos la cuestión existencial, los miedos existenciales y el riñón siempre se asociará a los referentes (líquido). Hay muchos conflictos de riñón en los inmigrantes, porqué han perdido sus referentes.

Relacionada con el hecho que me siento limitado o tengo miedo de estar limitado o parado en lo que deseo hacer.

Edema:

¿De qué o quién no quieres desprenderte?

Hinchazón:

Bloqueo del pensamiento. Ideas atascadas y/o dolorosas.

Retención de líquidos:

¿Qué tienes miedo a perder?

Sugerencias y Recomendaciones

Si sufres inflamaciones, tu cuerpo te dice que retienes líquido por falta de confianza en tus capacidades y talentos, y que te creas barreras y límites. El mensaje que recibes es que cedas y te arriesgues más siguiendo los dictados de tu corazón. Elige tu solución en lugar de mantener el conflicto en que vives.

El edema trae la necesidad de reconocer y descubrir la expresión de mis emociones embotelladas y encerradas. Aprendo también a soltar para permitirme adelantar y realizar cambios positivos en mi vida.

Edema:

NUEVO MODELO MENTAL: de buen grado dejo ir el pasado. Tranquila y segura me libero. Ahora soy libre.

Hinchazón:

NUEVO MODELO MENTAL: mis pensamientos fluyen libre y fácilmente. Tranquila avanzo a través de mis ideas.

Retención de líquidos:

NUEVO MODELO MENTAL: libero de buena gana y con alegría.

EGOCENTRISMO

Cuando soy egocéntrico, tengo tendencia a relacionar todo lo que me rodea conmigo. Me considero entonces como el centro del mundo. A la diferencia de la persona egoísta, podré pensar en los demás y ayudarles si esto es conforme a mi propio interés.

Sugerencias y Recomendaciones

Si vivo de este modo, es que necesito equilibrar mi inseguridad interior para impedirme vivir sumisión. Debo tomar consciencia que más allá de mí, hay los demás. Conservando el lugar que me pertenece en la vida, puedo considerar el punto de vista de los demás.

ELA
Esclerosis lateral amiotrófica

La esclerosis lateral amiotrófica (ELA) es una enfermedad neurológica rápidamente progresiva que ataca a las células nerviosas, las neuronas, responsables del control de los músculos voluntarios, los que mueven el esqueleto.

Sugerencias y Recomendaciones

Yaciente. Buscar un muerto.

EMBARAZO

Problemas en el embarazo.

Entre los problemas del embarazo más comunes están las náuseas y los sangrados. Véanse estas palabras teniendo en cuenta que dichos problemas representan temores asociados con la próxima llegada del bebé.

embarazo
dolores del embarazo

Si bien el embarazo suele ser alegre y enriquecedor, también puede provocar temor por sus inquietudes secretas, sus dudas, sus miedos y sus angustias, especialmente cuando es la primera vez. Estos sentimientos no expresados hallarán una manera de salir si, como futura madre, no soy capaz de expresarlos verbalmente. A veces puedo tener la sensación de que los retos por aceptar son tan grandes con relación a lo que soy capaz de tomar que inconscientemente puedo rechazar al niño. He aquí algunos ejemplos de dolencias que pueda vivir durante el embarazo: ardores de estómago me indican una dificultad en tragar la realidad de lo que sucede; el estreñimiento revela mi miedo a soltar, que intento guardar las cosas como son ahora aunque sepa que la llegada de un niño conlleva cambios mayores en mi vida; un nervio ciático doloroso manifiesta mi miedo a ir hacia delante, en la nueva dirección que me trae la vida, una diabetes gestacional es la consecuencia de la tristeza que vivo durante este período. También puede que esté descontenta, que tenga miedo de vivir rechazo al ver cómo cambia mi cuerpo y que desee que cese el hecho de estar "gorda o embarazada".

Sugerencias y Recomendaciones

Aprendo a tener confianza y acepto que tengo todos los instrumentos necesarios para poder vivir esta maravillosa experiencia en la alegría y la armonía.

Ver parto, sangre-diabetes.

embarazo
eclampsia

Al final del embarazo, puede ocurrir una eclampsia que es una afección grave caracterizada por convulsiones asociadas a una hipertensión arterial. Suele producirse en la mujer que vive su primer embarazo. Es similar a una crisis de epilepsia, caracterizándose por una pérdida de consciencia, una rigidez de los miembros seguida de convulsiones. La eclampsia me alcanza si soy una mujer que, por inseguridad o culpabilidad, rechaza el embarazo o todo lo que puede representar la llegada del hijo. También puedo vivir rencor para con mi cónyuge porque lo hago culpable y responsable del embarazo. En otros casos, puedo ser yo quien, como madre que al tener dificultad en aceptar dar inminentemente a luz a mi hijo, voy a rechazarme, sintiéndome incapaz de asumir nuevas responsabilidades.

Sugerencias y Recomendaciones

Aprendo a mirar la llegada de mi hijo con una actitud positiva sabiendo que tengo todo lo necesario para ayudarle a caminar.

Ver también cerebro-epilepsia, tensión arterial-hipertensión.

embarazo
ectópico o extrauterino

Se considera que un embarazo es extrauterino o ectópico cuando el desarrollo se lleva a cabo fuera de la cavidad uterina. Este problema indica una indecisión, ya sea por parte del alma de ese futuro niño o de la futura madre. Es muy posible que esta indecisión sea mutua. Sin embargo, la madre que duda se siente culpable porque utiliza un medio que puede acarrearle complicaciones graves. En general, todo esto sucede de un modo inconsciente. Este tipo de embarazo puede sucederle a una mujer que decide tener un hijo para complacer a otra persona o para que la quieran, aun cuando el embarazo esté momentáneamente fuera de sus límites.

Una fecundación fuera del útero es muy peligrosa para la madre, y suele terminar en intervención. El óvulo fecundado se detiene en la trompa porque el embarazo es deseado y rechazado a la vez. Conflicto entre el deseo consciente e inconsciente. Deseo (consciente) pero no deseo (inconsciente) o al revés.

Un embarazo ectópico se desarrolla afuera de la cavidad uterina. En este caso, puede que como madre, viva una angustia frente al parto y que me inhiba de procrear. Debo aprender a dejar fluir el proceso normal de la vida y a dejar que la energía circule libremente en el interior de mí para que los elementos de la vida tomen el lugar que les pertenece según el plano divino.

Sugerencias y Recomendaciones

Debes darte el derecho de tener límites y temores. Si descubres que tener un hijo en este momento es demasiado para ti, te sugiero que hables con el alma de ese bebé y le confieses lo que sientes, sabiendo que se trata de tu cuerpo, de tu vida y que tienes derecho a tomar las decisiones que quieras. De cualquier modo, tú sola asumirás las consecuencias. El hecho de imponerte un embarazo no deseado es más nocivo para ti que no tener hijos. Si después quieres uno, siempre será el momento de tenerlo.

embarazo
embarazo nervioso

Puedo vivir en mi cuerpo físico los mismos estados que una persona embarazada incluso si no lo estoy; esto se llama entonces embarazo nervioso. Un embarazo nervioso manifiesta una incertidumbre, una inseguridad de cara a mis responsabilidades frente a mis deseos. Puede que desee tener un hijo pero no sé si me siento a la altura, si tengo la sensación de poder asumir y cubrir todas las necesidades del niño. Quizás no... Si el embarazo nervioso se manifiesta en una mujer soltera, también debo considerar si vivo dificultades para con mi sexualidad. Quizás tenga el gusto de tener un hijo, pero no tengo el gusto de tener una relación afectiva con otra persona. También puedo tener miedo de todas las responsabilidades que implica el hecho de tener un cónyuge a pesar de que desee tener uno. Aunque el embarazo nervioso se manifiesta sobre todo en la mujer, puede suceder que este fenómeno se produzca en un hombre. Puedo preguntarme cómo esto puede ser. Debo acordarme que, sea yo hombre o mujer, poseo ambas facetas en mi interior, el lado YIN (mujer) y el lado YANG (hombre). Aunque sea un hombre, puedo desarrollar mi instinto materno y ciertos miedos que le están vinculados y así, desarrollar los síntomas de un embarazo nervioso por empatía o simbiosis energética.

Sugerencias y Recomendaciones

Compruebo entonces cuáles son los temores que vive actualmente mi hijo interior. Así podré tranquilizarlo, darle el amor y la atención que necesita para que todo vuelva al orden.

embarazo
embarazo prolongado

Cuando se prolonga un embarazo más allá del período habitual, como madre, puede que desee inconscientemente seguir llevando a este hijo el más tiempo posible, apreciando este estado en que siento a mi hijo en seguridad y en el cual el vínculo entre madre e hijo es tan fuerte. Quiero guardarlo "protegido de la intemperie" de la vida de cada día. Puede que tenga miedo de estas responsabilidades nuevas que me esperan con este nuevo hijo que va a nacer. ¿Estaré a la altura de la situación? ¿Esto cambiará algo en mi vida de pareja? ¿Seré buena madre? Mis inquietudes de cara a este nacimiento pueden hacerme retrasar la llegada del hijo. Puede también que mi hijo se sienta tan bien en este entorno tranquilizador que quiera quedarse en él el tiempo máximo posible.

Sugerencias y Recomendaciones

Entonces puedo entrar en contacto con su aspecto divino, confortarlo, asegurarle que haré todo lo que me es posible hacer para cuidarme de él, que seguiré amándole y que tengo prisa de tenerle en mis brazos. Debo desapegarme de mi hijo y convencerme de que tiene todos los instrumentos necesarios para afrontar los retos que encuentre. Necesita únicamente mi amor y mi afecto.

EMBOLIA

Las provocan coágulos de sangre, una congestión en el torrente sanguíneo que al llegar al cerebro interrumpe el aprovisionamiento de sangre a una zona cerebral. El cerebro es el ordenador del cuerpo. La sangre es júbilo. Las venas y las arterias son canales por donde circula esa alegría. Todo funciona bajo la ley y la acción del amor. Hay amor en cada chispa de inteligencia que brilla en el Universo. Es imposible trabajar y funcionar bien sin sentir amor y júbilo. El pensamiento negativo produce atascos en el cerebro, y así no queda margen para que el amor y el júbilo fluyan libre y abiertamente. La risa sólo puede fluir de un modo natural, y lo mismo pasa con el amor y el júbilo. La vida no es hosca y ceñuda, a menos que nosotros la hagamos así, a menos que decidamos verla así. Podemos encontrar un desastre total en una mínima molestia, y un pequeño motivo de júbilo en la mayor de las tragedias. De nosotros depende. A veces intentamos obligar a la vida a que vaya en cierta dirección que no es la adecuada para nosotros. A veces nos creamos «ataques» para obligarnos a tomar una dirección totalmente diferente, a reevaluar nuestro estilo de vida.

La rigidez en el cuerpo representa rigidez en la mente. El miedo nos empuja a aferrarnos a viejas modalidades, y se nos hace difícil ser flexibles. Si creemos que no hay más que una manera de hacer algo, no será raro que nos volvamos rígidos. Siempre se puede encontrar otra manera de hacer las cosas. Recuerden que hubo alguien que enumeró unas 250 maneras distintas de fregar los platos. Fíjese en qué lugar del cuerpo se produce la rigidez, búsquelo en la lista de patrones mentales y allí verá en qué «lugar mental» se está volviendo inflexible y rígido.

La embolia pulmonar resulta de la obstrucción brusca, parcial o total, de la arteria pulmonar o de una de sus ramas por un cuerpo extraño, por lo general, un coágulo sanguíneo.

El hecho de que la embolia se inicie de una manera bastante repentina, es señal de que la persona que la padece siente una emoción muy fuerte, como un puñetazo. Es cuestión de vida o muerte. Siente mucha culpa por algo que hizo o dejó de hacer, hasta el extremo de querer morir.

Sugerencias y Recomendaciones

Esta embolia es un mensaje apremiante para que dejes de creer que eres culpable hasta ese extremo. Nadie puede ser responsable de la vida o la muerte de otro o de las decisiones de los demás. Debes aceptar que hiciste todo lo que pudiste y que no mereces castigarte hasta tal punto.

embolia pulmonar

La embolia pulmonar resulta de la obstrucción brusca, parcial o total, de la arteria pulmonar o de una de sus ramas por un cuerpo extraño, por lo general, un coágulo sanguíneo. Con frecuencia es el resultado de una flebitis.

El hecho de que la embolia se inicie de una manera bastante repentina, es señal de que la persona que la padece siente una emoción muy fuerte, como un puñetazo. Es cuestión de vida o muerte. Siente mucha culpa por algo que hizo o dejó de hacer, hasta el extremo de querer morir.

Sugerencias y Recomendaciones

Esta embolia es un mensaje apremiante para que dejes de creer que eres culpable hasta ese extremo. Nadie puede ser responsable de la vida o la muerte de otro o de las decisiones de los demás. Debes aceptar que hiciste todo lo que pudiste y que no mereces castigarte hasta tal punto.

Ver sangre-circulación sanguínea.

EMOTIVIDAD

La emotividad o más bien la hiperemotividad, hace que todas mis emociones estén a flor de piel. Un nada me trastorna. Cuando estoy en este estado, me siento paralizado, mi vista se turba e incluso puedo llegar a perder el equilibrio. Vivo inseguridad, miedo y ansiedad y tengo tendencia en dramatizarlo todo. También tengo tendencia a estar menos en la acción, a menos de realizar tareas, realizar muy pocos proyectos porque me paraliza el miedo. Me vuelvo emocional y físicamente frágil. Entonces tengo el reflejo de aislarme del mundo para protegerme. Los síntomas físicos vinculados a la hiperemotividad son: aceleración del ritmo cardíaco, garganta apretada, digestión difícil (hasta tener úlceras de estómago), estreñimiento, diarrea y rigideces musculares. Teniendo miedo de lo desconocido, voy pues a tomar costumbres para disminuir la angustia vinculada a este desconocido. ¿De donde viene esta agitación? Puede ser el resultado de un traumatismo (afectivo o material).

Sugerencias y Recomendaciones

Acepto volver a tomar el contacto con mi propia esencia, considerar mi emotividad como un modo de comunicación con los demás. La meditación, la relajación o cualquier técnica que me lleve a calmarme puede ayudarme a volver a tomar contacto con mi ser interior y a volver a equilibrar mis emociones. De este modo, vuelvo a descubrir mis verdaderas necesidades y aprendo a hacerme confianza porque sé que todo me viene de modo perfecto para mi evolución.

EMPIEMA
Ver absceso.

ENANISMO

Miedo a ser obligado a alzarse para atrapar algo. Prohibición o peligro de crecer.

Sugerencias y Recomendaciones

NUEVO MODELO MENTAL: me amo y me apruebo, no estoy solo, la vida entera me apoya. Soy un ser completo y tengo la libertad, la voluntad y la fuerza para hacer lo que desee. Estoy seguro y protegido en todos los aspectos de mi vida. Todo es perfecto en mi mundo.

ENCEFALITIS
Ver cerebro-encefalitis.

ENCEFALOMIELITIS FIBROMIALGIA
Ver cansancio crónico-síndrome.

ENCEFALITIS MIÁLGICA

Los síntomas de esta afección provocan una debilidad constante y excesiva, dolores musculares, de la cabeza y las articulaciones y vértigo.

Sugerencias y Recomendaciones

CROMOTERAPIA: color curativo amarillo.

TRATAMIENTO: todo parece indicar que la glándula tiroides es un factor clave de esta afección, por lo que se debe trabajar en ésta área y continuar luego con la pituitaria, el timo, las suprarrenales y el sistema nervioso, para estimular todo el organismo. Para terminar, presione los puntos del hígado y los riñones.

ENCÍAS

La encía es la porción de la mucosa oral que recubre la base de los dientes. Si la encía sangra, véase también sangrado.

La persona a la que le duelen las encías tiene miedo de poner en práctica una decisión ya tomada, porque teme los resultados o las consecuencias de la misma. El miedo que siente a hacer sus demandas con respecto a lo que quiere está relacionado con el miedo a llevar a cabo su decisión. Además, siente angustia porque se siente impotente.

Las encías sirven de soporte a los dientes, a la solidez de éstos y su estado depende mucho del estado de las encías. Un dolor en las encías puede estar vinculado o bien a una decisión que hubiese tenido que tomar hace ya mucho tiempo y que aplazo a más tarde, teniendo miedo de las consecuencias que esta decisión puede tener en mi vida; o bien se trata de una decisión que ya he tomado pero que no ejecuto. Estoy en un estado pasivo de miedo, inseguridad, incertidumbre frente a mi porvenir. Si, además sangran mis encías, tengo una pérdida de alegría con relación a estas decisiones frente a las cuales me siento estirado, atormentado. Unas encías sensibles manifiestan mi gran sensibilidad emocional y mi vulnerabilidad porque necesito mucho amor y tengo la sensación de no recibirlo o bien tengo miedo de perderlo.

Simbolizan la confianza.

Sugerencias y Recomendaciones

Es importante que verifiques si tus temores son infundados o reales. El hecho de que no hayas logrado lo que te propusiste, no significa que tampoco lo lograrás ahora. Además, es bueno recordar que en la vida no existen errores, solamente experiencias que te harán crecer y que un día necesitarás. Tu cuerpo te dice que te atrevas a expresar tus necesidades a fin de realizar lo que quieres y que vivas una etapa cada vez en lugar de querer que el resultado deseado llegue de forma inmediata. También te indica que debes creer en tu capacidad y en tu poder para hacer tu vida.

encías
gengivitis aguda

Una infección en las encías indica que vivo miedo; esto puede ser de cara a mí mismo para con una decisión que tome y que me sabe mal haber tomado o una decisión tomada que vuelvo a plantear; o incluso puede tratarse de mi indecisión (a tomar una decisión). Este miedo también puede referirse a otra persona (por ejemplo, mi jefe o mi cónyuge) cuyas decisiones pueden afectarme directamente y frente a las cuales no tengo control ninguno. Vivo frustración y disgusto, esto pudiendo llevar a confrontaciones que quizás son inútiles. Aprendo a canalizar este miedo, a expresarlo para evitar que mis encías se inflamen. La gingivitis suele implicar una hemorragia en la encía que me indica una tristeza o una pérdida de alegría por el hecho de no ser capaz de expresarme, bien porque no me lo permiten o bien porque yo mismo me impido decir ciertas cosas: puedo tener la sensación de que lo que digo no tiene importancia y que no se me escuchará. Como que las encías son las bases en que descansan mis dientes, puedo vivir también ira, tristeza, teniendo la sensación de que mis bases se caen y me dejan un sentimiento de impotencia frente a los acontecimientos de la vida o frente a los demás.

Sugerencias y Recomendaciones

Puedo tomar un momento de silencio conmigo mismo para rehacer mis fuerzas. Tomo consciencia de que cada suceso de mi vida está aquí para hacerme crecer y que todo cambio importante es necesario para que pueda alcanzar los objetivos que me he fijado.

Necesito afirmarme y tener más confianza en mí porque las encías soportan los dientes y que éstas se refieren a las decisiones. Aprendo a hacerme confianza en las decisiones que tomo y hago confianza también a la vida que me trae todo lo que necesito. Así me vuelvo más yo mismo y aprendo a afirmarme libremente.

encías
hemorrragias

Las encías que sangran demuestran una inseguridad, una duda frente a una decisión que tomar en mi vida.

Sugerencias y Recomendaciones

¿Estoy acertado en dudar o sentir pesar? Tomo la responsabilidad y acepto los cambios que se producen en mi vida en total serenidad. Me hago confianza porque sé que las elecciones que hago están aquí para hacerme crecer más, para permitirme proseguir mi evolución.

encías
encías sangrantes

La encía es la porción de la mucosa que recubre la base de los dientes.

La persona a la que le duelen las encías tiene miedo de poner en práctica una decisión ya tomada, porque teme los resultados o las consecuencias de la misma. El miedo que siente a hacer sus demandas con respecto a lo que quiere está relacionado con el miedo a llevar a cabo su decisión. Además, siente angustia porque se siente impotente.

Falta de alegría en las decisiones que se toman en la vida.

El problema de las encías inflamadas y doloridas se identifican además por tener un aspecto desagradable, por no mencionar los efectos tóxicos para las glándulas y otros trastornos generales del organismo.

Sugerencias y Recomendaciones

Es importante que verifiques si tus temores son infundados o reales. El hecho de que no hayas logrado lo que te propusiste, no significa que tampoco lo vayas a lograrlo ahora. Además, es bueno recordar que en la vida no existen errores, solamente experiencias que te harán crecer y que un día necesitarás. Tu cuerpo te dice que te atrevas a expresar tus necesidades a fin de realizar lo que quieres y que vivas una etapa cada vez en lugar de querer que el resultado deseado llegue de forma inmediata. También te indica que debes creer en tu capacidad y en tu poder para hacer tu vida.

ENCOPRESIS

Cuando un niño (mayor a cuatro años) sufre pérdida voluntaria o involuntaria de orina se dice que padece enuresis, pero cuando se trata de materia fecal el problema recibe el nombre encopresis, el cual es menos común que la primera. Ocurre en casos muy raros en la adolescencia, y se presenta en mayor número en varones que en niñas (la proporción es 4 por 1).

Defecación involuntaria. Tarjeta de presentación. Estoy aquí, este es mi territorio.

Conflicto de marcaje de territorio.

Sugerencias y Recomendaciones

Hay que prestar más atención al niño, hacerle sentir que tiene su sitio en la familia.

ENDOCARDIO

Enfermedad inflamatoria o infecciosa del endocardio. Endocario es la túnica interna del corazón.

Desvalorización respecto a la eficiencia cardíaca. "Eso me arranca el corazón".

Sugerencias y Recomendaciones

NUEVO MODELO MENTAL: me amo y me apruebo, no estoy solo, la vida entera me apoya y me sostiene. Soy libre y capaz de cualquier cosa que me proponga. Doy y recibo amor por donde quiera que vaya. Fluyo fácilmente por todas las situaciones que me plantea la vida, me expreso y amo con facilidad. Todo es perfecto en mi mundo.

Ver problemas del corazón.

ENDOMETRIO

Mucosa que recubre el interior del útero. El útero tiene 3 capas: 1) Miometrio (capa muscular, 3ª etapa) 2 y 3) en el endometrio (1ª etapa): La capa funcional (se descama durante la menstruación) y la capa basal (altamente bascularizada) que elabora la capa funcional después de la menstruación.

El útero es nuestra primera casa, por lo tanto la temática será relacionada con no poder llevar el niño, no poder nidificar correctamente, no poder llevar el papel de madre. Conflicto con connotaciones sexuales, desagradable, feo, poco respetuoso. Con persona masculina generalmente. Pérdida, sobre todo en relación abuela/nieto.

"Debo ser fuerte en el futuro" (como madre). En el útero se forman las membranas embrionarias y se realizan intercambios de substancias entre la madre y el hijo.

Sugerencias y Recomendaciones

El mensaje que recibes con esta enfermedad es que te des cuenta de que la creencia que albergas (que todo parto es necesariamente laborioso y peligroso) es lo suficientemente fuerte como para crear un obstáculo físico que te impide quedar embarazada. Es interesante comprobar que esta enfermedad crea la apariencia de otro útero. Este es un indicio muy claro de hasta qué punto quieres tener un hijo: tienes incluso un útero extra. Durante mucho tiempo creíste que el parto te daba miedo, ahora tienes derecho a satisfacer tu enorme deseo de ser madre. Además, concédete el derecho de no ser invencible, de ser derrotada a veces en tus creaciones o cuando quieres empezar nuevos proyectos.

NUEVO MODELO MENTAL: soy poderosa y deseable. Es maravilloso ser mujer. Me amo y me siento realizada.

ENDOMETRIOSIS

La endometriosis es una afección ginecológica muy frecuente en la mujer. Se caracteriza por la presencia anormal de mucosa uterina en el aparato genital, en lugares no habituales. Esta mucosa parece un verdadero útero en miniatura.

El bloqueo emocional más fuerte en esta enfermedad es no poder concebir. La mujer que la padece es, en general, del tipo que lo dirige todo, muy capaz de concebir en otras áreas. Quiere tener un hijo, aun cuando tiene mucho miedo de las consecuencias del parto (por ejemplo, morir o sufrir mucho, como su madre). Este miedo es lo suficientemente grande como para bloquear su deseo de tener un hijo.

Inseguridad, decepción y frustración. Sustitución del amor a uno misma por azúcar. Tendencia a culpar.

Conflicto de miedo al parto o miedo a concebir. EL niño no puede nacer allí y llevo el tejido fuera. Conflicto de no ser capaz de tener hijos. La preocupación es: No estoy en casa. También es: no tengo casa para recibir a mi hijo. Vivir en una casa que no es nuestra.

¿Qué es lo que siempre estás pensando desde que te levantas hasta que te acuestas?

Sugerencias y Recomendaciones

El mensaje que recibes con esta enfermedad es que te des cuenta de que la creencia que albergas (que todo parto es necesariamente laborioso y peligroso) es lo suficientemente fuerte como para crear un obstáculo físico que te impide quedar embarazada. Es interesante comprobar que esta enfermedad crea la apariencia de otro útero. Este es un indicio muy claro de hasta qué punto quieres tener un hijo: tienes incluso un útero extra. Durante mucho tiempo creíste que el parto te daba miedo, ahora tienes derecho a satisfacer tu enorme deseo de ser madre. Además, concédete el derecho de no ser invencible, de ser derrotada a veces en tus creaciones o cuando quieres empezar nuevos proyectos.

NUEVO MODELO MENTAL: "Soy poderosa y deseable. Es maravilloso ser mujer. Me amo y me siento realizada".

ENFERMEDADES AUTOINMUNES

Esclerosis, diabetes, poliartritis, esclerodermia, lupus eritematoso, etc.

CONFLICTO: conflicto de desvalorización, culpabilidad o impotencia que cuestiona mi propia identidad.

"No merezco existir". "Una parte de mí quiere matar (o no está de acuerdo) a otra parte de mí".

Sugerencias y Recomendaciones

En las enfermedades autoinmunes es muy importante vivir en coherencia.

NUEVO MODELO MENTAL: me amo y me apruebo, no estoy solo, la vida entera me apoya y me sostiene. Soy libre y capaz de cualquier cosa que me proponga. Doy y recibo amor por donde quiera que vaya.

Fluyo fácilmente por todas las situaciones que me plantea la vida, me expreso y amo con facilidad. Todo es perfecto en mi mundo.

ENFERMEDAD CONGÉNITA

¿Cómo puede explicarse una enfermedad congénita desde el punto de vista metafísico?

Esta enfermedad indica que el alma de la persona que se encarna trae consigo algo que no resolvió en una vida anterior. Para el alma, cada vida terrestre es como un día en la vida de una persona. Si una persona se hiere y no se restablece por completo ese mismo día, se despertará al día siguiente con su herida, que deberá seguir curando.

Sugerencias y Recomendaciones

Generalmente, la persona que padece un problema congénito lo acepta mejor que quienes la rodean. Esta persona debe observar qué es lo que su enfermedad le impide hacer y ser, y así comprenderá su mensaje. Por lo tanto, la invito a que se plantee las preguntas sugeridas al final del libro. En cuanto a los padres de esta persona, es importante que no se sientan culpables, pues es su hijo quien hizo esa elección antes de nacer o bien durante la etapa fetal.

ENFERMEDADES CRÓNICAS

Rechazo al cambio. Temor al futuro. Sensación de inseguridad.

Sugerencias y Recomendaciones

Crónicas:

NUEVO MODELO MENTAL: estoy dispuesta a cambiar y a crecer. Creo para mí un futuro nuevo y seguro.

Incurables:

NUEVO MODELO MENTAL: todos los días ocurren milagros. Entro en mi interior para disolver la pauta que creó esta enfermedad y acepto una curación divina. Así es.

ENFERMEDAD DEL NIÑO

De modo general, se refiere a dolencias o enfermedades descritas en este diccionario. Así, si soy este niño que vive una dolencia o una enfermedad, hay probabilidad de que la expresión de la enfermedad manifieste la dolencia interior de uno o de otro de mis padres. Puede que mis padres no desarrollen ninguna enfermedad pero mi gran sensibilidad me conecta a la realidad interior de mis padres. Entonces, estoy en resonancia con el niño interior de mis padres.

Sugerencias y Recomendaciones

La enfermedad que tengo actualmente sólo pone en evidencia la toma de consciencia que tengo que hacer también. Mis padres no son culpables de lo que vivo.

Ver enfermedades infantiles.

ENFERMEDAD DEL SUEÑO

(Apnea del sueño)

"Hacerse el muerto" para sobrevivir a un ataque. Emplazo de muerto (yaciente).

Personas que dejan de respirar unos segundos durante el sueño (mueren un poquito). La idea a biodescodificar es "hacerse el muerto" Es un método de supervivencia, la última protección para que el depredador no te coma. También se puede relacionar con el síndrome del yaciente (llevar un muerto encima, transgeneracional, "estoy remplazando un muerto").

Sugerencias y Recomendaciones

Hay que buscar quien es el depredador. Un padre muy autoritario puede provocar en el hijo que este se defienda quedándose muy quieto, luego aparece esto durante la noche cuando el niño se relaja.

ENFERMEDADES HEREDITARIAS

Cuando una persona presenta una enfermedad hereditaria significa que heredó la manera de pensar y de vivir del padre transmisor de dicha enfermedad. De hecho, esta persona no hereda realmente, sino que elige a este padre porque los dos necesitan aprender la misma lección. El rechazo a la aceptación se manifiesta en general por la culpabilidad que experimenta el padre y la acusación del hijo hacia éste. Además de acusar al padre en cuestión, el hijo con frecuencia hará todo lo posible por no ser como su padre, lo cual provocará también incomodidad y emociones en uno y otro.

En el sentido médico del término, las enfermedades hereditarias se transmiten por los genes procedentes de células reproductoras de uno o de ambos padres. De hecho, si quiero hablar de herencia, se trata en general de los pensamientos, emociones o conflictos interiores de los padres o abuelos que no fueron arreglados. Por ejemplo, si digo que la diabetes es hereditaria en mi familia porque mi abuelo era diabético, mi padre era diabético y que soy diabético, es sobre todo porque mi abuelo vivía una tristeza profunda (la tristeza profunda es la causa metafísica de la diabetes) que mi padre vivía una tristeza profunda y que yo, vivo tristeza profunda. Entonces, en vez de pensar que mi enfermedad es hereditaria y que no puedo cambiar nada, podré empezar a buscar cómo cambiar mis pensamientos, mis emociones o resolver el conflicto interior que me llevó a vivir esta enfermedad. Guardando en mente que la enfermedad debe favorecer una toma de consciencia personal, sé sin embargo que la razón metafísica de mi enfermedad en lo que a mis pensamientos y mis emociones se refiere, se vuelve a hallar en uno u otro de mis padres o en ambos, aunque ellos no hayan desarrollado la enfermedad.

Sugerencias y Recomendaciones

La persona afectada por una enfermedad hereditaria recibe el mensaje de aceptar esta elección, pues el universo le proporciona una oportunidad maravillosa para dar un gran salto en su evolución espiritual. En tanto no se realice la aceptación en el amor, la enfermedad seguirá transmitiéndose de una generación a otra.

ENFERMEDADES INCURABLES

Incurable significa "que no puede curarse por ningún tipo de medicina".

Está en un punto en que no se puede curar por medios externos. Es preciso ir al interior para curarla. Vino de ninguna parte y volverá a ninguna parte.

Sugerencias y Recomendaciones

Debo preguntarme si me conviene esto de tener una enfermedad llamada incurable. ¿De qué puede servirme? ¿Debo yo fiarme de una etiqueta "incurable" que significa que ya no hay nada que hacer para remediarlo? Debo interiorizarme para encontrar la causa profunda de este mal: miedo, ira, celos... pueden ser su causa. Debo aceptar que el amor fluye libremente en mí, porque sólo el amor puede curarlo todo.

ENFERMEDADES INFANTILES

Fe en los calendarios, convenciones sociales y leyes falsas. Comportamiento infantil de los adultos que rodean al niño.

Las más comunes son la tos ferina, las paperas, sarampión, rubéola y la varicela.

Es interesante señalar que la mayor parte de las enfermedades infantiles afectan sobre todo a los ojos, la nariz, los oídos, la garganta y la piel. La enfermedad infantil es un mensaje que recibe el niño porque deja que lo moleste lo que pasa a su alrededor y siente enojo dentro de sí. Le resulta difícil expresar lo que siente porque no sabe cómo hacerlo, o incluso porque los adultos no se lo permiten. Estas enfermedades se presentan en el momento en que el niño no recibe bastante atención o no es admirado lo suficiente.

Sugerencias y Recomendaciones

Si eres la persona que cuida al niño enfermo y estás leyendo este libro, ten en cuenta que puede escuchar muy bien lo que está escrito sin importar su edad, aunque sea un bebé. Debes explicarle que su enfermedad es una expresión de su reacción ante el mundo que lo rodea, y que es completamente normal tener dificultades para adaptarse a un entorno nuevo. No obstante, debe aprender que vino a este planeta con un cierto bagaje de creencias y que ahora deberá adaptarse a ellas, límites, deseos y temores de los demás. Debe aceptar que los que lo rodean tienen sus ocupaciones y que no siempre pueden prestarle atención. También debe darse el derecho de sentir enojo y expresarlo, aunque no tenga que ver con los adultos. De este modo comprenderá que quienes lo rodean también tienen problemas de adaptación, y que si no los resuelven no es responsabilidad suya.

NUEVO MODELO MENTAL: Este niño está rodeado de amor y protegido por la Divinidad. Declaramos la inmunidad mental.

ENFERMEDADES INFLAMATORIAS

(Con terminación itis)

¿Qué distingue a las enfermedades inflamatorias (las que normalmente terminan en "itis": sinusitis, bronquitis, artritis, etc.)?

Tras conocer los trabajos del Dr. Geerd Hamer, encontré muy interesante el fruto de sus investigaciones en lo que él llama la NUEVA MEDICINA.

Según él, la enfermedad inflamatoria se produce después de la resolución de un **conflicto biológico**. Dice que en el instante en que el conflicto se aleja o se resuelve, el cuerpo (con ayuda del cerebro) inicia una etapa de curación y es entonces cuando aparece la enfermedad infecciosa o inflamatoria (por ejemplo: un hombre ya no soporta a su jefe y decide irse de vacaciones. Tan pronto llega al lugar de recreo, comienza a sufrir de sinusitis).

Un conflicto biológico es un choque violento contra el cual uno se siente impotente e incapaz de reaccionar, y que es vivido en aislamiento. Es un choque difícil, que toma a la persona totalmente desprevenida. Los conflictos normales de la vida común no tienen un efecto tan brutal porque podemos prepararnos para ellos con un poco de anticipación.

Por otro lado, aun cuando el cuerpo esté en etapa de curación, ello no impide que el enfermo busque ayuda médica. Sin embargo, sugiero enfáticamente verificar bien si el conflicto ha sido verdaderamente resuelto (con el amor y el perdón) o si la solución es sólo temporal.

Según el Dr. Hamer, de las 1.000 enfermedades conocidas, la mitad son calientes y la otra mitad frías. Las enfermedades calientes (como la inflamación) indican que el conflicto se ha alejado o se ha resuelto y que el cuerpo está en vías de reponerse. Explica que las enfermedades son bifásicas, es decir, que 500 enfermedades, que en principio son frías (fase durante la cual el conflicto todavía está activo), se vuelven calientes después (fase durante la cual el cuerpo sana tras el alejamiento del conflicto).

Tanto en el hombre como en los animales, los dolores tienen fundamentalmente una finalidad biológica: la de inmovilizar al organismo o al órgano afectado a fin de que la curación se pueda realizar de una manera óptima.

También hay dolores durante la fase activa del conflicto (enfermedad fría), como en una angina de pecho o una úlcera estomacal. Durante la fase de curación (enfermedad caliente), los dolores son provocados por inflamaciones, infecciones, edemas o cicatrizaciones.

Me parecen muy interesantes las investigaciones y los descubrimientos del Dr. Hamer, al igual que los de muchos otros médicos, como el Dr. Siegel, el Dr. Simonton, etc. Son médicos que nos incitan a abrirnos a nuevos horizontes. No puedo afirmarte que todo esto sea cierto, pues ¿cómo saber quién posee la verdad? Por ello, es mucho más sensato que lo verifiques en tu interior, para así descubrir tu propia verdad.

Por mi parte, conozco algunos médicos que trabajan según las leyes de la Nueva Medicina del Dr. Hamer y logran resultados excelentes. Han sabido hacer una amalgama entre la medicina tradicional y la nueva, consiguiendo la satisfacción y el bienestar de sus pacientes.

Lo que quiero agregar a los trabajos del Dr. Hamer es que uno no sólo debe alejarse del conflicto, sino que debe resolverlo para evitar que regrese. Tomemos el ejemplo citado del hombre que tiene sinusitis tan pronto como se aleja de su jefe, a quien no soporta. La medicina le podrá resolver el problema temporalmente. Para zanjarlo definitivamente deberá pasar por las. Sólo así se evitará otras sinusitis. Por ello, es importante distinguir entre alejarnos del conflicto y resolverlo.

Sugerencias y Recomendaciones

Tú decides lo que quieres creer. Por otro lado, el hecho de que el cuerpo esté en fase de curación no te impide buscar ayuda médica, pero sé consciente de que mientras la medicina se ocupa de tu cuerpo físico, tú debes ocuparte de tus cuerpos emocional, mental y espiritual.

ENFERMEDADES KÁRMICAS

Vengo en la tierra para proseguir una evolución. Tengo experiencias por hacer y vivir para llegar a una transformación interior. Si llego al mundo con una lisiadura, es que hay "cosas" que no fueron resueltas en otras vidas (para los que creen en ello).

Sugerencias y Recomendaciones

Tomar consciencia de ello y aceptar vivir la experiencia son los primeros pasos hacia una curación, tanto física como emocional. En ese momento, es posible, porque la transformación interior lleva a la curación física.

ENFERMEDAD PSICOSOMÁTICA

La palabra psicosomática indica la relación que puede haber entre la mente (psico) y el cuerpo (soma). Originalmente, se pensaba que la mente tenía una influencia en el cuerpo e, inversamente, que el cuerpo tenía una influencia sobre la mente. Sin embargo, esta influencia que se atribuye al cuerpo sobre el espíritu poco a poco fue archivada, de modo que el término psicosomático, en el lenguaje médico, significa sobre todo la relación de la mente con el cuerpo. Además, cuando me dicen que mi enfermedad es psicosomática, es un poco como si tuviera una enfermedad imaginaria y que esto sólo ocurriera en mi cabeza. Desde el punto de vista metafísico, todas las enfermedades tienen su origen más allá de lo físico y por lo tanto, podría decir que todas son psicosomáticas. Debo tratar mi cuerpo con todo mi saber, utilizando el conocimiento de los profesionales de la salud, y a la vez buscando la causa real que hizo que se manifestara la dolencia o la enfermedad. El subconsciente tiene un poder enorme de regeneración de los tejidos o la capacidad de producir efectos físicos según la interpretación que hace. He aquí algunos ejemplos. Se encuentra a una persona muerta en el departamento frigorífico de un tren, y ella se había encerrado allí accidentalmente. La autopsia reveló que la persona había muerto helada, cuando el sistema de refrigeración estaba parado, lo que ignoraba probablemente la víctima. Las personas andan descalzas sobre brasas y no desarrollan ni quemaduras ni ampollas de agua en los pies, el subconsciente no habiendo registrado ningún peligro por sugestión, etc.

TODAS LAS ENFERMEDADES APARECEN DESPUÉS DE UN CONFLICTO, DE UN IMPACTO EMOCIONAL, DE UN TRAUMATISMO CONSCIENTE O INCONSCIENTE.

El cerebro activa entonces un mecanismo de supervivencia biológica según el conflicto o el traumatismo vivido. Luego, se trata de descifrar el mensaje para modificar el programa que el cerebro manda para restablecer la salud.

Sugerencias y Recomendaciones

Al saber esto, debo sin embargo seguir cuidando mi cuerpo físico para traer éste a un estado representando mejor la salud.

ENFERMEDADES VENÉREAS

Las enfermedades venéreas son las enfermedades sexuales transmisibles, asociadas a un agente infeccioso.

Una enfermedad venérea puede sugerir que subsiste un sentimiento de culpabilidad frente a mi sexualidad. Frecuentemente, la educación religiosa me reveló la sexualidad como algo sucio e impuro. Sintiéndome avergonzado, creo que debo castigarme rechazando mis partes genitales. Me autocastigo y me autodestruyo. La energía sexual es sumamente importante y poderosa, forma parte integrante de mi programa genético para la supervivencia de la especie. En consecuencia, una enfermedad venérea implica una afección o una infección vinculada a esta energía. Si la desestimo, tendrá tendencia a girarse contra mí, a volverse "enferma", dándome así la ocasión de descubrir que lo que hago no está en armonía con el flujo natural y el equilibrio de esta energía.

Sentimiento de culpa por la sexualidad. Necesidad de castigo. Idea de que los genitales son algo sucio y pecaminoso. Maltrato a otra persona.

La causa principal de estas enfermedades es la vergüenza que el sujeto experimenta con respecto a la sexualidad. En general, la persona afectada no es consciente de ella. Esto es lo que su cuerpo le comunica: una parte quiere tener una vida sexual activa, pero otra quiere impedírselo. Se avergüenza principalmente de dejarse influir por los demás. No se concede el derecho de que le guste el sexo y, quizás, incluso de ser dependiente con respecto a él. Además, duda de sí misma en la elección de su pareja sexual.

Sugerencias y Recomendaciones

Es interesante constatar que cada vez parece haber más enfermedades venéreas a pesar de todos los avances de la medicina para combatirlas. Se manifiestan para hacerte saber que debes dejar de creer en ciertas cosas que han formado parte de tu educación sexual. Con esta enfermedad tu cuerpo te dice que vivas tu sexualidad como quieras, recordándote que tu cuerpo te pertenece y que no tienes que rendir cuentas a nadie. Debes concederte el derecho de vivir experiencias sin sentirte culpable. Aprende que, cuanto más quieras controlarte, más fácil será que un día pierdas el control. Es más sensato vivir una experiencia y vivirla con alegría y aceptación. Si te concedes el derecho a vivir una experiencia, ello no quiere necesariamente decir que continuará durante toda tu vida. En lugar de mantener pensamientos de vergüenza e intentar ocultar tus deseos o tus acciones, sería más sensato que encontraras a alguien con quien hablar de ello y que te atrevieras a abrirte más para no dejar que la vergüenza te dirija.

NUEVO MODELO MENTAL: con amor y alegría acepto mi sexualidad y su expresión. Sólo acepto pensamientos que me apoyan y me hacen sentir bien.

Es importante que acepte que la sexualidad es un modo de expresar mi amor y mi deseo de unirme al otro.

ENFISEMA PULMONAR

El enfisema pulmonar es una afección de las vías respiratorias ocasionada por una dilatación de la parte más profunda de los bronquios. Generalmente se presenta después de una bronquitis crónica y a la persona que lo sufre le resulta muy difícil respirar. Tiene la impresión de que siempre le falta el aire.

El intercambio está disminuido, el alveolo se deforma (se dilata) la superficie queda distinta y no puede producirse el intercambio. La palabra clave es intercambio, ya sea de palabras (comunicación), material...

Se define en términos anatomopatológicos por el agrandamiento permanente de los espacios aéreos distales a los bronquiolos terminales, con destrucción de la pared alveolar, con o sin fibrosis manifiesta. Es una enfermedad crónica comprendida junto con la bronquitis crónica en la enfermedad pulmonar obstructiva crónica (EPOC).

CONFLICTO: pérdida de territorio.

Igual que una angina de pecho. Es un Pat femenino (cerebro izquierdo) en masculino sería un infarto.

- No nos olvidemos: el corazón es casa.

- Buscar el lado afectivo y el profesional.

Desvalorización ligada a la capacidad pulmonar. Situación crónica de ahogarse. Miedo a no poder respirar más debido a una enfermedad o anomalía. Riesgo de perder un trabajo o a ser despedido. Niño afectado por una enfermedad (amenaza). ¿Dónde vamos a escolarizar a nuestros hijos?

Miedo a aceptar la vida. Sentimiento de ser indigno de vivir.

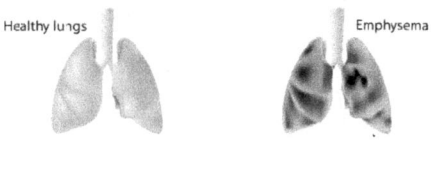

El enfisema y el exceso de tabaco son dos formas de negar la vida que enmascaran un profundo sentimiento de ser totalmente indigno de existir. Los reproches no harán que nadie deje de fumar. Lo primero que tiene que cambiar es esa creencia básica.

Las personas que sufren esta congestión crónica de los bronquios deben dejar inmediatamente el tabaco, porque las consecuencias de ese hábito podrían ser muy graves.

Sugerencias y Recomendaciones

Te sugiero revisar que conflictos te hacen sentirte desplazado en el trabajo y en casa. Debes solucionarlos o aceptarlos como algo positivo y necesario para tu aprendizaje.

Ver bronquitis, agregando que esta enfermedad indica una mayor urgencia de hacerse caso. Debido a que los pulmones tienen una relación metafísica con la capacidad de aspirar la vida, la persona que sufre de enfisema recibe el mensaje de que es momento de retomar su propio espacio.

Como ejercicio diario, túmbese en la cama, coloque las manos en el estómago y aspire tranquilamente por la nariz, suelte el aire también por la nariz. Debe sentirse muy relajado. Inicie con un tiempo de 5 a 10 minutos hasta llegar a media hora al día.

NUEVO MODELO MENTAL: tengo derecho a vivir plena y libremente. Amo la vida, me amo.

CROMOTERAPIA: color curativo azul añil.

TRATAMIENTO: aquí trataremos las zonas del tórax y bronquios, masajeando bien, luego el hígado, la pituitaria, el páncreas, el bazo y los riñones, la tiroides, las suprarrenales y la próstata, para limpiar el organismo de toxinas.

ENFRIADO

El enfriado se produce cuando mi mente se vuelve rígida. Me siento cuestionado y amenazado. El enfriado me da la excusa para estar solo.

Sugerencias y Recomendaciones

¿Cuál es la razón por la cual me siento amenazado? Compruebo lo que causó esta tensión (persona o acontecimiento) y comprendo que son mis miedos, mis temores y mi necesidad de complacer a los demás. Necesito sentirme amado y apreciado. Acepto soltar y no juzgarme. Actúo con más flexibilidad de cara a mí; los demás sólo son el reflejo de mí mismo. En la vida, todo lo que me llega está aquí para aprenderme a superarme y hacerme crecer.

Tomo consciencia de que me vuelvo rígido frente a los acontecimientos de mi vida.

ENRONQUECIMIENTO
Ver laringitis.

ENSIMISMAMIENTO

El ensimismamiento puede ser una maravillosa manera de pararme, tomar tiempo para mí, descubrir mis necesidades. También esto puede llamarse introspección. Sin embargo, si este período se prolonga y que en vez de ser un momento de crecimiento o de conocimiento de sí, se vuelve una ocasión de cerrarme al mundo, de "remover" ideas negativas, compadecerme de mi destino y jugar a la víctima, corro el riesgo de vivir un profundo malestar, tanto psicológico como físico.

Sugerencias y Recomendaciones

Me quedo abierto frente al Universo mientras me respeto en mi necesidad afín de vivir en la alegría y la armonía.

ENTUMECIMIENTO

Es una sensación de parálisis pasajera, poco dolorosa, que se experimenta principalmente en las extremidades.

Como el entumecimiento se produce en general en las piernas, manos o brazos, tiene una relación con el "hacer". Se manifiesta en la persona nerviosa, que no quiere sentir. Puede ser que busque ocultar su sensibilidad ante los demás en lo que hace o proyecta hacer, o que se exija demasiado en todo lo que realiza y no quiera sentir lo que vive. Así se priva de ser la persona sensible que es en realidad y se deja invadir por su ansiedad.

Frecuentemente relacionado con un deseo de hacerse menos sensible a una persona o una situación.

Represión en la manifestación del amor y la consideración. Morir mentalmente.

Sugerencias y Recomendaciones

Cuando una de tus extremidades se entumece, el mensaje de tu cuerpo es: "Deja de creer que lo que sucede no te afecta, deja de creer que eres insensible". Esta actitud te retrasa en lo que quieres hacer. Observa qué te asusta del hecho de atreverte a reconocer lo que sientes ante ti mismo o ante los demás. Verifica si tu ansiedad tiene base. Concédete derecho a tomar decisiones diferentes en lo que haces (manos o brazos) o en lo que proyectas hacer en el futuro (pies o piernas).

NUEVO MODELO MENTAL: manifiesto mis sentimientos y mi amor. Respondo al amor que hay en todos.

ENURESIS

La enuresis o incontinencia urinaria es la emisión involuntaria e inconsciente de orina, con más frecuencia durante la noche, que persiste en el niño después de la edad en que es normal que aprenda a controlarse, es decir, después de los 3 años. No se trata de un niño que ocasionalmente se orina en la cama, después de una pesadilla o de una emoción fuerte.

El hecho de que el niño se orine en la cama, sin control, durante la noche, indica que se reprime mucho durante el día y que no logra controlarse ya. Es el tipo de niño que le tiene mucho miedo a la autoridad, sobre todo al padre o a la persona que cumple ese papel. Ello no quiere necesariamente decir que le tema físicamente. Más bien tiene miedo de disgustarlo, de no estar a la altura de sus expectativas. Para este niño, disgustar a esa persona le sería tan penoso como la vergüenza que siente al orinarse en la cama.

Falta de expresión de sentimientos negativos: odio, resentimiento, Inconformidad, insatisfacción, irritación. Tiene que ver con las relaciones con los demás.

Miedo a uno de los progenitores, sobre todo al padre.

Conflicto de separación brutal.

Sugerencias y Recomendaciones

Si es tu hijo quien presenta este problema, es importante que le leas el párrafo anterior y que le hagas saber que todo cuanto necesita es más estímulo. A este niño, que se exige mucho a sí mismo, el hecho de decirle que es bueno, el hecho de valorar sus talentos y de repetirle que aunque se equivoque sus padres lo van a querer igual, le ayudará a creerlo y le hará relajarse. Es recomendable que el niño verifique si lo que él cree con respecto a las expectativas de sus padres es realmente cierto.

SOLUCIÓN POSIBLE: Sacar todos esos sentimientos a la luz. Afrontar los miedos.

NUEVO MODELO MENTAL: amamos a este niño, lo aceptamos y comprendemos. Todo está bien.

Ver incontinencia.

ENVEJECIMIENTO

Al envejecer, sucede que mi cuerpo pierda su flexibilidad. Ando más difícilmente, mi destreza se deteriora. ¿Qué quiere decirme mi cuerpo? Es probable que sienta pesar por los elementos de mi pasado, que crea que ya no tengo mi lugar en este mundo, que es tiempo para mí de pararme. Creo también que la vida era mejor antes. Rehúso ver las bellas cosas de hoy. Mis pensamientos están orientados hacia el ayer y critico el presente. Esta rigidez en mi modo de pensar está transmitida a todo mí ser.

Sugerencias y Recomendaciones

Acepto abrirme a los cambios y pienso que tengo aún por aprender y dar. Así, mi estado mejora cada día más.

ENVENENAMIENTO

El envenenamiento o intoxicación se produce cuando una sustancia tóxica se introduce en mi cuerpo: sigue un conjunto de trastornos físicos. Cuando hay envenenamiento, debo mirar quién o qué es lo que envenena mi existencia. No es tanto el alimento como la naturaleza de mis propios pensamientos. Por cierto, todas las personas que han cogido el mismo alimento no padecerán de envenenamiento.

Permitir que otros asuman el control. Sentimiento de indefensión.

Sugerencias y Recomendaciones

Tomo consciencia de la situación o de la persona que me molesta a este punto. Busco hacía quién o qué estoy atraído y cuáles son los pensamientos envenenados que entretengo frente a esta persona o a esta situación. ¿Qué es lo que envenena mi existencia? ¿Qué debo comprender de esta situación? Acepto traerla a su más sencilla expresión y la resumo en una palabra: pena, frustración, celos, etc. Ya que todo lo que no acepto vuelve en mi vida y esto, cada vez más fuerte hasta que lo acepte, tengo interés en abrirme aquí y ahora y a aceptar con mi corazón esta situación. Entonces, comprendo que esta persona o esta situación están aquí para ayudarme a superarme y adelantar.

NUEVO MODELO MENTAL: poseo la fuerza, el poder y la habilidad para digerir todo lo que se me presente en el camino.

Ver toxicidad.

EPICONDILITIS

Dolor en la parte externa del codo. Izquierdo: Desvalorización en el gesto. Derecho: Conflicto de obligación.

Izquierdo: "Quiero algo y me lo impiden" (codo de tenista) "Siempre voy cogido/a de la mano de otro" (En referencia al trabajo)

Derecha: "Estoy obligado y no tengo ganas".

Zurdos al revés.

Sugerencias y Recomendaciones

Ver codos-epicondilitis.

EPIDEMIA

¿Qué ocurre cuando miles de personas enferman o mueren durante una epidemia? ¿Es que a todos les corresponde aprender la misma lección?

Las epidemias han afectado siempre a un gran número de personas. Desde el punto de vista metafísico podemos deducir que la extensión de la epidemia es proporcional a la creencia popular que la mantiene. Todos los afectados por la epidemia necesitan darse cuenta del mal que se hacen dejándose invadir por la forma de pensar de los demás.

Esta explicación se aplica sobre todo al tipo de epidemia que afecta a miles de personas en un tiempo relativamente corto, incluso en el lapso de pocas semanas.

Desde mi punto de vista, existen muchas enfermedades que se han vuelto epidémicas: el cáncer, el sida, la diabetes, la distrofia muscular, las enfermedades del corazón, el asma, etc., porque afectan a millones de personas cada año y el número sigue aumentando sin cesar a pesar de las grandes investigaciones y descubrimientos de los científicos y de las compañías farmacéuticas. Podemos concluir que, seguramente, existe algo más que el ser humano debe hacer. Ese algo más no es otra cosa que el amor a sí mismo y el perdón verdadero. Vea las etapas del perdón.

Una epidemia es la propagación de una enfermedad contagiosa. Lo más frecuentemente, se refiere a una enfermedad infecciosa. Puede ser fácil para mí pensar que si contraigo la enfermedad al mismo tiempo que varias otras personas, no es a causa de las emociones que vivo sino porque "la epidemia no se olvida de nadie". De hecho, la diferencia entre el hecho que contraigo la enfermedad, sólo o con otros, es porque somos varios viviendo situaciones similares.

Del mismo modo, puedo vivir inseguridad personal y colectiva referente a la política, la economía, el entorno, igual como puedo vivir una ira personal igual como otras personas.

Sugerencias y Recomendaciones

La naturaleza de la enfermedad me indicará el aspecto de mi vida del cual he de tomar consciencia. Así vuelvo a dar el amor a la parte mía que lo reclama para encontrar más paz y armonía en mi vida.

EPIDÍDIMO

El epidídimo es un tubo estrecho y alargado, situado en la parte superior del testículo; conecta los conductos deferentes al reverso de cada testículo.

Impotencia ante la conquista de la hembra. Resentimiento profundo de perder el tiempo, su identidad, sus proyectos.

"No soy lo suficiente macho para satisfacer a mi hembra". "Me siento culpable por haber dejado a mi novia".

Sugerencias y Recomendaciones

Tomo consciencia de que todo es como debe de ser, de la manera perfecta para mi aprendizaje. Soy perfecto, igual que mis semejantes, me amo y me apruebo.

EPILEPSIA

La epilepsia es una afección nerviosa crónica caracterizada por la repetición más o menos frecuente de crisis convulsivas, generales o localizadas, de desarrollo estereotipado.

La persona que sufre esta enfermedad es del tipo que no se perdona un paso en falso, un lapsus. Trata de ocultar sus errores por todos los medios. Se acusa mucho y le falta amor hacia ella misma. Para compensarlo, intenta que los demás llenen ese vacío. Tiene deseos internos de violencia, que se revierten contra sí misma. Una crisis de epilepsia es una forma de autoagresión. Por otro lado, con frecuencia sucede que las primeras crisis, durante la infancia, le permitieron recibir atención y afecto, o desviar la atención de los demás de un paso en falso dado previamente. También es posible que esta enfermedad haya servido para ocultar los pasos en falso de los padres, ya que el tiempo que dedicaban a ocuparse de ella permitía que se acercaran. La epilepsia es "muerte aparente, palidez, malestar".

CONFLICTO: Miedo + Separación.

"Tengo miedo de ir al colegio (ejemplo)"

Hijos de mamá sobreprotectora.

Sensación de ser perseguido, de intensa pugna. Rechazo de la vida. Violencia contra uno mismo.

Sugerencias y Recomendaciones

Si sufres de epilepsia, tu cuerpo te dice que es momento de darte cuenta de que lo único que tienes que hacer para recibir afecto o sentir que lo único que tienes que hacer para recibir afecto o sentir que conmueves a los demás es sembrar ese afecto y cosecharlo. No tienes que hacerte sufrir para recibirlo. Ya tienes mucho más de lo que te imaginas, pero tú no lo ves. Te ayudaría a confirmar con quienes amas qué representas para ellos. Puedes concederte el derecho de cometer errores y dar pasos en falso sin culparte y sin creer que los demás van a dejar de quererte. Esto evitará que sigas sintiendo ira y sentimientos violentos en tu interior, y así podrás expresar todo el dolor que te invade.

NUEVO MODELO MENTAL: la vida es eterna y jubilosa y así elijo considerarla. Soy un ser eterno y dichoso. Me siento en paz.

Ver cerebro-epilepsia.

EPIPLÓN MAYOR

Película transparente que constituye una extensión del peritoneo, que envuelve el colon transverso y las asas de intestino delgado. Está unido a la curvatura mayor del estómago y la primera porción del duodeno, y entre sus dos capas contiene vasos sanguíneos y depósitos de grasa. Provoca vientres hinchados (gordos).

Desvalorización. Sufrir una marranada, algo imposible de digerir bajo un punto de vista moral.

Sugerencias y Recomendaciones

NUEVO MODELO MENTAL: me amo y me apruebo, no estoy solo, la vida entera me apoya. Soy un ser completo y tengo la libertad, la voluntad y la fuerza para hacer lo que desee. Estoy seguro y protegido en todos los aspectos de mi vida. Todo es perfecto en mi mundo.

EPISTAXIS

Esta definición se relaciona a una hemorragia nasal intermitente.

Cuando la nariz comienza a sangrar sin motivo aparente, la persona experimenta una pérdida de alegría temporal. Este sangrado representa a menudo el deseo de llorar en una persona que no se permite que salgan lágrimas de sus ojos. Necesita liberarse de una tensión emocional. El sangrado puede representar una falta de alegría en su actividad actual y se convierte en la excusa para interrumpir esta ocupación.

Miedo a la muerte. Al ver fluir la sangre se tranquilizan ("estoy vivo").

Sangre = Familia

Orificio derecho: Emoción.
Orificio izquierdo: Compresión, análisis.

Sugerencias y Recomendaciones

Tu cuerpo te dice que, en lugar de querer interrumpir lo que haces o de llamar la atención, te ayudaría ver el lado bueno de tu actividad. Además, permítete vivir situaciones estresantes y liberar esta tensión con llanto verdadero.

Ver nariz hemorragia.

EPITELIO PLANO

Ulcera fantasma. Parálisis sensorial de una mitad del cuerpo:

CONFLICTO: separación + provocar dolor a otra persona. O separación + sufrir uno mismo dolor de periostio.

Epitelio plano intrabronquial:
Miedo territorial. El adversario todavía no ha irrumpido en el territorio, pero el peligro es inminente. Miedo en el territorio

De los arcos bronquiales:
Miedo frontal, miedo al cáncer.

Sugerencias y Recomendaciones

Analizar cuáles son nuestros miedos más limitantes. Asé como todo lo que debemos perdonar, a los demás y a nosotros mismos. Tomar consciencia de que estos miedos son infundados y vivir en coherencia.

EPITROCLEITIS

La epitrocleitis, llamada codo de golfista o epicondilitis medial, es la denominación que se le da a una enfermedad del codo en la cual se produce una tendinitis en la inserción de los músculos epitrocleares.

Tiene que ver con soltar. Nos privamos de abrazar. "Quiero algo y me lo impiden".

Sugerencias y Recomendaciones

Debo abrirme en total confianza a la vida, y no tener la menor duda de que siempre voy a tener cuanto necesite. Cuando deseo algo y no lo tengo quizá sea porque no es lo mejor para mí en este momento.

Ver tendinitis.

EPÍFISIS CEREBRAL

La epífisis cerebral (glándula pineal) es una glándula del tamaño de un guisante que está situada en la parte frontal del cerebro y a la que comúnmente se llama «tercer ojo». La naturaleza exacta y la función de la epífisis todavía son objeto de mucha controversia.

La persona que tiene un problema en esta glándula suele tener dones psíquicos, pero tiene miedo de utilizarlos. Es posible que haya tenido una mala experiencia siendo más joven, incluso puede suceder que ocurriera en una vida anterior. Recibe el mensaje de que aprendas a utilizar con amor y respeto esos dones psíquicos para ayudar a los demás. Todo don, sea físico o psíquico, siempre debe ser utilizado para ayudarse o para ayudar a los demás sin aprovecharse de ellos ni enorgullecerse. Este problema también se puede manifestar en una persona que fuerza o forzó demasiado el desarrollo de sus dones psíquicos.

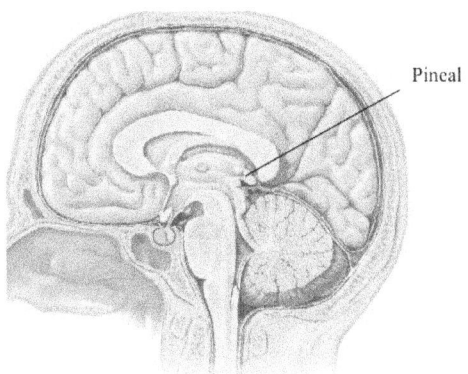

Pineal

Sugerencias y Recomendaciones

Con este mensaje, tu cuerpo te dice que te concedas el derecho de ver más allá de lo que el promedio de la gente puede ver. Te dice que si tienes estos dones ahora, es porque debes aprender a utilizarlos para propagar más amor y fe en este planeta. No debes dejar que el pasado influya en tu presente y te bloquee. Si, por el contrario, tienes problemas con la glándula epífisis porque quieres desarrollar demasiado ciertos dones psíquicos, es urgente que te detengas, ya que las fuerzas psíquicas pueden resultar muy peligrosas para una persona que no está preparada. Date tiempo: verás que con mucho amor hacia ti mismo y hacia los demás estos dones se desarrollarán por sí solos y de una manera muy armoniosa.

Ver enfermedad de Scheuermann.

EQUIMOSIS

La equimosis es un derrame sanguíneo difuso a través de los tejidos. Primero se presenta una mancha roja lívida; después pasa sucesivamente por los tintes negro, azul o verdoso. Luego cambia a amarillo y, finalmente, desaparece unos veinte días más tarde. En la mayoría de los casos es producto de una contusión.

Sugerencias y Recomendaciones

Véase accidente y problemas circulatorios, agregando que la persona afectada se siente culpable de ser débil o frágil en ciertas situaciones. También puede fallarle delicadeza en sus movimientos a causa de una impulsividad excesiva.

Ver piel-morados.

ERECCIÓN
Ver pene-problemas.

ERUCTOS

La eructación es la emisión ruidosa por la boca de gas procedente del estómago. Aunque, en nuestras costumbres, esto se considere como muy poco educado, los orientales ven en ello la señal de aprecio y agradecimiento por una buena comida. La eructación está vinculada con mi voluntad de ir demasiado de prisa. De este modo, también evito enfrentarme con mis miedos. La tensión sube por el hecho de tener que digerir nuevas ideas y siento la necesidad de liberarme de esta tensión.

La persona que eructa con frecuencia traga mucho aire, lo cual le produce gases. Se dice que el hecho de tragar el aire en lugar de respirarlo se debe a un miedo repentino. Este miedo puede ser ocasionado por un acontecimiento súbito o por un pensamiento. Como los eructos se producen en general después de la ingestión de líquido o de alimento, esta persona siente un cierto miedo a nutrirse, a alimentarse. Además, tiene dificultad para recibir pensamientos bellos, gestos o cumplidos que ayudarían a nutrir su autoestima y por ello, los devuelve. Las buenas intenciones de los demás pueden ser mal interpretadas, lo cual le ocasiona miedos repentinos.

Falta de aire. "Me falta aire, ligereza, libertad en el intercambio distendido: no acepto que la relación sea pesada, precintada".

Miedo. Tragarse la vida con mucha rapidez.

Sugerencias y Recomendaciones

Estos eructos se presentan para ayudarte a aceptar lo que eres, a sentirte a gusto aunque no respondas necesariamente a las expectativas de los que te rodean. Permítete aceptar lo que los demás te ofrecen, viendo más lo que ellos aprecian en ti.

Aprendo a ir más despacio y a tomarme el tiempo necesario para mis comidas. Tomo consciencia que al ir demasiado de prisa, paso al lado de mil cosas bellas que hacen la vida agradable. Acepto tomar el tiempo de vivir, ya no voy escaso de aliento para el ritmo acelerado de la vida y me siento mejor.

NUEVO MODELO MENTAL: hay tiempo y espacio para todo lo que necesito hacer. Estoy en paz.

ERUPCIÓN
Ver piel-brote de granos.

ESCAFOIDES

Escafo = nave. En el antiguo Egipto era la nave que transportaba a los muertos.

A menudo, con el escafoides hay una noción de viaje real (vacaciones) o simbólico (viaje astral, viaje por drogas, viaje emocional)... sumado a una relación con el trabajo.

Sugerencias y Recomendaciones

Toma consciencia del momento presente, debes aprender a estar aquí y ahora.

ESCALOFRÍOS

Contracción mental, alejamiento, retraimiento. Deseo de retirarse.

«Déjenme en paz.»

Sugerencias y Recomendaciones

NUEVO MODELO MENTAL: estoy seguro y a salvo en todo momento. Me rodea y me protege el amor. Todo está bien.

ESCARLATINA

La escarlatina es una enfermedad eruptiva que se manifiesta a causa de una infección. El inicio, en general violento, está marcado por fiebre, anginas y la erupción, que puede aparecer 24 horas después. Toda la piel del cuerpo adquiere un color escarlata.

Sugerencias y Recomendaciones

Véase fiebre, angina, problemas de la piel y manchas rojas en la piel, agregando que la persona afectada sintió una ira fuerte después de una situación inesperada, que se presentó violentamente en su vida.

Ver enfermedades infantiles.

ESCLERODERMIA

La esclerodermia es una afección que afecta principalmente a las mujeres. Se reconoce por la piel delgada, que no se pliega y se adhiere al esqueleto. En la cara, los párpados se retraen y la boca se reduce a un trazo fino. En cuanto a las manos, son lisas y pequeñas y los movimientos más bien torpes, ya que los dedos están rígidos. La esclerodermia se puede extender a todo el cuerpo, encerrando a la enferma en una coraza acartonada. La enfermedad de la momia.

CONFLICTO: separación dramática sin solución + desvalorización consecuente. Muy, muy doloroso, con unas nociones de frialdad y muerte.

"Me siento mal por haberme separado de...". "Me siento mal de que el otro esté solo por mi culpa". "Si se produce esta separación es que no he estado bien". "Quiero protegerme del sufrimiento". "Es mi propio cuerpo el que me hace sufrir".

Se puede dar en hermanos gemelos, cuando uno de los dos muere.

Autoprotección contra la vida. Desconfianza de la propia capacidad de cuidarse.

Sugerencias y Recomendaciones

Véase esclerosis en placas y problemas en la piel, agregando que la persona que sufre esta enfermedad recibe el importante mensaje de que deje de querer encerrarse en su coraza. Está tan endurecida que ha eliminado por completo su sensibilidad. Quiere dar una impresión de persona dura, en tanto que su ternura está ansiosa por expresarse. A esta persona le ayudaría ser menos exigente con ella misma y dejar de controlarse tanto.

NUEVO MODELO MENTAL: me relajo completamente porque ahora sé que estoy a salvo. Confío en la vida y confío en mí mismo.

ESCLEROSIS

Es una inflamación que endurece el tejido conjuntivo, el cual es necesario y presente en el cuerpo entero. Una persona afectada de esclerosis tiene su sistema inmunitario atacado, porque hay deterioro del tejido conjuntivo. Es importante tomar consciencia de que si estoy afectado por esta enfermedad, me ataco a mí mismo, lo cual puede hacer que la esclerosis se extienda a la mayoría de mis órganos. Esta inflamación provoca una especie de energía ardiente que hace brotar la rabia largo tiempo reprimida. Endureciéndose los tejidos, esto sugiere el endurecimiento de mis pensamientos, actitudes, creando así un desequilibrio en el plano energético.

Conflicto de futuro. (Hay que ver si existe síndrome del Yaciente).

El Diestro o la zurda es: "Quiero ir al exterior, no puedo o no me dejan". La Diestra o el zurdo es: "No quiero salir y me obligan". O me obligo a salir para no molestar.

Sugerencias y Recomendaciones

Todo mi cuerpo o cualquiera de sus partes pueden estar afectados por la esclerosis. Es pues importante tomar consciencia de lo que vivo interiormente. Cerrándome al amor, esto puede indicar que me siento indigno de este amor, que me siento culpable y que tengo vergüenza de vivir. Acepto abrirme al amor, reconozco mi valor divino, lo soy todo, lo puedo todo.

Esta enfermedad puede corregirse en gran parte durante las primeras fases de desarrollo, no debe rendirse, sino estar dispuesto a conservar en la medida de lo posible el mejor estado de salud.

NUEVO MODELO MENTAL: sé que soy una persona valiosa. Me gusta el éxito y estoy a salvo en él. La vida me ama.

CROMOTERAPIA esclerosis múltiple : color curativo azul añil.

TRATAMIENTO: trate la línea correspondiente a la columna vertebral, desde el tobillo, cóccix, sacro y zona lumbar. Continúe con las glándulas y órganos restantes: corazón, páncreas, pituitaria, tiroides, suprarrenales, próstata o los ovarios, bazo y los riñones.

esclerosis en placa

Una esclerosis es el endurecimiento de un órgano o de un tejido. La esclerosis en placas se caracteriza por la existencia de lesiones múltiples diseminadas por el sistema nervioso.

La persona afectada de esclerosis en placas quiere endurecerse para no sufrir en determinadas situaciones. Pierde toda suavidad, lo que le impide adaptarse a una persona o a una situación. Hay alguien que le pone los nervios de punta y se rebela internamente contra esa persona. Al rebasar sus límites se abandona por completo y ya no sabe dónde ir. Se dice también que la persona esclerosada está fija, no evoluciona. Desea que alguien se haga cargo de ella, pero se esfuerza por no parecer dependiente. Es el tipo de persona que quisiera que todo fuera perfecto y que se exige mucho. Quiere complacer a cualquier precio. Como no puede satisfacer por sí sola este ideal poco realista, se vuelve incapacitada para así tener una excusa por no haber logrado la vida perfecta que deseaba. También le resulta muy difícil aceptar que quienes hacen menos que ella o merecen menos, tengan más.

La esclerosis en placas se define como una inflamación de las envolturas que rodean las vías nerviosas del cerebro y de la médula espinal. Todo el cuerpo está afectado y este estado se puede dar en diferentes momentos de la vida. Es como si mi cuerpo estuviera cogido en una trampa, colocado en una jaula y cada vez más limitado en el encadenamiento de sus movimientos. Si estoy afectado de esclerosis en placas, generalmente estoy afectado por grandes sufrimientos que me hacen ver la vida con desánimo. Una profunda rebelión anima todo mi ser. Me siento obligado a deber hacerlo todo por mí mismo. Siendo muy perfeccionista, rehúso equivocarme y acepto difícilmente ayuda. El pensamiento del fracaso me aterroriza. Temo estar olvidado, estar "placado" ahí. Tengo mucho miedo a que me "abandonen". También puede que tenga miedo de caerme, tanto en sentido propio como figurado, y temer que esta caída cause la muerte. Todos estos miedos que implican un desplazamiento vertical y que pueden llevarme a creer que mi vida está en peligro, pueden activar la esclerosis en placas. Puede ser la caída de una escalera, el riesgo de caer en un precipicio, la pérdida abrupta de altitud en un avión, algo que me cae sobre la cabeza, etc. Muy a menudo, me juzgo o puedo juzgar a los demás muy severamente, esto conlleva un gran sentimiento de desprecio, desvalorización y disminución de mi persona. Cuando me siento disminuido, tengo la sensación de que me aplasta la vida. Así, es primero por mis piernas que manifestará la enfermedad sus primeros signos y que podré tener la sensación de aplastar. Mi defensa contra todos estos miedos que me habitan será querer controlarlo todo, querer que todo suceda como quiero. La crítica, que frecuentemente se dirige hacia mí, envenena mi vida. Creo que el sufrimiento forma parte de mi suerte de todos los días y que no me merezco el descanso. Mis esfuerzos para superarme son constantes y, a pesar de todo, siempre insuficientes. Mi cuerpo cansado rehúsa así proseguir esta lucha del más fuerte y quiere hacerme comprender que puede también tener necesidad de los demás y que debo aprender a tener confianza. La inflamación implica una rabia ardiente y muy emocional, pudiendo afectar toda mi existencia. Puedo preguntarme: "¿deseo realmente ser libre?" Inconscientemente, puede que de este modo me esté vengando de alguien que no me había manifestado bastante amor. Esta forma de jaula, en la cual se halla mi cuerpo, me protege quizás de deber admitir mis auténticos sentimientos. La represión emocional puede llevarme a una incapacidad de ir hacia delante en mis emociones, conllevando así una confusión muscular y mental.

Frecuentemente relacionada con el hecho de tener pensamientos rígidos hacía mí, hacía los demás y hacía las situaciones de la vida.

En todos los casos encontraremos la desvalorización, la culpabilidad, el movimiento, frecuentemente en la verticalidad.

De los seis a los doce meses después del shock aparece inflamación (Vagotonía).

CONFLICTO: motricidad + miedo. Contrariedades en mi movimiento. No poder escapar (piernas), de no poder empujar o agarrar algo (brazos).

"En mi familia no me permiten tener proyectos, de partir, golpear." (No autorizado, no motorizado). "Las obligaciones son difíciles de aceptar". Está prohibido crecer, debemos seguir siendo niños" (no podemos dar nuestra opinión). "Soy los brazos, piernas, etc. de mi madre. Satisfago su proyecto". "Quiero moverme y me impiden moverme".

Parálisis derecha: "Me obligan a moverme".

Parálisis izquierda: "Tener iniciativa".

Debemos encontrar el síntoma con el que empieza la enfermedad.

Suelen controlar la terapia.

Ver transgeneracional.

Sugerencias y Recomendaciones

Cuanto más grave sea la enfermedad, más importante y urgente es el mensaje que te envía tu cuerpo. Te dice que dejes salir tu dulzura natural y que dejes de endurecerte, es decir, de ser duro contigo mismo y de tener pensamientos duros hacia los demás. Concédete el derecho de ser dependiente en el nivel afectivo antes de que lo seas por completo, debido a tu enfermedad. Suéltate, no necesitas exigirte tanto. Te sugiero que veas el ideal de persona que intentas alcanzar y te des cuenta de que está más allá de tus límites. No tienes que demostrar nada a nadie. No tienes por qué mantener ese enorme miedo a disgustar que te impide ser tú mismo. Además, esta actitud te impide evolucionar como tu corazón desea. Es muy posible que estés tan decepcionado de tu progenitor del mismo sexo, que ahora hagas todo lo posible para no ser como él o como ella, lo que deriva en las exigencias de las que te haces partícipe. La aceptación y el perdón (sobre todo hacia ti mismo por haber juzgado tanto a ese padre) pueden tener un efecto considerablemente benéfico sobre la curación.

Mi cuerpo me dice de soltar, liberarme de mis cadenas. La clave se halla en el interior mío. Acepto hacer confianza a mi guía interior y reconozco en cada cual la presencia de este guía, que lleva a cada persona a actuar lo mejor que sabe. Entonces manifestaré más flexibilidad y comprensión.

Ver esclerosis-esclerosis múltiple.

esclerosis múltiple

TODAS es Reparar a un muerto. Proyecto Sentido (P.S.) Fidelidad al clan, hacerse el muerto. Buscar fechas de Yaciente!!!

Alejamiento de lo seguro. No poder escapar (piernas), de no poder empujar o agarrar algo (brazos). Amargura interior con relación al amor. Rabia largo tiempo reprimida.

"Si me muevo, yo muero" = "Me obligan a moverme". "Si me muevo, muero, pero si no me muevo, muero igual". "Si me voy de casa estoy en peligro". Dualidad: "Quiero estar aquí y cuando estoy aquí, quiero estar allí".

Rigidez mental, dureza de corazón contra sí mismos y contra el mundo, miedo, inflexibilidad. No aceptar otra forma de ver las cosas. Su mismo nombre ya lo indica, múltiples endurecimientos. Al ser incapaces de imponerse, su frustración la interiorizan redirigiéndola contra sí mismos.

Esclerosis múltiple Lateral, miodistrofia:

No poder huir o seguir, acompañar (piernas), de no poder sujetar o rechazar (brazos, manos), o de no poder esquivar (musculatura de la espalda y el hombro). No encontrar ya salida o no saber por dónde empezar (parálisis de piernas).

Rigidez mental, dureza de corazón, voluntad de hierro, inflexibilidad. Miedo. Nuevo modelo mental: Al elegir pensamientos alegres y amorosos me creo un mundo amable y jubiloso. Soy libre.

Sugerencias y Recomendaciones

Esta enfermedad puede corregirse en gran parte durante las primeras fases de desarrollo, no debe rendirse, sino estar dispuesto a conservar en la medida de lo posible el mejor estado de salud.

NUEVO MODELO MENTAL: al elegir pensamientos alegres y amorosos me creo un mundo amable y jubiloso. Soy libre.

CROMOTERAPIA: color curativo azul añil.

TRATAMIENTO: trate la línea correspondiente a la columna vertebral, desde el tobillo, el cóccix, el sacro y la zona lumbar. Continúe con las glándulas y órganos restantes: corazón, el páncreas, la pituitaria, la tiroides, las suprarrenales, la próstata o los ovarios, el bazo y los riñones.

ESCOLIOSIS

Escoliosis es una desviación de la columna en el plano frontal. Hay rotación de los cuerpos vertebrales.

Frecuentemente relacionada con el hecho de que tengo la sensación de llevar tantas responsabilidades en mis hombros que quiero huirlas.

Transporta las cargas de la vida. Desvalimiento y desesperanza.

Desvalorización lenta respecto a alguien que tenemos al lado (un hermano, hermana, en relación al padre (lumbares), o un colateral). Miedo imaginario de ser juzgada por los hombres al hacerse mujer. Huir de una situación o de alguien.

"Indecisión en mi orientación".

Son niños basuras, sobre los que se tira toda la mierda.

Sugerencias y Recomendaciones

Hay que observar las vértebras afectadas y asociarlas a las costillas correspondientes, y encontraréis el conflicto, con el padre, hermanos o hijos. Reconocimiento del niño, en relación a la familia.

NUEVO MODELO MENTAL: me yergo libre y en toda mi estatura. Me amo y me apruebo. Mi vida mejora cada día.

Ver problemas de espalda, agregando que la persona que sufre de escoliosis no se cree lo suficientemente sólida como para tomar decisiones. Se inclina demasiado.

ESCORBUTO

Es una avitaminosis producida por la deficiencia de vitamina C. Era común en los marinos que subsistían con dietas en las que no figuraba fruta fresca ni hortalizas, fue reconocida hace más de dos siglos y se curaba añadiendo cítricos a las comidas.

Enfermedad de origen carencial, ocasionada por la ausencia o insuficiencia de vitamina C. Genera lasitud, debilidad en las rodillas, dolores musculares, lesiones en la piel, lesiones bucales, encías inflamadas que sangran y caída espontánea de los dientes.

Siempre que existe una carencia en el plano físico, existe una carencia en el plano emocional. El enfermo de escorbuto recibe como mensaje que es demasiado dependiente de los demás y que necesita su amor, sus cuidados y su atención para sentirse amado. Debe aprender a llenarse de amor hacia sí mismo y considerar que lo que recibe de los demás es sólo como el decorado de su pastel. Rara vez se atreve a pedir y a actuar para manifestar sus deseos.

Sugerencias y Recomendaciones

El hecho de que tengas esta enfermedad te indica que es urgente que te des cuenta de que ya tienes todo lo que necesitas para complacerte. Antes que nada, vuelve a establecer contacto con lo que quieres, y después toma la decisión de que tú mismo te lo vas a procurar. Esto no te impide pedir ayuda mientras tanto, pero debes aprender a no depender de los demás para decidirte. La persona autónoma no es necesariamente aquélla que hace todo por sí misma, sino la que toma sus propias decisiones, y cuando alguien le niega su ayuda, no se derrumba: encuentra otra forma de lograr lo que quiere.

ESCROTO

(Saco escrotal).

Protección del linaje, de los hijos. "Quiero proteger a mis hijos".

Tiene siete capas. Dos de las cuales son musculares, el dartos y el cremáster (encargado de subir el testículo si el ambiente no es propicio.) Protegen los testículos fuera del abdomen, proporcionan la temperatura ideal para la producción de espermatozoides.

Patologías:

Hidrocele: (líquido entre las capas parietal y visceral). En Cuba hay muchos, porque cuando uno se separa, el hombre casi no puede ver los hijos. Si un hombre quiere hacer de mamá con los hijos (parte femenina) "quiere proteger a sus hijos" y se les inflama el escroto.

Traumas testiculares: sería en la 1ª Etapa un edema o un líquido.

Variococele: dilatación de las venas a lo largo del cordón que sostiene los testículos de un hombre (cordón espermático). Es sangre, por lo tanto, suciedad en la familia (porque es sangre de vena, sangre sucia).

Sentido biológico: "Tengo que proteger mi función de macho, encogiendo o dilatando las envolturas."

Sugerencias y Recomendaciones

NUEVO MODELO MENTAL: me amo y me apruebo, no estoy solo, la vida entera me apoya y me sostiene. Soy libre y capaz de cualquier cosa que me proponga. Doy y recibo amor por donde quiera que vaya. Fluyo fácilmente por todas las situaciones que me plantea la vida, me expreso y amo con facilidad. Todo es perfecto en mi mundo.

ESCRÚPULO

El escrúpulo se halla en una persona que vive preocupación frente a su consciencia. Tener dolor del alma o quemarse la sangre.

Sugerencias y Recomendaciones

Elijo vivir en armonía, acepto digerir las nuevas ideas, recupero mi entusiasmo.

ESGUINCES

Lesión articular causada por la ejecución brusca de movimientos que rebasan los límites fisiológicos de la articulación, sin dislocación permanente. Se manifiesta como un dolor agudo, intermitente.

La persona que se ocasiona un esguince se siente obligada a ir en cierta dirección (piernas) o a hacer algo (manos) en contra de lo que quiere realmente. Se deja dirigir, va más allá de sus límites y siente que no puede decir "no" a los demás. Tiene miedo de no respetar ciertas normas. Su esguince le da la excusa necesaria para detenerse.

Hay varios tipos de esguince en función del dolor sobre un tendón en particular

Ligamento lateral externo: se produce en un movimiento de inversión. Si hay dolor anterior: está relacionado con vesícula biliar, cólera, rencor, injusticia. Si hay dolor posterior: relacionado con la vejiga, territorio.

Ligamento lateral interno: se produce en movimiento de reversión. Se relaciona con el bazo, con la "Preocupación por los hijos".

"Tengo miedo a estar desvalorizado, en un proyecto futuro".

Torcedura frecuentemente relacionada con una situación en la cual resisto, sintiéndome inquieto y teniendo necesidad de aumentar mi apertura y mi flexibilidad.

Tensión mental que no se puede soportar por más tiempo. Hacer cosas que no nos gustan hacer. Circunstancias que nos crean tensión. Ir en dirección equivocada. Pisar terreno delicado poco seguro, mentalmente perturbador.

Sugerencias y Recomendaciones

El hecho de sufrir un esguince te indica el grado de sufrimiento al que te sometes si insistes en seguir viendo las cosas a tu manera, es decir, según tus reglas. Te ayudaría ser más flexible. En lugar de creer que te imponen algo contrario a lo que deseas, te sugiero que averigües los motivos de los demás. Puede ser que, después de hacerlo, aceptes la versión del otro o adquieras consciencia de que no puedes responder a sus expectativas porque están más allá de sus límites. Debes hacérselo saber a la persona involucrada. Si te impones a ti mismo una cierta dirección, verifica en tu interior el temor que te motiva y si éste todavía es real para ti. Si eres más flexible contigo mismo y con los demás, te será más fácil responder a tus necesidades.

SOLUCIÓN POSIBLE: Liberar tensión. No engañarse. Seguir el objetivo de tu alma.

ESOFAGITIS

La esofagitis es una inflamación del esófago debida, en la mayoría de los casos, a un reflujo gastroesofágico.

Sugerencias y Recomendaciones

Véase problemas en el esófago, agregando una ira reprimida y el hecho de que la causa de este enojo vuelve a presentarse sin cesar, provocando todavía más enojo e impidiendo asumir lo que acaba de suceder.

ESPALDA

Representa el apoyo de la vida, rectitud, valores. Representa nuestro sistema de apoyo. Tener problemas con ella significa generalmente que no nos sentimos apoyados, ya que con demasiada frecuencia creemos que sólo encontramos apoyo en nuestro trabajo, en la familia o en nuestra pareja, cuando en realidad contamos con el apoyo total del Universo, de la Vida misma.

Sugerencias y Recomendaciones

Si te duele la parte BAJA de la espalda, la región del sacro, en lugar de creer que vas a perder tu libertad ayudando a alguien, toma más conciencia de tus límites; exprésalos a la persona adecuada y actúa en consecuencia. Recuerda que si quieres cosechar ayuda debes haberla sembrado antes. Es posible que en el pasado hayas vivido la experiencia de sentir que se aprovechaban de ti, pero este miedo a revivir esa misma experiencia te impide dar, lo cual te ayudaría a recibir más. Si temes por tu supervivencia, date cuenta de que es sólo tu parte afectiva dependiente la que cree que no puedes sobrevivir solo. Tienes todo lo necesario para lograrlo. En lo que respecta al dolor en la parte baja de la espalda y la cintura, tiene que ver con aceptar que tienes derecho a querer "tener" bienes materiales o a alguien para sentirte seguro y apoyado. Así podrás disfrutarlo más. Aun cuando en lo más profundo de ti creas que no está bien querer demasiado lo material, deberás comenzar por darte el derecho de tenerlo para que después puedas ser capaz de sentirte sostenido sin todos esos "haberes". En lugar de creer que nadie se ocupa de ti, te sugiero que comiences a hacer más demandas. No obstante, ten en cuenta que no porque pidas algo los demás deben dártelo. Es posible que algunas personas con menor necesidad de "tener" no comprendan tus necesidades. Si te concedes el derecho de tener esas necesidades, te será más fácil explicarlas. Para el dolor de la parte ALTA de la espalda, de la cintura al cuello, necesitas dejar de creer que debes hacer todo para asegurar el bienestar de los que te rodean. Siempre serás del tipo de persona a quien le gusta hacer cosas para los demás, pero debes cambiar tu motivación. Cuando quieras hacer algo por alguien a quien quieres, hazlo con amor, por el placer de agradar. No tienes obligación de ser el sostén afectivo de todo el mundo. Además, acepta la idea de que los demás no piensen como tú, ni que deban hacer todo para hacerte feliz. Pueden quererte aunque no hagan cosas para ti o no respondan a tus expectativas. Por lo tanto, deberás aprender a pedir, diciéndoles qué necesitas que hagan para sentirte querido y un día, cuando tú te quieras lo suficiente, ya no tendrás más necesidad de ello.

SOLUCIÓN POSIBLE:

Hacer lo que uno desea. Expresar sentimientos, no guardárselos. Discernimiento. Liberar cargas, desahogarse.

NUEVO MODELO MENTAL: sé que la Vida siempre me apoya.

CROMOTERAPIA: color curativo azul.

TRATAMIENTO: iniciemos por los puntos hinchados en la base de la columna vertebral, que se extiende por el borde del pie. Debemos trabajar toda el área, de abajo arriba, hasta el dedo pulgar. Masajear toda el área que se encuentra alrededor del pulgar y que se corresponde con la totalidad de la columna, hasta eliminar la hinchazón. Para el cuello y los hombros, masajearemos la zona alrededor de los dedos, donde se unen al pie, sin olvidar el pulgar. Recordemos que los dedos pequeños corresponden a los hombros. La zona del cuello se encuentra en la unión del pulgar con el pie. Si tenemos dolores en el cuello, debemos presionar con determinación toda esa área. La zona delantera del tobillo corresponde a la articulación de las caderas.

espalda
columna vertebral

Cuando hablamos de dolor de espalda nos referimos principalmente a la columna vertebral.

La persona a la que le duele la parte BAJA de la espalda, es decir, la región del sacro, es aquella para quien la libertad es sagrada, y teme perder su libertad de movimientos cuando los demás necesitan su ayuda. Con frecuencia es una persona que teme por su supervivencia. Sentir dolor de la quinta lumbar a la undécima dorsal (de la parte baja de la espalda hasta la cintura) está relacionado con el miedo a la escasez y con la inseguridad material. De hecho, como la espalda es el sostén del cuerpo humano, cualquier dolor en ella se relaciona con no sentirse bien sostenido. La parte baja se asocia con el área del "tener". Por ejemplo: tener bienes materiales, dinero, un cónyuge, una casa, hijos, un buen oficio, títulos, etc. El dolor en este lugar significa que la persona necesita tener para sentirse apoyada, pero no se atreve a reconocerlo o admitirlo ante los demás. Lo lleva todo sobre su espalda, porque quiere hacerlo todo ella misma. Es muy activa en el terreno físico, puesto que su miedo a la escasez se manifiesta sobre todo en el nivel material, que para ella representa un buen apoyo. Por otro lado, tiene problemas para pedir ayuda a los demás, y cuando por fin se decide a pedirla y no la recibe, se siente todavía más inmovilizada y su dolor de espalda empeora.

La persona con dolor en la parte ALTA de la espalda, es decir, de la décima dorsal hasta las cervicales (de la cintura hasta el cuello), sufre de inseguridad afectiva. Es una persona para quien el "hacer" es muy importante, porque eso es lo que le da seguridad. Cuando alguien hace algo por ella se siente querida. Por otra parte, manifiesta su amor por los demás haciendo cosas para ellos. Del mismo modo, la espalda puede dolerle lo suficiente como para proporcionarle una excusa por no hacerlo todo, porque teme que si hace demasiado, ya no la ayudarán. Espera mucho de los demás, y cuando sus expectativas no se cumplen, tiene la impresión de soportar una gran carga. Como le cuesta trabajo "hacer" sus demandas, cuando lo logra se siente inmovilizada si el otro no responde a ellas. Entonces el dolor empeora. Este dolor puede también presentarse en una persona que se siente demasiado vigilada en lo que hace.

La columna vertebral es la continuación de mis fundamentos. Es la materialización de mis fundamentos puesto que la columna a nivel arquitectónico son las paredes maestras de la casa. Tendrá referencia con mi vida, lo que pienso, lo que hago, como me relaciono, la comunicación que tengo con los demás, etc. Es nuestra estructura.

CONFLICTO: desvalorización central de la personalidad. Estrés respecto a lo que quiero hacer.

RESENTIR: "¿Quién soy?, ¿qué voy a hacer con mi vida?, ¿qué va a ser de mi vida?".

Problemas de espalda, se suele sentir una falta de apoyo en la vida. Suelen ser personas que se sobrecargan de trabajo y presión, más de la que pueden aguantar. Y sienten este exceso de tensión en forma de dolor de espalda. Cargar demasiada responsabilidad sobre nuestras espaldas revela un afán oculto de grandeza o quizás un complejo de inferioridad.

- La palabra clave para lumbares son "las relaciones con los demás".

- La palabra para las dorsales es "El pilar de mi familia, o el pilar de mi clan".

- A nivel de cervicales "Hace referencia a la comunicación verbal".

CAUSA PROBABLE: apoyo flexible de la vida. Y transporta las cargas de la vida. Desvalimiento y desesperanza.

Ver el significado de cada vértebra afectada.

Sugerencias y Recomendaciones

NUEVO MODELO MENTAL: la vida me apoya. Me yergo libre y en toda mi estatura. Me amo y me apruebo. Mi vida mejora cada día.

DESCRIPCIÓN: la espalda es una de las zonas más vulnerables porque el organismo tiene doscientos catorce huesos conectados de manera que sus achaques afectan al sistema vago simpático, los músculos, órganos, glándulas y, naturalmente al sistema nervioso central. Debido a que las toxinas se acumulan en las terminales nerviosas y bloquean las fuerzas electromagnéticas que nos aportan vitalidad, se requiere de un tratamiento intenso y prolongado.

CROMOTERAPIA: color curativo azul.

TRATAMIENTO: iniciemos por los puntos hinchados en la base de la columna vertebral, que se extiende por el borde del pie. Debemos trabajar toda el área, de abajo arriba, hasta el dedo pulgar. Masajear toda el área que se encuentra alrededor del pulgar y que se corresponde con la totalidad de la columna, hasta eliminar la hinchazón. Para el cuello y los hombros, masajearemos la zona alrededor de los dedos, donde se unen al pie, sin olvidar el pulgar. Recordemos que los dedos pequeños corresponden a los hombros. La zona del cuello se encuentra en la unión del pulgar con el pie. Si tenemos dolores en el cuello, debemos presionar con determinación toda esa área. La zona delantera del tobillo corresponde a la articulación de las caderas.

Si te duele la parte BAJA de la espalda, la región del sacro, en lugar de creer que vas a perder tu libertad ayudando a alguien, toma más conciencia de tus límites; exprésalos a la persona adecuada y actúa en consecuencia. Recuerda que si quieres cosechar ayuda debes haberla sembrado antes. Es posible que en el pasado hayas vivido la experiencia de sentir que se aprovechaban de ti, pero este miedo a revivir esa misma experiencia te impide dar, lo cual te ayudaría a recibir más. Si temes por tu supervivencia, date cuenta de que es sólo tu parte afectiva dependiente la que cree que no puedes sobrevivir solo. Tienes todo lo necesario para lograrlo. En lo que respecta al dolor en la parte baja de la espalda y la cintura, tiene que ver con aceptar que tienes derecho a querer "tener" bienes materiales o a alguien para sentirte seguro y apoyado. Así podrás disfrutarlo más. Aun cuando en lo más profundo de ti creas que no está bien querer demasiado lo material, deberás comenzar por darte el derecho de tenerlo para que después puedas ser capaz de sentirte sostenido sin todos esos "haberes". En lugar de creer que nadie se ocupa de ti, te sugiero que comiences a hacer más demandas. No obstante, ten en cuenta que no porque pidas algo los demás deben dártelo. Es posible que algunas personas con menor necesidad de "tener" no comprendan tus necesidades. Si te concedes el derecho de tener esas necesidades, te será más fácil explicarlas. Para el dolor de la parte ALTA de la espalda, de la cintura al cuello, necesitas dejar de creer que debes hacer todo para asegurar el bienestar de los que te rodean. Siempre serás del tipo de persona a quien le gusta hacer cosas para los demás, pero debes cambiar tu motivación. Cuando quieras hacer algo por alguien a quien quieres, hazlo con amor, por el placer de agradar. No tienes obligación de ser el sostén afectivo de todo el mundo. Además, acepta la idea de que los demás no piensen como tú, ni que deban hacer todo para hacerte feliz. Pueden quererte aunque no hagan cosas para ti o no respondan a tus expectativas. Por lo tanto, deberás aprender a pedir, diciéndoles qué necesitas que hagan para sentirte querido y un día, cuando tú te quieras lo suficiente, ya no tendrás más necesidad de ello.

Ver desviaciones de la columna.

espalda
fracturas de las vértebras

La fractura de una vértebra es generalmente el resultado de una rebelión interior, una reacción de inflexibilidad mental vinculada a la autoridad. Veo la vida con tal estrechez mental que me atraigo esta fractura. Mis pensamientos son demasiado rígidos, rehúso doblarme a ciertas ideas nuevas que me apartan del amor y que me aportan dolor. Soy intransigente y frecuentemente muy orgulloso y tendría ventaja en desarrollar más humildad. La espalda es mi sostén y mi soporte; el verla herida es incómodo.

Sugerencias y Recomendaciones

Acepto mis actitudes presentes sabiendo que puedo modificarlas desde ahora. Es hermoso vivir la vida con su flujo de cambios y es importante respetar esto. Me mantengo abierto a la vida porque sé que es buena para mí. Me dejo llevar por el flujo de la vida. Ver hueso-fractura.

espalda
inclinada

Transporta las cargas de la vida. Desvalimiento y desesperanza.

Sugerencias y Recomendaciones

NUEVO MODELO MENTAL: me yergo libre y en toda mi estatura. Me amo y me apruebo. Mi vida mejora cada día.

espalda
inferior

Frecuentemente confundida con los riñones y comúnmente asociada al dolor de riñones, esta área se sitúa entre la cintura y el coxis. Es una parte del sistema de sostenimiento. Dolores en esta región manifiestan la presencia de inseguridades materiales (trabajo, dinero, bienes) y afectivas. "¡Tengo miedo de carecer de...!" "¡Nunca lo conseguiré!", "¡Nunca conseguiré realizar esto!" expresan bien los sentimientos interiores vividos. Estoy tan preocupado por todo lo material que siento tristeza porque hay un vacío y este vacío me duele. Incluso puedo fundar mi valor personal en el número de bienes materiales que poseo. Vivo una gran dualidad, porque deseo tener tanto la "calidad" como la "cantidad", tanto en lo que a relaciones interpersonales se refiere como a lo que poseo. Tendencia a tomar demasiadas cosas sobre mis hombros y tengo tendencia a dispersar mis energías. Intento hacerlo todo para ser amado y me entretengo con la opinión que tienen de mí los demás. También puede tratarse de una inquietud frente a una u otras personas. Estoy preocupado por ellas y quizás tengo tendencia en "coger los problemas de los demás sobre la espalda" y querer salvarlos. Mi impotencia frente a ciertas situaciones de mi vida me vuelve amargo y rehúso someterme, pero tengo miedo. Este sentimiento de impotencia que puede llevarme hasta la rebelión, podrá conducirme a un "lumbago" o un "dolor de cintura". No me siento sostenido en mis necesidades de base y mis necesidades afectivas. Tengo dificultad en hacer frente a los cambios y a la novedad que se presentan a mí porque me gusta sentirme en seguridad en mi rutina y mis viejas costumbres. Esto revela frecuentemente que soy inflexible y rígido y que quisiera ser sostenido a mi modo.

Miedo al dinero.
Falta de apoyo económico.

¿Se encuentra realmente agotado? Sus finanzas, ¿están hechas un lío, o usted se preocupa excesivamente por ellas? Entonces, es probable que tenga molestias en la zona lumbar. La causa está en la falta de dinero o el temor de no tener lo suficiente. La cantidad que usted tenga no tiene nada que ver con eso.

Sugerencias y Recomendaciones

Si acepto que los demás puedan ayudarme a su modo, voy a descubrir y a tomar consciencia de que tengo el apoyo que necesito. Así me vuelvo más autónomo y responsable. Si se trata de un pinzamiento de los discos lumbares, pongo probablemente demasiada presión sobre mí mismo en hacer cosas para que me amen. Ya que se revela necesario un período de reposo, aprovecho para mirar lo que está sucediendo en mi vida y volver a definir mis prioridades. Al no sentirme sostenido, me vuelvo rígido (tieso) hacía los demás. ¿Tiendo a culpar a los demás de mis dificultades? ¿Me tomo el tiempo de expresar mis necesidades? Acepto que me único sostén viene de mí mismo. Volviendo a tomar contacto con mi ser interior, establezco un equilibrio en mis necesidades y reúno todas las fuerzas del universo que están en mí. Estas fuerzas me dan confianza en mí y en la vida porque sé que me traen todo lo que necesito: físico, emotivo, espiritual. ¡Estoy sostenido en todo momento! Las 5 vértebras lumbares se sitúan en esta área.

NUEVO MODELO MENTAL: confío en el proceso de la vida, que se ocupa siempre de todo lo que necesito. Estoy a salvo.

Ver el significado de cada vértebra lumbar.

espalda
media

La parte central de la espalda representa la gran región torácica del cuerpo comprendida entre el corazón y las vértebras lumbares. Es una región de culpabilidad emocional y afectiva. Las 12 vértebras dorsales (el modo de identificar cada una de ellas es por la letra D que designa "dorsal" seguida del número secuencial de la vértebra. Otro modo también es usar la letra "T" para designar las vértebras torácicas, y es lo mismo) se relacionan principalmente con esta región.

Tanto es así que los dolores en medio de la espalda son la señal clara de una relación difícil con la vida y situaciones de mi existencia. Esta región de la espalda corresponde también al movimiento de exteriorización de la energía de vivir que fluye por mí. Esto significa que en período de madurez interior (cuando adquiero experiencia), varias cualidades divinas tales como la confianza, el amor, el desapego (es decir el libre albedrío) sobre todo en el plano afectivo) están puestas a prueba. Mis dolores de espalda e incluso la espalda curvada pueden significar diversas cosas: culpabilidad en unas situaciones en que no me he de sentir culpable, amargura o una débil confianza en mí vinculada a una vida que siento muy pesada por llevar. Puedo tener la sensación de que "están siempre pegados a mi espalda". Si tengo dolor de espalda, esto denota un gran sentimiento de impotencia, frente a una situación presente difícil de tratar y en la cual necesitaría ayuda. La desesperación puede aparecer porque no me siento bastante apoyado en el plano afectivo y padezco también inseguridad. Tengo tendencia a retener mis emociones y vivo mucho en el pasado. Me quedo vinculado a dicho pasado. Me siento inestable y ansioso.

Culpa. Atascamiento en el pasado. Sensación de carga.

Se relaciona con la culpa, con todo eso que dejamos a nuestras espaldas. ¿Tiene usted miedo de ver lo que hay allí detrás, a sus espaldas? ¿Quizá se lo está ocultando? ¿Se siente apuñalado por la espalda?

Sugerencias y Recomendaciones

El objetivo por alcanzar reside en una expresión más activa de la energía divina. Necesito ser transparente en todo, conmigo mismo y los demás, dejando de transportar sentimientos de un pasado desagradable, para dar paso a un aquí ahora tranquilo y sereno. Necesito ayuda y ánimo, conectarme con mi ser interior que vela sin cesar sobre mí. Mi cuerpo me da señales importantes. No hay vergüenza ninguna en pedir ayuda. Al contrario, es un signo de inteligencia ya que esta ayuda me permite ir hacia delante. Veo importancia en mi propia identidad y soy prudente con mi ego y mis miedos. Aprendo a comunicar con mí ser interior por la meditación y la contemplación; con él hallaré muchas soluciones y respuestas. Estar conectado con mi ser interior, es elegir vivir mejor las situaciones de la vida.

NUEVO MODELO MENTAL: libero el pasado. Soy libre para avanzar con amor en mi corazón.

Ver el significado de cada vertebra dorsal.

espalda
superior

La parte superior de la espalda corresponde a la región del corazón y al centro energético cardíaco. Los dolores de espalda se refieren a las primeras fases de la concepción, a las necesidades de base y a la estructura más fundamental del ser. Las 7 vértebras cervicales están particularmente referidas en este sector. Las vértebras cervicales se refieren a la comunicación y a mi grado de apertura frente a la vida. Mi ingenuidad puede hacerme vulnerable a este nivel. Si tengo la sensación que se me quiere juzgar, criticarme o herirme, podré estar afectado en este plano y tendré tendencia a encerrarme como una ostra. Las cervicales C1, C2, y C3 están particularmente afectadas si me desvalorizo al nivel de mis capacidades intelectuales y las cervicales inferiores reaccionarán a la injusticia que puedo tener la sensación de vivir en mi vida o a la que veo alrededor mío y que me repugna. Además, cada vértebra me da las informaciones adicionales sobre la fuente de mi malestar.

Falta de apoyo emocional. Sensación de no ser amado. Freno en la manifestación del amor.

Tiene que ver con la sensación de no tener apoyo emocional. «Mi marido (mujer, amante, amigo o jefe) no me entiende/apoya.»

Sugerencias y Recomendaciones

NUEVO MODELO MENTAL: Me amo y me apruebo. La Vida me ama y me apoya.

Ver el significado de cada vértebra cervical.

ESPASMOFILIA

Los síntomas de la espasmofilia son idénticos a los de la agorafobia. Véase esta definición, agregando que la persona siente que su gran corazón no es reconocido por los demás.

Sugerencias y Recomendaciones

Los síntomas de la espasmofilia son idénticos a los de la agorafobia. Véase esta definición, agregando que la persona siente que su gran corazón no es reconocido por los demás.

ESPASMOS

Uno o varios músculos se contraen de modo involuntario y no rítmico; entonces tengo un espasmo. Los espasmos forman como un nudo. Me crispo, quiero retener el amor, tengo miedo de perder a esta persona a quien amo tanto. Estos espasmos crean en mí un sentimiento de inquietud, impotencia. Este nudo de dolor que no consigo controlar procede de una multitud de disgustos o cosas irritantes que dan un sabor amargo a mi vida. Hace vivir en mí emociones, culpabilidad vinculada a mi sexualidad.

Tensión debida al miedo. Me libero, me relajo, me suelto.

Espasmos abdominales: miedo. Interrupción del proceso.

Sugerencias y Recomendaciones

Reconozco que los nudos ahogan y que, para conservar el amor alrededor mío, acepto desapegarme.

NUEVO MODELO MENTAL: estoy a salvo en la vida.

Espasmos abdominales:

NUEVO MODELO MENTAL: confío en el proceso de la vida. Estoy a salvo.

ESPINA BÍFIDA

Conflicto de arrancar por el centro. "No me puedo unir".

Sugerencias y Recomendaciones

NUEVO MODELO MENTAL: me amo y me apruebo, no estoy solo, la vida entera me apoya y me sostiene. Soy libre y capaz de cualquier cosa que me proponga. Doy y recibo amor por donde quiera que vaya. Fluyo fácilmente por todas las situaciones que me plantea la vida, me expreso y amo con facilidad. Todo es perfecto en mi mundo.

ESPINA DE LENOIR

Una espina es una protuberancia ósea más o menos grande. La espina de Lenoir es una saliente que se aloja debajo del talón o cerca de éste. El dolor que ocasiona se manifiesta sobre todo cuando se la presiona.

Debido a que esta espina le impide al individuo permanecer en pie mucho tiempo, ello indica que quien la padece también se impide mantenerse en pie en lo que quiere hacer para su futuro. Se impide avanzar por miedo a disgustar a alguien, muy a menudo a alguien que para él representa la autoridad. También puede tener una actitud derrotista ante su porvenir.

Sugerencias y Recomendaciones

La actitud mental que mantienes con respecto a tu porvenir te duele tanto en el nivel de tu ser como la espina que tienes en la planta del pie. Es hora de que tengas más confianza en ti mismo, de que te decidas a correr riesgos sabiendo que, suceda lo que suceda, serás capaz de hacer frente a las consecuencias de tus decisiones.

Acepta la idea de que no todos los que te rodean pueden estar de acuerdo con tus planes futuros. Ellos tienen sus propios temores y sus límites. Esto no te impide perseverar y saber que todo lo que has hecho y lo que harás no será inútil y que estas experiencias diferentes te llevarán a otras nuevas. Tu pie te dice que te arriesgues más, que tienes lo necesario para salir adelante.

ESPINILLAS

Deseo de ocultar la fealdad.

Sugerencias y Recomendaciones

NUEVO MODELO MENTAL: me acepto como a una persona hermosa y amada.

ESPLENITIS

La esplenitis es una inflamación del bazo.

Sugerencias y Recomendaciones

Ver problemas del bazo, agregando un sentimiento de ira. Ver también la información sobre las enfermedades inflamatorias.

ESPLENOMEGALIA
Ver brazo.

ESPOLONES CALCÁNEOS

La planta del pie es la madre, pero a nivel simbólico es la casa donde se encuentra la madre, la casa familiar.

CONFLICTO: nuestra posición frente al mundo. Frente a la madre o la casa de la madre. Asiento, tradición (pasado en el cual me apoyo). Mente tradicionalista y atada de valores del pasado o a los valores de los padres.

"No tengo derecho a marcharme de casa o de salir del dominio de mi madre o a poner el pie en el suelo para marcharme". "Me culpabilizo de pensar que quería marcharme". Prestar atención al síndrome del aniversario o a los Ciclos Celulares.

Sugerencias y Recomendaciones

NUEVO MODELO MENTAL: me amo y me apruebo, no estoy solo, la vida entera me apoya y me sostiene. Soy libre y capaz de cualquier cosa que me proponga. Doy y recibo amor por donde quiera que vaya. Fluyo fácilmente por todas las situaciones que me plantea la vida, me expreso y amo con facilidad. Todo es perfecto en mi mundo.

ESPONDILITIS ANQUILOSANTE

La espondilosis es un trastorno artrítico del cuello que limita los movimientos y resulta muy doloroso.

También se llama morbus Bechterew, mal de Bechterew-Strümpell-Marie, espondilitis reumática y espondilitis anquilopoyética.

Afecta a toda la columna. Hace que todas las vértebras se fusionen. Por conversión repetitiva mínima, vais a descodificar para entender como se ha instalado la enfermedad. Pero no es eso lo que cura, lo que cura es analizar la vida cotidiana para poder actuar y modificar.

CONFLICTO: conflicto de personas que no saben decir NO.

"Tengo que hacer una columna muy fuerte, para poder soportarlo todo... porque soy el pilar de supervivencia del clan familiar"

Espondilitis anquilosante RIGIDEZ:

Posterior inferior derecha: culpabilidad frente a la pareja.

Superior derecha: culpabilidad frente a la madre.
Inferior izquierda: cólera con la pareja.
Superior izquierda: cólera frente a la madre.

L5 - S1: cólera frente a amigos/vecinos...

Sugerencias y Recomendaciones

La terapia, es reformar la estructura, no se puede cambiar, pero si adaptarla. Aprender a decir "NO".

Lo primero que debemos hacer es eliminar el ácido úrico en nuestra dieta (carnes rojas), cítricos (frutas ácidas) y productos lácteos.

CROMOTERAPIA: color curativo azul añil.

TRATAMIENTO: iniciamos en la zona del cuello, especialmente la zona en que los pulgares se articulan con el resto del pie. Aplicamos un masaje a la zona delantera del pulgar, siguiendo por el área que está debajo de los dedos y por el borde después, correspondiente a la columna vertebral. Es recomendable también eliminar la acidez del organismo.

Ver artritis.

ESQUIZOFRENIA

CONFLICTO: separación + Territorio, con constelaciones de miedo.

Características del Esquizofrénico:

Se esconde y esconde su identidad debido a un marco familiar muy rígido. Acostumbran haber muchas peleas entre los padres. El paciente presenta un estrés muy grande y tiene la sensación plena de que no hay solución en su situación familiar. Son personas con un intelecto muy fuerte y con una gran necesidad de comprender la situación.

Los cuadros de esquizofrenia que hemos observado, presentan:

- Separación y abandono vivido de una forma brutal y con una gran incomprensión de lo sucedido.

- Conflicto de territorio vivido con sus progenitores, el paciente lo vive como una guerra.

- Conflicto de mucho miedo a la agresión por parte de su padre.

- Conflicto de desvalorización por parte de su padre.

- Hay cuadros de madre muy sumisa y padre muy agresivo.

Todas las memorias negativas del clan se concentran en un niño, para que el resto del clan quede libre. "Niños que cargan con todas las mierdas del clan".

Sugerencias y Recomendaciones

NUEVO MODELO MENTAL: me amo y me apruebo, no estoy solo, la vida entera me apoya y me sostiene. Soy libre y capaz de cualquier cosa que me proponga. Doy y recibo amor por donde quiera que vaya. Fluyo fácilmente por todas las situaciones que me plantea la vida, me expreso y amo con facilidad. Todo es perfecto en mi mundo.

Ver psicosis-esquizofrenia.

ESTADO VEGETATIVO CRÓNICO
Ver cerebro-estado vegetativo crónico.

ESTERILIDAD

Es la incapacidad de procrear.

Para algunas personas, el ser estériles forma parte de la experiencia que deben vivir en esta vida. Quizá solo desean tener un hijo porque creen que es normal tenerlo o porque sus padres desean ser abuelos. Muchas mujeres quieren un hijo sólo para sentirse más mujeres, porque les resulta difícil aceptar su feminidad. Esta mujer puede ser estéril precisamente para que aprenda a ser feliz y a aceptarse completamente sin tener hijos. En el caso de muchas otras personas, el miedo que experimentan ante esta experiencia es más fuerte que su deseo. Por lo tanto, la esterilidad es el medio inconsciente que utilizan para no tener hijos, aunque no deben abandonar su deseo. La esterilidad se manifiesta a menudo en la persona que se acusa de ser improductiva, que no obtiene los resultados positivos que busca en un área determinada. Incluso puede sentirse inútil.

La esterilidad se define como la inaptitud a reproducirse. La esterilidad puede indicar un rechazo, una resistencia inconsciente a la idea de tener un hijo. También puede que desee un niño únicamente para colmar las esperas de las personas que me rodean pero que, para mis adentros, no lo deseo realmente. Teniendo miedo de dar a luz o de ser incapaz de cumplir con mi papel de madre o padre (miedo de la responsabilidad, problemas financieros...) o no deseando hacer vivir a mi hijo, los sufrimientos que viví, provoco la esterilidad. Puedo así sentir el temor de volver a vivir a través de mi embarazo, los recuerdos de los momentos en que me llevaba mi madre y que pudieron afectarme. Debo comprender que el deseo de tener un hijo puede ser muy grande pero el miedo también, que sea consciente o no; es la diferencia que puede pesar en la balanza para que el proceso de embarazo se active o no.

Miedo y resistencia ante el proceso de la vida, o no tener necesidad de vivir la experiencia de tener hijos.

Sugerencias y Recomendaciones

Para saber si tu esterilidad se presenta para ayudarte a aceptar el hecho de no tener un hijo (porque esa es la experiencia que debes vivir en esta vida) o si es causada por un miedo inconsciente, utiliza las preguntas sugeridas para encontrar el bloqueo mental. Si eres mujer, ¿conoces a alguna que tuviera problemas para dar a luz? ¿Qué aprendiste de tus padres con respecto a tener hijos? ¿Tienes miedo de perder a alguien o de perder tu hermosa figura? Sé consciente de que cualquier miedo sentido en el pasado no es necesariamente cierto para siempre y para todo el mundo. Deberás decidir quién va a ganar: tu deseo o tu miedo. Cualquiera que sea tu decisión, concédete el derecho de tomarla. Es tu vida y puedes hacer lo que quieras. Sólo tienes que estar listo para asumir las consecuencias de tus decisiones. Además, te sugiero que compruebes con quienes te conocen si te consideran improductivo, y descubrirás que nada está más lejos de lo que ellos piensan de ti.

Debería comprobar si pude vivir experiencias en el pasado, que sea hombre o mujer, que pudieran haberme hecho vivir ciertos bloqueos sexuales. Un trabajo en psicoterapia o energético puede estar adecuado en este caso. También puede suceder que no tenga que vivir esta experiencia de ser padre. Por lo tanto es muy importante que me pregunte sobre la naturaleza de mi deseo de tener un hijo y que haga confianza a mi yo interior en mi decisión de dar la vida o no.

NUEVO MODELO MENTAL: confío en el proceso de la vida. Siempre estoy en el lugar y el momento oportuno haciendo lo adecuado. Me amo y apruebo.

ESTERNÓN

Desvalorización estética (en relación al busto, a lo que toca el esternón).

Ejemplo: Una mujer después de una operación de un pecho. O por no poder abrazar a su hijo contra el pecho.

Sugerencias y Recomendaciones

NUEVO MODELO MENTAL: me amo y me apruebo, no estoy solo, la vida entera me apoya y me sostiene. Soy libre y capaz de cualquier cosa que me proponga. Doy y recibo amor por donde quiera que vaya. Fluyo fácilmente por todas las situaciones que me plantea la vida, me expreso y amo con facilidad. Todo es perfecto en mi mundo.

ESTÓMAGO

El estómago es un órgano importante en la digestión, que se encuentra situado entre el esófago y el intestino delgado. Transforma los alimentos en líquido gracias a los jugos gástricos que segrega. Los problemas estomacales más comunes son las úlceras, la gastritis (ardores), las hemorragias gástricas, los cánceres y los problemas de digestión (vómito, indigestión, etc.). Verifica la descripción individual del problema en cuestión, además de la siguiente.

Todos los problemas del estómago se relacionan en forma directa con la dificultad para aceptar o digerir a una persona o a un acontecimiento. La persona que los padece manifiesta intolerancia y temor ante lo que no es de su agrado. Se resiste a las ideas nuevas, sobre todo a las que no proceden de ella. Tiene dificultad para adaptarse a alguien o a algo que va contra sus planes, sus hábitos y su manera de vivir. Tiene un crítico interior muy fuerte que le impide ceder y dejar hablar a su corazón, al cual no quiere aceptar incondicionalmente. Es posible que también se acuse a sí misma de falta de audacia.

El sentido biológico del aparato digestivo es la aceptación.

Representa la sensibilidad, aceptación, digerir pedazo.

Se lo traga todo, digiere las ideas y experiencias nuevas que tenemos. ¿Qué (o quién) es lo que usted no puede tragar? ¿Y lo que le revuelve el estómago? Cuando hay problemas de estómago, eso significa generalmente que no sabemos cómo asimilar las nuevas experiencias: tenemos miedo. Muchos recordamos aún la época en que empezaron a popularizarse los aviones comerciales. Eso de meternos en un gran tubo metálico que debía transportarnos sanos y salvos por el cielo era una idea nueva y difícil de asimilar. En cada asiento había bolsas de papel para vomitar, y casi todos las usábamos, tan discretamente como podíamos, y se las entregábamos bien dobladitas a las azafatas, que se pasaban buena parte del tiempo recorriendo el pasillo para recogerlas. Ahora, muchos años después, sigue habiendo bolsas en todos los asientos, pero rara vez alguien las usa, porque ya hemos asimilado la idea de volar.

El estómago recibe el alimento y lo digiere para colmar las diferentes necesidades de mi cuerpo en vitaminas, en proteínas, etc. Alimento mi cerebro del mismo modo por las situaciones y los acontecimientos de mi vida. Cada estómago tiene su propio funcionamiento. Por más que la forma general sea la misma, la digestión puede ser diferente de una persona a la otra. Así, la forma de mi estómago está en relación con mi personalidad. Mi estómago refleja el modo en que absorbo e íntegro mi realidad y mi capacidad en digerir las nuevas ideas o las nuevas situaciones. Puede compararse a un barómetro indicando mi grado de apertura y mi modo de reaccionar en la vida. Los problemas de estómago aparecen cuando mi realidad cotidiana está en conflicto con mis deseos y mis necesidades. Estos conflictos se vuelven a encontrar habitualmente al nivel de mis relaciones familiares, amicales o al nivel de mis relaciones de trabajo.

CONFLICTO: de digerir pedazo. O falta de pedazo. "Quiero evitar algo que me imponen. No puedo digerir el pedazo que me imponen".

Problemas de estómago, incapacidad de digerir, asimilar lo nuevo en nuestra vida. Temor a lo nuevo. Falta aceptación.

Indigestión, miedo visceral, terror, angustia. Quejarse por todo.

La curva mayor:

Tumoración - Supervivencia digestiva.

La curva menor:

CAUSA PROBABLE: contiene los alimentos. Digiere las ideas.

Problemas:

CAUSA PROBABALE: miedo. Temor a lo nuevo. Incapacidad de asimilar lo nuevo.

Indigestión:

CAUSA PROBABLE: miedo visceral, terror y angustia. Quejas y gruñidos.

Sugerencias y Recomendaciones

El mensaje que recibes de tu estómago es que dejes de querer controlarlo todo, resistiéndote a las ideas de otros. En lugar de creer que eres incapaz de cambiar a los demás o a una situación determinada, toma consciencia de tu propia capacidad para hacer tu vida. Confía más en los demás, de la misma forma que debes confiar en que tu estómago es capaz de digerir tus alimentos. No necesitas decirle a tu cuerpo cómo ser un cuerpo ni cómo digerir. Lo mismo sucede con tu entorno. Todos y cada uno tenemos una manera diferente de ver la vida. No es casualidad que el estómago esté ubicado en la región del corazón. Debemos aceptar a todos con amor, es decir, aceptar las particularidades de todos y cada uno. Los pensamientos que alimentas del tipo "es injusto", "no es correcto", "es idiota", etc., no te benefician: bloquean tu evolución, así como tu estómago bloquea la digestión. Si te vuelves más tolerante hacia los demás, tolerarás mejor los alimentos que ingieres.

SOLUCIÓN POSIBLE: relajación profunda. Auto conocimiento de uno mismo y de los demás. Alineamiento, equilibrio interior.

La curva menor:

NUEVO MODELO MENTAL: digiero la vida con facilidad.

Problemas:

NUEVO MODELO MENTAL: la vida me sienta bien. Asimilo los nuevos momentos que me ofrece cada día. Todo está bien.

Indigestión:

NUEVO MODELO MENTAL: digiero todas las nuevas experiencias en paz y con alegría.

estómago
ardores

Como lo indica su nombre, el ardor de estómago es señal de que algo, una situación, un suceso, una persona me quema, me acidifica, me enfurece. La situación me parece irritante, injusta y vivo interiormente impotencia. Cuando tal situación me sucede, puedo preguntarme: "¿qué es lo que me quema o me pone furioso? ¿Qué es lo que a mí no me gusta y que no consigo digerir?" (Aquí, la expresión debe tomarse en sentido figurado. Podría tratarse de una persona de quien digo: "A esta persona, no la puedo digerir". Esto significa que no aprecio a esta persona, estoy furioso contra ella por algo, etc.) También es muy posible que me enganche a esta ira de un modo inconsciente, porque tengo miedo de afirmarme, de soltarme y expresar mis necesidades, mis deseos y mis intenciones al nivel del corazón. Soy único en todo y los demás son diferentes de mí en todo.

Sugerencias y Recomendaciones

Debo pues quedarme abierto y atento a mis propias necesidades y aceptar la entera responsabilidad de mis actos, por más que la gente sea diferente de mí. El hecho de volver a reprimir, inhibir una emoción (ira, pena, rabia) aumenta la acidez de los gases gástricos y, al mismo tiempo, me impide tragar cualquier cosa (porque los ardores manifiestan un tipo de presión interna en el área del estómago). Debo ver el nexo entre mis auténticos sentimientos y los ardores de estómago. Conservo la calma y observo mi modo de ser, mis reacciones frente a las situaciones que vivo así como mi actitud frente a los acontecimientos cotidianos. Centrando mi atención en mi convicción que la vida es buena y que mis necesidades todas se colman en el momento adecuado, mi estima personal aumenta y mis próximas cóleras serán menos intensas. Tomo el tiempo de apreciar cada momento de mi vida y mi ¡estómago se lleva mejor!

estómago
cáncer
Ver cáncer de estómago

estómago
dolor de estómago

La barriga o abdomen es la parte anterior que contiene al intestino. La definición que sigue se refiere al dolor de barriga sin causa aparente, sin relación con otro malestar o con alguna otra enfermedad.

Cuando duele la parte alta del abdomen, es decir, la región del plexo solar, el cuerpo envía el mensaje de que esta persona se preocupa demasiado por los demás y siente miedo por ellos.

Cuando duele la parte baja del abdomen (debajo del ombligo), el cuerpo envía el mensaje de que esta persona se preocupa demasiado por lo que sucede en el momento y siente miedo por sí misma. Puede tener la impresión de que alguien quiere destruirla para lograr sus fines.

Conozco el trabajo efectuado por mi estómago y sé que representa mi modo de digerir, absorber e integrar los acontecimientos y las situaciones de mi vida. Los estirones en el estómago están vinculados con frecuencia a una necesidad de amor, de "alimento emocional" y de alimentos. El alimento representa el afecto, la seguridad, el premio y la supervivencia. Si vivo un vacío cualquiera en mi vida, querré colmarlo con el alimento, en particular en los momentos de separación, muerte, pérdida o escasez de dinero. El alimento también puede ayudarme artificialmente a "liberarme" de tensiones materiales o financieras. Siento como una carencia indispensable para mi supervivencia. La fermentación, por su parte, procede del hecho que no quiero enfrentar ciertas emociones que vivo con relación a personas o situaciones. Pongo estas emociones de lado, pero éstas siempre son presentes, se acumulan, "fermentan", bajo el efecto de mi actitud "ácida". Rumio constantemente ciertas situaciones que viví y que "no digiero". Por lo tanto tengo tendencia a "rumiar" situaciones pasadas y a vivir las mismas actitudes y las mismas emociones negativas. Éstas me quedan pues en el estómago. Es muy difícil para mi estómago digerir emociones no vividas. Al estar mi realidad en conflicto con mis sueños y mis necesidades, esto me lleva a vivir diversas emociones. No expreso mis contrariedades, estoy irritado. La ira y la agresividad rugen en mí, pero las reprimo. ¡Ya está! La úlcera y los ardores de estómago están aquí. Tengo grandes miedos, mi digestión se hace laboriosa porque mi estómago es nervioso y frágil. ¿Cuál es la situación de mi vida "que no digiero"? Vivo gran inquietud, sobre todo debido a mi débil confianza en mí, lo cual hace difícil la aceptación de mis emociones. Los dolores de estómago se producirán cuando vivo una contrariedad en el campo de mis finanzas personales o de mi vida profesional. Ciertas situaciones son tan repugnantes y asquerosas que mi estómago rechaza digerirlas. Reacciono frente a mi realidad de un modo negativo y "ácido" y padezco indigestiones y nauseas. La digestión es muy lenta si el estómago está tenso y rígido, evitando que cambios se produzcan en mi vida.

Sugerencias y Recomendaciones

En el primer caso, tu cuerpo te dice que dejes de creer que has venido a la Tierra para preocuparte constantemente por la felicidad de todos tus seres queridos. Puedes sentir compasión por ellos, pero nadie te pide que enfermes por su causa. Debes aprender a dejarlos vivir sus experiencias y a ayudarlos sólo cuando te lo pidan, respetando siempre tus límites.

Con respecto a la parte baja del abdomen, tu cuerpo te está diciendo que crees que preocupándote mucho tendrás más oportunidades de hacer desaparecer los acontecimientos o personas que te dan miedo en ese momento. Si te sueltas tendrás muchas más oportunidades de encontrar la solución adecuada, porque así permanecerás centrado. Cuando te preocupas pierdes tu centro y tus decisiones se basan en el miedo y no en tus verdaderas necesidades.

Tomo consciencia que debo revelar más apertura en la vida y acepto que las situaciones y los acontecimientos están aquí para hacerme crecer. La aceptación permite transformarlos en experiencias y la presión o la tensión desaparecen.

Ver estómago-ardores de estómago.

estómago
gastritis

La gastritis es una inflamación aguda o crónica de la mucosa del estómago, lugar donde empieza el proceso de digestión. Si hay inflamación, hay irritación e ira frente a algo o a alguien a quien no digiero: ciertas cosas no pasan como quisiera, o puede ser una o personas que no actúan como lo deseo. Puedo tener el sentimiento de haber sido engañado y de estar cogido en una situación. Estoy irritado por algo que absorbió mi sistema de digestión y la realidad "digerida" me molesta en alto grado.

Sugerencias y Recomendaciones

Aprendo a aceptar las situaciones y a los demás tales como son, sabiendo que el único poder que tengo es el poder sobre mí mismo.

Ver inflamación.

ESTORNUDOS

Llega a ser un problema cuando se repite con demasiada frecuencia.

Debido a que la función del estornudo es expulsar algo de las mucosas nasales, la persona que estornuda muy seguido o de manera repetida se siente molesta o contrariada por alguien o por una situación de la que le gustaría deshacerse. Puede ser consciente o no de dichas emociones.

El estornudo está causado por la excitación o el cosquilleo de las paredes interiores de las ventanas de la nariz lo cual provoca la expulsión brusca y simultanea de aire por la nariz y por la boca. Estornudar significa que algo o alguien me molestan.

Sugerencias y Recomendaciones

En el momento en que estornudes, date tiempo para verificar qué pensabas unos segundos o unos minutos antes de hacerlo. Descubrirás que algo te molestó y seguramente estabas a punto de criticarlo. En lugar de guardar tus críticas en tu interior y querer expulsar lo que sucedió, lo que escuchas o a una persona que está cerca de ti, observa qué podría tener de bueno y acéptalo. Si lo que sucede realmente no te beneficia (por ejemplo, estar en un grupo en el que se habla mal de otra persona y eso te molesta y te enoja), debes expresar lo que sientes e irte, en lugar de querer expulsar a los demás.

Miro lo que estoy haciendo y quien está conmigo. ¿Qué es lo que me indispone, la situación o la persona? ¿Estoy criticando a alguien o criticándome a mí mismo? Inconscientemente, siento la necesidad de extirparme de cierta situación, apartarme de una persona. ¿Qué es lo que quiero expulsar de mi vida? ¿De quién o de qué quiero yo deshacerme? Identifico la causa y acepto tomar el lugar que me corresponde y actuar de modo a restablecer la armonía, bien explicándome con la persona referida o rectificando la situación.

ESTRABISMO

Es la incapacidad de fijar un objeto con los dos ojos; éstos funcionan de manera independiente y no en coordinación.

La expresión "bizquear sobre algo" significa: Echar miradas llenas de codicia o de envidia. ¿Te corresponde esta definición? ¿En qué área eres dado a envidiar a los demás? También se ha observado que la persona con estrabismo tiene dificultad para hacer funcionar los dos hemisferios del cerebro al mismo tiempo, sea en su nivel emocional o en el racional. Por lo tanto, le cuesta trabajo ver las cosas como son. Quizás las vea de acuerdo con lo que siente, o que incluso las interprete con su intelecto, el cual sólo puede basarse en lo aprendido, en lo que está en la memoria. Estos son los diferentes significados del estrabismo, según el ojo que bizquea y hacia el lado en que lo hace.

- EL OJO IZQUIERDO QUE BIZQUEA HACIA ARRIBA: denota una emotividad sentimental superior al promedio.

- EL OJO DERECHO QUE BIZQUEA HACIA ARRIBA: denota una emotividad intelectual y un sujeto cuyo pensamiento divaga con facilidad.

- EL OJO IZQUIERDO QUE BIZQUEA HACIA AFUERA: denota una actividad instintiva sin relación con la mente. La gran sensibilidad del sujeto es la que ordena la acción en detrimento de su palabra, sin que por esto haya mala voluntad por su parte.

- EL OJO DERECHO QUE BIZQUEA HACIA AFUERA: denota una relación torpe entre la mente y el objeto enfocado. Esto se traduce en un esfuerzo intelectual destinado a compensar el esfuerzo normal del ojo derecho. La mente da vueltas. Puede haber tendencia a la depresión.

- EL OJO IZQUIERDO QUE BIZQUEA HACIA ADENTRO: denota un complejo de inferioridad generado por el temor. Esta persona se basa en su parte sensible y se olvida de una gran parte de sí misma.

- EL OJO DERECHO QUE BIZQUEA HACIA ADENTRO: denotar una enorme sensibilidad; la mente y la atención del sujeto están demasiado dirigidas a su propia persona. Es un sujeto apto para ser batallador y rencoroso.

- EL OJO IZQUIERDO QUE BIZQUEA HACIA ARRIBA Y HACIA AFUERA: denota un sujeto irracional y soñador que no tiene noción del tiempo.

- EL OJO DERECHO QUE BIZQUEA HACIA ARRIBA Y HACIA AFUERA: Denota una mente irracional, indisciplinada e incluso amoral.

Es un problema muscular que conllevará una visión doble: la diplopía. Normalmente el cerebro neutraliza el efecto de la imagen doble suprimiendo una de ellas, solo vemos con un ojo.

Los ojos se separan para no ver. Algo no debe de ser visto.

Desvalorización en la mirada del otro. Ataques múltiples. El peligro es tal que son necesarios dos ojos para vigilar.

"No hay que ver lo que veo." "Que vuelva mi padre a casa" o "Que se vaya mi padre de casa".

Derecho (afecto): "Sentirse indeseable".

Izquierdo (peligro): "No hay que ver lo que veo". "Algo no debe ser visto".

ESTRABISMO CONVERGENTE: deseo de no ver el exterior. Objetivos contradictorios.

ESTRABISMO DIVERGENTE: temor a mirar el presente, el aquí y el ahora.

Sugerencias y Recomendaciones

Como el estrabismo se desarrolla durante la niñez o la adolescencia, es fácil deducir que el bloqueo parte de ahí. Si se presenta en el lado derecho, es más probable que este problema tenga relación con los estudios y que, por lo tanto, esté influido por tu vida escolar o por la forma en la que quieren que aprendas en casa. Si es del lado izquierdo, el problema se relaciona más con tu vida afectiva: con tus padres o con la familia. Además de hacer ejercicios físicos para enlazar las funciones de los dos hemisferios de tu cerebro (con un kinesiólogo educativo), es importante que revises las decisiones que tomaste durante tu infancia en base a lo escrito acerca de los bloqueos emocionales. Acepta la idea de que tú fuiste quien no quería ver las cosas o las personas tal como eran. Por otro lado, ahora, que ya no eres como en la época en la que tomaste esa decisión, puedes optar por nuevas alternativas que te ayudarán a ver con más precisión lo que pasa en ti y a tu alrededor.

ESTRABISMO-CONVERGENTE:
NUEVO MODELO MENTAL: puedo mirar y ver con toda tranquilidad y confianza. Estoy en paz.

ESTRABISMO-DIVERGENTE:
NUEVO MODELO MENTAL: me amo y apruebo en este mismo momento.

Ver ojos-estrabismo.

ESTREÑIMIENTO

Se sufre estreñimiento cuando las heces permanecen demasiado tiempo en el intestino y el ritmo de la evacuación intestinal disminuye de manera variable, con heces duras y secas.

Como la función del intestino grueso es evacuar lo que ya no le sirve al organismo, el estreñimiento tiene una relación directa con soltar viejos pensamientos que ya no son útiles. Una persona que retiene sus heces es aquella que se contiene generalmente de decir o hacer algo por miedo a disgustar o a perder algo o a alguien. También es posible que sea una persona mezquina que se apega demasiado a sus bienes y que tiene dificultad para dejar ir aquello que ya no necesita por si llegara a necesitarlo algún día, lo cual es poco probable. El estreñimiento se puede producir también cuando una persona se siente forzada a dar algo: su tiempo, su persona o su dinero. Cuando da, lo hace para no sentirse culpable, pero preferiría guardarlo para sí. Puede ser que tenga ideas fijas acerca de un incidente del pasado y que lo dramatice en exceso. No puede soltar sus ideas. Esta tensión, causada por la dificultad para alejarse del pasado, engendra preocupaciones, malas ideas, furor, miedo de ser humillado e incluso celos.

Sugerencias y Recomendaciones

Si padeces estreñimiento, tu cuerpo te dice que es el momento de dejar ir las viejas creencias, que ya no te sirven. Deja lugar para lo nuevo. Te dice que es necesario dejar que el intestino evacue como debe si quieres ingerir más alimentos. Lo mismo ocurre con tus pensamientos. Las preocupaciones, las malas ideas, etc., deben ser tratadas como desechos del plano mental y deben ser evacuadas como tales. El hecho de creer que debes retener siempre por miedo a perder a alguien o algo no es bueno para ti. Sería mucho mejor que verificaras si realmente pierdes algo al permitirte decir o hacer lo que quieres. Esta es una nueva actitud que seguramente te beneficiará más.

CROMOTERAPIA: color curativo amarillo.

DESCRIPCIÓN: lo primero que debe hacer es considerar detenidamente su dieta. Elimine rápidamente la comida chatarra; cambiar el pan blanco por pan integral; comer alimentos ricos en fibra, verduras y fruta fresca a discreción. Beber mucha agua todos los días; hacer ejercicio; si es posible, una buena caminata todos los días.

TRATAMIENTO: trataremos los puntos del colon, riñones, vejiga, próstata, vesícula, glándulas tiroides, pituitaria y suprarrenales.

Ver intestinos-estreñimiento.

ESTRÉS

Cualquier situación que crea una demanda más grande a mi organismo me lleva a vivir estrés. El estrés puede ser psicológico (la presión de mi entorno), físico (una fuerte demanda para mi cuerpo vinculada al trabajo, deporte, al calor, al frío, etc.) químico o bioquímico (toma de medicamentos, quimioterapia, cambio hormonal). El estrés en sí es de hecho menos importante que mi reacción frente a éste. Puede ser positivo, estimulante y creativo tanto como amenazador para mi cuerpo. Según mi reacción frente a las situaciones, sucesos, sentimientos y dificultades, el efecto estresante será benéfico o nocivo para mí.

Sugerencias y Recomendaciones

Es importante constatar que incluso un acontecimiento feliz puede llevarme a vivir un estrés importante. Así, puedo ganar un millón de dólares a la lotería, lo cual puede tener como consecuencia el hacerme vivir una depresión porque tendré la sensación de tener tantas cosas que cambiar en mi vida que tendré miedo de no poder hacerlo. ¿Voy a conservar mi empleo junto a la gente que aprecio? ¿Se mantendrán mis amigos como son en su trato conmigo? ¿Deberé mudarme? ¿Seré capaz de adaptarme a todos estos cambios? Necesito mirar en mi interior y preguntarme mis reacciones, mis motivos y mis actitudes en vez de echar la culpa a las situaciones exteriores. Aprendo a relajarme y a considerar los beneficios del estrés.

ESTRÍAS

Las estrías son pequeñas marcas que arrugan la piel, en lugares que estuvieron distendidos.

Como las estrías son resultado de una ruptura del tejido elástico de la piel, el mensaje que recibe esta persona es que sea más flexible, menos rígida en sus relaciones con los demás. No necesita crearse una armadura de rigidez para protegerse. La mujer embarazada que ve aparecer estrías es aquella que se exige más por el hecho de estar concibiendo. Le ayudaría seguir siendo ella misma y permitirse tener sus debilidades.

Sugerencias y Recomendaciones

Tus estrías se presentan para decirte que, en el momento en que aparecen, crees que tienes que mostrarte fuerte. Para ello, adoptas una máscara de rigidez, creyendo que es la solución. Tu cuerpo te dice que cedas más y que tu manera de pensar no es buena para ti. Es importante que observes para qué sirve la parte del cuerpo donde aparecen a fin de que sepas en qué área vives esa rigidez.

ESTUPOR

El estupor es el detenimiento progresivo o total de la actividad física e intelectual. Véase entumecimiento, agregando que este mensaje es más serio. Con frecuencia la persona deja su cuerpo a causa de un gran miedo o de un profundo asombro.

ESTUPOR CATATÓNICO

El estupor catatónico es una pérdida de los registros fisonómicos, gestuales o vocales. Es la manifestación principal de uno de los tipos de esquizofrenia. Véase psicosis.

ESÓFAGO

El esófago es la parte del aparato digestivo que une la faringe con el estómago. Pasa por el cuello, el tórax y el diafragma para abrirse en el estómago. Los problemas en el esófago pueden ser divertículos, hernia o una malformación. Los dolores pueden ser ocasionados por un cuerpo extraño que se atora en el mismo.

El esófago es el paso para los alimentos para que éstos estén digeridos. Si tengo emociones o ideas que "pasan mal", el esófago se crispa y el paso es más difícil, pudiendo incluso provocar irritación, ésta manifestando mi irritación interior frente a algo o a alguien que me cuesta tolerar. Mis aprensiones, mi angustia, mi pena harán que se contraiga mi esófago, pudiendo ir incluso hasta obstruir totalmente el paso. Al ser el esófago el paso entre mi boca que representa la entrada de nuevas ideas y mi estómago, las ideas que debo digerir, si siento una fuerte ira u odio para algo en mi vida "que no pasa", puede que desarrolle un cáncer del esófago.

Tubo muscular flexible, situado detrás de la tráquea. La mucosa del tercio inferior es de la primera etapa. Función: Producir mucus para proteger de las porciones de comida. Aquí podemos todavía sacar el bocado, algo que se ha atragantado.

No poder tragar la presa. A menudo es una casa, un coche, etc. que se quiere adquirir y de pronto no se puede. El adenocarninoma es por "querer tragar y no poder". El carcinoma epidermoide aparece al verse obligado a tragar algo que desearía escupir. Válido también en principio para la zona nasobucofaríngea.

"He tragado algo que me he tragado pero se me ha atascado (atragantado)". Un cáncer es que te has tenido que tragar algo muy gordo.

En el sistema digestivo vamos a buscar la relación con la madre (es la primera que nos alimenta.

Para el inconsciente Mamá = comida.)

ESÓFAGO, dos tercios superiores:

Rechazo del mundo social externo. No querer tragar algo y ser forzado a ello. No querer o no poder hacer avanzar algo que hemos tragado.

Conflicto de deglución: Sentir que algo se ha quedado atrapado en la garganta.

"¡Estoy cebado!". "Me hicieron tragar sapos y culebras". "Nos mienten, nos engañan (cosas con la supervivencia).

ESÓFAGO, tercio inferior:

Necesidad vital del mundo externo. Conflicto de no poder engullir lo que tenemos entre manos. Tener los ojos más grandes que el estómago. Miedo y contrariedad ante la comida.

Conflicto de despilfarro. Glotonería. Conflicto de "Quiero y luego no quiero tragar el trozo".

"No puedo con todo, pero tengo miedo de perderlo". "¡No puedo despilfarrar!". "No tengo derecho a aprovechar el trozo engullido (herencia por ejemplo)".

Sugerencias y Recomendaciones

Como el esófago está situado al principio del aparato digestivo, los problemas en este lugar indican una dificultad para aceptar y recibir lo nuevo. Véase problemas de la boca y problemas en el estómago, agregando que la persona afectada por un problema en el esófago rechaza aceptar lo nuevo aún más rápidamente que la persona con un problema en el estómago. Tiene un crítico interno muy rápido, lo que la hace contraerse cuando sus deseos no se realizan.

Debo soltar cualquier amargura y ver cada experiencia de mi vida como una ocasión de crecer para que me nutran las alegrías de la vida.

EUTANASIA

La eutanasia no es una enfermedad sino un acto por el cual queremos ahorrar sufrimientos juzgados intolerables para una persona incurable. Puede que viva un malestar moral si he de decidir para la otra persona si se debe poner fin a sus días.

Sugerencias y Recomendaciones

Es importante que me quede conectado con mi convicción que la vida existe después de lo que se llama la muerte, si esto forma parte de mis creencias. Si no es el caso, puedo preguntarme si la persona que está frente a mí realmente manifiesta la vida. Tomo consciencia de que esto forma parte de una elección individual. Puedo informar a mis personas cercanas verbalmente o por escrito de la decisión que podrían tener que tomar por mí en el caso de que no esté consciente para poder tomar tal decisión en el futuro.

Ver muerte.

EWING
sarcoma de Ewing
Ver huesos-cáncer-sarcoma de Ewing.

EXCESO DE APETITO
Ver apetito-exceso.

EXCRESCENCIA

Una excrescencia es un pequeño tumor benigno en la piel.

Toda excrescencia es un tejido no necesario en el cuerpo. Le indica a la persona que está rumiando una pena desde hace mucho. Se impide vivir el momento presente por estar demasiado imbuida en el pasado. Además, debido a que un gran número de excrescencias corporales no son estéticas, ello indica que la persona tiene dificultad para ver su propia belleza. Para saber en qué área se presenta el problema, verifica para qué sirve la parte afectada.

Sugerencias y Recomendaciones

Tu cuerpo te dice que es hora de que aprecies tu belleza. Debes decidirte a crecer en tu vida según tus necesidades, en lugar de seguir rumiando el pasado. Deja de creer que si haces lo que quieres no eres una buena persona. Dale vuelta a la página, decide perdonarte a ti y a los demás, y lánzate hacia lo que quieres.

EXHIBICIONISMO

El exhibicionismo se refiere a la exhibición de órganos genitales. El exhibicionismo se vincula directamente con la educación que recibí y el modo en que vivo mi sexualidad. En efecto, si me enseñaron que la sexualidad era bestial, sucia y envilecedora, seguramente intenté reprimirla y, si no lo hice, actúo en función de lo que aprendí. Siento así la necesidad de liberarme de esta coacción que vivo para con la sexualidad. El hecho de darme al exhibicionismo es para mí un modo de rehusar mis propios límites para hacerme aceptar.

Sugerencias y Recomendaciones

Tomo consciencia de que el ser humano ha sido creado con necesidades sexuales. Acepto que la sexualidad es algo bello y sano a través de lo cual puedo desarrollarme. La sexualidad forma parte también de mi evolución en el plano físico.

EXOFTALMÍA

También se llama protopsis, protrusio bulbi u oftalmoptosis, es la propulsión notable del globo ocular de la cavidad orbitaria que lo contiene.

CONFLICTO: conflicto de la presa que aumenta el campo visual para ver venir el peligro y poder huir a tiempo.

"Debo ver el peligro lo más rápidamente posible". Se ve habitualmente en los conflictos de tiroides ya que se trata del conflicto de querer atrapar el pedazo con los ojos, desear darse cuenta de algo.

EXTREMIDAD INFERIOR

Simbólicamente "Función maternal".

Tengo un conflicto no resuelto con mi madre o no hago bien mi función maternal.

EXTREMIDAD SUPERIOR

Simbólicamente: "Función paternal".

Relacionado con lo que se hace en la vida de adulto.

EXTREMIDADES FRÍAS

CONFLICTO: conflicto de territorio, patologías del corazón. "Me falta el calor humano" (ausencia del padre en el hogar).

Manos frías: "No pude acariciar a mi abuela muerta cuando tenía 3 años".

Pies fríos: Una niña ha sido acariciada por su abuela en el extranjero hasta los diez años. A esa edad, vuelve a Francia para estar con su madre. Se siente alejada de su abuela (pies = madre).

Piernas frías: "Falta calor humano en la oficina. Me siento sola".

Sugerencias y Recomendaciones

NUEVO MODELO MENTAL: me amo y me apruebo, no estoy solo en este mundo, la vida entera me apoya.

EYACULACIÓN
imposibilidad de eyacular
Ver impotencia.

EYACULACIÓN PRECOZ

La eyaculación precoz o eyaculación prematura puede estar vinculada a mis primeras experiencias sexuales. Cuando me masturbo, me siento culpable porque lo siento como siendo "malo" o "prohibido". Me doy prisa por lo tanto en alcanzar la eyaculación. El placer de lo prohibido siempre ha tenido una atracción muy fuerte e, incluso de modo inconsciente, intento volverlo a vivir. También puede que me imponga presiones y nerviosidad en mi deseo de resultado óptimo. Quiero probarme a mí y a mi pareja "lo que soy capaz de hacer", con resultados opuestos y frecuentemente inesperados.

Es un trastorno en la fase del orgasmo durante la relación sexual. En algunos animales, se va rápido por miedo a que venga el depredador, en los hombres el depredador es el padre del chico (el padre castra al chico, porqué tiene miedo de que el hijo ocupe su lugar).

Castración del padre.

"Cuando hago el amor estoy en peligro". "No tengo derecho a ser un hombre, a expresarme sexualmente".

Sugerencias y Recomendaciones

Debo relajarme y volver a aprender el placer sexual vinculado a la masturbación en un clima libre de coacciones y culpabilidad. Solo o con mi pareja, vuelvo a descubrir el gozo de la masturbación retrasando cada vez más el momento de la eyaculación. Esto se vuelve un juego en el cual encuentro mucho placer. Así puedo emprender una psicoterapia que me ayudará a disminuir esta culpabilidad que pude vivir en mi infancia y que hará disminuir mi ansiedad en querer ser el mejor desarrollando más confianza en mí.

Ver vesícula seminal.

F

FALTAS DE RESPETO

Las pequeñas faltas de respeto van a afectar a los tendones, y que las grandes afectarán a una estructura superior, los huesos.

Una de las descodificaciones del cáncer de huesos, es la gravísima falta de respeto hacia mí mismo.

En el aparato osteoarticular, un bio-shock, es muy raro, son más bien los pequeños conflictos de cada día, por lo tanto serán estructurantes, no coyunturales.

En todas las enfermedades reumáticas crónicas, en terapia, hay que ir a buscar la estructura de la persona, pero no un acontecimiento único.

FANTASMA

Los fantasmas no son los fallecidos que vienen a aparecerse, sino las lagunas dejadas en nosotros por los secretos de los demás.

Un "no dicho". Una ausencia de representación, una lengua en las palabras, un agujero de nuestros padres sobre la sexualidad y la muerte. Se comportan como huéspedes que una vez introducidos, podrán irrumpir tanto en los trastornos psíquicos como en las somatizaciones. Traumas importantes como muertes por suicidio, muerte de niños o bebés... permanecen vivas en el inconsciente y si no se habla de ellas se transmite al inconsciente bajo la forma de fantasma.

Los trastornos histéricos son palabras que no se logran decir (Freud).

Cuando el fantasma se manifiesta, las personas sienten que el frío se les echa encima y quedan heladas. Como si se hubiera abierto el frigorífico. A veces es el terapeuta que siente ese frío, u otras manifestaciones como dolores de estómago, de cabeza, cosquilleo en las piernas, somnolencia...

Ejemplo: La señora que viene a mi casa a hacer la limpieza de ésta, comentaba que a su nieta le habían diagnosticado una ataxia degenerativa (enfermedad que se caracteriza por provocar la descoordinación en el movimiento de las partes del cuerpo). Le comenté que muy probablemente había un secreto familiar y que podría venir por su madre. La señora a los pocos minutos me dice: "Esto que me ha dicho me ha llegado muy dentro. Hay un secreto que ni yo misma debería saber. Mi hija (la madre de la niña) tuvo un aborto provocado fruto de una relación de adulterio".

FANTASÍAS SEXUALES

Se forman en la edad edípica (entre los 2 y 7 años) con lo que los padres no cuentan de la sexualidad y de la muerte. Es el silencio de los padres sobre estas cuestiones que el niño no puede dar sentido.

Es lo que sobrevive a las preguntas que los padres no saben responder.

Los secretos de las familias son siempre los que engendran los fantasmas.

FARINGE

Una persona con afonía ha perdido la voz, o suena muy apagada.

Este problema se presenta después de un choque afectivo que sacude la sensibilidad de la persona, quien luego se fuerza demasiado para hablar, aun cuando no exprese todo lo que su corazón desearía decir. Este excesivo esfuerzo crea angustia y deja un vacío. Finalmente, los sonidos acaban por extinguirse.

La garganta: la expresión de mi lenguaje verbal y no verbal, mi creatividad.

Cacho que hay que atrapar o escupir. Querer algo que no podemos tener. Coger, tragar, oler, probar, degustar, escupir.

"Quiero bloquear el pedazo en la garganta para que así no me lo quiten". "Quiero atrapar, guardar, el olor de mi madre". "No consigo atrapar el olor de mi madre". "Decir algo que no tengo que decir".

Problemas en la garganta, laringitis, afonía, furia que impide hablar, impulso tremendo a hablar e incapacidad y miedo de hacerlo.

Nudo en la garganta, miedo, desconfianza.

Paso común para la comida, líquidos y aire, los dirige hacia sus respectivos órganos. Nasofaringe (garantiza el paso del aire).

Orofaringe (está en el medio, ayuda al paso del aire y contribuye en la deglución).

Laringofaringe (importante para la deglución).

También están las cuerdas bocales, para el hombre la voz es muy importante, puesto que si sale a cazar y se encuentra en peligro, la voz puede ser su salvación, su supervivencia.

Garganta: canal de expresión y creatividad.

Dolor, irritación: represión del enfado. Sentirse incapaz de expresarse.

Nudo en la garganta: miedo. Desconfianza del proceso de la vida.

Problemas: incapacidad para hacerse valer. Rabia reprimida y tragada. Creatividad sofocada. Negativa a cambiar.

Sugerencias y Recomendaciones

Más que creer que debes apagarte y dejar de hablar, sería sensato que revisaras lo que tu corazón quiere decir realmente y permitirte no hablar más que para decir palabras verdaderas, expresadas con amor. No es necesario que te fuerces a hablar para verte bien o para ser aceptado y querido.

Garganta:

NUEVO MODELO MENTAL: abro mi corazón y canto las alegrías del amor.

Dolor, irritación:

NUEVO MODELO MENTAL: dejo marchar todas mis limitaciones. Soy libre de ser yo.

Nudo en la garganta:

NUEVO MODELO MENTAL: estoy a salvo. Confío en que la vida me apoya. Me expreso libre y gozosamente.

Problemas:

NUEVO MODELO MENTAL: es normal hacer ruido. Me expreso libre y gozosamente. Me es fácil hacerme valer. Expreso mi creatividad. Estoy dispuesta a cambiar.

FARINGITIS

La faringitis es una inflamación de la faringe, conducto que comunica las fosas nasales y la laringe. Sus paredes musculares son responsables del avance del bolo alimenticio desde la boca hacia el esófago. La faringe también tiene una función importante en la fonación y la audición.

Sugerencias y Recomendaciones

Véase problemas de la garganta, agregando ira reprimida. Ver también las explicaciones adicionales sobre las enfermedades inflamatorias.

Ver garganta-faringitis.

FASCIAS

Envuelven músculos, vasos, nervios.

Tienen 3 capas: endomisio (interna), perimisio (media) y epimisio (externa).

Funciones: Barrera contra infección. Conducto para nervios. Aumento de la resistencia. Impide desplazamiento lateral (en músculos).

SENTIDO BIOLÓGICO: fascitis=inflamación Dependiendo del órgano que proteja, habrá un ataque a la integridad diferente.

Sugerencias y Recomendaciones

Ver órgano afectado.

fascitis plantar

Cólera, rabia, rabia reprimida, en relación a la madre o a la función materna.

"No tengo derecho a expresar..."

Sugerencias y Recomendaciones

NUEVO MODELO MENTAL: me amo y me apruebo, no estoy solo, la vida entera me apoya, estoy divinamente protegido y soy digno y capaz de expresarme cuando lo desee.

FATIGA

La definición siguiente se refiere a una persona que se siente cansada muy a menudo o siempre, sin razón aparente, que experimenta una sensación de laxitud, de falta de energía y falta de fuerza muscular.

A esta persona le falta una meta concreta en su vida. Para alimentar el cuerpo emocional, todo ser humano necesita experimentar deseos. Una meta es el deseo de realizar algo concreto en el "hacer" o en el "tener". Nuestro cuerpo emocional o cuerpo de deseos está contento cuando tenemos al menos una meta a corto plazo, una a mediano plazo y otra a largo plazo. En lugar de actuar para realizar tus metas, la persona fatigada está demasiado agarrada de sus pensamientos llenos de preocupaciones, temores, que la bloquean y consumen su energía.

Sugerencias y Recomendaciones

Si padeces este problema, es muy posible que creas que no mereces algunas cosas o tal vez te tomes la vida extremadamente en serio. Tu actividad mental ocupa demasiado lugar en comparación con tu actividad física. Comienza por apreciar todo lo que tienes en tu vida presente y dedica un tiempo a sentir lo que te resulte agradable en el momento. Después, haz una lista de lo que te gustaría hacer y elabora un plan concreto para realizarlo.

No es importante cuánto tiempo te lleve; lo que importa es que alimentes a tu cuerpo de deseos, sabiendo que esto te dará la alegría de vivir. Puede ser normal experimentar una gran fatiga después de la resolución de un conflicto importante. También puede ser el principio de un estado de agotamiento. Te sugiero que consultes este último término. Ver agotamiento.

FEMENINO

Principio femenino.

Que yo sea hombre o mujer, el cerebro derecho y el lado izquierdo del cuerpo representan el principio femenino (el yin), sede de la creatividad, dones artísticos, compasión, receptividad, emociones e intuición, y se refiere a mi naturaleza interior. Se manifiesta también por la ternura, la sensibilidad, la dulzura, la armonía, la belleza, la pureza. Me vincula a mi naturaleza femenina y a la de los demás. Las principales dificultades sentidas se vinculan a la expresión de los sentimientos. ¿Me siento bien cuando animo a alguien? ¿Soy capaz de decir "te quiero", "tengo pena"? No me siento a mis anchas cuando soy el o la que recibe, en particular cuando se trata de amor. Lo quiera o no, el principio femenino forma parte de mí. La actitud que desarrollé frente a mi naturaleza femenina tiene un nexo directo con las relaciones que entretuve con las mujeres de mi vida: madre, hija, amiga, esposa, etc. El modo en que voy a expresar mi feminidad (sea la facilidad o la dificultad) dependerá en gran parte del modelo de los padres y de mi identificación con uno u otro de los padres.

Ver masculino-principio.

FÉMUR

Cabeza del fémur:

CONFLICTO: del toro: Conflicto de oposición sexual. Avance y retroceso. "Me he curado demasiado rápido". "Es demasiado bonito para ser verdad".

Desvalorización en el cara a cara sexual: "Si retrocedo ante un toro joven, más vale que me descalcifique".

En solución: Cuatro semanas dolorosas de recalcificación. Quedará una cicatriz en fase de curación que es como la preparación para un eventual nuevo combate. La fractura se da en solución: ya que el periostio, que sirve de vendaje al hueso, se vuelve blando a causa del edema y ya no sostiene el hueso. La cabeza del fémur puede romperse también en fase activa si el conflicto dura mucho tiempo sin solución.

Metafórico: Castración, mujer castrante.

Cuello:

Ceder contra tu voluntad, frente a alguien más fuerte. Desvalorización por no poder soportar una situación o llevar a cabo algo.

FÉMUR Y CADERA:

Cuatro conflictos importantes

a) De oposición

b) De Vesícula biliar, energético

c) De Incesto simbólico

d) Patología de secreto (Familiar)

1.- Conflicto de oposición:

Dos personas se oponen, y para poder aguantarse en el suelo, adoptamos la postura del guerrero. Real: "Me opongo a alguien" Simbólica: "No tengo las mismas ideas políticas".

Hay que buscar el conflicto arcaico, "Mantenerse en su posición" La oposición activa, sería; "Estoy aquí y lucho". La oposición pasiva, sería; "No quiero ir allí, pero no puedo oponerme y no puedo hacer otra cosa"..."No puedo luchar".

2.- Vesícula biliar, energético:

Cólera, Ira reprimida, rencor e injusticia, en un contexto de oposición.

3.- Incesto simbólico:

Sexualidad real: la historia real del individuo, sexual transgeneracional. Sexualidad simbólica: el sexual, es como si fuese mi hermana, mi padre, mi madre, etcétera.

4.- El Secreto (Familiar):

Algo que no se ha dicho, que nunca se ha contado… "Secreto familiar".

Sugerencias y Recomendaciones

Dependiendo de la parte afectada deberá tratar y solucionar los conflictos mencionados.

FEOCROMOCITOMA

Término médico usado para un tumor de la médula suprarrenal de la glándula adrenal. Específicamente se originan de las células cromatinas y producen una secreción aumentada y no regulada de catecolaminas. Puede presentarse con un solo tumor o múltiples tumores. Las manifestaciones clínicas son producto de la secreción excesiva de catecolaminas, en particular hipertensión arterial. A este tumor se le llama también paraganglioma adrenal.

Fuerte estrés insoportable, insufrible.

Sugerencias y Recomendaciones

Me ayudaría aprender a aceptar las cosas tal y como son, ser consciente de mis limitaciones, confiar más en la gente que me rodea, aprender a delegar.

Las cosas tienen la importancia que nosotros les damos, no sobrevalores los problemas sin importancia real, y dale más importancia a las cosas buenas de tu vida. Solamente cambiando el foco se reducirá en mucho el estrés.

FIBRILACIÓN VENTRICULAR
Ver corazón-arrítmia cardíaca.

FIBROMA

Un fibroma es un tumor benigno, constituido exclusivamente de tejidos fibrosos, que se desarrolla muy frecuentemente en la región del útero. No es doloroso, pero puede crear una sensación de peso en la pelvis y trastornos urinarios. Este tumor puede ser pequeño y no evolucionar o crecer hasta pesar algunos kilogramos. Una mujer puede tener uno durante muchos años sin saberlo.

El fibroma crea una masa que se puede considerar como un bebé psicológico. Como toda excrecencia o fabricación de tejidos no necesarios en el cuerpo tiene una relación directa con el hecho de "rumiar" demasiado tiempo una pena, el fibroma es la indicación de que esta mujer mantiene un pesar, inconsciente la mayor parte del tiempo, quizás por haber perdido un hijo. Puede experimentar esa pérdida después de un aborto, un parto falso o incluso después de dar en adopción a su hijo o ingresarlo en un lugar especializado para discapacitados. También es posible que sea una mujer que no se concede el derecho de negarse a tener hijos. Puede que quiera tener uno, pero no desea comprometerse con un hombre, y entonces crea un bebé psicológico.

Con gran frecuencia, los fibromas aparecen en el útero, sede de la maternidad, de mi feminidad y de mi sexualidad, por lo tanto de todo lo que se refiere a mi hogar, mi familia y con relación a los cuales puedo haber vivido un golpe emocional (herida o abusos pasados). ¿Quizás me haya sentido herida por mi pareja y no supe expresarme para restablecer la armonía? ¿Me habitan sentimientos de culpabilidad, vergüenza o confusión interior reprimidos desde hace mucho tiempo y formaron esta masa de tejidos blandos? Esta última puede proceder de un golpe emocional ligado a mis primeras experiencias sexuales o a un paro de embarazo que me hubiese perturbado. Soy consciente de que los tejidos blandos representan los patrones mentales inconscientes. Hay pues acumulación de estos esquemas de pensamiento mentales y actitudes negativas que ahora han cogido una forma sólida.

Fibromas, quistes. Resentimiento, rencor contra la pareja afectiva. Sentimiento de "me han lastimado y herido injustamente".

CAUSA PROBABLE: cultivo del rencor que se siente contra el novio o marido. Golpe para el yo femenino.

Ritmos sexuales. Pérdida del feto = La casa.

Sugerencias y Recomendaciones

De acuerdo con lo mencionado en el párrafo anterior, es importante que tomes conciencia de que tu fibroma te dice que te deshagas de tu pena por el hijo que ya no está. No sigas creyendo que conservar tu dolor te convierte en una mejor persona. No temas ser considerada una persona sin corazón. Si no has tenido hijos, debes darte el derecho de haberlo elegido así. No tienes por qué creer que una verdadera mujer es aquella que ha experimentado la maternidad. Esta creencia ya no es válida en la era de Acuario. Todas las mujeres deben vivir al menos una vida sin tener hijos, para ser capaces de amarse a sí mismas, aunque no sean madres. Si deseas un hijo pero les tienes miedo a los hombres, sería prudente que solucionaras ese temor antes

de pensar en otra cosa. La primera etapa, por ahora, es concederte el derecho de tener ese miedo.

Es tiempo para mí de comunicar con mi cónyuge o con cualquier otro miembro de mi familia y expresar lo que siento. En cuanto a la vergüenza, culpabilidad y confusión, acepto el haber actuado como mejor sabía y según mi evolución de ese momento. Me perdono y me libero de esta carga. Me siento mucho más ligera y cada día que pasa me hace comprender que me acepto y que soy cada vez más feliz como mujer.

NUEVO MODELO MENTAL: libero la pauta que me ha atraído esta experiencia. Sólo creo el bien en mi vida.

Ver útero.

fibroma
fibroma uterino

Un fibroma es un tumor benigno, constituido exclusivamente de tejidos fibrosos, que se desarrolla muy frecuentemente en la región del útero. No es doloroso, pero puede crear una sensación de peso en la pelvis y trastornos urinarios. Este tumor puede ser pequeño y no evolucionar o crecer hasta pesar algunos kilogramos. Una mujer puede tener uno durante muchos años sin saberlo.

El fibroma crea una masa que se puede considerar como un bebé psicológico. Como toda excrecencia o fabricación de tejidos no necesarios en el cuerpo tiene una relación directa con el hecho de rumiar demasiado tiempo una pena, el fibroma es la indicación de que esta mujer mantiene un pesar, inconsciente la mayor parte del tiempo, quizás por haber perdido a un hijo. Puede experimentar esta pérdida después de un aborto, un parto falso o incluso después de dar en adopción a su hijo o ingresarlo en un lugar especializado para discapacitados.

También es posible que sea una mujer que no se concede el derecho de negarse a tener hijos. Puede que quiera tener uno, pero no desea comprometerse con un hombre, y entonces crea un bebé psicológico.

Sugerencias y Recomendaciones

De acuerdo con lo mencionado en el párrafo anterior, es importante que tomes conciencia de que tu fibroma te dice que te deshagas de tu pena por el hijo que ya no está. No sigas creyendo que conservar tu dolor te convierte en una mejor persona. No temas ser considerada una persona sin corazón.

Si no has tenido hijos, debes darte el derecho de haberlo elegido así. No tienes por qué creer que una verdadera mujer es aquélla que ha experimentado la maternidad. Esta creencia ya no es válida en la era de Acuario. Todas las mujeres deben vivir al menos una vida sin tener hijos, para ser capaces de amarse a sí mismas, aunque no sean madres. Si deseas un hijo pero tienes miedo a los hombres, sería prudente que solucionaras ese temor antes de pensar en otra cosa. La primera etapa, por ahora, es concederte el derecho de tener ese miedo.

FIBROMATOSIS
Ver músculos-fibromatosis.

FIBROMIALGIA

Los enfermos de fibromiálgia sienten que la gente no les cree porque el dolor no se ve. Es un sufrimiento interior, es la enfermedad de las fibras familiares

Fibras- = vínculos/agarres familiares.

-mio = músculo, la impotencia, "tengo que someterme a la situación".

-algia = dolor, dolor psíquico que va a materializarse en dolor físico.

La doble obligación, es un concepto que fue descubierto en Palo Alto. Son personas que están siempre bloqueadas en las historias familiares. "Me encuentro en un doble compromiso familiar". "Fidelidad a la familia y esta me molesta". "Voy hacia la persona que quiero pero al mismo tiempo es mi verdugo". "Me voy hacia mí mismo y no me doy derecho".

Otra descodificación: los 4 CONFLICTOS:

1.- El conflicto central es el de Dirección. El Órgano al que afecta, suprarrenales.

2.- Desvalorización. Estadio de sobreresponsabilidad. Me desvalorizo con respecto a la familia (sobretodo). Y con lo que hago o dejo de hacer.

3.- Contacto impuesto. Tener que asumir, hacer o estar con una persona o situación determinada de modo más o menos impuesto.

4.- Miedo a la muerte. No a la muerte física, sino a mi identidad. También, sentirse con falta de pertenecer a la familia, o que la familia no haga lo que tú quieres. Son personas excesivamente serviciales y responsables

RESENTIR:

1. "La dirección que estoy tomando en mi vida no me satisface… cuando alguien se pierde lo mejor es quedarse quieto…" Las ataduras familiares son la clave.

2. "La dirección que estoy tomando en mi vida no me satisface".

3. "Tengo la obligación de estar con… o hacer… y yo no quiero".

4. "Es mi responsabilidad, debo ocuparme yo, si no lo hago yo nadie lo hará".

Sugerencias y Recomendaciones

La clave de la sanación está, en que estas personas lo hagan todo en plena consciencia, pero no al mismo tiempo.

Al tiempo, hay que darse actos de placer a uno mismo… y empezar por disminuir ataduras familiares, las fibras familiares, las obligaciones familiares de responsabilidad.

Es importante no solamente cambiar la emoción, sino encontrar nuevos valores.

FIBROSARCOMA

Una patología de seno es sinónimo de problemáticas en el Nido, dominadas por sentimientos de preocupación general en el nido, haciendo intervenir todos los habitantes de éste y en la gran mayoría de los casos es el hijo o el marido. No hay que olvidar que los habitantes pueden ser reales o simbólicos. Un hijo simbólico puede ser un negocio, o una hermana, o la madre, una mascota, o el propio marido. También el Nido puede ser real o simbólico. Un nido simbólico puede ser el calor familiar, las fiestas.

Deshonra con despojo.

Por la localización del tumor:

Lado izquierdo: "No me apoyan para cuidar a mi hijo". "No me apoya mi pareja".

-Normalmente en la parte superior derecha: orientada hacia los demás.

-Parte inferior: "Yo necesito a mi madre " (izq.); "Yo necesito a mi marido" (derech.)

-Parte interior: necesito ocuparme de mí;

-En el centro (pezón): conflicto contra ella misma

Sugerencias y Recomendaciones

Busca el significado exacto por su localización, y trabaja en solucionar el conflicto que te provoca esos sentimientos.

FIBROSIS
Ver esclerosis.

fibrosis
quística

La fibrosis es un proceso que genera el endurecimiento de las fibras del tejido conjuntivo, alterado por una situación patológica.

La persona afectada por esta enfermedad se ha endurecido consigo misma, con los demás y, sobre todo, con la vida. Es más bien derrotista. Esta afección se manifiesta a menudo en quien asume una actitud de víctima, es decir, que utiliza su enfermedad para llamar la atención y se permite volverse dependiente de los demás.

Esta afección suele estar relacionada con períodos muy molestos y tensiones.

Convicción de que la vida no va a ir bien, sentimiento de víctima.

Firme convicción de que la vida no te funcionará. «Pobre de mí.»

Sugerencias y Recomendaciones

Si estás enfermo de fibrosis quística, recibes el importante mensaje de que ha llegado el momento de hacerte responsable de tu vida y de reconocer el gran poder que tienes para hacerlo en lugar de creer que no puedes lograrlo sin los demás. Esta actitud es totalmente contraria a tu plan de vida porque esta enfermedad puede dejarte inválido, te imposibilita para pasar a la acción. Tu alma grita: "¡Auxilio, quiero vivir!".

CROMOTERAPIA: color curativo naranja.

TRATAMIENTO: trataremos los principales órganos de la zona del estómago y del colon, especialmente el colon sigmoides, el ascendente y el descendente, ovarios, la vejiga, los riñones, el bazo, el hígado, las suprarrenales, el timo y el sistema nervioso.

NUEVO MODELO MENTAL: la vida me ama y yo amo la vida. Elijo aceptar la vida en plenitud y en libertad.

Ver músculos-fibrosis quística.

fibrosis submucosa bucal

La fibrosis submucosa bucal es una rara alteración de la mucosa de la boca que se halla caracterizada por una atrofia epitelial acompañada de una dureza o rigidez de la submucosa y de una decoloración peculiar.

La FSB (fibrosis submuscosa bucal) es una enfermedad de comienzo insidioso y de evolución crónica, cuyo origen y desarrollo aún se mantienen oscuros; la mayor incidencia en las mujeres la relacionan con un trastorno endocrino; los hábitos alimentarios de la mayoría de los que la padecen sugieren una reacción ante tipos agresivos de alimentos. Algunos estudios la relacionan con procesos autoinmunes.

Características clínicas:

La FSB afecta a ambos sexos, pero es mucho más frecuente en las mujeres. Es más común entre los 40 y 60 años. El padecimiento fue descrito, inicialmente, entre los habitantes de la India y otros pueblos asiáticos, donde tiene una gran prevalencia. La enfermedad suele comenzar por un brote de vesículas y con posterioridad, como un signo fundamental, se encuentra un blanqueamiento de la mucosa. La característica de la enfermedad es una alteración fibroelástica de la submucosa que causa una rigidez acentuada. A nivel de la faringe, las bandas fibrosas reducen su abertura y se presenta trismo; en la mucosa bucal, estas bandas se sitúan en dirección vertical y junto con el daño a los pilares y al espacio retromolar provocan el trismo; la lengua puede estar tomada por completo y, en etapas avanzadas, hay pérdidas de todas las papilas; los labios se hallan afectados con frecuencia, se puede percibir una banda fibrosa alrededor de todo el perímetro bucal. La atrofia del epitelio, consecutiva a la fibrosis del tejido conjuntivo y a la disminución de los vasos sanguíneos, parece favorecer la carcinogénesis, mediada por la alta ocurrencia de lesiones leucoplásicas, muchas de las cuales sufren transformación maligna. Pindborg relata 40 casos de FSB en 100 pacientes con carcinoma bucal.

Estrato profundo de epitelio intestinal

No poder atrapar la presa.

Frecuente en enfermos graves cuando ya no logran alimentarse correctamente.

Sugerencias y Recomendaciones

NUEVO MODELO MENTAL: me amo y me apruebo, no estoy solo, la vida entera me apoya y me sostiene. Soy libre y capaz de cualquier cosa que me proponga, decido vivir sin culpa. Tomo alimentos que me nutren con amor. Doy y recibo amor por donde quiera que vaya. Fluyo con facilidad por la vida y acepto con alegría cuantas situaciones se plantean. Confío en la vida. Todo es perfecto en mi mundo.

FIEBRE

Una temperatura de 38 grados se considera signo de una situación enfermiza.

La fiebre indica un enojo acumulado. Mientras la persona tiene frío, conserva este sentimiento. Cuando siente calor, es una indicación de la resolución momentánea del conflicto. Por ejemplo, un niño en edad escolar se sintió rechazado por su madre después de un incidente. Al día siguiente se despierta con una fiebre alta. Tiene frío, se estremece. Su madre lo mantiene en casa y lo cuida. El conflicto se soluciona porque el niño recibe la atención que reclama. Entonces comienza a tener calor. Este es un signo de que el cuerpo está en vías de reponerse. También es posible que se trate de una persona muy apasionada o que siente ira porque algo no sigue el curso que ella desea.

Cuando la temperatura de mi cuerpo se eleva a más de 37°C, tengo fiebre. La fiebre es sintomática de emociones que me queman. Estas emociones se transforman en ira contra mí y los demás, o contra un suceso. Invade mi cuerpo entero. ¿Por qué necesito yo ir hasta este extremo? ¿Es mi modo de compensar para hacer reposo y recibir más amor y atención? ¿Necesito este tiempo de paro para ajustarme a una realidad que cambia muy rápidamente? Generalmente, se trata de una emoción "quemadora" que surge o bien de la vida que se vuelve de trato "demasiado caliente" para tratar ("enfrentar") y que toma la forma de una ira intensa, de una indignación, de una decepción, de inquietudes. Si soy un niño, la fiebre repentina puede relacionarse con conflictos interiores, rabia, o una herida reprimida. Yo, como niño, no tengo la capacidad de comprender mentalmente mis emociones, las expreso por mi cuerpo.

Un niño pequeño que tiene fiebre todas las semanas, su madre va a trabajar. Busca el calor de mamá. Los sofocos de las mujeres en la menopausia, encuentran a faltar el calor del macho.

Cólera abrasadora. Congestión emocional. Miedo al calendario. Sensación de ser perseguido. Culpa.

Sugerencias y Recomendaciones

La solución temporal de la causa del conflicto no es suficiente. Si experimentas este malestar frecuentemente, te sugiero que observes la causa profunda de tu enojo. Date cuenta de que todo lo que te sucede proviene de tu forma de reaccionar ante los acontecimientos, reacción que está influenciada por lo que has vivido o has aprendido hasta ahora. Si sientes enojo con una persona, te sugiero que compruebes si está justificado. Date cuenta de que siempre es tu percepción de la actitud del otro lo que produce tu enojo. Después pide perdón a esa persona. De otro modo, cada vez que alguien tenga esa misma actitud contigo, revivirás el mismo sentimiento. Si estás obsesionado por algo y ello te excita hasta el punto de ir más allá de tus límites, observa el temor que te hace vivir ese estado. Cuanto mayor sea la fiebre, más importante es el mensaje. Es una indicación de la urgencia de resolver ese problema de una vez por todas.

Sea lo que sea, debo identificar la causa de esta fiebre y encuentro una acumulación de irritación y de ira, que brota a menudo cuando "rumio" las desgracias pasadas. Tomo consciencia de mis necesidades y acepto aprender a comunicar para expresar lo que siento. De ahora en adelante, ya no acumulo: sé que la solución es el diálogo.

Se puede vencer la fiebre corrigiendo su forma de respirar. Nunca lo haga por la boca, sino por la nariz. No debe mantener el aire el en tórax, debe ser más profundamente, en la parte baja del abdomen. Sienta cómo se hincha el abdomen al recibir el aire.

NUEVO MODELO MENTAL: soy la expresión tranquila y serena de la paz y el amor.

Fiebre del Heno:

NUEVO MODELO MENTAL: soy uno con la totalidad de la Vida. Estoy a salvo en todo momento.

CROMOTERAPIA: color curativo azul añil.

TRATAMIENTO: necesitamos tratar todas las áreas de los tejidos membranosos. Iniciamos con la zona correspondiente a los senos nasales en el dedo pulgar. Continuamos con las áreas que se relacionan con los ojos y los oídos. Presione también las zonas de los bronquios y el tórax.

fiebre
botones de fiebre

La aparición de granos de fiebre está en relación directa con mi toma de consciencia. No hago muchas preguntas frente a mí mismo y a mi vida en general. Estoy en conflicto entre mi identidad propia y mis relaciones con los demás. El único modo que encontró mi cuerpo para exteriorizar mi conflicto emocional y liberarme de él, son estos granos acompañados de fiebre.

Sugerencias y Recomendaciones

¿Qué es lo que me impide ser yo? ¡Mi temor al rechazo! Cuando esto sucede, debo hallar la razón por la cual no estoy en armonía conmigo mismo. Tomo consciencia de mi necesidad de ser yo mismo en cualquier circunstancia. Acepto también expresarme, porque mi entorno no puede adivinar lo que me preocupa. Al aceptar a los demás tal y como son, me atraigo la comprensión. Volviendo a ser yo mismo, la armonía recobra su lugar en mi vida.

Ver herpes.

fiebre
fiebre del heno
Ver alergia-fiebre del heno

FIESTAMANÍA

(La cripta).

Los padres, después de una muerte en la familia (normalmente en un hijo, pero suele suceder en los más cercanos) tienen la necesidad compulsiva de hacer el acto sexual. Es la biología en acción, debemos reemplazar al elemento perdido.

La cripta vendría a ser la negación de la realidad, de la realidad de la satisfacción sexual obtenida a la muerte de un ser amado.

Lo que en una generación se conforma como cripta, se convierte en un fantasma por medio de las transmisiones inconscientes a las generaciones siguientes.

FILETES OLFATORIOS

Perdida de facultad olfativa: no querer oler. "Esto apesta". "¡Como puede oler tan mal esto!"

Sugerencias y Recomendaciones

Aprendo a aceptar las cosas, que son como son, ni buenas ni malas. El resto son etiquetas que ponemos nosotros según nuestras creencias. Cuando cambie tu manera de percibir y realmente te guste y ames lo que percibes volverás a oler mejor que nunca.

FISIOLOGÍA DEL CALCIO

El $Ca++$ representa el 2% del peso del cuerpo. El 99% del calcio se encuentra en los huesos. Necesitamos un aporte regular diario de 800 mg/día que encontramos en la alimentación, huevos, agua, lácteos.

En fisiología siempre tenemos aporte y eliminación. El aporte se hace por la alimentación, la eliminación tiene dos vías: por vía renal o intestino delgado. Si hay demasiado Ca++ en la sangre se va hacia el intestino delgado o hacia el riñón.

La tasa de Ca++ en sangre o calcemia es de 2,3-2,7 /l y es de importancia capital para la función muscular. Si estamos por encima o por debajo de estos niveles puede haber un paro cardíaco. El Ca++ es de una importancia capital para la conducción y la contracción muscular, vemos que hay muy poca diferencia entre 2.3 y 2.7, la regulación se hace a cada instante. Hay receptores por todas partes y a la mínima variación se pone en marcha el mecanismo de compensación.

Hay dos posibilidades:

- Hay poco calcio, es decir, hipocalcemia;

- Hay demasiado calcio, hipercalcemia.

Tiroides

Cuando hay hipocalcemia, la hormona segregada por la paratiroides, la paratohormona, pide a los osteoclastos que destruyan hueso, desmineralizar el hueso para obtener calcio y aumentar la calcemia.

Cuando hay hipercalcemia, por exceso de lácteos o huevos, la calcitonina, segregada por la tiroides, hace lo contrario, estimula la actividad de los osteoblastos para fijar el calcio a los huesos y que disminuya la concentración en sangre.

La vitamina D ayuda a absorber el calcio a nivel intestinal. Cuando hay hipercalcemia una parte es eliminada por los riñones o el intestino delgado.

FÍSTULA

Es un canal anormal entre dos órganos o dos cavidades naturales del organismo y por el cual corre un líquido, ya sea de un órgano a otro, o hacia el exterior del cuerpo.

La fístula se produce cuando la persona mezcla demasiado las cosas. Se deja influenciar fácilmente y le cuesta trabajo separar los hechos. Esto la confunde, la vuelve agresiva e incluso la deprime. Es importante verificar la parte del cuerpo afectada para saber en qué área predomina esta actitud.

La fístula es la formación de un canal que conecta directamente y anormalmente dos vísceras (fístula interna) o una víscera con la piel (fístula externa). Para que se forme tal canal, debe haber un bloqueo importante a este nivel que perdura desde hace cierto tiempo. Inconscientemente, estaba tan ansioso, me retuve y bloqueé la vía de evacuación normal. ¿Qué es lo que se esconde detrás de mí ansiedad? Tengo miedo de estar rechazado o abandonado, de estar ridiculizado o de engañarme. Tengo reticencias a soltarme.

Sugerencias y Recomendaciones

Si sufres esta enfermedad, recibes el mensaje de cerrarte a la influencia de algunas personas que te rodean, a fin de que te des cuenta de las cosas por ti mismo. Esto no quiere decir necesariamente que dichas personas quieran perjudicarte. Muy al contrario, con toda seguridad tienen excelentes motivos, pero por el momento lo mejor para ti es que tomes tus propias decisiones. Comienza a utilizar tu discernimiento y confía en lo que quieres y en lo que sientes. Crea tus propias experiencias.

Tomo consciencia que, detrás de cualquier emoción, hay orgullo y cuanto más orgullo haya, más es grande mi miedo. Necesito volver a centrarme en el tiempo presente y a estar a la escucha de mi intuición. La vida es una escuela en la cual aprendo. Si bloqueo mi aprendizaje, también bloqueo mi evolución.

Ver ano-fístulas anales.

fístulas anales

Es un canal anormal entre dos órganos o dos cavidades naturales del organismo y por el cual corre un líquido, ya sea de un órgano a otro, o hacia el exterior del cuerpo.

La fístula se produce cuando la persona mezcla demasiado las cosas. Se deja influenciar fácilmente y le cuesta trabajo separar los hechos. Esto la confunde, la vuelve agresiva e incluso la deprime. Es importante verificar la parte del cuerpo afectada para saber en qué área predomina esta actitud.

Conservar viejos residuos del pasado (formas, pensamientos, emociones, deseos) sin conseguirlo. Mantener sentimientos de venganza en relación a algo o alguien.

"No saber dónde poner el culo". "Me siento desubicado".

Liberación incompleta de desechos. Aferrarse a las basuras del pasado. Miedo. Bloqueo en el proceso de liberación.

Sugerencias y Recomendaciones

Si sufres esta enfermedad, recibes el mensaje de cerrarte a la influencia de algunas personas que te rodean, a fin de que te des cuenta de las cosas por ti mismo. Esto no quiere decir necesariamente que dichas personas quieran perjudicarte. Muy al contrario, con toda seguridad tienen excelentes motivos, pero por el momento lo mejor para ti es que tomes tus propias decisiones. Comienza a utilizar tu discernimiento y confía en lo que quieres y en lo que sientes. Crea tus propias experiencias.

NUEVO MODELO MENTAL: estoy a salvo. Confío absolutamente en el proceso de la vida. La vida me apoya. Con amor me libero totalmente del pasado. Soy libre. Soy amor.

FISURA

Una fisura es una pequeña hendidura en la piel. Además de la definición siguiente, consulta el lugar del cuerpo afectado. Por ejemplo, si se trata de una fisura en el ano, ver problemas en el ano.

Se produce una fisura cuando la persona se siente "partida" en dos, dividida. Es posible que se sienta atrapada entre dos personas o dos situaciones. Vive en la incertidumbre ante una decisión que debe tomar. Cuanto más le duela la herida, más le dolerá la situación, pudiendo llegar a convertirse en ira.

Sugerencias y Recomendaciones

En lugar de sentirte dividido por esa situación, es importante que averigües lo que quieres realmente y que actúes en consecuencia. Es posible que eso no convenga a todos, pero es preferible que aprendas a vivir tu propia vida en lugar de querer siempre lo que crees que los demás quieren para ti.

fisuras anales
Ver ano-fisuras anales.

FLATULENCIAS

La flatulencia es una producción exagerada de gases en el estómago y en el intestino.

Como los gases provienen de una deglución anormal de aire cuando la persona se alimenta o habla, suelen indicar la existencia de un miedo a una pérdida que causa inquietud. Esta se acumula hasta que llega el momento en que no encuentra más espacio y tiene que salir.

Sugerencias y Recomendaciones

Tus gases son una indicación de que te preocupas demasiado. Tu miedo a una pérdida no está justificado. Toma conciencia de todo lo que ya tienes en lugar de pensar en lo que podría faltarte. Relájate, no sigas tratando de retener tus posesiones.

Ver gases.

FLEBITIS

La flebitis es la inflamación de la pared de una vena, tipología concreta de trombosis. Algunos de los síntomas de la flebitis son que la zona se encuentre roja, caliente y con dolor. Son las venas las que remontan las cosas sucias.

Desvalorización estética de la piel visible. Querer eliminar lo inútil (función de los vasos capilares).

"Es duro aguantar a mi marido, nunca está contento, todo lo ve negro: siempre tengo que estar animándole".

Rabia y frustración. Culpar a otros de la limitación y la falta de alegría de la vida.

Sugerencias y Recomendaciones

NUEVO MODELO MENTAL: la alegría fluye libremente por mi interior. Estoy en paz con la vida.

Ver sangre-flebitis.

FOBIA
Ver neurosis

FORÚNCULOS

Un forúnculo es una unflamación de la piel causada por la infección de un folículo piloso y el tejido subcutáneo circundante. La unión de varios folículos se llama ántrax (no confundir con el carbunco).

Cólera Bullente. Rabia que hierve. Furia.

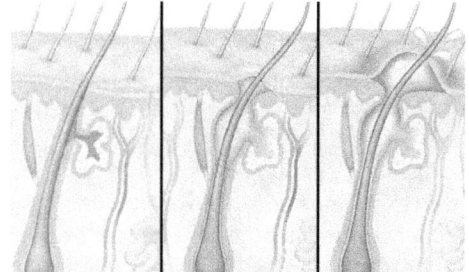

Sugerencias y Recomendaciones

NUEVO MODELO MENTAL: expreso amor y júbilo, y estoy en paz.

FRACTURAS DE HUESO

Acumulación de las pequeñas faltas de respeto diarias hacia mí mismo. Estructurales.

Rebelión contra la autoridad.

Sugerencias y Recomendaciones

NUEVO MODELO MENTAL: yo soy mi propia autoridad en mi mundo, porque soy la única persona que piensa en mi mente.

Ver hueso-fractura.

FRENTE

La frente está situada al nivel del cerebro y, ya que forma parte de mi cabeza, representa mi individualidad y el modo en que me enfrento a mi vida y acontecimientos, racionalmente más que emotivamente. Puedo decir que la forma de mi frente y sus características particulares me indican el modo en que me enfrento con mis responsabilidades. Mi apertura mental está revelada por el ancho de mi frente: más estrecha es ésta, más rígido soy y más siento miedo o culpabilidad frente a mis propias ideas y mis propias opiniones que son diferentes de las de los demás y que me cuesta asumir plenamente, sabiendo que corro el riesgo de molestar a mi entorno.

Sugerencias y Recomendaciones

Mi integridad personal es muy importante y es primordial que me respete en lo que soy, quedando abierto a las opiniones de los demás, y sabiendo que tengo el derecho de tener una opinión diferente.

FRIEDREICH

La enfermedad de Fiedreich es una afección familiar que se manifiesta primero por la falta de estabilidad, estando en pie, en alguien cuya salud aparentemente es buena. A continuación se presenta torpeza y temblor en las manos, luego en los brazos; además, el habla se vuelve acompasada, es decir, la persona pronuncia las palabras separando las sílabas. Estos signos revelan una alteración cerebral.

Esta enfermedad transmite como mensaje que la persona afectada se deja influenciar mucho por la familia. Es una dependiente afectiva que prefiere no hacer nada antes que disgustar a los que quiere.

Sugerencias y Recomendaciones

Si padeces esta enfermedad, en lugar de sentirte completamente impotente ante las expectativas de tus padres (en general, la madre) o de tu familia y dejarte morir a fuego lento, tu cuerpo te dice que tomes la decisión de ser tú mismo. Es posible que las expectativas de tu madre sean anteriores a tu nacimiento. Debes concederle el derecho de haberlas tenido. Generalmente, los padres que tienen grandes expectativas son aquellos que quisieran que sus hijos lograran lo que ellos mismos no pudieron alcanzar en su vida.

Te sugiero que tengas más compasión hacia tu madre y hacia el resto de tu familia, y no les guardes rencor. Decide lo que realmente quieres y atrévete a pasar a la acción. Acepta la idea de que tus elecciones pueden decepcionar a tu madre, pero déjale a ella esa responsabilidad. Realizar sus sueños depende sólo de ella, como depende de ti realizar los tuyos.

Ver ataxia de Friedreich.

FRIGIDEZ

Es la ausencia de placer en la mujer durante las relaciones sexuales.

La mujer que sufre frigidez es aquella que, desde la niñez, decide evitar el placer, sea del tipo que sea. En general, es una persona de carácter rígido que busca evitar todo sentimiento. Tiene un miedo inconsciente a ser cálida. Por otro lado, esta persona tiene gran necesidad de vivir una vida sexual normal, quizás todavía más que la mayoría de las mujeres. El gran control que ejerce sobre sí misma en el aspecto sexual la llevará a perder el control en otro ámbito.

La frigidez consiste en una insatisfacción sexual en la mujer durante las relaciones sexuales. Generalmente, hay un traumatismo profundo o un conflicto interior. El miedo está en el centro de este estado: miedo de mis impulsos sexuales y del placer que podrían hacerme parecer "indecente", miedo de abandonarme y de perder el control. Tengo miedo de "perder algo" "sometiéndome a la sexualidad. En realidad, se trata del miedo a afrontar lo que escondo en el interior mío. Cuando está presente este miedo, frecuentemente creo que soy fea y sin valor. Tengo vergüenza y me culpabilizo profundamente. Esto frecuentemente resulta de un abuso sexual vivido en la infancia, o del acondicionamiento de los padres diciendo que "el sexo es malo" o de la creencia que "amor y sexo no van juntos". Estas percepciones estando escondidas en el inconsciente, deseo retirarme de toda participación, rechazar la sexualidad sin saber por qué de un modo consciente. La educación que recibí tiene un gran impacto sobre mi frigidez. ¿Estaba considerada la sexualidad envilecedora y representativa de los instintos más bajos del ser humano? ¿Oí hablar de resignación y sumisión frente a las relaciones sexuales, con el sobreentendido de que no había ningún placer? ¿Abusaron de mí sexualmente en mi infancia? Si es así, rechazo inconscientemente mi sexualidad y siento dificultad en dejarme tocar sin sentir miedo y asco.

Miedo. Negación del placer. Creer que la sexualidad es mala. Parejas sexuales insensibles. Temor al padre.

Sugerencias y Recomendaciones

Si padeces frigidez, es probable que creas que el placer es sinónimo de pecado, de mal y de incorrecto. Estas creencias deben ser muy fuertes para que hayas logrado controlarte de este modo. Sin embargo, es importante que te des cuenta de que cada ser humano tiene sus límites y que, cuando alcances los tuyos, perderás el control. Si no es en el sexo, ocurrirá en otra cosa: el alcohol, la comida, las lágrimas, las crisis incontroladas, el cuerpo que tiembla, etc. El hecho de no experimentar placer sexual te castiga mucho más que a tu compañero. Date permiso de ser la persona cálida que tu corazón desea. Eres como una bomba a punto de explotar. Concédete el derecho de sentir placer, será un renacimiento para ti, una nueva vida.

Tomo consciencia de que no hay nada indecente en la sexualidad. Al contrario, cuando está expresada entre parejas consintientes que viven una relación de aceptación y de profundo amor, es bella y sana. Acepto abrirme a mi pareja, expresarle mis miedos, mis temores. Acepto decirle mis necesidades. Comprendo que la sexualidad forma parte de mi dimensión física y que es una fuente de desarrollo para mi evolución.

NUEVO MODELO MENTAL: estoy a salvo cuando disfruto de mi propio cuerpo. Me alegro de ser mujer.

CROMOTERAPIA: color curativo rojo.

TRATAMIENTO: hay que tratar todo el sistema endocrino: pituitaria, la paratiroides y tiroides, así como el timo, suprarrenales, páncreas, los ovarios y el sistema nervioso.

FRUSTRACIONES SEXUALES

Frecuentemente vinculadas a una educación muy estricta hacía todo lo que se refiere a la sexualidad, creo sinceramente que los órganos genitales son inmorales y sucios, vivo culpabilidad.

Sugerencias y Recomendaciones

Es preferible que acepte vivir mi sexualidad sanamente ya que forma parte de mi calidad de vida.

Ver eyaculación precoz.

FRÍO

La descripción que sigue se aplica a la persona que experimenta una sensación de frío, aun cuando no esté expuesta a una baja temperatura.

Tener frío indica que se es una persona tensa, a quien le cuesta trabajo relajarse. Se impide ser una persona cálida aun cuando, exteriormente, pueda parecerlo. Es posible que tema que se aprovechen de ella o volverse demasiado afectuosa.

Soy una persona friolenta si temo el frío o si tengo una gran sensibilidad al frío. Esta friolencia frecuentemente aparece después de un suceso en que viví una separación con una persona, un animal o incluso un objeto (un animal de peluche por ejemplo) que apreciaba mucho y que sé que nunca jamás volveré a tener. Vivo un gran vacío, un gran frío porque perdí el amor, la atención, el contacto físico con el objeto de la separación. Sobre todo cuando soy niño, creo o me enseñaron que cuando alguien se va (muere), se va al cielo. Pero hace frío en el cielo. Y me pongo a ser friolero porque, si estoy en contacto con el frío, lo estoy también con la persona fallecida. Así, tomo consciencia que necesito más "calor en mi vida", o si se quiere, más amor, o reconciliarme con lo que me separó de lo que representaba para mí el amor.

Sugerencias y Recomendaciones

Si tienes frío muy a menudo, observa qué parte de tu cuerpo lo padece, porque la utilidad de esta parte te dará una indicación del área en la que tienes miedo. El mensaje para ti es que tengas más confianza, que pienses menos en los demás y que dramatices menos lo que podría ocurrir. Vive el momento presente y date permiso de ser la persona cálida que eres.

Es importante tomar consciencia del suceso que "activó" la friolencia y aceptar realmente la marcha de la persona (objeto, animal) de la cual estuve separado para hacer la paz conmigo mismo y con la situación.

FUEGO

El fuego, nombre común del herpes bucal, es una erupción cutánea. Se trata de una enfermedad viral muy frecuente que afecta sobre todo a la región bucal.

Tener un fuego significa emitir un juicio demasiado severo contra alguien del sexo opuesto con tendencia a generalizarlo a todo el sexo opuesto. La persona considera que alguien o algo es repugnante. También es un medio para no tener que besar a los demás o a una persona en particular hacia la cual sentimos enojo porque nos sentimos humillados. Este enojo estuvo muy cerca de ser expresado, pero se retuvo en el último minuto. Se quedó en la punta de la lengua.

Sugerencias y Recomendaciones

Tu fuego te indica que es el momento de que tengas pensamientos de amor hacia el sexo opuesto en lugar de criticarlo. Si el fuego se repite a menudo, el mensaje es más urgente. Te indica que tu manera de pensar te impide acercarte al sexo opuesto, cuando ese es tu mayor deseo. El hecho de alejarte sólo te perjudica, aunque creas que de este modo castigas al otro.

FURÚNCULOS
Ver forúnculos, piel-furúnculos.

FURÚNCULOS VAGINALES
Ver piel-furúnculos vaginales.

GANGLIOS LINFÁTICOS

Los ganglios son como pequeños abultamientos que se encuentran distribuidos por todo el sistema linfático, cada uno drenando un territorio determinado.

Cuando un ganglio se hincha o se inflama, ello indica que la persona acumula los sentimientos de disgusto que le produce otra persona o una situación. Desea que las cosas se desarrollen como ella quiere, pero tiene dificultades para expresarse o comunicarse con la persona en cuestión. Bloquea una relación del mismo modo que bloquea la circulación de la linfa. Su actitud la retrasa en lo que tiene que hacer en la vida. Se desvaloriza porque se siente torpe en sus relaciones con los demás; los ganglios inflamados en la axila izquierda indican una desvalorización como padre; en la axila derecha, en otras relaciones; en la ingle, en las relaciones sexuales.

Si tengo dificultad en enfrentarme a una situación y que en vez de hablar de ello y de pedir ayuda, guardo todo para mí, guardo secreto mi desánimo y mi desesperación, tengo ganas de dejarlo todo, la nostalgia frente a mi vida se va a manifestar al cabo de cierto tiempo por uno o varios ganglios. Mi estima de mí disminuyó y mi miedo del futuro me hará vivir angustia. Vivo en la defensiva. Puede que tenga también dificultades de comunicación con los demás y que esto me afecte emocionalmente o me cause miedos en mis relaciones.

Advertencia de que hay que volver a centrar la mente en lo esencial de la vida: el amor y la alegría.

Desvalorización + Angustia profunda = Amenaza del entorno.

"Me siento atacado, acorralado en una esquina, quiero defenderme o busco una protección". "Me defiendo de lo ajeno". Para fabricar más leucocitos, hago crecer mis ganglios.

Ganglio bajo la axila izquierda:

"Soy una mala madre". Se acompaña a veces de descalcificación del húmero (por haber un conflicto de desvalorización) Conflicto de desvalorización en el sentido más amplio. Incapacidad de lucha a causa de herida grande y sangrante, conflicto de hemorragia y lesión, también conflicto de transfusión sanguínea. Conflicto por diagnóstico de cáncer de sangre (nuestro cerebro no puede distinguir entre transfusiones de sangre y hemorragias).

Ganglio bajo la axila derecha:

Conflicto de pareja: "Mal compañero/a". Se inflama en fase de curación. Conflicto de haber sido echado (arrojado) fuera del camino, de haber elegido el camino equivocado o de haber apostado por el caballo equivocado.

Ganglios de la ingle:

Angustia por la región inguinal.

Necrosis (agujeros):

Ligera desvalorización. Se afectan los ganglios correspondientes a una parte determinada del esqueleto. Las cadenas de los ganglios linfáticos corresponden a una parte determinada del hueso. En este caso la desvalorización es menor que cuando se afectan los huesos.

Sugerencias y Recomendaciones

Es importante que te des cuenta de que no puedes controlar todas las situaciones que se dan a tu alrededor y a todas las demás personas. Esta actitud te hace sentir disgusto. Todas esas cosas que crees que debes hacer o ser para tener mejores relaciones son demasiado para ti. Tu cuerpo te dice que comiences a respetar tus límites. Procura ver la situación desde otro punto de vista. Seguro que tiene un lado positivo, es decir, una ocasión para que te sueltes, y además, te quieras. Querer abandonar o retrasarte en la vida no es la solución.

Es importante ver en qué parte del cuerpo aparecen los ganglios porque esto me da una pista sobre el motivo de esta manifestación. Por ejemplo, si me preocupo con relación al algo que quiero expresar pero que guardo en mi interior, hay probabilidades de que uno o varios ganglios aparezcan en la región de la garganta. Si hay cosas que no quiero oír, entonces los ganglios cerca de mis orejas pueden molestar mi audición. Tengo interés en comunicar mis necesidades a todos los niveles para que desaparezca mi desesperación y que deje sitio a la esperanza y a la alegría de vivir.

NUEVO MODELO MENTAL: me centro en el amor y en la alegría de vivir. Fluyo con la vida. Mía es la paz de la mente.

GANGLIOS NOBLES

(Ganglios del cuello)

Miedo a la enfermedad. Gran dificultad de afrontar el peligro. Miedo masculino al ataque frontal.

"Tengo miedo de lo que viene de mi cuerpo" (Mordeduras de animales, etc.) "No puedo apoyarme sobre mi cuerpo (simbólico: cuerpo médico). "No puedo contar con mi cuerpo".

Zurdo: miedo impotente ante una urgencia: "No tengo derecho a defenderme".

Síntomas: tos matinal con flema (no verde, blanquecina) que viene del mediastino = Timo. "Yo no acepto/ soporto mi cuerpo".

"Me han dicho algo insoportable" (Oreja = Se inflamarán los ganglios al nivel de la oreja. "El ser que quiero y que tengo que proteger está enfermo, y eso es peor que si yo mismo estuviera enfermo".

Glándula principal del sistema inmunológico. Cuando funciona mal: sensación de ser atacado por la vida. «Desean hacerme daño.»

Sugerencias y Recomendaciones

NUEVO MODELO MENTAL: mis pensamientos de amor mantienen fuerte mi sistema inmunológico. Estoy a salvo interior y exteriormente. Me curo con amor.

GANGRENA

Frecuentemente relacionada con el rencor o con odio frente a una situación en cuanto al aspecto de mi vida que está representado por la parte afectada.

Morbosidad mental. Pensamientos ponzoñosos que ahogan la alegría.

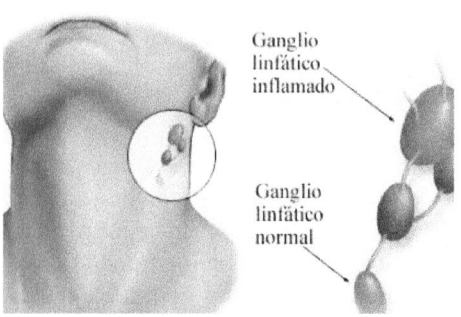

Sugerencias y Recomendaciones

NUEVO MODELO MENTAL: escojo pensamientos armoniosos y permito que la alegría me inunde y fluya a través de mí.

Ver sangre-gaangrena.

GARGANTA

La garganta contiene cuerdas vocales (la laringe) y la faringe. Me permite expresar quien soy y me permite también intercambiar con personas que me rodean. La garganta está vinculada al centro de energía de la laringe (quinto chakra) también llamado chakra de la garganta, centro de la creatividad, de la verdad y de la afirmación. Trabaja también en estrecha colaboración con el centro de energía sagrado o segundo chakra, el centro de la energía sexual, la sexualidad siendo un modo de comunicar con otra persona. Este centro de energía es importante para la afirmación del yo.

Una persona con afonía ha perdido la voz, o suena muy apagada.

Este problema se presenta después de un choque afectivo que sacude la sensibilidad de la persona, quien luego se fuerza demasiado para hablar, aun cuando no exprese todo lo que su corazón desearía decir. Este excesivo esfuerzo crea angustia y deja un vacío. Finalmente, los sonidos acaban por extinguirse.

Representa nuestra capacidad de «defendernos» verbalmente, de pedir lo que queremos, de decir «yo soy», etcétera. Cuando tenemos problemas con ella, eso significa generalmente que no nos sentimos con derecho a hacer esas cosas. Nos sentimos inadecuados para hacernos valer. El dolor de garganta es siempre enfado. Si además hay un resfriado, existe también confusión mental.

Realidad que no queremos asimilar. Represión de odio e ira. Cuando no decimos lo que de veras queremos decir. Sentimientos que no expresamos. Realidad frustrante que no queremos tragar. Conflicto existencial.

La expresión de mi lenguaje verbal y no verbal, mi creatividad.

Angustia, atrapar soltar pedazo.

ACTITUD NEGATIVA COMÚN: yo he querido ignorar a mi entorno y no he sido capaz de expresar mi pensamiento sofocando a mi yo.

Sugerencias y Recomendaciones

Se dice: "El pensamiento crea, el verbo manifiesta." Así, por la palabra, hago que mis pensamientos se materialicen en el mundo físico. Aunque pensamientos negativos puedan tener repercusiones en mi salud, palabras negativas podrán tenerlas aún más. Esto es verdad para el lado positivo también. Por lo tanto tengo ventaja en hablar de modo positivo, respetando así mi templo de carne que alberga mi parte divina. Cuanto más exprese la verdad por esta vía de comunicación, más podré intercambiar con mi entorno.

Más que creer que debes apagarte y dejar de hablar, sería sensato que revisaras lo que tu corazón quiere decir realmente y permitirte no hablar más que para decir palabras verdaderas, expresadas con amor. No es necesario que te fuerces a hablar para verte bien o para ser aceptado y querido.

SOLUCIÓN POSIBLE: expresión de las emociones, verbalizarlas. Cambiar de realidad. Conectar con nuestra fuerza interior y autoestima. Reafirmar lo que queremos.

ACTITUD POSITIVA A ADOPTAR: yo soy creatividad y mi expresión es libre, gozosa y positiva. Estoy en proceso de cambio, lo acepto y acepto el fluir de la vida en mí.

Ver faringe, laringe.

garganta
garganta apretada

Tengo la garganta apretada cuando vivo ansiedad. Entonces me siento "cogido a la garganta". Puedo sentirme inseguro pero debo hacer confianza a la vida.

Sugerencias y Recomendaciones

Aprendo a expresarme libremente y a superar mis miedos.

garganta
carraspera

Tener carraspera en la garganta manifiesta muy a pesar mío que deseo expresar algo pero que lo guardo dentro de mí. ¿Tengo miedo que se rían de mí, a que me critiquen, que me rechacen, de estar incomprendido? Seguramente, este miedo se relaciona con mi sensibilidad consciente o inconscientemente.

Sugerencias y Recomendaciones

Debo hacerme confianza y decir las cosas tales como son, siguiendo auténtico conmigo mismo; adquiriré así el respeto de los demás y de mí mismo.

garganta
dolor

La garganta es una encrucijada aerodigestiva en forma de chimenea, que permite la comunicación de las fosas nasales con la laringe y de la boca con el esófago. Tiene una función esencial en la respiración, el habla y la deglución.

Por lo descrito antes, puede verse que la garganta posee una importante función. Su mensaje es triple. Si el dolor se presenta acompañado de una dificultad para respirar, es una indicación de que a esta persona le cuesta trabajo aspirar la vida. Si la garganta se cierra, esta persona se siente agarrada por el cuello, forzada a hacer o decir algo por otra persona. Se siente bajo presión. Si duele cuando la persona traga, se plantea la pregunta: "¿A quién o qué me cuesta trabajo tragar en este momento?". Puede ser una emoción convertida en drama, tan grande que no la puede deglutir. O tiene dificultad para tragar a alguien o para aceptar lo que ha creado. Esto le hace sentir enojo y agresividad hacia sí misma o hacia otros. Entonces suele asumir la actitud de víctima, de "pobre de mí".

Con mi garganta, trago la realidad, ahí en donde tomo la vida por la respiración, el agua y el alimento. También es aquí donde libero mis sentimientos del corazón hasta la voz. Es el puente en doble dirección entre la cabeza y el cuerpo, el espíritu y el físico. Si me duele la garganta, puedo culpabilizarme por haber dicho ciertas palabras, o pensar que hubiese debido expresar algo. Es como si me autocastigase por el dolor. Quizás ha llegado el momento de decir lo que estoy viviendo para liberarme de ello. También mi garganta puede inflamarse si inhibo la rabia y que esta emoción me suba a la garganta. Si no digo realmente lo que quiero decir o que existe un conflicto en mi expresión de mí mismo, entonces mi garganta siente este rechazo. Al ser la garganta la expresión de la afirmación de mí mismo, si tengo dificultad en afirmarme, puedo querer compensar esto volviéndome autoritario hacía mí mismo y hacía los demás, lo cual limita mi energía en este plano. La infección en la garganta por la bacteria estreptococo es una de las formas de infección más frecuentes. Esto implica la irritación y retención de energía. La garganta representa también la concepción, la aceptación de la vida, si tengo dificultades al nivel de la garganta, puedo vivir un profundo conflicto en la aceptación de mi existencia. Teniendo dificultad para tragar, puedo preguntarme cuál persona o qué situación tengo dificultad en tragar, o qué realidad me siento obligado a tragar aun cuando esto no me convenga (quizás sea esto por ejemplo algo que esté en contra de mis principios). Entonces puedo intentar cortarme de la realidad física, queriendo quizás huir la obligación de afirmar quien soy, mis necesidades y por el mismo hecho, la de aportar cambios en mi vida. El chakra de la garganta y el chakra sexual están conectados muy directamente. Los dos tienen relación con la creatividad: el chakra de la garganta se refiere a la creatividad de mis pensamientos mientras que el chakra sexual se refiere a la creatividad en la materia. Así, ambos centros de energía tienen relación con la comunicación: por mi voz, comunico mis pensamientos y por mi sexualidad, comunico físicamente mis sentimientos.

Sugerencias y Recomendaciones

En la garganta se localiza el centro de la creatividad. Por lo tanto, es importante para ti que te concedas el derecho de crear lo que quieres y de vivir las experiencias deseadas sin culparte y sin tener miedo de molestar a los demás. Debes aprender a aceptar con amor lo que creas, en lugar de sentirte resentido por haber creado o decidido algo. De este modo lograrás tu verdadera individualidad.

A continuación te presento un ejemplo personal: en varias ocasiones he tenido fuertes dolores de garganta al principio de una serie de conferencias y cursos; me costaba trabajo tragar el hecho de tener que dar cinco conferencias o cursos en un lapso muy corto, además de mis otros compromisos. Creía que mi cuerpo me decía que era demasiado y me lamentaba de mi suerte. En realidad, el mensaje era que yo había planificado este horario sin que nadie me obligara. Tan pronto como acepté dar todas mis conferencias con amor, aunque me pareciera que eran muchas, el dolor de garganta desapareció.

Es interesante señalar que la garganta es el paso entre el corazón y la cabeza, por lo tanto, entre el amor a sí mismo y el yo soy. Al crear tu vida de acuerdo con tus verdaderas necesidades, te abres a tu verdadero yo soy y también a la abundancia. Sucede así porque darte el derecho de crear tu vida como quieres, te ayuda a desarrollar tu creatividad.

Si te sientes agarrado por el cuello, date cuenta de que sólo es una percepción tuya. Nadie quiere tenerte así; sólo tú puedes dejarte agarrar. Por otro lado, no dejes que los demás te molesten y se conviertan en las píldoras que no tragas porque no los puedes controlar; cuando quieres hacerlo, no te queda ni la energía ni el tiempo necesario para crear tu propia vida.

Si tengo problemas de garganta, es bueno que me pregunte lo que he de expresar sobre mí mismo y debo investigar si vivo frustración en cuanto a mi sexualidad. Debo aprender que la felicidad y la libertad vienen de mi capacidad a expresarme en la Verdad, acercándome así cada vez más a mi esencia divina.

garganta
faringitis

La faringitis es mucho más conocida bajo la expresión dolor de garganta. Todas las emociones, los sentimientos o las energías que bloquean mi garganta se deben de entrar por la nariz o la boca. O también, vienen de las profundidades de mí ser interior y bloquean al nivel de la garganta. Frecuentemente son emociones o situaciones que vuelvo a tragar y que tengo dificultad en aceptar. Por lo tanto, siento (nariz) que algo va mal o que no absorbo (boca) una o varias energías que se presentan a mí. A veces, son las mismas emociones que se han ampliado después de un resfriado. Estas emociones me afectan más profundamente, más cerca de mi interior que un simple resfriado.

Sugerencias y Recomendaciones

He de analizar este sentimiento que se engancha y bloquea al nivel de la garganta para poder aceptarlo y dejarlo ir.

Ver -itis-enfermedades, resfriado.

garganta
laringe

La laringe es la parte de las vías aéreas superiores situada entre la tráquea y la faringe. Una afección al nivel de la laringe se produce generalmente después de un suceso en el cual tuve "el soplo cortado". Tenía tanto miedo "que ningún sonido podía salir de mi boca". Estuve pillado por sorpresa y frecuentemente, me siento en peligro, al punto que tengo la sensación que mi vida está en peligro.

Sugerencias y Recomendaciones

Es importante que recuerde y vuelva a vivir en pensamiento este suceso que probablemente sucedió justo antes de que mi laringe estuviera afectada por la enfermedad. Así podré eliminar el traumatismo que se quedó "enganchado" en mi laringe y le permitirá curar. Ver afonía, cáncer laringe, enroquecimiento.

garganta
laringitis

La laringitis es una inflamación de la laringe, el órgano esencial de la fonación. Se manifiesta por un enronquecimiento con tos y, a veces, con dificultad para respirar.

Debido a que la persona que sufre laringitis pierde la voz parcialmente o por completo, su cuerpo le está diciendo que se impide hablar a causa de un temor. Esta persona desea decir algo, pero tiene miedo de no ser escuchada o teme disgustar a alguien. Se traga sus palabras, pero éstas permanecen atoradas en su garganta. Están listas para salir. No consigue callarlas.

También es posible que la persona tenga miedo de no estar a la altura de las expectativas de alguien si dice lo que tiene que decir, o puede temer el juicio de quien considera una autoridad en la materia; incluso puede ser que acabe de decir algo a alguien y sienta que ha hablado demasiado; entonces se promete callarse en el futuro; silencia su voz por miedo a que se le escape de nuevo.

Por otro lado, puede que esta persona tenga una petición importante que hacer, pero prefiere callarse antes que correr el riesgo de ser rechazada. Incluso puede dar rodeos para no tener que hablar con alguien.

La laringitis es una inflamación de la laringe, acompañada de tos y ronquera. Esta infección está causada por la dificultad en expresarme por temor al ridículo, frecuentemente frente a la autoridad. Esto puede vincularse con el hecho de vivir rechazo por parte de los demás y si me afirmo, estar incomprendido por ellos. Reprimo rebelión, me siento ahogado. Cuando me callo en vez de expresarme por vergüenza, por temor o por culpabilidad, estos sentimientos que escondo por el silencio causan un bloqueo de energía que se traduce por una laringitis. Una gran resistencia entonces puede manifestarse cuando las emociones intentan luego expresarse. La laringe está inflamada y existe un alto nivel de energía emocional vinculada a la voz y a la expresión de sí. Mi creatividad intenta encontrar su propia afirmación: quiere ser libre de hablar y "vocalizar" hábilmente sus emociones.

Sugerencias y Recomendaciones

Cualquiera que sea el miedo que sientes, no es bueno ya que impide expresarte libremente. Si persistes en creer que es mejor para ti no hacerlo, toda esa represión terminará por perjudicarte enormemente y no sólo la garganta resultará afectada. Además, el hablar te ayudará a abrir más tu centro de energía relacionado con la creatividad, que está situado en la garganta.

Acepta la idea de que jamás podrás expresarte de forma que complazca a todos y cada uno de los que te rodean. Si te das el derecho de expresarte a tu manera, los demás también te lo darán. Date cuenta, además, de que tu opinión es tan importante como la de ellos y de que tienes el mismo derecho de expresarla. Cuando tengas una petición que hacer, lo peor que puede pasar es que el otro conteste con una negativa. Esto no quiere decir que no te quieran, ni que nieguen lo que ERES. ¡Sólo se refiere a lo que pides! Ver las explicaciones adicionales sobre las enfermedades inflamatorias.

Debo aprender a decir las cosas, a expresar mis sentimientos, lo cual permitirá a esta energía circular libremente. Si, en mi personalidad presente, tengo dificultad en expresarme diciendo las cosas, entonces puedo expresarme escribiéndolas. Al estar la laringe vinculada al centro de energía de la garganta que es la comunicación, puedo comunicar mis sentimientos escribiéndolos, incluso si conservo estos escritos para mí. Esto permitirá una mejor comunicación conmigo mismo.

Ver -itis-enfermedades acabadas en -itis, enroquecimiento, inflamación.

GARROTILLO

Garrotillo es el nombre común de la laringitis diftérica. Se observa sobre todo en los niños. Esta enfermedad se caracteriza al principio por trastornos en la voz y tos; la voz se enronquece y después se apaga. La tos, primero en accesos, totalmente ronca al principio, se vela poco a poco y luego se apaga. Después la respiración se torna más difícil y la inspiración es sibilante o ruidosa.

Sugerencias y Recomendaciones

Ver laringitis, angina y tos.

GASES

La flatulencia es una producción exagerada de gases en el estómago y en el intestino, que provoca dolor, eructos, inflamación, tensión abdominal, cólicos o incluso calambres localizados.

Como los gases provienen de una deglución anormal de aire cuando la persona se alimenta o habla, suelen indicar la existencia de un miedo a una pérdida que causa inquietud. Esta se acumula hasta que llega el momento en que no encuentra más espacio y tiene que salir.

Cuando me engancho o que quiero retener a una persona o una situación, es como si conservara cosas indeseables y no beneficiosas para mí y que se manifestaran bajo forma de gases. Tengo miedo y me engancho porque estoy ansioso y tengo la sensación de que voy a perder algo o a alguien importante, tanto en los planos afectivo, intelectual, material como espiritual. También quiero esforzarme en "tragar" (en sentido figurado) una situación, a una persona o una emoción que va al encuentro de mis principios y de mi consciencia. Consecuencia de esto: me hincho.

Ayuda a empujar la porquería.

Conflicto del peristaltismo: Jugarreta que no conseguimos digerir, evacuar, deslizar.

SI algo se atasca, se fabrica gas para evacuarlo. "Quiero eliminar rápido los malos rollos para encontrar mi espacio de libertad".

Frecuentemente vinculado con algo o alguien a lo cual me agarro y que ya no es beneficioso para mí.

Sugerencias y Recomendaciones

Tus gases son una indicación de que te preocupas demasiado. Tu miedo a una pérdida no está justificado. Toma conciencia de todo lo que ya tienes en lugar de pensar en lo que podría faltarte. Relájate, no sigas tratando de retener tus posesiones.

Aprendo a hacer confianza y a soltar sabiendo que siempre tengo lo que necesito.

Dejo ir en paz todo aquello y aquellos que ya no me sirven en mi vida o no son buenos para mí. Perdono y pido perdón, afronto el duelo si es necesario.

GASTRITIS

Debido a que la gastritis también es llamada dolor de estómago, ver problemas en el estómago, agregando que la persona que la padece siente o ha sentido mucho enojo y que eso que siente le quema.

CONFLICTO de digerir la situación. "No puedo digerir la situación".

Por ejemplo, una mujer tiene gastritis desde hace 15 días, y al preguntarle responde: "Mi mejor amigo y mi mejor amiga se han hecho pareja y aun no puedo digerirlo" (había muchos resentires todavía).

CAUSA PROBABLE: incertidumbre prolongada. Sentimiento fatalista.

Sugerencias y Recomendaciones

NUEVO MODELO MENTAL: "Me amo y me apruebo. Estoy a salvo".

Ver estómago-gastritis.

GELINEAU (síndrome de...)
Ver narcolepsia.

GEMELOS

Músculos. Impotencia sobre la actuación de colaterales.

Ejemplo: Bíceps = "Impotencia por no poder despedir a su hermano".

Sugerencias y Recomendaciones

NUEVO MODELO MENTAL: Me amo y me apruebo, no estoy solo, la vida entera me apoya, soy capaz de hacer cualquier cosa que me proponga.

GENÉTICO

La palabra genética significa relativo a la herencia. Véase las explicaciones adicionales enfermedades hereditarias.

ACTITUD NEGATIVA COMÚN: "He estado confundido, no he hecho las apropiadas elecciones y mis decretos han sido erróneos".

Sugerencias y Recomendaciones

ACTITUD POSITIVA A ADOPTAR: "Yo soy libre y no me autoculpo, mis decretos y decisiones son positivos y si alguno no resulta así, me sirve de aprendizaje, no de culpa".

GENITALES

Los órganos genitales diferencian a los hombres de las mujeres. Están vinculados al principio masculino y al principio femenino en cada uno de nosotros. También están vinculados a la sede de la energía sexual, gónadas y chakra de base (vinculado al centro de energía al nivel del coxis). Si vivo dificultades en lo que a mi sexualidad se refiere, mis órganos genitales suelen estar afectados.

Representan lo que hay de más femenino en una mujer, su feminidad, o lo que hay de más masculino en un hombre, su masculinidad; nuestro principio femenino o nuestro principio masculino. Cuando no nos sentimos cómodos con nuestra condición de hombres o mujeres, cuando rechazamos nuestra sexualidad, cuando no aceptamos nuestro cuerpo por sucio o pecaminoso, es frecuente que tengamos problemas con la zona genital.

Rara vez me sucede encontrarme con una persona que haya sido criada en una casa en donde se llamara a los genitales y a sus funciones por su verdadero nombre. Todos crecimos rodeados de eufemismos. ¿Recuerda los que usaban en su casa? Pueden haber sido tan leves como «allí abajo», pero también pueden haber sido términos que le hacían sentir que sus genitales eran sucios y repugnantes. Sí, todos hemos crecido creyendo que entre las piernas teníamos algo que no estaba del todo bien. En este sentido, la revolución sexual que estalló hace unos años fue algo positivo. Decidimos apartarnos de la hipocresía victoriana y, de pronto, estaba bien tener vanas parejas, y tanto las mujeres como los hombres podíamos tener aventuras de una sola noche. Los intercambios conyugales se hicieron más abiertos, y muchos empezamos a disfrutar, de una manera nueva y diferente, del placer y de la libertad del cuerpo. Sin embargo, pocos pensamos en encararnos con lo que Roza Lamont, fundadora del instituto de Comunicación Consigo Mismo, llama el «Dios de mamá». Sea lo que fuere lo que su madre le enseñó sobre Dios cuando usted tenía tres años, eso sigue estando en usted en un nivel subconsciente, a menos que conscientemente haya estado trabajando para liberarse de ello. ¿Era un Dios colérico y vengador? ¿Qué opinión tenía sobre los asuntos sexuales? Si todavía seguimos andando por el mundo con aquellos primeros sentimientos de culpa por nuestra sexualidad y nuestro cuerpo, seguramente iremos en busca de castigos.

Son el símbolo de la edad adulta.

Herpes genital: culpa sexual, remordimientos.

Abuso de la sexualidad sin amor. Desconfianza y miedo hacia la persona con la que estamos o hacia nuestros propios sentimientos hacia ella, esto da lugar a la culpabilidad, impotencia y frigidez.

Sugerencias y Recomendaciones

SOLUCIÓN POSIBLE: tratar que el amor este presente, si no, cambiar de pareja.

NUEVO MODELO MENTAL: "No hay peligro en ser quien soy. Me complazco en mi propia expresión de la vida. Soy un ser perfecto tal como soy. Me amo y me apruebo.

CROMOTERAPIA: color curativo rojo.

En este caso lo importante es estimular la circulación sanguínea.

TRATAMIENTO: hay que trabajar la zona de la próstata en los hombres y la de los ovarios en las mujeres, aplicando masajes en toda el área, también la vejiga, riñones, hígado, suprarrenales, timo, el sistema nervioso y las glándulas tiroides y pituitaria.

genitales
dolores genitales

Las dificultades que siento con mis órganos genitales me manifiestan un miedo, o una culpabilidad, vergüenza, desconfianza, pesares, ira, con relación a mi sexualidad, lo cual corre el riesgo de traducirse con enfermedades venéreas, frigidez, impotencia, etc. Esta área está vinculada a mis gónadas (los testículos en el hombre, los ovarios en la mujer) y la energía sexual vinculada a la sexualidad es muy poderosa ya que tiene por primer objetivo perpetuar la especie. Sin embargo, puede que use esta energía con malas intenciones. La noción de placer vinculada a la sexualidad me pone en contacto con una de mis necesidades fundamentales, el placer, y me conecta con mi niño interior herido. Así, mi sexualidad puede llevarme a poner en evidencia estos miedos, estas heridas, estos rechazos que forman parte de mí. Puedo no aceptarme en el cuerpo (sexo) que soy, puede que viva un conflicto interior entre mis deseos físicos y los de orden religioso o espiritual; si me da miedo decir "no" y si tengo relaciones sexuales para evitar estar rechazado, miedo a perder el amor de una persona, sólo con un objetivo egoísta, etc., todas estas situaciones pueden llevarme a tener dificultades a este nivel. Existe una confusión o un conflicto interior, una dificultad en la comunicación y el compartir. Siempre me siento respetado, considerado y tengo dificultad en dar confianza a la gente. Además, si mis padres deseaban a una hija y que soy un niño o viceversa, o bien que a mí mismo, me hubiese gustado más ser del otro sexo, esto me puede conducir a vivir problemas genitales porque rechazo una parte de mi sexualidad y puede que me sienta culpable de ser quien soy.

Sugerencias y Recomendaciones

Debo quitar toda culpabilidad para que mi sexualidad se vuelva la expresión de mis cualidades amantes y de la atención que llevo a los demás. Es importante que el amor sea presente en mis experiencias sexuales y también cada vez que me mire en un espejo para aceptarme cada vez más tal como soy.

Ver frigidez, impotencia, enf. venéreas.

GENO VALGO

Memorias de incesto o violación. "Intentan evitar una violación".

Son pistas bastante delicadas, y son conflictos transgeneracionales. El problema es de cadera, no de rodilla, pero se expresa en la rodilla.

Sugerencias y Recomendaciones

Hay que descodificar la cadera.

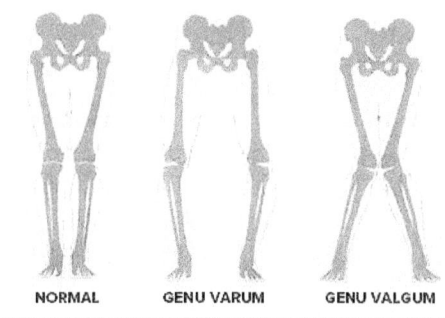

NORMAL   GENU VARUM   GENU VALGUM

GENO VARO

Tener hijos.

"Me hubiera gustado tener un hijo".

Son pistas bastante delicadas, y son conflictos transgeneracionales. El problema es de cadera, no de rodilla, pero se expresa en la rodilla.

Sugerencias y Recomendaciones

Hay que descodificar la cadera.

GINECOLÓGICO

Problemas ginecológicos.

ACTITUD NEGATIVA COMÚN: "Yo he rechazado el valor de mi propia feminidad y me sentido sucia, me he autorechazado".

Sugerencias y Recomendaciones

ACTITUD POSITIVA A ADOPTAR: "Yo soy una creación especial de DIOS, puesto que dentro de mi cuerpo se crea la vida. Me acepto plenamente como mujer y bendigo mi cuerpo y mis funciones con amor".

GINGIVITIS

Debido a que una gingivitis es una reacción inflamatoria localizada en la encía.

Palabras no dichas. Deseos no expresados. Ejecutar comentarios desagradables y no poder responder. "No puedo expresar/ atrapar el bocado". "No puedo retener lo que tengo".

Sugerencias y Recomendaciones

Ver dolor en la encía, agregando ira reprimida. Ver también explicaciones adicionales sobre las enfermedades inflamatorias, encías-gingivitis aguda.

GLÁNDULAS

Las glándulas son órganos secretores cuyo producto está excretado al exterior por un canal. Por ejemplo, las glándulas endocrinas (tiroides, suprarrenales, etc.) Secretan su producto en la sangre. Al ser cada una de ellas vinculada a un centro de energía (chakra), un mal funcionamiento de mis glándulas endocrinas manifiesta un desequilibrio o una desarmonía de mis centros de energía. Las glándulas, las que sean, inyectan productos en mi cuerpo que se aparentan a carburantes necesitados por éste para funcionar, para poner en acción a otros órganos.

Problemas glandulares:

Mala distribución de las ideas para organizarse y actuar. Autocontención. Representan las estaciones de abastecimiento. Son la actividad que se inicia.

Enfermedades glandulares:

ACTITUD NEGATIVA COMÚN: "Me he sentido demasiado sensible y sin gozo y he retenido la expresión de mi mente".

Sugerencias y Recomendaciones

NUEVO MODELO MENTAL: "Tengo todas las ideas divinas y la actividad que necesito. Ahora avanzo. Soy el poder creativo en mi mundo".

ACTITUD POSITIVA A ADOPTAR: "Estoy en total equilibrio corporal y mental. Soy libre y amo la vida".

glándulas corticosuprarrenales

Conflicto del cordero.

Las glándulas corticosuprarrenales funcionan al revés de lo que habéis aprendido en las fases. Es decir, cuando uno está en estrés, no se puede mover. Es el síndrome del cordero (cuando un cordero se pierde, se queda parado) cuando un humano se encuentra perdido le viene como un cansancio (está biodescodificado las suprarrenales).

Si alguien se pierde le decimos: "No te muevas", y si le preguntamos en que calle está, ni siquiera lee el cartel de la calle, está desorientado.

Cuando recuperas el camino, entras en vagotonía y recuperas el calor y el estado de excitación y movimiento.

Cuando uno se siente "perdido", es un problema de suprarrenales.

CAUSA PROBABLE: mala distribución de las ideas para organizarse y actuar. Autocontención. Representan las estaciones de abastecimiento. Son la actividad que se inicia.

Sugerencias y Recomendaciones

NUEVO MODELO MENTAL: "Tengo todas las ideas divinas y la actividad que necesito. Ahora avanzo. Soy el poder creativo en mi mundo".

glándulas de bartolino (bartolinitis)

Glándulas secretoras situadas a ambos lados de la vagina que producen mucus lubricante que favorece el acto sexual. La glándula se seca, no hay mucus y se hace imposible realizar el acto sexual.

Las glándulas se inflaman, se produce una bartolinitis (obstrucción del canal de secreción).

Culpabilidad.

"Quiero atrapar un pedazo de hombre". "El acto sexual no está bien si no es para procrear" o "tengo un deseo pero no está bien tener este deseo". "Es peligroso atrapar a un macho". "Rechazo a la penetración por querer castigar a la pareja". "Si me quedo embarazada me despiden del trabajo".

Mala distribución de las ideas para organizarse y actuar. Autocontención. Representan las estaciones de abastecimiento. Son la actividad que se inicia.

Sugerencias y Recomendaciones

NUEVO MODELO MENTAL: "Tengo todas las ideas divinas y la actividad que necesito. Ahora avanzo. Soy el poder creativo en mi mundo".

glándulas dolores de glándulas

Un mal funcionamiento de una o de las glándulas me indica que tengo dificultad en encontrar una motivación, un "carburante", para arrancar un nuevo proyecto o pasar a la acción frente a una situación (tengo tendencia a aplazar a más tarde). Esto puede situarse también en el plano racional, en el cual vivo confusión y porque tengo dificultad en ver con claridad lo que debo hacer. Esto manifiesta cierta inseguridad interior.

Sugerencias y Recomendaciones

Aprendo a hacerme confianza porque poseo todas las cualidades necesarias para ir hacia delante y pasar a la acción.

glándulas lacrimales

Estas lubrifican el globo ocular, lo humidifican y en estas lagrimas hay una enzima bactericida que hace que haya una protección natural permanente del ojo y a nivel de esta glándula lacrimal hay esta noción arcaica de proteger este ojo que es vital.

No poder atrapar la presa por no ser visto y considerado por otros. No ver lo que nos gustaría que sucediera.

Ojo izquierdo: "No poderse desembarazar de lo que hemos visto (algo feo y peligroso)."

Ojo derecho: "No puedo agarrar lo que hay que ver, lo que me hace falta ver, porque es preciso para mí y/o porque es vital para mí, pero no consigo verlo."

Problemas glandulares: mala distribución de las ideas para organizarse y actuar. Auto-contención. Representan las estaciones de abastecimiento. Son la actividad que se inicia.

Llanto: las lágrimas son el río de la vida, y se derraman por alegría, tristeza o miedo.

Falta de lágrimas: una falta de lágrimas genera sequedad en los ojos, así como una sensación de irritación, ardor y molestia.

La persona que padece este problema a menudo intenta ocultar su enorme sensibilidad. Se impide ser demasiado amable y cortés porque piensa que es signo de debilidad. Es posible que tenga miedo de que se aprovechen de él o ella. Le parece que ya ha hecho bastante, pues tiene la capacidad de ver a su alrededor cosas que deberían ver los que la rodean. La persona que no parpadea lo suficiente suele tener miedo de algo en su entorno y se esfuerza por estar muy atenta para no ser tomada por sorpresa.

Sugerencias y Recomendaciones

Glandulares, problemas:

NUEVO MODELO MENTAL: "Tengo todas las ideas divinas y la actividad que necesito. Ahora avanzo. Soy el poder creativo en mi mundo".

Llanto:

NUEVO MODELO MENTAL: "Estoy en paz con mis emociones. Me amo y me apruebo".

Falta de lágrimas:

Esta afección se presenta para decirte que es momento de que cambies tu percepción de persona amable y cortés. Puedes permitirte ser tan amable como desees, e incluso proteger a los que quieres sin ir más allá de tus límites. Ser amable es parte de tu naturaleza.

Amable no quiere decir débil ni sumiso. Te ayudaría comprobar si tus temores, que te obligan a acechar siempre a tu alrededor, están verdaderamente justificados, bien fundados e incluso si son reales.

Ver llorar.

glándulas pituitaria o hipófisis

La glándula hipófisis o pituitaria, tiene el tamaño de un guisante y está situada en la base del cerebro.

Es la glándula maestra de todas las demás y el enlace entre el cerebro y la mente superior del ser humano. Por medio de ésta, los humanos pueden llegar a reconocer la importancia de su YO SOY. Todo problema en esta glándula indica un bloqueo entre el mundo material y el espiritual. Esto se produce en la persona que no quiere aceptar la parte divina del ser humano y especialmente la suya. Es una persona que se considera demasiado pequeña.

La glándula pituitaria es una glándula endocrina situada debajo del cerebro, por debajo del hipotálamo y que, secretando las estimulinas que actúan sobre otras glándulas endocrinas, juega un papel mayor en la regulación de las secreciones hormonales. Actúa pues como gran maestra con relación a las demás glándulas del cuerpo. Juega un papel de jefe de orquesta. Su buen funcionamiento ayuda al equilibrio de mis facetas racional e intuitiva. Si se manifiesta un desequilibrio, o si se "sobrecalienta" mi lado racional sin que deje lugar a mis aspectos intuitivo, creativo y emocional, también mi lado intuitivo, mis dones psíquicas se "sobrecalientan" a su vez, porque quiero ir demasiado de prisa, tomando clases, leyendo todo tipo de libros, ensayando todo tipo de técnicas, etc., y creo un desequilibrio porque mi cuerpo físico no puede soportar todos los cambios interiores que se producen. Ya que la glándula pituitaria controla el buen funcionamiento de mi organismo, me aseguro que mi cuerpo y mi mente están en equilibrio evitando los excesos y me aseguro el dominio de mis pensamientos y de mis emociones. Si mi hipófisis está afectada por un tumor, puedo vivir un sentimiento profundo de impotencia, teniendo la impresión de no ser capaz de alcanzar los objetivos que me había fijado. En sentido figurado, es como si me alargase el brazo cuanto más para alcanzar la manzana que está en el árbol, pero no lo consigo. El obstáculo puede ser físico o emocional. Tengo la sensación de ser "demasiado pequeño" (en sentido literal o figurado) para alcanzar el objetivo y puedo tener miedo de los medios que deba utilizar para conseguir mis propósitos. ¿Cómo puedo alzarme hasta la cumbre? Tomo consciencia de que los objetivos que me he fijado quizás son demasiado altos.

Sugerencias y Recomendaciones

Cualesquiera sean las razones que te hacen temer reconocer la persona extraordinaria que eres, no te benefician. Tu cuerpo te habla con fuerza para que modifiques tus creencias con respecto a ti. Este tipo de problema es tan sutil, que es muy difícil que la medicina pueda descubrir su causa. Es hora de que te permitas ver la vida más allá de su plano físico.

Aprendo a ser comprensivo y paciente hacía mí mismo, sabiendo que hago siempre mi posible y que quiero lo que está mejor para mí y para los demás. Siendo verdadero, siempre estaré orgulloso de mí, cualesquiera sean mis realizaciones.

glándulas salivares

Un mal funcionamiento de mis glándulas salivares, las cuales producen muy poca o demasiada saliva, me indica que vivo una inseguridad frente al hecho de hallar el alimento necesario a mi supervivencia. Quizás no tenga dinero para comprarme alimentos o puede que tenga alimentos pero que no sepa cómo emplearlos. Por lo tanto, hay alimento disponible pero no puedo comprarlo, no tengo acceso a él. Se me "hará la boca agua" y viviré un sentimiento de carencia.

Los problemas más comunes son la hipersalivación, la hiposalivación y las paperas.

La expresión salivar significa hacerse la boca agua, es decir, tener un deseo ardiente de algo. Por lo tanto, la persona que saliva demasiado tiene demasiados deseos. Siente la impaciencia porque quiere ir demasiado aprisa para tragar ideas nuevas; no se da el tiempo suficiente para verificar si realmente las necesita. Quiere demasiado, a menudo para complacer a los demás o para tenerlos contentos. También puede ser una persona que produce bastante saliva para escupir a alguien. Desearía hacerlo, pero se contiene y esta saliva se acumula en su boca. El fenómeno de no salivar lo suficiente se produce en la persona que es muy suspicaz y no traga a los demás. Tiene miedo de que se aprovechen de ella, de que la engañen, y por ello se priva de muchas experiencias nuevas. Esta persona suele tener una actitud seca que la hace parecer más indiferente de lo que es en realidad. Es posible que también suprima sus propios deseos.

(Participan en la digestión) Tanto nos sirve para tragar como para escupir (p.ej. antes de vomitar, salivamos mucho).

CONFLICTO del hámster (almacenar comida). No podemos atrapar (o soltar) el pedazo porque no está suficientemente impregnado de saliva. Miedo a no poder alimentarse.

"No tengo la capacidad para tragar o devolver".

Canales de las glándulas salivares:

No tener derecho a beber, comer, almacenar alimento. Zurdos: "No quiero ser incorporado por el otro".

Sugerencias y Recomendaciones

Si tu problema es que salivas demasiado, tu cuerpo te dice que dejes de creer que debes tragarte todo. Nadie en el mundo puede hacer feliz a otro. Puedes dar todo el amor que deseas a los demás, pero solo ellos decidirán si eso los hace felices o no. Por lo tanto, si guardas tu energía para ocuparte de tus propias necesidades y de tu felicidad, ya no sentirás el enojo o agresividad hacia los demás ni desearás escupir a una situación o a otra persona. También es importante que establezcas contacto con tus necesidades y que seas realista en tus deseos para satisfacer esas necesidades. Puedes encontrar el justo medio. Si tu problema es la falta de saliva, tu cuerpo quiere ayudarte a que tomes conciencia de que debes tener una actitud más abierta hacia los demás y hacia las ideas nuevas. Permítete mostrar tu sensibilidad y confiar en los demás.

Date cuenta de que cada uno recoge lo que sembró; por ello, trata de recolectar cosas buenas. Déjalas entrar en tu vida.

Acepto esta situación tomando consciencia que yo también tengo el derecho de alimentarme bien y que la vida me procura todo lo que necesito.

NUEVO MODELO MENTAL: "Tengo todas las ideas divinas y la actividad que necesito. Ahora avanzo. Soy el poder creativo en mi mundo".

Ver glándula sublingual.

glándula sublingual

Porción acinar: No poder atrapar la presa (el objetivo)

Conducto excretor: no poder, deber o tener derecho a comer.

CAUSA PROBABLE: "Mala distribución de las ideas para organizarse y actuar. Autocontención. Representan las estaciones de abastecimiento. Son la actividad que se inicia".

Sugerencias y Recomendaciones

NUEVO MODELO MENTAL: "Tengo todas las ideas divinas y la actividad que necesito. Ahora avanzo. Soy el poder creativo en mi mundo".

Ver glándulas salivares.

glándulas
sublinguales y parótidas

Segregan amilasa para digerir el glucógeno y el almidón para formar azúcares simples. Vamos a asociar los glúcidos con la dulzura (la mamá o alguien que ejerce la función materna).

Conflicto de mamá y dulzura.

Problemas glandulares: mala distribución de las ideas para organizarse y actuar. Autocontención. Representan las estaciones de abastecimiento. Son la actividad que se inicia.

Sugerencias y Recomendaciones

NUEVO MODELO MENTAL: tengo todas las ideas divinas y la actividad que necesito. Ahora avanzo. Soy el poder creativo en mi mundo.

glándulas
suprarrenales
Ver suprarrenales-dolencias de cápsula.

GLAUCOMA

Es una afección en el ojo caracterizada por una hipertensión ocular que se acompaña en una degeneración más o menos tardía del nervio óptico, ocasionada por una compresión del mismo.

La persona que sufre de glaucoma es aquella que tiene dificultades para aceptar lo que ve y sobre todo lo que vio en el pasado, con respecto a su vida afectiva. De hecho esta enfermedad proviene de un sufrimiento emocional que produjo toda esta desconfianza vivida desde hace mucho tiempo y que ocasionó una gran represión. Esta provocó tensiones que se acumularon hasta que la persona llegó a su límite emocional. El ojo resulta afectado cuando la persona se niega a ver lo que esta vieja herida viene a despertar.

Conflicto de miedo por la espalda. Sentimiento de haber visto lo bastante.

"Quiero acercar hacia mí una cosa - Lo he perdido por poco." "Hay algo en mi vida que quisiera acercarme lo antes posible". "Cerrado a no ver el amor en mi familia". "Gran ansiedad por un futuro inmediato". "¿Qué he perdido de muy cerca en mi infancia?". "Siempre llego tarde por poco". "Quiero alcanzar al fin, la salud lo más rápido posible". "Hay que acercar las cosas en una noción de tiempo o espacio". "Me niego a verme envejecer".

Sugerencias y Recomendaciones

Este problema te indica que te ayudaría mucho liberarte del pasado, y el medio por excelencia para hacerlo es el perdón. Desarrolla en ti la capacidad de aceptar las diferencias que ves en quienes amas y te aman. Tu enorme sensibilidad está mal utilizada porque se ha vuelto emotividad negativa que te perjudica y te impide vivir relaciones hermosas y apacibles. El hecho de ver el sufrimiento y los límites de los demás te ayudará también a ver y a aceptar a los tuyos. Te ayudaría confiar más en quienes te rodean.

NUEVO MODELO MENTAL: todo lo veo con amor y ternura.

Ver ojos-glaucoma.

GLÓBULO OCULAR
Ver ojos en general.

GLÓBULOS SANGUÍNEOS

Pueden presentarse problemas en los glóbulos rojos o en los blancos.

La existencia de algún problema con los glóbulos blancos es una indicación de que la persona que lo presenta tiene dificultades para defenderse. No se atreve a afirmarse. Tener demasiados glóbulos indica que quiere golpear a algo o a alguien. Se siente atacada con facilidad. No tener suficientes indica lo contrario, es decir que la persona abandona la partida. Una falta de glóbulos rojos suele provocar anemia.

Blancos:

Falta de seguridad, peligro en el seno de la familia.

"Me defiendo de algo ajeno". "Tengo la impresión de que me quieren mal".

Rojos:

Conflicto de repugnancia. Asco y miedo.

"Me doy asco por…". "Me siento violada, me da asco mi marido y le tengo miedo".

Sugerencias y Recomendaciones

Si te faltan glóbulos blancos, ha llegado el momento de que recuperes la confianza en ti mismo, en tus capacidades y en tus talentos. Sólo tú puedes hacerlo. Lo que crees que no es necesariamente la realidad. Si no logras creer en ti, te sugiero que hables con quienes te conocen para que ellos te digan lo que ven en ti. De otro modo te arriesgas a desanimarte cada vez más y a ver la vida como una carga. Con este problema, tu corazón grita: "Auxilio, quiero alegría en mi vida". Tus recursos están ahí esperando que creas en ellos y que los utilices. Si tienes demasiados glóbulos blancos, no es necesario que sigas creyendo que debes golpearte para que los demás sepan quién eres, y sobre todo, que te quieran como eres. Combatir constantemente es muy cansado. Recibes el importante mensaje de revisar la opinión que tienes de ti mismo y de creer en tu valor, antes de que el desánimo haga presa en ti y tu problema físico se agrave.

Ver sangre.

GÓNADAS

Conflicto de seducción. "Ahora tengo el macho, ahora no".

Cuando una mujer hace quiste de ovarios está buscando macho. Cuando un león mata los churumbeles, la leona hace una necrosis de ovarios, le suben las hormonas para ser receptivos al macho, y en la fase de curación hace quiste. Un quiste puede indicar que está en curación pero que el "macho" ahora lo tiene, ahora no.

Quiste en el ovario izquierdo: es que quiere hijos.

Quiste en el ovario derecho: es un problema con el macho. "!uiero otro macho".

En los dos: Es "yo quiero tener un hijo, pero no con este macho".

Poliquístico: cada quiste es un conflicto. La función de los poliquísticos es copular más. Un cáncer de ovarios rejuvenece a la mujer.

Los pechos son protección. Nunca sexuales. Los ovarios son sexuales.

Sugerencias y Recomendaciones

Revisa tu relación de pareja.

GONARTROSIS

Artrosis de la rodilla. Sumisión.

"Por favor, un poco más de humanidad, flexibilidad…". "Estoy de acuerdo en someterme, pero va demasiado rápido...". "Por favor pare".

Sugerencias y Recomendaciones

Recupero mi poder, comprendo que nadie es más que nadie y que nadie tiene poder sobre los demás.

NUEVO MODELO MENTAL: me amo y me apruebo, no estoy solo/a la vida entera me apoya, estoy divinamente protegido/a, soy libre y capaz de hacer cualquier cosa que me proponga.

GONORREA

También denominada blenorragia, blenorrea y uretritis gonocócica. Es una infección de transmisión sexual provocada por la bacteria *Neisseria gonorrhoeae* o gonococo.

Necesidad de castigo por pensar que se es una mala persona.

Sugerencias y Recomendaciones

NUEVO MODELO MENTAL: amo mi cuerpo y amo mi sexualidad. Me amo.

GOTA

Es una enfermedad metabólica producida por una acumulación de sales de urato (ácido úrico) en el cuerpo, sobre todo en articulaciones, en riñones y tejidos blandos, por lo que se considera tradicionalmente una enfermedad reumática. Originada por alteraciones metabólicas complejas, sólo en el 15% de los casos la gota es una manifestación del organismo debido a los estilos de vida poco saludables de la población, de manera que incluso se presenta en deportistas con alto rendimiento y que con frecuencia tienen problemas de tipo muscular como fatiga frente al exceso de ejercicio.

Cuando afecta al dedo gordo, esta enfermedad le indica a quien la padece que quiere dominar, aunque no se concede el derecho de hacerlo. A menudo, esta persona no parece ser dominante, pero lo es por medios encubiertos. Esta enfermedad indica una falta de flexibilidad, incluso terquedad con respecto a la manera de ver el porvenir. También señala un sentimiento de fastidio hacia alguien o hacia algo.

Generalmente se encuentra en hombres o mujeres muy masculinizadas.

Revalorización ósea +
fase de estrés de los colectores.

"No quiero perder ni una gota, guardo hasta los desechos de la relación vital". "Quiero irme, y mi madre me obliga a quedarme junto a ella".

Necesidad de dominar. Impaciencia, ira.

Sugerencias y Recomendaciones

La gota se caracteriza por una inflamación dolorosa de las articulaciones y se produce por un exceso de acidez. Lo primero que debemos de hacer es eliminar de nuestra dieta los alimentos que contengan ácido úrico, especialmente las carnes rojas y los ácidos lácteos que contiene la leche entera y otros productos derivados de la leche, así como los ácidos cítricos. Definitivamente se eliminará el alcohol, especialmente el vino y los licores.

Esta enfermedad, considerada como una forma de artritis, te dice que te sueltes, que seas tú mismo y que te permitas querer controlar a veces, en lugar de aparentar lo contrario. Te beneficiará darte cuenta de que tus temores con respecto al futuro no están realmente fundados, y también permitirte hablar más de ello. Te sugiero que consultes la descripción de artritis.

NUEVO MODELO MENTAL: estoy a salvo y seguro. Me siento en paz conmigo y con los demás.

CROMOTERAPIA: color curativo verde.

TRATAMIENTO: iniciaremos aplicando el tratamiento al sistema glandular y a los órganos en general para eliminar la acidez y las toxinas, comenzando por el hígado y los riñones, continuando con la próstata, las suprarrenales, el páncreas, el bazo, el timo y la pituitaria.

GRANOS

Un grano es un tumorcito en la superficie de la piel.

La aparición ocasional de algunos granos denota impaciencia y también el hecho de que no se aceptan cambios en los planes, lo cual crea un poco de ira reprimida. Para saber en qué aspecto se vive esta impaciencia, es importante observar para qué sirve el lugar del cuerpo donde aparecen.

Sugerencias y Recomendaciones

Si eres una persona impaciente, te ayudaría ser menos dominante y más flexible cuando las cosas no se presentan como quieres. Es necesario que te adaptes a los imprevistos. Estos se presentan para que vivas experiencias diferentes o como indicador de que aquello que habías previsto no es necesariamente lo mejor para ti. Si tienes un acceso repentino de granos en el rostro, es probable que exista una situación en la que tengas miedo de perder la cara ante los demás. Te sugiero que dejes de creer que ellos son tan exigentes contigo como tú lo eres contigo mismo. Aprende a valorarte más.

Ver piel-granos, acné, eccema.

GRASA

La grasa amortigua y protege las estructuras. También es un aislante y acumula reservas y tiene funciones metabólicas. Las mujeres tienen un poco más de grasa porque su función es nutrir. Normalmente se acumula en la hipodermis.

Si soy una persona que sufre de gordura, soy alguien hipersensible, que necesita protegerse. Esta necesidad de protegerme se halla principalmente al nivel del segundo chakra, el de la sexualidad y del tercer chakra, el de las emociones. Los hombres parecen tener necesidad de protegerse más en ese plano.

Síndrome del abandono o de separación. Alimentación afectiva. "No tuve afecto".

Lipomas: "No me gusta mi cuerpo".

Quistes: "Ataque a la dignidad".

VARIANTES, hay siete:

1. Existencia profunda: retención de líquidos.

2. Falta de alimentos: olesterol y triglicéridos.

3. Sentirse perdido y sin dirección: suprarrenales y cortisol.

4. Sentirse impotente ante una situación: abdomen por ser visto.

5. Camuflaje, aspecto físico: hacerse grande es una solución.

6/7. Miedo frontal y tiroides: confrontación en el trabajo, la casa, la clase...

Varios síndromes:

- Abandono o separación.
- Carencia afectiva: bulimia.
- Mamá tóxica: anorexia (Proyecto Sentido)

- Sentirse perdido y sin dirección: miedo.
- Sentirse desprotegido.
- Camuflaje.
- Miedo frontal.
- No moverse.
- En función de donde esté localizada.

CAUSA PROBABLE: "¿Qué tienes miedo de perder?"

Sugerencias y Recomendaciones

Aprendo a tener confianza en mí mismo y en la vida, para permitir que desaparezca esta grasa protectora. Expreso mis emociones libremente y aprendo a amarme tal como soy.

NUEVO MODELO MENTAL: "Libero de buena gana y con alegría".

GRIPE

Es una afección viral del aparato respiratorio, con varias manifestaciones físicas.

Por medio de la gripe el cuerpo dice: "Ya no puedo más". Se presenta a menudo en la persona a quien le cuesta trabajo expresar sus deseos y manifestar sus necesidades. Se siente ahogada por una situación, e incluso puede utilizarla para salvarse de la misma. Por ejemplo: una secretaria que ya no puede trabajar con su jefe, se contagia de una fuerte gripe para quedarse en casa durante una semana. Su verdadero deseo es trabajar, pero con una actitud interior diferente. La gripe siempre tiene que ver con nuestra relación con alguien.

Se trata de un estado vinculado con un virus que causa fiebre, escalofríos, dolores de cabeza, dolores musculares, estornudos, problemas respiratorios, etc. La gripe que afecta mi cuerpo más violentamente que un resfriado puede obligarme a guardar cama durante cierto período de tiempo. Al ser la gripe una enfermedad infecciosa y que ésta se relaciona con la ira, puedo preguntarme a quien tomo tirria u ojeriza, expresión que significa ¿contra quién estoy yo enfadado? Los síntomas que se manifiestan muy particularmente me indican lo que vivo actualmente: la fiebre está vinculada a la ira, los estornudos con la crítica, al hecho de querer sacarse a alguien de encima o una situación, etcétera. Frecuentemente se trata de una situación conflictual en el plano familiar: se dijo algo o se vivió una situación que "no puedo tragar" porque normas o límites estuvieron transgredidos. Hay pues una pelea en la cual tuve la sensación que mi espacio vital estaba violado o que corría el riesgo de perder algo o a alguien que me pertenecía. Muchos casos de gripe se pueden atribuir a creencias arraigadas en la sociedad, el miedo también, como por ejemplo: "¡Tuve tanto frío hoy, estoy seguro que voy a pillar la gripe!". He de preguntarme porqué tengo la gripe. ¿Necesito reposo? ¿Me obligo a guardar cama para no enfrentarme a mis responsabilidades en el trabajo o la familia, etc.? La gripe también puede nacer después de una situación en la cual viví una gran decepción, un gran disgusto o frustración que me lleva a querer dejar de sentir lo que sucede alrededor mío (nariz congestionada) y que conlleva también una respiración más difícil.

El conflicto de la gripe es: pelea en el territorio. "Me han invadido el territorio". "Me han cogido en frío, o palabras glaciales (silencio glacial)...". "Jarro de agua fría"

Atención a las fiestas familiares.

Peleas = Bronquios.

Cuando padecemos algún tipo de gripe, catarro, resfriado, suele ocurrir que alguna situación de nuestra vida, nos ha hinchado las narices (metafóricamente) y nos está produciendo enfado (conflicto mental) y esa rabia se acaba manifestando en nuestro cuerpo. El conflicto mental al igual que un disgusto provoca el debilitamiento del sistema inmunológico y por tanto mayores posibilidades de enfermar.

Reacción ante creencias populares negativas. Miedo. Fe en las estadísticas.

Creencia de que somos débiles e indefensos o víctimas de una fuerza externa, debido a un estado bajo de ánimo.

Sugerencias y Recomendaciones

La gravedad de tu gripe te indica hasta qué grado te perjudica tu actitud interior ante lo que debes hacer o ser. En lugar de creer que es el único modo de huir de una situación o de una persona, te ayudaría ser consciente de lo que te sucede y cambiar tu actitud interna (casi siempre se trata de una actitud de víctima). ¿Es posible que dramatices demasiado? En lugar de tenerle ojeriza a una situación o a una persona, te sugiero que encuentres un medio de hacer lo que tienes que hacer con más alegría y soltarte, aceptando que posees todo lo necesario para lograrlo con éxito.

Tengo interés en expresar mis emociones y dejar correr mis lágrimas para descongestionar todo mi cuerpo y que se restablezca la armonía.

NUEVO MODELO MENTAL: estoy más allá de las creencias de grupos y de las estadísticas. Estoy libre de toda congestión e influencia.

CROMOTERAPIA: color curativo azul.

DESCRIPCIÓN: cuando no es posible evitar el virus de la gripe, la cromoterapia junto con la reflexología pueden ayudar porque estimulan las glándulas y órganos que esta afección deja en muy mal estado. Se debe tomar mucha agua todos los días.

TRATAMIENTO: comenzaremos con los riñones, el hígado, la vesícula y el bazo para purificar el organismo. Continuamos con el sistema glandular, y finalizamos trabajando con el colon.

GRIPE ESPAÑOLA
Ver cerebro-encefalitis.

HALITOSIS

Se refiere a la persona cuyo mal aliento no proviene de una situación patológica.

Este tipo de mal aliento parece provenir de las profundidades de la persona afectada. Indica que esta persona siente un gran dolor interior y que tiene pensamientos de odio, de venganza o de mucha ira hacia la persona o personas que la hirieron. Estos pensamientos, de los que se avergüenza a menudo hasta el extremo de no querer ser consciente de ellos, le hacen morir lentamente por dentro. En consecuencia, este mal olor contribuye a alejar a sus allegados, cuando en realidad lo que más desea en el mundo es su presencia.

Actitud corrompida, murmuración mal intencionada, tendencia a pensar mal. Rabia e ideas de venganza. Experiencias que las respaldan.

Sugerencias y Recomendaciones

Si verificas que tu mal aliento no proviene de un estado patológico (por ejemplo, mala digestión, caries, etc.), ten en cuenta que no hay herida lo suficientemente grande que no pueda ser sanada por el perdón verdadero. No tienes que vivir sentimientos de impotencia y puedes dejar salir la vergüenza que reprimes en ti. Acepta el hecho de que eres una persona amable y redescubre ese gran corazón que hay en tu interior.

NUEVO MODELO MENTAL: me expreso con amabilidad y amor. Sólo exhalo bien. Con amor dejo marchar el pasado. Elijo expresar únicamente amor.

Ver boca-mal aliento.

HALLUS VALGUS

Juanete, callos.

El callo es una formación córnea que aparece sobre todo en las zonas sometidas a presión o a frotamientos continuos o repetidos.

Las personas que padecen de callos en los pies sienten mucha aprehensión con respecto a su forma de hacer frente al futuro. Frenan sus impulsos naturales y bloquean así los deseos relacionados con el mismo. Si el callo se encuentra en la mano, el significado es idéntico, excepto que la aprehensión se relaciona con el momento presente.

Zonas de pensamiento endurecidas. Aferramiento terco al dolor del pasado.

Callosidades: conceptos e ideas endurecidos. Miedo solidificado.

Juanetes: falta de alegría ante las experiencias de la vida.

Sugerencias y Recomendaciones

El hecho de sufrir por un callo en el pie o en la mano te dice que dejes de creer que no puedes hacer lo que realmente quieres. Descubre el temor que disminuye tus impulsos naturales. ¿Tienes miedo de disgustar a alguien que amas? ¿Temes no tener éxito porque eres demasiado exigente contigo mismo? Tu pie o tu mano te dice que utilices todas tus capacidades, que dejes de constreñirlas.

NUEVO MODELO MENTAL: avanzo libre del pasado. Estoy a salvo; soy libre.

Callosidades:

NUEVO MODELO MENTAL: con confianza acojo y experimento nuevas ideas y actitudes. Me abro para recibir todo lo bueno.

Juanetes:

NUEVO MODELO MENTAL: con gozo avanzo hacia las maravillosas experiencias de la vida.

HANSEN
Enfermedad de Hansen.
Ver lepra.

HASHIMOTO

Enfermedad de Hashimoto. Hipotiroidismo autoinmune. La tiroiditis de Hashimoto es una enfermedad de carácter autoinmune (por autoanticuerpos antitiroideos), causando una inflamación de la glándula tiroides. Es una causa frecuente de hipotiroidismo subclínico primario, por tiroiditis con bocio o con hipotiroidismo franco.

Fase de estrés del conflicto de impotencia. El cuerpo ulcera en los conflictos ectodérmicos.

"Nací en unas condiciones demasiado rápidas, con prisas". "Tengo derecho a existir a condición de que el tiempo se ralentice."

Sugerencias y Recomendaciones

Respeto mis ritmos, son normales, me amo y me apruebo tal y como soy. Soy un ser único, divino y maravilloso.

HELMINTIASIS

Se llama así a la presencia de gusanos (grandes o pequeños comúnmente llamados "lombrices") en el intestino. Las parasitosis más comunes son las producidas por el áscaris, el tricocéfalo y los oxiuros.

Cuando existen muchos áscaris en el intestino se produce malestar, cólicos, debilidad y abultamiento en el vientre de los niños. Los gusanos adultos suelen salir con el excremento, por lo que se puede hacer el diagnóstico de inmediato, o bien mediante análisis de laboratorio para identificar la presencia de huevecillos.

Sugerencias y Recomendaciones

Medidas preventivas de las enfermedades del aparato digestivo. Entre las principales maneras de prevenir el contagio de las enfermedades digestivas están las siguientes:

- Lavarse las manos después de ir al baño y antes de comer.

-Beber agua potable hervida.

- Lavar con agua y jabón las frutas y desinfectar las verduras que se consuman crudas.

- Disponer de excusados o letrinas para desechar las materias fecales.

- Evitar consumir alimentos en la calle.

HEMATOMAS

Equimosis, magulladuras.

Los hematomas nos ayudan para decirnos que debemos tener más cuidado en lo que hacemos y poner más énfasis a nuestra falta de atención

CAUSA PROBABLE: los pequeños golpes de la vida. Auto-castigo.

Sugerencias y Recomendaciones

NUEVO MODELO MENTAL: "Me amo y me cuido. Soy amable y tierna conmigo misma. Todo está bien".

CROMOTERAPIA: color curativo azul añil.

TRATAMIENTO: lo más importante en este caso es estimular la circulación y el funcionamiento completo de órganos y glándulas presionando las zonas correspondientes al cerebro, la pituitaria, las glándulas tiroides y suprarrenales, el sistema nervioso, el hígado y los riñones.

Ver sangre-hematoma/equimosis.

HEMIPLEGIA

La hemiplejia es un trastorno del cuerpo del paciente en el que la mitad lateral de su cuerpo está paralizada. Es normalmente el resultado de un accidente cerebrovascular, aunque también pueden provocarla enfermedades que afecten la espina dorsal o los hemisferios cerebrales.

Impotencia. Criado por dos madres.

"No tengo suficiente fuerza en los músculos para luchar, para impedir al otro actuar sobre mí, impedir el desplazamiento".

Sugerencias y Recomendaciones

Buscar 1/2 Yaciente

Ver cerebro-hemiplejía.

HEMOFILIA

La hemofilia es una enfermedad hereditaria consistente en una falta de coagulación sanguínea; es peligrosa en caso de heridas o de un síndrome hemorrágico. Esta enfermedad afecta solamente a los hombres, aun cuando las mujeres la transmiten.

Sugerencias y Recomendaciones

Ver también hemorragia, agregando que el enfermo de hemofilia tiene algo que resolver con su madre, a quien ha dejado que tome demasiada importancia e influencia en su vida. No digo que esta influencia no sea buena, sino que el hemofílico necesita aprender a conservar su alegría de vivir por lo que es y no por lo que su madre espera de él. Además, le ayudaría dejar que su parte femenina se exprese más y con más alegría.

Ver sangre-hemorragia.

HEMORRAGIA

Una hemorragia es un derramamiento de sangre fuera de los vasos arteriales o venosos, puede ser externa o interna.

En metafísica, la sangre representa el amor a la vida, y por lo tanto, la alegría de vivir. Cuando una persona pierde sangre, su cuerpo está manifestando que una determinada actitud interior bloquea su alegría de vivir en ese momento. Debido a que una hemorragia se produce en forma repentina y con más o menos violencia, se puede concluir que esta persona se ha reprimido desde hace algún tiempo. Por lo general, reprime mostrar su cansancio moral y su angustia. Una vez que llega a su límite, cede repentinamente. Para saber en qué área de la vida desapareció la alegría de vivir, sólo hay que observar la parte del cuerpo afectada, es decir, para qué sirve dicha parte. Si la hemorragia es interna, indica que la persona sufre en silencio y que se empeña en que nadie sepa lo que siente. Vive su dolor en el aislamiento porque cree que no tiene a nadie en quien confiar o que pueda ayudarla.

CONFLICTO: conflicto con la familia. "No puedo pegarme / estoy apartado, de esta familia". "Quiero irme de esta familia". "Hay personas de esta familia que quiero que se vayan". "Soy inepto para pelearme".

Bronquios: "Me angustia, me ahogo".

Ginecología: "Me invade mi nivel sexual".

Recto: "Me impiden ser yo mismo".

Se marcha la alegría. Fastidio. Pero, ¿dónde?

Sugerencias y Recomendaciones

La hemorragia te avisa que es el momento de revisar tu percepción de la vida en el área afectada. Te dice que tomas la vida demasiado en serio y que ha llegado la hora de realizar actividades que te diviertan y te den alegría, en lugar de depositar tu energía en aquello que la consume. También puedes aprender a poner alegría en las actividades que ahora tomas demasiado en serio. Sólo se trata de un cambio de percepción o de actitud interna.

NUEVO MODELO MENTAL: "Soy la alegría de la vida que se expresa y recibe en coordinación perfecta".

Ver sangre hemorragia.

HEMORRAGIA NASAL
Ver sangre-hemorragia nasal.

HEMORROIDES

Las hemorroides son varices ano-rectales; son el efecto de la dilatación de las venas del recto y del ano. Una de sus principales causas es el estreñimiento. La diarrea también puede ser un elemento importante.

Las hemorroides son una indicación de presión creada por estados emocionales y por temores que no se quieren mostrar ni de los cuales se quiere hablar. Esta represión llega a convertirse en una carga. Se manifiestan en la persona que se obliga, que se crea una presión, sobre todo en el aspecto material. Por ejemplo, puede ser una persona que se obliga a hacer un negocio que realmente no le gusta. Como las hemorroides se sitúan en el recto, que es la parte terminal del intestino grueso, la persona que las padece puede ser del tipo que se obliga a terminar algo. Se exige demasiado.

La tensión se crea principalmente por querer "tener" algo o a alguien, a causa de una inseguridad material y una dificultad para tomar decisiones.

Las hemorroides son varices, dilataciones ensanchadas de las venas, una especie de ampolla. Están situadas en la región del ano y del recto. Visto que las hemorroides pueden producirse en los casos de estreñimiento, presión alta, embarazo, voy a comprobar en estas enfermedades si vivo una o situaciones que se vinculan a ellas. Cuando hay dolor, esto se relaciona con estrés; cuando hay hemorragia, se relaciona con una pérdida de alegría. Las hemorroides me indican una tensión y un deseo interior de forzar la eliminación, como si intentase de hacer salir algo muy fuertemente; al mismo tiempo, la acción de retener se manifiesta. El conflicto entre empujar y retener crea un desequilibrio. Las venas permiten suponer una situación indicando un conflicto emocional entre la acción de rechazar y de repulsar y la acción de querer retener y bloquear la emoción en el interior suyo. Por ejemplo, este conflicto puede brotar en los niños que se sienten emocionalmente abusados por sus padres (que quieren rechazarles) y que a pesar de todo los quieren y quieren que se queden con ellos reteniéndoles. Otras causas se relacionan con las hemorroides: un sentimiento intenso de culpabilidad o una vieja tensión mal o no expresada, que frecuentemente prefiero guardar para mí y que vivo frente a una persona o una situación que "me parte el trasero".

El cuerpo me avisa con esta señal. Algo en mi vida necesita estar "aclarado". Seguramente vivo estrés, sobrecarga de presión con relación a la cual me siento culpable. Quizás tengo plazos que respetar y tengo mucha dificultad en soltar, hacer confianza y puedo sentirme obligado a cumplir mis obligaciones y mis responsabilidades incluso si lo que quiero, es hablar y expresar mis necesidades para rectificar o ajustar algunas situaciones. Además, llevo este peso solo porque el orgullo que vivo me incitará a no pedir ayuda a nadie. También puede que viva un sentimiento de sumisión con relación a una persona o a una situación en que me siento disminuido, como si fuera una nulidad.

Sugerencias y Recomendaciones

Cuanto más fuerte sea tu actitud interior de inseguridad, más sufrirás de hemorroides. Para aliviar esta inseguridad, te obligas a "hacer" para "tener". Lo principal es que adquieras confianza en el Universo, es decir, que confíes más en nuestra madre, el planeta Tierra, que existe para proveer de todo a sus hijos.

Te ayudaría mucho aprender a "soltarte", a tener más confianza en ti mismo y a expresar lo que sientes, dándote derecho a tener miedos en el aspecto material. Te sugiero que también consultes los términos estreñimiento y diarrea, así como hemorragia si hay pérdida de sangre.

Cuando hallo la causa metafísica de mi dolencia, tomo consciencia y acepto esta situación temporal que me ayudará a hallar la ayuda para liberarme. Mis pensamientos y mis acciones están sostenidos por el amor. Todo se armoniza en mí y las hemorroides desaparecen.

Ver ampollas, ano, embarazo, inflamación, estreñimiento, sangre-hemorragias/varices, presión arterial-hipertensión.

HEPATITIS

Amenazas. Atrapar o escupir el bocado. (Toxicidad Mental). Miedo a tener carencia de algo. Miedo a un veneno exterior real (quimioterapia) o simbólico (información).

"Tengo la impresión de estar tragando una información envenenada".

Hepatitis A: "Conozco esa toxicidad".

Hepatitis B: "Siento que algo es tóxico pero no veo de donde viene".

Hepatitis y problemas de hígado, es la sede de la rabia, ira, indignación y agresividad reprimida.

Miedo y resistencia al cambio.

Envenenamiento. Debo preguntarme: ¿Qué o quién me está envenenando la existencia?

Resistencia al cambio. Miedo, ira, odio. El hígado es la sede de la indignación y la rabia.

Ver hígado.

Sugerencias y Recomendaciones

NUEVO MODELO MENTAL: "Mi mente está libre y despejada. Dejo el pasado y avanzo hacia lo nuevo. Todo está bien".

La hepatitis es un trastorno del hígado y lo ideal es purificar todo el organismo. Tome agua en grandes cantidades y elimine completamente el alcohol de su dieta, tome fruta y verdura en abundancia.

CROMOTERAPIA: color curativo verde.

TRATAMIENTO: comenzamos con las áreas correspondientes al hígado y riñones. Después continuamos con la vesícula, el colon, sigmoides, ascendente y descendente, la pituitaria, tiroides, páncreas, sistema nervioso, bazo, el timo y las suprarrenales.

Ver hígado-hepatitis.

HERIDA
Ver accidente.

HERNIA

Una hernia es una salida anormal de una víscera o una parte de ella de la cavidad que la contiene.

La persona que sufre de una hernia es aquella que se siente arrinconada. Esta persona quiere salir de una situación mediante una ruptura o una separación, pero su miedo a carecer de algo en el plano material se lo impide.

La hernia es una hinchazón de tejidos blandos o un órgano saliente a través de la pared muscular, ahí donde existe un punto débil que permite esta salida. Puede tratarse de un tumor formado por una víscera que ha salido, a través de un orificio natural o accidental, fuera de la cavidad que lo contiene normalmente. La hernia está provocada por una presión del tejido blando debajo del músculo en el momento en que está débil e infrautilizado. Las hernias pueden variar de lugar. Son más frecuentes a la largo de la pared abdominal (hernia de la pared abdominal). En el diafragma, se llama hernia diafragmática. El lugar indica la naturaleza y su mensaje. Por ejemplo, las de los bebés suelen estar vinculadas con una mala cicatrización del cordón umbilical después de su corte. Esta hinchazón puede expresar mi rechazo como bebé de dejar el tierno nido materno o mi rehúso de nacer. En el adulto, puede representar un gran deseo no expresado de romper con una situación o una persona que me es desagradable y con la cual me siento comprometido. Esto puede referirse a una ruptura de mi pareja provocada por mí o mi cónyuge y que tengo dificultad en aceptar. ¿Me parece pesada la vida que llevo? También puede expresar un autocastigo porque me culpo, sintiéndome impotente o incapaz de realizar ciertas cosas. Vivo así mucha frustración frente a mí mismo. Por el control de mi coacción, alcanzo un nivel en el cual todo explota o más bien "implota" dentro de mí. Visto que no he liberado exteriormente mi desamparo, debe hallar un modo de salir. La pared abdominal protege mis órganos internos y los mantiene en su lugar. Por consiguiente, la hernia en el músculo puede estar vinculada al deseo de guardar mi universo en su lugar sin permitir la liberación de la agresividad o expresiones más fuertes. ¿Me permite liberarlas? Puedo sentirme culpable de estar en este estado y me siento empujado y forzado a ir demasiado lejos, o intento cumplir mi objetivo de un modo excesivo. Hay un "impulso mental" (estrés) que intenta brotar. Quiero salir de un estado o de una situación que no es agradable y en el cual me siento obligado a quedarme. Se trata de cierta forma de autocastigo.

Sugerencias y Recomendaciones

En lugar de sentirte prisionero en una situación que no deseas, dedica un tiempo a verificar contigo mismo lo que quieres realmente. Date cuenta de que tu actitud interior es la que te impide encontrar una salida y te hace creer que no puedes conseguirlo por ti mismo. Tu cuerpo te dice que hagas todo lo necesario para lograrlo. Da primero un paso y luego otro, y pronto lograrás tu meta.

Ha llegado el momento de una nueva salida. Necesito expresar mi creatividad. Ahora, me permito ser yo mismo exteriorizándome más libremente. Vivo más amor hacia mí y los demás porque sé "Quien Soy".

hernia crural

Una hernia femoral o crural es una protrusión (desplazamiento de un órgano o estructura hacia adelante) del contenido de la cavidad abdominal o pelviana por un punto débil del conducto crural debido a un defecto o debilitamiento de la pared abdominal. Es la hernia más común en la mujer y conlleva una elevada incidencia de estrangulación del contenido herniado, mayormente un asa del intestino delgado. Se hace visible por encima y por fuera de la sínfisis púbica en la forma de un abultamiento ovalado en la parte superior del muslo, ocasionalmente doloroso.

Historias sexuales. Querer otra pareja sexual (amantes).

Otro problema, pueden ser los partos difíciles, por tener la pelvis estrecha…

"Yo hubiera querido que se abriera un poco más".

Lado izquierdo: "Yo querría, pero no me atrevo" (Deseo contrariado).

Lado derecho: "Lo he hecho, y me arrepiento, me siento culpable" (acción contrariada).

El 90% de estas hernias se producen en el infundíbulo crural, en la celda linfática.

Sugerencias y Recomendaciones

Nuevo Modelo Mental: "Me amo y me apruebo, no estoy solo, la vida entera me apoya y me sostiene. Soy libre y capaz de cualquier cosa que me proponga. Doy y recibo amor por donde quiera que vaya. Fluyo fácilmente por todas las situaciones que me plantea la vida, me expreso y amo con facilidad. Todo es perfecto en mi mundo".

hernia discal

La columna vertebral está compuesta por treinta y tres vértebras y su flexibilidad se debe a la interposición, entre una vértebra y otra, de un disco en forma de lente biconvexa, llamado disco intervertebral. Cuando uno de estos discos se disloca afecta de inmediato a la flexibilidad de la columna y, con frecuencia, obliga al sujeto a permanecer inmóvil. En general, el dolor es bastante intenso.

A menudo se utiliza la expresión envarada cuando una persona sufre de hernia discal. Este incidente le indica a quien lo sufre que sus pensamientos le envaran, le impiden avanzar en lo que había proyectado. Le cuesta trabajo tomar decisiones. Espera recibir más apoyo de la vida o de los demás antes de decidirse.

Un disco es una estructura redonda y llana situada entre cada par de vértebras de la columna vertebral y rodeada de una sustancia similar a la jalea (algo como una gelatina) que sirve para amortiguar. En una hernia discal, la presión viniendo de una o varias vértebras comprime esta masa gelatinosa y la hace salir, reduciendo el efecto amortiguador y creando dolor en los nervios vecinos. En una hernia discal, además de lo que significa una hernia, hay una soltura anormal de los líquidos, implicando, desde un punto de vista metafísico, las emociones. Hay también dolor en los nervios, implicando la energía mental y la culpabilidad. Todo esto indica un profundo conflicto afectando todos los aspectos de mi ser. En la situación de la hernia discal, la palabra clave aquí es presión. Puedo sentirla al nivel de mis responsabilidades familiares, financieras, de mi trabajo, etc. Es como si ejerciera una presión sobre mí mismo sobrepasando mis límites, tomándome por alguna otra persona. Esta presión puede venir de mí, de los demás o de algún otro sitio. Tengo la sensación de estar solo en la vida y de no tener ningún apoyo, dudando en confesarlo a los demás y, sobre todo, a mí mismo. Lo cual me da la sensación de estar preso e indeciso.

Sensación de no recibir ningún apoyo de la vida. Indecisión.

Suele ser debida a recidivas del conflicto de desvalorización que corresponde a la problemática emocional de las dos vértebras en cuestión.

CONFLICTO:

1. (20%) ¿Qué es mi vida? ¿Qué voy a hacer con ella? Mis proyectos, ¿qué pienso sobre ellos? ¿Qué es lo que quiero hacer? (buscar dirección)

2. (80%) Dolor en pierna izquierda= L5 (vértebra lumbar 5)colaterales (hermanos, marido / mujer, amantes): cerebro derecho, cerebro de la acción.

Sugerencias y Recomendaciones

Si eres una de estas personas, te ayudaría adquirir el hábito de decidirte más rápido. Conviértete en tu propio apoyo en lugar de esperar el de los demás o que todas las circunstancias sean perfectas. Adquiere más confianza, arremete en línea recta hacia adelante, manteniéndote más flexible frente a tus límites. Concédete el derecho de vivir experiencias y de aprender viviéndolas. La palabra disco también se utiliza para designar el objeto en que se graban uno o varios estribillos. Quizás ha llegado el momento de que cambies el "estribillo" de tu vida....

Es importante que me refiera a la parte afectada de la espina dorsal para comprender mejor lo que me pasa. Ahora me siento sostenido por la vida. Me libero de cualquier culpabilidad o presión; Me amo tal como soy. Hago lo mejor que sé y dejo el resto a Dios.

NUEVO MODELO MENTAL: "La vida apoya todos mis pensamientos; por lo tanto me amo y me apruebo. Todo está bien".

hernia de hiato

Personas que cierran menos el cardias. Lugar donde el esófago pasa el diafragma y termina en el estómago. No se cierra y todos los ácidos suben y me queman. ¿Para qué dejo abierto el paso? Para dejar entrar más alimento (alimento emocional: amor).

(Algo reciente). Un nudo en el estómago. Contrariedad familiar.

"Estoy en un sentimiento de falta muy fuerte y dejo la puerta abierta para poder recibir más". "Quiero más amor, más alimentos buenos". "Estoy en un callejón sin salida y quiero salir". "Quiero más amor".

"No me siento reconocido y me abro al reconocimiento familiar".

DOS PUNTOS:

a) Quiero más amor.
b) Desavenencias familiares recientes.

¿Qué tipo de contrariedad he tenido hace unas horas o ayer?

Sugerencias y Recomendaciones

NUEVO MODELO MENTAL: "Me amo y me apruebo, no estoy solo, la vida entera me apoya y me sostiene. Soy libre y capaz de cualquier cosa que me proponga. Doy y recibo amor por donde quiera que vaya. Fluyo fácilmente por todas las situaciones que me plantea la vida, me expreso y amo con facilidad. Todo es perfecto en mi mundo".

HERPES

La piel es falta de contacto. El ser humano debe de sentir el contacto para estructurarse correctamente. Normalmente se localiza en los labios de boca y genitales. Epidermis, mucosa y nervios.

El herpes, tipo de erupción cutánea agrupada de vesículas inflamatorias se llama comúnmente fuegos fieros. Este virus infecta una cantidad innumerable de gente y además, se queda en el cuerpo para siempre. Incluso aparece después de varios años de "sueño". El virus herpes simplex (HSV) puede básicamente brotar bajo forma de úlceras afectando sobre todo la boca, los labios o las partes genitales. Causas están vinculadas con el herpes:

- Esto puede ser frustración porque no pude realizar ciertos deseos y me siento algo "impotente", "incapaz".

- Quiero apartar a alguien para no dejarme besar; o bien porque lo juzgo o bien porque quiero castigarlo.

- Puedo estar enfadado conmigo por haber dicho palabras ofensivas.

- Puede que haga un juicio severo contra una persona del sexo opuesto y generalizándolo a todo el conjunto (Ejemplo: los hombres todos son...").

Son modos de mantenerme a distancia de los demás porque las regiones en las cuales se desarrolla el herpes son habitualmente los labios y las partes genitales, lugares básicos para la comunicación personal, verbal o afectiva con las demás personas. Las úlceras pueden indicarme que vivo una pena emocional y mental (porque están implicados el tejido blando y los fluidos), que vivo un tipo de erupción o un gran dolor interior. Ya que beso con los labios a las personas amadas (cónyuge, hijos, padres, etc.), el herpes bucal me indica que puede que viva una situación en la cual hay una separación de una persona que solía besar. El contacto al nivel de la piel de los labios ha sido quitado por algún motivo y se manifiesta el herpes. En la nariz (más escasamente), el herpes me indica que puedo vivir rabia vinculada con el hecho que se piensa, en mi entorno, que "meto la nariz por todas partes". Las erupciones parecen estrechamente vinculadas al estrés y a las situaciones conflictuales, especialmente cuando hago algo con desgana o cuando voy a la inversa de mis sentimientos interiores (ej.: cuando tengo una experiencia sexual con una persona con la cual no quiero estar). Así pues, el herpes puede darme el mensaje que vivo una pena, un cansancio frente a la vida, una falta de amor propio. Este virus plantea todo los temas de vergüenza, culpabilidad, compromiso y negación de sí frecuentemente vinculados con la sexualidad (observando la parte del cuerpo afectada, podré hallar la causa). Ceso de juzgarme y de juzgar a los demás con severidad.

CONFLICTO: conflicto de separación + suciedad (mancillado).

Boca: "No tengo mis dosis de besos". "Me siento sucio y mancillado porque no me besan". "Quiero distanciarme de esta separación porqué la veo sucia". "Me empacha tanta dulzura".

Deseo ardiente y reprimido de maldecir.

Sugerencias y Recomendaciones

Aprendo a abrirme a los demás. Me hago más confianza en mis relaciones íntimas. Me amo más y vuelve el sol en mi vida. Estoy orgulloso de ser quien soy.

NUEVO MODELO MENTAL: "Pienso y digo palabras de amor. Estoy en paz con la vida".

CROMOTERAPIA: color curativo verde.

TRATAMIENTO: en primer lugar, daremos masaje a las áreas del sistema nervioso, las glándulas tiroides, el timo y suprarrenales, hasta eliminar todas las partes dolorosas, para continuar con un masaje al hígado, el bazo, los riñones, la pituitaria, la próstata o los ovarios.

herpes labial

Enfado, disgusto y temor de expresarlo.

Resistencia. Falta de protección emocional. Enfado que carcome y temor de expresarlo.

Sugerencias y Recomendaciones

NUEVO MODELO MENTAL: "Fluyo suavemente con la vida y con cada experiencia nueva. Todo está bien. Sólo me creo experiencias agradables porque me amo. Todo está bien.

herpes genital o vaginal

El herpes es una enfermedad viral muy frecuente. El virus causa infecciones herpéticas que se localizan en las regiones genitales (vulva, pene, vagina, cuello uterino) o paragenitales (ano o nalgas). Esta infección se manifiesta por medio de pústulas y lesiones muy dolorosas que tardan más o menos quince días en cicatrizar.

Esta enfermedad proviene de sentimientos de culpa relacionados con la sexualidad. La persona afectada quiere castigarse por haber utilizado mal sus órganos genitales. Es una persona que tiene deseos sexuales, pero sus conceptos muy arraigados del bien y del mal dirigen su vida. Con frecuencia sucede que las personas que sufren esta enfermedad culpan a alguien en lugar de aceptar sus propios deseos.

El herpes vaginal, según la creencia popular, procede de la culpabilidad sexual y del deseo inconsciente de autocastigarse. El herpes genital puede aparecer si hay ausencia de contacto sexual. Puede que tuviera un cónyuge y nos separamos. O bien podemos estar separados físicamente por ejemplo si uno de los dos se ha marchado de viaje de negocios por cierto período de tiempo. Careciendo de contacto físico con la piel de mis órganos sexuales y viviendo difícilmente esta "separación", manifestaré mi malestar con un herpes vaginal. También puede que mi frustración sea viva en lo que a mis relaciones sexuales se refiere, bien porque no son satisfactorias o al contrario, son plenamente satisfactorias y me hacen recordar algo doloroso. O sea, puedo preguntarme porqué he estado tantos años viviendo insatisfacción cuando hoy, esto funciona tan bien, ¿por qué no he conocido esto antes? En la educación religiosa popular, se iba hasta pretender que esto era querido por Dios para castigarnos. El sentimiento de vergüenza me lleva incluso a querer negar, a no aceptar mis órganos genitales. Las partes genitales fueron las cabezas de turco de muchas religiones.

Culpa sexual, remordimientos. Creencia popular en la culpa sexual y la necesidad de castigo. Escarmiento público. Fe en un Dios que castiga. Rechazo de los genitales.

Sugerencias y Recomendaciones

Los dolores producidos por el herpes representan los que te ocasiona tu actitud mental con respecto a tu vida sexual. Te ayudaría mucho concederte el derecho de tener deseos y revisar tu educación en este aspecto. Esta última te impide ser tú mismo y te obliga a vivir en la represión. Cuando una vocecita dentro de ti te dice que eso está mal, sé consciente de que ello proviene de tu educación y representa las creencias de otros. Debes decidir de una vez por todas si quieres seguir creyendo en lo mismo. Además, al impedir que tu sexualidad se exprese, impides que tu capacidad de crear se manifieste con plenitud. Las dos están íntimamente ligadas, ya que la energía sexual representa tu poder de crear.

NUEVO MODELO MENTAL: "Mi concepto de Dios me apoya. Soy normal y natural. Disfruto mi sexualidad y de mi cuerpo. Soy una persona maravillosa. Amo mi cuerpo y me alegro de mi sexualidad. Dios me hizo a su imagen. Estoy asombrado de la belleza que soy".

Ver piel-comezones, vagina-vaginitis.

HIDROCEFALIA

Esta enfermedad es una acumulación anormal de líquido cefalorraquídeo que provoca una presión en los ventrículos cerebrales y ocasiona un aumento en el volumen del cráneo.

Debido a que el agua es un enlace metafísico con el cuerpo emocional, la persona que acumula demasiado líquido en su cabeza es aquella que acumula demasiadas emociones. Incluso cree que ella "es" sus emociones. Por lo tanto, es una persona hiperemotiva y todo su pensamiento está sesgado por su forma de sentir. También tiene dificultad para saber quién es realmente, y tiene miedo de que se rían de ella.

Sugerencias y Recomendaciones

Si éste es tu caso, es urgente que aprendas la diferencia entre sensibilidad y emotividad, y también que empieces a expresar lo que sientes en lugar de acumularlo todo dentro de ti. Si lees esta descripción porque un bebé sufre esta enfermedad, se trata de un alma que trae esta actitud desde una vida pasada. Léele lo escrito sabiendo que recibirá el mensaje. Con su nuevo cuerpo, esta alma tiene toda la responsabilidad de resolver lo que todavía no ha resuelto. Los adultos sólo pueden orientarla; no pueden solucionarlo por ella.

HIDROFOBIA
Ver rabia.

HIEDRA VENENOSA

Erupción por hiedra venenosa.

CAUSA PROBABLE: sensación de desamparo e indefensión ante un ataque o agresión.

Sugerencias y Recomendaciones

NUEVO MODELO MENTAL: "Soy poderoso, estoy a salvo y seguro. Todo está bien".

HÍGADO

Algunos de los problemas del hígado pueden ser abscesos, cálculos biliares, cirrosis, crisis hepática, hepatitis, ictericia y tumores.

Los problemas del hígado se manifiestan cuando la persona hace demasiado, se preocupa por todo lo que sucede a su alrededor en lugar de digerirlo bien, es decir, adaptarse a los acontecimientos. Tiene miedo de las consecuencias, sobre todo de fallar en algo. Esta dificultad de adaptación a una situación nueva le hace sentir mucho enojo y descontento. Estos problemas también indican una actitud depresiva, aun cuando sea inconsciente. En metafísica, el hígado es el lugar del enojo reprimido. La persona afectada por los problemas hepáticos suele ser del tipo que no se ofende porque se siente indefensa, incompetente ante las ofensas. Se muestra en desacuerdo con los que se ofenden, sobre todo con aquellos que pierden el control, porque ella se esfuerza mucho para no demostrar nada. Siente amargura y tristeza. Cuando lleva mucho tiempo reprimiéndose, en lugar de sufrir un ataque de enojo y desahogarse, sufre una crisis hepática.

El hígado es el órgano más grande del cuerpo. Tiene funciones de almacenaje, de depurar, de metabolizar... Es el laboratorio del cuerpo.

Los problemas del hígado pueden venir por muchas causas como por el abuso del alcohol, etcétera.

CONFLICTO de Falta= Hambre + dinero + familia (herencias). Miedo a no tener lo suficiente para comer. Conflicto de carencia = cáncer y nódulos (cuando estamos enfermos dejamos de trabajar). El hígado también tiene función de limpiar, de filtrar. Si alguien siente que le están intoxicando (por medicación que debe tomar, etc...) puede también aumentar la masa del hígado. Tiene que ver con la fe (foie=fe).

CONFLICTO con la espiritualidad. Sentido biológico: Necesito fabricar mucho hígado para absorber el máximo de alimento

"Morirse de hambre". "Mi familia me come el hígado".

En la familia hay historias de herencias.

Puede ser que haya memorias en el transgeneracional de haber pasado hambre, de conflictos de herencia... Incluso falta de afecto importante.

Sede de la rabia, de la crítica y de las acciones primitivas. Hábito de quejarse. Justificación de las críticas para auto engañarse. Sentirse mal.

Representa valores morales, ideología, vinculación, hambre ancestral.

Plexo solar: reacciones viscerales. Centro del poder intuitivo.

Sugerencias y Recomendaciones

Debido a que el hígado tiene una función vital en la coordinación de las diferentes funciones del cuerpo humano, un problema en este órgano indica que te estás olvidando de coordinar bien lo que sucede en tu vida. En lugar de adaptarte a los acontecimientos y a las personas, los juzgas, quieres cambiarlos y te bloqueas internamente al poner demasiada atención a lo que ocurre en tu mente. Cada enojo interno es una indicación de que te olvidas de ponerte en el lugar del otro y de que quieres tener razón. Por lo tanto, te sientes ofendido con facilidad. Tu hígado te indica que debes dedicar tiempo a acomodar dentro de ti lo que pasa a tu alrededor antes de sacar conclusiones con demasiada rapidez. También te dice que tienes todo lo necesario para defenderte.

NUEVO MODELO MENTAL: "Amor, paz y alegría, eso es todo lo que conozco. Escojo vivir en el espacio abierto de mi corazón. Busco el amor y lo encuentro en todas partes".

CROMOTERAPIA: color curativo verde.

TRATAMIENTO: comenzaremos nuestra terapia por los riñones, que deben funcionar perfectamente bien para evitar procesos infecciosos. Continuamos con las zonas del hígado y la vesícula, las suprarrenales, el páncreas, el timo, el sistema nervioso, la pituitaria, el tiroides, los ovarios o la próstata y la vejiga.

Plexo solar:

NUEVO MODELO MENTAL: "Confío en mi voz interior. Soy un ser fuerte/sabio/poderoso".

hígado
abceso del hígado

El hígado está relacionado con la crítica y un absceso del hígado indica una gran insatisfacción en mi vida, que puede proceder del hecho que los acontecimientos no se desarrollan como quiero, que me preocupe demasiado para ciertas situaciones o que la alegría y el amor que alimentan mi vida sean insuficientes.

Sugerencias y Recomendaciones

Éste es un mensaje que me da la vida para desarrollar mi flexibilidad y mi apertura y hacer que yo busque el amor y la comprensión que necesito para descubrir más este amor que está en mí.

hígado
crisis del hígado

El hígado metaboliza los alimentos, elimina los excesos de proteínas, grasa y azúcar y purifica la sangre de sus impurezas. Es esencial a la vida. Es conocido como la "sede de la ira y de la crítica". El hígado también está vinculado con mi comportamiento y representa la facilidad de adaptación a los acontecimientos y a las circunstancias de la vida. Las emociones negativas que siento (pena, odio, celos, envidia, agresividad) traban el buen funcionamiento del hígado. Mi hígado tiene la capacidad de acumular estrés y tensión interior. Es también en mi hígado donde se depositan mis pensamientos y mis sentimientos amargos e irritantes que no han sido expresados o resueltos.

Sugerencias y Recomendaciones

Cuando limpio mi hígado por medios fisiológicos, (por la fitoterapia o de otro modo) o energéticos, entonces me siento más calmado y en mejor contacto conmigo mismo. Los desórdenes del hígado pueden incluso llevarme a vivir la depresión, ésta siendo percibida como decepción frente a mí mismo. Puedo vivir en ese momento tristeza, cansancio, una dejadez general. Cuando mi hígado está sucio, afecta los niveles espirituales e interiores de mi consciencia. Puedo perder mi vía y la dirección que debo tomar. El hígado da la vida y también puede alimentar mi miedo a esta misma vida. Debo yo actuar para que me de la vida.

Ver indigestión.

hígado
cirrosis del hígado

Es una crisis global de las funciones fisiológicas del hígado. El alcoholismo es el factor principal (en promedio, 90% en el hombre y 75% en la mujer). Al principio, los trastornos son de orden digestivo (pérdida del apetito, digestión lenta y pesada, ardor gástrico) y de orden general (fatiga, adelgazamiento). Después los problemas se vuelven más graves y de orden vascular.

La cirrosis es una enfermedad inflamatoria del hígado causada, entre otras cosas, por el consumo abusivo de alcohol. La cirrosis se encuentra en el que se siente empujado por la vida, por acontecimientos o ciertas situaciones que le obligan a avanzar. Sintiéndome empujado contra mi voluntad, resisto y me agarro a mis opiniones. Vivo con rencor y agresividad. Esta enfermedad es el reflejo de mi ira, mi resentimiento frente a la vida y a lo que me sucede. Estoy lleno de una agresividad interior latente y me culpo constantemente porque tengo la convicción de haber "equivocado" mi vida. Paso mi tiempo culpándome y criticando a los demás. Me endurezco tanto que ya no consigo ver la luz al final del túnel.

Sugerencias y Recomendaciones

Véase la descripción en problemas del hígado. Sin embargo, como la cirrosis es la enfermedad hepática más importante, debe tenerse en cuenta que quien la sufre ha llegado a un estado de urgencia y debe corregirse. Su cuerpo le habla de una manera muy clara. Le dice que ha llegado a sus límites físico, emocional y mental, y que sólo él puede remediarlo. Su manera de ver la vida está a punto de destruirlo. Debe dejar de rebelarse y de creer que la vida es muy injusta.

Para ayudarme a reanudar con la vida, acepto vivir el instante presente y ver todo lo bueno que me está sucediendo "ahora". Abro mi corazón y presto atención a cada gesto, en cada acción aquí y ahora y aprendo a no ser tampoco un juez severo. Siendo más tolerante conmigo mismo, lo seré también hacia los demás, lo cual me traerá mucha más armonía y felicidad en mi vida. Compruebo mis intenciones verdaderas, me mantengo abierto al amor y me perdono en lo que soy.

hígado
dolores de hígado

El hígado es la glándula más grande del cuerpo. Sus funciones lo convierten en uno de los órganos más importantes y más complejos del organismo. Vierte sus secreciones (una de los cuales es la bilis) al intestino, participando así en el proceso digestivo. Interviene activamente en el metabolismo de los glúcidos (azúcares), los prótidos (proteínas) y los lípidos (grasas). Colabora en la coagulación sanguínea y tiene una función antitóxica. La alteración de una de estas funciones es signo de un problema hepático. Algunos de ellos son: abscesos, cálculos biliares (piedras), cirrosis, crisis hepática, hepatitis viral, ictericia y tumores.

Los problemas del hígado se manifiestan cuando la persona hace demasiado, se preocupa por todo lo que sucede a su alrededor en lugar de digerirlo bien, es decir, adaptarse a los acontecimientos. Tiene miedo de las consecuencias, sobre todo de fallar en algo. Esta dificultad de adaptación a una situación nueva le hace sentir mucho enojo y descontento.

Estos problemas también indican una actitud depresiva, aun cuando sea inconsciente. En metafísica, el hígado es el lugar del enojo reprimido. La persona afectada por los problemas hepáticos suele ser del tipo que no se ofende porque se siente indefensa, incompetente ante las ofensas. Se muestra en desacuerdo con los que se ofenden, sobre todo con aquellos que pierden el control, porque ella se esfuerza mucho para no demostrar nada. Siente amargura y tristeza. Cuando lleva mucho tiempo reprimiéndose, en lugar de sufrir un ataque de enojo y desahogarse, sufre una crisis hepática.

Los dolores de hígado proceden de mi propia actitud. Mis frustraciones acumuladas, mis odios, mis celos, mi agresividad contenida son factores activadores de los problemas del hígado. Estos sentimientos esconden miedos que no pueden expresarse de otro modo. Tengo tendencia a criticar y juzgar a los demás con facilidad. Me quejo constantemente. Resisto a alguien o a algo. Vivo mucho disgusto. Acepto difícilmente tales como son. La alegría de vivir es frecuentemente inexistente porque tengo envidia de los demás, lo cual me perturba y me pone triste. Sin embargo, ¿hasta qué punto estoy listo para hacer esfuerzos, tanto en el plano material como en mi caminar espiritual? Aún no he comprendido que lo que yo reprocho al otro sólo es el reflejo de mí mismo. Sólo es mi espejo. Me quejo constantemente y pido a los demás que cambien. ¿Dónde está mi buena voluntad? ¿Cuál es el esfuerzo por mi parte? También carezco de alegría de vivir, simplicidad. Podré desarrollar un cáncer de hígado si todas las emociones que me son nefastas me "agobian" desde un buen tiempo. Frecuentemente, resulta de un conflicto con relación a la familia o al dinero, especialmente cuando tengo miedo de carecer de algo.

Ver cálculos biliares, ictericia.

Sugerencias y Recomendaciones

Debido a que el hígado tiene una función vital en la coordinación de las diferentes funciones del cuerpo humano, un problema en este órgano indica que te estás olvidando de coordinar bien lo que sucede en tu vida. En lugar de adaptarte a los acontecimientos y a las personas, los juzgas, quieres cambiarlos y te bloqueas internamente al poner demasiada atención a lo que ocurre en tu mente. Cada enojo interno es una indicación de que te olvidas de ponerte en el lugar del otro y de que quieres tener razón. Por lo tanto, te sientes ofendido con facilidad. Tu hígado te indica que debes dedicar tiempo a acomodar dentro de ti lo que pasa a tu alrededor antes de sacar conclusiones con demasiada rapidez. También te dice que tienes todo lo necesario para defenderte.

Es tiempo que tome consciencia que debo aceptarme tal como soy y aprender a amarme más. Ser capaz de amor y comprensión hacia mí abre la vía a mi comprensión y al amor de los demás. Recobro la alegría de vivir.

Ver cálculos biliares, ictericia.

hígado
hepatitis

La hepatitis es una afección inflamatoria del hígado provocada por un agente infeccioso, por algunos compuestos químicos o por un virus.

La hepatitis es una infección del hígado causada o bien por un virus, por bacterias, por el alcohol o por medicamentos, y afecta totalmente el cuerpo. Los síntomas son la debilidad, la ictericia, la pérdida de apetito, las náuseas, la fiebre y el malestar abdominal. El hígado es el "dador de vida", limpiando la sangre de sus venenos y excesos, y conservando nuestro estado emocional (la sangre) en un justo equilibrio. El hígado es el lugar en donde puedo acumular emociones intoxicantes y excesivo odio. Es la sede de la ira. Las palabras o enfermedades acabando por "itis", como hepatitis, indican irritación, ira. La hepatitis puede estar vinculada con mis relaciones personales o con una situación difícil. Este conjunto de emociones negativas trae debilidad y desesperación y causa ira, culpabilidad y conflictos de prioridades. Cuando "me quemo la sangre" por nada, esto me lleva a vivir mucha ira, rencor, rabia e incluso odio que puede llevar a la violencia contra uno mismo, o contra los demás. La hepatitis viral A tiene su origen en un rencor que puedo tener frente al mismo alimento o frente a un problema de connotación alimenticia. La hepatitis viral B manifiesta un rencor vivido con algo o alguien que me ha sido impuesto. Es como si hubiese estado proyectado dentro de una situación que rechazaba. Por ejemplo, me pueden haber obligado a participar a un concurso de danza. La hepatitis viral C se produce después de un gran rencor en relación con lo desconocido. Por ejemplo, ¿Quiénes son mis padres? ¿Dónde nací? Puedo sentir mucha resistencia frente a nuevas situaciones en mi vida que me llevan a aportar cambios. Puedo desear engancharme a mis prejuicios/ideas preconcebidas.

Ver alcoholismo, infección, inflamación.

Sugerencias y Recomendaciones

Aprovecho el tiempo de reposo que debo tomar para hacer el balance sobre mi vida. Me libero de los prejuicios, iras que entretenía en mí. Ver problemas en el hígado. Para la hepatitis infecciosa o epidémica, ver la explicación metafísica de epidemia.

hígado
piedras en el hígado
Ver cálculos biliares.

HIGROMA
Ver rodillas-dolores.

HIJOS GEMELOS

El sentido puede estar ligado al hipotiroidismo en la familia. "Hay que tener hijos rápido, hacemos dos en un único embarazo".

Tener gemelos se explica como conflicto de pérdida o de miedo a perder un hijo, hacer un hijo de reserva.

HINCHAZÓN

La hinchazón aparece generalmente cuando vivo una resistencia emocional y que reprimo mis emociones. Acumulo emociones porque vivo impotencia o que no sé cómo expresarlas para evitar herir a alguien o sencillamente recibir yo mismo una herida.

Sugerencias y Recomendaciones

La hinchazón también puede ser un medio de protección y puedo preguntarme: ¿Por qué siento yo la necesidad de protegerme? ¿Y frente a quién o a qué"? Aprendo a expresar lo que vivo para liberarme y así hacer desaparecer estas hinchazones.

hinchazón
abdomen

La hinchazón del abdomen me permite tomar consciencia de que vivo una frustración para con mi cónyuge, mis hijos o mi familia. Probablemente me siento limitado en el plano afectivo o en la expresión de mis sentimientos hacía personas de mi entorno.

Sugerencias y Recomendaciones

Si tomo el tiempo, me doy cuenta que cambiando mi modo de ver las cosas y teniendo una actitud más positiva, tomo consciencia de toda la abundancia que está en mi vida, tanto en los planos afectivo, intelectual, emotivo, material, etc.

hinchazón
abotagamiento

La hinchazón y el abotargamiento proceden del hecho que mis riñones no funcionan bien. Limitación es la palabra clave. Retengo todo lo que quiero para mí porque me siento bloqueado, limitado. Incluso mi mecanismo de pensamientos está "fijado". Tomo tanto en consideración los sentimientos de los demás que hago abstracción de los míos. Tengo miedo de expresar lo que siento. Me siento sin poder y vivo melancolía, tristeza y un gran cansancio. Pienso que estoy destinado a fracasar, lo cual me impide ir hacia delante. Desarrollé un complejo de inferioridad y tengo mucho miedo. Puedo tener el sentimiento que la vida es muy injusta, viviendo un gran vacío interior y mucha melancolía. No puedo actuar para mí, demuestro pues mucha autoridad hacía los demás e intento tomar decisiones por ellos.

Sugerencias y Recomendaciones

Ya que escondo a todo el mundo lo que me molesta; tomo consciencia que me es urgente expresar mis necesidades. Acepto aprender a comunicar mis necesidades y comprendo que es posible hacerlo sin que la otra persona se sienta atacada. Autorizándome a ser yo mismo, recupero la alegría de vivir y en consecuencia, un renuevo de energía. Mi comprensión hacia los demás se hace más grande porque me expreso y me comprendo mejor yo mismo.

hinchazón
vientre

Las hinchazones de vientre se deben a una hinchazón de aire o de agua al nivel del estómago y de la barriga. Se vinculan a una frustración afectiva, al sentimiento de estar insatisfecho en el plano afectivo. Digo sentimiento porque es una creación de mi mente, la impresión cerebral que mi estómago siempre quiere más, que quiero aún más atención y afecto. No consigo realmente ver lo que la vida me da que sea tan bien.

Sugerencias y Recomendaciones

Verifico sinceramente en qué punto estoy realmente colmado afectivamente. Siempre es cuestión de percepción interior. Ahora soy consciente de que la vida me da exactamente lo que necesito en el momento presente. Acepto "ser" una persona sonriente, vivir y ver los lados bellos de la vida y quedarme abierto.

Ver estómago, estómago-dolores, gas.

HIPERACTIVIDAD

La hiperactividad se vuelve a encontrar frecuentemente en los niños cuyas actividades son intensas y constantes. Está bien hacer la distinción entre un comportamiento dinámico e hiperactivo. Si soy un niño hiperactivo, tengo un comportamiento turbulento y molesto, incluso extraño. Es el modo habitual que tengo de ignorar las situaciones y las circunstancias alrededor mío volviéndome tan implicado en lo que hago que no debo poner la atención en "mi" realidad inmediata, quizás porque esta realidad no es alentadora ni me sostiene. Es un modo de rebelarme contra las circunstancias y los sentimientos que no se expresan sino que son más sentidos (como los miedos hacían los padres y las inhibiciones). Sabemos que la hiperactividad está causada por los aditivos artificiales: el exceso de azúcar, los colorantes y el "fastfood". El alimento de este tipo suele ser el símbolo del padre que intenta colmar el amor del cual pueda yo carecer. Por ejemplo: me da chocolate cuando más necesitaría un abrazo. Cuando soy un niño hiperactivo, suele ser porque necesito estar más centrado en mi yo interior y mi corazón. Como padre o madre, antes de poner a mi hijo bajo medicación, más valdría intentar tratamientos que actúan en el plano energético como por ejemplo la relajación, la acupuntura, la homeopatía, etc. Puede ser que el niño sea hiperactivo porque está en resonancia o si se quiere, en contacto interior con lo que se llama nuestro niño interno (el niño interno del padre) el cual vive una gran tensión o una gran inseguridad. ¿Si nosotros mismos como padres, no estamos energéticamente centrados, cómo pedir a nuestro hijo que lo esté?

Buscar en el árbol la posibilidad de un yaciente. Temor. Sensación de estar presionado y frenético.

Sugerencias y Recomendaciones

Convendría mejor que me asuma primero, para mí mismo y el bienestar de mi hijo.

NUEVO MODELO MENTAL: "Estoy a salvo. Todas las presiones se disuelven. Soy capaz y valgo".

Ver agitación.

HIPERCALCEMIA

Exceso de calcio.

"Necesito ser fuerte, necesito que me sostengan pero no tengo a nadie que lo haga."

Sugerencias y Recomendaciones

NUEVO MODELO MENTAL: "Me amo y me apruebo, no estoy solo, la vida entera me apoya y me sostiene. Soy capaz de cualquier cosa que me proponga. Todo es perfecto en mi mundo".

HIPERCALCITONEMIA

También hipertirocalcitonemia: síndrome que se caracteriza por la hipersecreción de tirocalcitonina.

Se observa en ciertas afecciones tiroideas (cáncer medular con estroma amiloide, cáncer trabecular rico en mucopolisacáridos ácidos, adenoma por células C), en los carcinoides bronquial e intestinal, feocromocitomas y melanomas. Existe fatiga, espasmofilia y descenso de la calcemia.

Sugerencias y Recomendaciones

NUEVO MODELO MENTAL: "Me amo y me apruebo, no estoy solo, la vida entera me apoya y me sostiene. Soy capaz de cualquier cosa que me proponga. Todo es perfecto en mi mundo".

Ver tiroides, cáncer de células C.

HIPERCIFOSIS

Espalda plana, con rectificación dorsal es "representativo de rigidez". La acentuación de la curva dorsal deja a la cabeza mirando hacia abajo, cielo, es la madre.

CONFLICTO de madre y obligación. Son gente que lleva el peso de la familia.

"Estoy obligado a fijarme en mi madre". "Son ellos los que me obligan con mi madre (bien sea para cuidarla, etc.)". Espalda plana, con rectificación dorsal es "representativo de rigidez". La acentuación de la curva dorsal deja a la cabeza mirando hacia abajo, cielo, es la madre.

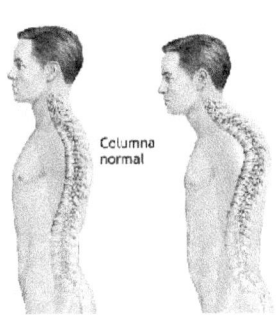

Sugerencias y Recomendaciones

NUEVO MODELO MENTAL: "Me amo y me apruebo, no estoy solo, la vida entera me apoya y me sostiene. Soy capaz de cualquier cosa que me proponga. Me libero fácilmente de los lastres y cargas del pasado. Todo es perfecto en mi mundo".

HIPERCOLESTERONEMIA

Ver sangre-colesterol.

HIPERDROSIS PALMAR

Exceso de sudoración en la mano.

Persona que ha perdido todas las referencias respecto al padre.

PADRE + TRABAJO (como trabajo, que hago con mis dedos en mi profesión).

CONFLICTO de la carpa o pescado: excesivo o sudor. Conflicto de presos. Tengo la impresión de ser manipulado.

En todo el cuerpo (integridad):

Conflicto de incestos, violaciones. Si sudo mucho tengo que lavarme, por lo tanto hay algo que lavar. Sudor en los pies, normalmente hay que buscar en la madre.

"Quiero escapar, necesito escapar de una trampa". "Me protejo del mundo exterior". "No quiero que el otro se agarre a mí". "Tengo miedo del contacto con mamá, si me toca me hará daño".

Sugerencias y Recomendaciones

NUEVO MODELO MENTAL: "Me amo y me apruebo, no estoy solo, la vida entera me apoya y me sostiene. Soy capaz de cualquier cosa que me proponga. Me libero fácilmente de los lastres y cargas del pasado. Todo es perfecto en mi mundo".

Ver sudoración.

HIPEREMOTIVIDAD
Ver emotividad.

HIPERGLOBULINEMIA

Exceso de glóbulos rojos.

"Quiero llevar la vida a alguien". "Alguien murió o está depresivo". "Quiero aportar más oxígeno = vida".

Sugerencias y Recomendaciones

NUEVO MODELO MENTAL: "Me amo y me apruebo, no estoy solo, la vida entera me apoya y me sostiene. Soy capaz de cualquier cosa que me proponga. Me libero fácilmente de los lastres y cargas del pasado. Todo es perfecto en mi mundo".

HIPERGLUCEMIA

Diabetes mellitus, enfermedad análoga de las células B: las personas con diabetes (hiperglucemia) tienen un afán no reconocido de realización amorosa y no son capaces de aceptar y abrirse al amor. El amor y lo dulce tienen una estrecha relación. El niño disfruta con el dulce, está en un periodo de su vida, en que necesita mucho amor. Y un adulto con carencias afectivas tenderá a darse un gusto con un dulce o con la comida en general, intentando compensar esa carencia.

Miedo + resistencia frente a algo/alguien. (Ejemplo: ser hospitalizado sin quererlo, o abortar sin desearlo.) Sentirse empujado a hacer algo horrible (suicidarse por ejemplo).

Miedo a que nos suceda algo a lo que nos resistíamos. Zurdos = Miedo + repugnancia.

1. "Me paseo por la vida cuando sucede algo terrible". (El azúcar está listo, esperando en la sangre para actuar).

2. "¡Se acabó la dulzura! Insulina = Autoridad, azúcar = dulzura. "Me enfrento a la autoridad, no puedo resistirme".

3. Casa dividida en dos. Me siento excluido afectivamente, separado de la casa (trabajo o familia) en lo afectivo. Es injusto, yo estoy en el exterior y la dulzura está en el interior. "Es repugnante lo que me han hecho, los otros se quedan en casa".

Ver diabetes.

HIPERLAXITUD

Hablamos del Síndrome de Hiperlaxitud cuando existen una serie de síntomas que acompañan a la hiperlaxitud articular. Estos síntomas son muy diversos y se localizan tanto en el aparato locomotor (dolor articular, esguinces, luxaciones y subluxaciones frecuentes, dolor de espalda, lesiones de tejidos blandos como bursitis, epicondilitis...

"Como soy yo el que está en el interior, quiero salir de esta situación." "Quiero más libertad".

Sugerencias y Recomendaciones

NUEVO MODELO MENTAL: "Me amo y me apruebo, no estoy solo, la vida entera me apoya y me sostiene. Soy libre y capaz de cualquier cosa que me proponga. Me libero fácilmente de los lastres y cargas del pasado. Todo es perfecto en mi mundo".

HIPERLORDOSIS

La acentuación de la curva lumbar deja a la cabeza mirando hacia el cielo, el padre. Se busca un reconocimiento del padre. "Busco a mi padre, o la representación paterna"

Lordosis en la mujer embarazada: conflicto de la mona.

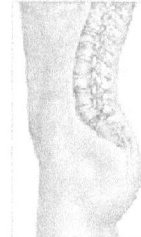 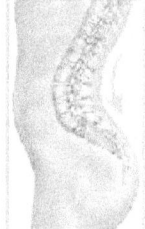

Sugerencias y Recomendaciones

NUEVO MODELO MENTAL: "Me amo y me apruebo, no estoy solo, la vida entera me apoya y me sostiene. Soy libre y capaz de cualquier cosa que me proponga. Me libero fácilmente de los lastres y cargas del pasado. Todo es perfecto en mi mundo".

HIPERMETROPÍA

Es un trastorno ocular. El hipermétrope sólo distingue los objetos a una distancia anormalmente grande porque los rayos luminosos paralelos se cruzan en la parte trasera de la retina.

La persona que sufre este trastorno visual tiene miedo de ver de cerca lo que sucede en su vida. Quiere tomarse bastante tiempo para reflexionar antes de intentar algo. También tiene dificultad para ver todos los detalles de una situación dada porque no confía en poder manejarlos.

La hipermetropía (palabra procedente del griego hiper "por encima de" y metron "medida") es un defecto ocular que consiste en que los rayos de luz que inciden en el ojo, se enfocan en un punto situado detrás de la retina, en lugar de en la misma retina como sería normal. La consecuencia es que la imagen es borrosa y puede existir por lo tanto una falta de agudeza visual. Conflicto: lejanía temporal o espacial.

CONFLICTO: miedo o aprensión. Miedo al futuro. Miedo a no saber de dónde viene.

"El peligro viene de lejos". "No quiero ver lo que está cerca". "Quiero huir de una parte de la realidad".

Derecho: "Me preocupa mucho el futuro de mi familia".

Izquierdo: "Me preocupa mucho mi futuro".

Temor del presente.

Sugerencias y Recomendaciones

El mensaje que te envían tus ojos por medio de este trastorno es que ha llegado el momento de que te acerques a la gente y a las situaciones sin miedo de no poder controlar lo que ocurra. Tus miedos te impiden vivir muchas experiencias que podrían ser enriquecedoras. Ves pasar la vida en lugar de vivirla realmente.

NUEVO MODELO MENTAL: "Estoy a salvo aquí y en este momento. Eso lo veo con toda claridad".

Ver ojos-hipermetropía.

HIPERPLAQUETOSIS

Cuando alguien tiene demasiadas plaquetas, se trata de un conflicto activo, para la familia la hemorragia simbólica puede ser un divorcio.

Tengo el ejemplo de una abuela, que el sentido de su vida era la unidad familiar. Era como un gordo megacariocito. Sus hijos están muy cercanos a ella, los nietos también, los yernos, las nueras... un hijo se casa y está como pegado a su mujer. Bueno está pegado a la madre, la familia tiene que estar unida. Un día su yerno se pelea con sus propios padres y para ella es insoportable, hay que pegar esto... se demoró en curarse porque era muy estructurante en su caso.

Para las plaquetas también hay que hablar del conflicto biológico estricto, es a este que se refiere el doctor Hamer más a menudo. No se trata de los lazos de sangre simbólicos, se trata realmente de heridas, que es el sentido de las plaquetas. Un animal que está herido, manda plaquetas para que impedir la hemorragia. Un ser humano que ve una película de vampiros, o una película con mucha sangre, o que ve un accidente, va a empezar a fabricar más plaquetas.

Sugerencias y Recomendaciones

Transgeneracional, mirar el árbol. Buscar fechas de nacimiento o casamiento o bien en el que haya habido muertos con sangre.

NUEVO MODELO MENTAL: "Me amo y me apruebo, no estoy solo, la vida entera me apoya y me sostiene. Soy libre y capaz de cualquier cosa que me proponga. Me libero fácilmente de los lastres y cargas del pasado. Todo es perfecto en mi mundo".

HIPERTENSIÓN

Es el aumento por arriba del promedio de la tensión sanguínea en las arterias.

El nombre de la enfermedad explica bien lo que sucede, es decir, que la persona afectada se crea una fuerte presión a causa de su hiperemotividad. Revive sin cesar situaciones que le recuerdan heridas afectivas no sanadas ni resueltas. También tiene tendencia a dramatizar las situaciones debido a su gran actividad mental, que le hace sentir muchas emociones. Es una persona muy sensible, que quisiera ver felices a todos los que la rodean y se crea muchísima tensión y se presiona mucho para encontrar la forma de lograrlo.

CONFLICTO de desvalorización con respecto a la familia (3ª etapa).

CONFLICTO de afinamiento: De golpe nos encontramos en casa a más gente de la que queremos ver. Tengo la energía y no paso a la acción. Estar cerrado al amor. Falta de reconocimiento: queremos ser reconocidos por la familia.

Una presión alta es el resultado de la sangre presionando sobre las paredes de las arterias durante las diferentes fases de bombeo del corazón. Ocurre cuando no expresas tus sentimientos y emociones durante un largo periodo de tiempo. Vives constantemente al borde del conflicto, sin llegar a conclusiones, bajo una presión constante. Al contrario, una presión baja es consecuencia de evadir problemas. Ocurre cuando sufres de una falta de energía vital y no eres capaza de hacerte notar. También puede indicar un intento de evadir o no reconocer tu sexualidad.

Viejo problema emocional no solucionado.

Sugerencias y Recomendaciones

Esta hipertensión significa que es el momento de que pienses en ti sin creer que estás en este planeta para arreglar la vida de todos los que quieres. Esto no quiere decir que no te ocupes de ellos, pero de ahí a sentirte responsable de su felicidad hay una gran distancia. Te ayudaría mucho cambiar tu concepto de responsabilidad para que le pongas "un poco de sal" a tu vida. Esto te descargará de una gran presión inútil que, además, te impide vivir con alegría el momento presente.

Las personas que sufren de tensión arterial necesitan mucha tranquilidad, estos pacientes deben aprender a mantenerse alejados de las preocupaciones excesivas.

Observa las energías dentro de ti. No juzgues. Si eres honesto y afrontas tus problemas, encontrarás una nueva calma (presión alta) o una nueva energía (presión baja).

CROMOTERAPIA: zona alta, color curativo azul. Zona baja, rojo.

TRATAMIENTO: el tratamiento sugerido devolverá la tensión arterial a un nivel saludable. Para esto, trabajaremos las áreas correspondientes al hígado, los riñones, el timo, la pituitaria, la tiroides, las suprarrenales y especialmente, el sistema nervioso.

NUEVO MODELO MENTAL: "Me desprendo jubilosamente del pasado. Estoy en paz".

HIPERTIROIDEA
Ver tiroides.

HIPERTIROIDISMO

CONFLICTO de urgencia. Por lo tanto, aumento de la producción de hormonas.

"Quiero que todo vaya más rápido". "Tengo que apresurarme, pero de todas formas lo conseguiré".

Rabia por ser dejado de lado. Por ejemplo: Una mujer va a casa del abuelo que hace tiempo que no ve y se lo encuentra muerto. El estrés que le produce la situación le provoca una necesidad de ir muy rápido para no estar en contacto con el muerto y genera hipertiroidismo. Se relaciona con las profesiones de urgencias (ej: bomberos).

Sugerencias y Recomendaciones

NUEVO MODELO MENTAL: "Estoy en el centro de la vida. Me apruebo y apruebo todo lo que veo".

CROMOTERAPIA: hiper, color curativo azul. Hipo, color curativo naranja.

TRATAMIENTO: Iniciamos aplicando un masaje a las glándulas tiroides y paratiroides. Después al sistema nervioso, el timo y las glándulas suprarrenales y pituitaria.

Ver tiroides-hipertiroidismo.

HIPERVENTILACIÓN

Se produce cuando la cantidad de aire inspirado y la de aire espirado no es igual.

La hiperventilación se produce cuando se experimenta miedo a perder el control. La persona afectada se reprime demasiado, no se deja llevar por lo que siente. Tiene miedo a lo desconocido y no confía mucho en sí misma.

Consiste en una inspiración rápida y una expiración corta, trayendo un excedente de oxígeno en el organismo. Las causas pueden ser la acidosis, la ansiedad, la fiebre, un ejercicio físico intenso. Padezco hiperventilación porque no acepto el cambio. Por lo tanto, siento un sentimiento de inquietud frente a lo nuevo y dudo en hacer confianza a la situación actual; rehúso abandonarme.

Miedo, resistencia al cambio. Desconfianza en el proceso de la vida.

Sugerencias y Recomendaciones

Si eres de los que se hiperventilan con frecuencia, procura no formar parte de situaciones que te exijan demasiado. Acepta tus miedos y tus límites. Ve gradualmente hacia lo desconocido, hacia experiencias nuevas. No se trata de obtenerlas todas, ya que de este modo bloquearías algunos de tus deseos, sino de no aspirar la vida demasiado aprisa queriendo experimentarlo todo de un golpe.

Mi cuerpo me da un mensaje y tomo consciencia de él. Respiro normalmente, me suelto, me abandono. Mi vida se transforma, me alegro. Me libero de todos mis temores. Respiro con alegría en la vida.

NUEVO MODELO MENTAL: "Estoy a salvo en cualquier lugar del Universo. Me amo y confío en el proceso de la vida".

HIPO

Es una contracción brusca e involuntaria del diafragma que provoca, cada quince o treinta segundos, una inspiración breve, brusca y ruidosa.

Se manifiesta en la persona que tiene dificultad para detener algo. Por ejemplo, dejar de reír, de comer, la agitación mental, etc. Se trata principalmente de dejar de "hacer" algo. Esta persona es emotiva y no se calma con facilidad.

El hipo está provocado por contracciones espasmódicas repentinas e involuntarias del diafragma. Puedo vivir una rebelión interior, una culpabilidad, un autoenjuiciamiento. Esto perturba mi organismo. ¿Siempre el hipo? Puede ser frecuente y duradero. Es una experiencia muy incómoda y desagradable para la persona que lo tiene. ¿Hay algo que me incomoda y me desagrada en lo que estoy viviendo o en lo que quisiera vivir pero que no se manifiesta, y que me causa frustración? ¿Hay ruidos, pensamientos que no puedo parar? ¿Está el hipo programado "Ejemplo: cada vez que bebo una bebida gaseosa, tengo hipo"? Tomo la vida con más calma.

Parar el tiempo.

"Tengo derecho a vivir a condición de que el tiempo se ralentice". "Todo va muy deprisa".

Cuando el hipo se repite constantemente, significa que respiramos mal.

Sugerencias y Recomendaciones

Aprendo a saborear y a apreciar plenamente mi vida. Acepto que todo está en su lugar, en el plano divino, que todo está "O.K." y desaparecerá el hipo.

CROMOTERAPIA: color curativo azul.

TRATAMIENTO: trataremos las áreas correspondientes a las glándulas pituitaria y tiroides, así como páncreas y estómago.

HIPOACUSIA
Ver orejas-sordera.

HIPOCALCEMIA

Déficit de calcio.

"A mi lado hay alguien que es débil."

Sugerencias y Recomendaciones

NUEVO MODELO MENTAL: "Me amo y me apruebo, no estoy solo, la vida entera me apoya y me sostiene. Soy libre y capaz de cualquier cosa que me proponga. Todo es perfecto en mi mundo".

HIPOCONDRÍA

Soy hipocondríaco si me preocupo de modo excesivo de mi salud. Puede volverse para mí una obsesión el pensar que podría estar enfermo. Vivo una profunda inseguridad frente a esta pérdida de control que podría representar la llegada de la enfermedad. No acepto padecer por la enfermedad porque sé en el fondo de mí que ya padezco en mí ser interior. Este temor puede volverse tan grande que puedo abstraerme de la realidad y tener alucinaciones.

Sugerencias y Recomendaciones

Necesito volver a tomar el contacto conmigo mismo. Utilizando un enfoque energético o de psicoterapia, esto me ayudará a tener más confianza en mí y en mi capacidad divina de apertura que puedo manifestar frente a la vida.

Ver agorafobia, ansiedad, depresión.

HIPOGLUCEMIA

Es una enfermedad del páncreas que se manifiesta cuando hay una disminución anormal de la concentración de glucosa en la sangre. Se reconoce principalmente por un insaciable deseo de algo azucarado, malestares, vértigo, calambres digestivos, palpitaciones, palidez y sudores fríos.

En metafísica, el páncreas está relacionado con las emociones, los deseos y la mente humana. La persona hipoglucémica quiere ocuparse de los deseos de los demás en detrimento de sus propias necesidades. No se siente libre. Su cuerpo le dice que necesita recompensarse con "dulces" sin sentirse culpable. Está demasiado ocupada queriendo que todo a su alrededor sea felicidad. El enfermo con hipoglucemia también siente muchos miedos y tiende a sufrir agorafobia.

Miedo + asco por alguien o alguna cosas determinada (repugnancia angustiada). Zurdo = Miedo + resistencia. "Me imponen algo (situación, alimentación, afección)". "Me resisto, me opongo a absorber azúcar".

Las personas con hipoglucemia perciben la vida como una carga y se sienten abrumadas por esa pesada carga.

Frecuentemente relacionada con tristeza procedente de la resistencia frente a los acontecimientos de la vida.

Sugerencias y Recomendaciones

Es el momento de conservar tu energía para ti, de dejar de creer que debes ser la madre o el padre de tu prójimo. Vuelve a establecer contacto con tu niño interior que desea jugar y divertirse. En la infancia aprendiste que no tenías derecho a pensar en ti. Como no te proporcionaste suficiente amor, querías que tus familiares te lo dieran, y aunque lo recibieras, no fue bastante. Por lo tanto, decidiste que el amor hace sufrir, porque nunca lograste suficiente. La vida te hizo crecer mucho más rápido, pero todavía no es demasiado tarde para volver a empezar. No debes creer que ocuparte de ti mismo significa ser egoísta. Una persona así es aquella que impone sus deseos a otros por propio interés. Quien piensa en sí mismo antes de responder a las expectativas de los demás es una persona que se quiere. Quiérete más y recibirás más amor de los demás.

NUEVO MODELO MENTAL: "Ahora elijo hacer mi vida fácil y alegre".

Ver sangre-hipoglucemia.

HIPÓFISIS

La glándula hipófisis o pituitaria, tiene el tamaño de un guisante y está situada en la base del cerebro.

Es la glándula maestra de todas las demás y el enlace entre el cerebro y la mente superior del ser humano. Por medio de ésta, los humanos pueden llegar a reconocer la importancia de su YO SOY. Todo problema en esta glándula indica un bloqueo entre el mundo material y el espiritual. Esto se produce en la persona que no quiere aceptar la parte divina del ser humano y especialmente la suya. Es una persona que se considera demasiado pequeña.

Se llama la glándula maestra porque regula gran cantidad de aspectos del organismo. Se divide en hipófisis anterior y posterior.

Hipófisis anterior: tiene que ver con la hormona del crecimiento (tiene una función muy importante en la regulación de les minerales y nutrientes en el cuerpo), con los huesos, con la hormona adenocorticotrópica, con la tiroxina (estimula la tiroides), con las gónadas (relacionada con los ovarios y los testículos) y con la prolactina (hormona que ayuda a la mujer después del parto a amamantar al bebé, produce leche). La corticotropina estimula las suprarrenales.

Hipófisis posterior: tiene que ver con la hormona antidiurética (vasopresina), regula los fluidos del organismo y la oxitocina, que favorece el trabajo de parto. Conflicto arcaico muy vital: buscar Yaciente.

No conseguir la presa (objetivo) por ser inalcanzable ya que el individuo es demasiado pequeño. No poder alimentar al niño o a la familia.

Prolactina: "No puedo alimentar a los míos". "Mi pareja es inaccesible".

ACHT (Hormona estimulante de las glándulas corticosuprarrenales: "No tengo suficiente dinamismo".

TSH (Hormona del crecimiento): Complejo de jirafa, "Soy demasiado pequeño para alcanzar algo". "No me siento a la altura". Perfeccionista: "No tengo derecho al error en el terreno familiar, social".

Representa el centro de control.

Sugerencias y Recomendaciones

Cualesquiera que sean las razones que te hacen temer reconocer la persona extraordinaria que eres, no te benefician. Tu cuerpo te habla con fuerza para que modifiques tus creencias con respecto a ti. Este tipo de problema es tan sutil, que es muy difícil que la medicina pueda descubrir su causa. Es hora de que te permitas ver la vida más allá de su plano físico.

NUEVO MODELO MENTAL: "Mi mente y mi cuerpo están en perfecto equilibrio. Yo controlo mis pensamientos".

Ver glándula pituitaria.

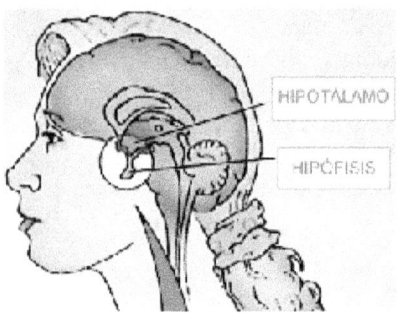

HIPOTÁLAMO

Los problemas del hipotálamo son resultado de una actitud constante de "hacer juicio crítico".

Sugerencias y Recomendaciones

Aceptar las cosas como son, sin juzgar. Las cosas no son ni buenas ni malas, son lo que son, el resto son etiquetas que ponemos nosotros según nuestras creencias, pero si hubiésemos nacido en un sitio distinto con una educación distinta nuestras creencias serian distintas, y hasta puede ser que aprobásemos aquello que criticamos. Así que no seamos tan críticos y entendamos que todos estamos aprendiendo.

HIPOTENSIÓN

Es una disminución, por debajo de lo normal, de la tensión sanguínea.

La persona que sufre de hipotensión suele ser del tipo que se desanima fácilmente y se siente derrotada por anticipado. Hace que su energía vital disminuya rápidamente porque no soporta el peso de los acontecimientos. Le falta valor y no quisiera hacerse responsable de su vida. Se da por vencida con mucha facilidad.

Frecuentemente relacionada con una forma de desánimo. Falta de amor en la infancia. Derrotismo. «¿Para qué, cuando igual no servirá de nada?»

Sugerencias y Recomendaciones

El hecho de que tengas la presión baja indica que eres poco consciente de tu capacidad para dirigir tu vida. Escuchas demasiado tu propia actividad mental, la cual te hace creer que no eres bueno en nada y que estás derrotado antes de empezar. Sería interesante que tuvieras una meta, algo concreto a lo cual aspirar y a lo que te permitas llegar en el momento y el tiempo adecuado. El hecho de creer que no puedes hacer frente a cierta presión en la vida te impide realizar tus sueños.

NUEVO MODELO MENTAL: "Ahora elijo vivir en el dichoso momento presente. Mi vida es toda alegría".

CROMOTERAPIA: alta, color curativo azul. Baja, color curativo rojo.

TRATAMIENTO: El tratamiento sugerido devolverá la tensión arterial a un nivel saludable. Para esto, trabajaremos las áreas correspondientes al hígado, los riñones, el timo, la pituitaria, la tiroides, las suprarrenales y especialmente, el sistema nervioso.

Ver sangre-hipotensión.

HIPOTIROIDISMO

Impotencia en la urgencia. Tiroides destruida por un conflicto demasiado largo.

Desesperanza, bloqueo, la persona renuncia a todo intento. Renuncia a todo intento. Desesperanza, sensación de bloqueo.

"Tengo que apurarme pero de todos modos no lo voy a lograr".

Sugerencias y Recomendaciones

NUEVO MODELO MENTAL: "Me creo una vida nueva, con nuevas normas que me apoyan totalmente".

CROMOTERAPIA: hiper, color curativo azul. Hipo, color curativo naranja.

TRATAMIENTO: iniciamos aplicando un masaje a las glándulas tiroides y paratiroides.

Después al sistema nervioso, el timo y las glándulas suprarrenales y pituitaria.

Ver cáncer de Tiroides Hashimoto.

HIRSUTISMO

Crecimiento excesivo del vello terminal en la mujer siguiendo un patrón masculino de distribución (patillas, barba, cuello, tórax, ombligo, muslos, espalda...) Se asocia con acné, alopecia e irregularidades menstruales.

Cólera encubierta. Lo que la cubre suele ser el miedo. Deseo de culpar a otros. Frecuente mala disposición para sustentar al yo.

Sugerencias y Recomendaciones

NUEVO MODELO MENTAL: "Soy como madre amorosa conmigo mismo. Estoy arropado con amor y aprobación. Confiado me manifiesto tal como soy".

HISTERIA

Soy histérico cuando vivo una neurosis y que expreso mi conflicto psíquico de modo corporal, que sea bajo la forma de una crisis de nervios, convulsiones, pérdidas de consciencia, etc. Cuando hago una crisis de histeria, pierdo el contacto con la realidad, me refugio en lo imaginario y puedo tener tendencia a expresar mi conflicto interior en público. Vivo una profunda insatisfacción personal en cuanto a mi sexualidad, lo cual me lleva a jugar el juego de la seducción, a mantener a la gente a distancia o incluso a tener una frialdad aparente para protegerme de mi gran sensibilidad. Cuando vivo tal estado, se pone de manifiesto el dolor y la pena interior que pueda sentir.

Sugerencias y Recomendaciones

Tengo necesidad de curar mi herida interior para que pueda recobrar un mayor equilibrio, una mayor armonía y una paz interior más grande, para acallar mis tormentos. Pido ser guiado para elegir el enfoque terapéutico que me permitirá alcanzar este estado de mejor estar.

Ver desmayo, nervios-crisis, neurosis.

HODGKIN

La enfermedad de Hodgkin es una afección caracterizada por el aumento progresivo e indoloro del volumen de los tejidos linfoides. También se le conoce como cáncer del sistema linfático.

La enfermedad de Hodgkin es una afección cancerosa tocando esencialmente los ganglios linfáticos así como el bazo y el hígado. Se manifiesta por una pérdida de fuerzas causada por una disminución de los glóbulos blancos. Se relaciona fuertemente con una gran culpabilidad que estoy viviendo. Tiene otras causas importantes.

- No me juzgo lo bastante bueno, la estima de mí está en su punto más bajo yendo incluso hasta rechazar que me hagan cumplidos.

- Temo estar desaprobado.

- Puedo vivir un gran desanimo, una pérdida del sabor de vivir (la sangre significa la alegría), una pérdida de mis defensas (glóbulos blancos).

- Me siento en una carrera frenética; siento la necesidad de demostrar a los demás o a mí mismo que soy alguien y que puedo cumplir grandes cosas.

- Puedo alimentar sentimientos de odio, rencor contra alguien o contra una situación.

Sugerencias y Recomendaciones

Mi gran alegría, es amarme por lo que soy. Me hago confianza y voy a mi ritmo. Mi cuerpo se regenera porque me conecto con La Fuente que está en mí.

Ver cáncer de gánglios, ganglios inflamados, sagre-leucopenia.

HOMBROS

El hombro, que une el brazo al tronco, es una articulación compleja y extremadamente móvil que permite efectuar movimientos amplios y precisos en todas direcciones. La descripción que sigue se refiere al dolor de hombros. Para una fractura, ver accidente.

La persona a la que le duele la parte superior de los hombros, tiene la impresión de llevar una carga demasiado grande sobre ellos. Como unen los brazos al tronco, este dolor tiene relación con "querer hacer demasiado" por los demás. Esta persona se impide ir en la dirección deseada porque se cree obligada a hacerse cargo de la felicidad o del éxito de los demás. En general, este dolor se manifiesta en la persona que tiene capacidad de actuación. Su mensaje no es que deje de hacer diferentes cosas en su vida, sino que las haga por amor en vez de por obligación. Si el dolor de hombros le impide mover los brazos, el mensaje se relaciona con su dificultad para abrazar a una persona o una situación nueva.

Los hombros representan mi capacidad de llevar una carga. Mis hombros llevan mis alegrías, mis penas, mis responsabilidades y mis inseguridades. Como cualquier otra persona, no estoy exento de llevar una carga. Si me hago responsable de la felicidad y del bien estar de los demás, entonces aumento el peso que llevo y me duelen los hombros. Tengo la sensación de tener "demasiado por hacer" y de nunca ser capaz de realizarlo todo. Puede también que tenga la sensación de que me impiden actuar, bien a causa de opiniones diferentes o porque simplemente no quieren asistirme y apoyarme en mis proyectos. También me duelen los hombros cuando vivo grandes inseguridades afectivas (hombro izquierdo) o materiales (hombro derecha) o que me sienta aplastado por el peso de mis responsabilidades., tanto afectivas como materiales. Tengo tanto miedo al mañana que me olvido vivir hoy. Las dificultades que encuentro, la responsabilidad de deber crear, hacer, perfeccionar, todo esto puede "aplastarme". Puedo querer probarme que, a pesar de todo, puedo enfrentarme con las situaciones echando los hombros hacía atrás, poniendo el pecho más en evidencia, pero la realidad es que mi espalda es débil y distorsionada por el miedo. Si la parte afectada de mi hombro se refiere a los huesos (fractura, ruptura), esto se relacionará más con mis responsabilidades fundamentales. Si la parte afectada de mi hombro es muscular, esto se relacionará más con mis pensamientos y emociones. Aprendo también a dejar circular la energía de mi corazón hasta los hombros y después, en mis brazos, lo cual evitará la rigidez y el dolor, porque mis hombros representan la acción y también el movimiento, desde la concepción hasta la materia. Pasan a través de ellos mis deseos interiores de expresarme, crear y ejecutar porque nacieron al nivel de mi corazón. La energía emocional debe dirigirse hasta en mis brazos y mis manos para realizar dichos deseos. Si me freno en decir o hacer cosas, si me "encasillo" (viene de la palabra "casa", que quiere decir encerrarse en un lugar. En sentido figurado, esto significa replegarse sobre sí) en vez de hundirme en la vida, si llevo máscaras para tapar mis miedos y mis aprensiones, mis hombros estarán tensos y más rígidos. Si el hueso de mi hombro va hasta quebrarse o romperse, existe en mi vida un conflicto que es muy profundo y que toca la esencia de lo que soy. La tensión o cualquier otro malestar que sienta en el área de los hombros me da una indicación según se trate del hombro derecho o izquierdo. Si mi hombro derecho está afectado, se trata de mi lado masculino activo: puedo vivir un conflicto o una tensión con relación a mi trabajo, a mi modo de actuar frente a la autoridad. Es el lado "recio y controlador" que gana; en cambio sí es mi hombro izquierdo el que está afectado, la tensión que pueda vivir está relacionada con el aspecto femenino de mi vida, es decir creativo y receptivo, a mi habilidad por expresar mis sentimientos.

Mi capacidad para llevar una carga, responsabilidades. Responsabilidad como adulto, bien como padres, como ser humano en la sociedad.

Sugerencias y Recomendaciones

Tu dolor de hombros te indica que te impones tareas que no son necesarias para ti. Al querer hacer mucho por los demás te obligas a cargar sobre tus hombros un peso que no te pertenece. Mientras lo hagas, los demás no pueden aprender a hacerse cargo de su propia vida. Te sugiero que verifiques tus compromisos. ¿Prometiste a esas personas que te ocuparías de todo? O más bien... ¿crees que esto se sobreentiende de manera automática? Es tiempo de que revises tus límites y tus necesidades y que sólo cargues sobre tus hombros lo que corresponda a lo que quieres. Concédete el derecho de quererte y ocuparte de ti mismo. Date cuenta de que lo que te impones proviene de ti mismo y que los demás respetarán tus necesidades cuando tú las respetes. Además, date el derecho de ser más flexible y de abrazar a quien quieras o a lo que quieras sin temer a las consecuencias.

Tomo consciencia de lo que me aplasta, acepto que soy responsable de MÍ y dejo que los demás se cuiden de ocuparse de su propia felicidad. Aprendo a delegar. Un hombre helado significa que se vuelve frío y doloroso y que está molestado en su completa utilización. Me vuelvo frío e indiferente con relación a lo que hago justo para hacerlo o ¿puedo realmente hacerlo? Existe una profunda tensión que me indica que quiero realmente hacer algo diferente de lo que hago actualmente. También acepto aprender a vivir el instante presente, lo cual me permite aliviar el peso que llevo en mis hombros. Doy confianza al Universo que atiende mis necesidades cotidianas.

hombros
dolor de hombros

La persona a la que le duele la parte superior de los hombros, tiene la impresión de llevar una carga demasiado grande sobre ellos. Como unen los brazos al tronco, este dolor tiene relación con "querer hacer demasiado" por los demás. Esta persona se impide ir en la dirección deseada porque se cree obligada a hacerse cargo de la felicidad o del éxito de los demás. En general, este dolor se manifiesta en la persona que tiene capacidad de actuación. Su mensaje no es que deje de hacer diferentes cosas en su vida, sino que las haga por amor en vez de por obligación. Si el dolor de hombros le impide mover los brazos, el mensaje se relaciona con su dificultad para abrazar a una persona o una situación nueva.

Derecho:

Desvalorización de uno mismo respecto a la pareja (el 80% de las veces). Conflicto de identidad (no sexual) marido/mujer o trabajador: mis relaciones afectivas. (Pareja simbólica).

"Soy un mal esposo". "No soy un trabajador reconocido". "No soy un buen estudiante" (cabeza del húmero). "No he protegido lo suficiente a mi pareja" (si afecta a la cápsula).

Izquierdo:

Desvalorización de uno mismo en referencia a su imagen como padre o tutor. Desvalorización en relación a "madre/hijo", ahijado, persona mimada. Conflicto de identidad en un marco particular, vinculado a aquello que mimamos.

"Soy un mal padre/madre, hijo/a". "No he protegido suficientemente a mis hijos/padres" (si afecta a la cápsula). "No he podido mantener bajo mi ala a alguien muy cercano (si afecta a la cabeza del húmero).

El hombro si duele a menudo, son los tendones...Es un conflicto en el presente, en la actualidad Si es cápsula articular, es una noción de protección. Si son los ligamentos, es un conflicto de futuro.

CONFLICTOS:

Protección: a mis hijos, a mi marido. Es el arcaico de proteger bajo el ala, o de no haberlo protegido lo suficiente.

Desvalorización deportiva: son deportes específicos.

Conflictos memorizados: (ciclos celulares memorizados). Suelen ser conflictos unifactoriales, conflicto programante.

La bofetada: doy una bofetada demasiado fuerte, y reconozco que me excedí o "No puedo parar el hombro del otro, pero voy a bloquear el mío".

Relación entre el hombro y el fusil: buscar historias relacionadas.

Afectivo: el hombro es la ternura. Cuando queremos ayudar a alguien que está triste.

Llevar el peso de la familia: está la expresión "No me siento respaldado".

Luxación recidivante de hombro: (diestro) "Quiero más libertad en mi función de ser humano" Quiero ser yo mismo, no quiero estar atrapado en mi familia, trabajo, etc. Es como si quisiera llevar mi "cabeza" del húmero a otro lugar.

Representan la capacidad para llevar alegremente nuestras experiencias. Con nuestra actitud hacemos de la vida una carga.

Sugerencias y Recomendaciones

Tu dolor de hombros te indica que te impones tareas que no son necesarias para ti. Al querer hacer mucho por los demás te obligas a cargar sobre tus hombros un peso que no te pertenece. Mientras lo hagas, los demás no pueden aprender a hacerse cargo de su propia vida. Te sugiero que verifiques tus compromisos. ¿Prometiste a esas personas que te ocuparías de todo? O más bien... ¿crees que esto se sobreentiende de manera automática? Es tiempo de que revises tus límites y tus necesidades y que sólo cargues sobre tus hombros lo que corresponda a lo que quieres. Concédete el derecho de quererte y ocuparte de ti mismo. Date cuenta de que lo que te impones proviene de ti mismo y que los demás respetarán tus necesidades cuando tú las respetes. Además, date el derecho de ser más flexible y de abrazar a quien o a lo que quieras sin temer a las consecuencias.

NUEVO MODELO MENTAL: "Decido permitir que todas mis experiencias sean alegres y amorosas".

hombros
hombro congelado

La capsulitis retráctil, capsulitis o adhesiva.

Protección. "No los he protegido suficiente".

DIESTRO:

Hombro Izquierdo: "No he podido proteger lo suficiente a mis hijos".

Hombro Derecho: "No he podido proteger lo suficiente a mi Marido /mujer".

Ejemplo: Hombre que se dio cuenta de que su hijo a los 15 años fumaba y bebía, siempre lo había cuidado su mujer. Se desvalorizó por no haber hecho bien su trabajo como padre. Además su empresa pasaba por dificultades y estaba preocupado, era como un hijo, la había creado, la había hecho crecer.

Sugerencias y Recomendaciones

Acepto que es tiempo de cuidar de mí y de dejar que los demás cuiden de su felicidad.

hombros
encorvados

Los hombros encorvados dan comúnmente lugar a expresiones como Joroba de Bisonte o Jorobado. Además de todo lo que se refiere al dolor de hombro, los hombros encorvados simbolizan que dejo de luchar frente a la vida y su peso. Ya no puedo llevarlo todo solo y creo que es sin esperanza. Además de llevar todos mis numerosos problemas, tengo la sensación también de tener que llevar el peso de la gente que me rodea. "¡Su destino está entre mis manos!". Arrastro mucha culpabilidad frente a mi pasado. Si además mis hombros están crispados, hay un constante estado de tensión interior en mí. Estoy constantemente al acecho, listo para resolver cualquier situación imprevista, tomando así la responsabilidad de la felicidad de los demás.

Sugerencias y Recomendaciones

Acepto que es tiempo de cuidar de mí y de dejar que los demás cuiden de su felicidad.

Este tipo de desviación pronunciada de mi columna vertebral también puede indicarme una obligación a la humildad. Poco importa la razón anterior de mi estado, debo aprender a desarrollar la humildad porque este bloqueo energético procede de grandes iras pasadas que aún me afectan hoy y que se acompañan de mucha irritación frente a ciertas personas o ciertas situaciones. Soy responsable al 100% de lo que me sucede, acepto mi elección, conscientemente o no, y soy responsable. Es probablemente el reto más grande de mi vida. Estoy a la escucha de mi voz interior, me guía en lo que debo hacer para ser más feliz. Un masaje o un tratamiento energético pueden ayudarme a centrarme en el tiempo presente y a tomar contacto con mi yo superior para reconocer mis propias necesidades.

HOMICIDIO

Puedo tener el deseo de matar a alguien. Si alimento este deseo con un resentimiento y odio, me expongo a la agresora (se trata de una energía bajo forma de consciencia, formada por el pensamiento de varias o una multitud de personas) de energía negativa referente a esta forma de pensamiento que me empujará quizás a pasar a la acción.

Sugerencias y Recomendaciones

¿Qué es lo que quiero matar en mí? ¿Mi sufrimiento, mi rabia, mi odio? Mi herida interior me parece insoportable. El sufrimiento que vivo en el interior me pide

valor. El valor de pedir ayuda. El valor de hacer confianza a una persona que podrá acogerme incondicionalmente. Una persona en quien podré confiar.

HOMOSEXUALIDAD

¿Hay una exclusión al Amor? ¿Es una enfermedad la homosexualidad? Algunos intentan probar que la homosexualidad podría estar inscrita en nuestro patrimonio genético. La homosexualidad es un lenguaje de amor que está cada vez más aceptado por nuestra sociedad contemporánea. Puede ser una etapa en la búsqueda de mi identidad o una elección de vida para mi evolución o para hacer evolucionar a la sociedad. ¿Cuántos padres se han superado en su amor para incluir a su hijo gay (nombre dado a la homosexualidad masculina) o lesbiana (nombre dado a la homosexualidad femenina)?. El lado femenino (YIN o intuitivo) y el lado masculino (YANG o racional). Puede que al no aceptar mi identidad, intente volver a encontrar en una persona del mismo sexo el lado que rechacé. Puede también que busque a un padre, una madre. Cualquier sea mi elección de orientación sexual, es importante que lo haga en armonía con mi ser. Si elijo la homosexualidad porque rechazo a las personas del otro sexo por un motivo u otro, volveré a vivir situaciones similares a las que hubiese tenido que vivir con personas del otro sexo, porque tengo que hacer esta toma de consciencia.

Sugerencias y Recomendaciones

Cuando mi elección de orientación sexual es clara para mí, sea yo homosexual o heterosexual, no debería sentirme amenazado por los que tienen una orientación diferente de la mía. Si estoy en reacción con los que tienen una orientación diferente de la mía, entonces debo preguntarme seriamente de qué tengo miedo en esta situación. ¿De qué necesito protegerme estando en contra? ¿Tendría yo miedo de tener un aspecto mío que es homosexual y de confesármelo? Debo tomar consciencia que la importancia debe estar puesta en el amor que dos personas tienen entre sí y que este amor debe ser verdadero poco importa su orientación sexual. Puedo pedir a mi guía interior que me ayude a comprender al nivel del corazón, de aceptarme tal como soy y aceptar a los demás tales como son.

HONGOS

Creencias estancadas. Aferramiento al pasado. Negación de las propias necesidades. Falta de apoyo a uno mismo.

Sugerencias y Recomendaciones

Nuevo modelo mental: Vivo dichosa y libre en el momento presente. Elijo apoyarme de forma alegre y amorosa.

Ver micosis.

HORMIGUEO

El hormigueo es una sensación de picor en la superficie del cuerpo que se produce habitualmente de modo espontáneo después de una compresión mecánica de un nervio o de un vaso sanguíneo. El lugar en el cual se produce el hormigueo en mi cuerpo me indica la contrariedad o la irritación temporal que puede que esté viviendo frente a un aspecto de mi vida.

Sugerencias y Recomendaciones

Tomo consciencia de ello y dejo circular la energía libremente.

Ver entumecimiento.

HOSTIGAMIENTO SEXUAL

Si vivo hostigamiento sexual, es que vivo grandes miedos a veces inconscientes, de dejarme manipular por la ternura y por una forma de amor.

Sugerencias y Recomendaciones

Es cierto que debo hacerme respetar como persona pero primero debo identificar las causas relacionadas para poder retomar el poder que es el mío y seguir viviendo.

HÚMERO

Desvalorización afectiva + si alguien se va. Es la responsabilidad como adulto, o bien como padre, madre, o como ser humano en la sociedad.

Diestros:

Cabeza de húmero derecho: desvalorización por conflicto de pareja.

Cabeza de húmero izquierdo: desvalorización por conflicto madre/hijo.

Zurdos:

Cabeza de húmero derecho: desvalorización por conflicto madre/hijo.

Cabeza de húmero izquierdo: desvalorización por conflicto de pareja.

Sugerencias y Recomendaciones

NUEVO MODELO MENTAL: "Me amo y me apruebo, no estoy solo, la vida entera me apoya y me sostiene. Soy libre y capaz de cualquier cosa que me proponga. Doy y recibo amor por donde quiera que vaya. Todo es perfecto en mi mundo".

HUESECILLOS DE LA OREJA

Desvalorización en la audición por algo que escucha.

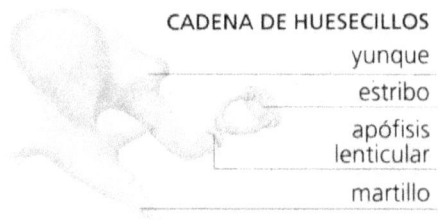

CADENA DE HUESECILLOS
- yunque
- estribo
- apófisis lenticular
- martillo

Sugerencias y Recomendaciones

NUEVO MODELO MENTAL: "Me amo y me apruebo, no estoy solo, la vida entera me apoya y me sostiene. Soy libre y capaz de cualquier cosa que me proponga. Doy y recibo amor por donde quiera que vaya. Todo es perfecto en mi mundo".

HUESOS

Los huesos, por ser los elementos constitutivos del esqueleto, aseguran la estabilidad de la estatura e intervienen en el movimiento. Por problemas óseos se entienden todas las enfermedades que empiezan con osteo- (como, por ejemplo, osteoporosis). En el caso de fracturas y dolores en los huesos, ver las definiciones correspondientes.

Los huesos, por ser la parte sólida del cuerpo, representan el sostén. Un problema óseo se relaciona siempre con el temor de no ser apoyado lo suficiente o no apoyar bien a los demás. Se presenta en una persona que se desvaloriza o no se siente lo suficientemente fuerte para ocuparse de su propia vida. La persona que suele sentirse obligada a apoyar a los demás es aquella que necesita que dependan de ella para sentirse importante. No triunfa en la vida por sí sola. Se desvaloriza en cuanto no se siente útil.

Esta es la razón por la que, al envejecer, se suele padecer osteoporosis u otra enfermedad que comience por "osteo-". Los problemas óseos pueden manifestarse en la persona que le tiene miedo a la autoridad. Se desvaloriza ante ella. Como reacción, intenta volverse autoritaria o dominante.

En el caso de las enfermedades que comienzan con osteo- y terminan en -itis, agréguese enojo y véanse las explicaciones sobre las enfermedades inflamatorias.

Los huesos son el armazón sólido del cuerpo, los pilares. En el mismo interior del hueso existe la médula, el núcleo más hondo de mi ser, ahí en donde nacen las células inmunes que poseen la habilidad de protegerme. Los huesos se refieren a mi estructura, el armazón fundamental en el cual está construido mi ser entero. Por lo tanto, se refieren también a la estructura de las leyes y principios fundamentales con los cuales debo transigir cada día y que están aplicados por la autoridad (policía, maestros, padres, etc.) para permitirme tener cierto apoyo y para que reine el orden.

Desvalorización. Conflicto específico en función de parte de esqueleto donde se da la osteolisis. En los huesos, la falta de soporte es la clave, ejemplo el sarcoma.

ACTITUD NEGATIVA COMÚN: "He estado muy afectado por las críticas y los abusos, y he creído ser una víctima de los demás".

Representan la estructura del Universo. Tensión y presión mentales.

Músculos que no se pueden estirar. Pérdida de movilidad mental. Simbolizan: firmeza, disciplina, valoración.

Sugerencias y Recomendaciones

Con este problema en los huesos, tu cuerpo te envía el mensaje de que creas más en ti y te sientas más fuerte ante ti mismo, reconociendo que tienes más fuerza de la que crees. También te dice que es momento de que te estabilices en la vida haciendo cosas que te agraden en el mundo físico, sin sentirte culpable y con amor hacia ti mismo. Tu cuerpo te muestra que tienes todo lo necesario para crear tu propia estabilidad sin depender de los demás. No necesitas creer que eres "demasiado" ni "demasiado poco", que eres esto o aquello, para ser una persona importante. Date permiso para valorarte por lo que eres y no por los resultados de los demás, de aquellos a quienes quieres. Ante la autoridad, date cuenta de que el hecho de que alguien lo sea en un terreno específico no la hace valer más que tú. Establece contacto con las áreas en las que podrías enseñar a los demás. Todos y cada uno de nosotros tenemos talentos. Si no puedes encontrarlos, te sugiero que preguntes a quienes te conocen bien.

ACTITUD POSITIVA A ADOPTAR: "Soy guiado por el cosmos y mi equilibrio y soporte es perfecto. Veo a los demás con amor".

NUEVO MODELO MENTAL: "Estoy bien equilibrado y estructurado. Inspiro plenamente la vida. Me relajo y confío en el flujo y proceso de la vida".

huesos
acromegalia

La acromegalia se caracteriza por un crecimiento exagerado de los huesos de las extremidades y del rostro. La hormona de crecimiento se secretará pues en cantidad mucha más grande que lo normal. Si estoy en esta situación, me pregunto cuál es la situación en que me he sentido más pequeño para alcanzar o realizar un proyecto. ¿Dónde me sentí demasiado pequeño, demasiado diminuto y demasiado débil para poder tomar mi lugar y hacerme respetar?

Sugerencias y Recomendaciones

La respuesta de mi cuerpo fue el crecer desmesuradamente para ayudarme a tomar más fácilmente mi lugar. ¡Le doy las gracias!

huesos
cáncer de huesos

Si tengo un cáncer de los huesos, vivo un conflicto muy profundo en el cual tengo la impresión que no valgo nada, que soy menos que nada. Tengo la sensación de no tener ningún valor y estoy tan lleno de emociones que guardo para mis adentros las que me mojan hasta los huesos. Puede que viva una situación en que mis estructuras y mis principios están fundamentalmente quebrantados, o puestos en entredicho. Esta situación puede haberme pillado por sorpresa y me siento alcanzado hasta el hueso.

Es una forma de cáncer de los huesos que es más susceptible de sucederme entre los 10 y los 15 años, aunque sea escaso. Este cáncer afecta los huesos de mis piernas, esto significa un gran miedo de andar por la vida. Temo no tener todo lo necesario para "afrontar" el futuro. Mi cuerpo grita de dolor delante de la inseguridad que me habita. Me parece que no tengo la talla para insertarme en el mundo de los adultos.

Sugerencias y Recomendaciones

Debo aprender a reconocer mis cualidades. Haciéndome más abierto y flexible podré más fácilmente transigir con lo inesperado y lo "no convencional". Aprendiendo a expresar lo que vivo, las emociones que vivo frecuentemente muy intensamente, podré curar y mis huesos podrán regenerarse.

Aprendo a confiar en la vida sabiendo que ésta me aportará las ocasiones que necesito para vivir en sociedad.

Ver cáncer.

huesos
dental

Desvalorización por "no poder morder".

Ejemplo: un perro tiene que dejarse morder siempre por el pastor alemán del vecino; o un niño delicado y débil tiene siempre que dejarse pegar y humillar por el más fuerte.

Sugerencias y Recomendaciones

NUEVO MODELO MENTAL: "Me amo y me apruebo, no estoy solo, la vida entera me apoya y me sostiene. Soy libre y capaz de cualquier cosa que me proponga. Doy y recibo amor por donde quiera que vaya. Todo es perfecto en mi mundo".

huesos
deformidad

Los huesos pueden deformarse a causa de la presión que me impongo o que tengo la sensación de tener que soportar. Soy más rígido mentalmente.

Sugerencias y Recomendaciones

Tengo que aprender a ser más flexible con relación a mis principios de vida. Mi apertura mental me permitirá apreciar diferentes facetas de la vida y descubrir que el amor es presente bajo diversos aspectos.

huesos
dislocación

La palabra dislocación (dis-locación significa una "pérdida de locación), como si estuviese fuera de circuito o en una vía totalmente contraria a lo que está sucediendo. Una dislocación está vinculada a un profundo sentimiento de desequilibrio. Al nivel de la articulación, el hueso se desplaza y "sale" totalmente del sitio de ésta. La dislocación me revela hasta qué punto no estoy o no me siento en la buena dirección.

Sugerencias y Recomendaciones

El hueso está vinculado al núcleo de mi ser, a la energía fundamental, la dislocación indica un profundo cambio en la energía más profunda de mi ser. ¿Aún tengo mi lugar en el universo? ¿Qué es lo que me molesta al punto de sentirme tan confuso? Compruebo y acepto hacer la(s) toma(s) de consciencia que se imponen, lo cual me permitirá superarme y ver algo nuevo en mi vida. La dislocación es lo bastante dolorosa como para que tome consciencia de que debo cambiar para no volver a vivirla.

huesos
dolores de huesos

Las dolencias de los huesos reflejan, incluido el cáncer de los huesos, una rebelión frente a esta autoridad a la cual resisto y frente a la cual incluso puedo ir hasta rebelarme, sintiéndome incapaz o impotente para actuar frente a cierta situación dictada, sometida a ciertas leyes o principios existentes.

Sugerencias y Recomendaciones

Puedo preguntarme si me siento profundamente trastornado o perturbado con relación a mis creencias básicas, a mis convicciones íntimas. Si una dolencia o una enfermedad afecta mis huesos, debo preguntarme frente a cual faceta o aspecto de mi persona me desvalorizo. Si miro y analizo cuál parte del esqueleto está afectada, tendré una buena indicación en cuanto al aspecto de mi existencia que está tocada.

huesos
fractura

Rotura de un hueso provocada muy frecuentemente por un traumatismo violento, salvo en los ancianos, cuyos huesos se han vuelto muy frágiles por la osteoporosis.

Los huesos representan la estructura de las leyes y principios del mundo en el cual vivo. Cuando hay fractura, ésta es la indicación de que vivo actualmente un conflicto interior profundo. Puede estar en relación con rebelión o reacciones frente a la autoridad (de la cual quiero cortarme). Esta fractura me señala que no puedo seguir así y que se impone un cambio. La localización de la fractura me informa en cuanto a la naturaleza de este conflicto. Si la fractura tuvo lugar en un accidente, hay que ver cuál es la culpabilidad que vivo con relación a esta situación. Los huesos representan también el sostén, la estabilidad y una fractura puede ser un aviso de que he de separarme de mi pasado, dejarlo ir con flexibilidad para evitar un estrés inútil y pasar a otra etapa de mi evolución.

Sugerencias y Recomendaciones

Es importante observar la utilidad de la parte del cuerpo donde se produjo la fractura para obtener más detalles de su significado. Además de consultar esa parte del cuerpo, véase también problemas en los huesos y accidente, agregando que hubo una falta de aceptación de una ruptura o temor ante una futura lesión.

¿Me condicionan mis normas hacía mí mismo o la sociedad al punto de que exija cierta perfección e incluso sea rígido? ¿Presté más atención en las actividades físicas en detrimento de los aspectos espirituales de mi vida? Para recobrar esta libertad interior, tomo consciencia de lo que me molesta. Acepto amarme suficientemente para expresar lo que siento. Encontrando otra vez mi libertad interior, recobro la libertad de mis movimientos.

Ver espalda-fractura de las vértebras.

huesos
osteomielitis

La osteomielitis es una infección del hueso y de la médula del hueso que suele afectar una parte situada cerca de una articulación y se produce generalmente en los niños o los adolescentes. La osteomielitis se encuentra sobre todo en los huesos largos tales como la tibia, el fémur, el húmero. Las articulaciones dan movimiento y expresión a la energía contenida en mis huesos. Una infección implica una irritación que crea una debilidad interior. Vivo ira y frustración frente a la autoridad y frente al modo en que la vida está estructurada y 'regimentada". También puedo tener la impresión de no estar bastante sostenido y soportado.

Sugerencias y Recomendaciones

Debo aprender a hacer confianza, a soltar y a aceptar que el Universo me soporta. La infección sólo quiere evidenciar ciertos conflictos que vivo actualmente. Si la osteomielitis viene de una herida anterior, es posible que las causas originales de esta herida no hayan sido aún tratadas.

huesos
osteoporosis

La osteoporosis implica una pérdida de la trama proteica de los huesos que se vuelven porosos. Implica una pérdida en la intención del deseo de "ser", una pérdida de interés y de motivación de estar "aquí" en el nivel más profundo de sí. Vivo desanimo. Estoy cansado de siempre tener que luchar contra la autoridad o contra las leyes del ser humano. La osteoporosis aparece normalmente en la mujer después de la menopausia. Al estar afectados los huesos, es decir mis estructuras y creencias de base, puedo preguntarme cuáles son las creencias a las cuales me engancho y que quizás debería cambiar ya que ahora, ya no puedo tener hijos.

Sugerencias y Recomendaciones

Aún puedo ser "útil" y "productiva" no en lo que a procreación se refiere sino a otros niveles, tanto personal, social o profesional y esto se revela igualmente valorizador y enriquecedor. Debo pues superar esta tendencia a desvalorizarme, pensando que soy inútil. He de confiar en la vida y hallar nuevas fuentes de motivación.

huesos
sesamoideos

Situados en la articulación metatarsofalángica del dedo gordo. Su función es actuar como palanca para el dedo gordo, potencian la fuerza para mantenerlo presionado contra el suelo.

CONFLICTO de obligación hacia la madre.

"No he tenido suficiente fuerza para luchar" porque los sesamoideos ayudan al dedo gordo a para mantener el equilibrio. "Me hubiera gustado hacer algo... decirle algo... sentir su amor". "No he tenido la fuerza para decírselo.

Sugerencias y Recomendaciones

NUEVO MODELO MENTAL: "Me amo y me apruebo, no estoy solo, la vida entera me apoya y me sostiene. Soy libre y capaz de cualquier cosa que me proponga. Doy y recibo amor por donde quiera que vaya. Fluyo fácilmente por todas las situaciones que me plantea la vida, me expreso y amo con facilidad. Todo es perfecto en mi mundo".

HUNTINGTON

Enfermedad de Huntington. Baile de San Vito. Movimiento exagerado de las extremidades con muecas y dificultades de hablar y tragar.

Trastorno genético hereditario. Los síntomas suelen aparecer entre los 30 y los 50 años. Produce alteración cognoscitiva, psiquiátrica y motora, de progresión muy lenta, durante un periodo de 15 a 20 años.

Al final de la enfermedad las posturas forzadas se prolongan.

Resentimiento por no poder cambiar a otros. Desesperanza.

Sugerencias y Recomendaciones

NUEVO MODELO MENTAL: "Dejo todo el control al Universo. Estoy en paz conmigo mismo y con la vida".

I

ICTERICIA

La ictericia se caracteriza por un aumento en la cantidad de bilirrubina, el pigmento que produce la coloración amarilla de las mucosas. A menudo se acompaña de una hipertrofia del bazo y de anemia. Por lo tanto, sugiero que veas la definición de problemas del hígado, problemas del bazo y anemia.

La ictericia está causada:

1) Por un exceso de bilirrubina, subproducto del hígado que descompone las viejas células sanguíneas rojas. 2) Por el exceso de bilis que entra en el flujo sanguíneo.

El resultado es una coloración amarilla de la piel y de la "parte blanca del ojo". Esto se relaciona con la limpieza del sistema sanguíneo, y tengo dificultad en "limpiar" mis emociones. Siento emociones amargas muy intensas de envidia, disgusto, frustración, hasta el punto de "tener una ictericia de esta situación" y me "vuelvo amarillo". Vivo mucho rencor. Me vuelvo tan cortante y excesivo en mis ideas y mis opiniones que me agarro a ellas, creando un desequilibrio en mi interior.

El bebé se pone amarillo.

Rencor vivido por la madre embarazada (a veces es un conflicto en solución).

Prejuicios internos y externos.
Razón desequilibrada.

Sugerencias y Recomendaciones

Debo aprender a abrirme a la gente que me rodea porque tengo mucho que aprender de ellos.

NUEVO MODELO MENTAL: "Soy tolerante y comprensivo. Amo a todas las personas, incluido yo mismo".

La ictericia es una enfermedad que causa graves estragos y necesita una enérgica aplicación de la reflexología y la cromoterapia. Debe consumir grandes cantidades de agua, fruta, verdura y ensaladas y no probar el alcohol.

CROMOTERAPIA: color curativo verde.

TRATAMIENTO: comience por las áreas del hígado y los riñones en los pies y pase luego a las manos. Estas áreas son muy importantes. Siga con el sistema glandular y aplique un masaje al bazo y a la próstata o los ovarios.

ICTIOSIS

Es un estado permanente de sequedad de la piel, en la que ésta se desprende.

Cuando la afección aparece a muy temprana edad, es probable que provenga de una vida anterior. Toda forma de piel seca se relaciona con una actitud demasiado severa, no muy suave. La piel, que representa a la personalidad que dejamos ver, nos da una buena indicación de lo que una persona quiere que los demás vean de ella. No quiere exponer su vulnerabilidad, su parte blanda.

Sugerencias y Recomendaciones

Si sufres de ictiosis o piel seca, date cuenta de que tu cuerpo te dice que ahora puedes permitirte ser más amable contigo mismo y con los demás. No tienes que exhibir una cierta personalidad, obligándote con ello a controlarte en todo momento. Encuentra a alguien a quien admires, que se atreva a mostrar su dulzura, y observa que esta persona no se engaña ni engaña a los demás. Así te volverás menos rígido y te sentirás más vivo.

Ver piel-ictiosis o piel seca.

ICTUS

Derrame cerebral.

Normalmente son el resultado de situaciones de excesiva tensión y ansiedad. Cuando la tensión se eleva puede ocasionar que un coagulo se aloje en el cerebro y así la zona afectada del cuerpo queda sin movimiento y los músculos se paralizan.

Rendición. Resistencia. Antes morir que cambiar. Rechazo a la vida.

Mucha preocupación familiar.

Sugerencias y Recomendaciones

La clave es no dar a las cosas más importancia de la que tienen.

NUEVO MODELO MENTAL: "La vida es cambio y me adapto con facilidad a lo nuevo. Acepto la vida, el pasado, el presente y el futuro".

CROMOTERAPIA: color curativo amarillo.

TRATAMIENTO: en caso de que no pudiera hacerlo solo, consiga la ayuda de otra persona. Iniciaremos en el área de la pituitaria, recorriendo toda esa pequeña área del dedo que representa al cerebro. Debemos concentrarnos en el pulgar contrario a la parte afectada de su organismo. Un masaje en el resto de las glándulas y órganos.

ILEÍTIS

Enteritis regional. Inflamación intestinal en la zona del íleon. Miedo, inquietud. Sentimiento de incapacidad.

Sugerencias y Recomendaciones

NUEVO MODELO MENTAL: "Me amo y me apruebo. Hago todo lo mejor que sé. Soy una persona maravillosa. Estoy en paz".

Ver enfermedad de Crohn.

ILEÓN

Intestino delgado inferior.

No poder digerir la presa. "Contrariedad indigesta" generalmente combinada con conflicto de "miedo a morir de hambre" en el sentido más amplio de la expresión.

Ejemplo: una peluquera se ve obligada a cerrar varias veces su almacén de manera temporal y luego de forma definitiva por pasarse sus mejores ayudantes a la competencia a pesar de sus manifestaciones contrarias, sufriendo de esta manera una gran pérdida económica.

Sugerencias y Recomendaciones

NUEVO MODELO MENTAL: "Me amo y me apruebo. Hago todo lo mejor que sé. Soy una persona maravillosa. Estoy en paz".

IMPACIENCIA

La impaciencia denota un estrés interior, una inseguridad o una tensión que me hace tambalear y afecta mi sistema nervioso. Me vuelvo más irritable, más expeditivo en lo que he de decir o hacer.

Resentir: "Yo quiero hacerlo mejor y rápido para recuperar el tiempo".

Sugerencias y Recomendaciones

Necesito tomar momentos para relajarme y para encontrar la fuente de mi irritación.

Ver nerviosismo, sangre-hipoglicemia.

IMPÉTIGO

El impétigo es una enfermedad de la piel, de origen infeccioso. Se caracteriza por una costra amarillenta, poco adherida, con un aspecto parecido a la miel.

El impétigo afecta sobre todo a la persona que no se deja tocar mucho por los demás en el sentido afectivo. Quiere protegerse porque tiene miedo de que influyan demasiado en ella. Se vuelve rígida para evitar sentir.

Sugerencias y Recomendaciones

Esta afección dérmica te indica que no tienes que protegerte de los demás y que puedes concederte el derecho de necesitarlos. Dejarte influenciar o tocar por los demás es mejor para ti que cerrarte a ellos. No tienes por qué creer que la sensibilidad es un signo de debilidad y que eres incapaz de defenderte cuando sea necesario.

Ver piel-impétigo.

IMPOTENCIA

La impotencia en el hombre es un trastorno bastante frecuente que se caracteriza por la imposibilidad de lograr una erección que permita la realización de la cópula.

Todo hombre fue, es o será impotente en una época cualquiera de su vida; de hecho, la erección es un fenómeno frágil. Cuando se presenta no debe ser considerada como una tragedia ni ser ridiculizada. Por el contrario, es importante que este hombre averigüe en qué situación se sintió impotente, que descubra qué ocurrió antes de experimentarla. Perder la erección en varias ocasiones con la misma mujer puede tener su origen en el hecho de que ella se haya convertido en la madre de este hombre o que él no quiera manchar a la mujer amada. También puede ser una forma inconsciente de castigar a su pareja.

Como hombre, si soy incapaz de obtener o mantener una erección durante una relación amorosa, entonces padezco impotencia. Esto me lleva seguramente a vivir insatisfacción en mis relaciones sexuales. En el nivel médico, aunque la impotencia pueda ser orgánica, es decir proceder de una causa física o proceder de un aspecto psicológico, debo considerar desde el punto de vista metafísico que la causa procede de un factor psicológico o metafísico (más allá de lo físico), incluso inconsciente. La impotencia frecuentemente está vinculada al miedo de abandonarse a una mujer (o a un hombre si mis relaciones sexuales se hacen con un hombre) y también de perder el control frente a sí mismo o frente a la otra persona. Siendo hombre, frecuentemente tengo muchas responsabilidades y puedo vivir mucha tensión y estrés en el trabajo, y la sociedad en general me pide que tenga excelentes resultados. Transponiendo esta petición en mi sexualidad, puedo sentir una presión sexual que me empuja a optimizar y crea una gran tensión interior que me "hace perder mis medios". Al no atreverme a hablar de ello con mi pareja, me pongo a vivir mucha culpabilidad, confusión hasta tener miedo de perder a la otra persona. Una gran angustia sentida durante mis relaciones amorosas puede provocar este bloqueo que me hace vivir impotencia. Esta angustia puede proceder del hecho que, durante una relación sexual, estoy más en contacto con mi aspecto afectivo. Como hombre, no estoy acostumbrado a maniobrar con mis emociones. Estoy en contacto más consciente con mi hijo interior herido que puede vivir inseguridad, miedo, rechazo, incomprensión. Así que si en mis relaciones amorosas anteriores tuve la sensación de vivir fracasos que me parecieron desvalorizantes, entonces podré no sentirme "a la altura" de la situación durante una próxima relación sexual. Mi inseguridad, mi sentimiento de incapacidad y fracaso, de odio de mí, de culpabilidad o de negligencia puede llevarme también a vivir impotencia. Puedo vivir la marcha de mi mujer como una separación tanto en el plano emocional como físico. Como que el contacto sexual ya no es posible, mis órganos sexuales pierden su sensibilidad. También la impotencia puede tener su origen en un suceso pasado que me marcó: pueden haber abusado de mí físicamente o psicológicamente en la tierna infancia; puedo guardar rencor frente a una relación afectiva anterior, teniendo la sensación de que he sido víctima de una traición. También la impotencia es un modo de tener poder sobre el otro reteniendo sexualmente a una pareja que abusa o pide demasiado. Puedo tener la sensación de que mi territorio (mis posesiones, mi entorno inmediato, lo con lo cual me identifico) está en peligro. Puedo tener una pérdida de interés para las mujeres en general, lo cual se transpondrá en el plano físico si perdura el desinterés. Finalmente, si identifico a mi pareja con mi madre, si ésta ocupa un lugar demasiado importante en mi vida, sometiéndome a ella y teniendo miedo de disgustarle, sintiéndome impotente en hacerla feliz y complacerla, esto podrá transformarse en impotencia sexual. El complejo de Edipo (se caracteriza, en el desarrollo del niño, generalmente entre los 3 y los 6 años, por un fuerte lazo afectivo para el padre del sexo opuesto: el hijo hacía su madre, la hija hacía su padre) no se ha vivido bien probablemente.

Se caracteriza por la imposibilidad de lograr una erección que permita la realización de la cópula.

Todo hombre fue, es o será impotente en una época cualquiera de su vida; de hecho, la erección es un fenómeno frágil. Cuando se presenta no debe ser considerada como una tragedia ni ser ridiculizada. Por el contrario, es importante que este hombre averigüe en qué situación se sintió impotente, que descubra qué ocurrió antes de experimentarla. Perder la erección en varias ocasiones con la misma mujer puede tener su origen en el hecho de que ella se haya convertido en la madre de este hombre o que él no quiera manchar a la mujer amada. También puede ser una forma inconsciente de castigar a su pareja.

Presión, tensión y culpa sexuales. Convenciones sociales. Despecho contra una pareja anterior. Miedo de la madre.

Sugerencias y Recomendaciones

Esta impotencia sexual se presenta en tu vida para mostrarte que crees que eres impotente ante una situación determinada y que esta creencia te perjudica. A menudo sucede que una persona se siente así porque quiere demasiado para otra; es bueno dejar que los demás resuelvan sus problemas.

Si sufres de impotencia a causa de una mala experiencia sexual anterior, tu cuerpo te dice que no te conviene seguir creyendo que esa experiencia va a seguir repitiéndose. Sólo tú, al creer en ella, puedes materializarla. Es bien sabido que nos sucede aquello en lo que creemos.

Si utilizas la impotencia sexual para castigar a tu pareja, entiende que eres tú quien se castiga, al bloquearte físicamente bloqueas también tu energía creativa. Esta actitud alimenta tu ego, pero no a tus relaciones.

La descripción anterior se aplica también a la imposibilidad de eyacular. Véase también problemas en el pene.

Debo volver a definir mi lugar, tomar contacto con mis emociones y soltar el control para que circule la energía libremente en todo mi cuerpo, en vez de quedarse en mi cabeza de este modo traeremos una relajación física y mental.

NUEVO MODELO MENTAL: "Permito que mi principio sexual obre en mí con todo su poder, de modo fácil y feliz".

Este trastorno generalmente se debe más a causas emocionales y mentales que a causas físicas. En estos casos esta terapia realmente nos ayudará.

CROMOTERAPIA: color curativo naranja.

TRATAMIENTO: es necesario estar en buena forma y mantener nuestro sistema glandular en perfecto estado. Masajearemos el sistema endocrino, iniciando en la zona correspondiente a la pituitaria en los dos pulgares del pie, continuando con el timo, la tiroides, las suprarrenales, el sistema nervioso y la próstata.

Ver angustia, ansiedad, miedo.

INCONTINENCIA

La enuresis o incontinencia urinaria es la emisión involuntaria e inconsciente de orina, con más frecuencia durante la noche, que persiste en el niño después de la edad en que es normal que aprenda a controlarse, es decir, después de los tres años. No se trata de un niño que ocasionalmente se orina en la cama, después de una pesadilla o de una emoción fuerte.

El hecho de que el niño se orine en la cama, sin control, durante la noche, indica que se reprime mucho durante el día y que no logra controlarse ya. Es el tipo de niño que le tiene mucho miedo a la autoridad, sobre todo al padre o a la persona que cumple ese papel. Ello no quiere necesariamente decir que le tema físicamente. Más bien tiene miedo de disgustarlo, de no estar a la altura de sus expectativas. Para este niño, disgustar a esa persona le sería tan penoso como la vergüenza que siente al orinarse en la cama.

Si la incontinencia es fecal (incapacidad en retener las heces) o urinaria (pérdidas involuntarias de la orina) ambas situaciones se refieren al control. Puede que la vida quiera enseñarme a ser más flexible y a soltar a la gente y las situaciones. La pérdida de control, bien de mis heces como de mi orina, me obliga a hacer una toma de consciencia en este sentido. Debo dejar de lado mis pensamientos rígidos que sólo son una protección que me impongo para protegerme de mi sensibilidad ahí donde no puedo controlar la situación. En este caso de incontinencia fecal, puedo preguntarme cuál es la persona o la situación que "me joroba". Puede que esté en fuerte reacción frente a la autoridad y el hecho de deber sufrir esta autoridad me lleva a vivir esta situación de incontinencia. Para mí, la autoridad puede ser la propia vida que me lleva a realizar cambios que no quiero hacer. Puedo ir a ver en mi infancia quien representaba la autoridad para mí y si estuve en reacción contra ella. En el caso de incontinencia urinaria, esta liberación incontrolable e inconsciente de emociones negativas que representa la orina puede ser un medio de recibir más atención y afecto. La causa subyacente de esto puede ser un sentimiento de rechazo, de no tener ningún mérito, de inseguridad, de tener miedo del futuro. La orina representa emociones negativas normalmente soltadas cuando ya no son necesarias o deseadas. Esta liberación frecuentemente nocturna indica un conflicto a un nivel más profundo y del cual ni siquiera tengo consciencia. Siendo incapaz de "controlar" la pérdida de orina o de heces, soy incapaz de controlar lo que sucede en mi vida, en particular las emociones, y esto me da miedo. Es importante que estos miedos e inseguridades interiores se expresen. También puedo dejar ir demasiado fácilmente cosas o personas que amo, sin tener el valor o la fuerza de ir a buscar lo que quiero. Teniendo muchas esperas frente a la vida, estoy decepcionado y me "dejo ir", esto puede ser tanto con relación a mi cuerpo como a mi mente. Un gran miedo o nerviosidad puede también causar la incontinencia, sobre todo en los niños.

Frecuentemente relacionada al deseo de querer controlarlo todo en mi vida.

Exceso emocional a rebosar. Años de represión de las emociones.

Falta de expresión de sentimientos negativos: odio, resentimiento, Inconformidad, insatisfacción, irritación. Tiene que ver con las relaciones con los demás.

Sugerencias y Recomendaciones

Si es tu hijo quien presenta este problema, es importante que le leas el párrafo anterior y que le hagas saber que todo cuanto necesita es más estímulo. A este niño, que se exige mucho a sí mismo, el hecho de decirle que es bueno, el hecho de valorar sus talentos y de repetirle que aunque se equivoque sus padres lo van a querer igual, le ayudará a creerlo y le hará relajarse. Es recomendable que el niño verifique si lo que él cree con respecto a las expectativas de sus padres es realmente cierto.

Tomo consciencia que es imposible controlar todo lo que sucede en mi vida. Aprendo a hacer confianza y aprendo a amar lo nuevo y lo inesperado.

NUEVO MODELO MENTAL: "Estoy dispuesta a sentir. Es bueno y seguro expresar mis emociones. Me amo".

SOLUCIÓN POSIBLE: sacar todos esos sentimientos a la luz. Afrontar los miedos.

Vigile su dieta. La fruta y la verdura son esenciales, especialmente los plátanos.

CROMOTERAPIA: color curativo azul.

TRATAMIENTO: trabajaremos con el bazo, el hígado, la vejiga y los riñones, especialmente estos dos últimos órganos. Aplique un masaje al colon. Continúe con la pituitaria, la tiroides, el timo, el páncreas, las suprarrenales y el sistema nervioso.

Ver vejiga-dolores.

INDIGESTIÓN

El término indigestión abarca a las manifestaciones digestivas más diversas atribuidas a un exceso de alimentos, de bebida o de alcohol, así como a una intolerancia digestiva a un tipo de alimentos o a una intoxicación alimenticia. Véase problemas en el estómago. Si la indigestión ocurre después de una intoxicación, véase también envenenamiento. Si ocurrió después de comer o beber alcohol en exceso, agrega a la descripción de los problemas estomacales el hecho de que acumulas demasiado en tu interior, hasta el extremo de estar harto de una persona o de una situación que te resulta pesada.

El estómago es el lugar por el cual mi cuerpo físico asimila el alimento. Si tengo una indigestión, mi cuerpo expulsa este alimento y estoy afectado por nauseas, vómitos o dolores abdominales. Es lo mismo para la realidad, los pensamientos, los sentimientos, las emociones que vivo y que van también a causar una indigestión si tengo dificultad en transigir con éstas. Hay un desorden, una desarmonía en el interior mío. ¿Cuál es la situación o la persona que me resulta difícil digerir? ¿Qué es lo que sucede en mi vida y que ya no quiero soportar, porque "todo esto a la vez, es excesivo"? Incluso puedo llegar a estar en rebelión contra esta situación o contra esta persona que criticó severamente. Esto puede también ser algo que he visto u oído que me era desagradable y que "no pasa bien". La ansiedad, la inseguridad me pondrán "el estómago al revés" y al no poder realizarse normalmente la digestión, voy a echar físicamente el alimento como echo las nuevas ideas o situaciones que vivo.

Miedo, terror y angustia. Quejas y gruñidos.

Esta afección ataca casi exclusivamente a las personas mayores de veinticinco años, pero a partir de esa edad pueden comenzar a funcionar mal las enzimas del páncreas.

Sugerencias y Recomendaciones

No olvides que este sentimiento de hartazgo o de pesadez proviene de tu actitud interior y no del exterior.

Aprendo a poner el amor en las situaciones porque tengo una toma de consciencia por hacer. El amor es el ingrediente que me ayudará a digerir y a dejar pasar las situaciones en mi vida, en armonía con mi ser.

NUEVO MODELO MENTAL: "Digiero todas las nuevas experiencias en paz y con alegría".

Para evitarlo, no ingerir proteínas y carbohidratos en la misma comida. La abundancia de este trastorno en las personas de mediana edad se debe en la mayoría de los casos al carácter de indigestión de los carbohidratos. Los consejos que damos aquí no sólo le ayudarán a digerir mejor las comidas, sino también a perder peso.

CROMOTERAPIA: color curativo verde.

TRATAMIENTO: lo primero que debemos hacer es aplicar un masaje a los puntos del páncreas, continuando después con el hígado, riñones, el timo, las suprarrenales y el bazo. Reduciremos tensiones trabajando el sistema nervioso.

Ver envenenamiento-por alimentación, dolor de estómago, nauseas, salmonelosis.

INFARTO

En la mayoría de los casos, el infarto de miocardio proviene de un coágulo que tapona una arteria endurecida y ya estrechada por la arteriosclerosis. Véase problemas del corazón y problemas en las arterias, agregando que la persona ha formado un coágulo en un intento por detener las emociones que le despojan de la alegría de vivir.

De modo general, un infarto es la muerte de una parte de los tejidos de un órgano, también llamada necrosis, originada por la obstrucción de la arteria que traía la sangre en esta área. Aunque áreas como el intestino, el bazo, los huesos y las venas puedan estar afectadas, las áreas más expuestas son el cerebro, los pulmones y el miocardio que es una envoltura del corazón. Al estar interrumpida bruscamente la circulación sanguínea por un coagulo o un depósito de lípidos (una especie de grasa) en una arteria, esto implica que la alegría ya no circula en esta área, trayendo incluso la muerte de los tejidos. Según el área afectada, puedo preguntarme lo que ha llevado mi corazón a decirme: "¡basta, ya no puedo más, una parte mía se está muriendo!".

CONFLICTO de territorio y desvalorización respecto a la eficacia de mi corazón. "No consigo que mi corazón sea suficientemente fuerte". "He perdido mi empresa", "He perdido mi mujer" (si son territorio).

Por ganar dinero o posición se ha arrancado toda la alegría del corazón.

Sugerencias y Recomendaciones

Debo comprobar cuáles son las necesidades que pude desatender y de qué modo podría volver a poner las cosas en orden en mi vida para ayudarme a vivir plenamente experiencias llenas de alegría y satisfacción.

Si el infarto se produjo en otra parte del cuerpo (pulmón, riñón, cerebro), véase la parte del cuerpo correspondiente.

NUEVO MODELO MENTAL: "Devuelvo la alegría al centro de mi corazón. A todos expreso mi amor".

INFECCIÓN

Infección, enfado, irritación, rabia, fastidio.

Conjunto de efectos que surgen como cosecuencia de la agresión de un germen microscópico más o menos virulento.

Toda infección es un signo de fragilidad en el área relacionada con la parte del cuerpo afectada. La persona enferma se deja invadir fácilmente por pensamientos, palabras o gestos provenientes de los demás, que no le convienen y que le queman. No reconoce su fuerza ni su capacidad de autoafirmación. La infección también puede producirse en la persona derrotista o pesimista que dice: "¿Qué más da?" y que no pelea. Se dice que algo o alguien infecto es especialmente repugnante. ¿Te acusas de ser repugnante o innoble en este momento?

ACTITUD NEGATIVA COMÚN: "Yo me he sentido furioso por la falta de amor. La desesperanza me destruye".

Relacionadas con la frustración frente a diferentes aspectos de mi vida.

Sugerencias y Recomendaciones

No tienes que dejarte agredir por los demás. Tu temor a la agresión es lo que te pone en contacto con personas o circunstancias que te parecen agresivas. Es muy probable que lo que consideras agresivo no exista desde el punto de vista del agresor. Tienes que volver a establecer contacto con tu fuerza interior y dejar de creer que para llamar la atención o inspirar amor debes mostrarte vulnerable, débil o frágil. Tienes mucha más fuerza de la que crees. Si te acusas de ser repugnante o innoble, te sugiero que revises tu definición de estas palabras y te des cuenta de que eres injusto contigo mismo.

ACTITUD POSITIVA A ADOPTAR: "Yo soy uno con el cosmos y autosuficiente. Manejo mi vida y estoy por encima de mis propias limitaciones pues es DIOS quien me inspira".

NUEVO MODELO MENTAL: "Elijo estar en paz y en armonía".

infección
infección vírica

Un virus es un microorganismo visible sólo al microscopio. Sólo se pueden reproducir si se encuentran dentro de una célula viva.

Cuando un virus ocasiona una enfermedad, ello es una indicación de que la persona se deja invadir por una forma-pensamiento (un elemental) que creó y que le impide ser ella misma. Para que el ser humano se deje invadir así en sus cuerpos emocional y mental debe existir algún fallo. Estos se producen sólo cuando la persona mantiene algún rencor o ira. Por lo tanto, el virus se manifiesta para ayudarle a tomar consciencia de que ese rencor o ira la enferma. Es importante que averigües qué parte del cuerpo ha invadido el virus y que observes la utilidad de esta parte para determinar el área en la cual mantienes esos sentimientos negativos.

ACTITUD NEGATIVA COMÚN: "Yo me he sentido furioso por la falta de amor. La desesperanza me destruye".

Falta de alegría. Amargura.

Sugerencias y Recomendaciones

Si te invade un virus te sugiere que le hables como si le hablaras a otra persona, puesto que es una entidad viva. Averigua la forma-pensamiento en ti que quiere a alguien para algo. Después haz como si esa forma-pensamiento fuera otra persona que te habla y que quiere animarte a continuar estando resentido con esa otra persona. Ahora, explícale que ya no quieres mantener ese rencor, que esto te enferma y que mejor quieres aprender a perdonar. Aun cuando perdonar te sea imposible en este momento, al menos tu intención es buena, y una vez que disminuya el dolor de la herida podrás lograrlo más fácilmente. Si de ahora en adelante eres consciente de que te dejas invadir por esa forma-pensamiento tu cuerpo no necesitará ayudarte a que tomes consciencia por medio de un virus. Este último no tendrá razón de ser.

ACTITUD POSITIVA A ADOPTAR: "Yo soy uno con el cosmos y autosuficiente. Manejo mi vida y estoy por encima de mis propias limitaciones pues es DIOS quien me inspira".

NUEVO MODELO MENTAL: "Con amor dejo fluir libremente la alegría en mi vida. Me amo".

infección
infección urinaria

Al malestar y al dolor que produce esta enfermedad se añade la incomodidad de tener que orinar continuamente. Conviene visitar al médico porque las infecciones continuas pueden dañar los riñones.

Sugerencias y Recomendaciones

CROMOTERAPIA: color curativo azul añil.

TRATAMIENTO: Debemos aplicar un masaje a las áreas que corresponden a la vejiga y los riñones en el pie izquierdo, luego a presionar los puntos del colon ascendente, descendente y sigmoides, el hígado y los riñones, además de un masaje al bazo, el páncreas, suprarrenales, el timo, el sistema nervioso y glándulas tiroides y pituitaria.

INFLAMACIÓN

Una inflamación es una destrucción más o menos extensa de los tejidos. Toda inflamación es una señal de que el cuerpo está en vías de reubicarse, de rehacerse, después de la resolución de un conflicto. Esto no impide que la persona tome antiinflamatorios si el médico se lo recomienda.

Una inflamación es una reacción local del organismo contra un agente patógeno, caracterizada por el color rojo, el calor, el dolor y la tumefacción (hinchazón). Es la expresión corporal de una inflamación interior. Estoy encendido y rabioso por algo o alguien, y esto se expresa por mi cuerpo.

Cólera, ira, irritación, rabia, pensamientos inflamados. Miedo. Etapa de duelo.

Abscesos, quemaduras, cortes, fiebres, llagas, -itis... Son, todos, indicios de una cólera que se expresa en el cuerpo. Por más que intentemos suprimirlo, el enojo encontrará maneras de expresarse. Hay que dejar salir la presión acumulada. Nuestro enojo nos da miedo porque sentimos que podemos destruir nuestro mundo, pero es algo que se puede liberar simplemente diciendo: «Estoy enfadado por esto». Es verdad que no siempre podemos decirle algo así a nuestro jefe, pero podemos aporrear la cama o vociferar en el coche cerrado o jugar al tenis, que son maneras inofensivas de descargar físicamente la cólera. Es frecuente que las personas con tendencias espirituales crean que «no deberían» enojarse. Ciertamente todos nos esforzamos por llegar al momento en que ya no culpemos a nadie por nuestros sentimientos; pero mientras no hayamos llegado a ese punto, es más saludable que reconozcamos qué es lo que sentimos en un momento dado.

Sugerencias y Recomendaciones

Debo preguntarme cuál aspecto de mi vida me está volviendo "rojo de ira", "hirviendo", y finalmente me llevará a vivir culpabilidad, si ésta aún no es la causa de la inflamación. Es importante mirar cuál parte del cuerpo está afectada para tener una información suplementaria sobre la causa de la inflamación. Es importante ir a comprobar si se ha vivido una dificultad sexual en el pasado, reprimida y no resuelta, o bien si viví un sentimiento de pérdida que no acepté y hacía el cual vivo mucha irritabilidad. Entonces será posible tomar consciencia de esta situación y tener una comprensión nueva y positiva de ésta.

Cuando se muestra agradecimiento al cuerpo en lugar de pensar que está enfermo, la curación se produce con más rapidez.

NUEVO MODELO MENTAL: "Mis pensamientos son pacíficos, serenos y centrados".

Ver itis-enfermedades acabadas en -itis.

INQUIETUD

La inquietud se manifiesta por agitación, angustia, aprensión. Mi inquietud puede tener su fuente en mi infancia principalmente si viví inseguridad física o social, o si tuve la sensación de carecer de algo en el plano afectivo, de mi educación o si me sentí abandonado en cierto momento. Esta inquietud puede reaparecer a la edad adulta cuando vivo una situación similar a la que viví en mi infancia y cuando "reactiva" este sentimiento.

Sugerencias y Recomendaciones

Debo aprender a confiar en la vida. Debo aprender también a hacerme confianza. Debo estar más fuerte que mis angustias para controlarlas en vez que sean ellas las que me controlen y alimenten mi sentimiento de impotencia frente a la vida.

INSOLACIÓN

Si me expongo demasiado tiempo al sol, corro el riesgo de tener una insolación que se traducirá por una quemadura de la piel y un acaloramiento que es una subida de mi temperatura en mis centros nerviosos. Bien por accidente (me dormí al sol), bien por un cálculo erróneo del tiempo de exposición, o por cualquier otra razón, vivo probablemente una culpabilidad para hacer que la vida me "castigue de este modo". Si estoy de vacaciones, puedo preguntarme si pienso merecer realmente dichas vacaciones. La piel está en relación con lo que vivo interiormente y lo que vivo exteriormente. Puede que viva frustración vinculada con el hecho de tomar consciencia de que mi vida, exteriormente, no es siempre lo que quisiera que sea interiormente. La intensidad de la quemadura del sol o del acaloramiento me indica la importancia de cierta forma de desesperación que albergo.

Sugerencias y Recomendaciones

Necesito aumentar mi estima de mí, reconocer quien soy, apreciarme en mi justo valor. Pido a la vida que me enseñe y me ayude a apreciar las cosas bellas que me da. Así irradiaré más y ya no tendré necesidad de que "el sol me pique" para recordarme que tome mi lugar en la vida.

Ver accidente, calor, piel.

INSOMNIO

El insomnio es una ausencia anormal de sueño. El sueño se altera tanto en calidad como en cantidad. Hay estudios psicológicos que prueban que las personas que padecen insomnio son emotivas y ansiosas.

La incapacidad de dormir corresponde a un profundo miedo a abandonarse y soltarse. Vivo inseguridad y quiero tener el control sobre todo lo que sucede en mi vida. Sin embargo, cuando duermo, mis "facultades mentales" duermen también y soy más vulnerable, porque mis sentidos son más alertas y abiertos a lo desconocido. Por esto, guardando mi mental ocupado con todo tipo de ideas, todo tipo de situaciones incluso ficticias e inventadas por mí, impido que me gane el sueño. Mi vida está coloreada con la tensión, la ansiedad, la culpabilidad y a veces, incluso, cierta paranoia. Esto puede resultar de un sentimiento de que mi ego o mi supervivencia ya han sido amenazados en cierto modo, lo cual es comprensible si experimenté ciertos traumatismos profundos, tales como un robo, una violación, etc. Hay probabilidades de que sienta una nerviosidad extrema y que tenga dificultad en colocarme y tomar decisiones. Es también como si muriese cada vez que me duermo y esto despierta temores a lo desconocido de la noche en particular. El insomnio puede estar fuertemente relacionado con la culpabilidad consciente o inconsciente. Por un motivo u otro, puedo tener la sensación que "no me merezco descansar". Quizás porque me siento culpable de no tener éxito en la vida, no hacer todo lo necesario para mis hijos, etc. También puedo haberme programado pensando que "dormir es una pérdida de tiempo". La glándula del timo está estrechamente vinculada al sueño y, a la vez con la energía del corazón. El insomnio puede estar vinculado a mi aptitud a amarme, a hacer confianza al amor y por el mismo hecho, a la vida.

El insomnio suele ser el resultado de estados depresivos, de hipertensión o ansiedad. Todo esto afecta al sistema nervioso, que, a su vez, influye en el sistema glandular. Otra de las causas es el hipertiroidismo.

Miedo, culpa, pensamientos negativos. Desconfianza en el proceso y fluir de la vida. Angustia, miedo de la vida, falta de confianza en el proceso de la vida. Resistencias, falta de fluidez. Pensamientos negativos. Apatía, negativa y resistencia a sentir, porque no agrada lo que se ve y se siente. Miedo.

Frecuentemente relacionado con el hecho de quedarme "enganchado" a una forma de culpabilidad.

Necesidad de velar un muerto (real o simbólico). "El muerto no ha podido ser velado".

Sugerencias y Recomendaciones

Sugiero que consultes el término ansiedad y aprendas a ser sensible y no emotivo. Si la persona cree que /a noche le traerá soluciones, es posible que cualquier inquietud en su vida le impida dormir hasta encontrar la solución que espera.

Aprendo a relajarme y a soltar el control para dejar que el sueño recupere su lugar en mi vida.

NUEVO MODELO MENTAL: "Con amor dejo atrás el día y me sumerjo en un sueño tranquilo, en la seguridad de que el mañana cuidará de sí mismo".

Uno de los ejercicios más saludables consiste en recostarse en la cama apretando muy fuerte el entrecejo con el pulgar durante un minuto, tratando de relajarse.

CROMOTERAPIA: color curativo azul.

TRATAMIENTO: Las principales glándulas a masajear con energía son la tiroides y la pituitaria. Masajearemos también suprarrenales, timo y sistema nervioso, antes de pasar al resto de los órganos y glándulas.

INSUFICIENCIA RENAL

La insuficiencia renal crónica es un padecimiento de los riñones en el cual estos órganos dejan de funcionar correctamente. Esta afección se puede describir fisiológicamente como una disminución en la filtración de la sangre. Hay muchas formas naturales que pueden ayudar a prevenir y sanar esta afección, sin embargo, una de las cosas previas que ayuda para al cuerpo a recuperar su fuerza y armonía es conocerlo y saber un poco más de él.

La insuficiencia renal o fallo renal se produce cuando los riñones no son capaces de filtrar las toxinas y otras sustancias de deshecho de la sangre adecuadamente.

Pequeñas situaciones conflictivas repetidas insistentemente. El desencadenamiento de esta enfermedad es lo que llamamos la "conversión repetitiva mínima" la (crm) es la transformación de una emoción en un síntoma, pequeñas situaciones conflictivas vividas a lo largo del tiempo al estilo de una estalactita. Si cada día voy dudando de si algo es bueno o malo, poco a poco se va dañando el riñón. No viene de un bioshock, no vamos a preguntar "desde cuando" (esto es válido para todas las enfermedades crónicas).

La pregunta clave para los afectados de insuficiencia renal es: "¿Estás teniendo cada día en la disyuntiva de es bueno o malo para mí?". También podemos encontrar la (crm) en el árbol.

Ejemplo: una mujer casada con un hombre que ella piensa que no era para ella. El resentir puede ser: "no me ocupo de mí y he perdido todo el tiempo".

Sugerencias y Recomendaciones

Alimentación: por supuesto, como suele suceder ante cualquier enfermedad, es fundamental tomar en cuenta y llevar una alimentación lo más saludable posible. Para tratar la insuficiencia renal es indispensable modificar la alimentación antes que nada. La clave está en limitarse lo más que se pueda en el consumo de proteínas de origen animal como la carne, huevos, leche, embutidos, etc., así como bajar el consumo de sal. También los fritos y productos grasosos hay que evitarlos, y tratar de anular el consumo de azúcares refinados como sodas, caramelos, pasteles, procesados, etc. Lo más recomendable son los jugos o ensaladas de verduras frescas, la miel de abeja, el azúcar moreno y las melazas de cereales integrales en sustitución de azúcar refinada (pero no abusar de estos, usar lo menos posible), las leches vegetales (arroz, almendra, avena, etc.) y usar muy poca sal o sal de vegetales.

• Bebe agua pura suficiente, dos litros mínimo al día, ayudan enormemente a un riñón saludable.

- Evita hábitos nocivos como el consumo de alcohol, fumar, etc.

- Evita el café y alimentos muy condimentados o irritantes.

- Emociones: influyen de manera importante en todos los estados de salud. Revisa si no tiendes a ser muy crítico o si no tienes sentimientos guardados de desilusión o fracaso. La inmadurez emocional, es decir, no saber qué hacer con el enojo o no hacerse responsable por las emociones son actitudes que pueden debilitar a los riñones.

- Medicina China para enfermedades del riñón: desde la perspectiva de la medicina oriental, en los riñones se almacena la mayor parte de la energía humana, es la base del yin y yang y los órganos donde se almacenan la esencia y el fuego de la puerta de la vida. El padecimiento en los riñones puede tratarse con la acupuntura, la cual ayuda a regular el temperatura y energía en los riñones para lograr un equilibrio energético.

- Reiki: puede ayudar a que el riñón restablezca sus funciones fisiológicas.

- Bioenergía: un tratamiento bioenergético es una innovadora y muy eficaz alternativa para evaluar y tratar la mayoría de las enfermedades, es una terapia integral que atiende la salud tomando en cuenta al ser humano desde todas sus perspectivas energéticas: emocional, mental y física.

- Fitoterapia: algunas infusiones o hierbas que puedes beber diariamente para ayudar a los riñones a fortalecerse son la cola de caballo, la vara de oro y la raíz de grama.

INTESTINOS

El intestino o conducto intestinal es la continuación del duodeno y termina en el ano. Lo constituyen el intestino delgado, que tiene una función esencial en la absorción de los nutrientes, y el colon intestino grueso, cuya función es mucho menor que la del delgado. Tiene la misión de completar la degradación de algunos residuos y de reabsorber el agua, lo que les da a las heces su consistencia característica. Es el depósito de los desechos del alimento, es decir, de Jo que el cuerpo no necesita.

Los problemas del intestino delgado son los tumores, el cáncer, la diverticulitis, la enfermedad de Crohn y la diarrea.

Los problemas del colon son el estreñimiento, la diarrea, los cólicos, la colitis, los gases intestinales, los tumores, el cáncer, los calambres, gastroenteritis y parásitos.

Cuando se presenta un problema en el **intestino delgado**, está relacionado con la incapacidad de la persona para retener y absorber bien lo que es bueno para ella de entre los acontecimientos de su vida diaria. Es una persona que se aferra mucho a los detalles en lugar de ver la situación globalmente. Aun cuando sólo una parte de lo que sucede no le convenga, su tendencia será de rechazarlo todo. Por una insignificancia teme carecer de lo necesario.

Un problema en el **intestino grueso** se produce en la persona que tiene dificultad para deshacerse de viejas ideas o creencias que ya no le son necesarias (estreñimiento) o que rechaza demasiado rápido los pensamientos que podrían beneficiarle (diarrea). A menudo sufre contrariedades fuertes que le resultan imposibles de digerir.

El intestino es el centro de absorción e integración del alimento y de los alimentos como el de los pensamientos, los sentimientos y de mi realidad actual. Todo lo que me causa tristeza, temor, confusión, rebelión, vergüenza o cualquier otro pensamiento o sentimiento discordantes puede encontrar una liberación y crear problemas intestinales. La digestión se hace a este nivel, por lo tanto si tengo contrariedades y que me siento víctima de un "golpe bajo", de una "mala jugada", o que tengo la sensación que alguien me ha hecho "una mala pasada", ¡tendré malestar en los intestinos porque no digeriré sencillamente! Estaré particularmente afectado si se trata de un miembro de mi familia que es el "cerdo". Al poder digerir esta situación, se manifestará por un problema al nivel de mis intestinos. Si está afectado mi intestino delgado, puedo tener tendencia a juzgar las situaciones que se presentan a mí teniendo opiniones muy marcadas con relación a mis nociones de "bien" y "mal". También tendré tendencia a tener la sensación de carecer de muchas cosas en mi vida. Los intestinos (en particular el intestino gordo) también están vinculados con mi habilidad a dejarme ir, a sentirme suficientemente en seguridad interiormente para ser espontáneo. Mis intestinos simbolizan el hecho de dejar circular los acontecimientos en mi vida. Puedo tener una necesidad muy fuerte de retener y controlar lo que me sucede. Me agarro a ciertas cosas, a personas o situaciones, incluso hasta vivir celos y posesividad y mis intestinos están congestionados por todo lo que retengo y que ya no es útil, pudiendo causar, entre otras cosas, el estreñimiento.

Sugerencias y Recomendaciones

Tu problema en los intestinos es un mensaje importante para que aprendas a nutrirte de buenos pensamientos en lugar de temores y pensamientos desvalorizantes. En tu mundo material tampoco necesitas creer en la escasez. Tienes que trabajar tu fe; tener fe en la presencia divina en ti y en el Universo que existe para ocuparse de todo lo que vive en este planeta, incluido tú. Debes dejar ir lo viejo que hay en ti para hacer lugar a lo nuevo. Ver también dolor de barriga.

Aprendo a ser autónomo y a decirme que tengo todos los recursos necesarios en el interior de mí para crear lo que quiero. ¡La única persona sobre quien puedo tener control, soy yo mismo!

Ver cámcer de colon cáncer del intestino, colitis, estreñimiento, diarrea, indigestión.

intestinos
cólico

El cólico es una contracción o contracciones resultantes de una gran tensión interior, una situación que me hace perder seguridad y que me ponen tan nervioso que aparece la congestión intestinal, los dolores del estómago, de los canales glandulares y de las vías urinarias. Dudo de mis capacidades, carezco de confianza en mí, tengo miedo de no estar a la altura, ignoro cómo hacer para resolver un problema. Un ejemplo típico que se refiere a los cólicos del recién nacido, es el mío cuando, como madre, tengo miedo de no cuidar bien de mi bebé correctamente, de no hacer suficientemente. El bebé siente interiormente mi ansiedad y se vuelve, a su vez, inquieto (el niño que sufre de cólico debe estar rodeado de calma, paciencia y amor).

Sugerencias y Recomendaciones

Acepto que en la vida, todo suceda para lo mejor. Suelto, hago todo mi posible con amor. Lo que veía como problemas e inseguridades se vuelve sencillamente experiencias que me ayudan a proseguir mi evolución y a crecer. Ejercicios de respiración, relajación y meditación pueden ayudarme a tomar contacto con mí ser interior, a realizar todas las fuerzas que están en mí y hacer desaparecer mi impaciencia frente a una persona o una situación que me irrita.

intestinos
colitis

La colitis (itis = ira) es una inflamación a veces ulcerosa del colón, el intestino gordo. El papel del colón puede compararse a mi modo de comportarme, de tratar con mi propio universo. Cuando soy incapaz de ser yo mismo frente a la autoridad y frente a mis relaciones personales (cónyuge, padres, profesores, jefes...) controlo mis gestos y mis acciones porque temo la reacción de la persona de quien puedo recibir la aprobación y el amor. Las colitis frecuentemente se presentan en los niños que temen las reacciones de sus padres que manifiestan mucha severidad y que son muy exigentes hacia ellos. Necesito tanto afecto, amor y valorización que quiero complacer a toda costa (incluso hasta ahogar mi personalidad y mis necesidades fundamentales). No soy yo mismo y no me atrevo a expresar mis emociones; las inhibo. Reprimo varias veces cosas que encuentro indigestas. Esta dependencia afectiva me lleva a vivir ira que me roe interiormente, frustración y humillación. Si vivo estos sentimientos en sumo grado, brotará una úlcera. Mis reacciones emocionales me advirtieron que debía cambiar mi actitud pero no he comprendido. Ahora es la señal física.

Sugerencias y Recomendaciones

¿Cómo actuar? Acepto que venga la felicidad de lo que siento en el interior. Aprendo a amarme, a ser yo mismo y tomo mi lugar. Adquiero independencia y autonomía y comprendo que soy cada vez más feliz y que actúo ahora en conformidad con mi propia naturaleza.

Ver inflamación, intestinos.

intestinos
Crohn

Enfermedad de Crohn. La ileítis se define como una inflamación de la última parte del intestino delgado, el íleon, caracterizada por fuertes dolores. En el caso de enfermedades bacterianas o virales, puede tomar el aspecto de una crisis de apendicitis. Las infecciones consecutivas al SIDA, y a la tuberculosis pueden provocar una inflamación del íleon pero los casos crónicos agudos se refieren a la enfermedad de Crohn. Puede tratarse de una forma de auto - castigo después de un sentimiento intenso de culpabilidad. Esto se refiere a mi estima personal; no me siento "a la altura", me siento "no correcto", "no sirvo para nada", "soy menos que nada". Me desprecio tanto que vengo a pensar que nadie me quiere y que quieren que siento inferior. Estos sentimientos se añadirán a una situación en la cual vivo una carencia, bien al nivel material o afectivo. Tengo la sensación de que el objeto de esta carencia me ha sido usurpado de un modo despreciable, repugnante. A esto puede sumarse el miedo a morir. Entonces, ruge la rebelión muy profundamente adentro mío. Esto sólo permite aumentar mi temor a ser rechazado por los demás. Al tener la sensación de no valer nada, esta enfermedad me puede ayudar a recibir la atención que necesito y que no tengo la sensación de recibir. Mi estima personal es baja y soy demasiado abierto energéticamente, al nivel del abdomen, y recibo cualquier cosa incluido lo negativo de mi entorno y que me puede afectar. Me rechazo al punto que es como si, energéticamente, mi abdomen se volviera una basura y como si permitiera que la gente de mi entorno vertiera en mí su energía negativa. Me dejo invadir porque no ocupo suficientemente mi lugar y rechazo las situaciones, lo cual me hace vivir diarreas. Estoy en profunda investigación de mi identidad personal o espiritual y la gravedad de la enfermedad me indica hasta qué punto esto toca a un aspecto de mi vida que es fundamental, incluso esencial. Los medios que podría tomar para aumentar mi estima personal y permitir hallar verdaderamente mi identidad, el lugar que ocupo en mi familia o en la sociedad, me ayudarían a recobrar la calma y la armonía en mi vida.

Sugerencias y Recomendaciones

El hecho de encontrar el lugar que me corresponde me dará una protección natural frente a mi entorno. ¡La vida es bella, yo también tengo derecho a vivir!

Ver apendicitis, intestinos-diarrea.

intestinos
intestino delgado

Los problemas del intestino delgado son los tumores, el cáncer, la diverticulitis, la enfermedad de Crohn y la diarrea. Los problemas del colon son el estreñimiento, la diarrea, los cólicos, la colitis, los gases intestinales, los tumores, el cáncer, los calambres, la gastroenteritis y los parásitos.

Cuando se presenta un problema en el intestino delgado, está relacionado con la incapacidad de la persona para retener y absorber bien lo que es bueno para ella de entre los acontecimientos de su vida diaria. Es una persona que se aferra mucho a los detalles en lugar de ver la situación globalmente. Aun cuando sólo una parte de lo que sucede no le convenga, su tendencia será de rechazarlo todo. Por una insignificancia teme carecer de lo necesario. Un problema en el intestino grueso se produce en la persona que tiene dificultad para deshacerse de viejas ideas o creencias que ya no le son necesarias (estreñimiento) o que rechaza demasiado rápido los pensamientos que podrían beneficiarle (diarrea).

A menudo sufre contrariedades fuertes que le resultan imposibles de digerir.

Asimilación. Absorción. Eliminación fácil de desechos. Temor de liberar lo viejo y que ya no se necesita.

Simboliza: reflexión, análisis, digestión.

CONFLICTO:

1. Absorber y asimilar.

2. Incapacidad de progresar un bolo alimenticio a nivel intestinal. Incapacidad de digerir. Íleon paralítico.

3. Conflicto de identidad femenino: no sabe a dónde ir, no sabe cuál es su sitio (qué posición o decisión adoptar). En mujer diestra y en hombre zurdo (afeminado) ambos en constelación esquizofrénica, en hombre diestro y mujer zurda (también si es postmenopáusica).

Sugerencias y Recomendaciones

Tu problema en los intestinos es un mensaje importante para que aprendas a nutrirte de buenos pensamientos en lugar de temores y pensamientos desvalorizantes. En tu mundo material tampoco necesitas creer en la escasez. Tienes que trabajar tu fe; tener fe en la presencia divina en ti y en el Universo que existe para ocuparse de todo lo que vive en este planeta, incluido tú. Debes dejar ir lo viejo que hay en ti para hacer lugar a lo nuevo.

NUEVO MODELO MENTAL: "Con facilidad asimilo todo lo que necesito saber y con alegría libero el pasado. Con facilidad libero lo viejo y acojo alegremente lo nuevo".

intestinos
diarrea

La diarrea es un síntoma de perturbación del tránsito intestinal. Se caracteriza por la emisión de heces líquidas o semilíquidas. A menudo se acompaña de dolores abdominales del tipo de los cólicos. Las diarreas más frecuentes se deben a un mal funcionamiento del aparato digestivo.

En el plano físico, la diarrea representa el rechazo del alimento antes de que el organismo haya podido asimilar lo que necesitaba, por lo tanto, la persona afectada hace lo mismo, pero en los planos emocional y mental. Este problema se manifiesta en la persona que rechaza demasiado rápido lo que puede ser bueno para ella. Le parece que lo que le sucede es difícil de asimilar. No ve su utilidad. De este modo se priva de disfrutar la vida plenamente, lo cual le genera ingratitud.

Siente más rechazo y culpabilidad que gratitud. El rechazo que siente esta persona está más ligado al mundo de tener y hacer que al de ser. Tiene miedo de no tener algo o de no hacer lo suficiente, de hacerlo mal o de hacer demasiado. Su sensibilidad emotiva está trastornada. Por ello, tiende a rechazar rápidamente una situación que la confronta con sus miedos, en lugar de experimentarlos.

La diarrea se manifiesta por un desplazamiento tan rápido del alimento desde el estómago hasta el intestino que no tiene tiempo de estar totalmente asimilado. Generalmente este estado está causado por el miedo o el deseo de evitar o huir una situación o una realidad totalmente desagradable o nueva para mí. Llega un caudal de ideas nuevas y no tengo tiempo de integrarlas. Me siento cogido en la trampa por algo nuevo para mí y esto pone mi sensibilidad interior al revés. Me rechazo, me culpo a mí mismo y estoy desesperado. Tengo una imagen muy fea de mí en el momento presente. Me culpabilizo. Estoy vencida por estos acontecimientos. Verdaderamente, necesito algo diferente. No es el alimento sino mis pensamientos los que ya no valen. Si constantemente transporto la idea del rechazo o de los sentimientos de rechazo (el miedo de sentirse rechazado o el deseo de rechazar a los demás) o una situación en la cual me siento cogido, hay muchas probabilidades de que tenga diarrea. Si no escucho la vida y sus señales (igual como viven ciertas personas), puede manifestarse también la diarrea.

NOTA: algunos viajeros en visita en los países pobres del Tercer Mundo tienen diarrea. El descubrimiento de una inmensa pobreza y de la miseria abre el corazón y molesta inconscientemente lo mental como el organismo físico. Es una reacción inconsciente.

Sugerencias y Recomendaciones

Sufrir diarrea te ayuda a darte cuenta de que no te estimas lo suficiente y que crees no merecer lo que es bueno para ti. Si no te puedes nutrir de buenos pensamientos hacia ti mismo, es difícil esperar que otros lo hagan. ¡Tal vez tengas que esperar mucho tiempo! Además, recuerda que lo que proviene de los demás es temporal.

El siguiente es un ejemplo personal que ilustra mejor ese proceso. Al principio, cuando comencé a hablar en público, justo antes de entrar en escena sentía mucho miedo de no ser capaz de hacerlo bien, de ser rechazada, y entonces corría al baño con diarrea. Mi cuerpo me decía que me considerara capaz sin que por eso pretendiera ser otra. Antes creía que si me sentía capaz, no iba a intentar mejorar, lo cual es falso. Nunca he dejado de buscar la excelencia, ni cesaré de hacerlo jamás.

Acepto tomar el tiempo de ver, sentir y escuchar mi corazón para ver lo que ocurre en mi vida. Así, íntegro y asimilo las situaciones de mi existencia. Cuando freno realmente, realizo como iba pasando directo (igual como los alimentos) sin tomar el tiempo de ver las bondades y las bellezas de la vida. Mi cuerpo me advierte que debo hacer confianza a la vida, que estoy soportado, que nadie me abandona.

intestinos
diverticulitis

La diverticulitis es una inflamación de un divertículo (una hernia diminuta en la mucosa intestinal). Los signos clínicos de esta inflamación son: dolor en la parte baja del abdomen acompañado de fiebre, así como posibles hemorragias. Los hombres son los más frecuentemente afectados. Los síntomas son muy parecidos a la apendicitis, por lo que a veces se les confunde.

La diverticulitis (itis = ira) es la inflamación de pequeñas cavidades (divertículos) de las paredes del colón (el intestino gordo). Esta dolencia se vincula a ira reprimida en mi vida cotidiana. Actualmente vivo una situación en la cual me siento preso y de la cual no puedo ver la salida; esto me causa tensión y presión. Me siento pillado en una trampa. Esto me causa mucho dolor y pena.

Sugerencias y Recomendaciones

El primer paso hacia la solución es la aceptación. ¿Cómo puedo arreglar una cosa cuya existencia me niego a aceptar? Acepto la situación como siendo una realidad y me mantengo abierto al canal divino que me aporta el amor necesario para integrar esta experiencia. Por mi aceptación y mi apertura, diversas soluciones me están ofrecidas porque ya no estoy cegado por la ira.

Ver problemas en los intestinos, agregando ira reprimida. Ver enfermedades inflamatorias.

intestinos
estreñimiento

Una persona sufre estreñimiento cuando sus heces permanecen demasiado tiempo en el intestino y el ritmo de la evacuación intestinal disminuye de manera variable, con heces duras y secas, y difícil eliminación de las mismas. Si el ritmo es lento, pero las heces son normales, no hay estreñimiento.

Como la función del intestino grueso es evacuar lo que ya no le sirve al organismo, el estreñimiento tiene una relación directa con soltar viejos pensamientos que ya no son útiles. Una persona que retiene sus heces es aquella que se contiene generalmente de decir o hacer algo por miedo a disgustar o a perder algo o a alguien.

También es posible que sea una persona mezquina que se apega demasiado a sus bienes y que tiene dificultad para dejar ir aquello que ya no necesita por si llegara a necesitarlo algún día, lo cual es poco probable. El estreñimiento se puede producir también cuando una persona se siente forzada a dar algo (su tiempo, su persona o su dinero). Cuando da, lo hace para no sentirse culpable, pero preferiría guardarlo para sí.

Puede ser que tenga ideas fijas acerca de un incidente del pasado y que lo dramatice en exceso. No puede soltar sus ideas. Esta tensión, causada por la dificultad para alejarse del pasado, engendra preocupaciones, malas ideas, furor, miedo de ser humillado e incluso celos.

El estreñimiento toma lugar en el interior del intestino cuando los movimientos musculares que permiten la eliminación se hacen en ralentí, lo cual provoca un atascamiento de residuos. Estos residuos sólo son la manifestación física de mis ideas negativas, mis preocupaciones, mi ira, celos que me entorpecen. El estreñimiento generalmente está asociado a una dieta pobre en fibras alimentarias. Esto es la indicación de una gran voluntad de controlar los acontecimientos de mi vida y que resulta de una inseguridad interior. Soy una persona muy trastornada que necesita la aprobación de los demás. Por mi inseguridad, incluso llego a ser mezquino. Las situaciones favoreciendo el estreñimiento pueden producirse cuando experimento una situación financiera difícil, cuando tengo relaciones conflictuales o cuando salgo de viaje, porque es cuando soy más vulnerable a sentirme inquieto y "sin anclaje". Me agarro a mis viejas ideas y a mis bienes personales. Lo que ya conozco me permite cierto control y me da una ilusión de seguridad. Tengo tanto miedo a estar juzgado que rechazo mi espontaneidad, me impido adelantar. Rechazo también mis "problemas" y mis emociones pasadas, por miedo a que vuelvan a aflorar y a que tenga que enfrentarme a ellas.

Sugerencias y Recomendaciones

Si padeces estreñimiento, tu cuerpo te dice que es el momento de dejar ir las viejas creencias, que ya no te sirven. Deja lugar para lo nuevo. Te dice que es necesario dejar que el intestino evacue como debe si quieres ingerir más alimentos. Lo mismo ocurre con tus pensamientos. Las preocupaciones, las malas ideas, etc., deben ser tratadas como desechos del plano mental y deben ser evacuadas como tales. El hecho de creer que debes retener siempre por miedo a perder a alguien o algo no es bueno para ti. Sería mucho mejor que verificaras si realmente pierdes algo al permitirte decir o hacer lo que quieres. Esta es una nueva actitud que seguramente te beneficiará más.

¿Cuándo me auticé a tomar mi lugar y a ser yo mismo? ¿Cuál es la última vez que me sentí libre y lleno de entusiasmo? ¿Qué es lo que me detiene? Debo absolutamente abandonar todo lo que ya no me conviene, soltar. Acepto, aquí y ahora, liberarme del pasado, ir hacia delante y vivir una vida más excitante. Me siento más relajado y hago confianza en la vida.

Ver cáncer de colon.

intestinos
gastroenteritis

La gastroenteritis es una inflamación aguda de las mucosas gástricas e intestinales caracterizada por vómitos y una diarrea de origen infeccioso. Puede que se pueda determinar la "causa externa" y vincularla a la ingestión de agua o alimentos contaminados. Sin embargo, hay que ver la "causa interior" que me ha hecho vivir este suceso. Aquí, lo irritante es mucho más importante que en un caso de gastritis, porque esto afecta no sólo el punto en donde entran los alimentos sino también el punto de salida del proceso de integración, lo cual indica que estoy tan irritado y tan frustrado por lo que me sucede que no puedo absorber lo que sea. Por lo tanto quiero rechazar una situación o a una persona (cuando no es la vida misma) y estoy "rojo de ira", lo cual me lleva a vivir la diarrea y el vómito. Tengo dificultad en aceptar los acontecimientos. Puedo retener ciertos esquemas de pensamiento mentales ahora hechos inútiles. Una persona o una situación me es indigesta y se vuelve contra mí encendiéndome emocionalmente. Me invade la desesperación y mi sensibilidad es altamente perturbada.

Sugerencias y Recomendaciones

Debo abrirme a una nueva realidad, a nuevas ideas y a volver a aprender a tener confianza en los demás y en la vida, siendo capaz de manifestar mí disgusto en vez de dejarlo rugir en mi interior y crearme males de todo tipo.

Ver estómago-dolores, gastritis, intestinos-diarrea, nauseas.

intestinos
intestino grueso

Los problemas del intestino delgado son los tumores, el cáncer, la diverticulitis, la enfermedad de Crohn y la diarrea. Los problemas del colon son el estreñimiento, la diarrea, los cólicos, la colitis, los gases intestinales, los tumores, el cáncer, los calambres, la gastroenteritis y los parásitos.

Cuando se presenta un problema en el intestino delgado, está relacionado con la incapacidad de la persona para retener y absorber bien lo que es bueno para ella de entre los acontecimientos de su vida diaria. Es una persona que se aferra mucho a los detalles en lugar de ver la situación globalmente. Aun cuando sólo una parte de lo que sucede no le convenga, su tendencia será de rechazarlo todo. Por una insignificancia teme carecer de lo necesario. Un problema en el intestino grueso se produce en la persona que tiene dificultad para deshacerse de viejas ideas o creencias que ya no le son necesarias (estreñimiento) o que rechaza demasiado rápido los pensamientos que podrían beneficiarle (diarrea). A menudo sufre contrariedades fuertes que le resultan imposibles de digerir.

Asimilación. Absorción. Eliminación fácil de desechos. Temor de liberar lo viejo y que ya no se necesita.

Los intestinos, (sobre todo el grueso, el colón): mi capacidad para soltar, dejar fluir lo que me es inútil y dejar fluir los acontecimientos de mi vida.

Sugerencias y Recomendaciones

Tu problema en los intestinos es un mensaje importante para que aprendas a nutrirte de buenos pensamientos en lugar de temores y pensamientos desvalorizantes. En tu mundo material tampoco necesitas creer en la escasez. Tienes que trabajar tu fe; tener fe en la presencia divina en ti y en el Universo que existe para ocuparse de todo lo que vive en este planeta, incluido tú. Debes dejar ir lo viejo que hay en ti para hacer lugar a lo nuevo.

NUEVO MODELO MENTAL: "Con facilidad asimilo todo lo que necesito saber y con alegría libero el pasado. Con facilidad libero lo viejo y acojo alegremente lo nuevo".

Ver cáncer de colon.

intestinos
recto

El recto es el segmento terminal del intestino gordo que sigue al colón sigmoide y llega al orificio anal. Si algo o alguien en mi vida me preocupa y juzgo esto "de mala fama" o "cerdo", quiero expulsar esta cosa o a esta persona de mis pensamientos o de mi vida. Si no lo consigo, dolores o hemorragias aparecerán en el recto. La situación vivida implica muy generalmente a uno o varios miembros de la familia.

Aprendo a quedarme abierto y a intentar comprender el porqué de la situación que me molesta. Veo que, incluso si yo tengo la sensación de que alguien actuó mal, esta persona tenía probablemente buenas razones de actuar de este modo en que lo hizo y que sus motivos estaban bien fundados. Esta situación implica frecuentemente que me pregunte cuál es el lugar que me corresponde, a dónde voy en la vida. Mi orientación sexual podrá estar otra vez planteada. Hay un gran replanteamiento para saber quién soy, cuál dirección debo tomar. Puedo sentirme solo y abandonado.

Sugerencias y Recomendaciones

Aprendo a reconocer mis cualidades y creo que poco importan las decisiones tomadas, lo que resulte siempre será para lo mejor.

Ver ano.

intestinos
tenia

La tenia es un gusano parasitario que se encuentra en el intestino y que puede tener algunos milímetros o varios metros de largo. También llamado gusano solitario, la tenia se desarrolla en una persona que tiene la sensación que se le imponen ideas o modos de pensar contrarios a las suyas. Me siento triste e incomprendido, abusado y sucio. Puedo tener la sensación que "parásitos" merodean alrededor mío. Como que tengo dificultad en afirmarme y a decir que no. Me dejo "robar" mi energía. Las preocupaciones, las penas que tengo dificultad en soltar van a favorecer también la aparición de la tenia. Este gusto amargo hace difícil mi digestión. Mis pulmones dejan pasar una energía corrompida y se instalan gusanos parásitos, conllevando irritación y nerviosismo.

Sugerencias y Recomendaciones

Para curar mi interior, cuido mis ideas, dejo lugar al placer y a la alegría. Tomo el lugar que me corresponde en la vida.

INTOXICACIÓN
Ver envenenamiento-por alimento.

IRA

La ira (cólera) es la exaltación del estado afectivo y un modo de exteriorización brutal de éste, traduciéndose por una excitación tanto física como verbal, progresivamente creciente, yendo hasta gritos, ruptura de objetos, agresividad, temblores, etc. La ira es un grito de alarma espontáneo, la manifestación de una rebelión interior, un violento disgusto acompañado de agresividad. Antes de los dos años, es un simple medio de reaccionar o exteriorizar una dolencia interior (frío, hambre, etc.) pero luego, es sobre todo un medio de oposición y de reacción a las prohibiciones, pudiendo volverse un medio de chantaje afectivo y de dominación. Estas emociones que me invaden se manifiestan generalmente al nivel de mi hígado, por la aparición de toxinas que pueden engendrar una crisis de hígado. Los pensamientos enloquecen, se atropellan, crecen tanto que ya no veo claro. Sube mi presión y me vuelvo rojo de ira.

Sugerencias y Recomendaciones

¿Qué es lo que me molesta tanto y me hace explotar? Si estoy iracundo, es importante que busque la razón que provoca este estado. Puedo vivir un sentimiento de debilidad, injusticia, frustración, incomprensión, impotencia, etc. que puede ser exagerado o crecido por mi gran emotividad y mi impulsividad. Cuando lo identifico, comprendo que el conflicto se repite inconscientemente y que incluso puede proceder de situaciones que no he resuelto aún desde la infancia, y entonces, la integración será más rápida. Acepto abrirme al amor que puedo manifestar aquí y ahora. Me mantengo atento y vigilo todas las señales indicando una ira eventual y no me sublevo inútilmente.

Ver itis-enfermedades acabadas en -itis, hígado, infecciones.

ISQUEMIA CEREBRAL

Reducción del flujo sanguíneo cerebral hasta niveles que son insuficientes para mantener el metabolismo necesario para la normal función y estructura del cerebro.

Pérdida de territorio intelectual.

"Ya paro de combatir, ya no busco solución".

Sugerencias y Recomendaciones

NUEVO MODELO MENTAL: "Me amo y me apruebo, no estoy solo, la vida entera me apoya y me sostiene. Soy libre y capaz de cualquier cosa que me proponga. Doy y recibo amor por donde quiera que vaya. Todo es perfecto en mi mundo".

ISQUIOTIBIALES

Estos músculos son los más importantes para subir escaleras, alzarnos, etc. "No lograré superar esa situación". En deportistas: "No conseguiré nunca esta marca".

Sugerencias y Recomendaciones

NUEVO MODELO MENTAL: "Me amo y me apruebo, no estoy solo, la vida entera me apoya y me sostiene. Soy libre y capaz de cualquier cosa que me proponga. Doy y recibo amor por donde quiera que vaya. Todo es perfecto en mi mundo".

ITIS

Todas las enfermedades en "itis" suelen estar relacionadas con la ira o la frustración ya que se vinculan con inflamaciones.

Terminación que indica Cólera no expresada, ira. Ira y frustración por situaciones que uno ve en su vida.

Sugerencias y Recomendaciones

NUEVO MODELO MENTAL: "Estoy dispuesto a cambiar todas mis actitudes de crítica. Me amo y me apruebo".

JOROBADO
Ver hombros encorvados.

JUANETE
Ver dedos de los pies.

LABIOS

Los labios tienen la función de tomar los alimentos, ayudan a la elocución, a silbar, sonreír, besar y proteger los dientes. Sus problemas más comunes son: inflamación, fisuras, adormecimiento, fuego, labios secos, parálisis y cáncer. Ver el problema en cuestión. En el caso de labios secos, ver piel seca.

Desde el punto de vista metafísico, el labio superior se relaciona con los deseos que llevamos dentro, y el inferior con el ambiente en el que nos desenvolvemos. Morderse los labios significa ira sentida después de algo que se acaba de decir.

Por los labios, puedo comprender la apertura o la estrechez mental, lo que quiero o lo que no quiero decir. Puedo percibir tensión, inquietudes, penas o temores a través de los labios agrietados o secos. Pueden ser carnosas si tengo alegría, placer, amor en el corazón, o más bien delgadas cuando estoy más reprimido e incluso rígido frente a mis deseos y los placeres de la vida. En una mujer, los labios de la vagina sufren las mismas repercusiones causadas por los mismos trastornos salvo que es más probable que cualquier malestar o enfermedad vinculada a éstas se refiera a la expresión de su sexualidad y de su feminidad. El labio inferior representa mi lado masculino, racional, la razón, y el labio superior representa mi lado femenino, receptivo, emocional.

Mi labio superior está relacionado con el lado femenino y el labio inferior con el lado masculino.

Sugerencias y Recomendaciones

Es importante que exprese mis sentimientos, tanto los negativos cuando estoy disgustado (en caso contrario, pueden hincharse mis labios) como los positivos tales como cumplidos, mi afecto, mi aprecio, etc. Porque es con mis labios que puedo dar un beso y demostrar mi amor a la gente a quien amo.

labios
carcioma de labio

No tener confianza en uno mismo. Tener miedo de algo peor. Miedo a equivocarse verbalmente. Pánico a ser descubierto con una mirada. Se siente malinterpretado por sus palabras. "Es duro existir".

Sugerencias y Recomendaciones

NUEVO MODELO MENTAL: "Me amo y me apruebo, no estoy solo, la vida entera me apoya y me sostiene. Soy libre y capaz de cualquier cosa que me proponga. Doy y recibo amor por donde quiera que vayas. Fluyo fácilmente por todas las situaciones que me plantea la vida, me expreso y amo con facilidad. Todo es perfecto en mi mundo".

labios
esconder una parte del labio

"Si verbalizo mis deseos me arriesgo a ser malinterpretado. No importa lo que diga".

Sugerencias y Recomendaciones

NUEVO MODELO MENTAL: "Me amo y me apruebo, no estoy solo, la vida entera me apoya y me sostiene. Soy libre y capaz de cualquier cosa que me proponga. Doy y recibo amor por donde quiera que vaya. Fluyo fácilmente por todas las situaciones que me plantea la vida, me expreso y amo con facilidad. Todo es perfecto en mi mundo".

labios
grietas en los labios

Contrariedad. Mi palabra no es escuchada ni puesta en práctica. "Cuando digo algo y no me escuchan".

Sugerencias y Recomendaciones

NUEVO MODELO MENTAL: "Me amo y me apruebo, no estoy solo, la vida entera me apoya y me sostiene. Soy libre y capaz de cualquier cosa que me proponga. Doy y recibo amor por donde quiera que vaya. Fluyo fácilmente por todas las situaciones que me plantea la vida, me expreso y amo con facilidad. Todo es perfecto en mi mundo".

labios
herpes labial

Enfado, disgusto y temor de expresarlo.

Sugerencias y Recomendaciones

NUEVO MODELO MENTAL: "Me amo y me apruebo, no estoy solo, la vida entera me apoya y me sostiene. Soy libre y capaz de cualquier cosa que me proponga. Doy y recibo amor por donde quiera que vaya. Fluyo fácilmente por todas las situaciones que me plantea la vida. Todo es perfecto en mi mundo".

labios
labio leporino

No se termina de cerrar la boca: es proyecto sentido o transgeneracional, porque ya nace con eso.

Conflicto de antes del nacimiento.

"He deseado algo, ya lo tenía y a última hora me lo han quitado." "Mi boca no es suficientemente grande para guardarlo". "Me lo han quitado de la boca"

Sugerencias y Recomendaciones

NUEVO MODELO MENTAL: "Me amo y me apruebo, no estoy solo, la vida entera me apoya y me sostiene. Soy libre y capaz de cualquier cosa que me proponga. Doy y recibo amor por donde quiera que vaya. Fluyo fácilmente por todas las situaciones que me plantea la vida, me expreso y amo con facilidad. Todo es perfecto en mi mundo".

labios
labios secos

Tengo los labios secos cuando siento un gran cansancio, cuando me siento solo o cuando tengo preocupaciones. Se va mi alegría de vivir y siento poco placer en mis intercambios con los demás. Esta pérdida de alegría será cuanto más grande si, además, mis labios van hasta sangrar.

Sugerencias y Recomendaciones

Me permito aumentar mi comunicación con los demás y "abrazar la vida" con más amor.

labios
úlcera

"¿Para qué mover los labios?"

Sugerencias y Recomendaciones

NUEVO MODELO MENTAL: "Me amo y me apruebo, no estoy solo, la vida entera me apoya y me sostiene. Soy libre y capaz de cualquier cosa que me proponga. Doy y recibo amor por donde quiera que vaya. Fluyo fácilmente por todas las situaciones que me plantea la vida, me expreso y amo con facilidad. Todo es perfecto en mi mundo. ¡La vida vale la pena!".

LACRIMALES

Úlcera lado izquierdo: Querer ser visto o no querer ser visto.

Úlcera lado derecho: No poder asimilar por uno mismo (también en sentido figurado no poder confiar, incorporarse).

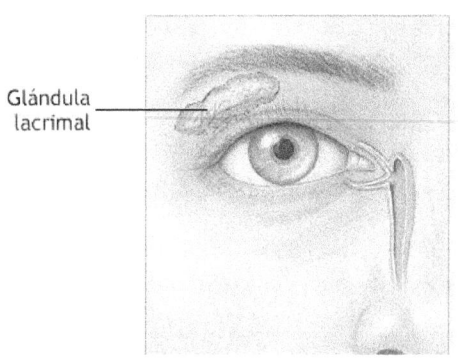

Glándula lacrimal

Sugerencias y Recomendaciones

NUEVO MODELO MENTAL: "Me amo y me apruebo, no estoy solo, la vida entera me apoya y me sostiene. Soy libre y capaz de cualquier cosa que me proponga. Doy y recibo amor por donde quiera que vaya. Fluyo fácilmente por todas las situaciones que me plantea la vida, me expreso y amo con facilidad. Todo es perfecto en mi mundo, confío plenamente en la vida".

LARINGE

Miedo en el territorio. El mensaje no pasa y hay que hacerlo pasar.

"Reprocharse el tener errores al hablar". "Miedo a decir una tontería y sentirse juzgado". "Lo que digo provoca un drama". "Digo una verdad y la familia se rompe". "Quiero decir algo, pero no puedo, porque si lo digo la familia explota".

¿Cuando tienes miedo que haces? Todas las enfermedades de la laringe tienen que ver con el miedo. El gorila hincha el tórax, mete mucho aire y pega encima para hacer ruido y alejar al depredador. Aquí cuando vamos a pelear físicamente, abrimos los pulmones, es arcaico, Ano y recto es la identidad en el territorio, donde pongo mi culo. Soy un hombre, soy una mujer, es lo que llamamos la identidad en el territorio.

En estrés: tos nerviosa.

Fase de curación: voz ronca.

Vivido en femenino:

"Falsas rutas o camino equivocado".

Vivido en masculino:

"Debo impedir esta invasión. Me he equivocado de camino. ¿Dónde estoy? ¿Qué hago? ¿Estoy haciendo bien mi trabajo? ¿Estoy con el hombre/mujer adecuado/a?.

Órgano de la fonación: "Problemas de comunicación, con secretos familiares...". (Memoria de cuello) = Vuelta de cordón umbilical, ahorcamientos, ahogamientos.

Disnea laríngea: "Tengo ganas de gritar pero no puedo".

Mucosa de la laringe: Está dentro del miedo, pero con una tonalidad de separación.

Sugerencias y Recomendaciones

Garganta:

NUEVO MODELO MENTAL: "Abro mi corazón y canto las alegrías del amor".

Dolor, irritación:

NUEVO MODELO MENTAL: "Dejo marchar todas mis limitaciones. Soy libre de ser yo".

Nudo en la garganta:

NUEVO MODELO MENTAL: "Estoy a salvo. Confío en que la vida me apoya. Me expreso libre y gozosamente".

Problemas:

NUEVO MODELO MENTAL: "Es normal hacer ruido. Me expreso libre y gozosamente. Me es fácil hacerme valer. Expreso mi creatividad. Estoy dispuesta a cambiar".

Ver garganta-laringe.

LARINGITIS

Es una inflamación de la laringe, que se manifiesta por un enronquecimiento con tos.

Debido a que la persona que sufre laringitis pierde la voz parcialmente o por completo, su cuerpo le está diciendo que se impide hablar a causa de un temor. Esta persona desea decir algo, pero tiene miedo de no ser escuchada o teme disgustar a alguien. Se traga sus palabras, pero éstas permanecen atoradas en su garganta. Están listas para salir. No consigue callarlas. También es posible que la persona tenga miedo de no estar a la altura de las expectativas de alguien si dice lo que tiene que decir, o puede temer el juicio de quien considera una autoridad en la materia; incluso puede ser que acabe de decir algo a alguien y sienta que ha hablado demasiado; entonces se promete callarse en el futuro; silencia su voz por miedo a que se le escape de nuevo. Por otro lado, puede que esta persona tenga una petición importante que hacer, pero prefiere callarse antes que correr el riesgo de ser rechazada. Incluso puede dar rodeos para no tener que hablar con alguien.

Significa generalmente que uno está tan enojado que no puede hablar. La garganta representa también el fluir de la creatividad en nuestro cuerpo. Es el lugar del cuerpo donde expresamos nuestra creatividad, y cuando la frustramos y la sofocamos, es frecuente que tengamos problemas de garganta. Todos sabemos cuántas personas hay que viven toda su vida para los demás, sin hacer jamás lo que quieren. Siempre están complaciendo a madres, cónyuges, amantes o jefes. La amigdalitis y los problemas tiroideos no son más que creatividad frustrada, incapaz de expresarse.

Reprimir, rebelión, ahogo.

"No me expreso por temor al ridículo".

Furia que impide hablar. Miedo de hacerse valer. Resentimiento contra la autoridad.

Sugerencias y Recomendaciones

Cualquiera que sea el miedo que sientes, no es bueno, ya que impide expresarte libremente. Si persistes en creer que es mejor para ti no hacerlo, toda esa represión terminará por perjudicarte enormemente y no sólo la garganta resultará afectada. Además, el hablar te ayudará a abrir más tu centro de energía relacionado con la creatividad, que está situado en la garganta. Acepta la idea de que jamás podrás expresarte de forma que complazca a todos y cada uno de los que te rodean. Si te das el derecho de expresarte a tu manera, los demás también te lo darán. Date cuenta, además, de que tu opinión es tan importante como la de ellos y de que tienes el mismo derecho de expresarla. Cuando tengas una petición que hacer, lo peor que puede pasar es que el otro conteste con una negativa. Esto no quiere decir que no te quieran, ni que nieguen lo que eres. ¡Sólo se refiere a lo que pides!

El centro energético situado en la garganta, el quinto chakra, es el lugar del cuerpo donde tiene lugar el cambio. Cuando nos resistimos al cambio, o nos encontramos en pleno cambio, o estamos intentando cambiar, es frecuente que tengamos mucha actividad en la garganta o cuando oiga toser a otra persona. Cuando tosa, pregúntese: «¿Qué es lo que se acaba de decir? ¿A qué estamos reaccionando? ¿Es resistencia y obstinación, o es que el proceso de cambio se está produciendo?». En mis seminarios, uso las toses como un medio de autodescubrimiento. Cada vez que alguien tose, hago que se toque la garganta y diga en voz alta: «Estoy dispuesto a cambiar» o «Estoy cambiando».

NUEVO MODELO MENTAL: "Soy libre de pedir lo que deseo. Me expreso confiada y segura. Estoy en paz".

Ver garganta-laringitis.

LATERALIDAD

Lado derecho: representa la emisión, la donación, la energía masculina, el hombre, el padre.

Lado izquierdo: representa la receptividad, la comprensión, la energía femenina, la mujer, la madre.

Sugerencias y Recomendaciones

Lado derecho:

NUEVO MODELO MENTAL: "Con facilidad y sin esfuerzo equilibro mi energía masculina".

Lado izquierdo:

NUEVO MODELO MENTAL: "Mi energía femenina está hermosamente equilibrada".

LENGUA

La lengua es un órgano muscular y mucoso con una importante función en la masticación, la fonación y la deglución. También permite, gracias a sus yemas gustativas, diferenciar lo dulce, lo salado, lo ácido y lo amargo. Los problemas más usuales en la lengua son: úlceras, cáncer, lesiones, inflamación, adormecimiento, quemaduras y moderse la lengua.

La mayoría de los problemas que se dan en la lengua tienen relación con un sentimiento de culpa por lo que la persona come. También es posible que la persona se acuse de no haberse "mordido la lengua", es decir, de haber sido indiscreta. Debido a que tiene muchos usos, sería bueno utilizar las preguntas adicionales que se sugieren para determinar en qué área se sitúa el sentimiento de culpa. Morderse la lengua se relaciona con la culpabilidad por lo que se acaba de decir o se dispone a decir.

La lengua es un órgano muscular al cual está vinculado el gusto. Si quiero expresar un pensamiento verbalmente, necesito mi lengua. Si me "muerdo la lengua", debo preguntarme si me culpo por lo que acabo de decir., si vivo culpabilidad. Tengo la lengua dormida o hinchada cuando quiero saborear más la vida, o que tengo "disgusto" frente a una persona, una cosa o una situación.

Representa la capacidad de saborear con alegría los placeres de la vida.

Sugerencias y Recomendaciones

Si frecuentemente te sientes culpable porque te gusta comer o te acusas de ser demasiado goloso, el refrán que sigue seguramente te ayudará: "No es lo que entra en la boca del hombre lo que le hace daño, sino lo que sale de ella". No importa el sentimiento de culpa que sientas: tu dolor te advierte que los valores en los que te basas te hacen daño. Ya no los necesitas. Debes permitirte vivir experiencias que desarrollen en ti el amor incondicional. Debes concederte el derecho de expresarte, aunque salga mal.

Aprendo a "saborear" todas las alegrías que se ofrecen a mí.

NUEVO MODELO MENTAL: "Disfruto con la generosa liberalidad de mi vida".

LEPRA

La lepra es una enfermedad infecciosa que se inicia con pequeñas manchas pigmentadas en la piel, acompañadas de trastornos nerviosos. Un signo precoz es la atrofia de los músculos interóseos.

Como esta enfermedad es un tanto repugnante, la persona afectada es del tipo que se rechaza completamente, que no se considera lo suficientemente buena, ni limpia, ni pura, para que los demás se interesen por ella. Se carcome de tal modo por dentro que abandona su plan de vida. Se siente impotente ante lo que ocurre a su alrededor.

Es una enfermedad infecciosa crónica que afecta la piel, las mucosas, los nervios. La persona afectada por ella se siente sucia, impura, no se estima a la altura. Se autodestruye. Si tengo la lepra, tengo la sensación que no tengo lo necesario para asumir mi vida, mis responsabilidades. ¿De todos modos, me merezco vivir? Tengo tendencia a hacerme frecuentemente esta pregunta y a dejarme ir, sintiéndome incapaz de cambiar nada en mi vida.

Absoluta incapacidad para controlar la propia vida. Vieja y prolongada convicción de ser inútil o impuro.

Sugerencias y Recomendaciones

Aunque en el continente americano y en Europa esta enfermedad está controlada, sigue estando muy presente en el mundo. Las personas enfermas generalmente sienten vergüenza y no se atreven a reconocerlo. Si es tu caso, toma conciencia de la vergüenza que te habita y te carcome; date cuenta de que la impotencia y el rechazo son sólo creaciones de tu cuerpo mental. Has dejado que tu ego te convenciera de que no vales nada a los ojos de los demás. Ahora te corresponde revisar esta forma de pensar. Tu cuerpo te envía el mensaje importante y urgente de que vuelvas a establecer contacto con el ser extraordinario que eres. Te sugiero encarecidamente que comiences a dedicarte cumplidos y a hacer una lista de tus talentos, tus capacidades y la utilidad de tu presencia en tu entorno.

Acepto de ahora en adelante alimentarme con pensamientos de amor y armonía para rehacerme una nueva piel que reflejará mejor el ser divino que soy.

NUEVO MODELO MENTAL: "Me elevo por encima de toda limitación. La Divinidad me guía e inspira. El amor todo lo cura".

LESIONES

Las lesiones representan enfado con uno mismo. Sentimiento de culpabilidad.

Sugerencias y Recomendaciones

NUEVO MODELO MENTAL: "Ahora libero el enfado de maneras positivas. Me amo y me apruebo".

LEUCEMIA

La leucemia se debe a un mal funcionamiento del sistema linfático.

Leucemia: glóbulos blancos inmaduros.

Frecuentemente relacionada con el hecho de ya no querer luchar para obtener lo que representa el amor en mi vida.

Inspiración brutalmente letal. ¿Para qué...?

RESENTIR: "Tengo valor en el caso de que siga siendo un niño". "No tengo derecho a crecer". "No tengo derecho a madurar, en el seno de la familia". "Si me hago adulto, voy a morir".

Glóbulos blancos inmaduros:

"Me siento impotente, para proteger a mi madre". "No quiero hacerme mayor".

Leucemia con leucoblastos:

Normalmente afecta a los niños porque es una desvalorización global, una prohibición o peligro de crecer.

Leucemia de monocitos:

Su rol: actuar como memoria entre el cerebro y los tejidos. Bajón del sistema inmunitario: "No me autorizo a defenderme". "Para continuar con vida no respondo, no me defiendo". "Ataque de la familia, no digo nada".

Sugerencias y Recomendaciones

NUEVO MODELO MENTAL: "Por encima de las limitaciones pasadas me adentro en la libertad del presente. Estoy a salvo siendo yo".

CROMOTERAPIA: color curativo amarillo.

TRATAMIENTO: para combatir esta afección hay que estimular todas las glándulas y órganos. Comenzando por la glándula pineal y continuando con la pituitaria, pasando después por la tiroides y paratiroides, y de éstas al timo y al sistema nervioso. Deberá masajear también todos los órganos.

Ver sangre-leucemia.

LEUCOPENIA

La leucopenia es una carencia de glóbulos blancos. Véase problemas de los glóbulos.

Identidad.

"No me atrevo a autoafirmarme". "Para mi supervivencia me interesa no afirmarme".

Sugerencias y Recomendaciones

Ver glóbulos-problemas, sangre-leucopenia.

LEUCORREA

Es una infección vaginal que se manifiesta mediante la secreción de flujos espesos, blancuzcos, de olor agrio, y con un intenso dolor vaginal.

La mujer que sufre leucorrea siente enojo con respecto a su vida sexual. Se siente engañada en este aspecto. Acusa a su pareja de querer demasiado o se acusa de dejarse seducir, de no poder decir "no". Es del tipo que quiere controlar y siente enojo porque no logra tener el dominio en ese terreno. Además, se siente culpable porque considera la sexualidad como algo sucio. Quisiera ser considerada inocente.

La leucorrea también se llama pérdidas blancas o pérdidas vaginales. Es una infección vaginal que demuestra o bien un rechazo de tener relaciones sexuales, o bien culpabilidad o agresividad hacia mi pareja, o bien el hecho de no tener ninguna. Suele ser causada por la sensación que tengo de ser impotente frente a mi cónyuge, y al tener la sensación de no tener ninguna influencia sobre él, esta enfermedad se vuelve como un instrumento de manipulación que me hará sentir que controlo la situación y por lo tanto mi cónyuge, porque soy YO quien decide si puedo tener relaciones sexuales o no.

Creencia de que las mujeres son impotentes frente a los hombres. Fastidio con la pareja.

Sugerencias y Recomendaciones

Este mensaje te indica que es momento de cambiar tu percepción con respecto a las relaciones sexuales. Te organizas de modo que te impides hacer el amor cuando tu cuerpo lo desea. Es tu forma de pensar la que te impide actuar. Te ayudaría mucho utilizar tu vida sexual para aprender a soltarte, lo cual mejoraría sustancialmente tu relación con tu cónyuge. No digo que siempre tengas que decir "sí" a tu pareja, sino que te atrevas a darte el derecho de querer hacer el amor y reconocerlo sin temer que tu pareja se aproveche o tenga control sobre ti. Acepta la idea de que no es sucio disfrutar del sexo. Este acto es, ante todo, un medio de comunicación y de fusión con el ser amado.

Debo tomar mi lugar, reconocer mi verdadero valor y convencerme que soy la persona que puede tener el control sobre mí y sobre mi vida.

NUEVO MODELO MENTAL: "Yo creo todas mis experiencias. Yo soy el poder. Disfruto siendo mujer. Soy libre".

LIGAMENTOS

Los ligamentos son elementos cuya función es mantener con solidez las uniones anatómicas de las dos superficies articulares. Esta función la cumplen gracias a su elasticidad y su resistencia. Pero más allá de sus límites, los ligamentos ceden: entonces se presenta un desgarro.

Miedo a ser desvalorizado en el futuro. "Temo a una situación que está por venir".

Hiperlaxitud: "Quiero más libertad"

Hipolaxitud (ligamentos cortos): "Debo permanecer en esta situación". "No tengo derecho a salir de este contexto".

Sugerencias y Recomendaciones

Ver esguince, tomando en cuenta el lugar del cuerpo afectado. Observa la utilidad de esta parte del cuerpo para saber a qué área de la vida está dirigido el mensaje.

LIGAMENTOS CRUZADOS

Cruce de caminos, cruce de especies, cruce de hierro (espadas), cruce de miradas.

Ejemplo Dr. Sellam: una mujer que trabaja en la seguridad social y viene a verme porque ha sido operada dos veces de los ligamentos cruzados porque se han roto las dos veces. Tiene una rodilla muy hinchada, le duele mucho y se cuestiona que si la cirugía no ha funcionado debe haber algo psicosomático. Lo pruebo todo y me queda un último recurso. Cojo un diccionario sobre la lengua francesa, tres tomos sobre el origen y significado de las palabras. A veces la clave está en ello.

Busco "cruzados", el problema no está en el ligamento y le leo el texto. Habla de un cruce de caminos, del cruce de especies, del cruce de hierro (combate de espadas), cruce de miradas, y en ese momento, con la palabra "cruce de miradas" veo que empieza a cambiar, es la palabra que abrió el expediente. Le preguntó qué pasa y empieza a temblar, a sudar... Me cuenta una historia emocional muy fuerte. Ahora tiene 45 años, pero cuando era adolescente estaba enamorada de Pedro. Era guapísimo, inteligente, agradable y todas las chicas le admiraban. Ella estaba muy enamorada, pero nunca se atrevió a decirle nada porque otras le pasaban delante y siempre guardó el amor platónico en su interior. Ella se casa, tiene hijos, familia. Un día saliendo del trabajo reconoce a Pedro en la calle, pero Pedro ha cambiado mucho, es un vagabundo, sucio, con barba y pelo largo,... abrigos largos y botella de vino... y ella está en la misma acera y no sabe si va a reconocerla. Ella está desamparada de reconocer a su amor de juventud y tiene miedo de cruzar la mirada y de que la reconozca. Cuanto más avanza más aumenta su estrés porque van a cruzarse, y ella teme que la reconozca y no sabe qué va a sentir. El momento crítico será cuando se crucen. Una vez se cruzaron su miedo había pasado. En ese momento en su cerebro hay dos estructuras que se cruzan, la mirada y los ligamentos cruzados de la rodilla que determinan dirección. Por esto la palabra es muy importante, en mis libros, cuando hay una palabra importante, pongo muchos sinónimo y cada persona reaccionara a uno diferente. Para el cerebro es lo mismo. En el cerebro hay dos lugares que se cruzan: el nervio óptico, a nivel del quiasma óptico y los ligamentos cruzados de la rodilla. El cerebro elige la rodilla porque es más fácil de gestionar, no es rentable perder la vista por un conflicto así, los ojos son más importantes. Además en el estrés del momento, el cerebro ha registrado marchar en la dirección. Además es en la adolescencia que ella estaba enamorada.

Sugerencias y Recomendaciones

NUEVO MODELO MENTAL: "Me amo y me apruebo, no estoy solo, la vida entera me apoya y me sostiene. Soy libre y capaz de cualquier cosa que me proponga. Doy y recibo amor por donde quiera que vaya. Fluyo fácilmente por todas las situaciones que me plantea la vida, me expreso y amo con facilidad. Todo es perfecto en mi mundo".

LINFA

Dolencias linfáticas.

La linfa contiene glóbulos blancos, proteínas y lípidos (formas de grasa). Lucha contra las infecciones y rechaza lo que es malo para el cuerpo. Las glándulas hinchadas o los nudos linfáticos bloqueados pueden implicar un bloqueo emocional o una negación de las emociones, dejándome así sin protección y vulnerable a todos los tóxicos invasores o dañinos de ciertos sentimientos.

Sugerencias y Recomendaciones

Me dice que vigile mis pensamientos, que administre bien mis emociones y que acepte que circule la alegría libremente en mí. Debo volver a lo esencial y poner mi atención en los verdaderos valores de la vida en vez de lo material y las cosas que, en mi opinión, me faltan.

Ver también cáncer de los gánglios-sistema linfático, gánglio linfático, infecciones, sistema inmunitario.

LINFÁTICO

El sistema linfático es un sistema vascular que asegura el drenaje permanente de la linfa y que puede ser comparado con una verdadera circulación. La linfa es un líquido incoloro o de color ambarino cuya función es realizar ciertos intercambios en la sangre. Alimenta a las células llevándoles los elementos nutritivos de la sangre y retorna a la sangre sus desechos.

Sugerencias y Recomendaciones

Los problemas del sistema linfático son los ganglios inflamados y el cáncer. Ver la definición pertinente.

LINFATISMO

El linfatismo se caracteriza por una palidez anémica, una blandura de los tejidos y una piel fina. En otras palabras, no hacerse violencia, no hacer nada, demostrar una dejadez, una carencia de audacia y vitalidad, no encontrar ninguna motivación en la vida.

Sugerencias y Recomendaciones

Es una señal que debo volver a asumirme, moverme, poner cosas en marcha para hacer circular la energía y salir de este letargo que le lleva a actuar cada vez menos y a hundirme cada vez más en la negatividad.

LINFOMA DE BURKITT

Inmunodeficiencia. Aparece en los ganglios linfáticos. Cuello, ingle, bajo la mandíbula o bajo el brazo.

Aparecen primero en el área abdominal.

Misma biodescodificacioón que en los linfáticos, siempre teniendo en cuenta la zona del cuerpo.

Culpabilidad y desesperación en el plano amoroso y sexual.

"Dificultad de enfrentarme a una situación" en relación a la zona en que aparezca "guardo secreto". "Inseguridad vinculada al miedo afectivo".

Sugerencias y Recomendaciones

NUEVO MODELO MENTAL: "Me siento muy feliz de ser yo. Valgo tal como soy. Me amo y me apruebo. Soy alegría que se expresa y recibe. Libero la culpa y vivo mi sexualidad con naturalidad".

LINFOMA DE HODGKIN

Es una neoplasia que se origina en el tejido linfático. Este tejido comprende los ganglios linfáticos y los órganos relacionados que forman parte del sistema inmunológico y del sistema productor de sangre del cuerpo. Los ganglios linfáticos son órganos pequeños en forma de haba que se encuentran debajo de la piel en el cuello, las axilas y la ingle. También se encuentran en muchas otras partes del cuerpo, por ejemplo dentro del tórax, el abdomen y la pelvis.

Desvalorización profunda de ataque y defensa. Desvalorización + Angustia.

Reproches y terror de no ser capaz. Carrera frenética por demostrar el propio valor hasta agotar la capacidad de sostén de la sangre. Olvido de la alegría de la vida en esta carrera por ganar aceptación.

Sugerencias y Recomendaciones

NUEVO MODELO MENTAL: "Me siento muy feliz de ser yo. Valgo tal como soy. Me amo y me apruebo. Soy alegría que se expresa y recibe".

LINFOMA DE NO-HOGDKIN

El linfoma no-Hodgkin (LNH) es un tipo de cáncer que surge en los linfocitos, un tipo de glóbulo blanco de la sangre. Se denomina de este modo para distinguirlo de la enfermedad de Hodgkin, un subtipo particular de linfoma. Es un término que incluye muchas formas diferentes de linfoma, cada uno con sus características individuales.

Los linfomas constituyen nódulos que se pueden desarrollar en cualquier órgano. La mayoría de los casos empiezan con una infiltración en un ganglio linfático (nodal), pero subtipos específicos pueden estar restringidos a la piel, cerebro, bazo, corazón, rincón u otros órganos (extranodal). El diagnóstico del linfoma requiere una biopsia del tejido afectado.

La enfermedad puede diseminarse a los ganglios linfáticos adyacentes y posteriormente se puede propagar a los pulmones, el hígado o la medula ósea.

Miedo frontal. Desvalorización general. Luego tratar según la zona en que aparezca.

Sugerencias y Recomendaciones

NUEVO MODELO MENTAL: "Me siento muy feliz de ser yo. Valgo tal como soy. Me amo y me apruebo. Soy alegría que se expresa y recibe".

Ver linfáticos.

LÍQUIDO CEFALO-RAQUÍDEO

El líquido cefalorraquídeo, conocido como LCR, es un líquido de color transparente, que baña el encéfalo y la medula espinal. Circula por el espacio subaracnoideo, los ventrículos cerebrales y el canal medular central sumando un volumen entre 100 y 150 ml, en condiciones normales.

CONFLICTO de autodidacta. "Necesito poner aceite en los engranajes de mi intelecto para salir adelante solo".

Sugerencias y Recomendaciones

NUEVO MODELO MENTAL: "Me amo y me apruebo, no estoy solo, la vida entera me apoya y me sostiene. Soy libre y capaz de cualquier cosa que me proponga. Doy y recibo amor por donde quiera que vaya. Todo es perfecto en mi mundo".

LIPOMA

Los lipomas son tumores subcutáneos, benignos, formados por masas de tejido graso. Tienen forma redondeada, consistencia blanda y su volumen puede ser desde el una avellana al de una toronja. Pueden ser únicos o múltiples y se desarrollan en cualquier parte del cuerpo.

Desvalorización estética, sobreprotección.

Sugerencias y Recomendaciones

Véase quiste, teniendo en cuenta el lugar del cuerpo afectado. Observa la utilidad de esta parte del cuerpo para saber a qué área de la vida está dirigido el mensaje.

LISIADURAS CONGENITALES

Una lisiadura es una debilidad, una ausencia, una alteración o la pérdida de una función.

Sugerencias y Recomendaciones

La persona presa de una lisiadura congénita tendrá grandes retos que aceptar en su vida. Es importante examinar cuál es la parte del cuerpo que está afectada. Esto será una indicación del reto particular que se dio la persona. Esta lisiadura también puede resultar de situaciones conflictuales no resueltas que vivían mis padres cuando era feto o antes, o de mis abuelos o bisabuelos, y que vuelvo a vivir para integrarlas y aprender la lección de vida referida.

LITIASIS BILIAR
Ver cálculos biliares.

LITIASIS RENAL
Ver cálculos renales.

LLAGAS ÚLCERAS

Rabia sin expresar que se instala.

Sugerencias y Recomendaciones

NUEVO MODELO MENTAL: "Expreso mis emociones de maneras positivas y gozosas".

LLORAR

Las lágrimas son un derrame de los ojos, una liberación de las emociones. Vinculado con la alegría, el amor, el miedo, la decepción, el hecho de llorar me libera de un exceso de sentimientos, pensamientos muy fuertes. Puede también que mis ojos hayan sido fascinados al ver una escena que era insoportable, horrorosa, pero me sentía empujado a mirarla como para coger cada detalle. Puedo llorar también porque me siento incapaz de comunicar lo que siento. Mis llantos son una evacuación de tristeza, decepción. Por lo tanto tengo una reacción que hace bajar la presión. También puedo usar mis lágrimas para atraer la atención, la simpatía afín de que se cuiden de mí. Los conductos lacrimales bloqueados me indican que hay una resistencia en cuanto a mi libre expresión, vinculada quizás a esta creencia que llorar, "sólo es cosa de bebés". Mis lágrimas, al salir de mis ojos, me traen con ellas cosas que me impiden ver, quizás por miedo a no poder ver cómo se realizan.

Sugerencias y Recomendaciones

Debo dejarlas salir libremente, lo cual me libera de emociones trastornadoras, conllevando la curación y la recuperación de energía vital.

LOCURA

Es un trastorno mental, una alteración, un extravío del espíritu. Las diferentes manifestaciones son: alienación, delirio, demencia, la alucinación, la manía, la neurosis, la paranoia, la psicosis y la esquizofrenia.

Toda enfermedad mental está relacionada con el YO SOY de la persona. Su problema es de identidad: no sabe quién es. Suprime su capacidad de sentir y la compensa dedicándose obstinadamente a querer comprender las cosas y a las personas en lugar de abrirse para sentirlas. Entre los problemas mentales mencionados antes, en la gran mayoría de los casos, la persona mantiene un rencor profundo, incluso odio, hacia uno de sus padres, muchas veces el del sexo contrario. La existencia de un problema tan grave en la edad adulta, hace necesario remontarse a la primera infancia para encontrar la causa. A ese niño se le impidió ser él mismo, y en consecuencia, empezó a crear un mundo interior en el cual refugiarse. Por eso, al llegar a adulto, esta persona experimenta tantas dificultades para ubicarse en el mundo normal. Además, es frecuente constatar que la persona afectada por un problema mental está sujeta a obsesiones de todo tipo. Pone la mira en otra persona o cosa para evadirse, lo que le permite evitar verse a sí misma. Llega el momento en que, no pudiendo huir más en sus obsesiones, huye en la locura, como otros huyen en el alcohol, los medicamentos o la droga.

La locura, también llamada alienación mental o psicosis, se produce cuando ya no puedo más y que rechazo el mundo en el cual vivo. Me siento agredido y perseguido de todas partes, sobre todo por mi propia familia. Para mí, la vida sólo es sufrimiento. Me encierro en mi propio universo en el cual me siento muy bien. Nada me puede alcanzar. Es mi modo de cortarme definitivamente de mi familia y del mundo exterior. Es la huida y la evasión.

Huida de la familia. Escapismo, retraimiento. Violenta separación de la vida.

Sugerencias y Recomendaciones

De acuerdo con mi experiencia, la única forma actual de obtener resultados es el perdón verdadero. No obstante, como la persona afectada no quiere necesariamente salir de la locura porque para ella es un escape, quienes quieran ayudarla deben actuar con mucho amor y paciencia para que esta persona logre perdonar y se perdone. También existe el hecho de que la persona enferma de alguna forma de locura en general cree en Dios y en Satán como dos personajes que existen para juzgarla y condenarla. Por lo tanto, siente muchos miedos. Por esta razón, este tipo de persona se obsesiona por una religión y vive en el temor al demonio, del mismo modo que vivió el temor hacia uno de sus padres. Para sanar debe aceptar otra concepción de las palabras "Dios" y "demonio": llegar a creer que no son personajes externos, sino una energía de amor o de odio que está en su interior, una energía de creación o de destrucción, un estado del ser, nada más.

Puedo liberarme de esta locura recibiendo el amor y la comprensión; si pienso que me está alcanzando la locura, debo asumirme, aceptar que todo lo que me sucede tiene una razón de ser y que esto me permite volverme más responsable, más libre, más dueño de mi vida. Puedo así transigir más fácilmente con las nuevas situaciones que se ofrecen a mí.

NUEVO MODELO MENTAL: "Esta mente conoce su verdadera identidad y es un lugar creativo de la Autoexpresión Divina".

LOMBRICES INTESTINALES
Véase intestinos-tenia, cabello-sarna, pies-micosis.

LORDOSIS

Culo respingón. Es una curvatura de la columna vertebral que forma un hueco en la espalda, en la región lumbar.

Al observar la postura de una persona que sufre de lordosis, se puede constatar que empuja la cadera hacia adelante y la parte alta de la espalda hacia atrás. Da la impresión de echar hacia atrás la parte superior del cuerpo, lo que indica que tiene dificultad para recibir. Quiere hacerlo todo por ella misma y tiene dificultad para dejarse apoyar. Es una persona que, en la infancia, debió sentirse empujada.

Desvalorizado como hombre o mujer. Sentirse rechazado.

Sugerencias y Recomendaciones

En lugar de creer que no puedes dejarte ayudar porque deberás pagar con la misma moneda o porque no lo mereces, deberías aprender a recibir con agradecimiento y sintiendo el placer que los demás experimentan al hacerlo. Esta nueva actitud te ayudará a ir más lejos, a afirmarte más y a mantenerte derecho en la vida.

Ver columna vertebral-desviación-lordosis.

LUMBAGO

El Lumbago es una contractura muscular, y está dentro de un concepto de impotencia que afecta a una parte de la espalda.

El lumbago es una afección del núcleo del disco intervertebral situado entre las dos últimas vértebras lumbares. Se manifiesta cuando un individuo, al tratar de levantar un objeto, siente de manera repentina un dolor agudo en la región lumbar, que le impide incorporarse por completo, desplazándose con mucha dificultad.

Algo central. Los cimientos. "Me siento impotente y me doblego en los pilares de mi vida".

El 80% Conflicto relacionado con la sexualidad + Sentido de culpa. Pierna izquierda = Colaterales, mujer, marido, amantes.

El 20% Conflicto de dirección en la vida.

Cuando el dolor aparece al levantarse por la mañana seguramente ha habido un conflicto sexual la noche anterior.

Problemas de espalda, se suele sentir una falta de apoyo en la vida. Suelen ser personas que se sobrecargan de trabajo y presión, más de la que pueden aguantar. Y sienten este exceso de tensión en forma de dolor de espalda. Cargar demasiada responsabilidad sobre nuestras espaldas revela un afán oculto de grandeza o quizás un complejo de inferioridad. Las personas con dolores en la parte baja de la espalda suelen padecer constantes problemas económicos en su vida, o al menos esa es la percepción que ellos tienen. Sienten una falta de apoyo económico.

Sugerencias y Recomendaciones

Véase dolor de espalda, agregando ira asociada con culpabilidad porque la persona que lo padece cree que no puede hacer frente a todas sus responsabilidades materiales. Este mensaje indica un estado de urgencia para esta persona porque su inflexibilidad le ocasiona problemas que podría evitar cediendo un poco más y avanzando sin querer controlarlo todo a su manera. Es el momento de abrirse a lo nuevo y dejarse apoyar y ayudar por los demás aceptando su manera de hacer las cosas.

¡Haced lo queráis pero hacerlo sin estrés! Porque el lumbago indica, que se está haciendo con un sentido de culpa.

CROMOTERAPIA: color curativo azul añil.

TRATAMIENTO: aplique un masaje a la zona correspondiente a la parte baja de la espalda y de las caderas. Presione luego toda la columna vertebral, hasta que elimine todas las zonas dolorosas.

Ver espalda-dolores-parte inferior.

LUNARES

Según su situación en el cuerpo humano, los lunares tienen los siguientes significados:

Axila: bajo el brazo izquierdo, indica que la primera parte de la vida del sujeto estará llena de luchas y dificultades, pero con resultados óptimos. Puede, incluso, alcanzarse una buena posición social y reunir cierta riqueza. La segunda parte de la vida puede ser una etapa brillante y llena de dicha. Si el lunar está bajo el brazo derecho, significa que la persona deberá andar siempre con pies de plomo en lo referente a su seguridad y posición económica. Si sabe ser prudente, su existencia conocerá una felicidad estable.

Barbilla: tanto si está a la derecha como a la izquierda, el lunar en este sitio pronostica afabilidad y disposición generosa. El individuo es trabajador, capaz, responsable, respetuoso y dispuesto a aceptar todas las responsabilidades sociales que le atañen, sean familiares, laborales o mundanas. Los que poseen un lunar en dicho lugar son amantes de los viajes, la geografía, la sociología, etc.; y poseen un sentido de la fraternidad muy desarrollado.

Brazo: tanto si está en el izquierdo como en el derecho, pronostica una vida afectiva intensa, apasionamiento y excelente vida matrimonial. Si se trata de un hombre y tiene el lunar en el codo, vaticina que tendrá que luchar mucho en la vida y deberá enfrentarse con una multitud de obstáculos de toda naturaleza. Si se trata de una mujer, tendrá muchos problemas de tipo familiar y conyugal.

Cadera: un lunar en cualquier parte de las caderas pronostica felicidad, erotismo, enamoramientos, también una naturaleza práctica y un carácter ingenioso y calculador, dispuesto a no dejarse arrebatar por pasiones inútiles. Tendencia a que el cerebro domine el corazón, excepto en períodos de luna llena y aspectos astrales caóticos.

Ceja: un lunar sobre la ceja del ojo derecho pronostica firmeza ante las dificultades, fortaleza de carácter, agresividad para enfrentarse con los enemigos, tenacidad para alcanzar los objetivos propuestos. Anuncia una vida muy activa y éxitos en todos los planos: negocios, amor, deportes, artes liberales, amistades, etc. La riqueza está asegurada, pero debe temerse algún contratiempo en la salud, que puede ser grave si el sujeto no descansa lo suficiente o abusa de los placeres. Si el lunar está sobre la ceja del ojo izquierdo, vaticina todo lo contrario: indolencia, desilusiones, carácter débil, infelicidad, fracasos profesionales y familiares, desengaños amorosos, dificultades familiares, etc.

Codo: un lunar en el codo, sea en el izquierdo o el derecho, anuncia viajes, amor a los deportes, interés por las profesiones y trabajos que requieran talento para una o más artes, muchas probabilidades de conseguir la fortuna, ya por el propio trabajo, ya por suerte en los juegos de azar y loterías, ya por herencia. En el aspecto sentimental y matrimonial pronostica dificultades, incertidumbres, penas ligeras y enfrentamientos con hijos.

Cuello: un lunar situado en la parte delantera del cuello significa buena fortuna, éxito social, encumbramiento, fama, voluptuosidad, grandes amores, más de un matrimonio. Si está colocado detrás, indica que la persona no deberá abusar de los placeres de la mesa, pues de lo contrario verá empañada su salud y su felicidad, con los consiguientes fracasos sociales y profesionales. Tendrá dificultades en conseguir el equilibrio entre lo sensual y lo espiritual, por lo que algunos apasionamientos y deslices perjudicarán su vida conyugal. Muchas probabilidades de que el primer matrimonio fracase rotundamente.

Dedos: un lunar en cualquier dedo indica exageración de las virtudes o de los vicios respectivos, determinados según las características quirománticas de cada individuo. Pero, en general, significa falta de habilidad y carencia de diplomacia para solucionar problemas familiares y sociales, así como tendencia a la murmuración, a la crítica, a la calumnia y a la mitomanía.

Espalda: un lunar en la espalda pronostica falta de paciencia y dificultades en el campo de los negocios y familiares debido a que no se reflexiona lo suficiente antes de emprender una línea de acción. El sujeto no debe precipitarse en sus deducciones y conclusiones, pues de lo contrario está destinado a cosechar muchos fracasos y sinsabores. Es preciso que aprenda a meditar y a actuar fría y calculadoramente.

Frente: un lunar en medio de la frente vaticina éxitos profesionales, celebridad, riqueza, amores, encumbramiento social, dicha conyugal, muchos amigos y admiradores. El sujeto puede alcanzar cargos públicos y mando sobre la comunidad. Si el lunar está a la derecha o a la izquierda del centro de la frente, los pronósticos son los indicados al hablar de las cejas.

Hombro: un lunar en este lugar indica un espíritu inquieto, inconformista, insatisfecho con su suerte. El sujeto ambiciona nuevos objetivos constantemente, tanto en el plano sentimental como en el profesional. Pero si el lunar está en el hombro izquierdo vaticina todo lo contrario, es decir, el sujeto se conforma con lo que la vida le da y tiene pocas ambiciones.

Ingle: un lunar en el lado derecho advierte de contratiempos en la salud, por lo que el individuo deberá abstenerse de abusos de toda clase y procurará llevar una vida metódica y ordenada. Si está en el lado izquierdo, anuncia, además, problemas monetarios y financieros.

Labios: un lunar en los labios indica un carácter bonachón. Alegre, noble y benévolo. Pero con ambiciones definidas para mejorar la condición social, familiar y profesional. En el aspecto afectivo, es señal de voluptuosidad, de sensualidad, de erotismo y de apasionamiento.

Manos: un lunar en una mano, que no sea en los dedos, indica abundancia en todo si la persona es cauta y actúa sincera y lealmente con el prójimo. Es símbolo de salud, riqueza y amor. También pronostica suerte en el trabajo o en la carrera y un talento muy desarrollado.

Mejilla: indica que el sujeto es estudioso, amante de la cultura y de la sabiduría, que es moderado en sus pasiones y en sus críticas, y que no necesita de las cosas materiales para ser dichoso. Si el lunar está en la mejilla izquierda, y el sujeto es del sexo femenino, vaticina cierta inestabilidad de sentimientos y deseos de ser admirada y envidiada. Por el contrario, si está en la mejilla derecha, la mujer puede experimentar cierta inclinación por la vida mística y religiosa.

Muñeca: significa talento, buen carácter, cordialidad, espíritu amante de las artes. Si está en la muñeca izquierda pronostica problemas familiares y sentimentales, pero si está en la derecha hay muchas probabilidades de alcanzar la dicha matrimonial. En el hombre, un lunar en la muñeca advierte de la posibilidad de dos matrimonios o de dos grandes amores.

Nalgas: un lunar en las nalgas indica que la persona no será muy laboriosa y que preferirá la vida reposada, tranquila y perezosa. Aceptará cualquier forma de vida antes que luchar para abrirse camino en la vida con el trabajo y el estudio. Pronostica cierta inestabilidad sentimental, con tendencia a la inconstancia y a la infidelidad. Es persona destinada a conocer poca dicha en el matrimonio.

Nariz: un lunar en este lugar indica muchas posibilidades de fortuna súbita por una herencia, lotería o golpe de suerte en un negocio, pero siempre que la manchita esté en la parte frontal. Si está en un lado, advierte de contratiempos profesionales, familiares y de salud, además de vaticinar un carácter más agresivo y tiránico.

Ojos: un lunar en un ojo anuncia talento y sabiduría, pero con pocas probabilidades de que vaya acompañado de riqueza y de felicidad. Si el lunar está en la comisura del párpado, indica que el sujeto es noble, recto, laborioso e inteligente, pero que necesita mucho cariño y comprensión para destacar en su profesión o carrera, sobre todo si es hombre.

Ombligo: en un hombre, un lunar en el ombligo significa buena suerte en los deportes, en los negocios, en el trabajo y en los juegos de azar. En la mujer, apasionamiento, voluptuosidad, inclinación por la vida matrimonial y deseos de tener muchos hijos.

Orejas: un lugar en este lugar es una cosa extraordinaria y pronostica sorpresas agradables, riquezas, éxitos profesionales, aventuras sentimentales, proposiciones matrimoniales y triunfos en los deportes.

Pecho: un lunar en el pecho, sobre todo en el hombre, indica mal carácter, agresividad, insociabilidad, tiranía, poco respeto a las ideas ajenas y espíritu de contradicción. Pronostica ataques de cólera y poca disposición para trabajos rutinarios.

Pezón: significa ambiciones sociales, afán de destacar, ansias de ser admirada de alguna forma, naturaleza exótica y amor por la riqueza y la buena vida. Naturaleza voluptuosa, inconstante y deseosa de aventuras sentimentales. Afán de conquistas, de amor, de honores y de riqueza, pero con poca predisposición al estudio y al trabajo.

Pie: un lunar en el pie anuncia inestabilidad emocional, tendencia excesiva a los ensueños, predisposición a la melancolía e inclinación por los trabajos sedentarios. El sujeto, tanto si es hombre o mujer, debe procurar hacer ejercicio o practicar un deporte, de lo contrario sufrirá muchos contratiempos en su salud.

Pierna: un lunar en una pierna vaticina una juventud con muchas dificultades y contratiempos, pero coraje para sobrellevar todos los infortunios y abrirse camino en la vida con el propio esfuerzo. Si el sujeto sabe concentrar sus energías en un solo objetivo, puede alcanzar éxitos profesionales.

Rodilla: un lunar en la rodilla derecha anuncia carácter amable, bondadoso, sociable y deseoso de agradar y ser útil a los demás. El sujeto, sea hombre o mujer, preferirá la vida matrimonial o familiar que las aventuras y placeres mundanos. Pero si el lunar está en la rodilla izquierda, los sentimientos serán inconstantes y se gastarán en inútiles aventuras sentimentales. Sin embargo, el individuo poseerá talento para los negocios y se verá bastante favorecido en los juegos de azar.

Senos: un lunar en el seno derecho es anuncio de una naturaleza perezosa, indolente y contemplativa, con marcada tendencia a la vanidad y a la voluptuosidad. Persona poco apta para el matrimonio y para constituir una familia, pues preferirá repartir su amor entre varias personas antes que concentrarlo en una sola. Será muy difícil congeniar con los hijos. Se inclinará por el erotismo en detrimento del verdadero amor. Existirá el peligro de sufrir violencias y percances a causa de conflictos sentimentales. Un lunar en el seno izquierdo pronostica tendencias amorosas más cerebrales que sexuales, con más inclinación a los ensueños que a las prácticas amorosas. Pese a su carácter plácido, la mujer estará dotada para abrirse camino con su trabajo o profesión, e incluso obtener fortuna o posición social. Muchas probabilidades de hacer un buen matrimonio y de tener varios hijos.

Talón: indica que la persona será activa, decidida y dispuesta a conseguir todo aquello que se proponga, sea en el campo de las artes, de los deportes, de la industria o de los negocios. Tendrá cualidades para hacer fortuna, aunque conocerá muchos enemigos y no siempre saldrá victorioso de sus ataques.

Correrá peligro de sufrir la traición de un amigo o de un familiar.

Tobillo: en un hombre, un lunar en el tobillo, señala un carácter apocado y débil, poco predispuesto a emprender grandes luchas para abrirse camino en la vida. Tendencia muy marcada a dejarse llevar por los demás y a moverse a favor de la corriente del río de la existencia. En una mujer, indica sentido del humor, inclinación a las aventuras sentimentales, deseos de destacar y de ser admirada. Ambiciones de bienes terrenales y poco amor por el misticismo y la religión.

Vientre: denota tendencia a los placeres de la mesa, la voluptuosidad, al goce de los sentidos, a los despilfarros y a vivir el presente. Si no se encuentra un cónyuge más equilibrado, que sirva de freno al afán de placeres mundanos y diversiones, son de esperar graves quebrantos económicos y en la salud.

LUPUS
Ver piel-lupus.

LUPUS ERITEMATOSO

El lupus es una enfermedad de la piel que afecta principalmente a las mujeres. Se caracteriza por manchas rojas que se escaman, localizadas principalmente en la región del rostro, aunque también puede afectar a cualquier órgano. El lupus eritematoso sistémico (LES o lupus) es una enfermedad autoinmune crónica que afecta al tejido conjuntivo, caracterizada por inflamación y daño de tejidos mediado por el sistema inmunitario, específicamente debido a la unión de anticuerpos a las células del organismo y al depósito de complejos antígeno-anticuerpo.

En el caso del lupus diseminado, se ve que la persona que lo padece se está autodestruyendo. No tiene razón para vivir y preferiría morir. En lo más profundo de sí misma quiere vivir y tener una buena razón para hacerlo. Con frecuencia se deja dominar y no se afirma lo suficiente. No merezco existir.

CONFLICTO de desvalorización de la parte afectada + de derecho + a menudo, conflicto que afecta a los riñones.

"Lo he pasado mal toda mi vida. ¿Habrá resentimiento de ésta?. No merezco existir. "Todo lo malo me sucede a mí".

Buscar transgeneracional y órgano afectado.

Renuncia. Mejor morir que hacerse valer. Cólera y castigo.

Sugerencias y Recomendaciones

Lupus significa lobo en latín. Es posible que te creas un lobo, es decir, una persona feroz para tus seres queridos y que te odies por ser así. Para tener una actitud tal de autodestrucción, debes haber tenido un inicio difícil en la vida, pero nunca es demasiado tarde para retractarte de tu decisión de que la vida no merece ser vivida. Toma un tiempo para dilucidar lo que quieres realmente y decídete a lograrlo. Un paso a la vez puede llevarte lejos. Si te diriges hacia lo que quieres, aun cuando sea despacio, encontrarás la razón de ser que buscas.

NUEVO MODELO MENTAL: "Me hago valer libre y fácilmente. Declaro mi poder. Me amo y me apruebo. Estoy libre y a salvo".

Ver piel-lupus.

LUXACIÓN

La luxación se refiere al desplazamiento de las dos extremidades óseas de una articulación. Puede ser el hombro, el codo, los dedos, la rodilla, las vértebras, la cadera.

Frecuentemente, una luxación se produce después de un golpe, un impacto, un movimiento forzado. "Quiero más libertad, quiero salir de esta situación".

Codo: el interior del codo tiene que ver con el afecto. El exterior con el trabajo.

Hombro: desvalorización + Mancha sobre mí y mis padres.

Sugerencias y Recomendaciones

Conozco la expresión que dice: "la rodilla se me ha desencajado" o "el hombro se me ha desencajado". Según el lugar donde se hizo la luxación, debo preguntarme cuál miedo o golpe emocional me da la sensación de estar cogido "como si me pusieran en una caja". Así, mi cuerpo reaccionó a la inversa, asumiendo el contragolpe emocional. Tomo consciencia de la libertad que tengo en el interior mío y dejo entrar luz interior en todas las situaciones que parecen limitarme, para que pueda desarrollar más armonía hacía la vida.

Ver accidente, ira, dolor.

LUXACIÓN RECIDIVANTE

S refiere al desplazamiento de las dos extremidades óseas de una articulación. Puede ser el hombro, el codo, los dedos, la rodilla, las vértebras, la cadera. Frecuentemente, una luxación se produce después de un golpe, impacto o movimiento forzado.

Diestro:

Luxación en el hombro Derecho: "Quiero más libertad en mi función de ser humano" Más libertad, significa, "quiero ser yo mismo, no quiero estar atrapado en mi familia"… en mi trabajo. Es como si quisiera llevar mi "cabeza" del húmero a otro lugar.

Sugerencias y Recomendaciones

Conozco la expresión que dice: "la rodilla se me ha desencajado" o "el hombro se me ha desencajado". Según el lugar donde se hizo la luxación, debo preguntarme cuál miedo o golpe emocional me da la sensación de estar cogido "como si me pusieran en una caja". Así, mi cuerpo reaccionó a la inversa, asumiendo el contragolpe emocional. Tomo consciencia de la libertad que tengo en el interior mío y dejo entrar luz interior en todas las situaciones que parecen limitarme, para que pueda desarrollar más armonía hacía la vida.

Ver accidente, ira, dolor.

MAGNESIO

No se oye mucho sobre el magnesio, sin embargo se estima que el 80 por ciento de los estadounidenses tienen deficiencia de este mineral tan importante y las consecuencias de salud causadas por la deficiencia de este mineral son bastante significativas. Una razón podría ser porque el magnesio, al igual que la vitamina D, cumple tantas funciones que son difíciles de juntar.

Como lo reportó GreenMedInfo1, los investigadores actualmente han detectado 3,751 sitios de unión del magnesio en pacientes humanos, lo que indica que su papel en la salud y en las enfermedades humanas podría haber sido subestimado.

El magnesio también se encuentra en más de 300 enzimas diferentes en su cuerpo, que son responsables de:

- La creación de ATP (trifosfato de adenosina) las moléculas de energía en su cuerpo.

- La formación adecuada de huesos y dientes.

- La relajación de los vasos sanguíneos.

- La acción del músculo del corazón.

- La función apropiada del intestino.

- La regulación de los niveles de azúcar en la sangre.

Los beneficios de salud del magnesio han sido completamente subestimados. Un gran número de estudios han demostrado anteriormente que el magnesio puede beneficiar su presión arterial y ayudar a evitar el paros cardiacos repenticos, ataques cardiacos y derrames cerebrales. Por ejemplo, un meta análisis publicado a principios de este año en el American Journal of Clinical Nutrition2 revisó un total de siete estudios que involucraban a más de 240,000 participantes. Estos resultados demostraron que la ingesta del magnesio por medio de los alimentos está inversamente relacionada con el riesgo de derrame cerebral isquémico.

Pero su papel en la salud humana parece ser mucho más complejo de lo que se pensaba y al igual que la vitamina D, sus beneficios podrían ser de mucho mayor alcance de lo que habíamos imaginado. El proyecto de la base de datos de GreenMedInfo.com ha enlistado más de 100 beneficios de salud a causa del magnesio hasta ahora, incluyendo beneficios terapéuticos para:

- Fibromialgia.
- Fibrilación auricular.
- Diabetes tipo 2.
- Síndrome premenstrual.
- Enfermedad cardiovascular Migraña.
- Envejecimiento.
- Mortalidad.

De acuerdo con el estudio realizado:

"El proteoma o el conjunto completo de proteínas expresadas por el genoma humano, contiene más de 100,000 estructuras de proteínas diferentes, a pesar del hecho de que se cree que sólo hay 20,300 genes codificados de proteínas en el genoma humano. El descubrimiento del "magnesoma", como ha sido llamado, añade una mayor complejidad al esquema, lo que indica que la presencia o ausencia de niveles adecuados de este mineral básico podría alterar epigenéticamente la expresión y el comportamiento de las proteínas en nuestros cuerpos, alterando así el curso tanto de la salud como de las enfermedades."

El magnesio también desempeña un papel importante en los procesos de desintoxicación del cuerpo y por lo tanto es importante para ayudar a prevenir el daño causado por las sustancias químicas ambientales, los metales pesados y otras toxinas. Incluso el glutatión, el antioxidante más poderoso de su cuerpo, ha sido llamado "el antioxidante maestro" necesita del magnesio para su síntesis.

No existe ninguna prueba de laboratorio que le dé resultados verdaderamente precisos sobre el estado del magnesio en sus tejidos. Tan solo un uno por ciento del magnesio en su cuerpo es distribuido en su sangre, lo que hace que los análisis sanguíneos sean bastante inexactos. Otros análisis que puede utilizar su médico para evaluar el estado del magnesio incluye una prueba de orina de 24 horas o una prueba del epitelio sublingual.

Aun así, estas pruebas sólo dan una estimación de los niveles y por lo general los médicos necesitan evaluarlos junto con los síntomas que presenta. La deficiencia de magnesio que estamos viendo puede provocar síntomas más serios que incluyen:

- Entumecimiento y hormigueo.
- Contracciones musculares y calambres.
- Convulsiones.
- Cambios de personalidad.
- Ritmos cardiacos anormales.
- Espasmos coronarios.

Con esto en mente, algunos signos tempranos de la deficiencia del magnesio que debe tomar en cuenta incluyen:

- Pérdida del apetito.
- Dolor de cabeza.
- Náuseas y vomitos
- Fatiga y debilidad.

Conflicto con la madre (magnetismo: tierra). Alguien frágil y hay que ayudarla con la función materna.

Sugerencias y Recomendaciones

Si usted sospecha que podría tener niveles bajos de magnesio, una de las mejores maneras de consumir este mineral es por medio de los alimentos enteros que contienen magnesio ligado orgánicamente. Como se explica en el artículo realizado.

"La clorofila, que permite que las plantas capturen la energía solar y la conviertan en energía metabólica, tienen un átomo de magnesio en su centro. Sin el magnesio, las plantas no podrían utilizar la luz del sol."

En muchos sentidos, la clorofila es la versión de la planta de nuestra hemoglobina, ya que comparten estructuras similares pero tiene magnesio en lugar de hierro. Los vegetales de hojas verdes como las espinacas y la acelga suiza son excelentes fuentes de magnesio, así como los frijoles, las nueces y las semillas como las almendras, las semillas de calabaza, las semillas de girasol y las semillas de sésamo. Los aguacates también son una buena fuente. Hacer los vegetales en forma de jugo es una muy buena opción para asegurar de estar obteniendo lo suficiente de su alimentación.

Con el fin de asegurarse de obtener lo suficiente, primero necesita asegurarse de estar comiendo alimentos enteros y variados como los que se describen en mi plan nutricional. Pero hay otros factores que pueden hacerlo más propenso a la deficiencia de magnesio, incluyendo los problemas enlistadas a continuación. Si usted tiene cualquiera de estas enfermedades, entonces debería tomar más precauciones para asegurarse de obtener las cantidades suficientes de magnesio de su alimentación, o de ser necesario, tomar un suplemento de magnesio con el fin de evitar deficiencia.

Un sistema digestivo poco saludable, que altera la capacidad de su cuerpo para absorber el magnesio (enfermedad de Crohn, intestino permeable) Alcoholismo: hasta un 60 por ciento de los alcohólicos tienen bajos niveles de magnesio4.

Riñones poco saludables, que contribuyen con la excesiva pérdida de magnesio en la orina Envejecimiento: los adultos mayores tienen mayor probabilidad de padecer deficiencia de magnesio debido a que la absorción disminuye con la edad y a que es más probables que tomen medicamentos que puedan interferir con la absorción.

Diabetes, en especial si no es controlada, lo que lleva a un aumento en la pérdida de magnesio en la orina ciertos medicamentos: diuréticos, antibióticos, medicamentos utilizados para tratar el cáncer pueden provocar deficiencia de magnesio

La mayoría de las personas pueden mantener sus niveles dentro del rango saludable sin tener que recurrir a los suplementos, con el simple hecho de llevar una alimentación variada que incluya vegetales de hoja verde. Un importante punto que se debe mencionar es que los niveles de magnesio en los alimentos dependen del nivel de magnesio en el suele en el que son cultivados. Los alimentos orgánicos podrían tener más magnesio, ya que mientras más fertilizantes se utilice los alimentos tendrán más nitrógeno, fosforo y potasio en lugar de magnesio.

El artículo mencionado enlista más de 20 alimentos específicos que son muy ricos en magnesio, incluyendo los siguientes. Todas las porciones enlistadas equivalen a 100 gramos o poco más de tres onzas:

- Algas, agar secos (770 mg) Especias, albahaca secos (422 mg)

- Especias, hojas de cilantro secas (694mg) Linaza (392 mg)

- Semillas de calabaza secas (535 mg) Mantequilla de almendra (303 mg)

- Cacao en polvo sin azúcar (499 mg) Suero de leche (176 mg)

Si por cualquier razón usted decide que necesita tomar un suplemento, tome en cuenta que hay una gran variedad de suplementos de magnesio en el mercado, debido al hecho de que el magnesio debe estar unido a otra sustancia. No existe ningún suplemento que sea 100% magnesio. La sustancia utilizada en cualquier suplemento puede afectar la absorción y biodisponibilidad del magnesio, por lo tanto los beneficios de salud pueden ser un poco diferentes:

Glicinato de magnesio es una forma quelada de magnesio que tiende a brindar el mayor nivel de absorción y biodisponibilidad y por lo general es considerado como ideal para todos aquellos que tratan de corregir la deficiencia. Óxido de magnesio es el tipo de magnesio no quelado, unido a un ácido orgánico o a un ácido graso. Contiene un 60 por ciento de magnesio y propiedades suavizantes.

Cloruro de magnesio o Lactato de magnesio, contiene tan solo el 12 por ciento de magnesio, pero tiene mayor absorción que otros, como el óxido de magnesio, que contiene cinco veces más magnesio Sulfato de magnesio o Hidróxido de magnesio (leche de magnesio) por lo general es utilizado como laxante. Tome en cuenta que es fácil sufrir una sobre dosis con esto, así que sólo tome la dosis indicada.

Carbonato de magnesio, tiene propiedades antiácidas, contiene un 45 por ciento de magnesio Taurato de magnesio, contiene una combinación de magnesio y taurina, un aminoácido. Juntos tienden a brindar un efecto calmante en su cuerpo y mente

Citrato de magnesio es magnesio con ácido cítrico, que tiene propiedades laxantes Treonato de magnesio, es un nuevo tipo de suplemento de magnesio que parece prometedor, debido a su mayor capacidad para penetrar la membrana mitocondrial y podría ser el mejor suplemento de magnesio en el mercado.

Equilibre su Magnesio con el Calcio, las Vitamina K2 y D.

Uno de los mayores beneficios de obtener los nutrientes de una alimentación completa es que existe una menor probabilidad de terminar consumiendo mucho de un nutriente a expensas de otros. Los alimentos en general contienen todos los cofactores y los conutrientes necesarios en las cantidades adecuadas para una salud óptima, lo que nos saca de dudas. Cuando usted toma suplementos, necesita ser muy inteligente y saber sobre los nutrientes que influyen y se afectan mutuamente.

Por ejemplo, es importante mantener un balance adecuado entre el magnesio, el calcio, la vitamina K2 y la vitamina D. La falta de equilibrio entre estos nutrientes es la razón por la que los suplementos calcio se han relacionado con un aumento en el riesgo de ataques cardíacos y derrames cerebrales y el por qué algunas personas experimentan toxicidad a la vitamina D.

Parte de esta explicación de los efectos secundarios es que la vitamina K2 mantiene el calcio en el lugar apropiado. Si usted tiene deficiencia de K2, añadir calcio puede causar más problemas de los que resuelve, haciendo que se acumule en donde no debe. De igual forma, si opta por un suplemento oral de vitamina D, también necesita consumirlo de los alimentos o tomar un suplemento de vitamina K2. Tomar mega dosis de vitamina D sin las cantidades suficientes de vitamina K2 puede causar toxicidad a la vitamina D, que incluye una calcificación inapropiada.

Aunque aún no se conocen las proporciones ideales entre la vitamina D y la vitamina K2, la Dra. Kate Rheaume-Bleue (a quien entrevisté sobre este tema) sugiere que por cada 1,000 UI de vitamina D que tome, debería tomar cerca de 100 microgramos de K2 y quizá hasta 150-200 microgramos (mcg). Las últimas recomendaciones sobre la dosis de vitamina D, requieren alrededor de 8,0000 UI de vitamina D3 al día en el caso de los adultos, lo que significa que necesita de 800 a 1,000 microgramos (0.8 a 1 miligramo) de vitamina K2.

Ahora, volviendo al magnesio...

El magnesio en realidad podría ser más importante que el calcio si usted está considerando la suplementación. Sin embargo, mantener el equilibrio adecuado entre el calcio y el magnesio es muy importante. Las investigaciones sobre las dietas paleolíticas o cavernícolas han demostrado que la proporción entre el calcio y el magnesio en la alimentación debería ser de 1 a 16. Los estadounidenses en general tienden a tener más calcio que magnesio, un promedio de 3.5 a 1.

El magnesio también ayuda a mantener el calcio en las células para que puedan trabajar mejor. En muchas maneras sirve como versión nutricional de la clase altamente eficaz de medicamentos llamados bloqueadores de canales de calcio, utilizados para tratar la presión arterial alta, la angina de pecho y el ritmo cardiaco anormal. El magnesio y la vitamina K2 se complementan entre sí, ya que el magnesio ayuda a disminuir la presión arterial, que es un importante componente de las enfermedades cardiacas.

Así que, en definitiva, cada vez que tome: magnesio, calcio, vitamina D3 o vitamina K2, necesita considerarlos todos, dado que trabajan sinérgicamente los unos con otros.

NUEVO MODELO MENTAL: "Me amo y me apruebo, no estoy solo, la vida entera me apoya y me sostiene. Soy libre y capaz de cualquier cosa que me proponga. Doy y recibo amor por donde quiera que vaya. Fluyo fácilmente por todas las situaciones que me plantea la vida, me expreso y amo con facilidad. Todo es perfecto en mi mundo".

MAL ALIENTO
Ver boca-mal aliento.

MAL DE LAS MONTAÑAS

Cuando voy en altitud, puede producirse un conjunto de trastornos que proceden del hecho que el oxígeno está ahí más escaso. Cuando subo así, cambio de nivel de consciencia, lo cual puede provocar un impacto para mí. Los trastornos que vivo sólo son el reflejo de mis angustias y de mis heridas interiores conscientes o inconscientes. Es cierto que cuanto más en forma esté mi cuerpo físico, más me será fácil soportar, hasta en lo físico, estos cambios de consciencia interior.

Sugerencias y Recomendaciones

Debo aprender a conservar la calma y a confiar en mí y en la vida así como desarrollar más este sentimiento de libertad que me habita.

Ver apetito-pérdida de apetito, hinchazón de vientre, orejas-zumbidos de oídos, nauseas, cabeza-dolores, vértigos.

MAL DE LOS TRANSPORTES

La cinetosis se presenta muy frecuentemente al viajar en automóvil, autobús, avión, barco y tren. Los trastornos que provoca el movimiento son: palidez, sudores fríos y vómito antecedido por náuseas. Además de lo que sigue, véase náuseas, torpor y dolor de cabeza.

Con frecuencia, la cinetosis oculta un temor a que algo o alguien muera. Este tipo de miedo se manifiesta muy a menudo en quien quiere controlarlo todo para no sentirse prisionero en una situación nueva de la cual no sabría cómo salir. Esta persona se impide vivir el momento presente y aprovechar las alegrías que ocurren. Este malestar es frecuente en quienes padecen agorafobia (ver esta palabra).

Vivo inseguridad, incomodidad. Esto molesta mis costumbres establecidas y puedo tener la sensación de perder el control de lo que sucede en mi vida. Me asusta lo desconocido.

Sugerencias y Recomendaciones

Si con frecuencia sientes malestares en alguno de los medios de transporte antes mencionados, tu cuerpo te dice que dejes de querer controlarlo todo y te permitas expresar tus temores. Es interesante señalar que este tipo de malestar se produce muy raramente cuando la persona está sola. Pregúntate qué sucede en el momento en que te sientes mal. ¿En quién no confías? ¿Piensas que los demás no pueden tener respuestas o soluciones para ti? Ábrete a lo que los demás deciden o hacen. Tu cuerpo te dice que necesitas aprender a soltarte y a confiar en los demás y en el Universo en general. Este último cuida bien a quienes confían en él.

Debo tener confianza en el futuro, debo aceptar vivir nuevas experiencias, sabiendo que saldré crecido de éstas.

Ver ansiedad, nauseas, vértigos.

MALARIA

La malaria se manifiesta con fiebres fuertes. Es crítica o represión contra alguien o contra una situación, generalmente de cara a una situación en que me sentí separado de algo o de alguien a quien amo. El rencor y el resentimiento se han amparado de mí y mi mental se divierte "rumiando" estos sentimientos nefastos para mí. Para liberarme de esta fiebre, debo interiorizarme para dejar salir esta tensión, arreglar esta situación.

Estado de desequilibrio con la naturaleza y con la vida.

Sugerencias y Recomendaciones

Para liberarme de esta fiebre, debo interiorizarme para dejar salir esta tensión, arreglar esta situación.

NUEVO MODELO MENTAL: Estoy unida y en equilibrio con toda la vida. Estoy a salvo.

Ver paludismo, coma, fiebre, sangre-males.

MALDAD

La maldad es un deseo enfermizo, odio expresado con el fin de hacer daño, bien sea en palabra como en acción. Así quiero probarme que soy "correcto" y que "tengo razón. Esto puede proceder de grandes heridas, lo cual me lleva a volver mi resentimiento y mi frustración hacía los demás.

Estoy enfadado con la vida o con personas por el sufrimiento que vivo, quiero vengarme, pensando hallar en ello alguna satisfacción. Es un modo para mí de hacer salir mi agresividad para ir a buscar más paz interior.

Sugerencias y Recomendaciones

Cuando puedo identificar tal comportamiento en mí, puedo pedir ayuda para estar mejor conmigo mismo. Porque aunque expreso mi irritabilidad por maldad, me doy bien cuenta que esto sólo calma mi sufrimiento temporalmente. Así podré desarrollar actitudes de apertura y de bondad hacía la gente que me rodea y vivir una paz interior más grande.

Ver razón-tener razón.

MALES DIVERSOS

Cuando vivo males diversos más o menos definidos, esto es frecuentemente el signo de una necesidad de amor.

Sugerencias y Recomendaciones

Necesito estar confortado, apretado en unos brazos en los cuales podré sentirme comprendido, aceptado tal como soy. Hago confianza en la vida y voy a buscar este amor que necesito a través de las situaciones de la vida, los animales y las personas que están listas para prodigarme este amor.

MALESTAR POR EL DINERO

Tiene que ver con el afecto. Como si debiese comprar el afecto.

Sugerencias y Recomendaciones

Toma conciencia de las cosas realmente valiosas en la vida, ¿cuestan dinero? ¿Es eterno algo que puedas comprar?

Disfruta más del amor de la gente que te rodea, de la gente que te quiere por lo que eres, no por lo que tienes, a ellos les da igual lo que tengas, no hay que demostrar nada, solo estar.

Confía en el proceso de la vida, siempre vas a tener lo que necesites para realizar tu propósito de vida, igual que tienes aire para respirar.

Si piensas que te falta algo, tal vez no estas mirando en la dirección correcta.

MALFORMACIÓN

Las malformaciones son anomalías congénitas que pueden afectar cualquier órgano o tejido.

Encontrar la causa exacta de una malformación congénita resulta difícil, ya que en la mayoría de los casos proviene de una vida anterior. Es muy importante que los padres dejen de creer que ellos son los responsables. En general, una malformación de nacimiento se vive para aprender el amor incondicional, tanto por la persona que lo padece como por sus seres queridos. Se manifiesta para ayudarlos a ver al ser extraordinario que se oculta tras ella.

Sugerencias y Recomendaciones

Si eres una persona afectada por una malformación congénita, acepta la idea de que lo elegiste antes de nacer, y que nada te impide vivir una vida muy armónica: esta armonía está en tu interior. No hay nada absolutamente imposible en este mundo. Por otro lado, la cirugía actual permite remediar muchas malformaciones, pero lo importante no es querer arreglar sólo el aspecto físico, sino también estar dispuesto a aprender esta enorme lección de amor incondicional, es decir, darte el derecho de ser lo que eres y darte cuenta de que el cuerpo, que sirve de medio de transporte a tu SER, no es más que una envoltura.

MAMAS

Representan la maternidad, el cuidado y el sustento. Los problemas más comunes son: dolores, endurecimiento, mastitis, mastosis, quistes, tumores y cáncer.

Los senos son un lazo directo con nuestra manera de amamantar, ya sea a nuestros hijos, nuestra familia, nuestro cónyuge o al mundo en general. Tener un problema en un seno, tanto en el hombre como en la mujer, se relaciona con un sentimiento de inseguridad con respecto a nutrir bien o proteger a aquellos que uno amamanta. Amamantar significa que se sigue tratando al otro como si fuera un niño dependiente de su madre. Es posible que la persona con un problema en el seno sea del tipo que se esfuerza por mantener una apariencia maternal, por ser un buen padre, o que se preocupa demasiado por los que ama en detrimento de sus propias necesidades. Así, de manera inconsciente, está resentida con ellos porque no tiene tiempo para sí mismo a causa de sus numerosas demandas. Suele ser una persona muy controladora en su manera de amamantar a los demás. Este tipo de problema puede también significar que la persona se exige demasiado, que se cuida hasta el punto de ser excesivamente prudente. Para una persona diestra, el seno derecho está relacionado con el cónyuge, su familia u otras personas cercanas a ella. Su seno izquierdo se relaciona más con su hijo (o incluso con su niño interior). Para un zurdo es a la inversa. Si una mujer tiene un problema en los senos de orden estrictamente estético, recibe el mensaje de que se preocupa demasiado por su imagen como madre. Debe darse el derecho de ser el tipo de madre que es y aceptar sus límites.

Sugerencias y Recomendaciones

NUEVO MODELO MENTAL: "Con perfecto equilibrio recibo y doy sustento".

Al vivir un problema relacionado con tu forma de ser madre o de amamantar, recibes el mensaje de perdonar a tu propia madre. Si tu manera de amamantar te ocasiona problemas, es fácil concluir que la manera en que lo hizo tu madre seguramente te causó problemas. En lugar de esforzarte o quejarte por lo que vives, debes darte cuenta de que no viniste a la Tierra para proteger y alimentar a todos los que amas. Si te piden ayuda y está dentro de tus posibilidades, debes darla sin ir más allá de tus límites, es decir, respetándote a ti mismo; no dudes en amamantar, pero hazlo con amor, alegría y placer. Si no puedes o no quieres ayudar, reconócelo y concédete el derecho de no hacerlo por el momento. Tus límites actuales no serán necesariamente los mismos toda tu vida. Tu sentido del deber es demasiado grande, te exiges demasiado. Debes aprender a ceder ante tus seres queridos. El hecho de que se vuelvan autónomos no significa que te los arrancan del seno. El amor maternal permanece sin que te sientas obligado a amamantar siempre.

mamas
problemas de mamas

Negativa a cuidar de sí misma. Posponerse siempre en favor de los demás.

Representan el principio de la maternidad. Cuando hay problemas con ellos, eso significa generalmente que nos estamos «pasando» en nuestro rol de madres, ya sea en relación con una persona/lugar/cosa/experiencia.

Parte del proceso que exige el rol de madre es permitir que los hijos crezcan. Es necesario saber cuándo tenemos que cruzarnos de brazos, entregarles las riendas y dejarlos en paz. La persona sobreprotectora no prepara a los demás para enfrentar y manejar su propia experiencia. A veces hay situaciones en que con nuestra actitud dominante cortamos las agallas a nuestros hijos.

Si el problema es el cáncer, lo que está en juego es, además, un profundo resentimiento. Libérese del miedo, y sepa que en cada uno de nosotros reside la Inteligencia del Universo.

Sugerencias y Recomendaciones

NUEVO MODELO MENTAL: "Soy importante y cuento. Ahora me cuido y me nutro con amor y alegría".

mamas
quistes, bultos, inflamación (mastits)

Cuidados maternales exagerados. Sobreprotección. Actitud autoritaria.

Sugerencias y Recomendaciones

NUEVO MODELO MENTAL: "Doy a los demás la libertad de ser ellos mismos. Todos estamos a salvo y somos libres".

MANCHAS ROJAS EN LA PIEL

Se refiere a manchas rojas que afectan a nivel estético, no producen dolor ni comezón.

Estas manchas pueden ser una indicación de que la persona se controla para mostrar una cierta personalidad hasta el punto de sentirse atrapada en ese rol. Se esfuerza porque teme avergonzarse de no ser el ideal que creó. Pero llega un momento en el que es necesario salir de eso. Se debe observar sobre qué parte del cuerpo se sitúan esas manchas, averiguar su utilidad para saber en qué área se controla la persona. En el caso de las personas que se ruborizan fácilmente en el cuello y la cara, la causa suele ser un sentimiento de miedo vivido repentinamente. Se trata principalmente de miedo a no responder a las expectativas de los demás, es decir, a no tener la personalidad deseada. A este tipo de persona le resulta difícil aceptarse como es.

Sugerencias y Recomendaciones

Tu cuerpo te dice que te des cuenta de que creas un ideal difícil de alcanzar y que los demás seguramente no tienen tantas expectativas respecto a ti.

Ver piel-manchas en la piel.

MANDÍBULA

Dolores, fractura o luxación mandibular.

Como la mandíbula es absolutamente necesaria para que los dientes hagan su trabajo, los problemas en ella representan un enojo reprimido que impide que la persona que lo sufre se exprese adecuadamente. Si se reprime hasta el punto de luxarse la mandíbula, es decir, que se le bloquee por completo hasta el punto de no poder moverla, indica que se ha controlado demasiado y que no puede más. Perdió el control de sí misma del mismo modo en que perdió el control de su mandíbula. Tiene una necesidad urgente de expresarse, y el hecho de reprimirse es muy nefasto para ella.

Las mandíbulas son huesos esenciales para comer, para empezar el proceso de digestión y asimilación de lo que tomo, bien sea el alimento o la realidad que me rodea. Los problemas de mandíbula pueden producirse cuando aprieto los dientes porque reprimo cosas e inhibo toda la energía relacionada con la ira, obstinación, la testarudez y quizás entonces una gana inconsciente de vengarme de alguien o de algo. Cuando chirrían mis dientes, vivo inseguridad. También pueden estar descalcificándose o ablandándose mis mandíbulas. Me revelan cómo yo también puedo ser "blando" en algunas situaciones, en particular cuando tengo la sensación de que se ríen de mí y que no se prestaba atención a lo que decía. Sigue una gran desvalorización de mí mismo. También puedo sentirme dominado, siendo impotente en expresarme, bien a causa de mi timidez o de mis miedos. También puede que me esté prohibido hablar, lo cual interpreto como "¡¡¡lo que he de decir debe ser muy poco interesante!!!". Cuando se bloquean mis mandíbulas, estoy en la incapacidad de expresarme, de controlar lo que me rodea, reprimo mis emociones.

Desvalorización, de no haber podido atrapar algo o de no haber podido retenerlo una vez atrapado.

Desvalorización por no poder expresar algo (palabras, violencia...). No nos permitimos expresar nuestra agresividad.

Algo insoportable que hay que decir y no lo hemos podido hablar.

El otro no dice nada y por eso nos sentimos aislados: "decir algo no tiene sentido".

Rabia, resentimiento, deseo de venganza.

Sugerencias y Recomendaciones

Como las mandíbulas y los dientes nos ayudan a morder y a masticar para después digerir bien, un problema en este lugar indica que la persona se impide "morder bien" la vida o "darle un buen mordisco" a lo que desea. El mensaje que tu cuerpo te envía con este problema es que es urgente que compruebes si los miedos que te hacen controlarte y reprimirte hasta ese extremo están fundados. Tu cuerpo te dice que ahora es el momento de hacerles frente porque tienes todo lo necesario para ello.

Debo relajarme, dejar la energía fluir libre.

NUEVO MODELO MENTAL: "Estoy dispuesto a cambiar la pauta que me ha creado este problema. Me amo y me apruebo. Me siento a salvo".

Esta afección generalmente se debe a una gran tensión nerviosa o a una caries dental y aun cuando no sea de importancia, debemos consultar con el dentista en principio y evitar así problemas posteriores que por relación con las terminales de los meridianos de la boca podríamos llegar a tener.

CROMOTERAPIA: color curativo verde.

TRATAMIENTO: Trataremos esta afección presionando las yemas de los dedos, desde la punta hasta la articulación, liberando la zona de congestiones. Continuaremos en la zona de las plantas situada debajo de los dedos, que se relaciona con la mandíbula, masajeando hasta eliminar las partes dolorosas. Una vez realizado lo anterior continuamos con los pulmones, pituitaria, el timo, el tórax, tiroides, suprarrenales y el sistema nervioso.

MANÍA

Las manías son costumbres que esconden angustia y ansiedad. Este estado de agitación trae una sobreexcitación en los movimientos y un humor exaltado. Es un modo de buscar la paz y la calma. Puede ser una forma de huida ya que me obligo a evolucionar siempre en el mismo marco, impidiéndome así explorar nuevas avenidas, para sentirme siempre en seguridad y dueño de la situación.

Sugerencias y Recomendaciones

Debo determinar cuál es la fuente de esta ansiedad a fin de encontrar más calma interior y más armonía. Así veré la vida con más paz y serenidad. Mis gestos y mis actitudes estarán más de acuerdo con mi sabiduría interior.

MANOS

La mano es uno de los órganos más sensibles y móviles del cuerpo humano. Sus problemas más comunes son los siguientes: dolor, fractura, artritis, reumatismo y eccema.

La mano realiza muchas funciones, por lo que es importante verificar qué impide realizar un dolor en esta parte del cuerpo y qué área de la vida parece afectar, para saber su significado. Las manos, como los brazos, son la prolongación del área del corazón; un dolor en este lugar indica que lo que se hace con las manos no se hace por amor, sobre todo por amor a sí mismo. Las manos se deben utilizar para expresar nuestro amor por los demás y por nosotros mismos. Es bueno recordar que la mano izquierda tiene relación con la capacidad de recibir, y la derecha con la capacidad de dar. Es posible que el dolor provenga del hecho de que una persona se impida hacer lo que quiere con esa mano. No escucha ni sus necesidades ni lo que su corazón desea.

Las manos representan mi capacidad para coger, dar o recibir. Son la íntima expresión de mí en el Universo y el poder de tocar es tan grande que me siento impotente cuando están lastimadas mis manos. Tienen un carácter único: igual como mis huellas digitales, representan mi pasado, mi presente y mi porvenir. Entre las manos tengo las situaciones de mi vida diaria y el estado de mis manos manifiesta en qué medida capto mi realidad, cómo expreso el amor tanto como el odio (bajo forma del puño). Si tengo las manos frías, me retiro emocionalmente de una situación o de una relación en la cual estoy implicado. También puedo rechazar cuidar de mis necesidades básicas y de complacerme. Las manos húmedas me indican una cantidad excesiva de angustia y nerviosidad. Estoy desbordado por mis emociones, sintiéndome quizás demasiado implicado o demasiado activo en cierta situación de mi vida cotidiana. Si tengo dolor o rampas, es que me niego a ser flexible frente a las situaciones presentes. Debo preguntarme lo que me molesta o lo que no quiero realizar. Puedo tener un sentimiento de incapacidad o vivir un gran miedo al fracaso. Esto me lleva a querer "controlarlo" todo con mis manos, a querer poseerlo todo por el caso en que algo o alguien se me "escurriese entre los dedos". Si, además, mis manos sangran (ex: manos secas, eczema, etc.) seguramente hay una situación en mi vida, un sueño, un proyecto que tengo la sensación de no poder realizar y esto me lleva a vivir tristeza. Entonces, la alegría de vivir se va. Si se paralizan mis manos, puedo sentirme "paralizado" en lo que se refiere a los medios por tomar para realizar cierta tarea o cierta acción y vivo impotencia con relación a esto. También, la parálisis de las manos puede producirse después de una actividad mental muy intensa en la cual me siento sobreexcitado, contrariado y en que la presión hierve adentro mío. Quizás incluso, tengo el gusto de "torcer el cuello" a alguien con mis manos. Si me hiero las manos, quizás resista al tacto, evitando cierta intimidad, bien sea el tacto que puedo dar o recibir de otra persona. Este temor a entrar en contacto puede vincularse a un suceso presente particular que me recuerda un abuso vivido en el pasado.

Gestos más precisos todavía.

Aprehensión, capacidad de manejo, trabajo, padre.

Sugerencias y Recomendaciones

Si un dolor en la mano afecta tu capacidad de recibir (mano izquierda), es momento de revisar tu forma de hacerlo. ¿De qué tienes miedo? ¿Recibes con amor o crees que deberás dar algo a cambio para evitar ser considerado ingrato o egoísta? ¿Crees que cuando alguien te da algo, espera recibir algo a cambio? A causa de estas creencias te impides recibir, y esto te limita la alegría de vivir. Si aprendes a recibir con amabilidad, admites que lo mereces y que eres una persona especial a quien los demás quieren complacer. El lado derecho tiene relación con tu capacidad de dar. Si el dolor se sitúa en la mano de este lado, es posible que des con demasiadas expectativas, o que te creas obligado a ello. ¿Tienes miedo de darle "una mano" a alguien? ¿Te detiene el miedo de que los demás se aprovechen de ti porque no sabes decir "no"? ¿Crees que tienes que hacerlo todo por ti mismo? Cuando das, debe ser por el placer de dar y si la persona a quien le das algo no lo recibe con todo el placer con que contabas, concédele el derecho de no tener los mismos gustos que tú. Tu dolor en la mano también puede estar relacionado con tu trabajo. Quiere decirte que debes utilizar tus manos con amor y placer; dedica un tiempo a felicitarlas y a agradecerles todo lo que pueden hacer. Puedes permitirte "darle la mano" a una situación sin tener miedo de que se aprovechen de ti. Tienes todo lo necesario para hacer frente a esta experiencia. Si alguna de tus creencias (al igual que el dolor) impide que tus manos hagan las cosas que te gustan (como tocar más a los demás, tocar el piano, pintar, etc.), observa a qué le tienes miedo. ¿Todavía se justifica este temor teniendo en cuenta la persona que eres ahora? Para saber si a tus manos les falta hacer algo, recuerda lo que te gustaba de niño y permítetelo hacer ahora sin temer el juicio de los demás.

Aprendo a soltar y a "tender las manos hacía el cielo", tomando consciencia de que el único poder que tengo es sobre mí mismo y no sobre los demás.

manos
artrosis de las manos
Ver artritis, artrosis.

manos
desviación de Depuytren

La desviación de Dupuytren es una afección de la mano caracterizada por una flexión de ciertos dedos hacía la palma, sobre todo el anular y el auricular y, esto, de modo permanente. Esta enfermedad denota una "crispación" en mis actitudes, dejando traslucir cierto cierre frente a mi cónyuge o a mis hijos.

Sugerencias y Recomendaciones

Tengo interés en hacerme más flexible y abierto expresando mejor mi ánimo.

Ver dedos-anular, meñique/auricular.

MAREOS

El mareo es la sensación de no tener el control de la situación, de dejarse llevar por los acontecimientos de la vida, la sensación de perderlo todo. Al no tener "los dos pies en el suelo", vivo cierta inseguridad que coge proporciones aún más grandes cuando tengo aprensiones de cara al futuro y frente a todo lo que es desconocido. Esto se manifiesta por nauseas.

Mareo en barco:
Miedo a la muerte. Descontrol.

Mareo en coche:
Miedo. Sensación de estar atrapado.

Mareo al moverse:
Miedo. Temor de no estar al mando.

Ver nauseas, mal de los transportes.

Sugerencias y Recomendaciones

Debo preguntarme lo que no digiero o lo que tengo ganas de echar, que no acepté. También sucede frecuentemente que cualquier mal de los transportes (barco, avión, auto, tren, etc.) esté vinculado a mi miedo (consciente o inconsciente) de la muerte.

Mareo en barco:

NUEVO MODELO MENTAL: "Estoy absolutamente seguro en el Universo. En todas partes estoy en paz. Confío en la vida".

Mareo en coche:

NUEVO MODELO MENTAL: "Avanzo con comodidad a través del tiempo y del espacio. Sólo el amor me rodea".

Mareo al moverse:

NUEVO MODELO MENTAL: "Siempre estoy al mando de mis pensamientos. Estoy a salvo. Me amo y me apruebo".

Si sufre de mareos cuando viaja en auto, en avión o en barco, necesita equilibrar sus órganos. El problema está en los ojos y los oídos, conviene empezar por los oídos.

CROMOTERAPIA: color curativo verde.

TRATAMIENTO: inicie con un masaje en todos los dedos, especialmente las zonas altas y las partes correspondientes a los oídos, después siga con el hígado, los riñones, la vesícula, el sistema nervioso, el timo, glándulas suprarrenales y páncreas. Aplique entonces el tratamiento a los nervios ópticos, hasta eliminar las áreas dolorosas correspondientes a los ojos.

MARFAN

La enfermedad de Marfan, familiar y hereditaria afecta a las fibras elásticas del tejido conjuntivo. Tiene como características una talla anormalmente grande, brazos delgados, poco musculosos, desmesuradamente largos y los extremos deformados en forma de patas de araña. El rostro también es alargado y la nariz tiene una apariencia exagerada y curva.

Ver malformación.

MASCULINO

El principio masculino está representado por el lado derecho del cuerpo y el lado izquierdo del cerebro. También se llama el lado YANG en medicina China o el lado racional en Occidente. Las cualidades dominantes son el valor, la potencia, la lógica. Es el lado racional, autónomo, materialista del ser. Representa también el aspecto intelectual, el lado activo de mi persona que toma las ideas e intuiciones de mi lado femenino y que las pone en práctica. Cada ser humano, tanto hombre como mujer, posee un lado masculino (YANG) y un lado femenino (YIN). Al haber desarrollado mi lado masculino analizando y queriendo "volverme igual como mi padre", hay muchas probabilidades de que tengamos ambos puntos muy similares en cuanto a las cualidades y las características nombradas en el principio.

Sugerencias y Recomendaciones

Cuando puedo equilibrar mi lado masculino y mi lado femenino es cuando puedo alcanzar mi plena realización.

Ver femenino-principio.

MASTITIS
Ver pecho-mastitis.

MASTOIDITIS

Una mastoiditis es una inflamación de la mucosa del hueso temporal situado atrás del conducto auditivo externo. Esta afección es con frecuencia secundaria a una otitis media o aguda. Véase problemas en los oídos, así como las explicaciones adicionales sobre las enfermedades inflamatorias.

Es la inflamación que se produce en la base del hueso temporal, llamado mastoides, justo detrás de las orejas. La mastoiditis puede producirse cuando me niego a escuchar. Me preocupa lo que acabo de oír en cuanto a alguien o algo que me molesta. Vivo pena, y cuando soy niño, puedo no comprender lo que se dice, lo cual me provoca inseguridad. Mi temor me hace desear dejar de oír lo que se dice.

Cólera y frustración. Deseo de no enterarse de lo que sucede. Frecuente en los niños. Miedo a infectar el entendimiento.

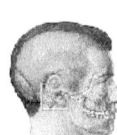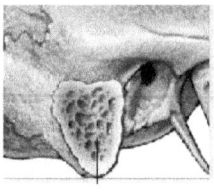

Sugerencias y Recomendaciones

NUEVO MODELO MENTAL: "La paz y la armonía divinas me rodean y me invaden. Estoy en un oasis de paz, amor y alegría. Todo está bien en mi mundo".

"Estoy en paz. La armonía y la alegría circulan en mí. ¡GRACIAS!"

Ver fiebre, inflamación, oídos-otitis.

MATRIZ

Es entrega, hogar.

La matriz es la fuerza que trata de convencernos de lo que está bien y lo que está mal, que reclama el derecho de definir quiénes somos, también tiene una influencia tremenda en el hecho de si introducimos o no los patrones de nuestro espíritu en nuestro gen Dios, que es el ADN que representa el código que nos conecta con Dios, la fuerza universal de vida. Nuestro código Dios contiene programas de claridad y verdad y lo más importante, el programa de co-creación. Co-creación es el conocimiento y poder de manifestar el mundo como lo soñamos. Co-creación es el programa clave que queremos despertar y entrar en nuestro código Dios. Cuando ese programa no está funcionando, miramos fuera de nosotros para buscar nuestra fuente de creación en lugar de reconocer que tenemos el poder de co-crear con Dios. También vemos el mundo a través de los ojos de la separación y el engaño. En casos severos, la gente puede alejarse de los demás y del mundo espiritual a tal punto que perpetúan guerras y atrocidades. La Matriz trata de alejarnos de la posibilidad de explotar el poder de co-creación de nuestro gen Dios. Nos enseña que somos víctimas y que está bien culpar a los demás cuando algo anda mal. Nos enseña a creer que somos víctimas de todo, de los gérmenes hasta la artritis, de espaldas adoloridas hasta de la mala suerte. Nos enseña que necesitamos sufrir para llegar a Dios. Operamos desde la creencia profundamente asentada de que no tenemos el derecho o la capacidad de controlar o diseñar nuestra propia vida.

Sugerencias y Recomendaciones

Estamos adoctrinados con la idea de que debemos buscar las respuestas fuera de nosotros, cuando las respuestas están en nosotros. Hemos olvidado cómo ser el maestro programador de nuestra propia vida. Hay que tomar las riendas.

MEDICINA

La palabra medicina viene de enfermedad. Por lo tanto, aunque exista una medicina preventiva y predictiva, la medicina se cuida más de las enfermedades, traumatismos... y modos para remediarlos. Cuando un médico puedo dar un diagnóstico sobre una enfermedad que tengo, entonces le es más fácil elegir el tipo de tratamiento que puede ser aplicado. Este siglo permitió que la medicina hiciera saltos gigantescos con importantes descubrimientos en química y biología, con ayuda de nuevas tecnologías. La medicina, en muchos casos, se reveló muy eficaz ahí donde se podía llegar a hacer un diagnóstico. Sin embargo, cuando mi dolencia o mi enfermedad no pueden identificarse, sucede que la medicina es impotente para ayudarme.

Sugerencias y Recomendaciones

Puedo investigar las causas de esta dolencia o de esta enfermedad con ayuda de la iridología, la psicoquinesiología, lecturas energéticas u otras formas de investigaciones relevantes de personas responsables con una ética profesional reconocida.

MÉDULA ESPINAL

La médula espinal es la parte del sistema nervioso central contenida en el canal raquídeo, en el interior de la columna vertebral. Sigue el bulbo raquídeo y se termina al nivel de la segunda vértebra lumbar. Ya que transmite los datos del cerebro a las partes del cuerpo referidas, una dolencia a este nivel me indica que puedo tener dificultad en poner en práctica en el mundo físico, mis pensamientos y toda mi creatividad. Tengo tanta necesidad de calcular y planificarlo todo a la perfección, sin jamás equivocarme, que la espontaneidad no tiene su lugar en mi vida. Ya que la médula espinal trabaja de este modo, mi rigidez conllevará dolencias y disfuncionamientos.

Representa las más profundas creencias sobre uno mismo.

La forma de apoyarse y cuidarse.

Sugerencias y Recomendaciones

Aprendo a escucharme, a hacer las cosas por intuición sabiendo que siempre hago para lo mejor y que el error no existe: todo es experiencia para ayudarme a crecer.

NUEVO MODELO MENTAL: el Espíritu Divino es la estructura de mi vida. Estoy a salvo. Soy amada y estoy completamente apoyada.

Ver esclerosis en placas.

MÉDULA ÓSEA

Aquí tiene lugar la producción de sangre. Desvalorización total y absoluta. "La vida ya no tiene sentido".

Sugerencias y Recomendaciones

Deberías plantearte reconducir tu vida. Está claro que hay algo por no decir todo, que no va bien. Podrías empezar por recordar que cosas te ilusionaban cuando eras pequeño. Es el momento de ser tú, de hacer las cosas que realmente amas.

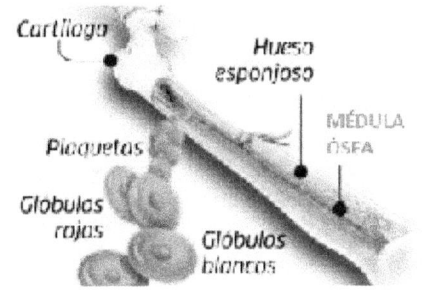

MÉDULA SUPRARRENAL

Fuerte estrés insoportable, insufrible.

Sugerencias y Recomendaciones

Aprende a valorar más lo real y no lo des tanta importancia a lo que no la tiene. Nada real puede ser destruido.

MEGALOMANÍA

Constelación de conflictos de desvalorización (como madre, padre, esposa...).

El individuo va a mostrar una conducta de dominio, creyéndose superior a sus hijos o pareja. Esto le permite solucionar su desvalorización y le lleva a una conducta que él cree merecer por méritos.

Se pueden observar diferentes matizaciones del delirio de grandeza en función del contenido de los conflictos. Ante una de tipo sexual, por ejemplo, se va a expresar en contenidos de potencia sexual, con relación a la pareja o al grupo.

En todos ellos se puede presentar una sintomatología de miedo-pánico.

SENTIDO BIOLÓGICO:
Recuperar la valorización.

Sugerencias y Recomendaciones

NUEVO MODELO MENTAL: "Me amo y me apruebo, no estoy solo, la vida entera me apoya y me sostiene. Soy libre y capaz de cualquier cosa que me proponga. Doy y recibo amor por donde quiera que vaya. Todo es perfecto en mi mundo".

MEJILLA

Ver problemas faciales, agregando que la persona prefiere ser golpeada en la mejilla antes que perder el amor de un ser querido.

MELANCOLÍA

La melancolía es un estado de tristeza profunda. Me siento culpable, vivo un estado depresivo grave y tengo dificultad en soportar este dolor moral. Mis desplazamientos, incluso físicos, están afectados. Me enfrento a una insatisfacción, a una contrariedad, a una pena que me llevan a una carencia de alegría. Esta tristeza me lleva a sentirme "turbado en mis emociones" que se vuelven cada vez más oscuras. Tengo la sensación de ir dando vueltas sin llegar a nada.

Ver también angustia, pena, depresión, psicosis, suicidio.

Sugerencias y Recomendaciones

"Afirmo que la alegría vive en todo mi ser". Me fijo objetivos realizables que me ayudarán a hallar mejor esta energía que mora en mí, borrará la tristeza y dejará sitio para más alegría y satisfacción.

MELANINA

Pigmento oscuro que se encuentra en algunas células del cuerpo de los mamíferos y que produce la coloración de la piel, el pelo y los ojos.

Úlcera epitelial de la cara interna de la epidermis, que contiene pigmento melanótico.

Separación brutal, horrible, de un ser querido, o muy apreciado.

Ejemplo: "Tu padre sufre un accidente en moto y el cerebro es aplastado"

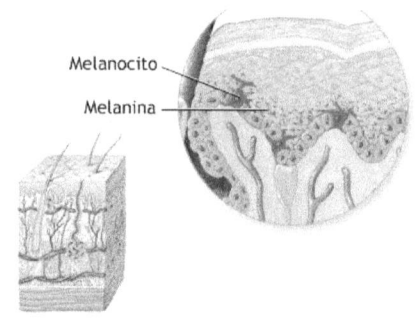

Sugerencias y Recomendaciones

Adoptar e integrar una nueva filosofía de vida, como puede ser Védica o Budista, puede ayudar a percibir este tipo de sucesos desde otro punto de vista menos dramático.

MELANOMA

Protegerse de los rayos del sol: padre. La función del melanoma es protección pero en una tonalidad fuerte. Un conflicto fuerte.

CONFLICTO: de mancha, ataque a la propia integridad, conflicto de sentirse o estar desfigurado.

Ej.: tras amputación de la mama. Mancillamiento en sentido real o figurado. "Me protejo del sol o de la mirada del padre real o simbólico. Eres un cerdo o eres una mierda. Me han hecho algo sucio me han ensuciado. He perdido mi integridad".

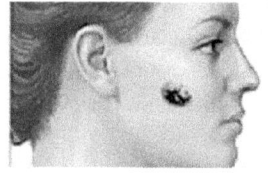

Sugerencias y Recomendaciones

NUEVO MODELO MENTAL: "Me amo y me apruebo, no estoy solo, la vida entera me apoya y me sostiene. Soy libre y capaz de cualquier cosa que me proponga. Doy y recibo amor por donde quiera que vaya. Todo es perfecto en mi mundo".

MEMORIA

La memoria tiene la facultad de almacenar ideas, emociones y traer al consciente lo que uno quiere recordar. Puedo, después de un impacto emocional, ocultar en mi memoria miedos, temores, pena. El subconsciente que niega el recuerdo al consciente. Para mí es un modo incluso inconsciente de huir una forma de realidad que hallaría difícil de vivir.

No poder asimilar algo (el pedazo).

Sugerencias y Recomendaciones

Acepto tomar plenamente la responsabilidad de mi vida, tomando consciencia de que cada situación está aquí para ayudarme a conocerme mejor y a sentirme más libre.

Ver Alzheimer, amnesia.

MENINGES

Las meninges son las membranas de tejido conectivo que cubren todo el sistema nervioso central. Además de las estructuras óseas que lo protegen, el sistema nervioso central está rodeado por unas membranas denominadas meninges. En los mamíferos se distinguen, desde la más interna a la más externa: piamadre, aracnoides y duramadre. Entre la piamadre y la aracnoides se encuentra el líquido cefalorraquídeo, que amortigua los golpes y evita los traumatismos. La duramadre es la meninge más externa. La región externa limita con el periostio en el encéfalo y con el espacio epidural en el tubo neural. Por la parte interna limita con el espacio subdural, justo por debajo queda la meninge aracnoide. La meninge aracnoides o, sencillamente, la aracnoides, es la meninge intermedia, se sitúa entre la duramadre y la piamadre. Se trata de una capa avascular aunque a través de ella pasen vasos sanguíneos que se dirigen hacia la piamadre. La piamadre es la capa más interna de las meninges y está muy vascularizada. Se encuentra en contacto con el encéfalo, siguiendo el contorno del tejido cerebral. A pesar de estar en estrecho contacto siempre se interpone una capa de procesos gliales. La piamadre es una capa delgada en la que encontramos fibroblastos similares a los de las trabéculas aracnoideas.

Las funciones de las meninges como barrera selectiva:

Ataque químico: impide, a modo de filtro, la entrada de sustancias y micropartículas perjudiciales para nuestro sistema nervioso, lo que nos protege de infecciones como la encefalitis o la meningitis y del daño neurológico generado por algunas sustancias.

Protección biológica: son 3, exactamente, las cubiertas meníngeas que rodean el SNC. El líquido cefalorraquídeo (LCR) es un líquido transparente que amortigua los golpes, lubrica y nutre a los haces de mielina que recubren el SNC. Circula en el espacio subaracnoideo. Estas cumplen una importantísima función permite que pequeños golpes en la cabeza no supongan un grave peligro para la vida del ser humano.

Cuando a las meninges o al líquido cefalomedular llegan células (bacterias, virus, etc.) o sustancias químicas (normalmente por inoculaciones tras accidentes graves), se produce un daño, ya sea inflamación o infección. Esto puede provocar la meningitis, que precisa de un diagnóstico rápido y preciso para actuar en consecuencia, ya que si no, la vida del sujeto se puede ver seriamente comprometida.

Protección a nivel de cerebro y médula.

CONFLICTO de desvalorización y territorio ligado con el sentido de la zona cortical adyacente (tono).

"Miedo a perder la cabeza". "Miedo a la locura". "Yo protejo al jefe de la empresa, al cabeza de familia".

Buscar transgeneracional casos de internamiento por locura.

También lo simbólico. Cabeza: padre, jefe.

SENTIDO BIOLÓGICO. Debo proteger mi cabeza. Produciré más substancias que me permitan:

-No hacerme daño.
- Proteger mi capacidad Intelectual.

Meningitis cerebroespinal: rabia contra la vida. Pensamientos inflamados.

Sugerencias y Recomendaciones

Meningitis cerebroespinal:

NUEVO MODELO MENTAL: "Dejo marchar todo reproche y acepto la tranquilidad y alegría de la vida".

Ver hidrocefalia.

MENINGITIS

Es una inflamación de las meninges, es decir, de las membranas que rodean y protegen al encéfalo y la médula espinal.

Esta enfermedad puede ocasionar la muerte si no se le atiende a tiempo, por lo cual el mensaje que comunica se relaciona con la vida y la muerte. Se manifiesta en alguien que vive de pronto algo muy difícil de aceptar, y por lo que siente mucha ira. Para dicha persona, ese acontecimiento inesperado y violento es una gran desgracia. Vive en estado de choque emotivo. También hace demasiados esfuerzos intelectuales para comprender.

Rabia contra la vida. Pensamientos inflamados. "Tengo miedo por mi cabeza y lo que se encuentra en su interior".

Sugerencias y Recomendaciones

El mensaje que recibes con esta enfermedad es muy importante. Se presenta para que te des cuenta de que crees en algo que es nefasto para ti en este momento. Este gran enojo, y quizás el sentimiento de culpa que experimentas porque te impide vivir con alegría y felicidad, están a punto de causarte la muerte. Tu cuerpo te dice que es momento de permitirte vivir porque reencarnaste en este planeta con una meta precisa, y mientras no la consigas, te faltará algo para conocer la felicidad verdadera. Tienes derecho a vivir como todo lo que vive en este planeta.

NUEVO MODELO MENTAL: "Dejo marchar todo reproche y acepto la tranquilidad y alegría de la vida".

Ver cerebro-meningitis.

MENISCO

Sirve para adaptar y amortiguar.

CONFLICTO de adaptar y amortiguación. Conflicto de adaptación a las órdenes.

"No puedo adaptarme a las órdenes que vienen de arriba, de encima mío. De tanta presión, no puedo amortiguar. Yo amortiguo y amortiguo y al final no puedo más. Un poco más de flexibilidad por favor".

Sugerencias y Recomendaciones

NUEVO MODELO MENTAL: "Me amo y me apruebo, no estoy solo, la vida entera me apoya y me sostiene. Soy libre y capaz de cualquier cosa que me proponga. Doy y recibo amor por donde quiera que vaya.

Fluyo con facilidad por la vida y cuantas situaciones se plantean. Todo es perfecto en mi mundo".

MENOPAUSIA

La menopausia es un fenómeno natural que se produce en la mujer alrededor de los 50 años. Se da por hecho que la mujer sufrirá de bochornos, fatiga, insomnio e incluso nerviosismo.

La menopausia es una transición natural en el curso de la vida de la mujer. Aquella que experimenta los problemas citados antes, no acepta envejecer. Además, como sus años de reproducción se terminan con la menopausia, a esta mujer le resulta difícil aceptar el fin de una de las funciones femeninas más importantes. La mujer debe pasar de la procreación a la creación por sí misma, es decir, deberá utilizar más su principio masculino para vivir esta etapa de manera fácil y cómoda. A las mujeres que tienen dificultad para aceptar su principio masculino, les cuesta más trabajo asumir este período.

En el otoño de la vida, el cuerpo de la mujer cambia y debo aceptarlo. Es un período altamente emocional que alcanza particularmente mis sentimientos vinculados al hecho de estar aún amable y deseable y sobre todo amada y deseada. Hago el balance de mi vida y puedo tener pesares por no haber hecho esto o ello, tener la sensación de no haber aprovechado plenamente la vida. En la primera mitad de mi vida, generalmente llamada "período activo", estoy en la acción, "hago", procreo, construyo. Es mi lado racional, activo organizador, también conocido como mi lado masculino, o "Yang", que predomina. Pero, ahora, me siento disminuida y puedo querer seguir todas mis "tareas" domésticas y mis tareas sociales en vez de dejar brotar mi feminidad, mi dulzura, mi creatividad que pertenecen al lado femenino, Yin. Los acaloramientos que experimento en la menopausia manifiestan un conflicto interior y mi lado femenino se hace "ahogar" por estos síntomas que provoca mi lado masculino. La única manera eficaz de hacerlos desaparecer consiste en recuperar la mujer útil, experimentada y llena de sabiduría porque mi testarudez a no seguir la corriente de la vida podrá transformarse en dolor de cabeza o migraña. Aunque no sea procreadora, debo hallar mi dirección espiritual. Necesito encontrar la Mujer en mí. Es un poco como en la jubilación: ahora tengo tiempo de trabajar con total libertad, elaborar planes, otros retos. Descubro un nuevo sentido a las palabras "Libertad" e "Individualidad", permitiéndome renacer a una nueva vida. Mi atención está ahora llevada sobre mí y sobre mi cónyuge en vez de estar únicamente llevada sobre los hijos (en muchos casos) y la familia. Descubro una nueva razón de vivir. Es un poco como un empezar de nuevo, puedo hacer cosas que me gustan y que elegí. El temor a envejecer puede hacerse más presente y real. Incluso inconscientemente, puedo hacer reaparecer menstruaciones para ayudarme a volver al pasado y a engancharme a una juventud física ya desaparecida.

No es una enfermedad, es un fenómeno natural y biológico.

SÍNTOMAS: sofocos, osteoporosis, edemas, depresión, sequedad de vagina, cartucheras.

Es un conflicto para cada síntoma y deben ser tratados individualmente. La pregunta: ¿Sigo siendo válida? ¿Estoy bien físicamente?

Problemas de la menopausia: miedo a envejecer, miedo a dejar de ser deseable, sensación de cualquier tiempo pasado fue mejor. Amargura por las oportunidades perdidas. Rechazo de una misma.

Miedo a dejar de ser deseable. Rechazo de uno misma. Miedo a envejecer. Sensación de valer muy poco.

Sugerencias y Recomendaciones

Cuanto más difícil te resulte vivir el período de la menopausia, más te dice tu cuerpo que no tengas miedo de la transición a la vejez. Aunque pierda algunas de sus funciones, puedes seguir creando tu vida. Debes también revisar tu definición de vejez. Envejecer no quiere decir morir, quedarse inválida o incapacitada, quedarse sola, ser indeseable o ser inútil y no poder ya emprender algo nuevo. Generalmente, con la edad, la persona se vuelve más sabia porque tiene más experiencia y dispone de muchas más herramientas para enfrentar cualquier situación. A partir de ahora debes permitirte crear para ti. Por lo general, antes de la menopausia la mujer está ocupada en procrear y crear para los demás. Ahora es tu turno. Crear para ti, utilizando tu principio masculino, quiere decir darte tiempo para reflexionar, tomar tus decisiones con calma y permitirte más tiempo para estar sola contigo misma.

Es pues importante que acepte y que haga el luto de mi juventud para vivir plenamente el momento presente. Acepto las transformaciones que se producen, tanto en mi cuerpo como en mi vida interior, espiritual así como mi vida social y familiar. Vivo en la simplicidad. Saboreo cada momento y tengo el poder de crear mi vida, merced a todas las experiencias que viví hasta ahora y que hacen que posee una sabiduría y un tesoro extraordinarios.

NUEVO MODELO MENTAL: "Estoy equilibrada y en paz en todos los cambios de ciclo. Bendigo mi cuerpo con amor".

La menopausia puede presentar fenómenos asociados como sopor, nervios, crisis de angustia o sencillamente malestares de tipo general. Una de las soluciones más eficaces es el tratamiento alternativo de hormonas, pero no todas las mujeres lo aceptan. En todo caso, esta terapia resulta bastante efectiva como complemento.

CROMOTERAPIA: color curativo naranja.

TRATAMIENTO: primero presione las zonas correspondientes a la pituitaria, la tiroides, las suprarrenales, el páncreas y los ovarios. Tonifique el hígado, los riñones, el corazón y el bazo. El tratamiento debe darse por unos veinte minutos diarios.

MENORRAGIA

Es la exageración del flujo menstrual en cantidad y duración.

El hecho de perder mucha sangre se relaciona con la pérdida de alegría en la vida. Si el flujo abundante se manifiesta después de la colocación de un dispositivo intrauterino, la mujer con este problema recibe el mensaje de que siente dolor por el hecho de impedir un embarazo. Desea tener un hijo, pero se deja llevar por sus temores o por alguna influencia externa.

Sugerencias y Recomendaciones

Dedica un tiempo a averiguar qué podría suceder de desagradable o difícil si te permitieras tener un hijo. Después, pregúntate si ello responde a la realidad o si tienes una imaginación demasiado fértil, o incluso si te dejas influenciar demasiado por los demás. Si realmente no te puedes permitir el hecho de tener un hijo ahora, concédete el derecho de posponer ese proyecto para más tarde, sin sentirte culpable.

Ver menstruación-menorragias.

MENSTRUACIÓN

Los problemas asociados son amenorrea, dolores menstruales, inflamación, dolores en los senos, dolores en la pelvis, menorragia y metrorragia.

Todo problema menstrual en la mujer indica que ésta tiene dificultad para aceptar su feminidad, sobre todo después de la adolescencia. Actúa en reacción a su madre, que fue su primer modelo de mujer. Esto no quiere decir que no sea femenina, sino que le resulta poco envidiable el rol de mujer porque debe seguir demasiadas "reglas". De manera inconsciente, hubiera preferido ser hombre, incluso hasta el extremo de estar resentida con los que hacen cosas que ella cree no poder hacer por ser mujer. Suele esforzarse en comportarse como un hombre, pero en su inconsciente se siente culpable por ello.

Las menstruaciones son el flujo, por la vagina, de sangre procedente de la mucosa uterina. Se producen periódicamente en una mujer no embarazada, entre la pubertad y la menopausia. Los dolores menstruales pueden estar vinculados a culpabilidad e ira. Estos sentimientos pueden hallar su fuente en una experiencia en la cual estuve abusada sexualmente, sobre todo antes de la pubertad. Si tengo la sensación también que mis padres están decepcionados por haber dado a luz una niña, podré hacerlo todo para tener el aspecto de un niño y así ser amada de mis padres. Inconscientemente puede que retrase o haga parar mis menstruaciones. Rehusó mi feminidad y puede que también mi sexualidad, creyendo que es sucio o pecado porque es la pérdida de sangre (vinculada a la pérdida de alegría) que indica generalmente si estoy embarazada o no. Esta decepción de no estar embarazada procede de la memoria inclusa, la de la especie, que quiere que esté hecha para la procreación que garantiza su supervivencia. Las pérdidas de sangre, relacionadas desde una perspectiva metafísica con la pérdida de alegría, me indican, en cierta medida, mi pena, incluso inconsciente, de no haber estado embarazada, vinculada a mi programación genética para la preservación de la especie. Si mis pérdidas se "salen de mi normalidad" es decir que disminuyen, pudiendo incluso ir hasta parar menstruaciones, o si al contrario, aumentan, debo comprobar uno u otro de los aspectos mencionados anteriormente que pueda vivir en mi vida y que explicaría este cambio.

Rechazo de la feminidad. Culpa, temor. Idea errónea de que los genitales son algo sucio o pecaminoso.

Síndrome premenstrual: confusión que domina. Entrega del poder a influencias externas. Rechazo de los procesos femeninos.

Sugerencias y Recomendaciones

Con tus problemas de menstruación, tu cuerpo te dice que lo que decidiste en la infancia con respecto a la mujer en general, no es la realidad. Esta forma de ver a la mujer en general, no es una realidad. Esta forma de ver a la mujer te hace daño y entorpece tu felicidad. Tus reacciones en contra te producen emociones que perjudican tu paz interior. Puedes hacer lo que quieras, sobre todo ahora que cada vez más mujeres realizan actividades antes reservadas sólo a los hombres. Ya no tienes que seguir las "reglas" aprendidas con respecto a las diferencias entre las funciones de la mujer y del hombre. En lugar de envidiarlos, te beneficiaría desearlos, pues ello te permitiría establecer una hermosa relación hombre-mujer. Aun cuando en ocasiones elijas actuar como uno de ellos, date el derecho de necesitarlos sin llegar a ser dependiente. Si dejas de querer hacer todas las funciones del hombre, tendrás más oportunidades de dejar sitio para el hombre deseado. También es posible que tus problemas provengan de creencias populares transmitidas por tu familia. Quizás te hicieron creer, cuando eras niña, que menstruar era vergonzoso, pecaminoso...

Cuanto más acepte que se trata sencillamente de una respuesta de mi cuerpo a una programación, más este período se desarrollará en armonía. Debo aceptar que siendo mujer, he de vivir en armonía con este cuerpo que funciona según ciclos.

NUEVO MODELO MENTAL: "Acepto todo mi poder de mujer y acepto como normales y naturales todos los procesos de mi cuerpo. Me amo y me apruebo".

Síndrome premenstrual:

NUEVO MODELO MENTAL: "Asumo el control de mi mente y de mi vida. Soy poderosa y dinámica. Todo mi cuerpo funciona a la perfección. Me amo".

Debe comenzar el tratamiento unos cinco días antes del período y continuarlo hasta que termine.

CROMOTERAPIA: color curativo azul añil.

TRATAMIENTO: trataremos las glándulas tiroides y pituitaria, el sistema nervioso, el timo, páncreas, suprarrenales y los ovarios.

Ver síndrome premenstrual, menorragia, amenorrea, dolores menstruales.

menstruación
amenorrea

La amenorrea es la ausencia o supresión de las reglas en la mujer, comúnmente llamadas menstruaciones. La amenorrea, que se produce cuando la mujer está en edad de tener sus reglas, puede estar vinculada al rechazo de la feminidad o a los inconvenientes de ser una mujer; a culpabilidad pudiendo proceder de las palabras y acciones de la pareja sexual; a sentimientos vividos durante ciertas reglas. La mujer vive cierto temor, una dolencia o culpabilidad. Para remediar a esto, se programa mentalmente y hace cesar sus reglas, rechazando la vida, decidiendo cesar de procrear. Rehúso quizás vivir lo que mi madre ya vivió con relación a mi padre y rehúso servir inconscientemente de genética (instrumento de reproducción) en mi actual relación, porque recuerdo el dolor que sentía al ver a mi madre triste en su relación amorosa. Rehúso vivir esta experiencia.

Sugerencias y Recomendaciones

La mujer tiene un gran interés en aceptar al nivel del corazón a su pareja y hacerle confianza, sobre todo si el hombre está muy abierto a la mujer a quien ama.

menstruación
menorragias

La menorragia es la exageración del flujo menstrual en cantidad y duración. Sucede frecuentemente en las mujeres que usan dispositivos anticonceptivos intrauterinos.

El hecho de perder mucha sangre se relaciona con la pérdida de alegría en la vida. Si el flujo abundante se manifiesta después de la colocación del dispositivo, la mujer con este problema recibe el mensaje de que siente dolor por el hecho de impedir un embarazo. Desea tener un hijo, pero se deja llevar por sus temores o por alguna influencia externa. Si la exageración del flujo menstrual no tiene nada que ver con un dispositivo.

Las menorragias son el aumento anormal de la abundancia y de la duración de las reglas pudiendo ser causada por la presencia de un fibroma uterino. Están vinculadas a la no aceptación de tener hijos o a grandes pérdidas de alegría frente al hecho de que no quiero procrear, bien porque soy estéril o porque uso un medio contraceptivo para evitar estar embarazada.

Sugerencias y Recomendaciones

Dedica un tiempo a averiguar qué podría suceder de desagradable o difícil si te permitieras tener un hijo. Después, pregúntate si ello responde a la realidad o si tienes una imaginación demasiado fértil, o si te dejas influenciar demasiado por los demás.

Si realmente no te puedes permitir el hecho de tener un hijo ahora, concédete el derecho de posponer ese proyecto para más tarde, sin sentirte culpable.

Ver fibromas.

menstruación
síndrome premenstrual

Se observa el síndrome premenstrual durante el período que precede las menstruaciones. Se traduce por nerviosidad, dolores de espalda, de cabeza o de vientre. Esto se debe a un desequilibrio hormonal. Es el proceso de rechazo y de culpabilidad que empieza a aflorar. El período menstrual es para la mujer el recuerdo de que está viviendo en un universo dominado por los hombres. Esto indica pues cómo el síndrome premenstrual trae situaciones que me incitan a preguntarme sobre mi percepción como mujer en mi relación con mi feminidad, sobre todo si quiero tener éxito en una carrera profesional. Puedo estar turbada, confusa y me dejo influenciar por los estereotipos impuestos por la sociedad.

Sugerencias y Recomendaciones

Me amo y me acepto tal como soy y dejo sitio a la evolución.

Ver dolor.

MESETA TIBIAL

Rodilla. Las mesetas tibiales son parecidas a una balanza de la justicia, simbólicamente es la justicia: cuando las personas han sido obligadas a someterse a la autoridad.

CONFLICTO: sumisión. "No puedo hacer lo que quiero" "No quiero someterme a la ley del padre".

Ver rodilla.

METÁSTASIS PULMONARES

CONFLICTO de diagnóstico. Si la persona siente que va a morir por un diagnóstico de cáncer. Los alvéolos empezarán a generar más células para poder incrementar el intercambio y poder sobrevivir.

Ver cáncer de pulmón.

METEORISMO

Exceso de gases abdominales. Para referirnos a las molestias relacionadas con la presencia de gas en el intestino, utilizamos términos como meteorismo o flatulencia.

CAUSA PROBABLE: Rechazo de la feminidad. Culpa, temor. Idea de que los genitales son algo sucio o pecaminoso.

Sugerencias y Recomendaciones

NUEVO MODELO MENTAL: "Acepto todo mi poder de mujer y acepto como normales y naturales todos los procesos de mi cuerpo. Me amo y me apruebo".

METRORRAGIAS

Son hemorragias uterinas que ocurren fuera de los periodos de menstruación.

Sugerencias y Recomendaciones

Véase hemorragia. Si el origen es endometrial, véase también endometriosis.

MIALGIAS

Son dolores musculares que se pueden presentar tanto en reposo como al hacer un esfuerzo, intensificándose con este último.

Sugerencias y Recomendaciones

Véase problemas musculares, teniendo en cuenta que si los dolores se presentan solamente en periodos de reposo, indican que la persona afectada no se concede derecho a descansar o detenerse un momento. También sugiero que observes la utilidad de la parte del cuerpo en la cual se sienten estos dolores para saber a qué área de la vida está dirigido el mensaje.

MIASTENIA

Ver músculos-miastenia.

MICCIÓN FRECUENTE

Falta de expresión de sentimientos negativos: odio, resentimiento, Inconformidad, insatisfacción, irritación. Tiene que ver con las relaciones con los demás.

Sugerencias y Recomendaciones

SOLUCIÓN POSIBLE: sacar todos esos sentimientos a la luz. Afrontar los miedos.

MICOSIS

Infecciones por hongos. La micosis se alimenta de sustancias muertas.

Rol del limpiador, papel del sepulturero. Relación con la muerte, con la representación que tiene la persona de la muerte.

¿Cuáles son las sustancias muertas para ti? A veces es reparación, a veces estrés.

CAUSA PROBABLE: creencias estancadas. Aferramiento al pasado.

Negación de las propias necesidades. Falta de apoyo a uno mismo.

Entre los dedos de los pies: pie de atleta. Entre cuero cabelludo, pelo y uñas: sarna.

Sugerencias y Recomendaciones

NUEVO MODELO MENTAL: "Vivo dichosa y libre en el momento presente. Elijo apoyarme de forma alegre y amorosa".

Ver piel-sarna, pies-micosis.

MICROBIOS

Todas las enfermedades autoinmunes. Desvalorización, impotencia y culpabilidad.

Sugerencias y Recomendaciones

NUEVO MODELO MENTAL: "Me amo y me apruebo, no estoy solo, la vida entera me apoya y me sostiene. Soy libre y capaz de cualquier cosa que me proponga, decido vivir sin culpa. Doy y recibo amor por donde quiera que vaya. Fluyo con facilidad por la vida y cuantas situaciones se plantean. Todo es perfecto en mi mundo".

MIEDO

El miedo es un temor o aprensión que siento frente a un peligro real o imaginario. Cuando tengo miedo, mi corazón late en desorden, me vuelvo tenso. El miedo toma lugar en mi interior cuando me siento inquieto, poco seguro de mí, desanimado, que estoy muy emotivo, etc. El objeto de mi miedo puede ser el miedo al fracaso, abandono, rechazo, el miedo de estar herido, etc.; se vuelve tan real a mis ojos, que todo mi cuerpo reacciona a éste y en particular los riñones.

Sentirse sin nada y sin referencias.

Sugerencias y Recomendaciones

Mi miedo sólo aumenta las probabilidades de que suceda todo lo que temo. El miedo a la enfermedad misma puede ser un factor determinante para la aparición de ésta. Es importante que tome consciencia aquí que son mis miedos los que controlan mi vida y no la gente o las situaciones. Entre los seis miedos fundamentales:

- El miedo a morir.
- El miedo a la enfermedad.
- El miedo a la pobreza.
- Miedo a perder el amor de un ser querido
- El miedo a la vejez.
- El miedo a la crítica.

Decido pues ahora sustituir el miedo por la confianza. Pido estar siempre guiado y protegido en las acciones que debo tomar o en las palabras que debo decir, para el bienestar de todos.

MIGRAÑAS

Se caracteriza por la aparición violenta de dolores intensos en un lado de la cabeza, a menudo acompañados de náuseas y vómitos, que pueden durar horas o días.

Esta enfermedad tiene una relación directa con el YO SOY de la persona afectada. En general se manifiesta en la persona que no se concede el derecho de ser lo que quiere, incluso antes de que la migraña aparezca. Las migrañas se producen en la persona que se siente culpable por atreverse a cuestionar a aquellos que tienen mucha influencia sobre ella. Incluso puede no ser consciente de lo que realmente quiere. Con frecuencia vive en el "no puedo", hasta el extremo de vivir a la sombra de alguien. Además, las personas que sufren de migrañas suelen tener dificultades en su vida sexual porque no están en contacto con su poder creativo, simbolizado por la región de los órganos genitales.

Provienen del hecho de desautorizarnos a nosotros mismos. La próxima vez que le duela la cabeza, deténgase a pensar cómo y cuándo ha sido injusto con usted mismo. Perdónese, no piense más en el asunto, y el color de cabeza volverá a disolverse en la nada de donde salió. Las migrañas o se las crean las personas que quieren ser perfectas y que se imponen a sí mismas una presión excesiva. En ellas está en juego una intensa cólera reprimida. Es interesante señalar que casi siempre una migraña se puede aliviar masturbándose, si uno lo hace tan pronto como el dolor se inicia. La descarga sexual disuelve la tensión y, por lo tanto, el dolor. Tal vez a usted no le apetezca masturbarse en ese momento, pero vale la pena probarlo. No se pierde nada.

Puede haber un conflicto de reparación de riñón (retención de líquidos).

Aversión a ser manejada. Resistencia al fluir de la vida. Temores sexuales. (La masturbación suele aliviarla.)

Migrañas de estrés: conflicto de controlar y buscar siempre una solución a todo. No tomar decisiones.

"Debo hallar una solución con mis pensamientos".

De fin de semana: vagotonía. "No tengo derecho a la felicidad".

Premenstrual: desvalorización. "No me siento a la altura. No soy capaz. Tengo miedo de quedarme embarazada. Tengo demasiadas cosas que hacer. Debo ser muy eficaz en lo que hago".

Migrañas: las pueden producir muchos factores, desde un estreñimiento, tensión nerviosa, stress, ayuno, intolerancias y alergias ante un alimento, insatisfacción sexual (falta orgasmos), resistencia ante el fluir de la vida, autocritica, invalidación de uno mismo, miedo.

Sugerencias y Recomendaciones

Si padeces de migrañas, sólo te queda plantearte la pregunta siguiente: "Si todas las circunstancias hubieran sido o fueran perfectas a mi alrededor, ¿qué es lo que hubiera querido SER o qué es lo que quiero SER?". A continuación, observa lo que te ha impedido manifestarlo hasta este momento y descubrirás la forma de pensar que te perjudica, que te impide ser tú mismo. Ya no necesitas creer que dependiendo de los demás vas a sr más querido. Por el contrario, concédete el derecho de tener esos temores y de tomarte el tiempo necesario para llegar a tu meta.

Debemos analizar la dieta que tenemos, porque se ha demostrado que ciertos alimentos favorecen las crisis, por ejemplo, el chocolate, los quesos fuertes, los cítricos, el alcohol, los plátanos demasiado maduros y las grasas.

CROMOTERAPIA: color curativo azul añil.

TRATAMIENTO: iniciamos aplicando un masaje en los puntos relacionados con los senos nasales, después, trabaje enérgicamente la zona alta del pie, debajo de los dedos, desde el pulgar hasta el meñique, teniendo cuidado de no hacerse daño con las uñas, siga con los puntos de los ojos y los oídos. Finalmente, aplique el masaje a la zona de la pituitaria, la glándula tiroides, el sistema nervioso, el timo, suprarrenales, páncreas, hígado y riñones.

Ver cabeza-migrañas.

MIOCARDOSIS

La miocardiosis es una afección del músculo que forma la armadura del corazón (el miocardio); ataca a sujetos jóvenes, sobre todo a los hombres. Se caracteriza por una insuficiencia cardiaca y un aumento considerable del volumen cardiaco.

Sugerencias y Recomendaciones

Véase problemas del corazón, teniendo en cuenta que cuanto más grave sea el problema, más urgente es el mensaje: ámate.

MIODISTROFIA

No poder huir o seguir, acompañar (piernas), de no poder sujetar o rechazar (brazos, manos), o de no poder esquivar (musculatura de la espalda y el hombro). No encontrar ya salida o no saber por dónde empezar (parálisis de piernas).

Ver esclerosis múltiple lateral.

MIOMA UTERINO

Tumor benigno, crece en el útero, provoca infertilidad, aborto o parto prematuro.

Casi nunca aparece en personas más jóvenes de 20 o menopáusicas.

Función: rellenar el útero (antes de los 20 o en la menopausia, no tiene sentido).

"Hay un vacío en la casa y debo llenarlo". "Quiero tener un hijo pero no puedo o no he podido (aborto)". "No soy capaz de encontrar una pareja".

Ver fibromas, quistes femeninos.

MIOPATÍA
Ver: músculos-miopatía.

MIOPÍA

Es una anomalía visual. El ojo miope tiene la vista corta. Sólo ve con claridad los objetos cercanos y percibe con dificultad los lejanos.

La persona miope tiene miedo de lo que pueda pasar en el futuro. Basta con recordar aquello que temía, con respecto al porvenir, en el momento de quedarse miope, para conocer su causa. Debe señalarse que muchos adolescentes se vuelven miopes durante la pubertad. Tienen miedo de crecer porque perciben al mundo de los adultos como inseguro para ellos. Por otro lado, la persona miope suele estar muy preocupada por sí misma en comparación con su interés por los demás. Le cuesta más trabajo abrirse a las ideas de los demás que a las suyas. Le falta generosidad de espíritu.

CONFLICTO de miedo por la espalda. El peligro está cerca o se acerca.

"Mi ojo debe ser perfecto de cerca. Huyo de la realidad cercana a mí, me molesta demasiado. No soporto a alguien que se ha ido lejos. Lo que está lejos no lo quiero ver. No quiero ver lo que hay cerca de mí".

Hay dos sentidos biológicos:
1. El peligro está cerca de mí.
2. No quiero ver lo que está más lejos.

Miedo al futuro. Desconfianza del porvenir.

Sugerencias y Recomendaciones

Si tienes miopía, acepta la idea de que los acontecimientos que te asustaron en el pasado no tienen que seguir causándote miedo. Ábrete a las ideas nuevas procedentes del exterior y reconoce que no eres la misma persona de antes. Haz frente a las situaciones a medida que se presentan y deja de esperar lo peor. Es tu imaginación la que te hace tener miedo, no la realidad. Aprende a ver tu porvenir con más agrado y más alegría de vivir. Acepta también las ideas y las opiniones de los demás con alegría, aun cuando no concuerden con las tuyas.

NUEVO MODELO MENTAL: "Confío en el proceso de la vida. Estoy a salvo".

Ver ojos-miopía.

MIOSITIS
Ver músculos-miositis.

MONONUCLEOSIS INFECCIOSA

La mononucleosis infecciosa, también conocida como fiebre dura, enfermedad de Pfeiffer o vulgarmente como enfermedad del beso, es una enfermedad infecciosa causada por el virus de Epstein Barr (VEB) que pertenece a la misma familia del virus del herpes. Con mucha menos frecuencia puede ser producida por el Citomegalovirus y en un 1% de casos por Toxoplasma gondii.

Desvalorización. Confrontación. "Tengo miedo de enfrentarme a una situación". Enfado y rabia por no recibir amor y aprecio.

Relacionada con un gran miedo de deber afrontar una situación que me llevaría a comprometerme en el plano afectivo.

Sobreesfuerzo, más allá de los propios límites. Temor a no valer lo suficiente. Agotamiento del apoyo interior. Virus del estrés.

Fiebre glandular, enfermedad de Pfeiffer: enfado por no recibir amor y aprecio. Negligencia con uno mismo.

Sugerencias y Recomendaciones

NUEVO MODELO MENTAL: "Me relajo y reconozco mi valía. Valgo mucho. La vida es fácil y dichosa".

Fiebre glandular, enfermedad de Pfeiffer:

NUEVO MODELO MENTAL: "Me amo, me valoro y me cuido. Me tengo a mí mismo y eso es suficiente".

Ver sangre-mononucleosis.

MORDEDURAS

Cólera vuelta hacia adentro.
Necesidad de castigo.

Sugerencias y Recomendaciones

Nuevo modelo mental: "Soy libre".

MUCOSAS

Siempre son conflicto de separación.

Úlcera en la mucosa nasal:

Conflicto nasal que tiene algo que ver con el interior de la nariz. "Algo huele mal". "Me huele que va a haber una movida..."

Úlcera en la musoca bucal: conflicto de boca o de lengua. Ejemplo: un conductor tiene que soplar en un alcoholímetro y ve retirado su carnet de conducir.

Sugerencias y Recomendaciones

Confío más en la vida y en mí mismo.

MUCOSIDADES EN EL COLON
Ver intestinos-colitis.

MUERTE

La muerte no es una enfermedad sino un estado. Sucede cuando cesan las funciones vitales de mi cuerpo tales como latidos del corazón, respiración, actividades cerebrales: mi cuerpo ya no podrá reanudar sus funciones a menos que se puedan usar medios mecánicos u otros para reactivar algunas funciones. En el caso de enfermedades graves como algunos cánceres, el sida, las enfermedades incurables, etc., sucede a veces que cure justo antes del momento llamado la muerte.

Sugerencias y Recomendaciones

Cuando integro en mi corazón y en el amor la toma de consciencia que debo hacer, puede que esté liberado de todo sufrimiento físico y moral. Si la enfermedad ha progresado mucho, puede que mi cerebro me desconecte después de que esté hecha la toma de consciencia. Por esto es tan importante que entienda en mi corazón y que acepte el motivo que hizo que viva esta enfermedad. Cuanto más acepte lo que me enseña la vida, más podré marchar (es la palabra preferida para "morir") en armonía, en la luz y en el amor. Mis parientes cercanos tienen un papel importante que jugar en este proceso de curación aceptando al nivel del corazón mi marcha para que pueda seguir mi camino en total libertad. Cuanto más integre situaciones antes de dejar mi cuerpo físico, más habré adelantado el trabajo que me quedará por hacer después de mi marcha. Ya que sigue la vida (¡para los que creen en ello!) prefiero que se hable de mí diciendo que me "marché", que "dejé mi cuerpo físico", que "pasé a los demás mundos". El uso de estas expresiones me parece más real que decir que he "muerto".

Ver agorafobia, ansiedad, eutanasia.

MUGUET

El muguet es una enfermedad contagiosa debida a una levadura, y caracterizada por la presencia de placas de un blanco cremoso causado por las mucosas bucales y faríngeas, es decir en la boca y en la garganta. Esta enfermedad es muy frecuente en los niños. Aparece después de gritos y llantos incesantes de mi niño que desea tener caricias, contactos físicos con nosotros, sus padres. Si me pongo en el lugar del niño, un bebé en particular, me recuerdo que necesito contacto con mi madre o mi padre para sentirme en seguridad y fuera de peligro porque sé que soy vulnerable. El único modo que tengo para atraer la atención de mis padres, para que me cojan en sus brazos, es chillar y llorar. Es el único modo de que me sacien con calor humano. Ya que mis padres pueden interpretar erróneamente mis gritos y pensar que tengo hambre, sed, frío, etc., no voy a conseguir lo que necesito. Y mi laringe, órgano esencial de la fonación, siendo incapaz de cumplir mi necesidad de contacto físico, activará el muguete. Para mis padres, han de cogerme en sus brazos lo más frecuentemente posible, acariciarme, para que desaparezca el muguet.

Sugerencias y Recomendaciones

Cuando aparece en mí el muguet, el adulto, puede que esto se produzca después de una infección de mis pulmones, de mis vías respiratorias. Entonces, mis necesidades son las mismas que las del niño mencionadas anteriormente, sólo que se trata de mi niño interior quien requiere atención y sentir seguridad. Mi parte adulta puede reconfortar este niño que está en mí y tranquilizarle. La armonía se instalará mejor, lo cual permitirá que se recupere la salud.

Ver boca, garganta, infecciones.

MUÑECA

Los problemas más comunes son: dolor, esguince y fractura.

Cualquier articulación representa la flexibilidad de la persona, por lo que un problema en la muñeca denota una falta de flexibilidad en su forma de decidir para qué deben servir sus manos. Esta persona no se concede el derecho a utilizarlas para hacer algo que le plazca por miedo a no estar a la altura o a equivocarse. Por lo tanto, las utiliza para hacer otras cosas intentando probar su valor de este modo. Se exige demasiado y quizás piense que no se merece hacer un trabajo divertido; se siente culpable por ello. Persona que trabaja con sus propios medios y haciendo grandes esfuerzos.

Las muñecas son las articulaciones, los pivotes que permiten la movilidad y la flexibilidad de mis manos y que me vinculan a mis antebrazos. Una rigidez en las muñecas me impide pues tomar con armonía o elegir todo lo que la vida me presenta. Hay pues una obstrucción, un bloqueo o una negación frente a las acciones que debería hacer. Las actividades que pedían habilidad están afectadas. El dolor en las muñecas puede representar energía reprimida referente a algo que debe hacerse pero que retengo y no hago.

Representa el movimiento y la soltura. Relacionada directamente con el trabajo.

Sugerencias y Recomendaciones

Tu muñeca te dice que tu forma de pensar es demasiado rígida. Si crees que lo que quieres hacer es demasiado para ti, que no estás a la altura de esa tarea, tu cuerpo te dice que no es cierto. Y, al contrario, si crees que alguien abusa de ti por medio de lo que haces, tu cuerpo te dice que no es cierto. Cualquier tarea debe ser hecha con amor y no con miedo, culpabilidad o expectativas. Además, si la muñeca derecha es la afectada, ello se relaciona con tu capacidad de dar; si es el lado izquierdo, con tu capacidad de recibir. El mensaje que recibes es que te sueltes y actúes con amor, aceptación y agradecimiento. También puedes permitirte obtener ayuda/orientación.

La fractura o la torcedura me indican un profundo conflicto de expresión frente a la vida y cómo ésta se sirve de mí para hacer su obra. Debo inmovilizarme y no mover las manos. Debo reflexionar sobre estos dolores de modo a tomar consciencia del hecho que necesito liberar estas energías con amor y confianza, porque su libre circulación me permitirá actuar de modo constructivo a través de estas acciones.

NUEVO MODELO MENTAL: "Manejo todas mis experiencias con sabiduría, amor y naturalidad".

MÚSCULOS

Los músculos son órganos formados por tejidos que aseguran las funciones de movimiento al contraerse a voluntad del individuo. En esta definición no me refiero a los músculos independientes de la voluntad humana (como el músculo cardiaco, por ejemplo). Los problemas musculares más comunes son los dolores musculares o la debilidad muscular.

Los músculos hacen posible el movimiento de las extremidades, por lo que todo problema muscular indica una falta de motivación y sobre todo una falta de voluntad para ir hacia donde la persona desea.

Los músculos están controlados por la fuerza mental; es la vida, la potencia y la fuerza de nuestros huesos. Es el reflejo de lo que somos, creemos y pensamos transformarnos en la vida. Representan el esfuerzo por dar y el trabajo por hacer para seguir adelante. Los músculos, que corresponden a mi energía mental, son necesarios para mover, pasar a la acción.

Movilidad, flexibilidad, actividad, potencia.

Problemas musculares están relacionados con sentimientos de impotencia.

Desvalorización (de actividad física) + impotencia. "¿Para qué hacer músculo si estoy seguro de perder la pelea?"

ACTITUD NEGATIVA COMÚN: "Yo he opuesto resistencia a los cambios y evitado las experiencias nuevas".

Sugerencias y Recomendaciones

No es tu debilidad o dolor muscular lo que te impide moverte, sino tu debilidad interior, ocasionada por un miedo a llegar a tu meta. Tu cuerpo te dice que avances, que vuelvas a establecer contacto con tu voluntad y que tienes todo lo necesario para lograrlo. No te queda más que volver a tomar conciencia de tu fuerza interior. Deberás hallar una buena razón que te motive a fin de volver a dirigirte hacia lo que realmente quieres.

Cuando hay enfermedades musculares, debo referirme a las partes de mi cuerpo afectadas para determinar la causa que se expresa. Voy a consultar con qué situaciones mentales, qué esquema de pensamiento hace que se repitan acontecimientos en mi vida o cuáles comportamientos se relaciona dicha parte del cuerpo.

ACTITUD POSITIVA A ADOPTAR: "Yo soy seguro y decidido, la vida supone cambios y lecciones nuevas; las aprendo con habilidad y camino con seguridad".

músculos
músculo-esquelético

Estriado. No poder escapar (piernas), de no poder empujar o agarrar algo (brazos).

Sugerencias y Recomendaciones

NUEVO MODELO MENTAL: !Me amo y me apruebo, no estoy solo, la vida entera me apoya y me sostiene. Soy libre y capaz de cualquier cosa que me proponga. Doy y recibo amor por donde quiera que vaya. Fluyo fácilmente por todas las situaciones que me plantea la vida, me expreso y amo con facilidad. Todo es perfecto en mi mundo.

músculos
distrofia muscular

La palabra distrofia designa a un trastorno en la nutrición de un órgano o de toda un área anatómica, cuyas modificaciones producen a menudo una atrofia (disminución notable de su volumen y su peso normal) o una hipertrofia (aumento de volumen).

Debido a que en esta enfermedad hay una pérdida de control muscular, ello indica que la persona que la padece está tan controlada por su pasado que ha llegado al límite. Es una persona con ideas autodestructivas inconscientes y a menudo interpreta el papel de víctima para llamar la atención. Sin embargo, ha procurado controlar y esconder este aspecto de sí misma. Se desvaloriza y le resulta difícil alimentarse de pensamientos hermosos de amor hacia sí misma. Es por ello que, para su bienestar, se vuelve cada vez más dependiente.

La distrofia muscular es una enfermedad en la cual los músculos se debilitan y degeneran a veces rápidamente. Está vinculada a un deseo tan grande de controlar situaciones y gente que pierdo todo control. Tengo el sentimiento que, para mí, todo está perdido de antemano y que mi cuerpo está tan cansado por este estrés que se abandona y autodestruye progresivamente. No soy bastante bueno o bien no me creo capaz de estar a la altura. Mi vida es "fea", ya no me interesa. Tengo realmente miedo de que mi vida no sea un éxito y ya no hago esfuerzos. Por consiguiente, mis músculos, que representan la acción, se vuelven enfermos y es ahora mi propio miedo que toma el control y me dejo controlar por la sociedad. La distrofia muscular es una enfermedad grave y frecuentemente incurable, pero su estado se puede estabilizar si pongo los esfuerzos necesarios.

Sugerencias y Recomendaciones

Si sufres distrofia, el mensaje que recibes es importante y urgente: ha llegado el momento de que aprendas a amarte y dejes de esperar que los demás lo hagan. Hasta ahora has creído que enfermándote o teniendo problemas lograrás más atención y amor. Pero creer que un problema más grave te dará amor, no es la solución ideal para ti. ¿Estás listo para pagar el precio de convertirte en totalmente dependiente de los demás y del sistema para lograr más atención? Sería más sensato que tomaras conciencia de todas tus capacidades y de tus talentos, que los hicieras valer y buscaras llamar la atención de esta manera en lugar de recurrir a una enfermedad.

Ver problemas musculares.

Acepto soltar, mantenerme abierto y afrontar mis propios miedos aquí y ahora. Cuando me enfrento a mis temores y los identifico, ya no necesito dirigirlo todo. Acepto ir hacia delante, liberarme de la necesidad de controlar que, de hecho, sólo es la proyección de mis miedos.

músculos
fibromatosis

Procede de tumores fibrosos (fibroma) o del aumento de las fibras en un tejido (fibrosis) que trae rigidez al nivel de mis músculos y de mis tejidos fibrosos, lo cual provoca un dolor intenso. Los tejidos blandos se refieren a mi modo de pensar. Los dolores que siento me advierten que vivo mucho estrés y tensión, de aquí un cansancio mental intenso. Me hacen realizar que carezco de flexibilidad, que soy rígido y angustiado sobre todo en lo que a mis pensamientos y actitudes se refiere. Debido a mis propios conflictos interiores, impido que la energía circule libremente en mis músculos.

Sugerencias y Recomendaciones

Tomo consciencia de estas tensiones: ¿de dónde vienen? ¿Es un cansancio mental vinculado a lo que hago, a mi modo de ser y de expresarme? La parte de mi cuerpo afectada me ayuda a hallar la causa. Puede que deba cambiar de dirección. Acepto estar abierto y sentiré como desaparecen los nudos de tensión. Estoy aquí para evolucionar. El hecho de ponerme rígido me causa todos estos dolores. Vivo el instante y aprendo a hacer confianza.

músculos
fibrosis quística

La fibrosis es un proceso que genera el endurecimiento de las fibras del tejido conjuntivo, alterado por una situación patológica. Los pulmones y el páncreas resultan afectados a menudo por esta enfermedad. Si éste es el caso, véase su descripción.

La persona afectada por esta enfermedad se ha endurecido consigo misma, con los demás y, sobre todo, con la vida. Es más bien derrotista. Esta afección se manifiesta a menudo en quien asume una actitud de víctima, es decir, que utiliza su enfermedad para llamar la atención y se permite volverse dependiente de los demás.

La fibrosis quística es la formación de masas de tejidos blandos en mis músculos y mis tejidos fibrosos. Mi modo de pensar rígido y mis patrones mentales hacen que rehusé adelantar en la vida (esquema de pensamiento que hace que se repitan acontecimientos en mi vida). Me enganché a tantas ideas viejas que no seguí la corriente de la vida. Los dolores que siento me paralizan. Estoy desanimado, nada funciona en mi vida. Puedo tener la sensación de siempre haberme frenado en hacer o decir cosas, teniendo miedo de las consecuencias. Por esto mis piernas y mis brazos frecuentemente están afectados porque esto simboliza mi miedo a coger las situaciones de la vida (brazos) y mi miedo a progresar en la vida (piernas). Me quejo, me compadezco sobre mi destino y quisiera que los demás hagan lo mismo.

Sugerencias y Recomendaciones

Si estás enfermo de fibrosis quística, recibes el importante mensaje de que ha llegado el momento de hacerte responsable de tu vida y de reconocer el gran poder que tienes para hacerlo en lugar de creer que no puedes lograrlo sin los demás. Esta actitud es totalmente contraria a tu plan de vida porque esta enfermedad puede dejarte inválido, te imposibilita para pasar a la acción. Tu alma grita: "¡Auxilio, quiero vivir!".

Acepto abrirme más a la vida y dejo ir mis ideas viejas. De este modo, tomo un nuevo desarrollo en la vida y el lugar que me está dado en el universo.

músculos
miastenia

Afección crónica neurológica caracterizada por una fatigabilidad, es decir un debilitamiento muscular. Incluso si es raro que viva tal enfermedad, cuando esto sucede, es que estoy desanimado, carezco de motivación y estoy "cansado de la vida". Tengo la sensación de que jamás podré hacer lo que quiero o que jamás podré realizar mis sueños.

Sugerencias y Recomendaciones

Tomo consciencia de lo que me desanima al punto de dejarme perecer. Cuando lo haya encontrado. Si no hallo la causa exacta de mi conflicto, puedo a pesar de todo buscar las fuentes de motivación que me llevarán eventualmente a hallar la solución a mi conflicto.

músculos
miopatía

El término general de miopatía se refiere a todas las afecciones que tocan las fibras musculares. Desde el enfoque metafísico, los músculos están estrechamente vinculados con lo mental, con mi modo de pensar. Me desvalorizo constantemente. Quiero impedir que una situación progrese, quiero parar cualquier movimiento de cara a alguien o a algo que forma parte de mi vida en este momento; por esto mis músculos que me permiten hacer movimientos y desplazarme, se van a deteriorar.

Sugerencias y Recomendaciones

Es mirando la parte afectada de mi cuerpo y lo que esto me impide hacer como tendré una buena indicación de la naturaleza de los pensamientos que debo cambiar. Reconozco sin embargo que esto siempre se produce para ayudarme a crecer, a ampliar mi campo de consciencia, para permitirme vivir con más amor, libertad, sabiduría.

músculos
miositis

La miositis es una inflamación de los músculos que provocan una debilidad y una rigidez muscular, los músculos siendo vinculados con el esfuerzo. Procede del estrés frente a esfuerzos que debo hacer, trabajo físico, intelectual o emocional que no necesariamente tengo el gusto de hacer, porque esto me pide mucha energía, pero frente a lo cual me siento "pillado". Tengo la sensación de que estoy obligado a hacerlo y no tengo el gusto de hacer el esfuerzo, sintiendo muy poca motivación.

Sugerencias y Recomendaciones

Tomo mi tiempo, pido ayuda o me doy más tiempo para realizar mis tareas para hacer reposar mis músculos y rehacer mis energías.

músculos
tétanos

Una persona afectada por el tétanos verá en primer lugar como los músculos de su mandíbula se contraen de forma muy dolorosa. Luego, son los músculos respiratorios y cardíacos que estarán afectados. Esto demuestra una gran irritación interior provocada por pensamientos nocivos para mi bienestar.

Sugerencias y Recomendaciones

En vez de expresarlos, los reprimo y los ahogo en mí. Acepto de dejar que el amor me purifique, dejo lugar a la armonización.

músculos
trismus

El trismus se caracteriza por el apretar involuntario de las mandíbulas, el cual se debe a la contracción de los músculos. Generalmente es el primer signo que me indica que estoy afectado por el tétanos. Esta situación puede producirse cuando siento agresividad. Al rehusar expresar mis sentimientos, tengo la sensación de guardar el control. Rehúso abrirme por temor a estar juzgado, rechazado, incomprendido. Al cerrarme, cierro la puerta al amor.

Sugerencias y Recomendaciones

Tengo interés en tener confianza, expresar claramente mis deseos y dejar lugar al amor.

Ver músculos-tétano.

MUSLOS

En general, cuando una persona se queja de dolor en un muslo, es bastante difícil diagnosticar la causa física real.

El muslo es el enlace entre la pierna, que nos lleva hacia delante, y la cadera; su significado metafísico tiene que ver con los deseos y las sensaciones. Al muslo también lo recorren importantes vasos arteriales y venosos que aseguran la vascularización de las piernas. Como los vasos sanguíneos tienen relación con la circulación de la alegría, el dolor en un muslo está relacionado con una dificultad para encontrar placer en los proyectos futuros debido a una parte nuestra demasiado seria. La persona que sufre de dolor en el muslo se contiene y con frecuencia quiere probar su valor a alguien o a los demás.

Sugerencias y Recomendaciones

El mensaje que te envían tus muslos es que te permitas realizar los deseos del niño que mora en ti y que quiere jugar y divertirse. Esto no quiere decir necesariamente que debas olvidar tu lado serio, sino que aprendas a equilibrar mejor las necesidades del adulto y del niño que llevas dentro. No debes creer que tengas que escuchar siempre a tu parte adulta (que es el eco de la voz de mamá y papá). Tú eres ahora tu propio jefe.

Ver piernas-partes superior.

NACIMIENTO

Modo en que se desarrolló mi nacimiento.

Durante los nueve meses de mi gestación, cuando sólo era un feto, todos mis sentidos ya estaban despiertos y tuve conocimiento de todo lo que mi madre, mi padre y la gente alrededor mío pudieron verbalizar. Del mismo modo, podía sentir las emociones, los "estados de ánimo" de éstos, en particular mi madre con la cual entretenía lazos privilegiados e intensos. El modo en que puedo haber interpretado lo que oí o sentí durante este período tendrá una repercusión sobre mis comportamientos en el porvenir.

Por ejemplo, puedo haber tenido la sensación de que "hice padecer a mamá" durante el parto cuando, frecuentemente, ella misma contribuyó a aumentar el nivel de dolor por su ansiedad, sus miedos y también por el hecho que revivía inconscientemente su propio nacimiento el cual pudo haber sido muy doloroso. Pude interpretar también que a causa de mí, casi se murió mi madre. Entonces arrastraré toda mi vida este sentimiento de culpabilidad "de haber hecho daño a mamá" y lo volveré a vivir de cara a otras personas.

Además, el modo en que se desarrolló mi nacimiento o los medios utilizados para facilitar éste influenciarán también comportamientos que reproduzco en mi vida de cada día y que hacen precisamente referencia al modo en que se produjo mi nacimiento. A continuación, algunas situaciones más frecuentemente encontradas.

Si nací prematuramente, manifestaré impaciencia: quiero haber terminado una tarea antes de haberla empezado. Además si estuve colocado en incubadora durante cierto período de tiempo, frecuentemente volveré a vivir la misma soledad profunda y una sensación de vivir impotencia frente a ciertas situaciones o ciertas personas, lo cual me lleva a aislarme y a tener un nivel de energía muy bajo. Puedo vivir un sentimiento de rechazo intenso por el hecho que tuve la sensación que mi madre me dejó después de mi nacimiento.

Al contrario, si nací con retraso, voy a tener dificultad en ser puntual y a entregar los trabajos a tiempo. Tomo mi tiempo y me siento frecuentemente desbordado en las cosas por hacer. También me gusta que las cosas estén hechas a mi modo. Podré demostrar agresividad frente a las personas que quieren hacerme sentir culpable de mis retrasos, porque tendré la sensación que estoy retrasado debido a acontecimientos exteriores.

Un nacimiento que debe estar provocado frecuentemente significa que no estaba listo para nacer; entonces puedo vivir muchas frustraciones que me acompañarán a lo largo de mi vida. También puedo desarrollar una desconfianza para con mi entorno.

Si mi madre necesitó una anestesia para ponerme al mundo, puedo tener tendencia a dormirme en cualquier momento y "anestesio" la realidad, no percibo claramente e interpreto los sucesos a mi modo, según los miedos que entretengo.

Si me encuentro con el cordón umbilical alrededor del cuello, me siento "ahogado" por la gente o las situaciones. Puedo ser más frágil a nivel de garganta, tengo dificultad en expresarme, en comunicar simple y afirmativamente. Tengo tendencia a sentirme "cogido a la garganta". Patrick Drouot mencionó en uno de sus libros que un fuerte porcentaje (más del 60%) de personas nacidas con el cordón umbilical alrededor del cuello tuvieron consciencia durante regresiones que en una u otra de sus vidas pasadas habían sido colgadas.

Si nací por cesárea, generalmente tengo dificultad en llevar mis proyectos a término; un esfuerzo prolongado y constante me es difícil. El desánimo me invade fácilmente. También puede que tenga la sensación de que la vida o la gente me tratan injustamente o, si se quiere, que no tengo el justo pago por los esfuerzos que cumplo para realizar una tarea. "¡Devolved al César lo que es del César!"

Si nací por el asiento, frecuentemente vivo culpabilidad, en particular porque tengo la sensación de hacer padecer a la gente alrededor mío. Retengo mucho y tengo dificultad en soltar y hacer confianza. Entonces vivo mucha tensión interior. Todo lo que vivo es difícil y parece durar una eternidad. También podré tener la sensación de sentirme limitado en mis acciones y en mis proyectos. Es como si la gente y las circunstancias de la vida se las ingeniaran para que ceda en nuevas acciones que quiero emprender.

Si la utilización de fórceps fue necesaria, éstos cogiendo y protegiendo mi cabeza para facilitar mi expulsión durante mi nacimiento, puede que padezca dolores de cabeza, dolores en el cráneo y tenga la sensación de encontrar muchas dificultades en mi vida, en particular al principio de un proyecto o de una nueva relación. Tendré la sensación de que deberé "aguantar" las circunstancias que se presentan para llevar a bien mi nuevo proyecto o nueva relación.

Sugerencias y Recomendaciones

Puedo preguntar a mis padres los detalles de mi nacimiento. El mero hecho de tomar consciencia de las dificultades vividas en ese momento me ayudará a comprender y a cambiar los comportamientos que derivan de él y pueden disgustarme.

Ver parto.

NALGAS

La definición se refiere a un dolor general en las nalgas.

La persona a la que le duelen las nalgas siente emociones que surgen del hecho de no poder controlar una situación o a una persona. Sus problemas se relacionan con asuntos de orden físico como el dinero, el trabajo o los planes para el futuro. No acepta ser la protagonista de los acontecimientos. Quiere controlarlo todo.

Las nalgas son la parte carnosa del cuerpo sobre la cual me siento, tomo lugar, MI LUGAR (el poder). Cuando aprieto las nalgas o cuando ando con las nalgas apretadas, me siento amenazado, tengo miedo de perder el control, retengo. No deseo estar observado porque esto podría llevarme a cambiar, a aceptar cosas, acontecimientos o situaciones que no estoy dispuesto a asumir. Incluso con las nalgas apretadas, puedo pretender que todo va bien y seguir sonriendo. En cambio sí ando con las nalgas muy sueltas, con un balanceo de las caderas muy pronunciado, tomo el lugar, el mío y el de los demás. Amo el poder porque dirigiendo me aseguro el control. No he de cambiar: intento obligar a que cambien los demás. Representan poder. Nalgas flácidas, pérdida de poder.

Sugerencias y Recomendaciones

Tu dolor en las nalgas te indica que debes ceder y que no puedes controlarlo todo, aun cuando tus ideas sean excelentes. Debes dejar que los demás tomen sus decisiones, y sobre todo, darles el derecho de no consultarte en su elección. No tienes por qué creer que debes proteger siempre a los demás.

Tomo consciencia de que estoy enganchado a mi pasado, a mis ideas, a mis viejas heridas y que incluso puedo vivir rencor o ira. Acepto soltar e ir hacia delante y abrirme a nuevas experiencias de la vida.

NARCOLEPSIA

Esta enfermedad, también llamada "mal del sueño", es una alteración de los procesos de regulación del sueño y la vigilia. Se manifiesta como un repentino ataque de sueño. Este sueño, en general muy breve, puede presentarse hasta un centenar de veces al día.

Este trastorno se manifiesta en una persona que tiene dificultad para reconocer sus necesidades de descanso y de trabajo. Cuando se supone que está descansando, sigue trabajando aunque sea con el pensamiento, y cuando trabaja, sueña con descansar o con dejar de hacerlo. En general, es alguien a quien le resulta difícil dejar de trabajar y que da la impresión de estar siempre muy ocupado. Sus actividades no están bien equilibradas.

La narcolepsia es una tendencia irresistible a dormirse. Me duermo repentinamente y esto puede durar desde algunos segundos a más de una hora. Si esto se acompaña de una disminución de mi tono muscular, también llamada catalepsia, entonces se habla del síndrome de Gelineau. El sueño se vuelve una escapatoria frente a miedos y resistencias. Digo no a la evolución y rehúso aceptar lo que sucede en mi vida; Entonces huiré porque ya no tengo el gusto de ver o sentir ciertas personas, o ciertas situaciones. Sin saber cómo resolver esta situación, siendo incapaz de afirmarme, voy a retirarme en mi sueño, porque es la solución más fácil.

Síndrome de Galineau. Somnolencia irresistible durante el día.

Incapacidad de arreglárselas. Miedo extremo. Deseo de huir de todo. Deseo de no estar aquí.

Sugerencias y Recomendaciones

Si tienes este padecimiento, seguramente también tienes problemas para descansar y dormir profundamente durante la noche. El mensaje que te envía tu cuerpo es que dejes de creer que siempre debes estar activo para que te reconozcan como una buena persona o para que te quieran y te respeten. Ha llegado el momento de que, cuando decidas descansar, te permitas parar por completo sin sentirte culpable, lo cual seguramente será la parte más difícil. Con la práctica, lo lograrás.

En ese momento, tengo tendencia a actuar en víctima, sintiéndome impotente o pensando no tener los instrumentos necesarios para enfrentarme a lo que me asusta. Por lo tanto tengo ventaja en asumirme y en apresurarme aunque tenga que pedir ayuda a un amigo o un pariente, para estar en la acción y crear mi vida como quiero.

NUEVO MODELO MENTAL: "Confío en que la Sabiduría Divina me guía y me protege en todo momento. Estoy a salvo".

NARIZ

La nariz es el órgano por el cual el aire (la vida) pasa para alcanzar mis pulmones. El aire es muy importante. Además de recorrer a nuestras dos ventanas de la nariz para respirar, se puede hacer por la boca. Una dificultad de respiración puede informarme sobre las dificultades que tengo en mi vida. Si rechazo vivir o si tengo dificultad en transigir con mi entorno porque lo que siento o experimento no me conviene, mi capacidad de respirar por la nariz estará disminuida. Es como si quisiera expulsar una situación conflictual por mi nariz. Si la ventana izquierda me causa un problema, debo buscar el mensaje del lado emocional y afectivo; y si la ventana derecha está afectada, ésta me informa de una dificultad a nivel racional.

La nariz tiene tres funciones principales:

1) La mucosa nasal asegura la humectación y el calentamiento del aire, lo cual es indispensable para que el intercambio gaseoso se efectúe normalmente.

2) Se encarga de la defensa de las vías respiratorias al filtrar las partículas extrañas.

3) La nariz es el órgano del olfato.

Los problemas más comunes son aquéllos que impiden respirar con facilidad (lo que se conoce como tener la nariz tapada). No me referiré a los problemas ocasionados por el tamaño de la nariz porque ésta, que contribuye enormemente a la armonía del rostro, con frecuencia ocasiona problemas de orden estético. Las personas que más sufren este tipo de problema son aquéllas a las que les preocupa más la apariencia que el ser.

Como la nariz es el primer órgano utilizado para inhalar el aire, y por lo tanto, la vida, todo problema de nariz tapada o cualquier otra dificultad para respirar tiene relación directa con la dificultad para sentir verdaderamente la vida. Este problema se manifiesta en la persona que bloquea sus sentimientos por miedo a sufrir o a sentir el sufrimiento de un ser querido, o también cuando no puede soportar a alguien, a algo o a una situación que se da en su vida.

También es posible que a la persona afectada le parezca que alguien o una situación "no huele bien". Es desconfiada y siente temores. Del mismo modo, es interesante señalar que los problemas en la nariz (como el catarro, por ejemplo) se manifiestan mucho más durante las temporadas en las que debemos convivir con la gente más de cerca, es decir, las temporadas en las que las personas están más en casa. Esto indica una dificultad de adaptación social.

La nariz es el órgano del olfato. Es el sentido que me permite vivir, estar en contacto con la atmósfera, con el exterior. El olfato es uno de los sentidos más poderosos que tengo y está vinculado a mi primer centro de energía (chakra) situado en el nivel del coxis. ¡La nariz es la doble apertura sobre la vida! La ventana derecha e izquierda son los canales del interior y del exterior. Si mi cuerpo pone una barrera en el canal de la respiración, es para indicarme que me aíslo de alguien de mi entorno o de alguna situación que me afecta, que me molesta o que no acepto, de aquí la expresión popular: "¡a ésta, ya no la puedo oler!" Deseo cortarme de algo pudiendo tocar mi lado secreto e íntimo, de cara a mis pensamientos y en el plano físico o emocional. Es una persona o situación que crítico, que juzgo como "oliendo mal" y frente a la cual puedo tener rencor e incluso disgusto. Incluso puede ser un olor que no me gusta, quizás porque me recuerda un suceso que quisiera olvidar y que cualifico de maloliente.

CONFLICTO: oler algo sucio.

RESENTIR:
Mucosa: "No soporto más su olor/presencia".

Territorio: "Presiento el peligro, el depredador, el olor de la leona". "presiento la caza, la presa, un buen golpe". ""¿Que traman? Hablan de mí. (Paranoia olfativa)". "Me esconden algo, andan con tapujos".

Angustia: "Huele mal para mí".

Miedo / Aprensión: "El peligro está delante o alrededor (detrás sería retina)". "Quiero separarme del olor, que no me toque". "Quiero alejarme del mundo a mi alrededor, disminuyo el olfato" (enfermos de alzhéimer).

DIESTROS:
Orificio derecho = afectividad.

Orificio izquierdo = peligro. Huesos: Conflicto de desvalorización en marcar el territorio. "No hemos podido o sabido oler, llegar la aprensión a mi territorio".

Desviación de tabique nasal: "Mi vida está mal tabicada". "Mezclo trabajo y afección". Por ejemplo: "Quiero que todos me quieran en el trabajo". "Estudio a mis hijos, mujer... para hacer una obra...".

Representa el reconocimiento de uno mismo. Energía, orgullo, sexualidad.

Sugerencias y Recomendaciones

Cuando te afecta este problema, hazte la siguiente pregunta: "¿A quién o a qué no soporto en este momento?". El hecho de creer que si no hueles evitarás tener que enfrentar lo que sucede no remedia nada. Averigua qué es lo que más te asusta de esta situación. Según mis observaciones, las personas que más se impiden oler son aquellas que temen la injusticia. Observa la situación presente con más amor, es decir, con más aceptación y compasión en lugar de hacerlo por medio de tu ego que critica y quisiera cambiar a los demás para tener la razón.

Si padeces a menudo este problema, seguramente eres una persona muy sensible que quiere bloquear esta sensibilidad por temor a experimentar demasiadas emociones. Te ayudaría utilizar bien tu capacidad de sentir y aceptar esta sensibilidad, lo que contribuirá a que desarrolles más tu capacidad de amar. También puede permitirte ayudar mejor a los que te rodean. Por otro lado, es importante que aprendas a no sentirte responsable de la felicidad de los demás y de los resultados de sus experiencias. Si comprendes la diferencia que existe entre sensibilidad y emociones, utilizarás mejor todo tu potencial y aspirarás la vida en su totalidad.

Mi olfato está estrechamente vinculado a mi memoria holográfica (en tres dimensiones) de los sucesos. Mediante mi olfato, puede ser muy fácil recordarme acontecimientos agradables como sucesos desagradables. Es importante que tome consciencia de este estado de restricción en mi respiración para liberar a los demás de sus decisiones que no he de juzgar, ni criticar. Ceso pues de juzgar a la gente, las situaciones, sus decisiones y elecciones como me libero yo mismo de mis elecciones y de mis decisiones. Esto permite que la vida fluya libremente en mí y que crezca el amor.

En cualquier caso, puedo incluso deber remontar al momento de mi nacimiento para descubrir la fuente de mi malestar en la nariz. Si tuve que estar operado para permitirme respirar mejor, es como si dijese sí a mi intuición, a mi experimentado, a la vida. Si adopto esta actitud de apertura y confianza en mí, podré curar cualquier malestar relacionado con la nariz.

NUEVO MODELO MENTAL: reconozco mi capacidad intuitiva.

nariz
goteo continuo

Necesidad de ayuda. Llanto interior.

Sugerencias y Recomendaciones

NUEVO MODELO MENTAL: "Me amo y me consuelo de maneras que me resultan agradables, la vida entera me apoya y me sostiene. Soy libre y capaz de cualquier cosa que me proponga. Doy y recibo amor por donde quiera que vaya. Fluyo fácilmente por todas las situaciones que me plantea la vida, me expreso y amo con facilidad. Todo es perfecto en mi mundo".

nariz
hemorragia

Necesidad de reconocimiento. Sensación de no ser valorado. «Nadie se fija en mí.» Ansia de amor.

Sugerencias y Recomendaciones

NUEVO MODELO MENTAL: "Me amo y me apruebo. Reconozco mi verdadero valor. Soy una persona maravillosa".

Ver sangre-hemorragia nasal.

nariz
moqueo hacia dentro

Llanto interior. Lágrimas pueriles. Sentimiento de víctima.

Sugerencias y Recomendaciones

NUEVO MODELO MENTAL: "Reconozco y acepto que soy el poder creativo en mi mundo. Elijo disfrutar de mi vida. Me amo y me consuelo de maneras que me resultan agradables, la vida entera me apoya y me sostiene. Soy libre y capaz de cualquier cosa que me proponga. Doy y recibo amor por donde quiera que vaya. Fluyo fácilmente por todas las situaciones que me plantea la vida, me expreso y amo con facilidad. Todo es perfecto en mi mundo".

nariz
nariz cargada

Falta de autovaloración.

Sugerencias y Recomendaciones

NUEVO MODELO MENTAL: "Me amo y me apruebo, no estoy solo, la vida entera me apoya y me sostiene. Soy libre y capaz de cualquier cosa que me proponga. Doy y recibo amor por donde quiera que vaya. Fluyo fácilmente por todas las situaciones que me plantea la vida, me expreso y amo con facilidad. Todo es perfecto en mi mundo".

nariz
líquido que corre en la garganta

Cualquier líquido en mi cuerpo representa un aspecto de mis emociones. Si mi nariz corre en mi garganta en vez de que el líquido salga por el exterior de mi cuerpo, esto indica que "reprimo" mis emociones o mis lágrimas.

Tengo tendencia a replegarme sobre mí mismo y a "llorar sobre mi suerte".

Sugerencias y Recomendaciones

Es importante que me asuma, que haga cosas para mí, para volver a saborear la vida y cumplir mi misión.

nariz
pólipo de Killian

Tumor benigno que se desarrolla en un seno o en la fosa nasal y que tiene por efecto el obstruir más o menos totalmente el lado afectado. Como con los tumores en general, sufrí un golpe emocional frente a lo que "experimenté". El dolor me hizo cerrarme y me lleva a sentir otra vez situaciones que podrían afectarme.

Sugerencias y Recomendaciones

Sitúo el pólipo, esta "bola de carne" y podré encontrar lo que pudo perturbarme o bien del lado izquierdo, el aspecto afectivo, emocional, o bien del lado derecho, el aspecto racional o ligado a las responsabilidades. Si debo hacerme quitar el pólipo, doy gracias a mi cuerpo para la información que me dio y acepto en mi corazón la toma de consciencia que tenía que hacer.

Ver tumores.

nariz
senos paranasales

Los problemas más comunes son aquellos que impiden respirar con facilidad.

Como la nariz es el primer órgano utilizado para inhalar el aire, y por lo tanto, la vida, todo problema de nariz tapada o cualquier otra dificultad para respirar tiene relación directa con la dificultad para sentir verdaderamente la vida. Este problema se manifiesta en la persona que bloquea sus sentimientos por miedo a sufrir o a sentir el sufrimiento de un ser querido, o también cuando no puede soportar a alguien, a algo o a una situación que se da en su vida. También es posible que a la persona afectada le parezca que alguien o una situación "no huele bien". Es desconfiada y siente temores. Del mismo modo, es interesante señalar que los problemas en la nariz (como el catarro) se manifiestan mucho más durante las temporadas en las que debemos convivir con la gente más de cerca, es decir, las temporadas en las que las personas están más en casa. Indica una dificultad de adaptación social.

ACTITUD NEGATIVA COMÚN: "Yo he querido ignorar a mi entorno y no he sido capaz de expresar mi pensamiento sofocando a mi yo".

Los problemas en los senos paranasales, que se manifiestan en la cara, en la zona más próxima a la nariz, significan que a uno lo irrita alguien que es una presencia muy próxima en su vida. Hasta es posible que sienta que esa persona lo está sofocando o aplastando. Empezamos por olvidarnos de que las situaciones las creamos nosotros, y entonces abdicamos de nuestro poder, culpando a otra persona de nuestra frustración. No hay persona, lugar ni cosa que tenga poder alguno sobre nosotros, porque en nuestra mente la única entidad pensante somos nosotros. Creamos nuestras experiencias, nuestra realidad y todo lo que hay en ella. Cuando creamos en nuestra mente paz, armonía y equilibrio, eso es lo que encontramos en la vida.

CONFLICTO de "mal olor". "Esto me huele mal". Sentido literal y figurado.

Sugerencias y Recomendaciones

Cuando te afecta este problema, hazte la siguiente pregunta: "¿A quién o a qué no soporto en este momento?". El hecho de creer que si no hueles evitarás tener que enfrentar lo que sucede no remedia nada. Averigua qué es lo que más te asusta de esta situación. Según mis observaciones, las personas que más se impiden oler son aquellas que temen la injusticia. Observa la situación presente con más amor, es decir, con más aceptación y compasión en lugar de hacerlo por medio de tu ego que critica y quisiera cambiar a los demás para tener la razón. Si padeces a menudo este problema, seguramente eres una persona muy sensible que quiere bloquear esta sensibilidad a causa del temor a experimentar demasiadas emociones. Te ayudaría utilizar bien tu capacidad de sentir y aceptar esta sensibilidad, lo que contribuirá a que desarrolles más tu capacidad de amar. También puede permitirte ayudar mejor a los que te rodean. Por otro lado, es importante que aprendas a no sentirte responsable de la felicidad de los demás y de los resultados de sus experiencias. Si comprendes la diferencia que existe entre sensibilidad y emociones, utilizarás mejor tu potencial y aspirarás la vida en su totalidad.

ACTITUD POSITIVA A ADOPTAR: "Yo soy creatividad y mi expresión es libre, gozosa y positiva. Estoy en proceso de cambio, lo acepto y acepto el fluir de la vida en mí".

nariz
sinusitis

La sinusitis es la inflamación de la mucosa que tapiza las fosas y los senos nasales.

Cuando estoy afectado de sinusitis, vivo un bloqueo en la nariz y aquí se trata de los senos del rostro. Esta infección de los senos está vinculada a la impotencia frente a una persona o una situación: no puedo olerla o la mostaza me sube a la nariz. Imagino la sensación de tener mostaza fuerte en la nariz, esto me ahoga, me quema. También puede que olfatee con anticipado un peligro o una amenaza que hace brotar un miedo adentro mío. El peligro puede ser real o imaginario: el resultado será el mismo. Puedo tener la sensación que "algo no huele bien", que hay algo dudoso".

Sugerencias y Recomendaciones

El mensaje que debo comprender es sentir el amor alrededor mío e inspirar en lo más hondo de mí.

Véase problemas de la nariz, agregando que la persona siente ira porque percibe que alguien o algo se le resiste y la contraría. Véase también las explicaciones sobre las enfermedades inflamatorias.

NASOFARINGE

Parecido al de las amígdalas, no vivido en términos digestivos sino en el terreno olfativo, respiratorio.

Queremos algo que no podemos tener. "Quiero atrapar (guardar) el olor de mi madre". "Quiero estar cerca de mi novia, mi... que se ha trasladado".

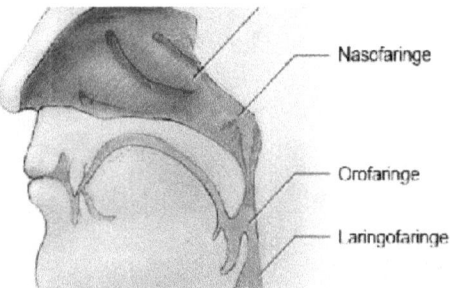

Sugerencias y Recomendaciones

NUEVO MODELO MENTAL: "Me amo y me apruebo, no estoy solo, la vida entera me apoya y me sostiene. Soy libre y capaz de cualquier cosa que me proponga, decido vivir sin culpa. Doy y recibo amor por donde quiera que vaya. Fluyo con facilidad por la vida y acepto con alegría cuantas situaciones se plantean. Todo es perfecto en mi mundo".

NAUSEAS

La náusea es la sensación de aviso inminente de vómito. También se le conoce como ganas de vomitar o mareo. Esta enfermedad se siente principalmente en la garganta con una sensación muy incómoda y disgusto por los alimentos.

La persona que sufre náuseas se siente amenazada en ese momento por alguna persona o algún acontecimiento. Está disgustada porque no sucede lo que esperaba, o siente una aversión notable hacia alguna persona o cosa. También es posible que alguien o algo le causen asco. Es interesante constatar que muchas mujeres embarazadas padecen náuseas porque les cuesta trabajo aceptar los cambios que esta nueva situación va a provocar en su vida futura. Ya sea que sientan aversión a engordar o a ver su cuerpo deformado por el bebé que llevan dentro, o que tengan miedo de perder su libertad, de que el padre no las apoye, u otros temores parecidos.

La náusea se define como una gana de vomitar y se acompaña de una sensación de malestar general. Experimento un sentimiento de pena y siento dolor frente a una realidad que causa un desarreglo en mi vida y que quisiera poder evitar. La náusea es un signo de que ciento disgusto y que rechazo una cosa, una persona, una idea, una situación, o quizás incluso una emoción. Vivo una rebelión, ira, miedo, disgusto, frustración o incomprensión frente a ésta. Cuando este rechazo se vuelve suficientemente importante, puede producirse el efecto de vómitos porque tiendo a manifestar físicamente este rechazo.

Embarazadas: las nauseas son provocadas por el edema que provoca el útero, la resolución del conflicto de "embarazo" y esta inflamación, presiona sobre los demás órganos digestivos.

Frecuentemente relacionada con un aspecto de mi vida que quiero rechazar porque me da asco. Miedo. Rechazo de una idea o una experiencia.

Sugerencias y Recomendaciones

El mensaje que recibes con las náuseas es que debes cambiar tu forma de pensar con respecto a lo que sucede en tu vida en ese momento. En lugar de prepararte para rechazarte o rechazar a alguien o algo a causa de tu aversión, observa lo que te atemoriza de esa persona o de ese acontecimiento. Es posible que dramatices la situación o que no seas consciente de todas tus posibilidades y de tu capacidad para hacerle frente. Primero ámate; en lugar de sentir que la cabeza te da vueltas, gira de alegría.

Tengo que tomar consciencia que absorbí algo de mi realidad o de mi ser que crea el deseo de expresarlo inmediatamente. Y si esto no se hace con la palabra, se manifestará por nauseas. Un principio de embarazo se acompaña frecuentemente de náuseas y, en esta situación, debo aceptar los cambios en mi vida que traerá la llegada del bebé. Pido la paz y acepto digerir las emociones y los conflictos que este suceso produce en mi vida diaria.

NUEVO MODELO MENTAL: "Estoy a salvo. Confío en que el proceso de la vida me aporta sólo el bien".

En general las náuseas suelen proceder de la hipoglucemia, causada por una dosis baja de azúcar en sangre. Se aconseja tomar frutas o proteínas cada dos/tres horas.

CROMOTERAPIA: color curativo verde.

TRATAMIENTO: se inicia masajeando las zonas del páncreas y el bazo. Luego pase al hígado, los riñones y el estómago. Trabajaremos en el área que se relaciona con el estómago. Se aconseja completarlo con las zonas correspondientes en ambas manos, presionando en la depresión que queda entre el pulgar y el índice.

NECROSIS DEL CARTÍLAGO

Ligero conflicto de desvalorización de sí mismo. La localización corresponde a la ubicación del tipo de conflicto.

Sugerencias y Recomendaciones

NUEVO MODELO MENTAL: "Me amo y me apruebo, no estoy solo, la vida entera me apoya y me sostiene. Soy libre y capaz de cualquier cosa que me proponga, decido vivir sin culpa. Doy y recibo amor por donde quiera que vaya. Fluyo con facilidad por la vida y acepto con alegría cuantas situaciones se plantean. Todo es perfecto en mi mundo".

NECROSIS TESTICULAR

CONFLCITOS:

1. Pérdida de persona que se muere/marcha.
2. Conflicto feo (mal visto), con connotaciones sexuales con una mujer (infrecuente).

Sugerencias y Recomendaciones

NUEVO MODELO MENTAL: "Me amo y me apruebo, no estoy solo, la vida entera me apoya y me sostiene. Soy libre y capaz de cualquier cosa que me proponga, decido vivir mi sexualidad sin culpa. Doy y recibo amor por donde quiera que vaya Fluyo con facilidad por la vida y acepto con alegría cuantas situaciones se plantean. Todo es perfecto en mi mundo".

NEFRITIS

Inflamación del riñón. Reacción exagerada ante la decepción y el fracaso.

Nefropatías: sensación de ser como un niño que no logra hacer bien las cosas, un incapaz, un desastre. Confusión.

Sugerencias y Recomendaciones

NUEVO MODELO MENTAL: "En mi vida sólo obra la acción correcta. Libero lo viejo y acojo lo nuevo. Todo está bien".

Nefropatías:

NUEVO MODELO MENTAL: "Me amo y me apruebo. Me gusto. Soy totalmente capaz en todo momento".

Ver riñones-problemas renales, agregando que se siente enojo y a menudo se le reprime.

NERVIOS

Los nervios son órganos que reciben y que dan informaciones a todo el cuerpo procedente de sentimientos, pensamientos y sentidos. Las actividades conscientes están controladas por los nervios periféricos que toman su fuente en la espina y que es la morada del sistema nervioso. Las actividades inconscientes, por ejemplo, los latidos del corazón o la respiración, están controlados por el sistema nervioso automático. Por la meditación o por una profunda relajación, puedo conseguir un control consciente sobre este sistema. Puedo estar afectado de diversos modos porque el sistema nervioso cubre varias actividades funcionales. Los nervios son como el sistema eléctrico de mi cuerpo. Si mis circuitos están sobrecargados porque hay demasiada "tensión", esto afecta el funcionamiento de mi organismo. Esta tensión puede proceder del hecho que tengo inquietudes frente al porvenir y que tengo miedo también de que los proyectos que quiero realizar no lleguen a término. Los nervios están pues en la base de la comunicación y si no funcionan adecuadamente, puedo preguntarme en cuál esfera de mi vida tendría interés en comunicar y recibir lo que los demás me han de decir.

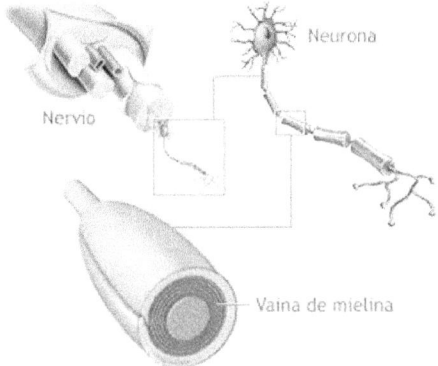

Sugerencias y Recomendaciones

Si tengo una bola de nervios o los nervios a flor de piel, esto me recuerda mi gran sensibilidad y, aunque pueda haberme sentido herido en el pasado, puedo aprender a hacer confianza a los demás y a la vida.

nervios
crisis nerviosa

La crisis de nervios también se llama embolismo. Se trata de una subida de energía, de vibración en el interior mío que bloquea o bien a nivel de la palabra por carencia o incapacidad de comunicar mi punto de vista o al nivel de una actividad, cuando me es imposible realizar, cumplir una acción. Entonces, el bloqueo se vuelve tan fuerte, tan gordo que no puedo liberar la energía en la armonía y hay explosión. Esto me lleva a decir palabras extremas o a hacer gestos extremos.

Sugerencias y Recomendaciones

Es bueno durante estos momentos de tensión pararme y tomar consciencia de ello mientras hago grandes respiraciones y me relajo profundamente. Debo aceptar la situación y tomo el tiempo de hacer bajar la tensión mientras vuelvo a equilibrar mis emociones.

Ver histeria, neurosis.

nervios
nervio ciático

Ver ciática, dolor, espalda, piernas en general, piernas-dolores.

nervios
neuralgia

La neuralgia es un síndrome caracterizado por dolores espontáneos en el trayecto de los nervios. Véase también el lugar del cuerpo afectado y obsérvese su utilidad para saber a qué área de la vida va dirigido el mensaje.

La persona afectada por una neuralgia intenta huir de un dolor experimentado en el pasado. Cuando una situación actual le recuerda ese dolor, vuelve a sentir los mismos temores y en especial la culpa vivida en ese momento. Le invade una agitación interna, llena de amargura. Trata de bloquear sus sensaciones esperando no sufrir más.

La neuralgia puede definirse como un mal contacto en el recorrido de un hilo eléctrico. Los hilos eléctricos representan todos nuestros nervios. Es un dolor vivo sobre un nervio causado por una tensión demasiado fuerte en su recorrido. Si está cortado el nervio, es que la comunicación, la libre circulación de la energía en mí está cortada. El lugar en el cual el dolor está ubicado indica el género de emoción implicada. Un sentimiento de culpabilidad y el deseo de estar siempre en las normas establecidas por la sociedad frecuentemente serán la fuente de una neuralgia. Si se sitúa en un brazo o en una mano, esto me indica que una presión (tal como un compromiso) u otra emoción (tal como impotencia) me impiden "tomar" una decisión o una dirección armoniosa en mi vida. Si la neuralgia está en una pierna, en una pantorrilla o en un pie, es un paso más en una nueva dirección lo que bloquea la emoción y, en consecuencia, la libre circulación de las energías en mi vida.

Sugerencias y Recomendaciones

Al querer ocultar o rechazar este dolor del pasado en tu inconsciente, lo alimentas y lo haces crecer sin darte cuenta. Sería más sensato que lo enfrentaras en lugar de seguir creyendo que no puedes hacerlo. Aunque en el pasado la situación vivida haya sido muy penosa para ti, ello no quiere decir que ahora, con lo que eres en este momento, no puedas hacerle frente. Acepta que entonces tenías límites y que no tienes por qué acusarte de nada ni acusar a otra persona. Todos los humanos tienen límites. Por otro lado, tus límites actuales no son los mismos de antes ni los de mañana.

Al tomar consciencia del aspecto de mi vida (por la parte del cuerpo afectada) que está afectado por la ansiedad o por la inseguridad, podré remediarlo más fácilmente y hallar las soluciones y todo el amor que la situación me pide.

Ver dolor.

nervios
neuritis

Una neuritis es la inflamación de uno o varios nervios.

Sugerencias y Recomendaciones

La parte de mi cuerpo que está afectada por el o los nervios me indica en cual aspecto de mi vida debo hacer una toma de consciencia. Aunque la neuritis pueda "parecer" tener su origen en una infección, el alcoholismo, en ciertas enfermedades o en los efectos secundarios de ciertos medicamentos, es aconsejable que descubra lo que me lleva a vivir ira en la comunicación que tengo conmigo mismo y dándome la comprensión que necesito, encontraré mejor la calma en mi vida y en mi cuerpo.

nervios
nerviosismo

El nerviosismo es un signo indicando que carezco de confianza en mí, en mi entorno y en el porvenir. El hecho de querer ir demasiado de prisa o de hablar muy rápidamente traicionará mi nerviosismo.

Sugerencias y Recomendaciones

Esto me demuestra que debo hacer confianza a la vida para saber que no es necesario controlarlo todo a la perfección para que la vida sea bella y amorosa. Tomo consciencia de que mi nerviosismo disimula la inestabilidad, el temor de un acontecimiento que me disgustaría. Por lo tanto debo liberarme de ello confiando en mí ser interior y relajándome con regularidad.

NEUMONÍA

Enfermedad pulmonar de origen infeccioso o viral. Se caracteriza por un inicio brusco con temperatura alta, un malestar general, mucha fatiga, dolores musculares, dolores de cabeza, tos y dolores torácicos.

Fase de curación de un conflicto de territorio.

Desesperación. Cansancio de la vida. Heridas emocionales a las que no se permite curar.

Sugerencias y Recomendaciones

Ver problemas en los pulmones, agregando que debió producirse un acontecimiento brusco en la vida de la persona afectada, alguna cosa que afectó a su espacio.

NUEVO MODELO MENTAL: "Libremente absorbo las ideas Divinas llenas del aliento y la inteligencia de la vida. Este momento es nuevo".

NEUMOTÓRAX

Aire: "Tengo que poner espacio (libertad).

"Me protejo del otro". "Me siento agredido por alguien". "No me siento apoyada por mi familia".

Sugerencias y Recomendaciones

Ver problemas en los pulmones, agregando que debió producirse un acontecimiento brusco en la vida de la persona afectada, alguna cosa que afectó a su espacio.

NUEVO MODELO MENTAL: "Libremente absorbo las ideas Divinas llenas del aliento y la inteligencia de la vida. Este momento es nuevo".

NEURALGIA

Es un síndrome caracterizado por dolores espontáneos en el trayecto de los nervios.

La persona afectada por una neuralgia intenta huir de un dolor experimentado en el pasado. Cuando una situación actual le recuerda ese dolor, vuelve a sentir los mismos temores y en especial la culpa vivida en ese momento. Le invade una agitación interna, llena de amargura. Trata de bloquear sus sensaciones esperando no sufrir más. "¿Para qué te sirve (la parte en cuestión)?"

Sugerencias y Recomendaciones

Al querer ocultar o rechazar este dolor del pasado en tu inconsciente, lo alimentas y lo haces crecer sin darte cuenta. Sería más sensato que lo enfrentaras en lugar de seguir creyendo que no puedes hacerlo. Aunque en el pasado la situación vivida haya sido muy penosa para ti, ello no quiere decir que ahora, con lo que eres en este momento, no puedas hacerle frente. Acepta que entonces tenías límites y que no tienes por qué acusarte de nada ni acusar a otra persona. Todos los humanos tienen límites. Por otro lado, tus límites actuales no son los mismos de antes ni los de mañana.

Ver nervios-neuralgia.

NEURALGIA DEL TRIGÉMINO

La neuralgia del trigémino o Tic doloroso (también conocida como prosopalgia) es un trastorno neuropático del nervio trigémino que provoca episodios de intenso dolor en los ojos, labios, nariz, cuero cabelludo, frente y mandíbula.

"¿Para qué te sirve la cara?" = "He sentido una bofetada".

Castigo por una culpa.
Angustia por la comunicación.

Sugerencias y Recomendaciones

Si sufre usted de neuralgias, lo primero que conviene hacer es visitar al dentista, porque el mal estado de los dientes puede ser la principal causa, aunque también suelen proceder de situaciones de tensión a causa del trabajo o de algún otro problema.

NUEVO MODELO MENTAL: "Me perdono. Me amo y me apruebo. Me comunico siempre con amor".

CROMOTERAPIA: color curativo azul añil.

TRATAMIENTO: Comience por masajear las yemas de los dedos con el pulgar y los dedos de la mano, hasta estimular bien toda la zona. Aplique la presión del masaje en la zona situada bajo los dedos, donde se articulan con el resto del pie. Inmediatamente después, aplique un masaje a todas las glándulas y órganos, ya que nos beneficiará una tonificación general.

NEURALGIO-DISTROFIA

No cicatrizan las fracturas del hueso.

Conflictos autoprogramantes, como la persona lleva el yeso o el estar en cama. "No quiero estar en contacto con el yeso".

Castigo por una culpa.
Angustia por la comunicación.

Sugerencias y Recomendaciones

NUEVO MODELO MENTAL: "Me perdono. Me amo y me apruebo. Me comunico siempre con amor".

NEURASTENIA

Estado de fatigabilidad física y psíquica extrema. Sus síntomas se traducen por la dificultad en tomar decisiones y por la confusión. Aunque no tenga ningún trastorno orgánico, puedo tener dificultades para digerir, dolores físicos, una emotividad extrema y ser muy débil. La neurastenia se parece en muchos puntos a una depresión. Entonces tendré tendencia a retirarme en la soledad y a alimentar ideas negativas. Es mi actitud negativa que produce esta enfermedad.

Sugerencias y Recomendaciones

En vez de poner mi atención sobre "todo lo que no va en mi vida", tengo interés en dar las gracias por lo que tengo. Debo asumirme, hacer proyectos y aceptar que tengo todo el potencial para alcanzar todos los objetivos que me fijo. La alegría y la felicidad podrán entonces tomar aún mucho sitio en mi vida.

Ver Burnout, depresión, cansancio.

NEURO-ALGODISTROFIA

Descalcificación después de una fractura. Fase de reparación. Alternancia de desvalorización - revalorización sin cesar.

Re-desvalorización, doble conflicto, hay que hallar los dos, por ejemplo:

1. "No me siento capaz".
2. "No soy capaz, demostrado"

RESENTIR: "No soy capaz de..." Ejemplo: "No me siento capaz de esquiar. Lo pruebo y me rompo el tobillo. Ahora no soy capaz de volverlo a probar, suma de conflictos".

Sugerencias y Recomendaciones

NUEVO MODELO MENTAL: "Me amo y me apruebo, no estoy solo, la vida entera me apoya y me sostiene. Soy libre y capaz de cualquier cosa que me proponga, decido vivir sin culpa. Doy y recibo amor por donde quiera que vaya. Fluyo con facilidad por la vida y acepto con alegría cuantas situaciones se plantean. Todo es perfecto en mi mundo".

NEUROBLASTOMA

Un neuroblastoma es una forma de cáncer infantil que se forma en el tejido nervioso y que por lo general suele comenzar con mayor frecuencia en las glándulas suprarrenales que se ubican en la parte superior de los riñones.

Fuerte estrés insoportable, insufrible.

Sugerencias y Recomendaciones

NUEVO MODELO MENTAL: "Me amo y me apruebo, no estoy solo, la vida entera me apoya y me sostiene. Soy libre y capaz de cualquier cosa que me proponga, decido vivir sin culpa. Doy y recibo amor por donde quiera que vaya. Fluyo con facilidad por la vida y acepto con alegría cuantas situaciones se plantean. Todo es perfecto en mi mundo".

Ver cáncer.

NEUROFIBROMA

Glioma periférico.

Pérdida de sensibilidad: estas excrecencias de las vainas de los nervios constituyen una especie de filtro que intenta bloquear la transmisión de estímulos sensoriales provenientes de la periferia para que no lleguen al cerebro.

CONFLICTO de contacto. El contacto se percibe como algo desagradable y no deseado. Es el caso contrario del conflicto de separación pero se afecta el mismo órgano. El estímulo sensitivo sigue siendo percibido pero es "absorbido" posteriormente por el neurofibroma.

CONFLICTO de dolor: el conflicto de contacto más intenso es el conflicto de dolor. En el caso de un dolor súbito (Ej.: golpe en la cabeza), el organismo es capaz de "desconectar" la sensibilidad periférica de una zona del cuerpo. El dolor y la sensibilidad pueden desaparecer momentáneamente.

Sugerencias y Recomendaciones

NUEVO MODELO MENTAL: "Me amo y me apruebo, no estoy solo, la vida entera me apoya y me sostiene. Soy libre y capaz de cualquier cosa que me proponga, decido vivir sin culpa. Doy y recibo amor por donde quiera que vaya. Fluyo con facilidad por la vida y acepto con alegría cuantas situaciones se plantean. Todo es perfecto en mi mundo".

NEUROLOGÍAS

Problemas neurológicos: miedo al futuro.

ACTITUD NEGATIVA COMÚN: he deseado escapar a la realidad por tener desconfianza y miedo a la vida

Sugerencias y Recomendaciones

ACTITUD POSITIVA A ADOPTAR: "Yo soy un ser universal, creado para el amor, el gozo, mi seguridad en la vida es total".

NEUROSIS

La neurosis es una afección nerviosa relacionada íntimamente con la vida psíquica del enfermo, pero que no altera tanto la personalidad como las psicosis. El sujeto, que se reconoce enfermo, tiene una consciencia aguda y dolorosa de ser presa de problemas que su sola voluntad es impotente para detener y pide ayuda con un deseo sincero de curarse.

La mayoría de las personas que sufren de neurosis también tienen un carácter obsesivo, por lo que dicho problema indica que hay una fisura en los cuerpos sutiles de la persona afectada. Tal fisura se crea, según numerosas observaciones realizadas hasta ahora, por un rencor no resuelto hacia uno de los padres o hacia los dos. También son personas que tienen una enorme necesidad de atención y que sufren por no haberla tenido desde su infancia. No recibieron la atención que necesitaban. Esto no quiere decir que no la hayan tenido, sino que la que recibieron no satisfizo su gran necesidad. Por lo tanto, se vuelven muy dependientes y, a falta de alguien de quien depender, establecen otra dependencia hasta el punto de volverse obsesivos (por ejemplo, obsesión por la limpieza).

Igual que la depresión y la psicosis, la neurosis está causada por emociones no controladas o por la investigación de una identidad que sustituiría la que rehúso. Aunque guarde contacto con la realidad y pueda seguir viviendo en sociedad, puedo vivir un sentimiento de angustia, mi juicio puede estar alterado y mi vida sexual puede resentirse bajo forma de impotencia o frigidez. Intento tomar el lugar que me corresponde y necesito que se me preste atención para valorizarme. También necesito hallar un sentido a mi vida que me permitirá liberarme de las tensiones que vivo.

NEUROSIS DE LAS MUJERES: muchas mujeres no se permiten ser femeninas cuando son madres. No se permiten ser femeninas delante de sus hijos. Una madre que solamente es madre y no se permite ser mujer delante de sus hijos acaba forzosamente neurótica. Esto afecta a la salud mental de sus hijos. La negación de la feminidad se paga muy cara en los descendientes.

Sugerencias y Recomendaciones

Por medio de la neurosis tu cuerpo te indica que urge que revises todo tu sistema de creencias porque éstas te perjudican mucho. Estas te hacen sentir impotente para detener los dolores psíquicos que sufres. El recursos más eficaz es volver a los buenos momentos del pasado, aceptando que tus padres, o quienes hayan cumplido esa función, actuaron con lo mejor de sus conocimientos. En esta vida necesitas aprender a ser autónomo y a creer más en tus capacidades y en tu poder para crear esa vida maravillosa que deseas. Cuando decidas buscar ayuda externa, no olvides que si dependes totalmente de ella para salir adelante, seguirás creyendo que no puedes lograrlo solo y alimentarás la gran dependencia que sientes en ese momento. Es importante que utilices esta ayuda como soporte o guía, recordando que puedes arreglártelas solo. En tu caso, el medio por excelencia es el perdón verdadero.

Seré libre porque llevaré mi atención sobre el objetivo fijado, fuente de felicidad y satisfacción. Por lo tanto debo aceptar mi naturaleza profunda que es amar a los demás y amarme a mí mismo sin necesariamente estar obligado a comprender toda la vida desde A hasta Z para aceptarme tal como soy.

NISTAGMUS

Parkinson ocular.

El nistagmo es un movimiento involuntario e incontrolable de los ojos. El movimiento puede ser horizontal, vertical, rotatorio, oblicuo o una combinación de estos.

CONFLICTO de limpia-parabrisas.

"No puedo hacer frente, viene de distintas partes". "La supervivencia depende de mi equilibrio, debo ser estable". "Debo vigilar todo lo ancho de mi territorio".

Sugerencias y Recomendaciones

NUEVO MODELO MENTAL: "Me amo y me apruebo, no estoy solo, la vida entera me apoya y me sostiene. Soy libre y capaz de cualquier cosa que me proponga, decido vivir sin culpa. Doy y recibo amor por donde quiera que vaya. Fluyo con facilidad por la vida y acepto con alegría cuantas situaciones se plantean. Confío en la vida. Todo es perfecto en mi mundo".

NIÑO AZUL

La llegada del niño azul se vincula con la malformación de su corazón en la fase embrionaria, la cual tiene como consecuencia el volver a poner en circulación la sangre pobre en oxígeno (sangre azul) en la gran circulación artificial, sin pasar por los pulmones para recibir allí más oxígeno (sangre roja). Si soy un niño azul, también llamado bebé azul, pude captar en el seno de mi madre un gran miedo, que ella llevaba en sí, de abrirse al amor del mundo exterior. Esto podía proceder de una gran herida y de un "repliego sobre sí con relación al amor" causados por un acontecimiento que le hubiese roto el corazón.

Sugerencias y Recomendaciones

No debo responsabilizar a mi madre de mi estado. Por la ley de las afinidades, he llegado en esta familia porque tenía retos similares por aceptar con relación al amor. Sólo manifiesto más concretamente en lo físico la toma de consciencia que debo hacer y, mi madre y yo, podremos ayudarnos mutuamente en esto. Ya ahora, tomo consciencia que el amor es la misma vida y que mi poder incrementado de amor constituirá un escudo de amor que me protegerá durante mis intercambios con el mundo exterior.

NIÑO DE REEMPLAZO

El niño de sustitución es el que viene siempre después de la muerte de otro niño. Viene a reemplazarlo. En la antigua Roma, llevaban el nombre de "Renato".

Se considera un yaciente aunque las fechas no coincidan.

Muchas veces los nombres son los mismos. Esto sucede debido a la fiestamanía.

Sugerencias y Recomendaciones

Si este es tu caso, debes reeducar tu subconsciente de manera que entienda que eres tú, un ser único y valioso que no sustituye a nadie.

También sería bueno visitar a un terapeuta transgeneracional para liberar las energías de tal suceso.

NIÑO NO DESEADO

Un niño no deseado: "Mierda estoy embarazada". "Tengo ganas de borrarme, molesto a todo el mundo".

La solución es borrarse físicamente para ser aceptado. "Como estoy aquí para jorobar a todo el mundo, jorobo a todo el mundo".

Accidente = Solución.

"Soy un accidente con proyecto de muerte (intento de aborto) El mensaje será: "Si yo muero voy a salvar a todo el mundo". (Personas con tendencias suicidas).

Sugerencias y Recomendaciones

Si observas en ti conductas anómalas te aconsejo visitar un buen terapeuta capaz de liberar emociones del subconsciente adquiridas en el vientre materno.

NÓDULOS

Los nódulos son pequeñas formaciones bajo la piel que se perciben al tacto como pequeños nudos, protuberancias diminutas más o menos duras, elásticas y móviles. Véase tumor benigno.

Un nódulo es una lesión cutánea o mucosa que está bien delimitada, casi esférica y palpable y que puede ubicarse a diversas profundidades de la piel (dermis, epidermis o hipodermis). Se encuentra comúnmente en las cuerdas vocales o en la oreja. Este nódulo me ayuda a tomar consciencia que vivo decepción, rencor frente a un proyecto que no pude realizar porque golpeé un nudo que me hizo apartar de mi objetivo o no me permitió alcanzarlo. Esto puede ser en el plano profesional como afectivo. Mi comunicación (cuerdas vocales) puede estar afectada; hubiese querido decir cosas y no me atreví o tengo la sensación de haber hablado demasiado y de "haber puesto los pies en el plato". Puede tratarse también de algo que oí (nódulo al nivel de la oreja) y que me molestó al punto de "demorar la obra que estaba en realización".

Resentimiento, frustración y ego herido por motivos profesionales.

Sugerencias y Recomendaciones

Lo importante es decidir que todo sucede en su buen momento. El nódulo suele aparecer en el lugar de mi cuerpo en que no quiero hacerme tocar porque el hecho de hacerme tocar por alguien (incluso alguien a quien quiero o en quien tengo confianza como por ejemplo un médico) me recuerda mi primer golpe, un suceso doloroso. Tomo consciencia de lo que frenó mi impulso para poderlo superar. Lo importante es alcanzar el objetivo fijado, cuales quiera que sean los obstáculos y los retrasos que se hallan en mi camino. ¡Estaré entonces más orgulloso y contento de mí!

NUEVO MODELO MENTAL: "Me libero de esta pauta de retraso y me permito el éxito".

NOSTALGIA

La nostalgia es una melancolía causada por un pesar. Habitualmente, cuando estoy nostálgico, esto implica que miro a través de una nube turbada por las emociones, fuera del tiempo presente, con el sentimiento de que me falta algo. Es un tipo de ensoñación. Sin embargo, este "sueño" no ha de ser una huida regular del momento actual. Esta nostalgia puede no hacerme daño a condición de que sólo la experimente algunas veces y sin exageración.

Sugerencias y Recomendaciones

Debo aprender a saborear plenamente el momento presente para que cada segundo que pasa esté vivido como una experiencia única y rica en enseñanza.

Ver melancolía.

NUCA

Región de mi cuerpo por donde todas las energías (ondas) deben pasar para ir a repartirse en todo mi cuerpo. La nuca está en la cumbre de mi columna vertebral. Mi columna es el soporte, la estructura de mi cuerpo. Mi nuca es pues el pivote de mi cabeza. Una nuca tiesa es una demostración de un rehúso o de una obstrucción de energía. La cabeza ya no puede girar en diversas direcciones. Puedo tener la sensación de carecer de apoyo y tengo tendencia a mostrarme obstinado y rígido en mi modo de pensar. Esto me lleva a estar pasivo, evitando poner cosas en marcha y ponerme a actuar. Debo dejar circular estos pensamientos diversos que bloquean mi cabeza y que sólo piden estar puestas en práctica por mi cuerpo físico. Tengo la sensación de no tener todas las cualidades necesarias a la realización de mis deseos e ideas que corren el riesgo de estar al estado de "proyecto" o de "sueño irrealizable".

Sugerencias y Recomendaciones

Por lo tanto esta rigidez me dice que debo estar más flexible en mis pensamientos y mis emociones. Debo aceptar las diferentes sensaciones que vienen a mí y dejarlas fluir libremente. La nuca permite a mi cabeza contemplar diferentes opciones de la vida o diferentes paisajes, sin crítica ni juicio, en toda libertad, como un río permite al agua correr en él en un va y ven perpetuo, sin coacción ni restricción. Ahora que acepto todas las riquezas que tengo en el interior mío, ya no me tengo que preocupar de lo que los demás piensan de mí porque estoy ahora plenamente consciente de todo el potencial que me habita.

Ver cuello, columna vertebral.

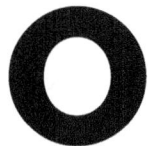

OBESIDAD

La obesidad es causada por una excesiva acumulación de tejido adiposo en el organismo. Se le considera un problema cuando la salud de la persona está en peligro a causa de este exceso de peso.

La obesidad puede tener varias causas, pero en todos los casos la persona afectada se sintió humillada en la infancia y todavía tiene miedo de sentir vergüenza, de que alguien se avergüence de ella o de que alguien la avergüence. El exceso de peso es una protección contra aquellos que le piden demasiado, porque esta persona sabe que le resulta difícil negarse y tiene tendencia a llevar todo a sus espaldas. También es posible que la persona se sienta prisionera desde hace mucho tiempo. Se siente como el relleno de un sándwich, y debe partirse en cuatro para tener contenta a la gente que la rodea. Cuanto más quiere hacer felices a los demás, y que la consideren buena persona, más trabajo le cuesta reconocer sus verdaderas necesidades. También suele suceder que una persona acumula demasiada grasa para no ser deseada por el otro sexo, ya sea por temor a ser engañada o a no ser capaz de decir que "no". La persona obesa también quiere ocupar su lugar en la vida, pero se siente mal por hacerlo. No se da cuenta de que, a pesar de todo, ya ocupa bastante... y no solamente en lo físico.

El exceso de grasa que mi cuerpo almacena entre mi ser interior y el medio exterior me indica que inconscientemente busco, quiero aislarme, o bien en mi comunicación con el exterior o incluso, que existe una emoción o un sentimiento preso, "aislado" en mi interior, y que ya no quiero ver. Por mi obesidad, busco una forma de protección que cumulo continuamente en mis pensamientos interiores. Hay un vacío entre yo y el mundo exterior. Así escondo mi inseguridad al estar expuesto, al ser vulnerable y así, quiero evitar estar herido o bien por observaciones, críticas o bien por situaciones en las cuales estaría incómodo, en particular frente a mi sexualidad. Así puedo interpretar mi exceso de peso como siendo el hecho de que lo quiero poseer todo. Mantengo emociones como el egoísmo y sentimientos que no quiero soltar. Esto puede ser un desequilibrio, una rebelión frente al entorno, una reacción a gestos, situaciones que ya no quiero ver o de las cuales ya no quiero acordarme. El alimento terrestre representa también un alimento emocional. Por lo tanto, como excesivamente para colmar un vacío interior o para compensar el éxito que me deja "emocionalmente" aislado. Puedo vivir una gran inseguridad a nivel afectivo o material e inconscientemente necesito almacenar para evitar cualquier "penuria" o "carencia" que podría ocurrir. Esta falta puede haber sido vivida en la infancia y frecuentemente para con la madre, ya que era mi nexo directo con el alimento y la supervivencia (mamada). Frecuentemente, la obesidad se produce después de un gran golpe emocional o una pérdida importante, y el vacío vivido se vuelve muy difícil de soportar. Vivo un gran sentimiento de abandono, un vacío interior. Frecuentemente me siento culpable de la marcha o de la pérdida de un ser querido. Busco un objetivo en mi vida, busco realizar "algo bien". Tengo dificultad en tomar mi lugar con mis palabras y mis gestos. Lo hago pues tomando más sitio con mi cuerpo físico. Además, me desvalorizo con relación a mi aspecto físico: una ligera "imperfección" o algunos kilos ganados tendrán a mis ojos unas proporciones gigantescas y ya no puedo ver ni apreciar mis cualidades o mis atractivos físicos. Poniendo toda mi atención en lo que "carece de gracia", mi cuerpo reaccionará a esto añadiendo aún más peso para hacerme comprender cuanto soy duro hacía mi mismo y cuanto me auto-destruyo, aunque sólo fuera por mis pensamientos negativos.

Cartucheras: protección sexual. Véase también abortos.

Edemas: "¿Sigo siendo válida?"

Grasa: "Solo puedo estar conmigo mismo". (ver grasa)

CONFLICTO del globo: Temas relacionados con la espiritualidad + que se repitan.

Vacío interior por falta de amor. (Se recurre a la comida para compensarlo). Temor a exponernos ante los demás. Ser vulnerable y susceptible de sufrir daño. Inhibición a expresar con libertad. Aparece después de tener un shock emocional o pérdida de un ser querido, Sensación de estar vacío de propósito. Aferramiento a actitudes mentales fijas. En los niños: dificultad de reconocer o expresar sus sentimientos de aceptación y seguridad, Amor no correspondido.

Miedo, necesidad de protección. Huida de los sentimientos. Inseguridad. Rechazo de uno mismo. Búsqueda de satisfacción.

Sobrepeso: frecuentemente relacionado con el hecho de acumular cosas, ideas, emociones, querer protegerse, sentirse limitado, vivir una vida interior.

Celulitis: frecuentemente relacionada con el miedo a comprometerme y a mi tendencia a guardar emociones del pasado.

Sugerencias y Recomendaciones

A una persona obesa le resulta muy difícil observarse realmente debido a su enorme sensibilidad. ¿Puedes observar bien cada una de las partes de tu cuerpo en un espejo? La capacidad de observar tu cuerpo físico tiene que ver con tu capacidad para observar más allá de lo físico, es decir, para observar dentro de ti a fin de descubrir la causa oculta de tu exceso de peso. Esta es la razón por la que quizás te resistas a lo que lees en esta descripción. Quizás debas leerla varias veces y hacerlo a tu propio ritmo. El haberte sentido humillado en tu infancia te llevó a querer protegerte y a decidir que no te volvería a ocurrir. Por esta decisión quieres ser a toda costa "una buena persona", y para ello te echas demasiado a tus espaldas. Ha llegado el momento de que aceptes recibir sin creer que "tomas" algo que no es tuyo y que deberás devolverlo después.

Te sugiero que al final de cada día hagas un análisis retrospectivo y observes cada incidente que pueda tener relación con la vergüenza y la humillación. Después, pregúntate si es realmente cierto que eso sea vergonzoso. Del mismo modo, adquiere el hábito de preguntarte: "¿Qué es lo que quiero realmente?", antes de decir "sí" a todas las peticiones y antes de ofrecer tus servicios. El amor y la estima que te tienen los demás no disminuirán. Por el contrario, apreciarán que te respetes y ocupes tu lugar. Es cierto que serás siempre una persona servicial, pero se trata de que aprendas a hacerlo escuchando tus necesidades. Además, date el derecho de ser una persona importante y de ocupar un lugar (no sólo físico) en la vida de quienes amas. Cree en tu importancia.

Cuando se está sano no es difícil perder peso, solamente que padezca algún problema de hipotiroidismo o algún trastorno metabólico, el sobrepeso indica siempre que come demasiada cantidad de alimentos, o que éstos son excesivamente grasosos; huya de la comida chatarra y de los carbohidratos, especialmente a partir de los 25 años. Coma proteínas para aumentar la masa muscular. Tenga en cuenta que los carbohidratos dan energía, pero si no los digiere sólo contribuirán a aumentar su masa corporal. No tome nunca proteínas y carbohidratos al mismo tiempo, sino en distintas comidas, es decir, si toma proteínas de la carne o del pescado no coma papas, pan, arroz o pasta al mismo tiempo, y si en cambio, puede acompañarlo siempre de fruta y verdura a discreción. No coma chocolate, galletas ni dulces.

El hecho de efectuar ejercicios y seguir una dieta no será suficiente para adelgazar y debo tomar consciencia del verdadero origen de mi exceso de peso que resulta de una situación de abandono. Sea niño o adulto, tomo consciencia que me rechazo a mí mismo Puedo tener la sensación de sentirme limitado con relación a diferentes aspectos de mi vida o a lo que quiero realizar. Este sentimiento de limitación, hará que mi cuerpo tome expansión, y absorba un exceso de peso. También si soy una persona que cumula pensamientos, emociones o cosas, mi cuerpo "cumulará" él también pero bajo forma de grasa. Aprendo a expresar mis emociones, a reconocer mi valor y todas mis posibilidades. Sé ahora que cualquier vacío que me parece vivir en mi vida puede llenarse de amor y de sentimientos positivos hacía mí. Con mi aceptación de mí mismo y de los demás, con el amor que me rodea, me libero pues de esta pena y de esta necesidad de protección.

CROMOTERAPIA: color curativo amarillo.

TRATAMIENTO: aplique todos los días un masaje a todos sus órganos y glándulas.

SOLUCIÓN POSIBLE:

Dar amor para recibirlo.
Tener autoestima.
Tener discernimiento.
Expresar las emociones.

Cambiar nuestra forma de pensar, esperar lo mejor de la vida, confiar en ella, entregarse y conocerse.

NUEVO MODELO MENTAL: "Estoy en paz con mis sentimientos. Estoy a salvo donde estoy. Yo creo mi propia seguridad. Me amo y me apruebo".

OBSESIÓN

Una obsesión es una idea que se impone en el pensamiento e invade el campo de conciencia del individuo, que no logra rechazarla. Principalmente suele proceder de ideas de naturaleza religiosa o moral, de preocupaciones por el orden o la precisión, o incluso de peligros más o menos fundados. La persona obsesiva también siente una enorme ansiedad. Véase neurosis y ansiedad.

La obsesión es una enfermedad del pensamiento. Cuando estoy obsesionado por algo o por alguien, toda mi atención, toda mi energía, están dirigidas hacía éste. Estas ideas me vienen de modo repetitivo y amenazador, sin embargo, me mantengo consciente del carácter irracional que tienen estas ideas. No cuenta nada más. Si tengo una personalidad obsesiva, hay muchas probabilidades de que sea una persona llena de dudas, con mucha dificultad para tomar decisiones y de que viva una ambigüedad amor-odio, de cara a mí mismo o a los demás. Las obsesiones pueden tener formas muy diversas: puede tratarse de una fobia frente a algo o a alguien, pueden ser "murmuraciones mentales" sobre "lo que se podría producir si...", la locura de la duda o una compulsión a cometer ciertos actos que pueden ser sin consecuencia o que pueden también ser criminales, incluso suicidas, pero que nunca prácticamente están seguidos del acto. La mayoría de veces, tengo un temor angustioso frente a "algo que podría suceder" por negligencia o por error personal y que se debe evitar. Mi prioridad es el mantener mi obsesión, incluso inconscientemente. Mi sistema de pensamiento está paralizado. Estoy alimentado por el objeto de mi obsesión. Así lleno un vacío interior y una gran inseguridad.

Sugerencias y Recomendaciones

Para vivir obsesión, he de tener una especie de tensión interior, inquietud; entonces, sería oportuno para mí encontrar un punto de interés en mi vida que me traiga más calma y más paz interiores. Así podré aprovechar más de lo que me trae la vida.

ODIO

Muchas enfermedades tienen por causa el odio. Alimentar el odio nos hace detestar a las personas, hace volver malos, nos incita a lanzar palabras ofensivas con la rabia en el corazón. Cuando vivo odio, rabia, tengo la sensación de que algo quema en mí, en diversos sistemas: digestivo, pulmonar y también en relación con la vesícula biliar y el hígado. En la evolución de estos signos que manifiesta el cuerpo, se anuncian "dolencias" cada vez más graves. Puedo atraerme incluso un cáncer.

Sugerencias y Recomendaciones

El amor es la base de toda vida. Aprendo a perdonarme y a perdonar a los demás. Acepto comprender a las personas, las situaciones de otro modo, con amor.

OÍDO

Los problemas más frecuentes son: otalgia, otitis, mastoiditis, dolores, inflamaciones, eccemas y sordera.

Cualquier problema que impida oír bien es una indicación de que la persona juzga demasiado lo que oye y siente mucha ira interna. Busca taparse los oídos para no oír. Las otitis son cada vez más frecuentes en los bebés, porque a los recién nacidos les resulta difícil oír las reprimendas de los adultos. Quieren oír razones inteligentes acerca de por qué actuar o no actuar de tal modo, en lugar de razones emotivas o mentales. También quieren oír palabras coherentes. La sordera se manifiesta también en una persona que tiene dificultad para oír a los demás; está demasiado ocupada pensando en lo que va a decir. En general, es una persona que con facilidad se siente acusada y vive a la defensiva. Oír una crítica, aunque sea constructiva, la aflige. Una persona terca, que se cierra a los consejos de los demás y sólo obra a su antojo, también puede crearse el problema de oír menos o de no oír nada. Las personas que tienen miedo de desobedecer también tienen problemas de sordera. No se conceden el derecho de desviarse. Por otro lado, puede ser una persona tan sensible que no quiera oír los problemas de los demás por miedo a sentirse obligada a resolverlos y no tener tiempo para sí misma. Si hay un dolor en el oído que no afecte la audición, el mensaje del cuerpo es hacerle saber a la persona que lo sufre que se siente culpable y quiere castigarse por lo que desea o no desea oír.

Representan la capacidad de oír. Cuando hay problemas con los oídos, eso suele significar que a uno le está pasando algo de lo que no se quiere enterar. El dolor de oídos indica que lo que se oye provoca enfado. Se trata de un dolor común en los niños, que a menudo tienen que oír en casa cosas que no quieren escuchar. Con frecuencia, las normas de la casa prohíben a los niños expresar su enojo, y su incapacidad para cambiar las cosas les provoca el dolor de oídos. La sordera representa una negativa, que puede venir de mucho tiempo atrás, a escuchar a alguien. Observen que cuando un miembro de una pareja es «duro de oído», generalmente el otro es bastante charlatán.

ACTITUD NEGATIVA COMÚN: "Yo he querido ignorar a mi entorno y no he sido capaz de expresar mi pensamiento sofocando a mi yo".

Izquierdo: algo que no quiero perder. "Oigo lo que no quiero".

Derecho: algo que quiero atrapar. "No oigo lo que quiero".

Endodérmica: "Atrapar la información".

Ectodérmica: "Separación del sonido". "No oigo la voz de una persona querida".

Sugerencias y Recomendaciones

Si no quieres o no puedes oír lo que sucede o se dice a tu alrededor (tienes los oídos tapados), es el momento de que comiences a escuchar con los oídos del corazón. Te ayudaría aceptar que aquellos a quienes te cuesta trabajo oír hacen lo que pueden, aun cuando no estés de acuerdo con ello. No es lo que dicen lo que más te molesta, sino tu percepción de lo que dicen. Si retomas la confianza en ti y aceptas la idea de que no necesariamente quieren perjudicarte, se te facilitará amarte más y abrirte a lo que los demás tienen que decir. Si crees que los demás te quieren sólo cuando obedeces, es importante que cambies esta creencia. Ella te hace tener miedo de ser sorprendido en falta hasta el extremo de volverte sordo para tener una excusa por no haber obedecido. Si eres del tipo que quiere resolver la vida de todos tus seres queridos, es preferible que aprendas a escucharlos sin sentirte responsable de su bienestar, en lugar de volverte sordo. De este modo serás más comprensivo y favorecerás la apertura de tu corazón en lugar de cerrar tus oídos. En lo que respecta a los dolores en el oído, en lugar de acusarte es preferible que cambies tus creencias. Para ello, puedes compartir con los demás tus sentimientos de culpa, lo que te ayudará a comprobar si lo que crees es realmente cierto.

ACTITUD POSITIVA A ADOPTAR: "Yo soy creatividad y mi expresión es libre, gozosa y positiva. Estoy en proceso de cambio, lo acepto y acepto el fluir de la vida en mí".

Los problemas de oído se alivian por lo general con bastante facilidad, siempre y cuando se tenga constancia y determinación. Para obtener resultados debe estar dispuesto a trabajar duramente.

CROMOTERAPIA: color curativo amarillo.

TRATAMIENTO para **sordera**: comencemos con los dedos tercero y cuarto que se corresponden con los oídos. Presione la parte alta de los dedos hasta que deje de doler; presione también la parte lateral de los dedos. Trabaje también las áreas del hígado, riñones, pituitaria, tiroides, páncreas, bazo, colon, ovarios o próstata. Complételo aplicando un masaje a los lóbulos de las orejas, buscando siempre las zonas sensibles al dolor.

Este tipo de terapia suele aliviar estos trastornos y ayudar a recuperar el oído.

TRATAMIENTO para transtornos del **oído**: Comenzaremos masajeando las yemas de los dedos tercero, cuarto y meñique, relacionados con los oídos, así como las zonas de los ojos y los senos nasales. Presionaremos el hígado, los riñones, el páncreas, la pituitaria, la tiroides, el bazo, el colon en todas sus partes y la próstata o los ovarios.

oído
oído externo

Conflicto de separación. "Estoy separado del sonido".

Puedo tener un eccema.

Derecho: "No oigo algo que desearía oír".
Izquierdo: "Oigo algo que no deseo oír".

Sugerencias y Recomendaciones

NUEVO MODELO MENTAL: "Me amo y me apruebo, no estoy solo, la vida entera me apoya y me sostiene. Soy libre y capaz de cualquier cosa que me proponga. Doy y recibo amor por donde quiera que vaya. Fluyo fácilmente por todas las situaciones que me plantea la vida, me expreso y amo con facilidad. Todo es perfecto en mi mundo".

oído
oído interno

CONFLICTO de separación. "Estoy separado o no quiero separarme de las palabras de..." (acúfenos).

Me siento agredido (sordera). Lo que me dicen/oigo, agrede lo que yo pienso/siento.

Quiero separarme de estas palabras injuriosas y que me molestan en la comprensión de mi vida.

Derecho: "No oigo algo que desearía oír". (Deseo contrariado).

Izquierdo: "Oigo algo que no deseo oír". (Acción contrariada).

Sugerencias y Recomendaciones

Pérdida de equilibrio: se recomienda ir al médico para revisarse la vista, el oído y la tensión arterial.

CROMOTERAPIA: color curativo azul añil.

TRATAMIENTO: inicie el masaje en el área del hígado, los riñones, el bazo, la pituitaria y la zona del cuello, así como el tiroides, el timo, el sistema nervioso, la vesícula y las glándulas suprarrenales. El tratamiento fundamental consiste en aplicar masaje a todos los puntos que corresponden a los nervios de los oídos y los ojos.

oído
oído medio

CONFLICTO de falta de alimento o de ser cebado a la fuerza (el cerebro mide la cantidad de alimento por lo que se necesita, pero no distingue "demasiado" de "demasiado poco". "No he podido captar la información por el oído".

En niños "No poder atrapar el cacho" significa "No querer atraparlo de esa forma".

Cantidad: Demasiado o demasiado poco.

Calidad: Pasar de pecho a biberón, comer con la cuchara y echarlo todo, comer en casa de la niñera...

Huesecillos de la oreja: Traductores del sonido, Vehículo entre el aire y el líquido = Desvalorización en la audición por algo que escucha.

Sugerencias y Recomendaciones

NUEVO MODELO MENTAL: "Me amo y me apruebo, no estoy solo, la vida entera me apoya y me sostiene. Soy libre y capaz de cualquier cosa que me proponga. Doy y recibo amor por donde quiera que vaya. Fluyo fácilmente por todas las situaciones que me plantea la vida, me expreso y amo con facilidad. Todo es perfecto en mi mundo".

OJERAS

Generalmente, ojos fuertemente marcados por ojeras son el signo de cansancio frecuentemente causado por una alergia, la cual es el resultado de una dependencia hacia un producto.

Sugerencias y Recomendaciones

Mi cuerpo me indica así que debo ser más independiente y que mi felicidad debe depender de mí solo. La aprobación de los demás entonces se vuelve un plus en vez de ser una condición a mi bienestar.

OJOS

Los problemas más comunes impiden ver bien o bloquean la visión natural.

Todo problema que afecta a la vista significa que se prefiere cerrar los ojos a lo que sucede en lugar de arriesgarse a perder a alguien o algo. Es una forma de protegerse. Es posible que esta persona no acepte tener "los ojos en todo", es decir, vigilarlo todo. La utilización repetitiva de frases como "Me cuesta un ojo de la cara", "Lo veo con malos ojos", "Eso salta a la vista", "Hacer algo con los ojos cerrados", etc. es suficiente para que resulten afectados los ojos o la vista. Cuando el problema ocular impide que la persona vea bien de cerca, su cuerpo le dice que le cuesta trabajo ver lo que sucede cerca de ella, ya sea en su cuerpo (un cuerpo que envejece, por ejemplo) o las circunstancias o personas que hay en su vida presente. Lo que ve le da miedo y le impide ver lo que pasa realmente: deforma la realidad. No ver los detalles cercanos le proporciona orden y una cierta paz, porque le da la impresión de alejarse y no ser molestada. Cuando el problema en los ojos impide ver bien de lejos, la persona recibe el mensaje de que se están creando miedos irreales en la forma de ver su futuro o el porvenir de sus seres queridos. Se imagina situaciones y tiene miedo de verlas realizarse. Quizás no tenga ganas de mirar a lo lejos por cansancio, pereza, descuido o decepción de la vida. El ojo izquierdo representa lo que uno ve de sí mismo. Esta forma de verse está influenciada por lo que aprendimos de nuestra madre, ya que el lado izquierdo del cuerpo está relacionado con nuestro principio femenino. El ojo derecho representa lo que vemos fuera de nosotros. Esta forma de ver lo exterior está influenciada por lo que aprendimos de nuestro padre, ya que el lado derecho del cuerpo está relacionado con nuestro principio masculino.

Dolencias en los ojos, entre otras la ceguera, son un modo de cerrarme a lo que veo. Elijo ignorar lo que sucede alrededor mío, renuncio a las impresiones visuales que me vuelven a poner en tela de juicio. En vez de aceptar una realidad que podría ser dolorosa, repugnante o confusa, prefiero cerrar los ojos. La ceguera puede estar causada por la diabetes (ver esta enfermedad) o también por la acumulación de cosas que rehúso aceptar, aportándome confusión y un sentimiento de ya no saber a dónde ir. Frecuentemente herida por un impacto, por un traumatismo o por un gran miedo interior, mi vista se retira y la energía de los órganos visuales también. En particular puede tratarse del temor de perder a alguien o algo que quiero. Sin embargo, la oscuridad exterior parece generalmente aportar una apertura interior, un universo privado, secreto y coloreado. Entonces me abro más a mi mente interior. Una deformación del ojo (astigmatismo, miopía, presbicia) indica que busco de modo desmesurado encontrar respuestas en el exterior en vez de dentro de mí. Cuanto más busco afuera de mí, más me aparto de mi núcleo interior. Una visión velada (cataratas, glaucoma) indica que mi versión de la realidad es contraria a la que veo. Esto me indica que pongo difícilmente mi atención sobre lo esencial, que rechazo lo que veo.

Representan la capacidad de ver, y cuando tenemos problemas con ellos eso significa, generalmente, que hay algo que no queremos ver, ya sea en nosotros o en la vida, pasada, presente o futura. Siempre que veo niños pequeños que usan gafas, sé que en la casa está pasando algo que ellos no quieren mirar. Ya que no pueden cambiar la situación, encuentran la manera de no verla con tanta claridad. Muchas personas han tenido experiencias de curación impresionantes cuando se han mostrado dispuestas a retroceder en el pasado para hacer una «limpieza», y tirar aquello que no querían ver uno o dos años antes de que tuvieran que empezar a usar las gafas. ¿No estará usted negando algo que sucede en su presente? ¿Qué es lo que no quiere enfrentar? ¿Tiene miedo de contemplar el presente o el futuro? Si pudiera ver con claridad, ¿qué vería que ahora no ve? ¿Puede ver lo que está haciéndose a sí mismo? Sería interesante considerar estas preguntas.

Representan la capacidad de ver con claridad: el pasado, el presente y el futuro.

Entendimiento, pedazo.

Ojo derecho: memoriza, compara, mira a los amigos, es el ojo del reconocimiento, de la afectividad.

Ojo izquierdo: movimiento, mira a los enemigos, es el de la defensa, del peligro.

ACTITUD NEGATIVA COMÚN: "Yo he sentido irritación por mi visión de la vida. He temido al futuro y he preferido no verlo".

Dolencias en los niños:

Un problema de los ojos en un niño joven deja presagiar un estrés frente a su familia, un rechazo de ver lo que en ella sucede. Cuando se desarrolla en la escuela, esto demuestra que vivo ansiedad frente a lo desconocido. Un problema de los ojos que se produce en la adolescencia revela un miedo de la sexualidad.

Sugerencias y Recomendaciones

Es momento de que seas consciente de que nada cambiará en tu vida, aunque rehúses ver la verdad cerrando los ojos. En lugar de creer que puedes perder a alguien o a algo, sería más sensato que le hicieras frente a la situación y la arreglaras. Si eres del tipo de persona que crees que viéndolo todo no tendrás derecho a equivocarte, debes saber que esta creencia no es buena para ti. No hay experiencias sin errores y no hay evolución sin experiencias.

Se dice que los ojos son el espejo del alma. Esto significa que cualquier problema en ellos es un mensaje que te indica que no vas en la dirección necesaria para que tu alma realice tu plan de vida. Debes aceptar la idea de que no es normal ni hereditario tener una vista que disminuya. Sólo una fuerte creencia mental puede tener el poder necesario para influir en tu vista en ese sentido. Si utilizas a menudo una de las expresiones antes citada, observa el miedo que te invade en el momento de utilizarla, y descubrirás qué creencia está afectando tus ojos.

Tomo consciencia de la belleza que me rodea y me doy tiempo para mirar.

ACTITUD POSITIVA A ADOPTAR: "Yo estoy guiado por la divinidad y estoy seguro. Ver con claridad y acepto la vida como ésta me llega".

Dolencias en los niños:

Es importante que yo, como uno de sus padres, ayude a mi hijo a que comunique sus miedos para darle seguridad y ayudarle a superarlos.

NUEVO MODELO MENTAL: "Todo lo veo con amor y alegría".

ojos derecho

Memoriza, compara las caras, mira a los amigos. Como el párpado, está relacionada con los hijos, los prójimos, nuestra identidad: es mi hijo.

Ojo del reconocimiento, de la afectividad.

ojos izquierdo

Dirige el movimiento, mira a los enemigos, mira a lo lejos para disparar. Es el ojo de la defensa, del peligro.

Menos visión:

CONFLICTO de miedo en la nuca, miedo al acecho amenazador por detrás del que no podemos deshacernos. Miedo con un fuerte componente de aprensión.

ojos alexia congénita

La alexia congénita se llama también ceguera de las palabras o ceguera verbal. Es una incapacidad patológica de leer. O bien puedo leer las letras sin las palabras, o leer las palabras sin leer las letras o incluso no leo todas las palabras de una frase, todo lo cual me impide comprender su sentido. Si estoy afectado por esta enfermedad, puedo vivir una gran preocupación o una atención exagerada para con los pensamientos que vehículo. Cuanta más atención presto (de modo exagerado) a aspectos de mi vida que lo necesitan poco, más me arriesgo a padecer quedándome encerrado dentro de pensamientos que frenan mi evolución.

Sugerencias y Recomendaciones

Necesito abrirme interiormente a mi intuición y a mi imaginación, dos facultades maravillosas que el alma que soy posee para expresarse (la chispa divina que soy, mi consciencia). Si quiero resolver esta enfermedad, debo mirar lo que trastorna mi vida, lo que la enfermedad me impide o me evita hacer, decir o ver. Abriendo mi corazón, arreglo esta situación de un modo consciente. Es más fácil para mí como niño manifestar la escucha interna porque estoy más "conectado" que los adultos. ¡Leo más fácilmente los mensajes de amor de mi corazón! Entonces me abro a mi intuición y manifiesto más mi creatividad.

ojos astigmatismo

Este problema ocular es ocasionado por una variación en la curvatura de la superficie del ojo, lo que da como resultado una visión distorsionada.

El astigmatismo revela problemas entre la vida interior y la vida social. Este problema lo experimenta la persona que no ve las cosas de la misma manera para ella que para los demás. Tiene dificultad para ver las cosas de manera objetiva. El hecho de que su manera de pensar no esté de acuerdo con el entorno le ocasiona conflictos interiores. Le cuesta más trabajo aceptar un cambio proveniente de otro que uno surgido de sí mismo. Le resulta difícil ver que un cambio es adecuado y positivo, si éste le es impuesto por otra persona. Sin embargo, si este cambio es idea suya, se adaptará sin problemas. Suele ser una persona que se siente herida con mucha facilidad.

El astigmatismo es un defecto de esfericidad (que se refiere a curvatura) de la córnea o del cristalino. La curvatura vertical de la córnea es más importante que la curvatura horizontal o inversamente. Esta malformación denota generalmente un miedo a mirarme de frente, tal como soy. Una mala coordinación de los ojos puede significar que mi modo de actuar y mis pensamientos están en desacuerdo con mi entorno, causando así conflictos interiores. Puedo querer crearme una realidad diferente e intentar liberarme de la influencia de mis padres o de cualquier otra persona que encuentre abusiva. Frecuentemente confrontado con la rabia, la ira o miedos durante mi juventud, mis ojos han conservado esta expresión de miedo y los músculos que rodean el ojo se han quedado en estado constante de impacto. Mis ojos podrán estar irritados si lo que veo fuera o dentro me irrita. El astigmatismo también puede ser el resultado de una gran curiosidad. Mi necesidad insaciable de verlo todo "desgastó" mis ojos.

Sugerencias y Recomendaciones

¿De qué tienes miedo? ¿Qué puede ocurrir si te permites ver las cosas de frente, de una manera más objetiva, con los ojos de los demás? Es posible que de niño decidieras no dejarte influir por los demás y te dijeras que en el futuro verías la vida siempre a tu modo. Esta decisión pudo haber sido benéfica para ti en ese momento de tu vida, pero en la actualidad no lo es, al menos, no siempre. Concede a los demás el derecho de estar en desacuerdo contigo, sin que por ello pierdan valor ante tus propios ojos. Esto eliminará una gran cantidad de conflictos con quienes te rodean, lo cual mantendrá tu paz interior.

De este modo, mi cuerpo me dice que tome el tiempo necesario para apreciar las cosas. También esto puede significar que tengo interés en reconocer mi propia belleza, el ser magnífico que soy.

ojos
cataratas

Esta afección ocular se manifiesta por una opacidad en el cristalino del ojo. La lente pierde poco a poco su transparencia, lo cual pone en peligro la visión. Los primeros signos son un ligero oscurecimiento de la vista, la visión de puntos o manchitas negras y la percepción doble o múltiple de un objeto.

Las cataratas generan la impresión de que hay un velo que cubre al ojo. La persona afectada tiene una percepción velada de lo que pasa a su alrededor. Prefiere no ver antes que ver un fracaso o un final. Si la catarata es interna, prefiere tener una percepción velada de lo que pasa en su interior antes que ver su propio fracaso. De este modo ve la vida sin luz, sombría, y por ello vive en la tristeza y en la melancolía.

Las cataratas son una enfermedad en la que el cristalino (lentilla biconvexa del ojo) se vuelve progresivamente opaco a tal punto que la visión se vela y se distorsiona, lo cual lleva a la ceguera (sinónimo de ciego o de pérdida de la vista) a más o menos largo plazo. Esta forma de incapacidad física llega en mi vida en el momento en que ya no deseo ver interiormente lo que sucede delante de mí, lo que seguirá o lo que amenaza con influenciar mi vida y las decisiones que debería tomar. Lo que vi o veo para el futuro me lleva a decirme: "¡No creo mis ojos!". Mi visión disminuye porque la energía ya no baña este lugar. Pierde brillo y se oscurece, veo el futuro con un ojo oscuro y velado, sin alegría ni alegría del corazón. Es posible que tenga una actitud egocéntrica y que quiera ver la vida sólo a mi modo sin tener en cuenta la realidad ajena. Es una actitud egoísta que puede incluso hacerme creer que soy superior a los demás. Esta catarata me aparta del presente, me retira del universo que me rodea. Esto me disgusta a ciertos niveles y debo tomar consciencia de los aspectos exterior e interior de las cosas. La catarata aparece normalmente hacia el final de la vida, en el momento en que se instala el miedo de envejecer y volverme impotente o sin poder. "Ya no quiero ver la futura imagen de mí si aún no está aquí, por temor a que me disguste demasiado." Pierdo mi flexibilidad mental y de acción. Me vuelvo menos tolerante y olvido frecuentemente los sucesos que acaban de sucederme. Entonces no tengo interés en ver el futuro que puede parecerme muy oscuro (las cataratas son frecuentes en los países en vía de desarrollo).

Sugerencias y Recomendaciones

El mensaje que te envía tu cuerpo por medio de la catarata es que no les pidas a los demás tanto como te exiges a ti mismo. Tu enorme miedo a perder, a que algo termine, al fracaso o a una quiebra, te impide ver el lado bueno de la vida. Levanta tu velo y mira todo lo que has creado hasta ahora. Es mucho mejor de lo que piensas.

Puedo levantar el velo que me impide ver mi auténtica realidad poniendo mi atención en mi luz interior. Acepto hacer el esfuerzo de mirar adentro mío y veré toda la luz y la belleza que me rodean.

ojos
ceguedad

Rehusando abrir los ojos, ver el mundo exterior, sólo me queda la alternativa de mirar dentro mío y tomar consciencia de mi Universo interior. Acepto ver la riqueza que me habita, la luz que está en mí.

Sugerencias y Recomendaciones

Rehusando abrir los ojos, ver el mundo exterior, sólo me queda la alternativa de mirar dentro mío y tomar consciencia de mi Universo interior. Acepto ver la riqueza que me habita, la luz que está en mí.

ojos
ciego

Estoy considerado como ciego si tengo 10% de visión o menos. Si vivo esta situación puedo preguntarme lo que no quiero ver o lo que me da miedo ver en mi vida, una persona o una situación. Si esto se produjo después de un accidente o una enfermedad, puedo buscar la causa que podría estar vinculada a esta pérdida de visión.

Sugerencias y Recomendaciones

Entonces, puedo trabajar para integrar esta causa para la toma de consciencia que debo hacer y aceptar otra vez de "ver", dejando que mi visión interna se desarrolle cada vez más en el amor y la comprensión.

ojos
conjuntivitis

La conjuntivitis es una inflamación de la conjuntiva, la membrana que tapiza el interior del párpado y del globo ocular. Se manifiesta mediante tres síntomas: primero, la persona que la padece tiene dificultades para abrir los ojos al despertar en la mañana porque las pestañas se pegan a causa de una cierta secreción; el segundo es la hinchazón de los párpados; y el tercero es el ojo rojo e hinchado.

Es una afección superficial y la visión suele ser normal.

La conjuntivitis es la inflamación de la membrana transparente que recubre el interior del párpado y el glóbulo ocular. Existe una relación directa entre la conjuntivitis y lo que veo. Inconscientemente, rehúso ver una situación o un suceso con el cual estoy en desacuerdo o que me hiere. Esto me lleva a vivir frustración, irritación y rebelión. "¡No puedo soportar lo que veo!; ¡Me quema el ver tal cosa!" Es como si mis ojos quisieran lavarse incesantemente la suciedad que veo en la situación que me hace enfadar. El resultado conlleva una hinchazón y un aturdimiento mental así como un desmadre emocional similar a la acción de llorar. Prefiero estar temporalmente ciego, lo que veo me hace sufrir.

Sugerencias y Recomendaciones

Véase ojos (en general), agregando ira después de que la persona vio algo y tiene miedo de volverlo a ver. A esta persona le ayudaría ver con los ojos del corazón y no con los ojos que juzgan si lo que ven está bien o mal. Sus ojos quieren que recobre su entusiasmo natural.

Tomo el tiempo de pararme y acepto contemplar esta situación que me molesta y me pregunto por qué es así. Me mantengo abierto y receptivo; así me evito volver a vivir conjuntivitis.

ojos
conmoción de la retina

En el plano físico, la conmoción se produce después de un golpe violento (directo o indirecto) en una parte de mi organismo que conlleva lesiones ocultas, necesitando un examen más profundo. En el caso de una conmoción de la retina, rehúso ver lo que me salta a la vista porque tengo dificultad en cambiar mi visión de las cosas.

Sugerencias y Recomendaciones

Acepto liberarme, soltar mis antiguos pensamientos o mis antiguas maneras de ver y dejo sitio para nuevos pensamientos que ya están aquí.

A partir de ahora, estoy a la escucha y me dejo guiar por mi intuición y por mis sentimientos. Me siento más libre y sereno.

Ver cerebro-conmoción.

ojos
daltonismo

Ser daltoniano, es ver el mundo sin sus colores, grisáceo e indiferenciado. Puede suceder que sólo sean colores precisos los que no pueda ver. Entonces me puedo preguntar en cual situación de mi vida conocí un inmenso estrés y que hacía referencia a este color o a estos colores que no puedo discernir. Por ejemplo, si no puedo ver el rojo, quizás de joven estuve a punto de morir porque un tren rojo se dirigía contra mí. Ahora asociado a un alto nivel de estrés y simbolizando la muerte que me espera, inconscientemente ya no quisiera ver el rojo. Si no puedo distinguir ningún color, se puede aplicar el mismo principio. También un día, puedo haber decidido no "soñar en colores" para evitar estar decepcionado. Ya que nuestros sueños de hoy crean la realidad de mañana, voy a dejar de ver los colores en mi vida diaria.

Sugerencias y Recomendaciones

A partir de ahora voy a decidir los colores, dejar sitio a mi imaginación. Imagino el rosa, el verde, el azul. Como un artista, decido la mezcla de colores. Me impregno de esta unidad que me ofrece el mundo. Dejo libre curso a mi fantasía, expreso mi alegría de vivir de mil y un modos.

ojos
desprendimiento de la retina

El desprendimiento de la retina es una afección del ojo causada por la separación de la retina y de la hoja subyacente, bajo el efecto del paso del líquido vítreo debajo de la retina. El desprendimiento de la retina procede de una situación en que vi algo que sucedía en mí y provocó un estrés inmenso. Tengo la sensación de que esta imagen de un acontecimiento que encuentro horrible se ¡quedará impregnada en mi memoria toda mi vida!

Sugerencias y Recomendaciones

Es importante que haga frente a esta imagen en vez de querer esconderla en el fondo de una caja o negarla. Puedo pedir la ayuda de un terapeuta que me ayudará a encontrar porqué debí ver este suceso perturbador e identificar la lección de vida que debo sacar. Este proceso hecho, voy a evitarme otras situaciones en las cuales podría desarrollar otro desprendimiento de la retina.

ojos
estrabismo

El estrabismo (ojos bizcos) es la incapacidad de fijar un objeto con tos dos ojos; éstos funcionan de manera independiente y no en coordinación.

La expresión "bizquear sobre algo": echar miradas llenas de codicia o de envidia. ¿Te corresponde esta definición? ¿En qué área eres dado a envidiar a los demás?

También se ha observado que la persona con estrabismo tiene dificultad para hacer funcionar los dos hemisferios del cerebro al mismo tiempo, sea en su nivel emocional o en el racional. Por lo tanto, le cuesta trabajo ver las cosas como son. Quizás las vea de acuerdo con lo que siente, o que incluso las interprete con su intelecto, el cual sólo puede basarse en lo aprendido, en lo que está en la memoria. Estos son los diferentes significados del estrabismo, según el ojo que bizquea y hacia el lado en que lo hace.

EL OJO IZQUIERDO QUE BIZQUEA HACIA ARRIBA: denota una emotividad sentimental superior al promedio.

EL OJO DERECHO QUE BIZQUEA HACIA ARRIBA: una emotividad intelectual y un sujeto cuyo pensamiento divaga con facilidad.

EL OJO IZQUIERDO QUE BIZQUEA HACIA AFUERA: denota una actividad instintiva sin relación con la mente. La gran sensibilidad del sujeto es la que ordena la acción en detrimento de su palabra, sin que por esto haya mala voluntad por su parte.

EL OJO DERECHO QUE BIZQUEA HACIA AFUERA: denota una relación torpe entre la mente y el objeto enfocado. Esto se traduce en un esfuerzo intelectual destinado a compensar el esfuerzo normal del ojo derecho. La mente da vueltas. Puede haber tendencia a la depresión.

EL OJO IZQUIERDO QUE BIZQUEA HACIA ADENTRO: complejo de inferioridad generado por el temor. Esta persona se basa demasiado en su parte sensible y se olvida de una gran parte de sí misma.

EL OJO DERECHO QUE BIZQUEA HACIA ADENTRO: denota una enorme sensibilidad; la mente y la atención del sujeto están demasiado dirigidas a su propia persona. Sujeto apto para ser batallador y rencoroso.

EL OJO IZQUIERDO QUE BIZQUEA HACIA ARRIBA Y HACIA AFUERA: denota un sujeto irracional y soñador que no tiene noción del tiempo.

EL OJO DERECHO QUE BIZQUEA HACIA ARRIBA Y HACIA AFUERA: denota una mente irracional, indisciplinada y amoral.

El estrabismo denota contradicciones e incertidumbres frente a mis relaciones con mi entorno, una lucha perpetua entre una necesidad de soledad y de ser admirada, un deseo de independencia confrontado con el miedo a estar solo. La dulzura del silencio está constantemente en contradicción con esta necesidad de preguntar.

Sugerencias y Recomendaciones

Como el estrabismo se desarrolla durante la niñez o la adolescencia, es fácil deducir que el bloqueo parte de ahí. Si se presenta en el lado derecho, es más probable que este problema tenga relación con los estudios y que, por lo tanto, esté influido por tu vida escolar o por la forma en la que quieren que aprendas en casa. Si es del lado izquierdo, el problema se relaciona más con tu vida afectiva: con tus padres o con la familia.

Además de hacer ejercicios físicos para enlazar las funciones de los dos hemisferios de tu cerebro (con un kinesiólogo educativo), es importante que revises las decisiones que tomaste durante tu infancia en base a lo escrito acerca de los bloqueos emocionales. Acepta la idea de que tú fuiste quien no quería ver las cosas o las personas tal como eran. Por otro lado, ahora, que ya no eres como en la época en la que tomaste esa decisión, puedes optar por nuevas alternativas que te ayudarán a ver con más precisión lo que pasa en ti y lo que pasa a tu alrededor.

Aprendo a discernir mis auténticas necesidades y a sentirme bien en cualquier situación que sea.

ojos
estrabismo convergente

El estrabismo convergente (o ser bizco) es una desviación de los ojos hacia la nariz. Implica generalmente que me niego a ver las cosas tales como son en realidad, frecuentemente a causa de la inseguridad que representan para mí. Puede que, de este modo, desee escapar a personas que considero amenazadoras para mí. Según el ojo que se desvía, puedo descubrir ciertos aspectos de mi personalidad. Si se trata del ojo izquierdo que se gira hacia el interior, soy una persona temerosa padeciendo un fuerte complejo de inferioridad. Si, al contrario, es mi ojo derecho, soy muy susceptible y rencorosa. Es un modo de centrar toda mi atención y mi inteligencia sobre mí o sobre una cosa o sobre una persona que he de vigilar constantemente. Un ojo izquierdo bizqueando en sumo grado hacia arriba revela que soy un soñador, irracional y sin noción del tiempo. Si se trata de mi ojo derecho, soy una persona indisciplinada y dotada de una inteligencia irracional. El estrabismo también tiene por efecto el ver las cosas solamente en dos dimensiones.

Sugerencias y Recomendaciones

Para unificar mi percepción, tengo interés en observar las cosas bajo todos los ángulos y aceptar la realidad. Me vuelvo atento a todos los mensajes que me transmite mi cuerpo y vuelvo a descubrir los placeres de una visión de la vida en su globalidad.

ojos
estrabismo divergente

Como para el estrabismo convergente, el estrabismo divergente es también una desviación de los ojos pero, esta vez, hacía el exterior. Revela también un miedo a mirar el presente de cara. Cuando es el ojo derecho que está afectado, esto revela un esfuerzo intelectual puesto en acción para facilitar la relación entre la inteligencia y la situación. Tengo la sensación de que mi inteligencia da vueltas, lo cual puede inclinarme a tener tendencia a la depresión. Si se trata más bien de mi ojo izquierdo, soy una persona de una gran sensibilidad. Hago las acciones en función de esta sensibilidad.

Sugerencias y Recomendaciones

Acepto vivir el momento presente y mirar cada situación de cara. Mi sensibilidad me permite de ahora en adelante tomar las decisiones inteligentes, sabiendo que estoy constantemente guiado y protegido.

ojos
glaucoma

El glaucoma es una afección en el ojo caracterizada por una hipertensión ocular que se acompaña de una degeneración más o menos tardía del nervio óptico, ocasionada por una compresión del mismo.

La persona que sufre de glaucoma es aquella que tiene dificultades para aceptar lo que ve y sobre todo lo que vio en el pasado, con respecto a su vida afectiva. De hecho esta enfermedad proviene de un sufrimiento emocional que produjo toda esta desconfianza vivida desde hace mucho tiempo y que ocasionó una gran represión. Esta provocó tensiones que se acumularon hasta que la persona llegó a su límite emocional.

El ojo resulta afectado cuando la persona se niega a ver lo que esta vieja herida viene a despertar.

El glaucoma implica un bloqueo del canal de salida del ojo, impidiendo así que se liberen los líquidos. Estos líquidos representan todas las lágrimas que hubiesen tenido que correr a lo largo de mi vida y que, habiéndose acumulado, provocan una presión sobre la retina, causando así el deterioro de la vista. Afecta más frecuentemente la gente de más de sesenta años, que frecuentemente tiene el sentimiento de haber visto lo bastante. Puede ser el signo de viejos rencores y de una negación de perdonarme. Puedo tener la sensación de estar fuera de carrera, me da miedo el futuro. Sintiéndome fácilmente cansado, la vida se vuelve diferente y más difícil de aceptar emocionalmente. Me niego a verme envejecer; las imágenes del futuro no pueden verse y esto me conviene perfectamente.

Sugerencias y Recomendaciones

Este problema te indica que te ayudaría mucho liberarte del pasado, y el medio por excelencia para hacerlo es el perdón. Desarrolla en ti la capacidad de aceptar las diferencias que ves en quienes amas y te aman. Tu enorme sensibilidad está mal utilizada porque se ha vuelto emotividad negativa que te perjudica y te impide vivir relaciones hermosas y apacibles. El hecho de ver el sufrimiento y los límites de los demás te ayudará también a ver y a aceptar a los tuyos. Te ayudaría confiar más en quienes te rodean. Ver también problemas en los ojos.

Elijo quitar el velo, acepto ver con amor y ternura. Un ojo afectado de glaucoma actúa como una lupa; por lo tanto, hay alguien o algo en mi vida de lo cual quisiera acercarme lo antes posible. Puedo tener la sensación de haber pasado al lado de ciertas cosas en mi vida y tengo resentimiento hacia ellas. Es como si ocasiones me corriesen entre los dedos justo cuando estoy a punto de lograr o realizar algo.

ojos
hipermetropía

La hipermetropía es un trastorno ocular. El hipermétrope sólo distingue los objetos a una distancia anormalmente grande porque los rayos luminosos paralelos se cruzan en la parte trasera de la retina.

La persona que sufre este trastorno visual tiene miedo de ver de cerca lo que sucede en su vida. Quiere tomarse bastante tiempo para reflexionar antes de intentar algo. También tiene dificultad para ver todos los detalles de una situación dada porque no confía en poder manejarlos.

Sugerencias y Recomendaciones

El mensaje que te envían tus ojos por medio de este trastorno es que ha llegado el momento de que te acerques a la gente y a las situaciones sin miedo de no poder controlar lo que ocurra. Tus miedos te impiden vivir muchas experiencias que podrían ser enriquecedoras. Ves pasar la vida en lugar de vivirla realmente.

ojos
irritación

Rabia y frustración. Deseo de no ver.

Sugerencias y Recomendaciones

NUEVO MODELO MENTAL: "Libero la necesidad de tener razón. Estoy en paz. Me amo y me apruebo".

ojos
miopía

Es una anomalía visual. El ojo miope tiene la vista corta. Sólo ve con claridad los objetos cercanos y percibe con dificultad los lejanos.

La persona miope tiene miedo de lo que pueda pasar en el futuro. Basta con recordar aquello que temía, con respecto al porvenir, en el momento de quedarse miope, para conocer su causa. Debe señalarse que muchos adolescentes se vuelven miopes durante la pubertad. Tienen miedo de crecer porque perciben al mundo de los adultos como inseguro para ellos. Por otro lado, la persona miope suele estar muy preocupada por sí misma en comparación con su interés por los demás. Le cuesta más trabajo abrirse a las ideas de los demás que a las suyas. Le falta generosidad de espíritu.

La miopía dificultad mi visión lejana. Mi inseguridad frente al porvenir me hace ver los acontecimientos más gordos y más inquietantes de lo que son de verdad. Es como si no estuviera listo para enfrentarles. Puedo ver lo que está cerca de mí pero mi visión lejana es confusa a causa de los músculos oculares contraídos y tensos. En suma, puedo tratar con mi realidad inmediata y mi vida "diaria", con gran facilidad. Pero me es difícil crear mi propia visión del futuro y ver las posibilidades frente a mí ya que debo superar el miedo a lo que viene. Si soy miope, puedo tener tendencia a estar molesto e introvertido, lo cual puede resultar de experiencias de mi infancia que viví como pavorosas o abusivas (por ejemplo la mirada hostil o rabiosa de uno de los padres). Por ejemplo, si un maestro o un tío me pegaban, me volví miope porque tenía miedo de él, y no quería verlo porque a su sola vista, me ponía nervioso, inquieto sabiendo lo que me esperaba. Habitualmente, a menos de haber vivido otro conflicto, mi visión cercana será mejor que la mediana porque sé, incluso inconscientemente, que es importante que vea bien lo que sucede cerca mío para poder defenderme o para hacer los buenos gestos cuando esta amenaza estará cerca de mí y para que no me hiera. La miopía indica generalmente una subjetividad excesiva. La expresión "no ver más lejos que su nariz" describe bien esta manera de ser. No querer ver a lo lejos por cansancio o pereza o, aún, a fuerza de decepciones de la vida. "no creo mis ojos" ilustra bien cómo me siento. Compadecerme de mí mismo es a veces más fácil que actuar.

Sugerencias y Recomendaciones

Si tienes miopía, acepta la idea de que los acontecimientos que te asustaron en el pasado no tienen que seguir causándote miedo. Ábrete a las ideas nuevas procedentes del exterior y reconoce que no eres la misma persona de antes. Haz frente a las situaciones a medida que se presentan y deja de esperar lo peor. Es tu imaginación la que te hace tener miedo, no la realidad. Aprende a ver tu porvenir con más agrado y más alegría de vivir. Acepta también las ideas y las opiniones de los demás con alegría, aun cuando no concuerden con las tuyas.

Aceptando ver el mundo exterior, esto me permite aprender sobre mí. Se ensanchará mi visión y se desarrollará mi espacio interior. Elijo nuevos caminos, me hago confianza.

ojos
nistagmus

El nistagmus es una secuencia de movimientos bruscos y rápidos de los glóbulos oculares, independientes de la voluntad, frecuentemente sintomáticos de una afección del centro nervioso. Si mis ojos padecen de nistagmus, es que éstos están constantemente en movimiento de barrido. Debo preguntarme cuando apareció el nistagmus en mi vida. Esto concordará con un período en que vivía una situación en la cual existía un peligro y que busqué, sin parar, "barrí" todas las posibilidades que se brindaban a mí para poder salir adelante.

Sugerencias y Recomendaciones

Es importante que vuelva a dibujar este acontecimiento para tomar consciencia de la fuente de esta enfermedad y así poder curarla. Tomo consciencia que el peligro podía ser real para mí en el pasado pero que, ahora, éste ya no existe y que estoy constantemente guiado y protegido.

Ver nistagmus.

ojos
presbicia

Anomalía de la visión, el defecto de un ojo que no ve con claridad los objetos cercanos a causa de una mala acomodación.

De acuerdo con la ciencia médica, es normal que esta mala acomodación del ojo se manifieste en los humanos hacia la edad de 45 años. Es interesante constatar que la palabra acomodación, cuando se habla del ojo, tiene la siguiente definición: "colocación precisa del ojo en la función visual", y esa misma palabra también significa: "adaptarse fácilmente a las personas y a las circunstancias".

En metafísica, se puede decir que la persona que sufre presbicia tiene problemas para adaptarse a lo que pasa a su alrededor. Es posible que le resulte difícil verse en el espejo, ver cómo envejece su cuerpo, no verse tan deseable, etc. Quizá le cueste trabajo ver su situación familiar actual o su situación laboral.

La presbicia es un estado que impide ver los objetos de cerca. Revela un miedo del presente. ¿Cuál es la cosa de mi vida, cerca de mí, que me niego a ver? Puede tratarse de mi incapacidad a "poner las cosas a punto" y a ver con claridad lo que me es accesible y cerca mío. Pongo más interés en los demás, en mis relaciones personales y en los acontecimientos exteriores en vez de mirar en mí y desarrollar cada vez más mi yo interior. Este estado puede haber sido causado por un impacto o por un traumatismo que me hizo creer que el presente no era para mí. Volviéndome extravertido y mirando lejos, elijo ignorar lo que sucede cerca de mí, mis sueños están orientados hacia el futuro. Mis ojos se vuelven como un vigía que está continuamente al acecho de lo que sucede lejos. Vivo inquietud porque lo que me preocupa ahora me inquieta: envejezco, los niños dejan la casa, me vuelvo más triste. Así, mi visión se transforma en función de lo que quiero y de lo que no quiero ver.

Sugerencias y Recomendaciones

El hecho de que no veas bien de cerca es un mensaje muy preciso de tu cuerpo que te quiere hacer saber que dejas que te moleste demasiado lo que ves cerca de ti. Te dice que dejes de creer que al envejecer disminuyen tus capacidades. Es posible que tu cuerpo comience a desgastarse físicamente, lo cual es natural; sin embargo, con la edad adquieres fuerza en los planos emocional y mental, gracias a la madurez y la sabiduría adquiridas.

Recibes el mensaje de que pierdes demasiado tiempo en la dimensión física; esto nubla tu visión interior y no ves todo el valor que tienes, ese valor adquirido con el paso de los años. No olvides que tu forma de ver la vida hoy determinará tu porvenir. Tu capacidad para adaptarte fácilmente a las personas y a las circunstancias que se presenten en tu vida mejorará mucho tu visión y la calidad de tu vida.

En el caso en que sólo uno de ambos ojos esté afectado, es importante que considere las situaciones vinculadas con el lado del cuerpo afectado (izq.: intuitivo; drch.: racional). Acepto ver la vida hoy, con todas sus bellezas y sé que estoy seguro, aquí y ahora.

ojos
queratitis

La queratitis es un padecimiento infeccioso e inflamatorio de la córnea. Esta lesión se manifiesta como un dolor a menudo intenso, una disminución de la agudeza visual y lagrimeo. Ver problemas en los ojos, agregando enojo y pesar, y también que la persona reprime mucho el llanto cuando su cuerpo emocional tiene esa necesidad.

La queratitis es una inflamación de la córnea, acompañada de dolores importantes pudiendo presentarse bajo forma de úlceras. Se produce cuando vivo pena en relación con algo o alguien que veo y que me pone enfadado. Esto me pone en unos estados tales como llegar a pegar a una persona físicamente o, en sentido figurado, podría querer que la "desgracia caiga en las personas o las situaciones referidas" para darme cierta satisfacción. También puedo ser yo quien quiera esconderme de algo o alguien para no ser visto. La cornea siendo la "ventana" del ojo, deberé hacerla más opaca para que se sustituya por una "pared" que me proteja.

Ira extrema. Deseo de golpear lo que se ve, personas o cosas.

Sugerencias y Recomendaciones

Ver también las explicaciones adicionales sobre las enfermedades infecciosas que figuran en las primeras páginas del libro.

Mi cuerpo me dice simplemente que debo aprender a mirar la vida con otros ojos, con una nueva actitud de apertura y comprensión. Puedo ver cosas que no me satisfacen, que no me convienen y debo desapegarme de lo que veo. Debo aprender a soltar el control que quiero ejercer sobre las cosas, sobre las personas o sobre las situaciones que me rodean y sobre las cuales no tengo ningún poder.

NUEVO MODELO MENTAL: "Permito que el amor de mi corazón sane todo lo que veo. Elijo la paz. Todo está bien en mi mundo".

Ver inflamación, úlcera.

ojos
retinitis pigmentaria

La retinitis pigmentaria, también llamada retinopatía pigmentaria, se considera una enfermedad hereditaria que hace que las células visuales receptoras de la luz degeneren. Suele afectar a los niños. El ojo no puede adaptarse a la oscuridad y disminuye el campo visual con el tiempo. Por lo tanto, ya no veo la luz. Esta enfermedad se desarrollará si tengo vergüenza de mi persona, de quien soy, tanto en el plano físico como intelectual. Quisiera que los demás dirijan su mirada en otras partes que sobre mí. Puede que sea perfeccionista y que el hecho "de ver grande" delante mío me cause un gran estrés. Puedo tener miedo de no acabar con todo lo que me espera en la vida. Mi cuerpo responde a este estrés disminuyendo mi campo de visión, esperando así disminuir mi estrés.

Sugerencias y Recomendaciones

Debo aprender a aceptarme tal como soy y a llevar una mirada positiva con relación a quien soy, siendo una persona única y excepcional.

ojos
sequedad

Ojos furiosos. Negativa a mirar con amor. «Antes morir que perdonar.» Despecho.

Sugerencias y Recomendaciones

NUEVO MODELO MENTAL: "Perdono de buena gana. Inspiro vida hacia mi vista y veo con comprensión y compasión".

Ver falta de lágrimas.

OLFATO

SENTIDO BIOLÓGICO: hay que cortar la información antes de que llegue al cerebro.

CONFLICTO de estar separado del dolor de alguien. No querer oler. No está permitido oler así. "No quiero oler algo alarmante". "Trabajo con alguien de quien no aguanto el olor".

Olor: miedo. Disgusto consigo mismo. Temor a los demás.

Sugerencias y Recomendaciones

NUEVO MODELO MENTAL: "Me amo y me apruebo. Estoy a salvo".

OLIGURIA

La oliguria es una disminución en el volumen de la orina, que tiene como consecuencia la eliminación insuficiente de numerosos desechos cuya acumulación es tóxica para el organismo.

Sugerencias y Recomendaciones

Véase también deshidratación, riñones-problemas renales.

OLOR CORPORAL

En general, todos los líquidos contenidos en el cuerpo humano representan mis emociones. En este caso, un olor corporal desagradable es el signo de que desbordan emociones nefastas y que las debo expresar en vez de todo guardar dentro de mí. Esto puede ser irritabilidad, disgusto, odio, frustración, rencor, disgusto por una persona o una situación, etc. Esto también puede ser el signo de que se suelta una emoción intensa que está conectada a la parte del cuerpo a donde llega la transpiración. Una persona que tenga un buen olor corporal generalmente tendrá bellos pensamientos y estará en armonía con su entorno. Ocurre que soy una persona que recibió una vida con una misión espiritual alta, que muero en "olor de santidad". Realmente se puede oler como si emanara del cuerpo un perfume de flor. También, si leo textos espirituales, estoy en un estado en que soy muy feliz, entonces puedo emanar un olor a clavel, rosa, sándalo y muchos otros perfumes. Las personas podrán oler o no el perfume que desprendo. Aunque esto es escaso, puedo ser una persona que es capaz de oler las enfermedades e incluso los sentimientos de otra persona. Cada enfermedad tiene un olor particular, al mismo título que las enfermedades tienen un color particular en el campo magnético que se llama aura. Si es abundante la transpiración, es señal de que vivo mucha nerviosidad interior, inseguridad o que tengo grandes angustias. Dejo salir por los poros de mi piel todo lo que reprimo y me mantengo preso dentro de mí.

Sugerencias y Recomendaciones

Debo aprender a afirmarme y expresar mis sentimientos tanto positivos como negativos para liberarme, dejar sitio para lo nuevo y que me nutran bellos pensamientos de amor.

OLVIDO

Pérdida de las cosas.

El olvido se manifiesta por un fallo momentáneo o permanente de la memoria. Puede ser un signo de que me agarro a ciertos sucesos o a personas, del pasado en general, y frente a los cuales debo desvincularme, porque vivo en el pasado en vez de disfrutar con el momento presente. También puede que esté inquieto referente a una o varias situaciones de mi vida y esto me impide estar totalmente presente. Si olvido o pierdo mis llaves, mi cartera, o mi bolso, entonces puede que esté buscando mi identidad. Puedo sentirme culpable por concederme algún descanso, ofrecerme dulces, reclamar atención (porque no es razonable) y, así, me autocastigo perdiendo mis cosas.

Sugerencias y Recomendaciones

Aprendo a dejar fluir las cosas y las personas, dejo el pasado en paz y me abro a todas las bellezas de la vida que están aquí y ahora.

Ver accidente.

OMBLIGO

El ombligo es la apertura de la pared abdominal del feto por la cual pasa el cordón umbilical. Poco tiempo después del nacimiento, se vuelve cicatriz y es comúnmente llamado ombligo. Un dolor a este nivel implica que me he de abrir más a los demás en vez de quedarme centrado sobre mí. Puede que esté "cortando el cordón umbilical", es decir mi dependencia hacia mi madre, mi medio familiar. Por el ombligo recibí todo el alimento esencial a mi crecimiento y mi supervivencia cuando era feto. Una anomalía o una dolencia en este nivel puede pues darme la indicación de algo que es de vital necesidad para mí y que no recibo o, al contrario, algo que quisiera expulsar, evacuar porque está consumido o recibido en excesiva cantidad y puede que ya no sea beneficioso para mí. El ombligo también es considerado por algunas personas como un centro de energía muy importante para la apertura porque existe incluso un grupo de se llaman "los adoradores del ombligo" los cuales practican ejercicios de meditación en esta parte del cuerpo que representa la apertura del paso de la vida cuando era un feto en el vientre de mi madre.

No poder eliminar.

Ej.: mujer convaleciente escucha que su marido balbucea por teléfono, dándose cuenta que él aún no ha abandonado su dependencia al alcohol.

Sugerencias y Recomendaciones

Aprendo a reconocer mis cualidades con humildad, evitando así "tomarme por el ombligo del mundo" y permitiéndome ver toda la belleza que existe en cada ser y en cada cosa.

OMOPLATOS

Como el omóplato es un hueso grande y plano que une la espalda, la clavícula y el brazo, un dolor en este lugar afecta en general a todas estas partes.

El omoplato es un hueso llano, largo y delgado formando parte del esqueleto. Con la clavícula, el omoplato sirve para unir el brazo con el tronco. El sentir dolor en este lugar puede indicar una rebelión frente a la autoridad, porque me siento cogido o aplastado por ésta. Las dificultades (fractura u otras) en el omoplato pueden proceder de una contrariedad entre lo que soy, representado por el tronco, y lo que quiero expresar, representado por mis brazos, son la prolongación de la energía del corazón.

Son los vestigios de las alas, sinónimo de libertad. Imposibilidad de poder volar ."Me están impidiendo volar con mis propias alas".

Izquierdo: función paternal, cómo ejecutamos la función de padres: "me preocupo, porque en el fondo no he cuidado bien de mis hijos"

Derecho: función como ser humano, a nivel profesional, relaciones afectivas con mi marido con mi mujer…8 de cada 10 veces se trata de la pareja. En lo profesional: "Me siento desvalorizado en mi trabajo". En lo afectivo de pareja. "No me ocupo de mi pareja, o dejo de lado a mi marido"

El omoplato forma parte del hombro, por lo tanto utilizaremos la descodificación del hombro. Hablaremos de tendinitis, capsulitis, hombros congelados, y calcificaciones, todas ellas son la misma descodificación.

Sugerencias y Recomendaciones

Se recomienda consultar la parte del cuerpo más afectada, así como problemas en los huesos.

Acepto considerar que estoy en plenamente yo para manifestar armonía en mi vida, en las acciones que hago.

ONIQUIA

La oniquia es una inflamación de las uñas.

Sugerencias y Recomendaciones

Véase problemas en las uñas, agregando ira reprimida. Ver la explicación adicional sobre las enfermedades inflamatorias.

OPRESIÓN

Cuando me siento ahogado, tengo la sensación de un peso en el pecho, por lo tanto al nivel de los pulmones. También puedo tener la sensación de ahogo. Esto pueden ser mis emociones que me sobrecargan, mis inquietudes que pesan mucho, mi rebelión que ruge. Puedo sentirme agobiado por la autoridad y "el poder", que, en mi opinión, abusa de mí. Puedo sentir presión frente a una persona o una situación causada por una inseguridad interior profunda que hace que quisiera ver la situación resuelta rápidamente.

Sugerencias y Recomendaciones

Recobro el poder que me pertenece. Tomo consciencia de la libertad que poseo. Libero mis sentimientos negativos para dejar sitio a la calma y al amor.

OPRESIÓN PULMONAR

Tal estado demuestra que hay un desequilibrio entre la presión de mi interior y la del exterior. Es un sentimiento muy fuerte que bloquea la libre circulación de la vida en mí.

Sugerencias y Recomendaciones

Debo pues tomar consciencia y preguntarme si esta fuerte presión viene de mi interior y lo que, en este sentimiento probablemente muy fundamental, me impide respirar regular y profundamente. Inspiro la luz que alumbra y el amor que purifica estas emociones, las cuales así estarán equilibradas.

OREJAS

La vista y el oído me permiten situarme en el entorno. Puedo ver cosas sin que haya sonido, puedo oír sonidos sin ver necesariamente de donde procede este sonido. Ambos sentidos forman una especie de "tres dimensiones" de mi entorno. Así las orejas (oídos) me permiten oír todos los sonidos que me rodean, tanto los que son armoniosos como los que no lo son. La sordera total o parcial puede darse cuando no puedo tratar o aceptar lo que oigo. Si soy sordo es que se ha instalado un proceso selectivo de informaciones y que quiero oír sólo lo que me conviene y me corto de todo lo que se dice y lo que no me conviene. Este proceso selectivo es muy eficaz porque me permitirá reconocer, por ejemplo, la voz de mi hijo que busco entre una muchedumbre. Del mismo modo, este proceso actuará a la inversa por lo que no quiero oír. De un modo indirecto, las orejas (oídos) permiten un mantenimiento del equilibrio cuerpo-mente evolucionando en el Universo.

Sugerencias y Recomendaciones

Este equilibrio me aguanta de pie, en alerta, permitiéndome estar centrado y seguir mi vía.

Ver orejas-sordera.

orejas
dolor de oídos

Dolores de oídos se producen cuando vivo una pena, estoy irritado o me siento herido por cosas que oí. También puedo tener la sensación de que nadie escucha lo que he de decir o estoy decepcionado por lo que me gustaría que me digan y no dicen jamás (cumplidos, agradecimientos, etc.) Es como si quisiera encerrarme y ya no estar en contacto con lo que me rodea. El dolor de oídos se produce después de una crítica que ha llegado a mis oídos y que me estaba destinada o estaba destinada a otra persona. Lo que oigo me angustia y me duele, tanto físicamente como emocionalmente. Si se trata de una infección en la oreja, probablemente oí palabras que me causan irritación, un trastorno emocional, un conflicto o desarmonía. Si tengo otitis, vivo mucha impotencia frente a lo que oí. Si un niño vive una dolencia de los oídos, esto puede expresar un conflicto vinculado con el entorno familiar o la escuela. Los dolores de los oídos son frecuentes en los niños que oyen todo lo que dicen las personas mayores, las peleas de sus padres, sin poder dar su punto de vista.

Sugerencias y Recomendaciones

Aprendo a conservar mis oídos "abiertos" en cualquier momento, desarrollando al mismo tiempo mi capacidad de desapego frente a lo que oigo. Así mi corazón puede mantenerse abierto en todo instante.

Ver acufenos, cumbidos de oídos, otitis.

orejas
acufeno

El acufeno es el fenómeno que hace que oigo sonidos como silbidos, zumbidos, chisporroteos sin que esto tenga ninguna relación con mi entorno. Esto puede ser pasajero o permanente y puede producirse con intensidades sonoras diferentes. Cuando sucede esto debo tomar el tiempo de preguntarme si estuve a la escucha de mi voz interior. Es como si no estuviera perfectamente sintonizado con mi "aparato de radio interno". Cuando sintonizo un aparato de radio que está en ondas y que no emite música ni palabra, puedo "oír el silencio". En cambio, si desplazo el receptor sobre una frecuencia en la cual no emite ninguna estación emisora, oigo un chisporroteo o silbidos, como si utilizase un puesto de onda corta. ¿Existirían emociones que hubiese reprimido por temor a perturbar mi equilibrio interior? Así, la vida me recuerda que he de estar a la escucha de mi voz interior, de mis necesidades y de mis deseos. Debo asumirme para disminuir el "nivel de ruido o las interferencias" que puedan existir en mis pensamientos y mis emociones. Porque el hecho de oír silbidos o estos zumbidos me indica quizás también que hay algo que ya no quiero oír y que estos sonidos van a "ahogar" para evitar que esto llegue a mis oídos.

Sugerencias y Recomendaciones

Acepto abrir más mis oídos interiores, situados a 8 o 10 cm. detrás de mis orejas para estar en medida de captar mi voz interior. Puedo pedir también oír más conscientemente los sonidos de la naturaleza y las melodías celestes para beneficiar de más paz y descanso en mí mismo. Cualquier acercamiento holístico como el yoga, relajaciones dirigidas, acupuntura, osteopatía, vitaminoterapia, energía, etc., puede ayudar a disminuir el nivel de estrés y a devolver la tranquilidad interior. Puede que oiga también algo como el sonido de un riachuelo, un torrente, el tañido de campanas (pequeñas, medianas o gordas), gaita, viento en los árboles, zumbido de las abejas, miles de violines. Estos sonidos corresponden a sonidos que puedo oír en diferentes planos de realidades interiores y pueden permitirme determinar en cuál plano estoy sintonizado. Esto significa entonces que mi oído interno está abierto para oír más la realidad de estos mundos.

Ver orejas-zumbidos en los oídos.

orejas
otitis

La otitis es una inflamación en una oreja o ambas orejas, y que tiene su causa en la incomodidad que puedo vivir frente a algo que oigo o que oí últimamente. La otitis es frecuente cuando soy niño sobre todo debido a lo que se pueden decir mis padres entre sí o a lo que me dicen porque frecuentemente no soy capaz de expresar mi disgusto o mi frustración. Adulto o niño, si bien esta pena puede proceder de lo que oigo, puede proceder también de lo que no oigo como por ejemplo: "te quiero", "Enhorabuena por lo que acabas de hacer", etc. En general, cuando tengo una otitis, hay líquido que aparece detrás del tímpano. Lo que oigo debe entonces pasar a través de esta agua antes de ser oído. Esta situación es la misma que cuando era bebé en el vientre de mi madre. Por lo tanto, busco, incluso inconscientemente, por una otitis, volver a este entorno privilegiado. Prefiero quizás hacerme el sordo, taparme los oídos, para ya no tener que oír. Para mis padres es un signo de que vivo un conflicto interior y es importante que me permitan expresar lo que vivo para aportar una rápida curación.

Sugerencias y Recomendaciones

Como adulto, la otitis me permite hacerme preguntas en cuanto a mi voz interior y ver: "¿la oigo?", "¿Recibo mensajes que me molestan y me hacen enfadar con relación a lo que debo hacer o frente a lo que se me pide hacer?" Es por la escucha, tanto interior como exterior, que puedo progresar en la vida, ésta permitiéndome estar centrado y evitar obstáculos inútiles.

orejas
sordera

"¡Más vale estar sordo que oír esto!". Elijo dejar de oír, decido aislarme de los demás. Sintiéndome fácilmente rechazado, me "tapo los oídos" porque ya no quiero estar molestado. Sin saber a veces qué contestar, me hago el sordo. Tengo miedo de estar manipulado y no acepto la crítica, no quiero entrar en razón. Por lo tanto creando esta barrera, me aíslo cada vez más, me obstino a no oír. Sin embargo, lo quiera o no, el tiempo hace que los problemas no resueltos de mi vida vuelvan todos un día y que deberé enfrentarme a ellos.

Sugerencias y Recomendaciones

Tendría que tener interés en "prestar el oído" y escuchar mi voz interior que es la mejor consejera de mi vida. El acto más bello de amor que pueda hacer es abrir mi corazón. Acepto oír los mensajes y me abro a los demás.

orejas
zumbidos de los oídos

Esta enfermedad consiste en la percepción auditiva de un silbido, tintineo o zumbido que no proviene de ningún estímulo exterior. Estos ruidos sólo son perceptibles para la persona que dice escucharlos. No se trata de una alucinación. Este padecimiento está relacionado con el centro del equilibrio.

Estas sensaciones las ocasiona un exceso de ruido mental. Es posible que dejes que tus pensamientos te perturben demasiado, impidiéndote escuchar bien lo que pasa en el exterior. Por otro lado, las personas que sufren este problema a menudo tienen miedo de perder el equilibrio y el control de sí mismas. Entonces quieren dar la impresión de ser equilibradas y ocultan muy bien sus temores.

Este trastorno se puede manifestar en una persona que quiere decir o enseñar algo que ella misma no pone en práctica. Se acusa a sí misma de no ser veraz.

Los zumbidos se relacionan con el rehúso de escuchar su voz interior, los signos interiores que guían mi vida. "Hago a mi antojo", rehúso oír ciertas palabras que encuentro desagradables. Incluso puedo estar obstinado. Resisto porque tengo miedo de saber la verdad, de estar al corriente de una situación o incluso de tomar eventualmente una decisión. Esto puede incluso ponerme en desarmonía y activaré un zumbido de oídos para no oír...

Tengo la sensación de que una persona piensa en mí cuando en realidad generalmente es lo contrario. Puedo estar en tensión a causa de las ideas que me "andan" por la cabeza.

Sugerencias y Recomendaciones

Es importante que te des cuenta de que tiendes a confundirte en tu intelecto y tu intuición. Eso que crees que es tu intuición es, en realidad, un truco de tu ego. Lo que escuchas es tu intelecto. Quieres mostrarte hasta tal punto valiente y equilibrado que te dejas llevar por tu percepción mental de las cualidades ligadas a la intuición. Esta no alcanza a traspasar la cacofonía de tus pensamientos, lo cual afecta a tu equilibrio interior. Acepta escuchar las críticas a tu persona. Después de escucharlas quedarás libre para hacer lo que quieras.

Escucha primero lo que viene de fuera: esto te permitirá utilizar mejor tu discernimiento. Además, tienes derecho a no poner en práctica siempre los buenos conceptos que aprendiste y que quieres transmitir a los demás. Sin embargo, si continúas deseándolo, finalmente encontrarás la manera de hacerlo.

Aceptando quedarme abierto al nivel del corazón, puedo oír las palabras con más desapego. Ya no estoy obligado a hacerme el sordo.

ORGASMO

Se refiere a no llegar al orgasmo durante el acto sexual.

Como el orgasmo representa la apertura de todos los centros de energía del cuerpo (los chacras), la persona que sufre este bloqueo utiliza la ausencia de orgasmo para rechazar lo que proviene del otro. No se abre al regalo de la otra persona. Tiene dificultad para aceptar lo que proviene del sexo opuesto. Prefiere controlarse en lugar de abandonarse y gozar su presencia. En general, es una persona dominante. Por otro lado, puesto que el orgasmo físico es sinónimo de placer, a esta persona le resulta difícil autorizarse placeres en su vida cotidiana sin sentirse culpable.

Sugerencias y Recomendaciones

Si crees castigar al otro bloqueando tu orgasmo sigues el camino equivocado pues eres tú quien se castiga. El orgasmo es el medio por excelencia para fusionarse con el sexo opuesto y, por lo tanto, para abrirte a la fusión interna de tus principios femenino y masculino. Además, una relación sexual es una experiencia muy energizante cuando se vive el amor y en el don de sí misma. El orgasmo físico existe para recordarte la gran fusión del alma y el espíritu a la que todos aspiramos. Aprende a amarte más y acepta la idea de que mereces tener placeres en tu vida. Es tu responsabilidad crearte una vida agradable. Los demás no pueden darte lo que no puedes darte tú mismo (ley espiritual de causa y efecto). Te ayudaría aprender a relajarte, a abandonarte más, en lugar de creer que, si no controlas, los demás te van a controlar.

ORINA

La orina representa mis viejas emociones las cuales ya no necesito y que elimino de mi sistema. Una inflamación de la vejiga o del conducto urinario (cistitis) provoca dolor cuando orino (incluso en pequeña cantidad). Esto es más frecuente en las mujeres jóvenes, los diabéticos, las mujeres embarazadas. Tratándose de una infección, esto implica que esta dolencia se vincula frecuentemente a ira acumulada. También puede ser resentimiento, irritación o cualquier otro sentimiento ardiente que afecta nuevos aspectos de mí mismo o de mis relaciones personales. Como en el caso de una vaginitis, puedo vivir un sentimiento de frustración con relación a mis relaciones sexuales. Al estar en comunicación mi sistema urinario y mi sistema reproductor, uno puede afectar al otro. Puede que mis relaciones sexuales funcionen admirablemente bien y que no entienda por qué viviría yo frustración. Precisamente porque todo va bien, puede que me pregunte "¿por qué espere tantos años para tener relaciones sexuales satisfactorias?" De aquí pueden proceder mi frustración y mi enfado no expresados. También, por ejemplo, una cistitis puede manifestarse después de una separación. Al no haber sido capaz de expresar mis emociones negativas, afloran miedos así como conflictos interiores con relación a lo que será de mí. Teniendo grandes esperas por colmar, culpo a la gente que me rodea de este vacío y, la mayoría de las veces, a mi cónyuge en primer lugar. Paso de frustración en frustración porque dejo a los demás la responsabilidad de mi bienestar.

Sugerencias y Recomendaciones

Es pues tiempo de asumirme, de aceptar la responsabilidad de mi vida. Tomo la decisión de seguir adelante, estoy renaciendo, independientemente de las relaciones presentes y anteriores.

Ver infecciones urinarias, cistitis, incontinencia, leucorrea, vagina-vaginitis.

ORQUITIS

Orquitis es la inflamación de uno o ambos testículos, causada con frecuencia por infección o traumatismo y una de las causas del escroto agudo y de azoospermia.

CONFLICTO de ser denigrado, amonestado, destrozado por una persona del sexo opuesto + sentimiento de culpabilidad + un asunto feo, un golpe bajo.

NUEVO MODELO MENTAL: "Me amo y me apruebo, no estoy solo, la vida entera me apoya y me sostiene. Soy libre y capaz de cualquier cosa que me proponga, decido vivir sin culpa. Doy y recibo amor por donde quiera que vaya. Fluyo con facilidad por la vida y acepto con alegría cuantas situaciones se plantean. Confío en la vida. Todo es perfecto en mi mundo".

ORZUELO

Absceso en la glándula de la pestaña.

Los orzuelos son frecuentes en la persona muy emotiva con problemas para digerir lo que ve cerca de ella. Es el tipo de persona que quisiera ver sólo lo que le interesa.

Quiere controlar lo que sucede a su alrededor y siente enojo porque acusa a los demás de no ver las cosas como ella.

El orzuelo es un pequeño forúnculo rojo y doloroso situado al borde del párpado, en la base de una pestaña. Se manifiesta cuando vivo tristeza, resentimiento frente a algo o a alguien que veo y que no me conviene. Puede que una persona tenga una opinión diferente de la mía, que haga las cosas de modo diferente y que esto esté percibido como "algo sucio" a mis ojos. La diferencia entre la conjuntivitis y el orzuelo es que en éste, encuentro que hay algo feo en la situación.

CONFLICTO de mancha y de separación por algo que hemos visto y nos hemos sentido ensuciados. Problemática relacionada con el matrimonio. "He visto algo sucio".

Los niños y las personas con esta inflamación del párpado suelen ver la vida con ojos airados. Hay algo que les produce enfado.

Sugerencias y Recomendaciones

Tus orzuelos se presentan para ayudarte a desarrollar tu tolerancia con respecto a lo que ves a tu alrededor. Aun cuando no estés de acuerdo con lo que ves, date cuenta de que es imposible controlarlo todo en la vida: sólo puedes tener dominio sobre ti mismo. Sin embargo, tienes el poder de ceder y mirar a los demás con los ojos de tu corazón, lo cual te ayudará a aceptar su diferencia y a volverte más amable con ellos.

En vez de reprimir mis emociones, tengo interés en expresarlas porque podrían aparecer bajo forma de orzuelos.

OSGOOD SCHLATTER

Esta enfermedad específica es una tendinopatía de inserción, y que afecta a pacientes de entre 10 y 16 años, (la lesión se produce en la zona de inserción del tendón rotuliano en la tuberosidad tibial). El tendón tira y arranca el Periostio. El dolor se manifiesta durante y después del ejercicio.

Desvalorización + sumisión durante varios meses."No quiere pasar por la ley del padre, no quiere doblegarse, no quiere someterse". "soy nulo"… "no he consigo resultados"… "me he sentido impotente"… y además + "me ha faltado al respeto".

A la izquierda: el tendón debajo de la rótula (tendón rotuliano) se une al hueso de la espinilla (tibia) en el tubérculo tibial.

A la derecha: en la enfermedad de Osgood- Schlatter, el agrandado, inflamado tubérculo tibial es casi siempre tierno cuando se aplica presión.

Sugerencias y Recomendaciones

Estoy en el mejor sitio posible para mi desarrollo personal, elijo aprender lo que la vida me enseña, acepto con amor cuantas situaciones me brinda.

OSLER

Esta enfermedad es una endocarditis (parte interna del corazón) infecciosa. Como es valvular y se acompaña de fiebre.

Ver problemas del corazón y fiebre.

OSTEOCONDRITIS DISECANTE DE CADERA

Afecta al cartílago articular y al hueso subcondral como consecuencia de una falta de irrigación sanguínea. Se rompe la cabeza del fémur. Es igual que el tumor benigno de cabeza de fémur. Misma descodificación que tumor benigno en la cabeza del fémur.

CONFLICTOS:

-Oposición total y constante + el resto de conflictos de la cadera.

- De vesícula biliar (rabia, ira, cólera).

- Conflicto de secreto familiar.

- Conflicto sexual. Desvalorización sexual, o no me he podido imponer. "Como si se incumpliese su condición de Identidad".

Sugerencias y Recomendaciones

NUEVO MODELO MENTAL: "Me amo y me apruebo, no estoy solo, la vida entera me apoya y me sostiene. Soy libre y capaz de cualquier cosa que me proponga, decido vivir sin culpa. Doy y recibo amor por donde quiera que vaya. Fluyo con facilidad por la vida y acepto con alegría cuantas situaciones se plantean. Confío en la vida. Todo es perfecto en mi mundo".

OSTEOLISIS

Desvalorización.

Conflicto especifico en función de parte de esqueleto donde se da la osteolisis.

Sugerencias y Recomendaciones

NUEVO MODELO MENTAL: "Me amo y me apruebo, no estoy solo, la vida entera me apoya y me sostiene. Soy libre y capaz de cualquier cosa que me proponga, decido vivir sin culpa. Doy y recibo amor por donde quiera que vaya. Fluyo con facilidad por la vida y acepto con alegría cuantas situaciones se plantean. Confío en la vida. Todo es perfecto en mi mundo".

OSTEOPOROSIS

No sentirse apoyada en su estructura familiar. No ser lo que se era. "Sentirse impotente en sus relaciones sociales".

RESENTIR:

Impacto neuro-inmunitario: "No me he podido defender, no puedo replicar".

Impacto neuro-vegetativo: (a nivel visceral) Todo el tubo digestivo, los pulmones, etc. "No puedo digerir".

Impacto neuro-hormonal: Diabetes o problemas de tiroides. Miraremos las hormonas.

Impacto osteo-articular: "Yo he sido atacada/o. Estado de impotencia. Me han faltado al respeto y no he podido replicar.

La palabra clave de la osteoporosis es aceptar con serenidad, el funcionamiento fisiológico normal de los seres vivos.

Sugerencias y Recomendaciones

NUEVO MODELO MENTAL: "Me amo y me apruebo, no estoy solo, la vida entera me apoya y me sostiene. Soy libre y capaz de cualquier cosa que me proponga, decido vivir sin culpa. Doy y recibo amor por donde quiera que vaya. Fluyo con facilidad por la vida y acepto con alegría cuantas situaciones se plantean. Confío en la vida. Todo es perfecto en mi mundo".

Ver problemas en los huesos.

OTALGIA

La otalgia es un dolor en el oído.

Ver problemas en los oídos y dolor.

OTITIS

La otitis es un proceso infeccioso en el oído externo y el oído medio.

En los niños: no querer oír las discusiones de los padres. También en la guardería ya que los niños quieren coger un juguete y no pueden escuchar sin cesar: ¡No!

Otitis media serosa:

El oído se tapa para disminuir la audición. "No quiero oír, quiero volver al vientre de mamá, al líquido amniótico, quiero revivir esas sensaciones, ese ruido de agua".

Enfado. Deseo de no escuchar. Demasiado alboroto. Peleas entre los padres.

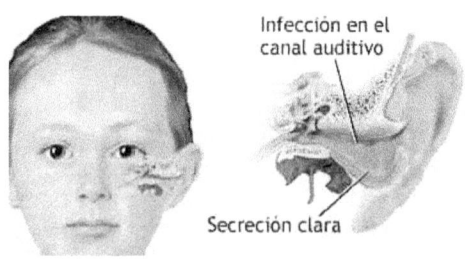

Infección en el canal auditivo

Secreción clara

Sugerencias y Recomendaciones

Ver problemas en el oído, y las explicaciones sobre las enfermedades inflamatorias.

NUEVO MODELO MENTAL: "La armonía me rodea. Escucho con amor lo bueno y agradable. Soy un centro de amor".

Ver orejas-otitis.

OVARIOS

Los problemas inherentes son: dolores, inflamación, cáncer y ablación.

Los ovarios son glándulas que unen al cuerpo físico de la mujer con su chacra sagrado. Este chacra está relacionado con la energía del poder de crear de la mujer. Las dos funciones de los ovarios (la reproducción y la feminidad) resultan afectadas en la mujer que sufre en uno de ellos o ambos. Su cuerpo le dice que no establece un buen contacto con su capacidad de crear. Está demasiado en el "no soy capaz". Se preocupa fácilmente cuando llega el momento de crear algo por sí misma, sobre todo porque es mujer. Incluso puede tener problemas para comenzar algo.

Los problemas de los ovarios indican un profundo conflicto en cuanto al hecho de ser mujer, a la expresión de mi feminidad, o al hecho de ser madre. Puedo también haber dejado de lado el lado creativo que está presente en mí. Es como si me "cortase" de una parte de mí misma, porque los ovarios son el principio de la creación de la vida y se sitúan en la pelvis, que es la región en donde puedo dar a luz a un niño, pero también a nuevos aspectos de mí misma, ahí en donde puedo descubrirme otra vez. Puede pues existir un conflicto interior frente a la creación y al descubrimiento de mi propia vía. Un quiste de los ovarios indica la acumulación de energía emocional o sentimientos contrarios, vinculados con la energía de los ovarios. En cuanto al cáncer de los ovarios, se puede desarrollar después de un acontecimiento en que viví la pérdida de un ser querido. El paralelo al cáncer de los ovarios en el hombre es el cáncer de los testículos. Frecuentemente el ser querido es uno de mis hijos muerto en un accidente, después de una enfermedad o de un aborto. Puede tratarse de una persona con quien no tengo vínculos sanguíneos pero que "amo tanto como si fuera mi hijo". El sentimiento de pérdida puede vivirse con un elemento abstracto como por ejemplo: "Desde que tiene este nuevo trabajo, mi marido ya no está en casa, vuelve tarde, ya casi no nos hablamos, siempre tiene su trabajo en la mente. ¡He perdido a mi marido! Si esto sigue así, el trabajo destruirá nuestro matrimonio..." Por lo tanto, "he perdido" al hombre que conocía antes y con quien era feliz, lo cual hoy ya no soy. Puede tratarse de la pérdida de un proyecto que amaba y que abortó. Y de hecho, si era el instigador de dicho proyecto, cuando hablaba a los demás, se trataba de "mi bebé".

Los ovarios representan mi deseo de procrear y también mi creatividad, mi destreza en crear, mi feminidad, por el hecho de ser una mujer y de estar colmada o satisfecha como mujer.

CONFLICTOS:

Conflicto de pérdida más frecuente y menos grave que el que afecta a las células germinativas (teratoma, seminoma, dermoide).

Conflicto de pérdida + culpabilidad + Golpe bajo.

Conflicto feo (zona genital), con connotaciones sexuales con un hombre. Pérdida de un hijo virtual o de ser denigrado, amonestado, degradado. Miedo anticipado a perder.

Conflicto de pérdida en un contexto vital. Puede vivirse esta pérdida en relación a la fortuna familiar.

RESENTIR:

Izquierdo = Reproducción.
Derecho = Atracción.

Poliquísticos: "Sometidas a su loba interna". Maridos inmaduros emocionalmente. Celosas, controladoras, exceso de responsabilidades.

Gran conflicto de pérdida. Ej: pérdida de un hijo, mejor amigo, persona querida, también de un animal.

Sugerencias y Recomendaciones

Tus ovarios te dicen que es el momento de que comiences a creer en "yo puedo por mí misma". No porque seas mujer puedes menos. Aquella que se disminuye por serlo, también tiene problemas de menstruación. A menudo intenta probarles a los hombres lo que puede hacer, mientras que por dentro no se cree tan capaz. No olvides que para crear un hijo se necesita un hombre y una mujer. Lo mismo se aplica a ti: para crear tu vida se necesita el poder de tu hombre interno y el de tu mujer interna. Al saber que puedes confiar en el poder creador de tu hombre interior, podrás darle poder a tu mujer interior para que cree a su antojo. Para lograrlo debes confiar en los hombres con los que convives. Confía sobre todo en tus ideas y en tu intuición.

Cualquiera que sea la situación, es importante que acepte todos los sentimientos que me habitan, que los exprese para que mi herida interior pueda curar y que pueda girarme hacia el futuro con una mirada más positiva y llena de proyectos por realizar.

ovarios
células germinativas

Conflicto grave de pérdida, por ejemplo, la muerte de una persona, animal... Es más raro que el conflicto de gónadas mesodérmicas: representa el 10% de los tumores.

Sugerencias y Recomendaciones

NUEVO MODELO MENTAL: "Me amo y me apruebo, no estoy solo, la vida entera me apoya y me sostiene. Soy libre y capaz de cualquier cosa que me proponga. Doy y recibo amor por donde quiera que vaya. Fluyo fácilmente por todas las situaciones que me plantea la vida, me expreso y amo con facilidad. Todo es perfecto en mi mundo".

OVARIOS Y TESTÍCULOS

Función de reproducción.

Suele haber un sentimiento de pérdida, ya sea por algo que he perdido o por algo que tengo miedo a perder (para el inconsciente es lo mismo) ya sea un hijo o dinero...

"He perdido algo muy importante para mí" o "tengo miedo de perder algo muy importante para mí".

Pregunta: "¿Que has perdido o tienes miedo a perder?"

El propio Dr. Hamer empezó esta medicina al perder a su hijo y darse cuenta de que él generaba un cáncer en los testículos mientras su mujer generaba uno de mamas. Un ejemplo. Una madre tiene un hijo con sus problemas habituales, pero este un día se casa y se va de casa, entonces ella siente que ha perdido a su hijo (pero no lo muestra) ahí hace un cáncer de ovarios.

Que sea un quiste, una verruga, un pólipo o un cáncer dependerá de la tonalidad del conflicto.

Sugerencias y Recomendaciones

NUEVO MODELO MENTAL: "Me amo y me apruebo, no estoy solo, la vida entera me apoya y me sostiene. Soy libre y capaz de cualquier cosa que me proponga. Doy y recibo amor por donde quiera que vaya. Fluyo fácilmente por todas las situaciones que me plantea la vida, me expreso y amo con facilidad. Todo es perfecto en mi mundo".

OXIURIASIS

Una oxiuriasis es una infestación del intestino por un tipo de gusanos blancos llamados oxiuros. Son los parásitos intestinales más comunes en los niños.

Ver parásitos.

PAGET

La enfermedad de Paget es una osteítis deformadora, crónica, que se caracteriza por un aumento anormal del volumen de los huesos, principalmente los largos y los de la bóveda del cráneo. Ocurre sobre todo en la vejez.

Desvalorización crónica. Potencial no usado, no expresado. Cuando nuestros valores duros y durables, se vuelven fluidos, blandos, movibles e inestables.

Sugerencias y Recomendaciones

Véase problemas en los huesos, así como las explicaciones adicionales sobre las enfermedades inflamatorias.

NUEVO MODELO MENTAL: "Me amo y me apruebo, no estoy solo, la vida entera me apoya y me sostiene. Soy libre y capaz de cualquier cosa que me proponga, decido vivir sin culpa. Doy y recibo amor por donde quiera que vaya. Fluyo con facilidad por la vida y acepto con alegría cuantas situaciones se plantean. Confío en la vida. Todo es perfecto en mi mundo".

Ver problemas en los huesos.

PALABRAS

Las palabras que pronuncié hoy crean mi porvenir. Se dice que el pensamiento crea, que el verbo (la palabra) manifiesta. Así, cuando hablo, ya traigo mis pensamientos a concretizarse en el plano físico, como si la palabra fuera material. De la calidad de mis palabras, de la elección de las palabras depende la armonía o la falta de armonía en la cual SOY o me voy.

Sugerencias y Recomendaciones

Si es melódico el canto, si hablo de corazón, si la alegría, el positivismo, los ánimos salen de mi boca, atraigo el sol. Si mis palabras sólo son crítica, negatividad, ira, destrucción, atraigo entonces nubes grises, tempestades e intemperies. ¡La elección me pertenece!

Ver afonía.

PALADAR

Imaginemos un gorrión, con una semilla, y mientras está volando viene otro gorrión y le quita la semilla de la boca. "Ya lo tenemos aquí, pero todavía no lo hemos tragado" entonces nos lo quitan.

Estar separado del pedazo (empleo, casa, hombre...). Miedo a estar separado del pedazo (Pareja). "Está en el exterior y quiero atraparlo". "Lo tengo en la boca y no quiero que me lo quiten".

Ej.: un hombre compró un número de lotería y tocó, pero entonces se dio cuenta de que había perdido el décimo (pedazo). Él ya se veía con el dinero en el bolsillo. Hizo un adenocarcinoma en el paladar.

1er Pedazo: el seno de la madre (destete prematuro): "Quedo fascinado por los pechos de las mujeres" (Están en el exterior y quiero atraparlos o los tengo en la boca y no quiero perderlos). "Tengo miedo de estar separado del pedazo".

Paladar óseo:
No ser capaz de atrapar el pedazo. Conflicto de desvalorización.

Hendidura de paladar:
No tener la capacidad de tomar el pedazo porqué es demasiado grande.

Velo del paladar, ronquidos:
"Pido socorro" (ronquidos al inspirar). "Quiero alejar el peligro" (ronquido al expirar).

Sugerencias y Recomendaciones

NUEVO MODELO MENTAL: "Me amo y me apruebo, no estoy solo, la vida entera me apoya y me sostiene. Soy libre y capaz de cualquier cosa que me proponga, decido vivir sin culpa. Doy y recibo amor por donde quiera que vaya. Fluyo con facilidad por la vida y acepto con alegría cuantas situaciones se plantean. Confío en la vida. Todo es perfecto en mi mundo".

Ver boca-paladar.

PALPITACIONES

Las palpitaciones son una percepción anormal de los latidos cardiacos. En general, esta sensación de que el corazón salta corresponde a irregularidades muy breves en el ritmo cardiaco.

Sugerencias y Recomendaciones

Ver problemas del corazón, agregando que estas palpitaciones suelen producirse cuando a la persona le resulta difícil vivir algo emocionante o angustioso. Quisiera saltar de alegría o de miedo, pero no se lo permite.

Ver corazón arrítmia cardíaca.

PALUDISMO

El paludismo es una enfermedad infecciosa ocasionada por un parásito que se transmite mediante la picadura de un mosquito. Se caracteriza por escalofríos, fiebre, anemia y una evolución crónica interrumpida por accesos febriles. El acceso típico se inicia con un escalofrío que dura de veinte a sesenta minutos y al que se le conoce como acceso frío, por oposición a la fase que le sigue, llamada acceso caliente, durante la cual la temperatura aumenta hasta llegar a 40 e incluso 42°, a la que le sigue un periodo de sudores que deja agotado al enfermo.

Ver fiebre y parásitos.

PANADIZO

Un panadizo es una infección debida a distintos gérmenes y responsable de una destrucción por necrosis (muerte celular) de una parte de los dedos. Véase problemas en los dedos y absceso caliente, agregando represión, cansancio de ánimo, falta de ganas de echarles una mano a los demás o de trabajar.

El panadizo es la inflamación aguda de un dedo o más escasamente de un dedo del pie. Si están afectados los dedos de las manos, tengo dificultad en poner cosas en marcha en el contexto de los detalles cotidianos, mientras que si se trata de los dedos de los pies, se refiere a los detalles del porvenir. Soy pasivo, indiferente y mi energía de acción que necesita estar exteriorizada sale por mis dedos o mis dedos de los pies.

Sugerencias y Recomendaciones

Necesito sacar de mí todas estas emociones y pensamientos nefastos reprimidos.

PANCARDITIS

La pancarditis es una inflamación de las tres membranas que envuelven al corazón, la cual se observa principalmente durante el reumatismo articular agudo. La determina una insuficiencia cardíaca con lesiones valvulares y reacción pericárdica.

Sugerencias y Recomendaciones

Ver problemas del corazón y reumatismo, así como las explicaciones adicionales sobre las enfermedades inflamatorias.

PÁNCREAS

Es en el páncreas donde se mantiene el porcentaje de insulina que ayuda a la estabilización del porcentaje de azúcar en la sangre. Si está en desequilibrio, se produce entonces la diabetes o la hipoglicemia (consultar estas enfermedades para más detalles). El páncreas representa mi capacidad para expresar e integrar el amor dentro de mí y mi capacidad para transigir con los sentimientos opuestos (ejemplo: la ira) sin crear dolor. Frecuentemente se tratará de una situación que pone en causa a otro miembro de la familia y cuyo reto consiste en adquirir más poder o dinero (por ejemplo en el caso de una herencia). Si vivo una situación que me cuesta mucho tragar y que me parece innoble, podré ir hasta desarrollar un cáncer del páncreas. El páncreas está relacionado con la alegría de vivir y con el centro de energía (chakra) del plexo solar que está situado en la base de mi esternón, a algunos centímetros encima de mi ombligo.

El páncreas es un órgano retroperitoneal mixto, exocrino (segrega enzimas digestivas que pasan al intestino delgado) y endocrino (produce hormonas, como la insulina, el glucagón y la somatostatina que pasan a la sangre).

Tiene dos **funciones**:
Endocrina: segregar insulina.
Exocrina: segrega jugos pancreáticos (van al duodeno para ayudar a la digestión).

Es el órgano que fabrica las enzimas más fuertes de todo el organismo (para digerir las moléculas más grandes), por lo tanto el resentir será "Me he tragado un pedazo enorme, que se me ha quedado en el duodeno y no lo puedo digerir".

Conflicto de ignominia + resistencia (ver glucagón). Porquerías grandes familiares. Historias de herencias (reales o simbólicas)

Ejemplo: una mujer tiene que cancelar su viaje de vacaciones planeado con anterioridad y que estaba siendo digerido (vivido) con ilusión, por sufrir su madre un accidente.

"Me han hecho (o he hecho) una ignominia, algo innoble". "Siempre quiero tener azúcar (dulzura)". Siempre relacionaremos páncreas con ignominia (la putada más grande que pueda uno recibir).

Por ejemplo: un cáncer de páncreas salió cuando un amigo lo abandonó, (desencadenante) pero todo comenzó cuando a los 9 años lo abandonaron en un orfanato (programante). Si el colon es una porquería, el páncreas lo multiplica por 100. El hecho de perdonar y asimilar siempre es sanador. (Recordar las fases del duelo y las fases de la digestión.)

Representa la dulzura de la vida.

Pancreatitis:
Rechazo. Enfado y frustración porque la vida parece haber perdido su dulzura.

Sugerencias y Recomendaciones

Debo tomar consciencia de mis necesidades y poner las cosas en marcha para ir a buscar lo que quiero. No necesito buscar estimulantes artificiales para "nutrirme" (drogas, alimento, sexualidad... sólo he de aprender a amarme como soy. Necesito brindarme algunos dulces".

NUEVO MODELO MENTAL: "Mi vida es dulce y agradable".

Pancreatitis:

NUEVO MODELO MENTAL: "Me amo y me apruebo. Yo creo la dulzura y la alegría en mi vida".

Ver sangre-diabetes/hipoglicemia.

PANCREATITIS

La pancreatitis es un síndrome, que puede ser peligroso, y resulta de una inflamación del tejido pancreático y de los vasos. Véase la definición de diabetes, con la salvedad de que al bloqueo emocional es necesario agregar que esta enfermedad se manifiesta en alguien que dramatizó un acontecimiento vivido recientemente, el cual le hizo sentir emociones y enojo a causa de sus expectativas demasiado grandes. En general, la pancreatitis se manifiesta en alguien que se preocupa demasiado por su familia.

Sugerencias y Recomendaciones

Ver también las explicaciones adicionales sobre las enfermedades inflamatorias.

Vivo mucha rabia frente a la vida porque ya no me ofrece "dulces". Quiero rechazarla. En vez de esperar que vengan a mí los "dulces", he de brindármelos sabiendo que me los merezco.

Ver -itis enfermedades acabadas en -itis.

PANTORRILLA

Un problema en este lugar indica que la persona que lo sufre desea avanzar más rápido o de una manera más firme, pero se detiene a causa de sus temores.

Sugerencias y Recomendaciones

Por ser la pantorrilla la parte carnosa de la pierna, situada entre la corva y el tobillo, véase dolor de pierna, agregando que esta parte de la pierna es la que le da fuerza y le permite avanzar con firmeza.

PAPERAS

Las paperas, también conocidas como parotiditis, son una enfermedad infecciosa, contagiosa, incluso epidémica, aunque casi siempre benigna. La ocasiona un virus de la glándula salival. La caracteriza un dolor que se irradia hacia el oído, asociado con una inflamación que le da al rostro una forma de pera. También puede entorpecer la masticación. Es una enfermedad infecciosa, contagiosa, ocasionada por un virus en la glándula salival.

Como esta enfermedad se relaciona con la saliva y se manifiesta en general en los niños es una indicación de que éste se siente escupido. Es posible que otro niño le escupiera, pero el problema es más frecuente cuando se siente escupido psicológicamente por alguien que le impide tener lo que quiere, que le haga reproches o que lo ignore. Por lo tanto, tiene deseos ocultos de escupir a esa persona, pero se reprime; se hace el sordo y la tensión acumulada en él produce esta inflamación.

Las paperas son una infección viral contagiosa que se manifiesta generalmente por la inflamación de ciertas glándulas, en particular las glándulas salivares. Hay algo o alguien en mi vida frente a quien vivo irritabilidad. "Escupiría" encima con gusto tan grande es mi desprecio. A menos que sea alguien más que quisiera hacer lo mismo para conmigo. Las paperas afectan generalmente a los niños más que a los adultos, ésos teniendo mucha más dificultad en expresar su ira y su frustración.

Sugerencias y Recomendaciones

Si eres adulto y padeces esta enfermedad, recibes el mensaje de que vives una situación que te recuerda algo que viviste en la niñez y que todavía te lastima. Sigues comportándote como el niño que fuiste. Esta situación se presenta para permitirte darte cuenta de que si tienes la sensación de que alguien te escupe, eres tú quien le dejas hacerlo. Puedes utilizar esta situación para afirmarte y dejar de sentirte inferior. Toma conciencia de que el otro tiene tanto miedo como tú. Reconoce el miedo en él, tenle compasión y confiésale lo que te pasa. El otro está ahí para mostrarte que, a causa de lo que crees de ti, tú mismo escupes lo que eres.

En vez de despreciar a una persona (o una situación), debería preferentemente mirar lo que debo aprender de ésta.

PAPILOMA

Casi todos los canceres de útero está causado por este virus. Una imposibilidad de copular o una pérdida de territorio.

Conflicto: Separación + Suciedad.

Hay que tener en cuenta que el virus es siempre "curación".

Por ejemplo: una chica operada del papiloma, y no se le cerraba la cicatriz. Se le preguntó "¿Qué cicatriz no tienes cerrada?" Apareció que su novio se había ido de putas, y al enterarse tuvo un resentir de separación y suciedad. Ella nunca había explicado eso a nadie.

Sugerencias y Recomendaciones

NUEVO MODELO MENTAL: "Me amo y me apruebo, no estoy solo, la vida entera me apoya y me sostiene. Soy libre y capaz de cualquier cosa que me proponga, decido vivir sin culpa. Doy y recibo amor por donde quiera que vaya. Fluyo con facilidad por la vida y acepto con alegría cuantas situaciones se plantean. Confío en la vida. Todo es perfecto en mi mundo".

PARÁLISIS

Es la supresión o interrupción de la función sensitiva o motora de una parte del cuerpo.

La parálisis se presenta en personas que viven una situación que les resulta demasiado difícil y de la cual quieren escapar, es decir, quisieran evitar esa situación o a una persona determinada. Es el medio ideal para conseguir ayuda y que otro se haga cargo de todo. De este modo, no tendrán que enfrentar solas la situación o a la persona indeseable.

La parálisis es una imposibilidad de actuar, un paro del funcionamiento de la actividad de uno o varios músculos. Puede afectar un órgano, un sistema de órgano o todo el cuerpo. Esta enfermedad está vinculada con la huida: ¿intento evitar o resistir a una situación o a una persona? Frecuentemente es el miedo que me paraliza. Lo que vivo puede parecer tan insostenible e insuperable que deseo "cortarme", volverme insensible, teniendo la sensación que no hay solución posible, siendo incapaz de asumir plenamente mis responsabilidades. También puedo vivir o haber vivido un traumatismo profundo que me pide "dejar de vivir" porque esto es demasiado. Es posible también que un odio intenso o una falta de fe en mí sea tal que la única seguridad contra la mala acción sea la inacción total. También puedo estar muy rígido en cuanto a mi modo de pensar y si todo no se traza como previsto, mi reacción es retirarme, evadirme.

Frecuentemente relacionado con la huida porque me paraliza un miedo.

Temor, terror. Huida de una situación o de una persona. Resistencia.

Parálisis agitante:
Pensamientos paralizantes. Estancamiento.

Sugerencias y Recomendaciones

Si sufres de parálisis, es importante que te des cuenta que sólo tú puedes limitarte. Eres el único que cree que no puedes hacerle frente a lo que sucede en tu vida. Tu cuerpo te dice que puedes huir si eso es lo que quieres, pero el problema permanecerá tal cual. Tarde o temprano tendrás que hacerle frente; incluso, si es necesario, en otra vida. Date cuenta de que todo ser humano siempre tiene a mano la solución, al mismo tiempo que el problema. Cuando deja de poner toda su atención en este último, puede ver la solución. A ti te corresponde decidirte a creer en tu poder creador, el cual se manifestará en ese momento y te ayudará a vivir plenamente la experiencia que debes enfrentar.

Es importante que tome consciencia de la presión que me obsesiona, de cara a lo que sucede o va a suceder, para controlarla y permitir a la parte paralizada "empezar otra vez a vivir". Puedo sentirme "paralizado" en una situación en que no puedo moverme o que me ofrece ninguna latitud frente a las elecciones o a las acciones por tomar. La parte del cuerpo afectada me da indicaciones suplementarias en cuanto al origen de mi dolencia y de mi miedo. Si por ejemplo, está paralizada mi pierna derecha, esto puede ser el miedo frente a lo que será de mí en mi nuevo trabajo, en mis responsabilidades familiares o en mis responsabilidades como ciudadano.

NUEVO MODELO MENTAL: "Soy uno con la totalidad de la vida. Soy completamente capaz en todas las situaciones".

Parálisis agitante:

NUEVO MODELO MENTAL: "Pienso con libertad. Fácil y alegremente tengo experiencias maravillosas".

parálisis
cerebral

La parálisis cerebral describe un grupo de trastornos del desarrollo psicomotor, que causan una limitación de la actividad de la persona, atribuida a problemas en el desarrollo cerebral del feto o del niño. Los desórdenes psicomotrices de la parálisis cerebral están a menudo acompañados de problemas sensitivos, cognitivos, de comunicación y percepción, en algunas ocasiones, de trastornos del comportamiento.

Necesidad de unir a la familia en un acto de amor.

Sugerencias y Recomendaciones

NUEVO MODELO MENTAL: "Contribuyo a una vida familiar unida, llena de amor y de paz. Todo está bien".

parálisis
parálisis de Bell
Ver enfermedad de Bell.

PARANOIA

Sentimiento de inferioridad. Este sentimiento hace que el individuo sea muy susceptible y agresivo y vive delirios de persecución.

Gran sentimiento de víctimas y sus experiencias las viven como fracasos continuados. Estas personas han vivido en un ambiente familiar donde ha habido gran carencia afectiva y poco desarrollo psico-social.

SENTIDO BIOLÓGICO: huir de una realidad emocionalmente insoportable para evitar los peligros que presenta.

Sugerencias y Recomendaciones

NUEVO MODELO MENTAL: "Me amo y me apruebo, no estoy solo, la vida entera me apoya y me sostiene. Soy libre y capaz de cualquier cosa que me proponga, decido vivir sin culpa. Doy y recibo amor por donde quiera que vaya. Fluyo con facilidad por la vida y acepto con alegría cuantas situaciones se plantean. Confío en la vida. Todo es perfecto en mi mundo".

Ver obsesión y locura.

PARÁSITOS

Son organismos animales o vegetales que viven, de manera permanente o temporal, a expensas de otra especie viviente pero sin destruir a ésta última.

Se dice que la gran mayoría de los seres humanos tienen parásitos en diversos grados, de una manera más o menos dañina. Es interesante observar que llamamos parásito a un humano que vive a expensas de otro, cuando podría él mismo satisfacer sus necesidades. La persona que tiene parásitos se deja parasitar por los demás, y sobre todo, por sus pensamientos y su forma de vivir. Los niños tienen muchos de ellos porque se dejan invadir demasiado por el mundo adulto. Se sienten obligados a esforzarse en no ser ellos mismos para que los adultos los quieran. También sucede con frecuencia que una persona atrapa parásitos durante un viaje a otro país. Cuantos más de estos organismos tiene una persona, más mensajes recibe de que le da demasiada importancia a detalles que no la tienen y que la invaden y ocupan demasiado espacio.

Entrega del poder a otras personas.

Sugerencias y Recomendaciones

Gracias a estos parásitos, tu cuerpo te dice que nadie puede parasitarte si tú no se lo permites. Sólo tú puedes dejarte invadir. No necesitas esforzarte para SER otra persona, creyendo que así te querrán más. Tienes todo lo necesario para ser una persona digna de ser amada y aceptada. Respétate y los demás te respetarán. No dejes entrar ningún pensamiento o creencia inútil, del mismo modo que no dejarías entrar a cualquiera en tu casa.

NUEVO MODELO MENTAL: "Con amor recupero mi poder. Elimino toda interferencia".

PARATIROIDES

Son dos pequeñas masas redondeadas fijadas a la cara posterior de los lóbulos laterales de la glándula tiroidea.

Función principal: secretar la paratohormona u hormona paratiroidea (PTH), esta hormona es la responsable de la homeostasis (equilibrio del medio interno) de los iones calcio y fosfato indispensables para la función ósea y muscular.

La tiroides secreta las hormonas tiroideas e interviene en el metabolismo, es decir que estas hormonas van a regular, van a ralentizar o acelerar, hay un rol ligado al tiempo en relación al metabolismo, y esta regulación va a tener que ver con el crecimiento y desarrollo del organismo, vamos a decir que es una regulación que se escribe en el tiempo.

No hacer lo suficiente. Conflicto de no poder tragar.

"No consigo saber qué hacer para atrapar el pedazo". "No puedo escupirlo a la cara". "Quiero desengancharme de ello rápido y escupirlo". "Quiero construirme (calcio)". "Mis padres me quieren someter". "No consigo encontrar el equilibrio entre mis padres y yo.

Conflictos de urgencia y paciencia:

Urgencia: la persona siente que necesita que el tiempo vaya más rápido (salir urgentemente de esta situación) = Hipertiroidismo: P.ej. Una mujer va a casa del abuelo que hace tiempo que no ve y se lo encuentra muerto. El estrés que le produce la situación le provoca una necesidad de ir muy rápido para no estar en contacto con el muerto y genera hipertiroidismo. Se relaciona con las profesiones de urgencias (bomberos, ambulancia...)

Paciencia: Hipotiroidismo:

"Quiero que el tiempo pase lentamente." Puede estropearse por una situación demasiado larga en el tiempo.

P.ej. A alguien le dicen que a su madre le queda poco tiempo de vida, quiere automáticamente que el tiempo pase más lento. También una persona que lleve mal el hacerse mayor.

Sugerencias y Recomendaciones

NUEVO MODELO MENTAL: "Me amo y me apruebo, no estoy solo, la vida entera me apoya y me sostiene. Soy libre y capaz de cualquier cosa que me proponga, decido vivir sin culpa. Doy y recibo amor por donde quiera que vaya. Fluyo con facilidad por la vida y acepto con alegría cuantas situaciones se plantean. Confío en la vida. Todo es perfecto en mi mundo".

PARÉNQUEMIA RENAL

Tejido funcional del riñón formado por la corteza y las pirámides renales.

Estructuralmente, el parénquima renal consiste en 1-1.2 millones de estructuras microscópicas llamadas nefronas que son las unidades funcionales del riñón.

Problemas existenciales. Miedo a que te despidan... Situaciones que de por si no son muy potentes, pero son repetitivas. "¿Esto está bien o está mal?"

Siempre que hay problema en el riñón es un problema de líquidos.

Sugerencias y Recomendaciones

NUEVO MODELO MENTAL: "Me amo y me apruebo, no estoy solo, la vida entera me apoya y me sostiene. Soy libre y capaz de cualquier cosa que me proponga, decido vivir sin culpa. Doy y recibo amor por donde quiera que vaya. Fluyo con facilidad por la vida y acepto con alegría cuantas situaciones se plantean. Confío en la vida. Todo es perfecto en mi mundo".

PARESIA

La paresia es una parálisis ligera o incompleta que se manifiesta como una reducción de la fuerza muscular.

Ver parálisis y debilidad.

PARINAUD

El síndrome de Parinaud es una parálisis vertical de la mirada.

Sugerencias y Recomendaciones

Véase parálisis, agregando que la persona que lo padece no quiere ver lo que sucede. Su manera de mirar a una situación o a una persona la paraliza.

PARKINSON

Los síntomas característicos de esta enfermedad se asocian en proporciones variables: temblor, rigidez y trastornos complejos de la motricidad voluntaria e involuntaria.

En general, esta enfermedad se manifiesta en la persona que tiene miedo de no poder retener a alguien o a algo; por esta razón, comienza en las manos. El enfermo es una persona rígida que desde mucho tiempo atrás se ha reprimido para ocultar su sensibilidad, su vulnerabilidad, su ansiedad y sus temores, sobre todo en sus momentos de indecisión. Su mayor deseo era controlarlo todo y ahora su enfermedad le dice que ha llegado a su límite y que no puede hacerlo, ni para sí misma ni para los demás. Su sistema nervioso se ha cansado de mantener toda esa tensión interior que él creó para ocultar todo lo que sentía.

Miedo e intenso deseo de controlarlo todo y a todos.

También se conoce a esta enfermedad como Parkinsonismo idiopático o parálisis agitante, es un trastorno neurodegenerativo crónico que conduce con el tiempo a una incapacidad progresiva, producido a consecuencia de la destrucción de las neuronas pigmentadas de la sustancia negra.

Frecuentemente clasificada como un trastorno del movimiento. Esta enfermedad también desencadena alteraciones en la función cognitiva, en la expresión de las emociones y en la función autónoma.

Crisis épica en curación.
Buscar un Yaciente.

CONFLICTO de miedo a terminar, de soltar, de acabar. Personas que lo quieren controlar todo pero no pueden. Conflicto de futuro (miedo a dejar de vivir), en consecuencia, no terminamos las cosas. Miedo a los juicios, detiene el movimiento, no llega hasta el final. Retener a alguien o a algo a pesar de ser inútil.

"Quiero actuar pero no me dejan". "Quiero actuar y no sé dónde". "No quiero concluir, no quiero acabar".

Lanzar el gesto, pero no llegar a realizarlo.

Sugerencias y Recomendaciones

Por ser una enfermedad que evoluciona lentamente, la persona afectada tiene la oportunidad de revertir el proceso. Si este es tu caso, aprende a confiar más en el Universo y en la gente. Revisa tus ideas con respecto a ceder ante los resultados que obtienes y los de los demás. Tu parte interna, aquella que cree que tú y los demás debéis conteneros para que todo sea perfecto, está exhausta. Date el derecho de no ser perfecto, de estar indeciso e incluso de equivocarte. De este modo te será más fácil darles ese derecho a los demás. De la misma manera, acepta la idea de que es muy humano tener miedo y de que no puedes ser el hombre o la mujer perfecta que creíste debías ser.

NUEVO MODELO MENTAL: "Me relajo en la seguridad de que estoy a salvo. La vida me apoya. Confío en el proceso de la vida".

En estos momentos no conocemos la forma de curar esta enfermedad, pero la conservación de las glándulas y los órganos en buen estado pueden ayudar mucho al paciente. El enfermo debe poner toda su voluntad y energía, además de mucha fe en su propia capacidad para mejorar, especialmente en los primeros momentos del desarrollo de la enfermedad.

CROMOTERAPIA: color curativo verde.

TRATAMIENTO: iniciamos estimulando el área correspondiente al cerebro, las suprarrenales, el sistema nervioso, las glándulas pineal y pituitaria, la tiroides, los ovarios o la próstata y continuamos con el hígado, los riñones y el bazo.

Ver cerebro-parkinson.

PARÓTIDA

La parótida es una glándula salival muy voluminosa, bilateral, situada a ambos lados de la cara, en una celda osteofibrosa dependiente de la aponeurosis cervical superficial por debajo del conducto auditivo externo (CAE), por detrás de la rama ascendente del maxilar inferior y por delante de las apófisis mastoides y estiloides; pesa alrededor de 25 gramos. La atraviesan 3 estructuras importantes: el nervio facial, la vena retromandibular y la arteria carótida externa y el inicio de sus ramas terminales. La parótida produce la mayor cantidad de saliva de predominio seroso.

No poder o tener derecho a comer (ensalivar). No poder atrapar la presa (objetivo)

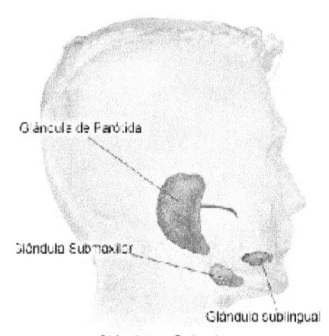

Sugerencias y Recomendaciones

NUEVO MODELO MENTAL: "Me amo y me apruebo, no estoy solo, la vida entera me apoya y me sostiene. Soy libre y capaz de cualquier cosa que me proponga, decido vivir sin culpa. Doy y recibo amor por donde quiera que vaya. Fluyo con facilidad por la vida y acepto con alegría cuantas situaciones se plantean. Confío en la vida. Todo es perfecto en mi mundo".

Ver paperas.

PAROTIDITIS
Ver paperas.

PAROTÍDEO

No poder atrapar la presa (objetivo).

Ver parótida.

PÁRPADO

Pueden sufrir irritaciones o eccema.

El dolor en un párpado te indica que no te proteges bien de las agresiones externas, es decir, que te dejas influir mucho por lo que ves. Quizás seas una persona que no se concede el derecho de cerrar los párpados para descansar o acostarse. Quieres "verlo" todo.

CONFLICTO de motricidad. Relacionado con los hijos, los prójimos, nuestra identidad. ¡Es mi hijo!

"No puedo ver sin ser visto".

Sugerencias y Recomendaciones

Si tienes el párpado irritado, date cuenta de que lo que te irrita es tu percepción de los hechos y no lo que sucede realmente. Si no puedes tolerar lo sucedido, date permiso para retirarte, para descansar. Esto te permitirá, una vez descansado, afirmarte más y hacer tus demandas sin querer controlar a los demás y sin esperar que consientan en ellas. Te beneficiaría ser más tolerante.

PÁRPADOS

Los párpados son los órganos móviles que protegen a los ojos de las agresiones externas (basura, frío, luz, etc.) Éstos pueden sufrir irritaciones o eccema.

El dolor en un párpado te indica que no te proteges bien de las agresiones externas, es decir, que te dejas influir mucho por lo que ves. Quizá seas una persona que no se concede el derecho de cerrar los párpados para descansar. Quieres verlo todo.

Los párpados cubren y protegen mis ojos. Párpados hinchados son el signo de que vivo tristeza que se expresa por lágrimas, pero quiero retenerme, guardar mi dolor en mi interior. Debo cerrar los ojos cuando quiero descansar o dormir, este movimiento haciéndose voluntariamente. Pero si mis párpados están permanentemente cerrados a medias, hay algo o alguien en mi vida de quien quiero huir o que no me atrevo a mirar de frente. Si, además, vivo una gran tensión, mis párpados tienen tendencia a parpadear más rápidamente.

Sugerencias y Recomendaciones

Si tienes el párpado irritado, date cuenta de que lo que te irrita es tu percepción de los hechos y no lo que sucede realmente. Si no puedes tolerar lo sucedido, date permiso para retirarte, para descansar. Esto te permitirá, una vez descansado, afirmarte más y hacer tus demandas sin querer controlar a los demás y sin esperar que consientan en ellas. Te beneficiaría ser más tolerante.

Para el eccema u otro problema dérmico en el párpado, véase también eccema y problemas en la piel.

Me cierro los ojos para centrarme mejor, interiorizarme pero es también muy importante que los abra muy grandes para ver todas las bellezas del Universo y ver todas las posibilidades que se me presentan.

párpados
parpadeo

Mis párpados tienen tendencia a parpadear más rápido cuando vivo un estrés o una tensión más grande que de costumbre. Estoy en "sobrevoltaje" para con lo que veo.

Sugerencias y Recomendaciones

Traigo en mi vida momentos de calma y de descanso y aprendo a ver el lado positivo de todo.

PARTO

El parto es quizás una de las experiencias de transición más traumatizantes que exista para el niño que nace. Es un fenómeno natural; yo, como mujer, entrego al niño a quien llevo. Los dolores del parto pueden estar conectados a diversos miedos, sobre todo los de sufrir y de dar a luz, al dolor acumulado con relación a mi propio niño interior. Las dolencias o los sufrimientos también pueden proceder del hecho que el niño que va a nacer me recordará constantemente la realidad y la responsabilidad que quiero tener con relación a mi niño interior. Puedo alimentar inquietudes frente a esta parte mía compuesta de mi carne y de mi sangre de quien tomo la responsabilidad. En esta situación, como en muchas otras, el parto trae diversas creencias más o menos fundadas, por ejemplo, el que hay que sufrir para parir (¡igual como para ser guapa!) Lo cual no necesariamente es verdad, sobre todo en los planos de consciencia superiores. Los dolores pueden más bien traer en mí, sobre todo inconscientemente, el recuerdo doloroso de haber pasado del mundo de la luz al mundo más limitativo de la materia en un cuerpo físico. Varias preguntas pueden brotar también:

¿Qué pasará después del nacimiento de este hijo? ¿Seguiré siendo tan deseable para mi cónyuge? ¿Soy una buena madre? ¿Tiene mi hijo todo lo que necesita? ¿Es posible que no desee dar a luz porque estoy en un estado de felicidad, amada y más mimada por mi cónyuge? De cualquier modo, dar a luz es una experiencia formidable.

Sugerencias y Recomendaciones

Permite mostrar realmente mi habilidad a enfrentarme a los momentos de transición y cambios futuros. Tengo fe sabiendo que tengo toda la fuerza y la energía necesarias para traer mi hijo al mundo y cuidarme de él adecuadamente.

Ver embarazo-dolores, prolongado.

parto
parto prematuro

Un parto prematuro es el que tiene lugar entre la semana 29 y 38 de la ausencia de las reglas. Cuando sucede éste, puede que no me sienta suficiente madura para llevar a este hijo a término y que desee de un modo no consciente, librarme de él antes que llegue a término. Puede que quiera "rechazar" inconscientemente a este hijo, igual que yo misma puedo sentirme rechazada a veces. La angustia, incluso inconsciente, de tener que asumir una responsabilidad para la cual no estoy lista, o el hecho de no sentirme preparada, puede hacerme "desear ardientemente dar a luz lo antes posible" para acabar con esta angustia de la espera. De todos modos, que quiero terminar con esta angustia o que reniegue de este hijo, este estado de consciencia se niega conscientemente.

Sugerencias y Recomendaciones

¿Me imagino el guión, yo, una mujer que renegase conscientemente a mi hijo? Es posible, pero esta situación se transforma la mayoría del tiempo en rechazo inconsciente de esta maravillosa experiencia. De cualquier modo, acepto que todo sucedió para lo mejor, para mí y para el niño.

PAT-HORMONAL

Pat: tablas, equilibrio. Cuando un hemisferio está muy sobrecargado se bloquea y pasa (bascula) al otro hemisferio.

Se dará este fenómeno en todos los conflictos de territorio.

La diferencia entre el Pat y la Polaridad, es que en la polaridad es mucho más rápido y dura unos minutos. En el Pat tiene que haber una carga de líquido conflictual y puede durar durante muchos años. Ej. Un padre castrador.

SENTIDO BIOLÓGICO es proteger la vida del individuo. Un ejemplo de ello son las enfermedades mentales. Pueden haber "pats" de un 10%, 25%, 30% etc. "Es el equilibrio en el desequilibrio hormonal".

TIPOS DE PAT HORMONALES.

1. Naturales: niños, enfermos, ancianos. La menopausia. Durante el embarazo.

2. Artificiales: aporte exterior de hormonas (la píldora). Aporte exterior de antihormonas (tratamientos contra el cáncer). Traumatismos craneales. Intoxicación o consumo de drogas.

¿CUÁNDO BASCULA?

1. Cuando hay un conflicto importante y hay mucho estrés. Caso del padre castrador, cuando estoy frente a mi jefe, cuando llego a casa (caso del general). Niña que no le crecen los pechos, porque su papá solamente quiere niños. Un hombre se queda viudo y desarrolla las tareas femeninas.

Una mujer está con sus nietos, se produce un incendio y báscula a masculino para sacarlos a la calle.

2. Cuando hay una Patología (Pat Inter hemisférico). Aquí hablaremos de primer y segundo conflicto. Cuando hay una gran carga en un hemisferio, concretamente en un relé, se produce el basculamiento al otro hemisferio.

Sugerencias y Recomendaciones

NUEVO MODELO MENTAL: "Me amo y me apruebo, no estoy solo, la vida entera me apoya y me sostiene. Soy libre y capaz de cualquier cosa que me proponga, decido vivir sin culpa. Doy y recibo amor por donde quiera que vaya. Fluyo con facilidad por la vida y acepto con alegría cuantas situaciones se plantean. Confío en la vida. Todo es perfecto en mi mundo".

PECHO

La definición que sigue se aplica a los dolores en el pecho, es decir, en la parte del cuerpo que abarca desde los hombros hasta el abdomen, y contiene el corazón y los pulmones.

Puede denotar un dolor sentido después del deseo insatisfecho de acurrucarse en el pecho de uno de los padres. El mensaje también puede venir del hecho de que la persona que lo sufre evita dejar que alguien se acurruque contra el suyo. También es posible que sea una persona que hincha el pecho porque se cree indispensable en la familia y quiere demasiado para los demás. Además, cualquier dolor indica culpa, y una acusación hacia sí mismo o hacia otra persona. Puede acusarse o acusar a alguien de no encargarse bien de otro miembro de la familia.

El pecho está vinculado con mi sentido de la identidad y la parte interior de mí ser. A este nivel se sitúan mi corazón y pulmones, órganos esenciales al funcionamiento de una vida autónoma. Si tengo una dolencia o un dolor a este nivel, puedo preguntarme: "¿Mi sensibilidad, en cuanto a mis relaciones familiares, estuvo herida o afectada últimamente?", ¿tengo miedo de comprometerme frente a una persona o una situación, lo cual me lleva a evitar las ocasiones de dar e implicarme?".

Sugerencias y Recomendaciones

Con estos dolores en el pecho tu cuerpo te dice que te ames más y que te des el derecho de ser lo que eres, es decir, que te aceptes con tus defectos, tus debilidades y tus límites. No tienes que depender de los demás para tu felicidad.

Tomo consciencia de que es muy beneficioso revelar mis verdaderos sentimientos y mi vulnerabilidad: siempre gano cuando soy auténtico.

pecho
mastitis

La mastitis es una inflamación de la glándula mamaria durante la lactancia.

La mastitis que es la inflamación del pecho, lo hace muy doloroso y puede producirse durante la lactancia la cual, entonces, debe interrumpirse. Siempre en relación con la maternidad, provoco una dolencia que me obligará a dejar de dar de mamar sin vivir ninguna culpabilidad. También puedo ser yo quien tenga la sensación de estar demasiado protegida maternalmente, bien por mi cónyuge, o por alguien de mi entorno. Estos dolores en los pechos pueden demostrar también que soy demasiado dura hacia mí.

Sugerencias y Recomendaciones

Acepto dejar a los demás libres de sus elecciones, aprendo a amarme. Reconozco que cada uno de nosotros crece con sus propias experiencias.

Véase absceso y problemas en los senos, agregando que el enojo sentido tiene relación con la manera de vivir esta nueva maternidad. Ver las explicaciones adicionales sobre las enfermedades inflamatorias.

Ver senos.

PECHOS

Representan el principio de la maternidad. Cuando hay problemas con ellos, eso significa que nos estamos «pasando» en nuestro rol de madres, ya sea en relación con una persona, un lugar, cosa o una experiencia.

Parte del proceso que exige el rol de madre es permitir que los hijos crezcan. Es necesario saber cuándo tenemos que cruzarnos de brazos, entregarles las riendas y dejarlos en paz. La persona sobreprotectora no prepara a los demás para enfrentar y manejar su propia experiencia. A veces hay situaciones en que con nuestra actitud dominante cortamos las agallas a nuestros hijos.

Una persona que tiene pechos gordos (hombre o mujer), frecuentemente empezó muy joven a sentirse obligada a cuidar maternalmente de los demás para sentirse amada. Por más que tenga esta habilidad de cuidar de los demás, comprendo que, frecuentemente, actúo así porque tengo miedo del rechazo y que, sintiéndome admirado por este lado mío, me atraigo así el agradecimiento de los que me rodean. Al revés, si tengo pechos pequeños, puede que dude de mis capacidades de madre y que sienta constantemente la necesidad de probar que puedo serlo. El pecho izquierdo representa el aspecto más emocional, más afectivo de mi faceta maternal; en cambio el pecho derecho se asocia al papel y a las responsabilidades de la mujer en la familia o en la sociedad. Si mis pechos son blandos y colgantes, tengo interés en aprender a ser más firme en mi modo de hablar o de actuar. Los pechos representan también la feminidad en la mujer. Frecuentemente son exageradamente admirados. La aparición de los pechos significa volverse mujer. Provocan muchas reacciones para la mujer. Puedo tener miedo de volverme un sex symbol, de estar ridiculizada. Puedo vivir vergüenza, confusión, sentirme rebajada. Puede que no quiera tener hijos porque esto me recuerda un "impacto" pasado. Es posible que viva ciertos temores de ser a la vez madre y mujer.

Si el problema es el cáncer, lo que está en juego es, además, un profundo resentimiento. Libérese del miedo, y sepa que en cada uno de nosotros reside la Inteligencia del Universo.

Sugerencias y Recomendaciones

Elijo aceptar recibir tanto como doy, acepto mi feminidad.

Ver senos.

pechos
dolor o quiste

El pecho es la parte del cuerpo que abarca de los hombros al abdomen y contiene al corazón y los pulmones. La definición que sigue se aplica únicamente a los dolores en esta zona.

En metafísica, el pecho representa la familia. Un dolor aquí ubicado puede denotar un dolor sentido después del deseo insatisfecho de acurrucarse en el pecho de uno de los padres. El mensaje también puede venir del hecho de que la persona que lo sufre evita dejar que alguien se acurruque contra el suyo. También es posible que sea una persona que hincha el pecho porque se cree indispensable en la familia y quiere demasiado para los demás. Cualquier dolor indica culpa, y una acusación hacia sí mismo o hacia otra persona. Puede acusarse o acusar a alguien de no encargarse bien de otro miembro de la familia.

Sugerencias y Recomendaciones

Con estos dolores en el pecho tu cuerpo te dice que te ames más y que te des el derecho de ser lo que eres, es decir, que te aceptes con tus defectos, tus debilidades y tus límites. No tienes que depender de los demás para tu felicidad.

Cuando siento dolores en los pechos, debo interrogarme para saber si adopto una actitud sobreprotectora o dominante hacia mis hijos o hacia mi cónyuge. Un quiste puede producirse si me siento culpable frente a una maternidad o si sufrí un impacto emocional. Al querer proteger excesivamente a la gente a quien amo, les impido vivir, tomo las decisiones en su lugar, me vuelvo madre protectora. Necesito dejar que los que amo se vuelvan autónomos para que ellos sean personas responsables.

Ver cáncer de pecho, pecho-mastits.

PELADERA (ALOPECIA)
Ver cabellos- peladera.

PELAGRA

La pelagra es una enfermedad originada por una deficiencia de vitamina B, que se caracteriza por lesiones en la piel, inflamación de las mucosas de la boca y diversos trastornos digestivos y nerviosos. Ver también problemas en piel y boca, agregando ira.

PELO

Representa la fuerza. Cuando estamos tensos y asustados, es frecuente que nos fabriquemos estas «bandas de acero» que se originan en los músculos de los hombros y desde allí suben a lo alto de la cabeza; a veces incluso rodean los ojos. El pelo crece desde los folículos pilosos, y cuando hay mucha tensión en el cuero cabelludo, puede estar sometido a una presión tal que no le deja respirar, provocando así su muerte y su caída. Si la tensión se mantiene y el cuero cabelludo no se relaja, el folículo sigue estando tan tenso que el pelo nuevo no puede salir, y el resultado es la calvicie. En las mujeres, la calvicie ha ido en aumento desde que empezaron a entrar en el «mundo de los negocios», con todas sus tensiones y frustraciones, aunque no se hace tan evidente en ellas porque las pelucas para mujeres son sumamente naturales y atractivas. Lamentablemente, los postizos masculinos todavía son demasiado visibles desde bastante lejos. Estar tenso no es ser fuerte. La tensión es debilidad.

Sugerencias y Recomendaciones

Estar tenso no es ser fuerte. La tensión es debilidad. Estar relajado, centrado y sereno, eso es ser realmente fuerte. Sería bueno que todos relajásemos más el cuerpo, y muchos necesitamos también relajar el cuero cabelludo. Inténtelo. Dígale a su cuero cabelludo que se relaje, y observe si hay alguna diferencia. Si tiene una sensación perceptible de relajación, yo le diría que practique con frecuencia este ejercicio.

PELÍCULA

Las películas son la capa callosa y seca de la piel, teniendo el aspecto de copos blancos que se hallan generalmente en el cuero cabelludo. Tratándose del cúmulo de piel muerta, hay también cúmulo de actitudes y "esquema de pensamiento muertos" que ya no necesito.

Sugerencias y Recomendaciones

Mi cuero cabelludo está vinculado a lo mental, a lo abstracto; son esquemas de pensamientos mentales que debo soltar para dejar sitio a más apertura y más flexibilidad. Que esté muy activo o al contrario muy inactivo intelectualmente (por ejemplo, si dejo que los demás piensen en mi lugar), ambos pueden producir películas ya que existe en ambos casos un desequilibrio con relación a mi funcionamiento racional y mental. Me abro cada vez más a nuevos modos de funcionar en la vida y me siento cada vez más flexible, dejándome llevar por el flujo de la vida.

Ver cabellos-enfermedad.

PELVIS

Cavidad del esqueleto de los vertebrados superiores, en la parte inferior del tronco, compuesta por los huesos coxales, sacro y cóccix, que contiene la terminación del tubo digestivo, la vejiga urinaria y la parte interna de los órganos genitales

La pelvis es la apertura de la zona de la pelvis sostenida por las caderas y la columna. Los dolores en esta zona frecuentemente se perciben como punzadas. La palabra está muy adecuada porque esta comarca de la pelvis, soportada por las caderas, me ayuda a andar, a estar en movimiento, y por lo tanto a "lanzarme" en la vida o en un nuevo proyecto (como "punzado" por una "lanza"). Este proyecto puede dar nacimiento a alguien, pero también a mí mismo, sobre todo en lo que se refiere a nuevas actitudes o nuevos comportamientos. Implica una comunicación tanto en el plano sexual, como interpersonal.

Es el acto sexual, la reproducción. Desvalorización sexual (a nivel de creencias). También no poder acoger a un recién nacido (o a otro) de un modo satisfactorio.

Conflicto de dirección (20%).

En los conflictos de pelvis, la desvalorización va unida conflictos de próstata y útero.

Cinco CONFLICTOS:

Fabricación de hijos: abortos, malformaciones, etc. Cuando es el útero el que está enfermo. "Lo estoy viviendo yo". "Me desvalorizo por no hacer bien mi trabajo". Esto dará tumores a nivel de pelvis.

Casa: la primera casa es el útero.

Nietos: por identificación. Hijo o hija no pueden tener hijos, los fabrico en su lugar sexualidad fuera de norma (diferencias de edad en la pareja, estoy enferma y mi marido todavía quiere hacer el amor conmigo).

Las metástasis: tengo cáncer de pecho y metástasis en la pelvis: "Tengo cáncer y mi marido todavía quiere hacer el amor y yo no quiero, para mí es fuera de la norma".

Pubalgias, cruralgias y problemas de cóccix y sacro, están relacionados con estas cuestiones sexuales.

Sugerencias y Recomendaciones

Es importante que me haga confianza en las decisiones por tomar frente a nuevas direcciones por elegir, que ponga cosas en marcha para descubrir toda la riqueza de mi mundo interior y todas las posibilidades que a mí se ofrecen.

Ver pelvis pequeña, caderas.

pelvis
pelvis pequeña

La pelvis es la parte ósea que reúne y separa al mismo tiempo la parte inferior de la parte superior del esqueleto humano. Es el lugar de origen de todos los movimientos de desplazamiento, locomoción y acción del cuerpo. Corresponde al hecho de lanzarme en la vida. La pelvis representa el poder bajo todas sus formas. Es el recipiente que acoge las energías del poder que mantienen el ego. Si tengo una pelvis ancha o muy ancha (con nalgas gordas) creo inconscientemente que la vida o las situaciones de mi vida limitan mi poder. Intento pues recogerlo. Intento compensar físicamente, bloqueando de un modo involuntario todas las energías en este lugar (miedo, inseguridad, cólera). Seguirá quizás un malestar o un conflicto en lo que se refiera a mi sexualidad.

Sugerencias y Recomendaciones

Es importante que las energías circulen más armoniosamente en mi cuerpo y que crea sinceramente que hice lo conveniente. Incluso si quiero coger poder, puedo tomar consciencia y aceptar con el corazón que no hay poder por coger salvo el del plano mental. Si quiero liberar todas estas energías y encontrar un mejor equilibrio energético, empiezo a amarme tal como soy, a manifestar mi alegría, confianza y fe en todo lo que hago. Vacío este recipiente de poder y dejo circular la vida. Por otra parte, si siento algunas dificultades al nivel de mi pelvis, es posible que aprecie la importancia de mis necesidades fundamentales como la vivienda, la alimentación, la sexualidad. Debo reconsiderar la importancia que debo atribuir a los diferentes aspectos de mi vida para que esté sentada en bases sólidas y sanas.

Ver caderas-dolores.

PELVIS RENAL

La pelvis renal es la parte dilatada proximal del uréter en el riñón. Tiene una forma parecida a la de un embudo. Es el punto de convergencia de dos o tres cálices mayores. Cada papila renal es rodeada por una rama de la pelvis renal llamada cáliz. La función principal de la pelvis renal es actuar como embudo para la orina que fluye al uréter.

Úlcera carcinomatosa: no poder demarcar límites (parecido al conflicto de identidad).

CONFLICTO de marcaje territorial. Ej: no saber a qué opinión atenerse.

Sugerencias y Recomendaciones

NUEVO MODELO MENTAL: "Me amo y me apruebo, no estoy solo, la vida entera me apoya y me sostiene. Soy libre y capaz de cualquier cosa que me proponga, decido vivir sin culpa. Doy y recibo amor por donde quiera que vaya. Fluyo con facilidad por la vida y acepto con alegría cuantas situaciones se plantean. Confío en la vida. Todo es perfecto en mi mundo".

PENA

La pena está vinculada a la forma de ansiedad, una inquietud o una tristeza que se manifiesta por llantos, sonidos de dolores, soledad. Mi corazón está herido y enfermo después de una experiencia pasada lastimosa y dolorosa. Mi pena puede ser larga o durar un instante. Busca la verdadera causa generalmente profunda o inconsciente. Después de años, varias heridas de infancia pueden volver a brotar así como cierta toma de consciencia.

Sugerencias y Recomendaciones

Me mantengo abierto a lo que vivo e identifico rápidamente la verdadera fuente de mi pena para poder cambiarla. Acepto mi toma de consciencia y la integro. De este modo, vuelvo a encontrar mi alegría y salgo de esto "crecido".

Ver melancolía.

PENE

Problemas comunes: comezón, impotencia, eyaculación precoz, malformación, tumor.

Los problemas que le impiden realizar el acto sexual a un hombre le recuerdan que desea hacerlo, pero él se bloquea inconscientemente. Puede ser que se sienta culpable o que algún miedo se lo impida. También es posible que sea un hombre que no cree merecer sentir placer, y no únicamente en el plano sexual. Como la energía sexual es la energía necesaria para crear un hijo, también es un símbolo de la capacidad de una persona para crear su vida. Este mensaje también puede indicarle a este hombre que siente miedo de llevar su vida como se le antoje o se siente culpable por ello.

Problemas en la piel: "Mi abuelo era un violador". Simboliza la energía masculina.

Sugerencias y Recomendaciones

Si tienes este problema, tu cuerpo te dice que te concedas el derecho de hacer el amor y de disfrutarlo. Deja de crearte miedos o culpas. Todo lo que hayas aprendido con respecto a la sexualidad no es necesariamente cierto para ti. El acto sexual es un maravilloso medio de comunicación y de expresión de tu amor hacia la persona amada. Aprende a utilizar tu pene con amor y retomará con placer sus funciones naturales. Ha llegado el momento de que te aprecies más y te permitas sentir placer; no sólo en la vida sexual, sino en todas las áreas. Tienes todo lo necesario para crear; se trata de que te decidas a hacerlo y te permitas utilizar tu poder creador.

PÉRDIDA DE CONOCIMIENTO

Un desmayo es una pérdida del conocimiento, que suele ser de aparición brusca y de corta duración. La visión disminuye al tiempo que aparecen puntos o manchas luminosas; el individuo se pone lívido, lo cubre un sudor frío y la pérdida del conocimiento es total.

El desmayo es una forma de huida para la persona que no quiere enfrentar una situación determinada. Cuando dicha situación dura un cierto tiempo hasta el punto de desanimar y angustiar a la persona que se siente impotente para cambiarla, el desmayo se convierte en una forma de huida.

El desmayo es una pérdida de consciencia temporal de duración variable, yendo de un corto instante a media hora. Si tengo una pérdida de conocimiento total, brutal y de corta duración, se habla de síncope. Si la pérdida de conocimiento dura un período más largo de tiempo, se trata de un coma. En cualquier caso, una pérdida de conocimiento me permite huir la realidad. Me niego momentáneamente porque estoy tan cansado que mi resistencia es nula. Soy incapaz de enfrentarme con las situaciones de mi vida. Alterno entre estados de miedo, angustia, desánimo e impotencia. Frecuentemente, tengo miedo de perder el poder y de no "estar a la altura" de algunas personas o algunas situaciones. Cuando me agarro, bloqueo todas las energías y las fuerzas que están en mí.

Sugerencias y Recomendaciones

El mensaje que te manda tu cuerpo es que quieres seguir involucrado en esa situación, aun cuando sea necesario que adoptes una percepción diferente de la misma. En lugar de alimentar tus temores, te ayudaría hablar de lo que sientes y buscar ayuda para ver la situación de otro modo. Tu forma de pensar es la que dice "no puedo hacerle frente" y te incita a huir. Esta situación se presenta para ayudarte a evolucionar. Debes tomar más consciencia de lo que puede enseñarte en lugar de hacer lo contrario, es decir, volverte más inconsciente desmayándote. Ha llegado el momento de que vuelvas a contactar con tu fuerza interior.

Tomo consciencia que debo cesar de agarrarme al pasado y a mis viejas ideas. Dejo que la vida siga su curso. Acepto confiar en el universo ya que todo está aquí para mi evolución.

Ver coma.

PÉRDIDA DE VISIÓN

Conflicto de miedo en la nuca.

Peligro que acecha o amenaza y del que uno no puede desembarazarse.

Sugerencias y Recomendaciones

NUEVO MODELO MENTAL: "Me amo y me apruebo, no estoy solo, la vida entera me apoya y me sostiene. Soy libre y capaz de cualquier cosa que me proponga. Doy y recibo amor por donde quiera que vaya. Fluyo fácilmente por todas las situaciones que me plantea la vida, me expreso y amo con facilidad. Todo es perfecto en mi mundo".

PEREZA

La pereza es una tendencia a evitar cualquier actividad, a rechazar cualquier esfuerzo. Está vinculada al cansancio frente a la vida en general, una dejadez, porque no tengo el gusto de hacer esfuerzos o de obligarme a hacer lo que sea.

Sugerencias y Recomendaciones

Empiezo a actuar, a hacer cosas para volver a darme energía, entusiasmo, alegría de vivir.

PERFORACIÓN

Una perforación es la interrupción de una parte del cuerpo por la presencia de orificios.

La perforación se produce en la persona que se siente atravesada por una situación, un incidente u otra persona. Tiene la impresión de que alguien quiere quitarle un pedazo, una parte de sí misma.

Sugerencias y Recomendaciones

Por medio de este mensaje, tu cuerpo te dice que veas la realidad con otros ojos, y verifiques con quienes te rodean si lo que crees es realmente cierto. Seguramente eres una persona muy sensible y tomas demasiado en serio a las cosas y las personas. No son los demás quienes te invaden: eres tú quien se deja invadir. Si cambias tu forma de pensar podrás comprobar que los demás no tienen necesariamente las intenciones que les atribuyes.

PERICARDITIS

La pericarditis es una inflamación aguda o crónica del pericardio, el saco fibroseroso que envuelve al corazón.

DOS CAPAS:
Pericardio visceral: interna (en contacto con la masa muscular).
Pericardio parietal: externa.

En medio hay un líquido lubricante que también mantiene la temperatura del corazón.

FUNCIONES:

Disminuye la fricción. Barrera de procesos infecciosos (a nivel del líquido). Mecánicas. Mantener y procurar que no se exceda en su movimiento.

CONFLICTO por identificación. Miedo por mi/su corazón. Corazón es casa. "Tengo que proteger mi/su corazón."

Ejemplo: el abuelo tiene un problema cardíaco y nosotros podemos sentirlo como nuestro y querer proteger nuestro corazón.

Pericarditis: hay una inflamación del pericardio y el corazón no puede expandise, hay una fatiga y dificultad de respiración: Puedo resentir que un familiar no se vaya de la casa. También puedo hacer un derrame pericárdico, un taponamiento, o un mesotelioma del pericardio (tumor de células epiteliales) cuando siento atacado mi corazón. El corazón también es un sinónimo de nuestra casa (esto sería 4ª etapa, territorio), por lo tanto, "siento agredido mi territorio".

Cuando una persona se siente atacada en el aparato cardiovascular, puede hacer un cáncer del pericardio, puede hacer un estrechamiento del pericardio, puede hacer un suplemento de líquido en el pericardio, todo ello con el fin de proteger el corazón. Como se sabe éste consta de dos capas, la visceral y la parietal y entre ellas hay un líquido seroso.

Sugerencias y Recomendaciones

Ver problemas del corazón, agregando ira reprimida. Ver las explicaciones adicionales sobre las enfermedades inflamatorias.

El pericardio protege el corazón.

Ver corazón-pericardits.

PERIODONTITIS

La periodontitis, denominada comúnmente piorrea, es algo crónica e irreversible que puede cursar con una gingivitis inicial, para luego ser la puerta de entrada para proseguir con una pérdida de inserción colágena, recesión gingival y pérdida de hueso hasta, en el caso de no ser tratada, dejar sin soporte óseo al diente.

Cólera ante la incapacidad de tomar decisiones. Incapacidad de mantener decisiones. Indiferencia ante la vida. Personas indecisas.

Sugerencias y Recomendaciones

NUEVO MODELO MENTAL: "Soy una persona decidida. Persevero y me apoyo con amor. Me apruebo y mis decisiones son siempre perfectas para mí".

Se trata de una inflamación de las encías que produce muchos trastornos y conviene aplicar un tratamiento completo y constante, para el que se requiere mucha fuerza de voluntad.

CROMOTERAPIA: color curativo azul.

TRATAMIENTO: deberemos empezar por estimular todas las articulaciones de los dedos. Continúe luego a la zona correspondiente a las grandes glándulas: pituitaria, tiroides, páncreas, suprarrenales y timo, siga con el hígado, el bazo, los riñones y toda el área de los ojos.

PERIOSTIO

Como periostio se le conoce (peri = alrededor, y osteo = hueso) a una membrana de tejido conectivo concentrada de tejido vascular, fibrosa y resistente, que cubre al hueso por su superficie externa excepto en lugares de inserción de ligamentos, tendones, y superficies articulares (la superficie externa del hueso a nivel de las articulaciones está cubierta por cartílago hialino, llamado cartílago articular).

El periostio tiene que ver con el sistema nervioso y la piel.

CONFLICTO de separación con resentimiento de brutalidad. Nos situamos entre los 3 y los 14 años del niño, son todos los tocamientos, incestos, lo que se llama el contacto impuesto, no deseado y doloroso.

"Yo quiero separarme. Me toca y no quiero". "No quiero que me toque mi estructura".

Si al rascarse se alivia es conflicto de separación. Si tiene ganas de arrancarse la piel es conflicto de agresión.

Sugerencias y Recomendaciones

NUEVO MODELO MENTAL: "Me amo y me apruebo, no estoy solo, la vida entera me apoya y me sostiene. Soy libre y capaz de cualquier cosa que me proponga, decido vivir sin culpa. Doy y recibo amor por donde quiera que vaya. Fluyo con facilidad por la vida y acepto con alegría cuantas situaciones se planteen. Confío en la vida. Todo es perfecto en mi mundo".

PERITONEO

Membrana que envuelve la mayor parte de los órganos del abdomen. Compuesto de una capa de mesotelio que descansa sobre una capa delgada de tejido conectivo. Membrana serosa a nivel abdominal que se forma en la tercera semana. Tiene dos capas igual que el pericardio y la pleura:

Peritoneo visceral: interna.
Peritoneo parietal: externa.

Con un líquido en medio de las dos capas (líquido pleural). Hay gente que llega a acumular más de 10 litros.

FUNCIONES:

Formar nuevas células a nivel de matriz.
Temas de coagulación.
Transporte de sustancias.
Defensa.
Lubrificación.

Patologías: infecciones, tumores (mesotelioma de peritoneo) y aumento de líquido.

CONFLICTO: miedo, pánico a lo que sucede dentro del vientre. Atentado contra la integridad de lo más recóndito. Amenaza de un mal que corre por dentro. "Quiero proteger mi vientre. Quiero proteger a mi bebé. Tengo miedo a tener un cáncer".

SENTIDO BIOLÓGICO: todo lo que hay en mi vientre. Si tengo miedo de ser agredido en esa zona, haré más gruesas las capas. Siempre dependerá de la zona del órgano que proteja.

Sugerencias y Recomendaciones

NUEVO MODELO MENTAL: "Me amo y me apruebo, no estoy solo, la vida entera me apoya y me sostiene. Soy libre y capaz de cualquier cosa que me proponga, decido vivir sin culpa. Doy y recibo amor por donde quiera que vaya. Fluyo con facilidad por la vida y acepto con alegría cuantas situaciones se planteen. Confío en la vida. Todo es perfecto en mi mundo".

PERITONITIS

Es la inflamación del peritoneo.

Esta enfermedad indica una ira reprimida y un sentimiento de culpa. La persona que sufre este problema vive una situación como si fuese una agresión. Se guarda todo, sobre todo el enojo. Es una persona que, por su rigidez, se impide sentir. Quiere creer que todo se arreglará y no quiere demostrar que lo que sucede la altera. Quiere mostrarse valiente y animosa.

Muchas veces no quiere saber que siente miedo. Su ira y su culpa se vuelven contra sí misma porque cree que no puede cambiar una situación que considera intolerable.

"Quiero proteger mi vientre".

Ascitis (agua en el interior): puede ser un conflicto activo, no siempre es fase de curación.

Sugerencias y Recomendaciones

Con esta enfermedad recibes el importante mensaje de que seas más tolerante contigo mismo y aprendas a aceptar tus límites. Debes dejar de creer que mostrar o reconocer tus miedos significa que te consideren débil. Tu cuerpo te dice que ya es hora de que muestres tu vulnerabilidad y dejes de exigirte tanto. No necesitas castigarte y hacerte daño tratando de aparentar que eres una persona biónica que lo puede todo. Eres un ser humano y, al aceptar este estado, podrás obtener ayuda y pasar la situación que vives de una manera más fácil.

PERONÉ

CONFLICTO de no poder marcharse a hacer su propia vida. (Madre posesiva). "Debatirse entre dos hogares".

En Francia está relacionada con el padre "père erroné".

Espinilla: ideales rotos. La espinilla representa el estilo de vida.

Sugerencias y Recomendaciones

NUEVO MODELO MENTAL: con amor y alegría vivo de acuerdo a mis más elevados ideales.

PESADEZ DE ESTÓMAGO

"Es algo demasiado grande para digerir".

Sugerencias y Recomendaciones

NUEVO MODELO MENTAL: "Me amo y me apruebo, no estoy solo, la vida entera me apoya y me sostiene. Soy libre y capaz de cualquier cosa que me proponga, decido vivir sin culpa. Doy y recibo amor por donde quiera que vaya. Fluyo con facilidad por la vida y acepto con alegría cuantas situaciones se plantean. Confío en la vida. Todo es perfecto en mi mundo".

PESADILLAS

Son un sueño angustioso que generalmente termina o se interrumpe al despertar de manera violenta y que a veces deja un recuerdo difícilmente soportable.

La persona que tiene una pesadilla siente mucha angustia en su sueño, lo cual le indica que experimenta esa misma angustia en el estado de vigilia, pero no es consciente o no quiere ser consciente de ella por temor a tener que hacerle frente. El sueño es sencillamente una extensión de lo que se vive en el estado de vigilia, pero que suele ser rechazado. Cuando la persona llega a su límite, el sueño le permite dejar escapar lo que ha sido reprimido. El sueño siempre aparece para ayudar a la persona a ser más consciente, al igual que todo malestar o enfermedad.

Sugerencias y Recomendaciones

Si tienes pesadillas frecuentemente, tú psiquismo quiere ayudarte a expresar tus deseos y, sobre todo, a que dejes de creer que no puedes realizarlos. Por ejemplo, si en una de ellas te persiguen y sientes mucho miedo, este sueño te indica que, cuando estás despierto, tienes la impresión de que alguien o algún pensamiento obsesivo te persiguen. Lo que quieres es hacerle frente utilizando tu poder de creer, pero hay una forma-pensamiento en ti que cree que no puedes lograrlo. Si en tu sueño consigues detenerte, enfrentar a la persona que te persigue y preguntarle qué es lo que quiere, esto te ayudará a hacerlo en el estado de vigilia. Cuanto más se repita una de ellas, más urgente será que te enfrentes a lo que te angustia para que finalmente consigas la paz espiritual.

PESARES

Si me alimento de pesares, alimento mi cuerpo de pena, tristeza, disgusto frente a lo que hubiese podido hacer o no, decir o pensar. Mis pesares me roen en el interior y bajan mi nivel de energía. Crean un terreno propicio a la enfermedad.

Sugerencias y Recomendaciones

Aprendo a tener una actitud positiva sabiendo que siempre hago lo mejor que sé. Aprendo a partir de mi pasado y esto me permite mejorarme, tomar experiencia, volverme más sabio.

PICADURAS DE MOSQUITO

Las picaduras de mosquito son un ataque a la integridad en un contexto de separación. Culpa por cosas pequeñas.

Sugerencias y Recomendaciones

NUEVO MODELO MENTAL: "Estoy libre de toda irritación. Todo está bien".

PIEDRAS EN LOS RIÑONES
Ver cálculos, riñones-problemas renales.

PIEL

Los problemas de la piel son muy numerosos; esta explicación es general.

En general, la piel se relaciona con la valoración de sí mismo ante el exterior. Por ser la envoltura corporal, representa la imagen que el ser humano tiene de sí mismo. Una persona que quiera saber qué imagen tiene de sí misma solo tiene que describir su piel. Cualquier problema en la piel se relaciona con la vergüenza que la persona afectada siente ante sí misma. Le concede demasiada atención a lo que los demás puedan pensar de ella, así como a sus juicios. No se permite ser ella misma y se rechaza fácilmente. A menudo se siente herida en su integridad. También es una persona muy sensible a lo que sucede en el exterior, que se deja tocar demasiado fácilmente por los demás (en sentido figurado) y a la que le resulta difícil amarse tal como es. Cuando el problema dérmico se acompaña de pus, significa que no soportas a alguien o algo, hasta el punto de que te ocasionas este problema para alejarte. Un problema dérmico grave es un recurso excelente para alejar a los demás. La piel ayuda a establecer contacto con otras personas, pero también puede ser un medio para aislarse. Una persona puede avergonzarse tanto de lo que es o de lo que podría ser, que se rehúsa a acercarse a otro y utiliza su problema como excusa. Se vuelve "intocable". Quisiera "mudar de piel", es decir, cambiar por completo. Cuando la persona ha intentado acercase a alguien sin éxito y como consecuencia guarda mucho rencor y enojo, puede crearse un cáncer de piel. Si el problema altera solamente la parte superficial de la piel, por ejemplo, el vitíligo, la persona afectada vive con dificultad una separación, una pérdida de contacto o una pérdida de comunicación. La siente como un rechazo o una ruptura definitiva. Es el tipo de persona que quiere salvar a los demás, sobre todo a los miembros del sexo opuesto.

La piel recubre todo mi cuerpo y delimita lo que está "en el interior" y lo que está "en el exterior", es decir mi individualidad. Por su superficie, mi piel es el órgano más importante de mi cuerpo. Es una capa protectora que delimita con precisión mi espacio vital y que deja translucir fielmente e inconscientemente mi estado interior. Si soy una persona dulce, también lo será mi piel. Si es muy grande mi sensibilidad, también mi piel será muy sensible. Al contrario, si soy más bien duro conmigo mismo o con los demás, mi piel será también muy dura y espesa. Si está irritada mi piel, hay algo o alguien en mi vida que me irrita. Una gran inseguridad hace que mi piel sea húmeda mientras que una piel que transpira mucho evacua las emociones que retengo y que necesito evacuar. La calidad de mis relaciones con el mundo exterior estará pues representada por el estado de mi piel.

Representa nuestra individualidad, y los problemas dérmicos suelen significar que de algún modo la sentimos amenazada. Tememos que otros tengan poder sobre nosotros. Nos sentimos despellejados vivos, le arrancamos a alguien la piel a tiras, tenemos afinidades o rechazos de piel, decimos que un niño es de la piel de Barrabás, andamos con los nervios a flor de piel. Una de las maneras más rápidas de curar los problemas de piel es nutrirse uno a sí mismo repitiendo mentalmente, vanos centenares de veces por día: «Me apruebo...». Así recuperamos nuestro propio poder.

Aislamiento, normas, contacto, delicadeza.

CONFLICTO de separación (contacto deseado). Conflicto de padre (melanocitos, queratinina... protección solar, del padre). Conflicto de estar manchado, de suciedad, atentado contra la integridad, de ataque, de ser arrancado. Conflicto de extracción. Pérdida de integridad física (por ejemplo tras una amputación).

Rojez: Ataque a la integridad. Pudor de chica joven.

Frialdad: Separación central. También falta de calor humano.

Transpiración: "No quiero que el otro se agarre a mí".

Problemas en la piel, sentimientos de miedo, angustia, sensación de amenaza, problemas nerviosos. La piel es el órgano más grande de nuestro cuerpo, es una gran superficie de proyección donde se muestran procesos psico-somáticos.

Erupción cutánea: Problemas de contacto, roce y relación. Stress nervioso, miedo.

Es muy importante ver donde se localiza el conflicto en qué parte del cuerpo.

- Cabeza: es padre, mental e intelectual, sirve para pensar.

- Párpado: conflictos visual algo que no quería ver.

- El oído: que oigo que no deseo oír que desearía oír.

- Nariz: algo sexual o algo que huele mal.

- Pecho: es el cónyuge, los hijos o espacio vital y libertad.

- Cara: es un conjunto estético

- El codo: trabajo o no me abrazan.

- Mano: padre y habilidad manual trabajo.

- La boca: el conflicto del besito.

ACTITUD NEGATIVA COMÚN: "Yo me sentido amenazado con miedo y ansiedad temo salir lastimado".

Frecuentemente, las enfermedades de la piel tienen relación con el sentimiento de no tener el "contacto" físico u otro para procurarme el amor que necesito.

Protege nuestra individualidad. Órgano de los sentidos. Angustia, miedo. Antigua repugnancia encubierta. Sensación de amenaza.

Sugerencias y Recomendaciones

La piel es un órgano muy visible para ti y para los demás, por lo tanto, cuanto más obvio sea el problema, y más te moleste, con más énfasis indica que tu forma de pensar y tus creencias con respecto a ti te molestan, y que es urgente que lo veas. Para rehacer la imagen que tienes de ti mismo, dedica un tiempo a tomar nota de tus cualidades, y después de que hayas hecho la lista, agrega una más cada día. El importante mensaje que recibes es que te concedas derecho a ser un ser humano, con debilidades, límites y miedos, sin creer que por ello ya no vales. Tienes derecho a tomar una decisión para salvar el pellejo sin acusarte, aun cuando ésta no sea conveniente para tus seres queridos. Tu valor proviene de la calidad de tu corazón, de la persona especial que eres en lo más profundo de ti mismo, y no de lo que ocurre en el mundo físico.

ACTITUD POSITIVA A ADOPTAR: "Yo estoy siempre protegido por mi creador, y me protejo yo mismo con pensamientos de amor, de paz y olvido el pasado".

NUEVO MODELO MENTAL: "Amorosamente me protejo con pensamientos de paz y alegría. Olvido y perdono el pasado. Soy libre".

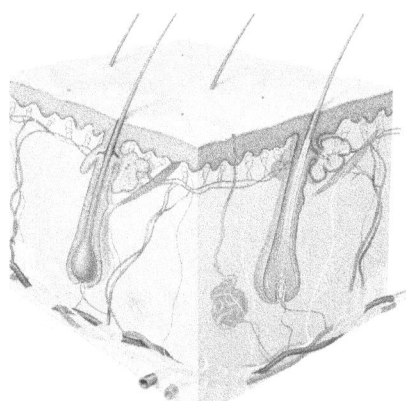

piel
acné

Esta afección de la piel se limita, por lo general, a las partes grasosas del rostro. Con frecuencia se presenta al iniciarse la pubertad; puede limitarse a la adolescencia, pero también prolongarse hasta después de los treinta años. En general el acné vulgar se cura después de algunos años sin dejar cicatrices. Por el contrario, el acné papuloso tiene una evolución larga y suele tener consecuencias estéticas molestas, ya que deja cicatrices de apariencia desagradable.

El acné indica un deseo de no acercarse a los demás, de no dejarse ver demasiado, sobre todo de cerca. Este problema de la piel indica que la persona no se ama, que no sabe amarse y que tiene poca autoestima. Es un alma sensible, replegada sobre sí misma. Esta es la razón por la que se presenta en los adolescentes que se hacen muchas preguntas y que se avergüenzan fácilmente de sí mismos. En lugar de ir a esconderse, rechazan a los demás alejándolos con su problema de la piel.

Esta enfermedad también es frecuente en aquellos que se esfuerzan por ser otra persona para complacer a algún miembro de la familia.

En el rostro, el acné se relaciona con la individualidad (cabeza = individualidad) y tiene relación con la armonía que vivo interiormente y a lo que sucede exteriormente. El rostro es esta parte mía que da la cara a los demás en primer lugar, la que me permite estar aceptado o rechazado. El acné puede producirse cuando estoy emocionalmente y mentalmente en conflicto con mi propia realidad. Este conflicto está vinculado con la expresión de sí y mi propia naturaleza interior. Así, el acné es una expresión visible de irritación, resentimiento, rechazo, miedo, vergüenza o inseguridad frente a mí o a los demás y demuestra una no aceptación de mí mismo. Me encuentro feo y a veces incluso asqueroso. Estas expresiones todas están unidas a la afirmación de mi identidad, al amor y a mi aceptación incondicional de mí mismo. El acné se manifiesta físicamente por lesiones cutáneas (de la piel) situadas en la epidermis. Sé que el fast-food (restauración rápida) puede favorecer la aparición del acné y afectar el funcionamiento del hígado sede de la ira. Como adolescente, el acné frecuentemente está relacionado con cambios interiores que vivo, en el momento en que debo elegir entre el miedo de abrirme a mí mismo y a los demás (resistencias, elecciones, decisiones) y así romper (de un modo frecuentemente inconsciente) todo contacto con los demás, o bien, encararme con cambios en mi vida, con los ajustes relacionados con mi mundo interior y mi visión del mundo exterior. Al ya no ser un niño y aún no adulto del todo, puedo sentirme en una posición incómoda con relación a mi propia imagen. Puede incluso que tenga miedo inconsciente de perder prestigio delante de lo que pueda pensar de mí mi entorno. Así el acné se manifiesta por un miedo inconsciente de mi sexualidad, por una tentativa de exteriorización de lo que soy verdaderamente. Como adolescente, mi comportamiento es entrar en contacto con los demás, incluso si quiero ardientemente hacer lo contrario. Me pongo más feo para filtrar a la gente que no deseo en mi campo magnético o en mi entorno; establezco fronteras y sólo dejo entrar a la gente con quien estoy verdaderamente bien; quiero estar en paz sin estar molestado por los demás que aparto inconscientemente; me repliego sobre mí mismo y quiero mantenerme así: no consigo amarme suficientemente; entonces los demás no pueden amarme y sé que algo me molesta y crea negatividad debajo de mi piel; me comparo a los demás y me encuentro todo tipo de defectos (demasiado gordo, demasiado alto, etc.) me siento limitado en mi espacio vital y me rechazo; me siento controlado y dirigido por mis padres de un modo excesivo; me identifico con uno de mis padres para complacer a los demás, en vez de guardar mi propia identidad. Aceptando al nivel de corazón los cambios que se hacen en mí, me mantendré a la escucha de mis necesidades fundamentales (sexuales u otras) de una manera sana y natural. Descubriré un día la persona que corresponderá a mis esperanzas. El acné puede situarse en diferentes partes del cuerpo. En la espalda, se refiere a mi pasado, mis costumbres, mis miedos anteriores y mis angustias. Es un modo de rechazarme. O bien puedo dirigir el rechazo hacía las personas por parte de quienes me parece recibir poco apoyo o sostén a mi respecto. Cuando se sitúa en la parte alta de la espalda, representa la ira reprimida o irritación que intenta hallar un alivio. En el pecho, representa el porvenir y lo que está previsto para mí. El acné significa la búsqueda de mi espacio vital y del respeto de los demás frente a éste.

Sugerencias y Recomendaciones

Si eres adolescente y tienes acné, date un tiempo para revisar la percepción que tienes de ti mismo. Revisa qué actitud mental te impide ser tú mismo, y expresar tu verdadera individualidad. Tal vez creas que debes ser como tu padre, si eres hombre, o como tu madre, si eres mujer, o quizás te opongas de tal forma a ese padre o a esa madre, que te esfuerzas en ser lo contrario. En ninguno de los dos casos eres tú mismo. Pregunta a los demás cómo te perciben. ¿Su percepción es igual a la tuya?

Si ya no eres adolescente y este problema persiste, te sugiero que regreses a tu adolescencia y revises lo que pasó durante ese período de tu vida. La persistencia del acné te indica que sigues viviendo las mismas aflicciones de la adolescencia y que ya es tiempo de que cambies la percepción que tienes de ti mismo.

Si el acné surgió en la edad adulta, es posible que hayas reprimido las aflicciones vividas en la adolescencia, en especial los sentimientos que dañaban tu individualidad. Revisa qué sucedió justo antes de que el acné se manifestara: ello pudo despertar lo que viviste en tu adolescencia. Este es un recurso que tu cuerpo utiliza para ayudarte a sanar esas heridas ocultas en tu interior y que ya no puedes seguir rechazando. Se necesita mucha energía para mantener oculto el sufrimiento que produce una herida. Tu cuerpo te dice que necesitas aumentar tu autoestima y reconocer tu belleza.

Debo tomar mi lugar con el corazón e, incluso si necesario, expresar a los demás cuál es mi espacio y el lugar que pueden tomar con relación a mi espacio vital. ¡Me acepto y me amo tal como soy y dejo de querer complacer a los demás a toda costa!

Ver granos, puntos negros, rostro.

piel
acné rosácea

El acné rosácea es una enfermedad benigna de la piel ocasionada por una dilatación o una distensión permanente de los pequeños vasos superficiales; se observa principalmente en el rostro o en la espalda. En las piernas puede originar varices, agregando una ligera falta de alegría de vivir, como se indica en la descripción de problemas de las arterias.

Ver granos, arterias, rostro.

piel
acrodermatitis

Es una enfermedad de la piel que afecta esencialmente la palma de las manos y la planta de los pies, ahí donde se sitúan 4 de los 21 centros de energía (chakras) menores del cuerpo.

Sugerencias y Recomendaciones

Esto me indica una necesidad de dar más amor con mis manos ya que el centro de energía situado en la palma de cada mano es una extensión del centro de energía del corazón que representa el amor. Puedo aprender una técnica de curación por imposición de las manos, lo cual me ayudará a dejar fluir esta energía de amor que bloqueo para mí mismo. Puedo también hacer trabajos manuales de creatividad, pintura o dibujo para hacer que esta energía pase más libremente por mis manos. En lo que a los pies se refiere, debo considerarme como andando en un terreno sagrado y dejar que la energía que albergo corra libremente hacía la tierra, sabiendo que recibo constantemente al dejar fluir dicha energía.

piel
acroqueratosis

Igual que para la acrodermatitis, la acroqueratosis afecta la planta de los pies y la palma de las manos volviéndose la epidermis más espesa.

Sugerencias y Recomendaciones

Utilizo mi energía mental para protegerme de tener que dar por mis manos y sentirme en mejor armonía con la tierra; Libero mi mental de estas angustias y puedo tener en cuenta sugerencias hechas para la acrodermatitis para hacer circular la energía.

Ver piel-acrodermatitis.

piel
alergias

CONFLICTO de separación.

Cuando una reacción alérgica se da en la piel debemos encontrar la relación entre una separación concreta y el contacto con la sustancia que nos produce la alergia.

Ejemplo: una persona alérgica a un medicamento, resulta que cuando era pequeño, su madre tuvo que marcharse un tiempo y lo dejó con su tía. En ese momento el niño estaba tomando ese medicamento.

Sugerencias y Recomendaciones

Protocolo para la alergia:

- Tomar consciencia de cuándo fue la primera vez. Vivirlo en el tiempo y el espacio.

- Tomar consciencia de cuál es la reacción alérgica y que zona u órgano afecta.

- ¿Cuál es el alérgeno?

- Buscar la vez precedente (fase silenciosa) en la que estábamos frente al alérgeno.

- Encontrar el rail/ancla, o sea la emoción asociada al evento.

- Buscar el o los recursos para hacer el cambio emocional.

NUEVO MODELO MENTAL: "El mundo es un lugar seguro y acogedor. Estoy a salvo. Estoy en paz con la vida".

piel
ampollas

La ampolla es una acumulación de agua que se forma entre dos partes de la piel, o sea la dermis y la epidermis, a causa de una fricción repetida en el mismo lugar. La acumulación de agua así formada actúa a título de protección natural del cuerpo. Pone pues en evidencia mi falta de protección, en particular en el nivel emocional, o mi falta de resistencia. La ampolla es el recuerdo de una debilidad emocional y el lugar en que se ubica da una indicación del nivel de la debilidad. Una ampolla a los pies está relacionada con mi noción de seguridad, el suelo en el cual ando, la dirección que tomo. Si está detrás del tacón, está vinculada a mi madre, a mis propias cualidades maternas. Una ampolla en las manos me lleva a ver la irritación y la frustración en lo que hago o en el modo en que llevo mi vida.

Sugerencias y Recomendaciones

Así, mirando en donde está situada la ampolla, puedo preguntarme lo que me irrita en mi vida, lo que me causa una fricción y provoca en mí pena (agua) incluso inconsciente. La ampolla está aquí para aportarme más "luz" sobre lo que vivo.

piel
ántrax

El ántrax es una infección de la piel, constituida por la reunión de varios furúnculos y que se extiende al tejido conjuntivo subcutáneo. Vivo entonces agresividad dañina procedente del hecho que tengo el sentimiento que se me ha privado de libertad personal de modo injusto e inaceptable.

Sugerencias y Recomendaciones

Tomo consciencia que tengo que aprender el modo de hallar el lugar que me corresponde y que tengo el poder de cambiar cualquier situación en mi vida. Sólo me hace falta decidirlo.

Ver furúnculos.

piel
brote de granos

Una erupción de granos es la aparición de pequeñas zonas rojas acompañadas de excrecencias en la superficie de la piel. Mi piel es la primera parte de mí que entra en contacto con el universo. El color rojo está conectado con mis emociones y la comezón es el signo de mi contrariedad. Estoy irritado por retrasos y frustrado por una situación o por alguien. Este brote o erupción también puede estar vinculado con la vergüenza y la culpabilidad que siento. En general, hay un estado de estrés intenso frente a mis emociones y esto es lo que hace aparecer los granos. Igual como la tierra manifiesta erupciones volcánicas porque se acumula una tensión demasiado fuerte debajo de la superficie de la costra terrestre, la piel manifiesta erupciones causadas por tensiones interiores que quieren liberarse. Si me hallo en una situación análoga en el futuro, mi cuerpo se acordará y brotará una nueva erupción. Interiormente, me siento contrariado, puedo sentirme amenazado, incluso puedo rechazarme como persona. Mi inseguridad me lleva a retirarme con la esperanza quizás de que nadie se me acerque. Inconscientemente, incluso puedo usar este medio para atraer la atención.

Sugerencias y Recomendaciones

La zona del cuerpo afectada me indica a qué nivel se sitúa mi contrariedad. Tomo consciencia de la causa y acepto expresar lo que siento. Esto me libera y mi piel otra vez se aclara.

Ver piel-comezones.

piel
callosidades

La callosidad es una densificación y un endurecimiento de la piel, ligados a frotamientos repetidos, por lo tanto a actitudes y ciertos esquemas de pensamientos rígidos que transporto actualmente. Varias regiones del cuerpo pueden estar afectadas. La piel se vincula a la energía mental y cuando se acumula ésta o se cristaliza, en reacción de miedo con relación a una situación cualquiera, sobreviene entonces una inmovilidad o una inercia que impiden el desplazamiento de esta energía, sin flexibilidad en mis pensamientos. Me mantengo abierto aunque tenga miedo. Este miedo me lleva a cerrarme y estrechar mi visión objetiva de la vida.

Sugerencias y Recomendaciones

Descubro la causa de mi miedo y entonces, la energía bloqueada y acumulada en la epidermis empezará a difundirse en armonía conmigo. Mi piel se volverá blanda y joven. La región en la cual se manifiesta puede darme informaciones suplementarias: por ejemplo, en el nivel del hombro, endurezco mis ideas y mis actitudes frente a las responsabilidades de mi vida y etc.

piel
comezón

La comezón es una sensación en la epidermis que incita a rascarse. Según su grado, la sensación es más o menos irritante.

La comezón se produce en una persona que tiene mucha envidia de algo pero no se permite este sentimiento o se siente bloqueada por alguien o por las circunstancias. Vive preocupada y esto le hace sentir impaciencia y exasperación.

La comezón está vinculada a la piel, el órgano sensorial más extendido del cuerpo humano. La comezón es una irritación, algo que "se resbala" debajo de la piel y que me afecta en un lugar particular o que me irrita interiormente. Me siento preocupado por deseos insatisfechos y cierta impaciencia se instala y hace que me rasco, rasco, rasco... Estos rascamientos me indican que las situaciones de mi vida no van según mis deseos. Las cosas no andan bastante rápidamente para mí. La vida me empuja a realizar cambios rápidos. Vivo inseguridad y remordimientos a causa de todo esto.

Sugerencias y Recomendaciones

Cuando sientes comezón, el lugar donde se localiza es una buena indicación del área en la cual te sientes bloqueado o tienes envidia. Analiza la utilidad de esa parte de tu cuerpo. Después, consulta su descripción en este libro. Como la comezón afecta a la piel y ésta es un vínculo con la personalidad, es muy probable que te rehúses a aceptar esta envidia por miedo a herir a alguien o porque temes lo que otro pueda pensar de ti.

En lugar de llegar al extremo de que tu deseo te "coma" hasta arrancarte la piel, sería prudente que comprobaras si esta envidia es realista o si se trata sólo de un capricho. Si es así, permítete reconocerlo cuanto antes, déjalo ir y no quieras controlar todo a tu manera. Si la envidia es realista, atrévete a afrontar tus temores haciendo tus demandas y pasando a la acción.

¿Qué debo hacer para cambiar este estado? Identifico la "causa" de la irritación. ¿Está vinculada a mi padre, mi madre o alguien que amo? ¿Es una situación que quiero cambiar interiormente? Si está generalizada la irritación al conjunto del cuerpo, afecta todo mi ser de un modo muy intenso. Si está en un lugar particular, encuentro la respuesta según la parte del cuerpo afectada. Poco importa la respuesta, la acepto porque sé que es beneficiosa para mí. Ya no tengo necesidad de huir o dejar lo que vivo para que desaparezcan las comezones. En cambio, si de alergias se trata, miro a qué o a quien estoy alérgico. Ya no necesitaré sentirme mal para rascarme sin parar. ¡En mis adentros, sé que la apertura del corazón cura muchos males!

Ver piel-erupción.

piel
dermatitis

La dermatitis es la inflamación de mi piel. Es la parte de mí ser que toma contacto en primero con el universo y por consiguiente, refleja varios de mis miedos y de mis inseguridades interiores. Una inflamación es una irritación reprimida que intenta expresarse. Este enfado puede ser hacía mí mismo como hacía los demás. La dermatitis es un modo de reaccionar si alguien "se resbala" debajo de mi piel, me trastorna, me molesta o si una situación me causa frustración. Pone en evidencia una necesidad de contacto físico (habitualmente por el tacto) que pide estar colmada o la necesidad de evitar un contacto que me está impuesto y que rechazo. Teniendo la dificultad o no atreviéndome a decir a la otra persona que pare, mi piel "hierve" de ira, o al contrario, puedo tener dificultad en manifestar mi necesidad de contacto humano, caricias.

Sugerencias y Recomendaciones

Lo importante es respetar mis necesidades, participarlas a las personas interesadas y la dermatitis podrá desaparecer naturalmente.

piel
dolor en la piel

La piel es como la corteza de un árbol. Nos revela que hay problemas exteriores o interiores. Aísla las células de mi cuerpo, mis componentes en cuanto a mi entorno exterior. Si mi piel tiene anomalías, hay muchas probabilidades de que sea una persona que da mucha importancia a la opinión de los demás y a lo que pueden decir a mi respecto. Estando poco seguro de mí mismo y teniendo miedo de estar rechazado o de hacerme herir, voy a crearme una enfermedad de piel que se volverá "una barrera natural" que permitirá guardar cierta distancia con mi entorno. La piel es un tejido blando que está relacionado con la energía mental y por lo tanto expresa mis inseguridades, mis incertidumbres de aquí la expresión "estar rojo de ira". Mi piel puede cambiar de color cuando estoy molesto o cuando puedo sentir vergüenza. Es pues la línea de demarcación física, mi máscara entre mi interior y mi exterior. Si mi piel es seca, es que carece de agua. El agua es el segundo elemento (después del aire) necesario a la vida. Mis relaciones con la vida son pues secas, áridas. Me bloqueo interiormente en mis relaciones con el entorno. Puedo tener la sensación de "secarme".

Sugerencias y Recomendaciones

Debo buscar la alegría en mi comunicación con los demás. La piel muerta que hace copos indica que me abandono a viejos esquemas mentales. Si tengo granos en la superficie de la piel es que expreso exteriormente problemas de relaciones, comunicación con mi entorno, referente a puntos concretos. Si mi piel muestra signos de inflamación, entonces no debo estar menos irritado frente a ciertas situaciones de conflicto interior o exterior. Si mi piel es grasa, es que retengo, conservo demasiadas emociones para mí. Puedo desear huir de una situación o persona como si tratasen de atraparme, como la pequeña bola cubierta de aceite que se quiere coger y que resbala entre los dedos. Debo dejar fluir la energía para que mis pensamientos negativos puedan desaparecer. Debo mirar con calma, fríamente las frustraciones que alimento para que mi piel sea más clara y menos espesa. Cuanto más me vuelvo transparente y verdadero con los demás, más transparente será mi piel. Una irritación me muestra que hay uno o varios pensamientos irritantes que suben en la superficie de mi piel y que he de mirarlas de frente para que dejen de atraer mi atención y molestarme. Cuanto más sea capaz de apreciar mis cualidades y ofrecerme pequeños dulces, más mi piel va a "transpirar" este bienestar por su dulzura y su claridad. Cuanto más sea capaz de comunicar libremente mis emociones, más se relaja y resplandece mi piel.

piel
eczema

El eczema es una infección de la piel superpuesta con zonas rojas que puede aparecer en el adulto como en el niño. Soy una persona hipersensible. No aprendí a amarme y, al temer estar herido, vivo mucho en función de lo que los demás esperan de mí. Tengo miedo de estar abandonado. Si tengo eczema, ya viví una situación de separación muy intensa. Ésta pudo incluso ocurrir cuando estaba en el vientre de mi madre. En mi vida, tendré tendencia a volver a crear situaciones en que me sentiré separado, particularmente de la gente a quien amo. El eczema "afectando" la piel, lo que a mí me falta, incluso inconscientemente, es el contacto, el tacto de la persona antes de la separación, que ahora perdí o que sólo tengo raras veces. Es pues mi piel que hacía contacto con el otro y, al habérseme quitado este contacto, mi piel expresa su necesidad de estar tocada, bajo forma de eczema. Esto me lleva a aislarme, a retirarme y a despreciarme. Me olvido en detrimento de los demás. Concedo mucha importancia a lo que la gente puede pensar de mí o al modo en que me perciben. La imagen que proyecto es muy importante. Tengo dificultad en ser yo. No saber a dónde me lleva mi destino me crea mucha inquietud y entonces, me gana la ansiedad. Paso de la desesperación a la rebelión o a la ira. Esta desesperación que "incuba" irrumpirá" por olas. Todos estos factores reunidos me llevan a vivir una frustración e irritación. Si bien intento complacer a todo el mundo, olvido tener en consideración mis propias necesidades; todo esto para hacerme amar por los demás. Actúo en función de las esperas de los demás en vez de hacer lo que a mí me gusta. Rechazo a quien soy yo. No me amo como soy, por lo tanto el hecho que la piel que es aparente y que toda la gente puede ver, esté en mal estado, incluso "fea", confirmará en lo físico cómo me percibo interiormente. Cuanto más me rechazo, más atraigo gente alrededor de mí que me darán la sensación de rechazarme; mi miedo del rechazo se manifestará. Esto me lleva a "emprender la retirada" y a cortarme de la realidad exterior aunque, para mis adentros, lo que deseo es acercarme a la gente. Así puedo estar "irritada" emocionalmente son que esté consciente. Con la eczema voy a erigir una barrera física entre yo y los demás para protegerme y evitar sentirme amenazado o herido. Sin embargo, en el caso de un bebé, voy a desarrollar una costra de leche porque necesito más calor humano y contacto físico con la gente a quien amo. Sintiéndome "aislado", manifestaré eczema para acercarme a los demás. Necesito amor y atención. En el caso de un niño, mi necesidad de estar tocado se manifiesta con el de tener un contacto piel con piel (en el sentido literal del término) con una persona que me ama y no un contacto en el cual habría una manta o prendas que impedirían este contacto físico.

Sugerencias y Recomendaciones

Sea yo un adulto o un niño, esta costra representa lo que debo soltar para por fin volverme yo, este yo escondido desde hace tanto tiempo. Debo dejar ciertas actitudes, ciertos esquemas mentales para desprenderme de mi pasado y concentrarme sobre las acciones por tomar para realizar mi potencial. Debo aceptarme tal como soy y amarme. LO QUE A MI NO ME DOY, NO PUEDE SERME DADO, TAL ES LA LEY DE LA RECIPROCIDAD. Identifico pues mis necesidades reales y actúo en función de éstas. Aprendo a vivir plenamente el instante presente, sabiendo que cada gesto que hago hoy forma mi mañana. Adelanto en la vida con confianza.

piel
epidermitis

La epidermitis es una afección inflamatoria de la epidermis, esta parte externa de la piel. Seguramente existe una tensión entre lo que vivo interiormente y lo que sucede en mi vida exteriormente.

Sugerencias y Recomendaciones

Estudiando esto a lo que está vinculada la piel y los problemas de piel en el plano metafísico, conseguiré comprender mejor lo que vivo para remediarlo.

Ver -itis, herpes. piel-zona.

piel
epidermis

CONFLICTO de separación: pérdida del contacto corporal. Perdida de contacto con la madre, la familia, el rebaño, los amigos.

En el reino animal un conflicto de pérdida de contacto es generalmente mortal. ¡Es por tanto un conflicto muy importante!

La piel es falta de contacto. El ser humano debe de sentir el contacto para estructurarse correctamente. La Epidermis.

Problemas en la piel, sentimientos de miedo, angustia, sensación de amenaza, problemas nerviosos. La piel es el órgano más grande de nuestro cuerpo, es una gran superficie de proyección donde se muestran procesos psico-somáticos.

Sugerencias y Recomendaciones

NUEVO MODELO MENTAL: "Me amo y me apruebo, no estoy solo, la vida entera me apoya y me sostiene. Soy libre y capaz de cualquier cosa que me proponga. Doy y recibo amor por donde quiera que vaya. Fluyo fácilmente por todas las situaciones que me plantea la vida, me expreso y amo con facilidad. Todo es perfecto en mi mundo".

piel
esclerodermia

La esclerodermia se caracteriza por el endurecimiento de la piel, la pérdida de su movilidad y de su flexibilidad. Siendo una persona afectada por esta enfermedad, soy una persona dura conmigo mismo, y frecuentemente me siento herido. Viviendo una gran inseguridad, creo deber constantemente protegerme de la gente que me rodea. Para conseguirlo, me endurezco tanto que me vuelvo un bloque de hielo.

Sugerencias y Recomendaciones

La curación se halla en la apertura con los demás. Así, acepto abrir mi corazón al amor, sentir el calor y el bienestar que se hallan alrededor mío, este calor que desciende en lo más hondo de mí y hace derretir este bloque que me hiela.

Ver sistema inmunitario.

piel
furúnculos

Un furúnculo es una inflamación subcutánea, infecciosa y dolorosa, que forma un absceso con supuración abundante. Suele estar localizado alrededor de un pelo. Véase absceso, agregando que la persona está llena de ira, de angustia y de aprensión ante una situación que le envenena la existencia. La persona se siente perturbada y no elimina nada.

Un furúnculo se define como siendo una inflamación de la piel causada por una bacteria, caracterizada por una masa blanca de tejido muerto. Tengo la sensación de que alguien o algo envenenan mi existencia y al reprimir en el interior toda mi ira, mis angustias, estaré harto y el exceso se manifestará por uno o varios furúnculos. Ya que los furúnculos afectan la piel, la ira vivida suele ser la resultante de una situación en que estuve separado de alguien o de algo que apreciaba y con lo cual ya no puedo tener contacto físico (por el tacto). El lugar de mi cuerpo en que se manifiesta el furúnculo me da una indicación referente al aspecto de mi vida que suscita en mí tanta ira y sobre el motivo por el cual "esto" hierve adentro mío. Por ejemplo, un furúnculo sobre el hombro izquierdo me indica frustración con relación a mis responsabilidades familiares y las de mi pareja. Puedo tener la sensación de estar sobrecargado y de que mi cónyuge no hace lo bastante.

Sugerencias y Recomendaciones

Me interesa expresar la ira que vivo y solicitar ayuda, si conviene, para evitar envenenarme así con furúnculos.

Ver inflamación.

piel
furúnculos vaginales

Cualquier furúnculo indica frustración no verbalizada. Si se manifiesta al nivel de mis órganos sexuales, ¿es posible que viva ira hacia mi cónyuge (o pareja sexual) y al modo en que la sexualidad está vivida (por ej.: puedo estar frustrado por la duración, la frecuencia, la intensidad de nuestras relaciones sexuales)? Y si no tengo pareja en el momento en que aparecen los furúnculos, puedo vivir ira por el hecho que no vivo mi sexualidad como quiero, por no tener cónyuge.

Sugerencias y Recomendaciones

Si tengo cónyuge, es importante que comunique mis necesidades, mi frustración para que ambos aportemos los cambios necesarios a una sexualidad más completa. Si no tengo pareja, acepto mi situación presente como siendo la mejor de momento. Teniendo una actitud positiva, aumento mis probabilidades de encontrar a una persona con quien podré desarrollar una bella relación y que sabrá satisfacerme a todo los niveles.

piel
granos

Un grano es un tumorcito en la superficie de la piel.

La aparición ocasional de algunos granos denota impaciencia y también el hecho de que no se aceptan cambios en los planes, lo cual crea un poco de ira reprimida. Para saber en qué aspecto se vive esta impaciencia, es importante observar para qué sirve el lugar del cuerpo donde aparecen. Si son abundantes y el problema es más grave y molesto, ver problemas de la piel.

Los granos frecuentemente están relacionados con el acné. El acné suele estar localizado en ciertas partes del cuerpo (rostro, espalda, etc.), y los granos pueden hallarse en el conjunto del cuerpo. Son pequeñas bolsas encarnadas que pueden contener pus, según la infección en causa. Tengo granos porque expreso impaciencia, quiero anticiparme a las cosas y rápido. Si se manifiesta el pus, estoy enfadado, hiervo en mi interior. Me siento contrariado y preocupado. Quizás vivo una pequeña tristeza interior y, en el caso de granos en el conjunto del cuerpo, un desanimo generalizado. Cuando los granos aparecen en el rostro se vinculan a la individualidad. Es el mismo significado que el acné del rostro. Me rechazo, filtro las personas que pasan mis "barreras", quiero la paz sin que se me acerquen.

Sugerencias y Recomendaciones

Si eres una persona impaciente, te ayudaría ser menos dominante y más flexible cuando las cosas no se presentan como quieres. Es necesario que te adaptes a los imprevistos. Estos se presentan para que vivas experiencias diferentes o como indicador de que aquello que habías previsto no es necesariamente lo mejor para ti.

Si tienes un acceso repentino de granos en el rostro, es muy probable que exista una situación en la que tengas miedo de perder la cara ante los demás. Te sugiero que dejes de creer que ellos son tan exigentes contigo como tú lo eres contigo mismo. Aprende a valorarte más.

Tomo tiempo antes de decir o hacer algo, recordándome que estoy plenamente guiado. Ver herpes, piel-acné.

piel
grieta

Las grietas son cortaduras dolorosas que se suelen encontrar en las manos y los pies. Vivo probablemente irritación pronunciada frente a alguien, algo o una situación. Las grietas salen sobre todo en invierno, siendo causadas por el frío, puedo tener la sensación de haber sido quemado vivo por una persona o situación porque el frío intenso puede quemar tanto como el fuego. Si se trata de grietas en las manos, esto afecta más mi vida diaria; en cambio sí están en los pies, puede que teme lo que será de mí en el futuro.

Sugerencias y Recomendaciones

NUEVO MODELO MENTAL: "Me amo y me apruebo, no estoy solo, la vida entera me apoya y me sostiene. Soy libre y capaz de cualquier cosa que me proponga. Doy y recibo amor por donde quiera que vaya. Fluyo fácilmente por todas las situaciones que me plantea la vida, me expreso y amo con facilidad. Todo es perfecto en mi mundo".

piel
hipodermis

Desvalorización estética de uno mismo en referencia a una parte del cuerpo juzgada como antiestética.

Retención de agua: ver riñón.

Grasa: abandono físico. Transformo azúcar en grasa. Ver grasa. "Solo cuento conmigo mismo, desconfío de los demás".

Cartucheras: "Quiero proteger mi feminidad como mamá".

Grasa en la barriga: "Quiero proteger a mi hijo".

Sobrepeso en los hombros: "Debo ser fuerte para cargar con el otro, con papá..."

Lipoma: desvalorización estética local. Sobreprotección.

Problemas en la piel, sentimientos de miedo, angustia, sensación de amenaza, problemas nerviosos. La piel es el órgano más grande de nuestro cuerpo, es una gran superficie de proyección donde se muestran procesos psico-somáticos.

Sugerencias y Recomendaciones

NUEVO MODELO MENTAL: "Me amo y me apruebo, no estoy solo, la vida entera me apoya y me sostiene. Soy libre y capaz de cualquier cosa que me proponga. Doy y recibo amor por donde quiera que vaya. Fluyo fácilmente por todas las situaciones que me plantea la vida, me expreso y amo con facilidad. Todo es perfecto en mi mundo".

piel
ictiosis o piel seca

La ictiosis, o piel seca, se caracteriza por un estado permanente de sequedad y piel que se desprende. A menudo, este estado aparece desde el nacimiento o en los primeros meses de vida. Véase problemas de la piel, además de lo que sigue.

Cuando la afección aparece a muy temprana edad, es probable que provenga de una vida anterior. Toda forma de piel seca se relaciona con una actitud demasiado severa, no muy suave. La piel, que representa a la personalidad que dejamos ver, nos da una buena indicación de lo que una persona quiere que los demás vean de ella. No quiere exponer su vulnerabilidad, su parte blanda.

Ausencia de agua, el agua son "referentes".

Los hijos se van de casa, tienen poco contacto, mi mujer ha muerto, etcétera. La soledad de la vejez.

Sugerencias y Recomendaciones

Si sufres de ictiosis o piel seca, date cuenta de que tu cuerpo te dice que ahora puedes permitirte ser más amable contigo mismo y con los demás. No tienes que exhibir una cierta personalidad, obligándote con ello a controlarte en todo momento. Encuentra a alguien a quien admires, que se atreva a mostrar su dulzura, y observa que esta persona no se engaña ni engaña a los demás. Así te volverás menos rígido y te sentirás más vivo. Si lees este libro porque es un niño quien la padece, puedes leerle esta descripción; su alma comprenderá el mensaje.

piel
impétigo

El impétigo es una enfermedad de la piel, de origen infeccioso, muy frecuente en la infancia y en la adolescencia. Se caracteriza por una costra amarillenta, poco adherida, con un aspecto parecido a la miel. Afecta a menudo a sujetos cuyas defensas orgánicas son débiles. Véase problemas de la piel, además de los párrafos siguientes.

Afecta sobre todo a la persona que no se deja tocar mucho por los demás en el sentido afectivo. Quiere protegerse porque tiene miedo de que influyan demasiado en ella. Se vuelve rígida para evitar sentir.

Sugerencias y Recomendaciones

Esta afección dérmica te indica que no tienes que protegerte de los demás y que puedes concederte el derecho de necesitarlos. Dejarte influenciar o tocar por los demás es mejor para ti que cerrarte a ellos. No tienes por qué creer que la sensibilidad es un signo de debilidad y que eres incapaz de defenderte cuando sea necesario.

piel
lupus

El lupus es una enfermedad de la piel que afecta principalmente a las mujeres. Se caracteriza por manchas rojas que se escaman, localizadas principalmente en la región del rostro. Es una afección tenaz y recurrente. El lupus diseminado es más grave y puede afectar a cualquier órgano de manera periódica, con alternancias de actividad y remisión. A menudo se acompaña de fiebre, malestares, fatiga, anorexia y adelgazamiento.

En caso de lupus crónico, véase problemas de la piel. Con respecto al lupus diseminado, indica que la persona que lo padece se está autodestruyendo. No tiene razón para vivir y preferiría morir, aunque no se decide. En lo más profundo de sí misma quiere vivir y tener una buena razón para hacerlo. Con frecuencia se deja dominar y no se afirma lo suficiente.

Existen diversos tipos de lupus. Sin embargo, el lupus suele ser una enfermedad inflamatoria que puede tocar gran número de órganos. Se atribuye su origen al sistema autoinmunitario. Desarrollo un lupus cuando vivo un gran desanimo, odio o tengo vergüenza de mí, lo cual hace que se debilite mi sistema de defensa. Mi malestar muy frecuentemente tiene su origen en una culpabilidad emocional profunda que me roe interiormente. Prefiero castigarme en vez de afirmarme. Bajo los brazos, capítulo porque tengo la sensación de que no hay salida posible, ninguna solución y puedo vivir frustración frente a mi impotencia. La muerte es una escapatoria y rehúso aceptar el amor y el perdón hacía mímismo o hacía los demás.

Sugerencias y Recomendaciones

Lupus (lobo en latín) ¿Es posible que te creas un lobo, es decir, una persona feroz para tus seres queridos y que te odies por ser así? Para tener una actitud tal de autodestrucción, debes haber tenido un inicio difícil en la vida, pero nunca es demasiado tarde para retractarte de tu decisión de que la vida no merece ser vivida. Toma tiempo para dilucidar lo que quieres realmente y decídete a lograrlo. Un paso a la vez puede llevarte lejos. Si te diriges hacia lo que quieres, aun cuando sea despacio, encontrarás la razón de ser que buscas.

Volver a aprender a amarme constituye una etapa importante, incluso esencial, a mi curación. Puedo pedir ayuda interiormente o pedir a personas competentes que me ayuden para empezar el proceso de curación interior.

piel
manchas en la piel

La descripción que sigue corresponde a las manchas rojas en la piel que no crean problemas especiales, es decir, manchas que no duelen ni producen comezón.

Estas manchas pueden ser una indicación de que la persona se controla para mostrar una cierta personalidad hasta el punto de sentirse atrapada en ese rol. Se esfuerza porque teme avergonzarse de no ser el ideal que creó. Pero llega un momento en el que es necesario salir de eso. Se debe observar sobre qué parte del cuerpo se sitúan estas manchas, averiguar su utilidad para saber en qué área se controla la persona y buscar su definición en este libro.

En el caso de las personas que se ruborizan fácilmente en el cuello y la cara, la causa suele ser un sentimiento de miedo vivido repentinamente. Se trata principalmente del miedo a no responder a las expectativas de los demás, es decir, a no tener la personalidad deseada. A este tipo de persona le resulta difícil aceptarse tal como es.

Estas manchas en la piel también llamadas "antojos" (en el plano médico, se llaman angiomas maduros o angiomas planos), son malformaciones muy frecuentes de los pequeños vasos sanguíneos, también llamados capilares, localizadas en la parte superficial de la piel. Si, al nacer, tenía una mancha en la piel, puedo empezar a examinar en cuál parte de mi cuerpo está la mancha. Esto corresponde normalmente a una emoción fuerte, generalmente ira o pena, vivida por mi madre cuando me llevaba y que me afectó también.

Sugerencias y Recomendaciones

Tu cuerpo te dice que te des cuenta de que creas un ideal difícil de alcanzar y que los demás seguramente no tienen tantas expectativas con respecto a ti. Te sugiero que lo compruebes con esas personas.

Ya que la cirugía o el tratamiento láser permite hacer desaparecer todo o parte de estas manchas, voy a tomar consciencia de la relación que esto tiene conmigo para integrarlo y llevarme a ser más yo mismo.

piel
melanoma maligno

El melanoma maligno también se llama cáncer del lunar. Se trata de un tumor, muy frecuentemente maligno, al nivel de la piel y que procede de las células que están encargadas de pigmentar ésta (melanocitos). El melanoma aparece en el lugar de mi cuerpo que puedo relacionar con un suceso en que me sentí ensuciado, manchado. Vuelvo a plantear mi integridad física. También puedo haber vivido un suceso en que me sentí arrancado de alguien o de algo que apreciaba mucho (las enfermedades de la piel frecuentemente están relacionadas con una separación).

Sugerencias y Recomendaciones

Aprendo a volver a poner amor en la situación que es la fuente de este melanoma. Aunque pudo ser muy difícil en el momento en que viví esto, acepto ver cuál elemento positivo o cuál sabiduría resultó de ello.

piel
morados

Los morados llevan también el nombre de contusiones. Se trata de un cardenal de color rojo, azulado o negro, que se produce cuando me pego con un objeto duro que aplasta la piel. Esta contusión está relacionada con una expresión reprimida, un dolor mental o una angustia profunda que no verbalizo. Pueden sobrevenir en los momentos de grande fatiga cuando estoy descentrado. Me siento culpable por alguna razón, quiero castigarme, adopto la actitud de una víctima, carezco de resistencia a los acontecimientos de la vida (predisposición a las contusiones).

Sugerencias y Recomendaciones

La vida me avisa pues instantáneamente que golpeando este objeto, no me dirijo en la buena dirección (poco importa ésta). Habitualmente, el objeto es inmóvil aunque lo golpeo yendo hacia él en vez de lo contrario. Por lo tanto, me autocastigo. ¿Miro a dónde voy? ¿Me muevo con dulzura en la vida o tengo tendencia a actuar bruscamente? ¿Estoy bastante atento para seguir o demasiado débil y cansado por mis contusiones y heridas internas que se manifiestan ahora en mi físico? ¿Tengo bastante calma interior? Debo quizás revisar mis posiciones para ser capaz de evitar los obstáculos que se presentan en mi camino. Debo tomar el control de mi vida. Es muy importante que elija y que asuma decisiones que están en armonía conmigo mismo y mi evolución.

piel
puntos negros

Los puntos negros o comedones son pequeñas protuberancias en la superficie de la piel, negra en su cumbre y causada por una hipersecreción de sebo (una forma de grasa, en parte triglicéridos que se forman sobre todo en la superficie de la epidermis). Son la expresión exterior de mi sentimiento interior de estar sucio, "no limpio" y "no valer gran cosa", e indica que me desprecio.

Sugerencias y Recomendaciones

Aprendo a amarme tal como soy y a estar orgulloso de mí y entonces, la tez de mi rostro (en donde suelen hallarse los comedones) se volverá brillante.

Ver rostro.

piel
psoriasis

La psoriasis consiste en una superproducción de células cutáneas, creando un amontonamiento de células muertas, una piel más espesa, placas rojas gruesas o en gotas y que están cubiertas de fragmentos de sustancias córneas blanquinosas. Si tengo psoriasis, estoy entre los 2% de la población del globo que padece esta enfermedad. También, suelo ser hipersensible y tengo una gran necesidad de amor y cariño que no está colmada, recordándome quizás otro período difícil de mi vida. En ese momento, tengo probablemente un muy gran sentimiento de abandono o de estar separado de alguien o de algo que quería mucho. Porque la psoriasis implica que hubo doble separación, es decir frecuentemente frente a dos personas diferentes.

Podría ser que me hayan separado de mis dos padres cuando era niño. La piel está afectada porque, para mí, siendo niño, lo que más necesito es el contacto físico con mis padres o con cualquier otra persona a quien amo y con quien me siento próximo. La doble separación puede ser con mi madre y con uno de mis hermanos o hermanas, o con mi cónyuge y un proyecto de trabajo ("mi bebé"), o cualquier otra combinación que implique una separación con dos personas o dos situaciones que amo y que me amo mucho. El hecho de estar o de sentirme separado me impide tener este contacto, sobre todo con relación al tacto, por lo tanto de mi piel, con estas personas a quienes amo. Habrá por lo tanto aparición de la psoriasis. Ahora, tengo tanto miedo de estar herido que quiero guardar cierta distancia entre mí y los demás. La psoriasis es una bella manera que tiene mi cuerpo de protegerse contra un exceso de acercamiento físico y de protegerse contra mi vulnerabilidad. Vivo pues un conflicto interior entre mis necesidades de acercamiento y mi miedo el cual me hace poner distancias.

Sugerencias y Recomendaciones

Debo pues liberarme de ciertos patrones mentales (esquema de pensamiento que hace que se repitan acontecimientos en mi vida) y actitudes que se han acumulado y que, ahora, ya no tienen razón de ser, ya que están apagados y muertos. Acepto ahora mi sensibilidad; aprendo a hacer cosas para mí y no sólo en función de lo que los demás esperan de mí. Y aunque la psoriasis haya ocurrido probablemente después de un suceso doloroso o de un golpe emocional, acepto que esto forme parte del proceso natural de la vida y de mi crecimiento y que me vuelva más fuerte y más sólido interiormente.

piel
queratosis

En la queratosis, la capa superficial de la piel se vuelve más espesa. En la piel, esto puede representar una superficie rojiza, rugosa, pudiendo formar costra. La piel es la unión entre el mundo exterior y el interior, por lo tanto puedo tener tantos miedos que, en mi entorno, siento la necesidad de protegerme formando "una barrera más espesa". El color rojizo me indica frustración reprimida frente a lo que vivo.

Sugerencias y Recomendaciones

El lugar en donde se forma la queratosis, los brazos, los muslos, el rostro o las manos, me indica cuál aspecto de mi vida necesito proteger. Puedo mandar pensamientos de amor en mi cuerpo en el lugar donde se forma la queratosis para integrar la toma de consciencia que debo hacer. La confianza frente a la vida aumentará en mí y podré hallar la flexibilidad natural de mi piel.

piel
rugosa

Conflicto de contacto, no necesito contacto, pongo distancia. Normalmente se da en gente mayor, indica rudeza. "No me apetece ser amable con vosotros para que me améis aceptadme como soy. Estoy hasta las narices de vosotros y no voy a cambiar."

Sugerencias y Recomendaciones

NUEVO MODELO MENTAL: "Me amo y me apruebo, no estoy solo, la vida entera me apoya y me sostiene. Soy libre y capaz de cualquier cosa que me proponga. Doy y recibo amor por donde quiera que vaya. Fluyo fácilmente por todas las situaciones que me plantea la vida, me expreso y amo con facilidad. Todo es perfecto en mi mundo".

piel
sabañones

Los sabañones son zonas rojas causadas por el frío que se hallan en las extremidades tales como las orejas, las manos, los pies. Estas zonas rojo morado son gruesas, frías y a veces muy dolorosas. Los sabañones constituyen a veces pequeñas ampollas de agua en la superficie de la piel. La vida me quema, y helé mis reacciones. Cuando el sabañón se halla en las manos y en los tacones, esto me permite moverme más despacio. Me impido experimentar. Por otra parte, me engancho a situaciones y no veo nada más. Físicamente, doy la sensación de ser un atrevido cuando, interiormente, me siento vacío, agotado. Ya no tengo gusto de adelantar y se para o inmoviliza mi gusto de vivir. Incluso me pregunto porque vivo.

Sugerencias y Recomendaciones

En vez de sólo ver los aspectos negativos de mis experiencias, acepto soltar el pasado y abrirme a la vida. Cuando me abro a la vida, estoy otra vez en medida de ver todo el amor que me rodea y vivir en armonía con lo que soy y con mi entorno.

Ver enfriado.

piel
sarna

Enfermedad cutánea causada por parásitos, caracterizada por comezones. ¿Qué es lo que me come al punto de suscitar tanta impaciencia e irritación? ¿Hay una situación en mi vida que deseo ver cambiar desde algún tiempo sin que nada ocurra? Quizás las cosas no suceden tal y como lo deseo y a la velocidad que quiero. Me dejo molestar, infestar, por una persona, una cosa o situación y me interesa soltar y no querer controlarlo todo en mi vida.

Sugerencias y Recomendaciones

Mira en donde se sitúa la sarna, en qué parte de mi cuerpo, para descubrir la fuente de mi dolencia. Debo dejar la vida fluir y decirme que hay un momento para todo. Tengo fe en que todo está en su lugar y todo está en armonía.

piel
urticaria

Erupción que se acompaña de comezón y edema (inflamación). Véase problemas en la piel, comezón y eddema, agregando el hecho de que esta enfermedad se presenta a menudo en forma de crisis, es decir, que no está siempre presente ni es constante. Estas crisis en general son desencadenadas por emociones fuertes y por el miedo ante una situación que parece sobrepasar los límites de la persona.

La urticaria se caracteriza por la aparición de placas rojas en diferentes partes del cuerpo. Éstas, ligeramente bombeadas, provocan comezones vivos. La urticaria procede, según el caso, de una intoxicación alimentaria, vinculada con la toma de ciertos medicamentos u otras sustancias, pero este estado puede agravarse con el estrés y las tensiones. Si padezco urticaria, muy probablemente soy una persona que vivo mucho rechazo. No me gusta el ser que soy y mi temor de estar herido es tan fuerte que, para ser amado, hago las cosas en función de lo que la gente espera de mí. Mi miedo de estar rechazado se concretiza ya que me rechazo a mí mismo. Mi piel estropeada por estas placas rojas me hace sentir feo e indeseable. Soy como una bestia marcada con hierro incandescente; soy dependiente de mi propietario. Ya que vivo en función de los demás, me impido hacer cosas para mí; no me atrevo a realizar nuevos proyectos, lo cual aumenta mi sentimiento de impotencia.

Sugerencias y Recomendaciones

Elijo ser el dueño de mi vida, me vuelvo la persona más importante para mí. Adelanto y me hago confianza.

piel
verrugas

Las verrugas son una infección viral de la piel que causa un exceso en la producción de células, creando una masa dura e indolora (tumor benigno). Esta masa es el cúmulo de barreras que erijo en mi camino. Barreras de penas, rencores, vinculados a ciertas facetas mías que me parecen feos y detestables, provocando un sentimiento de culpabilidad. Si por ejemplo, tengo verrugas en el dorso de mis manos, me juzgo muy severamente con relación a mi letra y a la de los demás. La aparición de verrugas colma un vacío afectivo. Considero que no merezco nada mejor que esta cosa fea. Si pienso que soy feo, mi cuerpo se volverá feo, simplemente es el reflejo de mis actitudes interiores. Si tengo vergüenza de lo que hago, o bien si deseo algo pero creo que no me lo merezco, es posible que aparezcan verrugas.

Sugerencias y Recomendaciones

Es importante ir a ver en cuál parte del cuerpo ha nacido la verruga, para conocer el aspecto de mi cuerpo o de mi vida que está afectado. Aceptando lo que soy, un ser digno de amor, ya no necesitaré verrugas para recordármelo, y desaparecerán.

Ver tumores.

piel
verrugas en los pies
Ver pies-verrugas en la planta de los pies.

piel
vitíligo

El vitíligo es una despigmentación de la piel, la cual se considera como siendo la más frecuente. Así, mi piel se vuelve blanca en ciertos lugares de mi cuerpo y por placas. Esto puede producirse en cualquier parte del cuerpo, incluido el rostro y las manos. Puedo estar afectado si no me siento relacionado con las cosas o las personas que me rodean. Tengo la sensación de ya no tener identidad. No tengo el sentimiento de pertenecer a mi familia, a mi comunidad, a mis colegas de trabajo o a mi pueblo. Tendré la sensación de haber sido manchado, lo cual puede representar un sentimiento de impureza, querré que esta mancha "desaparezca" y en vez de una mancha oscura, me encontraré con una mancha blanca. Esto puede estar vinculado a un sentimiento de querer "desaparecer" o volverme "transparente" para pasar desapercibido. Puedo haber vivido una o diversas experiencias sexuales en las cuales destacará este sentimiento de mancha. Así, puedo tener la sensación de que se me ha separado de uno o de varios seres queridos y esto me parece feo. Puedo haber tenido la sensación de haber sido incapaz de impedir esta separación. Por lo tanto, voy a culpabilizar y desvalorizarme, sintiéndome manchado, sucio con relación a esta situación.

Sugerencias y Recomendaciones

El lugar particular del cuerpo que está afectado me indica cuál aspecto de mí está relacionado. Tomo consciencia de la importancia de mi vida.

Ver problemas en la piel.

piel
zona

La zona se reconoce en la erupción que conlleva en la piel, la cual se manifiesta unilateralmente y en franja, según el trayecto de un nervio. Los nervios siendo nuestros medios de comunicación interior, el dolor que provoca esta erupción indican una ruptura de comunicación en la comarca afectada. Me sentí agredido y vivo una profunda amargura. Una situación o una persona me ha herido, provocando tensión cuando de hecho necesito atención. Además podré tener la sensación de estar ensuciado, manchado. Mi primer reflejo es retirarme, encerrarme, creyendo evitar así otras heridas. Tengo este comportamiento porque la situación me hace vivir una gran inseguridad interior. Actuando de este modo, giro hacia mí esta agresión de la cual creo haber sido la víctima; doy razón a mis agresores. La erupción abotargada tiene por objetivo hacerme tomar consciencia de que vivo una reacción o una irritación emocional intensa frente a alguien o algo que me causa un estrés excesivo y que dificulta mis decisiones.

Sugerencias y Recomendaciones

Mi cuerpo me dice de confiar en el flujo de la vida que está en mí. Acepto mi sensibilidad ya que forma parte de mí.

PIERNAS

Las piernas me transportan hacia delante o hacia atrás, me dan una dirección propia, estabilidad, solidez y una base firme. Representan pues mi capacidad de adelantar en la vida, de ir hacia delante. Mis piernas me permiten ir o no ir al encuentro de la gente, acercarme o apartarme de ella. Mis piernas reflejan pues todos los sentimientos que puedo vivir con relación al movimiento y a la dirección por tomar y representan así todo el campo de las relaciones con mi entorno. Piernas débiles me indican que hay poca energía que circula en éstas, lo cual denota en mí una falta de seguridad, una incapacidad en quedarme de pie y a estar fuerte delante de cierta situación o cierta persona. Entonces, tengo tendencia a ser dependiente de los demás. Busco mi apoyo y mi motivación en los demás en vez de hallarlos en mi interior. El grosor de las piernas me da también informaciones: si tengo piernas pequeñas, tengo más dificultad en conectar con el mundo físico, material y me gustaría más delegar las responsabilidades que están vinculadas a ello en vez de asumirlas. Al contrario, si tengo piernas gordas, éstas soportan un peso excesivo: las responsabilidades que decidí tomar (sobre todo en el plano material) y no sólo las mías, las de los demás que a veces acepté por obligación.

El dolor se manifiesta durante la marcha o estando de pie.

Es evidente que sin piernas es imposible impulsarnos hacia delante para caminar o para correr. El dolor en la pierna tiene una relación directa con nuestra forma de hacer frente al futuro, con nuestra capacidad de impulsarnos y avanzar en la vida. Indica los temores que se experimentan en este aspecto; el miedo a arriesgarse a algo nuevo o a realizar acciones que nos lleven hacia la meta actual. Puede estar relacionado con un nuevo trabajo o con el ser amado. Por otro lado, si la pierna duele sobre todo en posición de reposo, el mensaje indica que esta persona no se permite detenerse el tiempo suficiente como para prepararse para un nuevo destino.

Mi capacidad para adelantar en la vida, ir hacia el cambio, ir hacia las nuevas experiencias de la vida. Nos hacen avanzar en la vida. Miedo al futuro. Deseo de no moverse. Simbolizan la función maternal.

Sugerencias y Recomendaciones

Si la pierna te duele durante el movimiento, el mensaje es preciso: tu cuerpo te dice que reflexionar demasiado antes de avanzar no te beneficia. Esta reflexión prolongada o tu indecisión provienen de tus temores. Estos últimos, aunque pretendan ayudarte a no cometer errores, te impiden vivir una o algunas experiencias que necesitas en este momento.

Desarrolla más confianza en ti y en el Universo, lo cual te dará el aliento necesario para pasar a la acción. Si por el contrario, el dolor de pierna se produce sólo en estado de reposo, eres del tipo de persona que quiere ir demasiado rápido y hacer mucho. Tu cuerpo te dice que dejes de creer que si descansas un momento serás considerado perezoso o ingrato.

Cuando hay dificultad con mis piernas, debo pararme y preguntarme lo siguiente: ¿Cuál es la situación actual o qué veo venir que me hace tener miedo del porvenir? Resisto al cambio, me siento "paralizado" y puedo estar tan asustado que tengo el gusto de "tomar las de Villadiego"; pero ¿es ésta la verdadera solución? ¿Con quién tengo dificultades racionales que son fuente de tensión y de conflicto? Adelanto y evoluciono cada día, cada momento, y problemas en las piernas sólo manifiestan que existe actualmente obstáculos que debo quitar para seguir mi camino hacia una felicidad más grande y una armonía más grande. Sea la que sea la nueva situación que se presente a mí, ¿puedo tener confianza e ir más allá de mi resistencia al cambio?

piernas
circulación de retorno

"Ir al trabajo se me hace cuesta arriba".

Circulación sanguínea: representa la capacidad de sentir y expresar las emociones de formas positivas.

NUEVO MODELO MENTAL: "Soy libre de hacer circular el amor y la alegría por todas partes en mi mundo. Amo la vida".

piernas
parte inferior

La parte inferior de mis piernas se halla al nivel de la pantorrilla, la cual está sostenida por los huesos de la tibia y del peroné. Las pantorrillas me permiten avanzar. Representan así una protección con relación a mi pasado mientras adelanto en la vida.

Sugerencias y Recomendaciones

Si me duele, o si tengo rampas en las pantorrillas, debo frenar mi ritmo. ¿Quiero yo parar ciertos acontecimientos que me esperan o me dan miedo? ¿Tengo yo la sensación de que se atropellan los acontecimientos, que todo va demasiado de prisa? Mi cuerpo me dice que puedo tener confianza en el porvenir y que la vida se cuida de mí.

piernas
parte superior

La parte superior de mis piernas, a la altura del muslo que está llevado por el hueso del fémur, refleja mi tendencia a retener cosas, más frecuentemente vinculadas a mi pasado. Si vuelvo a vivir constantemente el pasado o si vivo culpabilidad frente a ciertos acontecimientos, esto tendrá por efecto que se ira almacenando en mis muslos, éstos se engordarán. También puedo haber guardado rencor o amargura. Es como si mi pasado me retuviese hacía atrás y me impidiera ir hacia delante. Mis heridas y mis traumatismos me hacen "arrastrar la pierna". Piernas gordas pueden significar que almaceno demasiado (tanto en el plano material, emocional, como intelectual), que guardo cosas para i"el caso en que..."!, por inseguridad, por miedo a carecer de algo o de alguien. Igual como los esquiroles, hago reservas en previsión de una hambruna posible, frecuentemente sin fundamento.

Sugerencias y Recomendaciones

Es bueno que "haga limpieza" para guardar sólo lo que es benéfico para mí.

piernas
piernas pesadas

Tener una carga demasiado pesada.

Sugerencias y Recomendaciones

NUEVO MODELO MENTAL: "Me amo y me apruebo, no estoy solo, la vida entera me apoya y me sostiene. Soy libre y capaz de cualquier cosa que me proponga. Doy y recibo amor por donde quiera que vaya. Fluyo fácilmente por todas las situaciones que me plantea la vida, me expreso y amo con facilidad. Todo es perfecto en mi mundo".

piernas
varices
Ver sangre-varices.

PIES

Los pies son el extremo de las piernas y permiten su avance. Los problemas en los pies son tan numerosos que la podología se ha convertido en una especialidad.

Cuando el problema se relaciona con uno de los huesos del pie, véase problemas en los huesos, además de lo que sigue.

Como los pies son el medio por el cual las piernas pueden avanzar, representan el medio utilizado para ir hacia adelante en la vida. Tener problemas en ellos significa que la persona no encuentra los medios necesarios para avanzar, ya sea que sienta demasiados miedos, que se deje detener por los demás o que sienta que la detienen. No está segura con respecto a la dirección a seguir. Este problema también puede indicar que la persona tiene la impresión de estar parada siempre en el mismo lugar, de no avanzar. Además, puede ser una persona a la que le gustaría huir y no está suficientemente arraigada en la Tierra o en el mundo físico. Se aísla de la realidad material a causa de sus temores. También puede producirse dolor en el pie en una persona que tiene miedo de que la pongan "de patitas en la calle", es decir, que la cesen en sus funciones. Si los pies duelen más durante el reposo que en la actividad, indica que la persona no se permite detenerse a descansar. Quiere ir demasiado rápido o hacer demasiado para lograr sus metas. Se valora mucho por sus acciones.

Los pies representan mi contacto con la tierra de energía alimenticia. Están relacionados con las relaciones que vivo con mi madre así como los conflictos frente a ésta, los cuales pueden remontar tan lejos como mi concepción. Mis pies me dan estabilidad en mis desplazamientos hacia un objetivo, un deseo o una dirección. Me ayudan asentirme en seguridad en mi relación con el universo. Representan la posición que tomo frente a las situaciones que se presentan a mí. El hecho de tener un pie izquierdo más fuerte que el pie derecho (o viceversa) puede informarme en las diferentes tendencias que debo privilegiar en mis desplazamientos o contactos con los suelos tanto físicos como mentales o espirituales. Además si ando con los pies girados hacía el exterior, puedo vivir confusión frente a la dirección tomada o tener una dispersión de mis energías en diferentes proyectos, mientras que si mis pies están girados hacía el interior, vivo un cierre o una resistencia frente a las direcciones por tomar en mi vida.

Simbólicamente representan la infancia.

Representan nuestra comprensión de nosotros mismos, de la vida y de los demás. También comprensión, firmeza, arraigo, modestia, madre. Temor al futuro y miedo de no avanzar en la vida.

CONFLICTO en la dirección que vamos. Falta de estabilidad y seguridad. Problema con la totalidad de nuestro Ser.

Sugerencias y Recomendaciones

Tus pies son muy importantes para tu cuerpo físico. Existen para sostener todo tu organismo y para ayudarte a avanzar en la vida. Te dicen que debes hacerlo alegremente, con entusiasmo y de manera relajada. Los pies son la parte de tu cuerpo que está en contacto directo con la Tierra, y simbólicamente, esta representa a nuestra madre. Todo problema en los pies te dice que te mantengas bien arraigado a la realidad del "aquí y ahora", teniendo más confianza en el Universo y en tu intuición. Corre, vuela, no dudes en tomar los medios que consideres necesarios para avanzar. No te dejes "pisar" por nadie. Esto te dará la ocasión de vivir experiencias diferentes y de descubrir tus talentos ocultos. Siéntete sostenido y la vida te sostendrá.

SOLUCIÓN POSIBLE: reflexionar y discernir.

Autoestima y confianza.
Alineamiento integral.

NUEVO MODELO MENTAL: "Mi entendimiento es claro y estoy dispuesto a cambiar con los tiempos. Estoy a salvo. Con facilidad y alegría avanzo en la vida".

pies
calientes

Arquetipo de la dulzura, sinónimo de bienestar. "Me hubiera gustado que mi madre fuese más buena, dulce, cálida, amorosa".

NUEVO MODELO MENTAL: "Me amo y me apruebo, no estoy solo, la vida entera me apoya y me sostiene. Soy libre y capaz de cualquier cosa que me proponga. Doy y recibo amor por donde quiera que vaya. Fluyo fácilmente por todas las situaciones que me plantea la vida, me expreso y amo con facilidad. Todo es perfecto en mi mundo".

pies
callos en los pies

Voy hacía delante con mis pies pero algo me dice que hay algo que rasca un poco... Es la callosidad, este pequeño bulto que me indica una actitud de aprensión en mi vida presente. Es el temor a andar hacía lo desconocido con confianza porque no consigo quedar "natural", haciendo las cosas simplemente. A mí me cuesta ir hacia delante. Me lanzo hacía el futuro pero dudo y empujo demasiado o quizás no lo suficiente.

Sugerencias y Recomendaciones

Busco primero la causa. ¿Qué es lo que me hace vivir esto? ¿La tristeza y la pena, el temor a no tener éxito? Naturalmente, puedo reducir el grosor de mis callos pero es insuficiente si no trabajo con la verdadera causa. Acepto ver lo que me molesta a este punto y que me impide ir hacia delante. Así estaré más "de acuerdo" con la vida. Mi confianza en el porvenir sólo será mayor.

Ver piel-callosidades.

pies
dolencias en los pies

Gracias a mis pies, me desplazo en el camino de la vida. Mi cerebro es la central de mando de mis pies. La ciencia de la reflexología nos informa que todo nuestro cuerpo está repartido en la superficie de nuestros pies. Por lo tanto, todos los problemas que puedo vincular a mis pies me permiten saber cuál lugar de mi cuerpo me está hablando. Un problema vinculado con mis pies me indica un conflicto entre la dirección y el movimiento que tomo, y manifiesta mi necesidad de más estabilidad y seguridad en mi vida. El futuro y todos sus imprevistos me dan miedo. Cuando me duelen los pies, debo ralentizar el paso. ¿Se debe al aburrimiento o al desánimo frente a todas las responsabilidades y frente a todas las cosas que debo hacer y que me parecen imposibles de realizar? O al contrario, ¿puede que vaya a 300 kilómetros por hora y mi cuerpo me dice de ir más despacio antes de "tener un accidente"? Una rampa en el pie izquierdo o en el pie derecho me indica a qué nivel se sitúa la duda o el rechazo de adelantar o bien cuál es la dirección que me asusta coger. ¿El bloqueo está adentro mío o fuera mío? Debo tomar posición en una situación dada y puedo tener miedo de "perder pie" y "ya no sé en cuál pie he de bailar". Un pie llano me indica una columna vertebral muy recta, muy rígida, y por lo tanto, tengo una estructura menos flexible. Ya que no hay ningún espacio entre todo mi pie y la tierra en la cual ando, esto demuestra que mis fronteras personales están mal dibujadas. Me siento pues vulnerable y, para protegerme, "sobrevolaré" la superficie de las cosas en vez de crear un contacto más profundo y "coger raíz" adecuadamente, tanto en una relación afectiva, como en un trabajo, o en cualquier otro campo. Esto también tiene por consecuencia que mi trabajo estará entremezclado con mi vida privada, ambas solapándose, poco importa lo que suceda y en detrimento del resto de mis relaciones. Al contrario, si tengo el puente del pie alto, esto me revela que tengo un desplazamiento más pesado y una columna vertebral muy cargada. Esto revela también que claramente separé mi vida pública de mi vida privada. Esto me lleva a estar apartado y silencioso, teniendo dificultad en iniciar una comunicación y anticiparme a los demás. Un freno a mis emociones frente a la dirección que he de tomar en mi vida se traducirá por unos pies hinchados y el exceso de estas emociones que se liberan se traducirá por transpiración. Los pies fríos me llevan a cuestionarme sobre mis relaciones con mi madre y ver lo que puede llevarme a tener los pies fríos, incluso helados. Muy sencillamente puede tratarse de mis relaciones con ella que encuentro distantes y "fríos".

Sugerencias y Recomendaciones

Debo amar mis pies porque son ellos que llevan todo mi ser en el camino de la vida. Cuanto más los amo y los acepto, más fácil será el trabajo que cumplan.

pies
fríos

"Mi madre es fría, no tengo ganas de tocarla, su contacto es desestabilizante".

Sugerencias y Recomendaciones

NUEVO MODELO MENTAL: "Me amo y me apruebo, no estoy solo, la vida entera me apoya y me sostiene. Soy libre y capaz de cualquier cosa que me proponga. Doy y recibo amor por donde quiera que vaya. Fluyo fácilmente por todas las situaciones que me plantea la vida, me expreso y amo con facilidad. Todo es perfecto en mi mundo".

pies
huecos o cavos

CONFLICTO con la madre (real o simbólica, ayudas estatales...). Búsqueda de autonomía en relación a la madre. "Me resisto al agobio de mi madre" "Quiero separarme de mi madre".

Sugerencias y Recomendaciones

NUEVO MODELO MENTAL: "Me amo y me apruebo, no estoy solo, la vida entera me apoya y me sostiene. Soy libre y capaz de cualquier cosa que me proponga. Doy y recibo amor por donde quiera que vaya. Fluyo fácilmente por todas las situaciones que me plantea la vida, me expreso y amo con facilidad. Todo es perfecto en mi mundo".

pies
micosis o pie de atleta

La micosis aparece bajo forma de comezón. Una piel con costra y hendida que indica que mi mental está irritado o contrariado, que me siento limitado o incapaz de andar del modo que quisiera y con relación a lo que me espera en el porvenir. Tengo dificultad en aceptarme tal como soy y quisiera tener la aceptación y la adoración de la gente que me rodea, igual como el "atleta" que tiene éxito y está adorado. Esto me produce un estrés y un dolor interno. La irritación de los dedos de los pies está vinculada con los detalles y las direcciones de mi vida futura, con lo abstracto y los conceptos energéticos. Son miedos y una falta de comprensión.

Frustración por no ser aceptado. Incapacidad de avanzar.

Sugerencias y Recomendaciones

Puedo visualizarme en un camino en el cual es agradable andar y en el cual me siento en total seguridad. Esto me ayudará a soltar los miedos y me aportará más armonía en la vida.

NUEVO MODELO MENTAL: "Me amo y me apruebo. Me doy permiso para avanzar. Estoy a salvo avanzando".

Ver piel, piel-dolor, sistema inmunitario.

pies
planos

Búsqueda del afecto de la madre. Cuando soy niño, no quiero separarme de mi madre "Me impide despegarme y me clava al suelo". "Estoy aplastado por mi madre"

Son planos hasta los 4-7 años.

2 Posibilidades:

a) "Yo como niño no quiero separarme de mi madre, necesito su fusión".

b) "Mi madre me impide marcharme, me está pegando al suelo".

Sugerencias y Recomendaciones

NUEVO MODELO MENTAL: "Me amo y me apruebo, no estoy solo, la vida entera me apoya y me sostiene. Soy libre y capaz de cualquier cosa que me proponga. Doy y recibo amor por donde quiera que vaya. Fluyo fácilmente por todas las situaciones que me plantea la vida, me expreso y amo con facilidad. Todo es perfecto en mi mundo".

pies
punta de los pies

Grabe problema con la madre. "No quiero ver a mi madre. No quiero tocar a mi madre".

Sugerencias y Recomendaciones

NUEVO MODELO MENTAL: "Me amo y me apruebo, no estoy solo, la vida entera me apoya y me sostiene. Soy libre y capaz de cualquier cosa que me proponga. Doy y recibo amor por donde quiera que vaya. Fluyo fácilmente por todas las situaciones que me plantea la vida, me expreso y amo con facilidad. Todo es perfecto en mi mundo".

pies
verrugas en la planta de los pies

Una verruga en la planta de los pies se manifiesta habitualmente por la aparición de una pequeña partícula transparente debajo del pie, alrededor de la cual se forma una callosidad, provocando dolor cuando está bajo presión. Una verruga en el pie me indica que vivo temores frente a mi porvenir y frente a mis responsabilidades. El dolor que provoca puede hacerme comprender que siento ira en mi modo de concebir la vida. Es probable que me deje fácilmente parar por las pequeñas dificultades que se colocan delante de mí. Puede también que viva una desvalorización con relación a mis capacidades o habilidades físicas en los deportes. Puedo ser muy buen deportista por encima de la media y vivir desvalorización porque me obligo a siempre ser el mejor o a siempre estar tan excelente en cualquier circunstancia. Puede tener la sensación de que "mis pies no hacen tan bien como los pies ajenos". También tengo la sensación de "jugar al hockey con los pies", lo cual significa que me comparo a los demás y que me siento muy inferior con relación a su capacidad física.

Sugerencias y Recomendaciones

Mi cuerpo me dice que es inútil hacerme tanto daño y que puedo adelantar en la vida con total confianza. Debo aceptar tanto mis fuerzas como mis debilidades y perseverando, podré tener éxito yo también.

Ver pies-callosidades.

PINEAL GLÁNDULA

La epífisis cerebral es una glándula, también llamada glándula pineal, situada en la parte frontal del cerebro y a la que comúnmente se llama "tercer ojo".

La persona que tiene un problema en esta glándula suele tener dones psíquicos, pero tiene miedo de utilizarlos. Es posible que haya tenido una mala experiencia siendo más joven, puede suceder que ocurriera en una vida anterior. Recibe el mensaje de que aprendas a utilizar con amor y respeto esos dones psíquicos para ayudar a los demás. Todo don, sea físico o psíquico, siempre debe ser utilizado para ayudarse o para ayudar a los demás sin aprovecharse de ellos ni enorgullecerse. Este problema se puede manifestar en una persona que fuerza o forzó demasiado el desarrollo de sus dones psíquicos.

Sugerencias y Recomendaciones

Con este mensaje, tu cuerpo te dice que te concedas el derecho de ver más allá de lo que el promedio de la gente puede ver. Te dice que si tienes estos dones ahora, es porque debes aprender a utilizarlos para propagar más amor y fe en este planeta. No debes dejar que el pasado influya en tu presente y te bloquee. Si, por el contrario, tienes problemas con la glándula epífisis porque quieres desarrollar demasiado ciertos dones psíquicos, es urgente que te detengas, ya que las fuerzas psíquicas pueden resultar muy peligrosas para una persona que no está preparada. Date tiempo: verás que con mucho amor hacia ti mismo y hacia los demás estos dones se desarrollarán por sí solos y de una manera muy armoniosa.

Ver epífisis.

PIOJOS

Los piojos de la cabeza son insectos diminutos que contaminan sobre todo a los niños. También existen los piojos del pubis y del cuerpo. Aparecen cuando se está aprendiendo a leer. "Tengo que entrar en contacto con mi cabeza".

Ver parásitos.

PIORREA
Ver encías-dolor.

PIPI EN LA CAMA

El hecho de dejarse ir durante el sueño me informa sobre ciertas emociones de temor o miedo que vive mi hijo frente a la autoridad de los padres o escolar. Si soy este hijo que vive incontinencia, puede que para mí, se trate de un modo de liberar las emociones (representadas por la orina) que reprimo durante todo el día, frecuentemente porque tengo miedo que me castiguen o por miedo a disgustar a los demás y a ya no ser amado. Igual como los animales que marcan su territorio con su orina, lo mismo yo, como niño, puedo sentir inconscientemente la misma necesidad de operar igual, como para definir mi "pequeño territorio de niño" porque tengo miedo que me lo quiten o lo transgreden, viviendo así mucha inseguridad. Mi inseguridad será también incrementada si me hacen dormir a oscuras. Siendo niño, puedo vivir un sentimiento de separación intensa frente a alguien o a algo que amo, y es como si, durante la noche, pidiera "socorro" porque necesito "calor".

Sugerencias y Recomendaciones

Por lo tanto, como padre o educador, debo tomar consciencia de la sensibilidad del niño frente a la autoridad, ayudarle a liberarse de mi autoridad demasiado grande con palabras de amor que se transforman en él en una confianza incrementada.

Ver incontinencia-fecal y urinaria.

PITUITARIA
Ver glándula pituitaria o hipófisis.

PITYRIASIS VERSICOLOR

Enfermedad infecciosa crónica y comúnmente causada por especies de hongos del género Malassezia, aunque antiguamente a los agentes causales se les conocía con los nombres de Pityrosporum orbiculare y Pityrosporum ovale. Esta infección es cutánea, superficial, se caracteriza por manchas en la piel (máculas hipo o hiperpigmentadas) y suele ser por demás asintomática.

Atentado a la integridad (hiperpigmentación) + conflicto de separación en fase de curación.

Tiña:
Dejar que los demás interfieran e influyan. Sensación de no valer y de impureza.

Sugerencias y Recomendaciones

NUEVO MODELO MENTAL: "Me amo y me apruebo. Nada ni nadie tiene ningún poder sobre mí. Soy libre".

PLAQUETAS

Las plaquetas son células diminutas de dos a tres micras de diámetro, sin núcleo, de formas muy variadas, cuya función es la coagulación sanguínea en caso de hemorragia. Cuando su número disminuye es más difícil detener el sangrado.

Son fragmentos citoplasmáticos derivados de los megacariocitos. Importante papel en la coagulación sanguínea.

Plaquetopenia (pocas):

- No puedo pegarme a esta familia.
- Estoy apartado de esta familia.
- Soy un inepto para pelearme. Exceso de plaquetas: cohesión en el clan.
- "Mi familia me sangra".
- Herida abierta.

CONFLICTO de cohesión en la familia. Tener una herida abierta. Pérdida de sangre en la familia. "Mi familia se deshace" = (Bazo) "De lo que más me arrepiento es de no haber terminado los estudios". "Mi ex mujer me sangra".

Coagulación:
Obstrucción de la alegría de vivir.

Sugerencias y Recomendaciones

NUEVO MODELO MENTAL: "Despierto a una nueva vida interior. Me abro y fluyo libre".

Ver hemorragia.

PLAQUETOPENIA

Déficit de plaquetas.

"No puedo pegarme a esta familia". "Estoy apartado de esta familia". "Soy inepto para pelearme" (real).

Sugerencias y Recomendaciones

NUEVO MODELO MENTAL: "Despierto a una nueva vida interior. Me abro y fluyo libre".

Ver hemorragia.

PLEURA

Conflicto de nido o drama interiorizado. Velo a un muerto, lo lloro. Protección hacia mis pulmones. Todo relacionado con la vida, pulmón = atrapar el pedazo de aire, sin él muero.

"Quiero proteger los pulmones, así que ensancho las pleuras." O "Interpongo líquido entre las capas de la pleura para hacer fluir las cosas que son vitales para mí.".

Derrame pleural/pleuresía líquido: "necesito mis propios referentes, mis valores".

DERRAME PLEURAL (Hidrotórax, quilotórax, neumotórax). Derrame pleural, es un aumento de líquido en las pleuras, hay diferentes tipos como un hidrótorax (líquido), quilotórax (grasa), neumotórax (aire) y hemotórax (sangre).

Liquido = referentes.
Aire = espacio (mi espacio, me agobian).
Sangre = familia.
Grasa = reservas.

Protege los pulmones. También mantiene su presión, si se rompe el pulmón colapsa (para que el pulmón funcione bien, tiene que haber una presión negativa en la pleura).

Tiene dos capas igual que el pericardio:
Pleura visceral – interna (su grosor es mayor).
Pleura parietal - externa

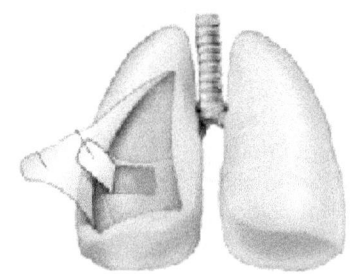

Con un líquido en medio de las dos capas (líquido pleural).

El tumor es un mesotelioma de pleura.

Sugerencias y Recomendaciones

Véase problemas en los pulmones, agregando descontento y emociones reprimidas. La persona enferma se beneficiaría si se permitiera llorar y mostrar sus emociones.

Ver pulmones-dolencias.

PLEURESÍA

La pleuresía es una inflamación aguda o crónica de la pleura (la envoltura serosa que recubre a los pulmones). Se manifiesta por medio de un dolor torácico como una punzada en el costado, una tos seca y dolorosa, dificultad para respirar, fiebre y aceleración de los latidos del corazón.

Ver pulmones-dolencias.

Sugerencias y Recomendaciones

Véase problemas en los pulmones, agregando descontento y emociones reprimidas. La persona enferma se beneficiaría si se permitiera llorar y mostrar sus emociones.

PLEXO SOLAR

Centro del poder intuitivo. Falta de confianza en mí mismo y en la vida.

Sugerencias y Recomendaciones

NUEVO MODELO MENTAL: "Confío en mi voz interior. Soy un ser tan fuerte como sabio y poderoso".

POLIARTRITIS REUMATOIDE

La artritis reumatoide (AR) es una enfermedad sistémica autoinmune, caracterizada por provocar inflamación crónica principalmente de las articulaciones, que produce destrucción progresiva con distintos grados de deformidad e incapacidad funcional.

Normalmente es multifactorial.

Sugerencias y Recomendaciones

Debemos buscar un Yaciente.

POLIGLOBULÍA

Es lo opuesto a anemia. Exceso de glóbulos rojos en la sangre. Exceso de oxígeno.

Se han vivido situaciones de ahogo. También puede ser que haya muertes en la familia y "deba fortalecerme", miedo a morir por falta de hematíes, muerte de algún ser querido por "hemorragia".

Sugerencias y Recomendaciones

NUEVO MODELO MENTAL: "Me amo y me apruebo, no estoy solo, la vida entera me apoya y me sostiene. Soy libre y capaz de cualquier cosa que me proponga, decido vivir sin culpa. Doy y recibo amor por donde quiera que vaya. Fluyo con facilidad por la vida y acepto con alegría cuantas situaciones se plantean. Confío en la vida. Todo es perfecto en mi mundo".

POLIOMELITIS

La poliomielitis es una enfermedad contagiosa, también llamada parálisis infantil, afecta principalmente al sistema nervioso. La enfermedad la produce el virus poliovirus. Se llama infantil porque las personas que contraen la enfermedad son especialmente los niños entre cinco y diez años.

Es una afección temible por sus posibilidades de parálisis en las extremidades, acompañada de secuelas funcionales, así como de posible parálisis respiratoria. Si resultan afectadas las extremidades, véase parálisis, y si se trata de una parálisis respiratoria, véase problemas en los pulmones, teniendo en cuenta lo siguiente: la palabra polio significa "contaminación", por lo que la persona afectada por esta enfermedad puede sentirse sucia, manchada por dentro, lo cual le produce una gran desesperación.

Se fija sobre los centros nerviosos, en particular sobre la medula espinal, provocando parálisis que pueden ser mortales cuando alcanzan los músculos respiratorios. La poliomielitis anterior aguda es comúnmente llamada poliomielitis. Al ser una enfermedad que se encuentra sobre todo en los niños, se la llama también parálisis infantil. Si estoy alcanzado por esta enfermedad, el virus que me paraliza es la impotencia y los celos. Siento envidia de lo que otro o los demás pueden ser capaces de realizar. Quisiera frenarles pero me freno a mí mismo y me paralizo.

Celos paralizantes.
Deseo de detener a alguien.

Sugerencias y Recomendaciones

NUEVO MODELO MENTAL: Hay suficiente para todos. Con pensamientos de amor creo mi bien y mi libertad.

Esta enfermedad puede decirme que no debo envidiar a los demás: soy una persona extraordinaria con capacidades inmensas. Tengo tantas calidades y fuerzas como los demás y debo aceptar éstas. En vez de huir y poner mi atención a vejar a los demás, recupero aquí y ahora el pleno poder sobre mi vida y acepto que la abundancia forma parte integrante de mi vida.

Ver también la explicación sobre las enfermedades infecciosas.

PÓLIPOS

Un pólipo es un tumor pequeño o una tumefacción benigna. Véase quiste.

El pólipo es un tumor benigno que se desarrolla a partir de una mucosa, por ejemplo una mucosa bucal, nasal, intestinal y uterina. La excrecencia que resulta es un signo físico para revelarme que hay una persona o una situación en mi vida que me molesta y que quisiera evitar o huir pero me resulta imposible. Al contrario, me siento cogido, pillado y no puedo sustraerme. Tengo emociones que se solidifican en mí.

Hay que averiguar la intensidad. El pólipo (verruga) puede ser una pequeña guarrada, una poliposis muchas guarradillas. Todo lo relacionado con el colon, no hay que olvidar que es en situación de supervivencia.

Es una enfermedad inflamatoria del colon (el intestino grueso) y del recto. Está caracterizada por la inflamación y ulceración de la pared interior del colon. Los síntomas típicos incluyen diarrea (algunas veces con sangre) y con frecuencia dolor abdominal.

Inseguridad. Representa la facilidad para dejar marchar lo que está superado.

Sugerencias y Recomendaciones

Para mí, sería ventajoso aceptar que algo o alguien me molestan y preguntarme ¿qué es lo que debo aprender en todo esto? ¿De qué modo quisiera sentirme más libre? Enfrentándome a mis responsabilidades, el o los pólipos desaparecerán.

POLIPOSIS

Los pólipos de colon y de recto son protrusiones de epitelio glandular dentro de la luz intestinal; configuran verdaderas neoplasias y generalmente son benignos y no suelen presentar síntomas, pero pueden causar hemorragia rectal indolora.

CONFLICTO
Persona con multitud de guarrerías.

Ver colon.

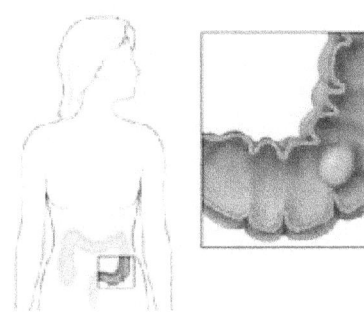

Sugerencias y Recomendaciones

NUEVO MODELO MENTAL: "Me amo y me apruebo, no estoy solo, la vida entera me apoya y me sostiene. Soy libre y capaz de cualquier cosa que me proponga, decido vivir sin culpa. Doy y recibo amor por donde quiera que vaya. Fluyo con facilidad por la vida y acepto con alegría cuantas situaciones se plantean. Confío en la vida. Todo es perfecto en mi mundo".

POTT

Es una forma de tuberculosis, que se localiza en las vértebras. Comienza por un pellizco discal no específico. Después, una vez afectado el disco, su destrucción puede ser parcial o terminar rápidamente en una fusión discal completa. El proceso se propaga entonces al cuerpo vertebral. Ver tuberculosis y dolor de espalda.

PREMENSTRUAL
Ver menstruación-síndrome premenstrual.

PRESBICIA

Vista cansada.

Es una anomalía de la visión, el defecto de un ojo que no ve con claridad los objetos cercanos a causa de una mala acomodación.

De acuerdo con la ciencia médica, es normal que esta mala acomodación del ojo se manifieste en los humanos hacia la edad de 45 años. Es interesante constatar que la palabra acomodación, cuando se habla del ojo, tiene la siguiente definición: "colocación precisa del ojo en la función visual", y esa misma palabra también significa: "adaptarse fácilmente a las personas y a las circunstancias". En metafísica, se puede decir que la persona que sufre presbicia tiene problemas para adaptarse a lo que pasa a su alrededor. Es posible que le resulte difícil verse en el espejo, ver cómo envejece su cuerpo, no verse tan deseable, etc. Quizá le cueste trabajo ver su situación familiar actual o su situación laboral.

Sugerencias y Recomendaciones

El hecho de que no veas bien de cerca es un mensaje muy preciso de tu cuerpo que te quiere hacer saber que dejas que te moleste demasiado lo que ves cerca de ti. Te dice que dejes de creer que al envejecer disminuyen tus capacidades. Es posible que tu cuerpo comience a desgastarse físicamente, lo cual es natural; sin embargo, con la edad adquieres fuerza en los planos emocional y mental, gracias a la madurez y la sabiduría adquiridas. Recibes el mensaje de que pierdes demasiado tiempo en la dimensión física; esto nubla tu visión interior y no ves todo el valor que tienes, ese valor adquirido con el paso de los años. No olvides que tu forma de ver la vida hoy determinará tu porvenir. Tu capacidad para adaptarte fácilmente a las personas y a las circunstancias que se presenten en tu vida mejorará mucho tu visión y la calidad de tu vida.

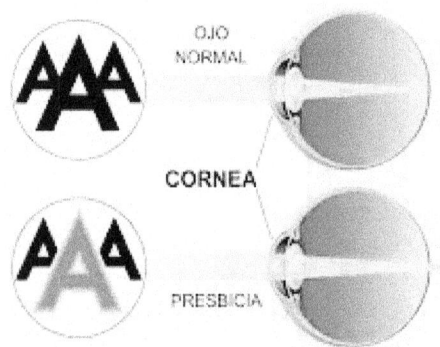

El peligro está en lo lejos (en tiempo o espacio). Miedo al futuro, aprensión por mí o los míos. Paranoia o enfermedad de persecución. Miedo por la nuca. Miedo a un acontecimiento cercano. Miedo a la vejez, la muerte... "pero llegará".

"¿Que va a sucederme ahora que voy a...?". "No quiero ver lo que tengo delante de mí." Rechazo acomodarme.

Ojo derecho: memoriza, compara, mira a los amigos, es el ojo del reconocimiento, de la afectividad.

Ojo izquierdo: movimiento, mira a los enemigos, es el de la defensa, del peligro.

Ver ojos-presbicia.

PRESIÓN ALTA
Ver hipertensión.

PROBLEMAS CARDÍACOS
Ver corazón-problemas cardíacos.

PROBLEMAS DEL SUEÑO

Los problemas de sueño más comunes son: pesadillas, enuresis (orinarse en la cama), insomnio, narcolepsia y sonambulismo. Consulta estos términos.

PROBLEMAS FACIALES
Ver rostro.

PROBLEMAS RESPIRATORIOS

Temores. Resistencia a dar, compartir, a entregar. Miedo a tomar, a asimilar. Resistencia a entregarse. Aferramiento a uno mismo y resistencia a soltarse, a fluir.

ACTITUD NEGATIVA COMÚN: "Me he sentido inmerecedor de la vida y la he obstruido en mí. He sentido alteraciones en mi ambiente que me irritan profundamente".

Sugerencias y Recomendaciones

SOLUCIÓN POSIBLE: Seguridad en sí mismo. Confiar en la vida. Abrirse.

ACTITUD POSITIVA A ADOPTAR: "Yo estoy en paz y armonía dentro y fuera de mí y nada ni nadie las altera, yo soy la expresión de la vida".

Ver pulmones.

PROLACTINA

La prolactina es una hormona peptídica segregada por la parte anterior de la hipófisis, la adenohipófisis, que estimula la producción de leche en las glándulas mamarias y la síntesis de progesterona en el cuerpo lúteo.

Incapacidad de alimentar a los míos.

Sugerencias y Recomendaciones

Puede que haya una carga transgeneracional.

PROLAPSO

Caída de matriz, de órgano.

El prolapso indica un desplazamiento patológico de un órgano hacía abajo, vinculado con la soltura de los elementos que lo mantenían en su sitio. Es frecuente en el caso de la próstata, útero, vagina, recto, uréter o vejiga. Vivo entonces una gran dejadez, un abandono, una falta de control. ¿Los músculos se debilitan porque mi nivel de energía es tan bajo que no puede mantener la elasticidad del órgano? Estoy cansado, vivo una desesperación interior inmensa, ésta siendo vinculada más particularmente al aspecto de mi vida que está representada por el órgano afectado.

Sugerencias y Recomendaciones

Es importante que encuentre los medios de retomar mi vida en mano y que esté activo. Puedo buscar lo que amo, bien sea el arte, el deporte, un pasatiempo, para volver a darme vitalidad y el gusto de vivir.

PRÓSTATA

La próstata es una glándula anexa al aparato genital del hombre, que se encuentra situada alrededor de la uretra y debajo de la vejiga. Ésta secreta un líquido que constituye la mayor parte del esperma. Su función es diluir el líquido espermático muy espeso, nutrir y proteger a los espermatozoides y asegurar su activación. Los problemas de próstata más comunes son la inflamación, los tumores y el cáncer. Los problemas de próstata más comunes son la inflamación, los tumores y el cáncer.

Esta glándula es el enlace entre el cuerpo humano y el centro de energía (chacra) sacro, la energía del poder de crear. Los problemas de la próstata son mucho más frecuentes después de los 50 años. Le indican a quien los sufre que deja que le moleste una situación en la cual siente impotencia, una situación que no puede controlar a su antojo. Se cansa de la vida. Estos problemas le indican que no puede controlarlo todo en la vida y que a veces el universo nos envía situaciones que nos ayudan a soltarnos con el fin de crear otra cosa mejor. Cuando el hombre experimenta un sentimiento de impotencia, al mismo tiempo su libido disminuye. Esta disminución es simplemente un reflejo de lo que sucede en su interior.

CONFLICTO arcaico. Pérdida en la familia. Protección de los nietos (miedo, como si los depredadores vinieran a comérselos). O sentir que debe ser más competente con su mujer (probablemente más joven). También el sentir que vive una sexualidad fuera de la norma (señor de 60 con una chica de 20-25) Viejo Verde. O una historia de castración (la mujer castra al hombre con sus normas: "Si no haces eso, hoy no hay cama" o "Quiero hacer el acto sexual, pero no puedo".

Conflicto derivado de situaciones dramáticas de los hijos, pareja, nietos o equivalente: Un accidente, una enfermedad, la muerte. Todo ello nos disgusta.

"Quiero hacer el acto sexual, pero no puedo". "Quiero nietos". "Tengo que estar a la altura para satisfacer a mi mujer, porque ésta es mucho más joven que yo y no sé si seré capaz".

El protector. Contiene unas células que producen parte del líquido seminal que protege y nutre el espermatozoide. Formado por varios tejidos (1ª y 3ª etapa). Tiene una función de director de orquesta que permite poner en marcha la máquina reproductora en los hombres de edad.

La próstata está vinculada a mi sentimiento de potencia y capacidad sexual. Ya que son frecuentemente los hombres mayores que padecen de trastornos de la próstata, debo preguntarme: ¿Estoy satisfecho y a gusto en mi sexualidad? ¿Vivo frustración, impotencia o quizás incluso confusión de cara a mi sexualidad y también frente a mi búsqueda de una pareja quizás más joven? ¿Sería mejor dejarlo todo? Quizás ahora me siento inútil, ineficaz, incapaz de ser un "hombre verdadero". Vivo el miedo intenso de no estar en las normas sexuales implantadas por la sociedad. Debo aprender a des culpabilizarme y a dejar de estar tenso en cuanto a la "excelencia" que requiere la sociedad por parte mía. Debo tomar consciencia de mi valor no según mis "hazañas sexuales" sino mirando todas las bellas cualidades humanas que poseo. Si tengo una dificultad en la próstata, debo preguntarme si vivo dificultad y culpabilidad frente a mis nietos o frente a mis propios hijos que, incluso adultos, son aún para mí, unos "pequeñines" y "frágiles". Tengo miedo de que éstos estén en peligro, bien moralmente bien físicamente, y sobre todo frente a cualquier situación que puede estar vinculada con la sexualidad y que aparece a mis ojos como sucia o que sale de las normas habituales y establecidas por la sociedad. Si no tengo hijos ni nietos, la dificultad puede vivirse con un sobrino o un niño del barrio que considero "como formando parte de la familia".

En los hombres, los problemas de próstata tienen mucho que ver con la autovaloración y con la convicción de que, a medida que envejecen, van siendo menos hombres. La impotencia añade un elemento de miedo, y a veces se relaciona incluso con el despecho hacia una pareja pasada. La frigidez se origina en el miedo o la convicción de que está mal disfrutar del cuerpo. Puede venir también del autorrechazo e intensificarse en el contacto con un compañero poco sensible.

Hay cánceres de útero después de una menopausia y de próstata más tarde. En la evolución somos abuelos: "Mis hijos no tienen niños".

Ejemplos:

a) Un Señor que lleva a su mujer al hospital y ésta" pare" en el coche. Sangre, líquidos, se traumatiza y hace un cáncer de próstata

b) Sacerdote que es terapeuta y siente la necesidad biológica de hacer el amor a una de sus pacientes. Para él esto es algo sucio.

Representa el principio masculino. Temores que debilitan la masculinidad. Renuncia. Presión y culpa sexuales. Creencia en el envejecimiento. Insatisfacción, frustración sexual. Al jubilarse acostumbran a considerarse inútiles, ineficaces e incapaces de ser hombres íntegros.

Sugerencias y Recomendaciones

Tu problema de próstata tiene como finalidad ayudarte a restablecer contacto con tu poder de crear tu vida. Deja de creer que porque envejeces, eres menos poderoso y menos capaz de crear. Es cierto que el cuerpo se deteriora con el tiempo y ello es natural. Sin embargo, esta es la ocasión ideal para que utilices todas las fuerzas emocionales y mentales que has adquirido con el paso de los años y crees otra cosa, permitiendo que los más jóvenes te ayuden físicamente. Debes dejar de creer que porque decides delegar, pierdes valor. Al contrario. A eso se llama sabiduría.

Debo aprender a hacer confianza y el hecho de tener miedo de que suceda algo grave o algún daño a la gente a quien amo sólo atrae más el objeto de mi temor. Tengo confianza en que todos estamos guiados y protegidos interiormente, incluidos los por quienes me preocupo. Así evitaré el desarrollo del cáncer de la próstata.

NUEVO MODELO MENTAL: "Acepto mi masculinidad y me complazco en ella. Me amo y me apruebo. Acepto mi poder. Soy eternamente joven de espíritu".

SOLUCIÓN POSIBLE: Cambiar su punto de vista del amor. Cambiar sus hábitos mentales: autoestima. Buscar una pareja más joven, (si funciona mal la relación).

CROMOTERAPIA: color curativo para aumentar el flujo de orina, amarillo. Color curativo para disminuirlo, azul.

TRATAMIENTO: estimule las áreas marcadas para la próstata, y haga lo mismo con las correspondientes a la vejiga y los riñones.

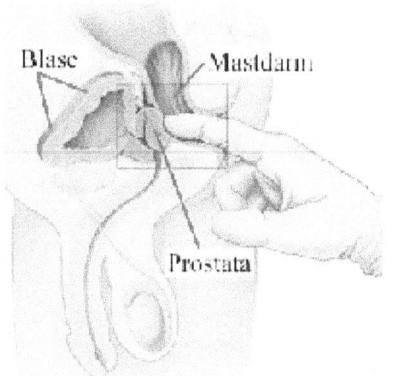

próstata
caída de próstata

Cuando cae la próstata, ejerce una gran presión sobre la vejiga. Indica que tengo dificultad en soltar los sentimientos de inutilidad que me he construido interiormente, la orina representando la liberación de mis emociones negativas.

Sugerencias y Recomendaciones

Reconozco cada vez más mi valía y sé que mi contribución a la sociedad es inestimable.

Ver prolapso.

próstata
prostatitis

La prostatitis es la inflamación de la próstata. Puedo vivir decepción o frustración, bien frente a lo que mi pareja espera de mis proezas sexuales, bien frente a mí mismo porque me culpo por no ser más "viril", más "excelente". Opino que soy viejo, "inútil, "acabado".

Sugerencias y Recomendaciones

Es pues importante que acepte que mi sexualidad puede haber cambiado y evolucionado con el tiempo, pero que puede ser igual de excitante y completa.

Ver -itis, infección, inflamación.

PRURITO

Es una sensación en la epidermis que incita a rascarse.

La comezón se produce en una persona que tiene mucha envidia de algo pero no se permite este sentimiento o se siente bloqueada por alguien o por las circunstancias. Vive preocupada y esto le hace sentir impaciencia y exasperación.

Separación del placer.
No contacto con las emociones.

Crisi épica de un conflicto de separación.

Problema de bilirrubina en la sangre (conflicto de estar separado con rencor e injusticia).

Ardor por temas de sexualidad y agresividad. Comezones, irritaciones relacionadas con la impaciencia, inseguridad o contrariedad.

Deseos que van en contra de la inclinación natural. Comezón por marcharse o alejarse. Insatisfacción. Remordimiento.

Ver piel-comezón.

Sugerencias y Recomendaciones

Cuando sientes comezón, el lugar donde se localiza es una buena indicación del área en la cual te sientes bloqueado o tienes envidia. Analiza la utilidad de esa parte de tu cuerpo. Como la comezón afecta a la piel y ésta es un vínculo con la personalidad, es muy probable que te rehúses a aceptar esta envidia por miedo a herir a alguien o porque temes lo que otro pueda pensar de ti. En lugar de llegar al extremo de que tu deseo te "coma" hasta arrancarte la piel, sería prudente que comprobaras si esta envidia es realista o si se trata sólo de un capricho. Si es así, permítete reconocerlo cuanto antes, déjalo ir y no quieras controlar todo a tu manera. Si la envidia es realista, atrévete a afrontar tus temores haciendo tus demandas y pasando a la acción.

NUEVO MODELO MENTAL: "Estoy en paz donde estoy. Acepto mi bien, sabiendo que mis necesidades y deseos serán satisfechos".

PSICOSIS

Afección mental que perturba gravemente a la personalidad y que se caracteriza por síntomas que revelan trastornos de conducta importantes. El sujeto psicótico es prisionero de un universo accesible sólo a él y sufre de un estado más o menos acentuado de despersonalización. Diferentes tipos de alucinaciones o delirios pueden acompañar a las psicosis.

Esta afección mental se produce en una persona que no está en contacto con su YO SOY. He podido observar que muchas personas que padecen diferentes formas de psicosis sienten ira hacia su progenitor del sexo opuesto. Sufren desde su infancia al no haber sido reconocidos por ese padre o esa madre por lo que eran, e intentan ser otra persona para que se les reconozca. La psicosis se produce cuando la persona llega a su límite mental por no ser ella misma. Desea tanto ser otras personas que pierde por completo el contacto con su SER. En general, la persona psicótica rechaza la ayuda porque prefiere hacer a los demás responsables de su desgracia, en especial a personas del sexo opuesto.

La psicosis es una enfermedad mental mayor, que trastorna gravemente la existencia psíquica de la persona en sus relaciones consigo misma y con el mundo exterior, conllevando la alteración de la consciencia de sí, de los demás y del mundo exterior, de la afectividad, de la inteligencia, del juicio, de la personalidad, lo que se traducirá por un trastorno marcado del comportamiento exterior, ya que el sujeto vive como si fuera extraño a este mundo. La paranoia y la esquizofrenia son psicosis. Si padezco esta enfermedad, quiero huir de quien soy y escaparme de este cuerpo que no acepto. Me siento tan mal que tengo la sensación de ya no tener identidad, habiéndome dejado invadir por la gente que me rodea. Tengo una débil estima de mí y busco por todos los medios que me quieran y me dediquen atención. La psicosis puede también estar causada por un acontecimiento en el cual viví un impacto emocional tan grande que quise cortarme de la realidad, ya que mi mental no entiende "¡porqué esto me podía suceder a mí!". Y oculté estos acontecimientos, emociones en mi subconsciente pero aún están ahí y pronto o tarde deberé enfrentarme con ellos para integrarlos y aprender la lección de vida vinculada a ellos. Al liberar de su cárcel mental estos acontecimientos que me controlan inconscientemente y que me hacen actuar de modo impulsivo como podré retomar el pleno control sobre mi vida y viviré en paz conmigo mismo.

La psicosis infantil, por su parte, puede resultar de una relación perturbada entre el niño y sus padres. Siendo niño, puedo vivir un rechazo vinculado a la rebelión inconsciente de mi madre o porque estoy sometido a revelaciones sexuales demasiado precoces para ser integradas, etc. Yo, como niño, me encierro en un estado de indiferencia, inercia y estancamiento en cuanto a mi desarrollo mental o me encierro en un mundo aparte que deja de ser comunicable y que sirve de medio de protección. Es como si fuera capaz de hallar mi lugar y de asumirme. Me encierro en una "separación protectora" habiendo vivido un profundo rechazo o una "sequedad afectiva", y teniendo la impresión de no poder ser lo que mis padres quieren que sea, éstos estando controlados por sus miedos, sus deseos, sus temores, sus fantasmas hacía mí, su hijo.

Sugerencias y Recomendaciones

Si padeces psicosis o tienes tendencias psicóticas, debes darte cuenta de una vez por todas de que tú eres el único que puede restablecer el contacto con lo que eres. Cualesquiera que sean los sufrimientos vividos durante tu infancia, nunca es demasiado tarde para librarse de ellos. El medio por excelencia es el perdón verdadero, tal como se describe al final de este libro. De acuerdo con mis observaciones, este medio tiene resultados extraordinarios y duraderos.

Si lees esta descripción para otra persona, debes saber que no puedes resolver este problema por ella, aunque tengas las mejores intenciones del mundo. Puedes sugerirle que lea este texto, pero sin insistir. Por otro lado, puede ser muy benéfico que le hables del amor y la animes a perdonar a su padre o a su madre. Es preferible que quien ayude a la persona psicótica sea una persona del mismo sexo, sobre todo si se trata de un caso avanzado.

Véase también locura.

psicosis
esquizofrenia

La esquizofrenia es un modo de esconderme y esconder a los demás mi auténtica identidad. Frecuentemente el esquizofrénico creció en un marco familiar muy rígido en el cual perdió su verdadera identidad. Al no saber ya quién soy, decido entonces volverme otro. Es un rechazo total de mi YO SOY. Lo que vivo es tan intenso que mi estado esquizofrénico se vuelve solución de desesperación a un estrés demasiado grande; tengo la sensación de que no hay solución a mi situación, por lo tanto mi única suerte de supervivencia es huir. Como persona padeciendo esquizofrenia, poseo frecuentemente un intelecto muy fuerte y tengo necesidad de comprender lo que me sucede en vez de aceptarlo simplemente. Como esquizofrénico, suelo vivir en un clima de amenaza y el miedo se apodera de mí. A veces, ocurre también que al tener grandes dones psíquicos, los desarrollo de modo exagerado. Vivimos todos con esquizofrenia en un porcentaje más o menos elevado. En efecto, si registré una herida interior en mi infancia (sobre todo entre 0 y 12 años) bajo forma de rechazo, sumisión, ira, incomprensión, abandono, etc., tendré tendencia en deformar la realidad cuando, en mi vida de adulto, un acontecimiento reactivará está herida. Es como si desarrollase mecanismos, a veces inconscientes, para impedirme volver a vivir el dolor o el recuerdo de este dolor que pude vivir anteriormente. Entre estos mecanismos de defensa, anotemos el hecho de cambiar inmediatamente de tema cuando se acaba de abordar una situación en la que me sentí herido; puedo tener un comportamiento incoherente cuando se toca un tema como por ejemplo ir a buscar la sal en la nevera, lo cual pasará por ser "una distracción", etc.

Sugerencias y Recomendaciones

Ten interés en volver a descubrir el ser maravilloso que eres y a aceptar la responsabilidad de tu vida.

psicosis
piscosis maníaco depresiva

La psicosis es una afección mental que perturba gravemente a la personalidad y que se caracteriza por síntomas que revelan trastornos de conducta importantes. El sujeto psicótico es prisionero de un universo accesible sólo a él y sufre de un estado más o menos acentuado de despersonalización. Pueden acompañar a la psicosis diferentes tipos de alucinaciones o delirios.

Esta afección mental se produce en una persona que no está en contacto con su YO SOY. He podido observar que muchas personas que padecen diferentes formas de psicosis sienten ira hacia su progenitor del sexo opuesto. Sufren desde su infancia al no haber sido reconocidos por ese padre o esa madre por lo que eran, e intentan ser otra persona para que se les reconozca. La psicosis se produce cuando la persona llega a su límite mental por no ser ella misma. Desea tanto ser otras personas que pierde por completo el contacto con su SER. En general, la persona psicótica rechaza la ayuda porque prefiere hacer a los demás responsables de su desgracia, en especial a personas del sexo opuesto.

El individuo vive situaciones de gran impacto emocional y quiere inhibirse de la realidad. Muchas veces se refugian en la bebida y/o en la droga. Quieren huir de la realidad, son personas con gran carencia de asertividad, muchas veces hay temas transgeneracionales, pues son conductas aprendidas inconscientemente (clan familiar). Mi experiencia me ha enseñado que las personas con problemas de adicciones tienen una madre muy sobre protectora y sumisa y un padre agresivo o muy distante en la afectividad familiar.

Constelación, combinada con gran masa conflictual. Niños psicóticos = Padre que no pinta nada y madre que pinta demasiado. Mirar árbol genealógico.

Niños psicóticos:

Son niños que han sufrido todo tipo de traumas ancestrales. Los niños psicóticos parecen tener la misión de arreglar incansablemente el pasado genealógico de sus familias. Me doy cuenta de que estoy delante de un "consultante" psicótico cuando me entran ganas de dormir de una forma irremediable. Varias veces después de haberlos recibido me caía en sueño. Una historia transmitida con una falsa explicación provoca destrozos en el inconsciente de los descendientes.

Los psicóticos expresan o cuentan cosas que a priori nadie comprende. Pero si se les escucha seriamente, nos damos cuenta que no entendemos que, en realidad, exploran el pasado familiar que les ha convertido en lo que son.

Los padres de niños psicóticos suelen ser hombres fieles, pero que nunca tienen nada que decir respecto a su hijo. Ellas son las únicas que deciden. Para un niño psicótico el padre es como un hermano mayor.

Sugerencias y Recomendaciones

Si padeces psicosis o tienes tendencias psicóticas, debes darte cuenta de una vez por todas de que tú eres el único que puede restablecer el contacto con lo que eres. Cualesquiera que sean los sufrimientos vividos durante tu infancia, nunca es demasiado tarde para librarse de ellos. El medio por excelencia es el perdón verdadero.

Ver psicosis, depresióny locura.

psicosis
paranoia

El comportamiento paranoico puede considerarse como un síndrome que nace de un sentimiento de inferioridad teniendo el valor de una protesta, compensación, revancha o castigo. La paranoia se define como una psicosis caracterizada por la sobre estima de sí, la desconfianza, la susceptibilidad, la rigidez psíquica, la agresividad y que provoca un delirio de persecución. Sin embargo, si soy paranoico, sigo conservando mis capacidades intelectuales. La persona afectada de paranoia, tiene obsesiones, ideas fijas, en las cuales se concentra toda su atención. Si estoy afectado de paranoia, me siento víctima de todo lo que me sucede y estoy constantemente en la defensiva. Mis heridas emocionales, mi gran sensibilidad, los miedos que me habitan y mis pesares también, particularmente frente a mis experiencias que juzgo como fracasos, al no haber recibido todo el éxito que había esperado, todo esto me lleva a huir y cortarme de una realidad con la cual me es difícil transigir.

Sugerencias y Recomendaciones

Debo tomar consciencia de que mis pensamientos negativos obsesivos son nefastos para mí. Además tengo que tener interés en asumir cada vez más mis responsabilidades frente a mi vida, siendo capaz de crear ésta como lo deseo.

PSIQUIÁTRICOS PROBLEMAS

ACTITUD NEGATIVA COMÚN: "He querido huir de la vida con ira y desesperación".

Sugerencias y Recomendaciones

ACTITUD POSITIVA A ADOPTAR: "Yo soy la vida. Yo soy la salud por intermedio de mi padre. Acepto la vida, como viene la afronto y la disfruto".

PSORIASIS

Es una afección muy frecuente de la piel que se puede presentar en cualquier etapa de la vida. Se manifiesta en forma de placas, principalmente en las zonas expuestas a los traumatismos, es decir, codos, rodillas, cuero cabelludo, palmas de las manos y plantas de los pies. En ocasiones se propaga al resto del cuerpo. Estas placas están formadas de laminillas que se acumulan unas sobre otras. Las placas antiguas, más gruesas, son blancas y se desprenden como polvo al contacto con la ropa.

Véase problemas en la piel, agregando que la persona que padece psoriasis parece querer renovar su piel. No se siente bien en ella y quiere tener una piel nueva. Esto indica que no se siente reconocida por lo que es. Incluso puede sufrir un problema de identidad y desea tomar otra personalidad. Le resulta difícil aceptar quién es en esta vida.

Para que se produzca la psoriasis son necesarios como mínimo dos conflictos, uno activo y otro en fase de curación (dos sucesos distintos). En estos casos aparecen las placas de psoriasis.

CONFLICTO de separación. Separación de uno mismo (integridad). Conflicto de contacto obligado además. Necesidad de protegerse. Protección paterna que no he tenido (puede ser madre si esta hace la función paterna).

DOBLE RESENTIR:

a) "Me agreden"

b) "Estoy separado de..." = "Para que no me agredan más, voy a separarme de alguien". El grito del alma es: "Papá necesito que me abraces".

CONFLICTO con el padre (si te pones al sol mejoras).

La persona siente que hay dos personas de su entorno afectivo que tienen una doble separación. Miedo de ser herido.

Debilitamiento de la capacidad de sentir. Negativa a aceptar la responsabilidad de los propios sentimientos.

Sugerencias y Recomendaciones

El mensaje que recibe es que acepte lo que es ahora, con todas sus cualidades; defectos, miedos, debilidades, fuerzas, talentos, etc. Todo, sin avergonzarse de nada y sin tener miedo al rechazo.

NUEVO MODELO MENTAL: "Me abro a las alegrías de la vida. Merezco y acepto lo mejor que me ofrece. Me amo y me apruebo."

Ver piel-psoriasis.

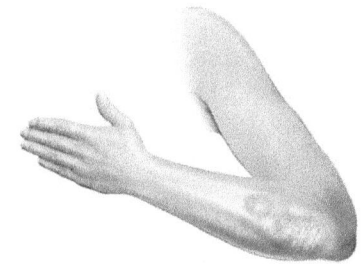

PTOSIS

La ptosis es una anomalía en la posición de un órgano, el cual se encuentra más bajo de lo que debería estar normalmente. Esta definición es válida sólo si esta posición crea un problema físico. Si dicha posición es de nacimiento y no ocasiona ningún inconveniente, ello quiere decir que es la posición natural del órgano en esa persona, aunque la medicina la considere anormal.

El mensaje del cuerpo variará según el órgano afectado de ptosis. Si tomamos el ejemplo de una mujer que tiene los senos caídos, esto le indica que, como madre, se siente más debajo de lo que desearía estar. A cada persona le corresponde determinar lo que para ella significa estar abajo. Puede querer decir no estar o no sentirse a la altura de las expectativas de los demás o no actuar suficientemente según su propio ideal, etc.

Si es otro órgano, relaciónalo con su utilidad y averigua su significado. En general, todo descenso se produce en una persona dependiente que necesita la atención de los demás para sentirse querida e importante.

Sugerencias y Recomendaciones

Este mensaje se presenta para ayudarte a tomar consciencia de tu valor, y sobre todo para que dejes de compararte con los demás o con un ideal que te creaste, exigiéndote demasiado. Date el derecho de tener límites y, si no logras ver tu valor, no dudes en pedir a los demás que te ayuden a reconocerlo. Por otro lado, tu cuerpo te indica que sólo tú tienes poder para aumentar tu autoestima. Si pides ayuda a los demás, lo único que pueden hacer es aconsejarte; el trabajo profundo no pueden hacerlo por ti. No olvides que tu cuerpo te muestra de manera física lo que crees mentalmente.

PUBIANO

El vellón del pubis oculta parcialmente los órganos genitales y el pubis. Si es denso, esto revela un miedo referente a mi sexualidad, algo que quiero disimular. Al contrario, un vellón claro o ausente revela una vulnerabilidad frente a mi vida sexual o frente a mis relaciones con mi cónyuge.

Sugerencias y Recomendaciones

Me realizo plenamente en mi sexualidad expresando mis miedos y teniendo cada vez más confianza.

PUBIS

El pubis es una pieza ósea que forma la parte anterior del hueso iliaco, el hueso ancho y llano que forma la pelvis. Sirve para proteger naturalmente los órganos genitales. Varios músculos del abdomen y del muslo se insertan en este lugar, y a veces se puede producir tendinitis que representa un disgusto vinculado con mi sexualidad, y entre lo que quiero y lo que vivo. Una fractura a este nivel implica un miedo mayor o culpabilidad en las acciones que hago, o no hago, referente a mi sexualidad. Puedo tener la sensación de que mi "resultado óptimo" deja que desear.

El pubis es una parte del hueso coxal, situado en su parte frontal.

Conflicto de desvalorización sexual. "No soy competente a nivel sexual". "Soy una mala pareja sexual".

Representa la protección de los genitales.

Sugerencias y Recomendaciones

Acepto aprender a reconocer mis verdaderas necesidades sexuales para permitirme desarrollarme más en lo que soy.

NUEVO MODELO MENTAL: "Mi sexualidad es segura".

PULMONES

Los pulmones son los principales órganos de la respiración, puesto que en ellos se realiza el intercambio gaseoso entre el aire y la sangre (transformación de sangre venosa en sangre arterial). Por lo tanto, proporcionan oxígeno al organismo, mandan combustible a las células y eliminan el gas carbónico desechado por la combustión celular. Las dificultades que pueden surgir en los pulmones son numerosas y abarcan todos los problemas respiratorios.

Los pulmones tienen una relación directa con la vida, con el deseo de vivir y con la capacidad de vivir bien, ya que aportan oxígeno a las células, y, por lo tanto, vida al cuerpo humano. Todo problema en los pulmones indica que a la persona que lo sufre le duele vivir en ese momento. Se siente triste; ya sea que sienta desesperación o desánimo y no desee vivir, o que sienta que la asfixia una situación o una persona, lo cual le impide aspirar la vida a su gusto. Puede sentir que no tiene el espacio necesario para moverse y librarse de una situación determinada. El miedo a morir o a ver morir a otra persona, a sufrir o ver sufrir a alguien, también afecta a los pulmones. Una persona que empieza a pensar que estaría mejor muerta que viva pierde sus deseos, que son el carburante esencial del cuerpo emocional. La persona que tiene miedo a morir también tiene miedo a morir en algo y se impide pasar a lo nuevo. Cualquier cambio radical puede ahogarla e impedirle el entusiasmo necesario para pasar a otra cosa.

CONFLICTO de miedo a la muerte, miedo arcaico de ahogarse, miedo visceral (cuando desaparece mi razón de vivir). Miedo a perderse como territorio propio.

RESENTIR:

Alvéolos: "Tengo miedo de morir por asfixia".

Bronquios: "Obstáculo simbólico que debemos eliminar". (Tristeza = tisis) "Palabras injuriosas que invaden mi espacio". Peleas en el territorio. Invasión del territorio.

Enfermedades pulmonares: mediante la respiración todos estamos en contacto, respirando el mismo aire. Por muy deseosos que estemos de encerrarnos en nosotros mismos, la respiración nos obliga a mantener la unión con los demás. Los pulmones representan la capacidad de comprender e inspirar la vida. Son el contacto, la relación y la comunicación con el entorno. Aflicción, depresión, miedo de inspirar la vida. Sensación de no ser digno de vivir plenamente, problemas de contacto y libertad.

Frecuentemente las enfermedades vinculadas a los pulmones se relacionan con el hecho de poder tomar el espacio vital, "el aire" que necesito para sentirme libre y para poder vivir.

Mi necesidad de espacio, autonomía, Vinculados a mi sentimiento de vivir.

Capacidad de inspirar y comprender la vida. Depresión. Aflicción. Miedo de inspirar la vida. Sensación de no ser digno de vivir plenamente. Necesidad de espacio, autonomía, vinculados a mi sentimiento de vivir.

Representan nuestra capacidad de recibir y dar vida. Los problemas pulmonares suelen significar que tenemos miedo de recibir la vida, o quizá que nos sentimos sin derecho a vivir plenamente.

Contacto, comunicación, libertad, vida.

Sugerencias y Recomendaciones

Como los pulmones están entre los órganos vitales más importantes del organismo, el problema que vives es un mensaje importante. Cuanto más grave sea el problema en el plano físico, más urgente es el mensaje para ti. Tu cuerpo te dice que aspires la vida a pleno pulmón, que vuelvas a sentir deseos y aprecies más la vida. Debes darte cuenta de que únicamente tú posees el poder de enfermarte, de ahogarte o de dejar que te ahogue lo que te rodea. En lugar de dramatizar una situación, dedica un momento a ver el lado bueno de tu vida y todas las posibilidades de felicidad que pueden surgir de ella. Sólo tú puedes crear esa felicidad y esa alegría de vivir, cambiando tu actitud ante la vida. Restablece el contacto con una vida social más activa. Dedica tiempo a practicar muchas respiraciones profundas todos los días, preferentemente al aire libre; ello te ayudará a aspirar mejor la vida en los planos emocional y mental.

Es por la acción de mis dos pulmones que circula la vida en mí. Son los filtros del aire en todo mi cuerpo. Inhalo la vida y la devuelvo al Universo. Un buen funcionamiento de mis pulmones permite ventilar cada una de mis células. Es a través de mis pulmones como tomo consciencia de que "YO "existo. Un mal de existir puede por lo tanto ser reconocido por ellos y esto me permite ventilar estos sentimientos negativos que debo purificar por el amor que inhalo.

NUEVO MODELO MENTAL: "Amo la vida. Vivo confiada. Tengo derecho a vivir libre y plenamente. Soy digno de amor. Elijo vivir la vida en toda su plenitud. Estoy a salvo. Amo mi vida".

Si fuma, debe dejarlo inmediatamente y acostumbrarse a respirar siempre por la nariz, nunca por la boca.

CROMOTERAPIA: color curativo azul.

TRATAMIENTO: comience por el área correspondiente a los pulmones y el tórax, con delicadeza, hasta eliminar las zonas dolorosas. Continúe luego con el sistema nervioso, el timo, las suprarrenales, el tiroides y la pituitaria.

pulmones
asfixia

Temor. Desconfianza en el proceso de la vida. Estancamiento en la infancia.

Sugerencias y Recomendaciones

NUEVO MODELO MENTAL: "El mundo es seguro. Confío en la vida. Estoy a salvo creciendo en ella".

Ver hiperventilación.

pulmones
dolencias de los pulmones

Las afecciones del pulmón tales como neumonía, bronquitis, asma, fibrosis, etc., son el signo que tengo un miedo muy profundo de ahogarme o de morir. Me siento tan ansioso que me limito a vivir en un territorio muy limitado que él también parece incierto. Puedo tener la sensación de que perdí mi territorio o de que lo estoy tomando (Mi cónyuge, mi familia, mis amigos, mi trabajo, mi casa, mis ideas, etc.). Si lo pierdo, es como si muriese, ya no sería nada. Siento pues cierta dificultad en hallar mi lugar y administrar mis relaciones con el mundo que me rodea. Los pulmones sirven a mi respiración, y un mal funcionamiento de éstos trae una dificultad en lo que se refiere a la transferencia de oxígeno del aire hacía la sangre, función vital para mi supervivencia. Este mal funcionamiento sólo pone de manifiesto esta muerte que me asusta y que debo amansar. Si tengo un dolor o una dificultad respiratoria, debo preguntarme si tengo la sensación de sentirme ahogado u oprimido en mi vida. ¿Tengo la sensación de que "me falta el aire", sobre todo en mis relaciones con los miembros de mi familia? ¿Me siento limitado o tengo la sensación de que no me merezco ser feliz? Me siento triste y deprimido y debo aprender a reconocer mi valor personal y a hacer las cosas que me gustan. En vez de "tener gusto" en entretener viejos recuerdos que me hacen melancólico y que pueden ampliar mi sentimiento de soledad y aislamiento, tengo interés en mirar todo lo que tengo y toda la abundancia presente en mi vida.

Sugerencias y Recomendaciones

Tomo consciencia que soy constantemente protegido y guiado. Tengo el derecho de tener un territorio, un lugar bien mío que me es personal y que no pertenece a nadie más, igual como los demás tienen cada uno su territorio. Es así como puede existir la armonía y que puedo desarrollarme plenamente. Vuelvo a tomar el poder que me pertenece y respiro la vida.

Ver asma, bronquios-bronquitis, esclerosis.

pulmones
cáncer de pulmón
Ver cáncer de pulmón

pulmones
enfisema pulmonar

Cuando aún soy feto y cuando se forman mis pulmones, esto indica mi compromiso a estar aquí, mi acuerdo a decir sí, esto haciéndose merced a mi respiración. Si tengo miedo de la vida o si quiero que alguien más se cuide de mi propia vida, mis pulmones podrán conocer algunas dificultades. Respirando superficialmente, me protejo contra el hecho de tener que tratar con la realidad. Vivo ansiedad y tengo miedo porque me siento amenazado. Mis pulmones se dilatan y se contraen y esto corresponde a mi capacidad para ampliar, compartir, entrar en la vida o para contraerme, aislarme, retirarme de la vida. Estar afectado de un enfisema pulmonar significa que tengo dificultad en respirar y que me siento oprimido por el esfuerzo. Gracias a la respiración, aspiro la vida en mí. ¿Por qué tengo dificultad en tomar la vida? ¿Es mi modo de huir la vida? ¿Ya no me interesa la vida, ya no tengo ningún interés? Tengo grandes miedos y uno de ellos, es afirmarme y tomar mi lugar. ¿Por qué la vida perdió todo su sentido para mí? Me siento arrinconado. No he aprendido a ser yo mismo y a tomar el lugar que me corresponde; vivo en función de los demás. Mis frustraciones y mi disgusto me ahogan. Tengo la sensación de que no me merezco vivir.

Sugerencias y Recomendaciones

Tomo consciencia de que cada cual tiene su lugar y que debo tomar el mío. Acepto amarme más, afirmarme y expresar mis necesidades, en una palabra, ser YO. La opresión que sentía está sustituida por el suministro de aire y de vida en mis pulmones. Veo otra vez todas las posibilidades que me ofrece la vida. Vuelvo a saborear la felicidad.

pulmones
mancha

Miedo a que otro muera.

Sugerencias y Recomendaciones

La muerte forma parte de la vida, y nadie muere sin cumplir su propósito de vida. Sabiendo esto, deberíamos alegrarnos por ese alma que lo ha logrado. Esto suena en nuestra cultura cuando menos desaprensivo, pero en otras culturas es así.

Como mínimo es importante quitar esos miedos, ya que el miedo solo nos puede hacer enfermar. Puedes mirar desde otras culturas hasta cualquier cosa que puedas interiorizar para superar esos temores.

pulmones
micro-nódulos

En pulmón izquierdo: "Necesito territorio para mis hijos".

Sugerencias y Recomendaciones

NUEVO MODELO MENTAL: "Me amo y me apruebo, no estoy solo, la vida entera me apoya y me sostiene. Soy libre y capaz de cualquier cosa que me proponga. Doy y recibo amor por donde quiera que vaya. Fluyo fácilmente por todas las situaciones que me plantea la vida, me expreso y amo con facilidad. Todo es perfecto en mi mundo".

pulmones
neumonía

Heridas emocionales sin cicatrizar, no se permite su curación.

Cansancio de la vida. Enfado.

Sugerencias y Recomendaciones

NUEVO MODELO MENTAL: "Me amo y me apruebo, no estoy solo, la vida entera me apoya y me sostiene. Soy libre y capaz de cualquier cosa que me proponga. Doy y recibo amor por donde quiera que vaya. Fluyo fácilmente por todas las situaciones que me plantea la vida, me expreso y amo con facilidad. Todo es perfecto en mi mundo".

pulmones
pulmonía y pleuresía

La pulmonía es la infección del pulmón provocada por una bacteria o por un virus, mientras que la pleuresía es la inflamación aguda o crónica de la pleura, membrana que envuelve los pulmones. Los pulmones siendo el órgano de la respiración en donde se hace, en donde se produce la transformación de "mi" aire para todo "mi" cuerpo, vivo pues un conflicto interior que me debilita gravemente. Por lo tanto debo hallar la emoción o el sentimiento que irrita y limita el funcionamiento de mi relación con el aire de mi vida interior, porque este o estos bloqueos impiden mi ser de vivir plenamente. Estos sentimientos profundamente anclados en el interior de mi ser, representados por la inflamación, pueden señalarme que estoy profundamente "impactado", "irritado". Mi habilidad para respirar está siendo muy afectada por mis emociones, mi miedo de estar solo o de estar agobiado, por mi rebelión frente a la vida. Tengo la sensación de estar "enredado" en mis relaciones personales. Puedo sentirme ahogado por todas mis responsabilidades y no sé cómo salirme. El desánimo y la desesperación me invaden, al punto de que me pregunto cuál es el sentido de la vida y si vale el esfuerzo de ser vivida.

Sugerencias y Recomendaciones

Necesito tomar tiempo para mí y hacer "limpieza" en mi vida. Sólo guardo las responsabilidades que me incumben y devuelvo a quien le pertenece las que asumí en mis hombros y que no me pertenecen. Así la vida será más fácil y más bella.

pulmones
respiración

Representa la capacidad de inspirar la vida. Miedo o resistencia a aceptar la vida plenamente. Sensación de no tener derecho a ocupar espacio o a existir. Temor de inspirar la vida plenamente.

Sugerencias y Recomendaciones

NUEVO MODELO MENTAL: "Amo la vida. Vivo confiada. Tengo derecho a vivir libre y plenamente. Soy digno de amor. Elijo vivir la vida en toda su plenitud. Estoy a salvo. Amo mi vida".

pulmones
varias manchas

Miedo por uno mismo.

Parte alta y cada vez más pequeñas al descender: miedo a sufrir al morir.

Sugerencias y Recomendaciones

La muerte forma parte de la vida, y nadie muere sin cumplir su propósito de vida. Sabiendo esto, deberíamos alegrarnos por ese alma que lo ha logrado. Esto suena en nuestra cultura cuando menos desaprensivo, pero en otras culturas es así.

Como mínimo es importante quitar esos miedos, ya que el miedo solo nos puede hacer enfermar. Puedes mirar desde otras culturas hasta cualquier cosa que puedas interiorizar para superar esos temores.

NUEVO MODELO MENTAL: "Me amo y me apruebo, no estoy solo, la vida entera me apoya y me sostiene. Soy libre y capaz de cualquier cosa que me proponga. Doy y recibo amor por donde quiera que vaya. Fluyo fácilmente por todas las situaciones que me plantea la vida, me expreso y amo con facilidad. Todo es perfecto en mi mundo".

PUNTOS NEGROS
Ver problemas en la piel.

QUEMADURAS

Una quemadura es una lesión en los tejidos provocada por el calor en cualquiera de sus formas, pero también por la electricidad, las sustancias químicas y la radiación. No olvides comprobar para qué sirve la parte del cuerpo que se ha quemado.

La quemadura, por diferentes fuentes físicas (calor, frío, etc.), provoca una lesión de la piel. La piel es el límite entre el interior y el exterior, la frontera entre mi universo interior y el mundo alrededor de mí. Hay algo que me quema en el interior: un profundo dolor, emociones profundas y violentas inhibidas (ira, pena, desesperanza) de tal modo que giro todo esto contra mí bajo forma de culpabilidad y de autocastigo (quemadura). Una quemadura puede implicar varios niveles del cuerpo (carne, tejido blando, líquidos del cuerpo, a veces los huesos). Una quemadura "emocional" o "mental" se manifiesta físicamente de un modo muy fuerte y agresivo. Compruebo la parte del cuerpo quemada. Para las manos, es probablemente porque me siento muy culpable de realizar algo que está vinculado con una situación en el presente. Para los pies, se refieren al porvenir y la orientación próxima de mis acciones. Puede que viva un miedo a conocer una nueva persona o una nueva situación porque estoy consumido por el deseo de conocer a esta persona o esta situación. Quizás tema que mis proyectos se vayan en humo. También puedo tener un deseo ardiente de hallarme con una persona a quien amo. También puedo comprobar el tipo de quemadura: los líquidos (agua hirviente, gas) pueden estar vinculados con una reacción emocional violenta en cambio una quemadura con una sustancia más sólida (brasa, metales, etc.) implica más una quemadura (combustión) en los planos mental o espiritual. Existen diferentes tipos de quemaduras que se clasifican en función de su profundidad. Así, todo lo que ha sido dicho anteriormente es válido para lo que sigue con más o menos intensidad, según la "profundidad" de la quemadura. Así, las quemaduras de primer grado que tocan la parte superficial de la piel tal como una insolación, pueden implicar la contrariedad en las situaciones de mi vida. Las de segundo grado se refieren más a una pena relacionada con uno o diversos aspectos de mi vida que juzgo importante. Las quemaduras de tercer grado, que afectan la piel en toda su profundidad, pueden atacar un músculo, un tendón o un órgano. Dichas quemaduras corresponden a una ira y una agresividad intensas que perforan mis protecciones naturales físicas y psíquicas. No se puede volver físicamente atrás en los casos de quemaduras graves.

Es importante recordar que cuanto más grave sea la lesión, mayor es el sentimiento de culpa.

Frecuentemente relacionadas con la ira que hierve en mi interior o hacía una persona o un suceso.

Rabia. Furia que arde.

Sugerencias y Recomendaciones

¿Quién/qué te quema hasta el extremo de hacerte sentir culpable? En lugar de encerrarte tanto en el juicio, sé más flexible, más tolerante hacia ti mismo, y hacia los demás. Así dejarás de castigarte y de hacerte sufrir.

Si la quemadura es resultado de un accidente, sugiero que consultes este término.

Sin embargo, todas las calidades divinas (amor, ternura, respeto...) pueden manifestarse para permitirme integrar la experiencia de una quemadura importante. En vez de sólo ver las dificultades y los problemas en mi vida, acepto ver ahora el amor en cada situación de mi vida. El amor está por todas partes y quedo abierto al sacar las lecciones de las experiencias que vivo. Es el proceso normal de integración en el nivel del corazón.

NUEVO MODELO MENTAL: "Sólo creo paz y armonía en mi interior y a mi alrededor. Merezco sentirme bien".

QUERATITIS

Inflamación, ulceración incluso herpes de la córnea.

Separación visual + Contacto visual impuesto. "No puedo ver a mi novia y estoy obligado a ver cada día a mi sargento".

Ira extrema. Deseo de golpear lo que se ve, personas o cosas.

Sugerencias y Recomendaciones

NUEVO MODELO MENTAL: "Permito que el amor de mi corazón sane todo lo que veo. Elijo la paz. Todo está bien en mi mundo".

Ver ojos-queratitis.

QUERATOCONO

Alteración de la curvatura de la córnea.

"No quiero que los otros vean lo que hay en mi interior". "No debe verse desde el exterior lo que hay en el interior".

Sugerencias y Recomendaciones

¡Aprende a ser "auténtico"! Ser auténtico es un acto de honestidad para con los demás y conmigo mismo.

Puedes empezar quedándote en paz con todo el mundo, pidiendo perdón y perdonando si es necesario. Luego es importante que comprendas que tu vida es tuya y que siempre la gente va a opinar, pero no están en tu piel, desde ahí da igual lo que opinen y no hay porque esconder nada. Debes intentar ser justo y no perjudicar a nadie.

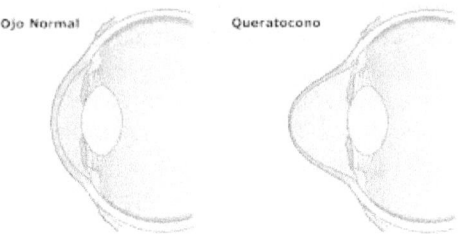

QUERATOSIS

La queratosis es un aumento del volumen de la capa córnea de la epidermis, localizada a menudo en las palmas de las manos y en las plantas de los pies, es decir, allí donde la capa córnea es normalmente más gruesa que en las demás partes del cuerpo.

Ver problemas de la piel, y manos y pies, según el caso.

QUIMIOTERAPIA

Es el tratamiento más utilizado para el cáncer. Consiste en eliminar todas las células de crecimiento rápido del cuerpo, ya que esa es una característica de las células cancerígenas. Por supuesto también se dañan células de crecimiento rápido que no son cancerígenas, como el pelo, por ejemplo.

Este tratamiento solo es efectivo si se logran destruir todas las células cancerígenas, de lo contrario se vuelven a reproducir. Tiene que ver con la madre porqué es química y viene de la tierra.

Sugerencias y Recomendaciones

Si estás tratándote con quimioterapia estoy seguro de que necesitas un gran cambio en tu vida a nivel interno, no es un trabajo fácil, pero es la garantía de que eliminas la causa que te está provocando la enfermedad.

Consulta con un terapeuta especializado.

QUISTES

Se conoce como quiste una formación redondeada, formada por una cubierta que encierra una sustancia líquida blanda, que puede ser benigna o maligna.

La bola que forma el quiste representa un pesar, una pena acumulada durante mucho tiempo; son comunes para amortiguar los golpes recibidos por nuestro ego. La persona con uno o varios quistes mantiene un dolor del pasado que todavía no se decide a resolver.

Si se tiene en cuenta la utilidad de la parte del cuerpo afectada, se puede saber en qué área se acumuló este pesar.

Un quiste se forma cuando entretengo remordimientos frente a una situación pasada, cuando guardo en mí pena, aflicción, dolores; también pueden ser remordimientos frente a un proyecto, a un deseo que no pude realizar. Me "hinché", "acumulé" informaciones, datos de todo tipo para un proyecto que jamás pude llevar a cabo: se volvieron presos de mi cuerpo y de mi mente. Es una negación del perdón. "Me perdono, me amo. Me giro hacía el porvenir, estoy en paz". El quiste puede corresponder también a la solidificación de actitudes y de patrones mentales (esquema de pensamiento que hace que se repitan acontecimientos en mi vida) que se acumularon inconscientemente durante cierto período de tiempo. Éstos pueden servirme de barrera de protección, manteniéndome apresado dentro de un marco bien delimitado y evitándome enfrentarme con ciertas personas o ciertas situaciones. Esto también me hace frenar y me impide ir hacia delante porque tengo dificultad en abrirme a otras opiniones o a otros modos de pensar. Mi ego puede estar profundamente herido y mi rencor se solidifica para hacer un quiste.

Ataque a la integridad. Tendremos en cuenta siempre la zona en que aparezca.

Fibromas, quistes. Resentimiento, rencor contra la pareja afectiva.

Sentimiento de "me han herido injustamente".

Frecuentemente relacionados con un impacto emocional que se solidifica.

Cultivo del rencor que se siente contra el novio o marido. Golpe para el yo femenino.

La vieja y dolorosa película que se pasa una y otra vez. Agravios que se cultivan. Falsos tumores.

Sugerencias y Recomendaciones

Este quiste es una advertencia de que es el momento de perdonar en lugar de alimentar esa vieja herida. Te indica que lo que guardas dentro de ti te perjudica. Quizás crees que alguien te hizo daño o que todavía lo hace, pero es sobre todo tu actitud interior la que te perjudica. Este padecimiento te indica que no necesitas crearte una protección contra los golpes y sólo quiere ser un recordatorio de la necesidad de perdonar a los demás y a ti mismo.

Acepto dejar circular la energía libremente a través mío y tengo confianza en el hecho de poner por delante mis proyectos y pido ver las soluciones para que todo "fluya" mejor en mi vida.

NUEVO MODELO MENTAL: "Libero la pauta que me ha atraído esta experiencia. Sólo creo el bien en mi vida". Las películas de mi mente son hermosas porque escojo hacerlas así. Me amo.

SOLUCIÓN POSIBLE: reconocer la pauta y actitud negativa, transformarla día a día. Estar abierto a nuevas realidades.

quiste en la muñeca

Negación de la realidad.

Sugerencias y Recomendaciones

NUEVO MODELO MENTAL: "Me amo y me apruebo, no estoy solo, la vida entera me apoya y me sostiene. Soy libre y capaz de cualquier cosa que me proponga. Elijo ser amigo del presente, amarlo y disfrutarlo. Doy y recibo amor por donde quiera que vaya. Fluyo fácilmente por todas las situaciones que me plantea la vida, me expreso y amo con facilidad. Todo es perfecto en mi mundo".

quiste de ovario funcional

Un quiste ovárico es un saco o pequeña bolsa llena de líquido o de otro tejido que se forma en el ovario. La presencia de un pequeño quiste en los ovarios es normal. En la mayoría de los casos, los quistes son inofensivos y desaparecen por su cuenta. En otros casos, pueden causar problemas y es necesario tratarlos.

Tienen una función de rejuvenecimiento en la mujer. Sería el hecho de asegurarse en alguna parte: La mujer es más seductora con el macho para así poderse asegurar.

Sugerencias y Recomendaciones

NUEVO MODELO MENTAL: "Me amo y me apruebo, no estoy solo, la vida entera me apoya y me sostiene. Soy libre y capaz de cualquier cosa que me proponga. Doy y recibo amor por donde quiera que vaya. Fluyo fácilmente por todas las situaciones que me plantea la vida, me expreso y amo con facilidad. Todo es perfecto en mi mundo".

quiste sacro

El famoso quiste pilonidal o sacro es un defecto de llenado de líquido en la base de la columna o área del coxis entre las nalgas. Cuando el quiste pilonidal se infecta forma un absceso, eventualmente drenando pus. Suelen ser inofensivos hasta que se infectan, momento en el cual forman un absceso que provoca dolor, secreción, incluso mareos, malestar y dolor de cabeza. Este problema suele aparecer en hombres jóvenes de raza blanca con abundante cabello en la región.

CONFLICTO de incesto.

Sugerencias y Recomendaciones

NUEVO MODELO MENTAL: "Me amo, me apruebo y me perdono, no estoy solo, la vida entera me apoya y me sostiene. Soy libre y capaz de cualquier cosa que me proponga. Doy y recibo amor por donde quiera que vaya. Fluyo fácilmente por todas las situaciones que me plantea la vida, me expreso y amo con facilidad. Todo es perfecto en mi mundo".

RABIA

Los trastornos observados son todos de origen nervioso: excitación, irritabilidad, agresividad y parálisis.

La persona mordida por un animal rabioso siente una gran rabia interior desde hace algún tiempo, después de un incidente muy molesto, incluso paralizante. Reprimió esa rabia hasta tal punto que se paralizó y no puede funcionar normalmente en la vida .

La rabia es una enfermedad epidémica que afecta ciertos mamíferos (zorro, gato, perro, etc.) los cuales la transmiten al ser humano, generalmente por mordedura. El temor mórbido al agua o hidrofobia es uno de los primeros signos de la rabia, igual como el miedo a los movimientos del aire que es la aerofobia. Si tengo la rabia, hay muchas probabilidades de que esté "lleno de rabia" y de ira, éstas siendo dirigidas frente a mímismo o a una persona o situación.

La rabia se transforma en cosas que hacen hervir, queman e infectan el cuerpo. Cólera.

Sugerencias y Recomendaciones

Esta enfermedad transmite un mensaje importante y urgente: ha llegado el momento de que te permitas vivir esa rabia y dejes de hacerlo solo. Seguramente tienes un gran miedo interior que te impide expresarlo. Es posible que seas del tipo de persona que se controla muy bien, sobre todo en lo referente a contener el enojo. Seguramente aprendiste en tu niñez que no es bueno enojarse. Esta rabia interior denota un gran dolor y un rencor hacia alguien que te molesta o que consideras agresivo. Tu cuerpo te indica que has llegado al límite y ya no puedes controlarte. Ten compasión de ti mismo y concédete el derecho a sufrir. Además, te sugiero encarecidamente que perdones y te perdones.

Tomo consciencia de que hay otras maneras, además de la fuerza y la violencia, para arreglar mis diferencias y mis desacuerdos. Aprendo a comunicar calmamente mis necesidades, mis sentimientos mientras me respeto y respeto a la otra persona.

NUEVO MODELO MENTAL: "Fe en que la violencia no es la respuesta. La paz me invade y me rodea".

RADIO

Conflicto de desvalorización. Desvío del perímetro de seguridad alrededor de uno mismo. Relacionado con nuestro radio de acción: Todo lo que está al alcance de la mano (casa, profesión, familia, estudios...).

"Doy lo que no quiero dar".
"No dar demasiado".

Sugerencias y Recomendaciones

NUEVO MODELO MENTAL: "Me amo y me apruebo, no estoy solo, la vida entera me apoya y me sostiene. Soy libre y capaz de cualquier cosa que me proponga, decido vivir sin culpa. Doy y recibo amor por donde quiera que vaya. Fluyo con facilidad por la vida y acepto con alegría cuantas situaciones se plantean. Confío en la vida. Todo es perfecto en mi mundo".

RAMPA

Una rampa es la contracción involuntaria, dolorosa y pasajera de un músculo o de un grupo muscular. Las rampas indican una gran tensión interior (a veces excesiva). Retengo la energía divina e impido que circule en mí porque estoy arrinconado, limitado. Ciertos de mis patrones mentales necesitan integrarse mejor (esquema de pensamiento que hace que se repitan acontecimientos en mi vida). Actualmente, vivo mucha presión y tensión que pueden estar acompañadas por un sentimiento de impotencia frente a algo o a una situación. Me pregunto qué hacer y cuál es la mejor solución para mí. Tengo miedo y me agarro, me sujeto a ideas fijas. Aprendo la vida desde el punto en que bloqueo radicalmente ("cierro con cerrojo") la energía en un lugar preciso.

Frecuentemente relacionada con tensión en la acción tomada o por tomar.

Sugerencias y Recomendaciones

Según el lugar de la rampa, tengo un indicio de lo que debo cambiar: una rampa en el pie, la dirección que tomo; una rampa en la pierna, mi modo de andar por la vida, una rampa en la mano, mis acciones y mis empresas. Estoy consciente de los dolores interiores que me asedian y comprendo que puedo cambiar esto. Acepto soltar y quedarme abierto a la energía divina. Tomo el tiempo de pararme y reflexionar. Este instante de pausa me permite volver a iniciar más despacio y de un modo diferente, de estar mejor en mi piel.

rampa
rampas abdominales

El abdomen está vinculado al chakra de la intuición y de la creatividad. Así, la rampa abdominal indica el miedo a seguir mi intuición, mi negación de dejarme plenamente ir a mi creatividad, bloqueando la energía divina en este lugar, es decir cerca o más abajo que el ombligo. Así, paro cualquier proceso que me deje ver lo que me puede ayudar a progresar normalmente. Tengo miedo de descubrir el futuro siempre provechoso para mí.

Sugerencias y Recomendaciones

Acepto abrirme y hacer confianza en la vida. De este modo, puedo dejarme guiar mejor por mi intuición y puedo utilizar mi creatividad para ir en la dirección que me conviene, en armonía con lo que soy.

Ver vientre.

rampa
rampa del escritor

Es la sensación de tener los dedos adormecidos o un hormigueo en los dedos, causada por la compresión de nervio mediano en el canal carpiano, situado en la zona anterior de la muñeca. Estoy habitado por una gran tensión interior y cuando escribo, pongo mucho esfuerzo. ¿A quién quiero impresionar? ¿A quién quiero yo convencer? ¿A mí o a los demás? Soy pretencioso y mis ideas de grandeza hacen de mí una persona demasiado ambiciosa. Es posible que lleve una máscara, escondiendo así mi personalidad real, lo que me protege contra el juicio de la gente. El dolor puede manifestarse más de noche o por la mañana al despertar, cuando aún estoy conectado a los mundos interiores y este dolor me recuerda los reajustes que debo realizar en mi interior para ser más flexible.

Sugerencias y Recomendaciones

A partir de ahora, hago las cosas naturalmente, tomando el tiempo de ser verdaderamente yo mismo. No debo probar nada a nadie. Acepto amarme tal como soy, sin artífices y quedándome totalmente libre en mis actitudes. Es el primer paso hacia una gran realización, la realización de sí.

Ver dedos, manos y muñeca.

rampa
rampas musculares

La rampa de origen muscular indica que retengo algo que no quiero soltar. Es una gran tensión interior que se expresa por un bloqueo de energía al nivel muscular. El músculo representa la energía, la vida y la fuerza. Así, "bloqueo" la vida sin soltar estas viejas ideas que cambian y que se transforman en el cuerpo en evolución. Tengo aún viejos principios preconcebidos y los plasmo en mis acciones de cada día.

Sugerencias y Recomendaciones

Es importante comprobar qué parte del cuerpo está afectada por las rampas. Aprendo ahora a soltarme a nivel del corazón, a abrirme más a las nuevas posibilidades susceptibles de hacerme progresar. No puedo cambiar el pasado pero soy consciente de las bellezas presentes. La meditación y una técnica de recuperación del equilibrio energético ayudan a dejar ir estas tensiones y a armonizar mejor mis cuerpos energéticos.

RAQUIS

Dorsal y lumbar.

Es el nombre para la parte axial de numerosas estructuras compuestas (columna).

CONFLICTO de desvalorización.

Dorsales: (afectivo). Relacionado con las costillas (ver costillas.

Lumbares: (los cimientos). Aquello que nos mantiene derechos, el pilar de nuestra personalidad. "No puedo asumir nada más". "Soy el pilar de mi familia, sin mí, todo se derrumba". Para el hombre: "Sentirse incompetente en el trabajo". Desnutrición emocional. Falta de amor y seguridad.

Sugerencias y Recomendaciones

NUEVO MODELO MENTAL: estoy a salvo. El amor del Universo mismo me nutre.

Ver columna vertebral.

RAQUITISMO

Es una enfermedad que afecta al organismo durante su período de crecimiento y se debe principalmente a una carencia de vitamina D.

El bebé que padece raquitismo es un niño que sufre de una carencia afectiva. Ello no significa necesariamente que sus padres no lo atienden. Se impide crecer normalmente con la esperanza de seguir recibiendo más cuidados. El raquitismo es una enfermedad del crecimiento que afecta el esqueleto y causada por un defecto de mineralización ósea (trastorno del metabolismo del fósforo y del calcio) por carencia de vitamina D. Si estoy afectado de esta enfermedad, la mala nutrición que vivo en el plano físico evidencia la que tengo la sensación de vivir desde un punto de vista personal y afectivo. Vivo un vacío o una falta de ternura, amor. Puedo tener la sensación de que estoy solo en el mundo y que nadie me entiende. Por lo tanto no tengo el sostén que necesito y me siento vulnerable.

Sugerencias y Recomendaciones

Si eres el padre o la madre de un bebé con raquitismo, debes saber que aun cuando le administres la vitamina D que necesita, es importante que le hables. No dudes en hacerlo como a un adulto. Los bebés captan nuestro lenguaje de una manera intuitiva.

Dile que tarde o temprano deberá aprender a ser autónomo. Si sigue creyendo que será más querido volviéndose dependiente de los cuidados de los demás, se asegura una amarga decepción. Permanecer siendo un niño pequeño no es la mejor forma. Debe aceptar el hecho de que sus padres, o quienes realicen esta función, se ocupan de él lo mejor que pueden y según sus límites y sus capacidades.

Debo recordarme que constantemente estoy protegido y que el amor universal es omnipresente. He de aceptar este amor y dejar que me alimente para ahuyentar a la enfermedad que entonces ya no tendrá necesidad de ser, porque habré comprendido que debo primero darme amor antes de poder darlo a los demás.

RASGOS CAÍDOS

Mis rasgos están caídos, blandos, cuando tengo el sentimiento que todo y que toda la gente me deja "caer". Mi piel se vuelve fofa, sin vida. Mis párpados caídos revelan la tristeza de mis ojos. Me dejo ir. Culpo la vida. Carezco de "firmeza" en mis decisiones.

Sugerencias y Recomendaciones

Tengo necesidad de "levantar la moral", recobrar el gusto a la vida. Me doy el permiso de disfrutar de cada instante de mi vida, dejo sitio al niño que está en mí.

La enfermedad de Raynaud está caracterizada por una circulación constrictiva, brutal y dolorosa de las pequeñas arterias de las manos, los pies, las orejas, la nariz y los pies, pero sobre todo los dedos, creando palidez, miembros dormidos que pueden volverse azules o púrpura. La sangre no circula bien en las extremidades. Las emociones que deberían circular en la sangre están estancadas. Cuando está afectado uno o varios de mis dedos puedo intentar hallar el significado del o de los dedos en cuestión, lo cual me alumbrará más sobre el aspecto de mi vida referido. Los miembros afectados se sienten abandonados y "viven" un sentimiento de pérdida.

Amenaza en el territorio.

Ver Síndrome de Raynaud.

Sugerencias y Recomendaciones

Debo preguntarme lo siguiente: ¿en mi vida, estoy yo viviendo un rechazo? ¿Tengo miedo de expresarme y de tomar mi lugar? "¿Acabé con una relación amorosa a la cual me sigo enganchando?" En cierta medida, estoy cortado del Universo que me rodea y necesito hallar mi lugar y tengo necesidad de reintegrar este Universo en el cual juego un papel importante. Si voy a su encuentro, mis extremidades estarán otra vez alimentadas de amor y de comprensión.

RAYOS X

Tiene que ver con el padre (simbólicamente viene del cielo).

RAZÓN

Si manifiesto una actitud de "tengo razón constantemente, debo preguntarme: "¿Por qué estoy cerrado a la opinión de los demás? ¿De qué quiero protegerme?" Debo tomar consciencia de que la gente de mi entorno puede mantener la calma conmigo, guardar sus distancias, cuidar de no herirme e ir incluso hasta pensar que estoy enfermo.

Sugerencias y Recomendaciones

Tomo consciencia de que escuchando a los demás, dándome la oportunidad de cambiar de opinión, aceptando que los demás puedan también tener opiniones válidas, aumento mi grado de amor, apertura, libertad en el respeto mutuo y lo comparto.

RECHINAR LOS DIENTES
Ver problemas en los dientes.

RECTO

El recto es el segmento terminal del intestino grueso y, por lo tanto, del conducto digestivo. Los problemas comunes en él son los siguientes: hemorroides, pólipos, hemorragias, tumor o cáncer.

Ya lo ha pasado todo, tragado, digerido, asimilado, pero solo queda soltar. Hay que acompañar a la persona para que pueda eliminar la situación que le hace daño.

Es tomar la última conciencia.

No querer soltar una guarrada. En femenino = marcaje de territorio, conflictos de identidad. Conflicto de no poder expulsar el pedazo. Mirar la relación con la madre. Impurezas que yo quiero eliminar. Eliminar algo putrefacto.

"No quiero perdonar". "He perdido mi lugar en el territorio". "Lo que me han hecho es demasiado, algo asqueroso, guarrería, contrariedades impotentes". "No nos sentimos reconocidos". "Tengo la impresión de no estar en mi casa". "No puedo manifestar quien soy" (puedo existir donde esté).

Palabra clave: "Mi sitio" ¿Dónde me siento? ¿Sé cuál es mi sitio? A las embarazadas le salen hemorroides porqué inconscientemente piensan "¿Cuál va a ser mi sitio ahora que viene el niño?" (inconsciente).

CONFLICTO de pérdida de identidad en el territorio. Se vive en femenino. El Pat masculino llevaría a problemas de recto o ano, problemas de rencor, ira o injusticia dentro del territorio.

"No sé a dónde ir, no sé cuál es mi sitio (qué posición o decisión adoptar)". En mujer diestra y en hombre zurdo (afeminado) ambos en constelación esquizofrénica, en hombre diestro y mujer zurda (también si es postmenopáusica).

Hemorragia Ano Rectal: rabia y frustración.

Sugerencias y Recomendaciones

Ver la definición del caso correspondiente, agregando que la persona afectada por un problema en el recto es alguien que se obliga, que se presiona excesivamente para terminar algo, que se exige demasiado.

NUEVO MODELO MENTAL: confío en el proceso de la vida. En mi vida sólo tiene lugar la buena y recta acción.

Ver intestino-recto.

REGURGITACIÓN

Es la devolución a la boca, sin esfuerzo, del contenido del esófago o del estómago.

En general, este tipo de devolución indica simplemente que el cuerpo no necesitaba lo que la persona acababa de darle. Por otro lado, es posible que una regurgitación manifieste al mismo tiempo que la persona rechaza lo que acaba de ver o escuchar a su alrededor.

Sugerencias y Recomendaciones

Si la regurgitación es la expresión de un rechazo hacia lo que pasa en el exterior, tu cuerpo te envía el mensaje de que verifiques en tu interior el miedo al rechazo que despertó este incidente. Es probable que este temor se relacione con tu madre, ya que el alimento físico la representa simbólicamente. ¿Todavía es real ese miedo?

REMORDIMIENTO
Ver suprarrenales.

RENCOR

Si vivo rencor frente a una persona o frente a una situación, siento un profundo resentimiento y tengo ganas de vengarme. Incluso voy a cultivar estos sentimientos negativos, percibiéndome como la persona que estuvo oprimida, herida y que es una víctima.

Sugerencias y Recomendaciones

Tengo interés en aceptar con mi corazón los acontecimientos y a girarme hacia el futuro en vez de rumiar el pasado sin cesar; sino, mi corazón se endurecerá y mi cuerpo reaccionará con una dolencia o una enfermedad.

RESFRIADO

El resfriado es una afección que provoca tos y pérdidas nasales. Da también agujetas, cansancio; la nariz se obstruye. Es muy frecuente y contagiosa. Ya que un germen o un virus están afectando mi organismo, esto revela un fallo de mi sistema inmunitario. Esto puede proceder de la confusión de mis pensamientos, del hecho que "ya no sé por dónde empezar". Entonces me pregunto cómo hacer. El resfriado me aporta entonces un tiempo de respiro en el cual puedo "protegerme" de la gente durante cierto tiempo y "conservar mis distancias". Ya que hay liberación de secreciones, vivo probablemente una situación emocional particular que me afecta y frente a la cual vivo lleno de emociones que sólo quieren ser liberadas. ¿Hay algo sobre lo cual realmente quiero llorar sin admitirlo? ¿Ya que mi nariz está obstruida, hay una persona o una situación que "me huele mal" y que quiero evitar oler? El resfriado puede afectar tanto el pecho (el cuerpo) como la cabeza (mente) y puede que haya un desequilibrio porque pongo toda mi atención en el uno ignorando el otro.

Noción de inquietud, vivida con intrusión.

"Algo huele mal". "Hay amenazas en el aire". "Algo me disgusta mucho o estoy frío con alguien". "Quiero separarme del olor, para estar más en contacto conmigo".

Cuando padecemos algún tipo de gripe, catarro, resfriado, suele ocurrir que alguna situación de nuestra vida, nos ha hinchado las narices (metafóricamente) y nos está produciendo enfado (conflicto mental) y esa rabia se acaba manifestando en nuestro cuerpo. El conflicto mental al igual que un disgusto provoca el debilitamiento del sistema inmunológico y por tanto mayores posibilidades de enfermar.

Suceden demasiadas cosas a la vez. Confusión, desorden mental. Pequeños agravios. Creencia en los «tres resfriados cada invierno».

Un conflicto crónico está subiendo a la superficie. Es una manera que tiene tu cuerpo de purificarse, liberándose de productos químicos de la comida, bebida, aire etc. que ingieres. Toma la oportunidad para descansar y dejar que tu cuerpo se regenere.

Existencia de problemas emocionales que deben ser eliminados. Conflicto entre lo que pensamos y lo que sentimos.

Sugerencias y Recomendaciones

Necesito un tiempo de pausa para permitirme ver claro en mi vida. Necesito recuperar fuerzas. Adopto nuevas actitudes y nuevos comportamientos. Hago la limpieza en mi vida y dejo de dejarme influenciar por las creencias populares ("el resfriado golpea fuerte este invierno" o "siempre tengo un resfriado cuando llega el mes de diciembre"). La armonía así puede instalarse y me vuelvo dueño de mi vida.

NUEVO MODELO MENTAL: "Doy permiso a mi mente para que se relaje y esté en paz. Hay claridad y armonía en mi interior y mi alrededor... Todo está bien".

SOLUCIÓN POSIBLE: relajación profunda. Meditación. Transmutación de los sentimientos.

Lo primero que debemos hacer es consultar al médico o naturópata para descartar las obstrucciones nasales. Para prevenir el catarro, hay que limpiar todo el organismo y cuidar la dieta. Evitar al máximo los lácteos (tomar leche descremada si fuera necesario), evitar el chocolate, los dulces y las galletas. Tomar todas las ensaladas frescas, frutas y verduras que desee. Es importante beber grandes cantidades de agua durante el día.

CROMOTERAPIA: color curativo naranja.

TRATAMIENTO: Las áreas a tratar serán principalmente las que corresponden a los senos nasales, para poder eliminar toxinas y limpiar todo el organismo, asimismo trabajaremos la pituitaria, la tiroides, el timo y el páncreas para después, continuar con el hígado, los riñones, la vejiga, la vesícula y el colon.

Ver catarro.

RESPIRACIÓN

En general.

La respiración es una función que preside a los intercambios gaseosos entre yo como ser vivo y el medio exterior. Se trata pues de una vía de acceso para la vida para que penetre en el interior de mí. Si puedo respirar profundamente, esto representa mi destreza en dar vida y fuerza a mis emociones. Una respiración superficial me indica un miedo o una resistencia con relación a la vida, particularmente en momentos de destreza o de pánico y me indica que tengo tendencia a reprimir mis emociones. Vivo mi vida del modo en que respiro, lo cual puede ser un modo superficial, privado de sentido o bien que puedo vivir al ritmo de las estaciones.

Sugerencias y Recomendaciones

El ritmo entre "tomar" (inspirar) y "dar" (expirar) se hará en armonía; las vías de comunicación entre yo y el mundo exterior estarán abiertas y libres.

respiración
dolor al respirar

Mis dificultades en el plano respiratorio denotan un conflicto entre el lugar que ocupo en la vida y el que me gustaría ocupar. Esto puede ser también un conflicto entre mis deseos materiales y espirituales o entonces un conflicto entre mi deseo de vivir y el de "dejarlo todo". Puedo sentirme ahogado por las cosas que me obligo a hacer o por las personas que me siento obligado a encontrar. Además si mis dificultades respiratorias son cíclicas, debo preguntarme cuál es el acontecimiento o cuál es la persona que activa éstas; ¿qué es lo que "me corta el aliento" a menos de que desee que "me dejen respirar"? Puedo volverme tan exasperado que mis problemas respiratorios podrán volverse, frecuentemente inconscientemente, un modo de manipular mi entorno para tener lo que deseo. Puedo sentirme limitado. Así tendré dificultad en respirar si dudo en dar, compartir cosas o sentimientos. Tengo miedo de tomar, absorber o fusionar en mí nuevas cosas o quizás la misma vida con todas las alegrías que puede traer.

Sugerencias y Recomendaciones

Debo aprender a dejar ir las resistencias, a dejar fluir y a abandonarme haciendo confianza a la vida. Entonces estaré en condiciones de hallar el lugar que tengo en el Universo.

Ver asma, garganta-dolores, pulmones.

respiración
ahogos

El ahogo indica que me siento pillado, que me falta aire y espacio. La garganta corresponde al centro de energía vinculado a la verdad, a la expresión de sí, a la creatividad e indirectamente a la sexualidad. Puedo sentirme "cogido a la garganta"; una idea pasó "de través"; me siento altamente criticado. Reprimí tanto mis emociones que hay un exceso. Sin embargo estas emociones son muy presentes en mi vida diaria e, inconscientemente, los alimentos hasta que me ahoguen. Es posible que ciertas situaciones estén tan difíciles de tragar que me ahogan también.

Sugerencias y Recomendaciones

¿Por qué tengo tanto miedo de ser yo y de expresarme? ¿Sería por miedo del rechazo porque creo que no puedo ser amado siendo yo? Debo absolutamente soltar y aceptar dejar subir en mí todo lo que está dentro. La solución es aprender a comunicar y expresar mis necesidades. ¡Cuánto alivio siento ya! Y comprendo que los demás no son adivinos y que nuestras necesidades respectivas siempre pueden estar satisfechas en el respeto del otro y en la armonía.

respiración
asfixia

Ver asfixia, asma, respiración-dolores.

respiración
traqueítis

También conocida bajo el nombre de "bronquitis aguda", la traqueítis es una inflamación de la tráquea, este conducto por donde pasa el aire de la laringe, de los bronquios y de los bronquiolos. Mis vías respiratorias así afectadas demuestran que me siento ahogado. El aire es la vida, siento una gran tristeza y frecuentemente ira. Me siento incomprendido en mi entorno, lo cual me lleva a un estado depresivo.

Sugerencias y Recomendaciones

Mi cuerpo me dice de respirar libremente y de dejar sitio para el amor.

RETENCIÓN DE LÍQUIDOS EN PIERNAS

Personas con retención de líquidos en las piernas, son personas que no toman decisiones, sobre todo en lo referente a sí mismos.

"No me ocupo de mí y he perdido el tiempo". ¿Qué tienes miedo de perder?

Ver Riñón.

Sugerencias y Recomendaciones

NUEVO MODELO MENTAL: "Libero de buena gana y con alegría".

RETENCIÓN DEL AGUA

La retención del agua frecuentemente está causada por un mal funcionamiento de los riñones. Mi cuerpo "hace reservas" y esto pone a la luz el hecho que pueda almacenar cosas o emociones porque tengo horror de perder algo o a alguien. Tengo tendencia también a criticarme, o a criticar a los demás. Esto deriva o bien de mi dificultad en afirmarme o, al contrario, de mi ego que es algo demasiado grande y que me hace tomar mi lugar así como el de los demás. Escondo así mis angustias. Mi relación frente a la autoridad será también muy caótica porque frecuentemente me siento víctima de injusticia.

Sugerencias y Recomendaciones

Debo tomar la responsabilidad de mi vida y aprender más el respeto y la humildad. Aprendo a tomar el lugar que me corresponde por derecho divino, sabiendo con confianza que todo es disponible, siempre y cuando haga la petición.

Ver edema e hinchazón.

RETINA

CONFLICTO de miedo por la espalda. Me atacan por detrás.

Desprendimiento de retina:

CONFLICTO intenso, imagen virtual de estrés. La retina imprime. Sentimiento de haber visto algo espantoso (miedo por la nuca). Lo que me puede caer encima (noción de peligro). "No quiero imprimir lo que he visto". "No veo a mi familia".

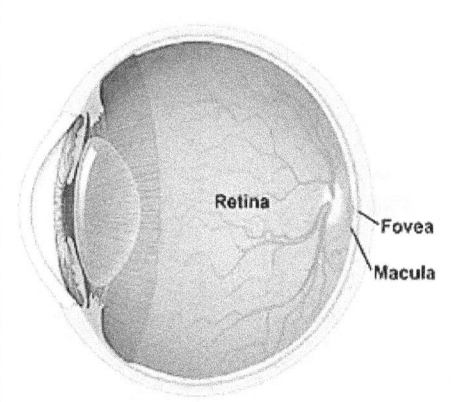

Sugerencias y Recomendaciones

NUEVO MODELO MENTAL: "Me amo y me apruebo, no estoy solo, la vida entera me apoya y me sostiene. Soy libre y capaz de cualquier cosa que me proponga, decido vivir sin culpa. Doy y recibo amor por donde quiera que vaya. Fluyo con facilidad por la vida y acepto con alegría cuantas situaciones se plantean. Confío en la vida. Todo es perfecto en mi mundo".

RETINITIS

Visión fea con mancha. Ejemplo: veo a mi madre o padre con otro/a.

Ver problemas en los ojos y explicaciones sobre las enfermedades inflamatorias.

RETINITIS PIGMENTARIA
Ver ojos-retinitis pigmentaria.

RETINOPATÍA MACULAR

Patología de la retina. Ver morir a alguien de la familia. Dejamos de ver algo o a alguien para siempre, de forma irreversible, alguien importante para nosotros.

Ojo izquierdo: "No me gusta la imagen que doy".

Ojo derecho: "No me gusta la imagen que doy hacia los otros".

Sugerencias y Recomendaciones

Aprendo y acepto que somos seres eternos, sin nacimiento ni muerte. Que elegimos las experiencias adecuadas para nuestra evolución. Así pues, cuando alguien muere es similar a cuando se interrumpe una llamada por fallo de la línea, a ninguna de las personas en ambos lados les pasa nada. Eso pasa cuando alguien muere, es solo un canal de comunicación que temporalmente está interrumpido, pero el seguirá porque es eterno y nosotros también.

NUEVO MODELO MENTAL: "Me amo y me apruebo, no estoy solo, la vida entera me apoya y me sostiene. Soy libre y capaz de cualquier cosa que me proponga, decido vivir sin culpa. Doy y recibo amor por donde quiera que vaya. Fluyo con facilidad por la vida y acepto con alegría cuantas situaciones se plantean. Confío en la vida. Todo es perfecto en mi mundo".

PETT

Este síndrome es un grave desorden neurológico que provoca una incapacidad mental, asociada a una enfermedad motriz progresiva. Hasta ahora sólo se ha observado en las niñas y se presenta generalmente entre los seis meses y los dos años.

El hecho de que esta enfermedad sea progresiva y el bebé sea normal al nacer, significa que esta niña, por una razón desconocida, decide que no podrá hacerle frente a la vida. Sus manos y piernas se incapacitan de manera progresiva y, por lo tanto, se vuelve completamente dependiente. Es posible que, antes de nacer, esta alma esperara mucho de esta encarnación y ahora decida que no puede satisfacer sus expectativas. Esta niña duda de sí misma y se siente muy insegura, sobre todo en el plano material.

Sugerencias y Recomendaciones

Al adulto que lee estas líneas, le sugiero que comparta este texto con la niña. Ella comprenderá por efecto vibratorio, aun cuando no pueda hacerlo intelectualmente. Dile que debe aceptar el hecho de que, si escogió regresar a este planeta, es porque tiene experiencias que vivir y tiene todo lo necesario para lograrlo. Sólo al vivir sus propias experiencias podrá tomar conciencia de todas sus capacidades. Si no lo hace en esta vida, deberá volver para hacerlo en otra.

Los padres de esta niña no deben sentirse culpables. Esta enfermedad la eligió ella; forma parte de sus experiencias de vida. La función de los padres es querer a esta hija incondicionalmente, dándole el derecho de decidir si quiere irse o no. Por otro lado, los padres pueden expresarle lo que sienten con respecto a su elección y deben respetar sus propios límites. Las personas que rodean a esta niña incapacitada también tienen algo que aprender de esta experiencia.

REUMA

Afección dolorosa aguda y generalmente crónica que molesta el buen funcionamiento del aparato locomotor. Tendré rigidez en las articulaciones, esto haciendo los movimientos más difíciles. Esto manifiesta mi rigidez, mi inflexibilidad y mi obstinación frente a ciertas personas o ciertas situaciones. Temo que me hieran, por lo tanto voy a enseñar una imagen diciendo que estoy "encima de todo", que "todo va bien" aunque en mi interior, no es el caso. En mi mundo mío, me consideraré como la víctima de las injusticias que me suceden. Pensaré sin parar en mis "pequeñas desgracias", esto llevando a crítica, bien hacía mí mismo o hacía los demás. No me doy ninguna probabilidad; soy exigente y me parece que la vida que pruebo tiene un sabor amargo.

El reumatismo es un término no específico para problemas médicos que afectan a las articulaciones, el Corazón, los huesos, los riñones, la piel y pulmones. El estudio de las intervenciones terapéuticas en estos trastornos se llama reumatología.

Frecuentemente relacionado con la crítica, bien hacía uno mismo, bien hacía los demás.

Sentimiento de ser víctima. Falta de amor. Amargura crónica. Resentimiento.

Sugerencias y Recomendaciones

Debo preguntarme si estoy atormentado con relación a una situación en la cual vivo ambigüedad; "¿Lo hago o no?" "¿Lo pego o no lo pego?" Vivo un conflicto de separación en mi interior en el cual, por ejemplo, de cara a mi niño, quiero estar cerca de él, pero no puedo. Si pegué a mi niño y luego me sabe mal, hay muchas probabilidades para que la mano que efectuó el gesto esté afectada por el reuma. Mi estima propia está pues en su más bajo nivel porque me desvalorizo sin cesar. Estoy preocupado por los demás, sobre todo cuando se trata de mis hijos. Me apoyo en ellos porque frecuentemente son mi razón de vivir y el motivo que me hace andar. Si están heridos, si caen, tengo miedo de que no puedan levantarse y me pregunto: "¿Qué más hubiese tenido que hacer, o de qué otra forma?" La culpabilidad y la responsabilidad son grandes y la desvalorización también. Tomo consciencia de mi gran necesidad de amor. Aprendo a tener cuidado de mí y a asumir mis emociones, porque todas son positivas y me permiten conocerme mejor. Me pongo al volante de mi vida y, de víctima que era, paso a ser creador de mi vida. Sé que todo es posible. Basta con tener paciencia y aceptar andar al propio ritmo evitando ponerme en tensión o apresurarme.

NUEVO MODELO MENTAL: "Yo creo mis experiencias. El amor y la aprobación de mí mismo y de los demás hacen que mis experiencias sean cada vez mejores".

Ver dolor en reumatología, artritis reumatismal, articulaciones, inflamaciones.

REUMATISMO

El reumatismo, o más precisamente las enfermedades reumáticas, atacan al sistema articular. Aun cuando en el reumatismo se asocian en diversos grados algunas características comunes (dolor, impotencia funcional y rigidez), se distinguen dos categorías principales: el reumatismo degenerativo y el reumatismo inflamatorio.

Ver artrosis, artritis reumatismal, articulaciones, inflamcaiones.

RIGIDEZ

La rigidez articular es una disminución de la movilidad de las articulaciones, que puede ocasionar su anquilosamiento.

La rigidez muscular causada por la acumulación de ácido láctico implica un cúmulo de energía mental rígida y bloqueada. Manifiesto así esquemas de pensamientos rígidos y testarudez, así como un rechazo o una incapacidad en "rendirme". Resisto al movimiento. Esto puede ser también de cara a la autoridad.

Sugerencias y Recomendaciones

Ver problemas en las articulaciones, agregando que la persona que la sufre manifiesta falta de flexibilidad, que es demasiado rígida, sobre todo hacia sí misma. Para saber en qué área vive esta inflexibilidad, debe consultar la utilidad de la parte del cuerpo en la que se presenta la rigidez y buscar su definición en este libro.

Debo comprobar mis actitudes mentales en relación con la parte del cuerpo que conoce la rigidez. Si son las articulaciones que son rígidas, bien al nivel de mis miembros o bien al nivel de mi columna vertebral, hay una resistencia profunda manifestada por el hueso, demostrando una rigidez profunda y un rechazo de ir hacia delante.

RINITIS

Inflamación del revestimiento mucoso de la nariz, caracterizada clínicamente por uno o más síntomas: rinorrea, estornudo, prurito (picor) nasal, la congestión, el drenaje (secreción) postnasal.

Hay dos grandes tipos:

- **Rinitis alérgica**: se puede clasificar en estacional y perenne.

- **Rinitis no alérgica**: este grupo incluye la rinitis infecciosa, la rinitis vasomotora y la rinitis medicamentosa.

CONFLICTO de separación con gran peligro. Anticipación negativa de los problemas.

Sugerencias y Recomendaciones

Véase problemas en la nariz, agregando ira reprimida. Ver también las explicaciones sobre las enfermedades inflamatorias.

RINOFARINGITIS

Se la llama comúnmente infección respiratoria alta (IRA). La rinofaringitis dura tres a siete días, sin embrago algunos síntomas como el catarro y tos producidos por la inflamación de las vías aéreas tardan muchos días en desaparecer por completo.

CONFLICTO: conflicto de separación del seno de su madre.

Ver garganta-faringitis.

RIÑONES

Órganos cuya función es eliminar los desechos nitrogenados de la sangre, urea, ácido úrico, pigmentos biliares, etc., participar activamente en la evacuación de sustancias extrañas introducidas en el organismo, sobre todo médicamente y sustancias toxicas. Además, gracias a estos órganos y por medio de ellos, se efectúa la regulación del volumen y de la presión osmótica de los líquidos corporales. La estructura renal es compleja y los problemas en los riñones son muy variados.

El riñón ayuda a mantener el equilibrio del volumen y la presión de los líquidos corporales, por lo cual uno de sus mensajes señala una falta de equilibrio en el plano emocional. La persona que tiene un problema en el riñón demuestra una falta de discernimiento o una incapacidad para tomar decisiones ante sus necesidades. A menudo se trata de una persona demasiado emotiva que se preocupa mucho por los demás. Todo riñón enfermo indica que la persona no se siente capaz, se siente incluso impotente, ya sea en lo que se propone o con relación a otra persona. Con frecuencia siente injusticia ante situaciones difíciles. También es posible que se deje influir demasiado por las creencias de los demás y que, al querer ayudarles, le falte discernimiento para sí misma, que no sepa distinguir lo que es bueno para ella de lo que no lo es. Tiene tendencia a idealizar una situación o a una persona y se frustra cuando sus expectativas no son satisfechas. Critica fácilmente a los demás o a las situaciones, acusándolos de injustos. A la larga puede convertirse en víctima de la vida, teniendo cada vez más expectativas con respecto a los demás.

Los riñones mantienen el equilibrio del medio interior limpiando la sangre de sustancias tóxicas y compensando las "entradas" en el medio interior por "salidas" (secreciones de orina). Participan también en el control de la presión arterial. En sentido figurado, ya que los riñones limpian el cuerpo de residuos, es como si limpiasen mi cuerpo de ideas negativas que le habitan. Un mal funcionamiento de mis riñones denota una retención de mis viejos esquema de pensamiento emotivos o bien una retención de ciertas emociones negativas que sólo piden ser liberadas. Se manifiestan frecuentemente por piedras en los riñones, también llamados cálculos renales. Constantemente estoy haciendo "cálculos" (¡renales!) para saber lo que me pertenece o lo que corro el riesgo de perder. Quiero imponer mis límites y mis fronteras para no "perder" ni un centímetro. Los riñones también se conocen como la "sede del miedo". Cuando se debilitan o cuando están lastimados, puede existir un miedo que no quiero expresar o que incluso, quizás no pueda confesarme a mí mismo. Mi discernimiento así está afectado. Por lo tanto tendré tendencia a vivir extremos, o bien me vuelvo muy autoritario, con una tendencia pronunciada para la crítica, o al revés, me vuelvo sumiso, indeciso, sintiéndome impotente y viviendo decepciones tras decepciones. La vida para mí es "injusta". Tendré dificultad en tomar decisiones. Si mis riñones dejan de filtrar sangre, es como si mi cuerpo quisiera guardar lo más tiempo posible este líquido para no perderlo o por miedo a carecer de él. Debo pues preguntarme cuál situación podría haber provocado un miedo asociado a un líquido (por ejemplo: si ya tuve miedo de ahogarme, el líquido aquí sería el agua). Esto puede ser también el hecho de haber estado a punto de absorber un líquido tóxico. Los tubos colectores de los riñones estarán afectados si tengo la sensación de deber luchar para mi existencia. Me siento privado de mis posesiones, abatido, después de un suceso que marca mi vida. Los problemas de riñones frecuentemente se producen después de un accidente o de una situación traumatizante en que tuve miedo de morir. Tengo la sensación de sólo estar frente a la nada. Tengo la sensación de haberlo perdido todo, que todo mi mundo se derrumba. Tengo miedo de ser incapaz de afrontar la vida. Los riñones simbolizan también la colaboración (ya que hay dos y que deben trabajar en estrecha colaboración).

Referencias. Miedo a perder.

Los riñones son la sede de la convivencia y de la comunicación con el prójimo. Los dolores y afecciones de los riñones se presentan cuando hay problemas de convivencia, problemas de relación con nuestros semejantes.

En el riñón el conflicto normalmente es por "Conversión repetitiva".

-Problemas de dinero (liquidez), o real (agua, gasolina, leche.

-Necesidad de reconocimiento en la familia.
-Necesidad de elegir entre lo bueno y lo malo.
-Miedo existencial.

-Los colectores: estoy en peligro de muerte. Para unos será el dinero, para otros será existir (conflicto existencial).

-Pérdida de referentes .Desmoronamiento de la existencia.

Los riñones: La sede del miedo.

CAUSA PROBABLE: crítica, decepción, fracaso. Vergüenza. Reacciones de niño pequeño.

CONFLICTO de doble obligación (para papá y mamá): el riñón se encarga de escoger los desechos. Ejemplo: mi padre quiere un niño y mi madre una niña. Tu identidad no está constituida a nivel de psicología. No puedes satisfacer a tus padres. Es lo que se llama "identidad simbólica".

La temática del riñón en medicina china también es el miedo: La persona tiene la sensación de estar sola en un mundo hostil. Un miedo muy existencial.

Liberar cargas de los ancestros (saldar cuentas) es algo que también se puede relacionar con el riñón.

Sugerencias y Recomendaciones

Cuanto más grave sea tu problema renal, más urgente e importante es el mensaje que te envía tu cuerpo: quiere ayudarte a que restablezcas el contacto con tu poder interior y que dejes de creer que no puedes enfrentarte como los demás a las situaciones difíciles. El creer que la vida es injusta para ti te impide ver tu fuerza interior. Estás demasiado ocupado comparándote con los demás y criticando. Tu enorme sensibilidad está mal utilizada; tu intensa actividad mental te hace experimentar muchas emociones negativas, y ello te impide lograr el discernimiento necesario que te aportaría el equilibrio que necesitas para enfrentar las situaciones más difíciles. Te ayudaría ver las cosas y a las personas tal como son, sin crearte un ideal imaginario. De este modo, al tener menos expectativas, disminuirá tu sentimiento de injusticia.

Debo preguntarme cómo es mi relación con mi pareja actualmente. ¿Le hago responsable de todos mis males? ¿Tengo tendencia a "verter mis residuos" sobre los demás y de envenenar su vida con mis "problemas"? Si es el caso, mis riñones tendrán dificultad en funcionar e incluso podré tener insuficiencia renal. Entonces debo "colaborar" sin que tenga elección, a una máquina, el generador de hemodiálisis, que me ayudará a limpiar mi sangre. Debo volver a pensar todo mi sistema de relación con mi entorno. Es tiempo de que me asuma, que aprenda a descubrir mis verdaderas necesidades. Tomo la responsabilidad de mi vida y dejo de culpar a los demás. Soy capaz de asumir mis elecciones. Mi discernimiento será seguro y preciso. Colaboraré al 100% con la vida y entonces tendré necesidad de unos "riñones sólidos".

NUEVO MODELO MENTAL: "En mi vida obra siempre la Recta Acción Divina. El resultado de cada experiencia es siempre el bien. Estoy a salvo creciendo".

En este caso se consultará siempre al médico, aun cuando este tratamiento no se contrapone con ningún medicamento.

Trastornos renales:

CROMOTERAPIA: color curativo naranja.

TRATAMIENTO: presione primero la zona correspondiente a los riñones, así como la vejiga, el bazo, hígado, suprarrenales, próstata o los ovarios, también el timo, sistema nervioso, tiroides y pituitaria para recuperar el equilibrio del organismo y devolver a los riñones su funcionamiento normal.

Frase terapéutica del riñón: "¿Es vital para mí preocuparme por esto?" Esto hace que tengamos que buscar y profundizar sobre ello.

Ver lumbago, espalda-dolores, espalda-parte inferior de la espalda.

riñones alcohólicos

Derrumbamiento. Sensación de tener que luchar por mi existencia.

Sugerencias y Recomendaciones

"Recupero mis pautas". Recupero amor en mis lazos de sangre.

Debo confiar en la vida.

NUEVO MODELO MENTAL: "Me amo y me apruebo, no estoy solo, la vida entera me apoya y me sostiene. Soy libre y capaz de cualquier cosa que me proponga. Doy y recibo amor por donde quiera que vaya. Fluyo fácilmente por todas las situaciones que me plantea la vida, me expreso y amo con facilidad. Todo es perfecto en mi mundo".

riñones
anuria

La anuria es el paro de la producción de orina por los riñones. Si padezco anuria, puedo sentirme "desnudo" ("nu -do") y sin protección frente a la vida, mi riesgo de pasar miedo aumenta más que de costumbre (riñón = sede del miedo) y tengo tendencia a agarrarme a mis viejas creencias. Además, la orina representa viejas emociones que han de eliminarse del cuerpo. Si me agarro a mis viejas posesiones, a creencias, a mis temores, a mis dudas o a mis manías (muy poderosas en el plano metafísico), manifiesto anuria, es decir la supresión de la secreción urinaria (se dice comúnmente: los riñones están bloqueados). La angustia puede ser tan grande que es como si debiera "retenerme", por temor a dejar ir mis emociones de pena que frecuentemente están representadas por el líquido que se tiene que dejar fluir.

Sugerencias y Recomendaciones

La intensidad de este paro (un paro completo significa la muerte) me dará una buena indicación sobre lo viejo que debo soltar para abrirme a nuevos pensamientos. Hago limpieza y me libero de cualquier emoción, relación que no me es benéfica, y las sustituyo por algo nuevo, positivo. Tengo confianza en la vida que se cuida de suministrarme todo lo que necesito.

Ver riñones-problemas renales.

riñones
cálculos

Se denomina cálculo a una pequeña piedrecilla que se origina por una acumulación de sales minerales o sustancias orgánicas y que se forma en ciertas situaciones anormales. Se pueden formar en los riñones, la vesícula biliar, la próstata, etc.

Según el lugar del cuerpo donde se formen los cálculos, su significado metafísico varía. En general, para que se acumulen suficientes depósitos para formar una o más piedras, la persona debe alimentar durante mucho tiempo fuertes pensamientos de agresividad o descontento, de envidia o celos. Estos pensamientos se conservan secretos, sin expresarlos en absoluto. La persona rígida que reprime sus sentimientos es más susceptible de formarlos.

Poner una pared ante algo. Alguien ocupa mi territorio y me es imposible marcarlo, delimitarlo. Me prohíbo algo.

CAUSA PROBABLE: posiblemente terrones de enfado no disuelto.

Sugerencias y Recomendaciones

Los cálculos biliares a menudo se deben a un "error de cálculo". Esto quiere decir que la persona piensa de una manera y actúa de otra. Por ejemplo, quiere avanzar y se deja detener por otros, o quiere avanzar y no actúa. Esto provoca pensamientos de descontento y agresividad que se acumulan y se endurecen en su interior. A esta persona le beneficiaría dejar de calcular tanto y actuar según sus deseos.

NUEVO MODELO MENTAL: "Disuelvo con facilidad todos los problemas pasados".

riñones
cáliz

CONFLICTO de marcaje de territorio distante. Proyecto de marcar un territorio futuro.

Sugerencias y Recomendaciones

Debo confiar en la vida.

NUEVO MODELO MENTAL: "Me amo y me apruebo, no estoy solo, la vida entera me apoya y me sostiene. Soy libre y capaz de cualquier cosa que me proponga. Doy y recibo amor por donde quiera que vaya. Fluyo fácilmente por todas las situaciones que me plantea la vida, me expreso y amo con facilidad. Todo es perfecto en mi mundo".

riñones
canal colector

Miedo, sensación de estar en un medio hostil. Haberlo perdido todo (referentes).

Encontrarse frente a la nada: "Derrumbe de la existencia". "Perderlo todo, quiebra". "Lucha por la existencia". "Inquietud por el porvenir". Palabra clave = "Estoy en peligro de vida o muerte".

Según Jean Guillaume:

CONFLCITO de líquidos, miedo a ahogarse. Podemos perderlo todo, puede derrumbarse todo de un día para otro. Sentirnos fuera de nuestro elemento, pautas (la guarida, el padre es el primer referente).

En la nefrona (unidad funcional del riñón) encontramos los tubos colectores (endodermo 1ª etapa). La función del riñón es depurar i la idea principal es: "Cojo lo bueno y expulso lo malo" por lo tanto una buena base para biodescodificar es "¿es bueno para mí o es malo para mí?"

También puede estar relacionado con una temática de dinero. Líquido = dinero. Todo lo relacionado con dinero lo asociaremos con líquido y por lo tanto con el riñón. Podemos entonces hacernos esta pregunta: "¿Es vital para mí dañar mi riñón por cuestiones de dinero?".

O problemas de líquidos reales (agua, leche...). P.ej. Un transportista llevaba un camión de leche y volcó, como solución, su riñón taponó la salida de líquidos.

Sugerencias y Recomendaciones

Debo confiar en la vida.

NUEVO MODELO MENTAL: "Me amo y me apruebo, no estoy solo, la vida entera me apoya y me sostiene. Soy libre y capaz de cualquier cosa que me proponga. Doy y recibo amor por donde quiera que vaya. Fluyo fácilmente por todas las situaciones que me plantea la vida, me expreso y amo con facilidad. Todo es perfecto en mi mundo".

riñones
cólico lactante

Obstrucción de los canales del júbilo. Miedo de aceptar la alegría.

Sugerencias y Recomendaciones

NUEVO MODELO MENTAL: "Elijo amar la vida. Mis canales de la alegría están abiertos. Estoy a salvo recibiendo".

riñones
concentración de la orina

CONFLICTO de derrumbamiento.

Sugerencias y Recomendaciones

Debo confiar en la vida.

NUEVO MODELO MENTAL: "Me amo y me apruebo, no estoy solo, la vida entera me apoya y me sostiene. Soy libre y capaz de cualquier cosa que me proponga. Doy y recibo amor por donde quiera que vaya. Fluyo fácilmente por todas las situaciones que me plantea la vida, me expreso y amo con facilidad. Todo es perfecto en mi mundo".

riñones
emigrantes

CONFLICTO de arraigo + existencial (el territorio más íntimo, fuera de su elemento).

Sugerencias y Recomendaciones

Debo confiar en la vida.

NUEVO MODELO MENTAL: "Me amo y me apruebo, no estoy solo, la vida entera me apoya y me sostiene. Soy libre y capaz de cualquier cosa que me proponga. Doy y recibo amor por donde quiera que vaya. Fluyo fácilmente por todas las situaciones que me plantea la vida, me expreso y amo con facilidad. Todo es perfecto en mi mundo".

riñones
glomérulo

(Es estructural) "¿Es bueno para mí o no es bueno para mí?". "Tengo que elegir entre lo bueno y lo malo".

Sugerencias y Recomendaciones

Debo confiar en la vida y juzgar menos lo que pasa, las cosas son lo que son, ni buenas ni malas, el resto son etiquetas de nuestro ego según nuestras creencias.

NUEVO MODELO MENTAL: "Me amo y me apruebo, no estoy solo, la vida entera me apoya y me sostiene. Soy libre y capaz de cualquier cosa que me proponga. Doy y recibo amor por donde quiera que vaya.

Fluyo fácilmente por todas las situaciones que me plantea la vida, me expreso y amo con facilidad. Todo es perfecto en mi mundo".

riñones
insuficiencia renal crónica

Es una C.R.M. (Conversión repetitiva mínima). "¿Cuantas veces nos preguntamos si algo o alguien es bueno o malo para mí cada día?" "¿Es vital para mí preocuparme de esto?".

Liquidez = Dinero. La clave es familiar (real o simbólico).

Miedos existenciales: "¿que estoy haciendo aquí en la tierra?". "¿De qué sirvo?".

Sugerencias y Recomendaciones

Debo confiar en la vida.

NUEVO MODELO MENTAL: "Me amo y me apruebo, no estoy solo, la vida entera me apoya y me sostiene. Soy libre y capaz de cualquier cosa que me proponga. Doy y recibo amor por donde quiera que vaya. Fluyo fácilmente por todas las situaciones que me plantea la vida, me expreso y amo con facilidad. Todo es perfecto en mi mundo".

riñones
litiasis, suciedades y trombos

"No puedo estar en mi territorio (ejemplo: estar en casa de los suegros".

Sugerencias y Recomendaciones

Debo confiar en la vida.

NUEVO MODELO MENTAL: "Me amo y me apruebo, no estoy solo, la vida entera me apoya y me sostiene. Soy libre y capaz de cualquier cosa que me proponga. Doy y recibo amor por donde quiera que vaya.

Fluyo fácilmente por todas las situaciones que me plantea la vida, me expreso y amo con facilidad. Todo es perfecto en mi mundo".

riñones
nefritis

El término nefritis designa de modo general el conjunto de enfermedades de los riñones. Sin embargo, se usa también este término para designar una inflamación de los riñones. Esto corresponde al miedo y grandes angustias frente a la vida. Son frustraciones o decepciones que no han sido canalizadas sino reprimidas en el fondo de mí. Me vuelvo exageradamente en reacción o sobreexcitado frente a algo que me preocupa y frente a lo cual puedo sentirme impotente, sin saber qué lección de vida he de sacar.

Sugerencias y Recomendaciones

Debo confiar en la vida.

NUEVO MODELO MENTAL: "Me amo y me apruebo, no estoy solo, la vida entera me apoya y me sostiene. Soy libre y capaz de cualquier cosa que me proponga. Doy y recibo amor por donde quiera que vaya. Fluyo fácilmente por todas las situaciones que me plantea la vida, me expreso y amo con facilidad. Todo es perfecto en mi mundo".

Ver ira, inflamación, miedo.

riñones
nefropatías

Sensación de ser como un niño que no logra hacer bien las cosas, un incapaz, un desastre. Confusión.

Sugerencias y Recomendaciones

NUEVO MODELO MENTAL: "Me amo y me apruebo. Me gusto. Soy totalmente capaz en todo momento".

riñones
parenquímia

CONFLICTO de derrumbamiento + líquido (sobretodo líquido).

Rechazo = "Ya no valgo nada".

Sugerencias y Recomendaciones

Debo confiar en la vida.

NUEVO MODELO MENTAL: "Me amo y me apruebo, no estoy solo, la vida entera me apoya y me sostiene. Soy libre y capaz de cualquier cosa que me proponga. Doy y recibo amor por donde quiera que vaya. Fluyo fácilmente por todas las situaciones que me plantea la vida, me expreso y amo con facilidad. Todo es perfecto en mi mundo".

riñones
parénquima y necrosis

CONFLICTO por agua o líquidos.

Ejemplo: por haberse casi ahogado o por rotura de tuberías que provoca destrozos en la casa).

Sugerencias y Recomendaciones

Debo confiar en la vida.

NUEVO MODELO MENTAL: "Me amo y me apruebo, no estoy solo, la vida entera me apoya y me sostiene. Soy libre y capaz de cualquier cosa que me proponga. Doy y recibo amor por donde quiera que vaya. Fluyo fácilmente por todas las situaciones que me plantea la vida, me expreso y amo con facilidad. Todo es perfecto en mi mundo".

riñones
túbulos colectores

CONFLICTO existencial, "conflicto de refugiados", lo han perdido todo, conflicto de pérdida por bombardeo.

Sugerencias y Recomendaciones

Debo confiar en la vida.

NUEVO MODELO MENTAL: "Me amo y me apruebo, no estoy solo, la vida entera me apoya y me sostiene. Soy libre y capaz de cualquier cosa que me proponga. Doy y recibo amor por donde quiera que vaya. Fluyo fácilmente por todas las situaciones que me plantea la vida, me expreso y amo con facilidad. Todo es perfecto en mi mundo".

riñones
úlcera carcinomatosa

CONFLICTO de no poder delimitar interiormente el territorio (parecido al conflicto de identidad).

Ejemplo: "no saber a qué opinión adherirse". No poder delimitar interiormente el territorio (parecido al conflicto de identidad).

Sugerencias y Recomendaciones

Debo confiar en la vida.

NUEVO MODELO MENTAL: "Me amo y me apruebo, no estoy solo, la vida entera me apoya y me sostiene. Soy libre y capaz de cualquier cosa que me proponga. Doy y recibo amor por donde quiera que vaya. Fluyo fácilmente por todas las situaciones que me plantea la vida, me expreso y amo con facilidad. Todo es perfecto en mi mundo"

RODILLAS

La definición que sigue abarca todo problema que pueda afectar la función natural de la rodilla y todo dolor en ella.

Un dolor en la rodilla o un problema que perjudique una de sus funciones es señal de una falta de flexibilidad en la forma de enfocar el porvenir. Dicho dolor se manifiesta en la persona que es orgullosa o testaruda y que no quiere doblegarse ante las ideas o los consejos de los demás. Esta persona se ocasiona más perjuicio que beneficio con esta actitud inflexible porque se impide encontrar medios más fáciles para hacer frente a su futuro.

Las rodillas son las articulaciones en las cuales me arrodillo, me abandono a la jerarquía normal o a lo que está encima mío y también al movimiento y a la dirección que tienen lugar. Las rodillas manifiestan por lo tanto mi grado de flexibilidad y sirven para amortiguar los golpes cuando la presión es demasiado alta. Están afectados cuando me desvalorizo con relación a mi físico o mis marcas deportivas. Si tengo dificultad en doblar las rodillas, demuestro con esto cierta rigidez. Puede ser porque mi ego es muy fuerte y orgulloso. Una rodilla que dobla fácilmente es un signo de humildad y flexibilidad. Las rodillas son necesarias para mantener mi posición social y mi estatus.

Falta de humildad.
Rigidez mental.
Resistencia en avanzar.

Conflicto con la autoridad.

Arrogancia, obstinación y resistencia que hace que avancemos con sufrimiento.

Resistencia emocional al curso de los acontecimientos.

Conflicto irritación mental que nos impide aceptar las cosas.

Sometimiento a nuestro egoísmo.

Como el cuello, se relacionan con la flexibilidad, sólo que ellas hablan de inclinarse y de ser orgulloso, del yo y de la obstinación. Con frecuencia, cuando avanzamos, nos da miedo inclinarnos y nos ponemos tiesos. Y eso vuelve rígidas las articulaciones. Queremos avanzar, pero no cambiar nuestra manera de ser. Por eso las rodillas tardan tanto en curarse, porque está en juego nuestro yo.

Las rodillas tardan en curarse porque en ellas están en juego nuestro orgullo y nuestra autojustificación. La próxima vez que tenga algún problema con las rodillas, pregúntese de qué está justificándose, ante qué está negándose a inclinarse. Renuncie a su obstinación y aflójese. La vida es fluencia y movimiento, y para estar cómodos debemos ser flexibles y fluir con ella. Un sauce se dobla y se mece y ondula con el viento, y está siempre lleno de gracia y en armonía con la vida.

Están los cuatro puntos de desvalorización: 1)evaluación, 2) resultado obligatorio, 3) falta de respeto y 4) la dirección y además... Hay sumisión, problemas en la adolescencia "Estoy en sumisión y no quiero ceder, ¡no!, ¡no!, y ¡no!"

Vais a tener que buscar gestos habituales de las personas, como por ejemplo, subir escaleras, saltar vallas, etc.

No debemos olvidar nunca, aplicar los CICLOS CELULARES MEMORIZADOS, sobre todo en cánceres.

Representan el orgullo y el yo. Soy flexible y me muevo con soltura. Orgullo y obstinación. Incapacidad de inclinarse. Temor.

Inflexibilidad. Terquedad. Mi flexibilidad, mi amor propio, mi orgullo, mi testarudez. Modestia, sumisión. La adolescencia.

Rodilla derecha: "Yo he querido irme, he deseado irme pero no he podido".

Rodilla izquierda: "Me he ido pero siento haberme marchado".

Mesetas tibiales: simbólicamente es la justicia (puedo o no puedo...)

Sugerencias y Recomendaciones

Este dolor te dice que dejes de creer que eres flexible. Recuerda que tu cuerpo siempre quiere advertirte de algo de lo que no eres consciente. No tienes por qué tener miedo de perder el control si aceptas las ideas nuevas de los demás y si permites enfocar tu porvenir o el de aquellos a quienes amas de otra manera. No tienes que seguir creyendo que doblegarte quiere decir arrodillarte ante los demás o ser una persona sumisa. Tu inflexibilidad puede provenir del miedo a ser como tus progenitores. Date cuenta de que eres un ser distinto a tus padres y que, aun cuando existan similitudes, tú puedes dirigir tu vida a tu modo. Por otro lado, todos necesitamos pedir ayuda algunas veces.

NUEVO MODELO MENTAL: "Perdón, comprensión, compasión. Me inclino y me muevo con soltura. Todo está bien".

SOLUCIÓN POSIBLE: la humildad, la aceptación y la entrega.

rodillas
artrosis

Una persona que sufre, de dolor artrosis, es porque no estamos respetando lo fundamental de nosotros, "EL RESPETO".

La patología afecta a la sinovial de la rodilla, cuando hay derrame sinovial significa, QUE HAY "Sumisión"... que "Estamos doblegando las rodillas"

CONFLCITO de sumisión. Problemas ligados a la adolescencia (donde se concentra la autoridad). "No puedo hacer lo que quiero". "No quiero someterme a la ley del padre". "Me gustaría tener un poco más de dulzura en mi sumisión". "Estoy de acuerdo en someterme, pero dulcemente".

Además la cápsula articular cuya función es la protección. Así se añade: "no tengo protección". Trabajar todos estos resentires.

Cuatro CONFLICTOS:

1. La desvalorización, que es el resultado que quiero.

2. La sumisión.

3. La adolescencia.

4. La dirección: conflictos de elección (profesional, sentimental, sexual, pero a nivel de emociones).

Rodilla derecha: "Yo he querido irme, he deseado irme pero no he podido".

Rodilla izquierda: "Me he ido pero siento haberme marchado".

Mesetas tibiales: simbólicamente es la justicia (puedo o no puedo...)

Sugerencias y Recomendaciones

NUEVO MODELO MENTAL: "Me amo y me apruebo, no estoy solo, la vida entera me apoya y me sostiene. Soy libre y capaz de cualquier cosa que me proponga. Doy y recibo amor por donde quiera que vaya. Fluyo fácilmente por todas las situaciones que me plantea la vida, me expreso y amo con facilidad. Todo es perfecto en mi mundo".

rodillas
dolores de rodillas

La rodilla es el conjunto articular más importante de la pierna. Esta articulación carga el peso del cuerpo en la posición en pie y es necesaria para caminar sin cojear, para subir y bajar una escalera, para sentarse, para descender, trepar, etc. La definición que sigue abarca todo problema que pueda afectar la función natural de la rodilla y todo dolor en ella.

Un dolor en la rodilla o un problema que perjudique una de sus funciones es señal de una falta de flexibilidad en la forma de enfocar el porvenir. Dicho dolor se manifiesta en la persona que es orgullosa o testaruda y que no quiere doblegarse ante las ideas o los consejos de los demás. Esta persona se ocasiona más perjuicio que beneficio con esta actitud inflexible porque se impide encontrar medios más fáciles para hacer frente a su futuro. Si el dolor es ocasionado por la artritis o la artrosis, véase también estas enfermedades.

Sugerencias y Recomendaciones

Este dolor te dice que dejes de creer que eres flexible. Recuerda que tu cuerpo siempre quiere advertirte de algo de lo que no eres consciente. No tienes por qué tener miedo de perder el control si aceptas las ideas nuevas de los demás y si permites enfocar tu porvenir o el de aquellos a quienes amas de otra manera. No tienes que seguir creyendo que doblegarte quiere decir arrodillarte ante los demás o ser una persona sumisa. Tu inflexibilidad puede provenir del miedo a ser como uno de tus progenitores. Date cuenta de que eres un ser distinto a tus padres y que, aun cuando existan similitudes, tú puedes dirigir tu vida a tu modo.

Por otro lado, todos necesitamos pedir ayuda algunas veces.

Si tengo problemas en las rodillas, debo interrogarme para saber si soy testarudo, rígido, orgulloso. Si mis rodillas ya no responden, ¿vivo quizás un conflicto con la autoridad (mi jefe, mis padres, etc.)? ¿Tengo miedo de tomar cierta acción para ir hacia delante? ¿Tengo yo la sensación de que debo "doblar" en cierta situación o deba "doblarme" delante de alguien o algo? Si tengo fluidos al nivel de las rodillas (me inhibo emocionalmente contra el flujo natural de los acontecimientos (resistencia al movimiento). Si mis rodillas están lastimadas, se puede tratar de arrogancia, testarudez o una resistencia que hace que cualquier progreso y avance sea rígido o doloroso. También puede que me desvalorice, me disminuya frente a mi físico o mis marcas deportivas y entonces, hay muchas probabilidades de que me haga daño a las rodillas. La inflamación o el dolor pueden indicar una rigidez frente a la autoridad o el sistema de leyes vigentes. Puedo tener frecuentemente la sensación que debo obedecer (ej.: delante de un padre, un profesor, jefe, incluso el cónyuge, etc.) y ¡"esto no me apetece en absoluto"! Puede que viva un conflicto mental, una obstinación egoísta a no dejar fluir o a darme. Los daños óseos o de los tejidos blandos se vinculan con un profundo conflicto interior e implican el abandono, a un nivel más profundo, el abandono de mi ego y de mi orgullo. Por esto, si quiero eliminar las dolencias que afectan mi rodilla, debo aceptar abrirme al mundo que me rodea y aceptar que pueda tener que cambiar mi modo de ser en ciertos aspectos. En el caso del higroma que afecta en particular a las monjas y monjes, debo preguntarme cuál es el conflicto que vivo para con mi espiritualidad y las implicaciones que conlleva en mi vida. El dolor que siento cada vez que me pongo de rodillas (para rezar por ejemplo) me recuerda mi conflicto interior y la necesidad de decidir por mí mismo lo que quiero en mi vida y hacer los cambios apropiados. Acepto arrodillarme delante de alguien o una situación, o quizás simplemente, delante de la vida en general, para poder recibir ayuda y abrirme a una nueva realidad que no podía ver antes ya que estaba encarcelado en mi propio universo. Y tengo todo el potencial necesario para aceptar nuevas responsabilidades. Si vivo frustración y culpabilidad porque me doy cuenta que siempre quiero tener razón y que mi deseo de potencia social superior es insaciable, me paro y me cuestiono sobre mis verdaderos valores para volver a lo esencial y para permitir volver a mi corazón en vez de dejar todas las decisiones a mi lado racional.

ROGER

Enfermedad de Roger es una malformación cardiaca congénita, que se caracteriza por un paso reducido de sangre del ventrículo izquierdo al ventrículo derecho.

Sugerencias y Recomendaciones

Ver enfermedades del corazón y la información sobre las enfermedades congénitas.

RONQUERA

Cuando mi timbre de voz se vuelve sordo, ronco o cascada, es cuando tengo la voz enronquecida. El enronquecimiento significa que padezco de agotamiento mental y físico. Algo impide que mis "ruedas" giren sin tropiezos. Vivo un bloqueo emocional, una emoción viva, y detengo mi agresividad. La garganta se relaciona con el centro de energía de la verdad, de la comunicación y de la expresión de sí (chakra de la garganta), puedo sentirme cogido por la verdad que tengo dificultad en asimilar y por mis convicciones personales. Recurro a ciertos paliativos o ciertos estimulantes tales como el café, alcohol, cigarrillos, etc.

Sugerencias y Recomendaciones

Tomo consciencia que necesito un tiempo de paro y acepto darme el reposo y el tiempo necesarios para regenerarme. Estando descansado, las situaciones y los acontecimientos recuperan su tamaño real, estoy mucho más objetivo y más lúcido para tomar las decisiones que se imponen.

Ver afonía.

RONQUIDO

Respiración ruidosa por la garganta y nariz que ocurre durante el sueño.

El ser humano aprovecha el sueño para liberarse de lo que le sucedió en estado de vigilia. Esta es la razón por la que todos soñamos. La persona que ronca suele ser aquella que hubiera querido hacer más ruido durante el día pero se reprimió o no tuvo ocasión de hacerlo. A menudo es el tipo de persona que tiene la impresión de que no se hace oír lo suficiente, por lo que se recupera en la noche. Si la persona no se atreve a hablar en el día por miedo al rechazo, vive ese mismo rechazo ya que sus ronquidos alejan a los demás.

El ruido que emito al respirar durante mi sueño y que procede de un obstáculo entre mis vías nasales y la laringe se llama ronquido. Si ronco, debo preguntarme: ¿Me agarro yo a mis viejas ideas, actitudes, bienes materiales? ¿Me obstino a mantenerme en una situación o en alguna situación que no me es beneficiosa? ¿Estoy cansado? ¿Están repletos mis senos? ¿Cuál es la cosa que respiro difícilmente y que me sigue incluso durante la noche? ¿(ej.: olor de mi cónyuge, de un perfume, etc.)? O quizás quiero "coger" a mi cónyuge que duerme cerca de mí y quitar la distancia que nos separa tanto físicamente como emocionalmente). Busco pues acercarme a él.

Relacionado con viejas ideas, actitudes o a bienes materiales a los cuales me agarro y que más me valdría soltar. Terca negativa a abandonar viejas pautas mentales.

Roncar hacia dentro es "ven, ven".
Roncar hacia fuera es "vete, vete".

Sugerencias y Recomendaciones

Lo importante es que averigües qué te molesta más al roncar. Si es el hecho de que aleja a los demás, el mensaje de tu ronquido intenta ayudarte a que tomes conciencia de que eres tú quien te rechazas. Los demás están ahí solo para mostrarte lo que te haces a ti mismo. Si es el hecho de que es muy ruidoso, reconócelo y date el derecho de querer atención y que te oigan. También date cuenta de que si crees que los demás no te oyen, es porque no te crees lo bastante importante para ser oído. Por otro lado, es posible que si los demás no te oyen, simplemente sea un reflejo de tu propia incapacidad de escuchar. Tu cuerpo te dice: "Oye a los demás y los demás te oirán. Incluso les gustará escucharte."

Debo aprender a soltar y dejar sitio a lo nuevo. Actúo de modo que mis comunicaciones sean claras y libres de cualquier malentendido o cualquier ambigüedad.

NUEVO MODELO MENTAL: "Dejo marchar todo lo que no sea amor y alegría en mi mente. Del pasado avanzo hacia lo nuevo y vital".

ROSÁCEA UNI O BILATERAL

La rosácea es una enfermedad que se estima afecta a más de 45 millones de personas en todo el mundo. Afecta a personas de piel blanca, generalmente a personas de ascendencia europea noroccidental. En Gran Bretaña e Irlanda se la apoda «la maldición de los celtas».

Comienza como un eritema (enrojecimiento) en la parte central de la cara o en las mejillas, nariz, o frente, e infrecuentemente puede afectar el cuello y el pecho. Cuando la rosácea progresa, otros síntomas se pueden desarrollar como un eritema semipermanente, telangiectasia (dilatación de los vasos sanguíneos superficiales de la cara), pápulas circulares enrojecidas (pequeños granos) y pústulas, enrojecimiento ocular, quemazón, ardor y picazón, y en algunos casos avanzados, nariz roja lobulada.

CONFLCITO de mancha, ataque a la propia integridad, conflicto de sentirse o estar desfigurado. Ejemplo: Tras amputación de la mama. Mancillamiento en sentido real o figurado. "Eres un cerdo" o "eres una mierda"

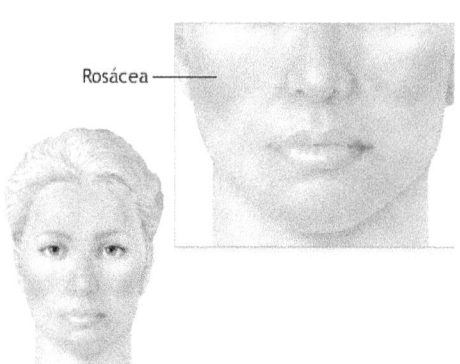
Rosácea

Sugerencias y Recomendaciones

Confío más en la vida y en mi aprendizaje, estoy en el lugar adecuado en la forma adecuada para cumplir con mi propósito, y tengo lo necesario para ello, aunque a veces sea una enfermedad o una minusvalía y no me guste verlo.

ROSÉOLA

La roséola es una enfermedad infantil que consiste en un episodio febril de 72 horas, seguido de una erupción de manchas rojas en el tronco y las extremidades, que desaparecen en 48 horas.

Sugerencias y Recomendaciones

Ver también enfermedades infantiles y problemas en la piel.

ROSTRO

El rostro, también llamado faz, es la parte anterior de la cabeza. Generalmente, es la primera parte del ser humano que vemos. Es lo que identifica a la persona. Los problemas en el rostro son numerosos y van de simples espinillas hasta la desfiguración total por una enfermedad o un accidente.

Por lo general, los problemas faciales se relacionan con una de las expresiones siguientes: tener buena cara (buen semblante); mostrar una buena cara a alguien (ser amable, incluso si hay hostilidad); escupir en fa cara (manifestar desprecio); perder la cara (perder el prestigio tolerando una ofensa al honor, a la reputación); salvar la cara (salvaguardar el prestigio, la dignidad); darle la cara a alguien o a una situación (actuar de manera eficaz en presencia de una dificultad).

La persona más susceptible de tener problemas en el rostro es aquélla que se avergüenza fácilmente, que se siente humillada por el menor motivo. Las personas que se sienten culpables fácilmente y que se esfuerzan por ser lo que los demás esperan de ellas también tienen miedo de perder la cara. Se esfuerzan por mostrar una buena cara.

Mi rostro es la primera parte de mí ser que aborda o acoge el universo. Normalmente, un golpe de vista me da sensaciones sobre alguien según que su rostro es radiante, luminoso, sonriente o, al contrario, sombrío, irritado, triste. El rostro se relaciona pues con mi imagen, mi identidad, mi ego. Si quiero esconder un aspecto de mi personalidad o si me escondo algo a mí mismo, mi rostro lleva esta máscara también al volverse tenso y con muecas. Del mismo modo, si me desvalorizo, si crítico, si me siento incompetente, si tengo la sensación que nadie me ama, mi malestar interior se expresa por el aspecto de la piel de mi rostro que se vuelve llena de granos o que se seca. Una irritación mental hace la piel imperfecta.

Sugerencias y Recomendaciones

Este problema que afecta a tu rostro se manifiesta para ayudarte a tomar conciencia de que te preocupa mucho lo que los demás piensan de ti y lo que ven de ti. Esto te impide ser tú mismo. Recibes el mensaje de que todas las creencias que tienes con respecto a ti mismo no te benefician. Es momento de que recuperes "tu verdadero rostro", es decir, que seas tú mismo.

Para que se aclaren, se suavicen y se limpien por sí mismos los rasgos y la piel de mi rostro, es importante que limpie primero mi interior y que me quite sentimientos y pensamientos negativos que mantengo y que deje sitio a más amor, a más comprensión, más aceptación. Mi rostro se iluminará aún más y ya no tendré necesidad de llevar máscara.

RÓTULA

La rótula es un hueso de forma triangular que permite los movimientos de flexión - extensión de la articulación de la rodilla. La expresión "estar sobre las rótulas" significa que estoy agotado. Si siento dolor o que mi rótula está deformada, puedo sentir ira, decepción e irritación con relación a mis sueños que me parecen estar fuera de alcance o irrealizables. Flexiono las rodillas; me siento vencido.

No es un problema particular, salvo si se rompe. Este es el hueso del futuro, son los proyectos. Es la dirección profesional, afectiva, etc.

Sugerencias y Recomendaciones

Ha llegado el momento de tomar tiempo para mí, levantarme (ponerme en pie) y tomar iniciativas para realizar mis sueños más queridos. Creyendo en ellos podrán coger forma.

RUBEOLA

La rubéola es una enfermedad infecciosa aguda y contagiosa que pertenece al grupo de las fiebres eruptivas. Sus fases sucesivas son muy parecidas a las del sarampión.

Ver enfermedades infantiles, problemas de la piel y fiebre.

SACRO

1. Los Seis instantes sagrados: concepción, nacimiento, adulto, padres, abuelos y muerte. Y causado también por todo lo que es sagrado para la persona. Sobre lo que se basa la persona para construir su vida.

2. Prohibición del incesto: cuando el hombre llegó a ser el más fuerte de las especies con el fuego y las armas, se dio cuenta que tener hijos con la familia producía disfunciones genéticas. La fidelidad de la pareja es sagrada. "No tengo derecho a hacer el amor con mi hermano/a.

3. Dirección. La pelvis se mueve para cambiar de dirección al andar.

4. Son los valores fundamentales

Sugerencias y Recomendaciones

Debes revisar posibles conflictos con tus creencias más profundas. O tal vez sea el momento de cambiar dichas creencias, no será un trabajo fácil pero el resultado bien vale la pena.

SADOMASOQUISMO

El sadomasoquismo implica una relación en la que uno de los socios expresa su dominación (sadismo) y el otro expresa su sumisión (masoquismo). Ocurre que personas sumisas hallen en esto cierto equilibrio en su relación. Sin embargo, si siento la necesidad de practicar esta forma de relación, seguramente quiero liberarme de cierto estrés interior, bien pudiendo controlar o sometiéndome. Me libero así de ciertas angustias que pueda tener.

Sugerencias y Recomendaciones

Debo tomar consciencia que puedo desarrollar, en mí subconsciente, este programa: soy libre cuando controlo y me siento mejor después o, en el otro caso, me siento libre cuando me someto "voluntariamente" y me siento mejor después. Este programa corre el riesgo de resurgir en mi vida en el momento en que menos me lo espero. Así, en circunstancias de estrés importante, podré identificar que la solución será controlar o someterme. Debo estar atento al hecho de que me vuelvo lo sobre lo cual llevo mi atención. Así, este comportamiento que puede parecer negativo corre el riesgo de ampliar ciertas actitudes negativas en mí. Tomo consciencia de mi deseo de liberarme de mis miedos y de mis limitaciones y del hecho que debo desarrollar más la humildad que la sumisión, el hecho de estar guiado que de controlar. Así podré buscar una satisfacción para mi mayor desarrollo personal.

SALIVA

Las glándulas salivales secretan saliva, sus funciones son múltiples e importantes: humecta las paredes de la boca, embebe los alimentos, lo cual ayuda a tragarlos y a formar el bolo alimenticio, e inicia la digestión de los almidones. Los problemas comunes en las glándulas salivales son la hipersalivación (demasiada saliva), hiposalivación (no se produce la saliva suficiente) y las paperas.

La expresión salivar significa hacerse la boca agua, es decir, tener un deseo ardiente de algo. Por lo tanto, la persona que saliva demasiado tiene demasiados deseos. Siente la impaciencia porque quiere ir demasiado aprisa para tragar ideas nuevas; no se da el tiempo suficiente para verificar si realmente las necesita. Quiere demasiado, a menudo para complacer a los demás o para tenerlos contentos.

También puede ser una persona que produce bastante saliva para escupir a alguien. Desearía hacerlo, pero se contiene y esta saliva se acumula en su boca.

El fenómeno de no salivar lo suficiente se produce en la persona que es muy suspicaz y no traga a los demás. Tiene miedo de que se aprovechen de ella, de que la engañen, y por ello se priva de muchas experiencias nuevas. Esta persona suele tener una actitud seca que la hace parecer más indiferente de lo que es en realidad. Es posible que también suprima sus propios deseos.

Hacérsele a uno la boca agua, tener babas de envidia por algo o por alguien. La inflamación de las glándulas salivares es lo que se llama las paperas. Si estoy afectado por esta enfermedad, vivo frecuentemente frustración y tengo el sentimiento de que escupen sobre mí, sobre mis ideas. Me siento criticado y a veces tengo ganas de escupir a mi vez al rostro de la gente. Si padezco depresión, frecuentemente estoy llevado a comer rápidamente, a tragar mis alimentos enteros, lo cual provoca una carencia de saliva y la sensación de ahogo. La saliva tiene el poder de eliminar el desarrollo de los microbios. Permite también, por su poder humectante, facilitar los sonidos en la garganta, tragar mejor los alimentos. Favorece la primera etapa de la digestión transformando los almidones. Demasiada saliva o insuficiente saliva la hace ineficaz.

Sugerencias y Recomendaciones

Si tu problema es que salivas demasiado, tu cuerpo te dice que dejes de creer que debes tragarte todo. Nadie en el mundo puede hacer feliz a otro. Puedes dar todo el amor que deseas a los demás, pero solo ellos decidirán si eso los hace felices o no. Por lo tanto, si guardas tu energía para ocuparte de tus propias necesidades y de tu felicidad, ya no sentirás el enojo o agresividad hacia los demás ni desearás escupir a una situación o a otra persona. También es importante que establezcas contacto con tus necesidades y que seas realista en tus deseos para satisfacer esas necesidades. Puedes encontrar el justo medio.

Si tu problema es la falta de saliva, tu cuerpo quiere ayudarte a que tomes conciencia de que debes tener una actitud más abierta hacia los demás y hacia las ideas nuevas. Permítete mostrar tu sensibilidad y confiar en los demás. Date cuenta de que cada uno recoge lo que sembró; por ello, trata de recolectar cosas buenas. Déjalas entrar en tu vida. En caso de paperas, véase la descripción correspondiente.

Adquiriendo confianza en mis decisiones, decidiendo dejar entrar la alegría en vez de los pesares, adelantando con confianza, vuelvo a dar todo su poder a mi saliva.

Ver glándulas salivares-paperas.

saliva
hiposalivación

Carencia de saliva. La saliva es el humor acuoso algo viscoso que humecta la boca y los alimentos. Las glándulas salivares secretan la saliva que ayuda a la digestión. Puede que respire por la boca en vez de por la nariz. Esto conlleva una sequía de la boca y de las vías respiratorias. La boca representa mi apertura a la vida, puedo preguntarme en qué mis deseos o mis apetitos están actualmente "secos" y por qué no se manifiestan como quisiera yo en mi vida. Puedo encontrar que los acontecimientos de la vida no me nutren lo bastante y que pierdo interés en mi vida.

Sugerencias y Recomendaciones

Tomo consciencia del don de la vida. La vida me da todo lo que necesito para integrar bien las situaciones que vivo.

Ver boca.

SALMONELOSIS

La salmonelosis es una infección procedente de una bacteria que se alberga en el tubo digestivo. Esta bacteria normalmente está transportada por el alimento. Los síntomas de la enfermedad son diversos: vómitos, diarrea, infecciones, puedo preguntarme lo que me lleva a vivir tanta irritabilidad. Aunque fuese fácil para mí pensar que no soy responsable de lo que me ocurre porque el alimento era lo que estaba infectado, por lo tanto una causa exterior, debo recordarme que la casualidad no existe y que los elementos exteriores sólo existen para ayudarme a activar la dolencia que vivo actualmente en mi vida con relación a una situación "que no digiero y que me provoca un enfado".

Sugerencias y Recomendaciones

Cuanto más pronto vuelva a poner armonía en esta situación que pude identificar, más pronto mi salud se hallará mejorada. Me enriqueceré con una experiencia que me ayuda a desarrollar más sabiduría.

Ver envenenamiento-por alimentación, indigestión, intestinos-diarrea, nauseas.

SALPINGITIS

La salpingitis es una inflamación o infección de una trompa de Falopio. Véase problemas en las trompas del útero, agregando un sentimiento de ira reprimida. Ver también la explicación adicional sobre las enfermedades inflamatorias.

Esta enfermedad frecuentemente está vinculada a impotencia frente a una pareja sexual. ¿Tengo yo la sensación de que una persona que está cerca de mí tal como mi cónyuge, mi padre, uno de mis hermanos, amigo etc., me engañó por sus actitudes o por sus gestos y que esto me enfadó mucho? Cualquier sea la situación, frecuentemente, ésta implicará un aspecto de la sexualidad que encontré feo o degradante.

Sugerencias y Recomendaciones

Acepto poner amor en la situación para poder percibir la verdad en la experiencia que me trae la vida. Así me encontraré más feliz con más alegría de vivir y serenidad.

Ver crónica-enfermedad, infecciones y otras dolencias femeninas.

SANGRADO

Ver hemorragia, teniendo en cuenta que el mensaje es menos fuerte en un sangrado leve.

SANGRE

La sangre está formada por células en suspensión en un líquido llamado plasma. Lleva a los tejidos los elementos nutritivos provenientes de los pulmones, el oxígeno, del conductor digestivo y de los diferentes órganos, por ejemplo, los productos de transformación del hígado. Después recupera los desechos que el organismo va a eliminar. También tiene una función de informadora al conducir las hormonas. La definición siguiente se aplica a todos los problemas que pueden afectar a la calidad de la sangre y sus diferentes funciones.

Cuando una persona tiene un problema sanguíneo significa que le cuesta trabajo administrar bien su vida, de acuerdo con sus verdaderas necesidades. Para el ser humano, vivir verdaderamente quiere decir vivir diferentes experiencias en la aceptación y la alegría. La persona que no puede administrar su vida suele ser aquella que dramatiza demasiado algunas situaciones, lo cual le impide tener una visión global equilibrada. Se hace mala sangre, es decir, se preocupa por todo y por todos. Es una persona demasiado emotiva que bloquea su sensibilidad. Necesita adaptarse incondicionalmente a sí misma; esta forma de amor incondicional es el elemento más importante para mejorar la calidad de la sangre. Otra forma de bloquear su sensibilidad es tener mucha sangre fría, lo que hace de ella una persona impasible, que oculta sus sentimientos. Por otro lado, la persona vive sin alegría debido a un profundo sentimiento de carencia de algo.

Para asegurar el buen funcionamiento de su vehículo, se le debe dar una buena gasolina. La gasolina del cuerpo es la sangre que, para ser eficaz, debe circular libremente en todo mi cuerpo. Si la gasolina contiene impurezas, corre el riesgo de lastimar el motor que es el corazón. La sangre representa la alegría de vivir y las impurezas que se hallan en ella provocan dolencias en todo mi cuerpo. Según mi alimento, el estómago producirá una energía que fortalecerá mi sangre o la hará anémica; igual como mi vehículo, debo elegir la gasolina buena. La sangre representa la energía que circula en mí. Es el mismo centro del corazón. Una mala circulación me indica que está bloqueado el amor; ya no consigo expresar mis sentimientos, estoy en conflicto con el amor.

Representa la alegría que recorre libremente el cuerpo, que se expresa y recibe.

Vitalidad, familia.

La sangre es desvalorización en el seno de la familia. Son por exceso o por defecto.

Enfermedades sanguíneas, las personas con este tipo de problema suelen padecer o haber padecido de problemas y conflictos familiares graves.

Cuando nos sentimos desvalorizados en lo más profundo. Es lo más íntimo de la estructura familiar: dentro del esqueleto está el tejido hematopoyético. Tiene que ver con la familia, los lazos de sangre.

ACTITUD NEGATIVA COMÚN: "Yo me he sentido fracasado y estancado sin inspiración y sin gozo por la vida".

Circulación sanguínea: representa la capacidad de sentir y expresar las emociones de formas positivas.

Sugerencias y Recomendaciones

La importancia que la sangre tiene en tu cuerpo te indica la trascendencia de administrar bien tu vida viviéndola con alegría y aceptando lo que eres. Este problema se presenta para recordarte que es momento de que empieces a creer en ti de una manera diferente.

Eres mucho más de lo que crees. Toma conciencia de tu valor, de tus verdaderas necesidades y decídete a administrar tu vida. En lugar de creer que no puedes hacer todo solo y esperar que los demás lo hagan, elabora una lista de todos tus talentos, tus capacidades y de lo que has logrado hasta ahora. De este modo comenzarás a escuchar de nuevo tus verdaderas necesidades y te darás cuenta de que eres la persona más importante de tu vida. Estás en la Tierra para tu propia evolución y no para la de los demás.

El mensaje de mi cuerpo es: dejo correr la sangre en mis venas, dejo que el amor llegue hasta mi corazón, acepto recibir y hallo la alegría de vivir. Dejo sitio para ideas nuevas.

ACTITUD POSITIVA A ADOPTAR: "Yo soy optimista, tengo interés por la vida y mi trabajo es apreciado por todos".

Es clásico notar como las personas que sufren de mala circulación hasta en verano tienen los pies y las manos frías. Siempre recomendaremos consultar con el médico o naturópata de confianza para llevar un seguimiento y diagnóstico adecuado del problema para evitar imprudencias o descuidos. Debemos tomar una dieta rica en proteínas además de frutas y verduras frescas. El ejercicio en este caso es vital. Una buena caminata a diario será suficiente si no existe otra forma de ejercitarse.

CROMOTERAPIA: color curativo amarillo.

TRATAMIENTO: debemos trabajar el hígado, los riñones, las glándulas suprarrenales, el páncreas, el bazo y la tiroides, la pituitaria, la próstata u ovarios, vejiga y el colon, para conseguir una buena circulación. Se debe hacer presión en las yemas de los dedos para estimular la circulación de todo el cuerpo. Un masaje en las orejas, presionándolas entre el pulgar y el resto de los dedos, por unos momentos durante todos los días, mejorará significativamente la circulación ya que todos los órganos y glándulas del cuerpo tienen terminaciones en las orejas al igual que en los pies.

Circulación sanguínea:

NUEVO MODELO MENTAL: "Soy libre de hacer circular el amor y la alegría por todas partes en mi mundo. Amo la vida".

sangre
anemia

La sangre representa la alegría de vivir, el amor y las emociones. Cuando los glóbulos rojos de la sangre son insuficientes o que el número de células sanguíneas es débil, frecuentemente se produce una carencia de hierro en la sangre ya que el hierro está en el centro de la molécula que forma los glóbulos rojos. Este estado está vinculado a una carencia de alegría, fuerza y profundidad en el amor que tengo para mí y los demás; a mis creencias en mi capacidad de amar auténticamente con fuerza y determinación; a un desánimo y un rehúso de vivir; o a la sensación de estar sin valor y de tener resistencias frente al amor, de aquí esta desvalorización de mi persona. Incluso se puede vivir desesperación y resignación. También puedo manifestar mucha rigidez frente a los acontecimientos de la vida. En resumen, todos estos síntomas son el resultado de una gran debilidad al nivel sanguíneo. En inglés, el "Hierro" se llama "Iron" y se puede hacer un juego de palabras cambiando "Iron (hierro" por "I run" que significa en español "corro". Del mismo modo, en Francés, se puede sustituir la palabra "fer" (hierro en español) por su homónimo "faire" (hacer). Así, la persona anémica ya no siente bastante alegría y motivación para realizar todo lo que hay por "faire" (hacer) [hay una carencia de "faire" (hacer) o una falta de "faire" (hacer)] y ya no se siente capaz de correr para lograr lo que quiere.

Sugerencias y Recomendaciones

¿Pero por qué rehúso usar la energía del universo que es disponible para mí? ¿De qué tengo yo miedo? ¿Qué es lo que me hace "comerme la sangre"? Sólo he de decir sí a esta bella energía lista para servir mi energía con amor. A partir de ahora, miro, observo y descubro la alegría alrededor mío. Está por todas partes: familia, trabajo y amigos. Estos seres de luz están también aquí para ayudarme a crecer.

Ver circulación sanguínea, leucemia.

sangre
circulación sanguínea

La sangre está formada por células en suspensión en un líquido llamado plasma. Lleva a los tejidos los elementos nutritivos provenientes de los pulmones (el oxígeno), del conducto digestivo (los alimentos nutritivos) y de los diferentes órganos (por ej.; los productos de transformación del hígado). Después recupera los desechos que el organismo va a eliminar. También tiene una función de informadora al conducir las hormonas. La definición siguiente se aplica a todos los problemas que pueden afectar a la calidad de la sangre y sus diferentes funciones.

Cuando una persona tiene un problema sanguíneo significa que le cuesta trabajo administrar bien su vida, de acuerdo con sus verdaderas necesidades. Para el ser humano, vivir verdaderamente quiere decir vivir diferentes experiencias en la aceptación y la alegría. Quien no puede administrar su vida suele ser aquella que dramatiza demasiado algunas situaciones, esto le impide tener una visión global equilibrada.

Se hace mala sangre, es decir, se preocupa por todo y por todos. Es una persona demasiado emotiva que bloquea su sensibilidad. Necesita adaptarse incondicionalmente a sí misma; esta forma de amor incondicional es el elemento más importante para mejorar la calidad de la sangre.

Otra forma de bloquear su sensibilidad es tener mucha sangre fría, lo que hace de ella una persona impasible, que oculta sus sentimientos. Por otro lado, la persona vive sin alegría debido a un profundo sentimiento de carencia de algo.

La circulación sanguínea está vinculada al corazón y a la sangre, símbolo de vida. La sangre pasa por todos los canales del cuerpo: arterias, arteriolas, venas, venillas, capilares. Estos canales son necesarios a la distribución del amor, de la alegría y de la vida en todo el cuerpo. Mi corazón (centro del amor) acepta dar la sangre (energía) a cada parte de mi ser, cualquier sea su importancia, sin discriminación. La sangre representa mi vigor, mi placer de vivir y lo que soy actualmente en este universo. Todas las dificultades circulatorias están vinculadas con la sangre y la totalidad de mí ser. Si vivo una situación difícil en el plano emocional o mental, la energía que anima mi ser se debilita. Esta debilidad de la sangre y de la circulación sanguínea significa que me retiro emocionalmente de una situación que me afecta por el instante porque no tengo bastante "energía" para ir hacia delante. Me protejo de mis emociones demasiado energéticas porque es doloroso sentirlas presentes hasta tal punto. No dejo circular bastante amor en mi vida. Me autocritico severamente, estoy apenado, siento mucha tristeza interior. Mi alegría de vivir y mi buen humor disminuyen, mis ideas se vuelven confusas, tengo una vida social poco excitante, insípida y llana. Tengo necesidad de hacer "circular" muchos proyectos, ideas, sensaciones. Sino, todo se "congelará" a causa de mis preocupaciones, mis penas, mi cansancio, mi ira; una sobre excitación o una obsesión que desequilibra la circulación sanguínea tendrá el mismo efecto. La falta de alegría me lleva pues a huir de mis responsabilidades. Tengo bloqueos que me hacen evitar ciertas situaciones. Es un modo de decir "no" a la vida. Así, diversos esquemas de pensamiento corren el riesgo de aflorar en superficie (el control, la negligencia, la indiferencia frente a la vida, la necesidad exagerada de atención, el deseo de querer morir...) Los trastornos de la circulación sanguínea se manifiestan primero en las manos y las piernas, en las partes más externas y activas de mi cuerpo, las que me dirigen en el universo. Una mala circulación que afecta mis piernas está vinculada a mi dirección emocional, a las emociones en las cuales puedo contar y que amo. Cuando están afectadas mis manos, es la expresión de mis emociones y un deseo de cesar lo que estoy haciendo. En ambos casos, se trata de una retracción en el plano interior, la retracción de la plena participación emocional a mi universo. Las diferentes aflicciones sanguíneas son la aterosclerosis, la arteriosclerosis, la elevación del porcentaje de colesterol, la trombosis, etc.

Sugerencias y Recomendaciones

La importancia que la sangre tiene en tu cuerpo te indica la trascendencia de administrar bien tu vida viviéndola con alegría y aceptando lo que eres. Este problema se presenta para recordarte que es momento de que empieces a creer en ti de una manera diferente. Eres mucho más de lo que crees. Toma conciencia de tu valor, de tus verdaderas necesidades y decídete a administrar tu vida. En lugar de creer que no puedes hacer todo solo y esperar que los demás lo hagan, elabora una lista de todos tus talentos, tus capacidades y de lo que has logrado hasta ahora. De este modo comenzarás a escuchar de nuevo tus verdaderas necesidades y te darás cuenta de que eres la persona más importante de tu vida. Estás en la Tierra para tu propia evolución y no para la de los demás.

¡Acepto mirarme a la cara y sobre todo observo mi actitud frente a la vida! ¿No es la vida bastante extraordinaria como para aprovecharla plenamente? Abro mi corazón al amor, me asumo y me dejo guiar por la vida. Siempre sucederá lo que hay mejor para mí.

Ver corazón.

sangre coagulada

Sangre coagulada en las venas o arterias. La sangre representa la alegría que circula en mi cuerpo. Cuando coagula, es como si decidiese poner un tapón que tiene por efecto cortar toda circulación.

Sugerencias y Recomendaciones

Decido dejar circular la alegría en mí, me despierto a nueva vida.

sangre colesterol

Hay dos tipos de colesterol: uno que se llama LDL (procedente del término inglés Low Density Lipoproteins (lipoproteínas de baja densidad), también llamado colesterol "malo" y el HDL (lipoproteínas de alta densidad), también llamado colesterol "bueno".

El colesterol está vinculado a la sangre, símbolo de la alegría de vivir. El colesterol procede de los alimentos. Nuestro organismo lo sintetiza a partir del hígado. Lubrifica mis vasos sanguíneos, alimenta el sistema nervioso y lo mantiene equilibrado. Su función normal es impedir el desgaste prematuro de los vasos sanguíneos por el paso de la sangre, pero si es presente en exceso en el cuerpo, se deposita y reduce progresivamente el diámetro de los vasos sanguíneos. ¿Por qué? Porque ya no tengo alegría de vivir. Para mis adentros, creo que no merezco ser feliz, ser alegre y esta alegría circula mal! Puedo tener una subida de colesterol después de ciertos acontecimientos como, por ejemplo, después de haber tomado la jubilación, porque ya no siento la alegría de vivir que tenía con mis compañeros de trabajo o con la gente que encontraba en el trabajo. Esta subida también se puede dar cuando se ha ido alguien a quien amaba y que me traía alegría en mi vida. Aquí, en lugar de desarrollar una diabetes que es tristeza profunda, mi cuerpo interpretará el suceso más bien como una carencia de alegría de vivir y hará subir el porcentaje de colesterol. También puede suceder lo mismo cuando pierdo a mi animal de compañía y por fin en una situación que puede causar, conscientemente o inconscientemente, que disminuya mi alegría de vivir en mi vida. Puede ser el caso también cuando quiero realizar un proyecto, construir o erigir algo que afecciono especialmente pero no consigo recibir ayuda de nadie. Sólo puedo por lo tanto contar sobre mí y esto me afecta mucho. Si dejo que empeore esta situación, hay riesgo de que algún día tenga un ataque cardíaco. En efecto, si no arreglo la situación que me hace vivir esta carencia de alegría, esto tocará el aspecto de mi vida que es el amor. Cuando disminuye la alegría, es como si sintiera menos el amor en mí, por esto la carencia de alegría tendrá por efecto afectar mi corazón. La mayoría de colesterol animal (procedente de las carnes y productos lácteos) forma parte de la dieta demasiado rica de los Occidentales. Los alimentos que contienen mucho colesterol representan cierta satisfacción egoísta de mis apetitos. Me siento bien, sin pensar un instante que este exceso corre el riesgo de cambiar e incluso destruir mi salud. Es una ilusión creer que doy un gusto a mi cuerpo.

Sugerencias y Recomendaciones

Compruebo que me amo de un modo algo demasiado "egoísta o egocéntrico". Absorbiendo alimentos que contienen demasiado colesterol, reniego de las alegrías de la vida. Un día, deberé pagar por esto. ¿Deseo yo esta dolencia? Acepto cambiar inmediatamente dejando fluir la alegría en mí, igual como el niño maravillado delante de las bellezas de la vida. Neutralizo mi miedo de vivir en la alegría y acepto que ésta forme parte de mi vida.

sangre
diabetes

Enfermedad del páncreas, glándula importante y con múltiples funciones en el cuerpo humano. Una de ella es producir insulina, la hormona necesaria para mantener una concentración normal de glucosa en la sangre. La diabetes es consecuencia de una deficiencia en la función endocrina del páncreas, que se manifiesta como un déficit de insulina. No obstante, algunos casos de diabetes se deben a una resistencia a la acción de la insulina, como también algunos tipos de obesidad.

El páncreas es la glándula que está ligada al centro energético del plexo solar. Todo problema en esta glándula indica que existe un trastorno en el nivel emocional. De hecho, este centro de energía administra las emociones, los deseos y la mente. La persona que padece diabetes es emotiva y a menudo tiene muchos deseos. Es del tipo de persona que desea algo para sí misma y también para todos sus seres queridos. Quiere que todos reciban una rebanada del pastel. Sin embargo, puede ponerse celosa cuando alguien tiene más que ella.

En general, es una persona muy servicial, pero con muchas expectativas. Actúa con todos como madre y se culpa fácilmente si lo que desea para los demás no se realiza. Existe en ella una gran actividad mental debida a una búsqueda intensiva de los medios necesarios para dar respuesta a sus expectativas. El hecho de cultivar tantos deseos oculta una tristeza interior que proviene generalmente de un gran deseo de ternura y amor que nunca ha sido satisfecho.

La diabetes se manifiesta en el niño cuando éste no se siente suficientemente reconocido. Su tristeza le ocasiona un vacío interior que busca una compensación. De este modo intenta llamar la atención.

La diabetes también llamada diabetes dulce, se manifiesta por una secreción insuficiente de insulina por el páncreas que resulta de una incapacidad de éste en mantener un porcentaje de azúcar razonable en la sangre. Un exceso de azúcar sanguíneo se produce entonces y la sangre es incapaz de usar adecuadamente los azúcares en el flujo sanguíneo. Estos azúcares en exceso causan un porcentaje demasiado elevado de azúcar en la orina que se vuelve dulce. El azúcar corresponde al amor, a la ternura, al afecto, la diabetes refleja pues diversos sentimientos de tristeza interior. Es el mal de amor, una carencia de amor seguro porque necesito, a causa de mis heridas anteriores, controlar el entorno y la gente que me rodea. Pues, sí. Si tengo diabetes, suelo vivir tristezas seguidas, emociones reprimidas teñidas de tristeza inconsciente y ausentes de dulzura. La dulzura desapareció dejando sitio a un dolor continuo. Empiezo entonces a comer azúcar bajo todas las formas posibles: pastas alimentarias, pan, golosinas, etc. para compensar. El plano afectivo, social o financiero puede resentirse. Intento compensar por todos los medios posibles. Me limito en muchos campos. Me vuelvo "amargo" (amargura) frente a la vida, es la razón por la cual encuentro mi vida "amarga" y compenso por un estado más "dulce". Al tener dificultad en recibir amor, me siento ahogado y sobrecargado, pillado en mi situación incontrolable y excesiva. El exceso está eliminado en la orina. Tengo pues una gran necesidad de amor y afecto, pero no sé actuar ni reaccionar cuando podría recibirlo. Tengo dificultad en recibir el amor de los demás y la vida pierde gusto para mí. Es difícil soltarme y expresar el amor verdadero. Mis esperas son frecuentemente desmedidas (quiero que la gente realice mis deseos) y me atraen frustraciones, ira, frente a la vida y el repliegue sobre sí. Vivo mucha resistencia frente a un acontecimiento que quiero evitar pero que me siento obligado a sufrir. Por ejemplo, puede ser una separación, un traslado, un examen, etc. A esta resistencia se añadirá un sentimiento de disgusto, repugnancia, desdén frente a este acontecimiento. La hiperglicemia aparecerá pues en ese momento. Necesito asumirme en seguida. Necesito cambiar las situaciones que me afectan empezando a ver el amor y la alegría en todas las cosas. La diabetes (o hiperglicemia, exceso de azúcar en la sangre) y la hipoglicemia (insuficiencia de azúcar en la sangre) (ambas vinculadas a la falta de alegría) están vinculadas directamente al amor que soy capaz de expresar para mí mismo y los demás. En el caso de la diabetes gestacional, que se produce habitualmente después de la segunda mitad del embarazo, debo preguntarme las mismas preguntas que las que pregunto a las personas afectadas de diabetes. Puede que la tristeza profunda, repugnancia o resistencia se revelen a mi consciencia. Este embarazo puede activar y ampliar en mí el recuerdo más o menos consciente de estos sentimientos que pude vivir en mi infancia y la consecuencia será la diabetes. Después del parto, el regreso a mi estado normal me indica que estos sentimientos han desaparecido o que su importancia ha disminuido enormemente, lo cual trae un restablecimiento de la cantidad de azúcar en sangre.

Sugerencias y Recomendaciones

Tu diabetes se presenta para advertirte que te sueltes y te des tiempo para dejar que las cosas sucedan en lugar de querer controlarlo todo. Deja de creer que tu misión es disponer la felicidad de todos los que te rodean. Eres el tipo de persona que logra lo que quiere, pero los demás no necesariamente desean las mismas cosas ni en la misma medida que tú. Date tiempo para disfrutar las dulzuras de tu vida en su momento, en lugar de distraerte con lo que vas a querer mañana. Hasta ahora has preferido creer que lo que deseas es siempre para los demás. Acepta la idea de que esos deseos son, antes que nada, los tuyos, y luego reconoce todo lo que has obtenido hasta este momento. Acepta también que, aun cuando un gran deseo no se haya realizado en el pasado, ello no te impide apreciar los deseos pequeños que se hacen patentes ahora.

Si eres un niño diabético, ha llegado el momento de que dejes de creer que eres el hijo perdido de la familia. Eres tú quien debe encontrar tu lugar.

Hay tanto amor disponible; ¿soy realmente consciente del amor que la gente tiene para mí? La gente me ama y debo verlo a partir de ahora. Acepto el pasado de un modo desapegado, por lo que es. ¡Es abriendo mi corazón como se producen los milagros!

Ver también enfermedades hereditarias, sangre-hipoglicemia.

sangre
dolencias

Una mala circulación de la sangre indica una falta de alegría de vivir en mi vida. Me siento dormido, mis ideas son confusas.

Sugerencias y Recomendaciones

Para recobrar la alegría, acepto las nuevas ideas, reconozco las bellezas que me rodean, sonrío a la vida.

Ver anemia, leucemia.

sangre
flebitis

La flebitis es una inflamación de la pared de una vena, asociada a la formación de un coágulo dentro de la misma. En general, la localización inicial del coágulo se localiza en el pie, en la pantorrilla o en el muslo.

La flebitis se define por el bloqueo de la sangre en las venas, sobre todo al nivel de los miembros inferiores. Está causada por un coagulo procedente de una infección o de una herida. La sangre representa la libre circulación de la vida en las venas de mis miembros inferiores. Mi medio de locomoción está pues limitado, irritado y defectuoso porque este bloqueo de la sangre me indica una pérdida de alegría vinculada a las piernas, las cuales me transportan hacia diferentes destinos de mi vida. Según que la pierna izquierda (mi interior) o derecha (mi exterior) o las dos piernas estén afectadas, la pérdida de alegría podrá identificarme cuál nivel o cuál sentido tengo una duda o una negación a adelantar, aceptar un nuevo destino. Me quemo la sangre frente a ciertas situaciones que me presenta la vida. Vivo pues un parón, un freno debido a una emoción, un sentimiento que limita mi alegría de vivir para ir hacia delante.

Sugerencias y Recomendaciones

Es importante que suelte la pena, el disgusto, la frustración que vivo y que me responsabilice de lo que sucede en mi vida. Acepto que tengo el poder de crear mi vida como quiero; sin embargo debo aceptar que tengo derecho a la felicidad y que merezco que la alegría y la paz iluminen mi camino.

Ver dolor de pierna y trombosis, agregando que la persona se preocupa, se atormenta en la incertidumbre y la espera y siente ira. Ver también las explicaciones adicionales sobre las enfermedades inflamatorias.

sangre
gangrena

La gangrena (del griego, significa "Podredumbre") causa la muerte y la putrefacción de los tejidos (necrosis). Comienza por una reducida zona negruzca y dolorosa. Después de varios días los tejidos necrosados comienzan a caerse a jirones. Las principales causas de la gangrena son la arteritis que obtura poco a poco las arterias y los traumatismos diversos que perjudican la red vascular.

La gangrena es el resultado de una disminución de velocidad y finalmente, del paro del flujo sanguíneo en una o varias partes del cuerpo, lo cual trae la muerte de los tejidos. El flujo sanguíneo está vinculado con la expresión o al freno de mi amor por el Universo, y también a mi alegría de vivir. Por lo tanto, si, por ejemplo, la gangrena afecta mis piernas, es porque el freno, o el corte de amor adentro de mí es tan profundo que para completamente cualquier movimiento hacia delante. Frecuentemente, en este caso, son presentes el miedo al futuro y la inseguridad frente a lo que será de mí. Me intoxico por mi culpabilidad arraigada, por la vergüenza o por la pena, y una parte mía se está muriendo. La vida se va, ya no está la alegría. En el caso de la gangrena seca, la sangre ya no irriga los tejidos. Por lo tanto he de volver a tomar contacto conmigo y con la alegría que debe habitarme, en este aspecto de mi vida que corresponde a la parte de mi cuerpo afectada. En el caso de la gangrena húmeda, que resulta además de una afección, hago frente a pensamientos envenenadores, a pensamientos de muerte hacía mí mismo o hacía la vida. La gangrena gaseosa (más escasa), que se halla sobre todo en los diabéticos, está favorecida por una colección de sangre en un tejido o por un cuerpo extraño. Gases nauseabundos procedentes de la proliferación de gérmenes infecciosos se forman debajo de la piel. No sólo tengo presente las ideas de muerte de una parte de mí mismo sino también me lleva a vivir esta situación un profundo rechazo de esta misma parte.

Sugerencias y Recomendaciones

Necesito reintegrar la sangre, el amor en la expresión de quien soy, en mi vida. Aprendo a aceptarme tal como soy y a volver a descubrir la alegría de la vida.

Véase problemas en las arterias, agregando que el mensaje es mucho más grave y urgente. La persona que sufre gangrena tiene tan poca alegría de vivir que quiere autodestruirse, y Jo hace internamente porque no cree merecer nada.

Ver amputación, infección.

sangre
glóbulos

Los **glóbulos blancos** son las células que circulan en la sangre y en la mayor parte de los tejidos para asegurar la defensa del organismo. Los **glóbulos rojos** tienen la función de conservar la hemoglobina en estado activo. Ésta, conducida por la corriente sanguínea, transporta el oxígeno de los pulmones a los tejidos.

La existencia de algún problema con los glóbulos blancos es una indicación de que la persona que lo presenta tiene dificultades para defenderse. No se atreve a afirmarse. Tener demasiados glóbulos indica que quiere golpear a algo o a alguien. Se siente atacada con facilidad. No tener suficientes indica lo contrario, es decir que la persona abandona la partida.

Una falta de glóbulos rojos suele provocar anemia. Véase esta enfermedad.

Sugerencias y Recomendaciones

Si te faltan glóbulos blancos, ha llegado el momento de que recuperes la confianza en ti mismo, en tus capacidades y en tus talentos. Sólo tú puedes hacerlo. Lo que crees que no es necesariamente la realidad. Si no logras creer en ti, te sugiero que hables con quienes te conocen para que ellos te digan lo que ven en ti. De otro modo te arriesgas a desanimarte cada vez más y a ver la vida como una carga. Con este problema, tu corazón grita: "Auxilio, quiero alegría en mi vida". Tus recursos están ahí esperando que creas en ellos y que los utilices.

Si tienes demasiados glóbulos blancos, no es necesario que sigas creyendo que debes golpearte para que los demás sepan quién eres, y sobre todo, que te quieran como eres. Combatir constantemente es muy cansado. Recibes el importante mensaje de revisar la opinión que tienes de ti mismo y de creer en tu valor, antes de que el desánimo haga presa en ti y tu problema físico se agrave.

sangre
hematoma

Un hematoma sigue a una hemorragia en la cual cierta cantidad de sangre se acumula en un tejido o un órgano. Casi siempre, un hematoma se produce después de un traumatismo, y debo preguntarme cuál miedo o cuál culpabilidad me impide dejar circular libremente la alegría en mi vida.

Sugerencias y Recomendaciones

La acumulación de la sangre me indica que debo poner más alegría en mi vida y la parte afectada me informa acerca del aspecto de mi vida que debería manifestar esta alegría.

Ver accidente, sangre, circulación sanguínea.

sangre
hematuria

La hematuria es la presencia de sangre en la orina de modo microscópico (que no es visible a simple ojo en la orina: que se detecta solamente con microscopio) o macroscópico (que se puede detectar a ojo en la orina, bien por su color rojizo o las huellas de sangre que pueden estar ahí). La orina representa mis viejas emociones que dejo ir y una pérdida de sangre me indica una pérdida de alegría; por lo tanto la hematuria simboliza una tristeza más o menos viva frente a mis emociones pasadas que me destrozan interiormente.

Sugerencias y Recomendaciones

Debo buscar cuáles son estos sucesos que me han destrozado emocionalmente para que pueda aportarme dulzura y comprensión y que se instale la curación.

Ver vejiga-dolores, vejiga-cistitis, orina-infecciones urinarias.

sangre
hemofilia

La hemofilia es una enfermedad hereditaria vinculada a un trastorno de la coagulación de la sangre. Ya que mi sangre tiene dificultad en coagular, un corte, una herida pueden traer pérdidas de sangre que es difícil parar, lo cual puede poner mi vida en peligro. Aunque esta enfermedad es hereditaria, sin embargo vivo esta situación porque debo efectuar una toma de consciencia con relación a la alegría. Al menor accidente o incidente, mi vida corre el riesgo de estar puesta en peligro si no intervengo rápido.

Sugerencias y Recomendaciones

Debo tomar consciencia en mi vida de lo que puede llevarme a vivir desesperación a tal punto que podría "morir al agotarse mi sangre". Puedo mirar en qué la diabetes, bajo ciertos aspectos, puede parecerse a lo que vivo. Si bien el descubrimiento de la causa no cambia en mí el hecho de ser hemófilo, no impide que pudiera tener la sensación de que los inconvenientes de esta enfermedad disminuyen enormemente, manteniendo la vigilancia, y que cada vez más tenga el sentimiento de vivir una vida normal con más alegría en mi corazón.

Ver enfermedades hereditarias, sangre, sangre-dolores, sangre-circulación sanguínea, sangre-diabetes.

sangre
hemorragia

Una hemorragia es un derramamiento de sangre fuera de los vasos arteriales o venosos. Puede ser externa o interna, siendo más grave en este último caso.

En metafísica, la sangre representa el amor a la vida, y por lo tanto, la alegría de vivir. Cuando una persona pierde sangre, su cuerpo está manifestando que una determinada actitud interior bloquea su alegría de vivir en ese momento. Debido a que una hemorragia se produce en forma repentina y con más o menos violencia, se puede concluir que esta persona se ha reprimido desde hace algún tiempo. Por lo general, reprime mostrar su cansancio moral y su angustia.

Una vez que llega a su límite, cede repentinamente. Para saber en qué área de la vida desapareció la alegría de vivir, hay que observar la parte del cuerpo afectada, es decir, para qué sirve dicha parte. Esta explicación se aplica a una **hemorragia externa**.

Si es **interna**, indica que la persona sufre en silencio y que se empeña en que nadie sepa lo que siente. Vive su dolor en el aislamiento porque cree que no tiene a nadie en quien confiar o que pueda ayudarla.

Una hemorragia se caracteriza por una pérdida de sangre violenta y repentina. Esta efusión incontrolada de sangre se asocia generalmente con un trastorno o un traumatismo emocional. Son mis emociones demasiado largo tiempo retenidas, tales como la agresividad y la angustia, las que se vuelven incontrolables interiormente, y que brotan repentinamente. Puedo vivir acontecimientos que no suceden según mis esperanzas o según mis deseos. Al final de la resistencia, agotado moralmente, suelto y gran parte de la alegría de vivir deja repentinamente mi cuerpo.

Sugerencias y Recomendaciones

La hemorragia te avisa que es el momento de revisar tu percepción de la vida en el área afectada. Te dice que tomas la vida demasiado en serio y que ha llegado la hora de realizar actividades que te diviertan y te den alegría, en lugar de depositar tu energía en aquello que la consume. También puedes aprender a poner alegría en las actividades que ahora tomas demasiado en serio. Sólo se trata de un cambio de percepción o de actitud interna. Si la hemorragia ocurre después de un accidente, véase también esta palabra.

Estando a la escucha de mi cuerpo, puedo reconocer un mensaje que me ayudará a vivir mejor en armonía. Aprendo a soltar y a expresar mis emociones más libremente. Sintiéndome más liberado, llevo mi atención sobre la alegría que hay en mí y alrededor de mí.

sangre
hemorragia nasal

La definición que sigue se relaciona con una hemorragia nasal intermitente. Si el sangrado no puede ser detenido y es muy abundante, véase hemorragia.

Cuando la nariz comienza a sangrar sin motivo aparente, la persona experimenta una pérdida de alegría temporal. Este sangrado representa a menudo el deseo de llorar en una persona que no se permite que salgan lágrimas de sus ojos. Necesita liberarse de una tensión emocional. El sangrado puede representar una falta de alegría en su actividad actual y se convierte en la excusa para interrumpir esta ocupación.

La nariz siendo el órgano por el cual circula el aire para ir a mis pulmones y la sangre siendo el vehículo del aire, del oxígeno en todo mi organismo, la hemorragia nasal me revela que dejo que se escapen de mi cuerpo, de mí ser, la alegría, el amor de la vida. Tengo pues una pérdida de alegría para con algo que experimento. Esto indica una gran decepción en mi vida. Siento un sentimiento que me dice que no estoy reconocido o amado a mi justo valor.

Sugerencias y Recomendaciones

Tu cuerpo te dice que, en lugar de querer interrumpir lo que haces o de llamar la atención, te ayudaría ver el lado bueno de tu actividad. Además, permítete vivir situaciones estresantes y liberar esta tensión con llanto verdadero.

Debo pues aprender a reconocerme yo mismo, por lo tanto a comprender que debo mi felicidad únicamente a lo que pienso de mí mismo. Una antigua creencia procedente de la noche de los tiempos me dice que una mala emoción o una mala situación se van fuera de mi vida.

sangre
hipoglucemia

La hipoglucemia es una enfermedad del páncreas que se manifiesta cuando hay una disminución anormal de la concentración de glucosa en la sangre. Se reconoce por un insaciable deseo de algo azucarado, malestares, vértigo, calambres digestivos, palpitaciones, palidez y sudores fríos.

En metafísica, el páncreas está relacionado con las emociones, los deseos y la mente humana. La persona hipoglucémica quiere ocuparse de los deseos de los demás en detrimento de sus propias necesidades. No se siente libre. Su cuerpo le dice que necesita recompensarse con "dulces" sin sentirse culpable. Está demasiado ocupada queriendo que todo a su alrededor sea felicidad. El enfermo con hipoglucemia también siente muchos miedos y tiende a sufrir agorafobia. Sugiero que consultes este término.

La hipoglucemia se caracteriza por una disminución anormal de glucosa en la sangre. La parte del páncreas que secreta la insulina está sobreactivada. En consecuencia, las células y los músculos están privados de la glucosa energética. Esta situación está opuesta a lo que se encuentra en los diabéticos. Está causada por un exceso de insulina o de ejercicio.

Sugerencias y Recomendaciones

Es el momento de conservar tu energía para ti, de dejar de creer que debes ser la madre o el padre de tu prójimo. Vuelve a establecer contacto con tu niño interior que desea jugar y divertirse. En la infancia aprendiste que no tenías derecho a pensar en ti. Como no te proporcionaste suficiente amor, querías que tus familiares te lo dieran, y aunque lo recibieras, no fue bastante. Por lo tanto, decidiste que el amor hace sufrir, porque nunca lograste suficiente. La vida te hizo crecer mucho más rápido, pero todavía no es demasiado tarde para volver a empezar.

No debes creer que ocuparte de ti mismo significa ser egoísta. Una persona así es aquella que impone sus deseos a otros por propio interés. Quien piensa en sí mismo antes de responder a las expectativas de los demás es una persona que se quiere. Quiérete más y recibirás más amor de los que te rodean.

El azúcar representa una forma de premio, afecto, dulzura y ternura. Es la manifestación del amor, según la metafísica. Actualmente, ¿estoy buscando el amor? ¿Lo estoy esperando del exterior? ¿Cómo azúcar para colmar esta carencia? Varias manifestaciones se vinculan a la hipoglicemia:

- Puede manifestarse porque doy tanto a los demás que ya no tengo nada para dar. Esto me revela la necesidad de empezar por amarme, por respetarme en mis necesidades. Dándome más, luego puedo dar más y amar a los demás. No puedo dar a los demás lo que no me doy a mí mismo.

- Puede también brotar cuando vivo una tensión o una presión interior excesiva sobre la cual pienso que no tengo control alguno.

- Procede de mis fuertes emociones, de una tristeza profunda, causándome angustia e incluso hostilidad frente a los demás. ¿Tengo yo esperanzas que aún están sin contestar (que no están satisfechas)?

- También puedo vivir un miedo intenso frente a algo o a alguien que me asquea y que prefiero evitar. Debo resistir con todas mis fuerzas para intentar evitar esta cosa que me repugna. Tanto puede ser un objeto, un gesto como una palabra dicha que me provocó un "asco".

- Una alergia alimentaria también puede ser la causa "física" de esta caída del azúcar sanguíneo. Por lo tanto debo realizar las comprobaciones físicas que se imponen y hallar a quién o a qué soy alérgico.

Acepto lo que me sucede. Decido hacer mi vida más alegre. Respondo a mis esperas.

Mi cuerpo es un sabio, un amigo fiel al cual soy receptivo.

Ver alergias, cerebro-equilibrio (pérdida), sangre-diabetes.

sangre
hipotensión

También llamada presión baja, la hipotensión es una disminución, por debajo de lo normal, de la tensión sanguínea. Se caracteriza por una tendencia a los síncopes, una mala vascularización de las extremidades y gran fatiga o tendencia a sufrir vértigos. Si la presión es baja pero no ocasiona ningún problema físico, es posible que sea la adecuada para dicha persona.

La persona que sufre de hipotensión suele ser del tipo que se desanima fácilmente y se siente derrotada por anticipado. Hace que su energía vital disminuya rápidamente porque no soporta el peso de los acontecimientos. Le falta valor y no quisiera hacerse responsable de su vida. Se da por vencida con mucha facilidad.

Sugerencias y Recomendaciones

El hecho de que tengas la presión baja indica que eres poco consciente de tu capacidad para dirigir tu vida. Escuchas demasiado tu propia actividad mental, la cual te hace creer que no eres bueno en nada y que estás derrotado antes de empezar. Sería interesante que tuvieras una meta, algo concreto a lo cual aspirar y a lo que te permitas llegar en el momento y el tiempo adecuado. El hecho de creer que no puedes hacer frente a cierta presión en la vida te impide realizar tus sueños.

sangre
leucemia

La leucemia es una enfermedad de la sangre que afecta sobre todo a los niños y a los ancianos. Sus síntomas son un aumento del número de glóbulos blancos, una disminución de los glóbulos rojos (que también causa anemia) y una disminución del número de plaquetas, que son las responsables de la coagulación sanguínea. Además, el bazo aumenta considerablemente de volumen.

Cuando proliferan mis glóbulos blancos de modo incontrolado, tengo lo que se llama el cáncer de la sangre o la leucemia. El cáncer de la sangre, es la alegría que no circula libremente en mi vida. Tengo odio hundido profundamente en mí. Me autodestruyo, rehúso luchar. Si soy un niño afectado de leucemia, es que siento una negación al renacer, estoy profundamente decepcionado por lo que veo en la tierra. Quiero volver a marchar, dejar este cuerpo. La leucemia aparece frecuentemente después de la pérdida de un ser amado (puede ser incluso un animal al cual amaba). Esta forma de cáncer está directamente vinculada con la expresión de amor en el interior de sí. También puede aparecer después de un acontecimiento para mí destacado, que me llevó a desvalorizarme. Esta desvalorización afectará mi ser entero y la viviré de un modo muy intenso y profundo. Tomemos el ejemplo de un niño joven a quien se rehúsa un sitio en el equipo de fútbol del pueblo o de su barrio. ¡Es un drama! Es como si la vida ya no tuviera ningún sentido y que no valiera "la pena" ser vivida. Puedo tener la sensación de que debo sobre - protegerme constantemente para lograr lo que quiero. Puedo haber vivido una frustración intensa y haber violentamente ahogado mis emociones. Si mi amor o mi deseo de vivir estuvo herido de un modo u otro, mi actitud para amar puede volverse desconfiada, confusa y alienada. Entonces, quiero aislarme de todos sentimientos.

Sugerencias y Recomendaciones

Debo aprender a ir con la vida en vez de contra ella. Tomo los medios adecuados para cambiar en mí la supervivencia por la vida. Así estaré en paz conmigo mismo y ya no sentiré la necesidad de defenderme en exceso. Ver problemas en los glóbulos, problemas en el bazo y cáncer.

Ver sangre-anemia y circulación sanguínea.

sangre
leucopenia

La leucopenia es la caída de glóbulos blancos, el desequilibrio de la sangre. Los glóbulos blancos se vuelven soldaditos que bajan las armas. Ya no tengo el valor de luchar. Puede ser una forma de huida que me obligó a evolucionar en el mismo orden, impidiéndome así experimentar nuevas cosas, para sentirme siempre en seguridad y maestro de la situación.

Sugerencias y Recomendaciones

Necesito cuidar de mí para rehacer mis fuerzas interiores y así, volver a tener más sabor a la vida con todo lo que esto comporta de excitante.

sangre
mononucleosis

La mononucleosis es una enfermedad de la primera juventud que se manifiesta muy a menudo como una amígdala inflamada y roja y ganglios inflamados en el cuello; se resiste al tratamiento con antibióticos debido a que es ocasionada por un virus. Se caracteriza por un aumento de los glóbulos blancos en la sangre.

La mononucleosis es una infección caracterizada por el aumento de los linfocitos que forman parte de los leucocitos o glóbulos blancos de la sangre. Se halla sobre todo en los adolescentes o en los jóvenes adultos. Se llama también la enfermedad del beso porque se puede transmitir por la saliva. Si soy adulto y que tengo esta enfermedad, intento ver lo que pudo afectarme, como si fuera un adolescente, o lo que esto me recuerda cuando estaba adolescente. Quiero vivir plenamente, siento un cambio en mi interior y tengo la sensación de deber luchar constantemente para lograr lo que quiero. Mi sistema de defensa se desarrolla para compensar los ataques y las limitaciones que tengo la sensación de recibir de la vida. Me siento solo frente a los obstáculos que se presentan frente a mí. Desarrollo una mononucleosis cuando me siento culpable frente a una situación o cuando quiero más permiso, cuando critico a la gente o la vida en general. La mononucleosis tiene un nexo con los problemas del bazo porque hay un aumento del volumen de éste.

Sugerencias y Recomendaciones

Debo hacer limpieza en mi vida y poner más amor hacía mí y hacía los demás. Vuelvo a tener valor y confianza en mí y, entonces, recobraré la energía y la alegría de vivir que me permitirán experimentar más amor.

Véase angina, problemas de los glóbulos, así como problemas en el bazo, ya que la mononucleosis tiene relación directa con éste. Si resultan afectados otros órganos, como el hígado, ver también esta palabra. La mononucleosis indica una resistencia enorme por parte de quien la padece. Le ayudaría ceder más. Esta enfermedad es común en los adolescentes que se enamoran muy rápidamente.

sangre
sangrar

Sangrar puede compararse a llorar, a una pérdida de alegría. Cuando sufro, corren las lágrimas, mi pena es tan intensa que es como si llorase sangre.

Sugerencias y Recomendaciones

¿A dónde va mi alegría de vivir? ¿Por qué esta pena, esta agresividad que me hace ver rojo? Tomo consciencia de la suerte que tengo de vivir y recobro la alegría. Me libero de toda mi tristeza y acepto recibir lo que me da la vida.

sangre
septicemia

La septicemia es una infección, generalmente grave, debida a la difusión masiva por todo el organismo de bacterias procedentes de un foco séptico (el cual produce la infección). Es una descarga repetida y prolongada, es una forma de envenenamiento de la sangre.

Es una infección grave (envenenamiento generalizado) de la sangre. Es lo que se llama quemarse la sangre o envenenarse la vida.

Sugerencias y Recomendaciones

Debería preguntarme "por quién o por qué me dejo envenenar la existencia". Decido aceptar que tengo la total responsabilidad de mis elecciones y tomo consciencia de las alegrías de la vida.

Véase problemas de la sangre y fiebre, agregando que la persona afectada por esta enfermedad vive una obsesión que la envenena. Recibe el mensaje de que es urgente realizar un procedimiento de perdón, como se describe en la sección de terapias.

sangre
trombosis

Una trombosis es la formación de un coágulo en un elemento del sistema circulatorio, ya sea una vena, una arteria o una cavidad cardiaca. Su gravedad está relacionada con las características del obstáculo creado por el coágulo.

La sangre circulando en mis venas representa la alegría de vivir. Una trombosis que se define por una formación de coágulos de sangre en una vena o arteria, provoca un bloqueo que impide la libre circulación de la sangre. Este estado demuestra que existe también un bloqueo en la liberación y en la circulación del amor. Sintiéndome solo, estoy apenado y tengo la sensación de que las dificultades a las cuales me enfrento son demasiado pesadas de llevar y que no soy capaz de superarlas. Pierdo mi alegría de vivir. Mi vida me parece estancada, me siento olvidado, abandonado e incomprendido. Tengo la sensación de ya no llevar amor en mí, me vuelvo inflexible; cada vez soy más firme en mi modo de actuar y pensar, lo cual provoca el endurecimiento de mis arterias. Esta manifestación alcanza todo mi cuerpo. Cuando aparece en mis piernas, me indica un temor a ir hacia delante, una tendencia a quedarme "fijado", sin movimiento. También puede significar la inseguridad que siento al ver apartarse un amor y ver cómo me aparto de este amor. Intentando así retenerlo, aumento las probabilidades de verlo morir.

Sugerencias y Recomendaciones

Me abro cada vez más a la vida y acepto los cambios como signos de mi evolución.

Véase problemas en las arterias, agregando que algún obstáculo que tienes ahora en tu vida está bloqueando tu alegría de vivir. ¿Se trata de una persona o de una situación? Eres el único que permitió que ese obstáculo se alojara en ti. No puedes culparlo a él; lo que debes hacer es modificar tu percepción interior.

Ver sangre-circulación sanguínea.

sangre
varices

Las varices son causadas por una dilatación excesiva y permanente de una o varias venas, acompañada de una alteración de la pared del vaso sanguíneo.

La persona que padece de várices es aquella que desea darse más libertad y tiempo libre, pero no sabe cómo hacerlo. Es del tipo que se hace cargo de muchas labores aunque le resulten pesadas y penosas, a causa de que exagera la importancia de sus preocupaciones. Al mismo tiempo le resulta difícil realizarlas con alegría. Puede ser una persona que se obliga a permanecer en una situación que odia. Por otro lado, observa la parte del cuerpo afectada por las várices para saber dónde se sitúa el problema.

Las varices se sitúan habitualmente en las piernas. Son el resultado de venas hipertrofiadas. Mis piernas me permiten andar por la vida, desplazarme de un lugar a otro. Varices en las piernas demuestran una mala circulación. Así, puedo concluir que el lugar en el cual estoy ya no me conviene o que no me gusta lo que realizo actualmente. Ya no le encuentro alegría. Puede tratarse de una relación afectiva o incluso de un trabajo que se me ha hecho monótono. La sangre representa la alegría de vivir y la circulación del amor en mi Universo y mis venas son el medio de locomoción. La sangre en mis venas está en el camino de vuelta hacia el corazón, llevando con ella todo el amor que recibió del Universo. La varicosidad puede indicar que un profundo conflicto emocional está directamente vinculado a la capacidad de amarme y de recibir todo este amor. La dirección que tomo o el suelo en que estoy no me dan lo que estoy esperando, en el sentido emocional. Esto bloquea y alborota mi "movimiento emocional". Tengo la sensación de arrastrar un peso enorme, como el preso que debe arrastrar constantemente su peso. Frecuentemente se trata de un peso financiero, el dinero causándome muchos dolores de cabeza y acechándome la avaricia. En general, tengo más la impresión de subir situaciones que de crearlas. Varices en las piernas aparecen frecuentemente durante un embarazo, lo cual demuestra que ciertos temores están vinculados a este estado; como mujer embarazada, tengo miedo de compartir este amor con otra persona, perder mi individualidad en mi nuevo papel de madre. Me siento desbordado y tengo miedo de no realizarlo todo porque tengo tendencia a aumentar los pequeños detalles. Entonces puede producirse el desánimo.

Sugerencias y Recomendaciones

Cuanto mayor sea la sensación de pesadez que te aportan las várices, más fuerte es el mensaje que recibes de que la vida te parece pesada y penosa. Es momento de saber que no necesitas estar dirigido por los "tienes que". Puedes permitirte un descanso temporal sin creer que, por ello, no eres una buena persona. La vocecita que siempre te empuja a hacer más o a hacerlo mejor, no es la voz de tu corazón. Deja que éste te dirija; él conoce mejor tus necesidades. Elige lo que quieres y lo que amas.

Para restablecer esta situación, es importante que aprenda a amar lo que hago. Soy libre de elegir y circular libremente.

SARAMPIÓN

El sarampión es una enfermedad infecciosa aguda, que pertenece al grupo de las fiebres eruptivas y se desarrolla en cuatro fases bien definidas:

1) La incubación, aproximadamente durante 10 días.

2) La invasión (fiebre, rinitis, tos y pequeñas manchas en el exterior de las mejillas).

3) La erupción, que comienza en la cabeza y desciende gradualmente al resto del cuerpo.

4) La convalecencia (desaparece la erupción y se descama la piel).

Véase enfermedades infantiles, problemas de la piel y fiebre.

SARCOMA DE EWING
Ver huesos-cáncer.

SARNA

La sarna es una afección benigna pero muy contagiosa de la piel, que se transmite por contacto directo. Si no se trata pueden presentarse infecciones y formarse eccemas. Véase problemas de la piel, agregando que la persona que tiene este problema dérmico se deja afectar muy fácilmente por los demás. Al menor motivo siente los nervios a flor de piel. Debido a que la sarna provoca un deseo irresistible de rascarse,

Escabiosis. Enfermedad de la piel causada por el ácaro parásito "Sarcoptes scabiei". Produce dermatosis. Pensamientos infectados. Permitir que otras personas nos acaparen el pensamiento.

Sugerencias y Recomendaciones

NUEVO MODELO MENTAL: "Yo soy la expresión viva, amorosa y dichosa de la vida. Yo soy mi propia persona".

Véase también comezón.

SARPULLIDOS

Irritación por los retrasos.
Forma pueril de llamar la atención.

Sugerencias y Recomendaciones

NUEVO MODELO MENTAL: "Me amo y me apruebo. Estoy en paz con el proceso de la vida".

SARRO DENTAL

Véase problemas en los dientes, agregando que esta persona anda de cabeza y que se está complicando la vida.

Sugerencias y Recomendaciones

Véase problemas en los dientes, agregando que esta persona anda de cabeza y que se está complicando la vida.

SCHEUERMANN

Esta enfermedad es una epifisitis dolorosa bastante frecuente en el adolescente. Se manifiesta por dolores dorsales y lumbares y una deformación que aparece después de algunos meses de evolución; la espalda se arquea, se curva y se redondea hacia el exterior. Además, se observa una rigidez anormal. Véase problemas en la espalda, agregando que la persona enferma intenta ponerse erecta porque tiene la impresión de que lleva a una o varias personas sobre su espalda.

Sugerencias y Recomendaciones

Le ayudaría afirmarse más y reconocer que los demás no sólo no están sobre su espalda, sino que él mismo es quien los deja que se le echen encima.

SCHÜLLER

Esta enfermedad consiste en una osteoporosis circunscrita al cráneo. Se manifiesta por dolores craneales muy acentuados y dificultad para mover la cabeza.

Véase también problemas en los huesos y dolor de cabeza.

SED

La sed es un fenómeno natural que me lleva a restablecer el equilibrio de sustancias como la sal, el azúcar, entre otras, en mi sistema sanguíneo. Cuando tengo sed exagerada, mis pensamientos son confusos, mi corazón late aceleradamente, ya no consigo ver claro, mi garganta se seca y tengo sed. Algo falta a mi felicidad. Beber. Durante un corto instante, disminuye mi sed, pero vuelve rápido porque viene de mi mental. Por lo tanto, debo descubrir su causa: ¿qué es lo que me molesta en la vida? ¿Me parece aburrido mi trabajo? ¿Cuál pensamiento o cuál miedo seca mi boca o mi mente? Cuando lo haya encontrado, esta sed aparentemente insaciable estará controlada. Las especias fuertes son conocidas por aumentar el deseo sexual. Utilizado adecuadamente, este excitante puede permitir eliminar la sed. En cambio, una relación sexual insatisfactoria tendrá por efecto el aumentar la sed, el añadir al sentimiento de carencia. Para colmar esta carencia, este deseo de beber representa mi necesidad de vida, ya que el agua representa la vida.

Sugerencias y Recomendaciones

Me abro más a la vida y al amor para encontrar por fin la situación que "apagará mi sed".

Ver insolación, riñones-problemas renales, sangre-diabetes.

SENILIDAD

La senilidad es un debilitamiento progresivo de la actividad física y psíquica que se observa en el transcurso de la vejez, pero también en caso de una actividad demasiado intensa o prolongada. Con la senilidad las funciones sensoriales, de relación e intelectuales se ven gravemente afectadas.

Este estado se presenta en la persona ya mayor, que quiere que la colmen de atenciones, que se ocupen de ella porque no acepta la falta de atención que sufrió en su infancia. Es una persona que careció, y todavía carece, de afecto.

Cuando las facultades físicas y psíquicas están afectadas cuando soy una persona mayor, se habla de senilidad. La senilidad es una enfermedad que se puede relacionar con la huida. Volviendo a la infancia, vuelvo a la seguridad que me trae. Elijo así dejar que los demás se cuiden de mí, quiero que se encarguen de mí.

Sugerencias y Recomendaciones

Si tienes que cuidar a una persona senil, debes hacerlo con amor y aceptación. De otro modo, la situación puede volverse tan desagradable que todos saldréis perdiendo. Por otro lado, puedes explicarle que no tiene que enfermarse tanto para recibir atención. Podría encontrar otros medios menos dolorosos para lograrlo. Puedes ofrecerle ayuda para que encuentre esos medios. Si tiene la seguridad de seguir recibiendo mimos sin comportarse senilmente, la persona tiene muchas posibilidades de mejorar.

También le ayudaría perdonar a sus padres por la falta de cuidados o de afecto que sufrió durante su niñez, aceptando que ellos mismos recibieron muy poco y que nadie puede dar lo que no tiene. Después, perdonarse por haber sentido rencor hacia ellos y darse el derecho de buscar mimos en este momento.

Si estoy afectado de senilidad, debo tomar consciencia de que no es necesario huir. Si quiero cosechar esta atención tan deseada, debo sembrarla yo mismo. Beneficio de la protección divina, vivo en paz y en total seguridad. En cada momento de mi vida, tomo consciencia de la fuerza del Universo.

SENO PILONIDAL

El seno pilonidal es una infección de mi sistema velloso al nivel del músculo próximo al coxis, en la base de la columna vertebral. Vivo frustración, irritación o rebelión frente a una situación en la cual veo mis necesidades de base en peligro, al no poder éstas estar colmadas como lo deseo. Este estado de "carencia" puede recordarme una situación de mi joven infancia, la cual puede incluso fechar de la época en que era un feto y en la cual, entonces también, tuve la sensación de que carecía de algo o de alguien que era para mí, en aquel período, vital. Puede tratarse de un elemento físico como por ejemplo un lugar cálido en el cual morar, vestidos cómodos; también puede esto estar vinculado al plano afectivo, como por ejemplo, el amor y la ternura de mis padres.

Sugerencias y Recomendaciones

Cualquiera que sea la situación, es importante que pida al Universo ayudarme para que estén colmadas todas mis necesidades de base y que le haga totalmente confianza. Debo aceptar también el haber vivido una situación de carencia cuando estaba más joven, pero que existió para aprenderme a desarrollar la fe y para ayudarme a apreciar ahora todo lo que poseía y poseo hoy y de lo cual debería tomar consciencia.

Ver espalda-dolores, parte inferior de la espalda, infecciones.

SENOS

Los senos son los órganos que resguardan a las glándulas responsables de la secreción láctea. Los problemas más comunes en los senos son los dolores, endurecimiento, mastitis, mastosis, quistes, tumores y cáncer.

Los senos son un lazo directo con nuestra manera de amamantar, ya sea a nuestros hijos, nuestra familia, nuestro cónyuge o al mundo en general. Tener un problema en un seno, tanto en el hombre como en la mujer, se relaciona con un sentimiento de inseguridad con respecto a nutrir bien o proteger a aquellos que uno amamanta. Amamantar significa que se sigue tratando al otro como si fuera un niño dependiente de su madre. Es posible que la persona con un problema en el seno sea del tipo que se esfuerza por mantener una apariencia maternal, por ser un buen padre, o que se preocupa demasiado por los que ama en detrimento de sus propias necesidades. Así, de manera inconsciente, está resentida con ellos porque no tiene tiempo para sí misma a causa de sus numerosas demandas. Suele ser una persona muy controladora en su manera de amamantar a los demás.

Este tipo de problema puede también significar que la persona se exige demasiado, que se cuida hasta el punto de ser excesivamente prudente. Para una persona diestra, el seno derecho está relacionado con el cónyuge, su familia u otras personas cercanas a ella. Su seno izquierdo se relaciona más con su hijo (o incluso con su niño interior). Para un zurdo es a la inversa.

Si una mujer tiene un problema en los senos de orden estrictamente estético, recibe el mensaje de que se preocupa demasiado por su imagen como madre.

Debe darse el derecho de ser el tipo de madre que es y aceptar sus límites.

Sugerencias y Recomendaciones

Al vivir un problema relacionado con tu forma de ser madre o de amamantar, recibes el mensaje de perdonar a tu propia madre. Si tu manera de amamantar te ocasiona problemas, es fácil concluir que la manera en que lo hizo tu madre seguramente te causó problemas. En lugar de esforzarte o quejarte por lo que vives, debes darte cuenta de que no viniste a la Tierra para proteger y alimentar a todos los que amas.

Si te piden ayuda y está dentro de tus posibilidades, debes darla sin ir más allá de tus límites, es decir, respetándote a ti mismo; no dudes en amamantar, pero hazlo con amor, alegría y placer. Si no puedes o no quieres ayudar, reconócelo y concédete el derecho de no hacerlo por el momento. Tus límites actuales no serán necesariamente los mismos toda tu vida. Tu sentido del deber es demasiado grande, te exiges demasiado. Debes aprender a ceder ante tus seres queridos. El hecho de que se vuelvan autónomos no significa que te los arrancan del seno. El amor maternal puede permanecer sin que te sientas obligado a amamantar de manera continuada.

Ver pechos.

SENOS NASALES

CONFLICTO de miedo. Sensación de peligro. Miedo frontal y olfativo.

CONFLICTO de "apestar".

Miedo a una amenaza a sabiendas o no, vaga, disimulada, latente: "Algo me huele mal, sin poder entender o prever".

Amenaza en el aire. Adaptarse a una nueva atmósfera. Miedo o aprensión por alguien que está a nuestro lado.

"Algo huele mal". Los Senos se inflaman cuando hay una sensación de peligro. Ejemplo: Huelo el peligro y puedo llegar a tener una sinusitis. Eso me huele mal y puedo tener un resfriado.

Sugerencias y Recomendaciones

NUEVO MODELO MENTAL: "Me amo y me apruebo, no estoy solo, la vida entera me apoya y me sostiene. Soy libre y capaz de cualquier cosa que me proponga, decido vivir sin culpa. Doy y recibo amor por donde quiera que vaya. Fluyo con facilidad por la vida y acepto con alegría cuantas situaciones se plantean. Confío en la vida. Todo es perfecto en mi mundo".

SEPTICEMIA
Ver sangre-septicemia.

SIDA

El SIDA, o Síndrome de Inmunodeficiencia Adquirida, presenta los síntomas de 25 enfermedades distintas. Es importante saber que la Seropositividad no es el SIDA. Una persona seropositiva es aquella cuya prueba sanguínea indica la presencia del anticuerpo VIH. Se dice que el 99% de los seropositivos no presentan ninguno de los síntomas del SIDA.

El SIDA tiene relación directa con el amor a sí mismo. Esta enfermedad se manifiesta en la persona que no se ama y que, sobre todo, no acepta su sexo (hubiera preferido nacer con el sexo contrario). Esta enfermedad se presenta en los heterosexuales y los homosexuales. Muchos creen que es una enfermedad sexual, pero en realidad se trata de una enfermedad que afecta a quienes, al no amarse a sí mismos, son dados a compensar esa falta de amor en el nivel sexual para así hacerse la ilusión de que son amados, de sentirse aceptados por los demás. Se vuelven muy dependientes. Estas personas se desvalorizan al sentirse culpables y decepcionadas de sí mismas. Se desilusionan a menudo. La enfermedad se convierte en una forma de castigarse y así esperan neutralizar su culpabilidad. Se castigan bloqueándose en sus relaciones sexuales, el recurso más utilizado para sentirse amadas.

Si llevo el virus del sida (V.I.H.: virus de inmunodeficiencia humana) y que estoy en buena salud, se dirá simplemente que soy seropositivo y puede que nunca desarrolle la enfermedad. Si mi sistema inmunitario se debilita como consecuencia del virus V.I.H., entonces podré decir que tengo el sida que es la enfermedad. Si soy una persona afectada, veo como mi sistema inmunitario se vuelve deficiente en células - T (linfocitos o variedades de glóbulos blancos de la sangre y de la linfa), volviéndose así incapaz de protegerme contra ciertas infecciones como la neumonía y el cáncer. El virus del sida se transmite por la sangre (sangre contaminada durante una transfusión sanguínea, jeringuilla infectada, herida en contacto con sangre infectada, etc.) o el líquido sexual. La glándula del timo (situada delante de la tráquea), estando ahí en donde se forman las células en T, está así afectada y, por el mismo hecho, la energía del corazón también lo es. La glándula del timo (situada delante de la tráquea) estando ahí en donde se forman las células - T, está así afectada y, por el mismo hecho, la energía del corazón lo está también. El sistema líquido del cuerpo, que es la sede de la transferencia viral, corresponde a la energía emocional, es decir la sangre. La sangre vinculada al corazón simboliza el amor y las penas, la creatividad. Así, puedo decir que mi sistema emocional está en desequilibrio e incapaz de expresarse libremente. Vivo una gran culpabilidad frente al amor, tengo la sensación de no estar a la altura. Mi sistema se vuelve débil y vulnerable a todas formas de invasión. Tendría interés en tomar consciencia que reprimo emociones como el miedo y la ira, que reniego del ser que soy hasta el punto de desear mi destrucción total. De mi incapacidad a amarme y a aceptarme tal como soy, resulta que ya no consigo protegerme. Mi fuerza interior que, normalmente, está apoyada por el amor, la aceptación y un deseo intenso de vivir, se debilita y se desmorona lentamente. Incluso inconscientemente, la muerte puede aparecerme como la solución a mi desesperación. Vivir una experiencia sexual puede mostrarse muy revelador emocionalmente. Incluso espiritualmente, esto puede llevarme a vivir acontecimientos benéficos tan pronto como brota la energía sexual desde el chakra de base (uno de los siete principales centros energéticos del cuerpo situado en el coxis, en la base de la columna vertebral) que es la fuente de mi impulso espiritual. En cambio, si esta energía está mal utilizada, es decir como autogratificación y complacencia, puede girarse en contra mía. Sin una sincera manifestación de pureza, podrá transformarse en energía enfermiza o molesta.

Desvalorización con relación a la familia (real o simbólica).

"No merezco pertenecer a esta familia". "Soy una carga para mi familia".

Amor y sexo deben ir juntos, tienen que estar en equilibrio, sino no es posible alcanzar la unidad. Disociación entre amor y sexualidad. El amor no vivido, pasa al subconsciente, y a la larga se manifiesta en el cuerpo en forma de destrucción de las defensas del organismo. Amor es apertura, vulnerabilidad, entrega, unión. Amor no vivido en el plano espiritual, se vive en el plano físico, con una aniquilación de las defensas físicas.

Frecuentemente relacionado con una gran decepción y una gran culpabilidad frente al amor y a la sexualidad.

Sensación de indefensión y desesperanza. «Nadie me quiere.» Firme convicción de no valer. Negación de uno mismo. Sentimiento de culpa por la sexualidad.

Sugerencias y Recomendaciones

Si quieres dejar de creer que no mereces vivir, esta enfermedad no es mortal. Acepta la idea de que cada decepción vivida, y que crees injusta, es causada por el exceso de expectativas de ser amado por los demás. Quieres ser amado porque no crees en tu valor, en el ser extraordinario que ERES.

Tu cuerpo te envía el mensaje urgente de que comiences a amarte cómo eres, con tu gran corazón lleno de amor. De hecho, es notable constatar que las personas con SIDA suelen tener un corazón tan grande que pueden amar a todo el mundo sin problemas. Sólo tienes que volver a establecer contacto con ese gran corazón que habita en ti y utilizarlo para amarte tal y como eres, con el sexo que elegiste antes de nacer. En lo más profundo de tu alma, una razón importante y superior te hizo elegir ese sexo para esta encarnación. Aun cuando tu elección no les haya hecho gracia a algunas personas (por ejemplo, a tus padres), no les queda otro remedio que aceptar que ellos también tienen una lección que aprender, la experiencia de vivir en el amor con tu elección. Lo importante para ti es observar tu propia evolución y crecer en el amor, la única razón de ser de todos los seres humanos en esta Tierra.

Aprendo pues a reconocer las energías que están en mí y las uso para lo mejor de mi evolución. Acepto quien soy, un ser divino y magnífico.

NUEVO MODELO MENTAL: "Formo parte del Plan Universal. Soy importante y soy amado por la Vida misma. Soy poderoso y capaz. Me amo y me apruebo totalmente".

SÍFILIS

Enfermedad infecciosa crónica causada por una bacteria y transmitida comúnmente por contacto sexual.

Entrega del poder y la eficacia.

Sugerencias y Recomendaciones

NUEVO MODELO MENTAL: "Decido ser yo mismo. Me apruebo tal como soy".

Véase enfermedades venéreas.

SIGMOIDE

Es la cuarta sección y se llama así por la forma de S. El colon sigmoide se une al recto, y este desemboca al canal anal.

Sufrir una "marranada", algo vil, asqueroso, denigrante.

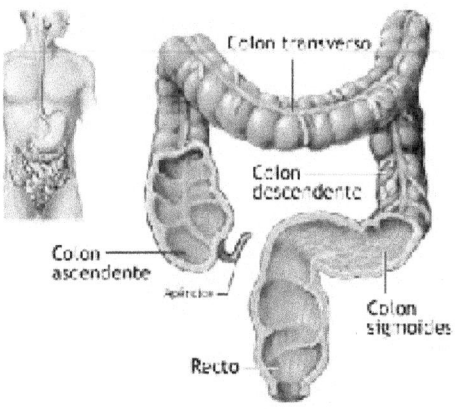

Sugerencias y Recomendaciones

NUEVO MODELO MENTAL: "Me amo y me apruebo, no estoy solo, la vida entera me apoya y me sostiene. Soy libre y capaz de cualquier cosa que me proponga, decido vivir sin culpa. Doy y recibo amor por donde quiera que vaya. Fluyo con facilidad por la vida y acepto con alegría cuantas situaciones se plantean. Confío en la vida. Todo es perfecto en mi mundo".

SILICOSIS

La silicosis es una afección pulmonar debida a la inhalación repetida de polvo de sílice. La gravedad de este padecimiento consiste en el hecho de que sigue evolucionando, incluso después de que el enfermo deje de estar expuesto a dicho polvo. Véase problemas en los pulmones, agregando que el mensaje se relaciona directamente con la forma de pensar de esta persona con respecto a su trabajo. Es interesante constatar que no todos los trabajadores expuestos al mismo tipo de polvo contraen la enfermedad.

Sugerencias y Recomendaciones

El ego del ser humano siempre necesita un agente físico que le permita acusar a alguien o a algo de ser la causa de su enfermedad. Este es un buen ejemplo de una causa que parece ser solamente física, ya que la responsabilidad de la sílice ha sido establecida con certeza. El ser humano debe mantener la prudencia y no dejarse convencer por su ego ni por las apariencias físicas.

SIMPATICOTONÍA

Síntomas generales:

Nivel psíquico: estados nerviosos, frágiles, como obnubilados. Pensamientos obsesivos. Ritmo diurno permanente.

Nivel vegetativo: pérdida de peso, pérdida de apetito, vasoconstricción, manos frías y pies fríos. Insomnio, despertares frecuentes y puede haber hipertensión arterial.

Nivel del cerebro: encontramos las dianas de Hamer.

Nivel del cuerpo: existe un órgano que es el más afectado. Primero todo el cuerpo estará en simpaticotonía, después será el órgano en cuestión el que seguirá en simpaticotonía.

Sugerencias y Recomendaciones

NUEVO MODELO MENTAL: "Me amo y me apruebo, no estoy solo, la vida entera me apoya y me sostiene. Soy libre y capaz de cualquier cosa que me proponga, decido vivir sin culpa. Doy y recibo amor por donde quiera que vaya. Fluyo con facilidad por la vida y acepto con alegría cuantas situaciones se plantean. Confío en la vida. Todo es perfecto en mi mundo".

SÍNCOPE
Ver desmayo

SÍNDROME DE BURNETT

Al síndrome de Burnett se le denomina el síndrome de los bebedores de leche. Tu sangre es demasiado alcalina y puedes tener insuficiencia renal.

Normalmente, tomas leche en grandes cantidades (excesivo) durante un largo período de tiempo o bien tienes un alto consumo de medicamentos antiácidos o de alcalinos.

Intentas colmar un vacío interior procedente del amor materno.

El estado de cansancio y apatía te recuerda hasta qué punto esta necesidad era importante para ti.

Esto no quiere decir que hayas tenido una madre que no te quería, sino que simplemente no te sentiste colmado (tenías una necesidad mayor de amor).

Puede también que halles amargura en tu vida, e intentes ponerle remedio acudiendo al recuerdo más dulce de tu vida, la infancia y el amor de tu madre.

Sugerencias y Recomendaciones

En tus manos está empezar a "cuidar" de ti, como lo haría una madre. Acepta las dulzuras de la vida sabiendo que eres una persona excepcional que merece lo mejor (sin excepción, ni condiciones).

Ver bebedores de leche-síndrome.

SÍNDROME DE CUSHING

El síndrome de Cushing, también conocido como hipercortisolismo, es una enfermedad provocada por el aumento de la hormona cortisol. Este exceso de cortisol puede estar provocado por diversas causas. La más común, que afecta a un 60-70 % de los pacientes, es un adenoma en la hipófisis; esta forma del síndrome es conocida concretamente como enfermedad de Cushing. Otras causas del síndrome de Cushing son los tumores o anomalías en las glándulas suprarrenales, el uso crónico de glucocorticoides o la producción de ACTH por parte de tumores que normalmente no la producen (secreción ectópica de ACTH). La ACTH es la hormona, producida por la hipófisis, que estimula las glándulas suprarrenales para que produzcan cortisol. Este trastorno fue descrito por el médico neurocirujano estadounidense Harvey Cushing, quien lo reportó en 1932.

Ver cushing-síndrome.

SÍNDROME DE LAS UÑAS AMARILLAS

Ver uñas amarillas.

SÍNDROME DE MENIERE

El síndrome de Ménière es una enfermedad que afecta al oído interno, de causa desconocida, caracterizada principalmente por vértigo, que suele manifestarse acompañada de acúfenos o tinitus (zumbidos en los oídos), hipoacusia y náuseas, siendo el acúfeno o tinitus y la hipoacusia previos al vértigo. Las crisis vertiginosas aparecen casi siempre en episodios repentinos que pueden durar incluso horas; sin embargo, el acúfeno y la sensación de mareo pueden permanecer días en quienes padecen esta enfermedad. En ocasiones, debido a la similitud de síntomas, periodos y crisis de ansiedad son diagnosticados, por error, como Síndrome de Ménière.

CONFLICTOS:

- De separación. No recibir suficientes buenas palabras, explicaciones o silencio.

- De agresión, no querer oír, poner un muro de silencio, esconderse dentro del caparazón.

- De territorio, no soportar haber perdido el territorio u oír como el rival penetra en el territorio.

"Aparto el ruido externo para ir al interior". "No me gusta escuchar lo que llega a mis oídos". "No soporto escuchar cosas desagradables".

Hay que tener en cuenta el conflicto de acúfenos y vértigos.

Equilibrio: pensamiento disperso.

Sugerencias y Recomendaciones

Véase problemas en los oídos, así como vértigo, tomando en cuenta que el mensaje del síndrome de Ménière es importante y urgente, y que la persona afectada siente una gran culpabilidad sin fundamentos. Es posible que también existan temores como los causados por la agorafobia.

NUEVO MODELO MENTAL: "Me centro en la seguridad y acepto la perfección de mi vida. Todo está bien".

Se recomienda ir al médico para revisarse la vista, el oído y la tensión arterial.

CROMOTERAPIA: color curativo azul añil.

TRATAMIENTO: inicie el masaje en el área del hígado, riñones, el bazo, la pituitaria y la zona del cuello, así como el tiroides, el timo, el sistema nervioso, la vesícula y las glándulas suprarrenales. El tratamiento fundamental consiste en aplicar masaje a todos los puntos que corresponden a los nervios de los oídos y los ojos.

SÍNDROME DE RAYNAUD

En medicina, el fenómeno de Raynaud es un desorden vasoespástico que causa la decoloración de los dedos de las manos y pies, y ocasionalmente de otras áreas. Esta condición puede también causar que las uñas se pongan quebradizas longitudinalmente. Recibe su nombre del médico francés Maurice Raynaud (1814–1881), se cree que el fenómeno es el resultado de vasoespasmos que reducen el suministro de sangre a la respectiva región. El estrés y el frío son disparadores del fenómeno.

CONFLICTO de desvalorización. Pérdida de territorio, tocar, retener, tomar, atrapar. Guardar la sangre fría. A menudo conflicto de pericardio (miedo por el aparato cardiovascular). Pérdida de territorio con tonalidad de miedo.

"No puedo hacer pasar la información destinada a hacer circular la sangre oxigenada (no puedo ser competente, eficaz)". Soy incapaz de hacer algo.

Sugerencias y Recomendaciones

NUEVO MODELO MENTAL: "Me amo y me apruebo, no estoy solo, la vida entera me apoya y me sostiene. Soy libre y capaz de cualquier cosa que me proponga, decido vivir sin culpa. Doy y recibo amor por donde quiera que vaya. Fluyo con facilidad por la vida y acepto con alegría cuantas situaciones se plantean. Confío en la vida. Todo es perfecto en mi mundo".

SÍNDROME DE RENAUD
Ver esclerodermia.

SÍNDROME DE SOBRE-UTILIZACIÓN

El síndrome de sobre-utilización es una enfermedad encontrada principalmente en los músicos. Se caracteriza por la inflamación de los tendones de los dedos, muñeca, codos o a veces los hombros o el cuello. Pueden producirse dolores de espalda. Se dice que las "posiciones obligadas" pueden provocar que hasta el 53% de los músicos de orquestas sinfónicas padezcan de dolores de espalda. Como músico, frecuentemente estoy confinado en espacios restringidos, disfrutando de una comodidad poco adaptada al empleo. Puede que las largas horas de práctica me conduzcan a pensar que el trabajo es una carga muy pesada cuando tengo los hombros afectados. La inseguridad del empleo y la competición feroz en este ambiente me hacen vivir grandes miedos y no me siento lo bastante sostenido; de aquí proceden mis dolores de hombros.

Sugerencias y Recomendaciones

Debo mantenerme flexible y armonizar mi energía mental y espiritual cuando están afectados mis tendones. Cada parte del cuerpo me manda un mensaje apropiado en lo que vivo. Por más que esto "pueda parecer" estar relacionado con mi profesión de músico, no hay casualidad. Identifico la parte relacionada para hacer la toma de consciencia que me ayudará a sentirme mejor en lo que hago.

Ver espalda-dolores, inflamación.

SÍNDROME DEL ANIVERSARIO

En la fecha señalada de los fantasmas (no dichos) se repite el acontecimiento de forma parecida más o menos real.

Ejemplo: La hija de Myriam sufre un accidente y queda empalada y la barra le ha pasado entre el recto y el himen. Más tarde descubre que su madre fue violada por dos hombres a la edad exacta en la que ella tuvo el accidente. Eso era algo que nunca había contado a nadie.

Sugerencias y Recomendaciones

NUEVO MODELO MENTAL: "Me amo y me apruebo, no estoy solo, la vida entera me apoya y me sostiene. Soy libre y capaz de cualquier cosa que me proponga, decido vivir sin culpa. Doy y recibo amor por donde quiera que vaya. Fluyo con facilidad por la vida y acepto con alegría cuantas situaciones se plantean. Confió en la vida. Todo es perfecto en mi mundo".

SÍNDROME PREMENSTRUAL

Que ha llegado a adquirir proporciones epidémicas, coincide con el incremento de cierta clase de anuncios en los medios de comunicación. Me refiero a los que nos acosan continuamente con la idea de que al cuerpo femenino hay que lavarlo, limpiarlo, desodorizarlo, ungirlo de cremas, empolvarlo, perfumarlo y volverlo a limpiar de mil maneras para que llegue a ser por lo menos aceptable. Al mismo tiempo que las mujeres van llegando a un status de igualdad, se las bombardea negativamente con la idea de que los procesos fisiológicos femeninos no llegan a ser del todo aceptables. Esto, unido a las enormes cantidades de azúcar que se consumen en la actualidad, crea un terreno fértil para la proliferación del síndrome premenstrual.

Sugerencias y Recomendaciones

Los procesos femeninos son normales y naturales, y como tales debemos aceptarlos. Nuestro cuerpo es bello y maravilloso.

SINUSITIS
Ver nariz-sinusitis.

SINUSITIS EN EL BEBÉ

Contacto del seno materno en la cara, separación del pecho de mamá. O un niño que ha sido forzado a mamar ("el pecho no es bueno").

Sinusitis = Ano (Temas sexuales sucios).

Irritación contra una persona muy íntima.

Sugerencias y Recomendaciones

NUEVO MODELO MENTAL: "Declaro la paz y armonía en mi interior y a mi alrededor".

La sinusitis es una infección que puede presentarse en forma suave o extrema. Para rebajar las mucosas del organismo, elimine los productos lácteos de su dieta, incluyendo la mantequilla, el queso y también los huevos.

CROMOTERAPIA: color curativo azul.

TRATAMIENTO: inicie con un masaje en los pulgares, correspondientes a los senos nasales y continúe por las yemas de los restantes. Presione a todo lo largo la zona debajo de los dedos. Trabaje también la zona del hígado, los riñones y el colon para purificar el organismo.

SISTEMA DIGESTIVO

El sistema digestivo entero es familia.

Se forma en un tubo intestinal primitivo, allí se forma una parte (la faringe) desde donde se forman todas las partes superiores (laringe, boca...), el intestino anterior (esófago, estómago, hígado, páncreas y dos porciones del duodeno). En el intestino medio hay el apéndice, el colon ascendente, transversal, Terminal y el duodeno. Intestino posterior está el colon descendente, el sigmoideo, el recto, el ano, el sistema urinario y el sistema genital.

Podemos imaginar el sistema digestivo como un gusano. En un principio no tiene forma y a medida que evolucionamos va haciéndose las partes.

El estómago desciende cuando nos ponemos de pié, entonces se forma el resto del esófago, por eso decimos que los dos tercios inferiores son tercera etapa.

El sistema digestivo:

- En la boca: no ser capaz de atrapar o escupir el pedazo.

- En la faringe/laringe: no ser capaz de "tragar" el pedazo.

- En el estómago: no soy capaz de digerir el pedazo.

- En el intestino: no soy capaz de asimilar el pedazo.

- Al final: no soy capaz de deshacerme del pedazo.

Hay una necesidad de aceptar el mundo exterior. En esta etapa, no hay ninguna reflexión. Es supervivencia. No hay vida social, ni consciencia, ni emoción. Es la parte más ancestral, como el cocodrilo, él atrapa porque necesita sobrevivir.

Atrapar el trozo en el ser humano, puede ser real, o simbólico: "Atrapar una pareja, un coche, un trabajo…" Todo lo que "Debo atrapar eso, si no, creo que me voy a morir".

El objetivo a nivel simbólico representa el mundo exterior que queremos asimilar. Agarro algo del mundo exterior y lo integro en mí.

ACTITUD NEGATIVA COMÚN: "Yo he tenido miedo no he confiado en el proceso de la vida. Mis decretos han sido erróneos".

Sugerencias y Recomendaciones

ACTITUD POSITIVA A ADOPTAR : "Yo soy nutrido pro el universo y la vida fluye a través mío dándome paz y armonía total".

SISTEMA INMUNITARIO

El sistema inmunitario protege al cuerpo de sustancias potencialmente dañinas. La respuesta inflamatoria o inflamación es parte de la inmunidad innata.

Ésta ocurre cuando las bacterias, el trauma, las toxinas, el calor o cualquier otro factor lesionan los tejidos.

La defensa de mi organismo está asegurada por un sistema de autoprotección, el cual es esencial para protegerme de las agresiones que vienen del exterior como las bacterias, los virus, los hongos microscópicos y todos los demás problemas potenciales. Sin el funcionamiento total y completo de este sistema, es la muerte. Está en relación directa con mis estados emocionales y un profundo dolor en mi existencia puede reducir su fuerza de modo dramático. Las células inmunes se desarrollan al principio en la médula ósea y las que se volverán células-T están transportadas, a su madurez, hasta la glándula timo situada cerca del corazón. Su localización en relación al corazón me hace tomar mejor consciencia de la relación cuerpo-espíritu que existe. El sistema inmunitario responde a los sentimientos y al conjunto de mis pensamientos, sean éstos positivos o negativos. Así, todos mis pensamientos de ira, amargura, odio y resentimiento tendrán tendencia a debilitar mi sistema inmunitario. Por otro lado, todos los pensamientos de amor, armonía, belleza y paz interior tendrán tendencia a reforzar mi sistema inmunitario. El timo es la glándula endocrina que está asociada al chakra (centro de energía) del corazón.

Sugerencias y Recomendaciones

Por lo tanto, cuando mi sistema inmunitario está afectado, mi necesidad de amor es también muy grande. Mi mismo cerebro está muy vinculado a mi sistema inmunitario y ciertos estados mentales tendrán un poderoso efecto pudiendo afectar el funcionamiento de mi sistema.

Ver SIDA.

SISTEMA LINFÁTICO

El sistema linfático está compuesto de ganglios y vasos que transportan la linfa hasta la corriente sanguínea. Juega un papel importante en el funcionamiento del sistema inmunitario. El sistema linfático es, en cierto modo, en paralelo con el sistema sanguíneo. Está vinculado más directamente al lado emocional, afectivo de mí mismo. Si mi sistema nervioso está vinculado más directamente a mis pensamientos con mi cuerpo energético o astral, mi sistema linfático está relacionado más directamente con el lado afectivo de mi cuerpo energético o astral.

Sugerencias y Recomendaciones

El amor es seguramente el mejor medio de guardar el sistema linfático en buena salud y eficaz.

Ver ganglio linfático.

SISTEMA LOCOMOTOR

El sistema locomotor está vinculado a mi movilidad y mi flexibilidad, lo mismo que a mi apertura interior y mi apertura exterior. Reúne los huesos, los músculos, los tendones y los ligamentos. El armazón que sostiene todo mi cuerpo está formado de los huesos. Éstos son los que representan mis principios morales, mi estructura, mi honradez, mi rectitud, mi estabilidad. Cuando me vuelvo demasiado rígido en mis pensamientos, mis huesos también lo hacen y corren peligro de romperse más fácilmente. En cuanto a las extremidades de mi cuerpo y mis músculos, simbolizan la acción y el movimiento. Gracias a mis manos, puedo "coger" las cosas, agarrarme a ellas. Mis piernas me permiten avanzar en la vida. Una dificultad a moverme me indica que tengo miedo de progresar. Una falta de humildad o una negación a "doblarme" o a admitir mis errores tendrá por efecto que me costará doblar las rodillas. Mis pies representan la estabilidad. Conservo el contacto con la tierra firme, tengo "ambos pies en el suelo".

Sugerencias y Recomendaciones

Cada parte de mi cuerpo me ayuda a tomar consciencia de mi flexibilidad o de mi rigidez. Elijo estar a la escucha de mi cuerpo porque es el guía de mi estado interior.

Ver huesos.

SISTEMA NERVIOSO

Mi sistema nervioso está compuesto de nervios y centros nerviosos que sirven a la coordinación y al mando de diferentes partes de mi cuerpo, así como a la recepción de informaciones sensoriales, psíquicas e intelectuales. De hecho, mi sistema nervioso está vinculado más directamente a mis pensamientos en relación con la parte de mi cuerpo energético o mental. Es el sistema de conexión eléctrica en el plano físico que permite que mis pensamientos se vuelvan acción en este mundo.

Ver nervios en general.

SISTEMA REPRODUCTOR

Clara función de supervivencia: perpetuar la especie. Hay una necesidad de largo plazo, un bebé es un proyecto de largo plazo.

Las gallinas ponen huevos cada día porque se los robamos, si no lo hiciéramos, no pondrían tantos. Los peces ponen miles de huevos para que algunos sobrevivan. Un pez que solo pone 50 huevos, cuando están en peligro la madre los protege en su boca. Una leona tendrá la descendencia que su espacio de territorio de caza le permita (y no necesita estudiar para saber eso, lo lleva impreso en su programa biológico).

Sugerencias y Recomendaciones

NUEVO MODELO MENTAL: "Me amo y me apruebo, no estoy solo, la vida entera me apoya y me sostiene. Soy libre y capaz de cualquier cosa que me proponga, decido vivir sin culpa. Doy y recibo amor por donde quiera que vaya. Fluyo con facilidad por la vida y acepto con alegría cuantas situaciones se plantean. Confío en la vida. Todo es perfecto en mi mundo".

SISTEMA RESPIRATORIO

El Pulmón también está relacionado con la tristeza (medicina china). En las posguerras ha habido muchas epidemias de tuberculosis, porqué durante la guerra se pasa mucho miedo, y al relajarse, aparece el bacilo de Koch que ayuda a reparar este pulmón que estaba en estrés por miedo a morir. En el romanticismo pasa lo mismo porqué la tristeza lleva un estado profundo de sensación de muerte.

Frecuentemente relacionados con el hecho de sentirme anormalmente criticado, cogido por la garganta, con una falta de espacio vital y de tener dificultad en vivir lo que quiero vivir.

La función primaria del pulmón es el intercambio de O_2 y CO_2.

La palabra clave es "Intercambio".

A nivel simbólico O_2 = "vida" (inspirar) y CO_2 = "muerte" (expirar).

RESENTIR principal es: "Tengo miedo a morir inminentemente" (falta oxígeno, no puede respirar, me ahogo, me asfixio.)

Siempre real o simbólico, uno se puede sentir ahogado en casa o en el trabajo...

Se puede buscar en el transgeneracional muertes por temas de gas, incendios, asfixias, ahogos u otros similares.

CAUSA PROBABLE: temor. Desconfianza en el proceso de la vida. Estancamiento en la infancia.

ACTITUD NEGATIVA COMÚN :"Me he sentido inmerecedor de la vida y la he obstruido en mí. He sentido alteraciones en mi ambiente que me irritan profundamente".

Sugerencias y Recomendaciones

NUEVO MODELO MENTAL: "El mundo es seguro. Confío en la vida. Estoy a salvo creciendo en ella".

ACTITUD POSITIVA A ADOPTAR: "Yo soy la paz y la armonía dentro y fuera de mí y nada ni nadie las altera, yo soy la expresión de la vida".

Si fuma, debe dejarlo inmediatamente y acostumbrarse a respirar siempre por la nariz, nunca por la boca.

CROMOTERAPIA: color curativo azul.

TRATAMIENTO: comience por el área correspondiente a los pulmones y el tórax, con delicadeza, hasta eliminar las zonas dolorosas. Continúe luego con el sistema nervioso, el timo, las suprarrenales, el tiroides y la pituitaria.

Ver hiperventilación, respiratorias-molestias.

SISTEMA URINARIO

El aparato urinario representa nuestros valores y referencias.

ACTITUD NEGATIVA COMÚN: "He tenido excesiva sensibilidad a ser criticado y he sentido vergüenza, frustración y amargura".

Sugerencias y Recomendaciones

ACTITUD POSITIVA A ADOPTAR: "Yo soy capaz de soportar críticas que me ayudan a crecer y me dan más experiencias".

SOBREPESO

Las personas con sobrepeso suelen tener sentimientos de miedo y se suelen sentir desprotegidas, en muchos casos suelen ser personas con carencias afectivas e insatisfacción sexual. La comida se convierte en un paliativo de su insatisfacción, del tipo que sea. El sobrepeso también lo favorece la soledad, el aburrimiento, la tristeza, el rechazo, un sentimiento de fracaso, la sensación de impotencia, y las ideas negativas. La única dieta efectiva, es la abstención de pensamientos negativos. Muchas veces engordan más los remordimientos por el alimento que te estás comiendo, que el alimento en sí. Porque si tú crees que te engorda, ten seguro que lo hará. Creer es crear.

Frecuentemente relacionado con el hecho de acumular cosas, ideas, emociones, querer protegerse, sentirse limitado, vivir una vida interior.

Miedo, necesidad de protección. Huida de los sentimientos. Inseguridad. Rechazo de uno mismo. Búsqueda de satisfacción.

Representa una necesidad de protección. Tratamos de protegernos de heridas, agravios, críticas, abusos e insultos, de la sexualidad y de las insinuaciones sexuales de un miedo general a la vida, y de miedos específicos.

Yo tengo tendencia a ser gorda, y, sin embargo, con los años me he dado cuenta de que cuando me siento insegura e incómoda suelo aumentar uno o dos kilos. Cuando la amenaza desaparece, el exceso de peso se va también, sin que yo haya hecho nada por eliminarlo.

Demasiados padres y madres piensan que cualquier problema que tengan sus hijos se soluciona atiborrándolos de comida. Estos niños, cuando crecen, cada vez que tienen un problema se quedan hipnotizados ante el frigorífico abierto, diciéndose: «No sé bien qué es lo que quiero».

Sugerencias y Recomendaciones

Luchar contra la obesidad es perder tiempo y energía. Las dietas no funcionan, porque tan pronto como se las interrumpe, el peso vuelve a aumentar. Amarse y aprobarse, confiar en el proceso de la vida y depositar su segunda interna en el conocimiento del poder de su propia mente son los elementos básicos de la mejor dieta que conozco. Póngase a dieta de pensamientos negativos, y el problema del peso se resolverá solo.

NUEVO MODELO MENTAL: "Estoy en paz con mis sentimientos. Estoy a salvo donde estoy. Yo creo mi propia seguridad. Me amo y me apruebo".

Ver obesidad.

sobrepeso por líquidos

Coger peso por el agua es pérdida de referencias con mi cuerpo. O retención de líquidos para apagar un fuego (padre simbólico o real).

Reparación de dramas transgeneracionales.

Desvalorización de uno mismo con relación a una parte del cuerpo juzgada antiestética. Nos quejamos de nuestra silueta. Es un conflicto que encarcela (y crea bucle).

RESENTIR: en los hombros = "Debo ser fuerte para cargar con el otro" (como papá). ¿Qué tienes miedo de perder?

Sugerencias y Recomendaciones

NUEVO MODELO MENTAL: "Libero de buena gana y con alegría".

SOFOCACIÓN

La sofocación es la dificultad o la imposibilidad de respirar debida a un obstáculo mecánico, que ocasiona una asfixia rápida.

Véase asfixia y problemas en los pulmones.

SOLITARIA
Ver tenia.

SOMATOTROPINA

La hormona del crecimiento (GH, del inglés: growth hormone) es una hormona peptídica. La GH estimula el crecimiento, reproducción celular, y la regeneración en humanos y otros animales. La hormona de crecimiento es un polipéptido de 191 aminoácidos de una sola cadena sintetizada, almacenada, y secretada por las células somatotropas dentro de las alas laterales de la adenohipófisis.

CONFLICTO de no estar a la altura para agarrar el pedazo, o conflicto de sentirse muy pequeño. Puede que en la familia alguien no se haya sentido a la altura. "Me siento pequeño", "Me siento inferior".

Sugerencias y Recomendaciones

NUEVO MODELO MENTAL: "Me amo y me apruebo, no estoy solo, la vida entera me apoya y me sostiene. Soy libre y capaz de cualquier cosa que me proponga, decido vivir sin culpa. Doy y recibo amor por donde quiera que vaya. Fluyo con facilidad por la vida y acepto con alegría cuantas situaciones se plantean. Confío en la vida. Todo es perfecto en mi mundo".

SOMNOLENCIA

Puede que tenga somnolencia después de haber disfrutado de una buena comida. Es un modo agradable de prolongar este momento. Ya no tengo que pensar, me dejo vivir. También es natural ver un anciano que se duerme durante el día ya que llega al final de su vida. Se queda ahí, cansado, esperando la muerte. Pero, si soy una persona de edad adulta y que regularmente tengo somnolencia durante el día, es que inconscientemente, me niego a vivir, me escondo, huyo para ya no tener que elegir, decidir, actuar.

Sugerencias y Recomendaciones

Mi cuerpo me dice que vuelva a tomar contacto con la vida.

SONAMBULISMO

El sonambulismo se observa sobre todo en los niños y en los adolescentes. Se caracteriza por desplazamientos durante el sueño con una coordinación normal de movimientos e incluso con pronunciación de frases bien construidas. El sonámbulo vuelve luego por sí mismo a su cama y su sueño prosigue sin ninguna perturbación. Al día siguiente no guarda ningún recuerdo de lo que pasó durante su sueño. En mi opinión, el sonambulismo no es un problema para quien lo padece, sino para las personas que viven con él; son ellos quienes temen por él. Los periodos de sonambulismo ocurren en la noche, en los momentos en que el niño vive su sueño de una manera muy intensa. No diferencia el mundo físico del mundo de los sueños. Ocurre con más frecuencia en los niños que tienen una imaginación muy fértil y que no pueden vivir sus deseos en el estado de vigilia.

Cuando soy sonámbulo, vivo una gran tensión interior a veces inconsciente. Puede que busque huir de una situación que me preocupa demasiado. Me "expreso" de este modo para dejar escapar esta tensión. Experimento frecuentemente el hecho de estar (incluso inconscientemente) "fuera de mi cuerpo". Cuando se produce este acontecimiento, mi "cuerpo astral" dirige mi cuerpo físico a partir de esta posición "fuera del cuerpo". Por esto, como somnámbulo, puedo andar los ojos cerrados y "ver", a pesar de ello, los obstáculos porque los veo con la visión de mi cuerpo astral.

Sugerencias y Recomendaciones

Para disminuir este sonambulismo en mi vida, sería preferible que comunique más lo que vivo con mi cónyuge, con mis padres, con un amigo, o simplemente, que lo escriba. Podré entonces hallar más calma interior y normalizar mis horas de sueño.

SORDERA

"Yo me siento agredido por algo que me dicen". Rechazo, terquedad, aislamiento. ¿Qué es lo que no quieres escuchar? «No me molesten.»

Sugerencias y Recomendaciones

NUEVO MODELO MENTAL: "Escucho la voz de lo Divino y gozo con todo lo que puedo escuchar. Soy uno con la totalidad".

Ver orejas-oídos y sordera.

SORDO-MUDO

Si soy sordo por una razón congénita o si perdí el oído durante mi pequeña infancia y que no pude aprender a hablar, entonces dirán de mí que soy un sordo-mudo. Mi grado de audición puede variar sin embargo de 0% a 30%. En mi experiencia de vida, es cierto que hay cosas que no quería oír, y es lo que me lleva a vivir esta situación.

Para aclarar lo que no quería oír, puedo investigar cerca de mis padres y más especialmente cerca de mi madre para encontrar lo que ella no quería oír. Puede ser una situación en la cual se hubiese dicho a sí misma: "Ya no quiero oír hablar de esto", mientras me llevaba.

Sugerencias y Recomendaciones

Soy responsable de lo que me sucede y si esto me afectó es porque, yo también, tenía algo que comprender. Tomo consciencia de esta situación y desarrollo cada vez más el oído interior que me permitirá disfrutar de las alegrías de la vida y me permitirá desarrollarme con la gente que me rodea.

Ver orejas-sordera.

SQM (Sensibilidad Química Múltiple)

La sensibilidad química múltiple (SQM), conocida como intolerancia ambiental idiopática, es un síndrome crónico de etiología y patogenia desconocidas, por el que el paciente experimenta una gran variedad de síntomas recurrentes, que implican a varios órganos y sistemas, relacionados con la exposición a diversas sustancias en muy bajas dosis (a concentraciones menores de las que se consideran capaces de causar efectos adversos en la población general), tales como productos químicos ambientales o alimentos.[2] El estado del paciente puede mejorar cuando los supuestos agentes causantes son eliminados o se evita la exposición a ellos.[3] Se trata de un proceso que se desarrolla de manera solapada y progresiva, y que afecta principalmente a mujeres de mediana edad. Suele acompañarse también de intolerancias alimentarias, farmacológicas y de otro tipo. Con frecuencia cursa con enfermedades asociadas, especialmente el síndrome de fatiga crónica.

Olfato, pulmón, tiroides, hormonales, digestivos, cardiovasculares, dermatológicos.

Frase familiar: "El mundo exterior es tóxico hasta el límite". "Te has dado cuenta de que el mundo apesta".

Sugerencias y Recomendaciones

NUEVO MODELO MENTAL: "Me amo y me apruebo, no estoy solo, la vida entera me apoya y me sostiene. Soy libre y capaz de cualquier cosa que me proponga, decido vivir sin culpa. Doy y recibo amor por donde quiera que vaya. Fluyo con facilidad por la vida y acepto con alegría cuantas situaciones se plantean. Confío en la vida. Todo es perfecto en mi mundo".

SUDORACIÓN
Ver transpiración.

SUDORACIÓN EXCESIVA

La definición que sigue se refiere a una persona que sufre de transpiración abundante y anormal, no generada por un acto natural ni provocada por una sesión de sauna. También se aplica a la persona cuyo volumen de sudor expulsado es considerablemente reducido.

Como el 95% del sudor está compuesto por agua, todo problema con la transpiración está directamente relacionado con un problema emotivo. El líquido corporal representa simbólicamente a nuestro cuerpo emocional. La persona que no transpira lo suficiente es aquella que siente muchas emociones y las reprime por miedo a herir a los demás. En general, también tiene problemas dérmicos. La persona que transpira demasiado es aquella que, después de haber reprimido mucho sus emociones, llega a su límite emocional y ya no puedo reprimirlas más. Por medio de esta transpiración abundante su cuerpo le está diciendo que se exprese, aunque lo que tenga que decir no tenga mucho que ver con los demás. Al principio es posible que se sienta un poco torpe al hacerlo por falta de práctica, sólo tiene que prevenir a los demás para prepararlos psicológicamente. Si el sudor viene acompañado por mal olor, la persona tiene pensamientos de ira hacia sí misma. Está resentida consigo por todas las emociones negativas que ha acumulado desde hace muchos años. Le urge perdonar a aquellos con quienes vivió estas fuertes emociones y, sobre todo, perdonarse a sí mismo.

RESENTIR: "No quiero que el otro se agarre a mí".

Sugerencias y Recomendaciones

El mensaje es muy claro. Tu cuerpo te muestra que lo que crees con respecto a la expresión de tus emociones no te beneficia. Tus emociones reprimidas no te sirven para nada. Si aprendes a expresarlas más, dejarás de culparte por sentirlas, y así podrás restablecer contacto con tu sensibilidad. Lo ideal es ser sensible sin vivir de las emociones.

SUICIDIO

El suicidio es la acción de ocasionar voluntariamente la propia muerte o intentarlo.

Es evidente que la persona que decide suicidarse, ya sea que lo logre o no, toma esta decisión porque cree que es la única salida que le queda. Son más numerosas las personas que fracasan en sus tentativas de suicidio que quienes lo logran: para las primeras son estas líneas. La persona con tendencia suicida busca captar la atención de alguien para que se haga cargo de ella. Suele ser el tipo de persona que se siente víctima y que quiere que los demás le tengan lástima. Ella misma siente mucha lástima de su propia suerte. La parte de sí misma que se siente víctima es tan fuerte, que de manera continua le origina problemas, y ello le da la razón con respecto a que es realmente una víctima de la vida. Por otro lado, la persona suicida debe realizar un proceso de perdón porque siente rencor y a menudo ira hacia quienes, según ella, no la cuidaron bien durante su infancia. Es del tipo que no respeta sus límites, y que quisiera tener todo de un modo inmediato; no tiene la paciencia ni el coraje necesarios para avanzar gradualmente.

Si pienso en el suicidio, tomo la decisión de autodestruirme. Me siento vacío de energía, esta idea ocupa mi pensamiento sin parar. Me vuelvo melancólico, solitario, lleno de amargura. Ya no consigo crear el contacto con el exterior. Mi sufrimiento es tal que ya no veo la luz. El suicidio está relacionado con la huida. Entonces, puedo preguntarme qué es lo que quiero huir.: mi dolor interior, mis responsabilidades, mi vacío interior, mi falta de amor, etc. Si consumo droga, alcohol y que mi alimentación es pobre en ciertos elementos nutritivos esenciales al equilibrio de mi sistema nervioso, entonces puedo tener más tendencia a tener ideas de suicidio.

CAUSA PROBABLE: visión de la vida en blanco y negro. Negativa a ver otra salida.

Sugerencias y Recomendaciones

Si sueles tener ideas suicidas o ya lo has intentado algunas veces, y todavía estás vivo, el mensaje es que, en tu fuero interno, quieres vivir. Sin embargo, tu forma de ver la vida hasta ahora no es buena para ti. Te sugiero que hagas un nuevo plan: busca la ayuda de alguien objetivo (que no se sienta responsable de tu felicidad), para realizarlo, porque en general, cuando una persona tiene pensamientos suicidas, está tan inmersa en su negrura que no logra ver esta nueva ruta que respondería a sus necesidades. Vive un día a la vez y aprende a respetar tus límites. Debes restablecer contacto con tu capacidad de crear tu vida. Aprende que es tu vida y puedes hacer con ella lo que quieras. De cualquier forma, la vida es eterna y el alma inmortal. Si eliges terminar con esta vida antes de haber completado lo que viniste a hacer, debes saber que tendrás que volver para empezar de nuevo. Sólo tú deberás asumir las consecuencias de tu decisión. Los seres humanos utilizan muchas formas de huir para no hacerse responsables de su propia vida. El suicidio es la última fuga.

Decido confiar, cierro los ojos: la luz es la de mi corazón. Hablo con alguien o escribo en un papel la desesperación que vivo pidiendo ayuda.

NUEVO MODELO MENTAL: "Vivo en la totalidad de las posibilidades. Siempre hay otra manera. Estoy a salvo".

SUPRARRENALES

Las dos glándulas suprarrenales están situadas encima del polo superior de cada riñón. Tienen muchas funciones; en situaciones de urgencia, segregan la adrenalina necesaria para alertar el cerebro, acelerando el ritmo cardiaco y movilizar los hidratos de carbono de reserva a fin de proporcionar la energía requerida. Segregan la cortisona, otra hormona que tiene una función importante en el metabolismo de los hidratantes de carbono y con acción antiinflamatoria, así como las hormonas necesarias para mantener el equilibrio electrolítico. Los diferentes problemas que presentan se deben a su hipofuncionamiento o hiperfuncionamiento.

Estas glándulas son el enlace entre el cuerpo físico y el chacra básico. Este chacra nos proporciona la energía necesaria para mantener la fe en nuestra Madre Tierra y en su capacidad de atender nuestras necesidades básicas, todo lo relacionado con TENER en la vida. Todo problema en las glándulas suprarrenales indica que la persona afectada tiene muchos miedos irreales, sobre todo con respecto a su vida material. Tiene miedo de equivocarse de dirección. No tiene suficiente confianza en sí misma para creer en su capacidad de satisfacer sus necesidades materiales. Su imaginación es demasiado fértil. Se desvaloriza y siente no ser más vigorosa y dinámica. Su hiperfuncionamiento indica que la persona mantiene siempre en alerta a sus glándulas suprarrenales como si tuviera que hacer frente a alguna urgencia cuando, en realidad, ello sucede principalmente en su imaginación, experimentando así una pérdida de proporción, incoherencia. El hipofuncionamiento indica que la persona no ha sabido respetar sus límites y sus glándulas se han agotado. En realidad, le dicen que deje descansar a su mente, que se relaje y que confíe más en el Universo que siempre se ha ocupado de todos aquellos que se lo permiten.

Las glándulas suprarrenales, glándulas adrenales o cápsulas suprarrenales son dos estructuras retroperitoneales, la derecha de forma triangular y la izquierda de forma semilunar, ambas están situadas encima de los riñones. Su función es la de regular las respuestas al estrés, a través de la síntesis de corticosteroides (principalmente cortisol) y catecolaminas (sobre todo adrenalina).

Síntomas: bolsas en los ojos. Descodifico las suprarrenales cuando me siento perdido y/o no sé qué dirección tomar. Aburrimiento. Remordimiento. Afecta mucho a las personas con fibromialgia, por falta de dirección. La cortisona es la hormona de los proyectos y la buena dirección.

La función primera de las glándulas suprarrenales es producir una hormona que se llama adrenalina. Están vinculadas al primer CHAKRA (centro de energía) que se llama centro del coxis. Estas glándulas tienen por función el regularizar el pulso y la presión sanguínea y permiten al cuerpo experimentar situaciones peligrosas. Cuando me siento en peligro, o si estoy realmente en peligro, mi percepción puede ser diferente, pero mi cuerpo contestará en seguida a cualquier situación de estrés y tensión que siente como peligrosa, manifestándose dicha situación o no. Así, se puede constatar que el cuerpo responde seriamente a los avisos que un estrés puede provocar. Puedo relacionar este peligro con una situación en mi vida en la cual tengo miedo de perder o bien tiempo, dinero, premio, cónyuge, etc., porque tomé una "mala decisión" o una "mala dirección" en mi vida. Entonces, quiero ir muy de prisa y muy lejos en uno o varios campos de mi vida pero esto implica una gran determinación, elecciones juiciosas y no me concedo el derecho al error, lo cual sólo es de hecho una experiencia de vida. De aquí un nivel de estrés intenso. Las suprarrenales se hallan encima de los riñones que se consideran como la sede del miedo y de la pena. La adrenalina que se libera cuando estoy en estado de excitación tendrá por efecto estimularme y me hará creativo o, al contrario, podrá causarme lesiones, incluso destruirme. Una acumulación excesiva de estrés conlleva un agotamiento total. El síndrome de "esto pasa o se rompe" puede manifestarse de modo regular.

Las Suprarrenales representan conflicto de falta de dirección.

"¿Que hago aquí?". "Me he perdido, estoy fuera del grupo".

FIBROMIALGIA: "Me he equivocado de camino, estoy haciendo algo que no quiero hacer." "Para qué me voy a curar, si voy a quedar mal y no voy a poder trabajar."

Corteza de las cápsulas suprarrenales:

CONFLICTO de haber sido echado (arrojado) fuera del camino, de haber elegido el camino equivocado o de haber apostado por el caballo equivocado.

Lado izquierdo:

CONFLICTO de desvalorización en el sentido más amplio. Incapacidad de lucha a causa de herida grande y sangrante, conflicto de hemorragia y lesión, también conflicto de trasfusión sanguínea. Conflicto por diagnóstico de cáncer de sangre (nuestro cerebro no puede distinguir entre transfusiones de sangre y hemorragias)

CAUSA PROBABLE: derrotismo. Renuncia a cuidar de uno mismo. Angustia.

Sugerencias y Recomendaciones

Tu cuerpo te dice que dejes de creer que estás solo para cubrir tus necesidades y que dejes de creer que únicamente tu mente, es decir, lo que has aprendido hasta ahora, puede ocuparse de ti. Debes aceptar que también existe una fuerza interna, tu DIOS interior, que sabe todo lo que necesitas mucho mejor que tu mente. De este modo, tus necesidades básicas serán respetadas y satisfechas. En lugar de preocuparte sin cesar, dedica un tiempo a dar gracias por todo lo que tienes en este momento. Restablece el contacto con tu poder interior, que te dará nuevamente el dinamismo necesario para ir en la dirección deseada.

Tengo interés en deshacerme de mi actitud pesimista y decido fijarme un objetivo en la vida. Adopto un estilo de vida simple y me abro más, recupero mi equilibrio.

NUEVO MODELO MENTAL: "Me amo y me apruebo. Me siento confiado al cuidar de mí mismo".

TABAQUISMO

Los pulmones simbolizan la idea de libertad y comunicación, que intentas crear fumando. Pero como esas creaciones no son reales, terminan esfumándose como el mismo humo que produces.

El enfisema y el exceso de tabaco son dos formas de negar la vida que enmascaran un profundo sentimiento de ser totalmente indigno de existir. Los reproches no harán que nadie deje de fumar. Lo primero que tiene que cambiar es esa creencia básica.

Frecuentemente relacionado con un vacío interior que quiero colmar

El tabaco es madre y territorio. "Me siento apartado del territorio". "Me siento invadido en el territorio".

Sugerencias y Recomendaciones

Es muy importante ir erradicando los lugares, situaciones y conductas que hemos ido asociando con el fumar. Es decir, ir cambiando los tiempos en que actualmente fumas, romper poco a poco con los hábitos en que el fumar se ha vuelto automático.

Por ejemplo: fumar con el café o con una copa. Trata de romper el cliché que se ha formado entre las dos conductas al separar el alcohol del cigarro, es decir, fuma antes o después de tomar el café o la copa, pero no junto con ellos.

Si tienes un sillón o un lugar específico donde fumas, no lo hagas ahí. Fuma antes o después de una reunión y no en ella. Cambia los lugares y horas específicas para fumar que ya tengas establecidos.

Algunas otras sugerencias son:

- Cambia de marca de cigarros.
- Mejor aún, no compres cigarros.
- Pon los cigarros que tengas en un lugar lejano a ti o difícil de alcanzar.
- Fuma cuando ya no puedas más, pero nunca en compañía de otros.
- Si piensas que necesitas un cigarro, procura siempre traer chicles en tu bolsillo para remplazarlo.

Si logras cambiar estas conductas, cada vez fumarás menos, y la necesidad de cigarro irá desapareciendo.

TÁLAMO

El tálamo es una estructura neuronal que se origina en el diencéfalo (división del prosencéfalo en el embrión), es la estructura más voluminosa de esta zona. Se halla en el centro del cerebro, encima del hipotálamo y separado de éste por el surco hipotalámico de Monroe. Su localización es muy importante ya que si ésta sufriera algún daño no podríamos recibir ciertos estímulos, por este motivo está en el centro de nuestro encéfalo.

El tálamo es un par de voluminosos núcleos de sustancia gris, situados de cada lado del tercer ventrículo del cerebro anterior y que sirven de relé para las vías sensitivas. Una disfunción de éste me indica que estoy otra vez con grandes planteamientos frente a mí mismo, a lo que soy y a cómo se me percibe. Puedo tener tendencia a estar desesperado. Tengo miedo de la opinión de los demás, de que se me subestime. Estoy a la búsqueda de mi verdadera identidad.

Es el centro del juicio. La única que no tiene mando sobre ningún órgano.

CONFLICTO de juicio. "Yo me juzgo mal a mí mismo". "Me siento mal juzgado".

Parte derecha: "Me siento mal juzgado por mí mismo".

Izquierda: "Me siento mal juzgado por los demás (a través de la religión, las leyes...)

Sugerencias y Recomendaciones

Aprendo a aceptarme tal como soy y comprendo que siendo auténtico con la gente que me rodea, manifiesto así mucho más amor y mantendré relaciones sanas y duraderas.

TALASEMIA

Muchos glóbulos rojos, pero de mala calidad. Destrucción de glóbulos rojos = Anemia = Bajas concentraciones de CO_2.

Familia con muchas historia de ahogo. "Malgasto el oxígeno de la vida".

Sugerencias y Recomendaciones

NUEVO MODELO MENTAL: "Me amo y me apruebo, no estoy solo, la vida entera me apoya y me sostiene. Soy libre y capaz de cualquier cosa que me proponga, decido vivir sin culpa. Doy y recibo amor por donde quiera que vaya. Fluyo con facilidad por la vida y acepto con alegría cuantas situaciones se plantean. Confío en la vida. Todo es perfecto en mi mundo".

TALÓN

La gran mayoría de los dolores que se presentan aquí no tienen causa física aparente.

La persona a la que le duele el talón desea avanzar e ir hacia sus metas, pero duda porque no se siente apoyada. Es del tipo a quien le gusta tener el consentimiento o el permiso de alguien antes de actuar. Se siente culpable cuando actúa sin la aprobación de los demás. Sufre si tiene que quedarse en un lugar determinado.

El padecer de un dolor en el talón me indica que vivo angustia, que me siento incomprendido y sin apoyo en las cosas por hacer. El tacón siendo el punto de apoyo de mi cuerpo, un dolor en este lugar demuestra que vivo incertidumbre frente al futuro. Me siento dubitativo e insatisfecho de mí o de mi vida y me parece que pierdo la maestría de mi cuerpo. Todo mi cuerpo descansa en mis tacones, entonces puede que sienta necesidad de un apoyo sólido en la vida para poder seguir andando con total seguridad.

Sugerencias y Recomendaciones

Tu talón te indica que puedes apoyarte en ti mismo para tomar decisiones y avanzar. Eres el mejor sostén que puedes tener. No necesitas creer que para probar tu amor o para ser amado, los demás deben estar siempre de acuerdo contigo. Es imposible que todo el mundo coincida siempre. La vida sería muy aburrida si todos tuviéramos la misma opinión. Recuerda que nadie en el mundo está obligado a apoyarte en tus proyectos, pero tú tampoco estás obligado a apoyar a todos tus seres queridos. Puedes aceptar que te sigan de cerca, mientras avanzas por ti mismo.

Mi cuerpo me dice que puedo tener confianza y avanzar con total seguridad.

TAQUICARDIA

La taquicardia es una aceleración, regular o no, del ritmo de los latidos cardiacos.

"Yo no recibo suficiente amor, en el futuro no tengo quien me quiera". "Tengo miedo de que en el futuro yo no reciba suficiente amor... (miedo a la muerte).

En mujeres: "No hago suficiente el amor".

Sugerencias y Recomendaciones

Véase ansiedad y problemas del corazón. También puede ser causada por un ataque de agorafobia. Ver agorafobia.

Ver corazón-arritmia cardíaca.

TARTAMUDEO

El tartamudeo es un trastorno del lenguaje que aparece generalmente en la infancia y permanece hasta la edad adulta.

La persona que tartamudea fue, en su juventud, del tipo a quien le daba mucho miedo pedir y sobre todo expresar sus deseos. Todavía teme a quien representa autoridad, sobre todo cuando necesita expresar lo que quiere.

El tartamudeo es la manifestación de un trastorno de elocución, una dificultad parcial o grave en el hablar, decir o expresarme claramente (esto va desde algunas palabras por casualidad hasta un trastorno regular). Se vincula a la garganta, al centro de la comunicación y de la expresión de sí. Puede que mi tartamudeo provenga de un bloqueo afectivo o sexual derivando de mi infancia. Esto no necesariamente quiere decir que viví contactos pero pude registrar un miedo, conscientemente o no, con relación a mi sexualidad en relación con una persona o un acontecimiento. Es una forma de inseguridad profunda procedente de la infancia vinculada con uno de los padres (padre o madre). Es una especie de inhibición, una incapacidad a dominar adecuadamente mis pensamientos y mis emociones intensas y el intento fracasado de controlar la expresión de mi lenguaje que ya no es espontáneo (este tipo de desorden puede llegar temprano en la infancia cuando el niño estuvo ridiculizado en su derecho a llorar; "¡No llores!") Transformo entonces esta emoción en tartamudeo. Tengo miedo de ser "claro", dudo, no consigo decir claramente lo que siento; inhibo y deformo mis palabras por miedo al rechazo o por ansiedad. ¿Si digo claramente lo que vivo, cómo se lo tomarán mis padres? ¿Soy bastante correcto para ellos? ¿Contesto a sus esperanzas? ¿Me permiten ser lo que soy? ¿Sobrepasan mis pensamientos mis palabras? Hay muchas probabilidades de que uno o ambos padres míos sean muy autoritarios y dominantes. Me siento juzgado, controlado, criticado e incluso ridiculizado como para acabar creyendo que mis palabras no valen nada. Siendo niño, puede que me hayan impedido expresarme. Entonces manifiesto todo tipo de desórdenes de comportamiento, yendo desde la timidez hasta el repliegue sobre mí.

Tienes algo, o vas a conseguir algo seguro, y en el último momento se lo dan a otro.

Algo que no puedo decir. Secreto familiar.

"Lo tenía seguro y no lo he conseguido". "Hablar es peligroso".

Inseguridad. Incapacidad de expresar la propia personalidad. Prohibición de llorar.

Sugerencias y Recomendaciones

Ha llegado el momento de darte cuenta de que tienes derecho a desear, aun cuando tu cabeza te diga que no es razonable o que debería asustarte que alguien crea que tus deseos no son legítimos. No tienes por qué justificar nada. Te puedes permitir desear lo que quieras, porque, de todos modos, vas a asumir las consecuencias de lo que elijas. Esa responsabilidad la tenemos todos y cada uno de nosotros. Por otro lado, crees que los demás son autoritarios, pero hay una parte de ti que también es autoritaria y quiere expresarse. Cuando compruebes que esta parte no es mala y que incluso puede ayudarte a que te afirmes, te reconciliarás con aquellos a quienes consideras autoritarios.

El primer paso es aceptar abrirme al nivel del corazón a mis pensamientos, mis palabras, mis acciones y que respete la "velocidad de ser" que es la mía. Me respeto tal como soy, sin enjuiciamiento ni crítica. Acepto expresar mis ideas, mis alegrías, mis penas y mis miedos. Entonces puedo empezar a hacerme confianza, a sentir mis emociones, mis sentimientos y a abrirme a la gente que amo. Así, encuentro una calma interior que me permite expresarme con mucho más seguridad. Evitaré así las farfullas, el atrabancado de las palabras a causa de una mente demasiado activa, o el retener ciertas palabras cuya repercusión me asusta.

NUEVO MODELO MENTAL: "Soy libre para hablar a mi favor. Estoy seguro de mi capacidad de expresión. Sólo me comunico con amor".

TEJIDO ADIPOSO

El tejido adiposi está formado por la asociación de células que acumulan lípidos en su citoplasma: adipocitos.

Funciones mecánicas: amortiguador, protegiendo y manteniendo en su lugar a órganos internos. Es un aislante del frio y del calor

Funciones metabólicas, es el encargado de generar grasas para el organismo.

Crecimiento por proliferación celular o por acumulación de lípidos.

Se acumula preferentemente en el tejido subcutáneo, en la hipodermis, la capa más profunda de la piel

Funciones principales son:
- proteger
- almacén de reservas nutritivas

Sugerencias y Recomendaciones

NUEVO MODELO MENTAL: "Me amo y me apruebo, no estoy solo, la vida entera me apoya y me sostiene. Soy libre y capaz de cualquier cosa que me proponga, decido vivir sin culpa. Doy y recibo amor por donde quiera que vaya. Fluyo con facilidad por la vida y acepto con alegría cuantas situaciones se plantean. Confío en la vida. Todo es perfecto en mi mundo".

TEJIDO CONJUNTIVO

Un tejido es un grupo de células teniendo una misma forma o cumpliendo una misma función. El papel del tejido conjuntivo es el de sostener los demás tejidos del cuerpo, asegurando la nutrición de los tejidos musculares, nerviosos y del epitelio (un tejido que cubre las superficies del organismo del exterior o del interior, así como el llenado de los intersticios (de las hendiduras) que se encuentran entre estos tejidos. Debo preguntarme: "¿Qué es lo que necesito, yo, para alimentarme, tanto emocional como física y espiritualmente?" ¿Me siento yo bastante sostenido o tengo la sensación de deber hacerlo todo por mí mismo, incluyendo el hecho de deber "llenar los agujeros" en el trabajo, en casa, por ejemplo? Ya que me desvalorizo fácilmente, debo ser útil e importante. Me siento frecuentemente restringido en mi libertad y tengo tendencia a poner en los demás la responsabilidad de mis males. Tengo tendencia a tener rencor y perdono difícilmente.

Necrosis:

Ligero conflicto de desvaloración de sí mismo. La localización en el tejido conjuntivo corresponde a la ubicación del tipo de conflicto.

Conjunta los órganos y todo el cuerpo, a través de la información. En el momento de unirse, aumentamos la supervivencia.

Es lo que da estructura y movimiento al cuerpo. Si no tuviésemos este tejido seríamos un montón de células desparramadas esperando a que nos llegara el alimento (como las algas).

Hay de 4 clases:

1. Tejido epitelial: grupo de diversos tejidos que, con raras excepciones cubren toda la superficie del cuerpo, cavidades y tubos. El epitelio funciona como una interfase entre compartimientos biológicos. Estas interfaces epiteliales están involucradas en un ancho rango de actividades como son absorción, secreción y protección.

2. Tejido muscular.

3. Tejido Nervioso.

4. Tejido Conectivo: son células que fabrican una proteína, y la calidad de esta proteína es lo que da la función a este tejido. Dependiendo del lugar que está, fabrica una u otra.

Tejidos conectivos no especializados:

Tejido conectivo laxo: (es siempre irregular)

1. Tejido conectivo mucoso o gelatinoso: muy difícil de encontrar.

2. Tejido conjuntivo reticular: rellena algunos de los órganos.

3. Tejido mesenquimal: el origen de todos, ahí están las células madre de los tejidos.

Tejido conectivo denso:

1. Tejido conectivo denso regular: hace fibras que aguantan las tensiones de tracción: tendones, ligamentos.

2. Tejido conectivo denso irregular: hace las fascias y recubrimientos.

Tejidos conectivos especializados:

Tejido adiposo: células especializadas en acumular reservas.

Tejido cartilaginoso: cartílagos.

Tejido óseo: tejido de los huesos.

Tejido hematopoyético: está dentro del hueso y hace las células sanguíneas.

Tejido sanguíneo (sangre, el líquido), nos ayuda a nutrir.

Las fascias también son 3ª etapa y llevan información por todo el cuerpo.

Los fibroblastos son unas células del tejido conjuntivo que se dedican a fabricar este tipo de sustancia.

Las fibras más importantes son las de colágeno (la proteína más abundante en el sistema). El colágeno es una molécula proteica o proteína que forma fibras, las fibras colágenas. Estas se encuentran en todos los animales. Son secretadas por las células del tejido conjuntivo como los fibroblastos, así como por otros tipos celulares. Es el componente más abundante de la piel y de los huesos, cubriendo un 25% de la masa total de proteínas en los mamíferos. La información se organiza por fotones, nosotros vivimos en una matriz y "Matrix" se alimenta de una información, lo que hace "Matrix" es devolvernos la información que nosotros le mandamos en forma de fotones.

Las funciones del tejido conjuntivo son básicamente 2:

a. Atrapar y pasar la información a todas partes del cuerpo.

b. Las calidades de las proteínas, dependiendo de nuestras creencias y valores.

Sugerencias y Recomendaciones

Tengo ventaja en comunicar mis estados de ánimo, mis necesidades: esto me ayudará a descubrirme, a tomar mi vida entre manos y a buscar la ayuda que necesito y a la cual tengo derecho.

TEMBLORES

Un temblor es un movimiento anormal involuntario, un tipo de oscilación rítmica, que mueve una parte o todo el cuerpo.

Los temblores afectan particularmente los miembros superiores del cuerpo y en especial las manos. Son movimientos irregulares que se producen frecuentemente después de un enfado excesivo o después de un miedo o una debilidad física. Sintiéndome cogido, mis músculos se tensan y se ponen a temblar. Estoy como un volcán en erupción, la rabia ruge en mí. También puede que este temblor ocurra después de una noticia o información de la cual me niego a ver las consecuencias conscientemente. Entonces, hay conflicto entre mi parte consciente y mi subconsciente. Esta tensión que existe entre ambos provoca un temblor involuntario de una u otra parte de mi cuerpo (brazos, rostro, piernas, tronco). Puede ser después de una pregunta que me estaba haciendo desde hace tantos años y de la cual tengo la respuesta pero dudo de su veracidad. La energía que había acumulado en mi inconsciente a fuerza de desear mi lugar, se libera bajo forma de temblores.

Sugerencias y Recomendaciones

Aprendo a tomar mi lugar, me relajo y vivo un día a la vez.

Véase enfermedad de parkinson, teniendo en cuenta que si el temblor es ligero, la causa del problema está menos profundamente enraizada que si es fuerte. Además, si sólo tiembla un miembro del cuerpo, observa qué función tiene ese miembro para saber en qué área vives la rigidez.

Ver Parkinson.

TENDINITIS

Es una inflamación de un tendón. Puede tratarse de una rotura, y llegar a causar la degeneración del tendón.

La persona que sufre tendinitis siente o ha sentido un enojo reprimido. Es alguien que se impide hacer algo por miedo a una ruptura. El lugar del cuerpo afectado indica el área en la que se sitúa el miedo; si por ejemplo, es en una mano, la persona afectada debe observar qué se impide hacer con ella que pudiera ocasionar una ruptura de la cual se sentiría culpable.

En los tendones el conflicto es en el presente. En los ligamentos el conflicto está en el futuro (preocupación). En la cápsula articular el conflicto es de protección. En los músculos el conflicto es de impotencia.

CONFLICTO de desvalorización. Si me impiden actuar pongo fuego = inflamación. Unión entre dos partes/valores, o bien hacia un proyecto. "Haga lo que haga no lo conseguiré. Necesito algo a lo que agarrarme".

Tendones Laxos: noción de derrumbamiento, hundimiento.

Epicondilitis derecha: "Estoy obligado y no tengo ganas".

Epicondilitis izquierda: "Quiero algo y me lo impiden".

Epitrocleitis: Nos privamos de abrazar.

Codo: Desvalorización en el trabajo.

Todas estas descodificaciones son válidas para el omóplato, el húmero y la cabeza del húmero. Según el doctor Salomón, mirar Yaciente.

Sugerencias y Recomendaciones

El mensaje que recibes con esta tendinitis es que no creas que puedes permitirte hacer lo que quieres sólo cuando ello complazca a los demás o a alguien en especial. Es posible que tu temor a la ruptura sea sólo fruto de tu imaginación. Es aconsejable que verifiques con la persona adecuada si lo que crees es cierto o no. Además, debes comunicarle a esta persona lo que quieres y decirle qué es lo que respondería a tus necesidades. Tampoco olvides que si sientes tanto enojo hacia ti mismo es porque no escuchas tus verdaderas necesidades. El enojo parece provenir de una causa externa, pero cuando dedicamos tiempo a comprobarla vemos que la realidad es otra: uno termina por darse cuenta de que es hacia uno mismo.

TENDONES Y LIGAMENTOS

Une dos valores.

Los tendones: desvalorización + Movimiento + Presente. Son apegos, ataduras familiares. Sentirse ligado a algún familiar. Pequeñas faltas de respeta hacia uno mismo.

Desvalorización en el gesto deportivo preciso vivido en el presente.

"Haga lo que haga no lo conseguiré". "Mi acción es juzgada sin valor útil".

Tendón: desvalorización en el presente.

Ligamento: conflicto de ser desvalorizado en el futuro.

Sugerencias y Recomendaciones

NUEVO MODELO MENTAL: "Me amo y me apruebo, no estoy solo, la vida entera me apoya y me sostiene. Soy libre y capaz de cualquier cosa que me proponga, decido vivir sin culpa. Doy y recibo amor por donde quiera que vaya. Fluyo con facilidad por la vida y acepto con alegría cuantas situaciones se plantean. Confío en la vida. Todo es perfecto en mi mundo".

TENDÓN DE AQUILES

El tendón de Aquiles une el músculo de la pantorrilla al hueso del tacón. Es el tendón más poderoso del cuerpo: puede soportar hasta 400 kilos (880 libras). Permite que mis pensamientos y deseos, tanto físicos como espirituales se realicen. Sirve también a expresar cualquier bloqueo en el movimiento del tobillo. Por ejemplo, puedo tener un gran deseo de estabilidad pero esto es difícil de realizar a causa de una situación financiera precaria.

Desvalorización en la impulsión vivida en el presente. Real o simbólica y a veces subjetiva. "No me siento capaz de dar el salto". A nivel biológico, permite la propulsión del cuerpo.

Sugerencias y Recomendaciones

Sigo poniendo cosas en marcha para realizar mis sueños y para alcanzar los objetivos que me he fijado.

Véase talón, agregando que la persona desea excesivamente mostrar su poder.

TENESMO

Dolor con las evacuaciones de heces

Ver recto.

TENIA

Véase parásitos, agregando que aquello que parasita al enfermo ocupa todo el espacio. Su engreimiento le hace sentirse más solitario. No hay lugar para los demás.

Ver intestinos-tenia, parásitos.

TENIASIS

Tenia. Parásito intestinal.

Convicción de ser víctima. Sensación de impureza. Impotencia ante la aparente actitud de los demás.

Sugerencias y Recomendaciones

NUEVO MODELO MENTAL: "Los demás sólo reflejan los buenos sentimientos que tengo sobre mí. Me amo y me apruebo".

TENSIÓN ARTERIAL HIPERTENSIÓN

Demasiado alta.

La imagen representando a una persona padeciendo hipertensión es el presto (olla cerrando herméticamente, con un control de vapor y sirviendo a cocer los alimentos bajo presión.). Soy esta persona que cumula, durante largos períodos, pensamientos y emociones que no están expresadas; frecuentemente soy hipersensible y me controlo mal. Mis iras y contrariedades son reprimidas, haciendo hervir así mi interior. También puedo tener tendencia a la procrastinación o a aplazar a más tarde las cosas que debo decir o hacer por miedo o falta de confianza en mí, y acabo por vivir una tensión nerviosa intensa, porque veo todo esto como una montaña y no sé si seré capaz de realizar todos mis proyectos. Así puedo hacer fábulas, aumentar mis problemas y mi culpabilidad aumentará rápidamente la "presión". Mi deseo de controlarlo todo y resolver las situaciones de mi aumenta mi presión que puede hacerse insostenible. Viviendo un miedo profundo de estar rechazado, me siento en peligro y me mantengo en guardia. La hipertensión que vivo puede también hallar su fuente en mi miedo de la muerte, conscientemente o inconscientemente, y en mi deseo de sacar partido al máximo de mi vida, porque quiero realizar los múltiples objetivos que me he fijado.

Sugerencias y Recomendaciones

Debo aprender a dejar salir el vapor suavemente. Evito la acumulación que provoca la explosión. Aprendo a hacerme confianza.

TENSIÓN ARTERIAL HIPOTENSIÓN

Ddemasiado baja.

Contrariamente a la hipertensión, la hipotensión se halla en una persona cuya presión es demasiado baja (observar que una persona puede tener una presión por debajo de la normal y hallarse en plena forma. Su presión es pues adecuada para ella ya que su calidad de vida no está afectada). Si soy una persona que tiene la presión baja, esto puede indicar que mi deseo de vivir está ausente. Tengo la sensación que nada funciona, que para mí es inútil hacer esfuerzos porque de todos modos, tengo el sentimiento de que las cosas no funcionarán. Me siento vacío de energía y no consigo llevar el peso de los acontecimientos. Me abandono al desánimo. El alma ya no está en mis acciones. Vivo en víctima y tengo la sensación de que mi vida se parece a un callejón sin salida. La hipotensión puede llevar a una pérdida de consciencia. Es el signo de que quiero huir de mis responsabilidades, de ciertas situaciones o ciertas personas porque el hecho de hacer frente me llevará a situarme y a hacer acciones que quizás no me apetecen.

Sugerencias y Recomendaciones

El mensaje que me da mi cuerpo es hacerme confianza y apresurarme. Elijo dejarme guiar por mi fuerza interior.

TERATOMA

Tumor encapsulado compuesto de diferentes tejidos (pelos, diente…) a veces contiene en su cápsula uno o más quistes con fluidos.

Gran conflicto de pérdida. Por ejemplo, pérdida de un hijo, mejor amigo, persona querida, también de un animal. "Quiero clonarme porqué solo cuento conmigo"

Sugerencias y Recomendaciones

NUEVO MODELO MENTAL: "Me amo y me apruebo, no estoy solo, la vida entera me apoya y me sostiene. Soy libre y capaz de cualquier cosa que me proponga, decido vivir sin culpa. Doy y recibo amor por donde quiera que vaya. Fluyo con facilidad por la vida y acepto con alegría cuantas situaciones se plantean. Confío en la vida. Todo es perfecto en mi mundo".

TESTÍCULOS

Los testículos son las dos glándulas que producen las hormonas masculinas y los espermatozoides. Normalmente están colocadas bajo el pene, en una cubierta o bolsa; el testículo izquierdo desciende en general más que el derecho. Estas glándulas son en el hombre lo que los ovarios en la mujer. Los problemas en los testículos son variados: pueden ir de un dolor hasta el cáncer.

Las glándulas sexuales masculinas representan el aspecto masculino. Un problema en los testículos frecuentemente se relaciona con los miedos, la inseguridad, las dudas referentes al hecho de ser hombre. Puede indicar una falta de aceptación de su sexualidad, de su preferencia sexual. El miedo a ser juzgado según mis resultados puede llevarme hasta la impotencia. Cuando vivo una situación tensa, tengo la sensación de estar sujeto por los testículos, sobre todo si mi pareja es una persona de poder.

Gran conflicto de pérdida. Ej.: pérdida de un hijo, mejor amigo, persona querida, también de un animal.

Necrosis:

Pérdida de persona que se muere o se marcha, real o simbólica (negocio).

Conflicto feo (mal visto), con connotaciones sexuales con una mujer (muy infrecuente).

Temor, inseguridad, falta de aceptación de la sexualidad.

Quistes, tumores: "Hacerme fuerte para atrapar a hembras" (segrega más hormonas). Sensación de estar sujeto por los testículos.

Testículos en ascensor: "Hijo escondido". El testículo se queda dentro (a nivel simbólico es la descendencia, son niños eventuales). También sexo no deseado (esperaban niña).

Testículos, zona intersticial: conflicto de pérdida o semigenital feo. Conflicto de pérdida de alguien cercano, conflicto de ser denigrados, amonestado, destrozado por una persona del otro sexo. Suele acompañarse de un sentimiento de culpabilidad al cual se añade, a menudo, un asunto feo, un golpe bajo.

Ejemplos: culpabilizarse por haber dejado a la novia. Resentimiento profundo de perder el tiempo, su identidad, sus proyectos, perder la memoria.

Principio masculino. Masculinidad.

ACTITUD NEGATIVA COMÚN: "He sentido miedo por la pérdida de mi virilidad".

Sugerencias y Recomendaciones

Debo interrogarme sobre mis sentimientos referentes a mi virilidad y revisar mi concepto del principio masculino.

NUEVO MODELO MENTAL: "Estoy a salvo siendo hombre".

ACTITUD POSITIVA A ADOPTAR: "Yo soy fuerte y viril. No tengo presiones externas o internas. Yo soy un hombre libre y me regocijo en mi libertad".

Véase dolor en el ovario, transfiriendo al hombre lo escrito para la mujer.

TETANIA

La tetania es una emergencia médica con espasmos en la musculatura estriada (contracciones dolorosas de los músculos de las extremidades) provocados por la disminución del calcio en la sangre (hipocalcemia), o por hipomagnesemia o por alcalosis tanto metabólica como respiratoria. La electrocución también produce tetania.

La tetania se caracteriza por crisis que hacen contraerse mis músculos y mis nervios, principalmente en las extremidades. Siento cómo se crispan mis manos, mis pies, todos mis músculos. Este estado está causado por una hiperexcitabilidad y se produce cuando tengo contrariedades. En algunos casos, durante crisis importantes, mis dedos se aprietan y mi pulgar se esconde debajo de mis dedos doblándose en el interior de mi mano, como si quisiera aislarse del mundo exterior. Quizás yo también quiero aislarme, "cortarme" del mundo, teniendo quizás incluso el deseo inconsciente de morir, porque ya no tengo el gusto de vivir, ya no tengo alegría de vivir.

Izquierda: "Me reprocho no haber hecho el gesto necesario para protegerme".

Derecha: "Me reprocho no haber hecho el gesto necesario para expresarme".

Sugerencias y Recomendaciones

Debo aprender el control de mí. Elimino los pensamientos negativos y minimizo el efecto de la contrariedad.

TÉTANOS

El tétanos es una enfermedad provocada por potentes neurotoxinas producidas por una bacteria, que afectan el sistema nervioso y genera violentas contracciones musculares.

El tétanos es una enfermedad infecciosa grave debida a la acción de la toxina secretada por el bacilo de Nicolarer (Ciostridium tetam), un microbio que vive en la tierra. Este bacilo penetra en el organismo a través de una herida, generalmente manchada de tierra. Véase convulsiones, agregando que el tétanos es un mensaje todavía más importante y urgente que una simple convulsión. La expresión del rostro de la persona que la sufre cambia hasta tal punto que parece poseída. Es posible que el accidente o la herida que provocó la enfermedad haya revivido un dolor profundo. Esta persona quizá enterró en ella un sentimiento de ira hacia alguien.

Necesidad de liberar sentimientos de cólera enconada.

Sugerencias y Recomendaciones

Sólo el perdón puede dar un resultado duradero y eficaz.

NUEVO MODELO MENTAL: "Permito que el amor de mi corazón lave, purifique y cure mi cuerpo y mis emociones".

Ver músculos-tétanos.

TIBIA

Es el crecimiento del niño, su emancipación (sale al colegio, a hacer deporte...)

Conflictos con la madre. Conflicto de no poder ser uno mismo.

En fractura de tibia hay que buscar un C.B.M. (Ciclos biológicos memorizados).

Espinilla: ideales rotos. La espinilla representa el estilo de vida.

Sugerencias y Recomendaciones

NUEVO MODELO MENTAL: "Con amor y alegría vivo de acuerdo a mis ideales".

TICS

Un tic es un movimiento anormal, brusco, involuntario e intermitente, generado por la contracción de uno o varios músculos, que reproducen un gesto de manera imperfecta.

La persona con un tic nervioso se ha controlado tanto durante años que ahora ha llegado a su límite. Su tic nervioso demuestra su pérdida de control. Desea mostrar sus angustias, su tristeza, sus miedos, sus inquietudes y sus límites, pero no se lo permite. Sobre todo tiene miedo de lo que los demás piensan de ella. Por eso el tic está en el rostro. Es lo primero que vemos de la persona. Si ataca a otros músculos, observa qué utilidad tiene la parte del cuerpo afectada para saber en qué área se da el control.

CONFLCITO de contrariedad en el movimiento. Distonía = Amor prohibido.

Disfunción motora, ligada a una emoción fuerte (a menudo, sexual). Ejemplo: un padre no deja a su hijo ver la tele durante las comidas, le coloca de espaldas a la pantalla (mientras que él está de frente). El niño quiere mirarla, pero se priva de ella por miedo.

Frecuentemente relacionados con una tensión interior muy grande. Los tics suelen aparecer en el momento en que vivo una presión de cara a la autoridad.

Miedo.
Sensación de ser observado por los demás.

Sugerencias y Recomendaciones

Tu cuerpo te dice que controlarte pudo haberte servido durante un tiempo, pero ahora ya no puedes hacerlo. No necesitas dar una buena imagen como lo aprendiste de niño. Debes permitirte dejar que salgan tus emociones, tus miedos, tus deseos y tus aspiraciones delante de los demás, sabiendo que es posible que no estén de acuerdo o que te juzguen. Dales ese derecho incluso antes de expresarte. Hazlo por amor a ti mismo.

NUEVO MODELO MENTAL: "La totalidad de la Vida me aprueba. Todo está bien. Estoy a salvo".

TIC NERVIOSO
Ver cerebro-tics.

TIFOIDEA

Véase fiebre, agregando que el mensaje es urgente por la gravedad de esta fiebre si no se le trata. Esta persona vive tal enojo que queda postrado, abatido e indiferente a su entorno. Debe apresurarse a realizar su proceso de perdón con la persona que desencadenó este enojo tan fuerte y no dejar que su orgullo le impida seguir este método (véase las etapas del perdón).

TIMIDEZ

La timidez hace que paso al lado de cosas maravillosas. Evito a la gente que no conozco. Temiendo ser juzgado, renuncio a las cosas nuevas pretextando que no son para mí. Bajo los brazos, rehúso luchar. Tengo tendencia a adquirir seguridad con la rutina. Me amo poco y mi débil estima de mí y mi poca confianza en mí me incitan a quedarme en un marco bien establecido, en el cual no me siento ni herido, ni rechazado, ni incomprendido. Esta forma de huida de mi timidez me lleva a quedarme apartado. De todos modos, es muy posible que esté feliz así porque me protejo también de situaciones o personas que podrían herirme.

Sugerencias y Recomendaciones

Tomo la costumbre de actuar con calma y me doy la oportunidad de descubrir, cada día, nuevas cosas y nuevas personas.

TIMO

El timo es una glándula situada en la parte alta del pecho, debajo del cuello. Su función tiene que ver con la inmunidad. Véase enfermedades del corazón, agregando lo que sigue:

Esta glándula es el enlace entre el cuerpo físico y el chakra (centro de energía) del corazón. Todo problema en el timo indica un bloqueo de energía, una obturación al nivel del corazón. Es interesante constatar que alcanza su máximo crecimiento a los dos años y, desde los tres años, comienza a disminuir hasta atrofiarse casi por completo en la edad adulta. Esta atrofia se corresponde con la de nuestra capacidad para amarnos como adultos.

Estoy convencido de que dentro de algunas generaciones la ciencia podrá comprobar que esta glándula ha dejado de atrofiarse en los adultos aportándoles una mayor inmunidad contra las enfermedades (como el SIDA). La palabra inmunidad significa al abrigo de, libre de, por lo que tener un problema de inmunidad significa que la persona no se ama lo suficiente para ponerse al abrigo de las tensiones cotidianas. Esta gran inmunidad se producirá cuando los humanos vuelvan a amarse de manera incondicional, como todos los grandes maestros de la humanidad nos han enseñado a lo largo de los siglos.

El timo es una pequeña glándula ubicada en el tórax y que produce un tipo de glóbulos blancos (linfocitos T- que juegan un papel esencial en la respuesta inmunitaria del organismo. El timo es la glándula endocrina que está vinculada directamente al centro de energía del corazón, también llamado chakra del corazón. Su actividad disminuye con la edad. Una dificultad en el timo me indica que tengo la impresión de que han venido a quitarme algo que me pertenecía. Puede ser un trabajo, un cónyuge, un objeto material, etc. Me han ¡"quitado el pan de la boca"! Entonces me he sentido el espacio de un momento "sin defensa", sin saber cómo reaccionar.

Glándula principal del sistema inmunológico. Cuando funciona mal: sensación de ser atacado por la vida. «Desean hacerme daño.»

Sugerencias y Recomendaciones

Comprendo cuanto estoy protegido en mi vida de cada día. Aprecio lo que tengo en el momento actual, porque la vida sólo es movimiento y lo que tendré mañana puede ser diferente de hoy. ¡Cuanto más me desprendo del mundo material, más grande es mi sentimiento de libertad!

NUEVO MODELO MENTAL: "Mis pensamientos de amor mantienen fuerte mi sistema inmunológico. Estoy a salvo interior y exteriormente. Me curo con amor".

Ver sida, sistema inmunitario.

TIMPANISMO

El timpanismo es el aumento de la sonoridad del tórax o del abdomen. Se lo puede detectar golpeando una zona del cuerpo con los dedos; esto "suena" como en un tambor. Este estado puede ser el signo de que soy una persona de muy gran sensibilidad y que conservo en mí mis emociones en vez de dejarlas ir libremente. Para protegerme de mi sensibilidad, "razono" mis emociones para tener la sensación, con mi intelecto, de conservar el control sobre ellas.

Sugerencias y Recomendaciones

Acepto vivir plenamente mis emociones, porque son una riqueza para descubrir diferentes facetas de mí mismo.

TÍMPANO

Atrapar la información necesaria. Separación por el sonido. Falta de contacto auditivo.

Sugerencias y Recomendaciones

NUEVO MODELO MENTAL: "Me amo y me apruebo, no estoy solo, la vida entera me apoya y me sostiene. Soy libre y capaz de cualquier cosa que me proponga. Doy y recibo amor por donde quiera que vaya. Fluyo fácilmente por todas las situaciones que me plantea la vida, me expreso y amo con facilidad. Todo es perfecto en mi mundo".

TINNITUS
Ver zumbidos en los oídos.

TIROIDES

La glándula tiroides tiene la forma de un escudo y está situada en la base del cuello. Las hormonas segregadas por ella tiene una función importante en diferentes niveles del cuerpo y sus problemas se relacionan con el hipertiroidismoo el hipotiroidismo.

La glándula tiroides une al cuerpo humano con el chakra de la garganta. Este está unido a la energía de la voluntad, la capacidad de tomar decisiones para manifestar nuestras necesidades, es decir, crear nuestra vida según nuestras verdaderas necesidades. Es así como crecemos como individuos. Este chakra está relacionado directamente con el chakra sacro, que se encuentra al nivel de los órganos genitales. Debido a que estos centros de energía están conectados entre sí, todo problema en la zona de uno de ellos significa que existe un problema en la zona del otro. En el caso de la persona que sufre una hiperactividad de la glándula tiroides (hipertiroidismo), su cuerpo le dice que está demasiado metida en la acción; desea moderar y crear su vida, pero no se lo permite: se cree obligada a crear la de todos sus seres queridos. Esta persona no dedica tiempo a averiguar sus propias necesidades antes de pasar a la acción. A menudo, la persona hiperactiva busca probar algo a alguien o hacer que la amen. Se exige demasiado y les exige demasiado a los demás. Suele tener miedo de no poder actuar lo suficientemente rápido, de tener las manos atadas. Según ella, hay que "actuar rápido". Sus acciones no se basan en la motivación adecuada, ni en sus verdaderas necesidades. También es el tipo de persona que puede decir lo que sea, incluso mentir, para hacer que las cosas se muevan. En el caso de la persona que sufre por una falta de actividad de la glándula tiroides (hipotiroidismo), su cuerpo le dice que desea pasar a la acción, que no hace las demandas suficientes para obtener lo que quiere en lo más profundo de sí. Está segura de no ser suficientemente rápida para lograr lo que quiere. No está en contacto suficiente con su "yo quiero". Estas dos palabritas detentan un gran poder creador; ayudan a poner en movimiento lo necesario para manifestar lo que queremos. Además, se dice que este chakra es la entrada a la abundancia. ¿Por qué? Porque al escuchar nuestras verdaderas necesidades honramos a nuestro YO SOY y cuando éste se encuentra verdaderamente en armonía, el ser humano sólo puede vivir en la abundancia en todos los niveles: felicidad, salud, amor, dinero, etc.

Es el reloj biológico, tiene que ver con el tiempo. Sensación de sentirse sobrepasado por los acontecimientos.

CONFLICTOS de tiempo (urgencia). Conflicto de atrapar el pedazo.

Miedo Frontal. Femenino.

Conflicto de tiempo con tonalidad de impotencia frente a lo que se avecina.

"Aun teniéndolo en la boca, no estoy seguro de tragarlo". "No puedo actuar suficientemente rápido".

Las personas con problemas de tiroides, sienten que no pueden nunca hacer lo que desean, además tienden a tener un sentimiento de humillación.

Porción acinar: no poder conseguir la presa, por no ser el individuo lo suficientemente rápido. Ejemplo: una vendedora pierde los clientes ante la mayor rapidez de otra compañera y no vende, por eso el jefe la sanciona económicamente

Tiroides, epitelio plano del conducto tirogloso, nódulo frío: Impotencia, "estoy atado de pies y manos. Hay que hacer algo y nadie hace nada".

Glándula tiroides: es una glándula ricamente vascularizada de alrededor de 30 gramos con forma de mariposa situada debajo de la laringe.

Funciones principales:

- Secreta las hormonas tiroideas t3 y t4 que regulan y aceleran la actividad metabólica, el crecimiento y el desarrollo del organismo. Su secreción se rige por la concentración de yodo en sangre y por la TSH.

- Secreta asimismo la calcitonina que actúa a nivel de la matriz ósea.

La tiroides secreta las hormonas tiroideas e interviene en el metabolismo, es decir que estas hormonas van a regular, van a ralentizar o acelerar, hay un rol ligado al tiempo en relación al metabolismo, y esta regulación va a tener que ver con el crecimiento y desarrollo del organismo, pero vamos a decir que es una regulación que se escribe en el tiempo.

CAUSA PROBABLE: Humillación. «Nunca puedo hacer lo que deseo. ¿Cuándo llegará mi turno?»

Sugerencias y Recomendaciones

Si tu glándula tiroides está demasiado activa, recibes un mensaje importante para que te moderes y dediques un tiempo a averiguar lo que realmente quieres para crear la vida que te gustaría. No creas que debes actuar siempre para ser importante, reconocido o querido. Tampoco creas que todo es urgente. Cuando recuperes tu ritmo natural, de acuerdo con tus verdaderas necesidades, todos los que te rodean se sentirán todavía más complacidos. Como ésta es la glándula del crecimiento, si utilizas tu "yo quiero" sólo según tus necesidades, crecerás mucho más al nivel del alma y te darás cuenta así de lo que viniste a hacer sobre la Tierra.

Si tu glándula tiroides no es lo suficientemente activa, date cuenta de que sólo tú puedes llevarla de nuevo a su estado natural. No te favorece creer que no puedes crear tu vida y que no debes pedir. También ha llegado el momento de que dejes de creer que no tienes derecho a hacer lo que quieres. Aun cuando en tu niñez hayas aprendido a tener miedo a pedir, tu cuerpo te dice que ahora puedes dejar ese miedo atrás. Quizás tengas que realizar un proceso de perdón hacia la persona o personas que pudieron haberte perjudicado en sus acciones o sus gestos, o que te hicieron creer que no podías hacer gran cosa por ti mismo. Date cuenta de que estas personas vinieron a tu vida para mostrarte lo que debías aprender, es decir, sobreponerte al miedo a demostrar tu propia voluntad de crear.

NUEVO MODELO MENTAL: "Trasciendo viejas limitaciones y me permito expresarme libre y creativamente".

tiroides
bozo

El bozo suele indicar que mi glándula tiroides está sobreactiva. Esto proviene de una aceleración de varios procesos corporales y mentales. Esta glándula es responsable, entre otras cosas, de la regulación del proceso respiratorio. Está estrechamente vinculada a mi deseo de vivir, a mi compromiso a entrar en la vida. La hipertiroidea es una respuesta estresante que revela mi angustia, mi pena, en resumen emociones intensas no expresadas que hacen hinchar mi glándula tiroides (garganta). Tengo la sensación de que todo va demasiado de prisa. Esto también puede resultar del sentimiento de estar ahogado por la vida. Mi glándula tiroides se cuestiona, o sea: "¿Debo seguir manteniendo la vida o no?" Necesito expresar mis necesidades, mis deseos, mis emociones en vez de reprimirlas, para permitir que mi glándula tiroides funcione normalmente. En el caso de que el bozo resulte de la hipotiroidea, es decir que la glándula tiroides trabaje insuficientemente durante un largo período de tiempo, como si se desmayase, esta manifestación deja ver mi personalidad pesimista y mi tendencia a la desesperación, porque tengo poco el gusto de realizar cosas y adopto una actitud de "víctima" frente a lo que me sucede. Vivo así mucha contrariedad y amargura y tengo la sensación de que el mundo entero está en contra mía. Debo desarrollar una actitud más positiva y asumirme para poder alcanzar mis objetivos.

Sugerencias y Recomendaciones

Necesito expresar mis necesidades, mis deseos, mis emociones en vez de reprimirlas, para permitir que mi glándula tiroides funcione normalmente. En el caso de que el bozo resulte de la hipotiroidea, es decir que la glándula tiroides trabaje insuficientemente durante un largo período de tiempo, como si se desmayase, esta manifestación deja ver mi personalidad pesimista y mi tendencia a la desesperación, porque tengo poco el gusto de realizar cosas y adopto una actitud de "víctima" frente a lo que me sucede. Vivo así mucha contrariedad y amargura y tengo la sensación de que el mundo entero está en contra mía. Debo desarrollar una actitud más positiva y asumirme para poder alcanzar mis objetivos.

tiroides
canales secretores

CONFLICTO: miedo impotente. No poder actuar lo suficientemente rápido, de tener las manos atadas, de no poder actuar frente a algo que urge. Miedo frontal frente a un peligro, un ataque, con un componente de no poder dar la alerta, o de indignarse, pero quedándose en el territorio cuando llega el peligro. Esperar siempre al último momento para hacer algo y darse cuenta entonces de que no lo conseguiremos, quizás nunca. Miedo a afrontar los problemas. Miedo a tener que luchar y sentirse impotente.

RESENTIR: "Hay que hacer algo y nadie hace nada". "Hay que hacer algo rápido y no lo consigo, y hay tanto que hacer...". "No se pueden superar los obstáculos".

Nódulos calientes: dentro de una sensibilidad social: "Hay urgencia en actuar, pero nadie hace nada".

Nódulos fríos: dentro de una noción de peligro, de miedo: Noción de estar estrangulado (cordón umbilical, llevar corbata...) Asociadas con el tiempo: "No actúo lo suficientemente rápido".

Tiroides, cáncer: por hipercalcitonina. A nivel biológico: "Deseo tener los huesos muy sólidos".

RESENTIR: "No me siento lo suficientemente sólido a nivel de mi estructura".

Necesito ser fuerte, necesito que me sostengan, pero no tengo a nadie que lo haga". "Necesito apoyo y no lo tengo".

Sugerencias y Recomendaciones

NUEVO MODELO MENTAL: "Me amo y me apruebo, no estoy solo, la vida entera me apoya y me sostiene. Soy libre y capaz de cualquier cosa que me proponga. Doy y recibo amor por donde quiera que vaya. Fluyo fácilmente por todas las situaciones que me plantea la vida, me expreso y amo con facilidad. Todo es perfecto en mi mundo".

tiroides
hipertiroidismo

El hipertiroidismo es una secreción demasiado abundante de hormonas de la tiroides.

Indica una hiperactividad, una actividad demasiado grande de la glándula tiroides. Mi metabolismo aumenta. Por lo tanto tengo calores y transpiro. Vivo una gran decepción por no poder cumplir lo que quiero realmente o expresar lo que debo decir porque respondo a las esperas de los demás en vez de las mías. En consecuencia, vivo rencor, frustración, odio hacia todo lo que no corresponde realmente a mis esperas. También puedo escuchar los consejos de los demás sin escucharme interiormente. Además, me doy plazos muy cortos en las cosas por hacer, lo cual me pide siempre apresurarme para terminar a tiempo los proyectos en curso. Siempre hay que ir más de prisa. Cuando mi tiroides está hiperactiva, frecuentemente tengo dificultad con el tiempo y con el hecho de hacer tarde. Entonces, mi cuerpo me da un mensaje.

(Urgencia) La persona siente que necesita que el tiempo vaya más rápido (salir urgentemente de esta situación). Ejemplo: Una mujer va a casa del abuelo que hace tiempo que no ve y se lo encuentra muerto.

El estrés que le produce la situación le provoca una necesidad de ir muy rápido para no estar en contacto con el muerto y genera hipertiroidismo.

Se relaciona con las profesiones de urgencias (bomberos, ambulancia...)

"Me falta tiempo. Tengo que hacerlo todo rápido." O "No puedo actuar suficientemente rápido". (Siempre para atrapar o escupir el pedazo).

Sugerencias y Recomendaciones

Tomo consciencia de mi poder. Así, tomo mis decisiones y creo mis acciones según mi discernimiento interior. Soy co-creador de mi vida.

tiroides
hipotiroidismo

El hipotiroidismo es un subfuncionamiento de la glándula tiroides, una insuficiencia de la tiroides. Puede provocar una prominencia de los ojos. Las causas físicas son: un desarreglo del sistema inmunitario, destrucción de la tiroides por una tiroiditis formando anticuerpos que atacan la glándula y una carencia de iodo lo cual conduce a un incremento del porcentaje de colesterol, cansancio, dolores musculares, un hormigueo y frío en las extremidades, estreñimiento y una disminución de los reflejos. Incluso puede aparecer el desánimo haciéndome triste, pesimista y suscitando el sentimiento de estar incomprendido. Mi cuerpo me transmite un S.O.S. Las causas metafísicas son también importantes. El chakra de la garganta está vinculado a mi comunicación y a mi creatividad. ¿Cómo es mi comunicación conmigo mismo, con mis familiares y los demás? ¿Cómo es que ejerzo mi creatividad en lo que hago? La hipotiroidea también puede proceder de mi incapacidad a afrontar una situación que reaparece repetidas veces en mi vida frente a la cual no sé cómo reaccionar.

(Paciencia) "Quiero que el tiempo pase lentamente." Puede estropearse por una situación demasiado larga en el tiempo.

P.ej. A alguien le dicen que a su madre le queda poco tiempo de vida, quiere automáticamente que el tiempo pase más lento. También una persona que lleve mal el hacerse mayor.

Sugerencias y Recomendaciones

Soy creador de mi vida. Comunico la armonía por todas partes alrededor mío. Tengo fe y veo la vida con una nueva mirada.

TIÑA

Enfermedad parasitaria del cuero cabelludo que provoca la caída del cabello.

Véase problemas en la piel y del cabello.

TOBILLO

El tobillo es una parte del cuerpo muy flexible y móvil. Sirve para sostener el cuerpo y, por su posición física, sufre grandes presiones. Es una especie de puente, nexo entre yo y la tierra. Es a causa de ella si estoy conectado a la tierra en el suelo, si la energía espiritual viaja desde arriba hacía bajo y viceversa, si estoy en contacto con la tierra - madre. También es el lugar en el cual expreso mi capacidad de adelantar, de levantarme y de mantenerme de pie, estable y anclado. El tobillo ejecuta los cambios de dirección y, por consiguiente, representa mis decisiones y mis compromisos que se toman teniendo en cuenta mis creencias y mis valores. Cualquier herida o dolor en los tobillos está vinculado con mi capacidad en mantenerme flexible, mientras voy cambiando de dirección. Si tengo miedo de lo que deriva, si soy inflexible frente a una decisión que tomar, si voy demasiado de prisa sin reflexionar, si tengo miedo de mis responsabilidades presentes o futuras, si tengo la sensación de ser inestable, corro el riesgo de frenar la energía en mis tobillos. Según la intensidad del bloqueo de energía y de mi cierre al flujo de vida, puede resultar un esguince, una torcedura o una fractura. No puedo tenerme en pie sin mis tobillos. Quizás deba apoyarme en nuevos modos de ver las cosas, nuevos "criterios" que son más abiertos y flexibles. Toman cuidado de mí y de mi ser interior, me soportan en la vida. Si un tobillo cede o se rompe, ya no tengo base sólida, necesito cambiar de dirección, vivo un conflicto mental. Mi tobillo ya no puede soportarme y es el cuerpo entero que cede físicamente. En cierto sentido, mi vida se derrumba también, pero es más la imagen de que hay algo que no va en vez de un derrumbe real de la persona. Referente a la torcedura, el tobillo torcido, es la energía que se "tuerce" en el tobillo y mi estructura de soporte está deformada. Ya no hay nada claro y definido. Cuando estoy confrontado a algo muy profundo, un cambio obligado para mi estar mejor, se manifiesta la ruptura o fractura.

Desvalorización en la dirección que tomo o que no tomo.

CONFLCITO de indecisión. Desvalorización por no poder correr, bailar o guardar equilibrio. "No estoy tomando el buen camino".

Torcedura de tobillo, frecuentemente relacionada con una situación en la cual resisto, sintiéndome inquieto y teniendo necesidad de aumentar mi apertura y mi flexibilidad.

Los tobillos: mi flexibilidad en las nuevas direcciones del futuro.

Los 3 años. Los tobillos representan la capacidad de recibir placer.

CAUSA PROBABLE: inflexibilidad y culpa. Los tobillos representan la capacidad de recibir placer.

Sugerencias y Recomendaciones

Verdaderamente, debo cambiar de orientación. Están en juego mi honor, mi seguridad, mi objetivo y mi orientación en la vida. Poco importa la dolencia, el período de inmovilidad que sigue, permite a mi cuerpo y a mi ser interior integrar adecuadamente el aspecto de mi vida que debo cambiar y permite también a la maravillosa transformación que sigue para mí de instalarse. Acepto la vida y todo lo que ella pone en mi camino. Esto me ayudará a abrazar la vida del buen lado.

Véase problemas en los pies, agregando la falta de flexibilidad en la manera de pasar a la acción, de cambiar de dirección ante el porvenir. Si se debe a un accidente, ver también dicha palabra.

NUEVO MODELO MENTAL: "Merezco gozar de la vida. Acepto todos los placeres que la vida me ofrece".

Ver articulaciones, esguince.

tobillo
esguince

Ligamento lateral externo:

a) Cuando hay dolor anterior, está relacionado con la vesícula biliar, son... "rencores, injusticias, vergüenzas, cólera reprimida"

b) Cuando el dolor es posterior, está relacionado con la vejiga, es una historia de territorio (como el dedo pequeño del pie).

Ligamento lateral interno:

Se produce un movimiento de eversión, se relaciona con el bazo y el páncreas.

Páncreas: "La dulzura, en relación a los hijos". Bazo: "La preocupación, en relación a los hijos".

Tensión mental que no se puede soportar por más tiempo. Hacer cosas que no nos gustan hacer. Circunstancias que nos crean tensión. Ir en dirección equivocada. Pisar terreno delicado poco seguro, mentalmente perturbador.

Frecuentemente relacionada con una situación en la cual resisto, sintiéndome inquieto y teniendo necesidad de aumentar mi apertura y mi flexibilidad.

Tobillos: mi flexibilidad en las nuevas direcciones del futuro.

CAUSA PROBABLE: inflexibilidad y culpa. Los tobillos representan la capacidad de recibir placer.

Torcedura:

CAUSA PROBABLE: ira y resistencia. No querer avanzar en cierta dirección en la vida.

Sugerencias y Recomendaciones

SOLUCIÓN POSIBLE: liberar tensión. No engañarse. Seguir el objetivo de tu alma.

Tobillos:

NUEVO MODELO MENTAL: "Merezco gozar de la vida. Acepto todos los placeres que la vida me ofrece".

Torcedura:

NUEVO MODELO MENTAL: "Confío en que el proceso de la vida sólo me lleva a mi mayor bien. Estoy en paz".

TORCEDURA
Ver esguince.

TORPOR

El torpor es un estado de entumecimiento general, físico y psíquico.

Véase entumecimiento, agregando que la persona se siente abatida cuando su cuerpo le dice que sea más activa.

TORTÍCOLIS

CONFLICTO de contrariedad en la acción. Querer girar la cabeza para ver a alguien pero tenerlo prohibido moralmente. Querer mirar y no hacerlo. Una parte de mí quiere ir hacia delante, otra parte hacia atrás, o echarse a un lado. "No puedo mirar hacia dos lados a la vez".

Distonía = amor prohibido.

Espasmódica = Los músculos no sostienen la cabeza. Puede ser que no sienta apoyo en algún enfrentamiento.

Tortícolis, falta de flexibilidad en nuestras opiniones y forma de ver la vida, rigidez de pensamiento. Terquedad.

Frecuente relacionado con uno o lados (aspectos) de una situación que evito ver o que quiero huir.

El cuello: mi flexibilidad, mi capacidad para ver varios lados de las situaciones de la vida.

Negativa a ver otros aspectos de un asunto. Terquedad, inflexibilidad.

Sugerencias y Recomendaciones

NUEVO MODELO MENTAL: "Con flexibilidad y naturalidad veo todos los aspectos de un problema. Hay innumerables maneras de ver y de hacer las cosas. Estoy a salvo".

Ver cuello-tortícolis.

TOS

La definición que sigue se aplica a una tos sin causa aparente, y no a una provocada por una enfermedad.

La persona con tos más o menos constante, pero sin causa aparente, es del tipo que se irrita fácilmente. Tiene un crítico interior muy activo. Su cuerpo le dice que su corazón desea más tolerancia, sobre todo hacia sí misma. Aunque la irritación provenga de una situación o de una persona externa, ésta desencadena en ella un proceso de crítica hacia sí misma. El estornudo tiene relación con lo que procede del exterior, y la tos con lo que sucede en el interior.

La tos es un estado frecuentemente minimizado, negado. Sin embargo, demuestra una irritación; bien sea a nivel de la garganta o de los pulmones, vivo una tensión nerviosa que me irrita y de la cual me quiero liberar. Puedo sentirme ahogado por una situación, por una persona. Vivo frustración, tendría ganas de gritar, de "escupir" mi pena, pero mi educación me lo prohíbe. Tosiendo, logro liberarme de mis emociones. Puede ser tanto la soledad, la amargura, la tristeza, la incomprensión, la frustración, el aburrimiento, etc. Aceptando reconocer lo que me irrita, mi tos se irá. Puede ser perfectamente un aspecto de mí mismo que tengo dificultad en aceptar. Si persiste, es que no consigo liberarme.

"Algo me irrita". "El otro está en mi interior". "No tengo derecho a expresarme con fuerza".

Tos seca: Rechazo al intruso, al extranjero, a la autoridad. No aceptación de... no soportar... rechazar... (humo del cigarro, los otros, coacción en su espacio, intercambios, etcétera).

La crisis persistente de tos, en realidad es un deseo de ladrar al mundo, deseos que ser escuchado y tenido en cuenta.

CAUSA PROBABLE: deseo de ladrarle al mundo. «¡Mírenme! ¡Escúchenme!»

Sugerencias y Recomendaciones

Cada vez que toses sin causa aparente, dedica un momento a detenerte y a observar qué ha sucedido en tus pensamientos. Todo pasa de manera rápida y tan automática en ti, que eres inconsciente del número de veces que te criticas o que no te aceptas como eres. Esto te impide aspirar bien la vida y vivirla tan plenamente como tú deseas. No eres lo que crees ser... eres mucho más que eso. En el momento en que tomes conciencia de una irritación interior, sé tolerante contigo de igual forma en que quisieras que los demás lo fueran.

Sería bueno que tome un tiempo de pausa para descubrir las causas de mi irritabilidad para por fin llegar a corregir las situaciones que son irritantes y para sentirme bien con las que debo aceptar.

NUEVO MODELO MENTAL: "Todos se fijan en mí y me valoran de la forma más positiva. Soy una persona amada".

TOSFERINA

Es una enfermedad infecciosa de origen bacteriano. Se caracteriza por accesos de tos y afecta sobre todo a los niños menores de cinco años.

Ver enfermedades infantiles, agregando que el niño ya no se siente el preferido y esta tos es una forma de llamar la atención.

Ver enfermedades infantiles.

TOURETTE

El síndrome de Tourette comienza por simples tics nerviosos y progresa hasta llegar a generar movimientos complejos y múltiples, que incluyen tics respiratorios y vocales.

Esta afección se manifiesta en alguien que se siente controlado e invadido y tiene un miedo terrible a perder el control y a dejarse invadir. Es muy probable que en su infancia esta persona haya sentido que uno de sus progenitores (generalmente el del sexo opuesto) era muy controlador, mientras el otro estaba agarrado y controlado. También pudo haber vivido la experiencia de perder el control, una situación que le resultó difícil. Esta persona está a menudo enojada y posee un sentido muy crítico. Oculta su vulnerabilidad porque quiere dar la impresión de ser fuerte.

Sugerencias y Recomendaciones

Es muy importante que te concedas el derecho a ser una persona sensible y vulnerable. Aun cuando hayas perdido el control cuando eras niño, esto no se repetirá siempre. Por otro lado, un ejercicio de perdón con ambos progenitores sería una ayuda preciosa para que lograras perdonarte a ti mismo.

TOXICIDAD

CONFLICTO de que tomen el pelo a la familia (por ejemplo en herencias). Que te engañe un padre, un hermano (noción de envenenamiento). Los lazos de sangre se resienten como envenenados.

Envenenamiento. Debo preguntarme: ¿Qué o quién me está envenenando la existencia?

Envenenamiento por alimentos: permitir que otros asuman el control. Sentimiento de indefensión.

Sugerencias y Recomendaciones

NUEVO MODELO MENTAL: "Poseo la fuerza, el poder y la habilidad para digerir todo lo que se me presente en el camino".

TOXICOMANÍA

La toxicomanía se caracteriza por el consumo abusivo de diferentes productos tóxicos, regidos por la ley o no, entre los cuales se encuentran el tabaco, los medicamentos, el alcohol y las drogas bajo todas sus formas. Desarrollo así una dependencia psíquica o física. Esta necesidad irresistible de consumir demuestra un gran miedo a verme tal como soy. Prefiero la huida, la inconsciencia. Sin saber cómo amarme, no puedo concebir que la gente que me rodea me ame y me aprecie. Me escondo en un mundo "fantástico" en el cual creo que nada podrá alcanzarme, jamás. Me duermo suavemente rechazando mis heridas en lo hondo de mí mismo. Me duele e incluso yo, ya no lo veo. Dándole la oportunidad de ser yo mismo, puedo descubrir el ser maravilloso que soy y abrirme al amor.

Ver alcoholismo, cigarrillo, compulsión nerviosa, dependencia, droga, pulmones.

TRANSPIRACIÓN

La transpiración, o sudación, es la secreción de sudor por los poros de la piel. Su función es mantener estable la temperatura del cuerpo a 37°C. La definición que sigue se refiere a una persona que sufre de transpiración abundante y anormal, no generada por un acto natural (como un esfuerzo sostenido) ni provocada por una sesión de sauna; también atañe a la persona cuyo volumen de sudor expulsado es considerablemente reducido.

Como el 95% del sudor está compuesto por agua, todo problema con la sudación está directamente relacionado con un problema emotivo. El líquido corporal representa simbólicamente a nuestro cuerpo emocional. La persona que no transpira lo suficiente es aquella que siente muchas emociones y las reprime por miedo a herir a los demás. En general, también tiene problemas dérmicos. Por lo tanto, sugiero consultar los problemas en la piel.

La persona que transpira demasiado es aquélla que, después de haber reprimido mucho sus emociones, llega a su límite emocional y ya no puede reprimirlas más. Por medio de esta transpiración abundante su cuerpo le está diciendo que se exprese, aunque lo que tenga que decir no tenga mucho que ver con los demás. Al principio es posible que se sienta un poco torpe al hacerlo por falta de práctica; sólo tiene que prevenir a los demás para prepararlos psicológicamente.

Si el sudor viene acompañado de mal olor, la persona tiene pensamientos de ira hacia sí misma. Está resentida consigo misma por todas las emociones negativas que ha acumulado desde hace muchos años. Le urge perdonar a aquéllos con quienes vivió estas fuertes emociones y, sobre todo, perdonarse como se describe en el proceso de perdón.

Sugerencias y Recomendaciones

El mensaje es muy claro. Tu cuerpo te muestra que lo que crees con respecto a la expresión de tus emociones no te beneficia. Tus emociones reprimidas no te sirven para nada. Si aprendes a expresarlas más, dejarás de culparte por sentirlas, y así podrás restablecer contacto con tu sensibilidad. Lo ideal es ser sensible sin vivir de las emociones.

Ver olor corporal.

TRANSTORNO BIPOLAR

El estado de ánimo no es algo constante en ningún ser humano. Como en una danza oscilante, damos pasos armónicos hacia valores negativos y positivos de cada emoción en función de las melodías que toquen instrumentos internos y externos en cada circunstancia: de estar contentos pasamos a la pena, del entusiasmo a la decepción, de la risa al llanto, de la euforia a la melancolía, etc. Es más, ninguno de estos polos de cada emoción existe sin el otro, como no existe la sombra si la luz.

¿Qué ocurre cuando la persona pasa del extremo del extremo de un polo, al extremo del extremo del otro, sin causas que justifiquen tal desconcierto?

Es entonces cuando hablamos del trastorno bipolar, lo que antes se llamaba psicosis maniaco-depresiva. La persona que durante un espacio de tiempo se encuentra estable, pasa a una especie de encierro melancólico, se muestra apática, deja de relacionarse con los demás, pierde el apetito, se le altera el ritmo del sueño, entre otros síntomas; más adelante, como si un volcán entrase en erupción, de esa misma persona parece que sale un diablo dispuesto a dominar el mundo, puede con todo, arrasa con todo, no se cansa, no ve límites para lograr lo que se proponga.

¿A qué porcentaje de la población afecta? Se calcula que cerca del 1% de la población mundial es bipolar, lo que significa por ejemplo que en España hay unas 400.000 personas que sufren esta enfermedad

¿Algún bipolar ha explicado lo que siente? Michael Crawford es un joven bipolar que ha decidido explicar abiertamente en internet su enfermedad. Dice que pasa mucho tiempo sin poderse quitar de la cabeza la idea del suicidio, algo que todos los maníaco depresivos experimentan. Pero hay una ironía en esta enfermedad, a menudo se despierta la creatividad y la inteligencia.

¿Cómo es posible? Michael Crawford: "Cuando me deprimo me aburre todo lo que hago. Nada es interesante... Sin embargo cuando estoy con hipomanía (manía moderada) me vuelvo muy imaginativo. Durante uno de esos periodos, inventé un nuevo método para comprimir imágenes gráficas de ordenador, y permanecía despierto todas las noches diseñando maneras para hacer que los ficheros fuesen todavía más pequeños. Me quedaba en vela creando complicados programas como un loco. En cambio, cuando entro en estado de manía más aguda, empiezo a pensar en verso. Esta es una de las formas por las que sé que entro en la fase de manía. Cuando estoy normal soy incapaz de componer una poesía, pero cuando estoy alto puedo hablar durante mucho rato en rima".

¿Qué cree que sucede en su interior? Michael Crawford: Muchos de los bipolares estamos divorciados de la realidad. Lo que la gente no acierta a entender es que la realidad no es algo que nos suceda, sino algo que nosotros construimos. Y para recuperarse de una enfermedad como la manía depresiva uno debe aprender a construirse una realidad mejor y a agarrarse a ella aunque la fuerza de los propios sentimientos te empuje a volcarla

En la manía o euforia, hay mucha gente que entra en un concesionario de automóviles y sale con un Mercedes que no va a poder pagar. Lo importante es darse cuenta de cuándo empieza y por qué empieza, los desencadenantes. Cuando estamos en la depresión no nos acordamos de la euforia y cuando estamos en la euforia no nos acordamos de la depresión. Entre los bipolares hay un componente muy grande de gente infantil, poco madura. Somos muy vulnerables, sensibles, muy perfeccionistas.

Esta enfermedad es sobre todo afectiva, es un trastorno afectivo. También le doy mucha importancia al hecho de haber declarado mi enfermedad, lo que es un modo de reconocerla. Mucha gente la lleva de forma clandestina y a mí me parece que es peor.

Ya sabemos que hay un desequilibrio bioquímico en el cerebro de estas personas, pero ¿habría otro modo de mirar esta enfermedad?

Una raíz psicogenealógica del trastorno bipolar es la falta de integración de "contrarios". Una rama materna y una rama paterna que nunca se aceptaron realmente, una parte masculina y otra femenina que se repelieron como los polos opuestos de un imán. Lo que no es fuera, no tiene permiso de ser dentro y el fruto de ese árbol vive en su cuerpo lo que fue callado en anteriores generaciones. Muchas veces, los síntomas psicóticos son números de circo, teatralizaciones, de los secretos del árbol, etcétera.

Sugerencias y Recomendaciones

¿Se ha encontrado un tratamiento totalmente efectivo que cure para siempre la enfermedad bipolar?

No. Sin embargo se puede mantener a raya en la mayoría de los casos, con ayuda del litio, que es eficaz en la fase aguda de manía y en el tratamiento a largo plazo. Sin embargo, como ya se ha visto, puede tener efectos secundarios indeseables y en dosis altas es tóxico.

Entonces ¿qué se puede hacer?

Durante las fases de manía o depresión, es necesario el tratamiento farmacológico. Ahora bien, una vez superada la crisis, la metagenealogía puede constituir un remedio eficaz porque invita al autoconocimiento. El tratamiento farmacológico y el psicoterapéutico deben ser complementarios...

TRAQUEÍTIS
Ver respiración-traqueítis.

TRASTORNOS TALÁMICOS

Trastornos del tálamo localizados centralmente, el que integra un amplio rango de información cortical y subcortical. Las manifestaciones incluyen pérdida sensorial, trastornos del movimiento; ataxia, síndromes dolorosos, trastornos visuales, una variedad de condiciones neuroquirúrgicas, y coma.

Entre las etiologías relativamente comunes se incluyen trastornos cerebrovasculares, trauma craneocerebral, neoplasias cerebrales, hipoxia cerebral, hemorragias intracraneales, y procesos infecciosos.

CONFLICTO: Resignación extrema. "Mejor estuviera muerto".

Sugerencias y Recomendaciones

NUEVO MODELO MENTAL: "Me amo y me apruebo, no estoy solo, la vida entera me apoya y me sostiene. Soy libre y capaz de cualquier cosa que me proponga, decido vivir sin culpa. Doy y recibo amor por donde quiera que vaya. Fluyo con facilidad por la vida y acepto con alegría cuantas situaciones se plantean. Confío en la vida. Todo es perfecto en mi mundo".

TRAUMA MENTAL

Es un acontecimiento demasiado difícil para el espíritu y para el corazón, demasiado horrible, inhumano, monstruoso, que nuestras estructuras mentales, individuales y colectivas no logran digerir.

Hay un sinfín de legados familiares invisibles con aspectos de enfermedades, accidentes, episodios psicóticos u otros, tantos como maneras de señalar la fragilidad de un aniversario, de los duelos no realizados, o de los traumas no asimilados, no verbalizados.

El no decir una cosa ("por tu bien") es un mal que golpea precisamente a los que hemos querido proteger.

Celebraciones de derrotas son duelos sin fin, traumas elegidos en cultos nacionales, en vendettas familiares, nacionales y culturales, se convierten en baños de sangre que el nacionalismo no consigue detener.

Sugerencias y Recomendaciones

NUEVO MODELO MENTAL: "Me amo y me apruebo, no estoy solo, la vida entera me apoya y me sostiene. Soy libre y capaz de cualquier cosa que me proponga, decido vivir sin culpa. Doy y recibo amor por donde quiera que vaya. Fluyo con facilidad por la vida y acepto con alegría cuantas situaciones se plantean. Confío en la vida. Todo es perfecto en mi mundo".

TRAUMATISMO CEREBRAL

Dar vueltas en círculo ante un conflicto.

Sugerencias y Recomendaciones

NUEVO MODELO MENTAL: "Me amo y me apruebo, no estoy solo, la vida entera me apoya y me sostiene. Soy libre y capaz de cualquier cosa que me proponga, decido vivir sin culpa. Doy y recibo amor por donde quiera que vaya. Fluyo con facilidad por la vida y acepto con alegría cuantas situaciones se plantean. Confío en la vida. Todo es perfecto en mi mundo".

Es fundamental perdonar, todo y a todos, incluso a mí mismo.

TRISMUS
Ver músculos-trismus.

TRISTEZA

La tristeza se define como "un estado natural o accidental de pena, melancolía". Una tristeza profunda puede llevarme a volverme diabético. Es todo mi cuerpo el que rechaza la alegría de vivir. Tengo la sensación de que nada me sonríe, siento la pena que corre a través mío, mi corazón se desgarra; este inmenso vacío parece querer crecer adentro mío para dejar sitio a esta pelota de pena.

Sugerencias y Recomendaciones

Tengo necesidad de "picante" en mi vida, de calor que pondrá en ebullición todas las lágrimas que están en mí y que dejarán también mi cuerpo, como el vapor que se reúne con el cielo. Así podré colmar este vacío de dulzura y ternura. Y las ideas oscuras se desvanecerán; encontraré mi dinamismo y mi alegría de vivir.

Ver también pena, melancolía, colesterol, diabetes, hipoglicemia.

TROCANTER MAYOR

Es la gran protuberancia en el exterior del extremo superior del fémur. Esta protuberancia es el punto en el que los grandes músculos de las nalgas que mueven la cadera conectan con el fémur. El glúteo mayor es el más grande de estos músculos y se inserta más abajo en el fémur.

Conflicto de oposición (como en la cabeza del fémur) pero con el siguiente matiz: un hombre siempre es el líder en el colegio. En la facultad, las chicas son tan fuertes como él, no capitula, no cede, pero huye antes de capitular.

Sugerencias y Recomendaciones

NUEVO MODELO MENTAL: "Me amo y me apruebo, no estoy solo, la vida entera me apoya y me sostiene. Soy libre y capaz de cualquier cosa que me proponga, decido vivir sin culpa. Doy y recibo amor por donde quiera que vaya. Fluyo con facilidad por la vida y acepto con alegría cuantas situaciones se plantean. Confío en la vida. Todo es perfecto en mi mundo".

TROFOBLASTOMA

Cáncer de placenta.

Proteger al hijo.

1) Una persona que nace tras dos o tres hermanos muertos (su placenta debe de ser mayor para protegerlo más).

2) No estar segura de llevar el embarazo hasta el final.

3) Yo estoy lista para el alojo, pero la casa está vacía, yo acojo, pero mi marido no

desea un hijo. (Esto también causa embarazos nerviosos).

Sugerencias y Recomendaciones

Tomo consciencia de que la maternidad es uno de los estados maravillosos de la vida.

NUEVO MODELO MENTAL: "Me amo y me apruebo, no estoy solo, la vida entera me apoya y me sostiene. Soy libre y capaz de cualquier cosa que me proponga, decido vivir sin culpa. Doy y recibo amor por donde quiera que vaya. Fluyo con facilidad por la vida y acepto con alegría cuantas situaciones se plantean. Confío en la vida. Todo es perfecto en mi mundo".

TROMBOCITOS
Ver plaquetas.

TROMBOSIS

La trombosis es un coágulo en el interior de un vaso sanguíneo y uno de los causantes de un infarto agudo de miocardio. También se denomina así al propio proceso patológico, en el cual, un agregado de plaquetas o fibrina ocluye un vaso sanguíneo.

Venas que se taponan y hay que limpiar.

"Me siento ahogado en esta familia. "Hay demasiadas cosas que limpiar en esta familia". "Te cansas de limpiar y la mierda tapona las venas".

Trombopenia:

Cohesión del clan. "Soy incapaz de cohesionar el clan". "No soy capaz de luchar".

Trombosis coronaria:

Sensación de soledad y miedo. «No sirvo. No hago lo suficiente. Jamás lo lograré.»

Sugerencias y Recomendaciones

NUEVO MODELO MENTAL: "Soy uno con la totalidad de la vida. El Universo me apoya totalmente. Todo está bien".

Ver sangre-trombosis.

TROMPA DE EUSTAQUIO

Une el oído medio con la boca, se llama conducto Faringo-timpánico. El revestimiento es una capa mucosa. Este canal normalmente está cerrado y se abre cada 15 o 20 minutos.

Parte muscular:

1ª Etapa: sentir miedo por el oído medio y lo que contiene, por ello se mantiene cerrado.

2ª Etapa: conflicto de tener miedo de hacer daño a alguien, percibido por el oído (por ejemplo, la voz de mamá).

3ª Etapa: Miedo a acercarse a mamá. "Me protejo del miedo de mi madre que me quiere proteger".

Mucosa:

a) Conflicto de territorio. Conflicto de cambio de presión en la atmósfera.

b) Conflicto arcaico de pedazo.

- Oído derecho = "El amor de la madre".

- Oído izquierdo = "Estar agobiado por las informaciones" que tengo que escuchar".

"No quiero que cambie la atmósfera". "Rechazo los conflictos, las disputas". "No soporto las tormentas, las discusiones". "Protejo a mi oído del conflicto de cambio de atmósfera". "No consigo tragar la información vital, nutricional" (Este canal siempre está cerrado, excepto cuando tragamos).

La palabra clave es: tormenta. La situación ambiental en el entorno genera presiones.

Sentido biológico: "Para protegerme de una presión que no soporto o que no quiero que cambie, pongo obstáculos (inflamación, mucosidad...)". La presión puede ser real o simbólica.

Oído derecho: "No poder atrapar la información deseada".

Oído izquierdo: "No poder liberarse de una información no deseada".

Cuando no podemos atrapar o liberarnos de una información se produce una congestión y se bloquea el sistema.

Si duermo del lado derecho, queda arriba el oído izquierdo – Asociado al peligro.

Si duermo del lado izquierdo, queda arriba el oído derecho – Asociado a lo que quiero oír.

¿Qué hay en el interior del oído? à la voz de la madre; mi padre me chilla y no quiero oírlo; mi padre me da siempre los mismos consejos y estoy harto.

Cuando duele la trompa está cerrada.

Hay dos conflictos en la trompa de Eustaquio: uno localizado en el cerebelo y otro en el tronco cerebral.

Primer conflicto- La parte que está en el tronco, la arcaica, corresponde al conflicto "yo quiero hacerme con el pedazo auditivo". Por ejemplo, una niñita que está gordita, quiere hacerse con un trozo de chocolate, y su mama le dice: "no, no, estás demasiado gorda, no puedes comer chocolate".

Pero ella quiere cogerlo. Tendrá derecho a coger un trozo de chocolate, pastel, caramelos, cuando oiga la voz de su madre que le dará permiso para ello. Por lo tanto, quiero hacerme con el pedazo auditivo. O bien "espero divertirme mucho en un aniversario, pero mi madre ha dicho: "solo podrás ir si te doy permiso para ello", "o si tu padre te da permiso", "o si has estado aplicada en la escuela". Por lo tanto es "quiero hacerme con el pedazo de placer" (Es Arcaico, 1er nivel). Es lo mismo que las amígdalas, que las vegetaciones, solo que con las amígdalas estamos en una tonalidad digestiva y con las vegetaciones, en una tonalidad respiratoria. Los niños están a menudo en este conflicto "quiero hacerme con esto...", y esto se les puede escapar. Los padres, involuntariamente, muy a menudo hacen chantaje, y esto angustia al niño.

Segundo conflicto, a nivel del oído, "quiero guardar armonía en mi oído".

Función: Regular las presiones externas (aviones, montañas...).

PATOLOGÍAS QUE LA AFECTAN:

Resfriado común.

Otitis media crónica. "No quiero que cambie la atmósfera" o "No soporto el ambiente".

Rinitis. Hipertrofias adenoideas. Alteraciones del tabique.

Sugerencias y Recomendaciones

NUEVO MODELO MENTAL: "Me amo y me apruebo, no estoy solo, la vida entera me apoya y me sostiene. Soy libre y capaz de cualquier cosa que me proponga, decido vivir sin culpa. Doy y recibo amor por donde quiera que vaya. Fluyo con facilidad por la vida y acepto con alegría cuantas situaciones se plantean. Confío en la vida. Todo es perfecto en mi mundo".

TROMPAS DE FALOPIO

El problema más común es la obstrucción de una o las dos trompas.

Como las trompas son el lugar donde el óvulo se encuentra con el espermatozoide para crear un hijo, un problema aquí indica que la mujer bloquea el enlace entre sus principios femenino y masculino. Por lo tanto, le resulta difícil crear su vida como lo desea y relacionarse con los hombres.

Aspecto sucio sobre la sexualidad. "No puedo aceptar una relación sexual".

Sugerencias y Recomendaciones

Tu cuerpo te dice que es el momento de que te abras más a las ideas que recibes y de que realices acciones para crear tu vida sin sentirte culpable. De este modo, te abrirás más a lo que el hombre puede aportarle a tu vida. Esos miedos, que hacen que te cierres, no te benefician.

TROMPAS UTERINAS

Conductos que conectan los ovarios al útero y matriz. Donde tiene lugar la fecundación.

Hay 2 etapas: La muscular y la mucosa.

Guarrada vivida a nivel sexual (violación, intercambio de insultos a nivel sexual muy fuerte, transgeneracional, una mujer que se enamora del marido de una amiga o directora de una fábrica se entera que uno de sus empleados principales fue encontrado con chicas menores de edad. Para deshacerse de él tiene que pagar además indemnización).

"No puedo aceptar una relación sexual porqué está vinculada a algo demasiado insoportable". Ejemplos:

- Diferencias violentas con una persona del otro sexo, intercambio de insultos groseros.

- Violación/relación sexual vivida con violencia.

- Agresión de tipo sexual: obsesión de quedarse embarazada.

- Memoria de incesto o violación en la línea familiar.

Sugerencias y Recomendaciones

NUEVO MODELO MENTAL: "Me amo y me apruebo, no estoy solo, la vida entera me apoya y me sostiene. Soy libre y capaz de cualquier cosa que me proponga. Doy y recibo amor por donde quiera que vaya. Todo es perfecto en mi mundo".

TUBERCULOSIS

Enfermedad infecciosa y contagiosa que afecta principalmente a los pulmones.

La tuberculosis es una infección por el bacilo de Koch que se ubica frecuentemente en el interior de los pulmones pero que también puede alcanzar por vía sanguínea los riñones, el sistema urinario, etc. Los principales síntomas son, entre otros, bronquitis repetitivas, un cansancio anormal, fiebre prolongada, escupido de sangre. Cada uno de ellos me revela que siento ira dentro de mí y que no hay alegría en mi vida. Tengo la sensación de estar olvidado, abandonado, perder mis facultades. Yo desearía guardar para mí solo a la gente a quien amo. Mi egoísmo me lleva a estar celoso de lo que poseen los demás y me siento "víctima", con rencor hacía el resto del mundo y buscando vengarme de él. Ya que los pulmones están afectados, la tuberculosis evidencia también mi miedo de la muerte que es muy presente y que invade mis pensamientos. Es por este motivo que después de las guerras, hay un aumento de la tuberculosis porque, en muchos casos, pude hallarme en situaciones en las que cayeron bombas cerca del lugar en donde estaba, que el enemigo podía matarme. De hecho, viví varias situaciones en que hubiese podido morir.

Contrariamente a lo que se pensaba, a partir de los 90s la tuberculosis ha vuelto a brotar con nuevas fuerzas, pese a que era una enfermedad prácticamente controlada desde los años cincuenta.

La tuberculosis (abreviada TBC o TB), llamada antiguamente tisis es una infección bacteriana contagiosa que compromete principalmente los pulmones, pero puede propagarse a otros órganos.

Según Hamer son las que pueden destruir los tumores pulmonares e intestinales. CONFLICTO: delimitación del territorio. Invasión del territorio.

CAUSA PROBABLE: Egoísmo que carcome. Posesividad. Pensamientos crueles. Deseo de venganza.

Sugerencias y Recomendaciones

Es muy importante que tome consciencia del objeto de este miedo y que sepa que estoy protegido en todo momento. Debo superar este miedo a la muerte y vivir el momento, saboreando cada instante.

Véase problemas en los pulmones, agregando que el mensaje es importante y urgente, dada la gravedad de esta enfermedad si no se la atiende. Cuando la tuberculosis ataca a otro órgano, véase la definición del mismo.

NUEVO MODELO MENTAL: "Me amo y me apruebo; así me creo un mundo dichoso y en paz para vivir".

CROMOTERAPIA: color curativo azul.

TRATAMIENTO: aplique un masaje a los pulmones y la zona torácica, prestando también atención al hígado y los riñones, sin olvidar las glándulas tiroides y pituitaria, el páncreas, las suprarrenales, el bazo, los ovarios o la próstata.

Ver pulmones-dolencias.

TUMORES

Son falsos crecimientos. Si a una ostra le entra un granito de arena, para protegerse lo rodea de un revestimiento duro y brillante. Somos nosotros quienes lo llamamos «perla» y lo consideramos hermoso.

Si nos encarnizamos con una vieja herida, la cultivamos y no la dejamos cicatrizar, con el tiempo se convertirá en un tumor.

Es como pasar una vieja película. Y creo que la razón de que las mujeres tengan tantos tumores en el útero es que se centran en un golpe emocional que ha afectado a su feminidad y lo cultivan. Es lo que yo llamo el síndrome de «Él me ha dañado.»

Un tumor es comparable a un montón de tejidos informes, pudiendo hallarse en diferentes lugares del cuerpo. Se produce después de un impacto emocional generalmente. Guardando en mí viejas heridas, pensamientos negativos frente a mi pasado, éstas se acumulan y forman una masa que acaba por hacerse sólida.

El hecho de que una relación se acabe no significa que nada ande mal en mí, ni disminuye mi valor intrínseco.

Lo que importa no es lo que sucede, sino cómo reaccionamos ante ello. Cada uno es responsable en un ciento por ciento de sus experiencias. ¿Qué creencias sobre usted mismo necesita cambiar para atraer a su ámbito vital formas de comportamiento que expresen más amor? (por Louise L Hay.) Tomado del capítulo 14, del Libro Usted puede Sanar su Vida. "Con amor escucho los mensajes de mi cuerpo".

Estoy convencida de que nosotros mismos creamos todo lo que llamamos «enfermedad». El cuerpo, como todo en la vida, es un espejo de nuestras ideas y creencias. El cuerpo está siempre hablándonos; sólo falta que nos molestemos en escucharlo. Cada célula de su cuerpo responde a cada una de las cosas que usted piensa y a cada palabra que dice.

Cuando un modo de hablar y de pensar se hace continuo, termina expresándose en comportamientos y posturas corporales, en formas de estar y de «mal estar». La persona que tiene continuamente un gesto ceñudo no se lo creó teniendo ideas alegres ni sentimientos de amor. La cara y el cuerpo de los ancianos muestran con toda claridad la forma en que han pensado durante toda una vida. ¿Qué cara tendrá usted a los ochenta años?

En este capítulo no sólo incluyo mi lista de «modelos mentales probables» que crean enfermedades en el cuerpo, sino también los «nuevos modelos o afirmaciones mentales» que se han de usar para crear salud, y que ya aparecieron en mi libro Curar el cuerpo. Además de estas breves enumeraciones, me detendré en algunas de las afecciones más comunes, para darles una idea de cómo nos creamos estos problemas.

No todos los equivalentes mentales son válidos en un ciento por ciento para todos. Sin embargo, nos servirán como punto de referencia para comenzar a buscar la causa de la enfermedad. En Estados Unidos muchas personas que trabajan en el campo de las terapias alternativas usan mi libro Curar el cuerpo en su trabajo cotidiano, y encuentran que las causas mentales explican entre un noventa y un noventa y cinco por ciento de los casos.

Pautas y actitudes mentales acumuladas por largo tiempo. Esquemas mentales fijos.

Sugerencias y Recomendaciones

Me conviene tomar consciencia que esta masa bloquea el paso de una parte de mi energía que quiere circular libremente. Es importante que pueda expresar esta desesperación que está dentro mío; debo tomar en serio este mensaje que me da mi cuerpo. Dejo sitio al presente, expreso mis sentimientos. Si rehúso, tendré la sensación de que una pequeña voz interior dentro mío me dice: "tú mueres" (casi idéntico a "tumores") a fuego lento.

En el caso de un tumor benigno, véase quiste o excrecencia, y si se trata de un tumor maligno, véase cáncer, agregando lo siguiente: la palabra tumor suele ocasionarle un conflicto a la persona porque inconscientemente escucha: "vas a morir". No te dejes invadir por este miedo.

SOLUCIÓN POSIBLE: reconocer la pauta y actitud negativa, transformarla día a día. Estar abierto a nuevas realidades.

Ver quiste.

tumores
cerebral

"He de encontrar en mi cabeza una solución más allá de mis posibilidades intelectuales habituales. Necesito un soporte para encontrar una solución intelectual satisfactoria".

Informatización incorrecta de las creencias. Obstinación. Negarse a cambiar las viejas pautas. Viejas heridas y disgustos que se siguen alimentando. Remordimiento

Sugerencias y Recomendaciones

NUEVO MODELO MENTAL: "Me resulta fácil reprogramar el ordenador de mi mente. Toda la vida es cambio y mi mente es siempre nueva. Con amor libero el pasado y vuelvo mi atención a este nuevo día. Todo está bien".

Ver cerebro-tumor.

tumores craneales

Los tumores craneañes están relacionados con las preocupaciones obsesivas.

Sugerencias y Recomendaciones

NUEVO MODELO MENTAL: "Me amo y me apruebo, no estoy solo, la vida entera me apoya y me sostiene. Soy libre y capaz de cualquier cosa que me proponga. Doy y recibo amor por donde quiera que vaya. Fluyo fácilmente por todas las situaciones que me plantea la vida, me expreso y amo con facilidad. Todo es perfecto en mi mundo".

tumores cresta ilíaca

Hacer el sexo es peligroso.

Sugerencias y Recomendaciones

NUEVO MODELO MENTAL: "Me amo y me apruebo, amo y apruebo mi sexualidad, no estoy solo, la vida entera me apoya y me sostiene. Soy libre y capaz de cualquier cosa que me proponga. Doy y recibo amor por donde quiera que vaya. Fluyo fácil- mente por todas las situaciones que me plantea la vida, me expreso y amo con facilidad. Todo es perfecto en mi mundo".

TÚNEL CARPIANO

Bloqueo del túnel carpiano. Como el carpo es una parte del esqueleto de la muñeca, véase problemas en la muñeca.

ÚLCERA

Una úlcera es una pérdida de sustancia en el revestimiento cutáneo o mucoso, que se acompaña de lesiones más o menos profundas en los tejidos subyacentes, los cuales dificultan la cicatrización. La úlcera puede presentarse en varias partes del cuerpo.

Una úlcera puede hallarse en la piel en el exterior del cuerpo (brazo, piernas, cornea del ojo, etc.) o en la pared de un órgano interno (estómago, intestino, hígado, boca, etc.). Una úlcera me llevará a tomar consciencia de que vivo grandes miedos e inseguridad. Me indica que me habita un estrés intenso y que me siento corroído, molesto, comido. Según el lugar del cuerpo donde se desarrolle mi úlcera, me es posible descubrir lo que provoca este estado. Por ejemplo, si se halla en mi boca, puedo preguntarme lo que debo decir. Úlceras de estómago demuestran que hay algo que digiero mal.

Miedo. Convicción de no valer lo suficiente. ¿Qué te carcome?

No son más que miedo, un miedo tremendo de «no servir para». Tenemos miedo de no ser lo que quieren nuestros padres o de no contentar a nuestro jefe. No podemos tragarnos tal como somos, y nos desgarramos las entrañas tratando de complacer a los demás. Por más importante que sea nuestro trabajo, interiormente nuestra autoestima es bajísima, y constantemente nos acecha el miedo de que «nos descubran».

Sugerencias y Recomendaciones

Véase la parte del cuerpo afectada, agregando que la persona enferma siente rencor y que su dolor interno es difícil de sanar. Sólo el perdón, como se explica al final de este libro, puede ayudarla a cicatrizar bien esa herida.

Regla general, una úlcera me indica que dejo que las cosas o la gente me irriten. Aprendo a dejar fluir, a calmarme.

En este punto, la respuesta es el amor. La gente que se aprueba y se ama a sí misma jamás tiene úlceras. Sea dulce y bondadoso con el niño que lleva dentro, y ofrézcale todo el apoyo y estímulo que usted necesitaba cuando era pequeño.

Necesitas entrar en contacto con la fuente de tu estrés y rabia para canalizar esos sentimientos de una manera positiva.

NUEVO MODELO MENTAL: "Me amo y me apruebo. Estoy en paz y tranquilo. Todo está bien".

CROMOTERAPIA: color curativo verde.

TRATAMIENTO: Trate el área del estómago, riñones, hígado, glándulas suprarrenales, bazo y el colon.

úlcera
gástrica y péptica

La úlcera es un agujero, una erosión más o menos profunda de la pared gástrica. Es causada por una reducción de las defensas naturales de la pared estomacal ante la agresión ácida. Es resultado de una falta de mucosidad en la pared del estómago, que lo protege de digerirse a sí mismo por el efecto de sus propias secreciones. Produce dolores parecidos a los calambres.

Úlceras de estómago pueden producirse si tengo una débil estima de mí. Quiero tanto complacer a los demás que estoy listo para tragar cualquier cosa. Actuando así, reprimo mis emociones y deseos; no me respeto y acabo por reprochar a los demás de no respetarme. Me siento embaucado para mis adentros y llego hasta dramatizar cualquier suceso de mi vida. Además tengo dificultad en digerir todas estas contrariedades, estas inquietudes. Es como un exceso de irritantes que se transforma en úlcera. Este irritante puede ser una persona o una situación que quiero evitar ver o afrontar pero esto es imposible y "esto" me queda en el estómago. Quisiera "expulsar" este irritante de mi espacio vital, de mi "territorio". Tengo tendencia a criticarme severamente e incluso quiero llegar a autodestruirme.

Una úlcera péptica es la que afecta la mucosa que recubre el estómago o el duodeno (la primera parte del intestino delgado).

Se clasifican en úlceras gástricas y úlceras duodenales, estas últimas son mucho más frecuentes que las gástricas.

Las úlceras pépticas pueden aparecer tanto en las mujeres como en los hombres desde la infancia hasta edades avanzadas. Se trata de una enfermedad común que afecta a 1 de cada 10 personas en algún momento de su vida.

Miedo. Convicción de no valer lo suficiente. Ansias de agradar.

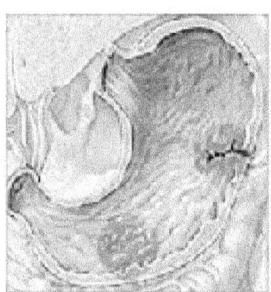

Sugerencias y Recomendaciones

Mi cuerpo me indica que es tiempo de que descubra las cualidades que están en mí, que me aprecie a mi justo valor y que acepte mi necesidad de amor.

Ver problemas del estómago, agregando que la persona afectada se siente agredida por los demás y no cree capaz de defenderse. Experimenta un sentimiento de impotencia. Le beneficiaría contactar con sus defensas naturales sabiendo que lo logrará si cambia su percepción de los acontecimientos y de las personas.

NUEVO MODELO MENTAL: "Me amo y me apruebo. Estoy en paz conmigo mismo. Soy un ser maravilloso".

CROMOTERAPIA: color curativo verde.

TRATAMIENTO: trate el área del estómago, riñones, hígado, glándulas suprarrenales, bazo y el colon.

UMBILICAL

La hernia umbilical puede ser una manifestación de mi disgusto o de mi pesar por haberme tenido que desprender del entorno tierno y seguro que era el vientre de mi madre. Ahora, tengo la sensación que debo arreglarme solo y debo hacer esfuerzos para alcanzar los objetivos que me he fijado y que se vuelven de golpe mucho menos excitantes.

Sugerencias y Recomendaciones

Acepto que tengo todo el potencial necesario para alcanzar mis objetivos y que la vida me soporta totalmente.

Ver hernia.

UÑAS

Sus problemas más comunes son: morderse las uñas, tener uñas quebradizas o una uña encarnada.

La persona que se muerde las uñas afecta negativamente a todas sus funciones. En general, es alguien que se carcome por dentro al no sentirse protegida, sobre todo con respecto a los detalles de su vida. Puede sentir ira hacia uno de sus progenitores que no la protegió lo suficiente, según sus necesidades. Cada vez que revive esa falta de protección con ese padre o indirectamente con otra persona, se muerde las uñas, lo cual le da seguridad y alivia su angustia. La persona cuyas uñas se rompen fácilmente se siente culpable de no ser más precisa en los detalles del momento actual. Su búsqueda de perfección le resta energía.

Las uñas representan el tejido duro y mi energía la más honda y espiritual. Se manifiestan en mi cuerpo en los lugares más "prolongados". Pueden estar afectados cuando mi actividad (o mi destreza), mi dirección tienden a cambiar y que tengo dificultad en enfrentarme a estos cambios. Las uñas representan así el sentimiento de protección que tengo con relación a todo lo que sucede alrededor mío. Tengo elección para usar mis uñas negativamente (para agredir, para defenderme y para hacer daño como lo hace el animal) o positivamente usándolas para mi destreza y mi creatividad. Cualquiera que sea la energía empleada, puedo descubrir el estado de ésta definiendo el estado de mis uñas.

Representan protección. Extiendo la mano confiado. Frustración. Roerse a uno mismo. Despecho hacia uno de los padres.

También representan agresividad.

Uña encarnada: inquietud y culpa relacionadas con el derecho a avanzar.

Sugerencias y Recomendaciones

Con tus problemas en las uñas tu cuerpo te dice que crees que debes hacer todo solo y que nadie te protege ni te ayuda en los detalles de la vida común. Esta creencia no te beneficia y es estresante. También debes permitirte la imperfección en los detalles nimios. Si te muerdes las uñas es importante que dejes de pensar que si creas situaciones angustiosas, los demás van a protegerte más. Estas expectativas sólo te producen emociones negativas. Si pides lo que necesitas y confías en los demás, verás que estás mejor protegida de lo que pensabas.

NUEVO MODELO MENTAL: "Estoy a salvo al crecer. Ahora dirijo mi propia vida con tranquilidad y alegría".

Uña encarnada

NUEVO MODELO MENTAL: "Es mi derecho Divino escoger mi propia dirección en la vida. Estoy libre y a salvo".

uñas blandas y frágiles

Las uñas representan mi vitalidad, el estado de mi energía vital. Uñas frágiles expresan un desequilibrio al nivel de mi energía y referente a la utilización que hago con ella. Uñas blandas expresan el cansancio que estoy viviendo, la indiferencia que me habita. Mi vida está tan apagada como mis uñas.

Sugerencias y Recomendaciones

Soy yo quien debo poner picante y cuidar de usar bien mi energía.

uñas
comerse las uñas

Si me como las uñas, esto indica un nerviosismo interior muy grande. También esto puede ser una inseguridad profunda de no sentirme capaz de ser o hacer lo que se espera de mí. Si se trata de un niño, esto puede manifestar la presencia de rencor o frustración frente a uno de los padres, esta situación pudiendo también producirse cuando me he vuelto adulto. Puedo sentirme incapaz de asumirme y de ser autosuficiente, y quiero que los demás se cuiden de mí. También puedo "comer mi freno" reprimiendo mi agresividad; poniendo agua en mi vino, puedo dejar entrever un desbordamiento inminente de emociones no expresadas.

Sugerencias y Recomendaciones

Por lo tanto, tengo ventaja en expresar todas mis emociones y ponerme a buscar mi seguridad y mi confianza en mi interior.

uñas
síndrome de las uñas amarillas

Se manifiesta cuando las uñas de mis dedos de las manos o de los pies tienen un color amarillo verdoso, cuando son gruesas y encorvados. Bajo el ángulo médico, esto se produce cuando la circulación de mi sistema linfático es inadecuada, atribuyéndose a trastornos respiratorios crónicos. Mis uñas son una protección para mis dedos de las manos como de los pies y mi cuerpo me manifiesta que debo aumentar mis protecciones porque me siento frágil y no hago frente a los acontecimientos de la vida (pulmones = vida) en los pequeños detalles que se presentan a mí hoy o mañana. Mi vida me parece apagada.

Sugerencias y Recomendaciones

Busco en mi interior lo que puede aportar más pasión en mi vida. Aumento en mí la energía vital para que se manifieste hasta el final de mis dedos.

uña
uñero o uña encarnada

Una uña encarnada indica culpabilidad o nervosidad frente a una nueva situación. También puede representar un conflicto entre mis deseos mentales y espirituales. Si se trata de la uña de un dedo, se trata de una situación de mi vida diaria y, más frecuentemente, si se trata de la uña de un dedo del pie, se trata de una situación o decisión de cara al futuro. Si se trata del dedo gordo, la uña encarnada puede representar mi inquietud frente a la presión que creo deber afrontar en el porvenir y frente a la cual me siento ya culpable porque me temo no poder vivir este futuro con armonía y éxito.

Sugerencias y Recomendaciones

Es importante ver cuál dedo de la mano o del pie está afectado para tener informaciones complementarias sobre el aspecto de mi vida al cual he de ajustarme eliminando a la vez mi culpabilidad.

UREMIA

La uremia es la consecuencia terminal de la mayoría de las afecciones renales y refleja una insuficiencia renal.

La uremia es un porcentaje de urea anormalmente elevado o anormalmente bajo en la sangre. La urea es el componente principal de la orina. La uremia procede habitualmente de una insuficiencia renal en el caso de un porcentaje elevado o de una insuficiencia hepática (del hígado) grave en el caso de un porcentaje anormalmente bajo. La orina está vinculada con mis viejas emociones, las cuales quieren ser eliminadas.

Ver riñones-problemas renales.

URETER

CONFLICTO de peligro. "Estoy en peligro". "Lo he perdido todo".

Mismo conflicto que para la vejiga.

El matiz entre estas dos localizaciones no se conoce todavía.

Sugerencias y Recomendaciones

NUEVO MODELO MENTAL: "Me amo y me apruebo, no estoy solo, la vida entera me apoya y me sostiene. Soy libre y capaz de cualquier cosa que me proponga. Doy y recibo amor por donde quiera que vaya. Fluyo fácilmente por todas las situaciones que me plantea la vida, me expreso y amo con facilidad. Todo es perfecto en mi mundo".

Ver vejiga.

URETERITIS

La ureteritis es una inflamación del uréter o canal que conduce a la orina desde el riñón hasta la vejiga.

Sugerencias y Recomendaciones

Véase riñones (problemas renales), agregando que esta enfermedad se produce generalmente cuando la persona pasa de una situación a otra y este cambio no es aceptado por falta de renuncia a las viejas ideas. Esta situación la hace sentir enojo. Ver también la explicación sobe las enfermedades inflamatorias.

URETRA

Úlcera carcinomatosa: no saber interiormente donde están los límites (parecido al conflicto de identidad).

CONFLICTO de marcaje territorial. Ej.: no saber a qué opinión atenerse

Uretritis:

CAUSA PROBABLE: indignación. Fastidio. Tendencia a culpar.

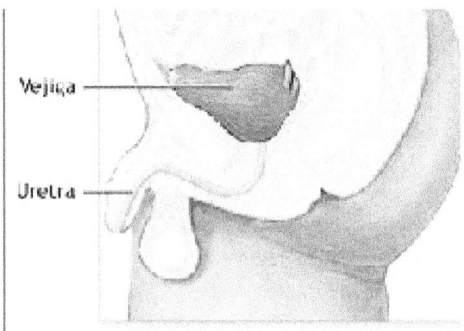

Sugerencias y Recomendaciones

NUEVO MODELO MENTAL: "Sólo me creo experiencias felices en mi vida".

URETRITIS

La uretritis es la inflamación de la mucosa de la uretra, el canal por el cual se vacía la vejiga (en el hombre la uretra es cinco veces más larga que en la mujer, ya que debe atravesar todo el pene).

La uretritis es una inflamación del canal que conduce la orina desde el cuello de la vejiga hasta el orificio del uréter. Este estado me indica que acepto difícilmente dejar el paso a una situación nueva y que dejo lugar a la agresividad.

Sugerencias y Recomendaciones

Tengo interés en dejar circular más libremente las nuevas ideas y guardar la mente abierta frente a mis opiniones que pueden cambiar, sabiendo que soy constantemente en evolución y en cambio.

Véase problemas en la vejiga (no confundir con URETERITIS). Ver también la explicación sobre las enfermedades inflamatorias.

Ver -itis (enfermedades acabadas en -itis)

URTICARIA

CONFLICTO central de separación que amenaza la integridad. Se añade un deseo de ser separado. Supero un conflicto de separación con repugnancia, rechazo.

"Me arrancan...". "Me siento lejos de mis expectativas, estoy decepcionado". "Me siento rechazado". "Tengo un contacto no deseado, me irrita". "Estoy separado del placer del contacto".

CAUSA PROBABLE: pequeños temores ocultos. Hacer una montaña de un grano de arena.

Sugerencias y Recomendaciones

NUEVO MODELO MENTAL: "Llevo la paz a cada aspecto de mi vida".

Ver piel-urtucaria.

ÚTERO

Sus problemas más frecuentes son: fibromas, retroversión, trastornos funcionales, infecciones, tumores y cáncer.

Como el útero es el primer lugar en el que habita el futuro bebé, cualquier problema en este órgano se relaciona con el recibimiento, el hogar, la morada o el refugio de alguien. Cuando una mujer no puede dar a luz a causa de un problema en el útero, su cuerpo le dice que en lo más profundo de sí quiere tener un hijo, pero un miedo todavía más grande que su deseo influye hasta el punto de crearle un bloqueo físico que no le permite concebir. También es posible que la mujer que está resentida consigo misma por no haber recibido bien a su hijo, sufra algún problema en esta parte del cuerpo. Por otro lado, toda mujer que tiene un problema uterino es del tipo a la que le resulta difícil dedicar el tiempo necesario para hacer germinar una idea nueva antes de manifestarla concretamente. Es probable que también presente problemas en el útero la mujer que se siente culpable de no crear un hogar lo bastante bueno para sus seres queridos.

El útero simboliza mi estado de mujer, es el hogar de mi creatividad. La nidación se opera en este santuario cálido y seguro. Problemas de ovarios o de útero me indican que es tiempo que desarrolle mi creatividad que me dará el poder de administrar mi vida. Tengo interés en preguntarme: ¿Cómo me siento como mujer? ¿Me siento culpable, avergonzada o traicionada en el hecho de haber tenido, o no, hijos?" ¿Encuentro que es difícil ser mujer, esposa, madre, mujer de negocios, amante?" ¡Puede que tenga la sensación de retroceder! En esta región de la pelvis, me es posible dar a luz otra vez, hacer renacer nuevos aspectos de mi ser; puedo ir hacia delante en mi búsqueda de mí misma. Si se desarrolla una enfermedad en mi útero, tal como un tumor por ejemplo, puedo preguntarme cómo percibo la sexualidad de los demás y particularmente la de mis hijos y de mis nietos.

Cáncer y fibromas: (Según la intensidad conflictiva). Fuera de las normas, sucio. La casa, perpetuar la especie.

Historias con la fabricación de niños:

- Embarazos que han ido mal.
- Recién nacidos que mueren.
- Un niño mal formado.
- Abortos clandestinos.
- Madres que mueren dando a luz.

Mioma uterino:
"No soy capaz de encontrar pareja".

En mujer diestra (o mujer zurda sólo posible en caso de constelación esquizofrénica, menopausia o amenorrea):

CONFLICTOS

- Sexual de verse privado de la copulación (hombres afeminados).

- Territorio (mujer zurda postmenopáusica).

Conflicto de no poder, no deber llegar a la consumación del acto sexual.

El útero: mi hogar.
Representa la sede de la creatividad.

Sugerencias y Recomendaciones

Con este problema tu cuerpo te dice que verifiques si el miedo que te invade con respecto al parto (poco importa el área: un hijo, un proyecto, etc.) es real para ti y si es siempre cierto. Después, cualquiera que sea tu elección (hacer frente a tu miedo o dejarte influir por él) debes darte el derecho de tomarla. De todas maneras, independientemente de la decisión que tomes, no escaparás a las consecuencias. Debes darte el derecho de ser humana y no tienes que rendirle cuentas a nadie. Tu vida y tus decisiones te pertenecen. Tu cuerpo también te dice que sería preferible que esperaras más tiempo antes de actuar. Esto no quiere decir que no seas espontánea, sino que muestres más discernimiento en cuanto a la elección del momento para actuar espontáneamente. Date el derecho de tener límites. Por otro lado, es posible que utilices la expresión: "No puedo concebirlo", en el sentido de "No lo comprendo". Esto podría ser suficiente para impedirte concebir en cualquier área.

¿Tengo la sensación que no es correcta, que sale de la normalidad, que esto no se hace? ¿Los siento en peligro moral o físico? ¿Hay algún riesgo de que estén heridos? ¿Hay algo que encuentro "feo" en relación con mis hijos y a su vida de pareja? ¿Estoy molestado frente al papel o el lugar que toma cada miembro de la familia? Todas estas interrogaciones pueden referirse a mis hijos o mis nietos verdaderos o a un sobrino, un vecino o un alumno que considero como tal. Cualquier sea la situación, tomo consciencia que no tengo poder sobre la vida de los demás y que cada cual vive su vida a su modo. ¡Di la mejor educación a mis hijos, del mejor modo posible y puedo estar orgulloso/a de ello!

NUEVO MODELO MENTAL: "Me siento a gusto en mi cuerpo".

útero bífido

Los conejos tienen un útero bífido, que les permite quedar embarazados antes de haber parido el primero.

Una mujer con el útero bífido es estéril.

Sugerencias y Recomendaciones

Hay que ir a buscar en el transgeneracional, muertes en la familia, muertes en la familia, guerras, hambre...

útero
cáncer
Ver cáncer de cuello uterino.

útero
mucosa del cuerpo

Correspondencia: próstata.

CONFLICTOS:

- Familia fuera de la norma.
- Conflicto sexual (concepción).
- Conflicto de pérdida (hijo o genitor).
- Conflicto sexual juzgado sucio, fuera de norma hasta conflicto familiar.

La función biológica del endometrio va de la concepción al parto, en consecuencia, los conflictos incluyen esos pasos.

La función sexual es una de las más fuertes en la naturaleza.

Sugerencias y Recomendaciones

NUEVO MODELO MENTAL: "Me amo y me apruebo, no estoy solo, la vida entera me apoya y me sostiene. Soy libre y capaz de cualquier cosa que me proponga. Doy y recibo amor por donde quiera que vaya, disfruto mi sexualidad de manera fácil y sana. Fluyo fácilmente por todas las situaciones que me plantea la vida, me expreso y amo con facilidad. Todo es perfecto en mi mundo".

útero
músculo liso

Desvalorización por no quedar embarazada, no tener la familia deseada para el bebé, o no tener el bebé. Un aborto, un aborto espontáneo, bebé muerto (duelo no llevado).

Deseo de un embarazo ideal.

"Hijo que no tendré nunca". "No soy capaz de traer un hijo".

Sugerencias y Recomendaciones

NUEVO MODELO MENTAL: "Me amo y me apruebo, no estoy solo, la vida entera me apoya y me sostiene. Soy libre y capaz de cualquier cosa que me proponga. Doy y recibo amor por donde quiera que vaya. Fluyo fácilmente por todas las situaciones que me plantea la vida, me expreso y amo con facilidad. Todo es perfecto en mi mundo".

V

VAGINA

Los problemas más comunes son: vaginitis, herpes, tumor y cáncer.

La mayoría de los problemas en la vagina se relacionan con la vida sexual de la mujer porque le impiden principalmente tener relaciones sexuales. Le indican que desea tener una vida sexual más satisfactoria, pero que se necesita revisar su percepción de la sexualidad. Se siente utilizada, sexualmente manipulada y no valorada. El enojo que esta mujer siente es consecuencia de no darse el derecho de no desear las relaciones sexuales.

La vagina es esta membrana muscular que está situada entre la vulva y el útero en la mujer. Las enfermedades que están vinculadas con la vagina frecuentemente tendrán su origen en mi frustración por no poder realizar el acto de unión carnal, bien porque no me lo permito moralmente o porque no tengo este hombre con quien podría vivir nuevas experiencias.

CONFLICTO de separación. Vivido en femenino. Frustración sexual durante el acto. Aguantar la intromisión de la familia del otro. "No estoy en contacto con el ser querido". "No estoy en contacto con mi pareja". "Dejo entrar la familia del otro que son unos..."

Un hombre lo vive en la piel del pene: "Mi abuelo era un violador".

Sequedad vaginal:

1. El deseo sexual es vivido con culpabilidad: "No debo atraer al macho". El placer es prohibido mientras que, biológicamente es una necesidad vital.

2. Rechazo a la penetración: porque, por ejemplo, queremos castigar a la pareja.

3. Labios mayores: conflicto de relación sexual forzada. Picores y hongos en fase de curación. La mujer se siente manipulada, no valorada. No darse el derecho de las relaciones sexuales.

Úlcera carcinomatosa:

En mujer diestra (o mujer zurda sólo posible en caso de constelación esquizofrénica, menopausia o amenorrea): Conflicto sexual de verse privado de la copulación (hombres afeminados) y conflicto de territorio (mujer zurda postmenopáusica). Conflicto de no poder, no deber llegar a la consumación del acto sexual.

Representa la vulnerabilidad.

Sugerencias y Recomendaciones

Tu cuerpo te dice que lo que aprendiste o decidiste con respecto a la sexualidad no te beneficia; quizá lo haya hecho en un momento determinado, pero ya no. Es posible que, por ser una mujer dominante, se aprovechen de ti cuando no eres tú quien decide en el momento de las relaciones sexuales. En lugar de creer que abusan de ti y de tu cuerpo, este último preferiría que te sintieras deseada. Si te sientes manipulada, reconoce que también tú manipulas en otras áreas y que tus intenciones, como las de tu pareja, no son malas. Si tu vida sexual es insatisfactoria a causa de un abuso sexual en tu niñez, tu cuerpo te dice que no te hace bien bloquearte, porque de ese modo sigues viviendo los miedos del pasado. El proceso del perdón es el medio más rápido y eficaz para liberarse de los acontecimientos vividos.

NUEVO MODELO MENTAL: "Está bien ser vulnerable. Estoy a salvo en mi vulnerabilidad. Acepto abrirme al amor bajo todas sus formas para desarrollarme plenamente.

vagina
comezones vaginales
Ver comezones vaginales

vagina
espasmos vaginales
Ver espasmos

vagina
herpes vaginal
Ver herpes vaginal

vagina
pérdidas vaginales
Ver leucorrea

VAGINITIS

La vaginitis es una infección de la vagina (similar a la cándida o a hongos) con olores nauseabundos. En la mayoría de casos, demuestra que alimento frustración hacía mi pareja sexual o también que vivo culpabilidad. Si uso el sexo para ejercer un poder o un control sobre mi cónyuge, es posible que conozca regularmente problemas de vaginitis. Ésta puede ser la excusa ideal para no hacer el amor y así, castigar a mi cónyuge privándole de sexo. La intimidad que engendra una relación sexual puede desencadenar varios sentimientos vinculados a la memoria o al miedo: miedo de sentirme incomprendida o herida otra vez. La emisión de olores desagradables permite liberar emociones negativas, penas y angustias acumuladas, las cuales están profundamente hundidas en el mismo tejido vaginal. La vagina es el lugar de donde emergen todos mis sentimientos referente a la sexualidad: si éstos son positivos, viviré placer sexual. Al contrario, una infección aparece si vivo culpabilidad, miedos, vergüenza, conflictos, confusión, así como recuerdos de experiencias abusivas o autocastigo.

Cólera, ira no expresada. Enfado contra la pareja. Culpa sexual. Autocastigo.

Sugerencias y Recomendaciones

Me quedo abierta para vivir una sexualidad armoniosa. Esto forma parte de la vida y de la felicidad a la cual tengo derecho.

NUEVO MODELO MENTAL: "Los demás reflejan el amor que me tengo y mi autoaprobación. Disfruto con mi sexualidad".

Véase vagina, agregando mucho enojo reprimido. Ver también la explicación sobe las enfermedades inflamatorias.

Ver cándida, leucorrea, orina-infecciones.

VAGOTONÍA

Nivel psíquico: más tranquilos, más relajados, en paz, se tiene un ritmo nocturno permanente al igual que el diurno.

Nivel vegetativo: gran cansancio, mucho apetito, sensación de bienestar, fiebre, trastorno para dormirse hasta las tres de la madrugada, vasodilatación periférica (manos y pies calientes) e hipotensión.

Nivel cerebral: empezamos un edema, habrá agua para reparar las neuronas (estaban en hiperfuncionamiento). Acumulación de neuroglia, tejido conjuntivo cerebral. El cerebro en esa zona se vuelve más duro y rígido. Si este estado se cronifica, puede llegar a formarse un quiste. En esta fase, las células gliales alimentan a las neuronas, las reparan, les dan soporte, eliminan los desechos de las neuronas y hacen de nexo entre la sangre y las neuronas. Las células gliales se van a multiplicar e hinchar de agua, esto puede provocar migrañas y tumores (en caso que el conflicto dure años).

Nivel del cuerpo: hay relajación y hambre. Tenemos calor, la sangre fluye por el exterior del cuerpo. El órgano afectado empieza su reparación.

Sugerencias y Recomendaciones

NUEVO MODELO MENTAL: "Me amo y me apruebo, no estoy solo, la vida entera me apoya y me sostiene. Soy libre y capaz de cualquier cosa que me proponga. Doy y recibo amor por donde quiera que vaya. Fluyo fácilmente por todas las situaciones que me plantea la vida, me expreso y amo con facilidad. Todo es perfecto en mi mundo".

VAINA DE MIELINA

Recubrimiento de los nervios.

CONFLICTO de contacto no deseado = Conflicto de dolor. Caso opuesto al conflicto de separación.

El contacto es percibido y resentido como desagradable: es inoportuno/desagradable.

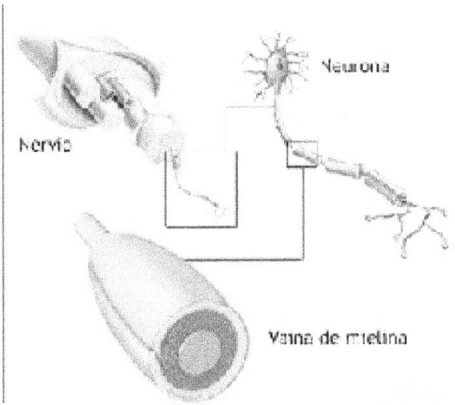

Sugerencias y Recomendaciones

Es muy importante vivir en coherencia, y aceptar las cosas como son sin estresarse.

NUEVO MODELO MENTAL: "Me amo y me apruebo, no estoy solo, la vida entera me apoya y me sostiene. Soy libre y capaz de cualquier cosa que me proponga. Doy y recibo amor por donde quiera que vaya. Fluyo fácilmente por todas las situaciones que me plantea la vida, me expreso y amo con facilidad. Todo es perfecto en mi mundo".

VARICELA

La varicela es una de las enfermedades de erupción cutánea más frecuente en los niños y, sin duda, la más benigna. Afecta principalmente al tronco, a las extremidades y, a veces, a la cara.

"Quiero poner distancia entre un contacto o separación que me hace daño".

A la espera del siguiente problema o disgusto. Temor y tensión. Sensibilidad exagerada.

Sugerencias y Recomendaciones

NUEVO MODELO MENTAL: "Estoy relajado y en paz porque confío en el proceso de la vida. Todo está bien en mi mundo".

Ver enfermedades infantiles.

VARICES

Las varices son causadas por una dilatación excesiva y permanente de una o varias venas, acompañada de una alteración de la pared del vaso sanguíneo.

La persona que padece de várices es aquella que desea darse más libertad y tiempo libre, pero no sabe cómo hacerlo. Es del tipo que se hace cargo de muchas labores aunque le resulten pesadas y penosas, a causa de que exagera la importancia de sus preocupaciones. Al mismo tiempo le resulta difícil realizarlas con alegría. Puede ser una persona que se obliga a permanecer en una situación que odia. Por otro lado, observa la parte afectada por las várices para saber dónde se sitúa el problema.

Significan que nos mantenemos en un trabajo o en otro lugar que nos enferma. Las venas pierden su capacidad de transportar alegría. Pregúntese si está marchando en la dirección en que quiere ir.

Situación que causa disgusto. Desaliento. Sentimiento de estar sobrecargada y con exceso de trabajo.

"Me siento ahogado en esta familia". "Hay demasiadas cosas que limpiar en esta familia". "Estoy fuera de casa". "Estoy atrapado en una situación". "Quiero volver a casa" o "No puedo volver a casa".

Sugerencias y Recomendaciones

Cuanto mayor sea la sensación de pesadez que te aportan las várices, más fuerte es el mensaje que recibes de que la vida te parece pesada y penosa. Es momento de saber que no necesitas estar dirigido por los "tienes que". Puedes permitirte un descanso temporal sin creer que, por ello, no eres una buena persona. La vocecita que siempre te empuja a hacer más o a hacerlo mejor, no es la voz de tu corazón. Deja que éste te dirija; él conoce mejor tus necesidades. Elige lo que quieres y lo que amas.

NUEVO MODELO MENTAL: "Me encuentro en la verdad y vivo y actúo con alegría. Amo la Vida y circulo libremente".

Una de las principales causas de las varices es una mala circulación. Cuando aparecen las varices, se puede mejorar mucho con esta terapia, aunque se aconseja siempre la visita al médico o naturópata.

CROMOTERAPIA: color curativo azul.

TRATAMIENTO: comencemos tratando el hígado, hasta eliminar las zonas dolorosas de esa área, continuamos con riñones y el bazo, después, tonificamos las glándulas suprarrenales, páncreas, tiroides y pituitaria.

Ver sangre-varices.

VARICOCELE

En medicina, el término varicocele se refiere a la dilatación de las venas del cordón espermático que drenan los testículos, las cuales se vuelven tortuosas y alargadas.

En el varicocele femenino, la dilatación se produce en la vena ovárica y da lugar a varices pélvicas (uterinas, vaginales, vulvares, rectales y anales) y en piernas, ocasionando el Síndrome de congestión pélvica. "Tengo miedo de no poder cuidar de mi hijo".

Sugerencias y Recomendaciones

NUEVO MODELO MENTAL: "Me amo y me apruebo, no estoy solo, la vida entera me apoya y me sostiene. Soy libre y capaz de cualquier cosa que me proponga. Doy y recibo amor por donde quiera que vaya. Fluyo fácilmente por todas las situaciones que me plantea la vida, me expreso y amo con facilidad. Todo es perfecto en mi mundo".

VASOS LINFÁTICOS

Los vasos linfáticos son protección. Persona que se siente amenazada por el entorno.

Ejemplo: un hombre se desvaloriza porque su mujer se ríe de su impotencia. Protección de las críticas externas. Problema de que el conflicto puede volver.

Sugerencias y Recomendaciones

Advertencia de que hay que volver a centrar la mente en lo esencial de la vida: el amor y la alegría.

VEGETACIONES ADENOIDES

La enfermedad de las vegetaciones adenoides, llamadas vegetaciones es una infección afectando más particularmente a los niños. Esto se traduce por la hipertrofia de las amígdalas de la faringe situadas detrás de las fosas nasales provocando una obstrucción al nivel de la nariz, que obliga así al niño a respirar por la boca. Teniendo una sensibilidad muy grande y dotado/a de una intuición muy desarrollada, bloqueo mi nariz para evitar oler las cosas que me dañan. Puede ser un detalle muy común y anodino al cual daré proporciones y una amplitud elefantica. A veces me sucede sentir que no tengo mi lugar en esta familia; vivo rabia y me siento rechazado. Tensiones o conflictos familiares son propicios a la aparición de las vegetaciones.

Sugerencias y Recomendaciones

Acepto tomar el lugar que me corresponde en la armonía, participo mis sentimientos y reconozco los beneficios de la intuición.

Ver adenoides, amígdalas.

VEGETACIONES NASOFARINGEAS

No poder atrapar la presa, el objetivo, la tajada (no poder poseer, adueñársele o conseguir algo). El olor de la madre, algo o alguien afectivo. Conflictos familiares. Niño que se siente un estorbo.

Sugerencias y Recomendaciones

NUEVO MODELO MENTAL: "Me amo y me apruebo, no estoy solo, la vida entera me apoya y me sostiene. Soy libre y capaz de cualquier cosa que me proponga. Doy y recibo amor por donde quiera que vaya. Fluyo fácilmente por todas las situaciones que me plantea la vida, me expreso y amo con facilidad. Todo es perfecto en mi mundo".

VEGETATIVO CRÓNICO
Ver estado vegetativo crónico.

VEJEZ

Problemas de envejecer: convenciones sociales, vieja forma de pensar, miedo a ser uno mismo, rechazo del presente.

Sugerencias y Recomendaciones

NUEVO MODELO MENTAL: "Me acepto en todas las edades. Cada momento de la vida es perfecto".

VEJIGA

La vejiga es el depósito donde se desagua la orina vertida por los dos uréteres. Tiene la función de guardarla entre una micción (acción de orinar) y otra. Los problemas más comunes aquí son: incontinencia (problema mecánico), inflamación, infección, tumor y cáncer.

La vejiga es la reserva en donde la orina está en "espera" de estar soltada. Representa también las "esperas" que alimento frente a la vida. Problemas de vejiga me indican que puedo tener tendencia a agarrarme a mis viejas ideas, que me niego a soltar. Resisto al cambio a causa de mi inseguridad. Las dolencias demuestran que vivo ansiedad desde hace mucho tiempo y que es tiempo para mí de soltar libremente mis emociones negativas indeseables. Así, mi vejiga me impedirá ahogarme en mi propia negatividad. Infecciones urinarias son la indicación de que vivo muchas frustraciones, pena e inseguridad no expresadas. Puedo cuestionarme para conocer lo que retengo en mi vida y que me interesa soltar. Estos sentimientos pueden estar vividos en una situación en que están en causa lo que me pertenece y lo que considero como formando parte de mi territorio. Puede ser, por ejemplo, una situación en que tengo "nausea" cada vez en que llego a casa y que está sucia y desorden. La vejiga representa también el campo de las relaciones personales. Ocurre frecuentemente por lo tanto que estas infecciones se manifiesten en el período cercano a la luna de miel, durante una relación molesta o conflictual o incluso, con ocasión de una ruptura. La luna de miel o una primera experiencia sexual puede traer diversos problemas, incluso decepciones pudiendo traer ira o resentimiento frente a mi pareja, como si fuese responsable de mi insatisfacción. Una relación en ruptura es generalmente la conclusión de los "no-dichos", emociones reprimidas en mi interior. Es como si hundiese en lo más hondo de mí mis problemas psicológicos, provocando presión constante.

Marcaje de territorio. Guarrada en el territorio. Marcar el territorio porque hay algo sucio. Sufrir una "marranada".

Ej.: mujer embarazada que es golpeada por su marido. Vivido en femenino: No poder organizarse en el territorio. No poder eliminar aquello que es sucio (porque esta orina ya no sirve para marcar el territorio).

Vejiga de la orina, ante determinadas situaciones que nos producen tensión psicológica, experimentamos una necesidad de vaciar la vejiga. La tensión que se experimenta a nivel mental, acaba manifestándose en el plano físico, a través de la vejiga.

Marcaje masculino es el exterior del territorio y el femenino es el interior del territorio

Mucosa:

No poder organizar su territorio, reconocer los límites del territorio. No poder determinar mi posición (referencias). ¿A qué territorio pertenezco? (Apellido) Conflicto de identidad vivido de un modo vesical.

Vejiga urinaria, úlcera carcinomatosa zona izquierda (mitad masculina):

Conflicto de demarcación territorial, conflicto de fronteras

Vejiga urinaria, úlcera carcinomatosa zona derecha (mitad femenina):

No poder reconocer los límites del territorio. Desubicación territorial.

Distensión, marcaje territorio. Angustia. Aferramiento a viejas ideas y creencias. Miedo a relajarse. Fastidio.

Sugerencias y Recomendaciones

Véase el problema específico, así como riñones (problemas renales), agregando lo que sigue:

Debido a que el líquido corporal se relaciona con el cuerpo emocional, que es el cuerpo de los deseos, el hecho de tener problemas en la vejiga está relacionado con la capacidad de esperar para realizar los deseos. Por otro lado, la expresión tener liquidez significa tener dinero. Esta persona puede creer que no tiene suficiente éxito financiero porque no tiene toda la liquidez que quisiera.

Si el problema le impide orinar, su cuerpo le indica que controla demasiado sus deseos y que no se atreve a dejarlos salir por miedo. Si, por el contrario, el problema en la vejiga le imposibilita retener su orina, su cuerpo le indica que no puede controlarse y que quisiera que todas sus expectativas fueran satisfechas de inmediato. Hay aquí una falta de discernimiento.

Tengo que comprender que al liberarme de esta presión, sentiré inevitablemente un alivio. Me libero de mis viejas creencias y dejo sitio para lo nuevo en mi vida.

NUEVO MODELO MENTAL: "Cómoda y fácilmente libero lo viejo y doy la bienvenida a lo nuevo en mi vida. Estoy a salvo".

Ver orina-infecciones urinarias.

vejiga
cistitis

Esta enfermedad es una infección urinaria, con o sin fiebre, que se caracteriza por unas ganas frecuentes e imperiosas de orinar, aun cuando se emite muy poca orina en cada micción y con una sensación de ardor.

La persona que padece una infección urinaria siente mucha frustración ante sus emociones. De ahí el ardor que siente y que los demás no se dan cuenta que le producen. Asimila mal los acontecimientos externos y manifiesta su voluntad de manera desordenada. Espera demasiado de los demás. Su ira interna también le arde.

La cistitis es una inflamación de la vejiga. Ciertos acontecimientos o ciertas situaciones me llevan a retener mi irritación y mis frustraciones. Estoy tan preocupado en mis esperas que mi vejiga se inflama. Vivo un estado de gran presión.

Sugerencias y Recomendaciones

Esta infección te dice que es hora de hacerte responsable de lo que sientes. Nadie en el mundo tiene la misión de hacerte feliz y ocuparse de tus emociones. Si esperas que los demás te hagan feliz, puedes esperar muchos años. Recuerda que si sientes esa molesta emoción es porque has acusado a alguien. Si aprendes a amar sin expectativas, te evitarás muchas emociones negativas. Ver también problemas de la vejiga y la explicación adicional sobre las enfermedades infecciosas.

Tomo consciencia de que es esencial soltar para liberarme de ellas porque, reteniéndome, bloqueo mi energía sólo porque tengo miedo. El disgusto frente a los acontecimientos, el cual produce una tensión nerviosa, inflamará mi vejiga. Acepto vivir el instante presente al máximo y comprendo que siendo abierto, me permito saborear maravillosas experiencias.

Ver -itis, enfermedades terminadas en -itis.

VENAS

Una vena es un vaso sanguíneo que trae la sangre de los órganos de vuelta hacia el corazón. Cuando las venas vienen de los pulmones hacia el corazón, traen la sangre "roja" purificada, cargada de oxígeno. Cuando las venas vuelven de los demás órganos hacia el corazón, traen la sangre "azul" vacía de oxígeno y cargada de óxido de carbono CO_2. ¡En la vida, nunca tuve buena vena! (= suerte). Es como decir que nunca pude encontrar la alegría de vivir. La sangre circula en mis venas; la sangre, es la vida, la alegría de vivir. Estoy constantemente en contradicción con mi voz interior y lo que hago en mi vida. Me siento decepcionado, superado. Vivo en un estado de inercia, ya no veo siquiera las bellas cosas que me suceden. Carezco de energía, me siento vacío. No me siento apoyado por la vida ni por mi entorno y veo todo de color negro. Mis venas coronarias estarán particularmente afectadas si tengo miedo de perder a alguien o a algo que "poseo" y que me resisto a soltar. Lo vivo como un peligro que acecha mi territorio, es decir o bien mi cónyuge, mi casa, mi familia, mi trabajo, mis ideas, etc.

Las Venas es eliminar lo sucio.
Prisa por eliminar un asunto sucio.
Las Venas nos llevan a casa (corazón).

CONFLICTO de desvalorización. No ser capaz de asumir, manejar, llevar su cruz. "No soy capaz de llevar mi cruz". "Estoy lejos de casa y quiero ir". "Tengo que superarlo y eliminar la sangre sucia, el lodo, los problemas". "No puedo volver a mi casa, el centro del territorio familiar".

Necrosis:

Desvalorización de sí mismo. Especialmente, venas de las piernas: conflicto de tener las "piernas atadas", "pies de plomo". Ej.: una mujer que se queda embarazada sin desearlo y siente a su niño como un "impedimento". Su libertad se ve de pronto limitada por este bebé.

Circulación sanguínea:

Representa la capacidad de sentir y expresar las emociones de formas positivas.

Sugerencias y Recomendaciones

Acepto dejar fluir la alegría en mí. Reconozco los buenos momentos, aprendo a relajarme y recobro la paz interior.

NUEVO MODELO MENTAL: "Soy libre de hacer circular el amor y la alegría por todas partes en mi mundo. Amo la vida".

Ver sangre-circulación sanguínea.

venas coronarias

Se ocupan de la sangre sucia, drenaje de la sangre viciada:

Gas carbónico = impurezas, muerte.

Pérdida de territorio. Frustración sexual en sentido amplio, es decir, ausencia de relación. Despecho, frustración por no pertenecer a nadie (sobre todo a la pareja). "Quiero eliminar (de mi pareja, de mi familia, vida...) todo lo impropio".

Representa la capacidad de sentir y expresar las emociones de formas positivas.

Sugerencias y Recomendaciones

NUEVO MODELO MENTAL: "Soy libre de hacer circular el amor y la alegría por todas partes en mi mundo. Amo la vida".

venas varices
Ver sangre-varices.

VENTRÍCULOS

Ventrículo, en anatomía animal, se refiere a cada una de las cámaras inferiores del corazón. El corazón de los mamíferos, incluyendo los humanos posee dos ventrículos, mientras que el corazón de otros animales, como los peces y anfibios tiene un solo ventrículo. Los ventrículos reciben sangre de las cámaras superiores del mismo lado del corazón, las aurículas. Cada ventrículo se contrae durante la sístole, que es el período del ciclo cardíaco en que el corazón bombea la sangre hacia los pulmones y el resto del cuerpo. La sangre no puede pasar del ventrículo derecho al izquierdo porque hay una pared celular.

Derecho: "No tengo espacio en mi casa para recibir a mi padre".

Los ventrículos son masculinos.

Sugerencias y Recomendaciones

NUEVO MODELO MENTAL: "Me amo y me apruebo, no estoy solo, la vida entera me apoya y me sostiene. Soy libre y capaz de cualquier cosa que me proponga. Doy y recibo amor por donde quiera que vaya. Fluyo fácilmente por todas las situaciones que me plantea la vida, me expreso y amo con facilidad. Todo es perfecto en mi mundo".

VERRUGAS

Una verruga es un tumor cutáneo benigno que se presenta en forma de excrecencia saliente. Véase excrecencia y problemas en la piel, agregando lo siguiente: debido al hecho de que la verruga se presenta en el exterior del cuerpo y disminuye su belleza, la persona afectada cree en la fealdad. Se considera fea en el área ligada a la parte del cuerpo donde aparece la verruga. También es el tipo de persona que se abalanza hacia alguien o hacia algo para defenderse o protegerse.

Una verruga es un escudo que ha dejado una marca de un ataque o una agresión.

También una desvalorización a nivel estética. Suciedad un conflicto de mancha.

CONFLICTOS:

- Autocrítica.
- de separación puntual.
- de mancha, desecho, con lamento.
- de desvalorización respecto al prójimo.

Necesidad de protegerse de un contacto agresivo. "Lo he hecho peor que mis compañeros". "He hecho un mal gesto".

Simbolismo de la localización:

- Pies = Raíces (padres y abuelos).
- Cara = Imagen de mí mismo.
- Dedos (simbolismo de los dedos).
- Frontal = Futuro.
- Costado = Presente.
- Dorso = Pasado.
- Izquierdo = Femenino
- Derecho = Masculino.

A los 6, 7 años se puede dar un conflicto de "escribo con mala letra o escribo mal". Resiente torpeza, ve que su mano no responde. La verruga sale entonces en el dorso de la mano.

Pequeñas manifestaciones de odio. Creencia en la fealdad.

Sugerencias y Recomendaciones

NUEVO MODELO MENTAL: "Soy la plena expresión del amor y la belleza de la vida".

Ver piel-verrugas.

verrugas
plantares

Rabia que se asienta en la base misma del entendimiento. Creciente frustración respecto al futuro.

Sugerencias y Recomendaciones

NUEVO MODELO MENTAL: "Avanzo con facilidad y confianza. Confío en el proceso de la vida y fluyo con él".

VÉRTEBRAS CERVICALES

En relación con la comunicación verbal con los demás.

Desvalorización intelectual (injusticia, falta de libertad, falta de paz...). Impotencia ante un sentimiento de esclavitud, ante una situación, y tener que doblar la cabeza.

Representa la flexibilidad; la capacidad de ver lo que hay detrás.

Parte alta de la espalda:

Falta de apoyo emocional. Sensación de no ser amado. Freno en la manifestación del amor.

Sugerencias y Recomendaciones

NUEVO MODELO MENTAL: "Estoy en paz con la vida".

Parte alta de la espalda:

NUEVO MODELO MENTAL: "Me amo y me apruebo. La Vida me ama y me apoya".

vértebras cervicales
C1

Primera vértebra cervical que se llama el ATLAS y que lleva el número C1, sirve de soporte a la cabeza. Es un pilar que mantiene la cabeza en equilibrio. Si me preocupo demasiado (= me rompo la cabeza") frente a una situación o a una persona, mi cabeza se hace más pesada hasta darme dolores de cabeza y C1 podrá tener dificultad en soportar la carga. Si manifiesto estrechez mental, si rehúso mirar todas las facetas de una situación, si soy rígido en mi modo de pensar, C1 reaccionará dejando sus actividades, dejando de poder pivotar. Estará paralizada por mi miedo, mi desesperación frente a la vida, mi negatividad, mi dificultad en expresar mis emociones. Un mal estado de C1 se acompaña generalmente de dolores que afectan la cabeza, el cerebro y el sistema nervioso, etc.

Lengua, cerebro. Relacionada con el cuero cabelludo y depresión.

Comunicación espiritual o sutil a nivel de sentidos, de alma a alma, los que perciben cosas, pero no se atreven a hablar.

Sugerencias y Recomendaciones

Debo aprender a escuchar mi interior, a guardar mi mente abierta, a traer más calma en mi vida para disminuir mi actividad cerebral, permitiéndome así ver la realidad bajo un día nuevo, con más confianza.

vértebras cervicales
C2

La segunda vértebra cervical trabaja en estrecha colaboración con C1. Se la llama AXIS. Es el pivote que permite a C1 moverse. C2 está conectada con los principales órganos de los sentidos, es decir los ojos, la nariz, las orejas, la boca (lengua). Por esto estarán afectados éstos cuando C2 tenga un malestar. Si soy rígido en mi modo de percibir la vida, si rehúso soltar mis viejas ideas para dejar sitio a lo nuevo, si me preocupo siempre por el día siguiente, C2 corre el gran riesgo de volverse también rígida. Frecuentemente, mis lágrimas son secas porque reprimo mis emociones y que mis penas, mis decepciones, mis pesares quedan hundidos dentro de mí. El "lubricante" (mis lágrimas de pena o de alegría) siendo carente, C1 no se articulará sobre C2 tan fácilmente. Habrá irritación, calentamiento, igual como en mi vida cotidiana. Esto se produce particularmente en el caso de la depresión, de una emotividad excesiva (si por ejemplo, hay un conflicto familiar), de ira, de revuelta y todo esto siendo generalmente causado por el miedo de ir hacia delante, de cambiar, de tomar sus responsabilidades; del enjuiciamiento de los demás y de sí mismo, por la no - estima de sí que puede llevar a un deseo de autodestrucción (suicidio).

Comunicación espiritual o sutil a nivel de sentidos, de alma a alma, los que perciben cosas, pero no se atreven a hablar.

Ojos, senos.

La sexualidad espiritual (relacionada también con la cintura pélvica).

Sugerencias y Recomendaciones

Debo aprender a tomar contacto con mis emociones y a asumirlas, a tomar mi lugar expresando lo que vivo para que el flujo de energía empiece a circular en mi cuerpo y que C2 pueda volver a funcionar en armonía con C1 y que todo "bañe en aceite"!

vértebras cervicales
C3

La tercera vértebra cervical C3 es una eterna solitaria. A causa de su posición, no puedo contar con nadie o trabajar en cooperación con otras vértebras. Si mi C3 no se encuentra bien, yo también puedo tener la sensación de que debo despabilarme solo. También puedo replegarme sobre mí mismo, vivir "en mi burbuja" y evitar toda forma de comunicación (tanto oral como sexual) con mi entorno. "¿Para qué perder mi tiempo? De todos modos, ¡nunca se me hace caso y nunca se entienden mis ideas o mis estados de ánimo!" Entonces se produce la rebelión, el desánimo, porque mi sensibilidad está afectada en lo más hondo de mí. Incluso puede apoderarse de mí la angustia. El desgaste del tiempo hace su labor y mis sueños y mis deseos más queridos se desvanecen poco a poco. Me vuelvo irritable, amargo con una persona o una situación que no consigo digerir.

Mejilla, cara, oído exterior.

Desvalorización, contacto y estética, acné, granos, eccemas.

Comunicación verbal. La comunicación por esencia.

Relacionada con la laringe.

Sugerencias y Recomendaciones

La soledad puede tanto ser benéfica para recuperarme, hacer balance, ver claro en mi vida, como puede ser un medio de huir mis emociones, la realidad hacía la cual vivo mucha incomprensión. ¡La elección me incumbe! Tomo nota que una dolencia en C3 puede conllevar daños en mi rostro (piel, huesos o nervios) así como en las orejas y los dientes.

vértebras cervicales
C4 C5 C6

Nariz, boca.

Búsqueda del justo compromiso.

Comunicación verbal en lo concreto, la vida cotidiana, el concepto real y concreto de las cosas.

Las palabras dadas en los acontecimientos del día a día. Es un problema de comunicación en el trabajo.

Las vértebras cuarta, quinta y sexta cervicales C4, C5, C6 se ubican al nivel de la tiroides y están en estrecha relación con ésta. Ésta juega un papel mayor en el lenguaje, la voz, (cuerdas vocales) y cualquier desarmonía en lo que a comunicación se refiere (tanto cuando me expreso yo como cuando otras personas me comunican) hará que reaccionen C4, C5 y C6. Puede que me haya ofuscado con lo que haya oído, causando indignación e ira. C4, C5 y C6 reaccionan aún más fuertes si además no expreso mis opiniones, mis frustraciones. Mi porcentaje de agresividad corre el riesgo de incrementarse, lo cual cierra los canales de comunicación al nivel de estas 3 vértebras cervicales. Trago mal lo que a mí se me presenta. Tengo tendencia a rumiar ciertos acontecimientos para un largo período de tiempo. Frecuentemente aparecen dolencias y dolores que afectan todo mi sistema de comunicación verbal: boca, lengua, cuerdas vocales, faringe, etc. y todas las partes de mi cuerpo que se sitúan entre el nivel de mi boca y de mis hombros pueden estar afectadas. Tengo ventaja en aceptar que cada experiencia es una oportunidad de crecer y que hay una lección por sacar de todo. Debo dejar fluir en vez de obstinarme y de estar enfadado con la vida. Sino, mi cabeza se pone a "hervir" y me siento sobrecargado por todas las tareas que realizar y que me parece no poder llegar a realizar.

Sugerencias y Recomendaciones

Necesito expresarme, o bien por la palabra, la escritura, la música, la pintura, o cualquier otra forma de expresión que me permitirá "volverme a conectar" con mi creatividad, mi belleza interior. Todos mis sentidos entonces estarán estimulados, activados, lo cual activará mi tiroides y permitirá que C4, C5 y C6 funcionen normalmente. Los dolores sentidos en esta región podrán desaparecer.

vértebras cervicales
C7

La última vértebra cervical C7 está influenciada altamente por todo mi lado moral, mis creencias y mi lado espiritual también. Si vivo en armonía con las leyes de la naturaleza, si escucho los mensajes que mi cuerpo me manda y la vida en general, C7 va a funcionar mejor. Al contrario, si vivo ira, si estoy cerrado a las opiniones y a los modos de ver de las personas con quienes me relaciono, si me elevo y me enfrento con otras ideologías diferentes de la mía sin una mente abierta, C7 reaccionará fuertemente y podrá afectar mis manos, codos y brazos que podrán inflamarse o tener dificultades en moverse. El funcionamiento de mi tiroides estará afectado. Del mismo modo, remordimientos de consciencia con relación a una palabra dicha, un acto hecho o un pensamiento mandado hacía una persona también van a afectar C7. Si vivo emociones intensas en mi vida, si estoy decepcionado, si tengo miedo de estar rechazado, si me escondo debajo de mi concha para evitar estar herido/a "otra vez", C7 podrá estar afectada.

Tiroides, codo, hombros.

Conflicto de injusticia o de sumisión que se arrastra inconscientemente, doblegarse bajo el yugo.

Sugerencias y Recomendaciones

Debo aprender a discernir lo que es bueno para mí y lo que no lo es. Debo respetar los puntos de vista de cada persona incluso si son diferentes de los míos. Abriendo mis brazos a los demás es como voy a aprender mejor y podré realizar mejor las elecciones que me permitirán sentirme más libre.

VÉRTEBRAS DORSALES

Relación con la familia. Ser el pilar de la familia. "Solo puedo contar conmigo mismo".

Cuando estas vértebras se afectan, son personas, a las que la familia acude, para resolver / organizar la familia.

Localizaciones:

- En la protuberancia cervical localizamos la C7.

- Entre los dos vértices superiores internos del omóplato "cintura escapular", encontraremos la D4.

- En el centro, y entre los dos ángulos de la escápula localizamos la D8.

- Entre las crestas ilíacas, en su eje transversal, se localiza la L4.

- Las vértebras debemos contarlas de arriba hacia abajo.

Problemas de espalda:

Se suele sentir una falta de apoyo en la vida. Suelen ser personas que se sobrecargan de trabajo y presión, más de la que pueden aguantar. Y sienten este exceso de tensión en forma de dolor de espalda. Cargar demasiada responsabilidad sobre nuestras espaldas revela un afán oculto de grandeza o quizás un complejo de inferioridad.

En la parte superior es un sentimiento de falta de apoyo emocional. Sensación de no ser amado.

En la parte media, sensación de llevar una pesada carga, atascamiento en el pasado.

Culpa. Atascamiento en el pasado. Sensación de carga.

Plexo solar: reacciones viscerales. Centro del poder intuitivo.

Sugerencias y Recomendaciones

NUEVO MODELO MENTAL: "Libero el pasado. Soy libre para avanzar con amor en mi corazón".

Plexo solar:

NUEVO MODELO MENTAL: "Confío en mi voz interior. Soy un ser fuerte, sabio y poderoso".

vértebras dorsales
D1

La primera vértebra dorsal D1 puede reaccionar fuertemente cuando voy hasta mis límites bien sea en mi trabajo, bien sea en el deporte, en suma, en todas las situaciones en que voy hasta el final de mis fuerzas mentales, físicas o emocionales. No aprecia tampoco un "dopaje" que sea bajo forma de alcohol o de droga, la que sea. Su sensibilidad en ese momento estará a flor de piel. Me construyo entonces medios de autoprotección para protegerme de mi entorno y evitar estar herido. Esto puede manifestarse sobre todo en mis gestos o en mis palabras: por ejemplo, tiendo a apartar a los demás por mi frialdad o por palabras hirientes. Esto puede incluso manifestarse por una toma de peso importante, éste siendo mi protección natural y física, porque quiero inconscientemente "ocupar más sitio" y dejar menos a los demás. También esto puede esconder timidez actual y con la cual tengo dificultad para transigir. Se pondrá aún más en evidencia si temo perder el amor de la gente.

Riñón, función ósea, esófago, tráquea.

Memoria de la existencia profunda y miedos = Energía china.

Esta es un poco especial, a nivel embriológico, tenemos diferentes riñones (pronefros) que no llegan a desarrollarse.

De esta forma tenemos memoria renal, miedo y existencia profunda.

Sugerencias y Recomendaciones

Debo vigilar y evitar acurrucarme sobre mí mismo rumiando negatividad constantemente, siendo siempre fijado en las mismas ideas y frustraciones. Un mal estado de D1 puede traer dolencias en cualquier parte de mi cuerpo situada entre mis codos y la punta de mis dedos así como dificultades respiratorias (tos, asma, etc.)

vértebras dorsales
D2

La segunda vértebra dorsal D2 reaccionará fácilmente cuando mi emotividad esté afectada. Si cumulo y ahogo mis emociones, entonces D2 me mandará un mensaje y aparecerá el "dolor de espalda". Si tengo la sensación de que no tengo mi lugar en la vida y en la sociedad, que la vida es "injusta" y que me siento víctima de los acontecimientos, D2 estará afectada. Puedo ser particularmente sensible a todo lo que toca a mi familia, y vivo situaciones de conflicto o desarmonía de un modo intenso. Puedo haber almacenado viejos rencores. También puedo remover constantemente experiencias pasadas, recuerdos, queriendo fijar mi realidad en acontecimientos pasados en vez de mirar el porvenir con confianza y viviendo intensamente el momento presente. Puedo contemplar una nueva situación que me trae miedo a lo desconocido. ¿Voy a tener muchas responsabilidades? ¿Voy a estar sostenido o deberé despabilarme solo? ¿Cómo van a reaccionar la gente alrededor mío? Si dudo de mí, de mis capacidades, podré reaccionar jugando el papel de los "duros de roer" volviéndome muy autoritario; tendré así la sensación de controlar la situación, sabiendo muy bien que tiemblo de miedo, yendo incluso hasta tener angustia. También puedo volverme irritable frente a una persona o un suceso y reacciono por saltos de humor. Una D2 en mal estado suele estar acompañada de malestar y dolores en el corazón y los órganos que se vinculan a ellos, así como a los pulmones.

Territorio.
La Circulación en la comunicación.

Sugerencias y Recomendaciones

Aprendo a pedir y a hacer confianza en mi capacidad de aceptar nuevos retos. Suelto mi pasado y me giro hacia el futuro sabiendo que ahora soy capaz de tomar mi lugar en armonía con mi entorno. Puedo también leer la sección referente al corazón para tener otras pistas.

vértebras dorsales
D3

La tercera vértebra dorsal D3 está esencialmente relacionada con los pulmones y el pecho. Puedo ir a consultar lo referente a estos dos temas para ver cuáles son las causas que pueden afectarles y tendré una pista para saber por qué D3 me manda también mensajes. Además, todo lo que puedo percibir por mis sentidos y que no me conviene del todo hará reaccionar D3. Ya que soy muy sensible a mi entorno, me he confeccionado un sistema con el cual sé lo que está bien y lo que está mal, lo que es aceptable o no. Puedo estar fijado y rígido en mi modo de pensar o ver las cosas. Tengo tendencia a juzgar cualquier persona o situación que no entre en mi definición de "correcto". Puedo reaccionar fuertemente frente a lo que considero ser una "injusticia". Incluso puedo volverme colérico, incluso violento mientras no esté de acuerdo con lo que veo, percibo u oigo. También puedo construirme un "escenario" en mi cabeza, disfrazando la realidad, frecuentemente a causa de mi miedo a ver la realidad de frente y también porque la realidad que me rodea me deprime. Entonces, tengo menos gusto de vivir, ya no tengo el sentimiento de estar en seguridad. Puede invadirme la tristeza. Ya no tengo el gusto de luchar. La depresión se va apoderando de mí progresivamente, y querré cortarme de este mundo que sólo me trae pena, frustración, ansiedad.

Pulmón, pleuras, senos y costillas.

CONFLICTO con la madre:
- Derecha: falta de afecto.
- Izquierdo: cólera.

Sugerencias y Recomendaciones

Debo aprender a ver la vida bajo un nuevo día. Aceptar que no pueda vivir en un mundo perfecto pero que cualquier situación es perfecta porque cada situación me permite sacar una lección.

vértebras dorsales
D4

La cuarta vértebra dorsal D4 se refiere a los placeres, a los deseos, a las tentaciones frecuentemente insatisfechas. A veces mis esperas son desmesuradas, carecen incluso de realismo y me vuelvo irritable, colérico porque "mis deseos" no están realizados. Estoy enfadado con la vida, mi entorno. En el fondo de mí, siento un vacío tan grande, generalmente afectivo, que tengo tendencias depresivas y el único modo que conozca de equilibrar este estado de ser y traer algo "picante" en mi vida será crear un estado de excitación, bien sea naturalmente o artificialmente. Puedo practicar deportes de emociones fuertes (paracaidismo, alpinismo, etc.) o puedo tomar drogas para ponerme en un estado de éxtasis y de bienestar temporal. Me refugio así en un mundo imaginario, protegido de todos. Sin embargo, no estoy al albergue de las emociones que he inhibido y de las cuales he intentado escapar. En apariencia puedo ser muy libre, pero en realidad, estoy encarcelado en mi ira, mis penas, mis frustraciones, y por mi miedo a estar asfixiado por el amor de los demás, porque nunca supe reconocerlo y aceptarlo. Entonces, tengo tendencia a rechazar a los demás. Me opongo, me mantengo distante y alimento esta cuneta con mi mal humor, mi actitud depresiva.

Vesícula biliar.
Rencor.

Sugerencias y Recomendaciones

Es importante que reconozca y que acepte mis emociones para poder integrarlas y permitirme vivir plenamente mi vida. Cuando D4 está afectada, también puede seguir una dificultad con la vesícula biliar.

vértebras dorsales
D5

La quinta vértebra dorsal D5 está tocada cuando me vuelvo a encontrar en una situación en que tengo la sensación de perder el control. Me siento entonces desestabilizado. Incluso puedo hallarme en un estado de pánico. Esto se produce en particular en el plano afectivo con relación a mi cónyuge, un miembro de mi familia, un amigo cercano, etc. Este control se esconde a veces bajo una apariencia de "querer ayudar a alguien", "guiarlo", "ayudarle en sus dificultades", pero en el fondo de mí, ejerzo un control para con esta persona, estando en posición de "fuerza" incluso inconscientemente. Si las cosas no suceden como lo deseo, puedo volverme frustrado, crítico, impaciente e incluso colérico, y D5 reaccionará violentamente. Quiero darme una imagen de "duro de roer" que tiene la "espalda ancha" y que "es capaz de cargar". Pero, en el fondo, sé que me cargo demasiado los hombros, lo cual me lleva a estar inseguro, angustiado, en rebelión contra mi entorno que hago responsable de mi malestar. Tengo grandes ambiciones, lo cual me hace a veces apartarme de mis valores profundos y actuar en contradicción con éstas. Entonces, me echo en relaciones artificiales con la gente, viviendo decepción tras decepción, porque el amor verdadero, sencillo, no es bastante presente.

Hígado (falta), plexo solar (padre).
Problemas digestivos crónicos.
"No estoy en el clan".

Sugerencias y Recomendaciones

Es importante que esté a la escucha de mi interior, que tome contacto con mi esencia, con mis verdaderos valores para que vuelva la calma en mi vida y que vea claro en los acontecimientos, desarrollándome y siendo capaz de vivir el amor verdadero. Se debe observar que el mal estado de D5 frecuentemente está acompañado de diversos malestares afectando mi hígado y mi circulación sanguínea.

vértebras dorsales
D6

La sexta vértebra dorsal D6, va a reaccionar cuando me crítico y que me juzgo severamente. Puedo haber estado educado en un entorno muy estricto en el cual los valores y las líneas de conducta debían seguirse al pie de la letra. Habiendo crecido en este clima autoritario y no permisivo, ahora puedo tener "casos de consciencia" en los cuales quisiera darme gusto, coger tiempo para mí pero juzgo que esto no es "correcto" y "que no me lo merezco". Me creo preocupaciones inútilmente porque no dejo de analizar cada uno de mis gestos, cada una de mis palabras, cada uno de mis pensamientos, para estar seguro de que "estoy correcto". Me corroe la culpabilidad por dentro. La angustia está muy presente y me autocastigo cortándome del mundo. Tengo dificultad en aceptarme. Me siento víctima de la vida, impotente frente a los acontecimientos. Juzgo severamente éstos sin querer aceptar que están aquí para hacerme crecer, pero viéndoles preferentemente como castigos, injusticias. Vivo entonces en la frustración y la incomprensión, el resentimiento, envi-

dioso y celoso de los demás. Por esto una D6 en mal estado se suele acompañar de malestar al nivel del estómago.

Plexo solar, Hígado, Estómago.

El estómago es el órgano de la primera infancia. (Si al golpear sobre ella duele, habrá que buscar un problema estructural).

CONFLICTO de contrariedad reciente en el territorio + desvalorización (dispepsia nerviosa = rechazo de un tóxico afectivo).

Sugerencias y Recomendaciones

Tengo necesidad de estar más flexible y permisivo para conmigo y aprendo a ver positivo en cada acontecimiento, sabiendo que cada experiencia me lleva a conocerme más y a volverme mejor.

vértebras dorsales
D7

La séptima vértebra dorsal D7 es una trabajadora de trabajos forzados. Si en mi vida, me empujo al límite en las cosas que debo hacer, sin escuchar mi cuerpo cuando necesita descansar o relajarse, D7 va a echar un grito de socorro. Es posible que así quiera olvidar o huir a alguien o una situación cualquiera. Puede que quiera olvidar mis problemas financieros, afectivos, etcétera. Parándome, es muy posible que afloren el desánimo y la insatisfacción frente a mi vida, cosa que no quiero. Acumulo mucha ira y agresividad: todo ruge adentro mío porque "la vida no tiene nada bueno para ofrecerme". Me obstino, incluso me bloqueo sobre ciertas ideas que me obsesionan. Debo aprender a apreciar lo que tengo y lo que soy y ver toda la abundancia que es presente en mi vida. Tengo el derecho de tomar tiempo para mí, tengo el derecho de vivir emociones en vez de dejarlas hervir adentro mío.

Páncreas, endocrino (diabetes). Infamia y deshonor.

Sugerencias y Recomendaciones

Me concedo el derecho de vivir mi pena, mi decepción, mis miedos porque es así como podré aceptarlos y cambiarlos en positivo. Puedo hacer mi limpieza interior a medida y dejar que D7 funcione normalmente. Es así como los males que acompañan frecuentemente una D7 en mal estado y que tocan frecuentemente el páncreas y el duodeno podrán también irse.

vértebras dorsales
D8

Las octava y novena vértebra dorsal D8 & D9 que hallo a la altura del diafragma y que están estrechamente vinculadas, se parecen en todo. Por esto, se tratan juntas. Se afectan principalmente cuando vivo inseguridad debido a un miedo que tengo de perder el control en una situación o con una persona. Me siento más seguro de mí cuando dirijo perfectamente todos los aspectos de mi vida, cuando orquesto perfectamente cualquier situación para saber exactamente qué debo esperar. Me escondo en mi burbuja de cristal, sin hacerme preguntas ni hacer esfuerzos para cambiar lo que sea en mi vida. Vivo todas mis emociones "para dentro". Pero este "supuesto equilibrio" está trastornado, D8 y D9 asustadas reaccionan fuertemente, acurrucándose de miedo. La desesperación puede tener lugar y tengo el mal de vivir. Tengo dificultad en ver la luz al final del túnel.

Sangre (enfermedades de sangre), familia, clan, comunicación en el clan.

Comunicación con el clan.

Sugerencias y Recomendaciones

Puedo sentir desprecio por la vida y me dirijo hacía un abismo que sólo puedo vencer haciendo confianza en la vida y dejando ir el control que ejerzo. Porque es soltando cuando gano el dominio de mi vida. Tomo nota que una D8 lastimada puede acompañarse de dolores del diafragma y el bazo (incluyendo los trastornos de la sangre) mientras que D9 en mal estado estará acompañada de alergia o de un mal funcionamiento de las glándulas suprarrenales o de urticaria.

vértebras dorsales
D9

Las octava y novena vértebra dorsal D8 & D9 que hallo a la altura del diafragma y que están estrechamente vinculadas, se parecen en todo. Por esto, se tratan juntas. Se afectan principalmente cuando vivo inseguridad debido a un miedo que tengo de perder el control en una situación o con una persona. Me siento más seguro de mí cuando dirijo perfectamente todos los aspectos de mi vida, cuando orquesto perfectamente cualquier situación para saber exactamente qué debo esperar. Me escondo en mi burbuja de cristal, sin hacerme preguntas ni hacer esfuerzos para cambiar lo que sea en mi vida. Vivo todas mis emociones "para dentro". Pero este "supuesto equilibrio" está trastornado, D8 y D9 asustadas reaccionan fuertemente, acurrucándose de miedo. La desesperación puede tener lugar y tengo el mal de vivir. Tengo dificultad en ver la luz al final del túnel.

Suprarrenales.
Dirección + Equivocación.

Sugerencias y Recomendaciones

Puedo sentir desprecio por la vida y me dirijo hacía un abismo que sólo puedo vencer haciendo confianza en la vida y dejando ir el control que ejerzo. Porque es soltando cuando gano el dominio de mi vida. Tomo nota que una D8 lastimada puede acompañarse de dolores del diafragma y el bazo (incluyendo los trastornos de la sangre) mientras que D9 en mal estado estará acompañada de alergia o de un mal funcionamiento de las glándulas suprarrenales o de urticaria.

vértebras dorsales
D10

Cuando la décima vértebra dorsal D10 está afectada, esto suele reflejar una profunda inseguridad frente a la cual me siento sin armas, sin recursos. Mi confianza está en su nivel más bajo y necesito "un pequeño tónico" para ayudarme a darme más valor y a olvidar mis preocupaciones. Frecuentemente, esto puede ser un consumo más grande de alcohol o de droga que de costumbre que me dará "un pequeño estímulo". Sin embargo, cuando vuelvo a mi estado normal, las inseguridades aún están presentes y mi vida se oscurece porque sólo veo el lado negativo de las cosas. Lo veo todo en negro, rechazando la vida, compadeciéndome de mí mismo. Estoy preocupado por pequeñeces y me enfado sin ser capaz de manifestarlo sin embargo, lo cual afecta mi sensibilidad que vuelve a flor de piel y que hace que me irrito por futilidades. Una D10 en mal estado se acompaña frecuentemente de dolores en los riñones, reconocidos como la sede del miedo.

Son los túbulos colectores. Riñones + dirección (elección) = derrumbamiento.

Sugerencias y Recomendaciones

Aprendo a hacerme confianza y aprendo a ver la belleza alrededor mío y la que existe dentro de mí. Tengo el valor de pedir ayuda.

vértebras dorsales
D11

Las anomalías en la onceava vértebra dorsal D11 se hallan también cuando mi sistema nervioso tiene dificultad en funcionar. Mi gran sensibilidad a todos los niveles hace que D11 se deforme porque también deformo la realidad para sufrir menos. La cambio a voluntad para que sea como quiero. Me "corto" voluntariamente de mi entorno. Pero esto sólo puede durar cierto tiempo y debo pronto o tarde enfrentar la realidad. En ese momento, una tensión interior se habrá instalado, y tendré dificultad en transigir con ella. Esto puede volverse tan insoportable que incluso puedo tener ideas de suicidio ya que vivo en la incomprensión y que tengo miedo del porvenir porque me siento impotente en cambiar las cosas en mi vida. Me considero "víctima", herido en mis sentimientos. Rumio lo negativo y hago pocos esfuerzos para sacarme de esta situación. Debo aprender a moverme e ir hacia delante en vez de estancarme en un estado de ser comatoso y complacerme en la pasividad. Las dolencias en la D11 se acompañan frecuentemente de dolores en los riñones así como de enfermedades de piel (eczema, acné, etc.).

Vejiga.

Conflictos de territorio + desvalorización más o menos evacuación.

Sugerencias y Recomendaciones

Empiezo a creer que es posible cambiar cosas en mi vida pero que debo estar listo para invertir esfuerzos y pedir ayuda.

vértebras dorsales
D12

La doceava vértebra dorsal D12 está afectada sobre todo cuando vivo en un lugar cerrado. Tengo tendencia a criticar, juzgar, saltar fácilmente a conclusiones, no porque haya comprobado sino solamente porque mis observaciones pueden darme falsas impresiones y que las interpreto a mi modo. Esto me lleva a vivir mucha ira que me "roe interiormente". Mi mental es muy activo. Mi sensibilidad está "a flor de piel". Me construyo castillos de arena. Me invento todo tipo de escenarios. Ya que tengo dificultad en transigir con mi entorno, vivo mucha inseguridad. Puedo entretener ideas mórbidas, ya incapaz de absorber lo que sea de lo que veo, siento o percibo y envidiando lo que tienen los demás. Una afección en el nivel de la D12 se acompaña frecuentemente de males intestinales, dolores en las articulaciones, una circulación linfática deficiente y así a veces afecciones en las trompas de Falopio.

Pubis.

Sugerencias y Recomendaciones

Aprendo a comunicar, a ir a comprobar con las personas relacionadas para eliminar la duda y la inseguridad que me habitan. Así veo más claro en mi vida y se establecen en mí la calma.

VÉRTEBRAS LUMBARES

Son mi relación con los demás. Los cimientos, aquello que nos mantiene derechos, el pilar de nuestra personalidad, aquello que debe mantenerse firme. Desvalorización central, global, de la personalidad (debido al trabajo o a la familia en general).

"Yo no estoy bien al lado de... (mi marido)". "No podemos asumir nada más".

Si al golpear sobre una vértebra, con un martillo médico, aparece dolor, habrá que buscar una patología asociada a la vértebra en cuestión.

Sacro:

Todo lo que es sagrado. (La fidelidad de la pareja) Mi madre, mi padre. "No tengo derecho a hacer el amor con mi hermano o hermana, primo..." Incesto simbólico.

Problemas de espalda:

Se suele sentir una falta de apoyo en la vida. Suelen ser personas que se sobrecargan de trabajo y presión, más de la que pueden aguantar. Y sienten este exceso de tensión en forma de dolor de espalda. Cargar demasiada responsabilidad sobre nuestras espaldas revela un afán oculto de grandeza o quizás un complejo de inferioridad.

Las personas con dolores en la parte baja de la espalda suelen padecer constantes problemas económicos en su vida, o al menos esa es la percepción que ellos tienen. Sienten una falta de apoyo económico.

Miedo al dinero. Falta de apoyo económico.

Sugerencias y Recomendaciones

NUEVO MODELO MENTAL: "Confío en el proceso de la vida, que se ocupa siempre de todo lo que necesito. Estoy a salvo".

vértebras lumbares
L1

La primera vértebra lumbar L1 está afectada cuando vivo un sentimiento de impotencia frente a alguien o a algo que no me conviene y que tengo la sensación de no poder cambiar, que he de soportar. Entonces, me vuelvo inerte, sin vida, gasto mucha energía con cosas frecuentemente menores pero las aumento tanto que toman entonces proporciones catastróficas, lo cual puede incluso hacer aparecer un sentimiento de desesperación. Puedo vivir inseguridad frente a aspectos de mi vida, pero no tiene realmente razón de ser. Quiero controlarlo todo, pero esto no es humanamente posible. Puedo también vivir conflictos interiores entre lo que quiero hacer y que no me permito. Esto hace subir en mí frustración, agresividad e ira. Estos sentimientos endurecen mi corazón si no me libero y amargan mi vida. Una vértebra L1 en mal estado puede traer enfermedades relacionadas con las funciones de digestión (intestino y colón) o eliminación (estreñimiento, disentería, etcétera).

Tubo digestivo (guarradas).
"Noción de intercambio, de circulación".

Sugerencias y Recomendaciones

Tomo consciencia del poder que tengo para cambiar el curso de mi vida, y sólo la mía. Vuelvo a establecer mis prioridades para canalizar bien mis energías.

vértebras lumbares
L2

El estado de la segunda vértebra lumbar L2 depende mucho de mi flexibilidad frente a mí mismo y a los demás. La soledad y la amargura generalmente causadas por una timidez pronunciada son también factores importantes que pueden afectar L2. Soy preso de mis emociones: al no saber cómo vivirlas y expresarlas, y al ser éstas a veces vivas y explosivas, pongo máscaras para protegerme y evitar que se pueda ver lo que sucede en mi interior. Mi malestar puede hacerse tan grande que quiero "adormecer" mi mal con bebida, drogas, trabajo, etc. y L2 hará entonces una llamada de socorro. Tengo tendencia a ver las cosas en negativo y a vivir en un estado depresivo que veo muy poco porque estoy en un papel de víctima que no me obliga a pasar a la acción o a cambiar cosas en mi vida. Igual como L1, un sentimiento de impotencia y también mucha tristeza afectarán L2. Soy bastante amargo frente a la vida porque estaría supuestamente disfrutando de los placeres de la vida pero, frecuentemente, no me autorizo a ello a causa de mis obligaciones o por deber, para mostrar el buen ejemplo.

Apéndice, ciego, tubo digestivo (guarradas).
"Problema de tener que dejar las cosas"

Sugerencias y Recomendaciones

Debo aprender que no he de ser perfecto. A veces puedo sentirme incapaz o impotente frente a una situación. No he de culparme por ello o estar enfadado; solo he de ser auténtico conmigo mismo y los demás y expresar simplemente mis penas, mis alegrías, mis dudas, mis incomprensiones, mis frustraciones para estar más abierto frente a los demás y para que L2 recupere vida también. Se debe recalcar que una vértebra L2 en malas condiciones puede conllevar enfermedades del abdomen, el apéndice o las piernas en donde podría ver aparecer varices.

vértebras lumbares
L3

La tercera vértebra lumbar L3 se ve sobre todo afectada cuando vivo situaciones familiares tensas o tormentosas. Me impido decir o hacer cosas para no herir y no molestar a los demás. Pero al hacer esto, me hago daño a mí mismo. Juego el papel de "buen chico" o "buena chica" manifestando una gran flexibilidad. Pero me vuelvo "bonachón" lo cual me causa frustración, sobre todo si debo poner mis deseos de lado. Y quizás, también, me ponga de lado, particularmente a causa de mi gran sensibilidad, sin saber mucho como dichas emociones estarán recibidas. Me vuelvo "paralizado", incluso impotente, en mis emociones, en mi cuerpo, en mis pensamientos, lo cual impide que se manifieste mi creatividad y todo lo vinculado a ella, en particular la comunicación y la sexualidad que se quedan "rígidas" y "frígidas".

Órganos sexuales, vejiga, rodilla, útero y la próstata.

Útero y próstata:

Las metástasis de próstata son L3. Los síntomas en esta vértebra son frecuentes porque tienen que ver con la sexualidad.

Sugerencias y Recomendaciones

Para superar el desánimo, debo tender los brazos hacía los demás y atreverme a expresar mis emociones para que mi pleno potencial creativo se despierte y se manifieste. La mala condición de L3 puede conllevar dolencias en los órganos genitales, en el útero (en la mujer), en la vejiga o en las rodillas, tales como la artritis, la inflamación o dolores.

vértebras lumbares
L4

Cuando la cuarta vértebra lumbar L4 se rebela, es frecuentemente porque tengo dificultad en transigir con la realidad de todos los días. Puedo complacerme en un mundo imaginario y esto puede llevarme a vivir en la pasividad, estando un poco cansado de ver lo que ocurre alrededor mío. Se instala cierta dejadez. "¿Por qué preocuparse de todos modos?" Sufro los acontecimientos y no los creo, lo cual me puede dejar un sabor amargo. Igual como L4, necesito protegerme cerrándome porque puedo fácilmente dejarme influenciar por lo que me rodea, sobre todo por lo que la gente pueda decir de mí, y mi sensibilidad puede estar altamente afectada. También me rompo la cabeza exageradamente y mi discernimiento está a veces erróneo o carente porque mi mental es muy rígido, lo cual me impide tener una visión global de una situación y en consecuencia soluciones o posibles vías frente a ella. Entonces quiero controlar en vez de escuchar mi voz interior.

Las normas, las reglas.
"No soy como los demás".
"No pienso como todo el mundo".
"No me visto como los demás".

Sugerencias y Recomendaciones

Debo aprender a escuchar ésta para recuperar el dominio de mi vida. Recupero mi poder de crear mi vida como quiero y recupero el gusto de realizar grandes cosas. Se debe observar que una vértebra L4 en mal estado puede conllevar dolores en la región de mi nervio ciático y de la próstata en el hombre.

vértebras lumbares
L5

Puedo preguntarme lo que sucede en mi vida cuando la quinta vértebra lumbar L5 está afectada. ¿Tendría por casualidad una actitud de desprecio o de pereza frente a una persona o una situación? Puedo vivir un poco de celos, disgusto, frustración, pero sin embargo ya tengo mucho, la vida me ha mimado y tengo dificultad en reconocerlo. Mi vida está teñida de lujuria (en todos los niveles) y debo aprender a apreciar lo que tengo, y a cultivar mis relaciones interpersonales: tengo dificultad sobre todo en el plano afectivo a ser auténtico y a sentirme bien porque en el fondo de mí, vivo una gran inseguridad y tengo dificultad en expresar lo que vivo. Por lo tanto, tendré tendencia a ser algo depresivo ya que pasaré frecuentemente de un cónyuge a otro sin saber demasiado porqué sucede esto, sintiéndome "correcto" dentro de lo que estoy viviendo. Inventaré toda clase de guiones y mi atención siempre estará centrada en los pequeños detalles anodinos, lo cual me impedirá adelantar y pasar a otra cosa. Cierta amargura puede ensombrecer mi vida e impedirme disfrutar de ésta.

Colon (algo sucio).

Los colaterales, situados en la misma línea del árbol genealógico, hermanos, parejas, amantes, compañeros de trabajo/deporte.

No es una línea vertical 20% = ¿Qué es mi vida? ¿Qué voy a hacer con ella? ¿Qué dirección quiero tomar en mi vida? 80% = (Aparece dolor en la pierna izquierda) = cerebro derecho = acción. Acción equivocada (o vivida como equivocada) en el sentido de mi vida.

Sugerencias y Recomendaciones

Aprendo a saborear cada instante que pasa y a apreciar toda la abundancia que forma parte de mi vida. Un mal estado de L5 puede ocasionarme dolores en las piernas, desde las rodillas hasta los dedos de los pies.

vértebras lumbares
S1 S2 S3

Ya que las 3 primeras vértebras sagradas están soldadas juntas, se tratarán juntas. Constituyen un todo. Reaccionan con la rigidez que manifiesto, con mi estrechez mental en relación a ciertas situaciones o ciertas personas, a mi mente cerrada que rehúsa oír lo que los demás han de decir. Quiero tener el control para sentirme fuerte y en seguridad y, si lo pierdo, voy a estar enfadado, furioso y puedo tener ganas de "pegar una paliza" a alguien por estar tan frustrado y lleno de amargura. Todos estos sentimientos generalmente tienen su origen

en mis relaciones afectivas que no siempre van como lo deseo. La comunicación verbal y sexual, es deficiente, por no decir inexistente, y estoy constantemente volviendo a plantear este tema. Tengo la sensación de tener que nadar a contra corriente y me siento en un callejón sin salida.

Sugerencias y Recomendaciones

Tengo interés en parar un momento y ver claro en mi vida, a reflexionar sobre lo que quiero y edificar una base sólida.

vértebras lumbares
S4 S5

Todos los deseos tienen su origen en las vértebras sagradas cuarta y quinta. Si soy capaz de administrarlas bien, si tomo el tiempo de descansar y hacer las cosas que me gustan, S4 y S5 funcionarán bien. Sin embargo, si vivo culpabilidad, tratándome de perezoso y confrontándome a mis deberes y mi moralidad, juzgando mi conducta "no correcta", S4 y S5 pueden reaccionar fuertemente. Tengo el derecho de hacer cosas para mí y a veces evadirme pero debo evitar que esto se vuelva un medio de huida, evitando que me enfrente con mis responsabilidades. En ese momento, la pereza puede no estar benéfica: me mantiene en un estado pasivo de cansancio que me impide ir hacia delante. Por esto, en casos extremos, también estarán afectados mis pies. El único modo de curar el sacro quebrado o roto, es la inmovilidad física y el tiempo. El sacro está vinculado al segundo centro energético que se sitúa al nivel de la primera vértebra lumbar. Un desequilibrio de este centro energético puede aparecer en las dolencias físicas siguientes: referente a los órganos genitales, puede haber infertilidad, frigidez o herpes; en cuanto a los riñones: cistitis, cálculos; en lo referente a la digestión y la eliminación: incontinencia, diarrea, estreñimiento, colitis, etc. Las desviaciones de la columna vertebral (escoliosis) nacen generalmente a este nivel y conllevan con ellas dolores de espalda. El segundo chakra o centro energético, influencia mis relaciones con mi entorno y un malfuncionamiento de éste, que afecta mi sacro, será el signo de mi estrés, mis angustias, mis miedos y mi tendencia depresiva que debo aprender a administrar. En cuanto al coxis, está vinculado al primer chakra, o centro de energía, sede de la supervivencia. Representa el fundamento de mi sexualidad, la realización adecuada de mis necesidades de base (sexualidad, alimento, protección, techo, amor [el amor aquí referido es como el amor de una madre para su hijo. Cuando está afectado mi coxis, puede que viva el miedo a perder o no tener como mínimo un amor similar al que un hijo está en derecho esperar de su madre. Se trata aquí de este tipo de amor y no de una relación amorosa entre adultos], etc.). El coxis está formado de cinco vértebras coxigianas que están soldadas juntas. Representa mi dependencia frente a la vida o a alguien más. Hay muchas probabilidades de que mi cuerpo me diga que tengo que pararme cuando me duelo el coxis. Es mi inseguridad la que se manifiesta en relación con mis necesidades de base, de supervivencia, en particular el hecho de tener un techo, alimento, vestidos, etc. El alimento aquí se refiere a las necesidades físicas como emocionales y sexuales. Cualquier persona necesita amor en su vida. También necesita comunicación mediante relaciones sexuales con uno o su pareja. Estas necesidades generalmente se niegan y reprimen, sobre todo a causa de mis principios morales y religiosos, lo cual me lleva a estar insatisfecha. Puedo sentirme impotente en todos los sentidos del término y hay una ira incubando dentro de mí. Quiero huir cualquier situación que hace daño a mi sensibilidad y frente a la cual puedo vivir culpabilidad.

Sugerencias y Recomendaciones

Debo poner mi orgullo de lado, es decir mis miedos. Debo confiar en la vida y sobre todo hacer confianza en mi capacidad por expresarme y asumirme. Cuando siento dificultades vinculadas con este aspecto de mí mismo, compruebo interiormente hasta qué punto estoy (quiero ser) dependiente de una persona que, conscientemente o no, satisface ciertas necesidades de mi vida. Soy capaz de cumplir mis propias acciones, de ser autónomo. Es posible que las personas con las cuales me vinculo sean mucho más dependientes afectivamente que yo y que tengan necesidad de este tipo de relación. Acepto ver hasta qué punto hago muestra de independencia y vigor en mi vida. Debo soltar cualquier sentimiento de inquietud frente a mis necesidades de base y tomar consciencia ahora de las fuerzas que me habitan y afirmar que soy la persona mejor colocada para garantizar mi propia supervivencia. Al estar vinculado el coxis con el primer chakra, un desequilibrio al nivel de este centro de energía puede conllevar desordenes físicos, los más corrientes tocando el ano o el recto (hemorroides, irritaciones), la vejiga (trastornos urinarios, incontinencia), la próstata. También se puede encontrar dolores en la base de la columna vertebral, una toma o pérdida de peso considerable (obesidad, anorexia) y una mala circulación sanguínea al nivel de las piernas (flebitis), manos y pies. Estos males me dan una indicación que tengo necesidad de volver a equilibrar este centro de energía.

VÉRTIGO

El vértigo corresponde a una afección de una parte del oído interno que es el órgano del equilibrio.

La persona que padece vértigo vive una situación en la que tiene la impresión de perder la vertical, de perder el equilibrio que antes tenía, aun cuando la vida supuestamente equilibrada que tenía no respondiera necesariamente a sus necesidades. Siente angustia ante la idea de tomar una decisión, de moverse hacia lo nuevo. Sus deseos permanecen insatisfechos. También es posible que esta persona acabe de realizar algunos cambios que no parecen equilibrados a sus ojos o a los de los demás. El juicio de otras personas le causa problemas, aunque no quiera aceptarlo.

Tener vértigos o desmayos es un modo de huir un suceso o una persona que me niego a ver u oír. Puedo tener la sensación de que una situación evoluciona demasiado rápido para mí y tengo miedo de los cambios que traerá en mi vida. Es como si no tuviera referencia para dirigirme y por lo tanto puedo tener la impresión que "mi padre", o el que representa la autoridad, está ausente o que debería ayudarme más en cuanto a las direcciones por tomar. Prefiero cerrarme, huyo. Quisiera controlarlo todo, tanto lo que sucede en mi interior como en el exterior mío pero, siendo esto imposible, me vuelvo inestable y ansioso. En la mayoría de los casos, si padezco de vértigos y desmayos, puedo sufrir hipoglicemia.

Las personas con vértigo, tienen una obstinada negativa a mirar, porque lo que ven no les agrada. Sus pensamientos están dispersos, van y vienen.

"Estoy en una etapa de transición, estoy al borde del precipicio, y se está aproximando un cambio".

Equilibrio:

Pensamiento disperso, descentrado.

Vértigos:

Fuga y dispersión de pensamientos. Negativa a mirar.

Sugerencias y Recomendaciones

Recibes el importante mensaje de que escuches tus verdaderas necesidades y cambies tus conceptos con respecto a lo que es una vida o una persona "equilibrada". Cuanto más alimentes el miedo de no serlo, más posibilidades habrá de que tu vida se desequilibre.

Es importante que descubra la alegría de vivir, que me ofrezca algunos dulces y que haga confianza al porvenir.

Equilibrio:

NUEVO MODELO MENTAL: "Me centro en la seguridad y acepto la perfección de mi vida. Todo está bien".

Vértigos:

NUEVO MODELO MENTAL: "Estoy profundamente centrado y en paz con la vida. Me siento a salvo estando vivo y alegre".

CROMOTERAPIA vértigo: color curativo azul.

Si sufre de vértigo, es posible que tenga algún problema en el oído medio y deberá consultar a un especialista. El estado de los senos nasales puede estar también relacionado con este trastorno.

TRATAMIENTO: Comience con un masaje enérgicamente las zonas de los oídos y senos nasales, así como las glándulas tiroides y pituitaria. Compruebe si las zonas de los restantes órganos y glándulas causan dolor, es decir, si indican alguna congestión que contribuya a producirle este trastorno; en ese caso, añádalas a su tratamiento diario.

CROMOTERAPIA mareos: verde.

Si sufre de mareos cuando viaja en auto, en avión o en barco, necesita equilibrar sus órganos. El problema está en los ojos y los oídos, pero conviene empezar por los oídos.

TRATAMIENTO: inicie con un masaje en todos los dedos, especialmente las zonas altas y las partes correspondientes a los oídos, después siga con el hígado, los riñones, la vesícula, el sistema nervioso, el timo, las glándulas suprarrenales y el páncreas. Aplique entonces el tratamiento a los nervios ópticos, hasta eliminar las áreas dolorosas correspondientes a los ojos.

VESÍCULA BILIAR

La zona correspondiente a la vesícula es una de las partes más importantes del organismo. Los hombres y las mujeres que no se atreven a desarrollar su personalidad suelen sufrir trastornos vesiculares o acumulación de piedras. No participar en la vida con alegría se traduce muy a menudo en una enfermedad en la zona biliar y, a veces, a la posterior extirpación de la vesícula.

La vesícula biliar es un depósito en el que se acumula la bilis segregada por el hígado para evitar que pase al intestino en los periodos en que no se esté realizando la digestión. Durante ésta, la vesícula biliar se abre para verter las sales biliares en el duodeno, necesarias para la absorción de las grasas por el intestino. El problema más común en la vesícula biliar es la formación de piedras (o cálculos) o de una sola piedra grande que obstruya el canal entre la vesícula y el duodeno.

La vesícula biliar es una reserva membranosa situada debajo del hígado y donde se acumula la bilis que secreta éste. Las dificultades a este nivel se vinculan a "patrones" emocionales y mentales (esquema de pensamientos que hace que se repitan acontecimientos en mi vida) que están llenos de amargura e irritación, frente a mi vida o frente a los demás. Si éstos se fijan y endurecen, se transformarán en cálculos biliares. Si mi vesícula biliar no funciona bien, puede que esto proceda de mi inseguridad o de mis inquietudes frente a alguien a quien amo y quiero. El hecho de vivir apego para con esta persona puede llevarme a vivir emociones que me cuesta administrar y asumir. También puedo tener la sensación de siempre tener que justificar mis actos y frecuentemente percibir las situaciones de mi vida como injustas, lo que me lleva a vivir mucha ira.

CONFLICTO de rencor, ira o injusticia dentro del territorio. Se vive en masculino. El Pat femenino llevaría a problemas de recto o ano, problemas de pérdida de identidad en el territorio.

Rencor, injusticia, cólera interiorizada, es muy frecuente porque en el contexto de la comunicación con los demás estoy viviendo una injusticia, pero no puedo pegar, porque no es posible, no puedo pegar a mi padre, a mi jefe, voy a interiorizar y eso será ira reprimida y rencor a la vez. Esto es un elemento muy importante en los bloqueos. En lenguaje psicológico esto es superego, donde no tengo derecho de hacer lo que yo quiero y esto provoca numerosas enfermedades.

Piedras, cálculos:

Cólera + carencia.

"No tomo decisiones en mi vida". "Resentimiento tenaz". "¡Es indignante!" (Celos profesionales, traición). "No quiero que el otro tenga rabia hacia mí".

Sugerencias y Recomendaciones

Tengo pues interés en liberarme de estos sentimientos amargos irritantes. Debo más bien considerar cada experiencia que vivo como una ocasión de conocerme mejor y usar mi sensibilidad de modo positivo y creador, en vez de controlar o manipular a los demás.

Se deben beber por lo menos dos litros de agua diarios para purificar el organismo. Comer mucha fruta y verdura fresca. No consumir alimentos grasosos, especialmente mantequilla, alcohol y yema de huevo.

CROMOTERAPIA: color curativo amarillo.

TRATAMIENTO: trabaje la zona correspondiente a la vesícula, hígado, riñones y bazo. Presione la tiroides, las suprarrenales, el timo y la próstata, también el colon sigmoides, ascendente y descendente.

Véase cálculos y problemas en el hígado, agregando que la persona teme que le quiten algo. Se siente usurpada en su territorio.

Ver cálculos biliares, hígado-dolencias.

VESÍCULA SEMINAL

CONFLICTO de pérdida de territorio. Siempre desde un lado afectivo / sexual. Frustración sexual.

Ejemplo: la eyaculación precoz, problemas de impotencia.

Úlcera:

En hombres diestros o en hombre zurdo con constelación esquizofrénica.

Las arterias coronarias son derivados de los arcos branquiales y su inervación está regida por el córtex cerebral:

A. Conflicto de territorio: biológico de pérdida de territorio o del contenido del territorio (la compañera abandona el territorio).

B. Desbalance hormonal: depresión durante un conflicto de territorio (conflicto de resignación en los individuos masculinos débiles).

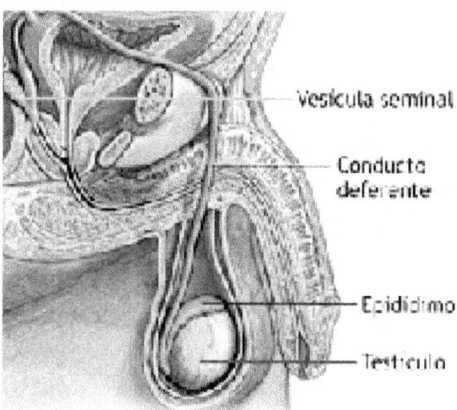

Sugerencias y Recomendaciones

NUEVO MODELO MENTAL: "Me amo y me apruebo, no estoy solo, la vida entera me apoya y me sostiene. Soy libre y capaz de cualquier cosa que me proponga. Doy y recibo amor por donde quiera que vaya. Fluyo fácilmente por todas las situaciones que me plantea la vida, me expreso y amo con facilidad. Todo es perfecto en mi mundo".

VIENTRE

El vientre o abdomen es la parte inferior y anterior del tronco humano, conteniendo principalmente los intestinos. Igual como en mi vida de cada día, si me lleno demasiado rápido de alimento, tengo el "vientre lleno", tengo ganas de dormir y vivo cierta incomodidad. Debo aprender a tomar mi tiempo, a ingerir cada situación nueva una después de la otra, para dejarme tiempo de adaptarme a los cambios que tienen lugar en mi vida, evitando así de vivir impaciencia y frustración. El niño crece dentro del abdomen y ahí se prepara para pasar del estado solitario a un estado más social; el abdomen es pues la región de las relaciones. Todas las dificultades de esta región están vinculadas a los conflictos o bloqueos entre mí mismo y el universo, éstos siendo expresados a través de las relaciones personales que hacen mi realidad.

Sugerencias y Recomendaciones

Tengo interés pues a aprender a reconocer mis pensamientos, mis sentimientos a través de los demás y en el universo que me rodea. En el abdomen reside mi más profunda intención y mi sentimiento de lo que está bien o está mal, enfermedades a este nivel me dan una buena indicación de lo que sucede en mi vida interior y en el nivel de mis emociones.

Ver hinchazón-abdomen, intestinos-dolencias.

VIOLACIÓN

La violación está relacionada con una gran culpabilidad para con la propia sexualidad, sobre todo en pensamiento, por "¡miedo a lo que podría suceder!". Por lo tanto, la violación aquí planteada se vincula a la sexualidad, es decir a una relación sexual impuesta, sin el consentimiento de la persona. Aunque no haya tenido que vivir tal experiencia a nivel sexual, puede que sin embargo, haya tenido que vivirla en otros aspectos. En efecto, si ya me robaron en mi casa, al entrar puede que tenga un sentimiento intenso como si me hubiesen violado. El modo en que dejo que me trate la gente referente a mis gustos personales, mis ideas, mis valores puede percibirse como una violación. Puedo vivir una violación dentro de mi matrimonio también. Si tuve que vivir una violación o un abuso sexual, puedo mirar si mi ignorancia de la sexualidad, incluso inconsciente, era a tal punto grande que pude "atraerme" (energéticamente hablando) esta situación como para liberarme de mi miedo. Conscientemente, no quise esta situación, pero debo comprender el funcionamiento del subconsciente para darme cuenta de que puede programar un suceso para liberarme de mi miedo.

Sugerencias y Recomendaciones

Debo vigilar y ya no pensar que soy culpable de lo que me ha sucedido, sino más bien mirar por qué esto me sucedió, para ayudarme a curar la herida dejada en mí. Si creo, por mí mismo o porque me lo han dicho, que estaré marcado el resto de mis días por tal situación, entonces deberé empezar por considerar seriamente que ESTO ES FALSO. Existen medios para curarse totalmente de tal situación. Sólo me quedará el recuerdo del acontecimiento, históricamente hablando, pero ya no habrá pena, tristeza, ira, amargura, ni odio de cualquier tipo porque todo habrá sido curado porque la toma de consciencia al nivel del corazón habrá sido hecha con la comprensión que está asociada. Hago confianza en las infinitas posibilidades que me trae la vida y aprendo a tomar el lugar que me corresponde, ¡a tomar mi lugar! Así, estaré en medida de ser plenamente dueño de los acontecimientos de mi vida.

Ver accidente, miedo.

VIRUELAS

La viruela es una enfermedad viral, eruptiva, temible y muy contagiosa, que viene acompañada de fiebre alta y de una erupción importante en la piel. Ésta comienza en la frente y las sienes, después en la cabeza, los brazos y el tronco, para invadir todo el cuerpo en tres días.

Véase enfermedades infantiles, y si es un adulto, véase fiebre y problemas en la piel.

VIRUS

Un virus es un microorganismo visible sólo al microscopio. Los virus son uno de los organismos biológicos más pequeños que existen en la naturaleza. Son los seres vivos más sencillos y, debido a su tamaño tan ínfimo, pueden infiltrarse por doquier. Sin embargo, sólo se pueden reproducir si se encuentran dentro de una célula viva.

Cuando un virus ocasiona una enfermedad, ello es una indicación de que la persona se deja invadir por una forma-pensamiento (un elemental) que creó y que le impide ser ella misma. Para que el ser humano se deje invadir así en sus cuerpos emocional y mental debe existir algún fallo. Estos se producen sólo cuando la persona mantiene algún rencor o ira. Por lo tanto, el virus se manifiesta para ayudarle a tomar consciencia de que ese rencor o ira la enferma. Es importante que averigües qué parte del cuerpo ha invadido el virus y que observes la utilidad de esta parte para determinar el área en la cual mantienes esos sentimientos negativos.

Permite modificar algunas informaciones de las células.

Sugerencias y Recomendaciones

Si te invade un virus te sugiere que le hables como si le hablaras a otra persona, puesto que es una entidad viva. Averigua la forma-pensamiento en ti que quiere a alguien para algo. Después haz como si esa forma-pensamiento fuera otra persona que te habla y que quiere animarte a continuar estando resentido con esa otra persona. Ahora, explícale que ya no quieres mantener ese rencor, que esto te enferma y que mejor quieres aprender a perdonar.

Aun cuando perdonar te sea imposible en este momento, al menos tu intención es buena, y una vez que disminuya el dolor de la herida podrás lograrlo más fácilmente. Si de ahora en adelante eres consciente de que te dejas invadir por esa forma-pensamiento tu cuerpo no necesitará ayudarte a que tomes consciencia por medio de un virus. Este último no tendrá razón de ser.

NUEVO MODELO MENTAL: "Me amo y me apruebo, no estoy solo, la vida entera me apoya y me sostiene. Soy libre y capaz de cualquier cosa que me proponga. Doy y recibo amor por donde quiera que vaya. Fluyo fácilmente por todas las situaciones que me plantea la vida, me expreso y amo con facilidad. Todo es perfecto en mi mundo".

Ver infecciones víricas.

VITÍLIGO

Ausencia total o parcial de melanocitos. Emblanquece la piel.

CONFLICTO de suciedad.

Falta luz (padre o función paterna). Miedo a la mancha y que avance, hay que limpiarla.

"Quiero que entre más luz" (Sentido biológico). "Tengo que limpiar algo (dar la contraseña)". "Vengo a limpiar una importante mancha de mi familia". "Me vuelvo transparente para así pasar desapercibido". "Quiero que mi padre vea mi interior". "No existo para mi madre, soy transparente". "Estoy separado de la mirada de mi madre". "Me gustaría ser abrazado".

El albinismo es igual.

Separación brutal, horrible, de un ser querido, o muy apreciado.

Ejemplo: "Tu padre sufre un accidente en moto y el cerebro es aplastado".

Sensación de estar fuera de ambiente, fuera de todo, de no pertenecer al grupo.

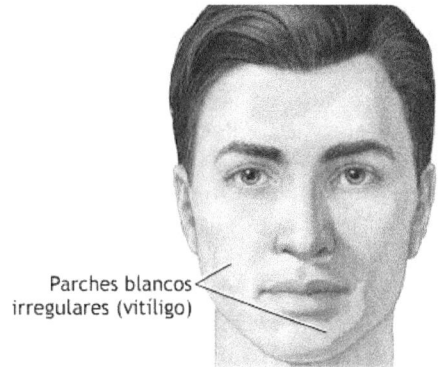

Parches blancos irregulares (vitíligo)

Sugerencias y Recomendaciones

NUEVO MODELO MENTAL: "Estoy en el centro mismo de la Vida, y estoy completamente conectado por el amor".

Ver piel-vitíligo.

VÓMITOS

El vómito es el rechazo por la boca del contenido del estómago, en general, de manera violenta e involuntaria. Véase indigestión, agregando lo que sigue:

Si el vómito se debe a que la persona acusa a otra de ser innoble o repugnante, es necesario realizar un proceso de aceptación y de perdón. Recuérdese que no porque aceptemos a alguien le damos la razón o afirmamos estar de acuerdo con él.

CONFLICTOS:

-Motricidad intestinal.
-Transporte imposible del alimento.
-Miedo: los niños que tienen miedo.
-Rechazo por algo que me imponen.

Ejemplo: una compra de una casa con un contrato no válido queda en el estómago sin poder ir más lejos.

Violento rechazo de ideas.
Temor a lo nuevo.

Sugerencias y Recomendaciones

Aceptar quiere decir constatar y observar, teniendo compasión por el otro. Véase las etapas del perdón.

NUEVO MODELO MENTAL: "Digiero la vida confiado y con alegría. Sólo viene lo bueno hacia mí, y sólo lo bueno pasa a través de mí".

Ver nauseas.

vómitos
vómito de sangre

Véase hemorragia interna, agregando que la persona no logra controlarse.

Es necesario que esto salga. Ha llegado a su límite emocional.

VOZ
Ver laringitis.

voz
ronquera

Cuando mi timbre de voz se hace sordo, ronco o cascado, entonces tengo la voz ronca. La ronquera significa que padezco agotamiento mental y físico. Algo impide mis "ruedas" de girar sin tropiezos. Vivo un bloqueo emocional, una emoción viva y reprimo mi agresividad. La garganta se relaciona con el centro de energía de la verdad, de la comunicación y de la expresión de sí (chakra de la garganta); en consecuencia puede que me sienta cogido por la verdad y que tenga dificultad en asimilarla y por mis convicciones personales. Recurro a algunos paliativos o a estimulantes tales como el café, el alcohol, cigarrillos, etc., y, cuando desaparece el efecto, aparece la ronquera. El cansancio que siento amplifica las inquietudes y las preocupaciones que no quería mirar.

Sugerencias y Recomendaciones

Tomo consciencia que necesito un tiempo de paro y acepto darme el descanso y el tiempo necesarios para regenerarme. Al haber descansado, las situaciones y los acontecimientos recobran su proporción real, soy mucho más objetivo y lúcido para tomar las decisiones que se imponen.

VUELTA DE CORDON

En el nacimiento.

El cerebro registrará que la edad de autonomía de la persona es un peligro de muerte y va a dar personas que tienen dificultad en ganarse la vida y ser autónomos financieramente porque en el momento del nacimiento "si se sale del vientre se muere". Pueden ser también personas que están estudiando muchos años o en el paro largas temporadas o asistidos socialmente... o por los padres.

VULVA

Del mismo modo que los labios del rostro se consideran como las puertas de la boca, los labios vaginales representan las del aparato genital. Un sentimiento de vacío, agotamiento, cansancio puede provocar una inflamación u otros trastornos en la vulva. Me siento "vulnerable", impotente, rechazo cualquier contacto físico, me siento sin alegría adentro mío. El origen de las enfermedades de la vulva es normalmente de orden psíquico. La angustia y los temores llegan a inflamar una vulva frecuentemente después de que se haya tenido que tomar numerosas decisiones. Estoy cansada de tener que decidir, y es un modo de manifestar mi impotencia, mi sensación de estar disminuida delante de los acontecimientos.

Sugerencias y Recomendaciones

Elijo sentirme valorizada y acepto la responsabilidad de mis elecciones.

Y

YEYUNO

Intestino delgado superior.

No poder digerir la presa. Contrariedad indigesta, que además cursa frecuentemente con conflicto de morir de hambre.

Sugerencias y Recomendaciones

NUEVO MODELO MENTAL: "Me amo y me apruebo, no estoy solo, la vida entera me apoya y me sostiene. soy libre y capaz de cualquier cosa que me proponga. Doy y recibo amor por donde quiera que voy. Fluyo fácilmente por todas las situaciones que me plantea la vida, me expreso y amo con facilidad. Todo es perfecto en mi mundo".

Z

ZONA

La zona es una enfermedad infecciosa de la piel que se caracteriza por una erupción muy dolorosa en el trayecto de un nervio sensitivo. La zona puede presentarse en un sujeto que tuvo varicela en el pasado. Los dolores ocasionados por esta enfermedad dérmica son espontáneos y tienen el efecto de una quemadura. Véase problemas en la piel, agregando que la persona afectada siente actualmente mucho enfado ante una situación o una persona determinada. Tiene la impresión de tener que arrastrarse o de no poder vivir la vida que desea. Siente una profunda amargura. Lo que sucede la quema, pero sus miedos le impiden hacerle frente.

Sugerencias y Recomendaciones

Su cuerpo le envía un mensaje de urgencia porque su sistema nervioso está cada vez más afectado por su forma de vivir esta situación. Un buen ejercicio de perdón sería lo apropiado.

ZUMBIDOS DE OÍDOS
Ver orejas-zumbidos de oídos, acúfenos.

ZURDO

Un zurdo, en general, así se llama porque usa más su mano y su brazo izquierdos que su mano y brazo derechos, en actividades tales como el escribir, tocar música, hacer deporte, etc. Antaño, en nuestra educación, se daba gran importancia al hecho de ser diestro, lo cual se traducía por el hecho de que ser diestro era "ser correcto" y ser zurdo significaba "no ser correcto". Incluso la expresión "ser zurdo" en Francés puede a veces significar "ser torpe". Actualmente, estamos pasando de la era de los Piscis a la era de Acuario, es decir que pasamos del lado racional a nuestro lado más intuitivo y creativo. Está comprobado que impedir que un niño sea zurdo cuando es una tendencia natural, puede llevarle a tener tics, torpeza, trastornos afectivos, dificultad en hablar o en leer, hacerle desarrollar sentimientos de culpabilidad e inferioridad. Si viví sentimientos de este tipo porque me obligaron a ser diestro, convendría que haga la paz hacía mí mismo concediéndome comprensión y aceptación en lo que viví. Ya que el lado izquierdo representa el lado afectivo, intuitivo, la sensibilidad, o sea el lado "femenino" de mi ser, si soy zurdo, que sea hombre o mujer, mi lado creativo está muy desarrollado, tengo una facilidad particular para aprender música, canto, o sea toda forma de arte. Esto en mí es innato. El zurdo puede también tener una personalidad más introvertida, reservada mientras que el diestro tiene tendencia a ser más extravertido y a ir hacia los demás.

Sugerencias y Recomendaciones

Sólo he de aceptar mi potencial creativo y sacar provecho de mi gran sensibilidad para que todo se manifieste con plenitud. En cualquier caso, me acepto tal como soy sabiendo que tengo fuerzas particulares que hacen de mí una persona única.

ÍNDICE

A

	página
Abasia	11
Abdomen	11
Aborto	11
Absceso	12
Aburrimiento	14
Accidente	15
Accidente cerebro vascular	17
Achaques	17
Acidez de estómago	17
Acidosis	18
Acné	18
Acondrotrofia	19
Acromegalia	19
Acroqueratosis	20
Acúfenos	20
Addison	20
Adenitis	21
Adenocarcinoma bronquioalveolar	21
Adenohipófisis	21
Adenoides	22
Adenopatía	22
Adherencia	23
Adicciones	23
Adormecimiento - Torpor	24
Adrenocorticotropa	24
Adulto Mayor	25
Aerofagia	25
Afasia	25
Afonía	26
Aftas	27
Agitación	27
Agorafobia	27
Agotamiento	29
Agresividad	30
Agujetas	30
Ahogos	31
Albino	31
Alcoholismo	31
Alergias	33
Alexia congénita	42
Algodistrofia	42
Aliento	43
Alimentación y fases	44
Alopecia	45
Alucinaciones	46
Alveolos Pulmonares	47
Alzhéimer	47
Ambioplia	49
Amebiasis	49
Amenorrea	49
Amibiasis	50
Amigdalas	50
Amigdalitis	51
Amiloidosis	52
Amnesia	52
Ampollas	52
Amputación	53
Andropausia	53
Anemia	53
Anemia falcimorme	54
Aneurisma	54
Anfetamina	55
Angina de pecho	55
Anginas	57
Angioma	58
Angioma plano	58
Angustia	58
Ano	59
Anorexia	62
Anorgasmia	64

Anquilosis	64	Beber poco	91
Ansiedad	65	Bebé azul	91
Antebrazo	66	Bechterews	91
Ántrax	66	Bell	92
Aparato génito-urinario	66	Biliar	92
Apatía	67	Biochoque – Psicochoque	92
Apéndice	67	Bloqueo emocional	92
Apetito	69	Boca	93
Apnea del sueño	70	Bochorno	95
Apoplejía	70	Bocio	95
Aprensión	70	Bostezo	96
Ardores de estómago	70	Bradicardia	96
Arritmia cardíaca	70	Brazos	96
Arrugas	71	Bright	98
Arterias	71	Bronconeumonía	99
Arterioesclerosis	72	Bronquios	99
Articulaciones	73	Bronquitis aguda	100
Artritis	75	Bronquitis crónica	100
Artrosis	79	Bruxismo	101
Ascitis	80	Buerger	102
Asfixia	80	Bulbo duodenal	102
Asma	81	Bulimia	102
Astenia nerviosa	84	Burnout	104
Astigmatismo	84	Bursitis	105
Ataxia de Friedreich	85		
Aturdimiento	86		
Audición	86		
Autismo	86		
Automutilación	88		
Autoritarismo	88		

C

Cabello	107
Cabeza	111
Cadera	115
Calambres	116
Calcio	116
Cálculos	117
Callos	119
Calor	119
Calota	119
Calvicie	120
Canal carpiano	120
Cáncer	120

B

Bacterias	89
Barriga	89
Báscula hormonal	89
Basedow	89
Bazo	90
Bebedores de leche	91

Cancro	130	Cleptomanía	158
Cándida	130	Coagulación sanguínea	159
Candidiasis	131	Cocaína	159
Cansancio	131	Codos	159
Capilares	133	Cólera	160
Cápsula articular	133	Cólico	160
Cara	134	Colesterol	161
Cardenal	134	Colitis	162
Caries	134	Colon	163
Carraspera	135	Colostomía	164
Cartílagos	135	Columna vertebral	165
Cartucheras	135	Coma	169
Caspa	135	Comedones	170
Cataratas	136	Comerse las uñas	170
Catarro	137	Comezón	170
Cefaleas	138	Comezones vaginales	170
Ceguera	138	Compulsión nerviosa	170
Celíacos	138	Condromalacia rotuliana	171
Celos	138	Condronecrosis	172
Celulitis	139	Conducto biliar intrahepático y extrahepático	173
Cerebro	140		
Cesárea	150	Conductos intrapancreáticos	173
Chalazión	150	Congénita	173
Chuparse el pulgar	150	Congestión	173
Ciática	151	Conjuntivitis	174
Cicatrización	151	Conmoción cerebral	174
Ciego del intestino	153	Conmoción de la retina	174
Cifosis	153	Conn	174
Cigarrillo	154	Consternación	174
Cinepatía	155	Contusión	175
Cinetosis	155	Conversión repetitiva ínima	175
Circulación sanguínea	155	Convulsiones	175
Cirrosis	155	Corazón	176
Cirugía	155	Corion cutáneo	181
Cistitis	156	Córnea	181
Claudicación	156	Coronaria	182
Claustrofobia	157	Corte	182
Clavícula	157	Cortes	182
Clavos	158	Córtex cerebral	182

Córtex somato-sesitivo	183	Descalcificación ósea	207
Costillas	183	Deshidratación	207
Coxis	184	Desmayo	207
Cresta ilíaca	185	Desorden afectivo invernal	208
Criptorquidia	185	Desorientación	
Crisis epiléptica	185	espacio-temporal	208
Crisis nerviosa	186	Desvalorización	208
Cristalino	187	Desvanecimiento	209
Crítica	187	Desviaciones y	
Crohn	187	perversiones sexuales	209
Crónica	188	Diabetes	209
Croup	188	Diafragma	210
Cruralgias	188	Diarrea	211
Cúbito	189	Dientes	212
Cuello	189	Difteria	218
Cuello del útero	191	Digestión	218
Cuerdas vocales	192	Disco intervertebral	218
Culpabilidad	192	Discondrosis	218
Cushing	192	Disentería	219
Cutículas	193	Disgusto	219
		Dislexia	219
		Dislocación	219
		Disnea	219

D

		Dispepsia	220
Daltonismo	195	Dispersión mental	220
Debilidad	195	Distensión	220
Dedos artríticos	195	Distrofia muscular	220
Dedos de la mano	195	Divertículo	221
Dedos de los pies	199	Divisieso	221
Delgadez	201	Dolencia	221
Delirio	201	Dolor	222
Demasiado deporte	201	Dorso plano	224
Demencia	202	Droga	225
Demencia senil	202	Duda	225
Dentina	202	Duodeno	226
Dependencia	203	Dupuytren	226
Depresión	203		
Depósitos de calcio	206		
Dermatitis	206		
Derrame sinovial	206		

E

Ébola	227
Eclampsia	228
Eczema	228
Edemas	229
Egocentrismo	230
Ela (Esclerosis lateral amiotrófica)	230
Embarazo	231
Embolia	233
Emotividad	234
Empiema	234
Enanismo	234
Encefalitis	235
Encefalitis miálgica	235
Encefalomielitis fibromialgia	235
Encías	235
Encopresis	237
Endocardio	237
Endometrio	237
Endometriosis	238
Enfermedades autoinmunes	238
Enfermedad congénita	239
Enfermedades crónicas	239
Enfermedad del sueño	239
Enfermedad del niño	239
Enfermedades hereditarias	240
Enfermedades incurables	240
Enfermedades infantiles	241
Enfermedades inflamatorias	241
Enfermedades kármicas	242
Enfermedad psicosomática	242
Enfermedades venéreas	243
Enfisema pulmonar	244
Enfriado	245
Enronquecimiento	245
Ensimismamiento	245
Entumecimiento	246
Enuresis	246
Envejecimiento	247
Envenenamiento	247
Epicondilitis	247
Epidemia	248
Epidídimo	248
Epilepsia	248
Epiplón mayor	249
Epistaxis	249
Epitelio plano	250
Epitrocleitis	250
Epífisis cerebral	250
Equimosis	251
Erección	251
Eructos	251
Erupción	252
Escafoides	252
Escalofríos	252
Escarlatina	252
Esclerodermia	252
Esclerosis	253
Escoliosis	256
Escorbuto	257
Escroto	257
Escrúpulo	258
Esguinces	258
Esofagitis	285
Espalda	259
Espasmofilia	265
Espasmos	265
Espina bífida	265
Espina de lenoir	265
Espinillas	266
Esplenitis	266
Esplenomegalia	266
Espolones calcáneos	266
Espondilitis anquilosante	266
Esquizofrenia	267
Estado vegetativo crónico	267

Esterilidad	267	Fibromialgia	287
Esternón	269	Fibrosarcoma	288
Estómago	269	Fibrosis	288
Estornudos	273	Fiebre	289
Estrabismo	273	Fiestamanía	291
Estreñimiento	275	Filetes olfatorios	291
Estrés	275	Fisiología del calcio	291
Estrías	276	Fístula	292
Estupor	276	Fisura	293
Estupor catatónico	276	Flatulencias	293
Esófago	276	Flebitis	294
Eutanasia	277	Fobia	294
Ewing	278	Forúnculos	294
Exceso de apetito	278	Fracturas de hueso	294
Excrescencia	278	Frente	294
Exhibicionismo	278	Friedreich	295
Exoftalmía	278	Frigidez	295
Extremidad inferior	279	Frío	297
Extremidad superior	279	Frustraciones sexuales	296
Extremidades frías	279	Fuego	297
Eyaculación	279	Furúnculos	297
Eyaculación precoz	279	Furúnculos vaginales	297

F

G

Faltas de respeto	281	Ganglios linfáticos	299
Fantasma	281	Ganglios nobles	300
Fantasías sexuales	281	Gangrena	300
Faringe	281	Garganta	301
Faringitis	282	Garrotillo	305
Fascias	283	Gases	305
Fascitis plantar	283	Gastritis	306
Fatiga	283	Gelineau	306
Femenino	284	Gemelos	306
Fémur	284	Genético	306
Feocromocitoma	285	Genitales	307
Fibrilación ventricular	285	Geno valgo	308
Fibroma	285	Geno varo	309
Fibromatosis	287	Ginecológico	309

Gingivitis	309	Hipercalcemia	338
Gándulas	309	Hipercalcitonemia	338
Glaucoma	314	Hipercifosis	338
Glóbulo ocular	314	Hipercolesteronemia	339
Glóbulos sanguíneos	314	Hiperdrosis palmar	339
Gónadas	315	Hiperemotividad	339
Gonartrosis	315	Hiperglobulinemia	339
Gonorrea	316	Hiperglucemia	339
Gota	316	Hiperlaxitud	340
Granos	317	Hiperlordosis	340
Grasa	317	Hipermetropía	340
Gripe	318	Hiperplaquetosis	341
Gripe española	319	Hipertensión	342
		Hipertiroidea	342
		Hipertiroidismo	342
		Hiperventilación	343

H

		Hipo	343
Halitosis	321	Hipoacusia	344
Hallus valgus	321	Hipocalcemia	344
Hansen	322	Hipocondría	344
Hashimoto	322	Hipoglucemia	344
Helmintiasis	322	Hipófisis	345
Hematomas	322	Hipotálamo	346
Hemiplegia	323	Hipotensión	346
Hemofilia	323	Hipotiroidismo	347
Hemorragia	323	Hirsutismo	347
Hemorragia nasal	324	Histeria	347
Hemorroides	324	Hodgkin	348
Hepatitis	325	Hombros	348
Herida	326	Homicidio	352
Hernia	326	Homosexualidad	352
Herpes	329	Hongos	353
Hidrocefalia	331	Hormigueo	353
Hidrofobia	331	Hostigamiento sexual	353
Hiedra venenosa	331	Húmero	353
Hígado	332	Huesecillos de la oreja	354
Higroma	336	Huesos	354
Hijos gemelos	336	Huntington	358
Hinchazón	336		
Hiperactividad	337		

I

Ictericia	359
Ictiosis	359
Ictus	360
Ileítis	360
Ileón	360
Impaciencia	360
Impétigo	361
Impotencia	361
Incontinencia	363
Indigestión	364
Infarto	365
Infección	366
Inflamación	367
Inquietud	368
Insolación	368
Insomnio	369
Insuficiencia renal	370
Intestinos	371
Intoxicación	379
Ira	379
Isquemia cerebral	379
Isquiotibiales	380
Itis	380

J

Jorobado	381
Juanete	381

L

Labios	381
Lacrimales	383
Laringe	383
Laringitis	384
Lateralidad	385
Lengua	385
Lepra	386
Lesiones	387
Leucemia	387
Leucopenia	387
Leucorrea	387
Ligamentos	388
Ligamentos cruzados	388
Linfa	389
Linfático	390
Linfatismo	390
Linfoma de Burkitt	390
Linfoma de Hodgkin	390
Linfoma de no-Hogdkin	391
Líquido céfalo-raquídeo	391
Lipoma	391
Lisiaduras congenitales	391
Litiasis biliar	392
Litiasis renal	392
Llagas úlceras	392
Llorar	392
Locura	392
Lombrices intestinales	393
Lordosis	393
Lumbago	394
Lunares	394
Lupus	398
Lupus eritematoso	398
Luxación	398
Luxación recidivante	399

M

Magnesio	401
Mal aliento	405
Mal de las montañas	405
Mal de los transportes	405
Malaria	406
Maldad	406

Males diversos	406	Miedo	425
Malestar por el dinero	406	Migrañas	425
Malformación	407	Miocardosis	426
Mamas	407	Miodistrofia	426
Manchas rojas en la piel	408	Mioma uterino	426
Mandíbula	409	Miopatía	427
Manía	410	Miopía	427
Manos	410	Miositis	427
Mareos	412	Mononucleosis infecciosa	427
Marfan	413	Mordeduras	428
Masculino	413	Mucosas	428
Mastitis	413	Mucosidades en el colon	428
Mastoiditis	413	Muerte	428
Matriz	414	Muguet	429
Medicina	414	Muñeca	429
Médula espinal	414	Músculos	430
Médula ósea	415	Muslos	434
Médula suprarrenal	415		
Megalomanía	415		
Mejilla	416		

N

Melancolía	416		
Melanina	416	Nacimiento	435
Melanoma	416	Nalgas	436
Memoria	417	Narcolepsia	437
Meninges	417	Nariz	438
Meningitis	418	Nasofaringe	442
Menisco	418	Nauseas	443
Menopausia	419	Necrosis del cartílago	444
Menorragia	420	Necrosis testicular	444
Menstruación	421	Nefritis	444
Meseta tibial	423	Nervios	444
Metástasis pulmonares	423	Neumonía	446
Meteorismo	423	Neumotórax	447
Metrorragias	424	Neuralgia	448
Mialgias	424	Neuralgia del trigémino	447
Miastenia	424	Neuralgio-distrofia	448
Micción frecuente	424	Neurastenia	448
Micosis	424	Neuro-algodistrofia	448
Microbios	424	Neuroblastoma	448
		Neurofibroma	449

Neurologías	449	Otitis	482
Neurosis	449	Ovarios	483
Nistagmus	450	Ovarios y testículos	484
Niño azul	451	Oxiuriasis	485
Niño de reemplazo	451		
Niño no deseado	451		
Nódulos	451		
Nostalgia	452		
Nuca	452		

O

P

		Paget	487
		Palabras	487
		Paladar	487
		Palpitaciones	488
		Paludismo	488
Obesidad	455	Panadizo	488
Obsesión	457	Pancarditis	488
Odio	458	Páncreas	489
Oído	458	Pancreatitis	490
Ojeras	461	Pantorrilla	490
Ojos	461	Paperas	490
Olfato	473	Papiloma	491
Oliguria	473	Parálisis	491
Olor corporal	474	Paranoia	492
Olvido	474	Parásitos	493
Ombligo	474	Paratiroides	493
Omoplatos	475	Parénquemia renal	494
Oniquia	475	Paresia	494
Opresión	475	Parinaud	494
Opresión pulmonar	476	Parkinson	495
Orejas	476	Parótida	496
Orgasmo	479	Parotiditis	496
Orina	479	Parotídeo	496
Orquitis	480	Párpado	496
Orzuelo	480	Párpados	497
Osgood Schlatter	481	Parto	497
Osler	481	Pat-hormonal	498
Osteocondritis disecante de cadera	481	Pecho	499
		Pechos	500
Osteolisis	482	Paladera (alopecia)	501
Osteoporosis	482	Pelagra	501
Otalgia	482	Pelo	501

Película	501	Pott	539
Pelvis	502	Premenstrual	539
Pelvis renal	503	Presbicia	539
Pena	503	Presión alta	540
Pene	504	Problemas cardíacos	540
Pérdida de conocimiento	504	Problemas del sueño	540
Pérdida de visión	505	Problemas faciales	540
Pereza	505	Problemas respiratorios	540
Perforación	505	Prolactina	540
Pericarditis	505	Prolapso	541
Periodontitis	506	Próstata	541
Periostio	507	Prurito	543
Peritoneo	507	Psicosis	544
Peritonitis	508	Psiquiátricos problemas	547
Peroné	508	Psoriasis	547
Pesadez de estómago	508	Ptosis	548
Pesadillas	508	Pubiano	549
Pesares	509	Pubis	549
Picaduras de mosquito	509	Pulmones	549
Piedras en los riñones	509	Puntos negros	553
Piel	509		
Piernas	528		
Pies	530		

Q

Pineal glándula	534		
Piojos	535	Quemaduras	555
Piorrea	535	Queratitis	556
Pipi en la cama	535	Queratocono	556
Pituitaria	535	Queratosis	556
Pityriasis versicolor	535	Quimioterapia	556
Plaquetas	535	Quistes	557
Plaquetopenia	536		
Pleura	536		
Pleuresía	537		
Plexo solar	537	## R	
Poliartritis reeumatoide	537		
Poliglobulía	537	Rabia	559
Poliomelitis	537	Radio	559
Pólipos	538	Rampa	559
Poliposis	539	Raquis	561
		Raquitismo	561

Rasgos caídos	562	Salmonelosis	587
Rayos X	562	Salpingitis	587
Razón	562	Sangrado	587
Rechinar los dentes	563	Sangre	587
Recto	563	Sarampión	603
Regurgitación	563	Sarcoma de Ewing	603
Remordimiento	564	Sarna	603
Rencor	564	Sarpullidos	604
Resfriado	564	Sarro dental	604
Respiración	565	Scheuermann	604
Retención de líquidos		Schüller	604
en piernas	566	Sed	604
Retención del agua	566	Senilidad	605
Retina	567	Seno pilonidal	605
Retinitis	567	Senos	606
Retinitis pigmentaria	567	Senos nasales	606
Retinopatía macular	567	Septicemia	607
Pett	568	Sida	607
Reuma	568	Sífilis	609
Reumatismo	569	Sigmoide	609
Rigidez	569	Silicosis	609
Rinitis	570	Simpaticotonía	609
Rinofaringitis	570	Síncope	610
Riñones	570	Síndrome de Burnett	610
Rodillas	577	Síndrome de Cushing	610
Roger	580	Síndrome de	
Ronquera	580	las uñas amarillas	611
Ronquido	581	Síndrome de Meniere	611
Rosácea uni o bilateral	581	Síndrome de Raynaud	611
Roséola	582	Síndrome de Renaud	612
Rostro	582	Síndrome	
Rótula	583	de sobre-utilización	612
Rubeola	583	Síndrome del aniversario	612
		Síndrome premenstrual	612
		Sinusitis	613
S		Sinusitis en el bebé	613
		Sistema digestivo	613
Sacro	585	Sistema inmunitario	614
Sadomasoquismo	585	Sistema linfático	614
Saliva	585		

Sistema locomotor	615	Testículos	633
Sistema Nervioso	615	Tetania	634
Sistema reproductor	615	Tétanos	634
Sistema respiratorio	616	Tibia	635
Sistema urinario	616	Tics	635
Sobrepeso	617	Tic nervioso	636
Sofocación	618	Tifoidea	636
Solitaria	618	Timidez	636
Somatotropina	618	Timo	636
Somnolencia	618	Timpanismo	637
Sonambulismo	618	Tímpano	637
Sordera	619	Tinnitus	637
Sordo-mudo	619	Tiroides	637
Sensibilidad Química Múltiple	619	Tiña	641
Sudoración	620	Tobillo	641
Sudoración excesiva	620	Torcedura	643
Suicidio	620	Torpor	643
Suprarrenales	621	Tortícolis	643
		Tos	644
		Tosferina	645
		Tourette	645

T

		Toxicidad	645
Tabaquismo	625	Toxicomanía	645
Tálamo	625	Transpiración	646
Talasemia	626	Transtorno bipolar	646
Talón	626	Traqueítis	648
Taquicardia	626	Trastornos talámicos	648
Tartamudeo	627	Trauma mental	648
Tejido adiposo	628	Traumatismo cerebral	649
Tejido conjuntivo	628	Trismus	649
Temblores	630	Tristeza	649
Tendinitis	630	Trocanter mayor	649
Tendones y ligamentos	631	Trofoblastoma	649
Tendón de Aquiles	631	Trombocitos	650
Tenesmo	632	Trombosis	650
Tenia	632	Trompa de Eustaquio	650
Teniasis	632	Trompas de Falopio	652
Tensión arterial-hipertensión	632	Trompas uterinas	652
Tensión arterial-hipotensión	632	Tuberculosis	652
Teratoma	633		

Tumores	653	Vesícula Biliar	689
Túnel carpiano	655	Vesícula Seminal	690
		Vientre	690
		Violación	691
		Viruelas	691
		Virus	692

U

Úlcera	657	Vitíligo	692
Umbilical	658	Vómitos	693
Uñas	659	Voz	693
Uremia	660	Vuelta De Cordon	694
Ureter	661	Vulva	694
Ureteritis	661		
Uretra	661		
Uretritis	661		

Y

Urticaria	662		
Úteroo	662	Yeyuno	695

V

Z

Vagina	665	Zona	697
Vaginitis	666	Zumbidos De Oídos	697
Vagotonía	666	Zurdo	697
Vaina de mielina	667		
Varicela	667		
Varices	667		
Varicocele	668		
Vasos Linfáticos	668		
Vegetaciones Adenoides	669		
Vegetaciones Nasofaringeas	669		
Vegetativo Crónico	669		
Vejez	669		
Vejiga	669		
Venas	671		
Ventrículos	672		
Verrugas	673		
Vértebras Cervicales	673		
Vértebras Dorsales	676		
Vértebras Lumbares	683		
Vértigo	687		

AGRADECIMIENTOS

Gema Cano y yo, Sergio Morillas, queremos expresar nuestra gratitud a autores, investigadores y precursores que han hecho que tomemos conciencia a nivel global sobre la importancia de la salud emocional, sin ellos no hubiese sido posible la publicación de este libro, que esperamos sea de ayuda para mucha gente. Y ni que decir tiene, que también fueron guías y una inmensa ayuda personal antes de ni siquiera pensar en este proyecto. Tales como Ryke Geerd Hamer, Thorwald Dethlefsen, Rudiger Dahlke, Jacques Martel, Louise Hay, Deepak Chopra, Enric Corberá y otras muchas personas que colaboran desde el anonimato para hacer un mundo mejor. A todos ellos nuestra inmensa gratitud.

Personalmente quiero agradecer a Gema su ayuda, dedicación e inmenso esfuerzo para que este libro haya sido posible. ¡Gracias!

www.ingramcontent.com/pod-product-compliance
Lightning Source LLC
Chambersburg PA
CBHW082031230426
43670CB00016B/2628